KB205401

예수와 영:
신약성경에 나타난 예수와 첫 그리스도인들의 종교적 체험과 영 부음을 받은 체험에 관한 연구

제임스 D. G. 던 지음

박규태 옮김

예수와 영:
신약성경에 나타난 예수와 첫 그리스도인들의
종교적 체험과 영 부음을 받은 체험에 관한 연구

지음 제임스 D. G. 던
옮김 박규태
편집 김덕원, 박진, 이찬혁

발행처 감은사
발행인 이영욱
전화 070-8614-2206
팩스 050-7091-2206
주소 서울특별시 강동구 암사동 아리수로 66, 401호
이메일 editor@gameun.co.kr

종이책
초판발행 2023.12.31.
ISBN 9791193155288
정가 66,000원

전자책
초판발행 2023.12.31.
ISBN 9791193155301
정가 49,800원

* 본서는 익명의 한 평신도님의 후원으로 제작됐습니다.

Jesus and the Spirit:
A Study of the Religious and Charismatic Experience of Jesus and the First Christians as Reflected in the New Testament

James D. G. Dunn

| 일러두기 |

1. 저자가 쓴 Spirit는 '성령'이라 번역하지 않고 Holy Spirit와 구별하여 '영'이라 번역했으며, '영'처럼 고딕체로 표시했음을 일러둡니다. s가 소문자인 spirit는 그냥 '영'으로 번역했습니다. 원서에서 영문으로 표기된 그리스어는 모두 그리스어를 사용했으나, *abba*의 경우에는 볼드체로 **압바**, Abba는 고딕체로 압바로 표시했습니다.

   아울러 religious experience(s)는 '종교적 체험'으로, resurrection appearance(s)는 부활하신 예수가 사람들 앞에 자신을 나타내신 사건을 가리키지만 간단하게 '예수의 부활 후 현현'이나 '부활한 예수가 …에게 나타남'으로, charismatic은 맥락에 따라 '영에 사로잡힌 이'로 번역하거나 '영 부음을 받은'이나 '영의 선물/능력을 받아 행하는'이나 '영을 체험하는', '영에 근거한', '영을 힘입은' 또는 '사람들에게 두려움과 우러름을 불러일으키는 능력'으로 번역했습니다. 그러나 charisma라는 말 자체가 워낙 복잡하고 다양한 의미를 함축한 말이기에 이런 모든 의미를 전제하고 이 용어를 설명한 곳에서는 아예 '카리스마'로 음역하기도 했습니다. 아울러 charismatic movement라는 말도 근래에는 '은사(恩賜) 운동'이라는 특정 성향의 종교 운동을 가리키지만 기독교 초창기에는 영 체험을 바탕으로 영을 앞세운 운동을 가리키는 말이었다는 점에서 '영 운동'으로 번역하기도 했습니다. 아울러 보통 '역사적 예수'로 번역하는 historical Jesus는 '역사적'이라는 번역어가 '역사에서 중요한 의미가 있는'이라는 뜻을 가진 historic의 번역어로 자주 쓰는 현실을 고려하여 historic과 historical의 의미 차이를 존중하고, historical Jesus가 역사 속에 실제로 존재했던 예수 혹은 후대의 역사 연구를 통해 재구성한 역사 속 존재인 예수를 가리킨다는 점을 고려하여 '역사 속 예수'로 옮겼습니다. 그리스어 *pneumatikos*는 대개 '영의' 또는 '영에 속한'으로 옮겼습니다.
2. 저자가 제시한 성경 본문은 이미 나온 한국어 역본을 그대로 옮기지 않고 저자가 제시한 본문을 그대로 번역했습니다.
3. 저자가 이 책에서 인용한 학자는 책 뒤에 따로 모아 간단히 소개했습니다.
4. 본서 하단에 표시된 페이지는 원서 페이지를 가리킵니다. 색인을 활용하실 경우에 참고하시면 됩니다.

First published 1975 by SCM Press Ltd
under the title *Jesus and the Spirit: A Study of the Religious and Charismatic Experience of Jesus and the First Christians as Reflected in the New Testament.*

내 사랑 메타(Meta)에게

| 목차 |

서문

이 책의 주제는 사람 자체만큼이나 오래됐다. 이 책을 쓰게 된 계기는 종교적 체험이 실재에 관한 사람의 경험에서 대단히 중요한 차원이라는—즉 사람의 경험이 갖고 있는 이런 차원이 사람의 사람다움에 없어서는 안 될 부분이며, 결국 사람을 이 지구에 존재하는 다른 모든 생명체와 구분해 주는 것이라는—확신 때문이다. 사람이 이 차원을 인식하고 그 삶의 방향을 설정할 때 그런 차원과 적절한 관계에 있게끔 설정할 때라야 비로소 사람은 인격체로서 온전함을 이뤄갈 수 있고 그가 맺은 여러 관계에서도 충만한 성취를 이뤄갈 수 있다. 이어질 내용에 관한 사전 연구는 그런 확신에 큰 힘을 실어주었다.

종교적 체험에 관한 표현과 주장은 다양한 각도에서 연구할 수 있으며, 과거에는 그런 탐구를 많이 시도했다. 그러나 지식은 늘어나고, 새로운 연구 도구가 발전하고 있다. 새 세대는 그들 나름의 독특한 실재 체험을 증언하며 새로운 질문을 던진다. 신학자이자 신약성경 전문가인 내가 할 수 있는 일은 내 기여가 미미하긴 하나 그래도 내가 가장 많이 기여할 수 있는 지점에서 앞으로 나아가는 연구자 대열에 합류하는 것뿐이다. 기독교의 기원이라는 영역이 사람의 종교적 체험이라는 미스터리를 풀 실마리를 제공하리라고 기대할 만한 충분한 근거가 있다.

이 좁은 분야 안에도 방대한 문헌이 있다. 하지만 나는 이 연구와 관련된 20세기의 모든 주요 문헌을 읽거나 적어도 참고하려 했다. 내가 이 목표를 완전히 달성하지 못했다 해도 그것이 곧 여기 노팅엄에 있는 내게 아주 훌륭한 도움을 준 탁월한 도서관 상호대차 서비스의 실패를 의미하지는 않는다. 이 연구서의 연구 같은 것은 전문가가 관심을 갖고 있는 다른 많은 영역과 겹친다. 나는 내가 그런 다른 많은 영역에서 부족하다는 것을 잘 알고 있으며 내가 여러 논문과 전문 서적을 못 보고 넘어갔다는 것도 잘 알고 있다. 다만 내 자신을 변명하는 말을 하자면, 이와 같은 프로젝트를 진행할 때에는 이런 지점 혹은 저런 지점에서 계속 새로운 문들이 열려도 돌아보지 말아야 하며 계속하여 새로운 질문이 터져 나와도 그런 질문에 귀를 닫아야 한다. 그러지 않으면 아무것도 쓰지 못할 것이기 때문이다. 나는 그저 연구하려고 고른 영역이 적어도 몇몇 물음에 대답해 보려는 시도를 충분히 정당화할 만큼 자족적(self-contained)이며, 결말에 가서도 끝까지 답하지 못한 채 미결(未決)로 남아 있는 것이 그리 많지는 않기를 바랄 뿐이다.

나는 이 책을 가능하면 폭넓은 독자가 읽을 수 있을 정도로 접근하기 쉬운 책이 되게 하고자 필요하다고 판단한 곳에서는 그리스어 용어를 음역(音譯)하거나 번역했다. 아울러 나는 그렇게 더 폭넓은 독자를 확보하고자 독일어 문헌과 프랑스어 문헌을 참고할 때에도 가능하면 그 영역본을 참고하곤 했다.

마지막으로 이 책 원고를 읽고 평을 해 준 모든 이에게 감사할 수 있어 기쁘다. 특히 여기 노팅엄에 있는 내 동료들, 랭카스터의 D. R. 캐치폴(Catchpole) 박사, 런던 킹스 칼리지의 G. N. 스탠턴(Stanton) 박사, 그리고 케임브리지의 C. F. D. 모울(Moule) 교수께 감사할 수 있어 기쁘다. 존 보커(John Bowker)와 마가렛 보커(Margaret Bowker)가 베풀어준 환대 덕분에 보통 때보다 즐거운 연구 생활을 케임브리지에서 보낼 수 있었다. 무엇보다 이 책을 계획하고 만들어내기까지 전 기간 내내 오히려 인내하고 배려해 준 내 아내에겐 어떤 상찬을 돌려도 부족하다.

노팅엄대학교에서 1975년 3월에

제임스 D. G. 던

| 약어표 |

Arndt-Gingrich	W. F. Arndt and F. W. Gingrich, *A Greek-English Lexicon of the New Testament*, ET 1957
AV	Authorized (King James) Version
BZ	*Biblische Zeitschrift*
Blass-Debrunner-Funk	F. Blass and A. Debrunner, *A Greek Grammar of the New Testament and Other Early Christian Literature*, ET and ed. R. W. Funk, 1961
BJRL	*Bulletin of the John Rylands Library*
CBQ	*Catholic Biblical Quarterly*
CSNT	*Christ and Spirit in the New Testament: Studies in Honour of C. F. D. Moule*, ed. B. Lindars and S. S. Smalley, Cambridge 1973
DBS	*Dictionnaire de la Bible*, Supplément
EB	Etudes Bibliques
ed.	Editor
ENTT	E. Käsemann, *Essays on New Testament Themes*, ET SCM Press 1964
ET	English translation
EvTh	*Evangelische Theologie*
ExpT	*Expository Times*
Hennecke, *Apocrypha*	E. Hennecke, *New Testament Apocrypha*, ed. W. Schneemelcher, ET ed. R. McL. Wilson, SCM Press, Vol. I 1973, Vol. II 1974
HNT	Handbuch zum Neuen Testament
HTR	*Harvard Theological Review*
ICC	The International Critical Commentary
JB	The Jerusalem Bible
JBL	*Journal of Biblical Literature*

JSS	*Journal of Semitic Studies*
JTS	*Journal of Theological Studies*
KEK	Kritisch-exegetischer Kommentar über das Neue Testament
KuD	*Kerygma und Dogma*
LXX	Septuagint
Moffatt	The Moffatt New Testament Commentary
Moulton-Milligan	J. H. Moulton and G. Milligan, *The Vocabulary of the Greek Testament*, 1930
NEB	The New English Bible
NF	*Neue Folge*
NovTest	*Novum Testamentum*
NovTestSuppl	Supplements to *Novum Testamentum*
NS	New Series
NTD	Das Neue Testament Deutsch
NTQT	E. Käsemann, *New Testament Questions of Today*, ET SCM Press 1969
NTS	*New Testament Studies*
RB	*Revue Biblique*
RGG[3]	*Die Religion in Geschichte und Gegenwart*, [3]1957ff.
RHPR	*Revue d'Histoire et de Philosophie religieuses*
RSV	Revised Standard Version
SEA	*Svensk Exegetisk Arsbok*
SJT	*Scottish Journal of Theology*
Strack-Billerbeck	H. L. Strack and P. Billerbeck, *Kommentar zum Neuen Testament aus Talmud und Midrasch*, 1920ff.
StTh	*Studia Theologica*
TDNT	*Theological Dictionary of the New Testament*, ET of *Theologisches Wörterbuch zum Neuen Testament*, ed. G. Kittel and G. Friedrich, 1933ff.
THNT	Theologischer Handkommentar zum Neuen Testament

ThStud	*Theological Studies*
TZ	*Theologische Zeitschrift*
TheolEx	Theologische Existenz heute, München
TLZ	*Theologische Literatur Zeitung*
ZNW	*Zeitschrift für die neutestamentliche Wissenschaft*
ZThK	*Zeitschrift für Theologie und Kirche*

서론

서론

제1장
들어가는 글

§1. 이 연구의 범위와 목표

1.1.

종교의 핵심은 종교적 체험이다.[1]

만일 어떤 사람이 현재 살아가는 삶의 현실에서 하나님을 발견할 수 없다고 말할 수밖에 없다면, 그런 그가 그럼에도 일어나는 모든 일의 최종 원인은 하나님이라는 생각으로 하나님을 발견하지 못하는 현실을 보충하려 한다면, 하나님을 믿는 그의 믿음은 이론적 사색이나 도그마에 지나지 않을 것이다. 그가 이런 믿음을 붙들고 있는 힘이 아무리 크다 한들, 그 믿음은 참 믿음이 아닐 것이다. **믿음은 오직 자신의 삶 속에서 하나님의 활동을 인식함일 수 있기 때문이다.**[2]

1. H. D. Lewis, *Our Experience of God*, Allen & Unwin 1959, p. 65.
2. R. Bultmann, *Jesus and the Word*, ET Fontana ^{2}1958, pp. 113f.(굵은 글씨체는 나의

이 두 인용문이 이 연구서의 출발점을 제공한다. 종교적 체험이 종교의 핵심이라면, 종교적 체험은 무엇이며 어떤 종교적 체험이 종교의 핵심인가라는 질문을 던질 수밖에 없다. 믿음 혹은 적어도 믿음의 중요한 측면이 삶 속에서 '하나님의 활동함을 인식함'이라면, 이제 이런 질문들을 던지지 않을 수 없다. 우리 삶 속에서 나타나는 '하나님의 활동'이란 무슨 뜻인가? '하나님의 활동'과 단순한 심리학적 혹은 사회학적 활동은 어떻게 구분되는가? 또는, '하나님의 활동'과 어떤 사회에서나 활동하는 더 불길한(악랄한) 힘과 압력은 어떻게 구분되는가?

이와 같은 질문은 특히 신약을 공부하는 학도나 기독교 기원의 역사에 관심이 있는 이와 관련이 있다. 기독교가 인류사에서 가장 중요한 종교 운동 가운데 하나이기 때문이다—이 사실에 이의를 다는 이는 아무도 없을 것이다. 따라서 이 새 종교를 출범시킨 종교적 체험을 꼼꼼히 탐구해 보는 것이 분명 중요할 것이다. 그렇게 역동적이고 오래도록 이어질 생명력을 지닌 새 신앙을 빚어낸 하나님의 활동에 관한 인식들은 무엇이었을까? 우리가 이어질 지면들에서 행할 과업은 이런 질문 그리고 이와 비슷한 질문들에 답해 보려고 시도하는 것이다. 특히 예수가 적어도 우뚝 솟은 위대한 '종교 천재'(종교에서 대단히 중요한 이)임을 의심하는 이는 아무도 없다. 그가 살아가는 원동력이 됐던 종교적 체험은 무엇이었을까? 그가 사역하고 그가 당한 죽음을 기꺼이 받아들여 죽을 수 있게 해 주었으며 그의 제자들에게 두고두고 영향을 미칠 수 있게 해 주었던 원동력이 된 종교적 체험은 무엇이었을까? 다시 말하지만, 기독교 기원을 공부하는 학도라면 기독교 자체가 첫 제자들이 겪었던 심히

표시다).

의미심장한 어떤 체험들—그들이 '죽은 자 가운데서 부활한' 예수를 만난 체험, 그 제자들이 마지막 때(종말)의 영으로 이해한 영 체험—로 거슬러 올라간다는 것을 거의 부인하지 않을 것이다. '예수의 부활 후 현현'은 무엇이었는가? '오순절'에 무슨 일이 일어났는가? 한 유대 분파를 온 세상에서 중요한 위치를 가지는 독립된 종교로 바꿔놓은 영 체험은 무엇이었는가? 거듭 하는 말이지만, 기독교 형성 당시 단일 인물로서 첫 세대 기독교에 가장 중요한 영향을 미친 사람이 바울임을 부인할 이는 거의 없을 것이다. 아울러 바울이 세운 교회들 안에서 그리고 그 교회들을 통해 기독교가 유대교와 구별되는 독립성을 얻고 유대교와 대비되는 성숙함을 얻었음을 부인할 이도 거의 없을 것이다. 바울이 그렇게 자신의 믿음에 확신을 갖게 해 주고 바울을 아주 영향력 있는 인물로 만들어 주었던 종교적 체험은 대체 무엇이었는가? 바울 기독교를 형성하고 그가 세운 공동체들의 종교 생활을 형성한 종교적 체험은 무엇이었는가? 마지막으로 우리는 전체를 아우르는 이런 질문들을 마음에 담아 두어야 할 것이다. 즉, 이 체험들은 서로 어떤 관련이 있는가? 특히 예수 자신의 체험은 그를 따른 이들의 체험과 어떤 관련이 있는가? 예수의 하나님 체험은 유일무이하고 독특한 체험인가, 아니면 본보기인 체험인가? 초기 그리스도인의 체험은 예수가 했던 체험을 그저 되풀이한 것인가, 아니면 어쨌든 예수의 체험에서 유래한 체험인가? 예수는 그저 첫 번째 그리스도인인가, 아니면 그의 부활 후에 그리스도인들이 했던 체험의 원천이었는가?

이런 질문들은 기독교가 어느 시대나 던졌을 법한 질문이나, 분명한 것은 이런 질문들이 기독교 태동기에, 기독교 첫 세대에 대단히 중요한 의미를 갖게 된다는 점이다. 우리는 우리의 초점을 바로 이 시대에 맞춘다. 나는 애초에 신약 시대 전체를, 그러니까 기독교의 첫 70년에서 100년에 이르는 시대를 다룰 수 있기를 바랐다. 어떤 운동이든 영적, 정서적 생명력이 넘치는 운동이 첫 세대에서 두 번째 세대와 세 번째 세대로 넘어갈 때가 언제나 매력이 넘치기 때문이다. 그러나 첫 세대 기독교와 관련된 자료를 충분할 정도로 세세히 분석하는 것만으로도 이 연구서가 족히 방대해졌기 때문에 부득이 나는 기독교의 첫 30년으로 다루는 범위를 국한할 수밖에 없었다. 결국 기독교의 첫 30년 이후부터 1세기의 마지막에 이르는 시간은 이 책 마지막 장에서 간단히 살펴볼 수밖에 없었다.

1.2. 먼저 분명히 해두어야 할 것은 우리가 하려는 일이 모험이요 위험한 일이라는 것이다—어떤 이들은 어떤 가치 있는 결론에 도달하기가 불가능하다고 말할 것이다. 이는 크게 두 이유 때문이다. 첫째, 우리가 가진 자료가 너무 적고 한쪽에 너무 치우쳐 있다. 이런 자료는 전체를 아주 조금만 설명해 준다. 그 설명이 진실일지라도, 이런 자료는 일부만 해명해 줄 뿐이다. 여기서 나는 우리가 몇몇 핵심 영역과 시대를 깊이 연구함으로써 기독교에 기독교만의 독특한 성격을 부여해 준 체험과 믿음을 더 잘 이해할 수 있기를 소망한다. 하지만 여기서 제기한 문제는 실제로 문제가 되는 것이기에, 우리는 각 단계마다, 종종 좀 길게, 그런 문제에 주의를 기울여야 할 것이다. 둘째, 다른 누군가의 체험 속으로 들어가는 것이 불가능하다. 특히 1세기 지중해 동부 지역 나라들의 사상 세계와 20세기 유럽의 사상 세계 사이에 존재하는 역사와 문화의 간격이 너무 넓을 때에는 더더욱 그러하다. 그런 점 역시 대체로 진실을 담고 있다. 그럼에도 우리는 우리 자신의 체험과 우리가 인간의

체험 전반에 관하여 갖고 있는 지식을 통해 적어도 어느 정도는 다른 이들의 체험 속으로 들어갈 수 있고, 심지어 그렇게 들어가지 않았으면 그저 우리에게 낯설기만 했을 그런 체험을 어느 정도 공감하며 인식할 수도 있다.[3] 더구나, 우리가 이제 더 분명히 깨닫듯이, 종교적 현상을 이해하려는 어떤 시도에 있어서 다른 이들이 그들 자신의 체험에 관하여 제시하는 설명을 고려해야 한다. 따라서 예수와 첫 그리스도인들이 그들의 종교적 체험을 명확히 천명한 언어를 공감하는 자세로 연구해야 비로소 그들의 자기이해와 그들의 종교적 체험에 관한 그들 자신의 평가를 어느 정도나마 꿰뚫어볼 수 있다. 물론 우리가 뒤에 가서 언급할 기회가 있겠지만, 종교적 체험은 모호하기로 악명이 높다. 그러나 우리가 첫 세대 그리스도인들의 체험 속에 존재하던 것이 무엇인지, 즉 그들로 하여금 그들의 체험이 하나님이나 영이나 예수에게서 비롯됐다고 말할 수 있게 해 주었던 그것이 무엇인지 밝혀낼 수 있다면, 그들의 체험에 관한 우리 자신의 평가는 훨씬 더 적절하고 타당한 것이 될 것이다.

아울러 우리는 우리의 평가를 일부러 제약하거나 한쪽으로 치우치게 하는 식으로 우리 탐구를 좁히려는 경향을 따라가지 않도록 조심해야 한다. 첫째, 우리는 '적절하거나' 종교적 가치가 있는 **종교적 체험의 범위**를 지레 판단하지 않도록 조심해야 한다. 기독교 신학은 종종 그리스도인의 체험을 사실상 상당히 드문 '의존 감정'(feeling of dependence) 혹은 정언명령(定言命令, categorical imperative)에 속하는 도덕적 진지함으로 축소하는 경향이 있었으며, 종교적 감정이 과도하게 표현되는 것을 보면 그릇 은폐된 두려움에 사로잡혀 그런 표현 앞에서 뒷걸음질 쳤다. 예

3. 참고, N. Smart, *The Religious Experience of Mankind*, 1969, Fontana 1971, pp. 11ff.

를 들어, 나는 루터가 급진 개혁자들에게 보였던 반응,[4] 칸트가 에마누엘 스베덴보리(Emanuel Swedenborg)를 몽상가의 전형이라 공격한 것,[5] 빌헬름 부세트(Wilhelm Bousset)가 초기 기독교에서 나타난 이런 표현을 '퇴폐한 헬레니즘 종교' 탓으로 돌리려 한 것,[6] 그리고 R. A. 녹스(Knox)가 '열광'(enthusiasm)을 다룬 고전적 내용을[7] 생각해 본다. 조너선 에드워즈(Jonathan Edwards)처럼 '종교적 감정'(신앙 감정, religious affections)을 분석해 보는 일을 체험하거나 그런 일을 해 보자고 촉구하는 이는 거의 없었다.[8] 대다수의 사람은 이런 종교적 열정의 폭넓은 표현을 변두리에서 나타난 광신이나 젊은 날의 과도함, 혹은 윌리엄 제임스(William James)가 '의학적 유물론'(medical materialism)이라 불렀던 것에 비춰 하찮은 것으로 치부하고 넘어가는 데 만족했다.[9] 물론 나는 이런 주제를 아무 비판 없이 무턱대고 수용하는 접근법을 옹호하지 않는다. 그러나 종교적 체험을 더 지나치게 분출했던 몇몇 표현이 초창기 기독교에서 하찮지 않은 역할을 했다는 것이 곧 분명하게 드러날 것이다(특히 사람들이 환상을 통해

---

4. G. H. Williams, *The Radical Reformation*, Weidenfeld & Nicolson 1962, p. 822.
5. E. Benz, *Swedenborg in Deutschland*, Frankfurt 1947, pp. 235ff.; 아울러 *Die Vision: Erfahrungsformen und Bilderwelten*, Stuttgart 1969, p. 10을 보라.
6. Wilhelm Bousset가 *Göttingsche gelehrte Anziegen* 163, 1901, pp. 763ff.에서 Weinel(아래 주13을 보라)에 관하여 평한 내용.
7. R. A. Knox, *Enthusiasm: A Chapter in the History of Religion*, Oxford 1950.
8. *A Treatise concerning Religious Affections*, Boston 1746, in *The Works of Jonathan Edwards*, Vol. II, ed. J. E. Smith, Yale 1959. Edwards는 1734년부터 1735년까지 벌어진 뉴잉글랜드 대각성 운동과 이후에 벌어진 논쟁에 참여했다. 이 기간에 그는 *A Faithful Narrative of the Surprising Work of God*, 1736, [3]1738; *The Distinguishing Marks of a Work of the Spirit of God*, 1741; 그리고 *Some Thoughts concerning the Present Revival of Religion in New England*, 1742을 썼다—이 모든 작품은 *Works* Vol. IV, ed. C. C. Goen, Yale 1972에 들어있다.
9. William James, *The Varieties of Religious Experience*, 1903, Fontana 1960, p. 35.

체험한 예수의 부활 후 현현, 신비한 황홀경을 체험했던 오순절 사건이 그런 예다). 우리의 판단이 현대의 이런저런 경향에 미리 좌지우지당하지 않으려면, 그런 표현들을 특히 세심하게 살펴볼 준비를 해야 한다. '종교적 체험'이라는 말이 더 넓은 범위를 아우르는 용어로 만족스럽겠지만, 이 책 제목에 '영 부음을 받은'(영의 선물[능력]을 받은)을 포함시킨 것은 바로 그런 이유 때문이다—부랴부랴 덧붙이는 말이지만, '영 부음을 받은'을 책 제목에 포함시킨 이유는 '영 부음을 받은'이 '신비한 황홀경을 체험한'(ecstatic)과 같은 말이기 때문이 아니라, 바로 '영 부음을 받은'이 '열광'까지 포함하면서도 '열광'에 국한할 수 없는 더 넓은 범위의 종교적 체험을 가리키는 말이기 때문이다. '영 부음을 받은'을 예수 그리고 초기 그리스도인에게 사용할 수 있을 때 이 말이 가지는 의미는 앞으로 이 연구서가 진행되어감에 따라 분명하게 드러날 것이다.

둘째, **종교적 체험이 지닌 창조력**(*the creative force of religious experience*)을 무시하지 않도록 주의해야 한다. 나는 여기서 요하네스 바이스(Johannes Weiss)가 한 말을 되새겨본다.

> '기원'이라는 말은 결코 완전히 새로운 창조라는 의미로 등장하지 않는다. … '새로운'은 언제나 넓은 의미에서 새로운 원리를 따라, 더 강한 힘과 독특한 현실 체험에 근거하여, 더 오래된(전부터 존재하는) 요소들을 다시 함께 모아 조직함(re-grouping)을 뜻한다.[10]

바이스의 용어를 사용할 경우, 기독교의 '새로움'을 판단할 때 기독

10. 'Das Problem der Entstehung der Christentums,' *Archiv für Religionswissenschaft* 16, 1913, pp. 426f.

교만의 '독특한 현실 체험'을 적절히 고찰하지 않고 **오로지** '더 오래된 요소들의 재조직'이라는 관점에서만 고찰할 위험이 있다. 이 점의 좋은 예를 바울 연구에서 쉽게 찾아볼 수 있다. 20세기 초창기 수십 년 동안 바울의 생애와 믿음을 다룬 연구마다 많든 적든 그의 회심 체험을 바울에 관한 모든 것을 설명해 줄 큰 열쇠로 보고 거기에 초점을 맞췄지만, 오늘날에는 주로 문학적 평행 요소들(literary parallels), 그의 언어와 신학을 설명해 준다고 볼 수 있는 '더 오래된 요소들'에 탐구의 초점을 맞추고 있다—그러다 보니 실제로 바울 신학은 그저 문학적 자연선택 과정의 최종 산물일 뿐이라고 결론짓고픈 유혹을 받을 수도 있는 지경에까지 이르렀다. 이런 결론은 분명 터무니없다. 사도행전이 사료(史料)로서 가치를 갖고 있는가가 논쟁거리로 남아있는 한, 바울 평전을 쓰는 것은 불가능할지도 모른다. 나는 바울이 구사하는 언어와 개념 가운데 유대인과 그리스인에게 신세 진 것이 아주 많음을 기꺼이 인정한다. 그러나 바울 자신의 기록은 그 자신의 종교적 체험이 지닌 창조력을 유려하고 열정이 넘치는 글로 증언한다—그것은 많은 개념을 그 불로 녹여낸 뒤 그렇게 녹여낸 것을 새 틀에 부어낸 용광로다(우리가 앞으로 보겠지만, 바울이 구사하는 은혜 언어에서 그런 창조력이 두드러지게 나타난다). 헤르만 궁켈(Hermann Gunkel)이 그 시대 바울 연구가 내세운 비슷한 강조점들을 반박하며 강조했듯이, 우리가 결코 간과해서는 안 될 사실은 '이 위대한 사도의 신학이 그가 읽은 것을 표현한 게 아니라 그가 체험한 것을 표현한 것이라는 점이다. … 바울은 하나님의(divine) 영을 믿는다. 그가 그 영을 체험했기 때문이다'라는[11] 것이다. 바로 이런 **체험**(들)에서 새 종교들

11. H. Gunkel, *Die Wirkungen des heiligen Geistes*, Göttingen 1888, pp. 83-91(인용문은 p. 86에서 인용).

이 태어나고 옛 신앙들이 거듭난다(무함마드, 루터, 조지 폭스, 존 웨슬리가 그런 예다). 예수와 첫 그리스도인들의 종교적 체험을 밝히려는 우리 시도가 더 넓은 종교 탐구의 일부요 종교 현상 탐구의 일부로서 중요한 이유도 바로 그런 점 때문이다.[12]

셋째, 우리는 초기 그리스도인의 체험이 유일무이한 것이었다고 추측하거나 특히 1세기에 나타났던(1세기에 국한된) 현상이었다고 단정하지 않도록 조심해야 한다. 우선 종교사의 관점에서 신약 문서에 다가간 접근법은 아주 풍성한 열매를 거두었다. 덕분에 우리는 이제 이전의 기독교에 많은 경쟁자가 있었으며, 이들은 종종 특히 종교적 체험과 관련하여 비슷하거나 똑같은 주장을 했음을 인식하고 있다. 그러나 좁은 의미의 종교사 접근법은 1세기 기독교에서 나타난 현상들, 특히 영 부음을 받은 체험의 표현들이 오로지 과학과 거리가 멀었던 고대 세계의 미신에 속하는 것이라는 인상을 줄 때가 아주 잦다. 더 큰 차원에서 접근하는 종교현상학의 접근법은 종교의 역사가 그 역사 내내 '영 부음을 받거나' '초자연성을 띤' 비슷한 현상들을 보고했으며 오늘날의 대중 종교도 어제(옛적)의 대중 종교 못지않게 그런 현상들을 보고한다는 인식에서 시작한다. 초기의 종교사 접근법이 신약의 세계와 신약 자체를 크게 밝혀주었듯이, 내가 제안한 대로 더 폭넓은 비교를 해 보면 더 많은 것이 밝혀지리라 믿는다.[13] 내가 비록 오순절주의와 현대의 '은사(恩賜) 운

12. Karl Barth가 '역사비평'의 여러 한계를 비판한 것을 참고하라. 그는 이 비판 과정에서 그의 '주된 가정'을 강조했다. '바울은 하나님과 관련하여 우리 대다수가 모르는 것을 알고 있다. 우리는 그의 서신 덕에 그가 알았던 것을 알 수 있다'(*The Epistle to the Romans*, ET Oxford 1933, pp. 6-11).

13. 나는 여기서 H. Weinel, *Die Wirkungen des Geistes und der Geister im nach apostolischen Zeitalter bis auf Irenäus*, Freiburg 1899, p. 65가 제시한 선례를 따르지만, 그는 후대의 자료를 아주 제한된 범위에서 사용한다. 실제로 그의 연구는 거

동'(charismatic movement)은 상당히 꼼꼼하게 알고 있고 거기에 관심을 갖고 있긴 하지만, 그것을 떠나 그보다 넓은 분야에서도 전문 지식을 갖고 있다고 주장하지는 못하겠으며, 결코 그렇게 주장하지도 않는다. 그러나 좀 더 넓게 읽어보려는 시도는 꽤 흥미로우면서 종종 신약성경이 보고하는 '영 부음을 받음' 현상과 놀라울 정도로 유사한 것들을 던져주었다. 이렇게 비교되는 두 측면을 모두 철저히 조사하지 않으면, 당연히 어느 누구도 아주 광범위한 결론을 끄집어내지 못한다. 나는 분명 전설(전설을 만들어내기)에 몰두하는 대중 종교의 모습을 단 한순간이라도 축소하고 싶지 않다. 그러나 종교의 역사가 내내 그런 현상을 자주 주장해 왔다는 사실은, 다시 말해 가령 오늘날에도 신약성경이 말하는 유형에 해당하며 목격자를 제시할 수 있는 '기적들'에 관한 보고를 볼 수 있는 경우가 많다는 사실은, 우리가 초기 기독교 안에 존재하는 비슷한 주장들을 그저 전설을 덧붙인 것이나 변증 목적으로 지어낸 것으로 치부하여 주저 없이 무시해 버려서는 안 된다는 것을 의미한다. 이 영역에는 하려면 할 수 있는 일이 많지만, 아마도 그런 일을 행하려면 극소수 사람만이 갖고 있는 능력, 다시 말해 여러 분야(우선 신학, 심리학, 사회학 그리고 인류학)에 해박하고 그 분야들을 통섭할 수 있는 능력이 필요할지도 모른다.

1.3. 우리가 지금 다루는 주제는 사람들이 종종 깊이 연구해 왔기 때문에, 내가 한 번도 쟁기질하지 않은 밭에 발을 들여놓은 사람이라고 주장하지는 않겠다. 가령 나는 이 책보다 앞서 나온 작품들을 생각해 본

의 다 기독교 문헌에 국한되어 있으며, Bousset도 그의 논평에서 이를 지적한다(위 주6을 보라).

5

다. D. A. Frövig, *Das Sendungsbewusstsein Jesus und der Geist* (Gütersloh 1924); P. G. S. Hopwood, *The Religious Experience of the Primitive Church* (T. & T. Clark 1936); P. Gardner, *The Religious Experience of St. Paul* (Williams & Norgate 1911)—이 작품들은 모두 오래됐으며 제한된 가치를 갖고 있다—그리고 특히 위에서 인용했던 고전인 헤르만 궁켈의 단행본(주11을 보라: 『사도 시대 대중의 시각과 사도 바울의 가르침을 따라 살펴본 성령의 작용: 성경과 신학 차원의 연구』[*Die Wirkungen des heiligen Geistes: nach der populären Anschauung der apostolischen Zeit und der Lehre des Apostels Paulus: eine biblisch-theologische Studie*]—역주)이 그런 책들이다. 더 근래에 나온 책 가운데 내가 특히 언급하고픈 것은 J. Lindblom, *Geschichte und Offenbarung* (Lund 1968)과 G. Hasenhüttl, *Charisma: Ordnungsprinzip der Kirche* (Herder 1969)다. 그러나 방금 말한 작품은 모두 다루는 범위가 더 제한되어 있으며, 우리가 앞으로 나아가도록 촉구하는 문제들과 동일한 문제들을 묻지 않는다.

아울러 이 책이 내가 앞서 내놓았던 연구서 『성령 세례』(*Baptism in the Holy Spirit*, SCM Press 1970)의 속편 같은 역할을 한다는 점도 언급해두어야 할 것 같다. 나는 『성령 세례』에서 신약성경 저자들이 제시하는 회심과 입회(initiation) 개념을 살펴보고, 신약성경 저자들이, 비록 강조하는 정도는 달라도, '영이라는 선물'(gift of the Spirit)을 '그리스도인이 됨'이라는 사건에서 하나의 필수불가결한 요소요 초점으로 여긴다고 결론지었다. 나는 마지막 문단에서 그런 결론에 비춰 쉬이 따라가기 힘든 몇 가지 문제를 제기했다.

영이라는 선물이 어떤 사람을 그리스도인으로 만들어준다는 것을 받아

> 들인다면, 그 사람과 다른 이들은 그 사람이 영을 받았는지, 영을 받았다면 언제 받았는지를 어떻게 아는가? 영은 자신이 왔으며 자신이 임재하고 있음을 무슨 방법을 통해 나타내는가? 영이 어떤 회중이나 어떤 상황에서 활동하고 있음을 보여주는 징표는 무엇인가?[14]

뒤따르는 장(章)들에 담아낸 연구는 방금 제시한 물음들을 신약성경 차원에서 대답해 보고자 시작했다. 하지만 그 연구는 이내 종교적 체험 자체를 조사하는 것으로 확대됐다. '영 체험' 차원에서만 생각했다간 뒤따를 내용과 방법에 억지로 제약을 가할 수도 있었기 때문이다. 게다가 '영 부음을 받는 체험' 같은 '영 체험'은 오로지 그보다 더 넓은 범위를 아우르는 용어인 '종교적 체험'의 한 부분이나 한 측면으로서만 이해할 수 있다. 따라서 우리가 이 책에서 하고자 하는 일은 다음과 같은 질문에 대답하려 한다는 말로 요약할 수 있다. 예수와 첫 세대 기독교의 종교적 체험은 무엇이었는가? 예수와 첫 세대 기독교가 향유하고 소중히 여긴 체험의 범위는 어디까지인가? 첫 세대 기독교는 그들의 하나님 체험과 하나님의 영 체험이 정말 하나님 체험이요 하나님의 영 체험임을 어떻게 인식했는가? 그런 체험의 범위 안에 그것이 **그리스도인의**(그리스도와 관련된) 체험임을 알려주는 표지라 말할 수 있는, 또는 그리스도인의 체험이 지닌 핵심 특징이자 인증마크라 말할 수 있는 어떤 독특한 요소나 요소들이 있었는가? 뒤따르는 장들이 이런 물음들에 대답을 제공한다면, 나는 그것으로 아주 만족하겠다. 그 대답이 옳은 답인지 그리고 그 대답이 계속하여 가치를 가지는지 여부는 독자의 판단에 맡긴다.

들어가는 글로서 마지막으로 한마디만 더 하려 한다. 그것이 신약성

14. Gunkel 자신이 제기하는 문제를 참고하라(p. 5).

6

경을 연구할 때 적절한 목표이긴 하지만, 내가 늘 추구해 온 목표는 **본문에서 다른 어떤 것도 취하지 않고 오로지 그 본문이 그 역사적 맥락에서 설명될 때 요구하는 것만을 취하는 데** 있었다. 이런 목표를 추구하다 보니 몇 가지 핵심만을 아주 꼼꼼히 주해할 수밖에 없었으며, 이 주해 작업을 모두 마친 뒤에는 결국 서너 가지 신중한 결과만이 남을 뿐이었다. 이를 보면서, 어떤 이들은 틀림없이 주해는 아주 간단한데 결론은 너무 대담하다는 결론을 내릴 것이요, 또 어떤 이들은 주해는 아주 긴데[15] 결론은 딱 부러지지 않고 너무 회의적이라는 결론을 내릴 것이다. 나는 양쪽의 비판을 모두 환영한다. 나는 지난 이태 동안 이 연구에 집중하며 살아왔으며, 할 수 있는 한 확실하게 이어지는 지면에서 그 결과를 제시했다. 나는 이제 이 연구 결과를 폭넓은 독자에게 제시하면서, 이 독자들이 내 주해의 오류를 바로잡고 내 잘못된 판단을 재차 검토해 주길 소망한다. 아울러 내가 제시한 결론들이 이 시대에 나온 여러 주장 그리고 전통 대대로 내려온 운동과 새로운 운동을 평가하는 기초를 제공해 주길 소망하며, 기독교를 개인 차원과 공동체 차원에서 표현할 때 기독교의 본질과 형식에 관하여 더 깊이 생각하게 만드는 자극제가 되길 소망한다.

15. 예수의 '내면의 삶'과 원시 기독교의 체험을 재발견하고자 할 때 역사 및 비평과 관련된 문제가 우리 생각보다 적다고 보는 이들은 특히 이 책 앞부분의 몇 장이 제시하는 상세한 논지를 건너뛰어야 한다. 그런 이들은 가령 §8.4과 §9.3의 거의 모든 부분을 생략해도 될 것이다.

제1부

예수의 종교적 체험

제2장
예수의 하나님 체험—아들의 지위

§2. 들어가는 글

2.1. **예수의 하나님 체험**(*experience of God*)**은 무엇이었는가?** 우선 당장 언급해두어야 할 것은 내가 지금 던진 질문이 '예수가 갖고 있던 하나님 **개념**은 무엇이었는가? 하나님에 관한 예수의 가르침은 무엇이었는가?'가 아니라는 것이다. 물론 두 질문은 밀접하게 연결되어 있다. 곧, 예수라는 인격체가 직접 한 체험은, 우리가 그 체험에 접근할 수 있으려면, 개념으로 제시할 수 있는 체험일 때만 접근할 수 있다. 그럼에도 하나님에 관한 가르침과 하나님 체험의 구분은 여전히 존속할 수 있으며 유효하다. 예수가 하나님에 관하여 제시했고 공적 성격이 더 강했던(공중에게 널리 제시했던) 가르침은 추적하기가 더 쉬우며, 그런 가르침은 현대에 예수의 삶과 사역을 다룬 연구서들이 자주 다뤄왔다.[1] 그러나 내가 초점을 맞추고 싶은 것은 예수의 더 사사로운(은밀한) 하나님 체험이라

1. Bultmann, *Jesus* 제4장; H. Conzelmann, *Jesus*, ET Fortress 1973, pp. 54-59을 보라.

는 주제다. 이 주제는 여러 명백한 이유 때문에 훨씬 더 어렵고 그리 뚜렷하지 않은 문제다.

우리가 다루고자 하는 물음은 이렇게 제시해 볼 수 있다. 예수가 그의 체험에서 하나님을 언급한 것은 무슨 의미였는가? 예수가 하나님이 자신에게 영감을 부어주셨다고 믿었다고 가정할 때, '하나님에게 영감을 받았다'(하나님의 영에 감동했다)는 말이 예수 자신에겐 무슨 의미인가? 온 우주에서 지극히 높으신 이가 자신 안에서 그리고 자신을 통해 일하고 계신다는 확신을 예수에게 심어준 증거나 표지는 무엇이었을까? 또는 이 이슈를 더 넓고 더 정확하게 제시해 보면, **예수의 체험에서 하나님을 믿는 그의 믿음과 그의 체험은 어떤 상관관계가 있을까?**

2.2. **그렇다면 이것은 정당한 탐구인가?** 이 물음에 대한 반응은 두 쪽에서 나올 수 있다. 첫째, 전통적, 고전적 기독교는 예수의 신성을—나사렛 예수가 사람이 된 하나님이었다고—강하게 주장한다. 그렇다면 우리는 어떤 의미에서 하나님이자 사람인 이의 하나님 체험을 이야기할 수 있을까? 하지만 사실 전통적 기독교는 이런 물음을 아주 멀리까지 밀어붙이고 싶어 하지 않을 것이다. 고전적 신경들(creeds)은—성육신에 관한 올바른 가르침(교리)가 요구하는 대로—예수의 신성을 강하게 강조하는 것만큼이나 예수의 인성도 강하게 강조할 필요를 늘 보아왔기 때문이다. 이처럼 전통적 기독교는, 비록 적절하지는 않았지만, 예수가 누구이든, 그가 하나님 앞에 선 (여느 사람과 같은 한?) 사람임을 인정했다. 히브리서는 물론이요 네 복음서도 모두 예수가 적어도 몇 차례나 홀로 한적한 곳에 가서 하나님에게 **기도했다**는 전승을 들려주는데(예수의 이런 기도 생활은 §3에서 살펴보겠다), 이런 전승에 비춰 봐도 예수가 하나님

앞에 서 있던 (여느 사람과 같은 한?) 사람이었음을 부인할 수는 없을 것이다. 예수라는 이가 누구였든 혹은 무엇이었든, 하나님에게 **기도하는** 그는 **사람**이다. 기도 체험은 하나님 체험의 일부이며, 우리는 이 기도 체험을 살펴보려고 시도해야 한다.

예수의 하나님 체험이라는 문제가 예수의 인성이라는 고전적 차원에서 제기되긴 하지만, 로고스 기독론(로고스, 곧 말씀인 예수가 육이 됐다)과 예수의 두 본성(신성과 인성) 교리 때문에 그런 문제 제기가 다소 터무니없게 보일지도 모르겠다. 그러나 그런 일은 두 본성 교리를 포함한 전통적 기독교도 그 나름대로 같은 질문을 붙잡고 씨름해야만 했다는 것을 잊어버릴 때만 일어난다—즉 전통적 기독교도, '예수와 하나님의 관계는 어떤 관계였는가?'라는 물음뿐만 아니라 '예수 자신도 그 안에 신성이 있음을 체험했으며 의식했는가, 체험하고 의식했다면 그것은 어떤 것이었는가?'라는 물음을 붙들고 씨름했다.[2] 더욱이 칼케돈의 기독론은 추측건대 신약성경 내용에서 추출됐다고 주장했던 것 같다. 따라서 우리가 직접 공관복음의 증거를 조사해 보면, 전통적 기독교가 제시하는 공식들을 점검하여 확인한 결과를 제시하는 부수 효과도 얻게 될 것이다.

이런 물음들을 탐구하는 것이 정당한가에 대한 두 번째 비판은 20세기에 등장했다. 일찍이 '근대 신학의 아버지'인 F. D. E. 슐라이어마허

2. 내가 여기서 말하는 것은 단일의지 논쟁(Monothelite controversy: 예수는 한 의지를 갖고 있었는가, 두 의지를 갖고 있었는가?)이다. 예수가 두 의지(하나님의 의지와 사람의 의지)를 갖고 있었다는 믿음이 승리를 거두었으며, 제6차 공의회(681년에 열린 콘스탄티노폴리스공의회)도 그런 믿음을 채택했다. A. Harnack, *History of Dogma*, ET Williams & Norgate 1898, Vol.IV pp. 252-265; H. R. Mackintosh, *The Person of Jesus Christ*, T. & T. Clark [2]1913, pp. 219ff.을 보라.

(Schleiermacher)는 예수가 '인성이라는 정체성 때문에 모든 사람과 같았지만', 바로 그의 하나님 체험이 지닌 특질과 그의 유일무이한 하나님 의식(unique God-consciousness) 때문에 유일무이한 존재였다고 주장했다: "모든 사람과 같은 사람이었으나, 그 안에 있는 하나님의 진정한 존재를 의미하는 그의 하나님 의식이 계속 힘을 발휘하면서 다른 모든 사람과 구별된 이였다."[3] 슐라이어마허 뒤를 이어 자유주의 개신교가 행한 '역사 속 예수 탐구'는 종종 예수의 메시아 의식과 자의식(自意識)을 재구성하고 평가한 결과들을 내놓았다—이것이 19세기에 이뤄진 역사 속 예수 탐구의 한 측면인데, 이런 측면은, 복음서 비평이 진전되어 그런 재구성이 불가능하다는 게 드러나고, A. 슈바이처(Schweitzer)가 그의 유명한 역사 속 탐구 비판을 통해 19세기의 그런 역사 속 예수 탐구가 예수의 심리보다 오히려 19세기 그리스도인의 심리를 많이 드러냈음을 지적하면서, 결국 아주 큰 악평을 듣게 된다.[4]

그 뒤로 예수의 평전 같은 연구서를 쓰거나 예수의 자의식 또는 '내면의 삶'에 관하여 무언가를 이야기할 가능성을 부인하는 것이 거의 통설이 됐다.[5] 불행히도 이 둘은 종종 서로 함께 이어져 있으며, 전자를 부인하는 것은 곧 후자도 부인하는 것이 된다. 그러나 예수 평전이 사실상 불가능해도, 특히 이 영웅의 자의식 그리고 그 자신과 자신을 둘러싼 세계에 관한 이해가 어떻게 자라갔는지 추적하여 밝혀주는 현대적 의미

3. F. D. E. Schleiermacher, *The Christian Faith*, ET T. & T. Clark 1928, p. 385.
4. A. Schweitzer, *The Quest of the Historical Jesus*, ET A. & C. Black 1910.
5. 참고, Bultmann, *Jesus*, p. 14; G. Bornkamm, *Jesus of Nazareth*, ET Hodder & Stoughton 1960, p. 13; L. E. Keck, *A Future for the Historical Jesus*, SCM Press 1971, p. 196 주16; W. G. Kümmel, *The Theology of the New Testament*, ET SCM Press 1974, pp. 25f.

의 평전이 불가능해도, 그것이 곧 예수가 가졌던 자의식과 그가 그 사역의 **몇몇** 지점에서 겪은 영적 체험에 관하여 아무 말도 할 수 없다는 뜻은 아니다. 그와 달리, 우리가 몇몇 지점에서는 예수의 하나님 체험을 상당히 깊게 들여다봄으로써 예수가 자신과 하나님의 관계를 어떻게 인식했는지 이해하기 시작할 수 있는 위치에 있다는 것이 내 주장이다. 사실—어떤 사람이라도 다른 사람이 겪은 체험을 이해할 수 있다고 한다면—우리도 예수가 겪은 체험의 핵심에 있는 무언가를 당연히 이해할 수 있을 것이다. 그러나 내 말은 우리가 예수의 체험과 자의식의 **발전**을 추적할 수 있다는 뜻이 아니다. 내 말은 다만 **우리가 하나님을 향한 예수의 믿음의 기초가 된 체험**(*the experiential basis of Jesus' faith in God*)**에 자리한 무언가를 알아낼 수 있으리라**는 뜻이다.

2.3. **이 탐구의 중요성은 새삼 강조할 필요가 없다**. 기독교 사상의 강한 전통은 예수가 행한 지고(至高)의 역할을 믿음의 본보기(믿음의 본을 보인 것)라 보았다. 근/현대 신학을 살펴보면, 이런 생각은 자유주의 개신교에서 특히 강하게 나타났고, 대중에게 널리 호소력을 발휘했던 것과 별개로, 가령 G. 에벨링(Ebeling)의 되살아난 자유주의 속에서 다시 등장했으며(예수 '믿음의 증인'),[6] 소위 '세속 기독교'(secular Christianity) 안에서 점점 더 많이 등장했다.[7] 아울러 언급해 두어야 할 것은 신약성경 자체에서 **그리스도를 본받음**(*imitatio Christi*)이라는 흐름이 분명하게 나타남을 주장할 수 있다는 것이다.[8] 예수 자신의 하나님 체험이라는 문제는

6. G. Ebeling, *The Nature of Faith*, ET Collins 1961, Fontana 1966, 제4장.
7. 가령 A. Kee, *The Way of Transcendence*, Penguin 1971을 보라.
8. 막 8:34과 평행 본문, 10:42-45과 평행 본문, 11:23(본서 §12의 12.4을 보라), 마 10:5-8, 누가가 예수의 삶에서 기도를 강조한 점(아래 주23을 보라), 요 13:12-17, 롬 12-13

이 전통 전체에 중요한 문제가 된다—하나님을 믿는 **우리** 믿음에 중요할 뿐 아니라, 어쩌면 하나님을 믿는 믿음을 가질 수 있는가(하나님을 믿을 수 있는가)라는 문제에도 중요할지 모른다. 예수가 최소한 '종교 천재'였음을 생각하면—다시 말해, 다른 대다수의 사람과 달리 그의 의식이 실재의 더 넓은 여러 차원에까지 열려 있었고 그런 차원들을 다루거나 이해할 수 있었음을 생각하면, 그리고 다른 사람은 거의 갖고 있지 않은 통찰력, 곧 사람의 상태와 관계를 꿰뚫어보는 통찰력을 갖고 있었음을 생각하면—예수가 그의 이웃에게 보인 반응뿐 아니라 그런 더 넓은 차원들에 관한 자신의 경험에 관하여 가졌던 이해가 내 믿음과 세계관을 결정하는 패러다임이 될 수도 있을 것이다.

우리 탐구는 본보기 기독론(exemplarist Christology, 모범 기독론)을 거부하고 오히려 케리그마 기독론(kerygmatic Christology)을 지지하는 이들에게도 중요하다—즉 이런 이들은 예수가 믿음의 본보기로서 가장 중요한 의미를 갖고 있음을 부인하면서, 기독교가 죽었다가 부활한 예수를 중심으로 삼아야 한다고 강조한다. 이들은 기독교 신앙이 나사렛 사람 예수**의** 믿음을 되풀이하는 데 그치지 않고, 나아가 영광의 주인 예수**를** 믿는 믿음을 그 본질로 한다고 역설한다. 이것이 중요한 이유는 케리그마 신학이 나사렛 예수를 케리그마의 선구(先驅)인 교회의 세례 요한(John the Baptist of the church)처럼 그냥 무시해 버릴 수는 없기 때문이다.

6:17(τύπος = 그리스도?), 엡 4:20, 빌 2:5, 골 2:6, 살전 1:6, 히 2:10, 12:2, 벧전 2:21ff. 그러나 아울러 W. Michaelis, *TDNT* IV pp. 669-674; E. Schweizer, *Erniedrigung und Erhöhung bei Jesus und seinen Nachfolgen*, Zürich [2]1962, pp. 126-144(§11); H. D. Betz, *Nachfolge und Nachahmung Jesu Christi im Neuen Testament*, Tübingen 1967을 보라. 참고, G. N. Stanton, *Jesus of Nazareth in New Testament Preaching*, Cambridge 1974.

13

신학은 언제나 예수**에 관한** 복음(gospel *about* Jesus)과 예수**의** 복음(gospel *of* Jesus)의 관계를 새롭게 규명하려고 시도해야 한다—이는 사람들이 널리 인정하고 있는 것이다. 그러나 초기 신자들의 **체험**이 그들이 전한 복음의 **핵심**에 자리해 있었다는 것도 틀림없이 사실이다. 말하자면, 그들의 복음은 대체로 그들의 체험을 표현한 것이었다.[9] 따라서 예수의 하나님 체험과 초기 신자들이 예수의 죽음 뒤에 겪은 체험 간의 관계라는 문제가 더 근본적이고 중요하다. 예수 자신의 하나님 체험은 후대 그리스도인의 체험에 청사진을 제공하는가? 바울이 높이 올림을 받은 예수를 체험한 사건은 예수의 하나님 체험과 어떻게 관련되어 있는가? 둘 사이에 모종의 상관관계가 수립될 수 없다면, 그리고 예수의 체험이 바울이 겪은 체험의 원형이자 어떤 면에서는 바울의 체험을 **결정한 요인**이었음을 보여줄 수 없다면, 예수가 아니라 바울이 기독교 창시자라는 옛 주장이 다시 새롭게 힘을 얻어 되살아날 것이다.

2.4. **우리는 우리가 탐구하고자 하는 것을 어떻게 탐구해갈 것인가?** 당장 권장하는 길이 둘 있다. 첫 번째로 19세기에 나타난 자유주의 개신교의 길을 꼽을 수 있을 것 같다—이것은 우리가 이미 위에서 언급했다. 두 번째 길은 20세기에 나타난 종말론의 길이다. 첫 번째 길은 아들이라는 지위(sonship)에 관한 예수의 의식에 초점을 맞춘다. 반면, 두 번째 길은 영에 관한 예수의 의식에 초점을 맞춘다. 우리는 이 책 제2장과 제3장에서 이 두 길을 살펴보겠으며, 특히 제2장에서는 이전에 나온 결론

9. 가령 사도행전과 요한복음에서 '증인'(증언)이라는 주제가 가지는 중요성을 보라; R. Otto, *The Idea of the Holy*, ET Oxford 1923, 제11장; Dunn, *Baptism* p. 4 주12; 그리고 위 pp. 3ff.을 보라.

들의 강점과 약점을 꼼꼼히 조사해 보겠다. 이 책 제4장에서는 탐구 범위를 넓혀 '예수는 영 부음을 받은 이(charismatic)였는가?'라는 문제를 살펴보겠다.

예수의 종교적 의식에 관한 자유주의 개신교의 탐구는 필시 그 고전적 표현이라 할 아돌프 폰 하르낙(Adolf von Harnack)의 유명한 베를린 대학교 강연 『기독교의 본질』(*Das Wesen des Christentums*, 영역본 제목은 *What is Christianity?*)에 들어있는 것을 성취했다. 특히 하르낙과 A. 리츨(Ritschl)을 포함하여 그전에 이 문제를 다루었던 이들은 요한복음에 아주 크게 의존했다. 그러나 하르낙은 우선 역사의 관점에서 볼 때 요한복음보다 더 변호할 수 있는 공관복음 전승을 기초로 삼아 자신의 주장을 제시하려고 노력했다. 하르낙은 마태복음 11:27을 토대로 이렇게 주장했다.

> 하나님의 아들의 지위라는 범주(개념)를 만들어내는 것이 바로 '하나님을 아는 지식'이다. 예수는 바로 이 지식으로 하늘과 땅을 다스리는 신성한 그분을 아버지로, **그의** 아버지로 알게 됐다. 따라서 그가 **하나님의 아들**이라는 의식은 하나님을 아버지요 그의 아버지로 알게 됨에 따라 실제로 나타난 결과일 뿐이다. 이를 바로 이해하면, 아들의 이름은 그저 하나님을 아는 지식일 뿐이다. 하지만 여기서 관찰할 수 있는 것이 둘 있다: 예수는 자신이 전에 어느 누구도 하나님을 알지 못했던 길을 통해 하나님을 안다고 확신하며, 이렇게 하나님을 아는 그의 지식을—그리고 그와 더불어 사람들이 하나님의 자녀라는 지식도—다른 이들에게 말씀과 행동으로 알려주는 것이 그의 소명임을 알고 있다. 예수는 바로 이런 의식 속에서 자신이 하나님의 아들이요 하나님에게 세움 받은 이이며, 하나님의 **유일한** 아들(*the* Son of God)이라는 것을 알고

14

> 있다. 그러기에 그는 '**내** 하나님이요 **내** 아버지'라고 말할 수 있다. 그는 이 기도 속에 오직 그 자신에게만 속한 무언가를 집어넣는다.[10]

여기서 주목할 만한 점이 둘 있다. 첫째, 아들이라는 지위에 초점을 맞추되 의식, 곧 **체험한** 관계(*experienced* relationship)라는 관점에서 초점을 맞춘다. 둘째, 하르낙은 이런 의식의 유일무이함(독특함)을 강조한다—'하나님의 **유일한** 아들.' 이런 점들이 오늘날 우리에게도 유효하다면, 우리가 제기하고 있는 물음에 대한 첫 번째 중요한 대답이 이미 나온 셈이다. 하르낙이 이런 의견들을 제시한 뒤로 이미 많은 물이 다리 밑을 지나갔다(하르낙의 의견은 과거지사일 뿐 이제 더 이상 중요한 의미가 없다는 뜻—역주). 오늘날 대다수의 현대 신학자는 자유주의 개신교를 **지나간 것**(*passé*)으로 여긴다. 따라서 우리는 하르낙의 결론을 가장 강하게 뒷받침하는 공관복음의 증거를 살펴보고 그 증거가 하르낙이 그것에 부여했던 무게를 지금도 갖고 있는지 알아봐야 한다.

우리는 어디서부터 시작해야 할까? 자유주의 개신교의 길은 종종 예수의 '메시아 자의식(自意識)'으로 이어지는 길에서 출발하거나 혹은 이내 그런 길로 바뀌었다. 우리가 당면한 문제는 이런 길이 복잡하게 얽혀 있는 신학의 덤불과 교리의 숲속으로 금세 사라져버린다는 것이다. 가장 큰 어려움은 아무도 여기서 '메시아'가 무엇을 의미하는지 확실히 알지 못한다는 것이다: '메시아'의 의미 가운데 얼마나 많은 부분이 기독교 전의 유대교에서 유래했는지, 얼마나 많은 부분이 예수에게서 나왔는지, 그리고 얼마나 많은 부분이 발전하고 있던 기독교 사상에서 유래했는지 확실히 알지 못한다. 예수에게 접근할 때 기독론 칭호라는 각

---

10. A. Harnack, *What is Christianity?*, ET Putnam 1901. Lecture 7.

도에서 다가가려는 모든 시도에는 방금 말한 것과 같은 문제 그리고 문제를 해결하지 못하고 좌절할 가능성이 존재한다. 예수가 실제로 그 자신을 그런 칭호들과 관련지어 생각했는지 여부가 아주 의심스럽기 때문이다.[11]

A. 다이스만(Deissmann)은 1923년에 한 그의 셀리 오크 강연(Selly Oak lectures)에서 더 유망한 길을 제시한다.[12] 역사 속 예수를 다룬 옛 탐구와 새 탐구에 관한 모든 이야기에서도 거의 알려지지 않은 그 강연은 자유주의 개신교가 '예수의 내면의 삶'을 밝혀보려 했던 마지막 시도 가운데 하나로 간주될 수 있다.[13] 더욱이 그 강연은 그 강연이 다루는 목표와 범위가 그 시대의 다른 어떤 연구—훨씬 더 대중 차원에서 이루어졌지만 영 부음을 받는 체험에 관심을 기울이지 않았던 연구—보다 지금 우리가 행하는 연구에 가깝기 때문에, 우리가 보기에는 그 강연이 훌륭해 보인다. 무엇보다도 그 강연은 우리에게 우리가 행하는 탐구의 출발점을 제공하는 것 같다. 이는 다이스만이 '예수가 하나님 아버지와 나눈 사귐(communion)'을 자세히 살피기에 앞서 우선 '예수가 하나님과 나눈 사귐을 되비쳐주는 예수의 기도 생활'을 살펴보기 때문이다. 아울러 이곳은 우리가 하나님이 곧 자신의 아버지라는 예수의 의식, 특히 기도에 나타난 예수의 그런 의식이라는 중심 이슈를 살펴보기 전에 우리의 탐구를 시작할 곳이기도 하다.

---

11. Conzelmann, *Jesus*: "예수의 자기의식은 기독론 칭호의 차원에서 이해할 수 있는 게 아니다"(p. 49).
12. A. Deissmann, *The Religion of Jesus and the Faith of Paul*, Hodder & Stoughton 1923.
13. '종교의 역사에서 예수가 차지하는 위치는 우리가 그 내면의 삶을 이해했을 때 이해할 수 있다. 예수의 내면의 삶을 이해하는 것이 초기 기독교 연구의 주된 과업이다'(pp. 43f.).

§3. 예수의 기도 생활

독실한 신앙인은 진실로 진실로 홀로 은밀히 올리는 기도에 몰두한다는 말이 늘 있었다.[14] 기도는 예수의 삶에서 어떤 역할을 했는가? 우리가 어떤 식으로든 예수의 기도에 '귀를 기울이면' 예수가 기도할 때 체험했던 것을 즉시 꿰뚫어볼 통찰을 얻을 수 있을까? 첫 번째 질문에 대한 대답은 족하다 싶을 정도로 명확하지만, 두 번째 질문의 대답은 첫 번째 질문에 대한 대답보다 확실치는 않다.

3.1. **예수에게 기도가 가지는 중요성**은 기도에 관한 그의 가르침과 예수 자신의 기도에 관하여 일러주는 전승에서 분명하게 드러난다. 공관복음 전승의 네 층위는 모두 예수가 기도에 부여한 가치를 강조한다. 마가복음 11:17과 평행 본문들—성전을 다름 아닌 기도하는 집으로서 귀중히 여긴다(사 56:7을 인용)—에는 예수의 종말론을 들려주는 독특한 음조가 존재하는데, 이는 이것이 진정 예수가 한 말(logion)임을 일러준다.[15] 마가복음 11:24은 제자들에게 놀라울 정도로 담대하게 기도하라고 독려한다: "너희가 기도로 무엇을 구하든지 그것을 받는다고 믿으라. 그러면 너희에게 그대로 이뤄지리라!"[16] Q에서는 유명한 권면, 그러니까 아버지 앞에서 구하는 자녀와 같은 확신을 품고 구하고 찾으며 두드

---

14. 그런 말을 들려주는 예로 신심은 독실하나 편협하기 이를 데 없는 신앙인의 기도를 훌륭하게 풍자한 Robert Burns의 시—"경건한 윌리의 기도"(*Holy Willie's Prayer*)—를 언급하지 않을 수 없다.
15. W. G. Kümmel, *Promise and Fulfilment*, ET SCM Press 1957, p. 118.
16. F. Hahn, *The Worship of the Early Church*, ET Fortress 1973, p. 20.

리라는 권면이 등장한다(마 7:7-11/눅 11:9-13).[17] 두 버전의 '주기도'는 Q에서 유래했을 가능성이 있지만, 다양한 전승에 속해 있을 가능성이 더 크다(마 6:9-13, 눅 11:2-4).[18] 아울러 기도 남용에 대한 강한 비판은 마태의 특수 자료에서 등장한다(마 6:5-8; 참고, 막 12:40/눅 20:47). 우리는 한밤중에 찾아온 친구 비유와 '부끄러워하지 말고 기도하라'는 도전을 보존해 놓은 누가의 펜에 신세를 졌다(눅 11:5-8). 아마 불의한 재판관 비유(눅 18:1-8)도 마찬가지 경우일 것이다.[19] 이 말들 가운데 몇 가지는 발전한 전승 속에 들어있긴 하지만, 그래도 **예수가 기도를 가장 중요한 일로 여겼음은 의심할 여지가 없다**.

예수는 그의 제자들에게 기도를 활용할 것을 아주 강조하며 독려했다. 이런 점을 볼 때, 예수가 이해하고 체험했던 그와 하나님과의 관계의 기초에 기도가 있었음을 의심할 수 없다.[20] 그러나 여기서 여러 문제가 아주 많이 불거지고 급속도로 빠르게 등장하기 시작한다. 우리가 예수 자신의 기도 생활을 면밀히 조사하기 시작하자마자, 관련 자료를 중심으로 여러 물음표가 모여들기 시작하기 때문이다.

3.2. **강한 증거가 없다**. 우리는 사람들이 하나 되어 올리는 예배(공동

---

17. Conzelmann, *Jesus* p. 56.
18. 특히 J. Jeremias, *The Prayers of Jesus*, ET SCM Press 1967, 제3장; 아울러 K. G. Kuhn, *Achtzehngebet und Vaterunser und der Reim*, Tübingen 1950; E. Lohmeyer, *The Lord's Prayer*, ET Collins 1965을 보라.
19. Bultmann, *Jesus* pp. 128-134; M. Dibelius, *Jesus*, 1939 ET 1949, SCM Press 1963, pp. 110ff.; Bornkamm, *Jesus* pp. 133-137.
20. Deissmann: "예수가 기도에 관한 이런 말을 그의 제자들에게 그저 차가운 격언으로서 제시했다고 추측해서는 안 된다. 오히려 우리는 이런 말에서 그 자신의 기도 생활을 분명하게 되비쳐주는 내용을 볼 수 있다. … 그 자신의 기도 체험이 낳은 성숙한 열매들"(p. 63).

예배)에 관하여 예수가 어떤 인식을 가졌고 어떤 체험을 했는지 거의 모른다. 우리는 그가 회당에 출석했다는 말을 듣는다. 이로 보아 그는 으레 회당에 갔으리라고 추측해 볼 수 있다—그러나 우리가 가진 증거에 따르면 그가 회당에 간 첫 번째 목적은 그의 메시지를 선포하고 가르치는 것이었다(막 1:21ff.과 평행 본문들, 1:39과 평행 본문들, 3:1과 평행 본문들, 6:2과 평행 본문들, 마 9:35, 눅 4:15f., 13:10). 성전이 기도하는 집으로 기능하게 만들려는 그의 열심은 기록에 나타나있다(막 11:17과 평행 본문들—본서 §3.1을 보라). 그러나 그것이 우리가 아는 지식의 한계다. J. 예레미아스(Jeremias)는 예수가 홀로 올린 기도와 관련하여 복음서 내용이 다양하게 언급한 내용을 토대로 이렇게 결론짓는다.

> 예수는 살아가는 동안 단 하루도 거르지 않고 하루 세 번 기도를 올렸을 개연성이 아주 높다: 해가 뜰 때 아침 기도를 올리고, 성전에서 오후 희생 제사를 올릴 때 오후 기도를 올리며, 잠자리에 들기 전에 저녁 기도를 올렸을 것이다.[21]

그러나 이런 추론은 결코 확실하지 않으며, 예수의 가르침 가운데에는 유대교 예배 전통을 비판하는 내용이 아주 많다는 사실 때문에 의문이 든다.[22]

심지어 예수가 홀로 은밀히 기도하곤 했다고 말하는 공관복음의 증언조차도 그 증명력이 처음 보기보다 그리 강하지 않다. 사실 누가복음

---

21. Jeremias, *Prayers* p. 75. 아울러 A. R. George, *Communion with God in the New Testament*, Epworth 1953, pp. 31-89을 보라.
22. Hahn, *Worship*, pp. 14-31. 특히 주20과 31.

은 기도하는 예수를 아홉 곳에서 언급한다. 3:21, 5:16, 6:12, 9:18, 28f., 11:1, 22:41-45, 23:34, 46이 그곳이다. 그러나 이런 본문을 누가가 원용하는 마가의 자료와 곧이곧대로 비교해 보면, 이 아홉 곳 가운데 일곱은 모두 누가가 첨가했음을 일러주는 것 같다.[23] Q에는 예수의 기도를 언급하는 부분이 없으며, 우리가 나중에 살펴볼 마태복음 11:25f./누가복음 10:21만이 언급한다.

마가복음에서, 겟세마네 전승을 제외하면(본서 §3.3을 보라), 예수의 기도를 언급하는 곳은 1:35과 6:46뿐이다. 그러나 1:35은 편집된 부분으로 보이는 곳에 들어있다(1:35-39).[24] 마태는 그것을 재생하지 않는다. 이보다 훨씬 놀라운 사실은 누가가 그의 평행 본문(눅 4:42)에서 기도를 아예 언급하지 않는다는 것이다. 우리가 앞서 봤듯이, 누가는 기도하는 예수에 대한 언급을 포함하기를 좋아한다. 이로 보아, 마가복음 1:35에 있는 '가서 기도하셨다'는 누가가 참고한 마가복음에는 존재하지 않았고 후대에 첨가된 본문일 가능성이 있다.[25] 마가복음 6:46은 본문의 유래를 둘러싸고 논쟁이 덜하지만, 이 본문도 현대인이 아주 이해하기 어려운 두 기적(5천 명을 먹인 기적과 물 위를 걸은 기적)을 다룬 문맥에서 등장한다. 마태는 그냥 본문 전체를 많든 적든 그대로 재생한다. 그러나 누가는 다시금 우리를 다소 당혹하게 만든다. 예수가 5천 명을 먹인 기적을 이야기한 뒤, 베드로가 가이사랴 빌립보에서 고백한 에피소드를 들려

---

23. 누가의 신학에서 기도가 가지는 중요성을 알아보려면, W. Ott, *Gebet und Heil: die Bedeutung der Gebetparänese in der lukanischen Theologie*, München 1965; P. T. O'Brien, 'Prayer in Luke-Acts,' *Tyndale Bulletin* 24, 1973, pp. 111-127을 보라.
24. R. Bultmann, *The History of the Synoptic Tradition*, ET Blackwell 1963, p. 155.
25. J. Weiss, *Das älteste Evangelium*, Göttingen 1903, p. 148; D. E. Nineham, *The Gospel of Saint Mark*, Penguin 1963, p. 84.

주지만, 베드로의 고백 에피소드 첫머리에서 마가복음 본문에는 들어 있지 않으나 누가 자신은 언급하는 예수의 기도 장면 하나를 언급하기 때문이다: "어느 날 그가 그의 제자들과 함께 있을 때에 따로 홀로 기도하다가, 그가 그들에게 묻기를 …"(눅 9:18). 왜 누가는 마가가 기도하는 예수를 두 번째 언급한 말을 생략했을까, 아니면 누가가 기도하는 예수를 네 번째 언급한 이 말은 마가복음 6:46을 보고 언급한 것일까?[26] 어쨌든 예수의 기도 습관을 일러주는 증거가 아주 확실하지는 않다.

3.3. **겟세마네 전승**—마가복음 14:32-42과 평행 본문들. 다른 많은 전승은 불확실하다 보니, 겟세마네 기사가 예수가 기도에 의존했음을 알려주는 공관복음의 증언 가운데 가장 강력한 증언으로서 상당히 중요하다. 아울러 이 본문은 예수가 하나님을 '압바'(Abba)라 불렀음을 분명하게 증언하는 유일한 곳이기도 하다(아래 내용과 §4을 보라). 따라서 우리는 이 본문을 꼼꼼히 살펴봐야 한다. 이 본문이 없다면 추론과 2차 전승에 아주 많이 의존해야 하기 때문이다.

사람들은 사실 겟세마네 장면의 역사성(실제 일어난 사건인가?)에 관하여 많은 의문을 던져왔다. 불트만은 이것이 '철저히 전설의 성격을 갖고 있다'고 보았다.[27] M. 디벨리우스(Dibelius)는 이 장면이 예수를 이상적 순교자로 제시한다고 주장한다. 예수의 고난은 시편 기자가 이야기하는 고난에 상응하기 때문에, 그가 메시아임을 알려주는 증거가 된다.[28] 그러나 사람들은 잠자고 있던 목격자들을 증인 삼아 이 장면의 역사성을

26. B. H. Streeter, *The Four Gospels*, Macmillan 1924, pp. 176f.

27. Bultmann, *Tradition* pp. 267f.

28. M. Dibelius, 'Gethsemane,' *Botschaft und Geschichte* I, Tübingen 1953, pp. 258-271.

주장하기가 어렵다는 것을 종종 언급했다.[29]

반면, 많은 고찰 결과는 우리가 관심을 갖고 있는 문제, 곧 예수의 기도에서 이 에피소드가 상당한 역사성을 갖고 있다는 쪽에 큰 무게를 둔다.

> (35절) [예수는] 가능하다면, 그 시간이 그에게서 지나가길 기도했다. (36절) 그리고 그가 말했다. '압바 아버지여, 아버지께는 모든 것이 가능하오니, 이 잔을 내게서 옮겨주소서. 그러나 내가 원하는 것을 하지 마시고 아버지께서 원하는 것을 하옵소서.'

(a) 그것을 증언하는 독립 자료의 숫자. 마가(나 그가 사용한 자료)는 35절과 36절을 독립된 전승에서 인용했을 개연성이 있지만, 그보다 36절은 35절을 담고 있는 (더 충실한) 전승을 원용하면서 어떤 독립된 전승에서 인용했을 가능성이 더 크다.[30] 사뭇 다른 '시간'과 '잔'이라는 은유가 보여주듯이,[31] 36절은 단순히 35절을 발전시킨 본문이 아니다. '시간'은 전체의 구조를 구성하는 주제이지만(35, 37, 41절), 잔이라는 은유를 비슷한 식으로 통합하려는 시도는 전혀 없었다(막 10:38f.와 대비해 보라). 더욱

---

29. 가령 M. Goguel, *The Life of Jesus*, ET Allen & Unwin 1933: "그 목격자들이 멀리 떨어져 있었고 잠들어 있는 사람들뿐인 장면의 역사성을 논하기는 불가능하다"(p. 494).
30. 마가가 두 전승을 결합했다는 견해를 살펴보려면, 특히 K. G. Kuhn, 'Jesus in Gethsemane,' *EvTh* 12, 1952-1953, pp. 263ff.을 보라. 아울러 E. Lohse, *History of the Suffering and Death of Jesus Christ*, ET Fortress 1967, pp. 62f.; E. Linnemann, *Studien zur Passionsgeschichte*, Göttingen 1970, pp. 17-23; W. H. Kelber, 'Mark 14.32-42: Gethsemane,' *ZNW* 63, 1972, pp. 169ff.을 보라.
31. 참고, Linnemann p. 30 주47.

이 예수의 기도를 다루는 두 버전의 본문은 마가의 편집을 증명하는 증거를 아주 미미하게 제시할 뿐이다.[32] 아울러 36절에서 **압바**(ἀββά)가 등장한다는 것은 36절이 35절에 의존하지 않은 독립 본문이며 오래됐음을 시사한다(아래를 보라). 마태는 마가를 곧이곧대로 따르면서도, 두 버전의 예수 기도를 뒤섞어 결합한다. 그러나 누가는 제3의 독립 자료에 접근할 수 있었을 가능성이 아주 높다.[33] 게다가 우리는 히브리서 5:7에 주목해야 한다. 이 히브리서 5:7 본문은 필시 예수의 생애 가운데 이 시기를 언급하는 것이며, 이것 역시 십중팔구는 독립된 자료에서 나온 본문으로 보인다.

마지막으로 요한복음 12:27이 있다. "이제 내 영혼이 괴롭다. 내가 무슨 말을 하리요? '아버지, 나를 이 시간에서 구해 주소서'라고 말할까? 아니, 그리 말하지는 못한다. 내가 이 목적 때문에 이 시간에 이르렀으니." 이는 필시 독립된 자료에서 나온 본문은 아닐 것이다. 요한이 여기서 마가복음 14:35 전승—'예수는, 가능하다면, 그 시간이 그에게서 지나가길 기도했다'—의 해석일 수 있는 것(심지어 그런 가능성이 높은 해석일 수 있는 것)을 부인하는 것처럼 보이기 때문이다—다시 말해, 예수가 자신이 메시아로서 맡은 과업에서 벗어나게 해달라고 기도하는 것처럼

32. 참고, Kelber p. 175; 이에 반대하는 의견을 보려면 Lohse p. 62f.; W. Mohn, *ZNW* 64, 1973, pp. 198f.을 보라.

33. 누가가 독립된 수난 내러티브를 따로 갖고 있었다고 생각하는 이들로 F. Rehkopf, *Die Lukanische Sonderquelle*, Tübingen 1959; H. Schürmann, *Traditionsgeschichtliche Untersuchungen zu den synoptischen Evangelien,* Patmos 1968, 특히 pp. 193-197; G. Schneider, *Verleugnung, Verspottung und Verhör Jesu nach Lukas 22.54-71* Kösel 1969; D. R. Catchpole, *The Trail of Jesus*, Leiden 1971; V. Taylor, *The Passion Narrative of St. Luke*, Cambridge 1972이 있다. 그러나 아울러 Linnemann pp. 34-40을 보라.

보이기 때문이다.[34] 하지만 중요한 점이 둘 등장한다: 첫째, 요한은 예수의 기도에 관한 전승이 자신이 예수에 관하여 제시한 전체 묘사와 불일치한다는 점을 너무나도 의식했음에도 그 전승을 보존했다(참고, 11:41f.). 둘째, 예수가 '그 시간'에서 벗어나게 해달라고 기도했다는 전승은 그리스도인 집단들 안에서 든든히 확립되어 있었다. 이 두 점은 겟세마네 에피소드가 기독교 전승 속에 아주 든든히 뿌리박고 있었기 때문에 요한도 이 전승을 무시할 수 없었음을 확인해 준다.

(b) 마가가 그의 자료(들)를 다루고 특히 그가 세 번에 걸쳐 되풀이된 예수의 기도를 묘사한 내용에는 분명 편집자가 어느 정도 글의 양식을 다듬은 자취가 존재한다.[35] 그러나 예수의 기도 기사 전체가 순교 전승에서 유래했다고 말하기는 불가능하다. 35절은 오히려 순교를 면하게 해달라는 요청에 더 가깝게 들린다. 우리는 두 번째 버전인 36절에서만 순교처럼 복종하는 모습을 발견한다—'그러나 중요한 것은 내가 원하는 것이 아니라, 아버지가 원하시는 것입니다.' 마태와 누가는 모두 35절 전승의 취약성을 인식하고 있는 것 같다—마태는 35절 전승을 36절 전승과 융합함으로써 35절 전승의 취약성을 인정하고, 누가는 그냥 35절 전승을 무시함으로써 그 전승의 취약성을 인정한다. 우리가 앞서 언급했듯이, 요한은 35절을 순교자가 아닌 이의 기도처럼 해석하길 신중히 거부하는 것 같다.

아울러 이 기사의 중심 요소들이 시편에서 유래했다는 것도 증명할 수 없다. 34절은 분명 시편 42:5, 11, 43:5—'오 내 영혼아, 너는 어찌하

34. 참고, 히 5:7: 예수가 '그를 죽음에서 구하실 수 있는 이에게' 기도했다. 이 역시 예수의 기도 내용을 일러준다.
35. Dibelius, 'Gethsemane' p. 264; Kelber pp. 171ff., 178ff.

여 낙심하느냐'—을 되울려 준다. 그러나 이런 되울림은 초기 교회의 성찰 속에 존재했듯이 예수의 마음에도 존재했을 수 있다. 더 결정적 사실은 여기서 실제로 제시하는 기도가, 마가복음 15:34과 달리, 시편에서 가져온 말로 짜여 있지 않다는 것이다.[36] 요컨대 겟세마네 전승의 기원은 다른 곳에 있다.

마찬가지로 마가가 33절에서 구사하는 언어의 힘도 중요하다—특히 ἐκθαμβεῖσθαι라는 말이 중요한데, 이는 덜덜 떨며 무서워함을 가리키는 말 같다. '이 그리스어 문언(ἐκθαμβεῖσθαι καὶ ἀδημονεῖν)은 지극히 크고 무한한 공포와 고난을 묘사한다.'[37] 이 언어는 심지어 시편 시인에게도 아주 강하며,[38] 여기서의 순교자 평행 본문은 다른 평행 본문과 일치점보다 대조점이 두드러진다.[39] 마태도 이런 문언이 예수에 대한 신뢰를 떨어뜨리는 것처럼 보인다는 점을 아주 잘 의식했기 때문인지 ἐκθαμβεῖσθαι보다 가벼운 λυπεῖσθαι(슬퍼하다, 고민하다, 심각해하다)를 대신 사용하여 마가가 묘사한 두려운 장면을 누그러뜨린다. 나 자신은 이 기록의 기원을 아둔한 제자들의 기억 속에 잔인한 생채기를 낸 너무나 생생한 장

36. R. S. Barbour, 'Gethsemane in the Passion Tradition,' *NTS* 16, 1969-1970, p. 235; 참고, T. Boman, 'Der Gebetskampf Jesu,' *NTS* 10, 1963-1964, pp. 273f.; Linnemann p. 30 주48.

37. E. Lohmeyer, *Das Evangelium des Markus*, KEK ^{16}1963 = ^{10}1937, p. 314; 참고, J. B. Lightfoot, *Philippians*, Macmillan 1868, p. 121(빌 2:26을 다룸).

38. 히브리서가 구사하는 시편의 언어를 근거로 히브리서의 독립성을 더 강하게 주장할 수 있다(Dibelius, 'Gethsemane' p. 261). 그러나 여기에서도 그 언어의 힘은 그것이 넌지시 암시하는 시편의 그것을 뛰어넘는다—특히 μετὰ κραυγῆς ἰσχυρᾶς καὶ δακρύων(**큰** 부르짖음과 **울음**으로). 그러나 O. Michel, *Die Brief an die Hebräer,* KEK ^{12}1966, pp. 220f.을 보라.

39. V. Taylor, *The Gospel according to St Mark*, Macmillan 1952: "평온하게 죽음을 맞았던 순교자들과 달리, 예수는 ἤρξατο ἐκθαμβεῖσθαι καὶ ἀδημονεῖν(막 14:33, '심히 낙심하고 괴로워했다')라고 하는데, 이렇게 말하는 이유는 무엇인가?"(p. 551).

면이 아닌 다른 어떤 장면에서 발견하기가 힘들다. 예수가 이토록 치열하게 감정을 소모하며 싸움을 벌이고 그가 보통 때 갖고 있던 인격과 목적의 힘이 처절히 고갈될 지경까지 이른 모습을 제시한 장면은 탁월한 능력을 지닌 예술가와 가장 빼어난 소설가나 창조해 낼 만한 것인데, 마가는 분명 그런 칭송을 들을 만한 이는 아니다.[40]

(c) 예수가 기도하는 동안 제자들이 자고 있었다는 보고와 제자들이 예수의 기도를 우연히 들었다는 주장 사이에 뭔가 긴장이 있음을 부인할 수 없다. 이것이 그냥 마가복음을 곧이곧대로 쓴 역사 내러티브로 다루는 일이라면, 별 문제가 없을 것이다: 마가가 단지 예수와 조금(μικρόν) 떨어져 있었다고 말하는 그의 가장 가까운 제자들이 잠에 빠지기 전에 예수가 기도하는 내용을 들었거나 그 제자들이 예수의 기도 때문에 때로 잠을 설쳤으리라고('크게 부르짖으며 통곡함'—히 5:7) 생각해 볼 수 있기 때문이다.[41] 그러나 그와 동시에 여러 신학적 동기가 이 내러티브를 형성했음을 인정한다면, 이것 역시 예수가 겟세마네에서 올린 기도의 역사성을 뒷받침하는 논거에 힘을 실어줄 수 있다—신학적 편집(신학적 목적이 바탕에 깔린 편집)을 뒷받침하는 가장 강력한 증거는 예수의 기도가 아니라(앞서 살펴본 내용을 보라), 제자들이 잠자고 있었다는 것이다: 제자들의 잠은 소위 '메시아 은닉'(또는 '메시아 비밀': 자신이 메시아라는 사실을 감춤—역주)이라는 모티프와 더불어 예수가 자신의 과업을 분명히 인식하고 있었던 반면 제자들은 아둔하게도 그러지 못했음을 대비하여 보여주는 것 가운데 하나다(참고, 막 9:5f.).[42] 그렇지 않으면, 제자들이 잠을 잤

40. 참고, J. Klausner, *Jesus of Nazareth*, Allen & Unwin 1925, pp. 330ff.

41. 참고, F. Hauck, *Das Evangelium des Markus*, THNT 1931, p. 172; J. Schniewind, *Das Evangelium nach Markus*, NTD [10]1963, p. 190.

42. 참고, W. Wrede, *The Messianic Secret*, 1901, ET James Clarke 1971, pp. 105f., 168; T.

다는 보고는 그냥 γρηγορεῖτε('잠들지 말고 계속 깨어 있어라')라는 말이 사용된 것을 보고 잘못 추론한 것일 수 있다.[43] 올바른 해결책이 무엇이든, 분명한 것은 H. M. 고글(Goguel)의 반론에는 수긍하게 할 만한 힘이 없다는 것이다.

(d) 마지막으로, 마가복음 14:36은 **압바**를 사용한다. 무엇보다 예레미아스가 아주 성실하고 꼼꼼하게 연구하여 남겨준 결과 덕분에, 이제는 우리가 **압바**라는 말을 통해 예수 자신이 했던 말과 구사한 언어로 거슬러 올라갈 수 있게 됐다는 것이 대체로 사람들이 인정하는 통설이다. 예레미아스가 내린 결론은 아래에서 더 충실히 언급해 보겠다(§4). F. 한(Hahn)은 '**압바**라는 아람어 호칭 형태는 예수가 어떤 식으로 말했는지 알려주는 표지라고 확실하게 간주할 수 있다'고 말했는데,[44] 그의 이 말에 반대하는 이는 거의 없을 것이다. 마가복음 14:36에 **압바**라는 말이 존재한다는 것, 이 말이 복음 전승을 통틀어 여기서 유일하게 등장한다는 것은, 그 자체만 놓고 보면 결정적 증거는 아닐지라도, 이 말을 담고 있는 기도의 시대(이 기도가 이뤄진 시기)와 진정성(이 기도가 진짜 예수의 기도임)을 지지하는 견해에 큰 무게를 실어주는 증거임이 틀림없다.

결국 예수가 겟세마네에서 올린 기도의 역사성은 탄탄한 지반 위에 서 있다. 따라서 비록 마가복음과 누가복음의 다른 많은 본문 문언에 여러 난관이 있긴 하지만, 그래도 겟세마네 기도를 포함하여 예수가 홀로

A. Burkill, *Mysterious Revelation*, Cornell 1963, pp. 238ff.; Barbour p. 235; 그리고 특히 Kelber(위 주30을 보라).

43. C. K. Barrett, *Jesus and the Gospel Tradition*, SPCK 1967, p. 47.

44. F. Hahn, *The Titles of Jesus in Christology*, ET Lutterworth 1969, p. 307. 이 공감대에는 N. Perrin, *Rediscovering the Teaching of Jesus*, SCM Press 1967, pp. 40f.가 제시하는 "더 회의적" 평가도 들어있다.

조용히 기도했음을 알려주는 전승을 가벼이 무시하거나 간과할 수는 없다. 이런 점을 예수의 기도에 관한 가르침에서 연유한 예수 자신의 기도 실천과 관련된 강한 추정과 결합하여 받아들일 경우, 예수가 겟세마네에서 기도한 것이 무엇보다 그의 기도 습관에서 유래한 행동이었음을 확신할 수 있다. 겟세마네 기도는 평소 기도하지 않고 기도에 익숙하지 않은 어떤 사람이 절망에 빠져 지푸라기라도 잡으려고 도와 달라 부르짖은 것이 아니었다. 그 기도는 오히려 기도에서 늘 힘을 발견했던 어떤 사람이 그가 늘 사용했던 통로를 통해 바로 그 힘을 달라고 처절히 간구한 행동이었다.

3.4. **결론**. 그렇다면 마가와 누가가 예수의 기도를 언급한 다른 말 가운데 여러 난점이 있긴 하지만, 그래도 마가와 누가는 예수의 습관을 필시 잘 표현한 것 같다.[45] 따라서 우리는 조금 유보할 부분이 있어도(그들의 증언을 받아들이는 데 조금 신중을 기할 부분이 있어도) 그들의 증언에 의지할 수 있겠다. 특히 마가와 누가가 모두 예수가 기도할 때 멀찌감치 떨어져서 홀로 있기를 좋아했음을 일관되게 강조하는 점은 주목할 만하다(마 14:23, 눅 9:18; 참고, 눅 9:28f.과 막 9:2). 예수는 광야에서나(막 1:35, 눅 5:16), 산에서나(막 6:46, 눅 6:12, 9:28), 무리에서 떨어져 홀로 기도하길 좋아했고(막 1:35, 6:46, 눅 5:16), 때로는 아주 이른 아침에 멀리 나가 기도했으며(막 1:35), 때로는 밤중에 많은 시간을 홀로 기도하거나 아예 온밤을 새워 홀로 기도했다(막 6:46, 14:32-34, 눅 6:12). 아울러 마가가 기록해 놓은 세 경우는 그 하나하나가 스트레스를 받고 위기에 빠진 시간이었던 것으로 보

45. 참고, Jeremias, *Prayers* pp. 75f.

이는 반면,[46] 누가는 예수가 중대한 결단을 해야 하는 아주 중요한 경우에 언제나 기도하곤 했음을 묘사한다(눅 3:21, 6:21, 9:18, 28f., 22:41-45)는 사실이 주목할 만하다. 결국 **기도는 예수가 위기 상황과 결단을 해야 할 상황에서 으레 보였던 반응이었을** 개연성이 아주 크다.

§4. 자신이 하나님의 아들이라는 예수의 인식—압바

기도가 예수에게 중요했음을 확증했다면 그다음에 대답해야 할 질문은 명백하다. 왜? 왜 기도가 예수에게 그토록 중요했는가? 그가 기도하며 체험한 것 가운데 무엇이 기도를 그토록 소중한 가치를 지닌 것으로 만들어주었는가? 예수가 홀로 있을 때 받은 힘의 원천은 무엇이었는가? 그는 위기의 순간에 어떤 능력과 확신에 의지했는가? 얼핏 보면 이런 물음들은 대답을 찾을 가망이 없어 보이는 질문을 던지는 것 같다. 예수는 우리에게 아무런 글도 남기지 않았고, 사사로운 내용을 기록한 일기도 전혀 남기지 않았다. 그런데 우리가 어떻게 홀로 있는 예수에게 다가갈 수 있으며 그 내면의 힘에 다가갈 수 있을까? 하지만 다행히도 우리는 전승 덕분에 예수가 기도 때 했던 체험을 '귀 기울여 들을' 수 있고 그 체험을 통찰할 수 있다. 더불어 우리가 지난 수십 년 동안 역사 속 예수 탐구가 이룩한 더 중요한 진전 가운데 하나라고 인정해야 할 것에서 받을 혜택이 있다는 것도 우리에겐 행운이다. 내가 말하려 하는 것은 **압바**라는 말의 용례를 깊이 파고든 예레미아스의 연구 결과다.

46. Nineham pp. 83f.; J. D. G. Dunn, 'The Messianic Secret in Mark,' *Tyndale Bulletin* 21, 1970, p. 103.

4.1. 예수의 기도에서 압바라는 단어의 사용. 예레미아스는 복음 전승 안에 들어있는 다섯 층위 전부가 하나같이 예수가 기도할 때 하나님을 '아버지'라 불렀음—예수의 말을 그대로 옮기면, 마가복음 14:36이 보존해 놓은 대로, '압바'라 불렀음—을 일러준다고 말한다. 아울러 예수가 이 말을 그의 **모든** 기도에서 사용했다는 것도 그런 증언을 이구동성으로 들려준다.[47] 여기서 당장 말해두어야 할 것은 그런 용례를 알려주는 증거의 숫자가 충분하지 않다는 것이다: 마가복음 14:36: Q—마태복음 6:9/누가복음 11:2, 마태복음 11:25f./누가복음 10:21, 누가복음 23:34, 46, 마태복음 26:42, 요한복음 11:41, 12:27f., 17:1, 5, 11, 21, 24f. 그러나 특히 요한복음에 나오는 예수의 기도 문언을 포함하여 과연 예수가 실제로 했던 말을 보존하고 있는지 의심할 만한 자료가 일부 있음에도 불구하고, 그 말이 복음 전승 하나하나에 등장한다는 사실, 그리고 그런 전승 사이에는 서로 모순된 증언이 존재하지 않는다는 사실만큼은 변함이 없다. 예수가 그의 기도를 '압바'로 시작하지 않는 한 본문은 그가 십자가에서 부르짖은 말이다—'내 하나님, 내 하나님, 어찌하여 나를 버리셨나이까?'(막 15:34/마 27:46). 그러나 예레미아스가 우리에게 되새겨주었듯이, 예수는 여기서 그의 감정을 시편 22:1의 말로 표현했다(더 자세한 내용은 본서 §4.2을 보라). 따라서 예수가 그 자신의 말로 기도한 곳에서는 여전히 예수가 그의 감정과 믿음을 '압바'라는 말로 가장 분명하게 표현했다는 증언은 전혀 흔들림이 없다.[48] 우리가 예수의 기도에 '귀

---

47. Jeremias, *Prayers* pp. 54-57; *New Testament Theology Vol.* I; *The Proclamation of Jesus*, ET SCM Press 1971, p. 62.

48. 막 14:36, 롬 8:15 그리고 갈 4:6로 보아 그리스어 πάτερ의 바탕에 아람어 'Abba'가 있다고 추측하는 게 합리적이다.

를 기울일 때' **우리가 듣게 되는 독특한 말이 '압바'다.**

압바 기도(*abba*-prayer)는 초기 교회 안에서 분명히 통용되고 있었다(롬 8:15, 갈 4:6). 따라서 이 기도가 본디—'마라나타'(Maranatha, 고전 16:22)처럼—아람어로 말하던 공동체에서 유래했으며, 마가복음 14:36과 다른 본문은 시대를 거꾸로 거슬러 올라가 교회의 후대 관습을 예수 전승 속에 담아서 읽어낸 것이라는 주장이 있을 수도 있겠다. 그러나 우리가 아래에서 보겠지만, 하나님을 '압바'라 부르는 것은 유대교에서는 아주 특이한 일이었다. '압바'는 친밀한 가족 사이에서 쓰는 언어였기 때문이다. 만일 예수가 하나님을 그토록 친근하게 불렀던 발자취를 남기지 않았다면, 그의 제자 가운데 누가 감히 하나님을 그렇게 불렀겠는가? 더욱이 로마서 8:15과 갈라디아서 4:6은 **초기 그리스도인들이 아들임(아들의 지위에 있음)을 체험한 것을 예수 자신이 했던 체험의 되울림이요 재생으로 이해했음**을 분명하게 암시한다. '압바'라 부르짖는 이는 바로 **아들의 영**이다(본서 §54.1을 보라). 이는 **압바** 기도가 예수 자신이 올린 기도의 독특한 특징이었다는 복음 전승의 증언에 힘을 실어준다. 이와 달리 초기 교회 안에 경건한 영향을 미친, 알려지지 않은 원천이 있었다고 가정하는 것은 그리 큰 무게를 갖지 못한다.[49]

하나님을 이렇게 압바라 부름이 가지는 중요성은 분명하다. 구약성경은 히브리인이 생각했던 아버지 개념이 한편으로는 보살핌과 권위의 관계를 암시하면서 다른 한편으로는 사랑과 순종의 관계를 암시한다는

49. E. Schweizer, *TDNT* VIII p. 366도 그렇다. Perrin이 '비유사성이라는 판단 기준'(criterion of dissimilarity)의 틀을 엄격히 짜고 이를 '의심스러울 때에는 버리라'라는 원리에 기초하여 운용하면서 압바가 '예수의 독특한 특징'임을 변함없이 늘 확신한다는 점은 주목할 만하다(Perrin, *Teaching* p. 41). 아래 주60에서 인용한 Conzelmann의 말을 참고하라.

것을 우리에게 익히 알려주었다(신 1:31, 8:5, 14:1, 사 1:2, 렘 3:19, 말 1:6).[50] 히브리인에게 '아버지'는 '절대 권위와 다정함'을 의미했다.[51] 중요한 것은 겟세마네 기도가 이 두 측면을 분명하게 표현한다는 것이다. 이는 예수가 유대교의 전통 예배에 보였던 더 부정적인 태도와 더불어 예수가 하나님을 '아버지'라 부른 것이 **으레 형식상 부른 말**(*formal address*)**이 아니라 체험에서 나온 언어**(*language of experience*)였음을 시사한다. 그가 **압바** 기도로 표현한 것은 바로 그의 하나님 체험이었다. 예수는 저 너머에서 그를 옭아맨 사랑과 권위를 체험했으며 이 체험 속에서 하나님을 발견했고 바로 그것 때문에 하나님을 '아버지'라 불렀다.[52]

그러나 우리가 그것 말고 더 말할 수 있는 게 있을까? 예수가 하나님을 아버지로 체험한 것은 그 시대 유대교 안에서 독특한 것이었는가? 그것은 정녕 유일무이(독특)했는가—예수와 하나님의 유일무이한(독특한) 관계를 일러주는 체험이었는가? 예레미아스의 연구는 이런 질문들을 제시한다. 우리는 이런 질문들을 꼼꼼히 탐구해 봐야 한다. 그 질문들의 대답에 분명 중요한 추론들이 좌우되기 때문이다.

4.2. 예수의 압바 사용은 그 시대 유대교에서 독특한 것이었는가?

---

50. T. W. Manson, *The Teaching of Jesus*, Cambridge 1931, pp. 90ff. 아울러 G. Quell, *TDNT* V pp. 971ff.; Lohmeyer, *Lord's Prayer* pp. 39ff. O. Cullmann, *The Christology of the New Testament*, ET SCM Press 1959, pp. 272-275을 보라.
51. Jeremias, *Prayers* pp. 11f.
52. 참고, Bultmann, *Theology of the New Testament* Vol.I, ET SCM Press 1952, pp. 23f. Kümmel, *Theology*는 예수가 하나님이 '내 아버지'임을 확인하고 밝힘으로써 '놀랍고도 특이한' 걸음을 내디뎠음을 인정한다('아주 특이하다'—p. 40). 그러면서도 그는 놀랍게도 우리가 이런 형태의 호칭에서 '예수가 자신이 하나님의 아들임을 알고 있었음을 일러주는 말'을 발견한다고 분명하게 결론짓기를 주저한다(p. 75).

예레미아스의 철저한 연구는 당장 우리 탐구 주제와 관련된 두 가지 점을 자세히 밝혀주었다.[53] 첫째, 예수 시대에는 **압바**가 가족끼리 쓰는 말로서 널리 사용됐다—자그마한 어린 자녀를 포함하여 자녀가 그들의 아버지를 부를 때 그 단어를 사용했다. 따라서 **압바**는 예의와 존경을 담은 호칭이었다. 그러나 그 호칭은 따뜻한 친밀함과 신뢰의 표현일 때가 훨씬 많았다. 둘째, 유대교는 그 어디에서도 **압바**라는 말을 개인이 하나님에게 올리는 기도에서 사용하지 않았다.

> 팔레스타인 유대교 문헌을 보면, 어떤 개인이 하나님을 부르는 말로 '내 아버지'를 썼다는 증거가 **아직까지 전혀 발견되지 않았다**. … 그것이 전례 기도이든 아니면 사사로운 기도이든, 유대교가 기도를 광범위하게 다룬 문헌을 모두 살펴봐도 하나님을 부를 때 **압바**(*'Abbā*)를 사용한 경우는 없다.

예레미아스는 이 '근본적 중요성을 지닌 사실'을 이렇게 요약한다.

> 우리는 유대교에서 하나님을 **압바**라 부른 사례를 **단 하나도 갖고 있지는 않지만**, 예수는 그의 기도에서 **늘** 하나님을 이렇게 불렀다.[54]

예레미아스의 말이 옳다면, 예수의 **압바** 기도는 하나님에게 느끼는 친밀감, 그것도 특이하고 선례가 없는 친밀감을 표현한 것이라고 결론지을 수밖에 없다.

---

53. Jeremias, *Prayers* pp. 57-62; *Theology* I pp. 63-67.
54. Jeremias, *Theology* I pp. 64f., 66.

하지만 이 결론에는 두 가지 단서(但書)를 달 수밖에 없다. 첫째, 사실 유대인이 하나님에게 '내 아버지'라 말하는 사례가 전혀 없다는 말은 진실이 아니다. 나는 여기서 특히 집회서(벤 시라) 23:1과 4절을 생각한다. 이 구절들에 나오는 그리스어 πάτερ는 (막 14:36을 제외한) 예수의 기도에 나오는 πάτερ와 비슷하며, 친밀한 신뢰감을 나타낸다. 집회서 51:10도 이런 점을 강하게 시사한다.[55] 따라서 우리는 예수의 **압바** 사용이 **선례가 없는 일**이라고 주장할 수 없다. 물론, 우리가 말할 수 있는 범위만 놓고 본다면, 압바는 예수가 단순히 가끔씩 쓴 말이 아니라 기도할 때마다 **늘** 하나님을 부르는 방식이었다. 우리가 입수할 수 있는 문헌을 비교해 보면, 예수는 늘 하나님에게 다가갈 때 '압바'인 하나님에게 다가갔지만, 이런 접근 방식은 그의 시대에는 **특이**했던 것으로 보인다. 우리가 말할 수 있는 것은 그것이 전부다.

둘째, H. 콘첼만(Conzelmann)은 **압바**가 '친숙함이라는 의미를 함축하고 있을 필요가 없다'고 지적한다.[56] 아주 옳은 말이다. 예레미아스는 기독교 등장 이전 시대 사람들이 존경하는 마음을 담아 노인을 부를 때 **압바**를 사용했다고 말한다. 그러나 이런 용법은 분명 가족끼리 사용하

---

55. 참고, Schrenk, *TDNT* V p. 979 주209. 아울러 지혜서 14:3과 『마카비3서』 6:3, 8을 보라(Schrenk p. 981; Conzelmann, *An Outline of the Theology of the New Testament*, ET SCM Press 1969, p. 104). D. Flusser, *Jesus*, New York 1969은 영에 힘입은 기도를 다룬 랍비 자료가 드물다는 점에 비춰 탈무드 문헌에서 **압바**라는 말이 전혀 등장하지 않음을 지나치게 중요시하면서도(주159), 예수가 **압바**를 사용한 것은 하나님과 자신이 아주 친밀함을 의식하고 있었음을 강하게 암시한다고 인정한다(p. 95). G. Vermes, *Jesus the Jew,* Collins 1973은 "고대 하시드(본디 유대 율법을 아주 꼼꼼히 지키는 이를 존경을 담아 부르던 말이며 그 복수형이 하시딤이다—역주)의 경건이 지니고 있던 독특한 특징 가운데 하나는 하나님을 바로 '아버지'라 언급하곤 했던 습관이다"라고 말한다(pp. 210ff.).

56. Conzelmann, *Outline* p. 103.

던 경우를 확장한 것이었다.[57] 예수 시대에는 **압바**를 가정에서 사용하는 것이 더 흔한 일이요 더 보통이었으며, 이 말은 가족 사이의 친밀함을 표현해 주었다. 예수와 같은 시대에 살았던 사람들이 하나님을 부를 때 **압바**를 거의 사용하지 않은 것은 분명 이 말이 함축하고 있는 그런 친밀함 때문이었다.[58] 더 중요한 것은, 마태복음 11:25ff.와 누가복음 23:46 같은 신약성경의 **압바** 용례들(막 14:36, 롬 8:15, 갈 4:6)에 존재하는 분위기가 바로 그런 친밀한 분위기라는 것이다. 이 모든 용례를 보면, '압바/아버지'가 존경보다 친밀함을 표현한다—즉 어린 자녀처럼 아버지를 신뢰하고 아버지에게 순종함을 표현한다. 예수가 하나님에게 기도할 때 **압바**를 사용하지 않은 경우로서 우리가 알고 유일한 사례는 그가 십자가에서 자신을 왜 버렸냐고 절규할 때였다(막 15:34)—그는 하나님에게 **버림받는** 이 무시무시한 체험을 하는 동안 도저히 '압바'를 외칠 수 없었을 것이다.[59] 따라서 예수가 그와 같은 시대를 살았던 (대다수의) 사람이 기도할 때 **압바**를 사용하길 꺼렸던 바로 그 이유 때문에 하나님을 '압바'라 불렀다는 결론을 피하기가 힘들다—즉 예수가 하나님을 **압바**라 부른 것은 그 말이 아버지인 하나님에 대한 예수의 태도를 표현해 주었기 때문이요, 남달리 친밀한 분인 하나님에 관한 예수의 체험을 표현해 주었기 때문이다.[60]

따라서 예레미아스는 그의 논지를 너무 멀리 밀어붙인 것 같다. 그

57. Jeremias, *Prayers* pp. 42 주66, 59ff.

58. G. Kittel, *TDNT* I, p. 6; Jeremias, *Prayers* p. 62.

59. 눅 23:46과 대조해 보라. 눅 23:46에서는 시 31:5의 말을 사용한 기도 첫머리에 πάτερ가 등장한다.

60. Conzelmann, *Jesus*: "이럼에도 불구하고, 예수가 하나님과 유일무이한 유대를 맺고 있다는 의식을 소유했음은 의심할 여지가 없다"(p. 48).

럼에도 불구하고 그의 연구 결과는 여전히 많은 가치를 갖고 있다. 특히 예수가 **압바**라는 말을 쓴 덕분에 예수가 이해했던 그 자신과 하나님의 관계의 핵심을 우리가 들여다볼 수 있게 됐다고 결론지어도 아주 대담한 결론은 아닐 것이다. 예수가 그야말로 홀로 있던 순간에 체험한 하나님의 실체는 아버지인 하나님이었다. 이 체험은 아주 생생하고 창조적이어서 그가 하나님을 부르는 말에 담겨 표현될 수밖에 없었지만, 이 말을 익히 알았던 그와 같은 시대 사람들도 그의 이런 말을 들었다면 충격을 받았을 것이다. 우리는 이 언어 하나로 예수가 기도에서 발견한 남다른 친밀감—어린 자식이 그 아버지에게 느끼는 친밀감과 신뢰, 그리고 아버지를 향한 순종—을 표현할 수 있었으리라고 추정해 볼 수 있다.

4.3. **예수가 '압바'를 사용한 것은 자신이 하나님의 아들이라는 유일무이한**(독특한) **인식을 암시하는가?** 예수는 자신이 갖고 있는 하나님의 아들이라는 인식을 모든 이가 누릴 수 있는 것이라 생각했는가? 예수는 그의 **압바** 사용이 암시한 하나님의 관계를 다른 모든 사람도 깨닫기만 한다면, 이미 함께 누리고 있는 관계라고 생각했는가? 복음 전승의 증언은 이 점에서 상당히 명쾌하다. 예수는 그의 제자들에게 자신과 같은 식으로 기도하라고 분명히 가르쳤지만(눅 11:2), **그가 그렇게 가르친 이들은 바로 그의 제자들이었다**. 문제의 본문들은[61] 모두 그를 따르는 이들에게 건넨 말로 보인다. 그 본문들은 모두 제자들의 신뢰와 순종을 이런저런 식으로 이야기한다. 즉, 그 본문들에 있는 말은 이미 하나님이 아

61. 막 11:25f./마 6:14f., 마 5:48/눅 6:36, 마 6:9/눅 11:2, 마 6:32/눅 12:30, 마 7:11/눅 11:13, 마 23:9, 눅 12:32. 더 의문이 드는 구절은 마 5:16, 45, 6:1, 4, 6, 8, 16, 13:43이다.

버지임을 깨닫고 하나님을 아버지로 신뢰하며 순종하기 시작한 이들에게 건네는 말이다.[62] 이런 결론을 확실하다고 간주하기는 불가능하다. 그것은 관련 자료가 초기 교회를 통해 우리에게 왔기 때문인데, 그 과정에서 더 보편성을 띤 가르침이 걸러졌을 수도 있으며, 그런 과정이 제자들에게 주는 특별한 가르침이라는 맥락에서 더 보편성을 지닌 말을 제시했을 수도 있다(마 5:45?). 결국 어떤 이들은 예수가 그의 **모든** 청중에게 '너희 아버지'를 말했다고 주장했다.[63] 반면, 종말론 분위기가 예수의 설교를 지배하고 있다는 점(본서 제3장을 보라) 그리고 불트만이 예수가 던진 도전과 관련하여 '양자택일'(either-or)이라 부른 것은[64] 예수가 하나님과 사람의 관계에서 뭔가 새로운 것을 내다보았음을 암시하며, 예수가 사람들을 불러들인 종말론적 관계가 사람들이 보여야 할 참회와 헌신이라는 반응과 분리될 수 없다는 것을 암시한다(참고, 가령 마 3:7-12/눅 3:7-9, 16f., 막 10:23b, 25, 마 7:13f., 눅 9:60a, 62, 14:26).[65] 하나님이 곧 아버지라는 예수의 가르침은 이런 '양자택일'과 분리할 수 없다.[66] 따라서 우리는 하나님이 곧 아버지라는 것을 하나님의 자비라는 일반 개념을 통해 정의함으로써 무턱대고 '양자택일'의 날카로움을 무디게 만들지 않도록 신중

62. Manson, *Teaching* pp. 89-115; Schrenk, *TDNT* V pp. 988, 990f.; H. F. D. Sparks, 'The Doctrine of Divine Fatherhood in the Gospels,' *Studies in the Gospels*, ed. D. E. Nineham, Blackwell 1955, pp. 241-266; B. M. F. Iersel, *'Der Sohn' in den synoptischen Jesusworten*, NovTestSuppl. III, ^{2}1964, pp. 110-113; Jeremias, *Prayers* p. 43.

63. H. W. Montefiore, 'God as Father in the Synoptic Gospels,' *NTS* 3, 1956-1957, pp. 31-46; Hahn, *Titles* p. 312; Conzelmann, *Outline* p. 105.

64. Bultmann, *Jesus* p. 96; *Theology* I pp. 9f.

65. Bultmann, *Jesus* pp. 30ff.; Perrin, *Teaching* pp. 142ff.

66. Schrenk: "하나님이 곧 아버지이시라는 메시지는 종말론적 구원을 전하는 메시지의 일부다. …"(pp. 990ff.).

해야 한다. 위 각주 61번에서 인용한 본문들은 '아버지임'(fatherhood)과 '제자도'(discipleship)의 연관 관계를 암시한다. 따라서 이런 내용은 본디 예수가 제시한 가르침이었을 개연성이 높다.[67]

그렇다면 이 문제는 이제 예수와 그 제자들의 관계라는 문제가 된다. 예수가 그 제자들에게 하나님을 '압바'라 부르라고 독려했다면, 예수는 그 자신이 하나님과 누리는 바로 그 관계를 제자들도 누릴 수 있으리라고 생각했을까, 아니면 예수 자신의 관계는 뭔가 유일무이하고 독특하다고 생각했을까? 보른캄은 후자를 지지한다.

> 우리는 예수가 '(하늘에 계신) 내 아버지' 그리고 '네 아버지'나 '너희 아버지'를 말하는 본문을 많이 발견한다. 그러나 예수 자신이 '우리 아버지'라는 말을 사용하여 그와 그의 제자들을 함께 묶어 말한 본문은 어디에도 존재하지 않는다. 따라서 이런 용법은 정녕 예수 자신만이 독특하게 구사한 특징이요 분명 그의 사명을 표현한 말임을 의심할 이유가 전혀 없다.[68]

반면, 우리는 예수가 로마서 8:15과 갈라디아서 4:6에서는 하나님을 '압바'라 부르는 형식을 자신에게만 국한하지 않고 도리어 그의 제자들에게도 이 말을 사용하라고 독려했음을 알고 있다(눅 11:2).[69] 그렇다면 우리

67. 참고, Perrin, *Teaching* pp. 148f.

68. Bornkamm *Jesus* pp. 128f.; 아울러 van Iersel p. 108을 보라. 예전에 나온 G. Dalman, *The Words of Jesus*, ET T. & T. 1902도 마찬가지다: "예수는 유대인들이 보통 사용했던 '하늘에 계신 우리 아버지'를 일부러 한쪽으로 밀쳐놓으면서 자신과 제자들을 예리하게 구별한다. 그는 이 말을 그 자신과 관련지으면서도, 그의 제자들에게 이 말을 사용하라고 명한다(마 6:9)"(p. 190).

69. Conzelmann, *Outline* pp. 103, 105.

는 이렇게 물을 수밖에 없다. 예수는 '주기도' 같은 '압바' 기도 형식을 사용하여 그의 제자들과 함께 기도한 적이 없는가? 우리가 가진 자료는 이런 질문에 대답하는 것을 허용하지 않는다. 그러나 어떤 고찰 결과들은, 그 대답이 어떠하든, 그것에 너무 큰 무게를 두지 말라고 조언한다.

(1) 예수가 '압바'를 사용하여 기도하라고 독려한 이들이 그의 제자들뿐이라면, 그것은 곧 제자들의 **압바** 사용이 어떤 식으로든 그들과 예수의 관계에 **의존하고** 있었으며, 그들의 '압바'는 예수의 '압바'에서 **유래했음**을 암시한다.

(2) "'내 아버지'와 '너희 아버지'의 기본 차이는 그 공동체가 갖고 있는 기독론 형태의 문제"(콘첼만)라고 아주 성급하게 단정해서는 안 된다. 그 공동체는 예수와 제자들을 같은 차원에 올려놓은 전승에서 어떤 요소도 제거하지 않고도 예수와 그를 따르는 이들 사이에 존재하는 기독론상의 거리를 유지할 수 있었기 때문이다. 따라서 특히 이 땅의 예수가 제자들을 '형제'라 부르는 모습을 증언하는 전승(막 3:34f.와 평행 본문들)은, 제자들을 그렇게 부른 이가 다른 곳에서는 그저 높이 올림을 받은 이로 등장하긴 하지만(마 25:40, 28:10, 요 20:17), 그래도 그들에게 난관을 안겨주지도 않았고 그들을 당황하게 하지도 않았다. 따라서 로마서 8:15과 갈라디아서 4:6도 모두 예수와 그리스도인 사이에 존재하는 기독론상의 거리를 놀랍게 부각시키면서 동시에 **좁힌다**. 반면, 그리스도인이 갖고 있는 아들의 지위가 예수가 갖고 있는 아들의 지위(아들의 영)에 의존하며 그 지위에서 유래한다는 인식이 존재한다. 그러나 동시에 '압바'라 외치는 그 아들의 영으로 말미암아 이제 신자는 아들(예수에서 어느 정도 떨어져 있는 아들)일 뿐 아니라 **그리스도와 더불어 공동 상속인**이 된다(롬 8:17, 갈 4:7). 사실, 요한복음에서는 기독론과 관련된 신중한 거리두기가

오직 이 지점에서만 명백하게 나타나는데, 요한복음 기자는 오직 예수에게만 υἱός(아들)라는 말을 사용한다: '하나님의 자녀'(τέκνα Θεοῦ—요 1:12, 요일 3:1f., 10, 5:2)는 많지만 '하나님의 아들'(υἱός Θεοῦ)은 오직 하나뿐이다.

(3) 정말 그랬을 개연성이 아주 커 보이지만, 예수가 사역하는 동안에 열두 제자로 구성된 내부 그룹을 선택했다는 전승을 우리가 받아들인다면,[70] 그가 열하나가 아니라 **열둘**을 선택했다는 사실은 의미심장하다. 예수 자신은 열두 번째 사람이 아니었다. 그 무리는 예수가 없이 완성됐다(예수가 없어도 필요한 숫자가 다 찼다). 그것은 곧 마지막 때의 이스라엘(참고, 마 19:28b)을 대표하는 이들이 예수 자신과 다른 열하나가 아니라, 열두 제자 자체임을 뜻한다. 예수 자신의 역할은 뭔가 다른 것이었으며 독특한 것이었다.

따라서 예수 자신도 그와 하나님의 관계가 그의 제자들과 하나님의 관계와 다른 독특함을 어느 정도 갖고 있음을 의식하고 있었다고 주장할 만한 근거들이 있다. 아울러 '내 아버지'와 '너희 아버지'의 구분 역시 후대 사람들이 예수 전승에 부여한 것이라기보다 예수의 가르침에 나타난 그대로의 의식을 반영한 것이라고 주장할 만한 근거들이 있다.

---

70. 예를 들어, E. Meyer, *Ursprung und Anfänge des Christentums* I, Stuttgart 1921, pp. 291ff., 296ff., 299; K. H. Rengsstorf, *TDNT* II pp. 325ff.; Taylor, *Mark* pp. 619-623; B. Rigaux, "Die 'Zwölf' in Geschichte und Kerygma," *Der historische Jesus und der Kerygmatisches Christus*, hrsg. H. Ristow, V. K. Matthiae, Berlin 1961, pp. 468-486; L. Goppelt, *Apostolic and Post-Apostolic Times*, 1962 ET A. & C. Black 1970, pp. 28f.; J. Roloff, *Apostolat-Verkündigung-Kirche*, Gütersloh 1965, 제3장; F. Hahn(A. Strobel 그리고 E. Schweizer와 함께 씀), *The Beginnings of the Church in the New Testament*, ET St. Andrew 1970, p. 31; R. P. Meye, *Jesus and the Twelve*, Eerdmans 1968, 제8장; C. K. Barrett, *The Signs of an Apostle*, Epworth 1970, pp. 23-33; P. Stuhlmacher, 'Evangelium-Apostolat-Gemeinde,' *KuD* 17, 1971, p. 31을 보라.

공관복음 전승에 여러 가지 불확실한 점이 있다 보니 여기서 비록 잠정적 결론밖에 제시할 수 없지만, 그래도 이 결론은 대단히 중요하다.

4.4. **결론**. 요컨대, 우리는 **예수가 기도할 때 아들로서 아버지와 친밀한 관계를 체험했다**고 어느 정도 자신 있게 말할 수 있다. 예수는 독특하게도 하나님이 '아버지'임을 발견했다. 하나님이 곧 아버지라는 이 인식이 어찌나 생생하고 어찌나 사랑을 불러일으키며 어찌나 절절하게 다가왔던지, 예수가 하나님을 찾을 때마다 '압바'라는 외침이 그 입술에 그냥 저절로 나왔다. 아울러 우리는, 방금 말한 결론보다 확신이 덜 들기는 하지만, 그래도 예수 자신이 **하나님과 자신의 이런 관계를 뭔가 독특한 관계라고**—유일무이하지는 않지만 독특하다고—생각했거나 **인식했다**고 말할 수 있다.[71] 예수는 그의 제자들에게 자신과 같은 식으로 기도하라고 독려했지만, 그렇게 독려할 때에도 제자들과 하나님의 관계를 어쨌든 예수 자신과 하나님의 관계에 **의존하는** 관계로, 어떤 식으로든 예수 자신과 하나님의 관계가 낳은 **결과**로 생각했던 것 같다. 공관복음 전승들이 방금 말한 결론을 더 든든히 뒷받침하는지 여부가 뒤이어 탐구할 문제다.

71. 내가 여기서 말하는 '독특하다'는 예수에게 존재하는 특징이자 그를 남달리 구별해 주는 것으로서 그와 같은 시대 사람들 가운데에서도 그를 충분히 특이한 이로 보이게 한 점을 의미하지만, 그것이 꼭 예수를 다른 이들과 구별된 어떤 별개 부류로 구별한다는 의미는 아니다.

§5. 자신이 하나님의 아들이라는 예수의 인식 —마태복음 11:27(?)과 다른 구절들

우리가 처음에 던졌던 질문—예수가 그의 체험에서 하나님을 언급한 것은 무슨 의미였는가? 예수의 체험에서 하나님을 믿는 그의 믿음과 그의 체험은 어떤 상관관계가 있을까?—의 첫 번째 대답이 등장하는 것 같다. 그 대답은 간단하게 **하나님의 아들이라는 인식**(*a sense of sonship*)이라고 표현할 수 있다. 하나님이 자식을 돌보는 인간 아버지처럼 자신을 세심하게 돌봐준다는 인식, 예수 자신에겐 아들로서 아버지 하나님의 뜻을 따를 의무가 있으며 이 의무는 예수 자신의 인간적 소원을 앞세워 무시할 수 있는 것이 아니라는 인식(막 14:36), 이런 관계 속에는 뭔가 독특한 것이 존재한다는 인식이 바로 그 인식의 내용이다. 또 다른 관련 증거가 있다. 이 증거는 그 자체만으로는 의미가 없겠지만, 어쩌면 이 결론—예수가 자신을 하나님의 아들(God's son: 아니 하나님의 [독특한] 아들[God's Son]이라 해야 하지 않을까?)이라 이야기했다는 공관복음의 증언—을 떠받치는 데 이바지할 수는 있을 것 같다.

5.1. **복음서 기자들의 견해.** 분명한 것은 복음서 기자들이 자신이 곧 하나님의 아들이라는 예수의 인식을 명확하고 유일무이(독특)한 것으로 보았다는 것이다. 예수는 자신이 (하나님의) (유일하고 독특한) 아들(the Son)임을 알았으며, 자신이 하나님의 아들이라는 이런 그의 확신이 그의 사역을 밑받침하는 근본이었다. 이는 예수가 요단강에서 겪은 체험을 들려주는 내러티브(막 1:9-11과 평행 본문들) 그리고 예수의 시험에 관한 Q의 기사(마 4:1-11/눅 4:1-13)에서 아주 분명하게 나타난다. 사람들은 지금도 마

가가 하늘에서 들려온 음성을 보고한 내용(막 1:11)에 시편 2:7을 일부러 넌지시 가리킨 암시가 들어있다는 견해를 널리 받아들이고 있다.[72] 아울러 누가가 처음에 기록했던 본문도 시편 2:7만을 인용하여 '너는 내 아들이다. 오늘 내가 너를 낳았다'라고만 기록했을 가능성이 있다.[73] 결국 공관복음서는 예수가 요단에서 하나님의 아들로 불렸다는 것을 전혀 의심하지 않는다. 예수가 그의 사역으로 나아가게 만든 것은 하나님이 그를 인정하고 그에게 사명을 수여함에서 나온 힘이었는가? 이것은 분명 예수 시험 내러티브가 의도한 함의 가운데 하나다. 예수가 받은 시험 가운데 둘은 주로 예수 자신이 하나님의 아들임을 확신하고 있는가에

---

72. 또 다른 견해는 막 1:11의 말이 본디 사 42:1만을 언급했다고 보는 견해다(υἱός는 곧 마가가 종이나 자녀를 가리키는 παῖς를 해석한 것이라 보는 견해다); W. Bousset, *Kyrios Christos*, ²1921, ET Abingdon 1970, p. 97 주70; J. Jeremias, *The Servant of God*, ET SCM Press ²1965, pp. 82f.; Cullmann, *Christology* p. 66; Hahn, *Titles* p. 338; R. H. Fuller, *The Foundations of New Testament Christology*, Lutterworth 1965, pp. 169f.가 그런 견해다. 그러나 동시에 H. Weinel, *Biblische Theologie des Neuen Testaments*, Tübingen ⁴1928: "마가복음 1:11은 결코 이사야 42:1과 44:1로 설명할 수 없다"(p. 170); Schweizer, *TDNT* VIII p. 368; I. H. Marshall, 'Son of God or Servant of Yahweh? — A Reconsideration of Mark 1.11,' *NTS* 15, 1968-1969, pp. 326-336을 보라. 나아가 본서 제3장 주122을 보라.
73. 나는 서방 교회가 읽어낸 눅 3:22이 이 구절의 원문이라는 견해를 따른다. 광범위한 학자가 이 견해를 따르는데, Moffatt의 역본, F. Büchsel, *Der Geist Gottes im Neuen Testament*, Gütersloh 1926, p. 162; H. von Baer, *Der heilige Geist in den Lukasschriften*, Stuttgart 1926, p. 168; Streeter, *Gospels* pp. 143, 188; E. Klostermann, *Lukasevangelium*, HNT ²1929, p. 55; J. M. Creed, *The Gospel according to St Luke*, Macmillan 1930, p. 58; W. Manson, *The Gospel of Luke*, Moffatt 1930, p. 31; O. Procksch, *TDNT* I p. 101 주49; A. R. C. Leaney, *The Gospel according to St Luke*, A. & C. Black 1958, pp. 110f.; W. Grundmann, *Das Evangelium nach Lukas*, THNT 1961, p. 107; A. Feuillet, 'Le Baptême de Jésus,' *RB* 71, 1964, pp. 333ff.; H. Flender, *Saint Luke: Theologian of Redemptive History*, ET SPCK 1967, p. 136 주6이 그런 이들이다.

초점을 맞추기 때문이다—'네가 **만일** 하나님의 아들이거든 ….'(마 4:3, 6/눅 4:3, 9).[74] 따라서 복음서 기자들은 자신이 곧 하나님의 아들이라는 예수의 의식이 그가 공생애 사역으로 나아가도록 결단하게 만든 근본 요인이었음을 그의 독자들에게 이해시키려 한다.

게다가 우리는 예수가 소년 시절에 성전을 방문했던 일을 다룬 누가의 기사(눅 2:41-51),[75] 그리고 예수 변형 에피소드(막 9:2-8과 평행 본문들)를 떠올려볼 수 있다. 우리는 예수의 성전 방문을 다룬 누가의 기사에서 자신이 하나님의 아들이라는 예수의 인식이 요단강 사건이 있기 전부터 이미 깊이 뿌리박혀 있었고 무르익었었다는 것을 분명히 이해해야 한다. 아울러 예수 변형 에피소드는 예수를 다시 '내 사랑하는 아들'이라 부르며 드높인다(막 9:7과 평행 본문들).[76] 네 번째 복음서의 경우에는 요한복음 5:19-26, 8:35f., 10:36, 14:13, 17:1만을 언급해둘 필요가 있는데, 이 본문들을 보면 예수는 자신을 공공연히, 아무런 단서도 달지 않고 그냥 '(유일하고 독특한) 아들'(the Son)이라 이야기한다.

그렇다면 이런 질문이 나올 수밖에 없다: 역사에 비춰볼 때, 이 보고들은 어떻게 정당화되는가? 예수는 자신을 **유일하고 독특한** 아들(*the* Son)이라 생각했는가? 자신이 하나님의 유일하고 독특한 아들이라는 이런 의식이 그의 사명감에 근본이 됐는가? 그는 자신을 '(유일하고 독특한) 아들'(the Son)이라 **말했는가**? 이런 질문들에 대답할 수 있는 가장 좋은

74. 이 내러티브의 시대는 이 내러티브가 기독교 미드라쉬 형태를 띠고 있음을 일러준다고 보는 견해를 보려면, 특히 B. Gerhardsson, *The Testing of God's Son*, Lund 1966을 보라. 아울러 Bultmann, *Tradition* pp. 254-257을 보라.

75. 특히 R. Laurentin, *Jésus au Temple*, EB 1966을 보라.

76. 아울러 마 12:18을 보라. 더불어 막 12:6(υἱὸν ἀγαπητόν)에 관하여 알아보려면 아래 5.3 (b)를 보라.

길은 예수가 자신을 하나님의 아들이라 말하는 공관복음의 **로기아**(*logia*, 예수의 말)를 꼼꼼히 조사해 보는 것이다.[77] 만일 로기아가 긍정하는 대답을 제시한다면, 우리는 더 이상 살펴볼 필요가 없다. 그러나 로기아가 부정하는 대답을 제시한다면, 우리는 ἀββά(압바) 자료로 떠밀려가게 되며 그 자료를 살펴볼 때 이미 내린 결론으로 만족할 수밖에 없다. 문제의 본문은 마태복음 11:25-27/누가복음 10:21-22, 마가복음 13:32, 마가복음 12:6, 누가복음 22:29이다.

5.2. **마태복음 11:27**은 특히 중요한 구절이다. 하르낙은 위에서 인용한 설명(§2.4을 보라)을 바로 이 본문에서 끌어냈으며, 늘 이 본문 자체를 시간을 거슬러 올라가 예수의 자기의식으로 뚫고 들어가려는 다른 시도들의 모퉁잇돌로 제시했다. 그러나 다른 이들은 이 본문에서 걸림돌을 더 많이 발견했다!

> 내 아버지가 모든 것을 내게 맡기셨으니(παρέδόθη),
> 아버지 외에는 아들을 아는(ἐπιγινώσκει) 이가 아무도 없으며,
> 아들이 그를 계시하려고(ἀποκαλύψαι) 택하는 자들 외에는
> 아버지를 아는(ἐπιγινώσκει) 이가 아무도 없다. (NEB)[78]

---

77. 우리는 다른 이들이 예수를 '아들'이라 부르거나 그렇게 언급한 본문들을 다루지 않고 그냥 넘어간다. 왜냐하면 이런 것들은 보통 편집한 본문이기 때문이다. 설령 원문이 예수와 하나님의 관계와 관련하여 예수 **자신이 가졌던** 이해에 관하여 우리에게 말해 줄 수 있는 것이 전혀 없다 해도 마찬가지다—막 3:11, 5:7과 평행 본문들, 눅 4:41, 막 14:61과 평행 본문들, 15:39과 평행 본문들, 마 14:33, 16:16, 27:40, 43을 보라. 마찬가지로 마 22:2, 28:19 역시 이 지점에서 우리에게 아무런 도움이 되지 않는다.

78. A. Harnack, *The Sayings of Jesus*, ET Williams & Norgate 1908, pp. 273-295, 그리

이것은 정말 예수가 한 말인가? 정말 예수가 한 말이라면, 이는 우리로 하여금 예수가 하나님을 향해 서 있는 자신의 위치를 어찌 생각했는가를, 곧 예수의 자기 인식을 통찰하게 해 주는가?

지금 당장 말해두어야 할 것은 이 본문에서 예수가 했던 **바로 그 말**(*ipsissima verba* of Jesus)을 찾을 수 없다는 것이 지난 60여 년간 신약학계를 이끌어온 사람들의 중론이었으며 그런 의견으로 무게중심이 기울어진 채 지금까지 이어져왔다는 것이다.[79] 이는 주로 세 이유 때문인데, 그 셋은 다음과 같다.

(a) 이 말 전체가 공관복음의 내용 치곤 특이하며, 독특하게도 요한의 고리(Johannine ring)를 갖고 있다. 따라서 이 말은 예수의 부활 후에 발전한 신학이 품고 있던 추정을 공유하고 있다. 예수의 부활 후에 발전한 신학은 요한의 담화와 닮아있을 수밖에 없다.[80]

고 더 근래에 P. Winter, 'Matt. 11.27 and Luke 10.22 from the first to the fifth century,' *NovTest* 1, 1956, pp. 112-148은 주로 교부들이 제시한 증거를 토대로 본문을 재구성하려고 시도했다. 그러나 특히 J. Chapman, 'Dr Harnack on Luke 10.22: No Man Konoweth the Son,' *JTS* 10, 1909, pp. 552-566, 그리고 M. J. Suggs, *Wisdom, Christology and Law in Matthew's Gospel*, Harvard 1970, pp. 71-77. 누가의 버전은 더 원시적 버전으로서 마태가 보존해 놓은 것을 헬레니즘의 영향을 받아 고쳐 쓴 것으로 보인다; 참고, J. Bieneck, *Sohn Gottes als Christusbezeichnung der Synoptiker*, Zürich, 1951, p. 84; R. H. Fuller, *The Mission and Achievement of Jesus*, SCM Press 1954, p. 92; Conzelmann, *The Theology of St Luke*, ET Faber 1960, p. 105 주3. 누가가 막 4:11을 다룬 것을 참고하라.

79. 참고 문헌을 보려면, Schrenk, *TDNT* V p. 992 주288; P. Hoffman, *Studien zur Theologie der Logienquelle*, Münster 1972, pp. 106-109; 그리고 H. D. Betz, 'The Logion of the Easy Yoke and of Rest(Matt 11.28-30),' *JBL* 86, 1967을 보라. 특히 Betz는 연구사를 요약하여 편의를 제공한다(pp. 11-20).

80. 참고, Schrenk, *TDNT* V p. 993. 아울러 S. Schulz, *Q: Die Spruchquelle der Evangelisten*, Zürich 1972, p. 220 주300이 인용하는 것들을 보라.

(b) 특히, 아버지와 아들이 서로 알고 있다는 개념은, ἀποκαλύψαι('계시하다')라는 말과 더불어, 27절을 '헬레니즘식 계시의 말'(Hellenistic Revelation saying)로 만든다.[81]

> 계시자(Revealer)라는 아들의 기능은 분명 아버지가 그를 인정하고 따라서 아들 역시 아버지를 안다는 사실에 의존한다. 그러나 그것은 헬레니즘식 신비주의 개념으로서 유대교에게는 아주 낯선 것이다.[82]

27절에서 '예수는 영지주의에서 말하는 구속자처럼 말한다.'[83]

(c) 여기서 하나님과 예수 사이에 존재한다고 주장하는 관계의 절대성과 배타성은 공관복음에는 그 선례가 존재하지 않으며, 후대에 발전한 기독론의 풍취를 풍긴다.

> 여기에서는 사실 기독론적으로 한정하는 일(Christological narrowing)이 분명하게 일어났다. 본디 모든 이가 '아버지'를 말할 수 있었으나, 이제 아버지에게 다가가는 길은 예수에게 달려 있다.[84]

마찬가지로 27a절은 '아무 제약 없는 권위'를 주장하는데, 이를 마가복음 13:32 및 마태복음 28:18과 비교해 보면, 27a절의 주장은 틀림없

---

81. Bultmann, *Tradition* p. 160. 아울러 E. Norden, *Agnostos Theos*, Stuttgart 1913, ^{4}1956, pp. 277-308; Bousset, *Kyrios Christos* pp. 85-89; M. Dibelius, *From Tradition to Gospel*, ET Nicholson & Watson 1934, pp. 279-283을 보라.

82. Kümmel, *Promise* p. 41.

83. E. Haenchen, *RGG*^{3} II 1654. 이 견해를 지지하는 다른 이들을 보려면 Hoffmann, p. 107 주25, Schulz, *Q* p. 221 주301을 보라.

84. Hahn, *Titles* p. 312.

이 상당히 늦은 전승 층위에 속한다.[85]

(a) 이 구절을 요한 문헌과 비교하는 것은 양날을 가진(two-edged) 논증이다. Q에 있는 예수의 말이 요한의 신학에서 유래했을 가능성이 거의 없기 때문이다. 요한의 신학은, 우리가 알고 있는 형태(글로 남아있는 형태)만 놓고 보면, Q보다 적어도 30년은 늦다. Q에 있는 예수의 말과 요한의 신학 사이에 직접적이든 간접적이든 어떤 영향이 존재한다면, 그리고 '요한이 제시하는' 예수의 말의 본질로 보아 정말로 Q에 있는 예수의 말과 요한 사이에 어떤 영향을 주고받은 관계가 존재한다면, 십중팔구는 Q에 있는 예수의 말이 요한에게 영향을 주었을 것이다. 즉, 요한의 아버지-아들 신학(Johannine Father-Son theology)은 필시 Q가 적어도 일부 보존해 놓았던 초기 말씀 전승의 작은 덩어리에서 유래했을 것이다.[86] 이는 철저히 예상할 수 있는 것이다. 만일 요한의 예수 묘사가 그 나사렛 출신 사람의 실제 언행과 무관한, 초기 예언자와 신학자의 **전적인** 창작물로 여길 수 없다면—'요한 학파' 자체는 그렇게 지어냈다는 주장을 거부한다(요 1:14, 19:35, 요일 1:1-3)—적어도 네 번째 복음서의 많은 부분은 본디 예수가 한 말을 기나긴 시간 동안 두고두고 곱씹어 마지막에 내놓은 산물이라 설명하는 것이 분명 가장 자연스럽다. 따라서 왜 (Q와 막 13:32에 있는) 단 두 개의 말만이 보존됐는가라는 문제는 기원 자체가 늦다는(of late origin) 해답보다 다른 해결책들을 모색해야 한다.

---

85. Hahn, *Titles* p. 312.

86. Hoffmann pp. 124f.과 그가 주102에서 인용하는 자료들을 참고하라. C. H. Dodd, *Historical Tradition in the Fourth Gospel*, Cambridge 1963은 마태복음, 누가복음 그리고 요한복음 10:15에 각기 다른 버전이 존재한다는 사실이야말로 가장 일찍 기록된 문서가 등장하기 전에 이미 서로 다른 형태로 발전한 예수의 말이 존재했음을 증언하는 증거라고 주장한다(pp. 359ff.).

(b) 서로 평행을 이루는 형태 및 말을 두고 논쟁이 벌어지고 있다. 오래전에 G. 달만(Dalman)은 아버지와 아들이 서로 알고 있음을 언급하는 두 절(clauses)이 '사실은 친밀한 이해의 상호성을(서로 친밀히 이해하고 있음을) 표현하는, 오리엔트의 상세한 표현 양식을 이루고 있다'고 말했다.[87] 더 근래에는 신약 학자 가운데 원숙한 경지에 이른 아람어 전문가들이 달만의 견해를 되풀이했다: 두 줄 사이에 존재하는 교차대구 평행법은 '그냥 상호 관계를 나타내는, 다시 말해 아버지와 아들만이 실제로 서로 알고 있음을 표현하는 오리엔트식의 완곡어법이다.'[88] 실제로 사용하는 용어로 표현하면, 하나님을 아는 지식이 구약성경의 공통 주제다.[89] W. D. 데이비스(Davies)는 특히 사해문서의 본문들에 주목했다. 그 본문들은 "**종말**(*eschaton*)을 들여다보는 통찰과 하나님을 친밀히 아는 '지식'을 결합하되," 마태복음 11:25 이하와 평행을 이루지만 헬레니즘식(그리스식) 지식(Hellenistic gnosis)과는 구별되는 방식으로 결합해 놓았다.[90] 하지

87. Dalman, *Words* p. 283.

88. Jeremias, *Prayers* p. 47; *Theology* I pp. 57f. 아울러 C. F. Burney, *The Poetry of Our Lord*, Oxford 1925, pp. 171f.; T. W. Manson, *The Sayings of Jesus*, SCM Press 1949, p. 79; W. L. Knox, *Some Hellenistic Elements in Primitive Christianity*, Schweich Lectures 1942, London 1944, pp. 6f. M. Black, *An Aramaic Approach to the Gospels and Acts*, Oxford ³1967은 이 구절을 주석하지 않았다.

89. J. Schniewind, *Das Evangelium nach Matthäus*, NTD ¹¹1964, pp. 151f.를 보라.

90. W. D. Davies, "'Knowledge' in the Dead Sea Scrolls and Matt. 11.25-30," *HTR* 46, 1953, reprinted in *Christian Origins and Judaism*, Darton, Longman & Todd 1962, pp. 119-144; 아울러 *The Setting of the Sermon on the Mount*, Cambridge 1964, pp. 207f. 특히 Schweizer, *TDNT* VIII p. 373 주281이 열거하는 사해문서 본문을 보라: 1QS 4.22, 9.17f., 11.3, 15-18; 1QSb 4.25-28; 1QH 2.13, 10.27f. 아울러 A. M. Hunter, 'Crux Criticorum — Matt. 11.25-30,' *NTS* 8, 1961-1962, p. 245을 보라. 더 부정적 평가를 살펴보려면 H. Braun, *Qumran und das Neue Testament*, Tübingen 1966, I pp. 23ff.을 보라.

만 데이비스가 인용하는 평행 본문들은 서로 아주 가깝지 않다.[91] 오히려 근래에 F. 크리스트(Christ)와 M. J. 석스(Suggs)가 언급한 유대 지혜 문헌 안에서 들어있는 본문들,[92] 특히 의로운 사람에 관하여 말하는 지혜서 2:10-20이 더 설득력 있다.

> 그는 하나님을 아는 지식을 가졌다고 주장하며
> 자신을 주의 아들이라 부른다. …
> 그리고 그는 하나님이 그의 아버지이심을 자랑한다.
> (지혜서 2:10-20; 참고, 집회서 4:10, 51:10).

이 문맥에서 27절이 보여주는 가장 놀라운 특징은 둘째 줄이 아들을 **알 수 없음**을 강조한 것이다. 영지주의 문헌에는 실제로 이와 평행을 이루는 말(유사한 말)이 없으며, 사실 영지주의 사상에는 불쾌한 말이다. 영지주의라면 오히려 아들을 아는 **지식**을 강조했을 것이다.[93] 이와 가장 유사한 평행 본문 역시 지혜 문헌에서 찾을 수 있으나(욥 28:1-28, 집회서

---

91. Bultmann, *Tradition* p. 160 주1이 인용하는 아크나톤(Akhnaton)의 태양 송가와 대비해 보라.
    '당신의 아들 아크나톤 외에는 아무도 당신을 모르나이다.
    당신은 그에게 당신의 계획과 능력을 가르치셨나이다.'
92. F. Christ, *Jesus Sophia*, Zürich 1970, pp. 81-93; Suggs pp. 91ff. 아울러 A. Feuillet, 'Jésus et la Sagesse Divine d'apres les Évangiles Synoptiques,' *RB* 62, 1955, pp. 161-196. Flusser는 특히 1QH 4.27-29에 주목하게 한다(p. 95).
93. Hoffmann pp. 124f. 이 점을 다룬 텍스트에 품은 불만이 우리가 2세기와 3세기 권위자들 가운데서 발견하는 텍스트의 혼란을 설명하는 데 얼마간 도움을 줄지도 모르겠다. Harnack은 이 혼란을 보고 누가복음에는 (따라서 Q에도) 본디 '아버지 외에는 아들이 누구인지 아는 이가 아무도 없다'는 말이 없었다고 결론지었다.

1:6, 8, 바룩 3:15-32; 참고, 고전 2:11),[94] 이 본문들은 27절처럼 간결하지 않다. 사실, 산상 설교가 보존해 놓은 예수의 말을 지혜 문헌과 랍비 문헌에 있는 유사한 말들과 대비해 보았을 때 알 수 있는 것처럼, 어쩌면 말의 간결함이야말로 예수 자신의 스타일을 보여주는 특징으로 여길 수 있을 것 같다.

게다가, 마태복음 11:27이 그 문맥에 더 단단히 속할수록 이 본문과 지혜(the Wisdom)의 연관 관계도 더 강고해진다. 특히 마태복음 11:25-30과 집회서 51장의 평행 관계(유사성)는 E. 노르덴(Norden)의 작품이 나온 뒤로 익히 알려졌다.[95] 28-30절은 분명 지혜의 말(지혜 어록)의 모든 표지를 갖고 있으며,[96] 아람어로 쉽게 번역할 수 있다.[97] 그러나 누가복음에 있는 평행 본문에는 이 구절들이 없다는 점, 그리고 도마복음(로기온 90)에서는 이 구절들이 그 문맥과 상관없는 별개의 말로 다시 등장한다는 점을 고려할 때, 25-30절이 본디 통일된 본문이었는지 의문이 든다. 이런 점 때문에 앞선 문맥은 지혜가 27절의 배경을 제공한다는 견해를 밑받침할 가능성이 줄어든다.[98] 27절과 25-26절의 연결 고리는 더 단단한

94. Christ p. 89(Christ and Hoffmann p. 137 주144이 말하듯이, 욥기 18장에는 그런 평행 본문이 없다).

95. F. Christ도 잠 8:1-36과 집회서 24:1-22에 있는 평행 본문에 주목케 한다.

96. Bultmann, *Tradition* p. 159; Christ pp. 100-119, 그리고 그가 103쪽 주394에서 인용하는 것들; 아울러 G. von Rad, *Wisdom in Israel*, ET SCM Press 1972, pp. 166-176을 보라.

97. Black pp. 183f.

98. 더 제시한 것은 Betz, 'Logion' pp. 19f.을 보라. 아울러 van Israel pp. 148f.을 보라. 하지만 많은 학자는 Q에 들어있는 마 11:25-30의 통일성을 주장한다: 반 이스라엘은 M. Rist, W. D. Davies, 그리고 A. Feuillet를 언급한다(p. 147); 아울러 가령 Dibelius, *Tradition* p. 280; U. Wilckens, *TDNT* VII pp. 516f.을 보라.

데, 여기서 다시 지혜라는 배경과[99] 아람어에 그 기원이 있다는 것이[100] 분명하게 드러난다. 사실, 25-26절과 27절이 각각 독립된 기원을 갖고 있다고 주장하기는 어려울 것이다.[101] 두 본문이 말하는 주제가 서로 밀접하게 연결되어 있고,[102] 구조가 정확히 평행을 이루고 있기 때문이다—두 본문이 각각 네 줄인데, 각 본문의 두 줄은 계시가 숨겨져 있음을 대비하여 일러주는 반의(反意)평행법(antithetic parallelism)이며, 각 본문의 마지막 줄은 강조를 담고 있다.[103] 따라서 '언어, 스타일 그리고 구조로 보아 이 말은 분명 셈어를 말하는 환경에서 나왔다'는 예레미아스의 판단은[104] 여러 타당한 근거가 있다.

따라서 **종교사**에 등장한 평행 본문(*religionsgeschichtliche* parallels)을 근거로 내세운 주장은 결정적이지 않다. 헤르메스주의 기록(Hermetic writings)

99. Suggs pp. 83ff.; Christ pp. 81-85.

100. Bultmann, *Tradition* p. 160; Manson, *Sayings* p. 79.

101. 참고, Hunter p. 244; Wilckens p. 517. Bousset는 25-26절을 예수가 정말 했던 말로 받아들이면서도, 이 본문과 27절의 연관성이 '철저히 피상적'이라 생각했다(p. 85). Bousset 뒤의 몇몇 주석가도 같은 생각을 피력했다(가령 Klostermann, *Matthäus-evangelium*, HNT [4]1971, p. 102; Christ p. 81 주292을 보라). 특히 Hoffmann은 27절의 첫째 행을 예수 부활 후에 초기 공동체가 25-26절의 해석으로서 덧붙인 것이라 여긴다(p. 109; 참고, Schulz, *Q* p. 215; E. Schweizer, *Das Evangelium nach Matthäus*, NTD 1973, p. 174). 그러나 27절은, 아들이 곧 계시의 중개자라는 생각 그리고 특히 아들을 알 수 없다는 생각이 분명하게 일러주듯이, 결코 그저 25-26절을 발전시킨 본문이 아니다(더 자세한 것은 아래를 보라).

102. παῖήρ, ἀποκρύψαι, ἀποκαλύψαι, εὐδοκία는 ᾧ ἐὰν βούληται에 상응함.

103. 참고, Jeremias, *Prayers* p. 46; *Theology* I p. 57.

104. Jeremias, *Prayers* p. 46; *Theology* I p. 57. 27절 첫 행에서 유대 묵시 사상의 영향을 인식하는 것도 가능하지만(특히 Schweizer, *TDNT* VIII pp. 372f.; Schulz, *Q* pp. 222f.을 보라), 불필요한 일이다(아래 5.2 [c]을 보라). 이 본문이 다양한 조각의 조합임을 주장하길 원하지 않는다면, 이 본문을 이 본문에 가장 큰 영향을 준 배경에 놓고 보는 것이 더 그럴듯하다.

과 영지주의 기록에 들어있는 후대의 평행 본문은 마태복음 11:27이 늦게야 형성된 본문이라는 증거를 전혀 제공하지 않는다. 아울러 기독교 등장 전에 존재한 지혜 문헌에 마태복음 11:27과 유사한 본문이 있어도 이런 사실이 마태복음 11:27이 일찍 형성됐음을 확증해 주지 않는다. 지혜 사색(Wisdom speculation)이 헬레니즘과 영지주의의 영향이 가장 활발했던 1세기부터 유대교와 중동(근동) 및 헬레니즘 세계의 다른 문화들을 가르는 경계를 제공한 것 같다.[105] 상황이 이렇다 보니, 마태복음 11:27 같은 본문이 등장한 시점을 양식비평 방법으로 판단하기는 거의 불가능하다—이런 사실은 한편으로는 기독교 등장 전의 유대 지혜 문헌과 아주 긴밀하게 연결되어 있고 다른 한편으로는 도마복음과 아주 긴밀하게 연결되어 있는 마태복음 11:25-30 본문 자체가 극명하게 보여준다.[106]

따라서 우리가 여기서 갖고 있는 예수의 말이 유대교의 지혜 사색에서 등장한 것이라고 한다면, 이런 질문이 나오게 된다. **예수**가 그런 사색에서 영향을 받았을까? 예수는 헬레니즘의 영향이 아주 넘칠 대로 넘쳐나던 그 유대 사상의 경계 지역을 익히 알고 있었는가? 예수가 익히 알았다고 보는 대답을 가장 강하게 지지하는 고찰 결과는 이렇다: (1) 27절은 이 구절보다 예수에게서 나온 말이라고 더 크게 확신할 수 있는

---

105. 더 자세한 것은 M. Hengel, *Judaism and Hellenism*, ET SCM Press 1974, 제3장, 특히 vol. I pp. 202ff., 228f., 252; vol. II p. 11 주415을 보라.

106. 참고, 'Die Hodajot-Formel in Gebet und Hymnus des Frühchristentums,' *Apophoreta: Festschrift für Ernst Haenchen*, Berlin 1964, pp. 226ff.; 아울러 'Logoi Sophon: on the Gattung of Q,' *The Future of our Religious Past: Essays in Honour of Rudolf Bultmann*, ed. J. M. Robinson, SCM Press 1971, pp. 129f.; H. Koester, 'The Structure and Criteria of Early Christian Beliefs,' *Trajectories through Early Christianity*, Fortress 1971, p. 221을 참고하라.

25절과 단단하게 결합해 있다(25절은 하나님을 아버지라 부르는 **압바** 기도요, 유대의 특성을 그대로 보여주며, 아기, 유아를 뜻하는 νήπιος를 적극 사용하고, 기독론과 관련된 칭호를 전혀 쓰지 않는다).[107] (2) 예수는 대중에게 더 널리 알려져 있던 유형의 유대 지혜(Jewish wisdom)에서 확실히 영향을 받았으며,[108] 십중팔구는 헬레니즘 스타일의 지혜에 더 가깝게 발전된 변형들도 모르지는 않았을 것이다. 따라서 특히 우리는 적어도 사람들 사이에 논쟁이 없는 다른 한 본문, 곧 예수가 그의 제자들에게 친밀히 가르치는 모습을 담은 본문에서 집회서의 영향을 찾아낼 수 있다—마태복음 6:12(집회서 28:2); 아울러 마태복음 6:13(집회서 23:1과 33:1)을 보라. (3) 이미 제시한 내용이지만, 어쩌면 이 말의 간결함 역시 예수 자신의 스타일을 드러내는 특징으로 여길 수 있을지도 모른다.[109] 이런 고찰 결과가 이 말이 진짜로 예수가 한 말임을 확실히 주장할 수 있게 해 줄 정도로 강력한 증거인가는 또 다른 문제다. **종교사**와 양식(양식 비평)에 근거한 판단 기준은 다만

---

107. 참고, F. Mussner, 'Wege zum Selbstbewusstsein Jesu. Ein Versuch,' *BZ* 12, 1968, pp. 167ff.; Hoffmann pp. 110f.; 그리고 위 주101. Bultmann: "나는 그것(25-26절)을 그(예수)의 말로 여기지 말아야 할 설득력 있는 이유를 모르겠다"(*Tradition* p. 160). W. Grimm, 'Der Dank für die empfangene Offenbarung bei Jesus und Josephus,' *BZ* 17, 1973, pp. 249-256은 마 11:25-27, 『에녹서』 39:9-11, 69:26, 1QH 7.26f., Josephus, *Bell.* III.354, 단 2:19-23(*Bell.* III. 354의 전형)에 존재하는 평행 관계에 특히 주목하라고 요구한다. Catchpole, *Trial*은 25-26절과 27절의 법률 용어가 25-27절의 통일성을 강조해 주고 이 로기온이 진짜 예수가 한 말이라는 주장에 힘을 실어준다는 점에 주목할 것을 요구한다(pp. 145ff.).
108. Bultmann이 예수가 했다고 보는 지혜의 말들 모음집을 보라(*Tradition* pp. 69-108). 예수가 이미 지혜의 교사로서 명성을 얻지 않았다면 예수가 말했다는 로기아를 그렇게 광범위하게 모으는 일을 생각하기 힘들었을 것이다.
109. E. Trocmé, *Jesus and his Contemporaries*, ET SCM Press 1973은 '예수를 가장 뛰어난 지혜서 저자와 동등한 인물로 만들어주는 주목할 만한 표현의 정수(精髓)'를 이야기한다(p. 40).

예수가 그렇게 말했을 수도 있었음을 보여줄 뿐이다. 그러나 예수 전승 안에 더 확실한 증거인 평행 본문이 없기 때문에, 십중팔구는 이것이 진정 예수의 말일 **가능성**을 인정하면서도 이 문제의 확실한 답은 유보해 두는 것이 균형 잡힌 결론임을 인정해야 한다.[110]

(c) 마태복음 11:27이 예수가 정말로 한 말임을 부인하는 세 번째 이유가 필시 이 말의 진정성 여부를 둘러싼 논쟁 역사에서 가장 결정적이었던 것 같다. 자신이 '제약 없는 권위'를 가졌으며(27a절) **유일무이하고 독특한** 아들(*the* Son)이라는 예수의 주장은 부활 전의 예수 자신이 한 말보다 부활 후의 기독교 신앙에서 더 쉽게 확인할 수 있다. 그러나 마태복음 11:27이 예수가 정말로 한 말이 아니라는 것에 대한 반대 주장을 훨씬 예리하게 제시할 수도 있다.

첫째, 27절은 '제약 없는 권위'를 가졌다는 주장을 구성하지 않는다. 아버지가 예수에게 주신 '모든 것'(πάντα)은 다름 아니라 아버지가 학식이 있고 슬기 있는 이들에게는 숨기셨던 '이것들'(ταῦτα)일 수 있다(25절—'쌍둥이' 절). 즉, '모든 것'은 권력과 권위가 아니라 지식을 일컫는 말임이 틀림없다. παραδιδόναι(교리, 지식, 거룩한 학문을 전달해줌을 가리키는 전문 용어), 그리고 27절의 나머지 부분이 ἐπιγινώσκειν('알다')과 ἀποκαλύψαι('계시하다')를 말하는 것도 '모든 것'이 지식을 가리킴을 암시한다.[111]

---

110. 이 본문을 예수가 정말로 한 말로 여기는 이 가운데에는 A. Schlatter, J. Schniewind, T. W. Manson과 W. Manson, J. Bieneck, O. Cullmann, J. Jeremias, van Iersel; I. H. Marshall, 'The Divine Sonship of Jesus,' *Interpretation* 21, 1967, pp. 91-94; C. H. Dodd, *The Founder of Christianity*, Collins 1971, pp. 51f.; 그리고 Hoffmann p. 109 주29가 인용하는 다른 이들이 있다.

111. J. Wellhausen, *Das Evangelium Matthaei*, Berlin [2]1914, pp. 55f.; Klostermann, *Matt*. p. 103.

따라서 예수에게 전달된 '모든 것'은 '계시의 신비'요,[112] 마태복음 28:18의 '모든 권위'보다 마가복음 4:11에 가까운 평행 문구다. 요컨대, 마태복음 11:27a에 따르면, 예수는 하나님이 자신에게 하나님에 관한 이해를 주셨고 자신은 이런 이해를 받았다고 주장하며, 이런 이해가 그가 그의 사명에 관하여 가진 모든 이해의 기초다.

둘째, 우리는 예수가 자신을 마태복음 11:25-27에서 지혜 자체가 아니라 '계시의 중개자'요 지혜의 사절로 제시한다는 석스의 관찰 결과에 주목해야 한다(참고, 마 11:19/눅 7:34f., 눅 11:49ff.). 28-30절을 덧붙여야 비로소 예수를 실제로 지혜와 동일시할 수 있다.[113] 예수 부활 후의 그리스도인 공동체(고린도의 바울과 시리아의 마태?)가 처음으로 예수를 지혜와 동일시했다고 추정하는 것이 합리적이지만,[114] 예수가 그전에 자신을 그런 역할을 행하던 이로 보았음을 부인할 충실한 근거도 전혀 존재하지 않는다. 따라서 마태복음 11:27은 자신이 '제약 없는 권위'를 갖고 있음을 주장하는 예수를 표현한다고 보는 주장은 근거가 없다. 이보다 상당히 더 온건한 견해로서 예수를 하나님의 계시를 받은 이로 보는 견해, 특히

---

112. Jeremias, *Prayers* p. 49; *Theology* I, p. 59; 참고, Fuller, *Mission* p. 91; Christ p. 86. Hoffmann은 Hahn을 따라 πάντα를 권위와 관련지어 정의한다. 그렇지 않으면 전체 진술이 같은 말을 되풀이하는 것이 되기 때문이다(p. 120). 그러나 이것은 전혀 그렇지 않다. 아들이 계시에서 하는 중개 역할이 27절의 주된 초점이며, 이 역할은 25-26절이 전혀 말하지 않은, 완전히 새로운 생각을 표현한다(아울러 위 주101을 보라).

113. Suggs p. 96. 아울러 Hoffmann pp. 137f.; G. N. Stanton, 'On the Christology of Q,' *CSNT* pp. 37f.; Schweizer, *Matthäus* p. 177을 보라. Christ pp. 87-93, 99 그리고 그가 p. 90 주336에서 인용하는 이들은 반대 견해를 표명한다. 아울러 Schulz, *Q* pp. 224f.을 보라.

114. Suggs p. 96. 마태의 Q 어록 사용에 관하여 알아보려면 G. Strecker, *Der Weg der Gerechtigkeit*, Göttingen 1962, pp. 172ff.도 함께 보라. 아울러 아래 54.3을 보라.

하나님의 지혜를 전하는 통로로 세움 받은 이로 보는 견해는 우리가 하나님의 통치를 선포하고 율법에 관하여 가르쳤던 역사 속 예수에 관하여 알고 있는 내용과 확실히 일치한다(본서 §§ 7, 8, 13을 보라).

셋째, 한(Hahn)은 마태복음 11:27을 '기독론의 축소'(Christological narrowing)로 규정하는데, 이런 견해에도 의문을 가질 수밖에 없다. 예수가 하나님을 '압바'라 부름으로써 다른 모든 신보다 우월한 하나님과 자신이 유달리 친밀하고 내밀한 관계에 있음을 표현했음을 일단 인정하면, 십중팔구는 예수가 자신을 아들로, 곧 하나님의 아들로 생각했다고 결론지을 수밖에 없다.[115] 따라서 R. H. 풀러(Fuller)의 비판은 정당하다. "마태복음 11:27은 '기독론의 축소'가 아니라, 분명히 드러내지 않고 감춰두었던 기독론을 예수 자신의 압바 사용을 통해 분명히 표현한 것이다."[116]

하지만 바로 이런 단서(qualifications) 때문에 중대한 질문, 곧 예수가 실제로 그렇게 절대적이고 다른 모든 이를 배제하는 방식으로 자신을 '**유일무이하고 독특한** 아들'(*the* Son)이라 이야기했는가라는 질문은 여전히 남는다. 예레미아스는 달만이 하나 더 제시한 것을 정교하게 다듬어 날이 선 이 질문을 무디게 만들려고 시도했다.[117] 그는 '아들'과 '아버지'에 붙어있는 정관사를 셈어에서 무언가를 총칭하는 의미로 이해해야 한다고 주장했다. 그는 이 두 행의 연구(聯句, couplet)를 이렇게 번역해야 한다고 생각했다.

115. W. Grundmann, *Das Evangelium nach Matthäus*, THNT 1968: "만일 예수가 그의 기도에서 하나님을 아버지라 부른다면, 그는 아들로서 말하는 것이다"(p. 237); 아울러 'Sohn Gottes,' *ZNW* 47, 1956, p. 128을 보라.

116. Fuller, *Foundations* p. 133 주20; Hahn은 '아들'이 예수의 압바 사용에서 유래함을 인정하면서도 초기 교회에서 나온 말이라고 말한다(p. 313).

117. Dalman, *Words* pp. 193f.

31-32

아버지만이 그의 아들을 알고(Only a father knows his son)

아들만이 그의 아버지를 안다(and only a son knows his father)

결국 예레미아스는 우리가 본디 갖고 있는 것이 '실제로 아버지와 아들만이 서로 안다는, 인간의 체험에 관한 아주 일반적인 진술'이라고 말한다.[118] 그렇다면 우리가 과연 27절에서 중간의 두 행 연구만 얼른 떼어낸 다음, 이 두 행 연구의 진정성을(이 두 행 연구가 진짜 예수가 한 말임을) 다른 두 행과 상관없이 주장할 수 있을까? 27절 전체는 분명 25절과 26절에 따라 나오기 때문에 27절을 25, 26절과 그리 쉽게 분리할 수 없다. 더욱이, 예레미아스가 밝혀냈다고 주장하는 말은 기억할 만큼 중요한 말이 아니요, 과연 사람들 사이에 널리 퍼져 있던 격언으로서의 진리라 할 수 있는 것인지 의심이 든다. 27절은 결코 그런 것이 아니다! 27절은 하나의 전일체(全一體)로서 서거나 넘어지는 본문임이 거의 확실하다. 그리고 예수나 초기 교회가 이런 격언을 27절의 말 속에 결합했다 하더라도, 이 네 행의 첫째 행과 마지막 행은 중간에 있는 두 행 연구가 그 격언을 예수 자신과 아버지(하나님)의 관계에 적용한다는 것을 아주 분명하게 보여준다. 그리되면 27절 전체는 예수가 하나님의 아들이라는 것만 이야기하는 셈이다. 이 주장의 배타성과 절대성(예수 자신만이 유일무이하고 독특한 하나님의 아들이라는 주장)은 그대로 남는다!

결국 마태복음 11:27이 정말 예수가 한 말인가라는 문제는 '예수가

118. Jeremias, *Prayers* pp. 47f., 50f.; *Theology* I pp. 58-60; 참고, C. H. Dodd, 'A Hidden Parable in the Fourth Gospel,' *More New Testament Studies*, Manchester 1968, pp. 30-40; Schweizer, *Matthäus*, p. 176.

자신과 하나님의 관계를 이렇게 절대적, 배타적 방식으로 이야기할 수 있었을까?'라는 핵심 질문으로 귀결된다. 그 물음에는 '그렇다'고 딱 잘라 대답할 수 없다. 이 말 자체가 공관복음에 있는 로기아(예수의 말) 가운데서도 독특할 뿐 아니라 예수 부활 후의 기독론과 아주 긴밀한 유사점을 갖고 있기 때문이다. 그렇다고 '아니다'라고 분명하게 답할 수 있는 것도 아니다. 이는 우리가 이미 언급한 것처럼 자신의 독특함(구별됨)에 관한 인식이 예수의 **압바** 기도를 특징짓는 것처럼 보이기 때문이다. 25절과 26절에 **압바** 기도가 있다는 것, 그리고 27a절에 '내 아버지께서'라는 말이 있다는 것은 27절에 있는 언어가 하나님이 곧 자신의 아버지라는 예수 자신의 체험에서 직접 나왔으며, 27절 중간의 두 행 연구가 아버지와 아들을 언급한 것도 예수가 자신과 하나님의 관계를 구별해 주는 특징이라 느꼈던 독특함(구별됨)과 같은 의미를 담고 있음을 잘 일러주는 증거일 수도 있다. 이런 점을 볼 때, 27절을 여는 절(clause)에서 주장한 절대성과 27절을 마치는 절에서 주장한 배타성이 예수의 진짜 가르침을 되울려주는 말이라 보는 것이 더 그럴듯하다. 그러나 큰 불확실성이 여전히 남아 있기 때문에, 내가 여기서 할 수 있는 것은 그저 독자 스스로 판단할 여지를 남겨두는 것뿐이다. 따라서 이와 다른 견해들을 제시하는 것도 가능하다. 우리는 이 27절의 말에서 예수 자신이 아버지와 갖고 있는 독특한(다른 이들과 구별된) 친밀함을 인식하고 있음을 대담하게 자세히 밝히고, 아울러 그 영이 지극히 고양된 순간에 자신이 받은 사명을 의식했음을 역시 대담하게 자세히 밝힌 말을 듣는가(참고, 눅 10:18, 21)? 아니면, 이 말은 예수 부활 후에 교회가 과거 일을 곱씹으면서, 혹은 영에 감동하여, 혹은 교리에 더 치우친 분위기 속에서 만들어 낸 작품인가?

32-33

(d) 마지막으로, 나는 27절에 있는 예수의 말이 애초에 부활 후의 그리스도인 공동체에서 유래했으며 예수가 곧 인자(Son of Man)임을 확인함으로써 지혜라는 모티프와 묵시 모티프를 융합했음을 보여준다는 주장과 관련하여 간단히 두 가지를 언급하고 넘어가야 할지도 모르겠다.[119]

첫째, 27절에 나오는 '아들'이라는 칭호는 계시의 내용이 아니라 오히려 계시의 전제다. 만일 호프만(Hoffmann)의 생각이 옳다면, 아버지를 계시하는 이는 바로 아들이며, 인자인 아들의 존엄을 계시하는 이는 바로 아버지다. 이는 예수가 곧 하나님의 아들이라는 생각이 예수가 하나님을 '압바'라 부름에 따른 추론으로서 곧바로 등장했음을 암시하거나 (25절과 26절), 초창기 그리스도인 공동체가 예수가 하나님의 아들임을 이미 당연하게 받아들이고 있었음을 암시한다. 그러나 아버지-아들 모티프는 예수가 한 말을 전해 준 초기 교회 전승 안에 많이 들어있지 않았다—실제로 공관복음 전승 안에서는 마태복음 11:27이 유일무이하고 독특하다. 아버지-아들 모티프를 아주 상세히 일러주는 말은 더 시간이 지나서야 비로소 등장한다.[120] 이는 아버지-아들 모티프가, '인자' 및 '메시아'와 달리, 초창기 공동체 안에서 새로운 계시로서 힘을 갖거나 사고(思考)를 지배하는 범주로서 힘을 갖지는 않았음을 시사한다. 따라서 또 다른 가능성, 즉 예수가 곧 하나님의 아들이라는 것은 예수 **자신의** 가르침이 지닌 한 측면이었으며, 초기 그리스도인 공동체는 이를 한동안 묵혀둔 채 그대로 놔두었을 가능성이 다시 떠오른다.

---

119. Hoffmann pp. 139-142; 참고, H. E. Tödt, *The Son of Man in the Synoptic Tradition*, ET SCM Press 1965, pp. 258f.

120. Jeremias, *Prayers* pp. 29-35. 참고, V. Taylor, *The Person of Christ in New Testament Teaching*, Macmillan 1958, p. 197.

둘째, 마태복음 11:27에 있는 예수의 말이 예수 부활 이후의 공동체에서 나왔다는 주장은 이 본문의 2행이 왜 25-26절을 해석한 내용 가운데 일부를 이루는가를 설명하지 못한다—'아버지 외에는 어느 누구도 아들을 모른다.' 이는 아들에 관한 계시가 아니라 아들을 **알 수 없음**(*unknowability* of the Son)을 강조한다. 초창기 공동체들은 확실히 그들이 예수에 관한 새 계시를—예수가 메시아요, 어쩌면 이미 주(主)인 분일지도 모르며(참고, 고전 16:22), 존엄한 인자임(호프만)을 일러주는 계시를—받을 이들로 특별히 선택받았음을 더 많이 의식하고 있었다.[121] 27절이 아들에 관한 계시보다 아버지에 관한 계시를 많이 이야기한다는 사실 역시 이 말의 기원이 예수 부활 후가 아니라 부활 전임을 시사한다.[122]

요약해 보자. 우리는 마태복음 11:27을 예수의 자기 이해를 일러주는 증거로 사용할 수 있을까? 어떤 이들은 이 본문이 예수 부활 이후의 사고를 반영한 것이라며 곧장 무시하려 할 것이다. 그런가 하면 다른 이들은 예수의 **압바** 기도에서 나타난 자기의식과 마태복음 11:27에서 나타나는 자기의식 사이의 거리가 예수 부활의 건너편까지 미치지 않는다고 느낄 것이다. 나 자신은 여전히 어느 쪽인지 결정하지 못했음을 고백한다. 예수가 이런 말을 했을 가능성이 분명 없지는 않지만, 남아있는 증거를 고려할 때 우리가 내릴 수 있는 결론은 그저 가능성 정도다. 따라서 이런 증언을 완전히 무시해서는 안 되지만, 그렇다고 그 증언을 토대로 중요한 무언가를 쌓아올리면 어리석은 일이 될 것이다. 이 증언을

121. 특히 막 9:9, 고전 2:6-16, 갈 1:12, 15f., 살전 1:10을 참고하라.

122. Harnack의 유명한 말을 참고하라: "예수가 선포했던 복음은 오직 아버지와 관련이 있었지 아들과는 무관했다"(*What is Christianity* Lecture 8). 27절이 예수의 권위를 의심하는 정황(마 13:54-56; 참고, 막 6:2f.)에서 나왔다고 보는 Van Iersel의 견해(pp. 152-157)는 27절이 25-26절에 의존하고 있다는 점을 설명하지 못한다.

요약할 때, 이 증언과 우리가 앞서 발견한 것들을 대비하며 요약해도 될 것 같다.

(1) 예수는 아버지인 하나님에게 기도했다. 여기서 그는 하나님을 **안다**고 주장한다. 히브리 전승을 살펴보면, 개인과 개인의 관계라는 맥락에서 말하는 앎(지식)은 '지혜로운 자가 묵상으로 얻은 지식을 가리키는 것이 아니라, 알려진 이와 맺고 있는 내밀한 관계를 동시에 늘 포함하는 인식을 가리킨다.' 특히, 이는 하나님과 사람의 관계에서 '아무 공로가 없어도 하나님이 베풀어주시는 사랑을 깨우친 뒤 그 사랑에 **반응하여 보이는 사랑이요 신뢰를 담아 하나님에게 굴복함**'을 말한다.[123] 그렇다면 여기에서도 **압바**가 가리키는 것은 바로 그런 나-너(I-Thou) 관계다. 예수는 아들이 그 아버지에게 느끼는 따뜻함과 친밀함을 품고 하나님을 안다. 예수에겐 하나님을 안다는 것이 곧 하나님을 아버지로 안다는 것을 의미한다.

(2) 예수는 당연히 그와 하나님의 관계를 뭔가 독특한(다른 이와 하나님의 관계와 구별된) 관계라고 느꼈을 수 있다. 마태복음 11:27을 보면, 이런 독특함(구별됨)을 드러내는 음조(音調)가 유일무이함을 드러내는 음조가 된다(위 주71과 대비해 보라): 예수는 하나님이 아주 특별하게 구별한 이이기 때문에, 하나님이 그에게 건네주신 '모든 것'을 말할 수 있다. 그는 하나님이 주신 계시를 받는 유일무이한 이가 됐고, 하나님의 지혜의 유일무이한 통로가 됐다. 이보다 훨씬 놀라운 것은 하나님을 아는 그의 지식이 유일무이하다는 것이다: 그는 어느 누구도 알지 못하는 하나님을 안다. 그가 하나님과 체험한 상호 관계와 유사하거나 비길 수 없는 것은

123. W. Eichrodt, *Theology of the Old Testament* Vol. II, ET, SCM Press 1967, P. 292; 참고, Bultmann, *TDNT* I p. 698.

전혀 없다. 동시에 하나님을 아는 그런 유일무이한 지식은 다른 이들도 공유할 수 있다—'아들이 계시하기로 택한 사람은 누구나 공유할 수 있다'(11:27 NEB의 네 번째 행/한국어의 세 번째 행). 이는 마치 다른 이들(예수의 제자들)이 하나님을 '압바'라 부를 수 있음과 같다.

(3) 예수는 '압바'를 담은 말에서 현실을 모면하려 하지 않고 아주 끔찍한 현실을 기꺼이 받아들이겠다는 의지를 표현했다(막 14:36). 따라서 마태복음 11:27에서도 하나님을 앎은 신비한 경건을 표현한 게 아니라 사명—복음뿐 아니라 심판의 음조를 담고 있는 사명(11:25f.)—을 받아들임을 표현한다(11:27 NEB의 네 번째 행/한국어의 세 번째 행).

5.3. **마가복음 13:32, 12:6, 누가복음 22:29f.** 예수의 하나님 체험을 들려주는 가장 중요한 증언 가운데서 마태복음 11:27을 잃어버린다면, 이를 보충할 수 있는 것은 아무것도 없다. 이 세 본문만이 자기가 곧 하나님의 아들이라는 예수의 자기의식을 일러줄 수 있는 증언으로 진지하게 고려하면서 주목할 만한 가치가 있는 다른 본문들이다.

(a) 마가복음 13:32은 마태복음 11:27과 가장 비슷한 본문이다—'그 날과 그 시(時)는 아무도 모르고, 하늘에 있는 천사조차 모르며, 아들도 모르고, 아버지만 아신다.' 이는 동떨어져 있는 고립된 말이지만, 분명 묵시 문맥에 속하며, 틀림없이 예수의 사역에서 나왔거나 초기 교회에서 나온 말이다. 이 말을 초기 교회에서 나온 말로 볼 경우 어려운 점은 이것이다: 즉, 우리가 이 말의 기원이 이르다고 볼수록, 예수 세대가 수십 년 동안 존속했기 때문에(참고, 막 13:30) (이들이 그날과 그 시를) 모르는 것을 예수에게 돌릴 필요가 없었지만, 우리가 예수의 다시 오심(parousia)이 늦어짐을 설명하고자 이 말의 기원을 늦춰 잡을수록, 예수는 그리스도

인 공동체의 생각 속에서 점점 더 높이 올림을 받았고 예수를 역시 몰랐다고 인정할 가능성이 줄어들었다(고전 12:3과 누가가 [그리고 어쩌면 마태도] 이 구절 전체를 생략해 버린 것이 그 점을 분명하게 설명한다). 반면, C. K. 바레트(Barrett)가 지적하듯이, 이런 종류의 고찰은

> 기껏해야 그 내용만 변호할 수 있을 뿐이지, 이 구절의 형성은 결코 변호하지 못한다. 설령 이 구절이 말하는 내용이 진짜일지라도 … 사용할 수 있는 칭호 가운데 가장 존귀한 칭호로 예수를 묘사한 것은 바로 전승이 끌어들인 일종의 보상(compensation)일 것이다.[124]

다시 말해, 이 구절은 고작해야 예수가 미래에도 하나님이 아버지임을 확신한다는 것을 표현하지만, 그 외에도 자신이 특별한 계시를 가졌음을 고백하기보다 자신 역시 하나님의 계획을 모름을 고백하는 말일 수 있다.[125]

(b) 마가복음 12:6. 마가복음 12:1-9을 예수의 비유로 선뜻 받아들이지 않는 견해가 널리 퍼져 있다—이는 정당한데 이 본문이 분명 알레고리 성격을 띠고 있기 때문이다.[126] 그러나 공관복음에 있는 형태를 보면,

---

124. Barrett, *Jesus* pp. 25f.; 참고, Schweizer, *TDNT* VIII p. 372; Kümmel, *Theology* p. 75.

125. 이 말이 정말로 예수가 한 말임을 주장하는 이들로 Schniewind, *Markus* p. 175; Lohmeyer, *Markus* p. 283; Taylor, *Mark* p. 522; Kümmel, *Promise* p. 42; W. Grundmann, *Das Evangelium nach Markus*, THNT 1959, p. 271; Marshall, 'Divine Sonship' pp. 94f.; van Iersel pp. 117-123이 있다. Van Iersel은 '천사, 아들, 아버지'라는 순서를 초자연적 존재에 관한 의식을 암시하는 우선(선행) 순서로 해석한다 (p. 123).

126. 특히 W. G. Kümmel, 'Das Gleichnis von den bösen Weingärtnern,' *Aux sources de la tradition chrétienne, Mélanges M. Goguel*, 1950. 이는 *Heilsgeschehen und*

그 알레고리가 모든 세부 내용으로 확장되지 않기 때문에 후대 교회의 알레고리와는 다르다. 예수가 알레고리 요소가 들어있는 비유들을 이야기했음을 부인하는 것은 그것과 반대되는 사실을 일러주는 강한 증거(특히 막 4:3-8) 앞에서 비유를 그저 경직된 자세로 정의하는 입장을 억지로 고수하는 것일 뿐이다.[127] 결국, 마가복음 12장의 비유에 영감을 준 자료일 가능성이 지극히 높은 이사야의 포도밭(사 5장)은 그 자체가 알레고리다.[128] 마찬가지로 가진 것을 다 빼앗기고 버림을 받으리라는 위협은 예수가 자신의 메시지를 거부함에 대하여 제시한 경고의 변형일 뿐이요(참고, 마 12:41f./눅 11:31f., 눅 13:6-9), 예수를 상대로 비유임을 부인하는 논거로 사용할 수 없다.[129] 여기서 주된 문제는 '사랑하는 아들'(υἱὸν ἀγαπητόν—막 12:6)과 그의 죽음을 언급한 말에 있다. 이 말 전체가 초기 교회가 구원사를 제시한 표현과 아주 비슷하게 들리기 때문이다. 하지만 이 비유보다 간단한 버전이 도마복음에 있다는 사실(로기온 65), 그리고 마태복음에 있는 또 다른 버전(마 21:37)에는 ἀγαπητόν이 없다는 사실은 초기 교회가 예수가 본디 말했던 비유를 어느 정도 정교하고 자세하

Geschichte, Marburg 1965, pp. 207-217에 담겨 재출간됐다; 아울러 *Promise* pp. 82f.을 보라.

127. 더 자세한 것은 R. E. Brown, 'Parable and Allegory Reconsidered,' *NovTest* V, 1962, 이는 *New Testament Essays*, Chapman 1965, pp. 254-264에 담겨 다시 출간됐다; C. F. D. Moule, *The Birth of the New Testament*, A. & C. Black 1962, pp. 149f.; 'Mark 4.1-20 Yet Once More,' *Neotetamentica et Semitica: Studies in Honour of Principal Matthew Black*, ed. E. E. Ellis & M. Wilcox, T. & T. Clark 1969, pp. 95-113; J. Drury, 'The Sower, the Vineyard, and the Place of Allegory in the Interpretation of Mark's Parables,' *JTS NS* 24, 1973, pp. 367-379. 아울러 아래 주 132을 보라.

128. '유대인은 알레고리에 올라타지 않으면 포도밭에 관한 이야기를 할 수 없을 것이다'(참고, 사 5:7)(Barrett, *Jesus* p. 27).

129. Kümmel, 'Gleichnis' pp. 213f.은 견해를 달리한다.

게 다듬었음을 강하게 시사한다.[130] 더욱이 예수가 자신을 예언자 계통에 서 있는 이로 보았으며 폭력에 희생당하는 죽음을 예상했음을 일러주는 좋은 증거가 있다.[131] 이러면 결국 예수가 자신의 사명을 언급하는 이 비유를 포도밭 주인의 아들이라는 알레고리 속 인물을 통해 이야기했을 가능성이 아주 높아지게 된다.[132] 어쨌든 마가복음 12:6은 **예수가 어느 누구의 강제도 받지 않고 스스로 자신을 하나님의 아들이라 생각했음**을 증언한다. 반면, 이 본문은 예수의 '메시아 자기의식'(자신이 곧 메시아라는 자의식)과 관련하여 아무 말도 하지 않으며, 종(예언자)과 아들의 차이는 이 비유의 드라마틱한 절정에 비춰 완전하게 설명될 수 있기 때문에 둘 사이를 구분할 수도 없다.[133]

(c) 누가복음 22:29f.—'내 아버지가 내게 나라를 맡기셨듯이, 나도 너희에게 맡겨 너희가 내 나라에서 내 식탁에 앉아 먹고 마시며, 보좌에 앉아 이스라엘 열두 지파를 심판하게 하려 한다.' 이것은 당연히 Q의

---

130. C. H. Dodd, *The Parables of Kingdom*, Religious Book Club 1935, pp. 124-132; Jeremias, *The Parables of Jesus*, ET SCM Press, revised 1963, pp. 70-77; Grundmann, *Markus* p. 240; van Iersel pp. 138, 141ff.; Barrett, *Jesus* pp. 27f.

131. 본서 제14장을 보라.

132. 이 비유에 개연성이 없는(당시 현실과 맞지 않아 보이는) 요소들이 있지만, 그 요소들이 이 견해에 반대하는 근거는 되지 않는다(Taylor, *Mark* p. 472; E. Linnemann, *Parables of Jesus*, ET SPCK 1966, pp. 28f.). 예수가 소유주와 악한 임차인을 다룬 유대의 한 비유(신 32:9을 다룬 Sifre)를 응용했을 가능성을 알아보려면, Flusser, pp. 97f.; J. D. M. Derrett, 'Allegory and the Wicked Vinedressers,' *JTS NS* 25, 1974, pp. 426-432을 보라. 아울러 Schweizer, *TDNT* VIII pp. 378f.; J. Blank, 'Die Sendung des Sohnes: Zur christologischen Bedeutung des Gleichnisses von den bösen Winzern Mark 12.1-12,' *Neues Testament und Kirche. Für Rudolf Schnackenburg*, hrsg. J. Gnilka, Herder 1974, pp. 11-41을 참고하라.

133. 참고, M. Hengel, 'Das Gleichnis von den Weingärtnern Mc. 12.1-12 im Lichte der Zenonpapyri und der rabbinischen Gleichnisse,' *ZNW* 59, 1968, p. 38.

맺음말(/마 19:28)—예수가 그의 유업을 유언 같은 말로 위탁하면서 마무리하는 말을 모아놓은 것—일 수 있다.[134] 마태복음 19:28a이 예수의 이 말을 아름답게 윤색한 형태라는 것은 마태가 중시하는 말인 '따르다'(ἀκολουθεῖν)를 되풀이한다는 점,[135] 헬레니즘 분위기가 풍기는 단어 '재생'(다시 새로워짐, παλιγγενεσία)을 사용했다는 점이 시사하며, 어쩌면 누가가 사용한 '나라'라는 말 대신 '인자'라는 문언 형식을 사용한 것도 마태복음 19:28a이 예수의 이 말을 아름답게 윤색한 형태임을 시사하는 증거인지 모른다.[136] 따라서 누가가 더욱 이른 Q 형태를 보존했을 개연성이 있다. 아울러 Q가 여기서 예수가 정말로 했던 말을 보존해두었을 가능성이 아주 높다. 사람들은 종종 여기 있는 예수의 말이 예스러운(archaic) 성격을 지니고 있음을 언급했다.[137] 아울러 29-30절이 표현하는 나라 개념도 마가복음 14:25에 나오는 '절제 맹세'(포도나무에서 난 것을 마시지 않겠다는 맹세)와 아주 긴밀하게 얽혀 있는데, 거기에 있는 말을 예수가 직접 하고 있다고 주장하는 이 본문은 대단히 중시해야 한다.[138] 예수

134. E. Bammel, 'Das Ende von Q,' *Verborum Veritas: Festschrift für G. Stählin*, ed. O. Böcher & K. Haacker, Wuppertal 1970, pp. 39-50; Bammel은 『베냐민의 유언』 10:4f., 『욥의 유언』 45:4, 『이삭의 유언』 8:18 그리고 요 20:22f.와 20.24ff.의 비유들을 인용하는데, 이것들을 맨 처음에 보충된 것으로 여긴다(pp. 46f.); Behm, *TDNT* II p. 105는 의견을 달리한다.

135. 참고, 마 4:20, 22, 8:22, 23; G. Bornkamm, G. Barth & H. J. Held, *Tradition and Interpretation in Matthew*, ET SCM Press 1963, pp. 54f.에서 Bornkamm이 말하는 내용을 참고하라.

136. 더 자세한 것은 Schürmann, *Jesu Abschiedsrede* Lk. 22.21-38, Münster 1957, pp. 40-44을 보라; 아울러 Fuller, *Foundations* pp. 123f.을 참고하라. 그렇지 않으면 Schulz, *Q* pp. 54f.을 보라.

137. Grundmann, *Lukas* pp. 402ff. 그리고 그가 인용하는 이들을 보라.

138. J. Jeremias, *The Eucharistic Words of Jesus*, [3]1960, ET SCM Press 1966, pp. 207-217; Kümmel, *Promise* pp. 30ff.

는 그의 제자들에게 그가 하나님과 맺고 있는 '**압바** 관계'를 어떤 의미에서는 공유하라고 가르쳤고, 그 제자들을 파송하여 하나님 나라를 이스라엘에 선포하는 예수 자신의 사명에 동참하게 했으며(본서 제4장 주55을 보라), 그의 식탁 교제를 하나님 나라의 삶을 미리 맛보는 것으로 여겼기 때문에, 누가복음 22:29-30이 담고 있는 정서는 예수의 사역을 마무리하는 시기의 맥락에 비춰 보면 쉬이 이해할 수 있게 된다. 공관복음에는 아들이라는 것('내 아버지')과 하나님 나라를 명백히 결합해 놓은 이 경우와 유사한 사례가 없지만, 유언 비슷한 말로 뒷일을 맡기는 것 같은 말을 담고 있는 이 본문의 맥락에 비춰보면, 그것은 아주 자연스러운 일이다. 아울러 이 본문을 초기 공동체에서 나온 말로 보기도 불가능하다. 초기 공동체에서는 아들-유업-하나님 나라라는 모티프가 여기서 제시하는 생각과 아주 똑같지 않고 다만 비슷한 표준 패턴을 띠고 있기 때문이다(롬 8:17, 고전 6:9f., 갈 4:7, 5:21). 아울러 마가복음 10:35ff.가 예수의 삶에서 분명 일어났음직한 상황을 제시한다는 것도 언급할 수 있겠다. 사실 누가복음 22:29-30 같은 말이 야고보와 요한의 요청을 촉발시켰을 개연성이 아주 크다. 만일 그렇다면, 누가복음 22:29-30은 예수가 하나님을 그의 아버지라 생각했고 하나님이 그의 아버지라고 가끔 이야기했음을 확인해 준다. 다시 한번 말하지만, 여기서 제시하는 생각은 하나님과 예수의 관계(나라의 '상속')가 독특한(다른 이들과 하나님의 관계와 구별된) 관계이지만(그렇다고 그 관계가 반드시 유일무이한 관계여야 하는 건 아니다) 동시에 예수가 그의 제자들에게 '전해 줄' 수 있는 관계라는 것이다.

예수가 하나님을 그의 아버지라 말하는 본문들이 또 있지만, 그런 본문들은 아주 자신 있게 인용할 수가 없다. 그런 본문들에는 '아버지'라는 칭호를 예수의 말 속에 끌어들이는 경향이 분명하게 있었기 때문이다.[139] 아마도 마태복음 16:17, 18:35, 25:34이 고찰할 만한 가치가 있는 본문이 아닐까 싶다.[140] 마가복음 8:38도 그런 본문일 수 있지만, 누가복음 12:8-9이 십중팔구 더 원형에 가까운 형태일 것이다.[141] 누가복음 12:8-9에는 하나님을 '아버지'라 부르는 말이 없다. 따라서 우리가 위에서 고찰한 본문들이 그보다 앞서 다룬 **압바** 자료를 보충하는 본문인 한, 우리가 내릴 어떤 결론도 우리가 위에서 고찰한 본문에 의존할 수밖에 없다.

§6. 결론

6.1. 우리는 예수의 하나님 체험 연구를 하르낙의 마태복음 11:27 강해를 인용하며 시작했다. 이제 우리가 내릴 결론이 확고한 것인가를 따져본다면, 우리 결론이 하르낙의 그것보다 한편으로는 나으면서도 다른 한편으로는 못하다는 것이 분명해졌다. 우리 결론이 더 나은 이유는 예수의 기도 생활에 관하여 우리가 가진 지식 그리고 예수의 **압바** 기도에 관한 우리의 인식이, 예수가 하나님의 아들임은 자신이 곧 하나님의 아들이라는 **의식**(*consciousness*)이요 예수 자신이 체험한 관계(an experienced relationship)였음을 하르낙이 알았던 것보다 분명하게 보여주기 때문이다. 기독교 신학자인 우리의 결론이 하르낙의 그것보다 못한 이유는 우리가 그 증거를 사용하여 자신이 곧 하나님의 아들이라는 예수의 인

139. Jeremias, *Prayers* pp. 30ff.

140. 마 16:17에 관하여 알아보려면, Marshall, 'Divine Sonship' pp. 95ff.을 보라.

141. Hahn, *Titles* p. 29.

식이 유일무이한 것이었음을 어쨌든 확실하게 강조하기가 더 이상 불가능했기 때문이다.[142] 게다가 하르낙은 '하나님의 아들'을—마태복음 11:27까지 포함한—공관복음의 증거가 정당화해 주는 정도를 넘어 칭호의 의미로 사용하는 것 같다. 그는 예수의 가르침을 '하나님은 곧 모든 사람의 아버지이시다'라는 말로 요약함으로써 예수가 아들 됨(sonship)과 제자 됨(discipleship) 사이에 유지한 것으로 보이는 긴밀한 연관관계(참고, 롬 8:14)를 간파하지 못했다.

그러나 방금 말한 모든 내용에도 불구하고, 하르낙이 예수에 관하여 제시한 내용이 사람들이 빈번히 인식하는 것보다 견실한 근거를 갖고 있으며 계속 이어갈 만한 가치를 갖고 있음을 인정해야 한다. 자유주의 개신교(Liberal Protestantism)는 20세기 신학에 그런 자취를 남겼지만, 그런 자유주의 개신교에 대한 반발 때문에 그 개신교가 남긴 가장 귀중한 통찰 가운데 하나를 놓치고 말았다. 예수의 가르침 가운데 들어있는 요소, 곧 하나님이 아버지라는 것은 물론 그대로 보존했지만,[143] 지나치게 이성적 차원, 지적 차원에서 보존하는 데 그치고 말았다. 그러다 결국 그 요소의 실존적 차원은 크게 간과하고 말았으며, 예수 자신의 헌신과 순종이 담고 있는 따뜻함과 친밀함도 놓치고 말았다. 예수의 특성을 꿰뚫어본 자유주의 개신교의 이런 통찰을 확인하고 그런 통찰의 기초를 훨씬 더 깊은 차원에서 견고히 다진 예레미아스의 연구 결과가 가진 중

---

142. 참고, R. E. Brown, 'How Much did Jesus Know?,' *CBQ* 29, 1967: "예수가 하나님을 아버지라 이야기한다는 것은 그가 하나님과 특별한 관계에 있다고 주장했음을 확실하게 일러준다. 그러나 예수의 공생애를 다룬 공관복음 기사에서 그가 유일무이한 아들의 지위, 곧 다른 사람들은 공유할 수 없는 아들의 지위를 주장했음을 누구도 다툴 수 없게 보여주는 증거를 찾아내기는 여전히 힘들다"(pp. 337f.).

143. 가령 Bultmann, *Jesus* pp. 136ff.; Bornkamm, *Jesus* pp. 124ff.; 그리고 위에서 언급한 논의(주62와 63).

요성은 결코 적지 않았다. 나는 이런 점을 분명히 해두고자 가장 중요한 몇 가지 점을 더 상세히 설명해 보겠다.

6.2. 예수에겐 기도가 가장 중요한 것이었다. 그는 이 기도라는 샘에서 그의 힘과 확신을 길어 올렸다. 이는 무엇보다 그가 기도할 때 하나님의 보살핌과 권위, 그리고 하나님이 아버지이심—그의 아버지이심—을 가장 깊이 의식했기 때문이다. 그는 자신이 곧 하나님의 아들이라는 이 의식을 종종 표현했다. 그러나 그는 그런 의식을 그의 제자들에게만 분명하게 표현했다. 다른 이들과 함께 있을 때에는 딱 한 번 문제가 되는 경우가 있는데(막 12:6), 이때는 비유 형태를 사용하여 자신을 드러내지 않고 감춘다.

6.3. 예수는 이런 아버지의 사랑과 권위가 자신에게 특별한 방식으로 집중됐다고 믿었다. 이렇게 보는 이유는 예수가 자신을 독특한(다른 경우와 구별된) 의미를 가진 하나님의 아들이라 생각했던 것으로 보이기 때문이다. 예수는 그의 제자들에게도 하나님을 '압바'라 부르라고 가르쳤지만, 십중팔구는 제자들이 가진 아들의 지위가 어떤 식으로든 예수 자신의 지위에 의존한다고 보았다. '내 아버지'의 독특한 본질은 심지어 예수가 다른 이들에게 '우리 아버지'라고 말하라고 촉구할 때에도 그대로 보존됐다. 누가복음 22:29도 이처럼 **그와 하나님의 관계가 독특하다는 인식, 그럼에도 이런 관계에 그의 제자들 역시 동참할 수 있다는 인식**을 표현하며, 이런 인식을 (역시?) 가장 강하게 표현하는 곳이 마태복음 11:27이다.

37-38

6.4. 자신이 곧 하나님의 아들이라는 예수의 인식은 **실존적 확신**(*existential conviction*)이었지, 그저 지적인 믿음이 아니었다.[144] 그는 아들과 아버지의 관계(a relation of sonship)를 **체험했다**—그는 하나님에게 그런 친밀함을 느꼈고, 하나님에게 인정받음을 느꼈으며, 자신이 하나님에게 의존하고 있다는 것과 하나님에게 지고 있는 책임을 느꼈다. 결국 이를 표현하는 데 적절한 말은 '아버지'와 '아들'뿐이었다. 이런 의식이 압축되어 결정체처럼 굳어진 것은, 그가 요단강에서 했던 체험 전으로 거슬러 올라가지 않는 이상, 아마도 요단강에서 했던 바로 그 체험에서 비롯됐을 가능성이 크지만(더 자세한 내용은 본서 §10을 보라), 그 증거를 토대로 예수 안에서 일어난 심리의 발전을 추적하기는 분명 불가능하다.[145] 강조해둘 점은 여기서 '아들'이 어떤 형이상학적 관계 같은 것이 아니라, 체험한 관계, 실존적 관계를 표현한다는 것이다. 물론 자신이 곧 하나님의 아들이라는 예수의 의식 아래에 어떤 형이상학적 관계가 자리하고 있다고 가정할 수도 있지만, 우리가 증거에 비춰 이야기할 수 있는 것은 오로지 예수가 자신과 하나님의 친밀한 관계를 의식하고 있었다는 것뿐이지, 예수가 자신의 아들 됨을 어떤 형이상학적 아들의 지위로 알고 있었다거나 어떤 '신(神) 의식'(divine consciousness)을 갖고 있었다는 게 아니다.[146] (하물며 자신이 '삼위일체의 두 번째 위격'이라는 의식은 더더욱 아니다!)[147] 심지어 '신(하나님)인 아들'(divine sonship)임을 의식하고 있었다고 말하는 것

---

144. 참고, Manson, *Teaching* pp. 105ff.; Taylor, *Person*: "아들이라는(아들의 지위에 있다는) 의식은 논증과 추론이 아니라 체험으로 다다른 것이었다"(p. 174).

145. Taylor, *Person* pp. 172ff.는 반대다.

146. Taylor, *Person* pp. 156ff.는 반대다. 물론 어떤 이는 마 11:27이 '결국 본성과 존재 면에서 아들임을 의미하는 아들의 지위(Sonship)를 암시한다'고 주장할지 모른다. 그러나 이런 주장은 다른 고찰 결과와 증거에 기초해야 한다.

147. 참고, Fuller, *Mission* p. 85.

도 오해를 불러일으킬 수 있다. 선재(先在, preexistence)를 의식하고 있었다고 말하는 것 역시 분명 우리가 가진 증거를 훨씬 넘어선다.[148] 결국, 이스라엘이 곧 하나님의 아들이라는 개념 자체도 창조 개념이라기보다 입양 개념이다.[149] 이스라엘 왕도 하나님의 아들로 불렸을 수 있으나(시 2:7), 사람들은 이 아들이 결코 신의 본질을 갖고 있다고 생각하지 않으며, 왕을 종종 비판했던 예언자들도 왕이 스스로 신이라 주장했다는 이유로 비판한 적은 없는 것 같다.[150] 오히려 예언자들이, 신을 자처한다는 이유로 혹독하게 비판했던 이들은 이웃 나라 왕들이었다(사 14:12ff., 겔 28:1-10).[151] 마찬가지로, 위에서 인용했던 지혜서 2장에 등장하는 의인도 자신이 '신인 아들'이라 주장했다 하여 비판받지는 않았을 것이다. 물론 '하나님의 아들'이라는 칭호 그리고 결국 '시대(시간) 전에 아버지에게서 난' 본질과 실체를 지닌 아들이라는 교리는 자신이 곧 하나님의 아들이라는 예수의 자기 이해에서 나와 발전했다.[152] 그 과정은 복음서의 몇몇

---

148. 참고, Dalman, *Words* p. 287; Cullmann, *Christology* p. 288은 A. Schweitzer를 인용하여 반대 견해를 피력하며, Christ, p. 91도 반대 견해를 피력한다; 아울러 van Iersel p. 161을 보라.
149. Manson, *Teaching* p. 91; van Iersel p. 105.
150. Dalman, *Words* p. 272; A. A. Anderson, *The Psalms*, Oliphants 1972, p. 68; 더 자세한 것은 H. Ringgren, *Israelite Religion*, ET SPCK 1966, pp. 232f.을 보라.
151. 하나 가능한 예외가 시 45:6이다. 그러나 A. R. Johnson, *Sacral Kingship in Ancient Israel*, Cardiff 1955, p. 27; J. A. Emerton, 'The Syntactical problem of Psalm 45.7,' *JSS* 13, 1968, pp. 58-63을 보라. 이 참고 자료는 내 동료 G. I. Davies에게 신세를 졌다.
152. '하나님의 아들'과 '아들-아버지' 사이에는 필시 Hahn이 생각하는 것(Hahn, *Titles* p. 313)보다 더 직접적인 연관 관계가 있으며, 둘의 연관 관계를 잘 제시하는 것이 막 1:11의 말이 아닌가 싶다: '너는 내 아들이다'는 제왕 메시아주의 사상을 인용하지만, 사실은 '하나님의 아들'이라는 칭호보다 **압바** 태도(*abba* attitude)에 가깝다; 참고, Bousset, *Kyrios Christos* p. 95; 그리고 더 자세한 것은 아래(§10)를 보라.

내러티브가, 특히 요한이 예수를 표현할 때, 신성(divinity)을 나타내는 완전한 칭호를 예수에게 덧붙이면서 이미 신약성경 기록 안에서 시작됐다.[153] 그중에서도 가장 중요한 것은, 우리가 앞서 보았듯이, 예수가 자신이 지닌 아들이라는 지위를 뭔가 독특한(구별된) 것으로 (만일 마태복음 11:27을 정말 예수가 한 말로 받아들일 수 있다면, 심지어 유일무이한 것으로) 믿었다는 점이다. 그러나 우리가 그런 독특함이라는 의미를 얼마만큼 많이 읽어낼 수 있는가는 분명치 않다. 결국 우리는 더 충실한 조사 결과가 나오면 그 결과에 비춰 이 주제를 다시 살펴봐야 한다. 어쨌든, 중요한 요점은 재차 강조할 수 있다. 즉, 예수 자신에겐 그가 아들이라는 것이 무엇보다 실존적 확신이요 관계였지, 단순히 지성을 통해 얻은 믿음도 아니었고 철저히 형이상학적 성격을 띤 것도 아니었다.

6.5. 자신의 사명에 관한 예수의 인식은 바로 이런 확신, 곧 그가 하나님과 특별히 친밀한 관계에 있다는 확신에서 나왔다. '예수는 아들이라는 것(아들이라는 지위)을, 주장해야 할 존엄이 아니라 완수해야 할 책임으로 본다.'[154] 예수는 아들로서 완수해야 할 사명을 하나님에게 받았다. 마태복음 11:27에 따르면, 예수는 아들로서 '그 혼자만이 하나님을 아는 지식을 받은 이요 중개하는 이'라는 의식을 갖고 있었다.[155] 마찬가지로, 그리고 같은 이유로, '압바'는 예수가 아들로서 아버지의 뜻에 완전히 굴복함을 표현하는 말이 됐다(막 14:36). 다시 말해, **자신이 (하나님의) 아들이라는 예수의 의식은 필시 그가 가진 자기의식의 근본 요소였을 것이**

153. 주목할 구절이 마 14:33(참고, 막 6:51f.), 마 16:16(참고, 막 8:29), 그리고 막 15:39/마 27:54(참고, 눅 23:47)이다.

154. Fuller, *Mission* p. 84.

155. Jeremias, *Prayers* p. 51; *Theology* I p. 61.

며, 그가 자신과 자신의 사명에 관하여 가졌던 다른 기본 확신들은 바로 이 자기의식의 근본 요소에서 나왔다. 이를 달리 말하면, 예수는 기도할 때 이런 친밀함을 체험한 덕분에 하나님의 성품과 뜻을 깊이 통찰할 수 있었다. 이런 통찰이 십중팔구는 그의 유일무이한 권위 주장의 핵심에 자리하고 있었을 것이다(더 자세한 것은 본서 제3장과 §13을 보라).

6.6. 우리가 좀 더 추측을 보태본다면, 필시 자신이 곧 아들이라는 예수의 실존적 의식이 예수가 가졌던 자기 인식의 주요 자료였으며, 예수는 이 자기 인식으로 말미암아 구약성경의 다양한 범주와 본문을 자신에게 적용할 수 있었고 이 자기 인식을 중심으로 이런 본문의 영감과 사상을 모았다는 결론도 끌어낼 수 있을 것이다. 사람들이 여전히 빈번하게 사용하면서도 분명하게 천명하지는 않는 생각과 반대로, 예수를 표현하는 주된 개념이 메시아(messiahship)는 아니었던 것 같다. 예수는 자신을 먼저 메시아로 여기지 않았으며, 자신이 하나님의 아들이라는 결론을 자신이 곧 메시아라는 것에서 끌어내지도 않았다.[156] 오히려 반대로, 증거는 예수가 '메시아'라는 칭호를 거부했거나 적어도 달가워하지 않았음을 보여준다.[157] 반면, 예수는 하나님의 아들이라는 개념을 뭔

156. '하나님의 아들'은 필시 기독교 등장 전에 유대교에서 메시아를 가리키는 칭호로 사용하고 있었거나, 적어도 쿰란 분파에서 메시아 칭호로 사용한 것 같다(Fuller, *Foundations* p. 32, 4QFlor.10-14을 언급함); 아울러 1QSa.II.11f., 그러나 이 텍스트는 불확실하다(J. T. Milik, *Discoveries in the Judean Desert* Vol. I, Oxford 1955, pp. 117f.); 더 자세한 것은 E. Lohse, *TDNT* VIII pp. 361f.을 보라; 그리고 이제 4Qps Dan A[a]를 보라. '하나님의 아들'을 어떤 칭호로 사용했음이 여기서 처음으로 발견됐다(J. A. Fitzmyer, 'The Contribution of Qumran Aramaic to the Study of the New Testament,' *NTS* 20, 1973-1974, pp. 391-394). 그러나 그것은 여기서 핵심을 벗어난 것이다. 아울러 Cullmann, *Christology* pp. 279ff.을 보라.

157. Hahn, *Titles* pp. 148-161, 223ff.; Dunn, 'Messianic Secret' pp. 110-115.

가의 대표의 의미로 생각했을 가능성도 충분히 있다—즉 예수라는 한 개인이 하나님의 백성의 집단적 아들 관계를 대표한다고 보았을 수도 있다.[158] 다니엘 7장의 '인자'(사람의 아들) 개념이나 제2이사야의 종 본문(Servant passages)이 예수가 인식했던 그의 사명 개념에 영향을 주었다면, 예수가 하나님의 아들이라는 개념을 하나님의 백성의 집단적 아들 관계를 대표하는 개념으로 생각했다는 것이 옳을 것이다. 나도 그게 옳다고 믿지만, 여기서 그걸 증명하겠다고 이야기를 멈출 수는 없다.[159] 중요한 점은 예수의 자기의식과 그의 사명에 관한 의식의 기초가 된 것은 '하나님의 아들' 개념을 추가한, 메시아를 가리키는 어떤 특별한 칭호나 구약의 개념이 아니었다는 것이다. 오히려 증거는 자신이 곧 하나님의 아들이라는 예수의 인식이 주된 것이었으며, 바로 이런 인식이 촉매제와 열쇠가 되어 그로 하여금 구약성경의 다른 본문들을 그의 사명과 관련된 본문이자 그의 사명을 설명하는 본문으로 보게 해 준다는 것을 일

158. 하나님을 이스라엘과 이스라엘 백성의 아버지로 부른 곳을 보려면, Dalman, *Words* pp. 184ff.; Jeremias, *Prayers* pp. 11-15; 그리고 가령 출 4:22f., 신 32:5f., 사 1:2, 4; 렘 31:20, 호 11:1을 보라. 의인과 순교자가 대표로서 고난을 받는다는 유대교 사상을 참고하라(Schweizer, *Erniedrigung* 특히 pp. 24ff.; E. Lohse. *Märtyrer und Gottesknecht*, Göttingen [2]1963, pp. 66-87). 예수가 자신을 '열둘' 가운데 하나로 포함시키지 않음이 가지는 의미에 주목하라: 예수가 행한 대표 역할은 어떤 그룹의 일부로서 행한 역할이 아니다.

159. I. H. Marshall, 'The Synoptic Son of Man Sayings in Recent Discussion,' *NTS* 12, 1965-1966, pp. 327-351; M. D. Hooker, *The Son of Man in Mark*, SPCK 1967; C. Colpe, *TDNT* VIII pp. 430-441; Jeremias, *Servant* pp. 99-106; Cullmann, *Christology* pp. 60-69; Jeremias, *Theology* I pp. 286-299. 더 폭넓은 논의를 살펴보려면 Bultmann, *Tradition* pp. 14ff.; Taylor, *Mark* pp. 197-200; *Neotestamentica*, Zürich 1963, pp. 70f.에 다시 실린 Schweizer, 'Der Menschensohn,' *ZNW* 50, 1959; Tödt pp. 126-130; Hahn, *Titles* 제1장; Kümmel, *Theology* pp. 76-85, 87-90을 보라.

러준다.[160]

따라서 나는 예수의 자기의식이 사람들이 자주 주장하는 것보다 아주 덜 명료하고 확고한 구조를 가진 게 아니었다고 주장한다. 예수가 자신에 관하여 말할 때 사용하는 개념들은 '칭호'에 관한 말이 제시하는 개념보다 유동적이고 엉성하다. 예수와 하나님의 관계에 관한 한, 하나님이 아버지요 예수는 아버지인 하나님의 '아들'이라는 개념이 기본이요 가장 적절하다. 마찬가지로, 예수가 그와 사람들의 관계에서 자신을 지칭하는 말로 골라 쓴 것은 **바르 나샤**(בר־נשא, '인자', '사람의 아들' = '사람인 나'[I as a man], '한 사람'[one]—특히 막 2:27f., 마 11:18f./눅 7:33f.을 보라; 그리고 필시 막 2:10, 마 8:20/눅 9:58도 해당하는 본문일 것이다)였던 것 같다.[161] 요약하자면, 우리는 옛 범주와 개념을 가져다가 새 틀에 담아 찍어 새롭게 만들어낸 뒤, 그것들을 자신을 보살펴주시고 위엄이 있는 하나님을 경험한 예수의 기본 체험에 비춰 그리고 지극히 끈끈한 사랑과 순종의 끈으로 하나님에게 묶여있다는 예수의 기본 체험에 비춰 완전히 새로운 방식으로 사용하는 독창적인 정신(생각), 새 영의 신선함을 예수에게서 보게 된다.

---

160. 참고, Harnack, *Sayings* p. 245 주2; A. E. J. Rowlinson, *The New Testament Doctrine of the Christ*, Longmans 1926, p. 251; W. Manson, *Jesus the Messiah*, Hodder & Stoughton 1943, pp. 106-109; Fuller, *Mission* p. 85; Taylor, *Person* p. 169; Marshall, 'Divine Sonship' pp. 93, 99.

161. Colpe pp. 430-433; L. S. Hay, 'The Son of Man in Mark 2.10 and 2.28,' *JBL* 89, 1970, pp. 69-75; Vermes, *Jesus* 제7장. 더 자세한 것은 본서 제4장 주52와 53을 보라.

제3장
예수의 하나님 체험—영

§7. 들어가는 글

우리가 처음에 제시했던 질문—예수가 그의 체험에서 하나님을 언급한 것은 무슨 의미였는가? 예수의 체험에서 하나님을 믿는 그의 믿음과 그의 체험은 어떤 상관관계가 있을까?—의 대답은 '아들의 지위'(sonship)라는 말로 요약할 수 있다. 예수가 홀로 있던 순간에 체험한 실체는 아버지로서 자신을 보살펴 주시면서도 위엄이 있는 하나님이었다(막 14:36). 예수가 그의 사역 때 품었던 자기 확신의 기초는 그가 하나님을 친밀히 알고 있다는 그의 확신이었다. 예수가 다른 이들에게 자신처럼 아버지이신 하나님과 생생한 관계를 맺으라고 촉구함은 바로 그런 친밀함에서 비롯된 것이었다(눅 11:2; '너희 아버지', 눅 22:29; 참고, 마 11:27).

7.1. **자유주의 개신교의 결함.** 우리는 여태까지 19세기 자유주의 개신교의 길을 따라왔다. 그 길은 우리를 예수의 종교적 체험 속으로 이끌

어 주었다. 그러나 이제 우리는 그 길에서 돌이켜 다른 방향으로 나아가야 한다. 자유주의 개신교가 예수를 제시한 내용에는 심각한 결함이 있기 때문이다. 자유주의 개신교는 지나친 낙관론, 도덕주의 그리고 현세성(現世性, this worldliness)에 빠져, 예수의 메시지와 체험이 갖고 있는 **종말론적** 차원을 거의 전부 평가 절하했다. 그러다 19세기에서 20세기로 넘어오면서 J. 바이스(Weiss)와 A. 슈바이처(Schweitzer)의 연구 결과가 자유주의 개신교의 그런 결함을 가차 없이 폭로했다. 바이스와 슈바이처는 종말론이 예수가 선포한 메시지의 본질 부분이라는 것, 예수의 시각이 종말론적일 수밖에 없었다는 것을 두루 망라하여 증명했다.[1] 하르낙은 예수의 가르침과 유대교의 연관성을 최소로 축소하고 묵시주의를 '비참함의 종교'라 무시하려 하면서, 이 묵시주의라는 유대의 껍질이 예수의 메시지가 갖고 있는 완전히 다른 핵심을 가리게 해서는 안 된다고 주장했다.[2] 하르낙의 그런 시도는 바이스를 겨냥한 반격이었으나 아주 부적절한 반격이었다. 사람들이 널리 인정하는 것처럼, 바이스와 슈바이처가 예수를 다룬 내용 역시 적절치 않고 한쪽에 치우쳐 있지만, 그래도 바이스와 슈바이처 전으로 되돌아갈 수는 없다. 예수의 사역과 자기이해가 갖고 있는 종말론적, 묵시적[3] 차원을 무시해서는 안 된다.

---

1. J. Weiss, *Jesus' Proclamation of the Kingdom of God*, 1892, ET SCM Press 1971; A. Schweitzer, *The Mystery of the Kingdom of God*, 1901, ET Macmillan 1914; 아울러 *Quest*를 보라.
2. Harnack, *What is Christianity*, Lectures 1과 3.
3. 세기가 바뀌면서 '종말론적'(eschatological)이라는 말이 신학 용례에서 갖고 있는 의미도 바뀌었다. 이제 '종말론적'이라는 말은 대다수의 경우에, 비록 '미래' 차원을 갖고 있음에도, 십중팔구는 오로지 현재를 가리킨다. 따라서 '종말론적'은 여전히 미래의 의미를 유지하고 있는 '묵시적'이라는 말로 보완해야 한다. J. Weiss 그리고 특히 A. Schweitzer가 '묵시적'을 학자들의 토론 마당에 끌어들였을 때만 해도 '종말론적'을 특징짓는 것은 본디 미래의 의미였다. 이런 말들이 암시하는 의미를 보

41

7.2. **20세기가 걸어간 종말론의 길**. 우리는 예수 그리고 종말론/묵시에 관한 논쟁이라는 닳은 길을 밟지 않고, 단지 근래에 들어 우리 연구와 관련된 예수의 가르침 속 종말론적 요소가 두 갈래로 더 적절히 표현됐다는 점만 언급하고 넘어가도 될 것 같다. 첫 번째는 미래에 임할 하나님 나라가 이미 현존하고 있다는 예수의 선포—즉 묵시적 소망이 내다보던 새 시대가 어떤 의미에서는 이미 현존한다는 예수의 주장—와 관련하여 예수의 가르침에 들어있는 종말론 요소를 표현한 경우다. 예를 들면, 보른캄(Bornkamm)은 이 점이 바로 예수와 세례 요한을 구별해 주는 것이라 주석하면서 이렇게 말한다.

> 이 둘(예수와 세례 요한) 사이 그리고 이 둘의 설교 사이에는 11시와 12시의 차이 같은 차이가 있다. 이는 예수가 이렇게 말하기 때문이다: 여기서 시대가 바뀌고 있다. 하나님 나라가 이미 동트고 있다.[4]

이제는 예수가 그때까지 '여전히 미래의 나라'로 여겼던 것을 어떤 의미에서는 이미 현존하는 나라로 선포했다고 보는 견해를 지지하는 데 상당한 공감대가 형성되어 있다.[5] E. 케제만(Käsemann)은 '가까이 오

려면, 아래 주30을 보라.

4. *Jesus* p. 67; 더 자세한 것은 Dunn, *Baptism* pp. 25f.을 보라.
5. 가령 N. Perrin, *The Kingdom of God in the Teaching of Jesus*, SCM Press 1963; R. Schnackenburg, *God's Rule and Kingdom*, ET Herder 1963, 제2장; G. E. Ladd, *Jesus and the Kingdom*, SPCK 1964; Jeremias, *Theology* I, 제3장과 제4장을 보라. R. H. Hiers, *The Kingdom of God in the Synoptic Tradition*, Florida 1970은 예수의 종말론에 들어있는 현재라는 요소를 부인하고 오로지 묵시에 치우쳐있는 Weiss와 Schweitzer의 견해를 지지하려 하는, 상당히 고독하고 한쪽에 치우친 시도로 보인

신 하나님의 임박성'과 일치하지 않는다는 이유로 예수의 설교에서 미래성이라는 묵시적 요소를 완전히 배제하는 데까지 나아가려 한다.[6] 그러나 비(非)묵시적 예수를 한편에 있는 묵시적 세례 요한과 다른 한편에 있는 묵시적 원시 그리스도인 공동체 사이에 두는 것은 '비유사성의 기준'(criterion of dissimilarity)을 한계점을 넘어 과도하게 잡아당기는 것이다.[7] 하지만 예수의 설교에 들어있는 묵시적 요소를 부인하지 않는, 우리 연구와 가장 관련이 있는 강조점은 실현된 종말론이라는 강조점이다.

예수의 설교가 담고 있는 두 번째 종말론적 측면은 첫 번째 측면과 함께 움직인다—예수가 은연중에 주장하는 높은 권위가 그것이다. 케제만은 특히 예수가 한 말 가운데 '그러나 내가 말한다'(ἐγὼ δὲ λέγω)를 언급하며(마 5장), 이런 권위 주장이 '예수의 사명에서 독특한 요소'라는 데 주목할 것을 요구함으로써 '새로운 역사 속 예수 탐구'의 닻을 올렸다.

> 예수는 자신이 누구도 견줄 수 없는 주권자 같은 자유를 갖고 토라의 말과 모세의 권위를 폐지할 지위에 있다고 느꼈다.[8]

그 뒤로 마태복음 5장에 있는 안티테제들은 역사 속 예수에게 귀속시키기에는 확실성이 떨어진다는 것이 증명됐다. 이보다 앞서 불트만은 이미 이 안티테제 가운데 셋(마 5:21f., 27f., 33-37)을 기초로 삼아 마태가 지어

다.

6. E. Käsemann, 'The Beginnings of Christian Theology,' *NTQT* p. 101.
7. K. Koch, *The Rediscovery of Apocalyptic*, ET SCM Press 1972, p. 78. '비유사성의 기준'을 알아보려면, 특히 Perrin, *Teaching* pp. 39-43을 보라.
8. E. Käsemann, 'The Problem of the Historical Jesus,' *ENTT* p. 40.

냈다고 여긴 다른 것들과 구별했었다.[9] 그러나 근래에 들어와 사람들은 이런 구별에 의문을 제기했다. 이런 구별을 주장하는 견해를 가진 학자들은 모든 안티테제가 마태가 지어낸 것이라고 말했지만,[10] 숨은 안티테제일 수 있는 누가복음 6:27은 일부 안티테제가 마태 이전에 이미 존재했다는 견해를 여전히 지지하는 것 같다.[11] 그렇다고 해도, 예수의 사역 속에 존재하는 권위라는 요소가 사람들이 무시한 전승 속에 아주 넓게 퍼져 있으며 든든하게 자리 잡고 있다—권위라는 요소는 예레미아스가 '강조하는 ἐγώ('나')'뿐[12] 아니라, 예수가 사용하는 ἀμήν('아멘') 안에도 널리 퍼져 있으며 든든히 자리 잡고 있다. 이것들은 아주 엄격한 기준을 적용한다 해도 예수의 말에서 독특하게 나타나는 특징으로 볼 수밖에 없다. 유대 문헌과 신약성경의 다른 부분에는 예수의 이런 언어 사용과 유사한 사례가 없기 때문이다.[13] 권위라는 요소는 예수가 안식일 및 의식 관련 율법과 관련하여 주권자처럼 자유롭게 행동한 일, 그리고 예수가 식탁 교제 문호를 세리 및 창녀에게도 활짝 열어놓았던 사실에서도 은연중에 나타나며,[14] 우리가 곧 보겠지만, 무엇보다 그의 축귀(逐鬼)에서 가장 분명하게 나타난다.

---

9. *Tradition* pp. 134ff.; 아울러 p. 91을 보라; 그리고 G. Barth in Bornkamm-Barth-Held p. 93을 보라.
10. Suggs pp. 109ff., 그리고 더 근래에 있은 논의를 보라.
11. Davies, *Sermon* pp. 387f.
12. Jeremias, *Theology* I, pp. 250-255.
13. Jeremias, *Prayers* pp. 112-115; *Theology* I, pp. 35f.; Käsemann, *ENTT* pp. 41f.; Schürmann, *Untersuchungen* pp. 96ff.; Perrin, *Teaching* p. 38; 그러나 아울러 아래 주46을 보라.
14. E. Fuchs, *Studies of the Historical Jesus*, ET SCM Press 1964, pp. 20ff.; Perrin, *Teaching* p. 46; Käsemann, *Jesus Means Freedom*, ET SCM Press 1969, p. 31; Jeremias, *Theology* I, §12; Stanton, *Jesus* pp. 138-146.

7.3. **예수의 종말론적 의식**. 우리가 제시했던 기본 질문들에 대한 두 번째 대답이 분명하게 나타나기 시작한다. 하나님 나라가 현존한다는 예수의 선포는 그냥 어떤 묵시 텍스트에서 끌어낸 논리적 추론에 불과했는가? 그랬을 가능성은 거의 없다. 오히려 예수의 메시지는 최종적이고 새로운 무언가가 예수 자신 안에서 그리고 그를 통해 일어나고 있다는 예수 자신의 **인식**에서 비롯됐을 개연성이 더 크다. 예수의 사명 속에 들어있는 권위라는 요소도 마찬가지다: 사실 우리가 이야기하고 있는 것은 권위에 관한 예수의 **의식**이다. 그의 말이 권위를 갖고 있다는 아주 강한 의식, 그의 영감이나 통찰이 옳다는 강력한 확신만이 위엄이 넘치는 말인 '그러나 내가 말하노니'와 당당한 말인 '아멘'(진실로)을 설명할 수 있을 것이다.

추론을 통해 등장하게 되는 것은 많다. 그렇다면 우리는 이런 추론들을 증명할 수 있는가? 만일 증명할 수 있다면, 그것을 통해 종말론적 새로움(종말에 나타날 새 모습)에 관한 이런 인식, 권위에 관한 이런 의식을 더 충실히 조사할 수 있을까? 어떤 대답에 도달할 수 있으리라는 소망을 품고 그런 인식이나 의식이 어디서 어떻게 발생했는가를 물어볼 수 있을까? 분명 예수 자신의 대답이 가장 중요할 것이며 그의 자기의식을 더 깊이 들여다보게 해 줄 것이다. 예수가 기도하는 말을 '들을' 수 있었을진대, 역사 속 예수가 이 주제에 관하여 하는 말도, 그의 종말론적 확신과 권위의 원천을 드러내는 말도 우연히 들을 수 있을까?

이런 질문들에 대한 대답은 다행히도 '들을 수 있다'이다. 이 지점에서 예수의 자기의식을, 무엇보다 **종말론적 능력에 관한 예수의 의식**을, 그리고 **그에게 임한 하나님의 영과 자신을 통해 역사하는 하나님의 영에 관한 예수의 의식**을 상당히 많이 해명해 주는 예수의 말이 많이 있다. 나는 우선 예수가 축귀자로서 행하는 일에 관하여 말하는 본문들을 언급하겠다. 이어 두 번째로, 예수가 이사야 61:1ff.의 예언이 자신 안에서 그리고 자신을 통해 성취되고 있다는 그의 확신을 드러내는 본문들을 언급하겠다. 마지막으로, 예수가 요단강에서 겪은 체험을 들려주는 기사들을 더 꼼꼼히 살펴봄으로써 우리가 제시한 질문에 대한 대답으로 그런 기사들에서 더 많이 거둬들일 수 있는 것이 있는지 알아보겠다.

§8. 영에 관한 예수의 의식(意識)—축귀(逐鬼) 능력

8.1. **예수의 축귀**. 예수가 미치고/미치거나 '귀신에 사로잡힌' 사람들을 고쳐주었다는 것은 복음서의 견고한 기반인 역사성(역사적 사실)에 속한다. 축귀는 D. F. 슈트라우스(Strauss)가 복음서에 나오는 기적들의 신화 같은 본질을 다룬 그의 기념비적 작품에서 역사적 사실일 개연성이 대단히 높은 기적으로 꼽은 것들 중 하나였다.[15] 그 뒤로 나타난 복음서 비평의 발전 양상은 슈트라우스의 판단을 의심할 어떤 이유도 제시하지 않았다. 오히려 그런 발전 양상은 예수가 축귀자로서 행한 일이 본질상 역사성을 갖고 있다는 데 힘을 실어주었다.[16]

예수가 자신이 귀신 들린 자들을 고쳤음을 직접 언급한 본문이 적어도 둘 있다. 예수는 이 두 본문—마태복음 12:27f./누가복음 11:19f. 그

---

15. D. F. Strauss, *The Life of Jesus*, ET 1846, reprinted 1892, SCM Press 1973, §§92와 93.

16. 가령 Bultmann, *Jesus* p. 124; Dibelius, *Jesus* pp. 71ff.; J. M. Robinson, *A New Quest of the Historical Jesus*, SCM Press 1959, p. 121; Hahn, *Titles* p. 292; Perrin, *Teaching* p. 65; Jeremias, *Theology* I, pp. 86-92을 보라.

리고 마가복음 3:28f.과 평행 본문들—에서 자신이 축귀자로서 거둔 성공을 설명하는 것 같다. 이 지점의 전승은 다소 혼란스럽다. 그러나 공관복음을 비교해 보면, Q와 복음서 기자들이 예수의 서로 다른 네 말을, 아니면 십중팔구 다섯일 수도 있는 예수의 말을 함께 묶어놓았다는 것이 금세 드러난다: (1) 예수를 바알세불과 엮은 비판과 예수의 응수—마가복음 3:22-26과 Q에 있는 평행 본문, 마태복음 12:24-26/누가복음 11:15-18, (2) Q만이 보존하고 있는 말로서 영/하나님의 손가락을 언급한 말—마태복음 12:27f./누가복음 11:19f., (3) 강한 사람을 언급한 예수의 말—마가복음 3:27/마태복음 12:29; 누가복음은 필시 Q 버전을 보존하고 있는 것 같은데(눅 11:21f.), 이 말에는 십중팔구 독립된 말일 개연성이 큰 또 다른 말, 곧 마태복음 12:30/누가복음 11:23이 이미 덧붙여져 있다. (4) 신성모독을 언급한 말인 마가복음 3:28f./마태복음 12:31, 32b, 그리고 누가가 전혀 다른 문맥 속에 보존해 놓은 Q의 평행 본문—누가복음 12:10/마태복음 12:32.[17] 이런 본문이 본디 얼마만큼 서로 독립된 본문인가는 분명치 않다. 그러나 이런 본문들이 서로 다른 삶의 무대에서 나왔다 할지라도, 예수의 삶 속에 존재한 이런 무대들이 아주 비슷하거나 대단히 유사하다는 점에서, 이 본문들은 일치하는 범위가 넓다—즉 이런 본문들은 예수가 축귀자로서 행한 일을 두고 논쟁이 벌어진 상황에서 나왔다.

8.2. **마태복음 12:28/누가복음 11:20.** 이 말이 정말 예수가 한 말이

17. 참고, Bultmann, *Tradition* pp. 13f.; C. K. Barrett, *The Holy Spirit and the Gospel Tradition*, SPCK 1947, pp. 59-63; Hahn, *Titles* p. 322 주80.

라는 것에는 이견이 거의 없다[18]—그도 그럴 것이 예수의 가르침이 제시하는 가장 독특하고 가장 특이한 강조점 가운데 하나(하나님 나라가 가진 '현재'라는 측면)를 표현하는 말이기 때문이다. 사실, 우리가 마태복음 12:28/누가복음 11:20이 보존해 놓은 Q의 말이 예수가 정말로 한 말임을 확신하지 못한다면, 차라리 역사 속 예수, 예수라는 사람이나 그의 메시지를 다시 발견하고자 하는 모든 소망을 포기하는 게 나을지도 모른다.

하지만 우리가 이 로기온(예수의 말)의 의미를 끌어낼 수 있으려면, 그 전에 우선 우리 앞에 있는 작은 문제 하나를 짚고 넘어가야 한다. 그것은 바로 이 말의 원래 표현(original wording)을 밝혀내는 것이다.

> 내가 귀신을 쫓아냄이
>
> - 하나님의 영으로(ἐν πνεύματι Θεοῦ) 말미암은 것이라면(마태복음)
> - 하나님의 손가락으로(ἐν δακτύλῳ Θεοῦ) 말미암은 것이라면(누가복음)
>
> 하나님 나라가 너희에게 임한 것이다(ἔφθασεν ἐφ' ὑμᾶς).

문제는 이것이다. 예수는 하나님의 **영**으로 말미암아 귀신을 쫓아낸다고 말했는가(마태복음), 아니면 하나님의 **손가락**으로 말미암아 귀신을 쫓아낸다고 말했는가(누가복음)? 누가의 표현을 지지하는 주된 논거는 누가복음에서 영이 상당히 두드러지게 나타난다는 점이다. 누가는 분명 그가 활용한 자료가 그리 구체적이지 않은 몇몇 경우에는 유일하게 특별한 영 관념 아니면 그냥 특별한 영 관념(the or a particular notion of the

---

18. Käsemann, *ENTT* p. 39; Perrin *Teaching* p. 64; 그리고 위 주16에서 인용한 다른 자료들을 보라.

44-45

Spirit)을 끌어들여 사용했다(눅 4:1a, 14, 10:21, 11:13). 따라서 누가가 읽은 자료가 '하나님의 영'이라 기록되어 있었다면, 그가 일부러 '영'을 '손가락'으로 바꿨을 가능성은 거의 없다. 이런 논증의 설득력을 부인할 수는 없으며, 대다수의 학자는 누가 버전이 우위임을 받아들인다.

반면, 많은 고찰 결과는 '영'이 원문이라는 주장에 힘을 실어준다.

(a) 마태 버전은 단순히 '하나님 나라'를 이야기한다. 그러나 마태가 좋아하는 표현은 '**하늘**나라'다. 마태는 하늘나라를 33회 사용하지만, '**하나님** 나라'는 4회만 사용한다. 더 중요한 것은 그가 자신이 사용하는 자료에서 '하나님 나라'를 발견할 때면 그것을 으레 '하늘나라'로 바꿔 놓는다는 것이다(마 5:3, 8:11, 10:7, 11:11f., 13:11, 31, 33, 19:14, 23, 그리고 어쩌면 4:17도 그런 곳일 것이다). 마태가 그의 자료에 있는 '하나님 나라'를 바꾸지 않고 그대로 쓴 경우는 한 번뿐이다(19:24). 이는 마태가 마태복음 12:28에서는 그가 으레 했던 대로 '하나님 나라'를 '하늘나라'로 바꾸지 않고 마태복음 12:28의 Q 버전을 바삐 서둘러 옮겨 적었음을 시사한다.

(b) 사람들은 마태가 예수의 삶과 말을 제시할 때 모세 모형론에서 두드러진 영향을 받았다는 것을 널리 인정해 왔지만, 마태의 예수를 새 모세로, 산상 설교를 '새 율법'으로 보는 명제는 밀어붙이기가 아주 힘들다.[19] '하나님의 손가락'이 Q에 있었다면, 누가복음 11:20의 경우처럼, 그것은 틀림없이 출애굽기 8:19(히브리어 본문/칠십인역—8:15)을 암시했을

19. 가령 B. W. Bacon, *Studies in Matthew*, Constable 1930, pp. 80ff.; J. Jeremias, *TDNT* IV pp. 870f.; K. Stendahl, *The School of St Matthew*, Lund 1954, pp. 24ff.; H. M. Teeple, *The Mosaic Eschatological Prophet*, *JBL* Monograph Series Vol. X, 1957, pp. 74-83; F. V. Filson, *The Gospel according to St Matthew*, A. & C. Black 1960, pp. 28f.; G. Barth in Bornkamm-Barth-Held pp. 157ff.; Davies, *Sermon* 제2장을 참고하라.

것이다.[20] 마태가 스스로 모세를 암시한 것이 그가 꼼꼼하게 제시하는 예수와 모세의 유사성을 아주 분명하게 (그리고 다른 이들도 받아들일 수 있게) 심화시켜준다면 마태가 그렇게 모세를 암시하는 말을 희생시키려 했을 리는 만무하다고 판단할 수밖에 없다. 마태가 '손가락'을 '영'으로 바꾸었다는 반대 주장은 그리 설득력이 없다. 마태복음에서는 영이라는 모티프가 덜 두드러지기 때문이다. 사실 그가 자신들이 받은 영의 능력을 과대평가한 열광주의자들을 반대한 것(마 7:22f.)만[21] 봐도 마태가 그의 길에서 벗어나 예수와 열광주의자들의 유사성을 부각시키려 했을 개연성은 지극히 낮다.[22]

(c) 마태가 '손가락'을 '영'으로 바꾸지 않았을 가능성이 크다면, 십중팔구는 '영'을 언급하길 좋아하는 누가가 그의 기호(嗜好)를 따르지 않고 Q의 '영'을 '손가락'으로 바꾸었을 것이다. 이는 누가가 비록 마태와 같은 모세 모형론을 언급하지는 않지만, 그도 독특한 출애굽 모형론을 분명하게 제시하기 때문이다.[23] 따라서 누가는 (그가 누가복음 20:42에서 그리했

20. 특히 E. Lövestam, *Spiritus Blasphemia: Eine Studie zu Mk 32.8f. par. Mt. 12.31f., Lk 12.10*, Lund 1968, pp. 9ff.을 보라.

21. A. Fridrichsen, *The Problem of Miracle in Primitive Christianity*, 1925, ET Augsburg 1972, pp. 147-152; Käsemann, *NTQT* pp. 83f.; G. Barth in Bornkamm-Barth-Held pp. 159-164. 하지만 이 본문을 마태가 영 부음(영의 은사)에 반대했음을 암시하는 것으로 받아들여서는 안 된다; E. Schweizer, 'Observance of the Law and Charismatic Activity in Matthew,' *NTS* 16, 1969-1970, pp. 213-230을 보라.

22. 참고, 7:22—τῷ σῷ ὀνόματι δαιμόνια ἐξεβάλομεν
12:28—ἐν πνεύματι θεοῦ ἐγὼ ἐκβάλλω τὰ δαιμόνια.

23. 눅 1:67ff., 2:30(참고, 사 52:10), 2:38(참고, 사 52:9), 12:32('적은 무리'—참고, 시 77:20, 78:52), 그리고 특히 눅 9:31 ἔξοδον; 아울러 C. F. Evans, 'The Central Section of Luke's Gospel,' *Studies in the Gospels*, ed. D. E. Nineham, Blackwell 1955, pp. 37-53은 눅 9:51-18:14이 신명기를 모델로 삼았다는 논지를 편다. J. Mánek, 'The New Exodus in the Books of Luke,' *NovTest* II, 1958, pp. 8ff.; R. E. Nixon,

고 어쩌면 21:15에서도 그리한 것처럼) 본디 영을 언급한 Q의 표현을 쓰지 않음으로써, 이스라엘을 속박에서 건져낸 기적들(출 7:4f., 8:19, 9:3, 15)과 새 출애굽을 이끌 '더 강한 이'가 사탄이 사로잡은 이들을 사탄에게서 빼앗았을 때 강한 능력을 드러낸 일들(눅 11:19-22) 사이에 존재하는 유사성을 제시하려 했을 수 있다. 마찬가지로 누가는 거의 동일한 은유인 '주의 손'(아래를 보라)을 사도행전의 몇몇 본문에서 사용하는데, 이 본문들 역시 '영'을 써도 무방하거나 '영'이 더 적절할 수 있는 곳이다(행 4:28ff., 11:21, 13:11).

(d) 추측 성격이 더 강한 점이 구원사를 세 시대로 나눠 보는 누가의 견해에서 등장한다. 나는 다른 곳에서[24] 누가가 구원사의 두 번째 단계인 예수 사역 시대에 예수가 유일무이하게 영으로 부음 받은 영의 사람이지만 아직 영의 주(Lord of the Spirit)는 아니라고 믿었다고 제시했다(예수는 높이 올림을 받고 오순절 성령 강림이 이뤄진 뒤에야 비로소 영의 주라는 권위를 갖게 됐다는 것이 누가의 생각이다—행 2:33). 따라서 누가는 영이 오순절이 되기도 전에 이미 예수에게 복종했다는 뜻으로 오해받을 수 있는, 영이 심지어 예수의 지상(地上) 사역 기간에도 그저 예수가 그 뜻대로 부리는 도구였다는 뜻으로 오해받을 수 있는 문구를 사용하길 주저했을 수도 있다.[25]

나는 Q에 본디 '영'이 있었는지 아니면 '손가락'이 있었는지를 두고

The Exodus in the New Testament, Tyndale 1963, pp. 12-19; A. Denaux in *L'Évangile de Luc*, par F. Neirynck, Gembioux 1973, pp. 278ff.을 더 살펴보라.

24. Dunn, *Baptism* pp. 40ff.; 아울러 'Spirit and Kingdom,' *ExpT* 82, 1970-1971, pp. 38f. 이는 본디 von Baer가 제안하고 Conzelmann, *Luke* pp. 103 주1, 150, 179가 발전시킨 것을 정교하게 다듬은 것이다.

25. 아울러 이것은 누가가 11:20에서 ἐγώ를 뺀 이유를 설명해 줄 수도 있을 것 같다. 본문을 보면 확실치 않지만, 본디 원문에 ἐγώ가 없었을 가능성이 아주 높다.

46

최종 의견에 도달하기가 힘들다는 것을 고백할 수밖에 없다. 그러나 위에서 제시한 고찰 결과는 분명 '영'을 지지하는 쪽에 무게를 실어주는 것 같다.[26] 하지만 이런 점은 주로 학자들이나 주고받는 이야기일지도 모른다. 사실 두 개념은 같은 의미이기 때문이다. 구약성경은 많은 경우에 '영'과 '주의 손'(= 하나님의 손가락; 참고, 출 3:20, 8:19)을[27] 같은 개념으로 사용한다(겔 3:14, 8:1-3, 37:1; 참고, 시 8:3과 33:6, 왕상 18:12과 왕하 2:16, 대상 28:12과 28:29, 사 8:11).[28] 이는 당연하다. 둘 다 하나님의 능력을 드러내는 행위를 묘사하는 방식이기 때문이다. 하나님의 손가락 = 하나님의 능력 = 하나님의 영이라는 등식은 하나님의 행동에 관한 히브리인의 이해에서 직접 유래하는 것이요(아래 주31을 보라), 마태나 누가가 Q의 원문을 바꿀 때에도 분명히 알고 있었던 것이다. 결국 이 지점에서 Q가 정확히 담고 있던 언어가 무엇이든, 그 의미만큼은 아주 분명하다: 예수는 자신이 하나님의 능력으로 귀신을 쫓아냈다고 주장했다.

8.3. **마태복음 12:28/누가복음 11:20의 의미**(중요성). 이 로기온(예수의

---

26. 참고, C. S. Rodd, 'Spirit or Finger,' *ExpT* 72, 1960-1961, pp. 157f.; J. E. Yates, 'Luke's Pneumatology and Luke 11.20,' *Studia Evangelica* II Part I, 1964, pp. 295-299; R. G. Hamerton-Kelly, 'A Note on Matthew 12.28 par. Luke 11.20,' *NTS* 11, 1964-1965, pp. 167ff.

27. Lövestam pp. 36f. H. Windisch, 'Jesus und der Geist nach synoptischer Überlieferung,' *Studies in Early Christianity*, ed. S. J. Case, New York 1928, p. 229은 사람들이 어쨌든 모세를 영의 사람(Pneumatiker)으로 여겼다고 지적한다(참고, *Ass. Mos.* 11.16; Philo, *Vit. Mos.* II. 37ff.). 필론이 이를 더 적절히 일러주는 곳이 *Mut. Nom.* 120일 것이다.

28. Barrett, *Holy Spirit* p. 63; Hamerton-Kelly pp. 168f.; G. R. Beasley-Murray, 'Jesus and the Spirit,' *Mélanges Bibliques en hommage au R. P. Béda Rigaux*, ed. A. Descamps & A. de Halleux, Gembloux 1970, pp. 469f.

말)의 구성요소 하나하나—귀신, 하나님 나라, 영/하나님의 손가락—의 의미를 자세히 설명할 필요는 없겠다. 신약학이나 성서학을 익히 아는 사람은 고대 중동(근동)의 사상 세계를 이해할 수 있을 것이며, (어느 정도는) 공감하면서 그 세계 속으로 들어갈 수 있을 것이다. 나는 이 사상 세계가 덜 익숙한 사람들을 생각하여 중요한 핵심 몇 가지만 언급하려 한다. 고대 세계에는 귀신을 믿는 믿음이 널리 퍼져 있었으며, 특히 악한 영들이 사람 안에 들어와 그 사람을 소유하고 조종하면서 그 사람을 보통 사람은 갖지 못하는 지식이나 능력의 도구로 부릴 수 있다는 믿음이 널리 퍼져 있었다.[29] '하나님 나라'는 유대교가 사람들이 소망하던 새 시대, 종말의 시대, 하나님의 통치가 완전하게 실현되고 하나님 백성(이스라엘)이 그 의를 확인받으며(그 원통함을 풀게 되며) 하나님의 원수들이 심판받을 그 시대를 이야기할 때 사용한 하나의 표현, 아니 유일한 표현이었다. 묵시 사상에서는 현세와 다가오는 시대를 더 깊고 더 예리하게 구분하게 됐지만, 묵시주의자들은 '하나님 나라'라는 말을 아주 많이 사용하지는 않았다.[30] 유대교에서는 '하나님의 영'이 어떤 사람을 사로잡아 그 사람을 감동시켜 말이나 행동을 통해 하나님의 예언자로 활동하게 만드는 하나님의 능력을 의미했다. 사람들은 보통 예언의 영이 이스라엘

29. 귀신에 대한 고대의 믿음과 축귀 관습을 알아보려면 W. Foerster, *TDNT* II, pp. 1-19; E. Langton, *Essentials of Demonology: A Study of Jewish and Christian Doctrine. Its Origin and Development*, Epworth 1949; H. van der Loos, *The Miracles of Jesus*, NovTestSuppl IX, 1965, pp. 339-361; O. Böcher, *Dämonenfurcht und Dämonenabwehr*, Kohlhammer 1970을 보라.

30. 특히 W. Bousset & H. Gressmann, *Die Religion des Judentums im späthellenistischen Zeitalter*, Tübingen ^{4}1966, 제12장과 제13장; G. von Rad, K. G. Kuhn & K. L. Schmidt, *TDNT* I, pp. 565-589. 아울러 위에서 인용한 Ladd and Schnackenburg(주5)를 보라.

46-47

에 풍성히 부어진 것을 새 시대가 안겨주는 주된 복 가운데 하나요 새 시대를 나타내는 인증마크 가운데 하나로 여겼다.[31]

우리가 현재 진행하는 연구에 중요한 점은 다음과 같다.

(a) 예수는 자신이 하나님의 능력으로 귀신을 몰아냈다고 믿었다. 여기에서 **영적 능력에 관한 예수의 의식을, 그리고 하나님의 능력이 예수 자신을 통해 흘러나와 인간보다 위에 있는 다른 악한 능력을 극복하고 귀신 들린 이를 회복시켜 온전하게 함을 눈으로 볼 수 있게 해 주는 증거를** 분명하게 표현하고 있다. 우리는 마치 20세기를 살아가는 우리가 어쨌든 사실을 판단하기에 (1세기 유대 사람들보다) 더 나은 위치에 있는 것처럼 행세하면서 하나님의 능력에 관한 이런 인식을 평가절하하려고, 그런 능력에서 '신화의 색채를 지우려고'(demythologize) 시도하지 말아야 한다. 이런 능력은 사람들이 가진 하나의 '방법' 내지 전문 지식이 아니었으며, 그런 능력을 갖고 있다는 인식도 자신만의 어떤 능력, 어떤 '강한 개성'을 소유하고 있다는 인식이 아니었다. 그것은 **특이하고 색다른** (*otherly*) 능력이 예수 자신을 통해 역사하고 있음을 **아는 것**이요, 이 능력이 **하나님**의 능력이라는 **확신**을 동반한 것이었다. 하나님은 예수의 행동 속에서 행동했다. 예수가 말하거나 그의 손을 내밀어 펼쳤을 때, **뭔가가 일어났다**—고난을 겪던 이가 구출됐고, 옥에 갇힌 이가 풀려났으며, 악이 떠나갔다. 이런 일은 하나님의 능력만이 할 수 있었다. 우리는

31. 특히 F. Baumgärtel, W. Bieder, E. Sjoberg, *TDNT* VI, pp. 365ff., 370, 381ff.을 보라. '영' = 능력이라는 인식은 특히 Gunkel, p. 47 이후로 익히 알려져 왔다. 아울러 가령 H. Bertrams, *Das Wesen des Geistes nach der Anschauung des Apostels Paulus*, Münster 1913, 제2장, 특히 pp. 28ff.; H. W. Robinson, *The Christian Exprience of the Holy Spirit*, Nisbet 1928, p. 128; W. Grundmann, *Der Begriff der Kraft in der neutestamentlicher Gedankenwelt*, Stuttgart 1932, p. 47; Baumgärtel, *TDNT* VI, pp. 362f.; Käsemann, *RGG*[3] II 1272f.을 보라.

47

여기가 바로 예수가 지닌 권위의 원천이라고 앞질러 결론을 내려도 될 것 같다—하나님의 영이 예수 자신을 통해 활동하려 한다는 인식, 하나님이 예수 자신을 사용하여 병자를 고치고 예수가 마주한 귀신을 몰아내신다는 지식이 바로 예수가 지닌 권위의 원천이다.

(b) 이 능력에 관한 의식에는 철저히 독특한 무엇이, 사실상 **유일무이한** 무엇이 존재했다. 예수의 경우에는 그가 이런 능력을 행하는 것이 **오랫동안 기다려온 하나님 나라가 이미 그의 청중에게 임했음을 보여주는 증거**였다. 그의 축귀는 마지막 날이 이미 임했음을 증명했다.[32] 우리는 예수의 설교가 지닌 이런 측면에 있어 우리가 익히 알고 있는 바를 앞세워 그의 강조점이 지닌 예리한 모서리를 무디게 만들어서는 안 된다. 이것은 놀랍고 대담한 주장이었기 때문이다. **종말론적** 나라가 **이미 임했다**![33] 종말의 전조(前兆) 그리고 종말의 도래와 함께 나타날 것들은 어디에서도 볼 수 없다: 옛 시대는 아직 끝나지 않았고, 우주의 대격변이나 이스라엘 민족의 승리도 일어나지 않았으며, 메시아와 관련된 재앙도 아직 경험하지 않았고, 이방인 역시 파멸당하거나 (새 이스라엘에—역자 첨가) 편입되지 않았다. 예수는 분명 종말에 나타날 이런 특징들이(이런 특징 가운데 몇 가지가) **곧** 이뤄지리라고 믿었다.[34] 그러나 그로 하여금 마지막 때에 임할 나라의 **능력**을 그 마지막의 완성 자체와 구분할

32. ἔφθασεν의 의미에 관하여 알아보려면 특히 Kümmel, *Promise* pp. 106ff.을 보라.
33. 예수는 '우리가 아는 고대 유대인 가운데 사람들이 종말(시간의 마지막) 문턱에 서 있을 뿐 아니라 구원의 새 시대가 이미 시작됐다고 설교했던 유일한 유대인'이다 (Flusser p. 90); 참고, H. Baltensweiler, 'Wunder und Glaube im Neuen Testament,' *TZ* 23, 1967, pp. 243-248.
34. Bultmann, *Theology* I pp. 4f., 22; Kümmel, *Promise*, 특히 pp. 54-64; G. R. Beasley-Murray, *Jesus and the Future*, Macmillan 1954, 특히 pp. 183-187; Barrett, *Jesus* pp. 76-86; Jeremias, *Theology* I §§13과 21을 보라. 아울러 위 주30을 보라.

수 있게 해 줄 일은 이미 일어났다. 물론 이것은 그저 영의 능력—예수가 오직 마지막 때에 속해 있다고 믿었던 능력—이 효과적으로 활동하고 있다는 예수의 의식에 불과했을 수도 있다. 예수가 아주 생생히 알고 있던 능력은 예언자들이 내다보고 간절히 고대했던 능력이었다—예언자들은 그 능력(영)이 메시아 시대에, 하나님 나라가 도래할 때 임하리라고 보았다. 그러나 예수는 이런 하나님의 능력이 그 안에 충만하고 그를 통해 충만히 역사함을 체험했기에 하나님 나라가 이미 임했다고 결론지을 수 있었다.

우리가—마태복음 12:27과 28절의 두 문장이 처음부터 한 덩어리였다고 가정하면서—마태복음 12:27을 28절과 함께 묶어 고찰해 보면, 예수가 하나님의 능력에 관하여 가졌던 인식의 독특함이 더욱 도드라진다.[35] 예수는 자신의 사역을 당시 유대의 축귀자들이 행하던 축귀와 비교하면서, 인신공격 논증(*ad hominem* argument: 상대방이 주장하는 요지를 문제 삼지 않고 상대방의 품성이나 행동거지 자체를 문제 삼아 공격하는 논증—역주)을 사용한다. 예수는 다른 유대인이 행하는 축귀도 하나님 나라의 현재성을 증명한다고 암시하지 **않았다**. 오히려 반대로, 예수는 자신을 축귀를 행하는 유대인들과 구별했다.[36] **그의** 축귀는 **하나님의 영/손가락**이 행한 일이었다.[37] 이 점은 뒤이어 강한 자를 결박함을 다룬 말에서도 마찬가

35. 가령 E. Percy, *Die Botschaft Jesu*, Lund 1953, pp. 179f.; Grundmann, *Matthäus* p. 329을 보라. 학자들이 보통 제시하는 반론, 곧 원래의 연관관계 때문에 유대인 축귀자들의 활동도 하나님 나라가 나타났음을 보여주는 징표가 된다는 반론(Kümmel, *Promise* pp. 105f.; Perrin, *Teaching* p. 63)은 28절이 '영/하나님의 손가락'을 강조한다는 점을 놓치고 있다.

36. 28절 첫머리에 나오는 δε('그러나')는 역접 접속사다.

37. Πνεύματι/δακτύλῳ θεοῦ는 문장에서 강조하는 자리를 차지하고 있다. 랍비들은 하나님의 영을 귀신을 몰아내는 많은 방법 가운데 하나로 언급하지 않는다(Strack-

지다(마 12:29/막 3:27/눅 11:21f.).[38] 예수는 그의 축귀를 미친 사람을 치유함이나 귀신을 몰아냄이나 사탄에 승리함으로만 여기지 않고, 시대 끝에 나타나리라 보았던 악의 세력들을 결박한 일로도 여겼다.[39] 마지막 전투는 이미 시작됐으며 사탄은 이미 격파당하고 있었다(참고, 눅 10:18).[40] 이 주장들은 예수가 **그의 능력이 종말에 나타날 독특한 능력임을 분명히 의식하고 있었음**을 암시한다: 예수는 자신이 행하는 능력의 행동들을 출애굽 때의 기적만큼이나 역사의 신기원을 여는 아주 중요한 일이요 새 시대의 도래를 알리는 일로 보았다. 이 두 말은 자신이 곧 하나님의 아들이라는 예수의 독특한 의식보다 종말론적 영에 관한 예수의 이런 독특한 의식을 더 분명하게 묘사한다.

(c) 예수로 하여금 하나님의 종말론적 통치가 이미 이루어지고 있다고 결론짓게 만들었던 것이 무엇인가를 정확히 파악하는 것이 중요하다. **예수**가 현재 임해 있기 때문에 하나님의 통치가 현재 임한 게 **아니었다**. 사람들이 보통 얼추 표현하는 방식은 '예수가 있는 곳에 하나님 나라가 있다'이다. 이것이 예수에게 그가 주장하지 않은 어떤 유일무이함(uniqueness)을 부여한다. **예수가 종말론적 나라를 현재 이미 임한 나라로 본 것은 오직 종말론적 영이 그 안에서 그리고 그를 통해 현재 임해**

Billerbeck IV pp. 532-535).

38. 이 말을 정말 예수가 했다는 데 이의를 다는 이는 거의 없다; 가령 Bultmann, *Tradition* p. 105; Taylor, *Mark* pp. 204f.; Kümmel, *Promise* pp. 108f.; Bornkamm, *Jesus* p. 68을 보라.

39. 사 24:21f., 에녹1서 10.4ff., 11ff., 54.4ff., 시므온의 유언 6:6, 레위의 유언 18:12, 1QS 4.18. 아울러 Bousset-Gressmann pp. 251-254을 보라.

40. 참고, R. Leivestad, *Christ the Conqueror*, SPCK 1954, pp. 46f. 아울러 J. M. Robinson, *The Problem of History in Mark*, SCM Press 1957, 제3장; J. Kallas, *The Significance of the Synoptic Miracles*, SPCK 1961; H. C. Kee, 'The Terminology of Mark's Exorcism Stories,' *NTS* 14, 1967-1968, pp. 232-246을 보라.

있기 때문이었다.

> 내가 **하나님의 영**으로 말미암아 귀신을 쫓아내는 것이니,
> 그렇다면 **하나님 나라**가 너희에게 이미 임한 것이다.

다시 말해, 이는 '**내**가 있는 곳에 하나님 나라가 있다'는 주장이라기보다 '**영**이 있는 곳에 하나님 나라가 있다'는 주장이다. 하나님의 능력이 나타남이 바로 하나님 나라가 임했음을 보여주는 표지였다.[41] 마찬가지로 마가복음 3:27과 그 평행 본문들을 보면, 예수는 분명 자신이 강한 자(사탄)를 결박할 수 있는 것은 오로지 자신을 통해 활동하는 종말론적 영 덕분임을 확신하고 있다. 물론 후대의 기독론적 추론은 영의 독특한 능력 부여라는 요소뿐 아니라 **독특한 사람인 예수**의 독특한 능력 부여 역시도 그런 차이를 만들어냈음을 강조했다.[42] 그러나 기독론과 관련된 이 추론의 후반부가 이미 예수의 생각 속에 존재했음을 일러주는 것은 거의 없다. 우리가 지금까지 확신을 품고 말할 수 있는 것이 있다면, 예수가 귀신을 쫓아내는 능력을 스스로 체험하는 가운데 그 체험 속에서 하나님이, 곧 예수 자신을 통해 결정적, 최종적 행동을 펼쳐 보이는 하나님이 나타남을 보았다는 것이 전부다.

8.4. **마가복음 3:28f./마태복음 12:31f./누가복음 12:10.** 이곳이 Q와 마가가 모아놓은 네 '축귀 어록'(축귀와 관련된 예수의 말) 가운데 가장 논쟁

41. 참고, R. Otto, *The Kingdom of God and the Son of Man*, ET Lutterworth 1938, p. 104; Hoffmann, '그 사자가 하나님 나라를 만드는 게 아니라, 하나님 나라가 그를 만든다'(p. 204). 이는 Keck, *Jesus* pp. 217, 223이 제시하는 공식과 반대다.
42. 참고, Dunn, 'Spirit and Kingdom,' pp. 38f.

이 심한 본문이다.

마태복음 12:31f.	마가복음 3:28f.	누가복음 12:10
그러므로 내가 너희에게 이르노니, 사람들에 대한 모든 죄와 모독은 용서를 받을지라도 영에 대한 모독은 용서받지 못하리라. 누구든지 인자를 거스르는 말을 하는 이는 용서를 받겠으나, 누구든지 성령을 거스르는 말을 하는 이는 이 시대나 오는 시대에 용서받지 못하리라.	진실로 내가 너희에게 이르노니, 인자들(사람들의 아들들)에 대한 모든 죄, 그리고 무엇이든 그들이 내뱉은 모독은 용서받겠으나, 누구든지 성령을 모독하는 이는 결코 용서받지 못하고 영원한 죄를 지은 책임을 져야 하느니라.	인자를 거스르는 말을 하는 사람은 용서를 받겠으나, 성령을 모독하는 사람은 용서받지 못하리라.

위에서 제시한 본문 개요는 마가와 Q(마태 또는 누가에서 마가와 겹치지 않는 자료—편주)가 같은 말을 두 형태로 보존해 놓았음을 아주 분명하게 보여준다.[43] 누가는 Q 형태를 보존해 놓았지만, 다른 문맥 속에 보존했다. 마태는 마가와 Q를 결합하여 합성 로기온(예수의 말)을 만들었다. 마가와 Q의 가장 놀라운 차이점이라면 Q는 '인자'(the Son of Man)를 제시한 반면 마가는 '인자들'(the sons of men)을 제시한다는 점이다.

(a) 마가의 형태나 Q의 형태 가운데 어느 것이 원형인가? 가장 개연성 있는 대답은 어느 것도 원형이 아니라는 것이다. 이 두 로기온 형태는 본디 이렇게도 받아들일 수 있고 저렇게도 받아들일 수 있는 한 아람어 말에서 유래했을 개연성이 높다. 즉, '인자들'과 '인자' 뒤에는 필시 통칭(通稱) 단수(generic singular)인 아람어 **바르 나샤**(בר-נשא, '인자': 이는 곧 '사람'을 가리키는 아람어 관용어다)가 자리해 있으며, 이 말을 사실상 '거스

43. Hans von Baer는 마가의 형태와 Q의 형태가 본디 서로 무관한(독립된) 두 말이었다고 주장한다(pp. 139f.).

르는 말을 하다/모독하다'라는 동사의 주어로도 해석할 수 있고 목적어로도 해석할 수 있다. 따라서 아람어 원문을 하나 그럴듯하게 재구성하여 제시한다면, 이 문장은 '사람(인자)이 모독하는 모든 것은 용서받으리라'로 읽을 수도 있고, 아니면 '인자를 거스르는 말을 하는 모든 사람은 용서받으리라'로 읽을 수도 있다.[44]

H. E. 퇴트(Tödt)는, 벨하우젠과 달리, Q가 이 말의 원형에 더 가까운 형태를 보존하고 있다고 강하게 주장했다.[45] 그러나 방금 제시한 주장의 개연성과 별개로, 퇴트의 견해와 대립하는 고찰 결과가 몇 가지 있다. (1) 마가복음 3:28에 나오는 ἀμὴν λέγω ὑμῖν('진실로 내가 너희에게 이르노니')은 이 형태의 원시성(primitiveness)을 보여주는 표지요, 이것이 예수가 한 말이든 아니면 초기 기독교의 어느 예언자가 한 말이든, 그에게 임한 영감의 즉시성(卽時性, immediacy)을 나타내는 것이다. 이 문구가 글의 편집 단계에서 본문에 들어왔을 가능성은 그리 높지 않다.[46] (2) 특이한 말인 '인자들'(the sons of men)은, 비록 유명한 셈어 표현이긴 해도, 예수가 했다고 하는 말에는 같은 표현이 없다.[47] 이보다 익숙한 표현인 '인자'(the

---

44. 특히 J. Wellhausen, *Einleitung in die drei ersten Evangelien*, Berlin ²1911, pp. 66f.; 아울러 *Matthaei* pp. 60f.; R. Schippers, 'The Son of Man in Matt. 12.32 = Luke 12.10 compared with Mark 3.28,' *Studia Evangelica* IV, 1968, pp. 233f.; C. Colpe, *TDNT* VIII pp. 442f.; 아울러 'Der Spruch von der Lästerung des Geistes,' *Der Ruf Jesu und die Antwort der Gemeinde: Festschrift für J. Jeremias*, Göttingen 1970, pp. 65ff.을 보라. 아울러 Bultmann, *Tradition* p. 131; Klostermann, *Das Markusevangelium*, HNT ⁵1971, p. 38; Taylor, *Mark* p. 242; Bornkamm in Bornkamm-Barth-Held p. 34; Hahn, *Titles* p. 323 주88; Schweizer, *Matthäus* p. 185을 보라.
45. Tödt pp. 312-318; 아울러 Lohmeyer, *Markus* p. 79; Percy, *Botschaft* pp. 253-256; A. J. B. Higgins, *Jesus and the Son of Man*, Lutterworth 1964, pp. 127-132; Lövestam pp. 71f.; Hoffmann p. 150; Schulz, *Q* p. 247을 보라.
46. K. Berger, *Die Amen-Worte Jesu*, Berlin 1970, pp. 36-41은 견해가 다르다.
47. 신약성경에서 유일하게 평행을 이루는 곳이 에베소서 3:5이다.

50

son of man)가 일단 확실히 자리를 잡은 뒤에는 '인자들'을 본문에 끌어다 썼을 가능성이 거의 없다. (3) 마태복음 12:31a은 마가복음 3:28을 말끔하게 정리하여 제시한 버전으로 보이며, 누가복음 12:10b은 마태복음 12:31b(Q)과 마가복음 3:29을 결합한 것 같다.[48] 마가복음의 어설픈 형태가 Q 전승에서 발전한 것일 가능성은 낮다. 반면, '누구든지 성령을 거스르는 말을 하는 이'라는 Q의 말이 마가복음에 있는 βλασφημήσῃ('모독하다')보다 아람어를 문자 그대로 보존하고 있는 게 거의 확실하다.[49] 그러나 이것이 곧 마가복음의 형태가 그리스어에서 유래했다는 뜻은 아니며,[50] 마가복음 3:28f.의 바탕에 있는 아람어 버전이 Q의 아람어보다 후대라는 뜻도 아니다. βλασφημεῖν은 '…을 거스르는 말을 하다'라는 아람어를 훨씬 적절히 번역한 말이기 때문이다(참고, 단 3:29).[51]

요컨대, 본문의 글을 분석한 것(literary analysis)만을 놓고 볼 때, 이 말의 전승사를 가장 설득력 있게 재구성한다면, 이 말은 본디 여러 단어로 이뤄진 아람어에서 유래했으며, 마가와 Q가 그것을 두 갈래로 보존해 놓았다고 이해할 수 있을 것이다.

(b) 이 말은 어디서 유래했는가? 어떤 사람들은 이 말, 특히 이 말이 Q 형태를 띤 것이 원시 팔레스타인 공동체의 선교나 논쟁에서 처음 등장했으며, 어쩌면 '거룩한 율법의 경구'로서 등장했을 수도 있다고 빈번히 주장했다.[52] 이 형태를 지닌 말은, 예수가 사역하던 동안이든 그 뒤이

48. Hahn, *Titles* p. 323 주88.

49. Tödt pp. 315f.

50. 셈어 형태인 '사람들의 아들들'(the sons of men)로 보아 이는 불가능하다.

51. 참고, Black p. 195; Colpe, *TDNT* VIII p. 443 주304.

52. Bousset, *Kyrios Christos* p. 39; A. Fridrichsen, 'Le péché contre le St. Esprit,' *RHPR* 3, 1923, pp. 367-372; Käsemann, *NTQT* p. 99; E. Schweizer, *TDNT* VI p. 397; *Das Evangelium nach Markus*, NTD 1967, pp. 46ff.; Tödt p. 119; Hahn, *Titles*

든, 이 땅에서 활동하던 예수를 적대시함은 용서받을 수 있지만, 원시 팔레스타인 공동체의 선교와 말에서 나타나는 성령을 적대시함은 용서받지 **못한다**고 밝힘으로써, 양자를 대비한다. 그렇다면 이는 초기 공동체가 자신들을 영에 감동한 이들로 아주 강하게 의식하고 있었음을 증언하는 말일 것이다. 다른 이들은 이 말이 '오순절에서 말하는 내용'을 담고 있다고, 다시 말해 오순절 때 영이 충만히 나타난 뒤에야 비로소 영을 거스르는 말을 하는 것이 용서받을 수 없는 죄가 됐다고 주장했다.[53]

이런 주장이 그럴듯해 보이긴 하지만, 우리는 과연 초기 교회가 인자인 예수와 영을 소유한 신자들을 이처럼 예리하게 구분하고 이런 구분을 당연하게 여기며 받아들였을 가능성이 있는지 물어봐야 한다. (1) '인자'는 이런 대립 구도(antithesis)에서 '그릇된' 쪽에 사용됐을까? 원시 공동체가 예수를 가리켜 널리 사용하던 칭호가 '인자'였으며(더 자세한 내용은 본서 §29을 보라), 퇴트의 주장대로 부활 전에 겸비한 모습으로 이 땅에서 활동하던 예수를 가리키는 말로 사용하게 된 것이 '인자'였다는 주장을 우선 잠시 받아들인다면, 초기 교회는 여러 상이한 유형의 '인자' 말들('Son of Man' sayings)을 (20세기 스타일로!) 아주 깔끔하게 정리하고 구분함으로써 인자에 대한 모독을 받아들일 수 있는 것으로 구분하려

---

p. 324 주88; R. Scroggs, 'The Exaltation of the Spirit by Some Early Christians,' *JBL* 84, 1965, pp. 360-365; Hoffmann pp. 150ff.; Schulz, *Q* pp. 247ff.

53. von Baer pp. 75f., 137f.; O. Procksch, *TDNT* I p. 104; 참고, B. H. Branscomb, *The Gospel of Mark*, Moffatt 1937, pp. 74f.; Barrett, *Holy Spirit* pp. 106f. M. E. Boring, 'How May We Identify Oracles of Christian Prophets in the Synoptic Tradition? Mark 3.28-29 as a Test Case,' *JBL* 91, 1972는 마가복음 3:28f.이 '이사야 63:3-11의 주석/페쉐르(pesher) 같은 것으로서 형성'됐지만(pp. 517f.), 사 63:10f.는 막 3:28f.을 설명해 줄 만큼 가깝지는 않다고 주장한다.

했던 것일까?[54] (2) 우리가 설령 이런 가능성을 받아들인다 해도, 초기 예언자들은 인자가 과연 아무리 지상의 인자라 하더라도 그런 인자의 영감보다 자신들의 영감을 우월하게 여겼을까? 지상의 예수를 모독하는 것은, 비록 예수가 영으로 부음을 받았다 해도, 용납될 수 있었다. 그러나 바로 그 영에 감동한 예언자의 메시지를 거부하는 것은 용서할 수 없었다! 말(예수의 말) 전승이 아들(인자) 모독과 영 모독의 대비를 높이 부각시키는 쪽으로 발전한 것은 의심할 여지가 없다—도마복음(로기온 44)은 그 점을 아주 분명하게 보여준다.[55] 그러나 그것은 이 말의 기원에 관해서는 아무것도 말해 주지 않는다. (3) 이 말이 예수 부활 후에 나온 것이라는 주장(다시 말해 예수가 한 말이 아니라 초기 공동체의 입장을 반영한 말이라는 주장—역주)은 예언의 말들이 초기 공동체에서 높이 올림을 받은 주의 말씀으로 의심 없이 그냥 받아들여진 것이 아니라는 사실을 무시한다. 모든 유대 그리스도인은 거짓 예언의 위험을 익히 알았을 것이며, 그리스도인 공동체들은 예언의 말을 **검증해야** 한다는 데 이의를 달지 않았을 것이다(더 자세한 설명은 본서 §31.2와 §41.3을 보라). 만일 '인자'라는 말(예수의 말) 형태가 덜 정확한 아람어 예언의 해석이라 해도 같은 고찰 결과가 적용된다. 이 땅에서 활동하던 예수의 말을 Q의 방식으로 해석하는 것과 초기 그리스도인이 모임에서 했던 예언의 말을 같은 식으로 해석하는 것은 서로 별개이며 다른 일이다. 자신이 영에 감동한 사람이라는 **오**

---

54. 아울러 Frövig pp. 174ff.을 보라. Bousset는 현재 높이 올림을 받은 인자(그러나 그는 지금 잠시 저 멀리 하늘에 머무르고 있다)와 공동체 안에서 활동하고 있는 영을 대비했다: 높이 올림을 받은 초월자인 인자를 모독하는 것은 허용됐다(Bousset, *Kyrios Christos* p. 39; 참고, Scroggs pp. 364f.)! 이를 믿을 수 있는가?
55. '아버지를 모독하는 자는 용서받고 아들을 모독하는 자도 용서받겠으나, 성령을 모독하는 자는 이 땅에서나 하늘에서 용서를 받지 못하리라.'

만에 빠져 이런 말을 했을 수도 있으며, 그런 일은 당연히 있을 수 있는 일이다(참고, 고전 12:3). 그러나 원시 그리스도인 공동체가 그런 말을 받아들였고 그런 말이 예수 전승에서 소중한 부분이 됐을 가능성은 아주 희박하다—아니면 우리는 마태복음 10:32f./누가복음 12:8f. 그리고 고린도전서 12:3이 원시 유대 그리스도인 공동체를 겨냥한 말이라고 추정해야 할까?! 특히, 마태가 이런 로기온(마 7:22f.을 보라)을 자신의 복음서에 결합시켜 놓은 것은, 이 로기온이 열광에 빠진 어떤 예언자가 높이 올림을 받은 주에게서 받은 예언의 말이라는 논쟁적인 주장 때문이 아니라 필시 예수가 실제로 사역하던 동안에 했던 말을 일러주는 전승에 단단히 뿌리박은 말이었기 때문일 것이다.[56]

무엇보다 초기 기독 교회가 예언의 영감에 관하여 갖고 있던 인식을 적절히 이해하려 할 때에는 이런 영감을 맨 처음 그 정도로 체험하고 주장한 이가 바로 예수 자신이었음을 잊지 말아야 한다. 우리는 이 점을 예수가 귀신을 쫓아낸 사례들에서 이미 보았다(마 12:28/눅 11:20—본서 §8.3을 보라). 이 점은 앞으로 훨씬 뚜렷하게 드러날 것이다(본서 §9을 보라). 예수는 마지막 때(종말)의 영감을 강력하게 의식했다. 그런 점에서 그는 원시 팔레스타인 교회에 속해 있던 알려지지 않았던 예언자 가운데 하나라기보다 종말론적 예언자로 봐야 할 부분을 많이 갖고 있다.

내가 여기서 내릴 수 있는 결론은 더 모호한 이 말의 아람어 형태가 예수가 역사 속에서 펼친 축귀 사역으로 말미암아 일어난 논쟁에서 비롯됐을 개연성이 가장 크다는 것뿐이다.[57] 마가가 제시하는 정황은 확실

56. '사실 마 12:32 = 눅 12:10 같은 말은 오직 예수 자신이 한 말로서만 이해할 수 있다'(Frövig p. 182).

57. Bornkamm in Bornkamm-Barth-Held p. 34. 나사렛 예수가 '주술을 행하여 사람들을 그릇된 길로 이끌었다'는 탈무드의 진술(산헤드린 43a)은 이런 논쟁을 분명하

히 적절하지만, 누가가 제시하려는 정황은 이 말이 본디 유래한 정황일 리가 없다.[58] 이 로기온의 맥락 그리고 예수의 추론이 담고 있는 논리 자체가 어떻게 이 말을 서로 다른 두 방식으로 해석할 수 있었는가를 충분히 설명해 준다. 나는 이 말의 가장 그럴듯한 삶의 정황이 다음과 같았다고 제시하고 싶다. 여기서 마가와 Q가 보존해 놓은 말(예수가 한 말)의 수와 다양성은 예수의 축귀 사역이 예수를 향한 공격과 비판을 여러 차례 불러일으켰음을 일러준다. 한 사례를 보면, 예수가 자신에 대한 비판자들의 공격이 심각한 수위에 이르렀음을 경고함으로써 그들의 비판에 응수한다. 귀신을 쫓아내는 그의 능력의 근원은 하나님의 영이었다. 따라서 예수의 축귀를 비판하는 것은 곧 하나님의 영을 거스르는 말을 함이었다. 온갖 종류의 모욕과 다른 죄에는 용서를 받을 기회가 있지만, 병을 치유하고 악을 이기는 하나님의 능력을 나타내는 일을 모욕하고 거부하는 것은 용서받지 못할 죄를 저지르는 것이었다. 마가는 어쨌든 바로 이런 형태로 예수의 말을 보존해 놓았다. 그러나 Q 전승은 예수가 했던 말의 원래 정황을 의식하며, 예수가 그런 말을 하게 만들었던 비판에 비춰 용서받을 수 있는 모욕을 해석함으로써, 예수의 말을 그 반대 형태로 예리하게 다듬어놓았다. 예수는 필시 이 비판을 이 로기온의 두 부분에서 언급하고 있는 것 같다.[59] 만일 예수를 비판하는 이가 예수의 능력이 나온 원천을 인식하지 못하고 그저 인자(בר-נשא)인 예수만 비판했다면, 그의 죄는 용서받을 수 있다. 그러나 그가 그의 눈으로 볼 수 있는 명백한 증거를, 곧 그 능력이 하나님의 영임을 일러주는 명백한 증거

게 되울려주는 메아리다. 더 자세한 것은 Klausner pp. 18-47; van der Loos pp. 156-175을 보라.

58. Tödt pp. 118f.

59. 참고, Schippers p. 235.

를 일부러 무시한다면, 그는 자신을 용서받을 수 없는 위치로 몰아넣고 있는 셈이었다.

8.5. **마가복음 3:28f.과 평행 본문들의 의미**. 이 로기온도 예수의 하나님 체험을 밝혀줄 중요한 설명을 제시한다.

(a) 다시 말하지만, **예수가 영의 능력을 의식했음**은 명백하다. 그가 능력을 느낀 것은 단순히 머리가 어지러웠다거나 소망 섞인 생각이 아니었다. 예수가 말하자 귀신이 순종했으며, 귀신 들렸던 이가 귀신에게서 풀려나 자유를 얻었다. 이런 일은 그를 통해 역사한 하나님의 영만이 할 수 있었다. 여기서 우리는 재차 이런 능력에 관한 의식은 오로지 마지막 때에 주어지리라 약속됐던 영에 비추어서만 이해할 수 있다고 표현했다. 예수는 자신의 축귀가 영의 '가뭄'이 끝났음을 분명하게 일러주는 증거라고 확신했다.[60] 그는 지금 여기서 '오는 시대의 능력'을 체험하고 있었다(히 6:5).

(b) **예수는 자신이 행하는 능력의 근원이 자명하다고 보았다**. 예수를 비판하는 이들이 예수의 능력을 부인할 수는 없었다. 예수를 사탄에 사로잡힌 자로 공격한 것은 그 비판자들도 예수가 강력한 영적 힘에 붙잡힌 사람임을 인정했음을 시사하지만, 그럼에도 그들은 예수가 행한 능력을 악령의 능력으로 설명하려 했다. 그러나 예수가 행한 능력이 가져온 유익한 결과들은 그 능력이 선을 행하는 능력임을 예수에게 아주 명백하게 보여주었다. 실제로 예수는 비판자들의 공격을 경멸했던 것 같다. 예수는 그가 체험하고 실증해 보인 능력이 하나님의 능력임을 아주 명백히 알았기 때문에, 이런 명확한 사실을 인정하길 거부한 자들에게

---

60. Jeremias, *Theology* I pp. 81f.; 그러나 본서 제4장 주81을 보라.

이런 말 저런 말 길게 하지 않고 그냥 매섭게 쏘아붙였다. 예수가 그를 비판하는 자들에게 한 말은 사실 이것이었다: "너희는 그저 나만 비판한다고 생각할지 모르겠는데, 사실은 너희가 영을 모독하고 있음을 분명히 깨달아야 한다."[61]

(c) **예수는 자신이 종말에 주어질 능력을 받았다는 의식을 가졌으며, 그런 그의 의식이 지닌 유일무이함**이 이 로기온에서—그리고 그가 그의 축귀 활동에 대한 비판을 심각하게 여긴 점에서—아주 강하게 나타난다. 예수의 축귀 활동을 비판한 이들은 예수가 펼쳐 보인 능력을 거부하거나 부인함으로써 용서받을 수 없는 이들이 됐다! 다른 **모든** 죄와 모독은 용서받을 수 있었다. 어쩌면 하늘에 있는 존재들, 심지어 하나님의 이름 자체를 겨냥한 저주도 용서받을 수 있었을지 모른다(물론 레 24:11ff.는 달리 말한다).[62] 랍비들은 '성령을 거스르는 말을 함'이 '토라를 거스르는 말을 함'을 뜻한다고 받아들였을 것이다.[63] 예수는 그 자신의 영감을 토라의 영감보다 위에 두었다! 사실 당시에는 여기서 예수가 드러낸 영에 관한 의식과 유사한 것이 없었다. 여기서 우리는 예수가 자신을 사로잡은 능력의 무서움, 그 능력이 갖고 있는 강력한(하나님의 존재를 시사하는) 영적 특질, 그리고 그 능력의 종말론적 최종성(그 능력이 마지막 때에 임할 능력이라는 점)을 인식하고 그 인식을 분명하게 표현하는 모습을 본다.[64] 하나님은 예수 안에서, 예수의 행동 안에서, 결정적이고 최종적으

61. 참고, Frövig pp. 184ff.
62. 참고, Lövestam p. 46; 아울러 *Gospel of Thomas* 44도 참고하라.
63. Strack-Billerbeck I pp. 637f.
64. 참고, H. Sasse, 'Jesus Christ the Lord,' *Mysterium Christi*, ed. G. K. A. Bell & A. Deissmann, Longmans 1930: "성령이 실제로 임재하여 부어주는 능력이 넘치다 보니, 그 전과 그 뒤에 '영의 사람들'(pneumatics)이 체험했던 것과 그것을 비교하면, 그 사람들의 체험이 사라져 무(無)가 되어버릴 정도다. 그 뒤에 이런 성령의 능

로 임재하고 행동했다—따라서 예수의 사역을 거부하는 것은 곧 하나님을 거부함으로써 용서받길 거부한 것이었다.

§9. 영에 관한 예수의 의식 —이사야 61:1이 말하는 기름 부음 받은 이

우리는 자신의 축귀에 관한 예수의 이해에서 그가 가진 권위의 핵심 그리고 그가 가졌던 종말론적 확신의 핵심을 들여다보기 시작했다. 예수는 자신에게 임한 영적 능력이 아주 생생하고, 아주 효험이 있으며, 아주 새롭고, 아주 결정적임을 의식했으며, 그의 이런 의식이 미래에 임할 하나님 나라가 현재 이미 임했다는 그의 선포 그리고 그가 행위와 말을 통해 드러낸 권위의 원천이었다. 이런 의식은 '영'이라는 단어에 집약되어 있다. 예수는 하나님의 영이 오직 자신만을 소유하고 사용하고 있음을 알았다. 이런 앎이 그가 감당한 사명의 원천이었고 그 사명이 효과를 발휘하게 한 열쇠였다. 우리가 이런 점을 공관복음 내용이 제시하는 또 다른 가닥, 곧 우리가 예수의 삶에서 벌어진 한 상황 속으로 자신 있게 거슬러 올라갈 수 있게 해 주는 또 다른 가닥 속에 넣어 함께 엮어 짜면, 방금 제시한 결론이 힘을 얻는다. 나는 이사야 61:1을 인용하는 예수의 말들—누가복음 4:18f.(?), 누가복음 6:20f./마태복음 5:3-6과 마태복음 11:2-6/누가복음 7:18-23—을 언급해 보겠다.

9.1. **누가복음 4:18f.**이 유일하게 이사야 61:1f.을 공식 인용하는 곳

력에 관한 의식이 없다면 그런 다툼을 이해하기는 불가능하다"(pp. 115f.).

이다. 예수는 나사렛에 있는 회당에서 이사야가 말한 예언이 이뤄졌다고 분명하게 주장한다—예수 자신에게 주의 영이 부어졌다. 이것이 진정한(정말로 예수가 한 말을 담고 있는) 전승이라면, 영에 관한 예수의 의식을 통찰할 수 있는 귀중한 자료를 제공하는 셈이다. 하지만 이 본문 전체는 십중팔구 누가가 마가나 마가와 비슷한 변형 전승에 기초하여 구성한 것이며, 이는 대다수의 주석가가 인정한다.[65] 예수가 사역을 **시작할** 때 **누구의 부추김도 받지 않고 그 스스로 공개리에** 메시아를 의미하는 징표(messianic significance)를 주장했다는 것은 우리가 공관복음 자체를 통해 역사 속 예수에 관하여 알고 있는 것과 너무 동떨어져 있으며, 오히려 그 반대로 역사 속 예수가 메시아였다는 판단을 내리게끔 역사를 초월하여 기독론과 관련된 칭호들을 호명하는 요한복음 첫 장과 아주 비슷하다. 분명 일부 학자들은 누가복음 4:16-30이 Q에 속한다고 제시했으며, H. 쉬르만(Schürmann)도 그런 주장을 조심스러우면서도 꽤 설득력 있게 제시했다.[66] 그러나 그의 주장은 우리를 아주 멀리 데려가지는 않는다. 누가복음 4:17-21, 25-27이 Q에 속하긴 하지만 그럼에도 이런 본문이 본디 기독교 변증가들이 제시한 내러티브에 관한 부차적 설명이라는 것이 그의 견해이기 때문이다.[67] 어쨌든 누가가 제시하는 나사렛 본문 부분을 Q와 연결하려는 쉬르만의 시도는 설득력을 갖지 못한다. Q 자료가 문헌 발전 단계에서 이미 이렇게 앞선(높은) 단계에 이르렀는지 의문이다. 우리는 누가가 Q와 상관없이 이사야 61:1에서 영향을 받

65. 가령 Schürmann, *Das Lukasevangelium* I, Herder 1969, p. 242와 거기 주162에서 인용한 자료를 보라.

66. 'Zur Traditionsgeschichte der Nazareth-Perikope Lk 4.16-30,' *Mélanges Bibliques* (Rigaux Festschrift) pp. 187-205.

67. 'Zur Nazareth-Perikope' pp. 190, 203f.

았음을 알고 있다(행 10:38을 보라). 더욱이, 마태가 왜 그런 Q 전승을 무시하며 예수가 성경을 성취했다고 강조해야 했는지도 도통 분명하지 않다.[68] 따라서 누가 자신이 이사야 61:1f.의 말을 예수의 입술에 올렸을 개연성이 여전히 더 크다. 이 서두의 선언은 예수 사역의 성격을 선포한다. 예수가 뒤이어 하는 말과 행위는 이 본문의 성취로 봐야 한다.[69]

요컨대, 누가 자신이 예수의 사역을 이해하고 제시할 때 이사야 61:1의 영향을 받은 게 분명하다. 따라서 우리가 누가복음 4:18f.에서 마주하는 유일한 문제, 누가복음 4:18f.에서 발생하는 유일한 문제는 이것이다. 누가가 예수에 관하여 제시한 내용은 같은 취지를 담고 있는 진짜 예수 전승에서 영감을 얻은 것인가? 누가의 기독론을 정당화하는 사실이 역사 속에 존재하는가?

9.2. 이 문제는 두 번째로 이사야 61:1을 암시하는 **누가복음 6:20bf./마태복음 5:3-6**로 우리를 이끌어간다. 이 두 본문에는, 마태가 독특하게 사용하는 문구인 '하늘 나라'와 '의'를 언급하는 말이 분명하게 일러주듯이,[70] 분명 편집된 요소들이 있다. 누가는 필시 말의 순서와 표현을 바꾼 것 같은데, 이는 비록 부차적 표현이지만 같은 말인 '화'(눅 6:24f.)와 더 긴밀한 평행 관계를 만들려고 그리한 것 같다.[71] 그러나 누가복음

68. 더 자세한 것은 Stanton, *CSNT* p. 33을 보라; Hoffmann과 Schulz는 Q를 재구성하면서 눅 4:16-30을 완전히 무시한다.

69. 사도행전을 구성할 때 사도행전 1:8이 하는 기능을 참고하라.

70. '하늘나라'는 마태복음에서 30회 넘게 나타나지만, 다른 공관복음에서는 전혀 나타나지 않는다. '의'는 마태복음에서 7회 나타나지만, 다른 공관복음에서는 단 한 번만 나타난다.

71. 참고, E. Schweizer, 'Formgeschichtliches zu den Seligpreisungen Jesu,' *NTS* 19, 1972-1973, p. 122 주4.

6:20f.와 마태복음 5:3-6은 우리가 Q 자료를 직접 접하고 있음을 우리에게 충분히 확신시켜줄 정도로 긴밀한 일치를 보여준다. 더욱이, 대다수의 학자가 동의하듯이, 이 Q 본문은 예수가 정말로 했던 말을 보존하고 있는 게 거의 확실하다—**종말론적 표현인 마카리오스** (μακάριος, '복되다')는 '압바'와 '아멘'(진실로) 만큼이나 예수의 말에서만 거의 독특하게 나타나는 표현이다.

우리 연구에 중요한 사실은 이 지복(至福)들(Beatitudes)이 이사야 61:1ff.에서 명확히 영향을 받았다는 것이다. '가난한 자'와 '우는 자/애통하는 자'는 분명 이사야 예언자가 묘사했던 이들과 같은 그룹을 묘사한다.[72] 이는 곧 이사야 61:1이 예수 자신의 생각에서 중요한 역할을 했음을 의미한다. 예수는 필시 그 자신의 제자들일, 그의 말을 듣는 이들이 바로 이사야 61:1이 말하는 '가난한' 이들이라고 믿었다—이들은 곧 하나님이 택하신 이들로서 지금 마지막 때의 고난을 겪고 있지만 머지

72. 특히 A. Finkel, *The Pharisees and the Teacher of Righteousness*, Leiden 1964, pp. 155-158을 보라. 아울러 'Jesus' Sermon at Nazareth,' *Abraham unser Vater, Festschrift für O. Michel*, hrsg. O. Betz, M. Hengel, P. Schmidt, Leiden 1963, pp. 113f.; J. Dupont, *Les Béatitudes* II, EB 1970, pp. 92-99; Schürmann, *Lukasevangelium* p. 327을 보라. 그리고 Black p. 158 주2도 함께 보라. H. Frankmölle, 'Die Makarismen(Mt 5.1-12, Lk. 6.20-23),' *BZ* 15, 1971, 59f., 68f.는 마태가 사 61:1ff.을 인용한다는 데 동의하지만, Q와 누가도 그렇게 한다는 것은 반박한다—이들이 사 61:1ff.을 인용하는 것은 마태의 편집 덕택이다. 그러나 눅 7:18-23이 Q이자 이 본문이 사 61:1을 참조하는 내용을 담고 있다면, Frankmölle가 동의하듯이(더 자세한 내용은 본서 §9.3을 보라), 눅 6:20도 Q로서 사 61:1을 참고하고 있을 개연성이 더 높아진다. 눅 6:20이 '단지 (누가의) 눅 4:18f. 회상'이라기보다 눅 4:18f.가 Q에서 나왔을 가능성이 더 높다(p. 60). 마태가 사 61:11ff.을 암시하는 말(πενθοῦντες/παρακληθήσονται—5:4)에 힘을 실어주고 5:3에 τῷ πνεύματι를 덧붙인 것이 곧 5:3이 사 61:1을 암시함이 본질상 편집임을 증명해 주지는 않는다.

않아 하나님 나라의 치유와 자유를 누릴 이들이었다.[73] 더욱이, 이것은 예수가 이런 말을 한 이이기 때문에 그가 바로 이사야 61:1이 말하는 인물, 곧 영을 부음 받은 인물의 역할을 성취한 이임을 암시한다: 지복들 자체가 가난한 이에게 좋은 소식을 선포한 것이다. 따라서 예수는 이런 말을 하면서 십중팔구는 자신이 하나님의 영을 부음 받았으며, 마지막 때에 임할 나라에 관한 좋은 소식을 선포할 사명을 받았다는 기본 확신을 표명했을 개연성이 높다. 더욱이, 우리는 이 확신에서 분명하게 드러나는 힘을 무시하지 말아야 한다. 지복들을 종말론적 의미에 대한 **주장**을 구성하는 것으로 이해할 수는 없기 때문이다. 오히려 지복들은, 그 스타일이나 내용 자체로 보아, **이미 확립된 것을**, 즉 이사야가 했던 예언이 자신 안에서 그리고 자신의 사역 안에서 이뤄지고 있다는 예수의 깊고 강고한 확신을 표현하는 것 같다.

9.3. 우리가 세 번째로 다룰 본문은 훨씬 더 명백하다—**마태복음 11:2-6/누가복음** 7:18-23인데, 특히 예수의 말이 그렇다.

> 너희가 보고 들은 것을 가서 요한에게 말하라.
> 눈먼 이가 보고,
> 못 걷는 이가 걸으며,
> 나병 환자가 깨끗해지고,
> 못 듣는 이가 들으며,
> 죽은 이가 살아나고,
> 가난한 이가 좋은 소식을 듣는다 하라.

73. 더 자세한 것은 Jeremias, *Theology* I §12을 보라.

55-56

내게 화를 내지 않는(나를 모욕하지 않는) 이는 복이 있도다.

슈트라우스가 세례 요한이 옥에 있는 동안에 메시지를 전하고 받았을 개연성이 없다고 지적한 이후로 이 본문 전체가 의심을 받아 왔다. 하지만 세례 요한이 죽기 전에 어떤 식으로든 예수를 메시아로 인정했음을 증명할 에피소드를 만들어낼 변증적 동기는 명백히 있었다.[74] 매우 결정적인 것은 불의 심판을 행하는 묵시적 인물을 전하는 사자가 오실 이가 바로 예수라고 생각하기 어려웠다는 점이다.

> 요한이 보기에는, 그가 품고 있던 근본 확신과 결별하지 않는 이상, 이적을 행하는 하나님 나라 설교자와 결코 끄지 못할 불로 악인들을 파멸시켜버리는 초월자인 '사람 같은 이' 사이에는 접점이 있을 수 없다. 그러나 그런 근본 확신을 정당화할 만한 적절한 사유가 전혀 없었다.[75]

우리는 여기에 마태가 말하는 '그리스도의 행동'(11:2) 그리고 누가가 예수를 '주'로 묘사한 것(7:19)—그리고 어쩌면 '나병 환자가 깨끗해진다'와 '죽은 이가 살아난다'(마 11:5/눅 7:22) 같은 말로 묘사한 것—도 이 에피소드가 예수 부활 후의 관점에서 본 것임을 분명하게 보여준다고 말할 수 있겠다.

---

74. Strauss pp. 219ff. 따라서 세례 요한이 요단 강가에서 예수가 메시아임을 인식했다는 것은 예수와 세례 요한의 관계에 관한 전승에서 **한층 더 진전된** 발전일 것이다(§46). 아울러 Schürmann, *Lukasevangelium* I p. 414을 보라.

75. C. K. Kraeling, *John the Baptist*, New York 1951, p. 129. 아울러 M. Goguel, *Jean Baptiste*, Paris 1928, pp. 63ff.; *Life of Jesus* pp. 278ff.; E. Lohmeyer, *Johannes der Täufer*, Göttingen 1932, p. 18; Bornkamm, *Jesus* p. 49; Hoffmann, p. 201; Schweizer, *Matthäus* pp. 165f.을 보라.

W. G. 큄멜(Kümmel)은 이 내러티브가 본질상 역사적 사실임을 변호하려 하지만, 그런 시도를 뒷받침할 증거가 부족하다. 그렇게 보는 이유는 특히 그가 Q에 들어있는 이 본문의 맥락을 적절히 고려하지 않고 있다는 점 때문이다. 사실, ὁ ἐρχόμενος('오실 이')는 '초기 교회가 으레 쓰던 명칭도 아니었고 그 시대 유대인이 쓰던 명칭도 아니었다.'[76] 그러나 Q 공동체는 그 말을 익히 알았다(마 23:39/눅 13:35). 따라서 세례 요한의 질문은 세례 요한의 설교를 담고 있는 (Q?) 전승에서 나왔을 수도 있다.[77] 마찬가지로 '세례 요한을 예수를 미리 알리는 사자로 묘사한 전설에 비춰볼 때, 세례 요한이 예수의 대답을 근거 삼아 반쪽만 믿을 수밖에 없는 증거를 제시할 수는 없었을 것'이라는[78] 주장은 Q에 적용되지 않는다. Q에는 세례 요한이 요단강의 예수를 증언한 자취가 없다. 실제로 그런 증언은 요단강 에피소드를 다룬 마태복음과 요한복음 기사에서만 나타나는데, 이런 기사는 독특하며 기록 시기가 늦다. 슈트라우스가 세례 요한과 예수의 관계에 관한 전승의 발전에 관하여 제시한 명제는 근거가 없지는 않다.[79] 오히려 더 중요한 점은 이 이야기가 세례 요한이 예수의 메시지에 보인 반응을 들려주지 않는다는 것이다. 이는 만일 이 전승이 세례 요한을 예수가 메시아임을 증언할 증인으로 제시하려는 변증 욕구가 커가는 상황에 고무되어 나온 것이라면, 세례 요한이 예수에게 복종하는 믿음을 표현하는 말이 이 기사의 절정이 됐을 법한데 그런 것이 없기 때문이다(참고, 마 3:14f.). 반면, 그런 반응을 들려주는 말이 없

---

76. Kümmel, *Promise* p. 110.

77. Hoffmann pp. 23-27, 199f.; 참고 Schulz, *Q* p. 194.

78. M. Dibelius, *Die urchristliche Überlieferung von Johannes der Täufer*, Göttingen 1911, p. 37; Kümmel, *Promise* p. 110도 그렇다.

79. 위 주74을 보라, 그리고 더 자세한 것은 아래를 보라.

다는 것은 그저 이 전승이 격언(apophthegma)이나 선포 이야기로서 만들어졌기 때문일 수도 있다: 즉 예수의 말이 이 이야기의 절정이다.[80] 큄멜이 제시한 고찰 결과에서 가장 중요한 것은 예수가 보인 반응의 본질이 베일 속에 감춰져 있다는 것이다.[81] 이는 예수의 반응을 '메시아 은닉'을 담고 있는 Q의 한 형태라고 설명할 수도 있지만, 그것이 예수가 정말로 한 말일 개연성이 큰 말(눅 10:23f./마 13:16f.)과 비슷하다는 것은 마태복음 11:5-6이 진정 예수가 한 말이라는 것을 강하게 일러준다.

많은 학자는 방금 말한 사실을 근거 삼아 이 본문 전체가 합성하여 만들어낸 것이며 마지막 두 구절은 본디 따로 존재했었다고 판단했다. 그것들은 십중팔구 예수까지 거슬러 올라가는 말이지만, 그 틀은 나중에 만들어진 것이며, 어떤 그리스도인 공동체(필시 Q 공동체)의 작품이다. 이런 명제를 영향력 있게 제시한 형태가 이런 견해, 즉 이 전승이 현재 갖고 있는 형태의 뿌리를 초기 그리스도인 공동체와 세례 요한을 계속 따랐던 이들이 예수의 의미를 놓고 벌인 논쟁에서 찾아야 한다는 견해다.[82] 다른 이들은 이 에피소드가 세례 요한의 가르침에서 영향을 받았고 지금은 이를 예수를 믿는 그들의 믿음과 조화시키려 한 이들, 어쩌면 세례 요한의 제자였을 수 있는 이들에게서 유래했다고 생각한다.[83]

이 본문은 세례 요한의 선포가 예언자 나사렛 예수에게 전달된 것을 글

---

80. Hoffmann p. 201.
81. Kümmel, *Promise* p. 111.
82. Friedrichsen, *Miracle* pp. 97f.; Bultmann, *Tradition* pp. 23f.; Klostermann, *Matthäusevangelium* pp. 94f.; Grundmann, *Lukas* p. 163; Fuller, *Foundations* pp. 128f., 171; P. Stuhlmacher, *Das paulinische Evangelium* I, *Vorgeschichte*, Göttingen 1968, pp. 219f.; Schulz, *Q* pp. 193, 203.
83. Kraeling pp. 129f.; Hoffmann pp. 214f.

로 반사한 것(글로 되비쳐준 것)으로 인정할 수 있으며, 이런 일을 행한 것은 (Q) 그룹 자체였다.[84]

이 두 제안이 갖고 있는 난점은 이 두 제안이 사실 중심 문제, 곧 마태복음 11:4ff.는 세례 요한의 물음에 어떻게, 그리고 어떤 의미로, 대답하는가라는 문제를 해결하지 못한다는 것이다. 본디 A. 프리드릭센(Fridrichsen)이 제시한 견해는 세례 요한의 제자들이 던진 질문을 '당신이 메시아입니까?'와 같은 의미라고 받아들였다. 세례 요한의 제자로 계속 활동한 이들은 예수의 행동이 메시아의 행동이라는 성격을 갖고 있는지 다투었다(참고, '그리스도의 행위'—마 11:2).[85] 그러나 '오실 이 = 메시아'라는 등식이 세례 요한의 설교를 담은 Q 전승보다 마태의 편집에서 유래했다는 것과[86] 유대교가 메시아를 이적을 행하는 이라고 예상하지 않았다는[87] 것은 서로 별개다. 따라서 여기서 제시한 질문은 물론이요 그 대답도 딱히 적절해 보이지 않는다.

P. 슈툴마허(Stuhlmacher)는 프리드릭센이 제시한 명제를 종말론적 예언자(the eschatological Prophet)와 관련지어 다시 빚어낸다. 유대교가 그 징조가 나타나리라고 예상했던 종말론적 인물이 바로 그 예언자였다.[88] 더욱이, 11QMelch(쿰란 제11동굴의 멜기세덱 문서)는 이미 유대교도 이사야 61:1이 묘사하는 인물을 그 종말론적 예언자와 동일시했음을 보여주는

84. Hoffmann p. 215.
85. Friedrichsen, *Miracle* p. 100.
86. 그러나 Stanton, *CSNT* pp. 31f.을 보라.
87. Hahn, *Titles* p. 380; E. Lohse, *RGG*^{3} VI 1834; Stuhlmacher p. 218.
88. Stuhlmacher는 O. Michel, F. Hahn 그리고 R. Meyer를 언급한다(p. 219 주1).

증거다.[89] 따라서 슈툴마허는 세례 요한 무리와 초기 그리스도인들이 벌인 논쟁의 쟁점이 고대하던 그 예언자가 세례 요한인가 아니면 예수인가였다고 주장한다. 이사야 61:1이 말하는 기적과 성취가 그리스도인들이 제시한 주장의 결정적 증거였을 것이다.[90] 그러나 이 명제는 바로 그 앞에 제시한 명제보다 나은 게 거의 없다. 우선, 종말론적 예언자가 이적을 행하는 자일 것이라는 증거가 아주 박약하다. 딱 하나 자세히 언급하는 이가 요세푸스다. 요세푸스의 글에서는 (실제로 행한 기적이 아니라 행하리라 예상하는) 기적이 **이적**인데, 이 이적은 마태복음 11:5이 주장하는 이적과 사뭇 성격이 다르다—보통 광야와 정복 전쟁 때 행한 기적들을 재연한 것이다.[91] 또 하나, 만일 그 논쟁의 쟁점이 세례 요한이나 예수 가운데 누가 그 예언자인가였다면, '당신이 오실 이입니까?'라는 질문은 어디에서 나온 것인가? 아울러 그 질문이 이 본문에서 행한 기능은 무엇인가?[92] **세례 요한의 질문과 예수가 제시한 대답의 관계를 설명하지 못하는 어떤 명제도 만족스럽게 여길 수 없다.**

같은 문제가 P. 호프만(Hoffmann)의 가설에서도 약한 연결고리임이 드러난다. 마태복음 11:3의 질문이 오실 이가 마지막 심판 때에 불로 심판하실 것이라는 세례 요한의 선포로 말미암아 발생한 질문이라면, 4-6절은 그리스도인 공동체가 제시할 수 있는 적절한 대답이 아니다. 이미

---

89. Stuhlmacher pp. 142ff., 150; J. A. Fitzmyer, 'Further Light on Melchizedek from Qumran Cave 11,' *JBL* 86, 1967, *Essays on the Semitic Background of the New Testament*, Chapman 1971, pp. 245-267로 재출간; M. P. Miller, 'The Function of Isa. 61.1-2 in 11QMelchizedek,' *JBL* 88, 1969, pp. 467-469; Stanton, *CSNT* pp. 30f.
90. Stuhlmacher p. 220; Schulz *Q* p. 195도 그렇다.
91. R. Meyer, *TDNT* VI pp. 826f. 더 자세한 것은 Hoffmann pp. 206ff.을 보라.
92. 참고, Hoffmann pp. 213f.

높이 올림을 받은 예수를 오실 인자와 같은 이로 여긴 이들(Q 공동체)이 볼 때,[93] 예상할 법한 대답은 이렇다. '내가 그다(I am). 너희는 인자가 권능의 오른편에 앉아 있는 것과 하늘 구름을 타고 오는 것을(ἐρχόμενον) 볼 것이다'(막 14:62)이다. 마태복음 11:4-6은 '예수가 오실 이인가?'라는 질문에 대한 그리스도인 (Q) 공동체의 대답으로서 신뢰할 수 없다. 이 대답은 '아니다! 오실 이가 아니라 그 예언자(사 61:1)다'처럼 보이기 때문이다. 그 질문에 대한 답으로 마태복음 11:5이 실상 의미하는 것은 **'지금 여기 있는** 예수가 오실 그 이이며 곧 불의 심판을 행할 이로 다시 오실 이다. 이 땅에서 보낸 그의 삶에서 드러나듯이, 그는 **이미** 종말론적 예언자요 하나님이 앞서 보내신 이(선구자)였기 때문이다'라고 주장하는 것은[94] 11:5이 거의 담고 있지도 않는 풍부한 해석을 (예언자와 오실 그 이의 관계와 관련지어) 그 구절에 집어넣는 것이다. 요컨대, 슈툴마허의 가설에서 세례 요한의 질문이 적절치 않다면, 호프만의 가설에 있는 예수의 대답도 역시 적절치 않다.

따라서 예수의 대답을 세례 요한의 질문과 만족스럽게 연관 짓는 방법이 무엇인가라는 핵심 문제는 그대로 남는다. 여기서 설명해야 할 점이 몇 가지 있다.

(a) 5절이 예수가 정말 한 말이든 아니든, 예수의 사역에서 실제로 일어난 사건들을 참고하지 않으면 5절을 이해할 수 없다. 평행 본문인 누가복음 10:23f./마태복음 13:16f.는 바로 이런 점이 부족하다. Q는 특별한 진술(예수의 말)을 예수가 관련된 특별한 사건과 연계하지 않고 그냥 제2이사야서의 색깔을 가져다가 종말의 복된 상태를 묘사한 그림에

93. Tödt pp. 269-274.

94. Schulz Q pp. 195ff.

색칠만 하고 있는 게 아니다.[95] 예수가 실제로 눈먼 이의 눈을 뜨게 하고 다리가 불편한 이를 걷게 하는 것과 같은 일을 하지 않았다면, 적어도 논박 차원에서 봐도, 예수가 한 말은 아무 의미가 없다. 다시 말해, 이 문맥(4절, 6절)은 5절이 은근히 암시하고 있는 것을—즉 종말에 관한 예언이 성취됐음을 보여주는 표지가 바로 예수가 분명하게 보여준 능력이라는 것을—더 예리하게 표현할 뿐이다.

(b) 6절은 아마도 이 문맥과 상관없이 따로 존재했던 예수의 말일 가능성이 있다.[96] 그러나 정말 그렇다면, 초기 공동체는 필시 이 말을 둘 이상의 상황과 전승에 적용했을 것이다. 마가복음 10:31 = 마태복음 19:30, 마태복음 20:16, 누가복음 13:30의 경우가 그런 예이며, '(들을) 귀가 있는 자는 들을지어다'라는 말(서로 다른 다섯 문맥이 이 말을 보존하고 있다), 그리고 '울며 이를 갊이 있으리라'(마태복음에 여섯 차례 등장한다)가 그런 예다. 5절과 6절은 처음부터 결합되어 있었을 가능성이 더 높다.[97] 우선, 5절은 그저 예수가 한 일과 말을 언급하는 구절이었을 수 있다—6절의 '내 안에서'(개역개정판은 '나로 말미암아'로 번역했다—역주)는 이런 점을 더 예리하게 표현하는 말일 뿐이다. 그런가 하면, 이사야 61:1은 예수가 종말과 연계하여 복되다(μακάριος)고 표현한 말(6절에 나온다—역주)과[98] 5절에 모두 영감을 제공한 원천으로 보이며, 그런 점에서 이사야 61:1은 5절과 6절을 함께 묶어준다—유념해야 할 것은 이사야 61:1이 글 차원에서(at the literary level) 둘을 하나로 묶어준다는 말이 아니라 예언자와 관련

95. Bultmann, *Tradition* p. 23과 반대 견해다; 참고, Wellhausen, *Matthaei* p. 51; Schulz *Q* p. 198.

96. Hoffmann p. 210.

97. Bultmann, *Tradition* p. 110.

98. Stanton, *CSNT* p. 30; 그리고 본서 §9.2을 보라.

된 차원에서(at the prophetic level) 둘을 하나로 묶어준다는 것이다.

(c) 5절과 6절이 한 덩어리이듯이, 4b절과 5절도 한 덩어리다. 4b절이 '들음'과 '봄'을 함께 묶어 놓은 것은 마지막 때에 관한 유대인의 대망이라는 맥락에서는 특이한 일이기 때문에, 필시 예수가 자신이 사역하며 했던 말과 행위와 관련지어 쓴 독특한 표현일 수 있다—마태복음 11:4/누가복음 7:22과 더불어 누가복음 10:23f./마태복음 13:16f.도 재차 같은 것(보고 들음이 예수 자신이 사역하며 했던 말과 행위와 관련되어 있음—역주)을 암시한다.[99] 이것이 옳다면, 4b절은 5절 없이 홀로 존재할 수 없다. 결국 둘은 모두 예수가 정말 했던 말일 개연성이 아주 높다고 봐야 한다.

(d) 4b절은 요한을 언급하는 말을 담고 있어서, 실제로 세례 요한의 제자들이 예수가 살아 있는 동안에 예수에게 '당신이 오실 그 이입니까?'라고 물었을 가능성을 높여준다. 두 가지를 고찰해 보면, 이런 가능성이 힘을 얻는다. 첫째, 우리는 이런 질문을 던질 수밖에 없다. '마태복음 11:3의 질문은 언제 생겼을까?' 가장 뚜렷한 답은 **예수의 설교에서 독특하게 나타나는 성취**(*fulfilment*)**라는 음조가 세례 요한의 설교에서 독특하게 나타나는 임박**(*imminence*)**이라는 음조를 대신하자마자, 또는 적어도 보충하자마자** 그런 질문이 생겼다는 것이다. 하나님 나라가 임했다는 선포가 있자마자, 세례 요한 진영은 이런 질문을 할 수밖에 없었을 것이다. 세례 요한이 마지막 때(종말)의 주된 표지라고 선포했던 심판은 어디 있는가? 이 질문은 '당신이 오실 그 이입니까, 아니면 다른 이를 기다려야 합니까?'라는 형태로 표현할 수도 있었을 것이다. 오실 그 이가 마지막 때를 가져올 이였기 때문이요, 예수의 선포는 **그의** 사역, 특히 축귀 사역이 마지막 때가 현실로 임했음을 증명한다는 것을 분명하

99. Hoffmann p. 210.

게 암시하기 때문이다. 따라서 마태복음 11:3의 질문은, 당황하여 캐묻는 말이든 아니면 논박조로 비꼬는 말이든, 예수의 삶 속에 있는 상황으로 아주 자연스럽게 파고든다.

둘째, 4-6절에 있는 예수의 말은 위에서 설명한 질문을 겨냥하여 한 말이다. 이는, 예레미아스가 이미 말했듯이, 예수가 암시한 이사야서의 세 본문(사 35:5f., 29:18f., 61:1) 하나하나가 똑같이 심판에 관한 약속이나 경고를 담고 있기 때문이다: 이사야 35:4—'보라, 너희 하나님이 오셔서 보복하시며', 이사야 29:20—'무자비한 자들이 소멸되리라', 이사야 61:2—'우리 하나님이 보복하시는 날.'[100] 예수는 이 본문들을 암시함으로써 세례 요한이 제시한 질문의 핵심을 간파하고 그것을 말한다. 예수가 말하는 취지는 이렇다: "심판은 없지만, 마지막 때에 주어지리라 약속됐던 복들은 그 마지막 때가 이미 여기에 임했음을 증명한다. 하나님이 복수하시는 날은 아직 오지 않았다. 그러나 주의 은혜가 임하는 해는 이제 여기 임했다"(참고, 눅 4:19). '나를 걸림돌로 여기지 않는 자는 복이 있도다'(마 11:6)는 이와 정확히 들어맞는다: 여기서 걸림돌은 하나님이 종말에 부어주실 은혜가 현재 임했지만 하나님의 마지막 심판은 '아직 임하지 않았다'는 예수의 선포다. 세례 요한의 경고를 믿었던 이들은 이 걸림돌에 걸려 넘어졌을지도 모른다.

결론은 명백해 보인다. 즉, 이 질문과 대답은 예수가 살아 있는 동안에 벌어진 상황에서는 아주 깔끔하게 들어맞지만, 만일 질문과 대답 중 어느 하나 혹은 질문과 대답이 모두 애초에 예수 부활 후의 상황에 자극받아 나온 것이라면, 이 질문과 대답은 서로 들어맞지 않는다. 따라서 적어도 이 기사의 내용만큼은 역사적 사실로 여겨야 한다. 실제로 예수

100. J. Jeremias, *Jesus' Promise to the Nations*, ET SCM Press 1958, p. 46.

가 4-6절에서 하는 말은 세례 요한의 제자들이 제기한 질문에 대한 대답으로서만 의미가 있다.

9.4. **이사야 61:1 본문**이 현재 우리 연구에서 가지는 **의미**를 간략히 이야기해 볼 수 있다.

(a) 예수는 자신의 행위와 말을 마지막 때의 징표요, 마지막 때에 관한 예언이 이루어졌음을 증명하는 증거로 여겼다. 불트만이 언급했듯이, 마태복음 11:5f./누가복음 7:22f.도 누가복음 10:23f./마태복음 13:16f.처럼 **'종말이 임박했다는 의식'**(*the immediacy of eschatological consciousness*)을 강하게 표현한다.[101] 이는 마태복음 12:28/누가복음 11:20과 마가복음 3:28f. 및 그 평행 본문에서 끌어낸 결론을, 곧 예수가 그의 사역 결과로 나타난 (축귀뿐 아니라 이를 아우르는) 폭넓은 치유에서 하나님 나라가 현실로 임했음을 확인해 주는 표징을 보았다는 결론을 밑받침하며 확장한다. '사실'이 무엇이든, 예수는 분명 자신이 눈먼 이와 저는 이 그리고 듣지 못하는 이를 치유했다고 믿었다—실제로 예수가 자신의 사역을 통해 나병 환자가 고침을 받고 죽은 이가 되살아났다고 믿었음을 의심할 이유가 전혀 없다(더 자세한 내용은 본서 §12.3을 보라). 이것들은 '하나님의 표적'이요, 예수에겐 종말의 표징이었다—그러나 이는 세례 요한의 예상처럼 심판이 나타난 게 아니라 구원이 나타난 것이었음을 유념해야 한다.

하지만 이 지점에서 가장 놀라운 것은 마태복음 11:5의 절정이 부활(죽은 자가 살아남)이라는 기적이 아니라 '가난한 이에게 복음이 전파됐다'

101. Bultmann, *Tradition* p. 126(굵은 글씨체는 저자 던이 표시한 것).

는 것이다.[102] 종말론적 현재(eschatological Now)를 가리키는 표지로서 더 중요한 것은 좋은 소식이 억압받는 이들에게 선포됐다는 것이다. 지복들(beatitudes)이 확인해 주듯이, 마지막 때의 복된 상태를 가장 분명하게 표현하는 것이 바로 가난한 이들을 위한 예수의 복음이다. (예수는 여기서 가난한 이들이 하나님 나라를 함께 소유한다는 그의 선포[눅 6:20]을 곧 '복음'이라 여기고, 예수 자신이 식탁 교제 자리를 '세리와 죄인'에게 활짝 열어놓음에서 이미 표현됐듯이 하나님이 죄인을 용서하고 받아주셨다는 그의 선포를 곧 '복음'이라 여길 것이다.)[103] 이는 축귀를 다룬 본문을 고찰하고 도달한 결론에서 이룩한 중요한 발전이다. 즉, **하나님의 종말론적 통치가 예수의 축귀와 치유뿐 아니라 주로 그의 설교에서 현재의 눈으로 볼 수 있게 나타났다.**

(b) 불트만도 언급하듯이, 마태복음 11:5f.에서는 온전히 독특한 특질만 나타나지는 않는다. 이 본문에서는 예수의 자기의식도 나타난다.[104] **예수는 자신이 이사야 61:1을 성취한 이라고 믿었다. 예수가 자신이 이사야 61:1이 말하는 마지막 때의 예언자라고 믿을 수 있었던 것은 자신에게 영이 부어졌다고 인식했기 때문이었다.** 즉, 그에겐 주의 영이 부어졌다. 따라서 예수가 영에 관하여 충만한 확신을 품고 영으로 부음 받았을 때 예수의 공생애가 시작됐다는 누가의 묘사는 아주 타당하다. 예수는 자신 안에서 체험한 능력, 그가 행한 치유에서(특히 그가 행한 축귀에서) 분명하게 나타나고 특히 가난한 이를 향한 그의 좋은 소식 선포에서 분

102. 가령 Grundmann, *Matthäus* p. 305; Schürmann, *Lukasevangelium* I p. 411; Hoffmann p. 205; Schulz *Q* p. 199 주173을 보라.

103. Perrin, *Teaching* pp. 103-108; Jeremias, *Theology* I §12.

104. Bultmann, *Tradition* p. 128. 아울러 그가 쓴 'The Primitive Christian Kerygma and the Historical Jesus,' *The Historical Jesus and the Kerygmatic Christ*, ed. C. E. Braaten & R. A. Harrisville, Abingdon 1964, p. 23을 보라.

명하게 나타난 능력을 그 안에서 그리고 그를 통해 활동하는 마지막 때의(종말론적) 영이라 보았다—이 능력은 하나님의 용서와 받아주심을 예수의 청중에게 효과 있게 전해 준 능력이었다. 이 능력은 하나님의 통치였다. 이 능력을 예수의 사역에서 체험한다는 것은 이미 하나님 나라를 공유하는 것이었다(눅 6:20).[105]

아울러 우리는 예수의 사역이 성격상 세례 요한이 오실 그 이에 관하여 예상했던 것과 판이하게 달랐다는 사실의 중요성을 지적하지 않을 수 없다. 예수는 왜 명백히 영감 받은 이가 예언자로서 예상했던 것을 그토록 철저히 무시해야 했는가(참고, 막 11:30)? 예수는 왜 그의 사역을 심판이라는 관점에서 보지 않았을까? 예수는 어찌하여 구약의 예언을 그처럼 선별하여 사용했을까? 예수가 자신의 체험 속에서 하나님이 심판의 하나님이기보다 은혜의 하나님임을 발견했기 때문이라는 것이 가장 분명한 답이다. 예수가 그의 사역을 통해 역사함을 체험한 능력은 파괴하는 능력이 아니라 치유하는 능력이었다. 그가 선포하라고 받은 메시지는 하나님이 복수하리라는 메시지가 아니라 하나님이 은총을 베풀리라는 메시지였다. **예수는 자신의 하나님 체험 그리고 하나님의 능력과 영 부음 체험을 통해 구약 예언의 어느 부분을 그의 사역에 적용할 수 있고 적용할 수 없는지, 그리고 어느 부분으로 그의 사역을 설명할 수 있고 설명할 수 없는지를 분명히 알 수 있었다.**

결국 **예수가 자신에 관하여 품었던 확신의 힘**에 주목하지 않으면 마태복음 11:2-6을 바로 이해하기가 불가능하다. 이는 6절에서 분명하게 나타난다—비단 예수의 설교만이 아니라 예수 자신이 걸려 넘어지게 하는 것이었다. 예수가 받은 질문도 그런 점을 암시한다. 예수는 분

105. 참고, Windisch, 'Jesus und der Geist' pp. 229f.; Otto, *Kingdom* pp. 380f.

명 마지막 때에 임할 나라가 현실로 나타났다고 선포하는 데 그치지 않고, 나아가 그 나라가 자신 안에서, 아니 더 정확히 말하면, **자신의** 사역에서 현실로 나타났다고 선포했다. '심판이 시작되지 않았는데 어찌 마지막 때가 현실로 나타났다 할 수 있습니까?'같이 인물과 무관한 질문이 아니라 '당신이 오실 그 이입니까?'라는 질문을, 다시 말해 '**당신**이 바로 (당신의 주장대로) 마지막을 가져올 이입니까?'라는 질문을 할 수밖에 없었던 것도 그 때문이다. 자신에게 영이 부어졌다는 예수의 의식 그리고 종말론적 의미에 관한 예수의 의식이 지닌 이런 힘은 5-6절에서 훨씬 더 분명하게 나타난다. 우리가 이미 보았듯이, 유대인이 종말에 관하여 품었던 대망은 5절이 말하는 기적들을 반드시 그 기적들을 행한 개인의 종말론적 의미를 일러주는 증거로 여기지는 않았을 것이기 때문이다(막 8:11-12과 평행 본문에 있는 말이 나온 것도 그런 연유다). **그의** 행위와 말이 마지막 때에 나타날 하나님의 통치를 보여주는 표징이요 우리는 이 말 안에서 하나님의 그런 통치를 만난다는 것이 예수의 강력한 **확신**이다. 마찬가지로 6절이 제시하는 복은 사실 세례 요한이 던진 질문에 비하면 아주 약한 반응이다. 다만 이 6절도 **예수** 자신이 마지막 때의 영을 부음 받은 이요 종말론적 의미의 중심이기 때문에 걸려 넘어지게 하는 이일 수 있다는 확신을 아주 확고하게 표명한다.

§10. 아들이라는 지위와 영

이제 누가 봐도 분명한 것은 자신이 **아들이라는 지위**에 있다는 예수의 인식 그리고 **영**에 관한 예수의 의식이 그의 하나님 체험, 그의 자

61-62

기의식 그리고 자신의 사명에 관한 그의 이해에서 가장 기본이 됐다는 것이다. 우리는 다음 장으로 들어가기에 앞서 우선 예수의 종교적 체험이 지닌 이 두 측면의 관계를 살펴봐야 한다. 예수가 지닌 아들의 지위와 영의 연관관계는 초기 교회가 기독론과 관련하여 전개한 고찰이 분명 잘 확증해 주고 있다(요 3:34f., 20:21f., 행 2:33, 롬 1:3f. 갈 4:4-6이 그런 예다). 그러나 공관복음을 살펴보면 오직 한 본문만이 예수의 경우를 다루면서 '아들'과 '영'을 직접 연계한다—예수가 요단강에서 세례 요한에게 세례를 받을 때 한 체험이 그것이다(막 1:9-11과 평행 본문).

10.1. **예수의 요단강 체험.** 예레미아스가 지적하듯이, 이 에피소드를 다룬 모든 기사가 한목소리로 말하는 두 가지는 하나님의 영이 예수에게 내려왔다는 것, 그리고 영이 내려온 뒤에 어떤 선포가 있었다는 것이다.[106] 우리는 예레미아스보다 정확하게 말할 수 있다: 모든 기사는 한목소리로 예수가 큰소리로 아들로서 선포됐다고 말한다.[107]

물론 이런 질문을 던질 수밖에 없다: 이렇게 영과 아들을 연계하는 것이 역사 면에서 정당한가? 이 기사들이 이 지점에서 역사에 뿌리박고 있는가? 예수가 실제로 세례 요한에게 세례를 받았음은 의심할 여지가 없다. **예수가 요한에게 회개**(**참회**)의 세례(*repentance* baptism)를 받음은 초기 교회에, 특히 초기 교회가 세례 요한의 제자들을 대할 때나 세례 요한의 영향을 받은 이들을 대할 때 어려움과 당혹스러움을 안겨주었으며, 이런 어려움과 당혹스러움은 마태복음 3:14f.에서 이미 분명하게 나타나고, 어쩌면 사도행전 19:1-7에서도 나타나는 것 같다. 이 에피소드

106. Jeremias, *Theology* I pp. 51ff.
107. 위 주72, 73과 아래 주122을 보라.

를 보존한 것은 분명 이것이 예수의 삶과 사명에 범상치 않은 의미를 지니고 있기 때문이다. 그렇다면 꼼꼼한 비평과 검토를 거친 뒤에는 이 세례 자체를 넘어 얼마나 더 많은 의미가 유지될까?

첫째, 이 전승을 후대에 전할 때마다 전보다 더 큰 객관성을 부여하는 경향이 분명하게 드러난다. 예를 들면, 아버지와 아들 사이의 친밀한 말이었던 마가복음 1:11의 '너는 내 아들이다'는 마태복음 3:17에서 공개 선포로 바뀌어 '**이는** 내 아들이다'가 된다. 누가복음에서는 영이 비둘기처럼 내려왔다는 말이 '비둘기 같은 **몸의 형태로**' 내려왔다는 말로 바뀐다(눅 3:22). 네 번째 복음서(요한복음)에서는 모든 사건이 세례 요한의 증언이 된다(요 1:32ff.). 순교자 유스티누스는 요단강에서 **불**이 붙었다고 기록해 놓았다(*Dial.* 88.3). 에피파니우스는 '**큰 빛**'이 그곳(예수가 세례받은 곳) 주위에서 빛났다고 기록해 놓았다(*Adv. Haer.* 30.13.7-8). 우리는 마가가 이 전승을 기록하기 **전에** 이미 얼마나 오래전부터 이런 경향이 형성됐는지 묻지 않을 수 없다.

둘째, 디벨리우스는 이 전승이 역사적 사실이라면 이는 예수에게서 유래했을 것이며, 그 경우에 이 전승은 예수의 말이라는 형태를 띠었을 것(행 7:56)이라고 지적한다.[108]

셋째, 공관복음은 세례 요한과 예수의 이 만남을 이 두 사람의 이력이 엇갈리는 계기로 제시한다. 즉, 이 세례로 말미암아 세례 요한의 사역은 훌륭하게 막을 내리고(막 1:14, 눅 3:19f.),[109] 예수는 이 선포를 통해 어쨌든 그 사역을 시작하게 된다. 요한복음 3:22ff.와 4:1이 보존하고 있는

---

108. Dibelius, *Tradition* p. 274.

109. 막 6:14은 (일부러?) 겹치지 않음을 암시한다. 더 자세한 것은 Dunn, *Baptism* p. 25와 주8을 보라.

꽤 이상한 전승들은 세례 요한의 사역과 예수의 사역 사이에 상당히 겹친 부분이 있음을 일러준다. 나아가 이것은 세례 요한과 예수 사이에 더 길고 더 깊은 유대가 있었으며, 예수가 본디 세례 요한에게 세례를 받은 것은 어쩌면 애초에 세례 요한의 제자였을 수도 있는 예수가 그의 메시지와 사역을 세례 요한의 그것과 연계하려 했기 때문이었다는 것을 시사한다. 이는 다시 예수가 요단강에서 세례를 받을 때 했던 체험은 공관복음이 묘사하는 것만큼 아주 결정적이거나 분명하지는 않았음을 시사한다.

반면, 예수가 자신을 영으로 능력 받은 이라 믿었으며 하나님의 아들이라 생각한 것은 확실하다. 이런 확신은 틀림없이 그의 생애 어느 시점에서 단단한 결정체가 됐을 것이다. 만일 이런 전승들이 예수의 생애에서 일어난 이 에피소드와 연관될 이유가 전혀 없고 오히려 그런 연관성을 부인할 이유만 가득하다면, 왜 이 전승들은 하나같이 예수의 삶 속에서 일어난 이 에피소드에 단단히 붙어있을까? 아직까지는 신약성경에서 예수의 세례를 그리스도인이 받는 세례의 원형으로 묘사하려는 후대의 경향을 밑받침할 증거를 찾을 수 없으며,[110] 예수가 영을 부음 받은 것과 세례 요한의 예수 세례를 결합하여 이를 세례 요한 분파를 변증하는 데 활용했던 후대의 경향을 지지하는 증거도 찾을 수 없다. 따라서 가장 그럴듯한 이유는 예수가 세례 요한에게 세례를 받을 때 의미심장한—아들이라는 지위 그리고 영에 관한 예수의 의식과 관련하여 중요한 의미가 있는—체험을 했기 때문일 것이다.[111]

110. A. Schweitzer, *The Mysticism of St. Paul*, ET A. & C. Black 1931, p. 234; G. R. Beasley-Murray, *Baptism in the New Testament*, Macmillan 1963, p. 64; 참고, Dunn, *Baptism* pp. 36, 99.

111. Kümmel, *Theology*: "필시 그는 이 세례 때 그의 활동에 대단히 중요했던 체험을 했

둘째, 세례 요한과 예수의 사역이 겹치는 기간이 더 길 수도 있지만, 그래도 더 무게 있는 증거는 그렇게 겹치는 기간이 아주 길 리 없으며 세례 요한과 예수의 단절이 필시 아주 빨리 이뤄졌으리라는 것을 일러준다. 결국 예수와 세례 요한이 각각 선포한 메시지의 가장 중요한 강조점은 사뭇 달랐다. 즉, 세례 요한은 마지막 때가 가까이 이르렀다고 믿었던 반면 예수는 시대의 변화가 이미 일어났다고 믿었다. 예수는 하나님 나라가 현실로 이미 임했다고 믿었는데, 그가 그렇게 본 결정적 표지는 그 안에서 그리고 그를 통해 일하는 **영**이 현실로 임한 것이었다. 따라서 세례 요한과 예수의 단절을 불러온 계기는 틀림없이 예수의 영 의식—종말론적 영이 이미 그에게 임했다는 것—이었을 것이다. 그런 점에서 세례 요한의 메시지와 사역은 이미 예수의 그것이 대체했다. 예수가 이런 결론을 얼마나 빨리 내리고 적용했는가는 분명치 않다(예수가 광야로 물러간 때는 분명 이 모든 것을 다시 생각해 보는 시기였다). 그러나 우리는 분명 세례 요한과 예수의 사역의 겹침에 관하여 일러주는 네 번째 복음서의 전승에 많은 의미를 부여하는 데에는 신중해야 한다. 곧, 네 번째 복음서가 일러주는 전승은 예수가 세례 요한의 제자였을 때가 아니라 두 사람이 '경쟁'하던 시기를 암시할 뿐이다.

셋째, 예수가 그의 권위에 대한 도전에 제시한 대답(막 11:27-33과 평행 본문들)은 예수가 자신이 세례 요한에게 세례를 받은 일에 상당한 의미를 부여했음을 시사하는 것일지도 모른다.

요한의 세례가 하나님에게서 온 것이냐 여부를 묻는 예수의 반문(反問)

을 개연성이 있다. 그런 체험이 세례 사건으로 옮겨갔다는 것이 이 행동의 의미에 담긴 내용에서 분명하게 나타나지 않기 때문이다"(p. 74).

63-64

> (막 11:30)은 직답(直答)을 피하려는 예수의 회피가 아니다. 그의 반문이 담고 있는 의미를 진지하게 살펴보면, 이런 의미가 들어있다: "내 권위는 요한의 세례에 터 잡고 있다." 이를 다시 구체적으로 표현하면 이런 의미일 것이다: "내 권위는 내가 요한에게 세례받을 때 일어난 일에 터 잡고 있다."[112]

예레미아스는 확실히 여기서 자신의 주장을 지나친 확신을 품고 밀어붙인다. 그럼에도 이 말에서 추출해낼 수 있는 결론은 이런 것일지도 모른다. 즉, 예수가 볼 때, 세례 요한의 사역이 권위가 있음을 실존적 차원에서 인증해 준 이는 하나님, 곧 예수가 요한에게 세례를 받을 때 했던 하나님 체험이었다.[113]

디벨리우스의 반대 의견은 무게감이 있다. 그러나 슈트라우스 이후로 예수가 했던 어떤 말들은 정교한 내러티브로 만들어졌다고 주장하는 것이 보통 일이 됐다—폭풍우를 잠재운 일(막 4:35-41과 평행 본문들), 고기잡이 기적(눅 5:1-11)이 그런 예이며, 어쩌면 무화과나무를 저주한 일(막 11:12-14과 평행 본문들)도 그런 예일지 모른다.[114] 이런 일이 정말 일어날 수 있었다면, 예수가 요단강에서 한 체험을 다룬 (마가복음의) 기사는 더더욱 우리가 방금 언급한 것과 같이 예수가 그의 제자들에게 일러준 것을 정교하게 다듬어 만들어낸 것일 수 있지 않을까? 더구나 우리는 예언자인 이가 그의 소명을 으레 그의 제자들에게 밝혔음을 종교사를 통해 알고 있다—이사야, 예레미야, 에스겔이 그런 예다(이들은 자신이 본 것과 들은 것

112. Jeremias, *Theology* I p. 56.

113. 참고, W. Manson, *Jesus* p. 40. 더 자세한 것은 본서 §13.2와 주49을 보라.

114. Strauss §§71, 101, 104; Bultmann, *Tradition* pp. 230f.

을 모두 알렸다).[115] 유대교와 기독교 밖에서 그런 예를 하나 든다면 무함마드를 언급할 수 있을 것 같다.[116] 이들과 비교할 때, 예수는 자신의 하나님 체험을 제자들에게 알리길 훨씬 삼갔던 것 같다. 바로 이런 점 때문에 우리는 그가 한 중요한 말에서 추론한 결과와 그런 말이 암시하는 의미에 크게 의존할 수밖에 없었다. 예언자들이 자신들의 종교적 체험에 관하여 들려준 증언과 실제로 유사할 수 있는 유일한 예라면 예수가 누가복음 10:18에서 크게 기뻐하며 외친 말이 있다: "나는 사탄이 하늘에서 번개같이 떨어지는 것을 보았다"(본서 §15.1을 보라). 물론 우리가 할 수 있는 것은 추측뿐이다. 그러나 예수는 요단강에서 일어난 일을 직접 이야기하지 않고 다만 복음서에 들어있는 사역 초창기 기사의 기초를 제공한 것들을 넌지시 암시했을 개연성이 여전히 높다. 게다가 초창기 그리스도인 공동체가 처음부터 세례를 행한 것으로 보인다는 사실이야말로 예수가 그의 제자들에게 그가 받은 세례가 그 자신에게 아주 중요했음을 일러주었음을 시사한다고 설명하는 것이 십중팔구는 가장 좋은 설명 같다.

이런 주장은 증명되지 않았다. 그러나 마가의 내러티브는 요단강에서 일어난 사건의 아주 합당한 해석이라는 것을, 그리고 역사비평은 예수가 세례를 받을 때 했던 체험에 관하여 아주 적절히 이야기해 줄 수 있지만 정작 마가 자신은 이 에피소드를 예수 전기의 일부로 제시하는 데 관심이 없었다는 것을 어느 정도 자신 있게 이야기해도 될 것 같다.[117]

115. 이 기사들(사 6장, 렘 1장, 겔 1ff.장)이 1인칭을 사용한다는 사실은 디벨리우스가 강조하는 취지를 밑받침한다.

116. 더 자세한 것은 J. Lindblom, *Prophecy in Ancient Israel*, Blackwell 1962, pp. 12-21, 31f., 46을 보라. 아울러 아래 IV장 주103을 보라.

117. Bultmann, *Tradition* pp. 247f. 가령 Bultmann, *Tradition* pp. 248-253, 그리고

예수가 요한에게 받은 세례는 필시 예수에게 대단히 중요한 의미가 있는 하나님 체험의 계기였겠지만, 예수도 그 의미를 곱씹고 난 뒤에야 비로소 그 의미를 충분히 파악했을 것 같다. 이 체험에서 가장 놀라운 요소는 **영과 아들이라는 지위**다. 예수는 영의 능력이 급격히 치솟음을 체험했으며, 하나님이 종말에 부어 주리라던 영을 자신에게 부어 주었음을 알게 됐다. '비둘기 같은'이라는 말은 본디 어떤 환상을 일컫는 말이었을 수도 있고, 아니면 단지 이 내러티브가 처음 형성됐을 때 예수의 영 체험을 세례 요한이 예상했던 영 체험, 곧 불로 정화하는 영 체험과 대비하거나,[118] 창조 때에는 영에게 주어졌고 노아의 대홍수 뒤에는 비둘기에게 주어졌던, 새 시대를 여는 획기적인 역할을[119] 암시할 목적으로 내러티브에 끌어들인 해석 은유였을 수도 있다. 하늘에서 들려온 음성의 경우, 종교사 속에 존재하는 유사 사례들과 아래 제4장에서 더 살펴볼 내용을 고려할 때, 예수는 자신이 세례받을 때 자신을 아들이라 부르고 자신을 구별하여 (전에 세례 요한에게 특별한 임무를 맡겼을 때처럼) 특별한 임무를 맡기는 하나님의 음성을 들었다고 확신했을 가능성이 아주 높다.[120]

Barrett, *Holy Spirit* pp. 35-45는 마가가 이 에피소드를 제시하도록 결정하는 데 영향을 주었을 수도 있는 것들을 논한다.

118. Dunn, *Baptism* pp. 10-14; 아울러 'Spirit-and-fire Baptism,' *NovTest* XIV, 1972, pp. 81-92.

119. Dunn, *Baptism* p. 27 주12와 13.

120. '이 시대 유대인 가운데에서는 메아리처럼 되울려주는 음성이 드문 현상이 아니었으며, 사람들은 이런 음성이 성경 구절을 일러주는 것을 들을 때가 자주 있었다. 신비한 황홀경을 체험함과 더불어 성령을 받음은 분명 요한이 있던 요단강에서 세례를 받은 이들만이 유일하게 체험한 일이 아니었다'(Flusser p. 29; 그러나 Flusser는 계속하여 만일 하늘의 메시지가 예수에게 사 41:1[또는 시 2:7]에 있는 말로 임했다면 예수에겐 이런 말이 '유일무이한 중요성'을 지녔을 것이라고 언급한다). 아울러

10.2. **영과 아들이라는 지위의 관계**. 우리는 이 에피소드가 영의 내려옴과 아들의 지위라는 말을 함께 묶어놓은 것에 주목해야 한다. 우리가 갖고 있는 성경 기사들이 제시하는 선포의 말은 분명 영이 내려온 것을 **설명**하려고 한다. 그리고 그 영은 예수를 아들로 성별한다. 이런 암시는, 비록 시편 2:7을 완벽하게 인용하지는 않았지만(눅 3:22 D[신약 사본 가운데 하나인 베자 사본]),[121] **영이라는 선물을 곧 예수를 아들로 입양함**(*Jesus' adoption as Son*)—'너는 내 아들이니, 오늘 내가 네 아버지가 됐다'[122]—**으로 이해했음**을 시사한다. 하지만 우리가 과연 이 내러티브를 토대로 영과 아들이라는 지위에 관한 예수의 의식을 더 자세히 분석하려고 시도해야 하는지 혹은 더 자세히 분석하려고 시도할 수 있을지 아주 의심이 든다. 이 전승은 예수의 이 체험이 점점 자라가던 하나님 체험의 절정 내지 결정적 '요인'이었는지 아니면 느닷없이 다가온 새로운 것이요 철

Vermes, *Jesus* pp. 92, 206f.을 보라.

121. 본서 제2장 주73을 보라.

122. 학자들은 본디 사 42:1만을 언급하는 쪽(υἱός가 παῖς에서 유래했다고 보는 견해—본서 제2장 주72을 보라)을 좋아하며, 그런 견해가 다수다. 하지만 내가 보기에는 '아들'이 원문일 개연성이 높다: 실제로 υἱός가 παῖς를 대신한 분명한 사례가 없다. Q(마 4:3, 6/눅 4:3, 9)는 υἱός를 전제한다. 종이라는 범주(개념)는 초창기 공동체의 기독론에서 거의 어떤 역할도 하지 않았던 것 같다(참고, Schweizer, *TDNT* VIII p. 368). 예수의 자기이해 그리고 예수 자신을 다그친 사명 의식에서는 자신이 곧 하나님의 아들이라는 인식이 종이라는 개념보다 기본이었던 것 같다. 더 충실한 논의는 Marshall, 'Son of God,' pp. 326-336에서 발견할 수 있다.

『히브리복음』을 보면, 영이 직접 예수를 하나님의 아들이라고 부른다: "주가 물에서 나왔을 때 그 일이 일어났으니, 곧 성령의 온 원천이 그에게 내려와 그에게 임하며 그에게 이렇게 말했다: 내 아들아, 모든 예언자 안에서 내가 너를 기다렸으니 … 너는 내가 처음 낳은 아들이요 영원히 다스릴 이다"(Hennecke, *Apocrypha* I pp. 163f.).

저히 뜻밖의 사건이었는지에 관한 추측을 키워가는 데 적절한 자양분을 제공하지 않는다. 요컨대, Q는 예수가 기도를 아들의 요청에 빗댄 곳에서 예수의 말을 이렇게 보존해 놓았다: "악한 너희도 너희 자녀에게 좋은 선물을 주어야 함을 아는데, 하물며 하늘에 계신 너희 아버지께서 구하는 자들에게 좋은 것(누가복음—'성령')을 주시지 않겠느냐"(마 7:11/눅 11:13). 예수의 이런 확신이 적어도 어느 정도는 그 자신이 요단강에서 했던 체험에 기초하고 있을 가능성을 배제할 수 없다. 예수는 세례 요한에게 나아왔을 때 이미 하나님이 아버지로서 자신을 보살펴주신다는 것과 부르셨다는 것을 어느 정도 알았을지도 모른다. 그의 세례는 그가 그런 부르심에 기꺼이 응하려 한다는 뜻과 그 부르심에 순종하는 데 필요한 좋은 것을 달라는 그의 요청을 표현한 것이었을지도 모른다.[123] 어쨌든 우리는 아들의 지위에 관한 의식과 영에 관한 의식을 동전의 양면으로 다루는 것이 더 나을 것이다. 우리는 어느 하나가 다른 하나를 낳았다고 말할 수 없다. 둘 가운데 어느 하나가 다른 하나보다 우선한다는 결론을 교의 차원에서 내리는 것은 튼튼한 기초도 없이 모래 위에 집을 짓는 일이다. 우리가 요단강 본문을 기초 삼아 말할 수 있는 최대치는 예수가 그의 사역을 시작할 때부터 (많든 적든) 하나님을 아버지라 의식했으며 하나님의 능력을 의식하고 있었다는 것이다.

마찬가지로 우리는 예수의 사명과 관련하여 예수가 했던 하나님 체험 가운데 어느 한 측면이 다른 측면보다 우위에 있다고 평가할 수 없다. 아들은 아버지 뜻에 순종한다. 영은 그를 앞으로 나아가게 밀어붙인다. 성경의 두 진술은 바로 이렇게 그의 내면에서 그를 몰아붙인 강제력

123. 나는 내 책 *Baptism*에서 신약성경이 세례 의식을 회개와 믿음의 표현으로서 아주 일관되게 이해하고 있다는 것을 논증했다.

을 묘사한다. 예수는 이 강제력을 부인할 수 없었고 그것을 그의 말과 행위로 표출할 수밖에 없었다. 따라서 예수가 광야에서 받은 시험을 다룬 기사('영이 그를 광야로 몰아냈다'—막 1:12과 평행 본문들)에서 자신이 곧 하나님의 아들이라는 예수의 의식을 명백히 겨냥한 두 시험('네가 **만일** 하나님의 아들이어든 …')이 기적을 행할 능력을 통해 그가 아들임을 증명하라는 시험('이 돌들에게 명하여 빵이 되게 하라')과 황홀경에 빠져 행한 이적으로 아들임을 증명하라는 시험(성전 난간[parapet]에서 '네 자신을 아래로 던져라')임은 놀랍지 않다.[124] 마찬가지로, 성경 본문은 예수의 **축귀 능력**을 하나님의 **아들**의 능력으로 인정하는 자로서 귀신 들린 이들을 제시한다(막 3:11, 5:7).[125] 아울러 그의 설교가 지닌 **권위**가 자신이 영에 감동한 이라는 예수의 인식에서 유래했을 뿐 아니라(본서 §9을 보라) 자신이 곧 하나님의 아들이라는 인식에서도 유래했다(마 11:27)고 말할 수 있다는 점은 어쩌면 의미심장하다. '영'뿐 아니라 '아버지'도 '권위'를 천명한다. 따라서 실현된 종말론이라는 음조 속에서 현실로 나타난 권위 역시 예수의 사역에서 아주 독특하게 나타나는 특징이다. 예수의 사역은 마지막 때에 부어지리라 예약됐던 하나님의 능력이 그의 축귀에서 분명하게 나타났다는 예수의 의식을 표현해 주었다. 그러나 동시에 그것은 하나님이 곧 자신의 아버지라는 예수의 의식도 표현해 주었다. 아버지인 하나님은

---

124. 참고, Bultmann, *Tradition* p. 255.

125. Flusser에 따르면, 제2성전기에 기적을 행하던 이들 가운데 세 사람이 하나님과 그들의 관계에서 아들로 묘사됐다고 한다(pp. 93f.). 참고, Otto, *Kingdom* p. 345. 이제는 Vermes, *Jesus*가 그런 견해를 취한다: "예수가 살아 있는 동안에 그를 받들던 신자들이 이미 그를 **하나님의 아들**이라 말하며 불렀을 가능성에 대해 다툴 이유가 전혀 없으며, 심지어 그랬을 개연성이 아주 크다"(p. 209). 이는 귀신 들린 이들의 부르짖음을 뒷받침하는 역사상의 근거가 '메시아 은닉' 이론이 인정하려 하는 것보다 많을 수 있음을 시사한다.

가난한 이들을 구원하고자 가까이 다가와 용서를 베풀어주시고 치유를 행하셨다. 요컨대, 영과 아들이라는 지위, 아들이라는 지위와 영은 예수의 삶과 사역의 원천이 됐던 하나의 하나님 체험이 지닌 두 측면일 뿐이다.

10.3. **결론**. 우리는 여태까지 예수의 종교적 체험을 두 측면—자신이 곧 하나님의 아들이라는 예수의 인식 그리고 종말론적 영에 관한 그의 의식—에서 살펴보았다. 이 두 경우에 우리가 사용할 수 있었던 자료의 양은 아주 한정되어 있었다—그러나 이렇게 자료가 한정된 것은 몇몇 이유 때문일 수 있는데, 예수가 그의 하나님 체험 또는 그의 행동이나 말을 뒷받침하는 권위에 관하여 사람들에게 드러내놓고 자주 말하길 꺼려 한 것도 그런 이유 가운데 하나다. 더 중요한 것은 자료가 적다고 우리가 그 자료에서 끌어내는 결론이 방해받지는 않는다는 것이다. 우리가 (특히 §§4, 8, 9에서) 사용한 본문들은 역사 속 예수가 정말로 한 말임을 증명할 수 있는 것이었다. 예수가 한 말들은, 비록 그 수는 아주 적어도, 면밀한 비평과 검토에 맞서 되받아칠 힘을 가지고 있기에 우리도 그 말들에서 자신 있게 여러 결론을 끌어낼 수 있다. 게다가 문제의 자료는 예수의 삶 가운데 중요한 지점에서—예수 자신의 기도 체험을 되비쳐주는 말에서, 그리고 예수의 권위가 의심받거나 도전받는 상황에서—나왔다. 예수의 이런 말들이 분명하게 되비쳐주는 종교적 체험을 중심부가 아닌 주변부에 속하거나 부차적인 일이라고 무시해서는 안 된다. 오히려 그 반대로, 예수는 그런 상황에서 그런 체험을 인용함으로써 바로 그런 체험이 그가 가진 영적 역동성의 원천이요 그가 가진 권위의 기초임을 증명해 보인다. 요컨대, 우리는 본서 제2장 첫머리(§2.2)에서

67

적어도 예수가 그와 하나님의 관계를 어떻게 인식했는지 공감하는 자세로 이해하기 시작할 수 있어야 예수의 하나님 체험을 상당히 깊이 들여다볼 수 있다고 주장했는데, 이 주장이 옳다는 게 확인된 셈이다. **예수는 자신을 하나님의 아들이요 종말론적 영을 부음 받은 이라고 생각했다. 이는 그가 기도할 때 하나님이 아버지임을 체험했기 때문이요, 그의 사역을 통해 그가 마지막 때의 능력이라 이해할 수밖에 없었던 치유의 능력을 체험했기 때문이며, 그가 마지막 때의 복음이라 이해할 수밖에 없었던 메시지를 선포할 영감을 체험했기 때문이다**.

우리는 이런 결론을 아직은 더 상세하고 정교하게 제시하지 않겠다. 이는 우리가 이번 장에서 제시한 탐구 결과가 공관복음 자료를 뚫고 지나갈 또 다른 길을 활짝 열어놓았기 때문이요, 먼저 그 길을 탐구한 뒤에 예수의 종교적 체험에 관하여 우리가 갖고 있는 여러 가닥의 이해를 통합해야 하기 때문이다. 우선 예수를 영에 사로잡힌 이(charismatic)로 구별하여 말하게 해 주는 증거를 언급해 보겠다.

제4장
예수는 영에 사로잡힌 이였는가?

§11. 들어가는 글

우리가 지금까지 살펴본 결과에 비춰볼 때, 예수가 사역 때 겪은 종교적 체험에 관하여 가졌던 이해는 죄 용서를 가져온 그의 말과 치유를 이룬 그의 행위에 영감을 불어넣은 초자연적 능력(하나님의 영)에 관한 이해였다. 예수를 영에 감동한 사람으로 인정하면, 곧바로 그를 **영에 사로잡힌 이**(*charismatic*)로 묘사하는 것이 적절해진다. 그러나 예수 시대의 맥락에서는 'charismatic'이 초기 예언자들처럼 황홀경에 빠져 미친 듯이 말하고 행동하는 모습(삼상 19:20-24, 호 9:7이 그런 예다)에서 제2이사야서에 나오는 말처럼 장엄한 말을 쏟아내는 경우까지를 묘사하는 말이었을 수 있다. 따라서 예수를 영에 사로잡힌 이라 묘사할 경우 그것을 어떤 의미로 이해하는 것이 적절할 수 있을까라는 질문이 등장한다. 20세기 전반에는 이 이슈가 자주 거론됐다.[1] 지난 수십 년 사이, 특히 아프리카

1. 특히 Büchsel, *Geist* 제8장과 pp. 215-227; Weinel, *Theologie* pp. 132ff.; Windisch,

와 라틴아메리카에서 영의 능력(선물)에 더 치중하는 기독교 유형이 성장하고 아메리카와 유럽의 더 오래된 기독교 전통 안에서도 그런 흐름이 증가하면서,[2] 그 이슈에 힘이 더 실리고 있다.

이 질문은 얼핏 보면 우리의 주 관심사에서 덜 중요한 주변 문제처럼 보이지만, 결코 그렇지 않다. 그 이유는, 첫째, 이 질문이 예수의 신빙성(예수를 과연 믿을 수 있는가)이라는 더 큰 질문과 분명 관련이 있기 때문이요, 우리로 하여금 예수의 자기이해를 더 깊이 들여다볼 수 있게 해 줄지도 모르기 때문이다. 그리고 둘째 이유는 이 질문이 예수와 초기 교회의 연속성-불연속성 이슈와 직접 관련이 있으며, 명백히 기독론과 관련된 추론들을 낳기 때문이다. 즉, 예수가 '영에 사로잡힌 이라는 유형'(오토[Otto])에 일치하면 할수록, 예수와 초기 교회에서 영에 사로잡혀(영의 능력/선물을 받아) 활동했던 이들의 연속성이 커지기 때문이다. 그러나 반면, 그런 연속성이 커지면 커질수록, 예수의 독특함과 유일무이함은 줄어든다.

우리는 먼저 예수를 **기적을 행하는 이**(*miracle-worker*)로서[3] 살펴보고 그가 행한 '능한 일'(mighty works)의 성격과 범위를 판단해 보겠다. 이어 예수의 **권위**가 지닌 본질을 살펴보고 예수를 **예언자**로 묘사하는 것이 얼마만큼이나 타당할 수 있는지 고찰해 보겠다. 마지막으로, **황홀경**

'Jesus und der Geist' pp. 209-236; Otto, *Kingdom* pp. 344ff.; Barrett, *Holy Spirit* pp. 57, 68, 75ff., 113-121을 보라.

2. 특히 L. Newbigin, *The Household of God*, SCM Press 1953, 제4장; W. Hollenweger, *The Pentecostals*, SCM Press, 1972을 보라. 아울러 본서 §47.1과 주72을 보라.
3. 있을 수 있는 혼란을 피하려면, 내가 '기적'이라는 말을 R. Swinburne, *The Concept of Miracle*, Macmillan 1970이 정의한 의미를 따라 사용하고 있음을 언급해두어야 할지도 모르겠다. Swinburne은 기적을 이렇게 정의한다. '기적은 신이 일으킨 특이한 사건으로서 중요한 종교적 의미를 지닌 것이다'(p. 1).

(*ecstatic*) 체험이 예수의 하나님 체험 중 일부거나 하나님 체험을 구성하는 한 부분인지, 만일 그렇다면 하나님 체험 가운데 얼마만큼이 그런 **황홀경** 체험인지 물어봐야 할 것이다.

§12. 기적을 행하는 이 예수

12.1. **'신인'**(神人, divine man) **예수?** 현재 신약 학계에서 가장 활발한 토론거리 중 하나는 '신인 기독론'(divine-man Christology) 문제다. 이 문제는 초기 그리스도인 무리들이 예수를 주로 혹은 오로지 기적을 행하는 이로 여겼는지, 그렇게 여겼다면 얼마만큼이나 그렇게 여겼는지 문제 삼는 것이다. 헬레니즘의 영향을 받은 세계에서는 기적을 행하는 것을 어떤 사람이 '신(神)의' 지위에 있다고 인정할 수 있는 방법 가운데 하나로 여겼다고 주장할 수 있기 때문에, 기독교 변증가들은 예수를 '신인'으로 제시했으며 그가 행한 기적이 그것을 뒷받침하는 증거라고 보았는가라는 질문이 자연스럽게 등장한다.[4] 고린도후서에 등장하는 바울의 대적들은 자신들을 '신인'으로 여기면서 '신인 기독론'을 주장했다는 강력한 주장이 있어 왔다.[5] 결정적 수준에는 미치지 못하나 그래도

4. 가령 S. Schulz, *Die Stunde der Botschaft*, Hamburg/Zürich 1967, pp. 64-79; H. D. Betz, 'Jesus as Divine Man,' *Jesus and the Historian: In Honour of E. C. Colwell*, ed. F. T. Trotter, Westminster 1968, pp. 114-133; M. Smith, 'Prolegomena to a Discussion of Aretologies, Divine Men, the Gospels and Jesus,' *JBL* 90, 1971, pp. 174-199; P. J. Achtemeier, 'Gospel Miracle Tradition and the Divine Man,' *Interpretation* 26, 1972, pp. 179-197을 보라.

5. 특히 D. Georgi, *Die Gegner des Paulus im 2 Korintherbrief* Neukirchen 1964을 보라. 아울러 본서 §52.5와 주34을 보라.

거의 설득력이 있다 할 논지가 바로 마가복음이 방금 말한 것과 비슷한 '신인 기독론'(**영광의 신학**)을 반박하고자 일종의 십자가 기독론(**십자가 신학**)을 주장했던 바울 쪽의 관점에서 기록됐다는 것이다[6]—이는 마가가 단지 그전에 존재했던 기적 이야기들을 받아들여 예수를 하나님의 아들 = '신인' = 다른 모든 이를 능가하는 기적을 행하는 이로 제시했다고 본 초기 양식 비평가들의 견해에서 진일보한 것이다.[7]

사실, '신인' 이야기를 이 맥락에서 사용하는 것이 얼마나 정당한지 심히 의문이 든다. 곧, '신인'이라는 말 자체도 헬레니즘 시대 문헌에서 몇 번만 나타날 뿐이며, 그것도 대단히 부정확하게 사용됐다.[8] 초기 교회와 초기 기독교 변증에 관한 우리 지식을 생각하면 위에서 말한 질문을 탐구하는 것이 구미가 당기는 일이긴 하지만, 분명 여기서 그런 질문을 탐구하기는 불가능하다(더 자세한 내용은 본서 §52을 보라). 그럼에도 이 논의는 우리가 현재 행하는 과업과 두 측면에서 관련이 있다. 첫째, 예수를 그가 행한 '능한 일'을 통해 (신적인?) 사람으로 인정받은 이로 제시할 수 있다는 사실은 기적을 행하는 이라는 예수의 평판이 얼마나 강하게 뿌리박혀 있었는가를 증명해 준다. 마가가 예수의 기적을 부인함으로써 이 결함 있는 기독론을 반박하지 않은 것은 주목할 만하다. 오히려

6. Georgi, *Gegner* pp. 213-216; L. E. Keck, 'Mark 3.7-12 and Mark's Christology,' *JBL* 84, 1965, pp. 341-358. 이 명제를 극단의 형태로 강하게 주장하는 이가 T. J. Weeden, *Mark-Traditions in Conflict*, Fortress 1971이며, 더 온건한 형태로 주장하는 이가 R. P. Martin, *Mark: Evangelist and Theologian*, Paternoster 1972이다.
7. Dibelius, *Tradition* pp. 79ff.; Bultmann, *Tradition* p. 241.
8. 특히 O. Betz, "The Concept of the So-called 'Divine Man' in Mark's Christology," *Studies in New Testament and Early Christian Literature*, ed. D. E. Aune, Leiden 1972, pp. 229-234; D. L. Tiede, *The Christian Figure as Miracle Worker*, SBL Dissertation Series I, 1972. 참고, W. v. Martitz, *TDNT* VIII, pp. 338f.을 보라.

마가는 기적 이야기를 자신의 복음서 전반부에 결합시킴으로써 결함 있는 기독론이 내건 주장의 기초를 일단 인정한 뒤, 자기 복음서 후반부에 가서 고난받는 인자 기독론을 제시하여 결함 있는 기독론을 바로잡는다. 둘째, 공관복음의 기적 이야기와 헬레니즘 문헌 및 헬레니즘의 영향을 받은 유대교 문헌의 기적 이야기를 비교해 보면, 공관복음서 기자들의 **침묵**이 두드러진다.[9] 공관복음이 어른 예수가 행했다고 말하는 기적과 외경 복음서가 어린 예수가 행했다고 말하는 기적 사이에서도 이런 대비가 두드러지게 나타나는데, 이런 대비 현상은 예수가 사역하며 행한 '능한 일'을 목격한 이들의 설명이 있는 곳에서는, 그런 설명이 전승(예수가 행한 '능한 일'을 전해 주는 전승—역주)의 상세한 기록이 도를 넘어서지 않게 해 주었으며 '신인' 변증의 전면적 발전도 어느 정도 견제하는 역할을 했음을 강하게 시사한다.[10]

12.2. **영에 사로잡혀**(영의 능력으로) **기적을 행하는 이인 예수**. 우리가 주목해야 할 요점은 **기적을 행하는 이라는 예수의 평판이 우리에겐 분명 영에 사로잡힌**(영의 능력을 행하는)**이라는 말로 다가온다는 것이요 우리가 가진 초창기 자료에 분명히 들어있다는 것**이다. 여기서 핵심 단어는 δυνάμεις('능한 일' 또는 '기적')다. 적어도 헬레니즘의 영향을 받은 무리 가운데에서는 δυνάμεις을 행함이 영의 능력(선물[χαρίσματα])에 속했으며 영의 나타남이었다(고전 12:10, 28f.). 이는 기적을 행하는 이가 진실로 영의 사람임을 확인해 주었다(갈 3:5, 고후 12:12).[11] 예수는 영에 사로잡힌 사람으

9. Achtemeier p. 196.

10. 참고, Trocmé, *Jesus* pp. 101ff.

11. 본서 §39을 보라. 그러나 동시에 바울이 그가 δυνάμεις를 과대평가한 것으로 여기는 것에 보인 반응을 보라. 제10장, 그 가운데에서도 특히 §55을 보라.

69-70

로 인정받았다. δυνάμεις가 그가 행한 사역의 특징이었기 때문이다. 사도행전 2:22은 예수를 '능한 일로 … 증언된 사람'으로 묘사하면서, (팔레스타인의) 청중을 증인으로 인용한다('너희 자신도 알듯이'). 예수의 δυνάμεις는 유명하며 하나님의 예수 증언이라고 자신 있게 말할 수 있다(참고, 행 10:37f.). 마가복음 본문도 예수의 행동을 가리켜 δυνάμεις이라는 말을 사용하며(막 6:2, 5, 14), Q의 한 본문도 역시 δυνάμεις라는 말을 사용한다(마 11:21, 23/눅 10:13). 그러나 요한복음은 전혀 사용하지 않는다. 마가복음은 나사렛 회중을 예수의 δυνάμεις에 놀라움을 표현한 이들로 제시한다(막 6:2). 헤롯의 귀에 들어간 사람들의 보고도 그렇다(막 6:14).

이 본문들은 하나님이 바로 이런 기적을 만들어낸 진정한 주인공이라 밝힘으로써 유대의 전형적인 특징을 드러내며, 이런 특징은 이 모든 본문이 훌륭한 전승에 바탕을 두고 있음을 일러준다. 사도행전 2:22은 하나님이 예수를 통해 δυνάμεις를 행하셨다고 말하고,[12] 마가복음 6:2은 δυνάμεις가 '그의 손을 통해 일어났다'고 말하며, 마가복음 6:14은 δυνάμεις가 **'그 안에서** 일어났다'고 말한다. 나사렛 사람들에게 믿음이 없어 '예수가 거기(나사렛)에서는 전혀 능한 일을 행하실 수 없었다'고 말하는 마가복음 6:5도 분명 좋은 전승이다.

> 마가복음 6:5은 하반절을 추가하여 공격 수위를 낮추려 하고 마태복음 13:58 역시 표현을 바꿔 써서 공격 수위를 낮추려 하는데, 이런 공격은 δυνάμεις가 예수에겐 당연한 일이었음을 전제하는 이 기사의 신뢰성을

---

12. W. Manson, *Jesus* pp. 33f. Ernst Käsemann은 옛 신앙고백 공식이 2:22과 10:38에 결합되어 있다고 주장한다(*RGG*[3] VI 1835).

보장한다.[13]

Q의 한 본문, 곧 마태복음 11:21(23)/누가복음 10:13은 특히 흥미롭다. 예수 자신이 그의 사역을 '능한 일'이라는 말로 묘사한 전승이 유일하게 나타나는 곳이기 때문이다. 불트만의 견해와 달리, 이 말을 '공동체가 지어낸 것'으로 여겨 내버리기는 쉽지 않다.[14] 예수가 갈릴리바다 지역에서 행한 기적을 전하는 전승은 이런저런 전승 속에 아주 확고히 자리 잡고 있으며, 마태복음 11:23/누가복음 10:15이 담고 있는 묵시적 분위기는 예수가 한 다른 묵시적 발언과 궤를 달리하지 않는다. 초기 그리스도인의 고라신, 벳새다 (그리고 가버나움) 선교가 그 선교의 성공을 위해 오로지 그 지방에서 행한 δυνάμεις에 의존했음을 일러주는 증거는 이 외에 달리 더 존재하지 않는다.[15] 이는 이 로기온에서만 유일하게 나타나는 특징이며, 기독교 등장 뒤의 설교든 기독교 등장 전의 설교든, 어떤 설교도 그런 내용을 언급하지 않는다. 고라신과 벳새다가 받을 심판은 오로지 그들이 그들 가운데서 행해진 '능한 일'에 어떤 반응을 보이느냐에 따라 결정된다. 초기 교회의 유대(팔레스타인) 선교에는 이런 특징과 실제로 유사한 사례가 없다. 예수는 가난한 이에게 좋은 소식을 선포하는 것을 그의 주된 사역으로 여겼지만(마 11:5), 그럼에도 불구하고 이미 우리는 예수 자신이 그의 축귀를 영의 역사를 분명하게 증명해 주

13. Jeremias, *Theology* I p. 91.

14. Bultmann, *Tradition* p. 112; E. Haenchen, *Der Weg Jesu*, Berlin 1966, p. 226.

15. 아울러 Percy, *Botschaft* pp. 112f.; F. Mussner, *The Miarcles of Jesus*, ET Ecclesia 1970, pp. 19-22을 보라: "예수 부활 전의 로기온이 하나 있다면, 그것은 예수가 자신이 태어난 갈릴리의 이 세 도시를 두고 탄식한 말이다"(p. 21). 참고, F. Hahn, *Mission in the New Testament*, ET SCM Press 1965, p. 34; Grundmann, *Matthäus* p. 313.

는 일로 여긴 명백한 증거를 살펴보았다(막 3:28f.). 우리가 지금 갖고 있는 Q의 말은 그런 증거를 담고 있다.

방금 살펴본 증거는 예수를 영에 사로잡혀 기적을 행하는 이라 말한 이런 평판이 초창기 예수 전승들 안에 아주 깊이 박혀 있었음을 보여준다.[16] 위에서 정리한 고찰 결과를 함께 모아보면(본서 제3장 주16, 17, 57), 예수가 이런 평판을 정당하다 여겼음을 전혀 의심할 수 없다. 무엇보다 우리가 상세히 살펴본 예수의 말들은 예수가 자신을 영에 감동하여 축귀를 행하는 이요 치유자로 보았음을 증명한다. 만일 마태복음 11:21에 있는 말도 예수가 한 말이라면, 이 역시 십중팔구는 **예수가 자신을 영에 사로잡혀 기적을 행하는 이로 보았음**을 확인해 주는 것 같다. 위에서 언급했듯이(9.4), 예수는 분명 다양한 질병을 고치고 (다른?) 기적을 행하는 능력이 자신에게서 나왔다고 믿었다.

12.3. **예수가 행한 기적의 범위**. 불행한 일이지만, 예수가 정말 했던 말을 토대로 예수가 행한 '능한 일'의 전모(全貌)를 판단하기는 불가능하다. 예수가 행한 치유가 현대 의학 지식의 기준에 비춰 얼마나 특이했는가도 분명치 않다. 예수는 분명 정신 질환, 눈멂, 다리를 젊, 귀가 멂을 고쳤다. 그러나 이 모든 것은 히스테리에 따른 장애였을 수 있다. 심지어 나병 치유 그리고 죽은 자를 되살림도, 예수는 필시 자신이 그런 일을 했다고 주장하는 것 같지만(마 11:5),[17] 정신과 몸의 질병 범위를 넘어선 영역에서 벌어진 일 같지는 않다. 예를 들면, 한 사례는 나병처럼 보

16. Vermes, *Jesus*는 이렇게 결론짓는다: "예수라는 인물은 1세기 카리스마(영의 능력에 관심이 많았던) 유대교의 일부요 초기 하시딤(Hasidim) 내지 독신자(篤信者, Devout) 가운데 가장 훌륭한 본보기로 봐야 한다"(p. 79).

17. 막 1:40-45에 관한 설명은 Mussner, *Miracles* pp. 28-37을 참고하라.

이는 신경성 질환으로 나병의 한 형태로 묘사됐고,[18] 다른 한 사례는 코마(coma)나 강경증(catalepsy) 형태를 띤다. 더욱 놀라운 점은 전승의 초창기 층위가 예수가 순전히 신체 부상을 치유하거나 팔다리가 부러진 경우를 고친 예를 전혀 말하지 않는다는 것이다.[19] 이는 분명 일반적 범주의 정신-신체 질환 밖에 속하는 치유 기적 사례는 존재하지 않음을 의미한다.[20]

종교사에는 이런 종류의 치유와 유사한 사례가 수없이 많다.[21] 심지

---

18. Otto, *Kingdom* p. 347; Jeremias, *Theology* I p. 92 주5; 참고, van der Loos pp. 466f.

19. 눅 22:51b은 이 전승의 발전일 개연성이 아주 높다. 편집이 이뤄진 부분은 누가가 이 기적을 덜 신중하게 그리고 외형 변화에 치중하여 제시한 부분이다(본서 §21.3과 §34을 보라). 이런 치유에 관한 서술이 그 전승에 속해 있었다면(14:47) 예수가 잘린 귀를 고쳐준 일을 마가가 언급하지 않은 채 넘어가진 않았을 것이다. 하지만 오늘날에도 외부 사람이 인식할 수 있는 몸의 변화를 수반하는 치유가 있었다는 주장이 적잖이 있음을 언급할 수 있다—특히 짧은 손발을 길게 만들었다는 주장이 그런 예다(가령 S. Durasoff, *Bright Wind of the Spirit*, Hodder & Stoughton 1973, p. 52; T. L. Osborn, *Faith Digest*, June 1965을 보라; 나도 이런 경우에 해당하는 나 자신의 증언을 담아두었다). '신체가 늘어난' 현상에 관하여 알아보려면 H. Thurston, *The Physical Phenomena of Mysticism*, Burns & Oates 1952, 제7장을 참고하라.

20. F. Fenner, *Die Krankheit im Neuen Testament*, Leipzig 1930은 바울서신을 비롯하여 복음서와 사도행전에 나오는 질병들은 극소수 예외를 제외하곤 모두 대체로 여러 형태의 히스테리였다고 주장하면서(pp. 30-78), 신약성경에서는 심리 치료가 주된 치료 방법이었다고 주장했다(pp. 96-106). 참고, T. A. Burkill, 'The Notion of Miracle with special reference to St Mark's Gospel,' *ZNW* 50, 1959, pp. 47f.

21. 가령 D. Kerin, *The Living Touch*, 1914, Hodder & Stoughton [22]1961; E. G. Neal, *A Reporter Finds God through Spiritual Healing*, Longmans 1956; J. C. Peddie, *The Forgotten Talent*, Oldburne 1961; K. Kuhlman, *I believe in Miracles*, Prentice-Hall 1963; F. MacNutt, *Healing*, Notre Dame 1974을 보라. L. D. Weatherhead, *Psychology, Religion and Healing*, Hodder & Stoughton 1951을 참고하라. 아울러 우리는 1858년 이래로 루르드(Lourdes, 프랑스 남부 피레네산맥의 한 마을—역주)에서 일어났다는 70여 차례의 기적 같은 치료 사례를 떠올려봐야 한다—'치료라 하는 사례를 치료로 인정할 수 있으려면, 그 치료가 즉시 일어나야 하고, 영구히 지속

어 오늘날에도 직접 들을 수 있는 주장과 목격자의 보고를 비롯하여 우리가 접할 수 있는 유사 사례들을 생각할 때, 예수가 행한 기적을 논할 때에는 '신인' 유형의 치유 사례를 찾아 **문헌**을 뒤지는 일만 하지 않도록 조심해야 한다. 나는 적어도 예수가 자신 안에 있는 에너지의 원천을 끌어다 쓸 수 있었던 사람으로서 영에 사로잡힌 유형(로버트 그레이브스[Robert Graves]라면 사이킥[psychic] 5%라고[22] 불렀을 법한 사람: 어느 정도 잘 발달된 심령 능력을 가지고 태어났을 것으로 추정되는, 전체 인구의 5% 정도에 해당하는 사람들—편주)이었다고 말할 수밖에 없다고 생각한다. 보통 사람은 자기 안에 있는 그런 에너지 원천을 거의 알지 못하거나, 더 큰 실재에 장단을 맞추느라 자기 밖에 있는 더 풍성한 에너지의 원천에서 에너지를 받아들이거나 그런 에너지를 전달해 주는 역할밖에 못할 것이다.

설령 예수 자신이 한 말을 근거로 삼아 예수가 행한 치유라는 능한 일이 사실임을 확증할 수 있다 해도, 같은 일을 소위 '자연 기적'(nature miracles)—특히 폭풍을 가라앉힘, 물 위를 걸음, 광야에서 오천 명(혹은 사천 명)을 먹임, 그리고 무화과나무를 저주하여 죽게 함 같은 것—에도 적용할 수는 없다.[23] 마태복음 11:21의 δυνάμεις에는 이런 기적들도 포함된다고 주장할 수 있는데, 이는 특히 바울이 고린도전서 12:9f.에서 '병 고치는 선물(은사)'을 'δυνάμεις을 행함'과 구분하는 것으로 보이기 때문이다. 그러나 불행히도 신약성경은 δυνάμεις라는 말로 묘사한 능한 일이

되어야 하며, 과학으로는 설명할 수 없는 것이어야 한다. 오직 생체 조직의 치료만 고려할 수 있으며, 심신(心身) 치료나 히스테리 질환은 고려하지 않는다'(*Observer*, 22.7.73). 더 자세한 것은 본서 §30을 보라.

22. C. Wilson, *The Occult*, Hodder & Stoughton 1971, p. 63.
23. 나는 물고기 잡이 기적(눅 5:1-11)과 물고기 입에 주화가 들어있던 기적(마 17:24-27) 이야기에 대해서는 언급하지 않는다. 이 이야기는 다른 대다수의 예수 관련 전승보다 전설의 발전이라는 비판에 취약하다.

무엇인지 단 한 번도 정의하지 않는다. 더욱이, 예수가 행했다는 자연 기적 가운데 어느 것도 고라신과 벳새다**에서** 행했다고 말할 수 없을 것이다. 사실, 복음서는 필시 예수가 했을 말을 자연 기적 둘을 언급하는 말로서 제시했다. 우선 '바리새인의 누룩과 헤롯의 누룩을 조심하라'(막 8:15)라며 사람들을 먹인 기적을 되새기고 공들여 설명한다. 그리고 하나님을 믿으라는 권면(막 11:22f.)을 무화과나무를 저주한 사건에 붙여놓았다. 하지만 두 본문 가운데 어느 본문도 현재 형태에서는 확신을 품고 예수에게 귀속시킬 수 없다. 두 본문이 모두 예수의 말과 자연 기적을 억지스럽게 연결해 놓은 점은 어떤 그리스도인 편집자가 이 본문들을 가공했음을 보여주기 때문이다—이 점은 훨씬 더 보수 성향의 주석가들도 인정한다.[24]

그렇지만, 우리는 마가복음 11:23f.을 무시할 수 없다. 물론 이 말의 변형들(마 17:20과 눅 17:6)은 예수에 관한 내러티브 전승 속에 이 말을 뒷받침하는 어떤 삶의 정황이 존재하지 않음을 보여주지만, 그래도 우리는 마가복음 11:23f.을 무시할 수 없다.[25]

> 내가 너희에게 이것을 말한다(ἀμήν). 만일 누구든지 이 산에게 '네 자리에서 들려 바다에 던져질지어다'라고 말하면서 마음속에 의심을 품지 않고 그가 말한 것이 일어나리라고(γίνεται) 믿으면, 그에게 그 일이 이뤄지리라. 그러므로 내가 너희에게 말하니, 무엇이든 기도로 구한 것은 받은(ἐλάβετε) 줄로 믿으라. 그러면 그것이 네 것이 되리라(NEB).

---

24. 가령 A. E. J. Rawlinson, *The Gospel according to St. Mark*, Methuen 1925; Taylor, *Mark*; J. Schmid, *The Gospel according to Mark* (ET Mercier 1968).
25. 진위 여부를 논한 글을 보려면, Perrin, *Teaching* pp. 137f.을 보라; 더 자세한 것은 본서 §12.4을 보라.

이 말은 그 안에서 그리고 그를 통해 역사하는 영의 능력이 자연의 흐름에 영향을 미칠 수도 있고 바꿔놓을 수도 있다는 예수의 확신을 일러주는 것일 수 있다(하지만 본서 §12.4을 보라). 아직까지 어느 누구도 이 본문을 완전히 영적 차원에 국한시키는 해석(spiritualization)을 정당화하지 못했다(참고, 눅 10:19).

더욱이, 자연 기적 보고의 기원은 영에 사로잡힘(영을 힘입어 능력을 행함)과 관련지어 설명하는 것이 가장 좋을 수 있다. 특히 R. 오토(Otto)는 '영에 사로잡힌 이가 자신이 베푸는 조그만 선물로 그 선물을 받는 이의 굶주림을 채워주는 능력'에 주목하면서, 아시시의 프란체스코를 비롯하여 유사한 사례들을 인용한다.[26] 물 위를 걸은 기적도 마찬가지로 설명할 수 있을 것 같다. 어쩌면 공중 부양을 비교할 만한 현상으로 인용할 수 있을지도 모르겠다. 이 현상을 잘 증언해 주는 사례가 몇 있기 때문이다.[27] 하지만 오토는 그보다 좋은 유사 사례가 특히 영적 **원격 제어**

---

26. Otto, *Kingdom* pp. 347f.; 아울러 Thurston 제17장; van der Loos pp. 625ff.을 보라. 예수가 많은 사람을 먹인 기적처럼 사람들을 먹인 기적이 일어났다는 주장이 오순절 기독교가 성장하고 있는 인도네시아에서 나온다—Mel Tari, *Like a Mighty Wind*, Coverdale 1973, pp. 47ff.

27. 기독교 역사에서 가장 유명한 사례가 Giuseppe da Copertino(1603-1663: 이탈리아 프란치스코수도회 수사였다—역주)와 성(聖) 테레사 사례이며, 기독교 밖에서는 Daniel Dunglas Home(1833-1886: 영국의 심령술사였다. 죽은 이와 대화하고 공중부양 능력이 있었다고 한다—역주)이 유명한 사례다; Thurston 제1장; Wilson, *Occult* p. 462-474을 보라. Benz는 특히 Filippo Neri(1515-1595: 이탈리아 사제였다—역주)를 언급한다(*Vision* pp. 218ff.). G. Widengren, *Literary and Psychological Aspects of the Hebrew Prophets*, Uppsala 1948은 에스겔이 공중 부양을 체험했다고 주장한다(p. 110). 공중부양은 분명 요가 수행자가 익히 아는 것이다: Patanjali에 따르면, '요가 수행자(yogi)는 몸과 에테르의 관계와 관련하여 삼야마(samyama: 명상의 대상에 대한 심리적 몰입을 위한 과정—편주)를 행함으로써 또는 명상을 통해

(spiritual *operatio in distans*)라는 유명한 심령 현상이라고 생각한다.

> 이 영적 원격 제어에서는 한 사람이 다른 한 사람에게 영향을 미치려 하며, 영향을 받는 사람도 이를 인식하는데, 아마도 멀리 떨어져 자신을 제어하는 사람을 환상을 통해 보는 식으로 인식하는 것 같다. 이와 관련하여 가장 두드러진 경우가 죽음의 순간이나 큰 고통의 시간 같은 상황이다.[28]

오토는 아울러 십중팔구는 이 에피소드의 원형에 더 가까운 버전일 요한복음의 더 단순한 에피소드가 예수가 배에 탄 것은 이야기하지 않고 오로지 예수의 '나타남'이 위로와 도움을 주었다는 이야기만 들려준다는 점도 지적한다. 즉, 요한복음의 기사는 실제로 환영(幻影)이나 환상에 지나지 않는다(요 6:21). 원형에 더 가까운 이 전승이 어쩌면 마가복음의 이상한 말—'그가 그들을 지나가려고 했다'(막 6:48)—을 설명해 줄지도 모른다. 이는 예수가 호수에서 곤경에 처한 제자들을 보았으며(막 6:48) 그가 제자들을 염려하고 생각하는 심정이 그를 보여주는 환상으로 나타나 이 환상이 (결국) 제자들에게 예수가 거기에 계신다는 위안을 주었다고 일러준다. 신약성경 자체에서 이와 놀라울 정도로 유사한 사례가

면섬유(cotton fibre)와 같은 가벼움을 얻음으로써 공중을 날 수 있다'(Swami Prabhavananda & C. Isherwood, *How to Know God: the Yogi Aphorisms of Patanjali*, Signet 1969, p. 133; 이를 참고할 수 있게 도와준 내 동료 D. Hay에게 감사한다). Mel Tari는 인도네시아에 선교하러 갔던 한 팀이 홍수로 수심이 30피트(약 9미터)에 이른 강을 여러 곳에서 걸어서 건넜지만 물이 그들의 무릎 높이에도 미치지 못했다고 주장한다(pp. 45ff.)!

28. 윌슨은 Wilson, *Occult* pp. 54f., 100f., 104에서 몇 가지 사례를 인용한다; 아울러 Benz, *Vision* pp. 210ff.을 보라.

고린도전서 5:3-5이다. 여기서 바울은 그가—그의 생각과 기도로만 함께 있지 않고—'영으로'(영 안에서) 고린도교회와 함께 있을 수 있다고 믿는다: "그는 실제로 자신이 영적으로 멀리서 제어할 수 있다고 주저 없이 믿었다."[29] 또 다른 유사 사례가 마태복음 18:20—'두세 사람이 내 이름으로 모인 곳에는 나도 그들 가운데 있다'—이다. 하지만 마태복음의 이 말은 십중팔구 누군가가 예언을 통해 들려준, 높이 올림을 받은 예수의 말로 인식해야 할 것 같다(본서 §31.2을 보라).

따라서 영에 사로잡힌 사람(인격체)의 능력, 영에 사로잡힌 이의 임재가 발휘하는 힘이 소위 '자연 기적' 중 적어도 몇 가지의 바탕에 자리하고 있을지도 모른다. 물론 복음서 기자들이 우리에게 제시하는 기적들을 살펴보면, 근래 몇 세기 동안 우리가 아주 많이 알게 된 세계의 실상과 그런 기적들을 서로 연계하기가 훨씬 더 어렵다. 우리가 만일 오천 명을 먹인 기적과 폭풍을 잠잠하게 함과 같은 기적 같은 것들에 관한 기록을 그보다 훨씬 단순한 사건(이나 예수의 말, 본서 §10.1을 보라)을 정교하고 자세하게 마무른 기록으로 볼 수 없다면, 그런 기록을 그냥 초창기 공동체의 신학 구성물로 받아들여야 할지도 모른다.[30] 내가 주저하는 이유는 다만 실상이란 것이 과학 시대에 자라난 우리가 보통 인식하는 것보다 훨씬 복잡하지 않나 하는 의문을 어렴풋이 갖고 있기 때문이다. 요컨대 우리는 요 근래에 와서야 비로소 물질과 에너지가 서로 역학 관계에 있음을 인식하게 됐고, 인간의 심리에도 우리가 전에는 전혀 헤아리지 못했던 깊이가 존재한다는 것을 인식하게 됐다. 우리가 대체로 알지

29. Otto, *Kingdom* pp. 350, 368-374.

30. 가령 보수성이 더 강한 학자인 Jeremias, *Theology* I §10과 O. Betz, "So-called 'Divine Man'" pp. 234-239이 그렇다.

못하는 에너지 그리고 힘의 장(場)이나 선(fields or lines of force)이 존재하는지 묻는 것은, 여태까지 몇몇 사람('사이킥 5%?')만이 그런 것을 이해하고 인식할 수 있었으니, 결국 비과학적인가?

이런 추측은 분명 이 연구의 범위를 넘어서지만, 어쩌면 그것은 양극단에 치우쳐 있는 두 해석—즉 문자에 얽매인 근본주의의 해석과 의학적, 과학적 유물론에 치우친 해석—이 모두 위험하다는 점을 확실히 일깨워주는지도 모른다. 우선, 어느 누구도 이런 추측을 지렛대 삼아 이런 기적을 예수의 신성(神性)을 증명할 증거로 복권시킬 생각을 하지 말아야 한다. 종교사 속에 존재하는 유사 사례들(아울러 본서 §52.1을 보라)은 예수가 아닌 다른 많은 이가 이와 비슷한 기적들을 행했음을 보여준다. 그렇다면 그들이 모두 '신인'(神人)인가? 그리스도인 가운데 널리 퍼져있는(인기를 얻고 있는) 변증의 딜레마는 이런 변증이 유사 사례들을 동원하여 예수의 기적도 신뢰할 수 있다는 것을 보여주면 줄수록, 예수의 기적이 그의 유일무이함을 뒷받침하는 '증거'로서 가지는 의미가 줄어들 수 있다는 것이다.[31] 반면, 우리는 영에 사로잡혀 능력을 행함과 관련된 복음서 기적들의 특징을 논할 때 순전히 문학적, 신학적 분석에 국한시켜 논하지 않도록 조심해야 한다. 오토는 특히 종교사, 아니 더 정확히 말하면, 종교 현상을 다룬 접근법의 역사는 양식비평의 결론과 다른 결론을 일러주는 것 같다는 점을 우리에게 되새겨주었다. 신중한 학자라면, 우리가 텔레파시와 심령 현상 연구에서 더 많은 것을 알게 될 때까지 예수가 영에 사로잡혀 행한 '능한 일'의 많은 특징에 늘 열린 마음을

31. 참고, Harnack은 이렇게 말한다. '예수 자신은 복음서 기자 마가와 다른 이들이 모두 그가 행했다고 말하는 기적 행위들에 그리 큰 중요성을 부여하지 않았다'(*What is Christianity* Lecture 2).

견지하는 게 타당할 것 같다.[32]

12.4. **기적과 믿음**. 논의를 더 진행하기에 앞서 또 하나 강조해 두어야 할 점이 있다. 예수가 **믿음**에 부여한 역할이 그것이다. 공관복음이 πιστεύειν('믿다')과 그 동족어(同族語)들을 사용한 사례에서 볼 수 있는 놀라운 특징은 믿음을 언급한 경우 가운데 거의 3분의 2가 기적과 관련이 있다는 것이다.[33] 여기서 믿음은 하나님의 능력을 신뢰함, 능한 일을 행하는 하나님의 능력을 열린 자세로 받아들임으로 이해해야 한다. 더욱이, 믿음을 언급하는 이런 말 가운데 거의 모든 말이 예수의 말에서—믿음을 격려하는 말(막 5:36, 9:23f., 11:22ff., 마 9:28, 눅 17:6)이나 믿음을 권하고 칭찬하는 말('네 믿음이 너를 온전케 했다'—막 5:34, 10:52, 마 8:10/눅 7:9, 마 8:13, 15:28, 눅 7:50, 17:19)이나 믿음 없음을 꾸짖는 말(막 4:40, 9:19, 마 6:30, 14:31, 16:8, 17:20)에서—등장한다. 이 말이 모두 예수가 한 말이라고 확신하며 말할 수는 없으나, 한편으로는 기적을 강하게 염두에 두면서[34] 다른 한편으로는 케리그마(말씀 선포)에 반응하여 예수를 믿는 믿음을 가질 것을

32. 참고, Sir Alister Hardy, *The Living Stream*, Gifford Lectures, Collins 1965, pp. 284f., J. V. Taylor, *The Go-Between God*, SCM Press 1972, p. 67에서 인용. 더 많은 문헌을 알아보려면 J. D. Pearce-Higgins & G. S. Whitby, *Life, Death and Psychical Research*, Rider 1973을 보라.

33. 막 2:5과 평행 본문들, 4:40과 평행 본문들, 5:34과 평행 본문들, 5:36과 평행 본문, 6:6과 평행 본문, 9:19과 평행 본문들, 9:23f., 10:52과 평행 본문들, 11:22ff.과 평행 본문, 마 8:10/눅 7:9, 마 8:13, 9:28, 14:31, 15:28, 16:8, 17:20, 눅 17:5f., 17:19; 참고, 막 13:21과 평행 본문, 15:32과 평행 본문, 마 6:30. '예수가 한 말을 전해 주는 전승은 믿음은 언제나 능력 및 기적과 연계한다'는 Bornkamm의 관찰 결과(*Jesus* p. 130)는 아주 정확하지는 않다. 막 9:42과 평행 본문, 11:31과 평행 본문, 마 21:32, 눅 7:50, 8:12f., 18:8을 보라.

34. 반면 마가는 예수를 단순히 기적을 행하는 이나 '신인'(神人, divine man)으로 제시하는 경향에 반대한다. 위 주6과 아래 주36을 보라.

촉구한 예수 부활 후의 요구가 거의 없다는 점(막 1:15; 참고, 11:31과 평행 본문들)은 우리가 여기서 곱씹어본 것이 예수의 전형적 태도였음을 아주 분명하게 일러준다.[35]

그런 점에서 자신이 사역하며 섬긴 사람들에게서 믿음을 구한 것이 예수의 특징이었다. 예수가 나사렛에서 어떤 능한 일도 행할 수 없었던 이유가 바로 그들에게 믿음이 없었기 때문이라는 점만 봐도(ἀπιστία—막 6:6/마 13:58), 믿음은 하나님의 능력이 예수를 통해 나타나는 데 필요한 보충조건이었다. 기적을 받는 이의 믿음은 능력이 흘러갈 수 있는 회로를 완성해 주었다. 다시 말해, 예수가 행한 능력을 살펴보면, 그 능력의 행함이든 그에 관한 의식(consciousness)이든, 저절로 이뤄진 일도 없었고 마법 같은 것도 없었다. 그것은 예수가 그의 뜻대로 사용하거나 펼쳐 보일 수 있는 것이 아니었으며, 예수 자신도 그런 것을 원하지 않았다(막 8:11f.과 평행 본문들; 참고, 마 4:5-7과 평행 본문들). 예수가 행한 δυνάμεις가 유대교나 헬레니즘권에서 찾아볼 수 있는 유사 사례와 구별되는 점은 (예수에게는) 바로 이렇게 어떤 반응을 이끌어내는 것, 곧 사람들을 믿음으로 이끄는 것이 필수였다는 점이다. 유대교나 헬레니즘의 영향을 받은 무리들이 행한 사례에서는 믿음이 아무런 역할을 하지 않는다.[36] 예수를 마법사가 아니라 영에 사로잡혀 능력을 행하는 이로 구분해 주는 것은 바로 **초자연적 능력을 오로지 예수 자신의 뜻대로 좌지우지할 수 없다**

35. 더 자세히 다룬 글을 보려면 J. Roloff, *Das Kerygma und der irdische Jesus*, Göttingen 1970, pp. 152-173을 보라.

36. 특히 Perrin, *Teaching* pp. 130-136을 보라. 아울러 van der Loos p. 269; Jeremias, *Theology* I pp. 162f.을 보라. 더불어 본서 제3장 주33에서 인용한 Baltensweiler도 함께 보라.

는 의식이다(행 8:19과 대비해 보라).[37]

마지막으로 우리는 이 본문 가운데 어느 것도 예수**의** 믿음에 관하여 이야기하지 않는다는 점에 주목해야 한다. 하나님의 능력에 반응을 보이는 것은 언제나 다른 이들의 믿음이며, 예수도 그 다른 이들의 믿음에 관하여 이야기하지 예수 자신의 믿음은 전혀 이야기하지 않는다. 유일한 예외일 수 있는 곳이 본서 §12.3에서 인용한 마가복음 11:23이다. 즉, 예수가 말한 '누구든지'에 예수 자신도 포함시켰다면, 예외일 수 있다. 이 마가복음 본문의 문맥을 보면, 예수의 말이 무화과나무 저주 사건 뒤에 등장하는데, 이 문맥은 마가가 적어도 예수의 능한 행위를 예수 **자신의** 믿음을 표현한 일로 보았음을 시사한다. 하지만 우리가 이미 언급했듯이, 마가복음 문맥은 2차적(후대에 만들어진 버전—역주)일 개연성이 아주 높다. 더 중요한 점은 이 말의 독립 버전인 마태복음 버전과 누가복음 버전(마 17:20과 눅 17:6)을 마가복음 본문과 비교해 보면, 마가복음 11:23 자체가 그보다 앞선 마태복음 버전과 누가복음 버전에서 발전한 2차 형태임이 강하게 드러난다.[38] 십중팔구는 그랬을 것으로 보이지만, 정말로 마태와 누가 버전이 예수가 실제로 했던 말에 더 가깝다면, 이 두 버전이 모두 제자들에게 믿음을 요구하고 예수 자신의 믿음은 전혀

---

37. 참고, Grundmann, *Kraft* pp. 64-71; 아울러 *TDNT* II p. 302; Otto, *Kingdom* pp. 340ff.을 보라. 반대 증거—예수가 마술 기술을 사용했던 증거—는 거의 없다(막 7:33, 35, 8:23—J. M. Hull, *Hellenistic Magic and the Synoptic Tradition*, SCM Press 1974, pp. 76ff., 83ff.을 보라). 예수 사역의 맥락 속에서 보면 이런 행동은 마술이라는 의미보다 영의 능력을 행한다는 의미를 많이 갖고 있었다; 아울러 Hull pp. 101 주29, 142ff.을 보라; M. Smith, *Clement of Alexandria and a Secret Gospel of Mark*, Harvard 1973, pp. 220-237은 의견을 달리한다. 그는 이런 점들을 충분히 인식하지 못한다.
38. G. Ebeling, *Word and Faith*, ET Fortress 1963, pp. 227ff.; Perrin, *Teaching* pp. 137f.

이야기하지 않는다는 점에 주목해야 한다. 만일 마가복음에 예수를 기적을 행하는 믿음의 사람의 모델로 제시하려는 생각이 존재한다면, 그것은 마가의 편집에 따른 결과일 것이다.[39]

따라서 공관복음의 증언은 예수가 다른 이들에게 믿음을 요구하면서 자신을 믿음의 본보기로 제시하지 않았다는 것을 분명하게 일러준다. 이것이 바로 예수를 '믿음의 증인'으로 제시하는 에벨링(Ebeling)의 강해가 내보인 비평 주해의 약점이다: "예수는 바로 믿음의 증인으로서 병자를 고쳤다."[40] 이와 반대로, 예수는 **다른 이들**에게 믿음을 요구했다—예수는 그 안에서 그리고 그를 통해 역사하는 하나님의 능력을 믿으라고 요구했다. 그것은 예수 자신이 하나님의 능력에 열려 있느냐의 문제가 아니었다. 예수는 늘 자신을 다른 사람에게 전달되는 하나님의 능력의 통로로 보았다—그는 자신을 영을 부음 받아 선포하고 치유하는 이로 보았다. 이를 재치 있게 표현한다면, 예수는 **믿음**의 증인이 아니라 **은혜**의 증인이라고 말할 수 있을 것 같다. 그렇다면 여기서 다시 우리는 우리가 그려본 예수 초상, 영에 사로잡혀 능력을 행하는 이라는 초상을 능력에 관한 예수의 의식에서 분명하게 나타나는 독특한 인식을 사용하여 제약해야(수정해야) 한다. 예수는 자신을 그의 제자 가운데 하나로 포함시켜 '우리의 믿음'이라고 말하지 않았다. 이 문제에 관한 예수 자신의 이해를 살펴보면, 그는 자신을 그의 제자들과 어쨌든 대비되는 이로 여겼으며, 기적(δυνάμεις)을 행하는 자신 안에서 역사하는 하나님의 능력(δύναμις)을 의식했고, **다른 이들**에게 믿음이라는 적절한 반

39. Roloff, *Kerygma* pp. 166ff., 172f.; 참고, van der Loos pp. 188f., 265.

40. Ebeling, *Nature* p. 56; 아울러 그의 *Word* p. 234; Fuchs, 'Jesus and Faith,' *Studies* pp. 60ff.도 마찬가지다.

응을 요구했다. 물론 그 믿음은 아직 예수를 믿는 믿음이 아니었으며(그 믿음을 요구하는 것은 예수가 부활한 뒤에 이뤄진 발전이었다), 오로지 그 안에 임재하고 그를 통해 역사하는 하나님의 능력/영을 믿는 믿음이었다.[41]

§13. 예수의 권위

이어 우리는 예수의 ἐξουσία—예수가 표명하고 주장한 권위—를 간단히 살펴보겠다. 우리는 이미 예수의 설교 스타일, 율법을 대하는 예수의 태도 그리고 그의 축귀에서 은연중에 나타나는 권위에 주목해 보았다. 내가 이제 강조하고 싶은 것은 **예수의 권위가 영에 사로잡힌 이의 권위라는 본질**(*charismatic nature*)을 갖고 있었다는 점이다.

13.1. **예수의 말과 임재가 미친 영향**. 예수가 행한 δυνάμεις에서 그의 ἐξουσία로 연구 방향을 옮겨가는 것은 자연스러운 일이다. 공관복음 전승을 보면 이 둘이 밀접하게 연결되어 있기 때문이다. 예수는 δυνάμεις를 행하는 이라는 평판뿐 아니라 선생이라는 평판도 듣고 있었다. 즉, 그의 가르침도 축귀와 마찬가지로 남다른 권위를 갖고 있었다—'이게 무엇이냐? 새로운 종류의 가르침이요 권위 있는 가르침이다! 그가 명령하면 심지어 더러운 영들도 복종한다'(ἐν ἐξουσίᾳ καὶ δυνάμει—막 1:27/눅 4:36), '그가 이 지혜를 어디서 얻었으며, 이 능한 일은 어디서 나왔느

41. 참고, Bultmann, *Theology* I p. 9; Roloff, *Kerygma* pp. 154ff., 169f., 173; Kümmel, *Theology* pp. 63ff.; van der Loos p. 270은 견해를 달리한다; E. D. O'Connor, *Faith in the Synoptic Gospels*, Notre Dame 1961, 제3장은 적절한 역사 구분을 하지 못했다.

냐?'(마 13:54/막 6:2). 공관복음 전승을 살펴보면, 사람들은 그의 기적에서 나타나는 δύναμις만큼이나 그의 가르침이 지닌 ἐξουσία에 **놀람**이라는 반응을 보인다.[42]

더 놀라운 사실은, 전승을 보면, 예수의 가르침과 행위뿐 아니라 분명 예수의 임재 자체도 사람들에게서 그런 종류의 반응을 끌어낸다는 것이다. 중요한 사람들이 예수의 발 앞에 무릎을 꿇는다(막 5:22, 10:17). 제자들은 예수의 부름에 아무런 질문도 하지 않고 예수를 따라가며(막 1:17-20, 2:14), 귀신 들린 자들은 예수가 입을 열기도 전에 예수의 권위를 인정한다(막 1:24, 3:11, 5:7, 9:20).[43] 이 중에서도 가장 놀라운 곳이 마가복음 10:32이다.

> 그들이 예루살렘으로 올라가는 길에 예수가 그들보다 앞서 걸어가고 있었다. 그때 그들에게 우러르며 두려워하는 마음이 가득 찼고, 그 뒤를 따르던 이들은 무서워했다.

32절은 가장 상세한 수난 예언을 담고 있는 이 문맥에서 '메시아 은닉' 이라는 주제를 멋들어지게 변형한 것일 수 있다.[44] 반면, 이것은 '메시아 은닉' 모티프에서 유사 사례가 없는 변형이며, 뜬금없는 말을 담고 있는 이 문장은 예루살렘으로 올라가는 예수를 따라갔던 한 사람이 정말로 했던 회상으로 이해하는 것이 필시 더 나을 것이다. 이는 분명 우리가

42. 막 1:22/눅 4:32. 막 6:2/마 13:54/눅 4:22, 막 10:26/마 19:25, 막 11:18/(눅 19:48), 마 7:28f., 22:33; 참고, 막 12:34/마22:46/눅 20:40을 보라.

43. 어쩌면, 사람들이 종종 주장했듯이, 폭풍을 잠잠하게 만든 기사의 바탕에는 예수의 임재가 지닌 권위가 깔려 있을지도 모른다.

44. 참고, Wrede pp. 96f. 그리고 부록 5.

이미 놀람을 나타내는 말로서 언급했던 더 전형적 표현들의 뒤편을 들여다보게 해 주는 것 같으며, 예수와 그가 가진 단일 목적이 아주 신비하고 경외심을 불러일으키는 특질을 지니고 있었음을 증언한다.

우리가 이 증거에 얼마나 많은 무게를 부여할 수 있을지는 분명치 않다. 이 가운데 많은 부분은 초기 교회의 선교 설교에 의해 형성됐기 때문이다. 그리고 마가복음과 Q를 대조해 보면, 예수의 권위에 관한 이야기와 그의 가르침에 사람들이 놀람을 표현한 이야기가 Q에서는 유달리 나타나지 않는 것 같다. 그러나 예수 자신의 말과 초창기 전승에는 분명 예수의 권위라는 주제와 관련하여 사람들이 예수의 가르침과 임재에 보인 놀람이라는 반응이 그저 그리스도인의 선교에 활용한 문예 도구나 변증 도구가 아니었다는 결론에 힘을 실어주는 증거가 필시 충분히 존재하는 것 같다.

13.2. **예수의 권위와 관련된 말**. 우선, 진정한 말임을 충분히 주장할 수 있는 두 본문이 있는데, 이 두 본문은 예수 시대 사람들이 예수의 ἐξουσία를 널리 알고 있었음을 보여준다. 마태복음 8:9/누가복음 7:8이 그것인데, 이 본문들은 백부장이 한 말뿐 아니라 예수 자신이 한 말도 글자 하나까지 정확히 일치하며, 이는 이 본문이 필시 Q 자료에서 나왔음을 일러주는 것 같다. 이 기본 핵심(마 8:9f./눅 7:8f.)은 마태와 누가가 전승 전달 과정에서 상당히 정교하게 다듬었으나 둘이 서로 다르게 다듬었다. 그러나 백부장의 말이 갖고 있는 아람어의 특징,[45] 특이하게도 예수가 놀라워했음을 밝힌 점, 그리고 (기적 이야기라는 맥락 속에 들어있는) 이

45. Black pp. 158f.

대화가 교훈을 담고 있는 짧은 경구 같은 본질을 지니고 있다는 점[46] 모두가 이 일이 예수의 삶 속에서 일어난 일임을 일러준다. 이 본문의 시리아어판은 이 백부장이 아람어 원문에서 이렇게 말했다고 일러준다. '나도 **권위 있는** 사람입니다. ….'[47] 이 경우 예수의 권위를 인정하는 것이 훨씬 더 분명했다.[48]

종교 당국이 보낸 대표자들이 제기한 질문—'네가 무슨 ἐξουσία로 이렇게 행동하느냐?'(막 11:28과 평행 본문들)—도 예수의 삶에서 정말로 벌어진 에피소드임이 거의 확실하다(그렇지만 마가의 맥락에서는 꼭 그렇지만도 않다).[49] 이 질문의 목표는 예수에게 권위가 **없음**을 드러내는 것이었다.[50] 그러나 이런 질문을 했다는 사실 자체가 이미 예수의 반대자들도 예수의 말과 행동이 그에게 높은 권위가 있다는 주장을 구현하며 표현한다고 인정했음을 증명한다—다만 그들은, 랍비나 제사장이 인정하지 않는 이상, 그 권위를 인정할 수 없었다. 예수는 그의 대답에서 '하늘에서 온' 권위와 '사람에게서 나온' 권위를 예리하게 대비함으로써 그 점을 인정했다. 이것이 암시하는 의미는 분명하다. 즉, 예수는 누군가를 거치지 않고 직접 주어진 권위가 자신에게 있음을 의식하고 있었다. 그 권위는 그를 어떤 당파보다 우월하고 (때로는) 심지어 율법보다도 우월한 이로 만들어 주는 초월적 권위였다. 이 권위는 **영에 사로잡힌 이**의 권위였

46. Bultmann, *Tradition* p. 41.
47. Jeremias, *Promise* p. 30 주4.
48. 참고, Dodd, *Founder* p. 50.
49. 가령 Dibelius, *Täufer* pp. 21f.; Grundmann, *Markus* p. 236; Bornkamm, *Jesus* pp. 49f.; G. S. Shae, 'The Question on the Authority of Jesus,' *NovTest* XVI, 1974, pp. 1-29을 보라. 초기 교회가 예수의 권위를 변호하면서 예수가 요한에게 세례받은 것을 그 근거로 삼았을 가능성은 거의 없다(Lohmeyer, *Markus* p. 243).
50. Nineham, *Mark* p. 306.

77-78

으며, 사람들이 무슨 말을 하든, 그의 강권(강제)에는 순종할 수밖에 없었다(참고, 갈 1:1, 11f.).

우리는 이를 보면서 또 한 가지 점을 살펴볼 수밖에 없다. 예수가 아주 많은 말로 ἐξουσία를 분명하게 주장하는 다른 두 본문이 그것이다. 우선 마가복음 2:10은 이렇게 말한다. '인자가 땅에서 죄를 용서하는 권위를 갖고 있음을 너희에게 알게 하려 한다.' 인자 호칭이 등장하는 말에 관한 논쟁을 고려할 때, 이 본문을 가장 강한 증거 가운데 하나로 여길 수는 없다. 그러나 예수가 죄 용서를 그가 가져온 좋은 소식의 주요 부분으로 여겼거나,[51] 달리 선례가 없는 초기 공동체의 죄 용서 주장(마 16:19, 18:18)이 예수가 제시한 비슷한 주장에 뿌리를 두고 있으며 그 주장을 곱씹은 것임은[52] 의심할 여지가 없다. 더욱이, 마가복음 2:10은 '인자'라는 칭호를 더 양면성을 띤 말인 **바르 나샤**(בר-נשא) = '한 사람' 또는 '나라는 사람'에서 읽어냈음을 가장 분명하게 보여주는 사례 가운데 하나다(참고, 막 2:27f., 마 11:18f./눅 7:33f., 마 12:32—본서 §6.6과 §8.4을 보라).[53] 무엇이 원형이든, 이 말은 자신이 곧 하나님이 베풀어주시는 용서를 대신 행하는 이요 중개자라는 예수 자신의 믿음을 표현하는 것 같다—다시 말해, 이 말은 예수 자신이 하나님의 대권을 행사할 (유일무이한?) 권위를 갖고 있다는 의식을 표현하는 것 같다.

누가복음 10:19은 예수가 권위를 분명하게 언급하며 주장하는 또 다른 사례다: "보라, 내가 너희에게 뱀(시 91:13)과 전갈을 밟으며 원수의

51. Jeremias, *Theology* I pp. 114f.
52. 참고, C. P. Ceroke, 'Is Mark 2.10 a Saying of Jesus?,' *CBQ* 22, 1960, pp. 369-390.
53. 참고, Hooker, *Son of Man* pp. 81-93; Colpe, *TDNT* VIII pp. 420f.; Jeremias, *Theology* I p. 262; Kümmel, *Theology* pp. 81f. 아울러 본서 제2장 주159과 주161을 보라.

78

모든 힘을 제압할 권위를 주었으니 아무것도 너희를 해치지 못하리라." 이는 분명 높이 올림을 받은 예수의 말로 여길 수 있다[54]—이 말은 분명 예언자가 보았을 환상과 받았을 영감을 환희에 차서 표현한 것이다. 그러나 이 말은 바로 그런 이유 때문에 이 땅에 매여 있는 예수에게도 똑같이 귀속시킬 수 있다. 초기 공동체가 가졌던 묵시주의적 열정은 바로 예수 자신이 품었던 그런 열정을 되비쳐주는 거울이었다. 예수가 이 땅에서 사는 동안 그의 ἐξουσία를 제자들에게 전하고(막 3:15, 6:7과 평행 본문들) 제자들을 파송하여 그가 선포한 것과 같은 메시지를 선포하게 했다(제자들이 이런 메시지를 선포하려면 예수에게서 권위를 부여받아야 했다)는 다른 보고들도 전승에 아주 단단히 뿌리박고 있어서 제거하기가 불가능하다(막 6:7-11과 평행 본문들, 눅 10:2-12, 마 9:37f., 10:5-16)[55]—이것들은 누가복음 10:19을 예수의 진정한 로기온(말)으로 여기는 주장에 힘을 실어주는 요소들이다. 이처럼 제자들에게 권위를 부여하는 행위 뒤에는 틀림없이 자신에게 권위가 있다는 인식이 자리하고 있으며, 이런 권위 인식을 달리 설명할 필요는 없다. 이는 단순히 하나님을 조용히 신뢰하는 데 그치지 않고 나아가 자신을 하나님이 마지막 때에 행하실 통치의 대리인으로서 구별받아 하나님의 권위를 부여받은 사람으로 알고 있는 사람의 말이다(참고, 마 12:28/눅 11:20).

13.3. **사람들에게 두려움과 우러름을 불러일으키는 능력이라는 본질을 지닌 예수의 권위**. 이 모든 것에서 나타나는 그림은 **사람들에게 두**

54. Bultmann, *Tradition* p. 158.
55. Hahn, *Mission* pp. 40-46; M. Hengel, *Nachfolge und Charisma*, Berlin 1968, pp. 82-89; Jeremias, *Theology* I pp. 234-239. 더 자세한 것은 본서 §13.4을 보라.

려움과 우러름을 불러일으키는 능력을 지닌(*charismatic*) 권위다. 이미 그 자신의 삶에서 그의 임재를 통해 이런 존경을 불러일으켰고 심지어 경외심까지 자아냈던 사람은 신적 카리스마를 가진 이다.[56] 여기서 우리는 현대의 용법에 더 가까운 카리스마에 관한 의미를 만나게 된다—즉 카리스마는 사람들에게 두려움과 우러름, 확신과 신뢰를 불러일으키는 신비한 '능력'이다. 예수의 이런 능력(charisma)은 그가 (치유와 용서를 통해) 온전케 한 사람들의 믿음뿐 아니라 그를 반대한 이들의 적대감에서도 분명하게 나타난다. 일단 예수를 만나고 나면 그에게 중립적 태도를 취하기는 분명 불가능했다. 그의 임재와 말 자체가 갖고 있는 권위는 사람들이 결코 무시할 수 없는 도전과 주장을 제시했다. 사람들은 그의 그런 권위를 반가이 인정하거나 거부해야 했으며, 제3의 다른 선택지는 불가능했다.[57]

예수의 권위가 사람들에게 두려움과 우러름, 확신과 신뢰를 불러일으키는 신비함을 지녔다는 것은 그의 권위가 하나님에게서 직접 유래한 것이라는 의미, 아니, 그 권위가 **바로 하나님 자신의 권위였다**는 의미였다. 이는 예수가 '강조하는 말인 ἐγώ' 그리고 '아멘'(Amen, '진실로 진실로')이 분명하게 일러준다—이는 자신에게 초월적 권위가 있다는 의식을 표명하는 화법이었다(본서 §7.2, 3을 보라). 같은 확신이 예수의 권위가 의심받는 상황을 다룬 에피소드에서도 등장한다(막 11:28과 평행 본문들).

---

56. U. Wilckens는 막 6:2을 이렇게 주석한다: "그(마가)는 유대 율법 교사라는 전통적 이미지를 입고 있는 예수를 교회에 등장했던 모든 영의 사람들의 원형으로 본다"(*TDNT* VII p. 515).

57. 네 번째 복음서는 이 κρίσις(심판, 분리)라는 주제를 발전시키고 서로 대립하는 테제(생명과 죽음, 빛과 어둠, 봄과 눈멂 등등. 아울러 본서 §58.4을 보라)를 선명하게 제시함으로써 이를 탁월하게 제시한다.

78-79

이는 랍비 학교에서 교육받아 갖게 된 엄청난 지식에서 나온 자기 확신이나 의식과 제의에서 비롯된 적절한 지위에 관한 자기 확신이 아니라, 누군가를 거치지 않고 직접 받아 갖게 된 강력한 확신이었다—특별한 상황에서 하나님의 뜻을 꿰뚫어볼 수 있는, 그야말로 영에 사로잡힌 이가 가진 통찰력이었다. 그는 다른 권위 있는 교사의 선례나 그런 교사의 확인에 호소하지 않았다. 그가 가진 권위의 원천은 율법, 조상 그리고 전통이 아니라, 그가 하나님의 뜻을 알고 있다는 그 자신의 확신이었다—그는 이런 확신 때문에 자신과 모세를 양립시킬 수 없을 때에도 모세의 권위와 자신의 권위를 나란히 놓을 수밖에 없었다(마 5:33-42, 막 10:5ff.). 마가복음 1:22/누가복음 4:32과 마태복음 7:28f.은 예수가 가르치는 방식과 그 가르침의 내용에 필시 사람들이 보였을 놀람을 사실 그대로 되울려주는 것 같다: "그들은 예수가 가르치는 방식에 놀랐다. 그가 율법 전문가들과 달리 그 자신 외에 다른 어떤 권위도 필요하지 않은 교사처럼 가르쳤기 때문이다"(Barclay).[58]

그중에서도 가장 놀라운 것은 예수의 가르침과 관련하여 자기의식과 자기 참조(self reference)가 존재한다는 점이다. 예수가 자리한 전승 속에 등장하는 다른 이들은 그들의 권위가 지닌 직접성을 표명할 때, 그들이 하는 말 첫머리에 '주가 이렇게 말씀하신다'라는 말을 붙였다. 그러나 예수는 '진실로 진실로(Amen) **내가** 너희에게 말하노니'라고 말하고 '그러나 **나는** 너희에게 말하노니'라고 말했다.[59] 예수는 예언자가 이 땅

58. Windisch, 'Jesus und der Geist' p. 226; Käsemann, *ENTT* pp. 41f.을 보라. 예수는 '전문 신학자라기보다 **영에 사로잡혀 영의 능력을 행하는 이**(*charismatic*)로 여겨졌다'(Jeremias, *Theology* I p. 77).

59. K. H. Rengstorf, *TDNT* II p. 156; Manson, *Teaching* p. 106; Hengel, *Nachfolge* pp. 70f., 76ff.

의 아름다움은 사라지겠으나 '우리 **하나님**의 말씀은 영원히 서리라'(사 40:6ff.)라고 말한 곳에서 예수는 이렇게 말했다. '하늘과 땅은 사라지겠으나, **내** 말은 사라지지 않으리라'(막 13:31과 평행 본문들).[60] 그의 말은 생명의 토대요 마지막 심판의 기초다(마 7:24-27/눅 6:47-49, 막 8:38/눅 9:26). 사람들에게 두려움과 우러름, 확신과 신뢰를 불러일으키는 신비한 본질을 지닌 예수의 권위, 이런 권위가 직접성을 갖고 있다는 그의 인식, 그리고 그의 많은 가르침에서 나타나는 **의식적 자기 참조**(가르침의 발원지가 다른 권위자가 아니라 자신임을 의식하며 자신을 권위의 근거로 제시함)가 종교사에서 예수와 비교할 만한 다른 중요한 이들과 예수를 구별해 주는 것 같다.[61]

13.4. **예수와 제자도.** 마지막으로 우리는 예수가 그 중심에 서 있었던 운동의 성격을 짚어봐야 한다. 예수가 가졌던 제자도 개념이 그의 권위와 자기이해를 훨씬 더 깊이 조명해 줄 수도 있기 때문이다.[62] 더욱이 예수의 제자도 개념은 우리가 집단 체험 형태로 표현된 그리스도인의 체험을 살펴볼 다음 장들(본서 제7장과 제9장)의 논의와 분명 관련이 있다. 나중에 그리스도인들이 자신들을 '제자들'이라 표현하고(특히 사도행전을

60. 진정성에 관하여 알아보려면 Kümmel, *Promise* p. 91을 보라.

61. '거듭거듭 말하지만 그의 말과 행동을 지지해 주는 유일한 근거로서 우리가 판별할 수 있는 것은 그 자신과 그 자신의 결단이다. 따라서 이에 붙일 만한 적절한 이름은 없는 것 같으며 이와 비교할 만한 기준도 없는 것 같다'(H. von Campenhausen, *Ecclesiastical Authority and Spiritual Power in the Church of the First Three Centuries*, ET A. & C. Black 1969, p. 4). 아울러 제3장 주64을 보라.

62. Conzelmann, *Jesus*: "예수와 그 제자들의 관계를 보면, 예수의 자기이해에서 독특한 점에 대해서는 그 증거를 밝힌다"(p. 35).

보라) 예수를 '따르는' 이들로 표현했기 때문이다(마 8:18-27).[63] 기본 사실에 관한 한 다툼이 별로 없다. 예수가 그와 같은 시대 사람들에게 교사로(즉 제자들이 있는 사람으로) 알려져 있었다는 것은 의심할 여지가 없으며,[64] 그가 사람들을 불러 그를 따르게 했다는 것도 의심할 여지가 없다.[65] 우리가 할 일은 이와 관련된 몇 가지 역사 문제 및 주해 문제로 들어가지 않고 다만 몇몇 핵심 특징만을 추려보는 것이다.

첫째, 근래에 마르틴 헹엘(Martin Hengel)은 그가 쓴 『뒤따름과 카리스마』(*Nachfolge und Charisma*)에서 예수가 제자들을 부른 일이 독특했음을 분명하게 증명했다. 겉으로 보면, 예수와 그 제자들의 관계도 그 시대의 다른 사제 관계나[66] 지도자-추종자 관계처럼 본질상 '두려움과 우러름, 확신과 신뢰를 불러일으키는 예수의 신비한 능력에 기초했고 종말론적이었다'는 이유 때문에 독특했다. 랍비들은 자기보다 앞서 활동했던 스승들의 권위를 토대로 구전을 확립하려 했지만, 예수는 자신이 직접 하나님의 뜻에 관하여 갖게 된 이해의 권위를 토대로 이 세상 속으로 뚫고 들어오는 하나님 나라에 철저히 순종하라고 선포했다. 랍비의 제자들에게 제자도는 '토라를 배움'에 관한 문제였지만, 예수의 제자들에게

63. Bornkamm in Bornkamm-Barth-Held pp. 52-57.

64. 특히 막 9:17과 평행 본문, 9:38, 10:17과 평행 본문, 10:35, 12:14과 평행 본문들, 12:19과 평행 본문들, 12:32, 13:1, 마 8:19, 12:28, 눅 7:40, 10:25, 12:13, 19:19을 보라. 마가 전승은 예수를 부르는 말로서 '랍비'라는 아람어를 네 번 보존해 놓았다—막 9:5, 10:51, 11:21, 14:45.

65. 막 1:17-20과 평행 본문, 2:14과 평행 본문들, 8:34과 평행 본문들, 10:21과 평행 본문들, 마 8:21f./눅 9:59f., 마 10:37f./눅 14:26f.

66. 가령 Rengstorf, *TDNT* II pp. 153ff.; C. H. Dodd, 'Jesus as Teacher and Prophet,' *Mysterium Christi*, ed. G. K. A. Bell & A. Deissmann, Longmans 1930, pp. 53ff.; A. Schulz, *Nachfolgen und Nachahmen*, Kösel 1962을 보라.

제자도는 종말론적 사명을 수행하는 예수를 '따름'의 문제였다.[67] '두려움과 우러름을 불러일으키는 지도자의 신비한 능력에 의존하고 종말론적이었다'고 묘사할 수 있는 열심당 무리와 달리, 예수가 사용했던 유일한 무기는 그 입으로 들려준 말씀이었고,[68] 그의 메시지는 로마 같은 이 땅의 나라를 겨냥한 게 아니라 종말론적 나라를 선포한 것이었으며, 그런 점에서 인간의 모든 권력 구조에 맞선 것이었다. 쿰란 공동체 역시 어떤 의미에서는 '두려움과 우러름을 불러일으키는 신비한 능력에 기초하며 종말론적이었던' 공동체라고 묘사할 수 있겠지만, 그 공동체는 아주 잘 조직되고 입회 조건이 엄격한 폐쇄된 공동체였다(특히 1QS 2.3-9, 4QDb를 보라). 반면, 예수를 에워싼 무리는 바로 **개방성**이라는 말로 특징지을 수 있었다. 예수의 선포는 **가난한 이**(다시 말해 짓밟히고 억압받는 이—마 5:3/눅 6:20, 마 11:5/눅 7:22; 아울러 눅 14:13, 21을 보라)를 위한 것이었다. 예수는 세리와 죄인의 벗으로 알려지고 멸시를 받았다. 예수가 그들을 그의 식탁에 반가이 맞아들인 까닭이었다(마 11:19/눅 7:34; 아울러 막 2:16f.과 그 평행본문들, 눅 7:37, 39, 15:1f., 19:7을 보라). 은혜에 근거한 개방성이 바로 예수의 제자 무리를 나타내는 특징이었다.[69] 이 특징 때문에 우리는 두 번째 특징에 주목하게 된다.

우리가 예수의 제자들을 '공동체'라고 이야기해야 할지는 확실치 않다. 문자 그대로 예수를 따랐던 이들과 여전히 집에 머무르면서도 예수의 메시지에 응답했던 이들—'누구든지 하나님 뜻을 행하는 이는 내

67. Hengel, *Nachfolge* pp. 46-63: "예수는 랍비가 아니었다. … 예수 따름과 예수의 제자가 됨은 랍비 모델로 설명할 수 없다"; A. Schulz, *Nachfolgen*은 반대 견해를 제시한다. 아울러 Hengel, pp. 94ff.이 H. D. Betz, *Nachfolge*를 비판한 것을 보라.

68. Hengel, *Nachfolge* pp. 63-67.

69. Jeremias, *Theology* I §17.

형제요 자매이며 어머니다'(막 3:35과 평행 본문들)[70]—까지 분명 포함했을 더 넓은 제자 무리를 분명하게 가르는 경계선은 존재하지 않는다. 예수나 그의 제자들이 세례를 베풂으로써 시작된 것이라면(요 3:22, 26, 4:1f.) 곧장 그들은 행해 왔던 삶의 방식을 이내 포기했을 것이다—추측건대 그들은 극복해야 할 장애나 장벽이 될 수도 있는 숭배 행위나 제의 행위를 일체 원하지 않았을 것이기 때문이다. 분명 예수의 식탁 교제는 제자가 아닌 이들을 배제하는 제의나 의식이 결코 아니었다. "'주기도' 역시 폐쇄된 교회 공동체의 기도가 아니라, 그저 하나님 나라가 임하기만을 바라고 그 나라를 기꺼이 맞으려 했을 모든 사람의 기도다."[71] 열둘로 구성된 무리를 골라 뽑았고 이 무리가 예수의 가르침 및 사명(선교)과 관련하여 예수와 남달리 긴밀한 관계를 가졌던 것으로 보이는 것은 틀림없는 사실이다.[72] 그러나 예수를 아주 가까이서 따랐던 무리는 분명 '열두 제자'보다 넓었고 여기에는 여자들도 들어있었다(막 15:40f.과 평행 본문들, 눅 8:1-3; 참고, 눅 10:38-42). '열두 제자'의 열둘이 1차로 가진 기능은 하나님의 종말론적 백성을 통틀어 상징하는 것이었다. 설령 그들에게 다가오는 시대에 맡을 중요한 역할이 (어떤 상징을 통해?) 약속됐다 하더라도(마 19:28b/눅 22:30), 그들을 팔레스타인에서 예수 중심으로 모인 한 공동체를 구성하며 일정한 기능을 수행하는 이들로 여겼다거나 그들이 그렇게 행동했다는 증거는 전혀 존재하지 않는다(참고, 마 23:8—'너희는 랍비

---

70. 아울러 가령 막 2:15, 5:18ff.와 평행 본문, 9:40과 평행 본문, 그리고 이 지점에서 ἀκολουθεῖν(따르다)을 구별 없이 사용했음을 보라. 더 자세한 것은 W. G. Kümmel, *Kirchenbegriff und Geschichtsbewusstsein in der Urgemeinde und bei Jesus*, Göttingen ^{2}1968, pp. 28ff.를 보라; 아울러 *Theology* pp. 37f.을 보라.

71. N. A. Dahl, *Das Volk Gottes*, Darmstadt ^{2}1963, p. 159.

72. 본서 제2장 주70, 특히 Meye, *Jesus and the Twelve*를 보라.

라 불리지 말지니, 이는 너희에겐 한 선생이 있고 너희는 모두 형제이기 때문이다'). 더욱이, 비록 마가복음 3:14f., 6:7과 그 평행 본문들, 누가복음 10:17ff.가 시사하듯이, 이 제자들 자신도 십중팔구는 영의 신비한 능력을 체험했음에도 불구하고, 이런 영의 신비한 능력은 공동체를 섬기고 세우도록 주어진 게 아니라, 그들이 예수의 사명을 공유할 수 있게 주어진 것이다. 요컨대, 예수를 중심으로 한 무리는 공동체라기보다 운동으로 묘사하는 것이 더 낫다.[73]

셋째, 이 운동의 생명력과 지속성은 오로지 예수에게 달려 있었다. 제자도는 바로 예수를 '따름'의 문제였으며, 예수 따름이 다른 모든 인간관계와 그 관계에 따른 책임보다 우선해야 했다(막 1:17-20과 평행 본문들, 10:21과 평행 본문들, 10:28f., 마 8:19-22/눅 9:57-62; 참고, 마 13:44f., 눅 14:25-33).[74] 따라서 제자가 되라는 부름은 사명을 감당하라는, 다시 말해 예수가 짊어진 사명을 함께 짊어지라는 부름이요(막 1:17과 평행 본문들,[75] 3:14ff., 6:7ff.과 평행 본문들, 마 10:5ff.),[76] 예수의 사명이 맞이할 가능성이 큰 마지막도 함께 맞이하라는 부름이었다(막 8:34과 평행 본문들, 마 10:38/눅 14:27; 참고 마 5:11/눅 6:22, 마 10:16-31).[77] '제자도는 예수의 인격과 사명과 철저히 매임을 의미한다.'[78] **그들은 예수의 사명을 공유할 때 비로소 그의 권위 그리고 두려움과 우러름을 불러일으키는 그의 신비한 능력도 공유했다**(막 3:14f., 6:7

73. 복음서는 ἐκκλησία(교회, 회중)을 단 두 번 언급한다(마 16:18, 18:17). 사람들은 보통 이 두 경우를 사후 편집에 따른 결과나 초기 교회의 작품으로 여긴다. 더 자세한 내용은 본서 제5장 주126을 보라.
74. 참고, Schweizer, *Erniedrigung* §1m.
75. Bornkamm, *Jesus* pp. 148f.을 보라.
76. 위 주55을 보라.
77. Jeremias, *Theology* I p. 242을 보라.
78. Hahn, *Beginnings* p. 21.

과 평행 본문들, 눅 10:19). 요컨대, 예수가 자신을 위해 살지 않고 하나님 나라와 다른 이들을 위해 사셨듯이, 그의 제자들도 그렇게 살아야 했다. 여기에서도 다시 예수가 자신의 사명 그리고 현재이자 임박한 미래인 하나님 나라를 선포해야 할 자신의 독특하고도 절박한 과업과 관련하여 가졌던 종말론적 의식의 강한 힘이 드러난다. 예수를 중심으로 모였던 이들이 그렇게 모였던 것은 그의 그런 과업에 동참하고 그를 따라 그의 사명에 동참하고자 함이었지 다른 이유 때문이 아니었다.

§14. 예언자인 예수

바울이 아주 높이 칭송한 영의 선물(charisma)은 **예언**이라는 선물이었다(고전 14:1-5, 39—본서 §41.2을 보라). 따라서 예수가 예언자로 알려져 있었다는 것 그리고 비유를 제외하면 예수가 한 말이 대부분 예언과 묵시라는 범주에 속한다는 것을 유념하는 게 중요하다.[79] 우리가 이미 관련 증거를 몇몇 경우에[80] 살펴보았기 때문에 다시 그 근거를 모두 되짚어볼 필요는 없겠다. 우리 연구와 관련이 있는 몇 가지 점만 강조하고 넘어가도 충분하겠다.

첫째, 예수는 이 땅에서 사는 동안 예언자라는 평판을 들었다(막 6:15

79. H. Koester, 'One Jesus and Four Primitive Gospels,' *Trajectories* p. 168.

80. G. Friedrich, *TDNT* VI pp. 781f.; É. Cothenet, 'Prophétisme dans le nouveau testament,' *DBS* 8, 1972, 1268f.; Hahn, *Titles* pp. 352-406; Fuller, *Foundations* pp. 125-129; Jeremias, *Theology* I pp. 76-80; Vermes, *Jesus* 4장; K. H. Schelkle, 'Jesus-Lehrer und Prophet,' *Orientierung and Jesus. Zur Theologie der Synoptiker. Für J. Schmidt*, hrsg. P. Hoffmann, Herder 1973, pp. 300-308에 있는 참고 문헌을 보라.

과 평행 본문들, 8:28과 평행 본문들, 14:65과 평행 본문들; 참고, 마 21:11, 46, 눅 7:16, 39, 24:19)—이는 그가 분명히 보여준 영감과 권위에서 끌어낼 수밖에 없는 결론이었다. 이는 그 자체만으로도 충분히 놀랄 만한 사실이다. 사람들은 보통 이 예언이라는 선물이 포로기 이후 시대 초기에 중단됐다고 생각했다. 영에 사로잡힌 예언자는 물론이요 제의가 전문인 이들도 영의 선물인 예언을 행하는 이로 인정받지 못했다(참고, 시 74:9, 슥 13:2-6, 『바룩2서』 85:1-3).[81] 그러나 몇 세기 동안 '영의 가뭄'이 이어진 뒤, 그들이 예언자로서 영에 감동한 이들임을 부인할 수 없는 두 사람이 나타났다. 예수(또는 세례 요한)와 같은 시대를 살았던 이들이 예수(나 세례 요한)를 종말론적 예언자로 여겼는지는[82] 분명치 않다. 그러나 **여러 예언자 가운데 하나**(*a* prophet)로 알려져 있었든 아니면 **유일무이하고 독특한** 예언자(*the* prophet)로 알려져 있었든, 예언이라는 선물이 예수 안에서 다시 나타났음을 인정했다는 것 자체가 대단히 중요하다.[83]

둘째, 예수는 분명 자신을 예언자로 여겼다. 우리가 앞서 보았듯이, 예수는 하나님의 영이 자신에게 부어졌고 그 영의 능력을 받았음을 분명 생생히 알고 있었다. 유대교에서는 '하나님의 영을 소유한다는 것은

81. Strack-Billerbeck I.63, 127, II.133; P. Schäfer, *Die Vorstellung vom heiligen Geist in der rabbinischen Literatur*, München 1972, pp. 89-115, 143-146이 언급하는 랍비의 글을 보라. 아울러 R. Leivestad, 'Das Dogma von der prophetenlosen Zeit,' *NTS* 19, 1972-1973, pp. 288-299을 보라. 하지만 우리는 랍비들이 제시하는 이런 도그마가 이 문제에 관한 유일한 의견일 수 있다고 단정하지 않도록 조심해야 한다; P. Volz, *Der Geist Gottes*, Tübingen 1910, pp. 116f.; R. Meyer, *TDNT* VI pp. 812-828; Hengel, *Nachfolge* pp. 20-27; Schäfer pp. 116-134, 147ff.을 보라; W. D. Davies, *Paul and Rabbinic Judaism*, SPCK 1948, pp. 208-216을 보라.

82. Cullmann, *Christology* pp. 23-37.

83. 참고, Jeremias, *Theology* I pp. 80ff.

예언자라는 의미였다.'[84] 예수의 축귀, 그리고 그가 하나님의 뜻을 명확히 이해한다는 것은 그가 영에 사로잡힌(영의 능력을 받은) 예언자임을 충분히 증명하는 증거였다. 그러나 그의 고향 동네 사람들과 종교 당국자들이 그에게 보인 반응과 적대감은 그가 오롯이 예언자 전통 안에 서 있음을 확증해 주었다: "예언자가 그의 고향과 그의 친척과 가족을 제외하면 존경받지 않는 곳이 없다"(막 6:4과 평행 본문들), "내가 오늘과 내일과 모레는 내 길을 가야 하니, 이는 예언자가 예루살렘에서 벗어나 죽을 리 없기 때문이다"(눅 13:33; 아울러 마 23:31-36/눅 11:47-51, 마 23:37ff./눅 13:34f.을 보라).[85] 아울러 예수가 때로 자신을 하나님이 '보내신' 이라고 이야기한 것도 자신이 예언자로 부름 받았다는 예수의 의식을 보여준다(마 10:40/눅 10:16, 마 15:24; 아울러 막 9:37/눅 9:48, 눅 4:43/[막 1:38]; 참고, 마 23:34, 37).[86] 게다가 예수는 일부러 상징 행위를 펼침으로써 자신을 예언자 전통 안에 두었던 것 같다. 예를 들어, 여기서 그런 상징 행위로서 생각나는 것에는 예루살렘 입성, 성전 정화,[87] 그리고 무엇보다 마지막 만찬이 있다(어쩌면 이보다 모호하긴 하지만 광야의 식사—'오천 명을 먹인 일'—와 수수께끼

84. Jeremias, *Theology* I p. 78. 아울러 Strack-Billerbeck II, 127-138; G. F. Moore, *Judaism in the First Three Centuries of the Christian Era*, Cambridge 1946-1948, 'The holy spirit is the spirit of prophecy'(I 237); Schäfer pp. 21-26.

85. E. Fascher, *ΠΡΟΦΗΤΗΣ*, Giessen 1927, p. 178; R. Meyer, *Der Prophet aus Galiläa*, Darmstadt ^{2}1970, p. 121. Barrett, *Holy Spirit* pp. 97f.은 더 신중하다.

86. Frövig pp. 133ff.; Barret, *Holy Spirit* p. 95; Jeremias, *Promise* pp. 26ff.; Fuller, *Foundations* pp. 127ff. 그러나 Bultmann, *Tradition* pp. 152-156은 반대 견해다. 참고, O. Michel, "'Ich Komme' (Jos. *Bell.* III.400)," *TZ* 24, 1968, pp. 123f. 네 번째 복음서 기자는 이런 모티프를 크게 확장했지만, 이는 우리가 진정한 전통의 핵심을 찾아낼 수 있는 여러 경우 가운데 하나다. 네 번째 복음서 기자는 이 핵심을 중심으로 삼아 서술한다. 아울러 Weinel, *Theologie* pp. 163-166을 보라.

87. 참고, N. Q. Hamilton, 'Temple Cleansing and Temple Bank,' *JBL* 83, 1964, pp. 365-372; Roloff, *Kerygma*, pp. 95f.

같은 '무화과나무 저주'도 그런 상징 행위에 속할지도 모르겠다).[88] 예수가 이사야 61:1을 자신에게 적용한 것을 보면 그가 자신을 종말론적 예언자로 생각했을 수도 있지만, 예수가 자신의 사역을 몇몇 종말론적 예언의 성취로 보았다고 말하는 것이 더 정확할 것이다.[89]

셋째, 예수의 사명은, 그 사명에 따른 선포,[90] 그 시대 유대교의 형식주의에 반대한 것,[91] 그리고 '가난한 이'를 섬긴 사역을[92] 보더라도, 분명 예언자의 사명이었다고 표현할 수 있다. 그러나 또 다른 두 특징은 예수가 예언자로서 한 역할이 본질상 영의 능력을 행함이었음을 더 선명하게 부각시켜준다. 나는 가장 먼저 예수가 **예언자로서** 그와 함께하는 이들의 내밀한 생각과 동기를 꿰뚫어보는 **통찰력**이라는 선물을 받았음을 언급해둔다. 바울은 '마음속 비밀'을 훤히 드러내는 이 '능력'이야말로 예언이라는 선물을 구별하여 드러내주는 독특한 영의 선물이라 여겼다(고전 14:24f.—본서 §41.2 [d]을 보라). 누가복음 7:39이 어떤 길잡이 역할을 한다고 보면, 예수와 같은 시대 사람들도 역시 그런 능력을 예언자의 표지로 여겼던 것 같다. 따라서 이렇게 영에 감동한 모습이 나타나는 경우를 예수에게 아주 빈번히 귀속시킨 것은 전혀 놀랍지 않은 일이다. 실제로 이 전승은 복음서 내용 안에 아주 든든히 자리 잡고 있어서 이런 일이 예수의 사역 역사 속에 존재하지 않았다고 말하기는 힘들 것이다.[93] 확

88. 참고, Dodd, 'Prophet,' pp. 60f.
89. 참고, Fuller, *Foundations* pp. 128f.
90. Bultmann, *Tradition* pp. 109-118; Meyer, *Prophet* pp. 13-17.
91. Dodd, 'Prophet,' pp. 60f.
92. 참고, Fuller, *Foundations* p. 128.
93. 막 2:5과 평행 본문들, 2:8과 평행 본문들, 3:4과 평행 본문들, 3:16과 평행 본문들, 9:33ff., 10:21과 평행 본문들, 12:15과 평행 본문들, 12:43f.과 평행 본문, 14:18, 20과 평행 본문들, 마 12:15/눅 11:17, 눅 7:39ff., 19:5, 요 1:47f., 2:24f., 4:17ff. 아울러

실히 예수는 소름끼칠 정도로 신비하게 사람의 생각을 꿰뚫어보는 통찰력을 갖고 있었으며, 이런 점이 그가 여느 사람과 다르다는 것(the otherness)을, 그리고 사람들이 두려워하고 우러를 권위를 받았다는 것을 일러준다.

예언자 예수가 영의 능력을 받은 이로서 보여준 더 독특한 또 다른 특징은 그가 몇몇 경우에 자신이 미래를 아는 지식—**예언자의 선견(先見) 능력**(*prophetic foresight*)—을 부여받았다고 확신한 점이다. 우리는 여기서 너무 많은 주장을 하지 않도록 조심해야 한다. 사람들은 십중팔구 나중에 일어난 사건들을 보고 예수가 했던 예언이 다른 예언보다 훨씬 정확했다고 인정했겠지만,[94] 그래도 예수는 분명 자신의 죽음을 미리 보았으며 필시 자신의 의와 정당성이 하나님에게 인정받으리라는 것도 미리 알았을 것이다.[95] 그러나 이런 특별한 예상은 그가 가졌던 더 큰 묵시적 예상—즉 하나님 나라의 완성이 가까웠으며, 예수 자신 및 그의 제자들과 관련된 '메시아의 고난'도 역시 가까이 다가왔다는 예상—의 일부였던 것 같다(가령 막 8:31, 9:1, 14:22ff., 27, 마 27:37-39, 눅 13:33, 22:35-38).[96] 하지만 미래를 순간 드러내 보여주는 성격을 더 많이 갖고 있는 예수의 다른 예언들이 있다—막 10:39과 평행 본문, 13:2과 평행 본문들, 14:8과

Meyer, *Prophet* pp. 11f.; Bornkamm, *Jesus* p. 60을 보라. 종교사의 유사 사례들을 살펴보려면, R. Bultmann, *The Gospel of John*, KEK, ET Blackwell 1971, p. 102 주1; Benz, *Vision* pp. 185-207; Wilson, *Occult* pp. 92, 103f.; A. Bittlinger, *Gifts and Ministries*, ET Eerdmans 1973은 특히 동방 기독교에서 수도원장이 행하는 역할을 언급한다(pp. 58f.).

94. 특히 Jeremias, *Theology* I pp. 277-286을 보라.

95. 아래 주122을 보라; 참고, *Martyr. Polyc.* 5; *Martyr. Perp.* et Fel. I.3,IV.

96. 참고, Jeremias, *Theology* I pp. 241ff. '메시아의 고난'에 대한 믿음을 살펴보려면, Strack-Billerbeck IV 977-986을 보라.

평행 본문, 14:25과 평행 본문, 14:30과 평행 본문들; 참고, 막 5:36, 39과 평행 본문들.[97] 우리는 이런 사례들에서 대망에서 끌어낸 논리적 결론이 아니라 특별한 개인이나 장소와 관련하여 어떤 부분은 상세하지만 어떤 부분은 모호한 예감을 본다. 이런 예감은 영의 능력을 받고 영에 감동한 예언자의 표지다.[98]

여기서 다시 마지막으로 자신이 곧 예언자라는 예수의 의식이 독특하다는 것을 말하지 않을 수 없다. 우리가 위에서 언급했듯이, 예수는 수 세기에 걸친 침묵 뒤에 등장했던 유일한 예언자가 아니었다. 따라서 그는 마지막 때를 알리는 유일한 사자(使者)도 아니었다. 더욱이, 마가복음 6:14이 훌륭한 전승이라면—즉 예수를 죽은 자 가운데서 부활한 세례 요한으로 여겼다는 헤롯의 믿음이 정녕 사실이라면—G. 프리드리히(Friedrich)가 언급하듯이, "요한은 유일무이한 이라는 인식이 틀림없이 있었을 것이다."[99] 그러나 요한과 예수 사이에는 둘을 구별해 주는 결정적 차이점이 있다. 즉, 요한은 늘 자신보다 큰 이로서 장차 오실 이를 내다보았다(아울러 비록 요한의 제자들이 세례 요한을 존경했다지만, 요한이 자신보다 큰 이를 기다리지 않았다고 일러주는 전승은 존재하지 않는다). 반면, 예수는 항상 다른 어느 곳이 아니라 자신과 자신의 사역 안에서 나타난 최종 계시를

97. 사람들은 막 11:2f., 14:13ff.을 예언자의 예언으로 제시하지만, 이것이 역사적인 것이든 아니면 전승을 통해 받은 것이든, 억지로 지어낸 것에 더 가까워 보인다.

98. 현대의 유사 사례를 보려면, A. Guillaume, *Prophecy and Divination*, Hodder & Stoughton 1938, p. 116; Wilson, *Occult* pp. 43f., 47, 101ff.; R. Montgomery, *A Gift of Prophecy: The Phenomenal Jeane Dixon*, New York 1965을 보라—Jeane Dixon(1904-1997)은 John F. Kennedy 대통령이 암살당할 것을 예언한 것으로 가장 유명하다. Nostradamus(1503-1566)가 운을 맞춰 사행시 형태로 제시한 예언을 알아보려면, E. Cheetham, *The Prophecies of Nostradamus*, Spearman 1973을 보라.

99. Friedrich, *TDNT* VI pp. 838f.

중심으로 삼았다(본서 §8.3과 §8.5을 보라). 이와 같은 점이 사명에 관한 예수의 의식에서도 나타난다. 예수는 자신의 사명을 표명할 때, ἀπεστάλεν ('내가 보냄을 받았다')이 들어있는 말을 쓸 뿐 아니라, 나아가 더 직접적 표현인 ἦλθον을 사용한다(내가 왔다—막 2:17과 평행 본문들, 마 11:19/눅 7:34, 눅 12:49; 아울러 막 1:38과 평행 본문, 10:45과 평행 본문, 마 5:17, 10:34ff.을 보라). C. H. 도드(Dodd)가 제시하듯이, "여기서 우리는 어쩌면 예언자에서 예언자보다 큰 이로 넘어가는 과정을, 다시 말해 '주(하나님)가 이렇게 말씀하셨다'에서 '내가 너희에게 말한다'로 넘어가는 과정을 추적하고 있는지도 모른다."[100] 요컨대, **예언자 예수는 유일무이했다는 분명한 인식이 존재한다**—이는 오직 그의 사역에서만 최종 계시와 마지막 때가 이르렀기 때문이요(마 13:16f./눅 10:23f., 마 12:41f.), 예수 자신**도** 그런 유일무이함을 의식했기 때문이다.

§15. 예수는 신비한 황홀경을 체험한 이였는가?

15.1. **예수는 영에 사로잡혀 두려움과 우러름, 확신과 신뢰를 불러일으키는 신비한 '능력'을 지닌 차원을 넘어 더 많은 특징을 지닌 인물이었는가?** 예수를 **신비한 황홀경을 체험한 이**—곧 황홀경(ecstasy) 체험에서 그의 영감을 얻은 이—라고 묘사할 수 있을까? 여기서 내가 쓴 'ecstasy'는 특이하게 고양된 감정 상태, 무언가에 완전히 몰입하거나 집중한 나머지 다른 모든 부대 상황이나 자극은 전혀 감지하지 못하는 상태, 강렬한 황홀경이나 무아지경에 빠져 짧은 시간이나 긴 시간 동안

100. Dodd, 'Prophet,' p. 63; 참고, Schürmann, *Untersuchungen* pp. 89f.

보통 때의 능력은 정지되고 환상을 보거나 방언 같은 형태처럼, '자동발화'(자기도 모르게 저절로 무언가를 말하는 일)를 체험하는 것을 의미한다. 바울은 그런 체험을 했으며 우리도 그런 사실을 안다(고후 12:1ff.; 참고, 고전 14:14, 18—본서 §§40.3, 41.7을 보라). 그렇다면 예수도 그런 체험을 했는가?

이런 질문은 19세기에서 20세기로 넘어갈 때 가장 예리하게 제기됐는데, 이는 종교사에 관한 여러 연구가 당시 널리 이뤄지고 있던 탐구, 곧 자신이 바로 메시아라는 예수 자신의 의식에 관한 탐구에 미친 영향 가운데 하나였다. 바이스의 주장처럼, 묵시적 대망이 예수의 메시지와 사역을 지배했다면, 당연히 예수도 신비한 황홀경을 체험한 이였다는 결론이 뒤따르지 않았을까? 심지어 예수를 종교개혁 때 등장한 열광주의자(*Schwärmer*)의 선구자로 제시할 수도 있지 않을까? O. 홀츠만(Holtzmann)은 1903년에 '예수는 신비한 황홀경을 체험한 이였는가?'라는 이 질문에 대답하려 했다. 그러나 그의 황홀경(ecstasy)의 정의는 너무 느슨했으며, 그가 고찰한 자료는 대부분 묵시(하나님의 통치가 눈앞에 다가옴)나 카리스마(막 11:22f., 그는 이를 고전 13:2과 비교하는데 이 비교는 타당하지 않다)나 예언자(가령 마 23:29-36/눅 11:47-51)와 관련된 자료라고 표현하는 것이 더 좋을 수 있다.[101]

현재 남아있는 관련 증거는 아주 적다. 예수는 분명 환상 체험을 한 번 내지 두 번 했던 것 같다. 누가복음 10:18—'나는 사탄이 하늘에서 번개처럼 떨어지는 것을 보았다'[102]—은 예수의 환상 체험을 시사하며, 그

101. O. Holtzmann, *War Jesus Ekstatiker?*, Tübingen 1903, pp. 50-71, 73, 105. 비판한 글을 보려면, A. Oepke, *TDNT* II pp. 456f.을 보라.

102. 참고, Frövig pp. 92f. R. Leivestad는 이 말을 "사탄의 파멸이 확실함을 상징으로, 마치 드라마처럼 생생하게 표현한 방식으로" 이해함이 더 좋다고 주장한다(*Christ* p. 49).

가 요한에게 세례받을 때 요단강에서 한 체험도 환상 체험이었을 가능성이 아주 높다.[103] 그러나 이 요단강 체험은 우리가 '황홀경'이라는 말을 정확하지 않게 사용할 때만 '황홀경'이라고 부를 수 있다.[104] 예수의 광야 시험 내러티브(마 4:1-11/눅 4:1-13)도 예수의 환상 체험에 뿌리를 둔 것일 수 있다.[105] '변형' 에피소드(막 9:1-8과 평행 본문들)도, 만일 환상이라면, 예수가 아니라 **제자들**이 체험한 환상을 묘사한 것이며,[106] 마태복음 11:23/누가복음 10:15도 겉으로 보면 높이 올림을 받은 상태에서 말한 것이나 환상의 성격을 갖고 있지만, 그냥 이사야 14:13ff.을 가버나움에 적용한 것이다.

이런 증거 외에 예수가 사람이 억지로 만들어낸 황홀경을 통해 영감을 얻으려 했다고 일러주는 증거는 존재하지 않는다. 초기 예언자, 신비한 체험을 추구하는 수행자(dervishes) 그리고 무속(shamanism) 같은 것에서 볼 수 있는 집단 광란 같은 것도 없고, 우리가 다른 곳에서 발견하는 제의나 기교나 약물 같은 것도 없다.[107] 예수는, 광야 시험 전승을 제외하면, 금식을 하지 않은 것 같다. 실제로 예수는 금식이라는 방법을

103. 본서 §10.1을 보라. 종교사의 유사 사례들을 살펴보려면, Benz, *Vision* pp. 253-266을 보라.

104. Schweizer, *TDNT* VI p. 400.

105. '황홀경에 취한 상태'(Barrett, *Holy Spirit* p. 49이 인용한 B. S. Easton). Taylor, *Go-Between God*은 유사 사례인 '가나의 원시 예언자들'을 인용한다. "이들은 점쟁이의 길을 걷기 시작할 때 거의 언제나 먼저 신들린 상태로 그들이 몇 주 혹은 심지어 몇 달 동안 길을 잃은 채로 덤불 속으로 달려 들어간다"(p. 92).

106. 어떤 이들은 이를 예수 체험으로 해석했다(Taylor, *Mark* pp. 386f.을 보라). 그러나 M. Smith는 예수가 하늘로 올라가고자 어떤 기술(황홀경 상태에서 부린 마술)을 행했다는 그의 주장을 뒷받침하는, 일련의 설득력 없는 증거 가운데 가장 강한 부분으로 이 에피소드를 사용한다(*Clement* pp. 240-248).

107. I. M. Lewis, *Ecstatic Religion*, Penguin 1971, pp. 39, 52f.

통해 신비한 황홀경을 체험하려 하면서 내면 성찰에 치중하는 금욕주의자와 완전히 딴판이라는 평판을 들었다(막 2:18f., 마 11:19/눅 7:34). 분명 예수는 홀로 기도하며 긴 시간을 보낸 것 같다(본서 §3을 보라). 그러나 그가 이런 기도 시간을 통해 황홀경에 취한 행위를 했다는 증거는 없다. 오히려 그의 기도 시간은 분명 남달랐지만 그렇다고 꼭 특이하지는 않았던 신앙과 헌신을 강렬히 드러낸 시간이었다고 설명하는 게 더 낫다.

하지만 예수가 한 말 중에는 으레 볼 수 없는 정신의 고양 상태에서 나왔다고 보는 게 타당할 수 있는 말이 일부 있다. 나는 특히 본서 제2장에서 살펴본 마태복음 11:25ff./누가복음 10:21f.을 생각한다. 이 본문에서 누가는 이런 말로 본문을 시작한다. "그때에 예수가 성령으로 크게 기뻐하며 말하길 ⋯."[108] 마가복음 14:25과 그 평행 본문도 그런 예다—"진실로 내가 너희에게 말하니, 내가 하나님 나라에서 새것을 마시는 날까지 포도나무 열매로 만든 것을 다시는 마시지 않으리라." 재판받을 때 그 자리에서 할 말을 영이 주시리라는 약속(막 13:11과 평행 본문들)은 그 배경이 된 삶의 정황을 자신의 제자들이 머지않아 마지막 때의 핍박을 받으리라는 예수의 예상이라는 맥락 속에서 찾아볼 수 있다(참고, 막 14:38—영).[109] 어쨌든 예수가 그렇게 보장을 하게 된 근거는 예수 자신도 그의 사역에서 중요한 순간에 영에 감동했던 체험을 비슷하게 했

108. 누가는 예수가 한 말이 '성격상 황홀경 상태에서 터져 나온 이런 말과 비슷하다'고 인식한다. 그런 말은 '그가 그의 시대의 교회에서 익히 접했던 것이었다. 다른 그리스도인 예언자들과 마찬가지로 예수 역시 갑자기 영에게 사로잡혀 열광에 취해 자신을 표현했다'(E. F. Scott, *The Spirit in the New Testament*, Hodder & Stoughton 1923, p. 69). 그러나 von Baer pp. 73f.도 함께 보라.

109. Jeremias, *Theology* I pp. 239-244. 14:38에 관하여 알아보려면, Schweizer, *Markus* p. 181을 참고하라.

기 때문이었다.[110] '너희에게 주시는'이라는 말 그리고 '이는 말하는 이가 너희가 아니라 성령이기 때문이다'라는 말은 신비한 황홀경을 체험하는 상태에서 한 말이라고 묘사할 수도 있지만, 예언자들이 받았던 영감이 다르게 주어진 예로 이해하는 것이 더 정확하며, 이런 영감과 비슷한 사례는 예술과 문학 세계의 영감에도 존재한다.

15.2. **예수는 방언으로 말했는가?** 나는 어떤 이가 마가복음 7:34이 (ἀνα) στενάζω('깊이 한숨 쉬다', '탄식하다')를 사용한 것을 로마서 8:26(στεναγμοῖς ἀλαλήτοις, '말할 수 없는 탄식')에 비춰 방언을 말함으로 해석할 수 있다고 제시한 것을 보았다.[111] 마가복음 7:34이 병 치유라는 정황 속에서 등장한다는 사실(참고, ἐμβριμάομαι, '엄하게 경고하다'—막 1:43, 요 11:33, 38)이[112] 중요한 의미를 가질 수도 있다. 그 시대의 유사 사례들을 보면, 기적을 행할 때 이해할 수 없는 이상한 소리나 어떤 외국어로 말하며 기적을 행할 때가 자주 있었기 때문이다.[113] 하지만 예수가 이런 경우에 방언으로 말했다는 주장은 밑받침할 증거가 많이 부족하다. 두 동사 στενάζω와 ἐμβριμάομαι는 깊은 느낌을 일러주긴 하지만, 이것이 꼭 신비한 황홀경을 가리키지는 않는다. 로마서 8:26을 방언과 관련지어 이해할 수 있으며 그렇게 이해하는 것도 제법 타당하다(본서 §41.6을 보라). 그러나 이는 어디까지나 본문이 탄식을 '말로 뱉어낼 수 없는, 분명하게 말할 수 없는, 말로 표현하기에는 너무나 깊은'이라고 표현하면서 탄식하는 이

110. Windisch, 'Jesus und der Geist,' p. 230.

111. 참고, A. Bittlinger, *Gifts and Graces*, ET Hodder & Stoughton 1967, pp. 49f.

112. Arndt & Gingrich, ἐμβριμάομαι를 보라.

113. Bultmann, *Tradition*, pp. 222f. 현대 은사주의 운동에서 '치유라는 선물(은사)'을 행하는 이는 낫고자 하는 사람에게 안수하면서 종종 방언으로 말한다.

를 영으로 지목하기 때문이다. 따라서 στενάζειν(στενάζω의 부정사)을 사용했다는 것 자체가 방언을 시사하지는 않는다. 종교사 속의 유사 사례들도 의미가 없다. 예수가 마가복음 7:34에서 병을 고치며 사용했던 말은 그가 태어날 때부터 사용했던 아람어이기 때문이다.

15.3. 마지막으로 무시할 수 없는 질문이 하나 남았다: **예수는 미친 사람이었는가?** 역시 19세기에서 20세기로 넘어올 때에 전면에 등장하게 된 질문이 있었다. 바이스와 슈바이처가 예수에게 묵시주의자 색채가 아주 짙은 옷을 입혀 제시하는 바람에 나타난 이 질문은 어쩌면 불가피한 것이었는지도 모른다. 네 번째 복음서 기자가 제시하는 예수도 그런 질문을 낳기 때문이다. 즉, 예수는 편집증(paranoia)이나 과대망상증(megalomania)이나 다른 형태의 정신이상 증세를 겪고 있었는가? 슈바이처는 자신의 의학박사 논문(『정신 의학의 관점에서 평가하고 판단한 예수』[*Die psychiatrische Beurteilung Jesu*]—역주)에서 이 물음을 다루면서 예수는 결코 그런 병을 앓지 않았다고 강력하게 대답했다.[114] 그러나 공관복음 전승이 예수가 미쳤다는 세평을 보존하고 있음은 여전히 변함없는 사실이다("사람들은 예수가 정신이 나갔다[ἐξέστη]고 말했다"—막 3:21 NEB; 참고, 요 8:48).[115] 아마도 이런 세평은 정상이긴 하지만 특이한 예수의 행위나 표현 때문

114. A. Schweitzer, *The Psychiatric Study of Jesus*, 1913, ET Boston 1948.

115. H. Wansbrough는 이런 번역을 제안한다: "그들이 그것을 듣고 그를 따르는 이들이 밖으로 나와 그것(군중)을 진정시켰으니, 이는 그들이 이는 열광(광신)에 빠져 미친 것이라고 말하기 때문이었다"—'Mark 3.21, Was Jesus out of his Mind?,' *NTS* 18, 1971-1972, pp. 233ff.; 그러나 이 주해는 결코 '진정시키다'로 번역할 수 없는 κρατῆσαι(붙잡다)에 걸려 부서지고 만다. 참고, D. Wenham, *NTS* 21, 1974-1975, pp. 295-300.

에 나온 것 같다. 마가는 이런 세평을 서기관들이 예수를 바알세불에게 사로잡힌 자로 고발하기 직전에 제시한다. 따라서 우리는 예수를 미친 자요 귀신에 사로잡혔다고 비판한 말을 예수가 행한 축귀 그리고 그런 일을 행할 때 예수가 드러낸 능력과 권위가 불러일으킨 반응이었다고 이해해야 할 것 같다.

예수는 미친 사람이었는가라는 질문은, 예수의 **독특함**, 예수가 하나님 및 하나님 나라와 그의 관계에서, 예수 자신의 능력 및 권위 표현에서, 그리고 그가 예언자—예수가 자신을 표현한 모습 가운데 하나로서 우리가 계속하여 주목해 온 것이다—로서 행한 역할에서 인식했던 유일무이함을 고려할 때, 제기할 수밖에 없는 물음이다. 예수가 어떤 의미에서는 평범하지 않았음은 분명 부인할 수 없다. 그러나 사실 이런 비범함을 정신 나갔다는 말로 설명할 수는 없다. 예수의 몇몇 말과 행동을 미쳤다는 말로 해석할 수도 있지만, 그런 해석은 우리가 공관복음과 그리고 예수의 생애에 관한 현대의 연구를 통해 익히 알게 된 예수의 더 완전한 초상에 전혀 들어맞지 않는다. 결국 우리가 다루고 있는 이는 그저 정상이 아닌 사람이 아니라 종교사는 물론이요 현대 정신 의학 역사가 다루는 사례에서도 유사한 사례가 전혀 없는, 그야말로 유일무이하게 비범한 이일지도 모른다. 만일 정신 나감이라는 말이 예수가 자신과 자신의 사명에 관하여 인식했던 독특한 낯섦(다른 것과 완전히 다름)을 적절히 해석해 주는 말이 아니라면, 예수의 그런 면모를 해석할 길은 당연히 또 다른 쪽으로, 결국 예수의 신성을 인정하는 기독교 교의로 이어진 쪽으로 열려 있을 것이다(더 자세한 내용은 본서 §16.6을 보라).

15.4. **결론**. 예수는 신비한 황홀경을 체험한 이였는가? 그 대답은

87

'아니다!'인 것 같다. 물론 그는, 그것이 환상이든 아니면 아주 큰 기쁨에 들떠 무아경에 빠진 순간이든, 신비한 황홀경을 체험한 이라고 불릴 만한 체험을 한두 차례 하긴 했다. 그러나 그는 황홀경 상태를 야기하거나 영감을 일깨우려고 시도하지 않았다. 이런 체험이 **주어졌다는 것**(*givenness*), 그것이 바로 예수의 특징이다. 황홀경을 추구하는 종교에서 찾아볼 수 있는 핵심 특징이 그의 경우에는 전혀 존재하지 않는다.

예수는 영에 사로잡힌 사람(charismatic, Pneumatiker)이었는가? 그 대답은 '그렇다!'이다. 예수를 영에 사로잡힌 사람이라고 부를 수 있다고 할 때, 그 말의 의미도 상당히 명쾌하게 정의할 수 있다. 그가 영에 사로잡힌 사람이었다는 것은 곧 그가 그 자신의 것이 아닌 **능력**과 **권위**를 보여주었다는 말이다. 예수는 그 능력과 권위를 스스로 얻지도 않았고 주문을 외워 불러 올리지도 않았다. 그것은 어디까지나 그에게 주어졌으며, 그에게 임한 영/하나님의 능력으로 말미암아 그가 소유하게 된 것이었다. 그 **능력**은 예수를 소유하고 통제하지 않았다. 예수는 그 **능력**이 뜻하는 대로 부리는 도구가 아니었다. 그러나 예수도 그 능력의 주인이 아니었으며, 그 능력을 그의 뜻대로 좌지우지하거나 무시할 수 없었다. 그것은 그를 가득 채운 강제(compulsion)였고, 그가 믿음에 반응하여 행사할 수 있는 능력 혹은 믿음이 그를 통해 그 위에 있는 원천에서 끌어낼 수 있는 능력이었다. 예수의 **권위**도 그의 탁월한 학식이나 높은 사회 지위로 말미암아 소유하게 된 것이 아니었다. 예수는 그 권위를 일종의 권리로서 획득하지 않았다. 예수의 권위는 다른 모든 권위를 밀어냈으며 다른 모든 권위에 앞서 귀를 기울여야 할 것이었다. 아무리 신성불가침인 권위도 예수의 권위 앞에서는 물러서야 했다. 이는 예수의 권위가 예수와 하나님의 관계에서 직접 나왔으며, 하나님의 뜻을 꿰뚫어보는 예수의 통찰로부터 직접 유래했기 때문이었다. 그것은 단지 자기 확신이나 확신에서 나온 힘이 아니었다. 예수의 말에도 외부에서 주어졌다는 특성(givenness)이 있었다. 따라서 예수가 했던 말은 온전히 자신의 말이었음에도 불구하고 평범한 존중을 훨씬 넘어 심지어 두려움과 경이감까지 자아내는 권위를 갖고 있었다. **예수를 영에 사로잡힌 사람이라 부를 수 있는 것은 바로 이런 능력과 권위가 그 자신의 것이면서도 그 자신의 것이 아니라는 예수 자신의 의식 때문이다.**

§16. 결론

16.1. 공관복음에는 **하나님의 영이 자신에게 능력을 부어주었으며 자신이 그 영에 감동했다는 예수의 의식이 예수가 행한 사명(선교)의 기초였음**을 분명하게 보여주는 증거가 있다. 이 증거가 광범위하지는 않아도 이를 무시할 수는 없다.[116] 예수는 자신이 행한 축귀를 이런 능력의 발현으로 이해했으며, 가난한 이를 섬기는 자신의 사역을 이사야 61:1의 성취로 이해했다. 이 본문들이 명백하게 들려주는 증언을 확인해 주는 것이 예수가 영에 사로잡혔음을 보여주는 증거이며, 예수가 요단강에서 한 체험을 들려주는 기사도 필시 그런 증언을 확인해 주는 것 같다. 사실 예수가 영에 사로잡힌 사람이었음을 일러주는 증거는 사람들이 종종 인식하는 것보다 광범위하다.[117] 실제로 H. 빈디쉬(Windisch)가

116. 가령 Scott, *Spirit* pp. 77-80. 그는 아예 예수의 종교에서는 '영이라는 개념'이 '낯선 요소'였다고 강조한다(p. 245).

117. 참고, Beasley-Murray, *Rigaux Festschrift* pp. 475f.

가정하듯이, 더 이른 시기에 나온 예수 관련 전승들에는 영과 관련된 요소가 훨씬 강했을지도 모르며, 우리가 지금 보는 공관복음 전승이 그 요소를 어느 정도 억눌렀을지도 모른다.[118] 가장 이른 시기에 나온 전승에는 반대되는 경향을 보여주는 증거가 분명 존재하지 않는다. 예를 들어, 초기 공동체의 영 체험을 시대를 거슬러 올라가 예수의 삶 속에 집어넣어 읽어내지는 않았던 것으로 보이며, 예수를 단순히 영에 사로잡힌(영의 능력을 받아 행한) 첫 번째 사람으로 묘사하지도 않는다.[119] 따라서 증거는 공관복음 전승에 들어있는 영 관련 장면들이 진짜임을 분명하게 일러준다—**예수가 하나님을 체험했다는 것은 곧 그를 거세게 밀어붙여 말하고 행할 수밖에 없도록 만든 초자연적 능력을 체험한 것이었다**.

16.2. **예수는 영의 나타남을 능력의—효험 있는** 능력의—**나타남으로 보았다**. 즉, 귀신들이 복종하고, 못 보던 이들이 보게 됐으며, 나병 환자가 깨끗해졌다. 가난한 이와 죄인이 용서와 수용을 체험했다. 한마디로 정신과 몸과 관계를 **온전케** 하는 능력이었다. 예수는 그의 사역에서 볼 수 있는 또 다른 능력의 자취들도 영의 나타남으로 이해했던 것 같다. 그러나 우리가 아는 한, 예수가 특별히 영의 능력의 나타남이라 여겼던 것은 이 두 가지, 곧 치유 그리고 가난한 이에게 좋은 소식이 선포됨뿐이었다. 예수가 하나님을 황홀경을 체험할 때만 알 수 있는 분이라 생각했다고 일러주는 곳은 분명 전혀 없다. 예수는 그런 체험이 자신에게 주어졌을 때 그런 체험을 차버린 것 같지도 않지만, 그렇다고 그런 체험을

118. Windisch, 'Jesus and the Geist' pp. 231ff.

119. Schweizer, *TDNT* VI pp. 402f.; 아울러 'The Spirit of Power,' *Interpretation* 6, 1952, p. 264.

일부러 추구하거나 촉진하지도 않았다. 오히려 그 반대로, 예수는 영의 능력이 나타난 두 경우인 치유와 좋은 소식의 선포 가운데 후자를 지극히 높이 여겼으며, 감정을 자극하고 소동을 일으킴이 덜한 것일수록 사리에 더 합당하다고 여겼다(마 11:5). 그러나 이렇게 말했지만, **예수의 하나님 체험에는 합리적 요소뿐 아니라 합리적이라 할 수 없는 요소도**—좋은 소식을 선포하는 ἐξουσία뿐 아니라 병을 치유하는 δύναμις도[120]—**들어있었다**는 사실, 그리고 **그가 이 둘을 모두 하나님의 영이 효험 있고 중요하게 나타난 경우로 여겼다**는 사실은 변함이 없다.

16.3. 영에 관한 예수의 의식은 주석가들을 자주 당황케 했던 문제—하나님 나라를 이미 임한 현재의 나라로 보는 예수의 이해와 하나님 나라는 곧 다가올 미래의 나라라는 예수의 선포 사이에 존재하는 긴장—를 대부분 설명해 준다. 마지막 때가 눈앞에 다가왔다는 선포는 새로운 것이 아니었다. 오히려 사람들을 아주 놀라게 한 것은 그 나라가 이미 임한 현재의 나라라는 선포였다. 하나님 나라가 이미 임한 현재의 나라라는 주장은 그 나라가 눈앞에 다가왔다는 주장과 모든 면에서 서로 어긋나는데도 예수는 대체 왜 그 나라가 이미 임한 현재라고 생각하게 됐을까? 그 답은 마지막 때의 핵심 특징 가운데 하나인 한 요소—영의 능력이 풍성히 나타남—가 현존한다는 데 있다. 이 영의 능력에 관한 예수의 인식이 예수의 의식에서 아주 압도적이었고 그의 사역에서 아주 분명하게 드러났다. 그 때문에 예수는 마지막 때에 관한 예언들이 이미 그의 사역에서 완전히 이루어지고 있으며 하나님 나라가 이미 현존하고 있다는 결론에 이를 수밖에 없었다. 더욱이 예수가 마지막(the End)이 **임**

120. 이를 예리하게 구분해서는 안 된다; 본서 §13.1을 보라.

박했다는 확신을 품게 된 것은 다른 이유도 있지만 바로 그런 이유 때문이었다. 마지막 때가 이미 일어나고 있다면, 마지막은 마냥 늦춰질 수 없을 것이다—틀림없이 예수 자신의 세대가 넘어가기 전에 임할 것이다(막 13:28f.과 평행 본문들; 참고 막 9:1, 13:30, 마 10:23).[121] **예수의 선포 가운데 존재하는 '이미'와 '아직 아니'의 긴장은 바로 영에 관한 예수의 의식에서 나왔다**.

16.4. 이처럼 예수가 영을 의식했다는 인식이 자유주의가 그려내는 예수 초상을 보충해 준다. 자유주의의 예수 초상에는 그런 인식이 전혀 들어있지 않았다. 만일 우리가 예수 자신의 종교적 체험, 그의 하나님 체험을 오로지 그가 가진 아들의 지위라는 관점에서만 이야기한다면, 십중팔구는 예수를 오해한다. 예수의 하나님 체험은 하나님을 영으로 체험한 것이기도 했다. 내가 말하는 '영'은 자유주의 관념론이 말하는 시대정신(*Zeitgeist*)이 아니라, H. 궁켈(Gunkel)이 다시 발견했던 '영'—일찍이 삼손과 영에 감동한 에스겔에게 임했던 능력과 같은 능력으로서의 영—이다. 이 영은 우러름과 두려움을 자아내는 영으로서 예수의 사역에 원동력을 제공했고, 묵시의 영으로서 예수에게 마지막에 관한 의식을 가득 채워 넣었다. **영에 관한 예수의 의식은 예수의 사역이 담고 있는 종말론적 차원이며, 자유주의는 바로 이런 차원을 놓쳤다.**

16.5. 자유주의가 저질렀던 실수를 자유주의와 정반대 쪽에서 되풀이하지 않는 것이—다시 말해, 자신이 곧 하나님의 아들이라는 예수의

---

121. Kümmel, *Promise* pp. 20ff.; 참고, W. Manson, *Jesus* p. 50; Bultmann, *Theology* I pp. 22f. 아울러 본서 제3장 주34을 보라.

의식은 무시하고 영에 관한 예수의 의식만 지나치게 강조하는 실수를 저지르지 않는 것이—중요하다. 이것이 바로 영에 사로잡힌 예수를 탐구한 이들이 저지른 실수였다. 우리는 예수의 자기이해가 갖고 있는 이 두 측면을 긴밀하게 결합해야 한다. **예수는 기도할 때 하나님이 아버지이심을 발견했으며, 마찬가지로 그의 사명을 행할 때 하나님이 능력이심을 발견했다**—이것은 다만 한 특성의 두 측면이요 한 하나님 체험의 두 측면이었다. **우리는 예수의 이 이중 체험에서 윤리의 측면과 영**(카리스마)**의 측면, 아들로서 아버지에게 순종함과 예언자로서 가진 자유가 서로 긴밀하게 얽혀 있음을 본다**. 예수를 그저 도덕주의자나 신비한 황홀경에 취했던 사람으로 제시하기는 불가능하다. **예수의 사역에 독특한 성격을 부여한 것은 바로 아들이라는 지위와 영의 상호작용이다**.

16.6. 우리가 여태까지 살펴본 증거를 보면 모든 단계에서 두드러진 일관성이 드러난다. 우리는 이런 증거를 보면서 예수의 하나님 체험에 들어있는 독특함이라는 요소, 나아가 때로는 심지어 유일무이함이라는 요소를 인정할 수밖에 없었다. 하나님을 '압바'라 부르던 그의 습관은 그 자신의 기도가 지닌 특성이기도 했지만 그의 시대에는 특이한 일이었다. 예수는 제자들에게 자신처럼 기도하라고 가르쳤지만, 그는 결코 그의 표현과 그들의 표현을 하나로 결합하지 않고 오히려 그 자신의 **압바**-관계가 지닌 독특함을 그대로 유지했다. 예수는 자신을 하나님의 아들로 여겼으며, 어쩌면 그가 가진 (유일무이한?) 하나님에 관한 지식을 그의 제자들과 공유하는 것이 그의 사명이라 여겼을지도 모른다(마 11:27?). 예수는 그의 축귀를 유일무이한 것으로 여겼다—영이 독특하게 나타남으로써 그런 축귀는 종말론적 나라가 이미 현존하고 있음을 실증해 주

었기 때문이다(막 3:28f., 마 12:28/눅 11:20). 이사야 61:1f.의 예언이 예수의 사역을 통해 성취됐다—예수 자신이 종말론적 의미의 중심이었다(마 11:5f.). 예수는 다른 이들 안에서 믿음을 찾았지만, 자신을 '믿음의 증인'이라기보다 '은혜의 나타남'으로 여겼던 것 같다. 권위와 영감에 관한 예수의 인식이 그를 모세와 예언자들의 전통 속에 두도록 만들었지만, 그런 인식이 지닌 직접성과 신비한 특질은 그보다 앞서 존재했던 모든 이를 능가했으며 그를 비길 이가 없는 인물로 구별해 주었다. 예수는 어쩌면 그와 아버지와의 관계를 제자들과 공유하려 했던 것(눅 22:29과 위를 보라)처럼 그런 권위와 영의 능력도 그의 제자들과 공유할 수 있었을지도 모른다(눅 10:19). 하지만 우리가 가진 자료는 하나같이 그런 권위와 능력이 오직 **예수의** 권위와 능력이었으며, 제자들이 공유한 것은 바로 **예수와** 아버지와의 관계였음을 일러준다. 요컨대, **예수 자신은 자신의 하나님 체험에 독특한 요소가, 나아가 심지어 유일무이한 요소가 있음을 분명히 인식했던 것 같다**.

우리가 이를 인정하면 곧바로 더 넓은 기독교 교의와 관련된 질문들이 밀물처럼 우리를 엄습한다. 특히 이런 질문이 그렇다: 예수의 체험이 유일무이하다는 것은 그 체험의 질(質)이 그렇다는 말인가, 그 체험의 양(量)이 그렇다는 말인가?—그 체험은 사람이 아닌 다른 어떤 존재, 사람을 넘어선 어떤 존재의 체험이었는가, 아니면 그야말로 진짜 사람, 완벽한 사람의 체험이었는가? 이런 의식의 바탕에 자리한 관계는 단순히 실존적 관계였는가, 아니면 실존적 관계이자 형이상학적 관계였는가? 이것은 결국 기독교 교의가 예수의 신성에 관하여 이야기할 때 언급하는 것이 아닌가?

우리가 살펴본 증거만 놓고 보면, 분명 그 체험의 질이 독특했다고 해석할 수 있는 체험도 일부 있다. 예를 들면, 마태복음 12:28은 그의 축귀가 지닌 종말론적 의미가 다른 것과 비교할 수 없을 정도로 중요함을 일러준다. 마가복음 1:22은 그가 권위 있게 가르쳤다고 말하는데, 이는 그가 단순히 서기관들보다 나은 정도가 아니라 서기관들과 전혀 달랐음을 의미한다. '진실로 내가 너희에게 이르노니' 같은 말은 유사한 사례가 전혀 없다. 그리고 무엇보다 중요한 본문은 마태복음 11:27이다. 예수 자신 외에는 아무도 아버지를 알지 못하며 오직 그만이 아버지를 계시할 수 있다고 말하기 때문이다. 그러나 이런 해석이 무조건 받아들여지지는 않을 것이다. 위에 제시한 증거를 유달리 높은 정도의 영감이라는 말로 달리 해석할 수도 있기 때문이다—그렇다면 '신성'(神性)은 **몇 번째** 정도의 영감이 되는 걸까? 문제는 이 이야기가 모든 것을 말하지 않고 있다는 것이요, 증거도 불완전하다는 점이다. 우리가 기독론과 관련지어 곱씹어봐야 할 것은 예수의 하나님 체험이나 예수가 제시한 주장이나 예수의 사역만이 아니다. 우리가 곱씹어봐야 할 내용에는 부활 후의 선포와 신앙이 포함되어야 하며—특히 W. 판넨베르크(Pannenberg)가 U. 빌켄스(Wilckens)를 따라 아주 타당하게 주장했듯이, 예수의 주장에도 미래를 미리 내다보는 요소가 들어있다—어쩌면 그런 선포와 신앙부터 곱씹어봐야 할지도 모른다. 예수는 자신이 인정받고 그의 의와 정당성이 확인받을 것을 기대했다.[122] 사실 우리는 예수의 자기의식이 담고 있던 내용을 상세히 분석할 수 없다. '예수는 자신이 누구라고 생각했는가?'라는 질문에도 정확히 대답하기가 불가능하다. 우리가 이미 지적했듯이, 예수의 자기의식은 오늘날 사람들이 종종 인식하는 것보다 짜임새가 훨씬 치밀하지 못했고 어설펐다(본서 §6.6을 보라). 그가 구약

122. W. Pannenberg, *Jesus God and Man*, ET SCM Press 1968, pp. 58-66.

에서 칭호와 개념을 넘겨받기는 했지만 그것이 그의 하나님 체험을 형성하지는 않았다. 비록 예수의 하나님 체험이 구약에서 넘어온 칭호와 개념을 형성하고 해석한 경우가 그 반대 경우보다 많거나 훨씬 많지는 않았을지라도, 어쨌든 예수의 하나님 체험이 구약에서 건너온 그런 칭호와 개념을 많이 형성하고 해석해 주었다. 우리가 지금 말할 수 있는 것은 예수가 아들의 지위와 능력, 그리고 자신이 받은 사명과 권위를 의식하고 살았다는 것뿐이다. 예수의 이런 체험은 보통 예언자들이 가졌던 영감 체험을 능가했던 것 같다. 우리는 예수의 그런 체험이 보통 사람의 체험을 얼마만큼이나 능가했는지 말할 수 없다—보통 사람의 그것보다 질이 우월했는지, 양이 많았는지, 아니면 형이상학이나 실존의 관점에서 볼 때 더 우월했는지 말하기가 불가능하다. 이런 질문들은 오로지 첫 부활절(예수 부활과 부활 후에 일어난 일)에 비춰 대답할 수 있을 뿐이며, 이런 대답 역시 잠정적이고 불확실한 정도에도 미치지 못한다.

우리가 말할 수 있는 것은, 그리고 우리가 말할 수밖에 없는 것은, 예수의 하나님 체험 속에 있는 이 유일무이함이라는 요소가 없으면, 역사 속 예수와 믿음의 그리스도 사이에 존재하는 틈새가 크게 벌어져 결코 이을 수 없는 심연이 되리라는 것이다. P. 알트하우스(Althaus)가 말하듯이, '예수는 자신이 누구인가에 관하여 알기 전에 이미 과거나 현재나 미래나 늘 변함없는 그 자신이었다'(Jesus was what he is before he knew about it)는 말이 진실일지도 모른다.[123] 그러나 **예수에 관한 기독교의 주장과 예수 자신의 자기인식 사이에 어떤 상관관계가 존재하지 않는다면, 그런 주장은 실체와 접점을 잃어버린다.**[124] **기독론에 관한 주장들을 역사**

123. P. Althaus, *Die christliche Wahrheit*, Gütersloh 1962, p. 440.

124. 참고, Ebeling, *Word* pp. 205, 289; Käsemann, "Blind Alleys in the 'Jesus of

속에 뿌리내리게 하는 것은 예수의 하나님 체험이 갖는 초월적 낯섦(*transcendent otherness*, 여느 사람들의 하나님 체험과 완전히 다름)**이다**. 내가 믿는 것처럼 기독론을 '아래에서 위로' 탐구해야 한다면, 예수의 하나님에 대한 의식이 가지는 이 초월적 낯섦만이 '아래에서 위로 올라가는'(상승) 기독론을 '위에서 아래로 내려오는'(하강) 기독론과 결합해 줄 수 있다. 우리가 '아래에서 위로 올라가는' 탐구를 기독론이라 부를 수 있다 할지라도, 그런 초월적 낯섦을 통해 상승 기독론과 하강 기독론이 결합해야만 비로소 '아래에서 위로 올라가는' 탐구를 '기독론'이라 부를 수 있다. 분명한 것은 우리가 예수의 하나님 체험을 고려할 때에만 비로소 **역사 속** 예수의 '신성'에 관하여 적절히 이야기할 수 있다는 것이다: **예수의 '신성'은 그가 아들로서 아버지와 맺고 있던 관계를 의미하며 그 안에 하나님의 영이 있었음을 의미한다.**[125]

16.7. 이 이슈의 또 다른 측면은 예수와 초기 교회 사이의 연속성-불연속성 문제다. 위에서 언급했듯이(§11), 예수와 초기 교회 사이의 연속성이 커지면 커질수록, 자신의 하나님 체험이 독특하고 유일무이하다는 예수의 의식에 부여해야 할 무게는 점점 줄어든다. 이 문제는 초기 그리스도인의 영적 체험을 고찰해 봐야 비로소 대답할 수 있다. 그러나 우리는 둘 사이의 연속성이 이미 상당히 드러났다는 점을 언급하지 않을 수 없다. 예컨대, 예수는 하나님을 압바라 불렀으며, 그의 제자들에게도 자신과 같은 방식으로 하나님에게 말하라고 독려했다. 그의 아버지

History' Controversy," *NTQT*, pp. 43-50.

125. 참고, G. W. H. Lampe, 'The Holy Spirit and the Person of Christ,' *Christ, Faith and History*, ed. S. W. Sykes & J. P. Clayton, Cambridge 1972, pp. 111-130.

가 그에게 한 나라를 맡겼듯이, 그도 그의 제자들에게 그 나라를 맡겼다 (눅 22:29). (그가 하나님을 친밀하게 알았듯이, 다른 이들도 하나님을 친밀히 아는 지식을 갖게 하는 것이 자신의 사명이라 여겼다—마 11:27?). 게다가 앞으로 보겠지만, 예수가 영에 사로잡힌 사람이었듯이, 초창기 신자도 비록 전부는 아니었지만 그 가운데 많은 이가 영에 사로잡힌 사람이었다(본서 제7장을 보라). 예수의 사역을 특징지은 것은 '이미-아직 아니'의 긴장이었으며, 이런 긴장은 특히 그의 영 체험 속에 존재했다. 마찬가지로, 바울 신학 역시 비슷한 특징을 지니고 있다(본서 §53을 보라). 예수의 사역에서는 윤리의 차원과 영의 차원이 균형을 이루고 있었다. 마찬가지로 바울의 경우에도 그런 균형이 존재했다(본서 §§49.2, 54, 55을 보라). 따라서 우리는 논의를 진행해가면서 이런 물음을 염두에 둘 수밖에 없다: 예수의 하나님 체험은 장차 그리스도인이 할 체험의 원형이었는가? 만일 그렇다면, 예수가 바로 첫 그리스도인이었는가? 아니면 예수의 하나님 체험을 그와 같은 시대 사람들이 했던 하나님 체험과 구별 짓는 독특함이 예수의 하나님 체험과 첫 그리스도인들의 하나님 체험도 구별해 주는가?

제2부

초창기 그리스도인 공동체의 종교적 체험

제5장
예수의 부활 후 현현

§17. 들어가는 글

17.1. 우리가 예수의 종교적 체험 연구에서 그리스도를 믿은 초창기 신자와 공동체의 종교적 체험 연구로 넘어오면, 둘 사이에 중대한 차이가 있음을 곧바로 알게 된다. 앞에서는 예수가 종교적 체험의 **주체**였으나, 이제는 예수가 종교적 체험의 **객체**로 등장한다. 역사 속 예수의 종교적 체험은 하나님 체험이라는 말로 상당히 수월하게 묘사하고 규정할 수 있다. 그러나 초기 교회의 종교적 체험을 살펴보면, 독특한 새로운 요소 하나가 분명하게 나타난다. 초기 신자들이 하나님뿐 아니라 **예수도** 체험했다고 주장한다는 것이 바로 그 요소다. 예를 들어, 누가가 쓴 사도행전을 보면, 예수가 여러 차례에 걸쳐 환상을 통해 바울과 만난다(18:9, 22:17f. 등등). 바울은 그리스도가 **자신 안에** 산다고 말한다(갈 2:20). 이와 마찬가지로 요한복음에 등장하는 그리스도는 자신이 영광을 받은 뒤 제자들 안에 거하겠다고 약속한다(요 14:18-23). 아울러 영에 직접 귀속

시킬 수 있는 체험도 있다(사도행전에 나오는 방언, 고전 12-14장에 나오는 영의 선물들, 그리고 요 3:5, 4:14, 7:38f.에 나오는 새 생명 체험이 그런 예다)—그런 영 체험은 우리가 본서 제4장에서 살펴본 **예수의** 영 체험과 비슷하다. 그러나 여기에서도 그림이 뒤섞이게 된다—누가와 바울은 영을 예수의 영이라 표현하는 반면(행 16:7, 빌 1:19), 요한은 '다른 보혜사', 곧 예수의 계승자(요 14:16)라 표현하기 때문이다.

분명 여기에서도 연속성과 불연속성이라는 문제를 놀라운 방식으로 제시한다. 초창기 그리스도인들의 종교적 체험은 어떤 의미에서 예수의 그것과 같은가? 예수의 그것과 다르다면 어떤 의미에서 다른가? 그 두 체험은 서로 어떻게 연관되어 있는가? 예수는 어떤 의미에서 초창기 그리스도인들이 한 체험의 객체였는가? 그 그리스도인들이 '예수의 영'을 체험했다고 말한 것은 단지 예수의 영적 영향력이 계속하여 살아있다는 말이었는가?[1] 이 문제를 더 일반적 관점에서 제시한다면, 이렇게 물어볼 수 있겠다: 초기 그리스도인들이 체험한 것은 대체 무엇이었는가? 그들의 체험에서 영과 관련된 특징은 무엇이었는가? 그들이 살아가던 종교적 환경 속에서 그들이 한 체험은 얼마나 독특했는가? 이것들이 우리가 이번 장과 이어질 장들에서 염두에 두어야 할 질문 가운데 몇 가지다. 하지만 우선 우리는 초창기 공동체들이 처음에 했던 체험만을 다루어야 한다. **유아기 교회**(*infant church*)**를 탄생시킨 영적 체험은 무엇이었는가?**

여기서 당장 우리는 엄청난 문제를 마주하게 된다. 우리가 볼 때, 기독교의 역사상 기원은 대부분 시간의 심연 속으로 사라져버렸기 때문

---

1. 참고, 1960년대 말에 등장한 혁명 슬로건 '체[쿠바 혁명을 주도한 체 게바라—편주]는 영원하다!'(Che lives!).

이다. 그리스도인이 볼 때, 예수가 죽은 뒤부터 첫 복음서가 나오기까지의 30년 동안은 미스터리요 애가 탈 만큼 흐릿한 시대다. 분명 바울서신이 어둠에 싸인 이 시대를 일부 밝혀주긴 하지만, 한쪽에서만 밝혀줄 뿐이다. 양식 비평가들도 그 시대를 밝혀보겠다고 엄청난 노력을 쏟아부었지만, 사실은 특정한 몇몇 지점에서 좀 더 많은 빛줄기를 비추는 데 성공했을 뿐이다. 물론 사도행전이 이 시대를 제법 자세히 묘사한다고 주장한다. 그러나 주의 깊은 연구자라면 우리가 자료와 역사 그리고 그 사이에 존재하는 벌어진 틈새를 한두 단어로 양식화(stylizing)한 것이거나 전혀 그렇게 하지 않은 것이라 부를 만한 것이 무엇인지 금세 깨닫게 된다. 결국 교회사 첫 몇 년의 미스터리는 사도행전 내러티브로 말미암아 줄어들기는커녕 오히려 거듭거듭 커지고 만다.

17.2. 얼핏 보면 우리의 이 특별한 연구가 마주하고 있는 역사의 매듭은 뚜렷한 두 가닥으로, 곧 **부활 후 현현**과 **영 체험**으로 풀리는 것 같다. 누구든지 성경을 익히 아는 사람이라면 사도행전이 40여 일에 걸친 부활 후 현현 사건 덩어리로 기독교 역사를 서술하기 시작한다는 것을 잘 알고 있다. 사도행전은 이 부활 후 현현에 이어 분명 열흘이라는 시차를 두고 일어난 영 체험(오순절)이라는 아주 색다른 사건을 제시하면서 부활 후 현현과 영 체험을 분명하게 구분한다. 그러나 모든 관련 자료를 더 꼼꼼히 분석해 보면 이런 질문이 당장 떠오른다. 기독교가 시작될 때 이처럼 서로 별개 범주로 구분할 수 있는 두 종교적 체험이 존재했는가? 우리가, 누가가 제시하듯이, 부활 후 현현과 영 체험을 아주 딱 부러지게 구분할 수 있을까(그리고 기독교가 시작될 때 그리스도인들이 과연 그렇게 그 둘을 딱 부러지게 구분할 수 있었을까)? 이 물음이 우리를 압박하는 이유는 바

로 **누가만이 이렇게 두 사건을 예리하게 구분하기** 때문이다. 바울은 고린도전서 15장에서 부활을 논하면서 처음에는 누가를 따라 부활을 유일무이한 것으로 다루는 것 같다. 그러나 그는 뒤이어 부활한 그리스도를 '생명을 주는 영'이라 묘사함으로써 이 이슈를 뒤섞어버린다(고전 15:45). 또 요한은 부활한 예수가 부활 후 처음 나타났을 때 그의 제자들에게 영을 주었다고 말하면서, 부활 후 현현과 오순절의 영 체험을 함께 묶어 제시한다(요 20:22). 따라서 우리는 이런 질문을 던질 수밖에 없다: 부활 후 현현과 오순절을 별개 사건으로 구분한 것은 누가의 작품이요 그가 행한 양식화의 일부인가? '부활 후 현현'과 '오순절'은 단지 기독교의 탄생을 각기 다르게 해석하여 묘사한 방식에 불과할까?—'부활 후 현현'과 '영이라는 선물'은 단지 기독교 시초에 있었던 중요한 회심 체험들을 각기 다르게 분류하는 방법이었을까? 이는 우리가 이 지점에서 바울을 살펴볼 때 당장 다룰 수밖에 없는 이슈이지만, 이 이슈는 본서 제6장에서 오순절 전승을 살펴볼 때에나 완전한 해결이 가능할 것이다.

이 첫 번째 큰 이슈 때문에 더 근본적 문제인 두 번째 이슈가 더욱 예리하게 부각된다. '부활 후 현현'은 무엇이었는가? 기독교가 '부활 후 현현'과 더불어 시작됐음을 의심하는 이는 아무도 없다—예수가 그의 죽음 뒤에 여러 사람과 무리에게 나타났다는 주장이 기독교 복음과 교회의 근본이었다. 그러나 그들이 정말 체험한 것은 무엇이었을까? 그들은 실제로 무언가를 **보았는가**? 그 '봄'은 정신이나 눈의 인식이었는가? 우리는 이 물음을 가능한 한 종교적 체험이라는 관점에서만 다뤄보겠다. 그렇지만 바로 이 지점에서 아주 중요한 질문들이 아주 깊게 파고든다는 사실을 무시할 수 없다. 예컨대, D. F. 슈트라우스 이후 하르낙, 부세트, 고글 그리고 불트만이 이런저런 형태로 등장한 '주관적 환상'(subjective vision) 가설을 부활 후 현현을 가장 잘 설명해 주는 것으로서 지지했다.[2]

이로써 우리가 다음 세 장(§§18, 19, 20)에서 해야 할 일이 분명해졌다. 첫째, 바울이 부활한 예수가 자신에게 나타난 부활 후 현현을 어떻게 이해했는지 살펴보겠다. 이때 특히 이런 질문을 던져보겠다. **이 체험은 그가 그 뒤에 한 '생명을 주는 영' 체험과 달랐는가? 달랐다면 어떤 점이 달랐는가?** 둘째, 바울과 복음서가 바울이 체험한 부활 후 현현 전에 일어난 부활 후 현현을 기록해 놓은 것을 살펴보고 이런 질문을 던져보겠다. **이런 기사의 바탕을 이루는 체험들은 바울이 체험했던 부활 후 현현과 다른가?** 이어질 장들에서는 오순절 전승 그리고 초창기 공동체가 그 영적 생명력을 표현한 다른 사례들을 밝히려는 시도를 더 꼼꼼히 살펴보겠다.

§18. 부활한 예수가 바울에게 나타남

18.1. **들어가는 글.** 우리가 우선 바울부터 다뤄야 하는 것은 누가 봐도 명백한 두 이유 때문이다. 첫째, 바울이 고린도전서 15장에서 부활 후 현현을 기록해 놓은 내용은 우리를 신비에 싸인 30년의 출발점으로 곧장 데려간다. 사람들이 널리 인정하듯이, 바울은 고린도전서 15:3ff.에

2. 사실 가장 근래에 이런 입장을 취한 이는 W. Marxsen, *The Resurrection, The Resurrection of Jesus of Nazareth*, ET SCM Press 1970—'예수가 부활했다'는 '예수의 대의가 계속 이어진다'로 축소된다(p. 141); H. M. Teeple, 'The Historical Beginnings of the Resurrection Faith,' *Studies in New Testament and Early Christian Literature*, ed. D. E. Aune, Leiden 1972, pp. 107-120이다.

서 그가 필시 다메섹 회심 때 받았거나 그 뒤 3년이 채 지나지 않아 이뤄진 그의 예루살렘 방문(갈 1:17f.) 때 받았을 원시 전승(들)을 전해 준다.[3] 더구나 그의 증언이 비록 거의 다 전해 들은 증거이긴 하지만, 그래도 그 증언은 수없이 많은 중간 매개자를 거쳐 우리에게 이른 것이 아니다. 그 반대로, 그 증언 가운데에는 단지 간접 증거(한두 사람만을 거쳐 우리에게 다다른 증거—역주)인 경우가 많다. 바울은 첫 예루살렘 방문 때 베드로 그리고 야고보를 만나 이야기를 나눴다(갈 1:18f.). 바울은 적어도 몇몇 '사도'(안드로니고와 유니아—롬 16:7;[4] 바나바—갈 2:9, 고전 9:5f.; 그리고 아마도 실루아노—살전 2:6f.; 아마도 아볼로—고전 4:9)와는 아주 친밀한 사이였다.[5] 아울러 바울은 '500명이 넘는 형제'(고전 15:6) 가운데 적지 않은 이들을 알았을 것이다. '그들 가운데 대다수는 지금도 살아있다'는 말을 덧붙인 이는 십중팔구 바울 자신이겠기 때문이다. 바울이 애초에 3-8절 가운데 얼마

3. A. Seeberg, *Der Katechismus der Urchristenheit*, Leipzig 1903, pp. 43-58; A. M. Hunter, *Paul and his Predecessors*, SCM Press 1940, [2]1961, pp. 15-18.

4. ἐπίσημοι ἐν τοῖς ἀποστόλοις는 '사도들 가운데서(= 사도들에게) 높이 여김을 받는'으로 번역할 수 있으나 '사도들 가운데에서(= 사도들 안에서) 탁월한'이 훨씬 더 자연스러운 의미다—대다수의 주석가도 그렇게 해석한다. 유니아스(Junias) 대신 유니아(여성형—중요한 사본 P^{46}을 비롯한 몇몇 판본은 율리아[Julia]로 기록되어 있다)로 번역할 수도 있었다: 사도 가운데 한 사람은 여성이었을지도 모른다!

5. W. Schmithals, *The Office of Apostle in the Early Church*, ET SPCK 1971, pp. 63f.; 아울러 J. B. Lightfoot, Kümmel, Rengstorf, Lietzmann 그리고 Munck를 인용한다. 실루아노에 관하여 알아보려면, Schmithals pp. 65ff.을 보라; Roloff, *Apostolat*는 Schmithals의 주장을 거부하지만(p. 61), 살전 2:7을 고려하지 않는다. 아볼로에 관하여 알아보려면, J. Héring, *The Second Epistle of Saint Paul to the Corinthians*, ET Epworth 1967, p. 110을 보라. 물론 우리는, 명단 자체 그리고 '사도'의 이런 다른 용례들이 분명하게 일러주듯이, '모든 사도'를 '열두 제자'와 동일시하는 옛 입장을 포기해야 한다. 요 근래에 이에 반대하는 입장을 피력한 이가 P. Winter, 'I Corinthians 15.3b-7,' *Nov.Test* II, 1958, pp. 145f.다. 더 자세한 내용은 본서 §25.3과 주36을 보라.

나 많은 부분을 권위 있는 전승으로서 받았는가를 두고 논쟁이 있으며,[6] 바울 자신이 직접 모으고 덧붙인 전승이 얼마나 되는가를 놓고도 논쟁이 있다.[7] 그러나 어떤 경우든, 바울의 회심이 예수가 죽고 두세 해 안에 일어났다고 가정하면(본서 제6장 주16을 보라), 고린도전서 15:3-8은 원시 공동체의 초창기 모습을 들여다볼 수 있게 해 준다는 점에서 비길 데 없이 귀중한 증거인 셈이다. 더 중요한 점은, 어떤 경우든 **우리는 초창기 기독교 복음을 시작했고 그런 복음을 빚어낸 부활 후 현현에서 단지 한 단계 정도만 떨어져 있다는 것이다.**

우리가 바울에서 시작하는 두 번째 이유는 **바울만이 부활 후 현현을 직접 체험한 이가 직접 쓴 기사를 우리에게 제시하기** 때문이다. 복음서 마지막 장들의 바탕을 이루는 자료들이 아무리 오래됐다 할지라도, 그런 자료들이 목격자의 기록으로 이루어져 있는지는 확실히 알 수 없다. 우리가 그런 목격 증언에 직접 접근할 수 있는 경우는 바울뿐이다. '그리고 맨 마지막에는 … 그가 내게도 나타나셨다'(고전 15:8). 더욱이 고린도전서 15장뿐 아니라 바울이 회심 때에 했던 체험을 더 충실히 조명해 주는 암시와 언급이 더 있다. 그런 본문으로서 우리 연구와 관련이

---

6. 통설은 바울에게 전해진 이런 공식 같은 말이 5절에서 멈췄다는 것이다. 특히 Kümmel, *Kirchenbegriff* pp. 3-5; Jeremias, *Eucharistic Words* pp. 101ff.; K. Wegenast, *Der Verständnis der Tradition bei Paulus und in den Deuteropaulinen*, Neukirchen 1962, pp. 54f.; Conzelmann, *Der erste Brief an die Korinther*, KEK 1969, pp. 296-300을 보라.

7. U. Wilkens, 'Der Ursprung der Überlieferung der Erscheinungen des Auferstanden,' *Dogma und Denkstrukturen*, E. Schlink Festschrift, hrsg. W. Joest & W. Pannenberg, Göttingen 1963, pp. 73-81, 그리고 R. H. Fuller, *The Formation of the Resurrection Narrative*, SPCK 1972, PP. 11-30은 복수의 전승이 이 구절들 뒤편에 자리하고 있다고 주장한다: 3-4절에는 서로 다른 세 전승이 들어있으며, 5절 이하에서는 또 다른 세 전승이 네 번째 ὅτι 아래 함께 들어있다.

있는 곳이 갈라디아서 1:12, 15f., 고린도전서 9:1f., 15:8ff., 고린도후서 4:6이다(참고, 엡 3:2f., 빌 3:7).

18.2. **바울은 그의 회심 체험을 그 자신이 한 체험 가운데 유일무이한 것으로 여겼는가?** 바울 자신은 부활한 예수가 그에게 나타난 사건에서 무엇이 독특하다고 여겼는가? 부활한 예수가 바울에게 나타난 사건은 바울의 다른 영 체험과 달랐는가? 달랐다면, 어떻게 달랐는가?

얼핏 보면 이런 물음에 대한 대답은 간단해 보인다. 바울은 죽은 자 가운데서 살아난 예수를 보았다고 주장했다(고전 9:1—'내가 예수 우리 주를 보지 않았느냐?'). 이 부활 후 현현과 함께 이방인에게 나아갈 그의 사명도 다가왔다(갈 1:16—하나님이 '그 아들을 내 안에서 나타내시길 기뻐하셨으니, 이는 내가 그를 이방인 가운데서 설교하게 하려 함이었다'). 얼핏 보면 바울이 사도의 길을 걷게 된 체험의 독특한 특징은 예수가 눈으로 볼 수 있는 형체로 그에게 나타나 이방인 선교라는 사명을 그에게 부여했다는 것이다(참고, 행 26:13-18).

그러나 대답이 아주 그렇게 간단하지는 않다. 고린도전서 15:45과 별개로, 영 체험과 부활한 예수 체험이 아주 다르지는 않았다는 주장이 있지만, 우리가 더 깊이 고찰해 봐야 할 것이 둘 있다.

(a) 첫째, 바울서신 자체를 살펴보면 단순히 바울이 어떤 특별한 사례를 주장하고 있는 게 아닌가 하는 의심을 불러일으키는 단서를 넘어서는 것이 있다. 주의 깊은 독자라면 바울이 우리가 위에서 언급한 각 본문에서 자신의 사도직을 예수의 부활 후 현현과 직접 연계하고 있음을 알아차릴 것이다. 그뿐 아니라, 각 경우를 보면 예수의 부활 후 현현을 내세우는 주장이 자신에게 사도의 권위가 있다는 바울의 주장을 변

98-99

호하는 근거를 형성한다(갈 1:12, 고전 9:1—'내가 사도가 아니냐? 내가 주를 보지 않았느냐?', 고전 15:8f.—'맨 마지막에는', '제 달도 못 채우고 태어난', '사도 가운데 가장 작은', 고후 3:1ff.). 이 본문들은, 다른 본문들과 함께, 사도의 권위를 갖고 있다는 바울의 주장을 두고 널리 논쟁이 있었음을 시사한다(참고, 갈 1:1, 고후 11:5, 12:11f., 살전 2:3-6).[8] 따라서 사도의 권위를 내세우는 주장과 관련된 주장(부활한 예수가 자신에게 나타났다는 바울의 주장)을 두고도 논란이 있었을 가능성이 있다. 그래서 바울은 이렇게 열심히 특별한 호소를 하고 있는가?—자신이 사도로서 권위를 갖고 있다는 주장에 힘을 싣고자 덜 독특한 종교적 체험을 부활 후 현현으로 해석하고 있는 것일까?

이와 똑같은 질문을 하게 만드는 것이 바로 바울의 회심과 바울이 부름 받은 것을 상당히 다르게 묘사하는 갈라디아서 1:15f.과 고린도전서 15:8f.을 서로 어떻게 연계해야 하는가라는 오래된 문제다. 가령 W. 마륵센(Marxsen)은 바울이 애초에 그의 다메섹 도상 체험을 언급할 때에는 예수를 **보았다**는 말을 하지 않고 도리어 하나님이 그의 아들을 바울 자신에게 **나타내셨다**고 말하는 점을 지적한다(갈 1:15f.). 즉, 바울이 처음에 그의 체험에 관하여 묘사한 것은 자신이 어떤 사람을 보았다는 것이라기보다 어떤 진리가 계시됐다는 것이었다. 바울은 나중에 고린도전서에 가서야 비로소 이 계시를 누군가를 본 것이었다고 정의한다—이는 바울 자신이 고른 묘사를 필시 사람들이 이미 받아들인 부활 후 현현의 표현 방식에 동화시킨 조치였다. 그리하여 '하나님이 그 아들을 내 안에서 나타내셨다'는 '그가 내게도 나타나셨다'가 됐다.[9] 여기서 자연

8. 가령 G. Bornkamm, *Paul*, ET Hodder & Stoughton 1969, pp. 18ff., 64f., 75ff.을 보라.

9. Marxsen, *Resurrection* pp. 101-105.

스럽게 이런 질문이 등장한다: **바울이 그의 회심 체험을 부활 후 현현이라는 언어로 표현한 것은 오로지 변증 목적 때문이요 다른 것을 정당화하려는 목적은 없었는가?**

(b) 둘째, 누가는 원시 교회를 다룬 그의 기사에서 바울이 다메섹 도상 체험을 부활 후 현현으로 묘사한 것에 이의를 제기하는 것 같다. 누가는 '사도들'과 '열두 제자'를 동일시하면서, '예수 부활의 증인'뿐 아니라 예수의 사역 기간 내내 예수와 함께했던 이를 사도라 일컬은 정의를 인용한다(행 1:21-26). 누가는 같은 맥락에서 부활 후 현현 기간을 잘 정의한 40일의 기간에 국한하며 '승천'이라는 말로 명쾌하게 매듭짓는다(행 1:9ff.). 결국 바울이 다메섹 밖에서 한 체험은 간단히 '환상'이라고 규정할 수 있다(ὀπτασία—행 26:19)—이 환상은 아마도 바울 자신이 고린도후서 12:1에서 이야기하고 누가가 사도행전의 다른 곳(18:9, 22:17, 23:11; 참고, *Clem. Hom.* XVII.19)에서 묘사하는 환상과 비슷할 것이다. 어쩌면 바울은 완전한 의미의 사도 반열에 들지 못할지도 모르며, 다만 '사절'이나 '선교사'라는 약한 의미에서만 사도라 부를 수 있을지 모른다(행 14:4, 14)—이런 용법은 바울도 익히 아는 용법이다(고후 8:23, 빌 2:25).[10] 이슈는 분명하다: 바울의 회심 체험은 부활 후 현현이었는가? 그 체험은 그가 그 뒤에 한 영 체험이나 다른 황홀경 체험과 구별되는 독특한 체험이었는가?

---

10. 가령 M. Goguel, *The Primitive Church*, ET Allen & Unwin 1964, pp. 98-115; Conzelmann, *Theology of Luke* p. 216 주1; E. Haenchen, *The Acts of the Apostles*, KEK, ET Blackwell 1971, pp. 114f.; Goppelt, *Apostolic Times* p. 181; M. M. Bourke, 'Reflections on Church Order in the New Testament,' *CBQ* 30, 1968, pp. 496ff.; C. K. Barrett, *New Testament Essays*, SPCK 1972, pp. 78-82; Fuller, *Resurrection* pp. 45f.을 보라.

J. 린드블롬(Lindblom)은 근래에 내놓은 연구서에서 이 질문을 더 예리하게 제시했다. 그는 바울의 회심에 관한 사도행전의 기사가 '황홀경에 빠져서 본 환상'의 인증 표지를 모두 갖고 있다고 지적한다—빛과 소리 현상, 뒤따르는 쇼크 상태, 그리고 급작스럽고 예측할 수 없는 사건의 특성. 바울이 회심 때 본 환상의 특성은 바울이 체험했던 다른 그리스도에 대한 환상(행 22:17f., 그리고 26:16도 암시한다)을 포함하여 사도행전이 언급하는 다른 환상들(특히 7:55f., 10:9ff.)과 같다. 바울이 그의 체험을 계시라는 말(갈 1:12, 16)과 봄이라는 말(고전 9:1, 15:8, 고후 4:6)로 묘사한 것도 이런 이해와 일치한다. 린드블롬은 바울의 회심 체험과 고린도후서 5:13 및 12:1이 제시하는 황홀경 체험의 유일한 차이로서 전자는 확실성(증명력[*Beweiskraft*])을 갖고 있는 반면, 후자는 (예수 그리고 바울 자신이 받은 사명과 관련하여) 다메섹 체험과 동일한 확신과 보증을 담고 있지 않다고 주장한다.

> 다메섹 현현의 의미는 그것이 바울 사도의 삶에서 처음이요 그 삶의 근간이 됐다는 사실에 있다. 그 사건이 고린도 독자들에게 가지는 증명력도 그 의미 안에 있었다.[11]

바울의 회심 체험은 그가 그 뒤에 체험한 '환상 및 계시'와 다른 독

11. Lindblom, *Gesichte* pp. 41-58, 105-111(인용문은 p. 111 주45에서 가져옴). 고후 12:1-10은 바울이 자신의 다메섹 도상 체험을 서술한 것일 개연성이 거의 없다(참고, Weinel, *Theologie* pp. 193, 332; E. Benz, *Paulus als Visionär*, Wiesbaden 1952, pp. 31f.). 이렇게 동일시하면 갈 2:1의 '십사 년'과 고후 12:2의 '십사 년'을 서로 연계하기가 사실상 불가능할 것이다. 고전 9:1f.과 고후 12:1ff.은 사뭇 다른 태도를 반영하고 있는데, 이런 태도 차이는 이 둘이 서로 다른 사건을 언급하고 있다고 설명할 때만 완전한 설명이 가능할 것이다.

특한 것이었는가(고후 12:1)**? 그것을 '부활 후 현현'으로 묘사해야 하는가?** 이런 질문을 피하기는 불가능하다. 신약성경 자체가 이런 질문을 제시하기 때문이다.

18.3. **바울의 회심 체험이 바울 자신에게 의미했던 독특함**. 어느 정도 확실하게 증명할 수 있는 첫 번째 사실은 **바울 자신이 그의 회심 체험과 뒤따르는 영적 체험을 분명하게 구분한다**는 것이다. 옳든 그르든, 타당하든 타당하지 않든, 바울은 예수가 바울 자신에게 나타난 일이 그 자신의 체험에서 유일무이한 일이었다는 견해를 명확하게 갖고 있다.

(a) 고린도전서 15:8—'맨 마지막에는.' 바울이 여기서 자신이 회심할 때 부활한 예수를 체험한 사건을 그보다 앞선 증인들이 했던 체험과 같은 반열에 놓고 있음은 다툴 여지가 전혀 없다.

> 그가 게바에게 나타나셨다가, **그 뒤에는** 열두 제자에게,
> **그 뒤에는** 단번에 500명이 넘는 형제에게 나타나셨으니 …
> **그 뒤에는** 야고보에게 나타나셨고, **그 뒤에는** 모든 사도에게,
> **맨 마지막에는** … 그가 내게도 나타나셨다.

바울은 분명 그가 한 체험을 그리스도인의 선포의 기초이자 내용을 형성하는 부활 후 현현 가운데 하나로 여긴다. 나아가 더 중요한 점은 그가 그 자신의 체험을 이런 부활 후 현현 가운데 **마지막** 현현으로 여긴다는 점이다. 바울이 아는 것은 그 이후 자신에게나 다른 이들에게 부활 후 현현이 더 일어나지 않았다는 것이다. 그가 체험한 부활 후 현현이

100-101

마지막 현현이었다. 그런 점에서 그는 사도 가운데 마지막이다.[12] εἶτα, ἔπειτα, ἔπειτα, εἶτα('그 뒤에는', '그 뒤에는')라는 순서는 시간 순서를 의미하지 않고 단지 단순한 결합에 불과하다고 주장하는 이들은 때로 방금 전에 말한 점을 약화시킨다.[13] 그러나 바울이 그의 정보를 인용한 자료가 무엇이든, εἶτα, ἔπειτα, ἔπειτα, εἶτα라는 순서는 바울이 그가 받은 전승을 시간 순서대로 제시하려 한 것이라고 설명하는 것이 분명 가장 좋다—특히 시간을 분명하게 구분하여 언급한 말들이 이 순서 자체의 틀을 형성하고 있는 점만 봐도 그렇게 설명하는 것이 가장 좋다(4절—'셋째 날', 8절—'맨 마지막에는').[14] 고린도전서 15:5-8에 있는 목록의 첫 부분이 과연 시간 순서를 따른 것인지는 더 질문해 봐야 하지만, 그래도 바울이 8절에서 '맨 마지막에는'이라는 말로 부활 후 현현 목록을 확실하게 마무리하고 있다는 점만은 다툴 여지가 없다.[15]

---

12. Roloff, *Apostolat* p. 55; Schmithals, *Apostle* pp. 60, 75-79. 7b절의 πᾶσιν은 당연하게도 바울이 자신을 사도들의 반열에서 제외했음을 암시하지 않는다. '모든 사도'는 바울 자신이 고른 말이 아니며, 따라서 바울이 여기서 인용하는 전승에 속하는 말임이 틀림없다(Kümmel, *Kirchenbegriff* pp. 6f.).
13. 가령 W. Michaelis, *Die Erscheinnungen des Auferstanden*, Basel 1944, pp. 23ff.; E. Bammel, 'Herkunft und Funktion der Traditions-elemente in I Kor. 15.1-11,' *TZ* 11, 1955, p. 414; H. W. Bartsch, 'Die Argumentation des Paulus in I Kor. 15.3-11,' *ZNW* 55, 1964, p. 264 주10을 보라. 이런 논지는 Harnack이 처음 제시했던 견해, 즉 바울이 서로 다른 (그리고 서로 충돌하는) 부활 후 현현 목록을 통합했다고 본 견해를 따라 주장하는 것이 가장 좋을 수 있다; U. Wilckens, Die *Missionsreden der Apostelgeschichte*, Neukirchen 1963, p. 75 주1과 거기서 인용하는 자료들을 보라.
14. Kümmel, *Kirchenbegriff* p. 45 주12; H. Lietzmann-W. G. Kümmel, *An die Korinther*, HNT 1949, pp. 77, 191; H. von Campenhausen, 'The Events of Easter and the Empty Tomb,' *Tradition and Life in the Church*, ET Collins 1968, p. 45; H. Grass, *Ostergeschehen und Osterberichte*, Göttingen ^{2}1962, pp. 96f.; Schmithals, *Apostle* p. 73; Fuller, *Resurrection* pp. 42f.
15. Roloff, *Apostolat* p. 49; Conzelmann, *I Kor*. pp. 304f.

(b) 고린도전서 15:8—ἔκτρωμα('조산', '미숙아', '사산아'). 이 단어의 의미를 둘러싼 논쟁이 오랫동안 이어지고 있다.[16] (i) 어떤 이는 글의 맥락에 비춰 이 말이 출산 예정 시기를 넘긴 만산(晩産)을 의미한다고 생각할 것이다. 즉, 예수의 죽음 전에는 예수를 몰랐던 바울이 이제는 사도의 무리에 속해 있다—뒤늦게 예수를 알았지만 그래도 이제 그는 사도다.[17] 그러나 ἔκτρωμα가 시간과 관련된 의미를 갖고 있다면, 때늦음보다 **때이름**을—조산(早産)을—의미한다.[18] (ii) 또 하나, 유서 깊은 설명은 ἔκτρωμα가 바울의 회심이 지닌 급작스러움과 폭력성을 가리킨다고 말한다—마치 셰익스피어의 『맥베스』에서 맥더프(Macduff)가 '태어날 때에도 아닌데 엄마 자궁을 찢고 밖으로 나옴'과 같다는 것이다.[19] 그러나 ἔκτρωμα는 조산의 **결과**를 가리키지 조산이 일어나는 모습을 가리키는 말이 아니다. J. 뭉크(Munck)가 논증했듯이, 이 말은 대체로 제 달수를 못 채우고 태어난 아기를 가리키며, 꼭 그렇지는 않지만 보통 사산아를 가리킨다.[20] (iii) 또 하나 오래된 견해는 이 말을 바울이 사도직에 합당하지 않은 이임을 강조할 목적으로 사용한 것으로 본다. 더욱이 대중 가운데에는 조산을 기형과 연계하는 경향이 널리 퍼져 있는데, 이런 경향은 이 단어가 의도하는 의미가 '변종/기형'이나 '기괴함'이었음을 시사하며—

16. T. C. Edwards, *The First Epistle to the Corinthians*, Hodder & Stoughton 1885, pp. 298f.을 보라.
17. 참고, von Campenhausen, 'Empty Tomb' p. 54 주50. 아울러 J. Blank, *Paulus und Jesus*, München 1968, pp. 187ff.을 참고하라.
18. 예를 들어 J. Schneider, *TDNT* II p. 466; J. Héring, *The First Epistle of Saint Paul to the Corinthians*, ET Epworth 1962, p. 162을 보라.
19. 예를 들어 A. Robertson & A. Plummer, *I Corinthians*, ICC ^{2}1914, p. 339; Schneider. *TDNT* II p. 466; Héring, *I Cor.* p. 162.
20. J. Munck, 'Paulus Tanquam Abortivus (I Cor. 15.8),' *New Testament Essays in Memory of T. W. Manson*, Manchester 1959, pp. 182-187.

어쩌면 이 말은 바울을 반대하던 이들이 악용한 것("'기괴함'의 끝판")을 바울이 가져다 쓴 것인지도 모른다—그리고 어쩌면 심지어 바울의 신체 외모를 가리키는 말일지도 모른다.[21] 이는 아주 그럴듯한 설명이지만 시간이라는 요소를 거의 완전히 무시한 처사다—고린도전서 15:3-8의 맥락에서는 시간이라는 요소가 결코 하찮은 요소가 아니다.[22] (iv) 또 다른 가능성은 이 시간이라는 요소를 유지하면서도 바울이 다메섹 체험 전에 유대인으로서 보냈던 과거와 연계하여 해석하는 것이다. 이 견해는 여기서 쓴 ἔκτρωμα가 아직 형체를 갖추지 못한 태아, '수정란 상태에 있어서 더 형체를 갖추어야 할 것'을 의미한다고 본다. 그렇게 볼 경우, 이는 바울이 그리스도를 만나기 전 자신의 상태—율법에 따른 형체는 갖추었으나 그리스도에 따른 형체는 아직 형성하지 못한 상태—를 돌아보면서 그때 자신의 태도를 표현한 말이라고 볼 수 있다.[23] 그러나 ἔκτρωμα는, 뭉크 자신이 보여주었듯이, 태어나지 않은 태아만을 가리키는 게 아니라 조산에 따른 결과도 가리킨다. 따라서 고린도전서 15장의 맥락을 고려할 때, 이 말은 바울이 그리스도와의 만남**의 결과로서** 갖게 된 상태를 가리키는 게 틀림없다. (v) 이 말의 가장 적절한 의미는 시간이라는 요소를 유지하되, 그가 유대인 가운데 마지막이 아니라 사도 가운데 마지막이라는 바울의 주장을 참고해야 얻을 수 있을 것 같다. 그리스어 본문이 보여주듯이, ἔκτρωμα는 우선 '맨 마지막에는 … 그가 내

---

21. G. Björck, 'Nochmals Paulus Abortivus,' *Coniectanea Neotestamentica* III, 1938, pp. 3-8; Kümmel in Lietzmann-Kümmel, *Kor.* p. 192; T. Boman, 'Paulus abortivus (I Kor. 15.8),' *StTh* 18, 1964, p. 50; C. K. Barrett, *The First Epistle to the Corinthians*, A. & C. Black 1968, p. 344; F. F. Bruce, *I & II Corinthians*, Oliphants 1971, p. 142; Fuller, *Resurrection* p. 43.
22. Barrett, *I Cor.* p. 344.
23. Munck, 'Paulus' pp. 190f.

게도 나타나셨다'와 연결되어 있지, 바울이 '교회를 핍박한 이야기'와 연결되어 있지 않다.[24] 이런 식으로 이해하면, 자신도 '예수의 부활을 목격한 증인'이라는 바울의 주장은 '미숙아'라는 조롱을 정당화해 준다. 그건 바로 그가 회심하고 소명을 받은 것이 때늦은 출생이 아니라 **때 이른** 출생이기 때문이다. 그는 마땅히 거쳐야 할 잉태 기간을 거치며 점차 성장하여 그리스도인이 되지 않았다. 그가 예수를 믿게 된 것은 뜻밖의 때 이른 출산이었으며, 그때 그는 아직 예수를 믿을 준비도 되어 있지 않았다.[25] 이 은유가 우리에게 의미가 있음은, 그리고 바울이 이런 은유를 받아들인 이유는 그가 때 이른 출산을 겪지 않았으면 그가 아무리 마지막으로 부활 후 현현을 체험했다 할지라도 그리스도를 믿는 것 자체가 아주 늦어졌겠기 때문이다.[26] 우리 생각이 옳다면 여기서 암시하는 의미는 분명하다. 즉, 부활 후 현현은 제한된 기간에만 일어났고 그 기간이 지난 뒤에는 그쳤으며, 부활 후 현현을 체험한 이들만이 자신도 사도라는 바울의 주장이 정당함을 증명할 수 있었다. 바울 자신도 이를 인정하며 강조한다. 바울은 부활 후 현현을 체험하는 특혜를 받았으며 그러기에 사도로 여김을 받을 수 있었다. 이는 오로지 그가 미처 준비가 되지 않았는데도 그리스도를 믿는 이로 태어나는 일이 자연의 이치를 거슬러 다급히 이뤄졌기 때문이다. '**모든** 사도'는 이미 예수를 보았고 예수에게 사명을 받았다(고전 15:7). **바울이 사도 무리가 다 차기 전에 사**

24. Fuller, *Resurrection* p. 43에 반대한다.

25. Kümmel in Lietzmann-Kümmel, *Kor.*: "태어난 자식이 다른 아들들에 비해 미숙함"(p. 78). 추측건대 '아라비아'에서 보내는 시간이 필요했던 것도 그 때문이었을 것이다(갈 1:17)—우리가 아는 한 초창기 제자와 사도 가운데에는 이와 비슷한 사례가 없는 일종의 재적응(?) 시기였다.

26. 참고, Barrett, I *Cor.* p. 344.

도 무리에 합류할 수 있었던 것은 오로지 그의 때 이른 출생 덕분이었다.[27]

물론 바울이 이 단어를 별 신경 쓰지 않고 부정확하게 사용했을 수도 있다. 그럴 경우에는 위의 (ii)나 (iii)이 의도한 의미일 것이다. 그러나 그가 ἔκτρωμα를 올바른 의미로 사용했다면, 이는 바울이 그의 다메섹 체험을 그가 한 체험 가운데 유일무이하고 독특한 체험으로 보았다는 견해에 힘을 실어주는 것이다. 바울이 그가 부활한 예수의 사도라는 자신의 주장을 정당화했다는 것 자체가 틀림없이 유일무이한 일이었다.

(c) 고린도전서 15:9—'사도 가운데 가장 작은 자.' 이것도 그가 '모든' 사도 가운데 '마지막'이라는 바울의 의식에서 나온 말 같다. 그의 양심은 핍박을 일삼았던 그의 과거를 찔렀다. 이런 찌름 때문에 그는 이하의 괄호 안에 든 말로 자신을 훨씬 낮춰 평가하기에 이르렀다("사도라 불리기에 적합하지 않으니, 이는 내가 하나님의 교회를 핍박했기 때문이다"). 그러나 자신을 사도 무리 가운데 지극히 낮은 자리까지 낮춘 이런 겸손이 앞서 제시한 생각을—그가 너무 늦기 전에 사도의 자리를 겨우 갖게 됐다는 생각을—북돋웠는지도 모른다. 그가 사도 가운데 가장 작은 자인 이유는 그가 맨 마지막에 사도 무리에 합류했기 때문이요, 그것도 그가 미처 준비되지도 않았고 사도의 모습을 갖추지도 못했는데 사도들의 수에 강제로 편입됐기 때문이다. 여기에서도 바울의 이런 말은 그 자신이 아는 한 그가 회심했을 때부터 그가 고린도 서신을 쓸 때까지—약 20년

27. 이것이 바로 바울이 고린도전서를 썼을 때 부활 후 현현과 사도직에 관하여 갖고 있던 이해다. **바울이 회심했을 때** 사람들이 부활 후 현현이 끝났다거나 사도 무리만이 하는 체험이라 생각했을 가능성은 거의 없다. 사람들이 그리 생각했다면 **바울의** 주장은 받아들여지지 않았을 것이다. Wilckens, 'Ursprung' pp. 64f.는 반대 견해다. 더 자세한 것은 본서 §19.2와 제6장의 주35, 36을 보라.

102-103

동안—다른 어떤 부활 후 현현도 일어나지 않았음을 시사한다. 결국 '사도 가운데 마지막이요 가장 작은 자'라는 칭호를 주장할 이가 바울 외에 달리 있을 수 없었다.

(d) 고린도전서 9:1—ἑώρακα('내가 보았다'). 여기서의 시제는 분명 일부러 고른 것이다. 완료 시제는 과거에 일어났으나 그 영향이 여전히 미치고 있는 사건을 나타낸다—이 사건은 바울이 사도로서 존재하게 해 주었고 바울이 사도라는 근거를 제공해 주었다.[28] 바울은 그의 사도직을 부활한 예수를 매번 새롭게 체험함으로써 재확인받는 것으로 생각하지 않았다. **그의 첫 체험이 그가 남은 생애 동안 감당해야 했던 사도직을 결정했다**. 다시 말해 그의 첫 체험은 뭔가 독특했으며, 이후에 그가 한 다른 모든 체험과 달랐다.

(e) 아울러, 몇몇 사람이 제시했듯이, 바울 자신이 그의 다메섹 체험을 묘사할 때 일부러 '환상'이라는 단어를 쓰지 않으려 했을 수도 있다—이를 통해 그가 고린도후서 12:1ff.에서 언급하는 황홀경 체험 같은 것과 다메섹 체험을 신중하게 분리하려 한 것 같다.[29] 그는 두 체험을 모두 '계시'라 묘사한다(갈 1:12, 16, 고후 12:1). 그럼에도 우리가 바울과 고린도의 바울 반대자들이 다툼을 벌였던 문제—즉 부활이 몸을 가진 부활이냐 아니면 몸이 없는 부활이냐라는 문제(고전 15:12—아래 주43을 보라)—를 되새겨보면, 방금 전에 말한 내용이 설득력을 얻는다. 바울을 반대하던 이들은 몸을 가진 부활을 부정했다. 따라서 그들의 그리스도 체험은 영적 그리스도 생명을 주는 영인 그리스도를 체험한 것이었다. 바울은 몸을 가진 부활을 주장한다. 이 때문에 그는 하늘에서 부활한 주가 (영적

28. Roloff, *Apostolat* p. 55.

29. 가령 Fuller, *Resurrection* p. 32을 보라.

몸을 갖고) 나타난 것을 내면에서 영이 일으킨 '환상과 계시' 그리고 체험(영이 내면에서 일으키는 이런 것은 그가 익히 아는 것이었다)과 분명하게 구분지어 말한다.[30]

따라서 바울은 분명 그의 회심 체험과 이후에 겪은 영적 체험들을 확실하게 구분했다. **그의 다메섹 도상 체험은 단순히 같은 종류의 여러 체험 가운데 첫 번째 체험이 아니었다. 바울은 그것을 앞서 여러 번 있었던 유일무이한 특징을 지닌 체험(곧 부활 후 현현 체험) 가운데 마지막 체험으로 보았다.**

§19. 바울의 회심 체험이 지닌 독특함—예수의 나타남

바울의 회심 체험이 지닌 독특함은 어디에 있었는가? 이 물음의 답 가운데 일부는 틀림없이 **봄**(*seeing*)과 **보인 것/나타난 것**(*what was seen*)이라는 요소에 들어있다. 이는 '내가 예수 우리 주를 **보지** 않았느냐?'고 말하는 고린도전서 9:1에서 분명하게 나타나고, 고린도전서 15:8의 ὤφθη('그가 내게도 **나타나셨다**')에서도 은연중에 나타난다. 그러나 이 본문들은 또 다른 질문들을 낳을 뿐이다: 보았다면 어떤 식으로 보았다는 말인가? 바울이 실제로 본 것은 무엇이었는가? 즉 바울은 **어떻게** 보았으며 **무엇을** 보았는가라는 문제가 등장한다. 이 두 질문의 대답은 분명치 않다.

---

30. 참고, M. Goguel, *The Birth of Christianity*, ET Allen & Unwin 1953, p. 80; Wegenast, *Tradition* pp. 62f. 아울러 본서 §47.3과 §54.2을 보라.

19.1. **어떤 종류의 '봄'이었는가?** 당장 문제는 여기서 쓴 동사 '보다'가 상당히 광범위한 의미를 갖고 있다는 것이다.[31]

(a) 한편으로 보면, 이 '보다'는 **정신을 통한 인식**(*mental perception*)을 의미할 수 있다. 말하자면, 논리나 직관(또는 계시)을 통해 어떤 진리나 통찰을 정신 차원에서 이해하는 것을 의미한다. (b) 다른 한편으로 보면, 이 말은 **시각을 통한 인식**(*physical perception*)을 의미할 수 있다. 즉, 몸의 눈으로 시공간 속에서 3차원의 형태를 가진 어떤 객체를 어떤 주체가 봄을 의미할 수 있다. (c) 스펙트럼의 이 두 극단 사이에(또는 너머에) **환상을 통한 인식**(*visionary perception*)이 있다. 환상을 통한 인식의 경우에는 실제로 무언가를 보지만, 이렇게 환상으로 본 것의 지위(실체)는 논쟁거리다. 이 봄은, 꿈처럼, 정신 안에서, 철저히 내면에서 일어나는가? 이 봄은, 환상의 몇몇 형태처럼, 정신(마음)에 떠오른 이미지들을 투영한 것인가? 아니면 어떤 이유로 다른 이들은 볼 수 없지만 환상을 보는 이만은 볼 수 있는 외부의 어떤 실체가 존재하는가?

(a) **정신을 통한 인식**. 우리가 이미 언급했듯이, W. 마륵센은 갈라디아서 1:16의 ἀποκαλύπτειν('계시하다') 용례를 유추하여 바울이 그의 회심 체험을 이야기할 때 어떤 사람을 보는 것보다 어떤 진리가 자신에게 드러남을 생각하고 있다고 주장한다—즉 시각을 통한 인식이 아니라 정신을 통한 인식이라 본다.

그보다 앞서 W. 미하엘리스(Michaelis)는 부활 후 현현을 다룬 그의 연구에서, 그리고 그가 ὁράω('보다')에 관하여 키텔 신학 사전(Kittel

31. 참고, 중세 신학자들은 이 세 가지 계시 유형을 이렇게 구분했다—몸과 관련된 계시(corporeal), 심상/상상과 관련된 계시(imaginative), 지성과 관련된 계시(intellectual); Lindblom, *Prophecy*, p. 36.

Wörterbuch)에 기고한 글에서, ὁράω는 결코 봄이라는 행태를 말하는 게 아님을 과감하게 주장하려 했다. 그의 견해에 따르면, ὀφθῆναι('보이다')는 감각을 통한 인식이 아니라 **계시의 현존**을 의미한다. 이 말은 그 체험이 **시각과 관련된** 특질을 지니고 있음을 표현하지 않는다.

> ὤφθη를 부활 후 현현을 가리키는 전문 용어로 사용할 경우, 그 봄이 감각을 통한 인식이나 정신을 통한 인식임을 우선적으로 강조하는 게 아니다. … ὤφθη Κηφᾷ 등은 그들이 그의 임재를 체험했음을 … 의미한다. 이 임재는 시각을 통해 본 실재가 아니다.[32]

하지만 미하엘리스와 마륵센의 주장과 반대로, 우리 앞에 있는 본문에서는 ὀφθῆναι가 **시각을 통한 인식** 외에 다른 어떤 의미도 가질 수 없음을 강조할 수밖에 없다. ὀφθῆναι는 성경 그리스어에서 언제나 눈으로 무언가를 봄을 의미한다.[33] 이는 또 물리적 대상, 신현(theophanies), 환상과 꿈을 봄에도 적용된다—실제로 보는 사람이 본다.[34] 물론 이것은 바울이 체험한 부활 후 현현이 계시의 성격을 갖고 있음을 부인하는 게 아니며, 다만 바울이 고린도전서 9:1에서처럼 고린도전서 15:8에서도

---

32. Michaelis, *Erscheinungen* pp. 104-109, 117-121; *TDNT* V pp. 326f., 356-361(인용문은 pp. 358f.에서 가져온 것).
33. K. H. Rengstorf, *Die Auferstehung Jesu*, Witten/Ruhr [4]1960, pp. 56ff., 117-127; Lindblom, *Geschichte* pp. 86-89.
34. 가령 신현(하나님의 나타남)—창 16:13, 출 3:2, 16:10, 24:11, 레 9:6, 23, 16:2, 민 14:10, 삿 6:12, 시 102:16, 사 60:2; 꿈—창 26:24, 왕상 3:5, 대하 1:7, 7:12. 신약성경: 몸으로 나타남—행 7:26; 변형—막 9:4과 평행 본문들; 천사—눅 1:11, 행 7:30, 35; 꿈—행 16:9; 환상—계 11:19, 12:1, 3.

정말 뭔가를 보았다고 주장한다는 것을 강조할 뿐이다.[35]

(b) **시각을 통한 인식**. 바울이 말하는 ὀφθῆναι는 어떤 형체를 인식함이라는 범주에 속하는가, 아니면 시각을 통한 인식의 범주에 속하는가? K. H. 렝스토르프(Rengstorf)는 ὤφθη를 정신을 통한 인식으로 보는 미하엘리스의 해석을 거부할 뿐 아니라, 슈트라우스의 '주관적 환상' 이론은 물론이요 근래에 H. 그라스(Grass)가 주장한 '객관적 환상' 이론을 포함한 환상 가설을 모두 거부한다. 렝스토르프는 실제로 이렇게 주장한다.

> 우리는 고린도전서 15:5ff.의 ὤφθη에서(참고, 행 13:31, 9:17, 26:16) 기독교가 여전히 초기 팔레스타인 공동체라는 땅 위에 자리하고 있을 때 예수 부활 사건에서 그 객관성을 벗겨내고 그 사건을 하나님이 한 일(*Sache*)에서 제자들이 벌인 일로 바꿔놓으려는 시도에 맞서 펼친 최초의 저항을 목격한다.[36]

---

35. J. Weiss, *Earliest Christianity*, ET 1937, Harper 1959: "그가 말하려는 것이 '나는 실제로 그리고 정말로 그를 보았다'는 것임은 의심할 여지가 전혀 없다. 아울러 그가 '나는 그를 높이 올림을 받아 하늘에 계신 주, 하늘 영광의 광채 가운데 있는 주로서 뵈었다'라는 말을 하려 한다는 것도 의심할 여지가 전혀 없다(고후 4:6)"(p. 26); 참고, Fuller, *Resurrection* pp. 30-34. Michaelis는 부당하게도 고전 9:1을 무시한다: 이는 봄의 종류에 관하여 아무런 정보도 제공하지 않으며, 단지 부활한 이의 '계시 임재'(자신을 드러내는 임재) 때 그 이를 만난 일을 나타낼 뿐이다(*Erscheinungen* pp. 100ff., 108). 마찬가지로 그가 천사 현현을 다룬 내용도 설득력이 없다(pp. 111f., 116f.). Marxsen의 경우: 단지 갈 1장이 고전 15장보다 먼저 기록됐다는 이유를 내세워 바울이 갈 1장에서 자신이 선택한 언어를 더 자유롭게 사용하고 있다고 추정한다면 잘못일 것이다; **두** 경우에 바울이 사용한 언어는 전승이나 바울과 대립한 반대자들을 통해 이미 결정되어 있었을 수도 있다(참고, K. Kertelge, 'Apokalypsis Jesou Christou(Gal. 1.12),' *Neues Testament und Kirche*, Schnackenburg Festschrift, pp. 275f., 279f.). 중요한 점은 바울이 그의 회심 체험을 설명하는 말로 계시**와** 현현 언어를 모두 사용하길 전혀 어려워하지 않았다는 것이다.
36. Rengstorf, *Auferstehung* pp. 58-62(인용문은 p. 58에서 가져옴).

확실히 복음서, 그중에서도 특히 누가복음에 나오는 부활 후 현현 대다수는 부활 후 현현이 명확히 어떤 형체를 인식했던 사건이라는 인상을 전달하려 하는 것으로 보인다(본서 §21.1을 보라). 아울러 바울이 고린도전서 15:5-8에서 **모든** 부활 후 현현을 같은 단어(ὤφθη)로 묘사함으로써 바울 자신의 부활 후 현현 체험도 복음서가 이야기하는 부활 후 현현과 같은 객관성을 지닌 사건임을 제시하려 한다고 주장할 수도 있을 것이다.[37] 하지만 바울의 경우에는 그 체험의 주관성을 부인하기가 어려울 것이다.

우선 바울은 그의 회심을 적어도 어느 정도는 내면의 체험으로 묘사한다. '하나님이 그 아들을 내 안에서(ἐν ἐμοί) 계시하기로 하셨다'는 갈라디아서 1:16이 그 예다. ἐν ἐμοί는 단순히 여격—'내게'—을 나타내는 말일 수 있으며, 사람들도 자주 그렇게 받아들인다.[38] 그러나 바울은 여격을 ἀποκαλύπτειν과 함께 사용하길 원할 때 그렇게 한다. 실제로 이것은 그가 으레 사용하는 어법이다(고전 2:10, 14:30, 엡 3:5, 빌 3:15). 그렇다면 아마도 ἐν ἐμοί는 일부러 골라 쓴 말일 것이다. 그가 그리한 것은 분명 그 만남의 순간에 받은 계시의 주관성을 강조하고 그 계시가 그의 내면

37. 참고, Rengstorf, *Auferstehung* pp. 85f.; "바울이 같은 언어를 사용한다면 … 그것은 그들의 체험도 그의 체험처럼 '환상' 체험이었음을 시사하는 게 아니라 그의 체험도 그들의 체험처럼 객관적 체험임을 시사하는 것이다'(p. 142); D. P. Fuller, *Easter Faith and History*, Tyndale 1968은 바울이 부활한 몸은 곧 '영적 몸'이라는 개념을 '예수가 부활 후에 사도들에게 나타났던 것을 그에게 알려준 전승에서' 얻었다고 주장한다(p. 171).

38. Blass-Debrunner-Funk §220.1; Arndt-Gingrich, *ἐν* IV.4; RSV; NEB—'to me and through me.'

생활에 미친 영향을 강조하기 위함이다.[39] 분명 바울은 여기서 그의 회심 체험 자체가 갖고 있는 환상이라는 측면을 이야기하지 않는다—ἀποκάλυψις(갈 1:12)는 '환상'을 뜻하지 않는다.[40] (그러나 고후 4:6은 필시 우리에게 그런 구분을 너무 강조하지 말라고 경고하는 것 같다.) 그러나 바울은 **지금** 그의 회심 체험을 묘사한다. 아울러 그는 그 회심 체험을 자신의 주관적 체험으로 묘사한다. 이런 점에서는 마륵센의 말이 옳다. 즉, 우리는 바울의 회심 때 있었던 ὤφθη를 정신을 통한 인식으로 축소할 수 있음을 부인하면서도 정신을 통한 주관적 인식이 그 체험의 본질이었음을 부인하지 말아야 한다.

나아가 사도행전의 바울 회심 기사는 환상을 본 주관적 체험으로 이해할 수밖에 없다. 특히 (바울 자신이!) 이 체험을 '하늘에서 온 환상'으로 묘사할 뿐 아니라(행 26:19), 그와 함께 가던 일행은 모두 '하늘에서 온 큰 빛'을 보았다고 말하는 반면(행 22:6, 9), 오직 바울만 눈이 멀고 하늘에서 온 음성을 들었다(22:9-11). 즉, 바울만이 어떤 인격체를 만나는 체험을 했으며(참고, 9:7), 바울만이 그가 그리스도의 현현이라 본 것을 이해했다. 판넨베르크(Pannenberg)가 언급하듯이, '이런 종류의 사건은 환상이라 부를 수밖에 없다. 만일 어떤 사람이 그와 함께 있는 다른 이들은 못 보는 것을 본다면, 그것은 환상과 관련이 있다.'[41] 물론 사도행전이 제

---

39. 참고, H. Lietzmann, *Galaterbrief*, HNT 1910, [4]1971, p. 8; E. D. Burton, *Galatians*, ICC 1921, pp. 50f.; G. S. Duncan, *The Epistle to the Galatians*, Moffatt 1934, pp. 27f.; H. Schlier, *Der Brief an die Galater*, KEK 1949, [4]1965, p. 55; A. Wikenhauser, *Pauline Mysticism*, ET Herder/Nelson 1960, pp. 135f.
40. D. Lührmann, *Das Offenbarungsverständnis bei Paulus und in paulinischen Gemeinden*, Neukirchen 1965, pp. 40f., 73ff.; 참고, Michaelis, *Erscheinungen* pp. 114ff.
41. Pannenberg, *Jesus* p. 93은 Grass, p. 229의 강조점을 원용한다; 아울러 Lindblom,

시하는 바울 회심 기사의 이런 독특한 특징은 누가의 편집 때문일지도 모른다(본서 §18.2을 보라). 그러나 고린도후서 4:6은 누가가 사실은 이 지점에서 훌륭한 전승을 인용하고 있음을 시사한다. 이 구절은 십중팔구 바울의 회심을 암시하는 게 확실하며,[42] 바울의 회심을 하늘에서 온 빛과 관련지어 묘사한다(= '하나님의 영광'—고후 3:18, 4:4, 6). 여기에서도 체험의 주관성을 강조한다. '하나님이 그의 빛을 **우리 안에서**(ἐν ταῖς καρδίαις ἡμῶν) 빛나게, 계시의 빛이 비치게 하셨기 때문이다—이 계시는 하나님의 영광을 예수 그리스도의 얼굴에서 드러낸 계시였다'(NEB).

따라서 바울이 체험한 부활 후 현현의 주관성을 부인하기는 불가능한 것 같다. 그가 다메섹으로 가는 길에 예수를 본 것을 어떤 형체를 인식함(물리적 인식)으로 묘사할 수는 없다.

(c) 이제 우리에겐 세 번째 대안이 남았다. **환상을 통한 인식**이 그것이다. 바울이 무언가를 보았다는 것은 의심할 여지가 거의 없다. 그렇다면 그 봄은 내면에서 이뤄진 봄, '오로지 정신 안에서 이뤄진 봄'이었는가, 아니면 그의 외부에 무언가가 있었고 그 무언가를 본 것이었는가? 위에서 언급했지만, 여기서 문제는 바울이 보았다는 것의 지위다.

바울은 실제로 무엇을 보았는가? 바울이 우리에게 허용한 유일한 대답은 '예수'다. 우리가 말할 수 있는 대답은 거기까지다. 바울이 어디에서도 자신이 본 것을 묘사하지 않을 뿐더러, 더 묘사하려고 하지도 않

Gesichte(위 주11을 보라)를 보라.

42. 대다수의 주석가가 그렇다; 가령 A. Plummer, *II Corinthians*, ICC 1915, p. 121; M. Dibelius & W. G. Kümmel, *Paul*, ET Longmans 1953, p. 60; D. M. Stanley, *Christ's Resurrection in Pauline Soteriology*, Rome 1961, p. 48; P. Seidensticker, *Die Auferstehung Jesu in der Botschaft der Evangelisten*, Stuttgart 1967, pp. 35f.; Bruce, *Cor.* p. 196; Kümmel, *Theology* p. 222; M. E. Thrall, 'Christ Crucified or Second Adam,' *CSNT* p. 148을 보라.

기 때문이다. 바울은 '부활한 몸은 어떤 모습인가?'라는 질문에 답할 때(고전 15:35), '부활한 예수의 몸과 같다'고 대답하지 않는다. 대신 그는 유비와 대조하는 말을 사용하지만, 이런 것들의 의미를 아주 명쾌하게 밝히지는 않는다. 예수가 부활했다는 것은 인정하면서도 **몸**을 가진 부활이라는[43] 개념은 분명히 거부했던 반대자들에게 바울이 보일 수 있는 반응 중 가장 강력한 반응이라면 '나는 그 몸이 죽음 뒤에 부활했음을 알고 있으니, 이는 내가 부활한 예수를 보았을 때 그가 영적 몸(spiritual body)으로 보였기 때문이다'일 것 같은데, 바울은 이런 반응을 사용하지 않는다. 이것은 바울이 인식한 예수의 존재 양식이 말로 묘사할 수 없는 것이었다는 뜻일까, 아니면 그가 본 것을 정의할 수 없거나 그가 본 것을 세세하게 설명할 수 없었다는 뜻일까?

바울은 그의 사도직에 의문을 제기한 이들에게 맞서 자신을 변호할 때에도 그가 부름을 받은 사건을 자세히 말하지 않는다. 그는 자신이 부름을 받은 사건이 있었다고 주장하면서도 그 사건을 서술하지는 않는다(갈 1:1, 11f., 15f.). 대신 그는 그의 성실함 그리고 그의 회심으로 말미암아 일어난 변화를 그가 사도라는 주장의 근거로 내세운다(갈 1:10, 13ff.)—아울러 고린도전서 9:2에서는 그의 사역이 고린도 사람들에게 미친 영향을 그가 사도라는 주장의 근거로 내세운다. 바울이 그의 회심과 소명을 더 상세히 설명했다면 (행 26:12-19과 같은) 다른 논증처럼 강력한 논증이 되지 않았을까? 바울은 왜 그가 다메섹으로 가던 길에 한 체험을 자세히 말하지 않았을까? 그가 자세히 말하려 하지 않았기 때문일까, 아니

43. Wegenast, *Tradition* pp. 61f., 그리고 J. D. G. Dunn, 'I Corinthians 15.45: Last Adam-Life-giving Spirit,' *CSNT* p. 128 주2에서 인용한 것들; 아울러 본서 §40.4을 보라. 이 점에 관한 토론을 살펴보려면 B. Spörlein, *Die Leugnung der Auferstehung*, Regensburg 1971을 보라.

면 자세히 말할 수 없었기 때문일까? 마찬가지로 바울은 고린도후서 10-13장에서 '사도의 표지'를 논하면서 그가 체험한 부활 후 현현을 전혀 이야기하지 않는다. 그는 '이 지극히 크다는 사도들'과 체험을 주고받을 수밖에 없는 상황이 되어서야(고후 12:11) '환상과 계시'(12:1)를 자랑하고 나아가 그런 사건 하나를 묘사하려 하지만(12:2ff.) 이때도 그의 회심 체험은 전혀 묘사하려 하지 않는다. 이는 그의 회심 그리고 그가 부름 받은 일이 여느 사건과 다른 성격의 사건이었음을 시사한다—이 때문에 바울 자신도 그저 '내가 우리 주 예수를 보았다' 정도로 묘사할 수밖에 없었다.[44]

그나마 좀 더 설명해 주는 본문은 고린도후서 4:6뿐이다(위 주42을 보라). 바울이 본 것은 그의 눈을 멀게 한 빛이었으며, 그는 이 빛을 부활한 예수와 동일시했다—'예수 그리스도의 얼굴에서 나타난, 하나님의 영광을 아는 지식의 빛.'[45] 바울은 이 빛을 하나님이 우리가 볼 수 있게 자신을 나타낸 것이라 여겼다(고후 3:18, 4:4). 그것이 바로 사람의 눈이 새로운 존재 양식, 새 몸, '그의 영광의 몸'을 가진 부활한 예수에 관하여 볼 수 있었던 모든 것이었다(빌 3:21).

19.2. **바울에게 나타난 실체**. 그렇다면 바울이 본 것의 지위는 무엇이었는가? '저기 있는' 예수, 살아서 자신을 바울에게 알린 예수였는가?

---

44. 참고, Schmithals, *Gnoticism in Corinth*, ET Abingdon 1971, p. 210; 아울러 *Apostle* pp. 26f., 32ff.도 참고하라.

45. 참고, Fuller, *Resurrection* p. 47. 이 구절들에 있는 복수형 대명사(우리, 우리를, 우리의)가 주로 가리키는 것은 바울(과 그 동역자들)이 사도로서 행한 사역이다(3:1ff., 4:5, 12ff.이 그 점을 일러준다). 바울 자신의 체험이 더 일반론적인 그의 말을 형성했다. 아울러 본서 §40.2과 주74을 보라.

아니면 다메섹 체험은 단지 "무의식 속에 들어있는 기독교라는 복잡한 덩어리가 의식 속으로 뚫고 들어온 순간"을 나타낸 사건이었는가?[46] 이는 아주 중요한 질문인데도 어떤 대답이든 증명하기가 불가능하다. 종교 현상은 모호하기로 악명이 높으며, 여기서도 다르지 않다. 전자의 견해를 택하는 이들은 그들의 견해가 잘못일 가능성, 바울의 체험이 결국은 다 '생각/마음 속에서' 일어난 것일 가능성을 배제하지 못한다. 그러나 후자의 견해를 택하는 이들도 그들의 견해가 잘못일 가능성, 심리학적 설명은 그저 체험 주체의 정신 메커니즘을 조명해 줄 뿐이요 다메섹으로 가는 길에서 일어난 모든 일을 완전히 설명해 주지는 못할 수 있음을 배제할 수 없다.[47]

우리가 더 확실하게 이야기할 수 있는 것은 바울 자신이 그가 본 것을 그의 외부에 있는 존재라고—죽은 자 가운데서 살아난 예수, 새로운 존재 양식(영적 몸)을 갖고 살아 있는 예수라고—확신했다는 점이다. 이는 바울이 ὤφθη를 사용한 점에서 분명하게 드러난다—이 수동태는 이 '봄'의 주도권이 보는 이에게 있지 않고 보이는 이에게 있음을 일러준다—즉 보이는 그가 나타나 자신을 바울에게(여격) 보여주었지, 그저 그가 누군가에게(ὑπό) 보인 것이 아니다.

---

46. C. G. Jung, *Contribution to Analytical Psychology*, ET 1945, p. 257, C. S. C. Williams, Acts, A. & C. Black 1957, p. 123에서 인용; 참고, Goguel, *Birth* pp. 81-86.

47. 참고, Pannenberg, *Jesus*: "우리의 맥락에서 '환상'이라는 말은 다만 주관적 체험 양식에 관하여 무언가를 표현해 줄 수 있을 뿐이지, 이런 형태로 체험한 사건의 실체에 관하여 무언가를 표현해 주지는 못한다"(p. 95); Kümmel, *Theology* p. 102도 마찬가지다. 아울러 N. Smart, *The Phenomenon of Religion*, Macmillan 1973, pp. 132-136도 참고하라.

107–108

> '나타난 이'가 행동하는 이요, 그 나타남을 받은 이는 수동적이며 그 나타남을 체험하는 이이다. 이런 의미에서 볼 때, 이런 체험은 보는 이에게 주어진 무언가를 보는 것을 의미한다.[48]

마찬가지로 갈라디아서 1:12에 있는 '예수 그리스도의 계시'라는 말은 분명 '예수 그리스도가 준 계시'를 의미하지 않고 '예수 그리스도 자신인 계시'를 의미한다. 이는 바울이 1:15f.에서 이 생각을 다시 끄집어내면서, '예수 그리스도의 계시'가 그에게 주어진 것은 그가 **예수 그리스도**를 이방인 가운데서 설교하게 하려는 목적 때문이라고 설명하기 때문이다. 그리스도 자신이 바로 복음이다. 바울에게 계시된 것이 바로 그 복음, 곧 예수 그리스도였다. 죽은 자 가운데 살아난 예수, 아들(Son)인 예수, 종말론적 구원을 대행하는 이(agent)인 예수, 그리고 이런 사실에서 유래한 모든 결과가 바로 바울에게 계시됐다.[49]

따라서 바울은 죽은 자 가운데서 살아나 지금도 살아 있는 예수가 나타났다고 확신했다. 그가 그 체험에서 강조할 수 있는 **것은** '내가 예수를 보았다'는 것뿐이다. 그러나 그는 **그것**을 지극히 선한 양심으로 강조한다. 우리가 처음에 던졌던 질문으로 돌아가 보면, 여기에 분명 우리가 제시할 대답의 일부가 있다. **바울이 예수를 보았다는 것, 적어도 그것만큼은 바울의 회심 체험이 지닌 독특함 가운데 일부였다—그 봄은**

48. U. Wilckens, 'The Tradition-History of the Resurrection of Jesus,' in *The Significance of the Message of the Resurrection for Faith in Jesus Christ*, ed. C. F. D. Moule, ET SCM Press 1968, p. 67; 아울러 Roloff, *Apostolat* pp. 48f.; Blank pp. 157ff.; G. O'Collins, *The Easter Jesus*, Darton, Longman & Todd 1973, pp. 7f.을 보라.

49. 더 자세한 것은 Lührmann, *Offenbarung* pp. 75-80을 보라.

환상이라는 양식을 띠었지만, 그럼에도 바울은 예수를 실제로 인식하고 만났다. 하지만 그 인식과 만남은 시각적 묘사의 한계를 넘어선 존재 영역에서 이뤄졌다.[50]

바울의 이런 주장을 특별한 변론이라고 무시할 수 없다. '기둥인 사도들'이 그의 이런 주장을 심각한 이의 없이 받아들인 것으로 보이기 때문이다(갈 2:9).[51] 바울은 이 중요한 본문(고전 15:5-8)에서 그 점을 주장하거나 열심히 변증하지 않고도 그의 ὀφθῆναι를 다른 것들과 같은 반열에 놓을 수 있었다. 그가 체험한 현현은 분명 '계시 행위'였지만, 그 행위를 통해 '계시된' 이는 바로 예수 그리스도 자신이었다(갈 1:12, 15f.).

아울러 바울의 회심 체험에 들어있는 독특한 봄(seeing) 요소를 강조하는 말도 신비한 황홀경에 취한 자가 우월한 신앙인처럼 빼기며 제멋대로 내세우는 주장의 전형이라 여겨 무시할 수 없다. 바울은 복음 선포와 영에 감동한 말이 불러일으키는 영적 체험에 익숙했다(고전 2:4f., 14:24f., 갈 3:2-5, 살전 1:5f.). 그는 '환상과 계시'에 익숙했으며(고후 12:1), 황홀경에 들떠있던 고린도 예언자들의 주장을 모든 단계에서 맞상대할 수 있었다. 그에게도 그리스도를 그 안에 존재하는 능력으로 체험하는 일이 낯설고 이상한 것이 아니었다(갈 2:20, 롬 8:10). 생명을 주는 영 체험을 마지막 아담 체험으로 정의하는 것이 바로 바울 자신이 정립한 공식이다(고전 15:45). 바울은 이 모든 점에서 그를 대적하는 영지주의 성향의 반대자들과 흔쾌히 의견을 같이한다. 바울도 그의 반대자들만큼이나 그 안에 있는 능력인 영적 그리스도(pneumatic Christ)를 익히 알았다. 그러나

---

50. '객관적 환상'이라는 말이 이 봄/현현을 가장 잘 집약하여 묘사한 문구인지 의문이 든다; J. Kremer, *Das älteste Zeugnis von der Auferstehung Christi*, Stuttgart [3]1970, pp. 61ff.을 보라.

51. 참고, Kümmel, *Kirchenbegriff* p. 9.

바울은 다메섹으로 가던 길에 그 능력을 체험했을 뿐 아니라, 그 능력보다 많은 것을 체험했다. 그는 그의 바깥에 있는 한 인격체를 인식했다—그것은 은혜의 선물이자(고전 15:10) 부활한 예수의 현현이었다(15:8). 따라서 그가 예수를 본 것이 독특한 것이라고 말하는 그의 주장은 결코 경솔한 주장이 아니며 우리가 가벼이 무시할 수 없는 것이다.

이런 결론이 옳은지 다시 한번 검증하고 숙고하게 만드는 것 같은 본문이 골로새서 2:18이다—골로새서 2:18은 바울이 유일하게 또 한 번 ὁράω를 시각을 통한 봄을 표현하는 말로 사용한 사례다. 안타깝게도 바울이 말하려는 의미가 무엇인지 썩 분명하지 않다: "어느 누구도 고행(자기를 괴롭게 함)과 천사 숭배, 그가 입교할 때 본 것으로(ἅ ἑόρακεν ἐμβατεύων) 즐거움을 삼으려 하고(θέλων), 그의 속물 같은 태도로 자신을 부풀려 짐짓 중요한 인물인 체 하는 자가 너희의 자격을 박탈하지 못하게 하라 …." 구절 중간에 있는 문구 ἅ ἑόρακεν ἐμβατεύων이 무엇을 의미하는가라는 문제는 완전히 풀리지 않았다. 가설이 여럿 있지만, 모든 가설이 여전히 난점을 안고 있다.[52] 한 해결책이 제시하는 가장 그럴듯한 실마리는 ἐμβατεύω가 신비주의 종교에서 그 종교에 처음 입교하는 행위를 가리키는 전문 용어로 사용됐다고 인식하는 것이다.[53] 그렇게 인식하고 보면 바울이 이 문구를 그를 대적하던 골로새의 반대자들에게서 가져다 쓴 것처럼 보인다.[54] 그는 이 문구를 감탄조로 반쯤 인용하면

52. C. F. D. Moule, *The Epistle to the Colossians and to Philemon*, Cambridge 1957, pp. 104ff.

53. 특히 E. Lohse, *Colossians and Philemon*, KEK, ET Fortress 1971, pp. 119ff., 그리고 거기에서 인용한 문헌을 보라.

54. Lohse, *Colossians* pp. 119f., 그리고 주47.

서, 이 맥락과 그저 느슨하게 연계하는 것 같다.[55] 따라서 여기에도 바울 자신이 입교할 때 보았던 환상과 비슷할 수 있는 것이 있는 셈이다. 자신의 ὀφθῆναι를 토대로 삼아 아주 많은 것을 제시했던 바울이 왜 그의 골로새서에 등장하는 이들이 입교 때 보았다는 환상은 이처럼 이야기하는 둥 마는 둥 해야 했을까? 그 답은 우리가 이미 이야기했던 독특함의 방향에 있을지도 모른다. 바울의 ὀφθῆναι는 **예수**를 본 것이었다. 그 봄은 그저 천사들을 본 환상이나[56] 우주와 관련된 환상이[57] 아니었다. 바울이 예수를 봄은 바울 자신에겐 종말론 및 구원사와 관련된 의미(골 2:17)는 물론이요 우주론(골 1:15-20) 및 공동체(골 2:19)와 관련된 의미를 담고 있는 사건이었다. 동시에 그 봄은 그를 이기적 자만심과 더 교묘한 형태의 방종에 영합하는 금욕주의로 이끌지 않고 선교 현장으로 밀어내는 동력이 됐다(2:18, 23). 그러나 여기에서는 그런 점을 예상만 할 뿐이다(§20).

요컨대, 바울은 예수가 살아 있으며 살아 있는 예수가 그에게 나타났다고 확신했다. 바울은 다메섹 밖에서 그의 눈을 멀게 한 빛을 보았

55. 그런가 하면 이 문구를 다음과 같은 말과 더 가까이 연결해 봐도 될 것 같다: “그가 처음 입교할 때 보았던 것으로 말미암아 아무 이유 없이 의기양양해진”(Fridrichen in Arndt-Gingrich ἐμβατεύω); 아울러 N. Turner, *A Grammar of New Testament Greek* Vol. III, T. & T. Clark 1963, p. 246을 보라.

56. W. L. Knox는 18절의 사상이 아주 긴밀하게 연결되어 있다고 주장했다: “그들은 그들에게 특별한 금식이라는 더 높은 기준을 천사들을 달래는 수단으로서 명령하고 강요하려 하는 이들에게 마음을 빼겨서는 안 됐다. 그렇게 명령하고 강요하려 하는 이들에겐 천사가 환상으로 그들에게 나타난 것이 바로 그들이 더 높은 것들로 나아가는 단계에 있음을 일러주는 표지였을 것이다”(*St. Paul and the Church of the Gentiles*, Cambridge 1939, p. 170).

57. 본서 §52.2에서 인용한, 루키우스의 이시스 밀교 입교 체험을 참고하라. 아울러 Lohse, *Colossians* pp. 120ff.을 보라.

고, 그 빛을 통해 그가 본 이가 바로 예수라는 확신을, 어느 누구도 소멸시킬 수 없는 확신을 품게 됐다—그것은 '예수 그리스도의 얼굴에서 드러난 하나님의 영광'이었다. **그는 그것을 더 이상 묘사할 수 없었다. 그가 묘사할 수 있는 것은 거기까지였다.** 그가 이후에 살아간 삶 속에서 이 체험과 비교할 수 있는 것은 아무것도 없었다. 그는 다른 이들의 체험에서도 이와 비슷한 것을 인식하지 못했다. 그의 체험과 비교할 수 있는 체험은 오로지 그보다 앞서 사도가 된 이들이 겪은 부활 후 현현뿐이었다.

§20. 바울의 회심 체험이 지닌 독특함—사도의 사명을 받음

다메섹 체험이 바울에게 의미하는 또 다른 중요한 측면은 그가 이 체험을 통해 사명을 받았다는 것이다. 앞서(§18.2) 강조한 점, 곧 바울이 그의 다메섹 체험을 언급할 때 그의 케리그마 및 사도직을 이야기하는 맥락 속에서 언급한다는 점을 재차 강조해두는 게 중요하다. 바울은 그의 회심을 이야기할 때 회심 자체만을 이야기하지 않으며, 부활 후 현현을 그가 그리스도인으로서 갖게 된 신앙과 살아가게 된 삶의 출발점으로 인용하지도 않는다.[58] 그는 예수가 자신에게 나타난 것 자체가 고유한 의미를 지닌 것으로 이야기하지 않는다. 바울은 이런 일을 이야기할 때 자신이 사명을 받은 점에 강조점을 둔다. 갈라디아서 1:16이 그 예

58. J. Knox, *Chapters in a Life of Paul*, A. & C. Black 1954, p. 117; U. Wilckens, 'Die Bekehrung des Paulus als religionsgeschichtliche Problem,' *ZTK* 56, 1959, pp. 273ff.

다—하나님이 "그 아들을 내 안에서 나타내시길 기뻐하셨으니, 이는 **내가 그를 이방인 가운데서 설교하게 하려 함이었다**." 고린도전서 9:1—'내가 사도가 아니냐? 내가 주를 보지 않았느냐?'—과 뒤따르는 부분의 주 관심사는 봄(seeing)이 아니라 바울 자신의 사도직이다. 고린도전서 15:8ff.—'그가 내게도 나타나셨으니 … 그가 내게 주신 은혜가 헛되지 않았다. 그 반대로 나는 그들 가운데 어느 누구보다 열심히 일했다 …'—는 그런 예다. 고린도후서 4:6—'예수 그리스도의 얼굴에서 하나님의 영광이 나타남'—은 복음이며, 바울은 이 복음을 통해 사명을 받았다(4:4f.). 바울에게 다메섹 체험은 무엇보다 그가 이방인에게 (하나님의 아들이요 주인) 예수를 선포할 사명을 받은 사건이었다.[59]

20.1. **바울 복음의 원천**. 바울에게 가장 중요한 것은 그가 다메섹 체험 때 사명을 받았다는 것이다—그는 이 점을 갈라디아서에서 아주 힘주어 강조한다: "사람들에게서도 아니요 사람을 통해서도 아니요, 예수 그리스도를 통해"(갈 1:1). 그가 생각하는 복음 개념 그리고 그 복음을 이방인에게 전해야 한다는 그의 의무감은 그가 예수와 관련하여 갖게 된 어떤 기억에서 유래한 것이 아니다. 바울은 예수가 사역하던 동안에는 예수를 만난 적이 없는 것이 거의 확실하다. 예수 자신의 메시지와 삶의 방식을 일러준 전승이 바울에게 복음 개념과 이방인에게 복음을 전해야 한다는 생각을 심어준 것도 아니다. 그렇지 않았다면 그것은 바울서신에 더 알찬 흔적을 남겼을 것이다. 바울 복음은 원시 공동체의 케리그

59. 참고, K. H. Rengstorf, *TDNT* I pp. 430f.; 아울러 *Apostelamt und Predigtamt*, Stuttgart ^{2}1954, pp. 28f.; Kümmel, *Kirchenbegriff* p. 7; Roloff, *Apostolat* pp. 44f.; Schmithals, *Apostle* pp. 30f.을 참고하라.

마(선포)에서 유래한 것도 아니었다. 바울은 자신이 전한 복음이 원시 공동체에서 유래했음을 거세게 부인하는데, 그의 말을 의심할 이유는 전혀 없다(갈 1:1, 11f., 20).[60] 다시 말해, 바울은 그리스도와 그리스도가 사람들에게 시사하는 의미에 관한 그의 독특하고도 중요한 기본 이해가 '예수 그리스도의 계시를 통해' 하나님에게서 직접 왔다고 주장한다.

이는 바울이 했던 체험의 본질에 관하여 무언가를—즉 그 체험은 밖에서 **주어졌음**을—우리에게 일러준다. 바로 이렇게 완전히 새로운 이해가 밖에서 주어졌기 때문에, 그리고 그것이 **계시**의 힘으로 말미암아 그에게 왔기 때문에, 바울은 자신이 전하는 복음의 권위와 규범성을 아주 열렬히 강조할 수 있었다(갈 1:8f.). 예루살렘의 '기둥 같은 사도들'도 바울의 복음을 받아들이고 확인해 주었다(갈 2:6-9). 이 때문에 바울은 개인의 확신을 넘어 더 많은 것을 근거로 삼아 자신이 전하는 복음의 권위를 주장할 수 있었다. 그러나 바울의 경우, 그가 전한 복음의 권위는 무엇보다 그와 부활한 예수의 직접 만남에서 왔지, 결코 다른 어떤 원천에서 유래한 것이 아니었다(더 자세한 것은 본서 §47.2을 보라).

자신이 사명을 받았다는 이런 인식이 바울의 생각을 통해 어떻게 말로 표현됐는가라는 문제는 우리가 굳이 판단할 필요가 없다. 어쩌면 오랫동안 억눌려왔던 확신이 자라서 결국 의식 속으로 뚫고 들어와 표현되기에 이르렀는지도 모른다(참고, 위 주46의 Jung). 하지만 바울이 '계시'를 이야기한다는 것은 적어도 어떤 정보를 담은 내용과 그 정보에서 얻은 신학적 추론이 완전히 새로운 뜻밖의 것으로서 바울에게 이르렀

60. 이것은 바울이 바울 자신의 삶과 예배 그리고 그가 세운 교회들의 삶과 예배를 규율할 때 케리그마 전승에 부여한 중요한 역할을 부인하는 것이 아니다—본서 §47.3과 §49.2을 보라.

음을 암시한다. 아니면 그것은 환상 속에서 귀로 들을 수 있는 요소로 다가왔을지도 모른다('하늘에서 들려온 목소리'—참고, 본서 제3장의 주120). 누가는 우리가 그렇게 믿게 하려는 것 같다.[61] 하지만 바울 자신은 다메섹 체험에서 어떤 말을 들었다는 이야기를 전혀 하지 않는다. 물론 바울이 갖고 있는 위대한 독특함이 그런 만남의 순간에 즉시 그의 정신 속으로 뚫고 들어와 활짝 피어났다고 주장할 필요는 없다. 바울은 예수를 만방에 선포해야 할 종말론적 주로 이해했지만, 이런 그의 이해가 성숙한 모습으로 표현되기까지는 분명 시간이 걸렸다(참고, 행 9:9, 17f.—바울은 '사흘 동안 눈이 멀고' 난 뒤에 '성령으로 충만함을 받고' 세례를 받았다;[62] 갈 1:17—'아라비아'에서 보낸 시간). 그러나 바울이 어떤 과정을 거쳐 그의 복음을 의식 세계에서 표현하게 됐든지, 우리가 유념해야 할 점은 바로 바울은 복음이 다메섹 외부의 부활 후 현현 안에 이미 들어있었다고 생각했다는 점이다. 바울의 복음은 그저 '예수 그리스도의 계시'를 '풀어낸 것'이었다(본서 § 19.2을 보라).[63]

20.2. **종말론적 사도직**. 오늘날 우리가 예수의 하나님 나라 선포가 지닌 종말론적 의미(마 12:28—이미 너희에게 임했다!)를 다시 포착하기 힘들

61. 바울의 회심을 다룬 사도행전의 세 기사 전부에서 계속 나타나고 이런 대화의 핵심을 이루는 대화 조각("사울아, 사울아, 네가 왜 나를 핍박하느냐?"; "주여, 당신은 누구십니까?"; "나는 … 예수다")은 바울 자신으로 거슬러 올라가는 말일 수 있다. 예언자가 보는 환상 그리고 이사야와 예레미야가 사명을 받는 장면에 나오는 대화 요소를 참고하라.
62. Dunn, *Baptism* 제6장.
63. 참고, Lindblom, *Prophecy*: "(에스겔에게도 그랬지만) 예레미야에게도 그가 설교할 모든 것이 마치 단 한순간에, 곧 그가 부름을 받은 순간에 그에게 주어진 것 같았다"(p. 189).

다면, 부활한 예수가 바울에게 나타난 사건의 종말론적 의미를 다시 포착하기는 더더욱 힘들 것이다. 예수는 그저 죽은 뒤에 살아나 여전히 살고 있는 이가 아니었다. 그는 죽은 자 가운데서 살아났다! 믿을 수 없을지라도, 예수의 부활은 종말론적 부활이 이미 시작됐음을 의미했다(롬 1:4). 부활한 예수는 마지막에 일어날 모든 이의 부활의 ἀπαρχή('첫 열매')였다(고전 15:20, 23). 마지막은 이미 시작됐다! 부활한 인류를 거둬들이는 과정이 이미 이뤄지고 있다. 이것은 결코 공허한 말장난이 아니었으며, 땅의 현실은 무시하고 하늘에만 마음을 둔 채 열렬히 환상에 취해 있는 이의 이야기도 아니었다. 바울의 경우, 이는 그 자신의 체험으로 증명할 수 있는 실존적 진실이었다. 바울은 그가 다메섹으로 가는 길에 본 영광(고후 4:6)을 다가오는 시대의 영광이라 여겼다.[64] 이미 그리스도의 영광이 된 그 영광(빌 3:21)은 바울 자신에게 계속하여 그리고 갈수록 크게 영향을 미치면서, 바울을 그리스도와 같은 형상으로 바꿔놓고 있었다(고후 3:18; 참고, 고전 15:20, 23, 49, 고후 4:17, 골 1:27). 바울은 실제로 자신이 이처럼 절정에 이른 종말론적 변화 과정 안에 서 있다고 느꼈으며, 이런 일이 그 자신의 삶에서 현실로 이뤄지고 있음을 인식했다. 우리는 이런 주제를 본서 제10장에서 더 자세히 탐구해 보겠다. 여기서 우리가 다만 관심을 가져야 할 것은 부활한 예수가 바울에게 부여한 사명의 종말론적 영향이다.

바울의 사도직이 지닌 종말론적 본질에 처음으로 주목한 이는 O. 쿨만(Cullmann)과 A. 프리드릭센(Friedrichsen)이었다.[65] 쿨만은 데살로니가

64. 참고, H. A. A. Kennedy, *St. Paul's Conception of the Last Things*, Hodder & Stoughton 1904, pp. 91ff. 유대인이 다가올 시대(내세)의 영광에 관하여 어떻게 생각했는지 알아보려면, 가령 사 58:8, 겔 39:21, 합 2:14, 솔로몬의 시편 3.16을 보라.

65. O. Cullmann, 'Le caractère eschatologique du devoir missionaire et de la

후서 2:7을 바울이 자신을 언급한 말로 해석했다. 바울은 복음이 먼저 이방인에게 전파된 뒤에야 마지막(the End)이 올 수 있으리라는 믿음(막 13:10)을 공유했다. 따라서 이방인에게 복음을 설교함은 '불법의 사람'이 나타나는 것을 막는 것(τὸ κατέχον, 살후 2:6)이다. 이렇게 이방인에게 복음을 설교하는 것이 바울 자신의 특별한 사명이었기 때문에, 불법의 비밀을 막는 사람(ὁ κατέχων—살후 2:7)은 바로 이방인의 사도인 바울 자신이었다.[66] 이어 프리드릭센은 바울을 칭송하면서, 단순히 거칠게 '종말론적 사람'이라는 말로 칭송했다. 마지막 때의 드라마에 없어서는 안 될 긴요한 역할을 할 이로 부름 받았다는 인식이 바로 바울이 사도로서 가졌던 자기의식의 근간이었다. 그 역할은 이방인의 사도라는 직무였다.

쿨만이 위와 같은 해석을 하는 이유가, 바울이 이 단계에서는 주의 강림 전에 '이 현실에서 사라지는 일'이 일어날 것으로 예상하지 않았기 때문일 뿐이라면 쿨만의 해석은 존립할 수 없다(살전 4:15ff., 고전 15:51ff.).[67] 프리드릭센의 논지도 그가 제시한 형태를 따른다면 비판을 피할 수 없다.[68] 그러나 바울이 자신을 구원사의 마지막 막(幕)에서 중요하고도 필수불가결한 역할을 행하는 이로 본 것은 부인할 수 없다. 이는 로마서 11:13ff., 15:15ff., 갈라디아서 2:7-9, 에베소서 3:1-10에서 충분히

---

conscience apostolique de S. Paul. Étude sur le κατέχον(-ων) de II Thess. 2.6-7,' *RHPR* 16, 1936, pp. 210-245; A. Friedrichsen, *The Apostle and his Message*, Uppsala 1947.

66. 아울러 Cullmann, *Christ and Time*, ET SCM Press ^{3}1962, pp. 164ff.; J. Munck, *Paul and the Salvation of Mankind*, ET SCM Press 1959, pp. 36-42을 보라.

67. B. Rigaux, *Les Épîtres aux Thessaoniciens*, EB 1956, p. 277; E. Best, *The First and Second Epistles to the Thessalonians*, A. & C. Black 1972, pp. 297f.을 보라.

68. Roloff, *Apostolat* pp. 25f.; J. Knox. 'Romans 15.14-33 and Paul's Conception of his Apostolic Mission,' *JBL* 83, 1964, pp. 3-8을 보라.

명확하게 드러난다. 그의 사역은 이방인—이방인 전체—에게 나아간 사역이다. 이것이 바로 바울이 당시 알려진 세상의 끝(에스파냐—롬 15:28)까지 복음을 전하려고 서두른 이유다. 그가 이방인에게 '그리스도의 복음을 설교하는 일을 완수하고' 싶어 한 것은 '이방인을 그(하나님)가 받을 만한 제물로 바치려 함'이었기 때문이다(롬 15:16, 20). 이 임무를 완수하는 것이 대단히 중요한 종말론적 의미를 지니고 있다. '이방인의 수가 다 차야만' 비로소 이스라엘이 구원받고 부활의 열매를 거두는 일이 성공리에 막을 내릴 것이기 때문이다(롬 11:15, 25f.). 아울러 본서 §47.2을 보라.[69]

이와 마찬가지로 바울 자신이 역사의 절정에서 결정적 역할을 행한다는 인식이 자신의 선교 소명에 관한 바울의 이해에 들어있는 또 다른 놀라운 측면에서도 분명하게 나타난다. 그 측면은 바로 바울 자신의 확신이다. 바울은 그 자신의 사역을 통해 제2이사야서에 나오는 종의 역할을 완수하고 있다고 믿었다.[70] 이와 동일한 확신이 사도행전의 관련 내용에 깊은 인상을 남겼다.[71] 바울 후대의 변증서들을 읽다 보면 이사야가 말하는 종을 예수라 생각하게 되는데,[72] 정작 바울의 글에서는 이사야가 말하는 종이 곧 예수라는 생각이 바울 후대의 변증서에서 행하는 역할보다 큰 역할을 하지 않는다. 이런 점을 곱씹어보면, 바울이 '야

---

69. 더 자세한 것은 Munck, *Paul* pp. 42-68을 보라. 그러나 Munck는 그의 주장을 너무 멀리까지 밀어붙인다; 참고, L. Cerfaux, *The Christian in the Theology of St. Paul*, ET Chapman 1967, pp. 97ff.
70. 롬 15:20ff.(= 사 52:15), 고후 6:1f.(= 사 49:8); 아울러 갈 1:15(참고, 사 49:1-6), 빌 2:16(참고, 사 49:4).
71. 행 13:47(= 사 49:6), 26:16ff. (참고, 사 42:7); 아울러 행 18:9f. (참고, 사 41:10, 43:5).
72. Jeremias, *Servant* pp. 88f.; Cullmann, *Christology* pp. 75ff.을 보라.

훼의 종'이라는 칭호를 자신을 가리키는 말로서 거의 예수만큼 많이 주장한다는, 흥미로운 결론에 이르게 된다.[73] 아니, 예수가 미완성으로 남겨놓은 그 종의 역할을 바울이 완결한다고 말하는 게 더 정확하겠다. 이 점은 그 종의 이방인 선교에서 분명하게 드러난다. 그러나 그 종의 고난을 두고도 같은 말을 할 수 있다. 바울이 대담한 언어를 사용하여 그리스도의 남은 고난을 바울 자신의 고난으로 채운다고 주저 없이 주장하기 때문이다(골 1:24). 다시 말해, 바울의 소망은 세상의 마지막이 오기 전에 견뎌야 할 메시아의 고초를 바울 자신의 고난으로 다 겪고 마무리하는 것이다.[74] **예수와 바울은 그 종의 종말론적 역할을 함께 완수한다**.

바울은 분명 새 시대를 여는 무언가가 도래했고, 자신이 앞서 주어진 모든 계시보다 우위에 있을 뿐 아니라 그 모든 계시보다 큰 권위를 가진 계시를 받은 사람이며, 종말이 임박했고 그에 따른 책임을 감당해야 한다는 것을 강렬하게 인식했다. 바로 그런 강렬한 인식이 바리새인 바울이 어떻게 하여 그가 물려받은 주된 유산—율법—에 그토록 철저히 등을 돌리고 이방인의 사도가 될 수 있었는가를 설명해 준다. 예수 그리스도의 계시는 율법의 계시를 능가했다.[75] 이제 마지막이 오기 전에, 마지막의 전조로서, 가능한 한 빨리 그리고 가능한 한 자유롭게, 이방인에게 복음을 제시해야 했다. 여기에 분명 바울이 다메섹에서 체험한 '예수 그리스도의 계시'와 그 뒤에 그가 겪은 다른 특별한 체험들을

---

73. 참고, H. Windisch, *Paulus und Christus*, Leipzig 1934, pp. 137f., 147-150; D. M. Stanley, 'The Theme of the Servant of Yahweh in Primitive Christian Soteriology and its Transformation by St. Paul,' *CBQ* 16, 1954, pp. 415ff.; Cerfaux, *Christian* pp. 84-88.
74. C. K. Barrett, 'The Apostles in and after the New Testament,' *SEA* 21, 1956, pp. 42f.; 아울러 *Signs* pp. 42f. 더 자세한 것은 본서 §55을 보라.
75. 참고, Wilckens, 'Ursprung' pp. 83-93; Lührmann, *Offenbarung* pp. 75-80.

구분해 주는 중요한 특징이 존재한다. 바울은 그가 받은 계시 가운데 다른 어느 것도 이처럼 시대적, 종말론적 중요성을 갖고 있다고 여기지 않았다. 그 한 체험이 그의 남은 생애를 결정했으며, 그 체험에서 다른 모든 것이 흘러나왔다.[76]

요컨대, 바울의 회심 체험은 그가 평생 수행할 사명을 받은 체험이었으며, **그의 이런 회심 체험이 지닌 독특함은 '예수 그리스도의 계시'를 독특하게 표현한 그의 새로운 신앙뿐 아니라 그의 삶 전체를 그런 신앙을 전하는 사도이자 대변인의 삶으로 빚어낸 종말론적 의무감을 밑받침한 가장 중요한 원천이자 최종 권위였다는 사실에서 찾을 수 있다**.

20.3. **결론. 바울의 다메섹 체험이 지닌 독특한 특징은 그 체험이 현현**(예수의 부활 후 현현)**이라는 본질을 가진다는 점 그리고 그 체험이 사명 부여라는 특성을 갖는다는 점에 있다**. 그것은 단순히 사명 수여만이 아니요, 어떤 주어진 확신을 말로 표명하는 것에 그치는 일이 아니었다. 그것은 **현현**이었다: "나는 예수 우리 주를 보았다." 그는 그의 체험을 봄이라는 말로 표현할 필요가 없었다(마륵센). 그러나 그는 그렇게 할 수 있었으며, 필요한 때에는 솔직하게 표현했다. 이는 바로 이 봄이라는 요소가, 예수가 눈으로 볼 수 있는 만남을 통해 자신을 바울에게 나타냈다는 요소가 바로 바울의 체험을 영지주의의 영적 그리스도 체험과 구분해 주었다—바울은 이런 점 때문에 자신을 선별된 사람들만으로 이뤄

76. 참고, Goguel, *Birth*: "그리스도의 현현과 환상 사이에 존재하는 한 가지 차이는 우리가 기능적 차이라 부를 수 있는 것이다. 그리스도의 현현은 부활을 믿는 믿음을 만들어냈으나, 황홀경 상태에서 체험한 환상은, 비록 환상을 본 이들을 풍요롭게 만들어주긴 했어도, 그들의 종교적 태도를 근본적으로 바꿔놓지는 않았다"(p. 45).

진 '예수 부활 목격 증인' 목록에 포함시킬 수 있었다: "맨 마지막에는 그가 내게도 나타나셨다." 그러나 그것은 단순히 봄만이 아니었다—그것은 현현이었다. '500명이 넘는 형제'도 예수를 보았지만, 아마도 바울은 그 사람 전부를 사도로 여기지는 않았을 것이다.[77] 다시 말해, '모든 사도'와 바울의 경우에는 부활하여 높이 올림을 받은 예수를 시각을 통해 인식하는 차원을 넘어선 무언가가 더 있었다. 그들의 경우에는 현현과 더불어 **사명을 수여하는 부름**이 있었다.

결국 **바울의 경우에 있어 독특한 점은 봄 자체나 사명 수여 자체가 아니라, 현현이 곧 사명을 수여하는 부름이었다는 것이요 만남이 곧 사명 수여였다**는 것이 분명해진다. 사명 수여는 봄과 별개였지만 봄과 함께 온 것이 아니었다. **현현 자체가 사명 수여였다. 계시 자체가 복음이었다.** 하나님의 영광이 나타남과 더불어 이 사람이 바로 죽은 자 가운데서 부활한 예수라는 압도적 확신이, 여기에 유대인과 이방인을 향한 하나님의 종말론적 복음이 있다는 압도적 확신이, 이후에는 그의 평생 동안 어떤 희생이 따르더라도 그 복음을 선포하는 데 헌신해야 한다는 압도적 확신이 찾아왔다. 바울이 그의 밖에서 그에게 나타난 부활하신 주를 인식하고 그 주에게 굴복했을 때, 그 안에 복음을 전해야 한다는 의무감과 은혜가 임함을 체험했다(고전 15:10, 엡 3:7). 바울의 체험이 지닌 독특하고 더할 나위 없는 본질은 바로 그런 현현과 사명 수여의 **상호성**(相互性, *Ineinander*), 계시와 은혜의 **상호성**에 있었다.

77. '사도들은 부활의 증인이었지만, 모든 부활 증인이 사도는 아니었다'(Rengstorf, *TDNT* I p. 430).

§21. 바울에게 나타나기 전에 있었던 부활 후 현현

우리가 여기서 묻는 질문은 다른 부활 후 현현과 바울이 체험한 부활 후 현현은 다른가이다. 우리가 앞서 보았듯이, 바울의 부활 후 현현 체험에는 중요한 특징이 둘 있었다. 즉, 그것은 환상 체험이었지만, 바울은 자신이 자신의 외부에 현존하는 실체인 예수를 보았음을 믿어 의심치 않았다. 바울의 경우, 그가 받은 부름, 곧 종말론적 사명을 감당하라는 부름은 이 체험에서 즉시 유래했으며 다른 근원을 갖고 있지 않았다. 그것은 이 두 요소의 결합이었으며, 바울은 이 두 요소를 통해 자신의 체험이 과거의 독특한 체험 그룹—사명을 수여하는 현현—에 속한다는 결론을 내리게 됐다. 아울러 바울은 그런 결합이 그 뒤에 그 자신이나 다른 이들이 겪은 체험에서 되풀이되지 않은 사실을 보면서, 사도들을 만들어낸 일련의 체험이 바울 자신의 회심으로 완결됐으며 그의 회심이 그런 일련의 체험에 마침표를 찍었다는 결론에마저 이르게 됐다. 따라서 우리가 바울보다 앞서 다른 이들이 체험했던 부활 후 현현과 바울이 겪은 부활 후 현현을 비교하려 한다면, 그런 현현들을 시각 요소와 사명 수여 요소라는 두 요소를 기준으로 살펴봐야 한다.

21.1. **바울이 체험한 부활 후 현현과 그전에 있었던 부활 후 현현의 다른 점**. 바울이 체험한 부활 후 현현과 복음서가 이야기하는 부활 후 현현의 가장 두드러진 차이점은 봄(seeing)이라는 요소에 있다. 바울이 체험한 봄은 환상을 봄이라는 성격을 갖고 있었다. 그가 본 것은 물리적 존재도 아니요 물질도 아니었다—엄밀히 말해 그것은 어떤 대상이 아니었다. 관찰자가 어떤 대상으로 평가할 만한 것이 아니었기 때문이다.

114-115

바울은 자신이 본 것을 십중팔구 하늘에서 온 것으로, 하늘에 있는 것으로 보았을 것이다(참고, "하늘의 환상"—행 26:19). 더욱이, 바울이 말하는 부활의 몸이라는 개념(고전 15:42-50) 그리고 그가 부활 후 현현을 고린도전서 15:5-8에서 바로 그와 같은 방식으로 묘사한다는 사실은[78] 바울이 그 부활 후 현현을 모두 같은 종류의 현현으로—'하늘에서 온' 환상으로—여겼음을 시사한다. 그러나 복음서 기사들을 살펴보면—특히 누가복음에서는—전혀 다른 그림이 나타난다. 예수는 함께 걸어 여행하는 일행처럼 걷고 이야기한다(눅 24:15ff.). 그는 빵을 갖고 축사하며 그 빵을 쪼갠다(24:30). 그는 괴로워하는 제자들에게 자신이 혼령이 아니라 '살과 뼈'를 가진 사람임을 확인할 증거로서 자신을 만져보라고 말한다(24:39). 그는 '그들 앞에서' 요리한 생선 조각을 먹는다(24:42f.). 그는 종종 그들 무리 가운데 있으며(συναλιζόμενος)[79] 그가 살아있음을 '많은 증거로' 보여준다(행 1:3f.). 그리고 마침내 그 몸의 떠남을 보여주는 마지막 장면에서는 그들이 눈으로 볼 수 있는 대상이라는 위치에서 벗어나 그들의 시야에서 떠나간다(행 1:9). 사실 그의 '승천'에 앞서 이뤄진 현현 가운데 그의 오고 감이 가장 신비롭지만(눅 24:31, 36), 이 현현들이 표현하는 '엄청난 사실주의'(Grass)는 환상이라는 말로만 아주 어렵게 묘사할 수 있을 뿐이다—누가라면 분명 그런 묘사를 적절치 않다고 거부했을 것이다(참고, 행

---

78. ὅτι ὤφθη …
ἔπειτα ὤφθη …
ἔπειτα ὤφθη …
ἔσχατον δὲ πάντων … ὤφθη ….

79. 십중팔구는 συναλίζεσθαι에서 나왔을 것이다. 이를 문자 그대로 번역하면 '…와 함께 소금을 먹다'인데, 곧 '어떤 이와 함께 무엇을 먹다/식사하다'를 의미한다(가령 Haenchen, *Acts* p. 141 주3; F. F. Bruce, *The Book of the Acts*, Marshall, Morgan & Scott 1954, p. 36; Grass p. 89을 보라).

12:9).

마찬가지로 네 번째 복음서에서도 마리아가 부활한 예수를 만질 수 있었다(요 20:17). 예수는 제자들에게 그의 손과 발을 보여주고 그들에게 숨을 내쉰다(요 20:20, 22). 예수는 도마에게 그의 손가락을 예수의 손에 대보고 그의 손을 예수 자신의 옆구리에 넣어보라고 말한다(20:27). 예수는 또 요한복음 부록에서 분명 숯불을 피워 아침을 요리한 뒤, 제자들에게 빵과 생선을 나눠준다(21:9-13). 여기서 묘사하는 예수에게도 뭔가 신비한 점이 있다. 특히 예수가 '문들이 닫혔는데' 갑자기 나타난 점은 수수께끼다(20:19, 26). 그러나 여기서 말하는 현현들도 바울이 체험한 현현과 아주 다르다.

요한복음보다는 정도가 덜하지만 방금 말한 내용은 마태에게도 적용된다. 갈릴리의 '산'에서 이뤄진 마지막 현현은 '하늘의 환상'으로 이해해도 좋을 것이다(마 28:16-20). 그러나 마태는 이에 앞서 예수가 무덤에서 돌아오던 여자들 앞에 나타난 사건을 다룬 흥미로운 작은 기사에 '그들이 다가가 그의 발을 붙잡았다'고 기록해 놓았다(28:9). 따라서 예수의 부활 후 현현을 기록한 세 복음서는 하나같이 본질상 그 현현들이 몸을 가진 이가 객관적 실체로서 나타난 사건이었음을 강조한다—이를 보면, 복음서가 기록해 놓은 부활 후 현현은 바울이 체험한 부활 후 현현과 들어맞지 않는 것 같다.

바울의 ὀφθῆναι('봄')과 다른 부활 후 현현을 이야기하는 복음서 기사 사이에 존재하는 이런 놀라운 차이를 어떻게 설명할 것인가? 하나는 분명 만져서 알 수 있는 경우가 아니었고, 다른 하나는 만져서 알 수 있는 경우임이 아주 분명했다—왜 이런 차이가 있을까? 이 체험들은 아예 다른 종류였을까, 아니면 결국은 모두 같은 종류였을까? 세 가지 대답이 제시됐다.

(a) 첫째, 부활 후 현현 전승은 세부 설명을 줄이는 쪽으로 발전했다. 즉, 아마도 물질의 현현, 물리적 현현 성격이 더 짙은 쪽에서 환상으로 체험한 현현, 영적 현현 성격이 더 짙은 쪽으로 발전했을 것이다. 케제만이 이런 의견을 주장했는데, 그는 이렇게 믿는다.

> 역사가에게 남아있는 가설은 더 상세한 내러티브를 입수할 수 있었지만 교리상의 여러 이유 때문에 이런 내러티브를 억눌렀다는 가설뿐이다. 이런 내러티브를 억눌렀던 까닭은 이런 내러티브가 두 번째 세대와 세 번째 세대 그리스도인의 견해에 부합하지 않았기 때문이다.[80]

이 견해에 따르면, 바울이 부활 후 현현을 언급한 말이 복음서의 그것보다 축소된 모습을 띠는 이유는 그 시대 헬레니즘이 몸의 부활이라는 사상을 마뜩잖게 여긴 것을 존중했기 때문이다. 부활 후 현현을 물질의 측면과 연계하여 더 자세히 설명한 복음서 기사는 부활한 예수의 존재 양식에 관하여 바울보다 앞서 존재했던 이해에서 나온 것이다.

(b) 둘째, 학자들이 훨씬 많이 선호하는 견해는 전승이 (a)가 주장하는 방향과 정반대 방향으로 발전했다고 보는 것이다—즉 환상을 통해 부활 후 현현을 체험한 것이 가장 이른 시기의 전승 층위에 속하며, 복음서 기사는 이런 현현 전승이 발전하여 물적 존재가 나타났다고 일러주는 전설적인 전승을 대변한다고 보는 것이다[81]—이런 발전은 '이 땅에

80. E. Käsemann, 'Is the Gospel Obejective?,' *ENTT* p. 49.

81. 가령 Bultmann, *Theology* I p. 45; Grass pp. 89f.; Fuller, *Resurrection* pp. 66f., 77ff. 을 보라.

살았던 예수의 자취들을 빌려옴으로써' 이뤄진 현현 **내러티브**의 발전이었다.[82]

(c) 세 번째 가능성은 중간 입장이다—이 견해는 종류가 다른 부활 후 현현이 있었다고 주장한다. 가령 린드블롬은 부활한 예수가 땅에서 나타난 현현(그는 이를 '그리스도 공현'[Christepiphanies]이라 부른다)과 예수가 하늘에서 나타난 현현(그는 이를 '그리스도 현현'[Christophanies]이라 부른다)을 구분한다. 그는 오순절 전에 일어난(베드로와 '열두 제자'에게 나타난) 일을 '그리스도 공현'이라 부르며, 오순절 뒤에 (500명이 넘는 사람과 야고보와 사도들과 바울에게) 나타난 일을 '그리스도 현현'이라 부른다.[83] 그런가 하면, 서로 다른 유형은 어쩌면 서로 다른 출처—사도행전 1:3ff.이 대변하는 예루살렘 전승과 고린도전서 15:3ff.이 대변하는 갈릴리 전승—에서 유래했을지도 모르겠다.[84]

여기서 기본 문제는 부활 후 현현 전승 안에 서로 충돌하는 두 경향이 있는 것 같다는 점이다: 물리적 현현**에서 이탈하는** 경향 (a)와 그 반대로 물리적 현현 **쪽으로 나아가는** 경향 (b). 겉으로 보면, 후자를 지지하는 증거가 훨씬 많다. 우리가 관련 문서를 기록 시기를 따라 시간 순으로 늘어놓고 살펴본다면, 뒤로 갈수록 부활 후 현현을 자세히 설명하는 경향이 있음을 부인하기가 어렵다. 바울은 부활 후 현현만을 열거한다. 마가는 부활 후 현현을 전혀 기록해 놓지 않았지만, 베드로 그리고 어쩌면 열두 제자에게도 부활 후에 나타나리라는 약속은 제시하되, 상

82. Fuller, *Resurrection* p. 115.

83. Lindblom, *Gesichte* pp. 104f., 108f., 111f.

84. W. Grundmann, 'Die Apostel zwischen Jerusalem und Antiochia,' *ZNW* 39, 1940, pp. 111ff.

세한 내용은 기록해 놓지 않았다.[85] 부활 후 현현에 해당하는 첫 번째 내러티브는 마태가 여자들이 부활한 예수를 만난 사건을 아주 짧게 기록해 놓은 기사에서 발견할 수 있다. 이런 내러티브 그리고 부활한 이를 물적 존재로 묘사하는 경향은 누가와 요한의 기록에 가서야 비로소 완전하게 표현된다. 이런 경향은 2세기에 이그나티오스가 쓴 『서머나인에게 보내는 서신』(3.2f.), 『히브리(인)복음』(7), 『베드로복음』(35-45) 그리고 특히 『사도들의 서신』(*Epistula Apostolorum*, 10ff.)에서도 계속 이어진다.[86]

그러나 사실 또 다른 경향이 있음을 보여주는 증거도 존재한다. 우리가 다루는 중심 주제에서 다소 벗어날 위험이 있지만, 그런 위험을 무릅쓰고 이 경향을 증명해 보겠다. 특히 초창기 예루살렘 공동체 안에서는 예수의 부활을 더 물리적 시각으로(몸의 부활로) 받아들인 이해가 널리 퍼져 있었음을 일러주는 단서가 몇 가지 있다—그렇다면 바울이 부활의 몸을 다룬 내용은 헬레니즘의 영향을 받아 부활 개념을 정교하게 다듬은 것으로, 부활 개념에서 신화 색채를 뺀 것으로 여길 수밖에 없다(본서 §21.3을 보라).

21.2. **예수의 부활에 대한 초창기 개념 형성**. 우리는 구약과 신약 중간기에 등장한 묵시 문헌이 종말론적 부활이라는 개념을 발전시켜 전개했음을 알고 있다. 이 개념의 뿌리는[87] 뒤늦게 이사야서에 추가된 부

85. 나는 마가가 그의 복음서를 16:8에서 끝내려 했다는 견해를 지지한다—이 견해가 현대 학계에서 점점 지지세를 늘려가고 있다; W. G. Kümmel, *Introduction to the New Testament*, ET SCM Press 1966, pp. 71f.을 보라.

86. Hennecke, *Apocrypha* I p. 165, 185f., 195ff.

87. E. Haenchen, 'Auferstehung im Alten Testament,' *Die Bibel und Wir*, Tübingen 1968은 그 뿌리를 훨씬 더 깊이 구약 속에서 찾는다(pp. 73-90).

분—24-27장(주전 4세기나 3세기)—그리고 다니엘 12:2(주전 165년경)까지 거슬러 올라가는 것 같다.

> 이사야 26:19—그러나 당신의 죽은 자들이 살아나고, 그들의 몸이 다시 일어날 것입니다. 땅에서 자는 그들이 깨어나 기뻐 소리칠 것입니다. ….[88]

> 다니엘 12:2—땅의 티끌에서 자는 (많은) 이들이 깨어나, 어떤 이들은 영생으로 그리고 어떤 이들은 영원한 모멸을 당할 것이다.

처음에는 부활의 형태를 아주 뚜렷하게 정의하지는 않았던 것 같다—딱 부러지게 몸의 부활이라 이야기하지도 않았고 몸의 부활일 가능성을 배제하지도 않았다(참고, 사 26:19, 단 12:3). 좀 더 뒤에 나온 묵시 문헌에서는 더 영적인 개념의 부활이 승리한다—가령 에스드라2서 2:39, 45('불멸의 옷'), 『에녹1서』 62:15('영광의 옷'), 108:11ff.[89] 그러나 유대 묵시 문헌은 줄곧 몸의 부활을 믿는 믿음을 발전시키고 펼쳐보였으며, 같은 시기의 다른 문헌도 같은 믿음을 명백하게 표명하게 됐다—이런 현상이 나타나게 된 것은 여러 원인이 있겠지만, 적어도 당시에 몸과 영혼을 나눠 보는 헬레니즘식 이분법이 영향을 미치며 유대 묵시 사상과 경쟁

88. 여기서 부활을 언급한 것이 논쟁 주제 가운데 하나다. 일부 학자는 이를 죽은 자의 부활이 아니라, 겔 37장의 환상처럼, 민족의 회복을 가리키는 말로 해석한다. 가령 D. S. Russell, *The Method and Message of Jewish Apocalyptic*, SCM Press 1964은 이를 죽은 자의 부활로 본다(pp. 367f.); U. Wilckens, *Auferstehung: das biblische Auferstehungszeugnis historisch untersucht und erklärt*, Stuttgart 1970은 민족의 회복으로 본다(pp. 116f.).

89. 참고, Russell, *Apocalyptic* pp. 377f.; Hengel, *Judaism* I pp. 196ff.

을 벌인 데에 따른 반작용도 분명 한 원인이었다.[90] 가령 특히 마카비 순교자들은 생명과 신체 기관의 회복을 기대한다(마카비2서 7.11, 23, 14.46).[91] 『시빌라의 신탁』 제4권은 '하나님이 몸소 사람들의 뼈와 재를 다시 만드시고, 죽은 자들을 그들이 이전에 살았던 것처럼 다시 한번 되살리실 것'이요(181f.) 이를 통해 '경건한 모든 이가 다시 땅에서 살게 될 것'(187)이라는 소망을 피력한다.[92] 또 『바룩2서』 50:2은 이렇게 말한다.

> 이는 땅이 그때 죽은 이들을 확실히 회복시킬 것이기 때문이다. …
> 그들의 형태에는 전혀 변함이 없겠고,
> 도리어 그것(땅)이 그들을 받았던 그대로 그들을 회복시킬 것이요,
> 내가 그들을 그 위에 냈던 그대로, 땅이 그들을 일으키리라.[93]

적어도 『바룩2서』는 더 영광스러운 형태로 변하는 일이 죽은 자 가운데서 부활함과 동시에 일어나지 않고 부활 **후에** 일어난다고 말한다(『바룩2서』 49-51).[94]

---

90. 참고, K. Schubert, 'Die Entwicklung der Auferstehungslehre von der nachexilischen bis zur frührabbinischen Zeit,' *BZ* 6, 1962, pp. 198ff.; Hengel, I. p. 200.
91. G. Stemberger, *Der Leib der Auferstehung*, Rome 1972, pp. 16-20은 7:28의 창조와 유사함('무에서')을 지나치게 강조한 채, 이 세 구절에 있는 πάλιν에는, 특히 이 말과 7:23, 14:46의 ἀποδίδωμι가 결합해 있음에는 충분한 무게를 부여하지 않는다.
92. Russell, *Apocalyptic* pp. 376f. Stemberger는 『시빌라의 신탁』 본문들을 논하지 않는다.
93. 참고, 『에녹서』 46:6, 51:1f., 4f., 58:3, 61:5, 『유다의 유언』 25장, 『스불론의 유언』 10:1-3, 『베냐민의 유언』 10:6-8, 1QH 11.10ff. 그리고 특히 창세기 랍바 14.5에서 힐렐과 샤마이가 벌이는 논쟁을 참고하라.
94. K. Lake, *The Historical Evidence for the Resurrection of Jesus Christ*, Williams & Norgate 1907, pp. 24ff.; 참고, Stemberger pp. 87ff. 아울러 S. H. Hooke, *The Resurrection of Christ*, Darton, Longman & Todd 1967, pp. 18-22; Wilckens,

첫 제자들은 죽었다가 살아난 예수에 관한 그들의 이해를 개념으로 정립하려 할 때 바로 위와 같이 덜 가공되고 덜 정교하며 더 간명한 부활 개념을 받아들였을 개연성이 크다. 필시 이런 원시 견해의 자취를 찾을 수 있는 곳이 마태복음 27:52f., 요한복음 5:28f., 그리고 사도행전 2:26f., 31, 13:35ff.이 아닌가 싶다.

마태복음 27:52f.: "무덤들도 열렸으며, 잠이 들었던 많은 성도의 몸이 일으켜져(ἠγέρθησαν), 그의 부활 후에 무덤에서 나와 거룩한 도시로 들어가서 많은 사람에게 나타났다"(RSV). 이는 분명 고대 전승이며, 마태는 이 전승을 그의 내러티브 안에 잘 통합하지 않고 그대로 보존해야 한다고 느꼈다. 이는 분명 예수의 부활이 마지막 때에 있을 모든 이의 부활의 시작(ἀπαρχή—고전 15:20, 23)이라는 원시 기독교의 견해를 이런저런 형태로 반영하는 것 같다.[95] 어쨌든 우리가 관찰할 수 있는 점은 여기서 부활을 죽은 이의 몸이 묻혀 있던 무덤에서 나옴으로 인식하고 있다는 것이다.

요한복음 5:28f.: "무덤 안에 있는 모든 이가 그의 목소리를 듣고 나오리라." 여기에서도 부활 개념은 단순하고 간명하다—여기의 부활 개념도 마태복음 27:52f.의 전승과 비슷하며, 하나같이 우리가 방금 전에 본 유대 묵시 문헌의 중요한 지류와 흐름을 같이한다. 따라서 복음서 기자는 십중팔구 초기 기독교 묵시 가운데 한 조각을 자신의 복음서 기사에 통합시켜 더 정교하고 분명 훨씬 후대에 현실로 등장한 종말론에 대한 균형추 역할을 하게 만든 것이 틀림없다.[96] 아울러 우리는 복음서 기

Auferstehung pp. 124-127. Fuller의 증거 검토는 너무 간략하고 한쪽에 치우쳐있다(*Resurrection* pp. 17f.).

95. 특히 Jeremias, *Theology* I pp. 309f.; 더 자세한 것은 본서 §29을 보라.
96. 참고, Fuller, *Resurrection* p. 17.

자 자신이 5:28f.에 들어있는 부활 개념을 몸과 부활 때의 존재 양식 사이에 존재하는 아주 가까운 상관관계를 암시하는 개념으로 인정하고 있다는 데 주목해야 한다—부활을 이해할 때 시체가 다시 살아나거나 살아있을 때의 상태로 회복됨 같은 것으로 이해한다. 실제로 요한복음 기자는 일부러 5:28f.과 말 그대로 **무덤 안에 있을 때** 예수의 **목소리**를 듣고 **걸어 나왔던** 나사로(11:17, 43)의 부활 사이에 존재하는 유사점,[97] 그리고 나사로의 부활과 예수의 부활 사이에 존재하는 유사점을[98] 인용함으로써 부활 개념이 가공되지 않은 날것임(crudeness)을 강조하는 것 같다.

사도행전 2:26f., 31, 13:35ff.: 베드로가 오순절에 한 설교와 바울이 안디옥 회당에서 한 설교는 모두 시편 16:8-11을 예수의 부활로 성취된 예언으로 인용한다.

> 사도행전 2:26f.—… 내 육도 소망에 거하리라. 당신은 내 영혼을 하데스(음부)에 버리지 않으시고 당신의 거룩한 이로 썩음을 보지 않게 하실 것입니다.
> 사도행전 2:31—[다윗이] 그리스도의 부활을 미리 보고 그것에 관하여 말하되, 그가 하데스에 버려지지 않고 그 육이 썩음을 보지 않으리라고 했다.

13:35ff.도 비슷하다. 이 설교들의 저작 시기가 언제이든,[99] 여기서 누가

97. 유사한 경우들을 보려면 R. E. Brown, *The Gospel according to John*, Anchor Bible 29, Chapman 1966, pp. 423, 437을 보라.
98. 참고, B. Lindars, *The Gospel of John*, Oliphants 1972, pp. 382-386.
99. 특히 U. Wilckens, *Missionsreden*을 보라; 아울러 F. F. Bruce, 'The Speeches in

나 누가가 사용한 자료는 첫 그리스도인들이 하나님이 예수를 죽은 자 가운데서 부활시키셨다는 그들의 믿음을 정당화하는 데 사용한 옛 증언이나 증거 본문—사실은 고린도전서 15:4이 언급하는 성경 가운데 하나—을 가져다 쓰고 있을 가능성이 높다. 사실 그 본문은 히브리 성경 본문이 아니라 칠십인역에서 가져왔는데,[100] 이는 자연스러운 일이다. 칠십인역이 히브리 성경보다 부활을 인정하는 해석을 더 수월하게 허용하기 때문이다. 그러나 이것이 꼭 이 본문을 맨 처음 증언으로 가져다 쓴 교회가 그리스어를 사용하던 교회였음을 암시하지는 않는다. 랍비들도 시편 16:9(의 **히브리 본문** 형태)을 죽음 **너머에서도** 육이 보존되는 부활을 일러주는 말로 해석했다.[101] 그들이 이런 해석을 그리스도인에게서 받아들였을 가능성은 거의 없다. 따라서 랍비들의 부활 해석은 아마도 그리스도인의 부활 해석보다 앞서 등장했을 가능성이 크다—증거 본문 가운데 하나는 바리새인이 부활에 대한 자신들의 믿음을 앞세워 사두개인보다 큰 권위를 얻으려 했음을 일러준다. 이는 시편 16:8-11에서 발전한 논증 흐름이 원시 기독교 변증의 한 부분이었음을 시사한다.[102] 어느 경우든 이런 해석이 가공되지 않은 부활 개념, 곧 부활을 몸의 부활

Acts-Thirty Years After,' *Reconciliation and Hope*, L. L. Morris Festschrift, ed. R. J. Banks, Paternoster 1974, pp. 53-68도 참고하라.

100. H. Conzelmann, *Die Apostelgeschichte*, HNT 1963, p. 29; Henchen, *Acts* p. 182 주1. 특히 16절의 ἐπ' ἐλπίδι와 17절의 διαφθοράν을 주목하라.

101. Strack-Billerbeck II p. 618. 아울러 A. Schmidt, 'Ps. 16.8-11 als Zeugnis der Auferstehung in der Apostelgeschichte,' *BZ* 17, 1973, pp. 245f.을 보라.

102. 아울러 W. L. Knox, *The Acts of the Apostles*, Cambridge 1948, p. 86; J. V. Doeve, *Jewish Hermeneutics in the Synoptic Gospels and Acts*, Assen 1953, 제6장; B. Lindars, *New Testament Apologetic*, SCM Press 1961, pp. 40ff.; J. W. Bowker, 'Speeches in Acts: A Study in Proem and Yelammedenu form,' *NTS* 14, 1967-1968, pp. 96-106을 보라.

로 보는 개념을 변호하고 있음에 다시금 주목해야 한다: 예수의 부활은 사람이 죽으면 보통 일어나곤 하는 육신의 부패 과정을 막고 되돌림으로써 이뤄졌다.[103]

아울러 빈 무덤 전승도 첫 신자들이 예수의 부활을 말 그대로 시신이 되살아남으로 보는 견해를 받아들였다는 것을 일러준다. 이 전승이 나온 시대와 역사성을 둘러싼 토론은 오랫동안 자세히 이뤄져왔지만, 우리가 여기서 그 토론을 다루기는 불가능하다. 다만 복음 전승의 문학적 분석도 그 전승의 원시성을 인정하거나 부정하는 결정적 증거를 찾지 못했다는 점만을 말해두는 것으로 만족할 수밖에 없다.[104] 어쩌면 그 전승이 본질상 역사성을 갖고 있음을 가장 설득력 있게 제시한 고찰 결

103. 행 2:31은 칠십인역 본문에 관한 해석 안에 '그의 육'이라는 말을 집어넣음으로써 부활한 예수의 몸이 물리적 본질을 갖고 있음을 강조한다—'그의 **육**이 썩음을 보지 않았다.' 그러나 이는 시 16:8을 고려할 때 자연스러운 해석이다('내 살이 소망 안에 거할 것이요'—히브리어 본문, '안전히'). 따라서 이를 '그리스 사상을 수용하는 길을 걸으면서 그리스의 육이 썩지 않았다는 점에 관심을 가졌던 초기 가톨릭의 관심'을 반영한 누가의 산물로 여겨 아주 쉽게 무시해 버릴 수는 없다(Wilckens, *Missionsreden* pp. 141 주2, 150은 반대다). 다른 증거를 고려할 때, 예수의 부활한 몸이 지닌 물성(物性)을 강조하는 누가의 견해는 그 자신의 관심사뿐 아니라 그가 알게 됐던 원시 전승의 영향을 받았을 가능성이 크다(더 자세한 것은 §21.3을 보라).

104. 빈 무덤 전승의 역사성을 살펴보려면 가령 von Campenhausen, 'Empty Tomb,' pp. 42-89; W. Nauck, 'Die Bedeutung des leeren Grabes für den Glauben an den Auferstandenen,' *ZNW* 47, 1956, pp. 243-267; Pannenberg, *Jesus* pp. 100-106; M. Hengel, 'Maria Magdalena und die Frauen als Zeugen,' *Abraham unser Vater: Festschrift für O. Michel*, hrsg. O. Betz, M. Hengel & P. Schmidt, Leiden 1963, pp. 253ff.; Jeremias, *Theology* I pp. 300-305; Wilckens, *Auferstehung* pp. 55-64, 149ff.; Fuller, *Resurrection* 제3장; E. L. Bode, *The First Easter Morning: the Gospel Accounts of the Women's Visit to the Tomb of Jesus*, Rome 1970; Vermes, *Jesus* pp. 39ff.을 보라. 이 전승이 뒤늦게 나왔음을 지지하는 논증을 보려면, 특히 Grass pp. 138-186을 보라. 예수 장사(葬事) 내러티브, 특히 막 15:42-46에 관한 논의를 보려면, I. Boer, *Die Urgemeinde und das Grab Jesu*, München 1972을 보라.

과는 다음 두 가지가 아닐까 싶다. 첫째, 우리는 위에서 당시 널리 퍼져 있던 부활 사상을 살펴보았다. 이런 사상에 비춰볼 때, **빈 무덤이 없었다면** 제자들이 그들의 '부활 후 현현' 체험을 부활과 관련지어 해석했을지 의문이며—모든 이가 부활하는 일이 일어나기 **전에** 이미 일어난 과거 사건으로서—'하나님이 예수를 죽은 자 가운데서 부활시키셨다'고 그들이 선포했을 때 많은 이가 믿었을지 의문이다. 둘째, 무덤 숭배 이야기가 존재하지 않는 점이 주목을 끈다. 종교사를 살펴보면(특히 유대교—마 23:39/눅 11:47), 죽은 예언자의 무덤이나 매장 장소를 신성하게 여김이 으레 볼 수 있는 특징이다.[105] 그러나 우리는 초창기 기독교가 예수가 묻힌 곳에 관심을 보인 자취를 도통 발견할 수 없다[106]—이는 놀라운 사실이다. 애초에 예수의 무덤이 그대로 남아있었다면, 또는 예수의 몸이 다른 곳으로 옮겨져 거기에 묻혔다면, 또는 무덤이 빈 채로 발견되는 일이 일어나지 않았다면, 그런 자취를 발견하지 못했을 리가 없기 때문이다.

---

105. 특히 유대교와 관련하여 언급할 필요가 있는 것은 J. Jeremias, *Heiligengräber in Jesu Umwelt*, Göttingen 1958의 문서 자료뿐이다. 아울러 'Drei weitere spätjudische Heiligengräber,' *ZNW* 52, 1961, pp. 95-101도 언급할 필요가 있다.

106. L. Schenke, *Auferstehungsverkündigung und leeres Grab*, Stuttgart 1968은 막 16:1-8의 원형이 일종의 인과론적 전설(aetiological legend)로서 부활절 아침마다 무덤에서 거행됐던 신앙 축제로부터 등장했다고 주장한다(O'Collins, *Jesus* pp. 41f.도 이 견해를 따른다). 이 논지는 막 16:1-8이 아무런 역사 근거를 갖고 있지 않으며(어쨌든 첫 부활절에 일어난 사건들은 그렇다) 완전히 추측에 의존한 내용이라는 사전 판단을 전제한다. 게다가 이 본문은 왜 이런 보증인이라는 역할을 여자들에게 맡겨야 했는가, 또는 그 신앙이 그런 중요한 역할을 여자들에게 맡겼는가라는 질문에 적절한 답을 제시하지 않는다(아래 주131을 참고하라). G. Schille, 'Die Himmelfahrt,' *ZNW* 57, 1966, pp. 183-199도 행 1:9-11과 관련하여 비슷한 논지를 제시한다. 그러나 S. G. Wilson, 'The Ascension: A Critique and an Interpretation,' *ZNW* 59, 1968, pp. 269-274을 보라.

따라서 첫 제자들은 죽어서 묻힌 예수의 몸과 새 생명을 얻은 예수의 몸 사이에 존재하는 상관관계에 아주 가까운 어떤 관계가 존재한다고—즉 그의 살이 썩는 것이 허용되지 않았다고—그의 몸이 정말 말 그대로 죽은 자 가운데서 부활했다고 믿었을 가능성이 높다.

이처럼 신약 문서 자체에는 부활 후 현현 해석이 영적 차원에 더 중점을 둔 해석에서 물리적 차원에 더 중점을 두는 해석으로 발전해 갔음을 보여주는 증거뿐 아니라 예수의 부활을 더 일찍부터 물리적 차원에서 해석했음을 보여주는 증거도 존재한다. 이는 부활 전승 역사 속에서 이뤄진 발전이 사람들이 보통 생각하는 것보다 복잡했음을 시사한다.

21.3. **초기 기독교가 예수의 부활에 관하여 형성한 개념**은 십중팔구 다음과 같은 단계를 거쳐 **발전했을** 것이다. 첫 번째 단계는 우리가 위에서 이미 살펴보았다. 첫 신자들은 예수가 부활한 뒤 베드로와 '열두 제자'(그리고 여자들)에게 나타난 것과 예수의 무덤이 빈 채로 발견된 것을 연계하여 하나님이 예수의 몸을 무덤에서 일으키셨다고—즉 예수를 하늘로 올렸다고—결론지었다. 이는 본디, 대다수의 학자도 동의하듯이, 초기 그리스도인이 부활과 승천 그리고 높이 들어올림을 내용상 구분하여 생각하지 않았기 때문이다.[107] 예루살렘을 중심으로 활동했던 신자들이 예수의 부활을 이렇게 물리적 관점에서 이해하는 입장을 포기했었다고 추측할 이유가 전혀 없다.

두 번째 단계는 헬레니즘 사상이 더 많이 지배하던 지역으로 복음이 퍼져나가면서 나타났을 것이다. 헬레니즘 사상은 물질을 혐오했다. 이 때문에 몸의 부활이라는 개념은 조롱거리가 됐을 것이다(참고, 행

107. 가령 행 2:32f., 13:33, 롬 1:3f., 10:9, 빌 2:8ff., 골 1:18, 히 1:3-5을 보라.

17:32, 고전 15:12, 35—본서 §19.1을 보라). 따라서 두 번째 단계는 부활 때 육이 회복된다는 생각에서 이탈하면서 부활의 몸이라는 개념을 다시 정의하는 특징을 보인다. 우리가 말할 수 있는 범위만 놓고 본다면, 바울 자신은 이 단계에 해당했다. 그는 몸의 부활을 곧이곧대로 믿기를 거부했다—'살(육)과 피(혈)는 하나님 나라를 유업으로 받지 못한다'(고전 15:50).[108] 이 한도에서 보면 그는 그리스 사상의 영향을 받았다—그러나 여기서 더 나아가지는 않았다. 즉, 그는 몸과 영을 나누는 이분법에 빠지지도 않았고 '영혼 불멸'의 소망을 강조하지도 않았다.[109] **육**(*flesh*)은 부활하지 않겠으나, **몸**(*body*)은 부활할 것이다. 이렇게 육과 몸을 구분하는 것은 대담하고도 모험 같은 시도였다. 그 시대에는 대개 σῶμα('몸')와 σάρξ('육')를 다소 같은 의미로 사용했기 때문이다—둘 다 신체(physical body)를 가리키는 말이었다. 히브리 사상은 '몸'을 가리키는 단어를 갖고 있지 않았으나, 칠십인역과 외경은 본질상 '육'을 가리키는 히브리어 בשר를 번역할 때 σῶμα와 σάρξ를 모두 사용했다.[110] 영지주의의 영향을 더 많이 받은 사상도 마찬가지였다. 비록 기본적 인간론은 성경의 그것과 아주 달랐지만, 그런 사상도 σῶμα와 σάρξ(그리고 '혼'을 뜻하는 ψυχή)를

108. 참고, J. Weiss, *Der erste Korintherbrief*, KEK 1910, pp. 345, 377. 고전 15:50a은 강림 때 여전히 살아 있는 이들에게 적용될 수도 있다(J. Jeremias, "'Flesh and Blood Cannot Inherit the Kingdom of God' (I Cor. 15.50)," *NTS* 2, 1955-1956, pp. 151-159; Barrett, *I Cor.* p. 379; 그러나 아울러 E. Schweizer, *TDNT* VII pp. 128f.; Conzelmann, *I Kor.* pp. 345f.을 보라). 그러나 그렇다고 해도 그것은 분명 부활을 이해하면서 부활한 몸을 물리적 몸으로 재구성하는 견해를 배제하는 데 이바지한다.

109. O. Cullmann, *Immortality of the Soul or Resurrection of the Dead?*, ET Epworth 1958.

110. J. A. T. Robinson, *The Body*, SCM Press 1952, pp. 11f.; Schweizer, *TDNT* VII p. 1047.

πνεῦμα('영')와 철저히 대비되는 말로 함께 사용했다.[111] 바울은 부활을 믿는 믿음을 헬레니즘이라는 정황 속에서 어떻게 제시해야 하는가라는 문제에 맞닥뜨리자, σάρξ와 σῶμα를 갈라놓음으로써 해결했다. 그는 물질에 대한 헬레니즘의 반감을 철저히 '육'을 향한 반감으로 돌려놓았다. 아울러 '몸'이라는 개념을 중립화하는 데 성공함으로써, '몸'을 '영'과 '육'의 대립 측면 혹은 '영'과 '혼'의 대립 측면 모두에 사용할 수 있었다. 그리하여 예수의 부활을 비롯한 부활을 몸의 회복(죽기 전에 지녔던 몸으로 돌아감—역주)이 아니라 변형으로, 완전히 새로운 존재 양식으로—**자연적 몸**(σῶμα ψυχικόν, '혼의 몸')이 아니라 **영적 몸**(σῶμα πνευματικόν)으로—제시할 수 있었다. 바울은 이렇게 '육'과 '몸'을 깔끔하게 구분함으로써 더 치밀한 그리스어 독자들도 더 잘 이해할 수 있는 부활 개념을 정립함과 동시에 부활을 전인(全人)의 부활로 보는 히브리인의 중요한 부활 이해를 유지하는 쪽으로 나아갈 수 있었다.[112]

그리스도인의 부활 이해 단계 중 두 번째 단계가 물리적 부활 개념의 포기였다면,[113] 세 번째 단계는 그 진자가 정반대 방향으로 아주 명확

111. 참고, Schweizer, *TDNT* VII p. 1055f. 아울러 B. A. Pearson, *The Pneumatikos-psychikos Terminology in I Corinthians*, SBL Dissertation 12, 1973, 제3장을 보라. 그는 바울이 그를 반대한 이들과 벌인 논쟁을 '이원론의 충돌'—바울의 **종말론적** 이원론과 바울을 반대한 이들의 **인간론적** 이원론의 충돌(p. 26)—이라 표현하는데, 이는 적절한 표현이다.

112. 더 자세한 것은 Dunn, *CSNT* pp. 128ff.을 보라. 여기서 B. V. Spörlein의 강해는 설득력이 없다.

113. 마가복음의 빈 무덤 기사는 이 주제에 관한 또 다른 변형일 수도 있다—'부활' 기사라기보다 '변형'을 다룬 기사일 수 있다. E. Bickermann, 'Das leere Grab,' *ZNW* 23, 1924, pp. 281-292; M. Goguel, *La foi à la résurrection de Jésus dans la christianisme primitif*, Paris 1933, pp. 213-233; N. Q. Hamilton, 'Resurrection Tradition and the Composition of Mark,' *JBL* 84, 1965, pp. 415-421을 보라. 아울러 *Jesus for a No-God World*, Westminster 1969, pp. 60ff.; Weeden, *Mark* pp.

하게 옮겨가는 특징을 보인다—영적 측면으로 나아가는 바울의 타협에 맞서 물리적 측면을 강조했던 그전의 견해를 재차 강조하는 특징을 보인다. 이를 가장 분명하게 볼 수 있는 곳이 누가의 부활 후 현현 기사이다(본서 §21.1을 보라). 그러나 누가의 부활 내러티브를 단순히 최초 그리스도인들이 예수의 부활 상태에 관하여 정립했던 원시 개념으로 되돌아간 것으로 여길 수는 없다. 오히려 누가의 부활 내러티브는 예수의 부활한 몸이 만지고 느낄 수 있는 특성(물리적 감지 가능성)을 갖고 있었음을 부각시키고 진지하게 강조한 것으로 이해해야 한다(특히 눅 24:39-43, 행 1:9-11을 보라).[114] J. 데니(Denney)처럼 보수 성향이 더 강한 학자도 이렇게 인정했다: "누가는 어디에서나 초자연적인 것을 물질화하려는 경향을 무심코 드러낸다. 따라서 이런 경향이 그의 부활 내러티브에도 자취를 남겼다고 추측해도 지나치지 않다."[115] 이런 경향을 증명하기는 어렵지 않다. 누가의 기록 중 다른 부분에서도 그가 영적 체험의 객관성을 강조하길 좋아했다는 것을 알 수 있다. 즉, 누가는 그런 체험을 이적으로서 더 분명하게 드러내고 싶어 했다. 예컨대, 누가가 예수의 요단강 체험에 σωματικῷ('몸의 형태로')라는 말을 덧붙인 점(눅 3:22), 누가가 예수 변형 기사에 제자들이 꿈에서 예수 변형을 보았음을 부인하는 말을 덧붙여놓은 점(눅 9:32),[116] 그리고 사도행전 2:3에서 '불의 혀처럼'이 아니라 '불 같은 혀'라고 표현(원문은 διαμεριζόμεναι γλῶσσαι ὡσεὶ πυρός인데, '불의 혀 같은 혀들이 갈라지면서'라고 번역할 수 있다—역주)한 점을 살펴보라(본서 제6장 주55을 보라).

106ff.을 보라.

114. 아울러 G. Lohfink, *Die Himmelfahrt Jesu*, München 1971, 특히 pp. 251ff.을 보라.

115. J. Denney, *Jesus and the Gospel*, Hodder & Stoughton ^{4}1913, p. 146.

116. διαγρηγορήσαντες δὲ εἶδαν τὴν δόξαν αὐτοῦ—'그들이 계속 깨어 있다가 그의 영광을 보았다'이거나 '그들이 완전히 깼을 때 그의 영광을 보았다.'

우리는 특히 이와 관련하여 천사들이 땅에서 일어난 사건에 직접 개입한 것에 누가가 특별한 관심을 보인 점,[117] 그리고 영을 방언과 예언의 영감과 거의 동일시하는 그의 상당히 조악한 영 개념에 주목해야 한다(행 2:4, 33, 8:17f., 10:44ff., 19:6—본서 §34을 보라). 물질 차원으로 흘러가는 누가의 부활 내러티브의 흐름은 누가가 남긴 이런 특별한 자취와 궤를 같이한다. 누가는 예수의 부활한 몸이 견실한 객관성을 갖고 있음을 강조하는데, 이는 가현설(docetism)에 반대하려는 동기 때문이거나,[118] 단지 누가 자신이 그의 영적 체험을 개념으로 정립하면서 독특하게 표현한 것일 수 있다.

어쩌면 네 번째 복음서가 부활 후 현현을 다룬 내용에서 또 다른 발전을 추적할 수 있을지도 모르겠다. 네 번째 복음서는 예수의 부활한 몸이 만질 수 있는 몸이었음을 틀림없이 분명하게 강조한다(요 20장을 보라). 하지만 예수는 먹는 것과 같은 물리적 행동을 전혀 하지 않으며, 단호한 말로 마리아가 자신을 만지지 못하게 한다(20:17). 분명 예수는 도마에겐 자신을 만지고 느껴보라고 권한다. 그러나 요한은 도마가 예수의 말대로 했다고 말하지 않는다. 사실 이것은 도마가 예수의 부활 후 현현을 본 것만으로도 이미 압도당하여 즉시 그의 믿음을 고백했으며 따로 물리적 증거를 필요로 하지 않았음을 암시한다. 29절이 말하는 복은 특히 '보지 **않았으나** 믿는 이들'을 위한 것이다.[119] 따라서 어쩌면 요

117. 눅 1:11ff., 26ff., 2:9ff., 22:33f.(?), 24:4ff.(두 남자), 행 1:10f., 5:19, 8:26, 10:3ff.('분명히'), 12:7ff.('환상'이 아니라 '진짜'), 27:23. Hull, *Hellenistic Magic* pp. 88ff.을 보라—"천사의 활동이 아주 놀라운 모습으로 분출되고, 대개 직접 개입의 형태를 띤다. … 누가복음에서는 천사의 방문을 문자 그대로 일어난 사건으로 여긴다."

118. 특히 C. H. Talbert, *Luke and the Gnostics*, Abingdon 1966, pp. 14, 30ff., 그리고 거기서 인용된 사람들을 보라.

119. Grass p. 71; Fuller, *Resurrection* pp. 144f.

한복음 20장은 예수의 부활한 몸이 사실임을 감지할 수 있는 증거를 제시하려는 누가의 대담한 시도에서 조금 물러선 것으로 봐야 할지도 모르겠다.

그렇다면 바로 여기에 우리가 제시했던 질문, 곧 복음서가 제시하는 부활 후 현현 내러티브와 바울이 체험한 부활 후 현현 사이에 현격한 차이가 존재하는 이유는 무엇인가라는 질문의 첫 번째 답이자 개연성이 큰 답이 있는 셈이다. **초창기 신자들은 그들의 부활 후 현현 체험을 훨씬 더 물리적인 관점에서 이해한 반면, 바울은 그와 부활한 예수의 만남을 훨씬 더 영적인 관점에서 이해했다**—그들이 체험한 부활은 분명 몸의 부활이었지만, 그 몸은 **영적** 몸이었다. 누가는 이런저런 이유로 원래의 견해를 보존하고 크게 강조하며, 요한은 같은 견해를 취하면서도 조금 유보적인 자세를 취하는 것 같다.

§22. 첫 증인들은 무엇을 보고 무엇을 들었는가?

22.1. **앞서 있었던 부활 후 현현의 모호성.** 위에서 개관한 내용이 증거를 공정하게 평가한 결과라면, 그것이 바울이 체험했던 부활 후 현현보다 앞선 부활 후 현현과 관련하여 우리에게 일러주는 것은 무엇인가? 우리는 바울의 ὀφθῆναι('봄')가 환상을 본 것이며 그 환상은 그가 자세히 설명할 수 없는 것이었다고 결론지었다. 바울이 체험한 부활 후 현현보다 앞선 부활 후 현현은 어떻게 하여 그렇게 물리적 관점으로 이해될 수 있었으며, 어떻게 하여 우리가 누가와 요한의 글에서 발견하는 것처럼 상세한 내용으로 표현될 수 있었을까? 초창기 제자들은 실제로 무엇

을 보았을까?

하나 가능한 대답은 서로 다른 종류의 부활 후 현현이 있었다는 것이다—즉 땅에서 이뤄진 부활 후 현현이 있었는가 하면 하늘에서 나타난 부활 후 현현이 있었다. 부활한 예수가 몇몇 제자가 모여 있는 무리 가운데 함께 있는 이로 나타나거나 심지어 이리저리 다니며 사람들에게 말을 건네지 말았어야 할 선험적 이유가 전혀 존재하지 않는다.[120] 적어도 구약에 나오는 몇몇 하나님 현현과 누가가 말하는 천사 현현의 밑바탕에는 분명 그런 몇몇 체험이 자리하고 있다.

그러나 어쩌면 가장 그럴듯한 제안은 이런 부활 후 현현들에는 **어떤 모호성**이 존재한다는 것, 세부 사실에 뚜렷함과 명쾌함이 없다는 것일지도 모른다. 이 때문에 한 가지 중심 사실('예수가 부활했다')이 주는 압도적 인상은 흔들림 없이 남아있지만, 증인들이 증언한 사실의 해석에서는 어느 정도 다양한 해석이 등장할 여지가 발생하게 됐다.[121] 누가와 요한의 글에서는 부활 후 현현을 물질적 차원에서 묘사하는 경향이 강하게 나타나며, 이 때문에 우리가 최초의 체험으로 되돌아가기는 어렵게 됐지만, 그래도 이런 가설을 지지하는 것처럼 보이는 몇 가지 징표가 있다.

(a) 마태복음 28:17—**최초의 열한 제자 가운데 몇 사람은 의심했다**.

---

120. 환상 체험에는 맛과 냄새, 신체 접촉을 느끼는 것도 포함될 수 있다: 이사야는 그의 입술에 뭔가가 닿음을 느꼈다(사 6:7), 예레미야는 야훼의 손이 그에게 닿음을 느꼈다(렘 1:9), 에스겔은 그의 입으로 달콤한 맛을 체험했다(겔 3:3). 구약성경을 보면, 아브라함에게 일어난 신현(神顯, theophany) 때 주의 천사가 실제로 음식을 먹었다(창 18:8). 유대교 전승에서는 이 음식 먹음을 신약 시대의 단순한 나타남으로 해석하고 있다는 게 흥미롭다(토비트 12.19; Philo, *Abr*. 118; Josephus, *Ant*. I, xi.2 (197); 참고, Philo, *Sac*. 59; Justin, *Dial*. 34). 아울러 Weinel. *Wirkungen* pp. 196ff.을 보라.

121. 참고, Hopwood p. 129.

이 전승의 초기 층위에 존재하는 이런 의심이라는 분위기에 특히 주목한 이가 바로 C. H. 도드(Dodd)였다. 양식비평을 통해 복음서 부활 내러티브를 살펴본 그의 연구는 '간결한' 세 가지 내러티브를 구별해냈다(마 28:8-10, 16-20, 요 20:19-21). 이 세 내러티브의 양식은, 그 '정황' 내러티브들('circumstantial' narratives)과는 달리, 이 세 내러티브가 '교회의 집단 기억이 전해 준 구술 전승에서 직접 가져온' 것임을 일러주었다. 도드는 '이 세 **본문** 전부에 의심이나 두려움이라는 요소를 암시하는 단서가 적어도 하나는 존재하고 있다'(마 28:10, 17, 요 20:20)고 말했다. 이어 그는 이렇게 말했다.

> 이런 유형의 부활 내러티브는 주의 현현이 그 현현을 보는 이들에게 완전한 확신이나 즉각적 확신을 심어주지는 않는다는 암시를 그 안에 하나의 필수불가결한 요소로서 담고 있다고 말해도 타당할 것 같다.

> (이런 내러티브들은) 주의 제자들이 주를 알아보고 인정했음을 (강조하지만), 거의 언제나 이렇게 알아보고 인정한 것이 즉각적이지도 않고 당연하지도 않았음을 암시한다.[122]

물론 누가와 요한은 이 의심이라는 모티프를 가져다가 정교하고 자세하게 다듬었다. 이것이 탁월한 변증 자료를 제공하기 때문이다. 의심과 불신을 강조한 덕분에 이 증거의 물리적 증명이 훨씬 더 설득력 있게

122. C. H. Dodd, 'The Appearances of the Risen Christ: An Essay in Form-Criticism of the Gospels.' *Studies in the Gospels: Essays in Memory of R. H. Lightfoot*, ed. D. E. Nineham, Blackwell 1955, pp. 10ff., 33; 참고, R. R. Bater, 'Towards a More Biblical View of the Resurrection,' *Interpretation* 23, 1969, pp. 58ff.

보였을지도 모른다(눅 24:36-43, 요 20:24-29).[123] 그러나 마태복음 28:17('그러나 몇몇 사람은 의심했다')은 의심을 변증의 모티프로 다루지 않는다. 예수는 의심에 대응하지도 않고 그 의심을 없애지도 않는다. 뒤이은 말(마 28:18-20)은 사명을 수여하는 말의 기능만을 한다고 볼 수밖에 없다—우리가 앞으로 보겠지만, 봄(seeing)과 사명 수여는 부활 후 현현 전체에서 볼 수 있는 가장 독특하고 시원적(始原的)인 특징 두 가지다. 따라서 마태복음 28:17이 그저 의심만 언급한 것은 순전히 역사적 사실을 되울려주는 메아리로 보는 것이 가장 좋다.[124] 도드의 결론은 그 한도 내에서는 타당해 보인다. 마태복음 28:16ff.가 기록해 놓은 부활 후 현현에서도 본 것과 관련하여 모호성이라는 요소가 나타난다.

다른 두 고찰 결과도 이런 결론에 힘을 실어준다. 첫째, 마태복음 28:16-20이 (린드블롬이 구분하여 말한) 그리스도 현현이나 그리스도 공현(본서 §21.1을 보라)을 이야기하는지는 분명치 않다. 이는 복음서가 제시하는 부활 내러티브 가운데 이 범주 혹은 저 범주에 확실히 집어넣을 수 없는 유일한 내러티브다. 이는 부활 후 현현에 관한 숙고(熟考)의 초기 단계—부활 후 현현을 땅에서 이뤄진 현현이나 하늘에서 나타난 현현으로 더 충실히 묘사하려고 시도하기 전의 단계—를 일러주는가? 이는

123. 그런가 하면, 성경의 증거는 깨닫지 못하게 하는 베일을 걷어 올리는 데 도움을 주는 변증 목적에 이바지한다(눅 24:11, 16, 25ff., 31f., 44f.; 참고, 고전 15:4, '성경을 따라').

124. 참고, Klostermann, *Matthäusevangelium* p. 231; Goguel, *Birth* p. 47; Fuller, *Resurrection* pp. 81f.; 이에 반대하는 견해를 주장하는 이들은 O. Michel, 'Der Abschluss des Matthäusevangelium,' *EvTh* 10, 1950-1951, pp. 16ff.; G. Barth in Bornkamm-Barth-Held pp. 132f.; Bornkamm, 'The Risen Lord and the Earthly Jesus: Matthew 28.16-20,' *The Future of Our Religious Past: Essays in Honour of R. Bultmann*, ed. J. M. Robinson, SCM Press 1971, pp. 204f. 참고, Grass pp. 29f.

124

흡사 부활 후 현현을 정교하고 자세하게 묘사하려는 경향이 사명 수여라는 요소(세례를 줄 때 삼위일체 하나님의 이름으로 세례를 주는 세례 문언 등등)에 집중하면서 봄(seeing)이라는 요소에는 손대지 않고 그대로 놔둔 것처럼 보인다. 만일 그렇다면, **우리는 예수가 이 부활 후 현현 때 그 자리에 현존한다는 인식이 확실하고 뚜렷하지는 않았기 때문에 그것을 그리스도 현현이나 그리스도 공현으로 이해했을 수 있다**고 결론지어도 될 것 같다.

둘째, 이 부활 후 현현은, 적어도 갈릴리에서 이뤄진 봄과 사명 수여라는 본질을 갖고 있다는 점에서, 복음서가 제시하는 모든 부활 후 현현 가운데 바울이 '열두 제자'가 체험했던 부활 후 현현이라 말한 것과 같은 것일 가능성이 가장 크다(고전 15:5; 아울러 막 16:7을 보라. 그리고 요 21장을 참고하라). 이는 다시 부활 후 현현이 모호성을 가질 수밖에 없는 이유를 시사한다—즉 바울의 ὀφθῆναι('봄')와 마찬가지로 열두 제자의 ὀφθῆναι도 환상을 통해 봄이었기 때문에 주관적 요소의 제약을 어느 정도 받을 수밖에 없었다(그렇다고 오롯이 주관적 요소가 모든 것을 좌우하지는 않았다). **봄의 방식이 환상이었다는 것은 그들(환상을 본 이들) 앞에 있는 실체에 대한 인식 정도가 다 달랐음을 의미했다**. 어떤 이들은 환상을 보면서 예수가 죽은 자 가운데서 살아났음을 곧바로 알았다. 반면, 또 다른 이들이 본 환상은 조금 모호하고 분명하지 않았다. 또 어떤 이들이 본 환상은 아주 생생하고 환상 가운데 나타난 실체를 만질 수 있었다. 이 때문에 그들이 자신들이 본 환상을 물리적 관점에서 자세히 설명할 수 있었다. 또 다른 이들의 경우, 처음 볼 때에는 그들 앞에 있는 이가 예수인지 분명치 않았거나 보는 것만으로는 그가 예수인지 분명히 알 수 없었다—이 때문에 그 환상을 통해 사명을 수여받았다는 확신에 의해 그 환상을 정의하고 확증할 수밖에 없었으며, 어쩌면 그 환상을 통해 부활한 예수를 본 것만으로도 충분하다 여겼던 베드로와 다른 나머지 사람들의 증언에 의해 그 환상을 정의하고 확증할 수밖에 없었을지도 모르겠다.

요컨대, 우리는 이제 '열두 제자'의 부활 후 현현 체험에 관하여 더 명확한 무언가를 말할 수 있는 처지가 된 것 같다. 모든 이가 자신들이 죽은 자 가운데서 살아난 예수를 보았다고 확신했다(고전 15:5, 11). 그러나 어떤 이들은 부활 후 현현을 체험하는 즉시 그런 확신을 갖게 된 반면, 또 다른 이들은 즉시 확신을 갖게 된 이들만큼이나 확실한 사건을 겪었으면서도 체험 즉시 확신을 갖지는 않았다. 이는 아마도 전자의 경우에는 예수의 나타남이 보는 것만으로도 아주 선명하고 만질 수 있을 정도였던 반면, 후자의 경우에는 예수의 나타남이 보는 것만으로는 선명하거나 확신을 품을 정도가 되지 못하여 결국 귀와 마음에 주어진 계시를 통해 보완될 필요가 있었기 때문일지 모른다.

(b) **베드로가 체험한 부활 후 현현**. 부활 후 현현 내러티브의 가장 놀라운 특징 가운데 하나는 베드로가 체험한 부활 후 현현 기사가 전혀 없다는 것이다. 우리는 원시 케리그마가 베드로가 체험했던 부활 후 현현을 첫 번째 현현이요, 초창기 공동체의 믿음을 좌우한 결정적 만남이었으며, 복음이 복음으로서 시작된 사건으로 여겼음을 알고 있다. 이를 분명하게 일러주는 곳이 고린도전서 15:5(그리고 그가 게바에게 나타나셨다), 마가복음 16:7(가서 그의 제자들과 베드로에게 그가 너희보다 앞서 갈릴리로 가실 것이며 거기서 너희가 그를 뵈리라고 말하라), 그리고 누가복음 24:34(주가 정말 부활하셨고 시몬에게 나타나셨다)이다.[125] 베드로가 이처럼 부활한 예수를 본 증

125. 아울러 요 20:3-10을 보라: "이 제자들의 달음질 이야기는 분명 어떤 형태로든 베드로의 우선성을 제시하려고 고안한 것이다"(Marxsen, *Resurrection* pp. 58f.; 아울

인으로서 우선한다는 점은 전승이 그에게 부여하는 우선성(primacy)—특히 그가 예루살렘 공동체 안에서 으뜸가는 지도자였다는 점(갈 1:18, 행 1-5장)—이 확증해 준다. 베드로가 '반석'을 의미하는 게바요 '하늘나라의 열쇠를 소유한 자'로서 가지는 권위도 그의 그런 우선성을 되비쳐주는 것인지도 모른다(마 16:18f.).[126] 따라서 베드로가 체험한 부활 후 현현이 가장 중요하다는 점을 전제한다면, 어쨌든 그 현현에 관한 기록이 전혀 존재하지 않음은 놀라운 일이다.[127] 우리가 생각하기에 따라 누가가 특히 이 핵심 증인이 체험한 부활 후 현현을 설득력 있게 설명하려 했다면 얼마든지 설명할 좋은 기회가 있었다고 여길 것이다. 그런데도 베드로의 체험을 담은 기사가 전혀 없다는 것은 아무리 발달하지 않은 초보 단계 형태의 설명을 담은 기사일지라도 베드로의 현현 체험을 설명하는 데에는 활용할 수 없었음을 강하게 시사하며, 이는 다시 베드로 자신이 그의 체험을 환상으로서 설명하든 물질 차원에서 설명하든 자세

러 Fuller, *Resurrection* pp. 135f.). 그러나 사실 Marxsen은 그의 논지를 증거가 허용하는 한계 너머까지 밀어붙인다.

126. 마 16:17-19은 예수 부활 후의 자료가 예수 부활 전의 삶 속에 들어가 있다고 보는 것이 더 설득력 있는 부분 가운데 하나다; 가령 Bultmann, *Tradition* pp. 258f.; von Campenhausen, *Authority* p. 129; Bornkamm in Bornkamm-Barth-Held pp. 44ff.; Grundmann, *Matthäus* P. 385; Fuller, *Resurrection* pp. 166ff., 203 주52을 보라. 그러나 아울러 O. Cullmann, *Peter: Disciple, Apostle, Martyr*, ET SCM Press [2]1962, pp. 164-217; Jeremias, *Theology* I pp. 167f., 245; Trocmé, *Jesus* p. 59을 보라.

127. 막 6:45-52, 눅 5:3-11 그리고 요 21:1-14은 예수가 부활 후에 '가면을 쓴 형상으로'(*in maskierter Gestalt*) 베드로에게 나타난 일을 설명한 기사라는 주장이 있었다(Hirsch); 변형(막 9:2-8)도 마찬가지다—'가면을 쓰고' 잘 가장한 덕분에, 부활 후 베드로에게만 나타났을 때처럼, 예수를 알아볼 수 없었다! 아울러 Fuller, *Resurrection* pp. 160-166을 보라. 요 21:15-17은 이 점을 가장 훌륭하게 주장한 구절이지만, 현재의 본문 형태가 베드로 자신에게 의존하고 있다는 점에서, 심히 의문이 드는 본문으로 여길 수밖에 없다.

히 설명하려 하지 않았음을 시사한다. 결론은 베드로의 체험도 바울의 그것과 비슷했다는 것 같다: 어쨌든 베드로는 부활한 예수가 자신에게 나타났음을 전혀 의심치 않았지만, 이 부활 후 현현을 더 자세히 묘사할 수는 없었다. 추측하건대 고린도전서 15:5의 ὤφθη('그가 나타났다')라는 말은 봄이라는 요소가 있었음을 암시하며, 그 ὀφθῆναι('봄')과 함께 자신이 예수에게 용서받고 사명을 받았다는 확신이 찾아왔다(요 21:15ff., 눅 22:32 그리고 어쩌면 마 16:18f.도 이를 암시하는 것 같다). 그러나 결국 그 부활 후 현현은 십중팔구 베드로 개인에겐 아주 강렬한 체험이었을 것이다. 이 때문에 그는 그 현현의 성격과 의미를 말로 완전하게 전달할 수 없었을 것이요 그저 할 말을 잃어버렸을 것이다. 그가 할 수 있는 말이라곤 이뿐이었다. '예수가 부활하셨다. 그가 내게 나타나셨다.' 이 두 마디 말이 군말 천 마디보다 나았다. 나머지는 베드로 자신의 행동거지로 말할 수밖에 없었다.[128]

가장 자세히 설명된 부활 후 현현이 한 번에 한 사람이 아니라 많은 사람에게 나타난 것이라는 점은 흥미로운데, 어쩌면 이는 부활 후 현현의 확증으로서 제시한 것인지도 모른다. 예수가 부활한 후 베드로나 야고보나 바울이나 다른 어떤 사도에게 나타났음을 설명해 주는 기사는 존재하지 않는다(본서 제6장 주36을 보라). 그러나 어쩌면 결국에 '열두 제자'가 체험한 부활 후 현현에서 유래했을 내러티브는 몇 개가 존재한다—마태복음 28장, 누가복음 24장, 요한복음 20-21장의 내러티브가 그것이다. 이런 내러티브는 다음과 같은 말로 일부 설명할 수 있을 것 같다: 부활 후 현현은 바로 이런 주관적 체험, 환상을 통한 체험, 어느 개

---

128. 추측건대 이와 똑같은 것이 예수와 형제지간인 야고보에게 일어난 현현에도 적용된 것 같다.

125–126

인의 강렬한 체험이라는 특질을 갖고 있었으며, 이런 특질 때문에 이런 체험을 한 이는 자신의 체험을 묘사하려는 시도를 하지 못했다. 아울러 한 사람이 아닌 여러 사람이 이 체험에 얽혀 있을 때에는 당연히 그 체험을 묘사하는 개념이 다양할 수밖에 없었다. 집단 체험 안에 존재하는 개개인의 다양한 인식과 반응은 베드로와 야고보 그리고 다른 개인의 경우가 제공하지 못하는 시야를 설교자와 교사에게 제공해 주었다.

(c) **여자들이 체험한 부활 후 현현**(들)(마 28:8ff., 요 20:14-18). 이 내러티브들의 역사 속 지위는 악명 높은 문제다. 바울과 마가 그리고 누가는 베드로가 부활 후 현현을 체험하기 전에 어떤 부활 후 현현이 있었을 가능성 자체를 배제하는 것 같다(고전 15:5, 막 16:6-8, 눅 24:22ff.). 마가와 누가는 오직 여자들이 천사(들)를 본 것만 이야기한다(막 16:5ff., 눅 24:4ff.)—누가는 특히 그 체험을 천사 현현('천사들을 본 환상'—눅 24:23)이라 말한다. 결국 사람들은 부활한 예수가 여자들에게 나타난 사건을 번번이 전설의 발전으로 치부하고 무시하면서, 이런 발전의 목적은 빈 무덤 전승과 부활 후 현현 전승의 연관 관계를 확립하는 것이었다고 본다.[129] 이 가설과 관련하여 하나 그럴듯한 제안은 빈 무덤에서 일어난 그리스도 현현이 그보다 앞선 천사 현현에서 발전했다고 보는 것이다.[130] 그러나 이 가설 자체는 설득력이 없다. 여자들은 증인 자격이 없었기 때문에,[131] 아무런 타당한 이유가 없는데도 부활한 예수를 맨 처음 알린 증언이 여자들

---

129. 특히 Grass pp. 27f., 86f.이 그렇다.

130. Fuller, *Resurrection* pp. 78f., 137.

131. J. Jeremias, *Jerusalem in the Time of Jesus*, ET SCM Press 1969, pp. 374f.; 이것은 바울과 그가 인용하는 전승이 여자들을 고전 15장의 증인 목록에서 빼버린 것을 충분히 설명해 줄 만한 이유가 될 것이다. '증인 목록'인 고전 15:5ff.에 관하여 알아보려면 Bammel, 'Herkunft' pp. 401-419을 보라.

의 입에서 나왔다고 밝힐 리는 거의 만무하다.[132] 아울러 빈 무덤과 부활 후 현현을 연계하려는 욕구도 충분한 이유를 제공하지 않는다. 더 앞선(천사 현현) 전승에 따르면 일부 제자(베드로와 요한)도 빈 무덤을 보았기 때문이다(눅 24:24, 요 20:3-10). 빈 무덤과 부활 후 현현의 연관관계는 부활한 예수가 빈 무덤 근처에서 마리아에게 나타난 경우보다 베드로에게 나타난 경우를 제시함으로써 훨씬 더 설득력 있게 확증할 수 있었다.

어쩌면 부활 후 현현에 어느 정도 모호성이 있으며 부활 후 현현과 관련된 각 개인의 체험이 아주 개인적(비밀스럽고 사사로운) 성격을 띠고 있다는 우리의 가설이 더 적절한 해결책을 지시해 줄지도 모르겠다. 우리가 일단 예수의 무덤이 비었음을 여자들이 발견했다고 인정하면(본서 §21.2을 보라), 그들이 그 빈 무덤이나 무덤 근처에서 환상 체험을 한 번(아니면 더 많이?) 했을 가능성을, 아니 개연성을 인정할 수밖에 없다.[133] 여자들이 천사들을 보았다는 주장을 전설이라며 무시하는 것은 전혀 도움이 되지 않을 것이다. 물론 심리학적 근거를 토대로 여자들이 본 것의 **지위**에 이의를 제기하며 논쟁을 벌일 수도 있다. 그것은 그렇다 치자. 그러나 단지 계몽주의 시대 이후의 인간은 더 이상 천사를 믿지 않는다는 이유 때문에 천사를 보았다는 **주장**이나 환상을 보았다는 **주장**의 역사상의 근거를 대라며 그 **주장**을 논박할 수는 없다! 환상 체험은 종교사에서 아주 흔하기 때문에 여기서 제시한 기사를 그런 이유로 무시할 수는 없다.[134]

132. 참고, Hengel, 'Maria Magdalena' pp. 250ff.

133. 전승사에서는 몇 가지 이유를 들어 빈 무덤 방문 기사를 여자들이 겪은 부활 후 현현을 다룬 기사와 분리한다(Hengel, 'Maria Magdalena' pp. 253ff.). 그러나 아래를 보라.

134. 참고, Hopwood p. 130. 고전적 예언자 가운데에서는 환상이 드문 것이 아니었다.

따라서 빈 무덤을 발견한 여자들이 그 무덤이나 무덤 주위에서 환상 체험을 했을 가능성을 인정한다면, 이제 우리는 계속하여 이렇게 물을 수밖에 없다. 그들은 무엇을 보았는가? 여기에서도 모호성이라는 요소가 강한 흔적을 남기게 된다. 마가는 흰옷을 입은 한 젊은이가 무덤 안에 있었다고 말한다(막 16:5). 누가는 '눈부신 옷을 입은 두 사람'을 이야기하고, 뒤이어 '천사들이 나타난 환상'을 이야기한다(눅 24:4, 23). 마태는 '주의 천사'를 이야기하는데, 그 '모습이 번개 같고 그 옷은 눈처럼 희며' 그가 무덤 밖 돌 위에 앉아 있었다고 말한다(마 28:2f.). 마태는 계속하여 여자들이 무덤에서 돌아가는 길에 예수를 만난 일을 짧게 보고한다(28:8ff.). 요한은 흰 옷을 입은 두 천사가 무덤 안에 있었다고 말하면서, 마리아만이 그들을 보았고 이어 부활한 예수가 마리아에게만 나타났다고 말한다(요 20:12, 14ff.). 부활 후 현현 자체만 놓고 보면, 마태는 여자들이 '그의 발을 잡았다'고 보고하는 반면, 요한은 예수가 만질 수 있는 상태였지만 마리아의 만짐을 허용하지 않았다고 말한다(요 20:17).

여기서 또 다른 중요한 증거 두 가닥을 인용할 수밖에 없다. 첫째, 여자들의 체험은 분명 신비한 특질을 갖고 있다. 이런 특질은 오토가 무섭고 매력이 넘치는 신비(*mysterium tremendum et fascinans*)라 부르는 것의

Lindblom, *Prophecy* pp. 122-137, 144f., 147을 보라. 신약 시대에서 우리가 참고할 필요가 있는 곳은 고후 12:1ff.와 요한계시록뿐이다. 기독교 내부에서는 가령 E. Underhill, *Mysticism*, Methuen [12]1930, reprinted 1967, pp. 266-297과 색인; K. E. Kirk, *The Vision of God*, Longmans 1931, 색인의 'visions'; Lindblom, *Gesichte* pp. 13-26; M. Kelsey, *Dreams: The Dark Speech of the Spirit*, Doubleday 1968; 그리고 특히 Benz, *Vision*을 보라. William James는 "종교가 곧 따분하고 무딘 습관이 아니라 예리하고 격렬하게 열정적인" 이들을 묘사하면서, "그들은 자주 무아지경의 신들린 상태에 빠졌고, 음성을 들었으며, 환상을 보았다"고 말한다(*Varieties* p. 29).

127

좋은 사례다.[135] 여자들은 '공포에 사로잡혀 제정신이 아니었으며', '무서워했다'(막 16:8). 그들은 두려움과 기쁨이 뒤엉킨 상태로 무덤을 떠났으며, 두려움이 예수의 부활 후 현현에 그들이 보인 반응이었다(마 28:8, 10). 그리고 어쩌면 요한복음 20:17 역시 무서움(*tremendum*)을 자아내는 금기를 체험한 일을 되울려주는지도 모르겠다.[136] 둘째, 여자들이 아무 말도 하지 않았다거나(막 16:8) 사람들이 여자들의 증언을 믿지 않았다는 말(눅 24:11, 막 16:11)이 되풀이된다.

이 모든 내용에서 그럴듯하고 일관성이 있는 하나의 그림이 등장한다. 즉, 무덤을 방문한 여자들은 환상을 체험했다. 환상을 본 여자들은 처음에는 자신들이 누구를 보았으며 무엇을 보았는지 확신하지 못했다. 그들은 이 환상이 예수의 부활 후 현현이었음을 깨닫게 됐다(어쩌면 베드로의 체험을 토대로 그렇게 인식하게 됐을 수도 있다). 그러나 그 환상 체험에 관한 그들의 설명이 하도 혼란스럽고 사람들을 혼란스럽게 만들다 보니, 다른 제자들은 그들의 설명을 진지하게 받아들이지 않았다. 어떤 이들은 그 설명을 무시했다. 여자들의 증언은 어쨌든 값어치가 없었기 때문이다. 어떤 이들은 그것을 '천사를 본 환상'이라 해석했다. 반면 어떤 이들은 그것을 부활한 주가 진정으로 나타난 것으로 받아들였다.[137] 후

135. *Holy* 제4-6장. Otto는 사실 완전한 라틴어 문구를 사용하지 않았다.

136. Lindblom, *Gesichte* pp. 94f.

137. 참고, Lake, *Resurrection* pp. 186ff. 아울러 구약의 신현(theophanies)이 지닌 양면성을 참고하라—현현 때 나타나는 이를 '주/하나님의 천사'와 '주/하나님'으로 달리 묘사하기도 한다(창 16:7-13, 21:17-19, 22:11-18, 출 3:2ff., 삿 6:11ff., 13:19-22). 아울러 단 7:13('인자 같은 이')과 단 8:15f.('사람의 모습을 가진 이' = 가브리엘)을 참고하라. 구약 전승을 보면, 하나님의 임재가 잠시 나타났다가 사라지는 모습, 더 물리적 형체를 가진 모습으로 나타나다가 나중에는 세키나(Shekinah)—**형체가 없는** 밝은 구름이나 불 속에서 그의 백성 가운데 나타나 사람들이 볼 수 있게 발산되는 하나님의 영광(가령 출 13:21f., 19:16, 18, 24:16f., 33:10f., 40:34f., 민 9:15f., 왕상

127-128

자의 두 경우에는 그렇게 하여 나온 전승이 다양한 정교화 작업을 거쳐 결국 우리가 지금 갖고 있는 기사와 같은 상태가 됐다.

요컨대, 우리가 여자들, 베드로 그리고 '열두 제자'가 체험한 부활 후 현현에 관하여 입수할 수 있는 증거는 모두 **일련의 환상 체험이 강렬한 개인 체험이요 모호한 체험**이었으며, 특히 그 체험의 시각적 요소가 그런 성격을 지니고 있음을 일러준다. 그러나 바로 그런 이유 때문에 **그 체험에 관련된 이들이** 아무리 들은 말이 많고 아무리 이뤄진 일을 많이 보았다 하더라도 결국 **그들이 할 수 있는 일은 그저 '나는 죽은 자 가운데서 부활한 예수를 보았다'라고 강조하는 것밖에 없었다**.

22.2. **사명 수여였던 초창기의 부활 후 현현**. 우리가 바울이 체험한 부활 후 현현과 그 전의 부활 후 현현을 비교할 때 두 번째로 주목해야 할 특징은 바로 사명 수여라는 요소다. 바울은 부활한 예수를 옛 시대의 끝에 마음 안에서 불타는 새 시대의 메시지를 전하도록 파송한 이로서 체험했다. 초창기 증인들이 체험한 부활 후 현현도 그랬는가?

얼핏 보면 그 대답은 확고한 긍정이다. 부활 후 현현은 곧 사명 수여 체험이었다는 것이 복음서가 제시하는 부활 후 현현 체험의 독특한 특징이다. 사명 수여는 마태복음 28:16-20 기사의 특징이다—"그러므로 가서 … 제자를 만들라." 심지어 부활한 예수가 여자들에게 나타난 일을 전하는 이상하고 작은 에피소드도 '가서 말하라'는 명령을 그 특징으로 갖고 있다(마 28:8ff.—천사 현현도 마찬가지다. 막 16:6f., 마 28:5ff.을 보라). 누가복음에 있는 부활 내러티브의 절정도 모든 민족에게 그리스도의 이

8:10f.을 참고하라)—가 하나님의 임재를 나타낸다는 확신으로 옮겨간다. 이런 점도 우리의 연구와 무관하지 않다. 아울러 위 주120을 보라.

름으로 참회와 용서를 설교하라는 사명을 부여한다(눅 24:46f.). 사도행전에서도 마지막 부활 후 현현의 본질은 사명 수여다: "너희가 내 증인이 되리라. …"(행 1:7f.). 마지막으로 네 번째 복음서를 보면, 부활한 주가 사명을 수여하는 것이 부록의 부활 후 현현을 포함하여 네 차례에 걸친 부활 후 현현 중 세 현현의 특징을 이룬다: 마리아가 체험한 부활 후 현현(20:17—'가서 … 말하라'), '제자들'이 체험한 부활 후 현현(20:21—'아버지가 나를 보내신 것처럼, 나도 너희를 보낸다'), 그리고 베드로가 체험한 부활 후 현현(21:15ff.—'내 양을 먹이라').

그러나 더 깊이 곱씹어보면 확신이 덜 서는 말을 할 수밖에 없다.

(a) 부활 후 현현에는 시각 요소를 더 잘 감지할 수 있게 만들려는 욕구가 있으며, 특히 누가복음에서는 그런 욕구가 강하게 나타난다. 이 때문에 청각과 관련된 요소가 전혀 영향을 받지 않은 채 그대로 남아있었을 가능성은 거의 없다.[138] 따라서 마태복음 28:18ff., 누가복음 24:46f., 사도행전 1:8이 하나같이 사명 수여라는 본질을 지닌 것은 틀림없이 후대의 성찰이나 계시의 표현일 것이다. 복음을 온 세상에 전해야 한다는 확신은 헬라파 유대인에게서만 강한 형태로 나타났기 때문이다(행 7장, 8:4, 11:19f., 엡 3:3-6—더 자세한 것은 본서 §27.1을 보라). 아울러 마태복음 28:19(삼위일체 공식)과 요한복음 20장에 등장하는 사명 수여(예수가 요한 신학의 언어로 말한다)의 발전된 신학에 주목하라.

(b) 처음에 있었던 예수의 부활 후 현현에 예수를 유대인에게 전파하라는 사명 수여가 실제로 유효하게 들어있었는가도 분명치 않다. 이 문제가 모호한 이유는 부활한 예수와 그를 본 사람들이 갈릴리로부터 왔다 갔다 하기 때문이다(그러나 더 자세한 것은 본서 §25과 §27을 보라). 누가는

138. 참고, Grass p. 253.

부활 후 현현 자체에 아무런 선포도 동반되지 않았으며 다만 오순절과 더불어 선교가 시작됐음을 제시한다(행 1-2장). 주목할 만한 것은 베드로가 체험했던 부활 후 현현에 관한 초창기 선포에 사명을 수여하는 말이 전혀 들어있지 않다는 점이다—그 선포에는 그저 부활한 예수가 베드로에게 나타났다는 말만 들어있다(눅 24:34, 고전 15:5).

(c) 무엇보다도, 바울의 사명에 대한 이해에서의 특징인 종말론적 색채는 거의 빠져 있다. 사도행전 1:11과 요한복음 21:22f.을 제외하면, 누가복음이나 사도행전이나 요한복음에서는 그런 색채가 전혀 나타나지 않는다. 그러나 그런 부활 후 현현은 바울이 예상하는 부활 후 현현과 실제로 상응하지 않는다. 사람들은 마가복음 16:7이 강림(parousia)을 언급한다고 주장했다—'그가 너희보다 앞서 갈릴리로 가실 것이다.'[139] 그러나 마태복음 28장과 요한복음 21장이 갈릴리에서 일어난 부활 후 현현에 관하여 일러주는 전승들에 비춰볼 때, 갈릴리에서 있었던 부활 후 현현을 언급한 말로 보는 것이 여전히 더 타당한 것 같다.[140] 바울이 예수의 부활을 종말론과 연계하여 평가하는 것으로 우리를 가까이 데려가는 유일한 본문은 우리가 이미 위(§21.2)에서 언급했던 마태복음

139. Weiss, *Earliest Christianity* pp. 14-18; Lohmeyer, *Markus* pp. 355f.; W. Marxsen, *Mark the Evangelist*, ET Abingdon 1969, pp. 85ff.; N. Perrin, *Christology and a Modern Pilgrimage*, ed. H. D. Betz, California 1971, pp. 37-44; Weeden pp. 111-117; 참고, Nineham, *Mark* p. 446; 아울러 B. Steinseifer, 'Der Ort der Erscheinungen des Auferstandenen,' *ZNW* 62, 1971, pp. 232-265을 보라.

140. 예를 들어, Lake, *Resurrection* pp. 206-213; Taylor, *Mark* p. 608; Grass pp. 113-127; T. Lorenzen, 'Ist der Auferstandene in Galiläa erschienen?', *ZNW* 64, 1973, pp. 209-221을 보라. R. H. Stein, 'A Short Note on Mark 14.28 and 16.7,' *NTS* 20, 1973-1974, pp. 445-452; 그리고 Weeden p. 111 주13이 인용하는 것들을 보라. Michaelis가 Hirsch와 벌인 활발한 토론을 참고하라(*Erscheinungen* pp. 41-72). 아울러 아래 주143을 보라.

27:52f.의 원시 전승이다. 이는 예수의 부활이 시대의 마지막에 이뤄질 모든 이의 부활의 시작이었다는 믿음을 그 나름의 독특한 방식으로 표현한다. 그러나 이 전승은 제자들에게 증인이 되어 증언하라고 명했던 어떤 명령과도 연결되어 있지 않다(하지만 27:54을 참고하라).

그러나 이 모든 사실에도 불구하고, 초창기 부활 후 현현에도 비록 덜 발달된 형태로나마 사명 수여라는 요소가 있음을 부인하기는 힘들 것이다. (1) 가장 원시적 형태의 부활 후 현현 내러티브는 뭔가를 명령하는 말이 본질 요소인 것 같다.[141] (2) 자신이 사도라는 바울의 주장은 그보다 앞서 적어도 '모든 사도'가 체험했던 부활 후 현현이 사명을 수여하는 현현이었다는 가정에 기초하고 있다. 분명 **바울은 예수가 자신보다 먼저 다른 이들에게 나타났던 것을 사명 수여로 널리 이해할 수 있었고 그렇게 믿을 수밖에 없었다면 자신이 사명을 받은 일도 예수의 부활 후 현현이라고 주장했을 것이다.**[142] (3) 베드로가 체험한 부활 후 현현은 케리그마 문언을 통해 선포된다(본서 §22.1 [b]을 보라). 그것을 케리그마로 사용하려는 동기는 틀림없이 어느 정도는 베드로에게서 나왔을 것이며, 베드로도 틀림없이 그런 동기의 근원을 적어도 일부는 부활 후 현현 자체에서 찾았을 것이다. (4) 이와 관련하여 기억해 두어야 할 것은 초기 기독교 안에서 지도자로 인정받았던 이들이 그 지위를 인정받은 것은 분명 부활한 예수가 그들(베드로, '열두 제자', 야고보, 사도들, 바울)에게 나타났다는 사실 때문이라는 것이다. 초기 기독교는 지도자의 사명을 부여한 것, 다시 말해, 주도권을 갖고 복음의 대변인 역할을 할 사명을 부여한

141. Dodd, 'Appearance' p. 33.
142. 참고, Roloff, *Apostolat* pp. 52ff. 아울러 고전 15:5과 7절은 본디 '정당화 공식'(legitimation formulae) 역할을 했다는 Wilckens의 견해를 주목하라(Wilckens, 'Ursprung' pp. 67ff., 75ff.).

것을 처음부터 이런 부활 후 현현의 필수 요소로 받아들인 게 틀림없다. (5) 다양한 부활 후 현현이 일어난 위치와 관련하여 우리가 현재 파악하고 있는 그림은 혼란스럽기 그지없다. 하지만 갈릴리에서 부활 후 현현이 있었으며,[143] 그 뒤에 그 현현을 체험했던 이들이 예루살렘으로 돌아왔다는 것만은 거의 확실하다. 이들이 이렇게 예루살렘으로 돌아가기로 결정한 것은 아마도 갈릴리에서 체험한 부활 후 현현 때문이었을 것이다. 그들은 이 부활 후 현현을 예수의 승리를 선포하고 임박한 그의 개선(凱旋, 최후 승리)을 기다리라는 명령으로 이해했다.[144] 즉, 갈릴리에서 예루살렘으로 옮겨간 것은 필시 바울이 이방인 선교에 나서도록 만들었던 것과 같은 종말론적 흥분의 결과이자 표현이었다(더 자세한 것은 본서 §25.1과 §25.2 그리고 §29을 보라).

우리가 이 이슈에 관한 논의를 마무리하려면 먼저 오순절 전승(행 2장)을 살펴봐야 한다. 그러나 우리는 여태까지 고찰해 온 것을 이런 말로 요약할 수 있다. 즉, 많은 경우에 **죽은 자 가운데서 부활한 예수를 본 체험은 그의 부활 사실을 알려야 한다는 강한 충동의 시작이기도 했다**. 모든 체험이 이런 결과를 낳지는 않았으며, 적어도 그 결과의 정도 역시 다 같지는 않았다. 예컨대, '500명이 넘는 형제들'(고전 15:6)을 모두 부활 후 현현을 체험한 증인으로 내세울 수 있었으나, 그들이 모두 설교자나 사도는 아니었다. 따라서 어떤 이들은 그들의 부활 후 현현 체험을 그들만 간직할 수 없었던 반면, 또 다른 이들은 그들이 한 체험에 더 조용하게, 여기저기 다니며 떠들어대지 않는 식으로 반응한 것도 첫 부활 후

143. 누가가 전승을 바꿔 갈릴리에서 일어난 부활 후 현현을 배제했다는 견해를 뒷받침하는 논거가 그 반대의 견해, 곧 갈릴리에서 일어난 부활 후 현현을 전하는 전승을 후대의 발전으로 보는 견해보다 훨씬 강력하다. 본서 §25.1과 위 주140을 보라.

144. 참고, Grass p. 254.

현현 체험들이 지닌 모호성의 한 부분일지 모른다. 전자에 해당하는 이들은 아마도 예수가 그들을 시켜 그의 부활을 마지막을 알리는 징조로 선포하길 원한다고 믿었을 것이며, 후자에 해당하는 이들은 그저 예수가 그의 제자들에게 그가 죽음을 정복했다는 확신을 심어주는 것이 예수가 부활 후에 나타난 목적이라고 믿었을 것이다(참고, 눅 24:13-43, 요 20:26-29). 그러나 이 신생 분파의 지도자로 등장한 이들은 부활한 예수가 그들에게 친히 사명을 수여했다고 확신했으며, 나머지 사람들도 그들의 확신을 받아들였다. 그런 확신이 애초에 그들이 부활 후 현현을 체험할 때 청각 요소를 통해 왔든, 아니면 내면의 확신을 통해 왔든, 우리는 더 이상 명확한 판단을 내릴 수 없다—그들은 어느 경우든 그것을 높이 올림을 받은 예수의 목소리로 알았다. 처음에 가졌던 확신을 훗날에 더 완전하게 주어진 영감과 계시에 비춰 자세히 묘사하게 된 것만은 거의 확실하다(더 자세한 것은 본서 §27.1을 보라). 그러나 초창기 증인 가운데 존재했던 선교의 동기가 무엇이었든, 십중팔구는 이 증인들이 품었던 동기의 근원도 본질상 바울의 경우처럼 부활 후 현현이었다.

22.3. **초창기 부활 후 현현의 독특한 특징들.** 우리가 §22 서두에서 제기한 질문은 바울이 체험한 부활 후 현현보다 앞서 있었던 부활 후 현현이 바울의 그것과 달랐는가였다. 증거가 요구하는 대답은 **'같으면서도 달랐다'였다—부활 후 현현을 체험한 이들이 만난 실체가 바로 죽은 자 가운데서 부활한 예수였다는 점에서 그들의 체험은 같았다. 그러나 예수의 부활 후 현현은 예수가 만난 사람들에게 각기 사뭇 다른 영향을 미쳤으며, 그런 점에서 그들의 체험은 달랐다.** 어떤 이들은 예상밖이요 신비하기만 한 그 체험을 하는 순간 두려움과 떨림에 압도당하

여 처음에는 그 현현을 어떻게 이해해야 할지 전혀 알지 못했고, 그 체험을 어떤 개념으로 설명하려는 그들의 시도도 혼란과 불신만을 낳을 뿐이었다. 또 어떤 이들은 그들이 한 체험에 관하여 아무 말도 못하고 그저 그들이 예수를 보았다는 것만 강조했다—어쩌면 이는 그들이 한 체험을 말로 옮기려 해도 옮길 수 없었기 때문이거나 아예 말로 옮기려 하지 않았기 때문일지도 모른다. 우리는 특히 베드로의 경우에는 그의 확신이 지닌 힘 그리고 그의 행동거지와 삶에서 일어난 명백한 변화 때문에 그의 증언 자체가 강한 설득력을 갖게 됐다고 추정할 수밖에 없다.

그러나 다른 제자들의 믿음은 베드로의 증언에만 의존하지는 않았다.[145] 다른 이들도 베드로에 이어 예수를 보았으며, 그 가운데 몇몇 경우는 예수를 보았다는 것만으로도 충분할 만큼 예수를 아주 선명하게 인식했다. 그런가 하면, 또 다른 이들은 그들 내면의 귀로 들은 계시의 목소리를 통해, 그리고 어쩌면 그들보다 앞선 증인들의 증언, 특히 베드로의 증언을 해석의 열쇠로 활용하여 단단한 확신을 얻었다.

또 다른 차이점들도 있었다. 몇몇 경우에는 부활 후 현현이 현현 자체로 끝났다—하나님이 제자들의 눈을 열어 그들 가운데 있는 예수를 알아보게 했다. 그러나 다른 경우에는 부활 후 현현이 어찌나 강력한 인상을 남겼던지, 현현 체험을 한 이는 예수를 보는 것으로 그치지 않고, 나아가 이 체험을 통해 예수를 부활하여 높이 올림을 받은 메시아요 하나님의 아들이며 곧 강림할 주로 사람들에게 널리 알려야 한다는 책임까지 부여받았는데, 바울의 경우가 가장 좋은 사례다.

요컨대, **바울이 체험한 부활 후 현현보다 앞서 있었던 부활 후 현현에서 볼 수 있는 가장 원초적 특질 세 가지는 시각을 통해 봄, 의심과 두**

145. Marxsen, *Resurrection* pp. 89-96과 반대다.

려움이라는 요소, 그리고 자신이 본 환상을 알려야 한다는 의무감이다. 모든 부활 후 현현에서 이 세 특질이 모두 나타나는 것은 아니고, 세 특질이 각기 다른 조합을 이루며 나타난다. 그러나 성경이 기록해 놓은 모든 경우를 보면, 이 체험 뒤에는 견고하고 확고한 확신이 뒤따른다: "예수가 부활하셨다. 그가 내게/우리에게 나타나셨다."

적어도 첫 제자 가운데 몇몇 사람이 체험했던 부활 후 현현의 모호성을 고려할 때, 어쩌면 한마디 덧붙이는 것이 필요할지도 모르겠다. 바울의 경우에서 볼 수 있듯이, 주관적, 심리적 요소들이 내가 말했던 것보다 훨씬 큰 역할을 했을 수도 있다—즉 부활 후 현현은 실제로 처음부터 끝까지 '늘 마음속에' 있었다. 기록들이 제시하는 모호성은 우리가 앞서 언급한 종교적 체험에서 널리 나타나는 모호성의 일부다—이 때문에 자기기만이나 집단 망상의 가능성도 배제할 수 없다. 그럼에도 내가 보기에는 개연성의 무게가 그 반대쪽으로 기우는 것 같다고 고백할 수밖에 없다. 빈 무덤, 적어도 몇몇 부활 후 현현 체험(베드로, 야고보 그리고 바울의 체험)이 갖고 있는 독립성의 정도, 그리고 유일신론을 믿었던 유대인이 그들 동족 가운데 한 사람에게 재빠르게 부여했던 신성(神性)의 중요성과 같은 다른 문제들은 별도로 치더라도,[146] 바울은 말할 것도 없고 (처음에는 의심했던 이들을 포함한) 초창기 신자들이 죽은 자 가운데서 부활한 예수를 보았다고 절대 확신했다는 것만큼은 누구도 다투지 못할 사실로 여전히 존재한다. 그러나 그들은 왜—천사가 아니라—**예수**를 보았다고 추측할 수밖에 없었을까? 왜 그들은 자신들이 본 이가—그냥 죽은 자가 나타난 환상이 아니라—**죽은 자 가운데서 부활한** 예수라고

146. C. F. D. Moule, *The Phenomenon of the New Testament*, SCM Press 1967, 특히 제2장을 보라.

결론지었을까? 영광 가운데 구름을 타고 오는 이처럼, 묵시 문헌이 표현하는 대망이라는 도구를 갖고 '살을 붙인' 환상이라 생각하지 않은 이유가 뭘까(참고, 막 8:38-9:8, 14:62, 마 28:2-4, 행 1:9-11, 7:55f.)? 모든 사람의 부활과 별개로, 모든 사람의 부활이 있기 전에 어느 **한 개인에게 이미 종말론적** 부활이 일어났다는 놀라운 결론을 끌어낸 이유가 뭘까?[147] 부활 후 현현과 관련하여 터무니없다 못해 조롱과 분노까지 일으키는 그런 결론을 끌어낼 수밖에 없었던 아주 설득력 있는 무언가가 틀림없이 있었을 것이다. 나는 그들이 본 이가 바로 예수—죽은 자 가운데서 살아난 예수, 시공간을 초월한 존재 양식을 지닌 채 그들에게 자신을 드러낸 예수—**였기** 때문이라고 설명하는 것이 가장 만족스러운 설명이라고 본다.

147. 종교사에 부활 신앙의 등장을 만족스럽게 설명해 줄 만한 유사 사례가 없음을 주목하라. S. G. F. Brandon은 예수의 부활을 '유일무이한 경우'라고 이야기하지만, 부활이라는 현상을 놓고 보면, 예수의 부활에는 오시리스의 부활과 몇 가지 유사점이 있다(*A Dictionary of Comparative Religion*, art. 'resurrection,' ed. S. G. F. Brandon, Weidenfeld & Nicolson 1970, pp. 536f.). 여기서 파라마한사 요가난다(Paramahansa Yogananda)의 스승인 스리 유크테스와르(Sri Yukteswar)가 죽은 뒤 1936년에 뭄바이의 한 호텔 방에서 두 시간 동안 그의 제자 요가난다에게 나타났던 일을 요가난다가 이야기한 것을 언급해야 할 것 같다. 이 현현 때 부활한 현자는 그의 제자에게 우주의 실체가 지닌 본질을 가르쳤다고 한다(*Autobiography of a Yogi*, Rider 1950, 제43장). 복음서들이 이야기하는 부활 후 현현과 몇 가지 유사점이 있긴 하지만, 훨씬 더 가까운 유사 사례들은 2세기 이후부터 영지주의에서 혹은 영지주의와 대립하는 과정에서 등장한 공상이 섞인 작품들에서 찾아볼 수 있는데, 특히 『사도들의 서신』(*Epistula Apostolorum*) 그리고 『피스티스 소피아』(*Pistis Sophia*)에서 찾아볼 수 있다.

§23. 결론

23.1. 우리는 이번 장에서 '기독교를 낳은 영적 체험은 무엇이었는가?'라는 문제를 살펴보기 시작했다. 우리의 첫 번째 대답은 부활 후 현현과 관련이 있었으며, 다른 대답이 있을 수 없었다. **우리는 기독교가 태어나는 대목에서 많은 체험을 발견했는데, 이 체험에 관련된 이들은 이 체험 당시 예수가 자신들에게 나타났다고 믿었다**. 우리는 그리스도인이 예수의 부활을 믿음을 익히 알고 있지만, 우리가 익히 안다는 사실 때문에 이런 주장 특유의 대담함을 누그러뜨리거나 죽여서는 안 된다. 분명 '예수의 부활'은 **은유**였으며(판넨베르크), 그들의 체험을 **해석하는** 한 방법이었다(마륵센).[148] 그러나 그 해석은 해석된 체험에 관한 무언가를 우리에게 말해 준다. 아울러 그 체험은 1세기 유대인으로 하여금 어느 개인이 장차 있을 모든 죽은 자의 부활을 비록 짧은 시간이나마 이미 앞당겨 이루었다는 결론에 이르게 했으며, 그런 점에서 그 체험은 아주 강제력이 큰 체험—그런 해석을 아주 강하게 시사하는 체험—이었던 게 틀림없다.

그들이 한 체험에 들어있는 환상이라는 요소와 주관적 요소는 당연하게도 그들의 해석과 그들의 믿음에 다소 의문을 품게 만든다. 이런 체험들이 오로지 주관적 환상이었을 가능성을 배제할 수 없다. 그러나 동시에 예수가 환상을 통해 인식할 수 있는 어떤 형태로만 드러낼 수 있는 차원에서, 그리고 그런 실재(實在)로 존재하는 양식을 입고, 죽음을

148. Pannenberg, *Jesus* p. 74; Marxsen, 'The Resurrection of Jesus as a Historical and Theological Problem,' *The Significance of the Message of the Resurrection for Faith in Jesus Christ*, ed. C. F. D. Moule, ET SCM Press 1968, p. 31.

초월하여 다시 살아났을 수도 있다. 분명 전승의 초창기 층위들은 부활 후 현현을 개념으로 구성하기가 어렵다는 것(체험의 모호성, 곧 '영적 몸'—이것은 무엇일까?)을 증언한다. 그러나 **그들이 자신들이 만난 이가 예수 바로 그분이라는 결론에 이르렀다는 사실만큼은 변함이 없다**. 고린도전서 15:5-8의 ὤφθη가 꼭 어떤 통일된 부활 후 현현 양식을 특정하지는 않지만, 예수의 부활 후 현현이 갖고 있는 여러 모호함 그리고 그런 현현을 어떤 개념으로 구성하기가 어려움에도 불구하고, 고린도전서 15:5-8이 열거하는 모든 사람은 그들이 체험한 실체가 모두 동일하다는 것을—그들이 모두 한 사람을 만났다는 것을—그리고 바로 그이가 며칠 전에 혹은 몇 주 전에 십자가에 못 박혀 죽고 무덤에 묻혔던 예수라고 확신했다.

23.2. 많은 부활 후 현현 체험에서 가장 강제력이 있었던 부분은 환상이라는 요소가 아니라, 환상과 함께 온 **부름**이었다. 부활 후 현현은 대다수의 경우에 다른 사람들에게 말하라는 요구를 담고 있었다. 위대한 예언자 가운데 많은 이가 환상을 통해 부름을 받는 체험을 했고, 그 부름이 이후 그들의 삶 전체를 결정했다. 베드로와 '열두 제자', '모든 사도', 그리고 바울도 마찬가지였다. 다만 여기서 특별한 점은 **예수 자신이 바로 그를 본 이들이 선포한 좋은 소식이었다는 것**이다. 부활한 예수를 만난 체험은 그를 만난 이들을 강제하는 힘을 갖고 있었다. 이리하여 그 뒤 예수 그리고 그를 만난 체험은 그를 만났던 이들의 삶을 견인하는 원동력이자, 그들이 제시한 해석의 초석이요, 그들이 전한 복음의 규범이 됐다.

바울이 그가 체험한 부활 후 현현도 그보다 앞서 모든 사도가 체험

133

한 부활 후 현현과 결국 같은 반열에 있다는 결론에 이르게 됐던 것은 그가 회심 때 두 요소(봄과 사명 수여)를 모두 체험했기 때문이었다. 그뿐 아니라, 이 두 요소는 바울 자신의 체험은 물론이요 다른 이들의 체험에서도 다시 나타나지 않았으며, 이 때문에 바울은 그가 부활한 예수를 다메섹 밖에서 만났던 것이 그 자신의 체험에서도 뭔가 독특한 일이요 (되풀이될 수 없는) 일련의 부활 후 현현에 마침표를 찍는 일이라는 결론에 이르게 됐다.

23.3. 방금 전에 제시한 문단에서 마지막으로 언급해 둘 것이 두 가지 등장한다. 첫째, 바울은 회심 체험을 그가 그 뒤에 한 체험, 곧 환상 체험, 영의 능력이 나타남을 겪은 체험 그리고 '내 안에 있는 그리스도' 체험을 비롯한 여러 체험과 아주 분명하게 구별했다. 이런 사실은 예수의 부활에 관한 현대의 논의에 중요한 결론을 시사한다. 바울은 자신의 체험이 단지 '주관적 환상'(슈트라우스 등등의 견해)임을 받아들이지 않을 것이며, '예수가 부활했다'를 '예수가 케리그마로 부활했다'(불트만)이나 '그는 오늘도 여전히 온다'(마륵센)로[149] 다시 표현하는 것이 적절할 수 있다는 견해도 받아들이지 않을 것이다. 바울은 이런 문언들이 제시하는 체험을 모르는 이가 아니었다. 그는 환상, 케리그마, 영 등등이 미치는 영향을 충분히 잘 알았다. 그러나 부활 후 현현들이 뭔가 다른 것임을 재차 강조하는 게 중요하다고 보았다—부활 후 현현은 예수가 자신을 특별히 독특한 방식으로 단번에 알리려고 택한 방법이었다. 사람에 따라선 바울의 구분을 거부할 수도 있으나, 이런 주제를 논의할 때 그의

149. Bultmann, 'The Primitive Christian Kerygma and the Historical Jesus,' p. 42; Marxsen, *Resurrection* p. 126.

구분을 무시할 수는 없다. 시간상 멀리 떨어져 있는 우리는 그런 부활 후 현현들을 평가할 입장에 있지 않다. 그러나 바울이 그의 첫 예수 체험을 이후의 다른 모든 체험과 구별할 수 있었고 실제로 구별했다는 것은 중요한 일이 아닐 수 없다.

둘째, 부활 후 현현은 지금도 일어날 수 있는가? 누군가가 바울처럼 뚜렷하게 (또는 흐릿하게) 예수를 보았으며 바울처럼 죽은 자 가운데서 부활한 예수에 대한 좋은 소식을 눈앞에 종말에 다가왔다는 급박한 심정으로 선포하라는 사명을 받았다고 주장한다면, 우리는 그 사람을 어떻게 이해할까? 추측건대 기독교는 부활 후 현현들이 뭔가 유일무이한 것이요 기독교 전체를 결정지은 사건이었다는 바울의 주장을 싫어하지는 않을 것이다. 그렇다면 예수가 부활했다는 것을 받아들이는 우리는 그가 1세기 바울에게 자신을 나타냈던 것처럼 20세기 신자에게도 자신을 다시 결정적으로 나타낼 가능성을 부인해야 할까?[150] 우리가 종교적 체험에 기초한 주장들을 평가하려면, 분명 선험적 교리뿐 아니라 더 많은 판단 기준이 있어야 한다. 종교적 체험을 어떻게 평가할 것인가라는 문제는 우리가 탐구를 진행해 갈수록 점점 더 그 중요성이 실감나게 와 닿을 것이다.

150. 사두 선다 싱(Saduh Sundar Singh)의 회심은 바울의 회심과 아주 놀라운 유사점을 몇 가지 갖고 있는데, 특히 환상—'우리 주 예수 그리스도의 형체'가 빛 가운데서 나타났다—과 어떤 말을 들음—'네가 얼마나 오랫동안 나를 핍박하려 하느냐?'라는 말을 힌두스타니어로 들음—에서 그렇다(B. H. Streeter & A. J. Appasamy, *The Sadhu*, Macmillan 1921, pp. 6ff.). 종말론적 절박함이라는 음조는 기독교 역사 속에 존재했던 여러 분파에서 꾸준히 볼 수 있는 특징이었으며(N. Cohn, *The Pursuit of the Millenium*, Secker & Warburg 1957) 현대 오순절주의의 두드러진 특징이기도 하다(Hollenweger, *Pentecostals* 제29장).

제6장
오순절

§24. 들어가는 글

우리는 여태까지 첫 신자들이 최초에 겪었던 예수의 부활 후 현현 체험만을 고찰해 왔다—특히 바울의 부활 후 현현 체험을 고찰했으며, 시험 삼아 베드로, '열두 제자', 그리고 여자들이 한 부활 후 현현 체험을 고찰했다. 우리는 이제 바울이 고린도전서 15장에서 열거한 다른 부활 후 현현을 아래에서 살펴보겠다. 이 부활 후 현현 체험을 누가가 사도행전에서 묘사하는 (다른) 예수 환상(본서 §32.1을 보라)과 비교해 봐도 될 것 같다. 이것들은 모두 예수 체험이었다—즉 예수 자신이 어쨌든 그 체험의 일부였으며, 예수를 인식하고 만난 체험이었다. 그러나 원시 그리스도인 공동체가 주장한 또 다른 체험들이 있다. 이 체험을 한 이들은 예수가 이 체험에 즉각적으로 그리고 직접적으로 얽혀 있다고 생각하지는 않았다. 이 체험은 하나님의 능력을 체험한 경우였지만, 부활 후 현현 체험보다는 어떤 인격체를 인식한다는 성격이 덜했다. 이 체험은 영 체험이었으며, 우리가 본서 제4장에서 살펴본 예수 자신의 체험과 더 비슷했다. 따라서 우리가 다음 두 장에서 할 일은 (부활 후 현현 체험이 아닌) 체험 가운데 무슨 체험이 기독교를 낳았고 유아기 기독교의 성격을 결정했는지 발견하는 것이다.

우리가 가장 먼저 그리고 가장 중요하게 마주하는 주장은 분명 사도행전 2장의 내러티브다. 누가는 이 내러티브에서 영이 첫 부활절 뒤에 있은 오순절 날에 예루살렘에 있던 제자들에게 부어졌음을 묘사한다. 그 사건이 누가 자신에게 가지는 신학적 의미는 새 시대를 열었다 할 만큼 중대하다—구원사의 마지막 단계, 교회의 탄생 등등. 나는 이미 『성령 세례』(*Baptism in the Holy Spirit*) 제4장에서 누가의 오순절 이해를 논했기 때문에, 여기서 같은 내용을 다시 다룰 필요는 없겠다. 우리가 지금 탐구해야 할 것은 사도행전 2장의 바탕을 이루고 있는 역사적 사실이다. 누가가 사도행전 2장에서 강조하는 종교적 체험(또는 종교적 체험들)은 무엇인가? 초창기 팔레스타인 기독교 안에는 분명 열광과 황홀경 상태에서 이뤄진 체험들이 있었다: 영 중심이 아닌(non-pneumatic) 팔레스타인 기독교와 영 중심의 헬라파 기독교의 대조도 묵시주의 성향이 아닌(non-apocalyptic) 예수와 묵시주의 성향의 원시 기독교의 대조만큼이나 탄탄한 근거에 바탕을 두고 있다.[1] 문제는 이것이다. 그런 체험들은 어디서 그리고 얼마나 빨리 시작됐는가? 그런 체험 가운데 첫 체험은 특히 기억할 만한 것이었는가?

불행히도 이 기독교 초기의 여러 해를 에워싸고 있는 모호함 때문

1. Scott, *Spirit* pp. 85ff.; Schweizer, *TDNT* VI p. 404 주462; H. Conzelmann, *History of Primitive Christianity*, ET Darton, Longman & Todd 1973, p. 49; 반대 입장은 Goguel, *Birth* pp. 95ff.; 아울러 본서 제1장 주6과 제4장 주4-6을 참고하라.

에 많은 문제가 아직도 대답을 얻지 못한 채 남아있으며 많은 가능성이 여전히 열려있다. 아울러 우리가 그 문제의 답을 거의 전부 누가에게 의지해야 한다는 것도 역시 불행한 일이다. 학자들의 의견은 더 전통적 견해, 곧 사도행전 2장은 첫 오순절에 일어난 일을 꽤 정확히 기록해 놓은 기사라는 견해에서 E. 핸헨(Haenchen)이 아주 강하게 주장했던 더 급진적 견해, 곧 사도행전 2장은 철두철미하게 누가의 신학 지식이 빚어낸 것이라는 견해에 이르기까지 폭넓게 펼쳐져 있다.[2] 따라서 '오순절에 무슨 일이 일어났는가?'라는 단순한 질문을 제기하는 것만으로는 충분치 않다. 우리는 먼저 우리가 실제로 '예루살렘에서 영이 처음으로 부어짐'에 관하여 이야기할 수 있는 것이 무엇인지 물어야 한다. 영이 부어진 이 사건이 일어난 장소를 예루살렘으로 보고 이 사건이 일어난 때를 오순절로 보는 것은 신학적 동기에 따른 것인가 아니면 역사상 견실한 근거가 있는 것인가? 사도행전 2장의 현재 형태는 누가가 입수할 수 있었던 전승들에서 비롯됐다기보다 그의 재구성에 따른 결과인가? 우리는 '오순절에 영이 부어짐'에 관하여 이야기할 수 있는 타당한 근거가 있음을 보아야만 비로소 '오순절에 무슨 일이 일어났는가?'라는 질문을 계속 던질 수 있다.

§25. 역사적 사건인가 아니면 신학적 창작물인가?

25.1. **한 '오순절' 아니면 많은 오순절?** 우리가 물어야 할 첫 번째 질문은 많은 '오순절'이 있었는가, 아니면 한 오순절만 있었는가이다. 초

---

2. Haenchen, *Acts* pp. 172-175.

기 교회의 성장에 관한 누가의 설명은 영적 생명력을 지닌 흐름이 온통 한 원천에서만 흘러나온 것 같은 인상을, 그리고 초기 교회의 생명과 능력은 결국 모두 예루살렘에서 오순절에 일어난 한 사건에서 비롯됐다는 인상을 준다. 그렇다면 예루살렘 외에는 다른 성장 중심지—예루살렘 그리고 거기서 있었던 '오순절'과 상관없이 독립하여 생명과 능력의 원천 역할을 하던 중심지—가 없었는가? 종교 민담이 더 복잡한 역사 과정을 아주 단순화하는 경향이 있음은 잘 알려져 있다.[3] 누가가, 알고 그랬든 모르고 그랬든, 예수의 제자들이 초창기에 했던 영 체험을 아주 단순화했는가? 이 질문에 무게를 실어주는 요소가 셋 있다.

첫째, 예루살렘만이 최초 교회가 아니라, **두** '최초 교회', 곧 예루살렘에 있던 한 공동체와 갈릴리에 있던 한 공동체가 있었을 가능성이 있다. 이런 가능성을 가장 강력하게 표명한 이가 E. 로마이어(Lohmeyer)다.[4]

---

3. 가령 이제 학자들은 이스라엘 여러 지파의 가나안 정착이 성경 전승이 제시하는 것보다 훨씬 복잡한 과정이었다고 인식한다(M. Noth, *The History of Israel*, ET A. & C. Black 1958, pp. 71ff.; J. Bright, *A History of Israel*, SCM Press 1960, pp. 120-127). 더 가까운 평행 관계에 있는 것이 오순절주의자들 그리고 오순절주의의 기원을 한 원천에서, 즉 로스앤젤레스의 한 오래된 마구간에서 열린 일련의 집회에서 찾은 현대의 '은사주의 부흥'에 사로잡힌 이들 가운데서 나타나는 경향이다. 이런 경우가 그런 예다. M. Harper, *As at the Beginning: The Twentieth Century Pentecostal Revival*, Hodder & Stoughton 1965: "오순절 운동은 한 마구간에서 태어났다"(p. 23). 그러나 더 꼼꼼히 조사해 보면, 오순절 운동은 서로 다르고 무관한 여러 원천에서 비롯된 다양한 현상임이 드러난다(가령 Hollenweger, *Pentecostals* pp. 47ff., 116ff.을 보라).

4. E. Lohmeyer, *Galiläa und Jerusalem*, Göttingen 1936; 아울러 R. H. Lightfoot, *Locality and Doctrine in the Gospels*, Hodder & Stoughton 1938, p. 72; L. E. Elliot-Binns, *Galilean Christianity*, SCM Press 1956, pp. 43ff.; W. Schmithals, *Paul and James*, ET SCM Press 1965: "예루살렘이 아니라 갈릴리가 기독교의 고향이다"(p. 33); G. Schille, *Anfänge der Kirche*, München 1966, pp. 175-187; Conzelmann, *History* p. 33.

예수가 사역하던 동안에 가장 인기가 있었던 지역에서 다양한 사람이 계속하여 스스로를 예수의 제자라 하고 식탁 교제로 모였다는 주장은 분명 상당히 그럴듯하다.[5] 이 그룹들이 예루살렘에서 일어난 사건들과는 무관하게 불이 붙었을까—말 그대로 영으로 말미암아 자연히 불이 붙은 것일까? 충분히 신뢰할 수 있는 전승에 따르면 갈릴리에서 부활 후 현현들이 있었다(막 16:7, 마 28:16ff., 요 21장—본서 제5장 주140과 143을 보라). 이것들이 결국 공동체 차원의 체험, 선교에 나서야 한다는 강한 압박을 심어준 것으로 이어지지 않았을까? 갈릴리에도 '오순절'이 있었는가?

둘째, 더 강력한 증거는 누가가 기독교가 시작된 사건들을 일부러 예루살렘에 집중시켜 서술한다는 점이다—누가는 이렇게 함으로써 다른 모든 경쟁자를 배제한다. 이는 그가 마가복음 16:7을 다루는 모습에서 분명하게 나타난다.[6] 마가는 이렇게 적어놓았다. '가서 그의 제자들과 베드로에게 그가 너희보다 앞서 **갈릴리로** 가신다고 말하라. 너희가 거기서 그를 뵈리라.' 누가는 그 대신 이렇게 적어놓았다. '**그가 아직 갈릴리에 계시던 동안** 너희에게 어떻게 말씀하셨는지 기억하라'(눅 24:6). 아울러 누가는 마가가 앞서 갈릴리에서 일어난 부활 후 현현을 언급한 말(막 14:28)을 완전히 생략한다. 마찬가지로 (부활 주일에 내린!) 명령, 곧 제자들에게 '위에서 내려온 능력을 입을 때까지' 예루살렘에 머물러 있으라고 한 명령도, 누가 같은 경우, 갈릴리에서 부활 후 현현이 있었을 가

5. 이런 그룹들이 예수의 말과 그의 치유 활동에 관한 이야기를 많이 보존했을 수도 있다(특히 Trocmé, *Jesus*를 참고하라).

6. 대다수의 주석가도 인정한다—가령 Leaney, *Luke* p. 292; Fuller, *Resurrection* pp. 97f.; O'Collins, *Jesus* p. 23을 보라; 아울러 I. H. Marshall, Luke, *Historian and Theologian*, Paternoster 1970, pp. 155f.을 참고하라.

능성을 배제하는 것 같다(눅 24:49; 행 1:4도 마찬가지다).[7] 누가가 부활 후 현현 전승을 이렇게 다루었다면, 그는 오순절 전승도 비슷하게 다루지 않았을까? 예루살렘과 비견할 만한 '오순절'에 관한 다른 모든 전승을 무시하고 오로지 예루살렘에만 집중한 것은 누가가 전파하고 싶었던, 기독교의 기원에 관한 설명과 완전히 일치할 것이다.

셋째, 사도행전을 보면, 누가가 그의 내러티브를 통해 예루살렘이 기독교 선교에서 중심 역할을 맡고 있음을 부각시키길 좋아한다는 점이 상당히 뚜렷하게 드러난다(특히 8:14ff., 9:26ff., 11:1ff., 22ff., 15:6ff.을 보라). 그러나 예루살렘과 연계하려는 시도를 전혀 하지 않는 경우로서 중요한 의미를 지닌 예가 적어도 둘 있다. 다메섹에 있는 공동체에도 분명 예루살렘 공동체만큼이나 영이 역사했다—바울은 아나니아의 손을 통해(9:17) '성령으로 충만해졌다'(참고, 2:4). 그러나 누가는 다메섹의 이런 영성이 예루살렘에서 유래했음을 전혀 시사하지 않는다. 다메섹의 기독교는 예루살렘과 상관없이 독립하여 (그리고 혹시 갈릴리 '오순절'에서 흘러나와) 발전했는가?[8] 누가가 아볼로의 첫 등장 장면을 묘사한 내용도 역시 마찬가지로 중요하다. 아볼로가 그리스도인으로서 한 체험은 누가 봐도 분명 예루살렘에서 유래하지 않았다. 그는 오직 '요한의 세례만 알았으며', '하나님의 길(도, 道)'에 관한 그의 지식은 결함이 있었다(18:25f.). 그러나 '그는 주의 길로 가르침을 받았으며' 영 체험이 없지 않았다(18:25—'영으로 불타올라': 개역개정판은 그냥 '열심으로'라고 번역해 놓았으나, 그리스어 본문은 '영으로/영을 힘입어 열심을 다해'라는 뜻으로 되어 있다—역주).[9] 아볼로의 '오순절'

7. 하지만 아래 주28도 함께 보라.
8. Lohmeyer, *Galiläa* pp. 53ff.; Elliot-Binns pp. 43f.; Schmithals, *Paul* p. 34.
9. Dunn, *Baptism* p. 88을 보라.

은 무엇이었는가? 그 일은 언제 어디서 일어났는가? 아울러, 우리는 예수의 이름을 부르면서도 마가(와 마태)가 대변하는 기독교 주류(들)에서 독립하여 존재함과 동시에 영을 체험했던 다른 그룹들이 존재했음을 일러주는 증거인 마가복음 9:38-40(참고, 마 7:15-23)을 잊지 말아야 한다.[10]

따라서 기독교의 시작은 누가가 제시하는 것처럼 아주 단순하고 명쾌하지만은 않았다는 인상이, 특히 예루살렘만이 오순절 열광의 원천은 아니었다는—다른 곳에도 다른 '오순절'이 있었다는—인상이 힘을 얻는다.

그렇지만 기독교의 기원을 여기저기서 서로 아무 연관 없이 발생했던 다양한 소규모 오순절들로 제시하는 것은 전혀 타당하지 않을 것이다. 특히 다음의 두 고찰 결과는 결정적이라 할 수 있는 예루살렘 오순절에 관하여 누가가 제시하는 내용이 역사의 근거가 없지 않음을 암시한다.

첫째, 예루살렘을 대하는 바울의 태도다. 바울은 기독교의 중심지 가운데 오직 한 곳만이 우선성을 주장할 수 있다고 보았다. 이 점은 갈라디아서 1-2장에서 아주 분명하게 드러난다. 그 유일한 중심지를 통해 자신에게 복음을 결정할 권리가 있음을 정당화하고 싶었을 수도 있다—그 유일한 중심지는 예루살렘이었다. 바울의 복음이 바울 자신의 예수 체험(본서 §20.1을 보라) 그리고 다메섹이나 안디옥에 있던 신자들에게서 아무리 많은 영향을 받았다 할지라도, 바울에겐 예루살렘 사도들이 바울 자신의 복음을 인정했다는 것이 여전히 중요했다. 그는 기독교 신앙을 결정짓는 형상을 논할 때 다른 어떤 중심지나 지역을 고려하지

10. 참고, Dunn, *Baptism* p. 85.

않았다.[11] 심지어 바울은 예루살렘 교회가 '성도'(the saints)로서 독특한 대표자 역할을 유지하고 있다고 보았다(고전 16:1—여기서는 로마서 15:26처럼 '**예루살렘에 있는** 성도들'이라 말하지 않는다).[12] 예루살렘 외에 기독교 탄생지라는 칭호를 주장할 수 있는 다른 곳을 암시하는 말이 바울의 글에 존재하지 않는다면, 그런 칭호를 주장할 수 있는 곳은 예루살렘 외에 존재하지 않았을 가능성이 아주 높다. 만일 예루살렘이 바울 같은 이를 제외한 어느 누구에게도 심각한 도전을 받지 않고 아주 넓은 지역에 걸쳐 그 권위를 행사할 수 있었다면, 대다수의 신생 교회는 틀림없이 예루살렘 오순절을 **유일한** '오순절'(*the* 'Pentecost')이라 여겼을 것이다. **처음에 유아기 기독교에 생명을 불어넣었던 것은 새 생명의 급작스러운 분출이었으며, 그런 새 생명의 분출 중심지는 틀림없이 예루살렘이었다**.

둘째, 중요한 사실이 있다. 초창기 예루살렘 공동체의 주요 지도자가 모두 갈릴리 사람이었다는 것이 그것이다—야고보, 베드로, 요한 그리고 '기둥'인 사도들. 예루살렘 교회 지도부가 갈릴리 사람들로 이뤄졌다는 것은 예루살렘에 있던 첫 제자 가운데에도 갈릴리 사람이 많았음을 암시한다(참고, 행 1:11, 2:7). 갈릴리가 예루살렘 오순절과 같은 정도로 중요한 영적 원동력을 제공했다면, 왜 이토록 많은 갈릴리 사람이 예루살렘에서 발견되는 것일까? 예루살렘과 갈릴리에 각각 따로 '오순절'이 있었다면, 어떻게 하여 갈릴리 사람들이 예루살렘에서 지도자가 됐을까? 다시 말해, 서로 어느 정도 경쟁 관계에 있는 공동체들이 있었다면,

---

11. 참고, K. Holl, 'Der Kirchenbegriff des Paulus in seinem Verhältnis zu dem der Urgemeinde,' *Gesammelte Aufsätze zur Kirchengeschichte* II, Tübingen 1928, pp. 57ff.; Bultmann, *Theology* I p. 52.
12. Weiss, *Earliest Christianity*: "이 언어는 분명 공동체가 예루살렘에 집중됐을 때부터 살아남은 것이다"(p. 45).

어떻게 예수와 형제 사이인 야고보는 자신을 예루살렘 공동체와 동일시하게 됐을까? 이런 의문이 생기는 이유는 야고보의 회심이 십중팔구는 예루살렘 오순절 뒤에 이뤄졌기 때문이요(본서 §25.3과 주38을 보라), 이런 가설에 비춰 추측해 보건대, 그가 적어도 어느 정도는 갈릴리 공동체에서 계속 영향을 받았던 것으로 보이기 때문이다. 이런 문제들은 예루살렘이 묵시(종말)와 관련하여 가지는 중요성을 인식하면 어느 정도 누그러진다. 제자들이 갈릴리에서 예루살렘으로 옮겨간 것도 예루살렘이 가지는 그런 중요성 때문일 것이다(본서 §25.2 [b]을 보라). 그러나 이것으로 그런 문제들이 해결되지는 않는다. 가장 중요한 첫 영 체험이 예루살렘에서 일어났을 가능성은 여전히 남아있다.

따라서 그들의 영 체험과 예수를 믿는 믿음이 적어도 초기에는 예루살렘과 무관했던(예루살렘에 의존하지 않고 독립하여 체험과 믿음을 갖게 됐던) 몇몇 개인과 그룹이 있었던 것처럼 보인다. 동시에 처음에는 예루살렘이 주된 성장점이었다는—풍성한 영 체험을 만끽하며 메시아요 하나님의 아들인 예수를 믿는 믿음을 중심으로 삼았던 한 공동체의 성장을 이끈 주된 동력이 예루살렘에서 유래했다는—결론도 피하기가 힘들다. 기독교 초창기 몇 년을 숲에 난 불에 비유할 수 있다면, 주된 발화 지점의 불(예루살렘)이 천천히 번져가다가 처음에는 주된 발화 지점과 무관하게 혹은 우연히 불꽃이 일어났던 더 작은 발화 지점들과 연결되어 나중에는 그런 작은 발화 지점들을 집어삼켜버린 광경으로 묘사해 볼 수 있겠다. 따라서 사도행전 2장이 그리스도인 공동체 자체의 탄생이 예루살렘에서 이뤄졌음을 제시한 것이라면, 우리는 예루살렘 오순절이 기독교 전체의 성장을 결정했다고 결론지을 수 있겠다.

139

25.2. **언제?** 우리가 '어디서?'라는 문제를 해결했다면, 그다음으로 제시되는 문제는 분명 '언제?'이다. 사도행전 2:1-13의 바탕을 이루는 사건들은 언제 일어났는가? 영에 힘입은 열정은 예루살렘 제자들이 오순절 바로 그날에 겪은 체험 때 분출됐는가?—아니면 그보다 일찍, 그러니까 첫 부활 후 현현의 더 직접적인 결과로서 나타났는가(참고, 요 20:19-23)?—아니면 그보다 더 뒤에, 그러니까 제자들이 이미 공동체로서 살아가면서 공동체를 확장하기 시작한 뒤에 나타났는가? 누가는 분명 그 모든 일이 오순절에 시작됐음을 우리가 믿게 하려 한다(행 2:1).[13] 그렇다면 누가는 사도행전 1-2장이 기록해 놓은 사건 순서를 사용하여 아주 중대한 신학적 주장을 제시하는 셈이다—특히 영의 시대가 동트기 전과 후를 예리하게 구분하는 셈이다.[14] 따라서 누가가 사도행전 2장이 묘사하는 사건이 일어난 때를 오순절 날이라 말하는 것도 결국—구원사의 새 시대, 곧 영의 시대를 시내산에서 율법을 수여하신 것을 기념하는 날에 시작된 것으로 제시하려는—그의 신학적 설계에 따른 결과일 수 있다.[15]

이처럼 신학적 통찰이 상당히 명쾌하다 보니, 이 시점에 있었던 기독교의 시작을 둘러싼 역사의 모호함을 더더욱 어둡게 보이게 한다. 그럼에도 경우에 따라 확신하는 정도는 각기 다르지만, 몇 가지 관찰 결과를 제시할 수 있다. 첫 번째 관찰 결과는 부활 후 현현과 독특하게도 열

---

13. ἐν τῷ συμπληροῦσθαι에 관하여 알아보려면, 특히 K. L. Schmidt, *Die Pfingsterzählung und das Pfingstereignis*, Leipzig 1919, pp. 8ff.; K. Lake & H. J. Cadbury, *The Beginnings of Christianity Part I: The Acts of the Apostles* Vol. IV, Macmillan 1933, pp. 16f.; N. Adler, *Das erste christliche Pfingstfest*, Münster 1938, pp. 118-121을 보라.
14. Von Baer pp. 77-85; Dunn, *Baptism* 제4장.
15. Haenchen, *Acts* p. 174도 그렇다.

정으로 가득한 예수 분파가 예루살렘에서 등장한 사건 사이에 어떤 큰 시간 간격이 존재하지 않았을 가능성에 관한 것이다. (1) 사람들은 보통 바울이 예수의 죽음이 있고 난 뒤 불과 이태 뒤 아니면 기껏해야 3년이 지나지 않아 회심했다고 본다.[16] 그의 회심 시기를 그렇게 본다면, 그 분파의 성장(행 2-5장), 히브리파와 헬라파의 '분열'로 귀결된 분파 내부의 첫 갈등, 스데반의 활동과 순교, 그리고 바울이 나중에 지도자로 등장하여 행한(갈 1:13, 빌 3:6, 행 9장) 헬라파에 대한 핍박(행 6-8장)—이 모든 일이 바울이 회심하기 전에 일어났다—에 시간이 족히 걸렸다고 봐야 한다. (2) 첫 부활 후 현현(이때 사명을 받았다는 확신)이라는 원동력이 그 현현 직후에 사도행전 2장이 묘사하는 기세를 끌어모으기 시작했을 개연성이 아주 높다.

사실 큰 문제는 공동체가 처음으로 영을 크게 체험했던 오순절 시기를 얼마나 빨리 잡느냐가 아니라 얼마나 늦게 잡느냐이다(요 20:19-23을 다시 참고하라; 아울러 행 2:33도 참고하라). 부활 후 현현과 '오순절' 사이에 실제로 긴 간격이 있었는가? 사실, 그 답은 '그렇다'일 개연성이 아주 높다. 사도행전 2:1-13이 말하는 사건들은 오순절 날에 일어났을 수 있으며, 그랬을 가능성이 아주 높다.

(a) 이미 언급했듯이, 주된 이슈는 누가의 신학적 전제가 사도행전 2장 내러티브 속 사건들이 일어난 시기를 결정했느냐이다. 핸헨의 견해를 밑받침하는 점이 몇 가지 있다. 오순절이라는 절기는 이미 예수 때에 시내산에서 이뤄진 율법 수여를 기념하는 절기로 여기게 됐을 가능성

16. H. Braun, *RGG*[3] I 1693f.; G. Ogg, *The Chronology of the Life of Paul*, Epworth 1968, 5장.

이 높다.[17] 우리는 시내산에서 이뤄진 율법 수여에 관한 유대 전승도 알고 있는데, 이 전승은 사도행전 2장 기사와 놀라울 정도로 비슷한 점을 몇 가지 갖고 있다.[18] 누가가 제시하는 내용에서 분명하게 나타나는 모티프는 성취라는 모티프이며, 오순절이 구원사의 새 시대를 연 출발점이라는 것이다.[19] 그런 점에서 핸헨은 그가 내린 결론을 뒷받침할 만한 근거를 몇 가지 갖고 있다: "누가가 자신이 들려주는 에피소드가 일어난 시기로 오순절 절기를 고르는 한, 누가는 유대 전통에 신세를 지고 있는 셈이다."[20]

그럼에도 개연성은 그 반대편에 있는 것 같다. 이는 사도행전 2장에 (논란이 되고 있는 이슈인 그 시기 자체를 넘어) 누가가 '유대 전통'을 알고 있었다거나 '유대 전통'이 누가를 좌우했음을 일러주는 증거가 전혀 없기 때문이다.[21] 누가는 성취라는 테마를 '아버지의 약속'(행 1:4)—아마도 예언자들의 약속(특히 요엘의 약속—행 2:16ff., 33)인 것 같다—과 관련지어 끌어내고 예수와 관련지어 끌어내지(눅 24:49, 행 1:4f., 8), 시내산이나 율법과 관련지어 끌어내지 않는다. 시내산에 관한 유대 전설 같은 경우, 그 시기가 이르면 이를수록 사도행전 2장과 그 전설의 차이가 커지는 반면,[22]

---

17. Dunn, *Baptism* pp. 48f.을 보라.
18. Philo, *Decal.* 32-35, 33, 46f., 참고, *Spec. Leg.* II 189; 출애굽기 랍바 28.6; 출 4:27을 다룬 탄후마. 가령 Lake, *Beginnings* V pp. 114ff.; J. Kremer, *Pfingstbericht und Pfingstgeschehen*, Stuttgarter Bibelstudien 63/64, 1973, pp. 238-253을 보라.
19. 특히 E. Lohse, 'Die Bedeutung des Pfingstberichtes im Rahmen des lukanischen Gesichtswerkes,' *EvTh* 13, 1953, pp. 420-424을 보라.
20. Haenchen, *Acts* p. 174; 참고, Schweizer, *TDNT* VI pp. 410f.
21. 누가가 오순절을 묘사하며 제시한 '하늘 아래 모든 민족'이라는 그림을 결정한 것은 후대에 십계명이 전 세계 민족의 **70개** 언어로 주어짐을 묘사한 것이라기보다 누가가 생각했던 복음의 보편성이라는 개념이다(행 1:8).
22. Philo: "그때 하늘에서 흘러온 불 가운데서 그들을 아주 놀라게 만든 한 음성이 울

그 전설과 사도행전 2장이 가까울수록 그 전설이 나온 시기도 늦춰 잡아야 한다(주후 2세기 중엽 이후에 나온 것으로 봐야 한다). 그럴 때에도 그 전설은 **70개** 언어로 나뉜 **하나님의** 음성이라는 말로 표현된다. 누가가 인용했다고 추측되는 가상(假想)의 전승은 그렇게 만들어 낸 혼합주의식 전설 가운데 하나다. 그러나 우리는 이 전설이 문제가 된 시기에 실제로 존재했을지 점점 더 의심하게 됐다—영지주의의 구속자(Gnostic Redeemer) 신화와 헬레니즘에서 말하는 '신인'(神人, divine man) 탐구 같은 경우도 마찬가지다. 따라서 유대 전승에서 결정적 자극제가 나왔다는 증거는 존재하지 않는다.[23] 그러므로 내부 근거(성경이 제시하는 근거)에 비춰볼 때, 누가가 사도행전 2장의 사건들이 일어난 시기를 오순절이라 밝힌 이유는 십중팔구 영이 부어진 사건에 관한 초창기 기사가 그에게 일러준 시기가 바로 오순절이었기 때문일 것이다—이렇게 써놓고 보니 장황하고 지루한 해답 같다.

핸헨과 콘첼만도 오순절이 선택된 것이 아마도 이미 확립됐을 40일 동안의 부활 후 현현 전승에 영향받은 결과라고 본 O. 바우어른파인트(Bauernfeind)의 견해를 받아들이는 것은 다소 놀랍다.[24] 그와는 반대로, 그 40일이 선택된 것은 오순절 날에 영이 부어졌다는 전승이 이미 확립됐으며 그렇게 이미 확립된 전승의 영향을 받았기 때문일 개연성이 있다.[25] 40을 고른 가장 명백한 이유는, 누가가 승천과 오순절 사이의 중

려 퍼졌으니, 이는 그 불꽃이 듣는 이들도 익히 아는 언어로 분명하게 일러주는 말이 됐기 때문이다"(*Decal.* 46, Loeb edition Vol. VII). 불**의 혀 같은 혀**, 또는 사람들**이 많은** 언어로 말하는 기적에 관한 말은 없다. 필론은 실제로 하늘의 음성에 인간의 발성 기관이 필요했다는 것을 분명하게 부인한다(*Decal.* 32f.).

23. 아울러 Schmidt, *Pfingsterzählung* p. 27; Adler, *Pfingstfest* pp. 46-58.
24. Haenchen, *Acts* p. 174; Conzelmann, *Apg.* p. 25.
25. Wilson, 'Ascension' pp. 270ff.; 참고, Lohfink pp. 176-186.

간기(*Zwischenzeit*: 이 기간은 10일이었다—역주)를 강조할 수 있게 해 주었던, 50(부활에서 승천까지 40일, 승천에서 오순절까지 10일, 이리하여 모두 50일이었다—역주)보다 적지만 50에 가장 가까우면서도 '신성한' 숫자이기 때문이다.

마지막으로, 신학적 전제라는 점에 관하여 이야기해 보면, 누가가 영이 부어진 때로 제시한 시기에 맞서 요한복음 20:19-23을 인용하는 것은 그야말로 적절치 않을 것이다. 요한이 영이라는 선물을 제시한 내용은 거의 다 신학적 고찰에서 영감을 받은 결과다—특히 예수의 사역에서 절정에 이른 구원 사건들이 갖고 있는 신학적 통일성을 제시하려는 요한 자신의 욕구에서 비롯된 결과다.[26] 누가가 제시한 시기(누가의 시기 설정)는 역사성에 관하여 요한보다 훌륭한 주장을 담고 있다고 판단할 수밖에 없다.[27]

(b) 기독교 초기의 역사를 재구성할 수 있는 한, 오순절이라는 시기를 제시한 것이 적절하다는 데 힘이 실린다. 맨 처음 있었던 부활 후 현현, 곧 베드로와 열두 제자가 체험한 부활 후 현현이, 사람들이 가장 가능성이 높다고 여기는 대로, 갈릴리에서 일어났다고 가정할 수 있다면, 이들이 예루살렘으로 돌아온 시기와 계기가 관련 이슈가 된다. 이들이 예루살렘으로 돌아온 이유는 아마도 예루살렘이 갖고 있는 종말론적 중요성(의미) 때문이었을 것이다. 예루살렘은 하나님의 도성이요 하나님이 마지막에 행하실 행동들의 초점이 되리라 예상하던 곳이었다(본서 §29을 보라). 예루살렘으로 돌아오게 된 가장 명백한 계기는 다가오는 큰 순례 절기(오순절)에 늦지 않게 예루살렘에 가려 했기 때문일 것이다.[28]

26. Dunn, *Baptism* 제14장.

27. A. Richardson, *An Introduction to the Theology of the New Testament*, SCM Press 1958, pp. 116f.는 반대 입장이다.

28. 참고, C. F. D. Moule, 'The Post-resurrection Appearances in the Light of Festival

당시 사람들은 오순절을 이미 언약을 갱신하는 절기로 여기게 됐던 것 같다(위 주17을 보라). 이 때문에 제자들은 하나님이 그날 종말론적 차원에서 결정적 의미를 가진 개입을 하실 수도 있다고 기대했을 수 있다. 오순절이 유월절과 함께 시작하는 절기의 마지막이었음을 고려하면 그랬을 가능성이 더더욱 높다.[29] 제자들이 유월절에 시작했던 일련의 사건들이 오순절 날에 마침표를 찍으리라는—예수의 죽음과 부활의 날이었던 그 절기의 마지막 날 자체가 주의 마지막 위대한 날이 되리라는—소망을 품는다 해도 전혀 이상할 것이 없었다. 제자들이 사도행전 1-2장에 언급된 숫자만큼 함께 모이고 기대와 마음의 준비가 점점 커갔으며, 아마도 이런 것이 결국 영과 방언을 체험하는 일로 이어졌을 것이다. 이런 점은 마지막 시대를 향한 소망들이 영이 부어지는 가운데 이뤄지기 시작한 오순절 당일이 곧 절정에 다다른 날이었을 가능성을 더더욱 높여 준다.

(c) 다른 소소한 고찰 결과가 두 가지 더 있다. 그 자체만 놓고 보면 비중이 거의 없지만, 아마도 이 둘 역시 여기서 짚고 넘어가야 할 것 같다. 첫째, 사도행전 20:16이다. 이 구절의 '우리'(we) 부분은 가능하면 오순절 안에 예루살렘에 도착하고 싶어 하는 바울의 바람을 보고한다. 이는 바울이 예루살렘의 그리스도인 공동체와 더불어 이 절기를 지내고 싶어 했음을 시사하며,[30] 이는 다시 오순절이 예루살렘 그리스도인들에게 특히 중요한 의미가 있었음을 시사하는 것일지도 모른다. 둘째, 그리스도인 공동체는 처음부터 영에 사로잡힌(영의 능력에 힘입은) 공동체였던

Pilgrimages,' *NTS* 4, 1957-1958, pp. 58-61; Goppelt, *Apostolic Times* p. 21.

29. Lohse, *TDNT* VI pp. 45-48.

30. Von Baer p. 90 주3.

것 같다(위 주1을 참고하라). 분명 바울은 영에 사로잡힘(영을 소유함)이 그리스도인을 규정하는 인증마크임을 아주 당연하게 여긴다(롬 8:9). 처음에 영 체험에 휩쓸렸던 이들이 사용했던 영 운동(charismatic movements)이라는 말이 다음 단계에 관여한 이들에겐 일종의 전문 용어가 됐다면, 방금 말한 내용은 우리가 영 운동 전반에 관하여 갖고 있는 지식과 완전히 일치할 것이다.[31] 따라서 신약성경에 등장하는 독특한 오순절 언어 ἐκχέω('쏟아지다', '퍼부어지다')가 주로 오순절 내러티브 맥락(행 2:17, 18, 33)에서 영과 함께 등장할 뿐 아니라, 디도서 3:6 그리고 사도행전 10:45과 로마서 5:5이 사용하는 헬레니즘식 그리스어 형태 ἐκχύννομαι 역시 그런 오순절 용법을 반영한다는 것을 우리가 인식할 수 있다 해도 놀라운 일이 아니다. 이는 누가가 자신이 쓴 사도행전 2장 기사에서 전통으로 내려온 원시 기독교 용어를 활용할 수 있었음을 시사한다. 따라서 그는 누가가 말한 때에 누가가 말한 장소에서 영이 처음으로 '부어졌다'고 한 목소리로 말하는 초기 공동체들의 뿌리 깊은 공유 전승을 전할 수밖에 없었을 가능성이 아주 높다.[32]

요컨대, 사도행전 2:1-13의 바탕에 자리한 역사적 사건들이 예수의 죽음 뒤에 맞이한 첫 오순절에 일어났는지는 확실하지 않지만, 그래도 그날 일어났을 가능성이 전혀 없지는 않다.[33]

---

31. 근래 종교사에서 볼 수 있는 가장 좋은 사례는 오순절주의의 발전 과정에서 '영으로 세례받음'(성령 세례)이라는 말이 수행한 핵심 역할이다(J. D. G. Dunn, 'Spirit-baptism and Pentecostalism,' *SJT* 23, 1970, pp. 397-407을 보라).

32. 다른 전승(행 4:32—날짜를 특정하지 않음)일 가능성은 많은 지지를 얻지 못했다; J. Dupont, *The Sources of Acts*, ET Darton, Longman & Todd 1964, 특히 제2장을 보라.

33. Lohse, 'Bedeutung' p. 436; B. Reicke, *Glaube und Leben der Urgemeinde*, Zürich 1957, p. 28; Kremer, *Pfingstbericht* pp. 126, 213, 259f.도 마찬가지이며, 위 주23과

25.3. **'오순절'은 사실 부활 후 현현이었는가?** 우리는 이제 우리의 중심 관심사를 다룰 기반을 거의 정리했다: 오순절에 실제로 무슨 일이 일어났는가? 우리가 앞서 한 논의에 비춰볼 때, 이 물음에 다가가는 가장 적절한 방법은 먼저 이런 질문을 해 보는 것이다. 오순절 체험과 부활 후 현현은 어떤 관계인가? 그것들은 독특한 체험이었는가? 만일 그렇다면 어떤 점이 독특했는가?

이 첫 몇 달에 관한 누가의 묘사는 의심하지 않고 믿어버리는 독자로 하여금 이 질문의 온전한 의미를 다시금 인식하지 못하게 한다. 이는, 우리가 이미 지적했듯이, 누가가 오순절이 일련의 부활 후 현현과 완전히 분리된 별개 사건이요 그런 부활 후 현현에 뒤이어 일어난 일이라 암시하기 때문이다. 진정한 부활 후 현현, 곧 사도들이 진짜임을 인정한 부활 후 현현은 예수 부활 후 40일 동안만 일어났다. 영은 분명 그 뒤 열흘이 지나서야 부어졌다. 그러나 누가가 이 지점에서 제시하는 내용을 액면 그대로 받아들일 수는 없다. 누가가 제시하는 내용은 물질의 차원을 담고 있는 그의 부활 후 현현 및 승천 개념(부활한 예수가 몸을 갖고 사람들 앞에 나타났다가 그 모습으로 승천했다는 개념—역주)과 궤를 같이하며, 그가 신학적 차원에서 결정한 내용이다.[34] 바울이 체험한 부활 후 현현은

28에서 언급한 이들, 그리고 영어권의 대다수의 주석가도 마찬가지다; 참고, Kümmel, *Theology* pp. 130f.

34. 본서 §21.3과 주114를 보라. 예수의 부활한 몸/부활 후 현현을 실제 몸의 부활과 현현으로 생각했던 누가의 부활/부활 후 현현 개념을 생각하면, 문자 그대로 승천이 이뤄졌다고 볼 수밖에 없는 것이 논리에 부합하는 결론이다. 참고, J. G. Davies, *He Ascended into Heaven*, Lutterworth 1958, pp. 47-56. 신약성경 저자들은 (사도행전의 누가를 제외하면) 대체로 '부활'과 '승천'을 다소 동의어로 여기거나(바울, 히브리서 저자) 적어도 가까운 시차를 두고 잇달아 일어난 일로 여기는(마태, 누가복음

분명 40일이 지나고 한참이 흐른 뒤에 일어났다. 만일 부활 후 현현에 결정적 마침표를 찍은 '승천'이 이미 있었다면, 또는 부활 후 현현의 또 다른 완전한 종결이 있었고 원시 공동체는 이 종결을 통해 사도들의 무리가 다 완성됐다고 인식했다면, 바울은 결코 사도로 인정받지 못했을 것이다. 바울 자신이 부활 후 현현 체험자 명단에 처음으로 끝(*finis*)이라는 말을 적은 이 같다('맨 마지막에는'). 바울 자신의 주장을 놓고 진짜 쟁점이 됐던 문제는 그가 정말로 주에게서 사명을 부여받은 현현 체험을 했느냐가 아니라, 그가 그의 사명을—이방인을 향한 사명으로—바르게 이해했느냐이다.[35] 바울의 말이 분명히 암시하는 바는 **고린도전서 15장이 열거하는 부활 후 현현이 누가가 제시한 40일을 훨씬 지나서도 이어졌다는 것이요, 바울 자신의 ὀφθῆναι가 적어도 처음에는 그 사슬 속에 들어있는 다른 연결고리와 마찬가지로 인정받았다는 것이다.**

그렇다면 오순절은 바울이 열거하는 부활 후 현현 순서에서 어디에 들어가는가? 바울이 제시한 목록에서 맨 처음 등장하는 둘, 곧 부활한 예수가 베드로에게 나타난 것과 '열두 제자'에게 나타난 것은 갈릴리에서 일어났기 때문에 오순절에 일어난 사건들보다 앞서 일어났을 개연성이 있다. 다른 부활 후 현현 가운데 '모든 사도'가 체험한 부활 후 현현(들)은 오순절 뒤에 일어났을 가능성이 아주 높다. 여기서 사도들은 십중팔구 '열두 제자'보다 훨씬 넓은 범위를 아우르는 선교사 그룹일

의 누가, 요한) 반면, 다양한 영지주의 분파는 부활한 예수가 그의 제자들과 18개월이나 심지어 12년 동안 함께 있었다고 말함으로써 누가를 능가하는 모습을 보인다는 점을 주목해야 할 것 같다(Hennecke, *Apocrypha* II p. 45).

35. Kümmel, *Kirchenbegriff* p. 9. 초기 공동체가 부활 후 현현이 사도들이 체험한 현현으로 끝났다고 여겼다는 Holl의 견해는 '사도들'을 '열두 제자' 및 야고보와 같게 보는 그의 논지와 한 덩어리를 이루고 있다(Holl, 'Kirchenbegriff' p. 50). 그러나 아래 주36을 보라.

것이며,[36] 그들의 ὀφθῆναι는 예루살렘 공동체가 상당히 힘차게 외부로 뻗어나가기 시작했던 시기에 속할 개연성이 아주 높다—우리가 식별할 수 있는 범위를 놓고 본다면, 헬라파가 핍박을 받기 전에는 이런 일이 일어나지 않았다(행 6-8장).[37] 마찬가지로 야고보가 체험한 부활 후 현현 역시 십중팔구는 이 신생 분파가 예루살렘 안에서 처음으로 성장하기 시작하던 때에 일어났을 것이다—야고보의 ὀφθῆναι는 그가 이 신생 교회 지체 가운데 가장 중요한 인물이 되고 난 뒤에야 비로소 언급된다.[38]

---

36. 가령 Kümmel, *Kirchenbegriff* pp. 5-7; von Campenhausen, 'Der urchristliche Apostelbegriff,' *StTh* I, 1947, pp. 96-130을 보라; 아울러 *Authority* p. 21; Barrett, *I Cor*. p. 343; 그리고 본서 제5장 주4과 5을 보라. Schmithals는 '열두 제자'와 '모든 사도'를 철저히 구분하는 완전한 이분법을 주장한다(Schmithals, *Apostle* p. 77)—증거를 부자연스러운 한도까지 밀어붙인다. 여기서 바울은 서로 다른 많은 부활 후 현현을 함께 묶어놓은 것 같다: 초창기 공동체의 모든 선교사는 부활한 주에게서 직접 임명을 받았다는 이유 때문에 선교사로 인정받았다(Schmithals p. 77; 다른 견해는 Wilckens, 'Ursprung' p. 65 주21). Richardson, *Theology* pp. 319ff.와 Cerfaux, *Christian* 제3장이 다루는 내용은 억지스럽고 만족스럽지 않다. 마태복음 28:18ff.에 관하여 알아보려면, 본서 §27.1을 보라.
37. 위에서 언급한 모든 사도(§18.1을 보라)는 이방인 선교에서 적극 활동했다. R. Schnackenburg, 'Apostles Before and During Paul's Time,' *Apostolic History and the Gospel*, F. F. Bruce Festschrift, ed. W. W. Gasque & R. P. Martin, Parternoster 1970, pp. 287-303은 누가가 부활 후 현현이 일어난 시간을 제한한 것을 받아들여야 하며, 안드로니고와 유니아 등등은 부활하여 자신들 앞에 나타난 예수를 보았다고 주장할 수 없었던 사도들이었다고 주장한다(pp. 293ff.; 참고, F. Hahn, 'Der Apostolät im Urchristentum,' *KuD* 20, 1974, pp. 74-77). 고전 15:7('모든 사도')를 고려할 때, 그리고 안드로니고와 유니아가 바울보다 앞서 '그리스도와 함께 있었다'(롬 16:7)는 점을 고려할 때, Schnackenburg의 주장은 가능성이 아주 희박하다. 부활 후 현현 체험 없이 사도로 인정받는 이가 있었을까? 가장 분명한 증거(고전 9:1, 15:7ff.)는 부정(否定)하는 대답 외에 다른 어떤 대답이 들어설 여지를 남겨놓지 않는다—이는 바울에게나 바울을 반대하는 자들에게나 마찬가지다! '교회의 사도들(= 사자들)'(고후 8:23, 빌 2:25)은 여기서 무관하며, 고린도후서 10-13장은 그저 아주 신중하게 사용할 수 있을 뿐이다(더 자세한 것은 본서 §47.2을 보라).
38. 그럴 가능성이 높아 보이지만, 야고보가 체험한 부활 후 현현이 정말로 갈릴리에서

이어 우리는 '단번에' 500명이 넘는 형제에게 나타남을 본다(고전 15:6). 우리는 잠시 멈춰 서서 이 사건과 오순절의 관계를 더 충실히 곱씹어봐야 한다. 신약 학계가 주장하는 더 흥미로운 가설 가운데 하나는 보통 E. 폰 돕쉬츠(von Dobschütz)라는 이름과 연결되어 있다. 그는 부활한 예수가 500명이 넘는 형제에게 나타난 사건과 오순절 기사가 동일 사건을 바꾸어 표현한 전승들이라고 주장했으며, 영이 부어짐을 다룬 기록의 바탕에 자리한 사건도 사실은 그리스도가 500명이 넘는 형제에게 나타난 사건이라고 주장했다.[39] 이 가설과 우리 연구는 명백히 관련이 있다. 이 가설이 계속하여 인기를 얻고 있기 때문에[40] 우리도 이를 더 자세히 살펴볼 수밖에 없다.

폰 돕쉬츠는 크게 두 바탕 위에 그의 논지를 세운다. 첫째, 신약성경이 그리스도와 영을 동일시하는 경우가 아주 빈번하게 나타난다는 점이다. 그는 바울의 글 가운데 로마서 8:9f.과 고린도후서 3:17을 예로 인용한다(그러나 고후 3:17은 잘못된 인용이다. 아래 제10장 주88과 주103을 보라). 요한

일어났다면(참고, Holl, 'Kirchenbegriff' p. 49), 그가 분명 즉시 예루살렘으로 옮겨간 것은 위에서 논한 내용(§25.1을 보라)과 관련하여 중요한 의미를 가진다. 행 1:14이 예수의 형제들을 언급한 것은 누가가 모든 부활 후 현현(이 부활 후 현현에는 아마도 야고보가 체험한 것도 들어있을 것이다)을 앞서 예루살렘을 중심으로 펼쳐진 40일의 기간으로 납작하게 압축해 놓았기 때문에 가능해진 일이다.

39. E. von Dobschütz, *Osten und Pfingsten*, Leipzig 1903, pp. 31-43. 이는 애초에 von Dobschütz에게서 유래하지 않았다. Adler는 C. H. Weisse (1838)와 Pfleiderer를 von Dobschütz보다 앞서 이 논지를 제시한 이들로 언급한다(*Pfingstfest* p. 146 주50). 그러나 이런 논지에 정당한 근거를 적절히 부여하려고 시도한 첫 인물은 von Dobschütz였다.

40. 크든 적든 확신을 품고 von Dobschütz의 논지를 받아들인 이 가운데에는 Bousset, Holl, E. Meyer, von Harnack, Burkitt, Goguel, Lietzmann, Hirsch, Grundmann이 있으며, 요 근래에는 S. M. Gilmour, 'Easter and Pentecost,' *JBL* 81, 1962, pp. 62-66; Jeremias, *Theology* I pp. 307f.이 있다.

계시록에 등장하는 선견자는 일곱 교회에 보내는 서신을 똑같이 영광을 받은 예수가 불러주신 것을 받아쓴 것이요 영이 그 목소리로 일러주신 것이라고 말한다: "귀가 있는 자는 영이 교회들에게 말씀하시는 것을 들으라"(계 2-3장). 또 네 번째 복음서를 보면, 그의 제자들을 버리지 않으리라는 예수의 약속이 보혜사(Paraclete)를 보냄으로 이루어진다. 심지어 사도행전을 봐도 부활한 주가 열두 사도를 세우듯이(행 1장), 영(행 13:1-4)이 바울과 바나바를 사도로(안디옥이 파송한 선교사로—행 14:4, 14) 세운다.[41]

둘째, 오순절 그리고 부활한 예수가 500명이 넘는 형제에게 나타남은 교회의 생일로 여길 만한, 동일한 주장을 담고 있다.

> 우리는 오순절을 기독 교회의 생일이라 부른다. 정말 그렇다. 그러나 기독 교회는 500명의 제자들이 개인적인 체험을 통해 주님이 실제로 살아 계시고 그들에게 권능을 주셔서 모든 사람에게 주님을 오실 메시아로 선포할 수 있다는 확고한 신념에 도달했을 때 태어나지 않았는가? … 주가 500명의 형제 앞에 나타난 사건은 기독교 선교의 생일이자 기독 교회의 생일이다.[42]

공동체는 그저 단번에, 그러니까 오순절 아니면 이 경우(고전 15:6)에 세

41. 아울러 일찍이 3세기(?)와 4세기 시리아 교회와 팔레스타인 교회에서 발견할 수 있는 전승에 주목하라. 이 전승은 승천과 오순절이 같은 날에 일어났다고 말한다(예수가 부활하고 50일이 지나 일어났다고 말한다)—G. Kretschmar, 'Himmelfahrt und Pfingsten,' *Zeitschrift für Kirchengeschichte* LXVI, 1954-1955, pp. 209-212. 아울러 P. A. van Stempvoort, 'The Interpretation of the Ascension in Luke and Acts,' *NTS* 5, 1958-1959, pp. 30f.을 보라.

42. Von Dobschütz, *Ostern* p. 39.

워졌을 수 있다.[43]

동일 장면을 다루는 두 버전이 아주 다양하게 발전했다는 가설에 의존하는 이런 논지를 평가하기는 어렵다. 우리는 이미 몇몇 부활 후 현현에 내재된 모호성에 관하여 이야기했는데, 500명이 넘는 형제가 증인으로 등장하는 경우에는 부활 후 현현이 갖고 있는 모호성이 아마도 훨씬 더 강력하게 적용될 것이다. 아울러 오순절의 독특함을 강조하고자 오순절 내러티브에서 부활 후 현현의 모든 특징을 제거한 것도 누가와 무관하지 않다. 그럼에도 폰 돕쉬츠의 논지는 결국 충분히 확신을 전달하지 못한다.

첫째, 고린도전서 15:6과 사도행전 2장이라는 두 본문은 사실 한 모임에 많은 제자가 참여하고 있다는 사실을 일러주는 것 외에는 아무런 접점을 갖고 있지 않다.[44] 한 본문이 갖고 있는 중심 특징이 다른 본문에는 전혀 존재하지 않는다—500명이 넘는 형제의 경우는 그 중심 특징이 부활한 예수가 그들에게 나타남이지만, 오순절의 경우에는 영이라는 선물이 방언과 더불어 주어졌다는 것이 중심 특징이다.[45] 누가도 만일 부활한 예수가 사람들 앞에 나타남이 오순절 전승 가운데 들어있었다면, 그 나타남이 심지어 부활 후 40일이 지나 일어난 사건이라도 예수를 환상을 통해 본 것을 포함시키는 데 굳이 반대하지는 않았을 것이다 (참고, 행 22:17, 26:19).

둘째, 폰 돕쉬츠의 첫 번째 주장에서는 바울과 요한이 부활 후 현현

43. Holl, 'Kirchenbegriff' p. 47 주1.

44. Lohse, 'Bedeutung' pp. 435f.; 아울러 Kremer, *Pfingstbericht* pp. 235ff.을 보라.

45. Conzelmann, *History*: "독특하게도 부활 후 현현은 눈에 띌 만한 황홀경의 성격을 갖고 있지 않다"(p. 40).

을 사람들에게 능력을 부어주는 영을 체험한 것과 혼동했다는 결론이 나오지 않는다. 그러나 우리는 바울이 그의 영 체험을 '그리스도가 내 안에 계심'이라는 말로 묘사할 수 있는 이유를 고찰해 봐야 한다(아래 제10장을 보라). 우리는 바울이 그의 ὀφθῆναι을 그가 나중에 본 환상 및 영의 능력(선물) 체험과 아주 분명하게 구분했다는 것을 이미 증명했다. 바울은 분명 사도행전 2장을 고린도전서 15:6의 또 다른 버전으로 인식하지 않았을 것이다.

셋째, 폰 돕쉬츠는 부활한 예수가 500명이 넘는 형제에게 나타난 사건을 선교라는 말로 아주 그럴싸하게 묘사한다. 그러나 사람들이 이 500명이 넘는 형제를 그저 '형제'만이 아니라 사도로 인식하지 않았다면, 이들에게 부활한 예수가 나타난 사건을 사명 수여로 이해했을 가능성은 거의 없다. 마찬가지로 이 500명이 넘는 형제를 한 공동체로, 기독교를 세운 교회로 생각했을 리도 없다. 성경은 공동체라는 의식을 이런 부활 후 현현과 연계하지 않는다.[46] 오히려 부활 후 현현과 관련된 이들을 개인이자 부활 후 현현을 목격한 개별 증인들로 구성된 그룹으로 제시할 때가 더 많다. 특히 500명이 넘는 형제 같은 경우, 바울은 이들을 한 공동체라 부르지 않고 개별 증인들로 제시한다('그 가운데 많은 이가 아직도 살아있다'). 다른 한편으로 보면, 공동체 의식은 늘 영과 결부된다—공동체 전체가 한 영에 참여하면서 κοινωνία(공동체로서 나누는 친밀한 사귐)

46. '가장 오래된 교회의 의식은 그 교회가 부활 전승을 맡아 갖고 있다는 의식과 연결되어 있다'는 Kümmel의 주장은 전혀 설득력이 없다(Kümmel, *Kirchenbegriff* pp. 8f.; 참고, Rengstorf, *Auferstehung* pp. 43-48, 155-159). 우리는 고전 15:3ff.가 제시하는 공식의 기원과 기능에 관하여 충분히 알지 못한다(참고, 본서 제5장의 주7과 주142). 어쨌든, 이 이슈는 내 논지에 영향을 미치지 않는다. '부활 **전승**을 맡아 가진 자라는 의식' 자체는 시간이 흐르면서 비로소 나타났을 것이다.

를 토대로 열정이 넘치는 예배를 함께 체험한 것이 첫 제자들을 하나의 공동체, 하나의 독특한 분파, 하나의 교회로 만들어 주었다. 이것이 누가의 증언(행 2:42)이자 바울과 요한의 증언(고전 12장, 빌 3:3, 요 4:24)이다. 열두 제자를 채우려고 맛디아를 뽑았다는 사도행전 1장의 말은 자신들이 곧 종말론적 이스라엘이라는 의식을 암시한다. 그러나 이것은 아주 놀라운 에피소드다—한 사도를 세우는데, 부활한 주가 그에게 직접 사명을 부여하지도 않고(고전 9:1, 15:5-8과 대비해 보라), 영이 직접 감동하지도 않는다(행 13:1ff., 엡 4:11)! 이는 공동체의 우연한 표현이 아니라 억지로 그리고 피상적 차원에서 공동체를 추구하려는 엉뚱한 노력으로 보인다(참고, 행 1:6). 이것은 역사적 사실일 가능성이 아주 높지만, 정말로 역사적 사실이라면, 누가는 이 에피소드를 이후에 이어지는 장들에서 공동체가 억지가 아니라 우연히—영의 영향과 감동을 통해—스스로 피어났던 것과 대비하여 비판 목적으로 사용하는 것 같다.[47]

그렇다면 대체로 보아 폰 돕쉬츠의 논지는 시간이 흐른다고 나아지지 않는다. 결국 우리는 고린도전서 15:6과 사도행전 2장은 서로 다른 두 에피소드를 다루고 있을 개연성이 크다고 판단해야 할 것이다. 부활한 예수가 500명이 넘는 형제에게 나타난 사건은 오순절 **뒤에**—즉 이 신생 분파가 성장하기 시작하여 한 공동체로서 기능하기 시작한 뒤에—일어났을 가능성이 더 크다. 그렇지 않으면 500명이 넘는 사람이 한 번에 한 장소에 모여 있던 것을 어떻게 설명할 수 있겠는가? **따라서 오순절은 필시 부활한 예수가 '열두 제자'에게 나타난 사건과 '500명이 넘는 형제'에게 나타난 사건 사이에 일어났을 것이다.**

47. Dunn, *Baptism* pp. 45f.을 보라; 더 자세한 것은 본서 §29과 §33을 보라; 아울러 §45.1(바울)을 보고, §58.3(요한)을 참고하라.

여기서 중요한 추론이 뒤따른다. **즉, 영이라는 선물은 누가가 암시하는 것처럼 부활 후 현현과 구별된 아주 독특한 것이 아니었다**는 점이 바로 그것이다. 오순절 자체는 부활 후 현현이나 예수를 보여주는 환상을 동반한 것 같지 않다. 그럼에도 첫 부활 후 현현이 있은 뒤에는 영이 부어지고 황홀경이 따르는 현상이 신생 교회 공동체 모임에서 드물지 않은 현상이 됐고 그와 더불어 때로는 예수가 환상 가운데 나타나는 일도 일어났으며 적어도 한 번은 공동체 전체에게 나타나는 일도 있었던 것 같다. 다시 말해, 우리는 다만 초창기 그리스도인 공동체 안에서 이뤄진 영 체험과 부활 후 현현을 구별할 수 있는 데까지만 나아갈 수 있을 뿐이다. 높이 올림을 받은 예수와 하나님의 영이 초기 교회의 종교적 체험 속에서 서로 어떻게 연결되어 있는가라는 문제는 전혀 해결되지 않았다. 그 문제는 뒤에 이어질 장들에서 다시 다뤄볼 수밖에 없다.

§26. 오순절에 무슨 일이 일어났는가?

터를 닦았으니 이제는 가장 중요한 역사 문제를 다룰 수 있겠다. 오순절에 실제로 무슨 일이 일어났는가? 누가가 영이 부어졌다고 묘사하는 이 체험은 무엇이었는가? 근래에 J. 크레머(Kremer)가 이 본문(행 2:1-13)을 꼼꼼하게 살펴보고 주해했다.[48] 따라서 우리는 특히 흥미로운 몇 가지만 관심을 갖고 살펴보면 되겠다.

26.1. **등장인물과 장면**. 누가 얽혀 있는가? 우리가 앞서 살펴본 결과

48. Kremer, *Pfingstbericht*.

가 타당하다면, 그 답은 명백하다. 즉, 갈릴리에서 예수의 첫 부활 후 현현을 체험한 뒤 예루살렘으로 돌아온 예수의 첫 제자 가운데 일부가 얽혀 있다(본서 §25.2 [b]을 보라). 120이라는 사람 숫자(행 1:15)는 억지로 지어낸 느낌이 좀 들지만, 누가는 ὡσεί('대략')라는 말을 120에 덧붙여놓았다. 따라서 이 숫자는 오순절 날 모여 있던 사람들을 상당히 정확하게 추산한 숫자일 가능성이 아주 높다.[49]

그것은 어디서 일어났는가? 제자들이 성전을 중심으로 한 묵시주의적(종말론적) 대망 때문에 예루살렘으로 돌아왔다면(본서 §29을 보라), 그런 무리가 모일 장소는 분명 성전 바로 그곳일 것이다(특히 눅 24:53, 행 5:12, 42을 참고하라). 이런 추측이 적절하다면, 그 갈릴리 사람들이 오순절 날 성전에 모여들었을 것이며 그들이 오순절이라는 날과 성전이라는 장소에 자극받아 '아버지의 약속'대로 하나님의 결정적인 종말론적 개입이 일어나길 간절히 소망하고 기도했으리라고 쉬이 상상해 볼 수 있다. 누가 자신은 필시 그 모임이 어느 개인의 집(οἶκος—행 2:2)에서 있었다고 생각했다.[50] 이것도 분명 불가능하지 않다: 제자들이 (안전 때문에?) 함께 모여 성전으로 가기 전에 어느 적당한 집에서 만났을 수도 있다.[51] 이 이슈는 중요하지 않다.

---

49. 산헤드린 I.6에 따르면, 120명의 남자가 있어야 한 지역의 산헤드린이 구성될 수 있었다. 그러나 누가가 제시하는 인물에는 여자들도 포함된다. 행 2:1의 '모든 사람'은 십중팔구 열두 제자만이 아니라 120명의 사람을 가리킬 것이다(Dunn, *Baptism* p. 40; Kremer, *Pfingstbericht* p. 96은 견해를 달리한다).

50. Haenchen, *Acts* p. 168 주1; οἶκος를 성전과 같다고 여기는 이를 보려면, 가령 Adler, *Pfingstfest* p. 128을 보라. οἶκος = 성전에 해당하는 사례로 사 6:4, 행 7:47, Josephus *Ant*. VIII. 65f.을 보라. 물론 구약성경은 성전을 자주 '하나님의 집'이나 '주의 집' 등으로 부르곤 했다(특히 왕상 5-7장, 겔 40장과 41장, 학 1-2장을 보라).

51. 더 자세한 것은 Adler, *Pfingstfest* pp. 126-132; Bruce, *Book of Acts* pp. 55f.을 참고하라.

무슨 일이 일어났는가? 내러티브가 요구하는 답 그리고 여러 정황에 비춰볼 때 설득력이 있는 답은 공동체 전체가 황홀경에 빠진 체험을 했다는 것이다. 이 체험의 주된 특징은 이중(二重)이었다—그 체험은 시각 요소와 청각 요소를 갖고 있었고, 또한 황홀경에 빠져 하는 말, 곧 방언이 있었다.

26.2. **공동체가 함께 체험한 환상**. 환상은 종교사에서 흔한 일이며, 청각과 관련된 요소를 동반할 때가 자주 있다—특히 빛이라는 현상과 결합한 환상을 보라(가령 겔 1:4ff., 막 9:2f.과 평행 본문들, 고후 4:6).[52] 집단이 체험한 환상을 이야기하는 증언도 있다.[53] 이때에 틀림없이 제자들 무리를 사로잡았을 황홀경 상태에서는 집단 환상도 부자연스럽지는 않았을 것이다. 어느 정도의 흐릿함(2:2-3—'거세게 몰아치는 강한 바람 **같은**', '불**처럼**')도 환상의 특징이다.[54] 누가는 '불의 혀처럼'이라 말하지 않고 '불같은 혀'(tongues like fire)라고 말한다—이는 이 체험의 객관성을 강조하려는 그의 성향을 보여주는 보기일 수 있다.[55] 하지만 그의 실제 묘사는 환상 체험을 넘어가지 않는다(ὤφθησαν). 청각과 관련된 현상에는, 구약의 예언자들이 본 개별 환상과 누가의 글 다른 곳에서 볼 수 있듯이(눅 3:22, 9:35,

52. 본서 제5장 주134을 보라.

53. Lindblom, *Gesichte* p. 109 주44. Donald Gee는 제1차 세계 대전 발발 2주 전에 웨일즈 남부 라넬리에서 나타난 놀라운 환상을 기록해 놓았다: 맨 처음 나타난 것은 어린양의 얼굴이었는데, 이 얼굴은 15분쯤 뒤에 '우리 주의 얼굴로 바뀌었다. 그 얼굴은 비길 데 없이 아름다웠고 슬픈 기색을 띠었지만 영광으로 가려져 있었다. … 그 환상은 여러 시간 동안 벽에 남아 있었으며, 그런 놀라운 광경을 보려고 모여든 수백 사람이 보았다'(*The Pentecostal Movement*, Elim, revised 1949, p. 92).

54. Lindblom, *Prophecy* p. 134.

55. 아울러 Schweizer, *TDNT* VI pp. 406f.; Kremer, *Pfingstbericht* pp. 108, 216; Hull, *Hellenistic Magic* pp. 87-96을 보라.

행 9:4ff., 10ff., 10:13ff. 등), 말을 듣는 것은 포함되지 않는다. 그러나 집단 환상에서 예상할 수 있는 것은 여기저기서 더 산만하게 들리는 소리뿐이다. 우리는 굳이 누가가 하나님이 한 말을 제자들의 방언으로 바꿔놓았다고 가정할 필요가 없다. 따라서 종교사의 여러 근거에 비춰볼 때 누가가 여기서 좋은 전승을 따르고 있음을 의심할 이유가 전혀 없다.

하지만 누가가 이 경우에 적합한 여러 상징 요소를 통해 환상을 구성했다고 주장할 수는 있을 것이다. 바람과 불은 모두 유대 전승의 신현(theophanies)에서 으레 나타나는 요소였다.[56] 특히 '바람'은 하나님의 πνεῦμα의 유비로서 익히 알려져 있으며,[57] 불은 시내산과 관련된 전승에서 두드러지게 나타난다.[58] 그런가 하면, 사람들이 장차 πνεῦμα와 불로 세례를 받으리라는 세례 요한의 위협을 담은 전승(눅 3:16)이 누가에게 환상의 요소들을 일러주었을 수도 있다.[59] 그러나 우리가 이미 앞서 보았듯이, 누가가 시내산 전승에서 영향을 받았음을 암시하는 것은 존재하지 않는다. 오히려 ὥσπερ와 ὡσεί(바람 **같은**, 불**처럼**)는 누가가 시내산 전승에서 영향을 받지 않았음을 일러준다. 또한 환상의 형태(특히 혀들이 '그들 가운데 퍼졌다')를 보면, 핸헨이 언급하는 필론의 글 어디에서도 비슷한 사례를 전혀 찾아볼 수 없다(위 주18을 보라). 마찬가지로 여태까지 본 누가의 글을 보면 예수가 이미 세례 요한의 예언을 근본적으로 재해석했기 때문에(눅 12:49f., 행 1:5), 그 예언이 이 환상의 요소들을 결정했을 가

56. Kremer, *Pfingstbericht* pp. 102, 113f.; 바람—왕상 19:11, 사 66:15, 『에스라4서』 13.10; 불—출 3:2ff., 13:21, 14:24, 19:18, 24:17, 민 14:14, 삿 6:21, 왕상 18:38, 사 6:6, 겔 1:13, 27, 단 7:9f. 랍비 문헌에 나오는 유사 사례들을 살펴보려면, J. Abelson, *The Immanence of God in Rabbinical Literature*, Macmillan 1912, pp. 213-219을 보라.

57. πνεῦμα는 '바람', '숨', 그리고 '영'을 뜻한다.

58. Haenchen, *Acts* p. 174.

59. 참고, Schweizer, *TDNT* VI p. 411.

능성도 거의 없다고 판단할 수밖에 없다.[60]

물론 심리학의 관점에서 보면, 성령 체험에는 필시 그 체험에 적합한 내용을 가진 환상이 동반됐다고 보는 것이 자연스럽다. 이것은 실제로 그 체험 자체가 하나님이 준 체험이라는 것에 관하여 우리에게 무언가를 일러주는 것일 수 있다. 그 체험을 하기 전에 기대에 들떠 있던 제자들의 분위기를 우리가 재구성한 내용이 옳다면, 그리고 흥분에 들뜬 그들의 상태 자체만이 그 환상의 원인이라면(집단 환각), 오히려 '인자가 영광의 구름을 타고 오는' 환상 같은 것이 있었을 만했다(참고, 막 9:1과 평행 본문들, 13:26과 평행 본문들, 14:62과 평행 본문들, 행 7:56). 그러나 누가가 제시한 환상은 바람과 불의 혀라는 말로 표현된 환상이며, 이 환상은 이 체험이 **예상하지 못한 것이었음**을 시사한다. 그들에게 다가온 것은 그들 개인이나 그들 집단의 잠재의식 깊은 곳에서 오지 않고, 그들 자신을 초월한 곳에서, 그들 자신의 바깥에서 왔다. **누구도 예상하지 못한 하나님의 능력이 주어짐을 체험하고 그 능력에 동반한 여러 특징을 체험했다는 것, 십중팔구는 바로 그것이 그 환상의 요소들을 결정했을 것이다.**[61]

26.3. **황홀경에 빠져 터뜨린 방언**. 그들이 한 체험의 또 다른 주요 요소는 방언(glossolalia)이었다—여기서 말하는 것은 분명 황홀경 현상이다(2:4ff., 13; 참고, 2:33).[62] 우리는 종교사를 통해 방언도 잘 알고 있다(본서 §§

60. 참고, Dunn, *Baptism* pp. 41ff. 불행히도 부활한 예수가 했다는 이 말은 부활 후 현현에 관하여 누가가 제시한 도식과 신학에 아주 깊이 뿌리박고 있어서 제자들이 오순절 전에 가졌던 기대를 알아낼 수 있는 증거로 사용할 수가 없다. 역사 속 예수가 영에 관하여 제시하는 더 확실한 약속(막 13:11과 평행 본문들, 14:38)은 (마지막) 핍박 동안에 시련을 겪을 때 영감이 주어질 것을 약속한 것이다(본서 §15.1을 보라).

61. 참고, Hopwood pp. 145f.

62. K. Haacker, 'Das Pfingstwunder als exegetisches Problem,' *Verborum Veritas:*

41.7, 52.3을 보라). 심리학의 관점에서 보면, 방언은 그저 의식을 통해 발화 기관(speech organs)을 통제하길 포기하고 잠재의식 또는 일부 사람들이 '초(超)의식'(superconscious)이라 말하는 것의 통제에 내맡기는 것으로 이해할 수 있다. 이 현상을 둘러싼 주요 쟁점은 이렇다. 첫째, 이 현상을 일으킨 궁극의 원천은 하나님인가, 아닌가? 둘째, 이 현상은 이와 관련된 사람들을 통합시켰는가, 아니면 분열시켰는가? 셋째, 이 현상이 일어났을 때 사람들이 낸 소리는 어떤 언어의 구조를 갖고 있는가, 아니면 그냥 무슨 뜻인지 알 수 없는 횡설수설인가? 이 세 질문은 모두 나중에 다른 장에서 적절한 기회에 더 자세히 이야기해 보겠다(§41.7). 지금 당장 우리가 주목할 것은 세 번째 질문뿐이다. 오순절 방언은 한 언어나 많은 언어의 형태를 갖고 있는가, 아니면 어쨌든 언어가 아닌 것의 형태를 갖고 있는가?

사람들이 전통 대대로 논쟁해 온 이슈는 우리가 여기서 보는 것이 말함과 관련된 기적인가, 아니면 들음과 관련된 기적인가라는 것이었다.[63] 통설은 전자를 지지했으며, 지금도 이 통설이 계속 지지를 받고 있다.[64] 누가는 분명 그 '말들'(tongues)이 외국어였다고 믿는다('**다른** 말들'—4절; 8, 11절을 보라). 이 견해가 갖고 있는 문제는 언제나 무리 가운데 있는 '다른 이들'의 상스러운 촌평(寸評)이었다: "그들이 새 포도주에 만취했다!"(13절). 어떤 이들은 그들 자신이 쓰던 언어를 들었으나 또 다른 이들은 술 취한 이들처럼 떠들어대는 소리를 들었다면, 이는 어쩌면 어떤 기

Festschrift für G. Stählin, hrsg. O. Böcher & K. Haacker, Wuppertal 1970, pp. 127f.과 반대다.

63. 이 문제를 처음 제기한 이는 나지안주스의 그레고리오스였다(Adler, *Pfingstfest* p. 3).
64. Adler, *Pfingstfest* pp. 93-118, 그리고 많은 가톨릭과 보수적인 주석가가 그런 예다.

적이 말함(speaking)보다 오히려 들음(hearing) 속에 있었음을 의미할지도 모르겠다. 그렇게 볼 경우, 누가는 그에게 다가온 기사들(설명들)을 잘못 해석하여 자신의 주관대로 4절에 ἑτέραις('다른')이라는 말을 집어넣었는지도 모른다.[65] 그러나 이 간단한 대안이 이 논쟁에 마침표를 찍지는 않는다.

이 딜레마를 해결하려는 한 깔끔한 시도가 J. G. 폰 헤르더(von Herder)의 시도(1794)였다. 그는 '다른 말로 말하다'가 '흥분에 취해, 열광하여, 힘차게 감정을 담아 말하다'를 의미하는 히브리어 관용어일 뿐임을 보여주려고 애썼다. 그렇다면 '새 말'은 '옛 예언자들을 새롭게 해석하는 방식'을 뜻한다.[66] 그러나 이는 적절치 않다. 이런 해석은 억지이며 본문에 아무 근거가 없다. 특히 우리가 여기서 만나는 것은 '거칠고 통제받지 않은 말이 아니라 정해진 본문의 질서 있는 낭송'이라는 C. S. 만(Mann)의 주장은 '거친 열광 장면'과 들어맞지 않는다.[67]

우리의 논의를 충실히 완결하려면 20세기에 지지를 얻었던 또 다른 가능성을 언급해야만 한다. 이 가능성은 한 타당한 관찰 결과에서 시작한다. 즉, 당시에는 결국 누가가 예루살렘 주민(5절—Ἦσαν … κατοικοῦντες)이라 말한 모든 청중의 공용어(*lingua franca*)가 그리스어나 아람어였을 것이기에, 이보다 많은 언어가 있었으리라고 가정할 필요가 없다는 것이 그 관찰 결과다. 따라서 이 제안은 누가의 기사가 다루는 것은 다양한

65. Schmidt, *Pfingsterzählung* pp. 17-23. 하지만 '유대'(10절)와 외국어('우리 자신의 말'—11절) 사이에 모순이 있다고 주장하는 것은 현학자(pedant)의 주해다.
66. Adler, *Pfingstfest* p. 14. 요 근래에 이와 다소 같은 견해를 G. J. Sirks, 'The Cinderella of Theology: The Doctrine of the Holy Spirit,' *HTR* 50, 1957, pp. 77-89가 신선하게 제시했으며, C. S. Mann in J. Munck, *The Acts of the Apostles*, Anchor Bible 31, Doubleday 1967, p. 275도 이를 받아들였다.
67. Mann pp. 275, 272.

언어가 아니라 다양한 **사투리**라고 결론짓는다. 그 말들을 들은 이들이 '태어난 곳의 언어'(8절)는 그리스어나 아람어였을 것이다. 그들은 그 말들을 한 이들이 갈릴리 억양을 쓰는데도 자신들이 이 갈릴리 억양을 쓰는 이들의 말을 이해할 수 있다는 데 놀랐거나, 어쩌면 제자들이 '갑자기 그들이 쓰던 갈릴리 말의 여러 독특한 점에서 벗어났다'는 사실(갈릴리 사람이 아닌 것처럼 말하는 사실)에 놀랐을 수도 있다.[68] 하지만 이 제안도 결함이 있다고 판단할 수밖에 없다. 즉, 이 제안은 누가의 분명한 언어를 너무 짓누르며, 사도행전 2:13을 어색한 첨가물로 만들어버린다.

19세기에 가장 대담한 주해를 제시한 이가 E. 첼러(Zeller)다. 거의 모든 학자는 사도행전 2장 내러티브가 대체로 역사적 사실이라 가정하고 이 내러티브를 설명하려 했다.[69] 반면, 첼러는, 슈트라우스가 복음서 내러티브에 태클을 건 것처럼, 이 내러티브에 태클을 걸었다—결국 같은 결과가 나왔다.[70] 그는 이 내러티브가 교리에 따른 창작이며, 세 요소로 구성되어 있지만 그 셋 가운데 첫 번째 요소만이 역사적 사실이라고 결론지었다: 그가 말한 세 요소는 초기 그리스도인들이 영의 언어인 방언을 함께 체험했다는 것,[71] 시내산에서 이뤄진 율법 수여와 유사하다는

68. 가령 H. E. Edwards, 'The Tongues at Pentecost: A Suggestion,' *Theology* 16, 1928, pp. 248-252; F. F. Bruce, *The Acts of the Apostles*, Tyndale 1951, p. 82; 19세기를 살펴보려면, Zeller(아래 주70) pp. 192f.가 인용한 Wieseler를 참고하라.

69. H. A. W. Meyer, *The Acts of the Apostles*, ET T. & T. Clark 1877, pp. 67ff.을 보라.

70. E. Zeller, *The Contents and Origin of the Acts of the Apostles Critically Investigated*, 1854, ET Williams & Norgate 1875, pp. 202ff. Strauss는 오순절 방언(= '신비한 변형'인 언어)에 관한 누가의 기사를 이미 무시했다(Strauss, *Life* §141).

71. 1830년대에 어빙파(Irvingites) 가운데서 방언이 다시 등장하면서 이 주제가 두드러진 화젯거리가 됐다. 아울러 유럽에서는 17세기 말과 18세기 초에 황홀경 상태에서 하는 예언이 카미자르파(Camisards) 안에서 계속 나타난 것도 잘 기억되고 있다.

점과 그 율법 수여에 얽힌 전설들(위 주18을 보라), 그리고 누가의 보편주의(universalism)다. 이 세 요소의 상관관계 때문에 누가는 자연히 이 선물이 가장 먼저 그리고 가장 풍성하게 주어진 것이 사실은 바벨의 저주를 뒤집은 것이요 낙원의 보편 언어를 회복한 것이라고 쉬이 추정하게 됐다—이 때문에 에티엔느 트로크메(Étienne Trocmé)는 이를 '초자연적 에스페란토'(supernatural Esperanto)라 불렀다.[72] 하지만 이번에도 본문에 적절한 근거가 없는 것 같다(본서 §25.2 [a]을 보라). 누가는 분명 둘 이상의 언어를 생각했으며(2:4, 8, 11), 현대의 방언까지 길잡이로 삼을 경우, 역사적 사실은 훨씬 더 복잡했을 것이다.

20세기에는 세 대안이 비평 학자들의 논의를 지배했다—그 세 대안은 사도행전 기사를 **신화**(*myth*)의 관점에서 탐구한 설명, **자료 비평**을 통해 탐구한 설명, 그리고 비슷한 현상들을 **심리학의 관점에서 분석**함으로써 탐구한 설명이다. 첼러 이후, 사도행전 2장은 교회의 알려지지 않은 기원을 설명하는 신화 같은 내러티브라는 주장이 인기를 얻었으며, 이런 주장을 가장 철저히 표명한 이가 A. 루아지(Loisy)였으며,[73] 요새는 핸헨이 이런 주장을 펴고 있다: 이 주장은 이 기사의 내용을 합리화하는 모든 방편을 피해야 한다고 말한다. '말(혀)의 기적'(miracle of tongues)은 고린도 같은 곳에서 있었던 방언에 관한 보고 그리고 시내산에서 이뤄진 율법 수여에 관한 랍비 전설들을 토대로 세운 문학적 구성물이었다. 사도행전 2장이 '철저히 신화'(wholly myth)라는 이 주장은 첼러가 제시했던 견해에서 사실상 한 걸음도 앞으로 나아가지 못했다. 우리

72. E. Trocmé, *Le 'Livre des Actes' et L'Histoire*, Paris 1957, p. 204; 아울러 가령 J. G. Davies, 'Pentecost and Glossolalia,' *JTS NS* 3. 1952, pp. 228f.을 보라.

73. A. Loisy, *Les Actes des Apotres*, Paris 1920, pp. 184-195.

는 이미 그 견해를 본문에 충분한 근거가 없는 것으로 여겨 무시했다.[74]

19세기에서 20세기로 넘어올 즈음 수십 년 동안 자료 분석이 활발하게 이뤄졌지만, 우리가 궁구하는 질문에 관한 논의를 전혀 진척시키지 못했다. 사도행전 2장에 들어있는 자료들의 존재를 증명하려는 시도는 본문의 문법과 문체가 지닌 통일성으로 말미암아 제동이 걸리고 말았다.[75] 이런 시도를 한 이들 가운데 가장 유명한 이가 F. 슈피타(Spitta, 1891)였다. 이들보다 그럴듯한 시도는 이 두 접근법의 강점을 결합하려는 시도였다. 말하자면, 본디 더 단순했던 내러티브를 신화를 통해 더 자세하고 정교하게 설명한 것이 사도행전 2장의 기사라는 주장이었다. 이 주장은 누가(또는 누가가 쓴 자료)가 황홀경에 취해 방언을 한 체험을 다룬 기사를 원시 교회에서 넘겨받아 바벨 전설, 시내산 관련 전승, 또는 교회의 탄생을 기독교의 보편적 포용을 상징하는 말로 제시하려는 누가 자신의 신학적 목표의 영향 아래 외국어를 말하는 기적으로 변형시켰다고 말한다.[76]

심리학적 설명을 불러일으킨 계기는 전 세계에서 등장하고 있는 오순절 운동 가운데 방언이 광범위하게 다시 등장한 사실이었으며, 특히 É. 롬바르(Lombard)와 E. 모지만(Mosiman)의 연구가 자극제가 됐다.[77] K. L.

---

74. 게다가, 고린도의 방언과 행 2장의 차이가 무엇인가도 분명치 않다. 바울은 γλῶσσαι가 '언어'를 의미한다고 생각했을 개연성이 아주 높다. Davies, 'Pentecost' pp. 229-231을 보라. Haacker p. 128도 마찬가지다. 더 자세한 것은 본서 §41.7을 보라.

75. Adler, *Pfingstfest* pp. 32-46; Lohse, 'Bedeutung' pp. 426f.

76. 가령 Lake, *Beginnings* V, note X를 보라. O. Betz, 'Zungenreden und süsser Wein,' *Bibel und Qumran*, Festschrift für H. Bardtke, Berlin 1968은 '행 2장의 보고는 사 28장에 기초한 초기 기독교 전승의 영향을 무심결에 드러낸다'고 주장한다(pp. 29ff.). 그러나 여기서 가리키는 것은 기껏해야 암시일 뿐이다.

77. E. Lombard, *De la glossolalie chez premiers chrétiens et des phénomènes similaires*, Lausanne 1910; E. Mosiman, *Das Zungenreden*, Tübingen 1911. 아울러 C.

슈미트(Schmidt)는 종교사에서 나타난 이런 현상이 우리의 오순절 사건 이해에 중요하다는 점을 올바로 강조했다.[78] C. A. A. 스코트(Scott)와 C. S. C. 윌리엄스(Williams)는 이 전선에서 등장하고 있는 가장 그럴듯한 제안을 잘 제시한다. 가령 스코트는 이렇게 써놓았다.

> 그들이 들은 것은 꼭 일관된 말일 필요도 없었고 심지어 이해할 수 있는 말일 필요도 없었지만, 그들의 마음에서 공감 어린 반응을 얼른 불러일으키는 말이어야 했다. 황홀경에 빠진 이들은 '하나님이 행하신 놀라운 일'에 관하여 그들 자신 안에 쌓아놓았던 회상을 풀어놓았다. 비록 그 말이 무슨 뜻인지 이해하지 못했을 수도 있지만, 그래도 그들은 사람들이 하는 말에 어느 정도는 공감했다.

그는 계속하여 어떤 사례를 인용한다. 이 사례를 보면, 구세군 세계 총회에서 '그 주제(하나님이 그리스도 안에서 베풀어주신 구원의 사랑)를 다룰 때마다'—전 세계에서 모인 청중 가운데 많은 이가 영어를 몰랐는데도—'그 엄청난 회중이 갇혀 있는 것 같은 울적한 느낌에서 빠져나와 절반쯤 탄식이 섞인 감사를 쏟아냈다.'[79] 하지만 이런 유사 사례는 무너져버릴 수도 있다: 우리는 이런 이야기를 들으며 구세군 총회 때 청중이 연사와 **마음을 같이하는** 경우를 가정해 볼 수 있지만, 오순절의 경우에는 그와

Clemens, "The 'Speaking with Tongues' of the Early Christians," *ExpT* 10, 1896-1899, pp. 344-352을 보라.

78. Schmidt, *Pfingsterzählung* pp. 28-32.

79. C. A. A. Scott, 'What Happened at Pentecost,' *The Spirit*, ed. B. H. Streeter, Macmillan 1919, pp. 128f. 아울러 C. E. Raven, *The Creator Spirit*, Hopkinson 1927, p. 240.

같은 가정을 할 수 없다.[80] 윌리엄스는 이렇게 평한다.

> 다른 사람들이 강한 감정적, 영적 압력이나 자극에, 심지어 술에 취하지 않았느냐는 오해를 받을 정도로(참고, 행 2:15) 강한 압력이나 자극에 복종하던 때에 그 자리에 있었던 사람이라면 누구나 그 영혼의 '센서'가 제거된 상태에서 도통 그 뜻을 알 수 없게 지껄여대는 말과 외국어인 것 같은 말이 뒤섞여 나타난 것을 관찰할 수 있었을지도 모른다.[81]

더 정교하고 자세한 유사 사례를 제공하는 것이 잠복기억(cryptomnesia)으로 알려져 있는 현상이지만,[82] 공동체 전체가 황홀경에 빠진 경우에는 이를 적용할 수 없다.

현재 우리의 논의를 고려할 때 어쩌면 오순절주의에서 나타나는 방언의 가장 놀라운 특징은 '알려지지 않은 말'(unknown tongue)이라는 주장의 숫자일 것 같다. 사실 이 '알려지지 않은 말'은 말하는 이가 모르는 외국어였다.[83] 어느 경우나 그것이 진짜임이 증명되어야 하는 것은 아니

---

80. Hopwood p. 160.
81. Williams, *Acts* p. 63; 참고, J. B. Pratt, *The Religious Consciousness*, New York 1921, p. 183; A. L. Humphries, *The Holy Spirit in Faith and Experience*, SCM Press 1917, pp. 179f.; L. Dewer, 'The Problem of Pentecost,' *Theology* 9, 1924, pp. 250-254. 언어학자 W. J. Samarin, *Tongues of Men and Angels*, Macmillan 1972, pp. 109-115의 설명도 주목하라.
82. G. B. Cutten, *Speaking with Tongues: Historically and Psychologically Considered*, Yale 1927, pp. 176ff.; 아울러 *Humphries* pp. 178f.을 보라. 세기가 바뀔 때에 일어난 Hélène Smith의 사례는 유명하다. Smith가 자신도 모르게 한 말에는 산스크리트어를 포함하여 여러 언어가 들어있었다(Cutten pp. 136-148을 보라).
83. 가령 S. H. Frodsham, *With Signs Following*, Springfield 1946, 제22장; M. T. Kelsey, *Speaking with Tongues*, Epworth 1965, pp. 152-157, 162f.; J. L. Sherrill, *They Speak with Other Tongues*, Hodder & Stoughton 1965, pp. 13ff. D. Bennett과 R.

다.[84] 말하는 이나 듣는 이가, 방언을 말하는 이가 어떤 외국어로 말하고 있다고 생각했으면 그것으로 충분하다. 20세기에도 그런 확신을 품고 그렇게 주장할 수 있다면, 첫 그리스도인이 맞이했던 오순절 때에는 더더욱 그런 주장을 했을 법하다. 만일 현대의 유사 사례들이 우리에게 어떤 것을 일러준다면, 우리는 **오순절 자체의 경우에는 황홀경에 빠져 말하는 제자들이 하는 말과 문구를 인식하고 이해한다고 생각하는 사람들이 있었을 개연성이 높다**고 판단할 수밖에 없다. 추측건대 바로 이것이 누가가 예루살렘 교회에서 가장 나이 많은 생존 회심자에게서 들은 이야기일 것이다.[85] **결국** 스코트와 윌리엄스가 제시한 줄거리가 십중팔구는 사도행전 2장의 그 사건을 설명해 주는 것 같다—제자들이 낸 몇몇 소리를 그들 고국(고향 땅)의 언어와 동일시하는 일이 일어났으며, 동시에 제자들이 분명 황홀경과 무아지경에 빠져 찬미하는 모습이 사람들에게 강력한 영적 영향을 미쳤다. 그러나 다른 이들은 그저 뜻 모를 지껄임만 들었을 것이며 아무런 감동도 받지 않았을 것이다. 아울러 누가는 문제의 방언이 바로 외국어임을 분명히 밝히고 보편주의라는 음

Bennett은 라틴어, 에스파냐어, 프랑스어, 히브리어, 옛 바스크어, 일본어, 아람어, 만다린 중국어, 독일어, 인도네시아어, 중국의 푸젠 방언, 신약 그리스어, 영어(본디 영어를 할 줄 모르는 이가 영어로 방언한 경우), 그리고 폴란드어로 방언한 사람들을 알고 있다고 주장한다(D. and R. Bennett, *The Holy Spirit and You*, Logos 1971, pp. 91f.).

84. J. P. Kildahl, *The Psychology of Speaking in Tongues*, Hodder & Stoughton 1972: "방언의 역사를 살펴보면, 전혀 배운 적이 없는 외국어로 이야기한 사람을 언급하는 기록이 있지만 이런 기록이 과학으로 확증되지는 않았다"(p. 39); Samarin: "영에 사로잡힌 이들이 애초에 배운 적이 없던 언어를 말했다는 사례들이 진짜인지 극히 의심스럽다"(p. 112). 아울러 Mosiman pp. 118ff.을 보라.

85. 참고, Kremer, *Pfingstbericht*. Kremer는 오순절에 외국어로 말했다는 전승이 누가가 이를 원용하기 전부터 이미 존재했었다고 결론짓는다(pp. 165f.).

151-152

조(音調)를 5절에 도입함으로써 이 에피소드에 훨씬 더 큰 정확성을 부여했을 가능성이 아주 높다(참고, 9-11절). 본문이나 이 에피소드의 상황이 담고 있는 여러 개연성 있는 내용으로 보아 다른 요소들을 이 에피소드에 끌어들일 필요는 없다.

요컨대, **제자들이 오순절 날에 황홀경에 빠져 무언가를 말하는 체험을 했음을 의심할 이유가 전혀 없다.**[86] 또 본문 자체와 종교사의 유사 사례들을 살펴볼 때, **그 자리에 있던 많은 사람이 방언을 듣고 제자들의 행위를 보면서 자신들이 다른 여러 언어로 하나님을 찬미하는 말을 듣는(인식하는) 것으로 생각했다**고 믿는 것이 타당하다. 우리가 할 수 있는 말은 거기까지다. 우리는 초기 오순절주의에서 일어난 유사 사건들에 다가갈 수 있는 만큼만 오순절에 일어난 사건들의 실체에 다가갈 수 있을 뿐이다.

26.4. **영이라는 선물**. '오순절에 무슨 일이 일어났는가?'라는 질문에서 앞으로 더 나아가기 전에 하나 더 강조해두어야 할 것이 있다. 역사를 탐구하다 보면 자연히 그 사건—환상과 방언—의 더 놀라운 특징에 매달리게 된다. 그러나 이런 현상이 갖고 있는 심리적 본질을 인식했다고 하여 그것으로 논의가 종결되지는 않는다. 황홀경에 이르게 자극한 원천이 무엇이었는가는 여전히 풀리지 않은 문제로 남아있다. 따라서 우리는 이런 현상을 체험한 이들이 그런 현상에 부여하는 해석—즉 그런 현상이 제자들에게 임하여 제자들을 사로잡은 하나님의 영의 나타

86. Schmidt, *Pfingsterzählung* pp. 27, 32('엄청난 집단 황홀경'); Behm, *TDNT* I p. 725; Lohse, 'Bedeutung' p. 436; Goppelt, *Apostolic Times* p. 22; 참고, M. Dibelius, *Studies in the Acts of the Apostles*, ET SCM Press 1956, p. 106.

남이었다는 해석—을 무시해서는 안 된다. 사도행전 2장의 핵심 문구는 4a절의 '그들이 모두 성령으로 충만했다'이지, 4b절의 '그들이 다른 말로 말하기 시작했다'가 아니다.[87] 아울러 이것을 누가가 앞서 일어난 사건에 거꾸로 적용하여 읽어낸 해석으로만 이해해서도 안 된다. 초창기 신자 공동체의 종말론적 의식은 그들이 하나님의 능력을 그들 자신을 일으켜 세우고 변화시키며 하나로 묶어주는 능력으로 의식했다는 차원에서만 이해할 수 있다. 이는 바울이 영을 ἀπαρχή('첫 열매')와 ἀρραβών('첫 할부금', '계약금')이라고 표현한 것에 분명히 반영되어 있으며, 사도행전 2장의 설교에도 반영되어 있다—사도행전 2장은 오순절을 요엘이 했던 예언(욜 2:28ff.)의 성취, 곧 영이 예언과 환상과 꿈에 나타난 대로 모든 육에게 널리 부어지리라는 예언이 성취된 사건으로 제시한다(행 2:17f., 더 자세한 내용은 본서 §29을 보라). 그렇다면 우리는 **제자들에게 오순절은 영의 감동과 예배를 체험함이요 해방과 능력 체험이었으며 무언가를 받음과 신비한 특질을 지닌 것이었기에, 그들은 처음부터 이런 체험을 있게 한 원천이 곧 하나님의 영이라고 확신했음**을 의심할 필요가 없다.

§27. 오순절과 선교

27.1. 사도행전 1-2장 내러티브가 우리에게 안겨주는 마지막 문제는 오순절과 선교의 관계다. 이 문제를 마주하면서 우리는 다시금 부활 후 현현을 영의 부어짐과 구별하기가 어려움을 깨닫는다. 한편으로 보면,

87. Adler, *Pfingstfest* pp. 65ff.

우리가 앞서 본 것처럼(§20), 부활한 주의 현현 자체가 바울에게 선교 소명을 부여한 사건이었다. 따라서 마태복음 28장도 '대위임령'을 부활한 예수가 '열두 제자'(이때는 열한 제자)에게 나타난 사건 속에서 제시한다. 아울러 우리는 사명 수여라는 형태가 그보다 앞서 있었던 부활 후 현현의 본질이었던 것 같다고 언급했다(§22.2). 다른 한편으로 보면, 누가가 제시한 기사에 비춰볼 때, 오순절은 선교에 없어서는 안 될 동력원을 제공했으며, 부활 후 현현에 따른 사명 수여는 영의 부어짐으로 말미암아 활성화되고 에너지를 얻을 때까지 휴면 상태에 있었다(눅 24:47ff., 행 1:8). 마찬가지로 사도행전의 나머지 부분에서도 영이라는 선물이 교회가 펼치는 선교의 확장을 결정하고 규율한다(특히 8:14ff., 10:44ff.을 보라; 아울러 6:10, 8:39, 10:19f., 13:1ff., 15:28, 16:6f., 19:1-7도 마찬가지다). 분명 누가가 사도행전에서 추구하는 목표 가운데 하나는 영이라는 선물이 회심과 입회(공동체에 들어가 신자로서 삶을 시작함)를 결정하는 아주 중요한 요인임을 논증하는 것이다.[88] 이런 결론은 오순절과 선교의 연관이 누가 신학의 또 다른 부분임을 따라가는 것인가?

어쩌면 다음 세 요소가 한 가지 답으로 나아가는 길을 일러줄지도 모르겠다.

(a) 고린도전서 15:5-7의 부활 후 현현이 오랜 기간에 걸쳐 일어난 것이라는 인식은 이 문제를 수월하게 만드는 데 분명 조금은 도움이 된다. 그 목록에서 부활 후 현현과 사명 수여를 연관 지어야 할 유일한 경우는 부활한 예수가 '모든 사도'에게 나타난 경우다—그리고 우리가 이미 보았듯이, 이 부활 후 현현(또는 현현들)은 십중팔구 오순절 **뒤에** 일어났을 것이며, 시간상 바울의 회심에 가장 가까운 때에—다시 말해, 예루살

88. Dunn, *Baptism* pp. 91ff.

렘 공동체가, 적어도 그 공동체에 속해 있던 헬라파 사람들이, 선교하러 떠나기 시작하던 때와 가장 가까운 때에—일어났을 것이다(본서 §25.2 [b]과 §25.3을 보라). 사도행전 자체가 지지하며 암시하는 의미는 이방인 선교라는 개념이 초기 교회를 얼마 동안은 사로잡지 않았다는 것이다(그리고 초기 교회 전체를 사로잡지도 않았다!—본서 §25.3을 참고하라). 여기서 사명을 수여받았음을 점점 더 인식하게 되는 모습이 나타나기 시작하는데, 이때 부활 후 현현과 오순절이 최종적인 역할은 아니지만 결정적인 역할을 했다. 마태는 '대위임령'을 부활한 예수가 열한 제자에게 나타난 사건과 연계하는데, 이는 분명 여러 해에 걸쳐 잇달아 일어난 계시 사건들의 압축으로 여겨야 한다.[89]

(b) 부활 후 현현은 선교와 복음 선포에 없어서는 안 될 부분을 이루지만, 영이 부어진 사건은 같은 방식으로 설교되지 않았던 것 같다. 이 점은 누가와 바울의 글에서 모두 드러난다(행 2:32, 4:2, 33, 10:40ff., 13:30ff., 17:18, 고전 15:3-8, 11; 참고, 롬 1:3-4, 딤후 2:8). 교회가 선포한 것은 오순절이 아니라 부활한 그리스도였다. 이는 초기 교회 대부분이 수행했던 선교 의무의 근원이 부활한 예수의 현현이었음을 확인해 준다.

(c) 동시에 우리는 복음을 전하는 것 자체도 영의 선물로 여겼음을 언급하지 않을 수 없다. 영이 주는 감동과 능력이 없었다면 선교하며 전한 말은 듣는 이들에게 아무런 영향을 주지 못했을 것이다. 누가와 바울은 이 점에 관하여 의견을 같이한다(행 4:8, 31, 6:10, 16:6, 18:25, 고전 2:4f.,

89. 참고, A. H. McNeile, *The Gospel according to St. Matthew*, Macmillan 1915, p. 435; Bornkamm, 'Matt. 28.16-20' pp. 203-229; U. Luck, 'Herrenwort und Geschichte in Matt. 28.16-20,' *EnTh* 27, 1967, pp. 494-508; Schweizer, *Matthäus* p. 347. 아울러 H. R. Boer, *Pentecost and Missions*, Lutterworth 1961, 제2장을 보라.

14:24f., 살전 1:5, 엡 4:11).[90] 따라서 우리는 오순절도 부활 후 현현 못지않게 선교의 전제로 널리 인식됐다고 말할 수 있을 것 같다.

우리가 앞서 논한 내용과 더불어 이 모든 요소를 함께 고려해 보면, 부활 후 현현(완결된 일련의 현현들)과 오순절(그리고 황홀경에 빠져 더 체험한 것들)이 마치 신생 교회에서 선교의 의미를 확립하고 발전시키는 데 결정적인 역할을 한 것 같다. 갈릴리에서 있었던 부활 후 현현 때에 '그 환상을 알릴' 의무를 처음으로 인식했으며, 이런 의무는 적어도 한동안 나머지 제자들(120명?)에게 그런 환상 체험을 알림으로써 이행됐을 수도 있다. 만일 우리가 사건들을 재구성한 내용이 옳다면, 갈릴리에서 환상 체험을 알린 일은 필시 뒤이어 온 그룹(제자 무리 전체)이 예루살렘으로 돌아가 그리스도요 인자로서 다시 오실 예수를 기다리게 한 종말론적 흥분에 흡수됐을 것이다(본서 §29을 보라). 비록 일부이지만 어쨌든 영이라는 선물로 말미암아 종말론적 기대가 충족되면서, 다른 사람들에게 전하려는 충동이 신선한 힘을 얻어 다시 일어났을 것이다. 종교사는 영적 각성에 해당하는 사례를 많이 제시한다. 이런 영적 각성 때에는 고도의 영적 흥분이 공동체 전체에 열정과 담대함을 안겨주며, 이런 열정과 담대함은 독실한 구도자에게 영향을 미쳐 그들을 끌어들인다.[91] 그렇다면 우리는 오순절이 새로운 공동체 의식(종말론적 이스라엘이라는 의식)을 가져왔고, 그들의 믿음을 더 충실하고 확실하게 세워주었으며, 그들의 사명 의

90. 본서 §31.1과 §41.1을 보라.

91. 현대 오순절주의도 다시금 우리에게 가장 비슷한 사례 가운데 하나를 제공한다. 예를 들면, 1906년에 로스앤젤레스에서 일어난 사건들을 언급하는 한 오순절파 역사가는 이렇게 말한다: "성령 세례가 그들 한 사람 한 사람을 모두 설교자로 만들고, 자신의 경이로운 체험을 증언하는 이로 만들었으며, 메시지를 전하는 이로 만들었다"(C. Brumback, *Suddenly ... from Heaven*, Springfield 1961, p. 64).

식을 자극함으로써 결국 그들이 아는 좋은 소식을 그들만의 것으로 지키고 있을 수 없게 됐다는 것을 의심할 필요가 없다. 하나님의 영에 감동했다는 확신은 언제나 예언자의 선포에서 볼 수 있는 담대함의 가장 힘찬 요인이었다(본서 §39.4을 참고하라). 오순절에 예언의 영이 다시 나타났을 때에도 마찬가지였다.

아울러 아주 중요한 여러 지점에서 이뤄진 영의 나타남 덕분에 확신을 품고 있지 못했던 지도자들이 선교의 광대한 확장이 이뤄지리라는 확신을 품게 됐다는 누가의 기록은 본질상 옳으며, 우리가 이를 의심할 이유가 전혀 없다는 말을 간단히 추가해도 될 것 같다. 특히 누가가 사도행전 8:14ff.와 10:44ff.의 에피소드를 무로부터(*ex nihilo*) 만들어 낸 당사자라고 믿기는 어렵다. 그 앞에 일어난 사건에서는 영이라는 선물을 믿음 및 세례와 분리하여 또 다른 놀라움을 안겨주는데(8:12f.), 이는 역사의 선례가 없는 것으로 받아들일 단계는 아니다.[92] 내러티브의 기원을 더 일관되게 재구성하면, 베드로와 요한은 황홀경 가운데서 나타난 현상들을 보고 영이 사마리아 사람들에게도 주어졌기 때문에 하나님이 사마리아 사람들도 반가이 맞아들이셨음을 재차 확신하게 됐다. 마찬가지로 사도행전 10장에 나오는 고넬료의 회심 사건에서도 에피소드의 결정적 핵심은 영이라는 선물이 주어진 것이다. 이번에는 영이 세례 전에 주어졌는데, 이는 공동체가 새 지체를 받아들였음을 나타내는 표지에 앞서 하나님이 그 지체를 받아들이셨음을 나타내는 표지가 필요했음을 보여준다. 분명 누가는 사후에 앞서 일어난 고넬료 회심 사건을 회고하면서 필시 그 사건이 일어났을 당시에는 깨닫지 못했을 그 회심 이야기의 의미를 이끌어낸다. 하지만 이 기사의 핵심 내용의 역사성을 부

92. 참고, Dunn, *Baptism* pp. 60ff.

154–155

인하기는 불가능한 것 같다. 만일 누가가 교회 안에서 자의식이 성장하던 때에 글을 쓰면서 영이 세례보다 앞선 사건을 지어낼 정도로 그가 가진 자료를 아주 자유롭게 활용했다면, 그와 함께했던 교회 사람들이 과연 그가 쓴 기사를 받아들일 수 있었을지 의심할 수밖에 없다.[93] 그러나 원래의 전승이 할례받지 않은 이방인에게도 영이 임함으로 말미암아 결국 지역 그리스도인 공동체가 그 이방인을 받아들이는 결과가 일어났다고 말한다면, 여기에서도 다시금 영이 초기 기독교의 지경을 넓히는 선교를 주도했다고 보는 누가의 시각이 정당성을 가진다.[94]

요컨대, 이제는 §27 서두에서 제시한 문제의 해결책이 분명해졌다. **비록 모든 이에게는 아닐지라도 어떤 이들에게는 부활 후 현현이 점점 더 큰 확신을 갖게 되는 계기가 됐으며, 이 계기는 영의 능력과 황홀경을 체험함으로써 얻은 에너지 덕분에 강력한 복음 전파의 동력원이 됐다**. 부활 후 현현으로부터 선교를 해야 한다는 **의무감**이 생겨났다. 그러나 영 체험만이 선교를 하고 싶게끔 하는 내적 **충동**을 불러일으켰으며 복음이 넓게 뻗어나가리라는 것을 **확증**해 주었다.

27.2. **결론.** 어떤 한 체험이 기독교를 출범시켰다고 말할 수 있다면 그 체험은 제법 큰 예수의 제자 무리가 예수의 죽음 뒤에 찾아온 오순절 날에 한 체험이다. 그들은 아마도 예수의 부활로 이미 시작된 완성을 기다리러 예루살렘에 모였던 것 같다. 그때 그들은 공동체 전체가 황홀경에 빠져 예배하는 체험을 했으며, 이 예배 때 특히 환상과 방언이 나

93. 참고, Dibelius, *Studies* pp. 109-122; Hahn, *Mission* p. 52; 의견을 달리하는 사람은 Haenchen, *Acts* pp. 355-363이다.

94. 참고, Goppelt, *Apostolic Times* p. 70.

타났다. 그들은 이 체험을 하나님의 영이 미친 영향으로 인식했으며, 이 체험 때 부활한 예수의 손이 그들을 하나로 모아 살아 있는 공동체로 만들고 그들에게 예수를 증언해야 한다는 동기와 절박한 심정을 부여함을 보았다.

이 분석은 초기 그리스도인들이 그들의 체험에 관하여 가졌던 이해와 관련하여 몇 가지 풀리지 않은 중요한 질문을 우리에게 남긴다: 특히 그들이 부활한 예수를 그들 체험의 원천(혹은 원천들?)인 영과 어떻게 연관 지었는가라는 질문은 풀리지 않은 채 남아있다. 우리는 이 질문을 염두에 두고서 오순절 뒤에 있은 예루살렘 공동체의 열정에 찬 출발을 살펴보겠다. 우리가 이를 살펴볼 때 누가는 그저 자투리 도움만을 제공할 뿐이다. 신학 면에서 적절한 대답을 찾으려면 바울과 요한을 더 깊이 다뤄야 한다(본서 제10장과 제11장을 보라).

제7장
누가의 회상에서 드러나는 열광에 들뜬 출발

§28. 들어가는 글

열광주의자(enthusiast)는 기독교 역사와 신학에서 인기가 없고 평판이 좋지 않은 존재다. 열광주의자는 자신이 하나님에게 특별한 사랑을 받고 있다고 믿으며, 하나님의 영이 다른 신자보다 자신에게 더 충만히 주어졌다고 믿는다. 열광주의자는 자신이 하나님을 다른 사람들보다 선명하게 바로 눈앞에서 보듯이 체험했다고 주장한다. 그는 하나님의 뜻을 알고 하나님의 대리인으로서 행동하며, 오직 하나님에게만 직접 책임을 진다. 그가 보기에, 이 세상은 초자연적 세력들이 활동하는 경기장이요 그 세력들의 활동은 종종 우리 눈으로 볼 수 있는 강력한 효과를 발휘한다. 그의 열광주의는 으레 예수의 재림이 임박했다는 압도적 확신을 가지고 있을 뿐 아니라, 때로는 황홀경에 사로잡힌 말과 행동을 폭발하듯 분출하며, 특히 공동체가 함께 예배하는 상황에서 그리할 때가 종종 있다. 그는 자신이 믿는 것들과 행하는 것들이 의롭다고 확신하기 때문에 사람들이 가장 신성시하고 가장 존중하는 전통과 결별하는 일도 서슴지 않으며, 이런 결별은 종종 분열을 낳는다.

우리가 하나의 역사적 현상인 열광주의에 관하여 갖고 있는 지식에서 끌어낸 이 열광주의자의 '몽타주 사진'(identikit picture)은[1] 많은 초창기 그리스도인과 놀라울 정도로 '일치'하는 것 같다—**기독교는 1세기 유대교 안에서 열광주의 분파로 시작했다!** 어떤 이들에겐 이런 주장이 달갑지 않을지도 모르지만, 그래도 우리는 이번 장을 진행해 갈수록 그런 주장을 점점 더 진지하게 고려해야 한다.

따라서 우리가 뒤따르는 문단에서 해야 할 일은 오순절 뒤부터 바울 전까지 초창기 그리스도인 공동체가 한 종교적 체험의 독특한 특징들을 살펴보는 것이다. 오순절에 벌어진 영적 활력의 급상승은 이후 몇 달 동안 어떻게 표현됐는가? 물론 그 모습을 정확히 담아낸 그림을 얻을 가능성은 늘 의문이다. 우리는 누가가 우리에게 확실하고 솔직한 역사 정보를 늘 제공하지는 않음을 보았다. 그 때문에 또 다른 의문이 생긴다. 누가는 종교적 체험 문제를 다룰 때 기독교의 시작에 관한 그의 설명을 왜곡했는가? 우리가 사도행전의 첫 여러 장에서 발견하는 것은 초기 교회의 영 체험인가, 누가의 영 개념인가? 마지막으로, 우리가 이런 문제들에 대답할 수 있는 범위에서 본다면, 제4장 끝부분에서 제기했던 독특성이라는 이슈가 다시 등장한다: 초기 그리스도인의 영적 체험은 예수의 영 체험과 비교했을 때 그리고 기독교 밖에서 나타난 비슷한 현상들과 비교했을 때 독특했는가?

---

1. 참고, Knox, *Enthusiasm* pp. 1-4.

§29. 종말론적 열광주의

초창기 예루살렘 공동체의 영적 체험이 지닌 첫 번째 특징으로서 짚고 넘어가야 할 것은 종말론적 열광주의였다. 나는 예수의 강림(parousia)이 임박했으며 종말에 예루살렘이 중심이 되리라는 믿음이 예수의 첫 부활 후 현현 뒤에 제자들이 예루살렘으로 돌아오도록 이끌었다는 내 확신을 이미 밝혔다(본서 §25.2을 보라). 나는 이제 그 논지가 정당함을 증명해야 한다. 그리고 내 논지가 정당함을 증명하는 일이 필요하다. 누가가 관련 사건들을 서술한 기사에는 내 논지를 뒷받침할 근거가 전혀 없는 것 같기 때문이다. 여기서 우리는 누가의 중대한 침묵 가운데 하나를 만난다. 곧, 누가는 한두 개의 간단한 언급을 제외하면, 어떤 곳에서도 초창기 공동체의 열광주의가 묵시주의 성격을 갖고 있음을 시사하지 않는다. 하지만 누가가 이런 특징을 무시했거나 억압했다는 것은 거의 확실하다. 십중팔구 대다수의 학자가 동의하겠지만, 누가가 강림이 임박했다는 기대를 사도행전에서 거의 모두 생략해 버린 것은 강림이 늦어지기 때문이었다.[2] 강림이 아주 오래 늦어지자, 누가는 아마도 초창기 신자들을 날마다 이 시대의 끝을 고대하며 살아가는 이들로 묘사하는 것이 불필요하거나 지혜롭지 않다고 생각했던 것 같다. 그럼에도 그런 묵시주의적 흥분은 십중팔구 예루살렘 공동체의 두드러진 특징이었다.

(a) 공관복음을 살펴보면, 예수 자신은 분명 이 현세의 역사가 곧 끝을 맞으리라는 확고한 기대를 갖고 있었으며, 이는 그에 앞서 활동한 세

2. 가령 Conzelmann, *Luke* 제2부; Haenchen, *Acts* pp. 95-98; R. P. C. Hanson, *The Acts*, Oxford 1967, p. 45을 보라.

례 요한도 마찬가지였다(본서 제3장 주34과 §16.3을 보라). 아울러 이와 같은 묵시주의적 기대가 바울의 초기 신학에서도 명백하게 나타나는데, 이는 데살로니가 서신이 확증해 준다. 이와 유사한 흥분과 기대가 초기 신자들을 붙잡지 않았으리라고 믿기는 거의 불가능하다. 그들 가운데에는 예수의 직접적인 제자요 바울보다 앞서 활동한 바울의 직접적인 선구자가 많기 때문이다.[3] 초창기 교회의 열광주의 신앙이 후대의 기독교 예배와 사상에 계속 영향을 미쳤음을 시사하는 놀라운 증거가 둘 있다. 하나는 아람어 문구 **마라나타**(*Maranatha*—고전 16:22, 계 22:20)요 다른 하나는 ἀπαρχή(롬 8:23, 고전 15:20, 23)라는 단어다. **마라나타**는 '우리 주여, 오소서'라는 뜻인데, 이는 분명 '가장 오래된 원시 전승'에서 나온 말이며, 당연히 우리를 기독교 예배의 시초로 데려갈 수도 있는 말이다. 공식처럼 사용했던 아람어 문언이 그리스어를 사용했던 교회 안에 들어와 자리 잡았다는 사실은 이 문언이 틀림없이 원시 공동체의 공동 생활에서 중요하고 늘 사용하던 것이었음을 확인해 준다. 그렇다면 중요한 것은 이 기도를 예수가 주로서 어서 다시 오시길 바라는 공동체의 갈구로 이해함이 가장 좋다는 점이다. 이것이 분명 요한계시록 22:20의 분위기이며, 이 분위기가 초창기 교회도 지배했던 게 틀림없다.[4]

바울이 ἀπαρχή('첫 열매')를 사용한 것에서도 같은 결론이 나온다. 이 은유는 수확의 시작을 알리는 말로서 곡식을 거두는 첫 낫질 같은 것을

3. 이 주제 전체에 관하여 알아보려면, A. L. Moore, *The Parousia in the New Testament*. Nov TestSuppl XIII, 1966, 특히 제7-11장을 보라.
4. Hahn, *Titles* pp. 93-103이 이 문구를 논한 내용을 보라. C. F. D. Moule, 'A Reconsideration of the Context of Maranatha,' *NTS* 6, 1959-1960, pp. 307-310은 이 문구의 사용 범위를 황홀경과 관련된 맥락에 국한시킬 필요가 없음을 논증했다. 아울러 C. J. Roetzel, *Judgment in the Community*, Leiden 1972, pp. 142-162을 보라.

158-159

의미한다. 첫 열매를 거둠과 나머지 수확 사이에 시간 간격이 있음을 예상하지 않는다. 첫 열매를 바침과 함께 수확이 진행된다. 이 은유를 예수의 부활과 영이라는 선물에 적용한 것은 이 사건들로 말미암아 종말론적 수확이 시작됐다는 믿음을 표현한다. 죽은 자의 부활이 시작됐고, 마지막 때의 영이 부어졌다. 이런 완성을 내다보는 예상이 바울의 글에서 맨 처음 표현됐을 리가 없다. 바울의 글은 예수의 부활과 오순절로부터 이미 여러 해 후에 기록됐기 때문이다. 그런 예상 역시 초창기 공동체로 거슬러 올라가야 하며, 그 점은 로마서 1:3f.에 나오는 초기 문언(ἐξ ἀναστάσεως νεκρῶν, '죽은 자 가운데서 부활하여')이 확인해 준다.[5] 초창기 예루살렘 신자들은 틀림없이 예수의 부활과 영의 부어짐을 종말의 시작으로 보았으며, 이는 당연히 예수의 부활 후 현현을 본디 예수 초림(初臨, 첫 강림)의 에필로그라기보다 예수 재림의 프롤로그로 이해했음을 의미한다.

(b) 근래의 학계는 공관복음에 들어있는 Q 자료가 묵시주의 성격을 갖고 있음을 강조했다.[6] 인자(Son of Man)라는 '지뢰지대'를 속속들이 아주 세세히 살펴보는 모험을 감행하지 않더라도, 인자라는 표현이 등장하는 예수의 말들(Son of Man sayings: 아래에서는 '인자 말'로 번역하겠다—역주)이 초기 예루살렘 공동체 안에서 살아 숨 쉬는 말로서 틀림없이 돌아다

5. 참고, Dunn, 'Jesus — Flesh and Spirit,' *JTS NS* 24, 1973, p. 56. 아울러 마 27:51b-53(본서 §21.2)을 보라; 그리고 행 4:1, 23:6을 참고하라.
6. 특히 Tödt pp. 269-274; D. Lührmann, *Die Redaktion der Logionquelle*, Neukirchen 1969, pp. 96f.; Hoffmann, *Logionquelle, Erster Teil: Die Naherwartung*; Schulz, *Q* pp. 57-76을 보라. 아울러 E. Käsemann, 'The Beginnings of Christian Theology,' *NTQT* pp. 82-107, '묵시가 모든 기독교 신학의 어머니였다'는 그의 도발적인 명제(p. 102), 그리고 그가 뒤따른 토론에서 제시한 답변을 담은 'On the Subject of Primitive Christian Apocalyptic,' *NTQT* pp. 110-137을 보라.

녔으리라는 것은 물어보나마나 분명하다—이는 이 말의 전승사가 확인해 주며, 사도행전 7:56도 확인해 주는 것 같다. 이런 인자 말 가운데 두드러진 말은 십중팔구 인자가 오리라 기대함을 표현한 묵시주의적 말이었다.[7] 실제로 많은 학자는 이 말이 인자 말의 초창기 층위에 속한다고 믿으며, 초창기 공동체 자체가 이 말을 만들어냈거나,[8] 부활한 예수를 예수가 장차 오리라 예상한 인자와 동일시했다고 믿는다.[9] 몇몇 지점에서는 '인자'가 애초 예수 자신이 자기를 지칭한 말이었음을 인정하면, 인자와 관련된 전승의 발전 과정 전체를 더 일관되게 묘사하는 그림을 얻을 수 있다. 그러나 설령 '인자'가 애초 예수 자신이 자기를 지칭한 말이었음을 우리가 인정한다 할지라도, 예수가 곧 인자로서 다시 오리라는, 강림(parousia)을 향한 기대가 초창기 공동체의 독특한 특징이었다는 결론은 지금도 여전히 반박할 수 없다.

(c) 사도행전의 두 본문—2:17f.과 3:19ff.—은 예루살렘에 있던 첫 신자들의 종말론적 열정을 생생히 되비쳐준다. 2:17에서 유명한 문구는 '이 마지막 날들에'인데, 사도행전 저자는 이를 요엘의 예언에 **끼워 넣었다**. 교회 시대의 종말론적 성격을 강조하는 것이 누가의 정책은 아니다. 이 때문에 이 끼워 넣은 말은 누가의 작품일 리 없으며 필시 그가 참조한 자료에서 유래했을 것이다. 이 문구 자체가 담고 있는 종말론적 의미는 이 자료가 원시 공동체까지 거슬러 올라간다는 것을 시사한다.[10]

---

7. 눅 12:8f./(마 10:32f.), 눅 11:30/(마 12:40), 마 24:27/눅 17:24, 마 24:37/눅 17:26, 눅 17:30(마 24:39), 마 24:44/눅 12:40. 아울러 막 8:38과 그 평행 본문을 보라.
8. Conzelmann, *Jesus* pp. 43-46; Perrin, *Teaching* pp. 164-202.
9. Bultmann, *Theology* I pp. 29f.; Bornkamm, *Jesus* pp. 175ff.; Hahn, *Titles* pp. 21-34; Fuller, *Foundations* pp. 119-125; Higgins, *Son of Man* pp. 200-203; 참고, Jeremias, *Theology* I §23. 아울러 위 주6을 보라.
10. 아울러 본서 §25.2을 보라. Haenchen은 ἐν ταῖς ἐσχάταις ἡμεραις가 갖고 있는 종말

우리는 3:19ff.에서 아주 이른 시기에 나온 신앙의 표현으로 보이는 것이, '모든 것이 새롭게 될 때'와 그리스도의 오심을 대망하는 묵시주의적 기대로 보이는 것이 베드로의 설교 안에 깊이 자리하고 있음을 발견한다. 분명 누가는 그 기대를 자신이 제시한 글에 통합했다. 따라서 우리는 그 기대를 임박한 강림과 관련짓지 않고도 이해할 수 있다. 그러나 묵시주의적 소망은 여전히 내내 빛나며, 십중팔구 그런 소망은 기독교의 첫날들을 특징짓는 분위기를 반영하는 것 같다.[11]

(d) 초창기 공동체의 종말론적 열광을 암시하는 다른 두 가지가 누가가 기록해 놓은 사실들을 조금 곱씹어보는 대목에서 나타난다. 첫째, 사도행전을 살펴볼 때, 분명 제자들은 예루살렘에 단단히 자리 잡고 있었으며 그들 예배의 중심은 성전이었다. 분명 그들은 예루살렘과 성전을 새 공동체의 중심으로 보았다(2:46, 3:1ff., 5:12, 20f., 25, 42). 제자들은 왜 갈릴리에서 예루살렘으로 돌아왔을까? 갈릴리 사람들은 왜 예수가 큰 성공을 거두었고 인기를 누렸던 팔레스타인 지역을 그렇게 철저히 포기했을까? 왜 그들은 예루살렘에만 머물렀을까? 가장 분명한 대답은 그들이 '마지막 날들'에 관한 다른 예언이 이뤄지길 기대했다는 것이

론적 의미를 인정하며, 그 때문에 그런 의미가 아니면 뒷받침해 주는 증거가 약한 B의 독법인 μετὰ ταῦτα를 2:17의 원문으로 선호한다: "누가의 신학에서는 영이 부어지자마자 마지막 날들이 시작되지는 않는다"(Haenchen, *Acts* p. 179). 여기에서는 추론 과정이 거꾸로 뒤집어져 있다. Μετὰ ταῦτα는 분명 더 긴 문구를 바로잡아 칠십인역에 맞추려고 쓴 말이다. 만일 그것이 원문이라면, ἐν ταῖς ἐσχάταις ἡμεραις로 바꾼 것은 이해할 수 없는 일이 되고 만다.

11. Wilckens, *Missionsreden* pp. 153f.; Hahn, *Titles* pp. 164f.; Kümmel, *Theology* p. 107; Bruce, 'Speeches' pp. 66ff.을 보라; 참고, J. A. T. Robinson, 'The Most Primitive Christology of All?' *JTS NS* 7, 1956, pp. 177-189, 이는 *Twelve New Testament Studies*, SCM Press 1962, pp. 139-152에 실려 재출간됐다. 반대 견해는 Haenchen, *Acts* p. 208; Conzelmann, *Apg.* pp. 34f.을 보라.

다—특히 이사야 2:2f.과 미가 4:1f.의 예언이 그것인데, 이 예언들은 세상의 끝이 오기 전 마지막 날들에 세상 민족들이 구원을 얻고자 시온산으로 몰려올 것을 말한다(참고, 마 8:11/눅 13:29). 마찬가지로 제자들이 계속하여 성전에 충성한 점은 적어도 성전이 마지막에 이뤄질 예배의 완전한 갱신과 마지막 때에 이뤄질 완성을 위한 초점이 되리라는 그들의 예상으로 일부나마 설명할 수 있겠다(사 56:7, 말 3:1)—이런 예상은 추측건대 그들이 예수에게서 어느 정도 물려받았을 것이다(막 11:17, 14:58).[12] 이런 점은 초창기 공동체가 그들 자신을 유대교의 절정이요 종말론적 이스라엘로 여겼음을 분명하게 일러주는 것들이 확인해 준다—'열두 제자'가 종말에 이스라엘을 심판하는 역할을 하리라 예상한 것(마 19:28b/눅 22:30b),[13] 마지막 만찬을 새 언약 제정으로 본 것(막 14:22-25과 평행 본문들, 고전 11:23ff.),[14] ἐκκλησία(하나님의 백성)이라는 말을 사용한 것,[15] 사도행전 1:6, 21f., 3:25이 표명하는 이스라엘 중심적 태도와 인자의 옴이 임박했음을 고려하여 선교 대상을 계속 유대인으로 제한한 것(마 10:5b-6, 23, 15:24)이 바로 그런 것들이다.[16]

(e) 마지막으로 우리는 누가가 사도행전 2:44f.과 4:32-37에서 묘사하는 소위 '재산 공유 공동체'에 주목해 볼 수 있겠다. 사실 누가가 묘사

12. 11:17에 관하여 알아보려면, 본서 §3.2과 주15을 보라; 14:58에 관하여 알아보려면, 본서 §33.2을 보라.
13. Bultmann, *Tradition* pp. 158; Tödt pp. 62ff.; 참고, Goppelt, *Apostolic Times* p. 29.
14. 주의 만찬의 기원과 성격에 관한 토론을 살펴보려면, 특히 E. Schweizer, 'Abendmahl,' *RGG*[3] I, 이를 개정한 것이 *The Lord's Supper according to the New Testament*, ET Fortress 1967이다. 아울러 더 자세한 것은 본서 §33.1을 보라.
15. Kümmel, *Kirchenbegriff* pp. 19-25; 아울러 *Theology* pp. 128ff.; Bultmann, *Theology* I pp. 37f.; Jeremias, *Theology* I pp. 167f.
16. Goppelt, *Apostolic Times* pp. 34f.; Hahn, *Mission* pp. 54ff.을 보라.

하는 것은 공동 기금이다. 이 기금은 공동체 지체들이 소유 재산을 팔아 마련한 돈의 일부나 전부를 내놓아 설립한 것으로서 일정 기간 유지됐다.[17] 우리는 누가가 제시한 기사의 이런 특징이 본질상 역사적 사실임을 의심할 필요가 없다. 사도행전 6:1이 암시하는 불만과 분열은 누가가 지어낸 것이 아니었다. 바나바(4:36f.)를 유독 언급한 이유는 '특이한 뭔가가 있었기 때문'이[18] **아니라**, 단지 그가 주목할 만한 첫 회심자였기 때문이거나, 큰 토지 소유자였던 그가 내놓은 것이 공동 금고에 이바지한 단일 기부 가운데 가장 컸기 때문이었다.[19] 그 밖에도, 우리는 쿰란에 이와 다소 비슷한 '재산 공유 공동체'가 있었음을 알고 있다(이 §29의 뒷부분을 보라). 아울러 누가의 기록이 모든 이가 공동 금고에 기부했음을 암시하지는 않는다는 것도 언급할 수 있겠다. 이미 갈릴리에서 먹고 살 기반을 포기했던 이들 가운데에는 틀림없이 거의 무일푼인 사람이 많았을 것이다. 이 때문에 처음부터 공동 기금이 필요했다. 그러나 추측건대 대다수의 사람이 공동 기금에 무언가를 내놓았던 것 같다. 물론 아나니아는 이런 기부 대열을 따를 필요를 느끼지 않았을 것이다(5:1-11, 본서 §30.1[d]을 보라).[20] 우리가 여기서 강조해야 할 점은 '재산 공유 공동체'를 임박한 완성을 기다리던 첫 제자들의 영적 열광이 자연스럽게 표현된 것으로 설명하는 것이 가장 좋다는 것이다. 그런 점에서 그것은 공동체 의식의 표현이기도 하다—그러나 그것은 영원한 '공산주의' 사회나 그와 비

17. 2:44f.의 시제에 주목하라. 미완료('팔**곤 했다**')를 사용했는데, 이는 한 번에 크게 팔고 끝났기보다 '그들이 돈이 더 필요할 때마다 물건을 팔았다'는 뜻이다. '그들은 소유를 파는 방침을 따랐다'(Cadbury & Lake *Beginnings* IV p. 29).

18. Haenchen, *Acts* p. 233과 반대다.

19. A. Ehrhardt, *The Acts of the Apostles*, Manchester 1969, pp. 20f.

20. Goppelt, *Apostolic Times* pp. 49f.

슷한 것을 수립하려는 욕구의 표현은 아니었다. 공산주의의 본질은 생산 수단의 공유다. 그러나 이 첫 그리스도인들은 '생산 수단'에는 전혀 관심이 없었다—그들은 자신들이 가진 재산을 **팔았다**! 다시 말해 '재산 공유 공동체'는 십중팔구 장기 조치가 아니라, 인자가 다시 오길 기다리는 동안 그 기간을 잘 버티고 이겨내게 해 줄 임시방편으로 세우려 한 것이었다. 이런 상황에서 재산 공유 공동체는 사랑과 서로 돌봄(상호 관심)을 인상 깊게 표현한 것이었다. 하지만 누가는 이런 공동체를 만들게 한 주된 동력원(종말론적 열광)을 말하지 않는다. 이 때문에 재산 공유 공동체는, 사실은 그렇지 않은데도, 분별없고 생각 없이 만든 것처럼 보인다.

이런 다양한 고찰 결과는 초창기 예루살렘 공동체를 사로잡았던 종말론적 열광의 실상과 성격을 아주 분명하게 일러준다. 이런 열광은 그들이 한 영 체험의 직접적인 표현이었다. 열광과 임박한 강림 사이에 존재하는 연관성이 몬타누스주의(Montanism: 주후 2세기에 등장한 운동으로서 종말이 임박했다고 외치며 신자들의 삶을 극단적으로 규제하려 했던 사상—역주), 아니 오순절에서 시작하여 오순절주의에 이르는 기독교 역사에서 거듭 나타나는 특징이다(본서 제5장 주150을 보라). 하나님의 능력을 직접 체험하며 받은 인상, 하나님이 내재하신다는 인식이 그리스도의 재림이 확실히 임박했다는 인식과 늘 함께하곤 했다. 오순절 때에도 그랬다. 그들의 체험도 그랬다—우리가 종교적 열광의 역사를 통해 그들이 한 체험에 관한 우리의 이해를 충전할 수 있다면(본서 §28을 참고하라), 그들의 체험은 그들 자신을 벗어나 들림을 받는 체험, 자기 초월 체험, 영에 감동한 체험, 찬미할 때 행복을 맛본 체험('타오르는 열정을 유지함'), 공동체 안에서 사귐을 나눈 체험, 공동체 지체들이 예언하거나 예수가 한 말을 가져다 전해 줄 때 하나님이 직접 듣는 이에게 건네는 말을 들은 체험, 하나님의 그리스도를 확실히 믿고 미래에 관하여 확신을 갖게 된 체험이었을 것이다. 그들은 그저 이런 체험의 원천을 그들 위에 그리고 그들 안에서 활동하는 하나님의 능력에서, 하나님의 영—사실은 마지막 때에 임한 하나님의 영—에서 찾을 수밖에 없었다. 요컨대, **그들의 영 체험이 그러했기에, 그들은 자신들이 마지막 날들에 살고 있음을 의심할 수 없었으며, 하나님의 구원사가 이제 절정과 완성에 이르고 있음을 의심할 수 없었다.**

여기서 우리는 당장 **예수의 체험과 첫 그리스도인들의 체험 사이에 아주 긴밀한 유사성이 있음**을 본다. 예수는 자신의 영 체험을 통해 하나님의 종말론적 통치가 이미 작동하고 있다고 확신하게 됐다. 마찬가지로, 첫 그리스도인들도 영 체험을 통해 자신들이 마지막 날들(종말)에 살고 있다고 확신했다. 예수는 영 체험을 통해 하나님 나라가 눈앞에 다가왔다는 결론에 이르렀다. 첫 그리스도인들도 영 체험을 통해 하나님의 그리스도가 곧 다시 오리라고 결론지었다. 그런 점에서 예수의 체험은 첫 그리스도인이 한 체험의 원형이자 모범이다—물론 초기 기독교 묵시주의에 대한 누가의 과묵함이 그 유사성을 모호하게 만들기는 하지만 말이다. 그러나 둘의 체험에는 필시 다른 점이라 할 만한 것이 하나 있다. 예수는 그의 체험을 통해 **자신을 지칭**함으로써—그의 말을 확인해 줄 '인자'(예수가 아닌 다른 누구일 수도 있다)를 언급하거나 자신을 인자라 지칭함으로써—그의 소망을 형성하고 피력했다(막 8:38, 눅 12:8f.). **하지만 첫 그리스도인들은 그들의 체험을 통해 소망의 기초를 그들 자신에게 두지 않고 높이 올림을 받은 예수에게 두었다**. 그런 점에서 첫 제자들과 죽은 자 가운데서 살아난 예수의 만남은 아주 일찍부터 그들의 영 체험

해석에 영향을 미친 것처럼 보인다. 그들의 예수에 관한 체험은 예수 자신이 했을 체험과 아주 비슷한 그들의 체험에 반영되기 시작했다.

첫 그리스도인의 체험 그리고 공동체 생활로 나타난 그 체험의 표현과 가장 유사한 사례가 쿰란 공동체다(1QS 1.11-13, 5.2f., 6.18-23. CD 16). 그들은 자신들이 마지막 날들에 살고 있으며[21] 끝이 임박했다고[22] 생각했던 것 같다. 심지어 그들은 의의 교사(Teacher of Righteousness)가 다시 오리라고 믿었을 수도 있다.[23] 그러나 아주 놀라운 차이점이 하나 있다. 첫 그리스도인의 종말론적 열광은 누가 딱히 강제하지도 않은 상태에서 공동체로 살아가는 삶과 소유 자산의 나눔을 통해 표현됐지만, 쿰란 공동체의 경우는 더 계획적이고 조직적이었다—쿰란 공동체는 영에 근거한 사도행전 2장 이하의 공동체보다 사도행전 1장의 공동체를 이루려고 노력했다.[24]

21. 1QSa 1.1; 4QpIs[c] 10; 4QFlor 1.2, 15; A. Dupont-Sommer, *The Essene Writings from Qumran*, ET Blackwell 1961, pp. 264 주6, 311 주2; F. M. Cross Jr, *The Ancient Library of Qumran*, Duckworth 1958, pp. 82ff.; 그리고 특히 H. W. Kuhn, *Enderwartung und gegenwärtiges Heil: Untersuchungen zu den Gemeindern von Qumran*, Göttingen 1966을 보라.

22. 1QpHab. 2.5, 9.6; 4QpIs[a] A.8; 4QpIs[b] 2.1; 4QpHos[b] 1.11(?); 4QFlor 1.19.

23. CD 6.11; 4QFlor 1.11f.; 4QpIs[a] D.1(?).

24. O. Cullmann and S. E. Johnson in K. Stendahl, *The Scrolls and the New Testament*, SCM Press 1958, pp. 21, 131ff.의 논문들을 참고하라; 아울러 M. H. Sharlemann, *Qumran and Corinth*, New York 1962; J. A. Fitzmyer, 'Jewish Christianity in Acts in the Light of the Qumran Scrolls,' *Studies in Luke Acts*, ed. L. E. Keck & J. L. Martyn, Abingdon 1966, pp. 242ff.을 참고하라.

162-163

§30. '이적과 표적'

누가는 누가 봐도 분명 초기 공동체를 기적이 넘치는 분위기 속에서 살아간 이들로 제시하려 한다. 요엘이 예언했던 τέρατα와 σημεῖα('이적'과 '표적'—행 2:19)이[25] 예루살렘 공동체의 삶과 그 뒤에 펼쳐진 선교 활동의 성격을 규정한다(2:43, 4:30, 5:12, 6:8, 14:3, 15:12; σημεῖα—4:16, 22, 8:6; σημεῖα καὶ δυνάμεις—8:13). 누가는 이 문구를 아주 빈번히 사용함으로써 자신들이 '종말론적 구속이 도래한 새 모세의 시대'를 살아가고 있다는 초기 공동체의 느낌을 강조하며, 필시 그런 느낌을 되비쳐주는 것 같다. 그런 종말론적 구속의 성격을 규정한 것은 이스라엘을 이집트에서 구해낸 사건의 성격을 규정한 것과 똑같은 '표적과 이적'이었다(7:36f.).[26]

30.1. **증거 검토.** 사도행전의 기적들을 다섯 그룹으로 나누어 분석해 볼 수 있겠다. (a) 누가는 '보통 있을 법한' 일에 더 가까운 치유를 많이 묘사한다—성전 '미문'에서 다리를 저는 이를 고친 일(3:1-10), 바울이 회심할 때 눈이 먼 일(9:18), 애니아의 중풍을 치유한 일(9:33f.), 루스드라에서 걷지 못하는 이를 고친 일(14:8-10)이 그런 예다. 아울러, 빌립이 사마리아에서 행한 다양한 축귀와 치유(중풍 병자와 못 걷는 자를 고침)(8:7), 그리고 바울이 몰타에서 행한 치유(열과 질병을 고침)(28:8f.)도 그런 예다. (b) 더 놀라운 일은 베드로가 죽은 다비다를 되살려낸 일(9:36-41) 그리고 바울이 유두고를 되살려낸 일이다(20:9-12). (c) 역시 더 놀라운 일은 베드로의 그림자가 일으킨 치유(5:15f.), 그리고 바울의 손수건이나 스카프가 닿음

25. 누가나 그가 사용한 자료는 요엘서 본문에 σημεῖα를 추가했다.

26. K. H. Rengstorf, *TDNT* VII pp. 216, 221, 241.

으로 일어난 치유(19:11f.)다. (d) 이 모든 것 가운데 가장 놀라운 것은 심판과 관련된 기적이다. 아나니아와 삽비라의 죽음(5:1-11) 그리고 엘루마가 눈이 먼 일(13:8-11)이[27] 그 예다. (e) 풀려나 자유를 얻는 기적도 있다. 베드로가 천사의 개입으로 옥에서 풀려난 일(5:19-24, 12:6-11), 바울이 지진으로 말미암아 옥에서 풀려난 일(16:26), 그리고 바울이 독사에 물리고도 무탈한 일(28:3-6)이 그 예다.[28]

첫 그리스도인 공동체가 활동했던 초기와 첫 그리스도인들의 선교 때 이런 기적 같은 치유가 많이 일어났다는 것이 믿을 수 있는 역사적 사실임을 의심할 필요가 전혀 없다. 이는 바울이 직접 증언하며(롬 15:19, 고전 12:10, 28f., 고후 12:12, 갈 3:5), 히브리서 기자도 증언한다(히 2:4). 종교적 열광의 시대는 언제나 치유자들을 만들어냈으며, 그 시대에 살던 이들이 기적으로 칭송하는 치유를 많이 만들어냈다—이는 예수로부터 시작하여 기적을 행하는 자 그레고리오스(Gregory Thaumaturgos), 참회왕 에드워드(Edward the Confessor, 1003-1066), 프랑스의 루이6세(Louis VI of France, 1081-1137),[29] 성(聖) 비센테 페레르(San Vicente Ferrer/St. Vincent Ferrar, 1350-1419) 같은 이들을 거쳐 20세기 오순절주의가 낳은 치유 전도자인 조지

27. 헤롯의 죽음(12:23)은 포함시킬 필요가 없다. 그의 죽음은 그리스도인 공동체 때문이 아니었기 때문이다. 누가는 헤롯의 죽음을 하나님의 심판 행위로 해석하는 유대 전승 내지 기독교 전승을 가져다 썼다. 참고, Josephus, *Ant*. XIX.8.2(344-350)에 나오는 다른 전승.

28. 누가는 필시 8:39에 나오는 빌립의 옮겨감을 어느 곳에서 다른 곳에서 옮겨가는 기적으로 생각하는 것 같다(참고, Haenchen, *Acts* p. 313; Schweizer, *TDNT* VI p. 409). 그러나 우리는 Lindblom의 언급에 주목해야 한다: "어떤 예언자가 황홀경 상태에서 갑자기 사라져 다른 장소로 옮겨가면, 야훼의 영이 그를 데려갔다고 말한다(왕상 18:12)"(Lindblom, *Prophecy* p. 57).

29. M. Bloch, *Les Rois Thaumaturges*, Paris 1924은 특히 잉글랜드와 프랑스의 왕들이 행했다는 치유를 서술해 놓았다.

제프리스(George Jeffreys, 1889-1962), 스미스 위글스워스(Smith Wigglesworth, 1859-1947), 윌리엄 브래넘(William Branham, 1909-1965), T. L. 오스본(Osborn, 1923-2013), 오럴 로버츠(Oral Roberts, 1918-2009)에 이르기까지[30] 기독교 역사가 증언하고 있다. 이 분야의 탐구는 확실히 문헌상의 유사 사례와 '신인'(神人, divine man) 유형을 찾는 일로 국한해서는 안 된다(본서 §12.1을 보라). 기독교 열광주의 역사는 적절하면서도 이 문제를 밝히 설명해 주는 유사 사례를, 더는 아니어도 꽤 많이 제시한다.[31]

(a) 엄밀한 역사 판단이라는 관점에서 보면, 위에서 처음 열거했던 '보통 있을 법한' 치유들은 우리가 예상할 만한 사례다—무리가 흥분해 있는 상황에서는 베드로나 빌립이나 바울처럼 영의 능력을 받은 인물이 미치는 심리적 영향이 정신이나 신경이나 영적 요소가 질병이나 다리를 저는 것 같은 질환의 주요 원인일 때에는 종종 강력한 효과를 발휘했을 것이다. 우리는 이런 치유 사건에서 가장 중요한 두 요소를 여전히 인식할 수 있다. 첫째, 예수 이름의 사용이다. 첫 번째 치유와 그 뒤에 곧바로 이어지는 결과는 이 예수 이름의 사용이 가지는 중요한 의미를 거듭 강조한다(3:6, 16, 4:7, 10, 12, 30; 아울러 16:18; 참고, 19:13). 고대 사상에서 '이름'은 그 이름을 가진 이와 긴밀하게 결합되어 있었으며, 그 결합의 정도는 오늘날 보통 볼 수 있는 경우보다 훨씬 긴밀했다. 이름은 그

30. L. Rose, *Faith Healing*, Penguin 1971은 간략한 역사를 제시한다. 아울러 M. Kelsey, *Healing and Christianity*, SCM Press 1973을 보라. 언급한 오순절주의자들을 상세히 살펴보려면, Hollenweger, *Pentecostals* 색인을 보라. 이 주제에 관한 또 다른 견해를 참고할 수 있는 곳이 B. B. Warfield, *Counterfeit Miracles*, Scribner 1918이다. 이는 이 주제에 관하여 신학적 회의론을 피력한 고전이다.

31. 가령 Hopwood pp. 165-170; Knox, *Enthusiasm*, index 'miraculous powers'; 그리고 본서 제4장 주19과 21을 보라. 2세기를 살펴보려면 Weinel, *Wirkungen* pp. 111-115을 보라.

이름을 가진 이를 대표했고, 그의 본질을 표현했으며, 그의 영향을 드러냈다.[32] 우리도 이를 어느 정도 이해할 수 있다. 우리 감성을 움직이는 어떤 이름들의 힘을 충분히 알기 때문이다(가령, 히틀러, 처칠, 체 게바라 같은 이름이 그런 예다). 고대 세계도 마찬가지였다. 아니, 오히려 이름의 힘은 고대 세계가 훨씬 더 셌다.[33] 따라서 예수의 이름을 말한다는 것은 그의 임재와 능력이 임하길 간구하는 것이요, 그가 부여한 사명과 능력이 효과를 발휘하리라고 신뢰하는 그의 대표자로서 행동한다는 의미였다.[34] 초창기 신자들은 아픈 이들에게 안수하며 예수의 이름을 말했다. 이때 그들은 예수가 그들을 통해 몸소 치유를 행한다고 믿었다.[35]

여기서 예수의 치유 사역과 첫 그리스도인들의 치유 사역 사이에 놀라운 차이가 있음을 본다. 예수가 하나님의 능력과 권위를 직접 행사하여 몸소 치유를 행하는 곳에서는(참고, 행 2:22, 10:38, 그리고 본서 §12.4을 보라), 그의 제자들이 예수의 이름으로 병을 고친다. 제자들은 처음부터 병을 치유하는 그들의 능력이 어떤 식으로든 예수에게 의존하며 예수에게서 나왔다고 인식했던 것 같다(참고, 눅 10:17). **예수는 치유 사역을 행할 때 하나님을 직접 대표하는 이로서 행했지만, 제자들은 주로 그들 자신을 예수를 대표하는 이들로 보았다.** 제자들도 예수와 같은 능력을 행하여 병을 고쳤지만, 그들이 행한 능력은 예수의 이름과 연결되어 있었다.

치유를 행하는 두 번째 수단은 병을 고치는 이의 손(손들)을 사용하는 것이었다(행 5:12, 9:12, 17, 14:3, 19:11, 28:8; 참고, 3:7, 9:41). 그런 상황에서 손

---

32. H. Bietenhard, *TDNT* V pp. 243, 253ff.
33. 참고, W. Heitmüller, '*Im Namen Jesu*,' Göttingen 1903, 제2부, 특히 pp. 232-243.
34. 9:14, 16, 15:26, 19:17, 26:9 같은 용례는 예수의 이름과 예수 자신을 동일시하는 모습을 분명하게 보여준다; 특히 8:12과 8:35, 4:10과 9:34을 참고하라.
35. Bietenhard, p. 277.

을 사용하는 것은 아주 자연스럽지만, 사람들은 필시 그런 행동을 예언자가 행하는 것과 같은 상징 행동으로 보았을 것이다—치유자의 손은 치유 뒤편에 자리한 진짜 능력인 주(= 하나님)의 손을 대표한다(행 4:30; 참고, 13:11, 11:21 = 삼하 3:12 칠십인역). 사람들은 많은 경우에 이런 신체 접촉을 통해 치유자에게서 치유받는 이로 흘러가는 어떤 에너지의 흐름을 실제로 체험했으리라는 것은 의심할 여지가 없다(참고, 막 5:28f.과 평행 본문들).[36] 하지만 그 에너지가 그저 이런 접촉을 통해 이 사람이나 저 사람에게 잠재해 있던 자원에서 흘러나가 옮겨진 것인지, 아니면 믿음의 사람을 통로 삼아 치유자 밖에 있는 치유의 원천(하나님/부활한 예수)에서 병든 이에게 흘러간 것인지는 그 당시로부터 멀리 떨어져 있는 우리로서는 판단할 엄두를 내지 못하겠다. 우리가 판단할 수 있는 범위만 놓고 본다면, 첫 신자들은 치유 행위, 또는 예수의 이름을 부르는 행위를 단순한 기술로, 또는 치유자가 자기 마음대로 행사할 수 있는 능력 안에 자리한 무언가로, 심지어 어떤 마술을 행하는 의식이나 마술 주문 같은 것으로 여기지 않았다. 아마도 여기에서는 그 정도만 언급해두어도 충분할 것 같다. 그 능력은 하나님의 능력이었다. 이미 예수의 제자라는 관계에 있는 이들만이 예수의 이름을 불러 그 능력이 임하길 청할 수 있었다(19:13ff.).

(b) 첫 치유 그룹이 필시 진짜 전승에 기초하고 있다면, 치유보다는

36. 믿음에 기초한 치유나 영적 치유의 경우에는 이런 종류의 체험이 상당히 흔하다. 예를 들어, Peddie, *Forgotten Talent*를 보라: "치유를 행하는 사람은 (충분한 영적 지각을 발전시켰다면) 자신을 통해 나가는 능력을 늘 의식하며, 환자도 이상한 열이나 냉기에서 나오는 그 능력의 존재를 인식한다"(p. 123). Wilson은 영적 치유자 Harry Edwards의 사례를 든다. Harry Edwards는 치유할 때 '어떤 능력을 느낀다고 묘사한다. 그가 환자의 환부에 손을 대면, 일종의 액체 같은 것이 그의 팔에서 내려와 그의 손가락 끝을 통해 나간다고 한다'(*Occult* p. 180).

확신이 덜 가는 경우라 할지라도 죽은 이를 죽은 자 가운데서 되살린 경우에도 비슷한 판단을 할 수 있을 것이다. 다비다의 경우를 보면, 그것과 비슷한 엘리야와 엘리사(왕상 17:17-24, 왕하 4:32-37) 그리고 예수(눅 8:47-56)가 일으킨 기적과의 유사점들이 사실은 초자연적이고 중대한 의미를 지닌 차원으로까지 뻗어나가지는 않기 때문에,[37] 그런 유사점을 다비다 이야기의 기원을 일러주는 것으로 받아들일 수는 없다. 다비다 이야기를 담은 이 전승은 베드로가 사역할 때 진짜 있었던 일을 담은 에피소드로 거슬러 올라가는 것일 가능성이 아주 높다.[38] 베드로는 어쩌면 다비다를 되살릴 때 영이 부여한 통찰력을 통해 다비다가 코마(coma)(?) 상태에 빠졌음을 알아차렸을지도 모른다. 유두고의 경우에는 그랬을 개연성이 훨씬 높다. 이 기사가 특히 흥미로운 이유는 이 이야기를 직접 체험한 이가 우리에게 이야기를 들려주기 때문이다('우리'라는 말이 등장하는 본문). 추측건대 누가는 사람들이 이 이야기를 죽은 자를 되살려낸 기적으로 이해하게 하려 한 것 같다: 유두고가 창에서 떨어졌을 때, 그를 '일으키니 죽어 있었다'(행 20:9—ἤρθη νεκρός). 그러나 사도행전 20:10은 모호하다: 바울이 내려가 그 소년 위에 자신을 던져(ἐπέπεσεν) 그 소년을 안았다. 바울의 이런 행동은 그 생명이 여전히 붙어있음을 확인하려고 한 것인가, 아니면 우연히도 엘리사(왕하 4:34)를 모방한 것인가? 사도행전이 보고하는 바울의 말은 이 이슈에 의문을 남긴다. '놀라지 말라. 그의 생명이 그 안에 있다.' 바울의 이 말은 '**여전히** 살아있다'는 뜻인가, 아니면 '**다시** 살아나리라'는 뜻인가? 12절은 단지 이렇게 말한다. '그들이 살아난 소년을 데려갔다.' 그러나 11절에 끼워 넣은 말은—바울이 기

37. 참고, Cadbury & Lake, *Beginnings* IV p. 111.
38. Dibelius, *Studies*는 '인물 세부 묘사가 풍부하다'는 데 주목한다(pp. 12f.).

도하거나 또 다른 어떤 행동을 취함이 없이—그 소년이 그 밤 동안에 회복하도록 내버려두었다고 암시하는 것 같다.[39]

(c) 위에서 열거한 기적 중 세 번째 그룹, 곧 그림자와 손수건이 행한 치유는 누가가 서술한 역사에 등장하는 영웅들에게 영광을 돌리는 전설로 치부되어 더 쉬이 무시된다.[40] 그러나 우리는 여기에서도 잠시 멈춰 서서 검토해 봐야 한다. 우리가 여기서 만나는 것은 그저 일어난 사실을 부풀려 말하는 글이 아니라, 원시 미신(primitive superstition)이기 때문이다. 종교사에서 신성한 신당과 유물의 역할은, 카리스마를 지닌 인물이 대중의 상상 속에서 기적을 행하는 능력의 독특한 아우라를 발산한다는 것을—그리고 '성인'과 관련된 물건을 통해 병 고침을 받으리라는 기대가 종종 현실로 이뤄진다는 것을(어쩌면 다른 원인도 있겠지만 그런 기대 자체로 말미암아 병 고침이 실현됐음을)—가르쳐주지 않았는가?[41] 분명 누가는 이 이야기들을 순전하게 믿고 받아들이며, 십중팔구는 바울이 (그리고 베드로가) 이런 믿음을 가질 것을 독려했다고 믿는다. 그러나 그것이 곧 그런 치유가 있었음을 부인하거나 누가가 좋은 전승을 인용하고 있음을 부인하는 것은 아니다.

(d) 네 번째 부류의 기적—아나니아와 삽비라가 심판을 받고 엘루마가 심판을 받은 일—에서도 우리는 영에 사로잡힌 공동체라는 영역을 벗어나지 못한 것 같다. 바울은 분명 하나님의 권위와 능력을 믿으며 고린도의 범죄자에게 내린 사형 선고도 하나님이 그 권위와 능력을 행사

39. Cadbury & Lake, *Beginnings* IV p. 256; Dibelius, *Studies*, p. 18.

40. 가령 Fridrichsen, *Miracle* pp. 61f.; Haenchen, *Acts*: 5:15에서는 '사도의 생각이 환상적이라 할 정도로 아주 들떠있다'(p. 246); 19:11f.—'전설이 이미 변형해 놓은 바울'(p. 563).

41. 본서 §12.3을 참고하라.

하심이라 믿는다(고전 5:3-5).[42] 아울러 우리는 더 원시적인 종교들을 통해 저주가 지닌 힘을 알고 있다—그걸 알려면 당장 오늘날 아이티에서 행해지는 부두(voodoo)만 봐도 된다. 사도행전 5:1-11은 필시 신비한 초자연적 능력, 사람을 전율케 하는 신비(*mysterium tremendum*)를 되비쳐주는 것 같다. 이를 보고 새 회심자가 원시 예루살렘 공동체를 중심으로 모여들었다(참고, 2:43, 5:5, 11, 9:31, 19:17). 이 공동체의 영에 맞서 죄를 짓는 것은 미신을 믿는 이들에겐 무섭고 끔찍한 일이다. 아나니아와 삽비라 사건을 보면, 그들이 지은 죄('성령에게 거짓말을 하고', '주의 영을 시험했다')를 깨달았을 때 찾아온 공포가 안겨준 충격은 그들이 돌아가는 길에 쓰러져 죽음에 이르게 하고도 남았을 것이다. 여기에서도 종교사에서 나타난 현상 가운데 존재하는 유사 사례들은 이 기사를 그저 아간 이야기(수 7장)를 기초하여 지어낸 이야기로 주장하는 견해보다 이 기사가 진실하다는 견해에 큰 무게를 실어줄 수 있을 것이다.

엘루마의 경우(행 13:8-11), 누가가 이 이야기를 지어냈거나 이보다 훨씬 짧은 이야기를 크게 부풀려 자세한 이야기로 만들었음을 보여주는 실질적인 증거가 전혀 없다. 이곳은 엘루마가 경쟁하듯 마술을 행한 것을 전혀 묘사하지 않는다. 또 그런 이야기에서 자주 있는 경우처럼[43] 반대자가 회심하고 치유받음으로 끝나지도 않는다. 오히려 그 반대로, 이 이야기는 고립된 회상의 고리를 더 많이 갖고 있다—초기 선교를 강조하면서도 초기 선교 과정에서 일어난 사건들을 그저 어렴풋이 떠올릴 뿐이다. 그런 점에서 어쩌면 이 사건은 아나니아와 삽비라 사건과 비슷

42. Goguel, *Church* pp. 232-235을 보라; 참고, 고전 16:22의 저주(anathema)(위 주4).
43. A. D. Nock in Lake & Cadbury, *Beginnings* V pp. 186ff.: "누가 시대에 이토록 어설픈 이야기를 지어내지는 않았을 것이다"(p. 188).

166

할 수도 있다. 마술의 능력을 찬양하고 신봉하는 사람이 더 큰 능력에 사로잡힌 이가 자기 앞에 서 있음을 깨닫는다. 이런 깨달음만으로도 바울의 저주는 충분히 그 효과를 발휘하고도 남았을 수 있다(참고, 8:18-24).

(e) 전설의 손이 해방이라는 기적을 만들어낼 때 행한 역할을 부인하기는 훨씬 더 어렵다(5:19-24, 12:6-11, 16:26, 28:3-6). 이 이야기들이 누가에게 이르렀을 때에는 필시 발전된 상태였을 것이며, 어쨌든 이야기할 거리를 이미 담고 있었을 것이다. 역사 속에 존재했던 이 이야기들의 기초가 무엇인지 확신을 갖고 말하기는 더 이상 불가능하다.[44] 더 확실한 것은 이 이야기들이 십중팔구 누가의 글에 나온다는 것이다. 누가는 이 이야기들을 액면 그대로 받아들였다. 이는 성격상 영적 체험 현상들을 오감으로 더 감지할 수 있고 물질적(유형적) 색채가 더 강한 것으로 만들곤 하는 누가의 경향과 일치할 것이다.[45] 이런 경향을 보여주는 놀라운 사례가 바로 그가 사도행전 12:9에서 '천사의 개입은 진실'(ἀληθές)이지 그저 환상(ὅραμα)이 아님을 분명하게 강조한다는 것이다. 누가는 분명 베드로와 바울의 사역 사이에 존재하는 유사성을 끌어내고 싶었기 때문에, 자료를 더 광범위하게 인용할 수밖에 없었고 어쩌면 다른 경우에 필요했을 기적 개념보다 훨씬 더 큰 기적 개념을 사용할 수밖에 없을 것이다.

30.2. **기적을 대하는 누가의 태도.** 여기서 흥미로운 이슈가 등장하는데, 이 이슈에는 우리의 누가에 대한 이해와 그의 작품 평가에 관한 많은 추론이 뒤따른다. 누가는 순진하고 분별없이 기적을 다루었는가?

44. 그러나 Cadbury & Lake, *Beginnings* IV p. 135 그리고 거기서 문헌상 유사 사례들을 언급하며 강조한 점들을 보라. Conzelmann, *Apg.* pp. 70f.에 있는 다른 참고 문헌을 보라.

45. 본서 §21.3과 §34을 보라.

(a) 두 가지 점이 '그렇다'는 대답을 지지하는 것 같다. 첫째, 누가는 '이적과 표적'이라는 말을 아무 비판 없이 사용한다. 누가는 '이적과 표적'을 자랑할 만한 것으로 보는 것 같다—이 때문에 그는 이 말을 아주 많이 사용한다. 그는 비록 단 두 번뿐이지만 신생 교회가 행한 기적들을 언급할 때 이적과 표적보다 극적 측면이 덜한 **능력**(δυνάμεις)이라는 말을 사용하는데, 이때에도 **'큰 능력'**(행 8:13)과 **'비범한 능력'**(19:11)이라 말한다. 그는 기적이 사람들의 눈을 많이 사로잡을수록 선전 가치도 더 크다는 태도를 가진 것 같다. 이 모든 내용은 신약성경의 다른 곳이 '표적과 이적'에 부여하는 가치와 주목할 만한 대조를 이룬다. 누가는 이 말을 다른 저자보다 훨씬 더 빈번히 사용하지만,[46] 다른 곳에서는 '표적과 이적'이 거의 언제나 뭔가 의심스러운 것으로 등장한다—사람들의 눈길을 사로잡는 마술은 하나님의 종이 사용하는 것이라기보다 협잡꾼과 거짓 예언자/거짓 사도가 파는 물건일 때가 많다(막 13:22/마 24:24, 요 4:48, 고후 12:12, 살후 2:9; 참고, 계 13:13f.).[47] 로마서 15:19과 히브리서 2:4만이 이 말을 부정적인 의미로 사용하지 않는다. 거기에서는 '표적과 이적'을 특히 영과 연관 짓는다—그러나 놀랍게도 누가는 이런 연관성을 강조하려고 하지 않는다. 다만 사도행전 2:19은 예외다(하지만 추측건대 2:43과 4:30f. 그리고 6:8도 그런 연관성을 암시하는 것 같다).[48] 예수와 구약성경의 몇몇 기록은 물론이요 신약성경의 다른 저자들도 신중한 태도를 보이는 것

46. 사도행전에서는 9회 등장한다; 신약성경의 다른 기록에서는 단 한 차례 나온다.
47. 고후 12:12에 관하여 알아보려면, 본서 §55.1을 보라. 십중팔구는 예수를 '신인'(divine man)으로 묘사한 것을 바로 잡으려고 마가복음을 기록했을 수 있다는 점에도 주목하라(본서 §12.1을 보라).
48. 참고, Schweizer, *TDNT* VI p. 407; 아울러 'Spirit of Power' p. 266을 참고하라.

과 달리,[49] 누가가 '이적과 표적'이라는 말을 초기 교회를 광고하는 말로서 아무 비판 없이 늘어놓은 것은 징조와 경이로운 조짐을 미신처럼 떠받들던 이교도의 행태에 오히려 더 많이 영합하는 것 같다.[50]

둘째는 누가가 기적과 믿음의 관계를 묘사한 내용인데, 이 역시 중요한 의미가 있다. 우리는 본서 제4장(§12.4)에서 예수가 치유 능력을 행할 때 믿음을 얼마나 중요하게 여겼는지 보았다—예수를 신뢰하는 태도가 구원을 가져오는 영의 에너지를 그에게서 끌어냈다. 예수의 치유 사역에 존재하는 바로 이런 특징이 유대교와 헬레니즘 문헌 속에서 기적을 행한 영웅들과 예수를 구별해 주었다. 이를 누가의 사도행전과 대조해 보라. 이렇게 모든 이적과 표적과 놀라운 기적을 잇달아 말하면서도 믿음은 단 **두 번**만, 그것도 흥미롭게 지체장애인을 고쳐준 두 사람(베드로/바울)의 유사 사례에서만 언급한다(행 3:16과 14:9). 그러나 사실 첫 치유 기사를 보면 오로지 믿음을 언급하긴 하지만 실제로 다리를 전 이가 기대한 것은 자선이었으며(3:5), 두 번째 에피소드에서는 믿음이 무엇보다 방금 전에 선포된 메시지를 믿음을 의미한다.[51] 이와는 달리 누가의 많은 경우는 믿음을 만들어내는 기적의 효과를 분명하게 전한다. 이것이 바로 분명 누가가 관심을 가지는 기적/믿음의 관계다(5:14, 9:42, 13:12, 19:18). 누가는 기적을 널리 알리고 선전할 가치가 있다는 데 관심을 가지는데, 신약성경의 다른 곳은 누가가 관심을 갖고 있는 기적/믿음의 관계 같은 측면을 그다지 중요하게 여기지 않는다(막 8:11f., 마

49. 구약성경이 '표적과 이적'이라는 말을 사용한 경우를 살펴보려면, J. V. McCasland, 'Signs and Wonders,' *JBL* 76, 1957, pp. 149-152을 보라.

50. M. Whittaker, "'Signs and Wonders': the Pagan Background," *Studia Evangelica* V pp. 155f.; 더 자세한 것은 본서 §52.1을 보라.

51. Roloff, *Kerygma* pp. 190f.

12:38f./눅 11:16, 29, 요 2:23, 4:48, 20:29, 고후 13:3f.).

이 증거는 누가가 초기 기독교 안에서 역사하고 있던, 치유하고 온전케 하는 능력의 독특함을 증명할 필요를 크게 느끼지 않았음을 시사한다. 그 반대로 누가는 초기 교회를 다른 경쟁자처럼 이적을 행하지만 그 경쟁자보다 강력한 이적을 행하는 존재로 제시한다. 그는 여기에 한 문제가 있음을 인식하지 못하는 것 같다—그 문제는 하나님의 능력을 그 대적들의 능력과 구별하는 문제, 기적을 행하는 이가 제공하는 음식을 먹고 오히려 믿음을 등한시하는 문제다. 신약성경의 다른 주요 저자들은 이 문제를 인식하고 이 문제에 태클을 건다(Q—마 4:1-11/눅 4:1-13, 막 9:38ff., 마 7:22ff., 요 2:23ff., 4:48, 고후 12:5-10). 그러나 누가는 초기 교회에 관한 기사를 서술하면서 그런 문제를 인식하지 못하는 것 같다.

(b) 반면, 우리는 이 지점에서 누가를 불공평하게 판단해서는 안 된다. 누가의 안목이 떨어져 보이는 것은 다만 이 문제를 아주 예리하게 보았고 무시할 수 없었던 신약성경의 다른 저자들을 누가와 비교하기 때문이다. 후대의 문헌들이 펼치는 노력과 누가를 비교해 보면, 누가가 훨씬 더 나아 보인다. 이처럼 사도행전에는 단순히 기적 그 자체가 목적인 기적이나 오락거리로 삼기 위한 기적은 존재하지 않는다—예를 들면, 사도행전에서는 『요한행전』 60f.(3세기나 4세기에 나온 작품)에서처럼 빈대들이 행진 명령을 받는 장면이 나오지 않는다! 누가가 쓴 사도행전에서는 기적이 '하나님 말씀'의 경이로운 확장을 증명하려는 신학 목적에 이바지한다.[52] 이 때문에 사도행전 8:18ff.는 마술사 시몬이 영을 일종

52. Friedrichsen, *Miracle* p. 61; Hennecke, *Apocrypha* II pp. 173f. 아울러 G. W. H. Lampe, 'Miracles in the Acts of the Apostles,' *Miracles*, ed. C. F. D. Moule, Mowbray 1965, pp. 166f., 170ff.; Roloff, *Kerygma* pp. 193-200. 누가가 Q 본문인 마 11:2-6/눅 7:18-23에 추가해 놓은 것도 같은 목적에 이바지한다: 21절의 치유는

의 마술 능력으로 여기면서 그 능력의 비결이나 기술을 돈 주고 살 수 있다고 여긴 것을 비판한다. 사도행전 13:8-11은 기독교를 '마술(*magia*)과 철두철미하게 다른 것으로' 제시한다.[53] 또 누가는 14:8-18에서 바울과 바나바를 '신인'(神人)으로 묘사하려는 어떤 유혹에도 강하게 맞서면서 그런 유혹을 단호히 거부한다.[54] 아울러 그는 19:13-16에서 예수의 이름이 그저 귀신을 쫓아낼 때 사용하고 누구나 쓸 수 있는 주문 같은 것이 아니라, 그의 이름을 부르는 이들만이 사용할 수 있는 것이라고 강조한다(참고, 2:21, 9:14, 21, 15:17, 22:16).

더 중요한 것은 누가를 겨냥하여 순진하다고 비판하지만 이는 공격 대상을 잘못 잡은 비판일 수 있다는 것이다. 기적을 행하는 능력을 아무 비판 없이 받아들이는 누가의 태도는 그저 아무런 차별이나 구별을 두지 않았던 초기 기독교의 선교 태도를 충실히 반영한 것일 수 있다. 누가는 대체로 자신이 전해 받은 이야기에 아무 평을 달지 않고 다시 들려주는 것만으로 만족했을 수 있다. 예를 들면, 우리가 위에서 언급했듯이, 누가는 바울과 엘루마의 만남을 자세히 서술하여 논쟁과 회심을 담은 내러티브로 바꿔놓으려 하지 않고, 그냥 좀 밋밋하고 짧은 이야기로 남겨놓는 데 만족했다(13:8-12). 마찬가지로 베드로와 마술사 시몬의 만남도 왠지 좀 용두사미 같은 말로 끝을 맺는다. "시몬이 대답하길, '나를 위해 주께 기도하여 당신이 말한 것 가운데 어느 것도 내게 임하지 않

마 11:5/눅 7:22의 말을 실증한다(그리고 정당화한다?).

53. Nock, *Beginnings* V p. 188.

54. Haenchen, *Acts* pp. 432ff.; 그러나 행 28:1-6과 대비해 보라—"몰타 에피소드(28:1-6)는 바울을 θεῖος ἀνήρ(신[神]인 사람, 6절!)라는 색깔로 그려 보인다"(Roloff, *Kerygma* p. 192).

게 하소서'"(행 8:24).[55] 동시에 누가는 이곳과 사도행전 19:11-20에서 하나님의 영과 '하나님 말씀'이 단지 마술과 비슷한 종류의 능력이 아니라 바로 예수의 이름을 믿는 이들에게 그리고 예수의 이름을 믿는 이들을 통해 '하나님이 주시는 선물'이자 하나님의 능력임을 분명히 밝히고자 그가 할 수 있는 일을 했다. 따라서 우리는 누가가 역사적 내러티브에서 기적이 증거로서 가지는 가치를 비판하는 식으로 괜히 더 야심을 부리는 일이 부질없음을 알았다고 주장할 수 있을 것 같다.

요컨대, 전승 기록자라는 누가의 역할이 어디서 끝나고 누가 자신의 태도가 어디서 등장하는지 가려내 말하기가 쉽지 않다. 우리는 이미 누가 자신이 영적 현상을 아주 구체적이고 물리적인 관점에서 생각했다고 결론짓는 것이 타당한 이유를 보았다(본서 §21.3을 보라). 따라서 누가가 사도행전에서 '이적과 표적'을 서술한 내용에서도 같은 태도를 볼 수 있음을 의심할 이유가 전혀 없다. 이 지점에서 누가의 태도를 평가한다면, 상당히 조용하고 세련된 후대의 시각에 비춰볼 때, 누가는 그보다 앞서 활동한 증인과 앞서 나온 보고를 통해 들은 초기 선교의 열광과 능력에 매료되어 흥분해 있던 사람이라고 인식하는 것이 그의 태도를 가장 공평하게 평가하는 길일지도 모르겠다.[56] 그렇다면, 누가는 그의 독자에게 바로 그와 같은 충격과 인상을 그대로 전하겠다는 목표를 품고 기독교의 시작을 다룬 기사를 서술했을 가능성이 아주 높다. 그렇게 본다면, 과거와 현재의 많은 독자는 그가 그런 목표를 이뤘다고 증언할 것이다.[57]

---

55. Hennecke, *Apocrypha* II pp. 306-316에 있는 『베드로행전』 23-32와 대비해 보라.
56. 참고, Friedrichsen, *Miracle*: "저항할 수 없는 초자연적인 것이 제자들을 압박하여 기적을 기뻐하는 마음 상태를 만들어냈다"(p. 58).
57. 가령 Phillips가 그의 사도행전 번역인 J. B. Phillips, *The Young Church in Action*,

30.3. **결론을 요약해 본다**. 우리는 누가가 쓴 기사를 통해 초기 그리스도인 공동체와 초기 그리스도인의 선교가 본질상 영의 능력에 바탕을 두고 있었음을 아주 분명하게 알 수 있다. 이 첫 공동체 안에는 치유의 능력이 있었으며, 대중에게 많은 관심을 불러일으키는 것만큼이나 많은 두려움을 일으킨 것으로 보이는 신비한 능력도 존재했다. 그러나 이런 능력은 그 시대에도 유사한 사례가 없지 않았다. 따라서 '다가오는 시대의 능력'이 지닌 독특한 특징을 가려내 묘사하는 일이 상당히 중요했다. 불행히도 누가는 그 일에 헌신할 능력이나 의지가 없다. 사실, 우리는 한쪽에 존재하는—즉 예수에 대한 관계에 존재하는—독특한 점을 추적하여 밝혀낼 수 있다. 이는 비록 동일한 종말론적 능력이 초기 교회 그리스도인들이 행한 축귀와 치유에서도 분명하게 나타났지만, 초기 교회는 이런 능력을 예수의 이름과 연계했기 때문이다—즉 초기 교회가 행한 축귀는 예수에게 의존했으며 예수의 제자라는 점에 의존했다. 예수는 이제 죽었고 다만 그가 보여주었던 모범만이 계속하여 초기 그리스도인들에게 영감을 불어넣고 있는, 축귀자의 원형에 그치는 존재가 아니었다. 초기 교회는 예수 자신이 그를 따르는 이들을 통해 여전히 직접 병자를 돌보고 있다고 생각했다. 누가는 이런 점들이 중요함을 분명하게 인식하고 있다(참고, 4:12, 19:13ff.). 그러나 그는 이런 점들을 결코 체계적으로 설명하지 않는다. '이적과 표적'의 원천을 하나님의 영, 예수의 이름, 그리고 주의 손으로 다양하게 밝히면서도, 능력을 나타내는 이런 개념들의 관계를 설명하려는 시도를 일체 하지 않는다. 우리를 더 실망시키는 것은 누가가 초기 교회의 기적과 유대 및 그리스 종교의 유

Bles 1955에 써놓은 서문을 보라.

169–170

사한 기적 사이에 존재하는 관계를 분명하게 설명하지 않는다는 것이다. '하나님의 영', '예수의 이름', 그리고 '주의 손'은 분명 여기에서도 대답의 일부가 된다. 그러나 누가는 이것들이 말 그대로 훨씬 **우월한** 수단(훨씬 놀라운 기적인 '이적과 표적'을 일으키는 능력)임을 일러주기보다 그저 **독특한** 수단임을 일러주는 한두 가지 단서만 제시할 뿐이다. 요컨대, 우리가 사도행전에서 첫 그리스도인들이 체험했던 종말론적 능력의 **독특함**을 깊이 있게 다룬 내용을 찾으려 애쓰는 것은 헛수고일 뿐이다.

§31. 예언의 영

31.1. **예언과 예언자**. 요엘은 사람들이 장차 예언이라는 선물을 널리 체험하리라고 예언했다. 영이 임할 새 시대에는 오래전에 모세가 품었던 소망이 성취될 것이다—'주의 모든 백성이 예언자가 되고 주가 그의 영을 그들에게 부어주시길 원하노라'(민 11:29). 누가 그리고/또는 그의 자료는 분명 오순절을 그런 소망/예언의 성취로 여기며, 이를 특히 강조하고자 사도행전 2:18 끝부분에서 '그들이 예언할 것이요'라는 말을 되풀이한다.[58] 사도행전 2:17f., 38,[59] 4:31, 10:46, 19:6은 모든 회심자에게 예언의 영이 주어졌다는 누가의 믿음을 반영하는 것 같다. 여기에서

58. Schweizer, *TDNT* VI pp. 407ff.: "προφητεύειν은 누가에게 영의 역사만큼 아주 중요하다"; 참고, D. Hill, *Greek Words and Hebrew Meanings*, Cambridge 1967, pp. 260ff.

59. "만일 이 말(2:38b)이 유대인들이 생각하던 의미로 사용됐다면, 이는 '예언자가 되다'를 의미할 것이다"(Cadbury & Lake, *Beginnings* IV p. 26). G. Dix, *Confirmation or the Laying on of Hands,* Theology Occasional Papers 5, 1936은 행 8:17 등의 안수를 예언자를 세우는 것으로 해석했다(p. 18).

도 우리는 십중팔구 첫 그리스도인 공동체와 초기 선교의 종말론적 열광이 반영된 모습을 보는 것 같다—**첫 그리스도인들이 영에 관하여 가졌던 의식은 대체로 자신들이 영에 감동했다는 인식이요, 하나님과 직접 접촉했다는 인식이었다.** 영의 감동이 충만했고 공동체 모임 때에는 이런 영의 감동이 널리 퍼져 있음이 명백하게 드러났는데, 이 모든 것은 자신들이 마지막 때에 살고 있으며 예언의 영이 부어짐을 체험하고 있다는 첫 그리스도인들의 확신을 확증해 주었다.[60] 특별한 경우에 영으로 '충만했던' 제자들 이야기는 영에 감동한 체험을 분명하게 반영한다(2:4, 4:8, 31, 9:17, 13:9; 참고, 눅 1:41, 67). 아울러 제자들이 그들의 새 믿음을 증언하며 보여준 담대함(παρρησία)을 언급한 말은 자신들이 영에 감동했다는 확신을 분명하게 되비쳐준다(2:29, 4:13, 29, 31; 아울러 28:31을 보라; 참고, 막 13:11과 평행 본문들).

모든 사람이 예언의 영을 받았고 영에 감동하여 예언을 했을 수도 있다고 생각하지만(참고, 고전 14:1, 5, 24), 다른 이보다 훨씬 더 크게 예언이라는 선물(은사)을 받은 몇몇 사람들이 등장했던 것으로 보이며, 그렇게 보는 것이 자연스러울 것이다. 이 사람들을 '예언자'라 불렀다. 그들을 그렇게 부른 이유는 그들만이 예언이라는 선물을 받았기 때문이 아니라, 아마도 그들에게 임한 영감이 더 규칙적이었고 더 빈번했기 때문일 것이다.[61] 누가는 다양한 개인을 성령이 '충만한'(πλήρης) 사람으로 묘

---

60. 민 11:17을 다룬 민수기 랍바—"이 세상에서는 극소수가 예언했지만, 오는 세상에서는 모든 이스라엘 백성이 예언자가 될 것이다." I. Abrahams, *Studies in Pharisaism and the Gospels*, Second Series, Cambridge 1924, p. 127; Strack-Billerbeck II, p. 134.
61. 참고, H. B. Swete, *The Holy Spirit in the New Testament*, Macmillan 1910, p. 377; Lindblom, *Gesichte* p. 179; E. E. Ellis, 'The Role of the Christian Prophet in Acts,' *Apostolic History and the Gospel*, F. F. Bruce Festschrift, ed. W. W. Gasque & R. P. 170–171

사하는데, 그의 이런 묘사는 분명 어떤 특별한 원시 자료에서 유래한 것이다(6:3, 5, 8, 7:55; 아울러 11:24을 보라). 어쩌면 누가의 그런 묘사는 영감(영에 감동함)이 모든 이가 특별한 경우에 체험할(참고, 위에서 말한 것처럼 '영으로 충만해짐') 수 있는 어떤 간헐적 사건에 그치지 않고, 나아가 확실한 통찰을 보여주고 확신에 찬 말을 함으로써 영감('영으로 충만함')이 더 꾸준히 지속되고 있음을 드러낸 이들이 일부 있었던 것 같다는 인식을 최초로 표명하려 했던 시도였을지도 모른다.

우선 이 예언자들은 일찍이 옛 이스라엘에서 활동했던 예언자(엘리야와 아모스 같은 이들)와 달리, 어딘가에 터 잡은 공동체에 속해 있지도 않고 그런 공동체 안에서 그런 공동체를 위해 그들이 받은 선물(예언)을 행함이 없이 여기저기 돌아다녔던 예언자 같다. 이는 사도행전 11:27f.과 15:32을 보면 알 수 있는데, 여기서 예언자들은 예루살렘과 안디옥을 왔다 갔다 한다. 특히 우리는 두 경우에 예루살렘에서 안디옥으로 돌아온 아가보(11:27f.), 그리고 유대에서 가이사랴로 돌아온 아가보(21:10f.)를 만난다. 그러나 다른 두 본문을 보면, 문제의 예언자들이 어느 한 공동체에 자리 잡고 그곳에서 활동했을 개연성이 있다. 이런 공동체는 그런 이들이 공동체 예배 모임에서 자주 예언했다는 이유로 그들을 예언자로 인정했다(13:1f., 21:9—여자 예언자 네 사람).[62] 여기서 등장하는 모습은 예언자들의 역할이 다양하고 자유롭다는 것이다.[63] 이 단계에서는 영에 감동했

Martin, Paternoster 1970, pp. 55f., 62f.

62. προφητεύουσαι의 시제(부정과거가 아니라 현재 시제)는 빌립의 네 딸이 예언이라는 선물을 꾸준히 행했으며, 그들이 어느 한때에 어떤 특별한 예언을 한 게 아님을 일러준다.

63. 여기에서도 고대 이스라엘의 초기 예언자들을 참고하라(Lindblom, *Prophecy* pp. 82f.). 그리고 『디다케』 11.7-13.1을 참고하라. 더 자세한 것은 본서 §48.1을 보라.

다는 사실을 권위 그 자체로 여겼다. 예언자들은 오직 영에게만 복종했으며 그들보다 높은 권위를 갖고 그들이 속한 운동을 규율하던 이들에게도 복종하지 않았다(참고, 8:39). 여기서 지나가는 말로나마 사람들이 바울을 예언자로 생각하지 않았다는 점을 언급해두어야 할 것 같다. 적어도 누가가 제시하는 내용만 놓고 보면 그렇다—바울을 완전한 의미의 사도로 여기지 않았으며(본서 §18.2을 보라) 예언자로도 여기지 않았다! 누가에 따르면 바울은 무엇보다 교사였다(13:1)—누가는 '예언자'(τε—바나바, 시므온, 루기오)와 '교사'(τε—마나엔과 사울)를 구분하는 것처럼 보인다.[64] 어쩌면 누가가 바울을 이야기할 때면 '예언한다'고 말하지 않고 늘 διδάκειν('가르치다')이라는 말을 사용하여 바울이 그리스도인 공동체 안에서 행한 사역을 표현한다는 사실이 그런 구분을 확증해 주는지도 모르겠다(11:26, 15:35, 18:11, 20:20, 28:31). 반면, 바나바는 분명 예언자로 높이 존중받았다(13:1—가장 먼저 그의 이름이 나온다). 그는 분명 초창기 교회의 삶과 초창기 교회가 펼쳐가던 선교에서 아주 중요한 역할을 했다(행 9:27, 11:22ff., 25f., 30, 12:25, 13:1-15:39, 고전 9:6, 갈 2장).[65]

31.2. 누가가 초기 그리스도인의 예언에 부여한 **기능**은 철저히 우리가 구약성경과 종교사 내부에 존재하는 다른 유사 사례를 통해 알고 있는 예언의 범주에 속해 있다.[66] 예언자들은 때로 미래를 볼 수 있는 예감

---

64. G. Friedrich, *TDNT* VI p. 849 주426.
65. 참고, Cothenet, *DBS* 8, 1972, 1280f. 그는 스데반과 빌립도 '원시 공동체의 예언자들'이라는 제목 아래 다룬다(1281ff.).
66. 특히 Lindblom, *Prophecy*를 보라. 참고, Dunn, 'New Wine in Old Wine Skins: Prophet,' *ExpT* 85, 1973-1974, pp. 4-8; 아울러 본서 §14과 본서 §41.2, §52.3을 보라.

과 통찰력을 받았다(11:27f., 21:4, 10f.—상징 행위로 표현하는 경고; 참고, 20:23).[67] 그들은 선교의 방향을 일러주는 영의 대변자였다(13:1f., 어쩌면 15:28도 해당됨,[68] 16:6f.).[69] 그들의 임무는 형제들을 권면하고 격려하는 매우 단조로운 일이었다(11:23, 15:32).[70]

게다가 초기 그리스도인 예언자들은 초창기 공동체가 가르치고 길잡이를 제시할 때 인용했던 권위 있는 전승을 형성하고 발전시킬 때 필시 중요한 역할을 했을 것이다. 그들의 영향은 두 방향에서 찾아볼 수 있다. 첫째, 그들은 구약의 예언과 예수가 했던 말을 이미 일어난 일(예수의 죽음과 부활 그리고 영이 부어진 일)에 비춰, 그리고 그들 자신의 (변한) 상황과 관련지어 해석하는 데 도움을 주었다. 그들은 그리할 때에 분명 구약의 예언자 및 예수와 자신들 사이에 영감의 연속성이 존재함을 의식하고 행동했다—동일한 영, 곧 그리스도의 영이 그들 모두에게 영감을 불어넣은 원천이었다. 베드로전서 1:10-12은 그들의 그런 의식을 반영하는 것 같다.[71] 예수 자신이 구약을 예언의 영감에 따른 자유를 활용하여 해석했듯이(마 5:21-48), 그리고 초기 그리스도인 저술가들이 사람들이 종종 인식하지 못하는 해석의 자유를 발휘하여 구약을 사용했듯이(가령 마 2:23, 27:9f., 행 1:20, 4:11, 롬 12:9, 고전 15:54ff., 엡 4:8), 예수가 한 말도 예수의

67. 참고, 『에녹서』 91:1; Josephus, *Ant*. XIII.10.7.

68. Lindblom, *Gesichte* pp. 185f.

69. 현대의 유사 사례로서 Ivan Veronaev(러시아의 오순절파 사도)를 러시아로 돌려보낸 예언의 말(Durasoff p. 222) 또는 복음 전도자인 Tommy Hicks를 아르헨티나에 보낸 환상과 예언(P. Wagner, *Look Out! The Pentecostals are Coming*, Coverdale 1974, pp. 19-22)을 언급할 수 있을 것 같다.

70. 더 자세한 것은 Ellis, 'Prophet' pp. 56ff.을 보라.

71. 참고, E. G. Selwyn, *The First Epistle of St. Peter*, Macmillan 1946, pp. 259-268; 그리고 아래를 보라.

부활과 오순절에 비춰 해석하고 지역 공동체에 적용했으리라는 것을 얼마든지 예상할 수 있다. 이런 과정을 잘 보여주는 사례가 마가복음 8:35-37과 평행 본문들인데,[72] 이는 34절이 보존하고 있는 예수의 원래 말을 영감을 토대로 깊이 곱씹어본 것일 수 있다. 마찬가지로 누가복음 21:20-24도 전승을 통해 전해진 예수의 말(21:21a, 23a)을 가져다가, 유대인 봉기(주후 66-70년)에 가까운 어느 때에 선포한 예언일 수 있다.[73] 우리가 본서 제2장에서 논한 내용에 비춰볼 때, 마태복음 11:28-30도 마태복음 11:25-27을 예언자처럼 그 시대 상황에 맞춰 해석한 것(peshering)으로 인식해야 할지도 모르겠다. 어쩌면 '(들을) 귀가 있는 자는 들을지어다' 라는 외침도 예언자들이 (예수에게서 물려받아?) 버릇처럼 하던 말일지도 모른다. 이 말이 공관복음 전승에서 빈번히 등장한다는 점(막 4:9, 23, 7:16[?], 마 11:15, 13:9, 43, 눅 8:8b, 14:35) 그리고 요한계시록 2-3장과 13:9이 이 말을 사용한다는 사실이 그것을 일러주는 것 같다.[74]

초기 그리스도인 예언자들이 예수의 말을 전하는 전승에 필시 영향을 미쳤을 두 번째 방법은 예언을 예수의 이름으로 선포할 뿐 아니라 아예 예수가 했던 말로서 선포한 것이었다. 종교사는 영감을 받은 예언자가 종종 그에게 영감을 불어넣은 신 안에서 말하는 예언의 특징이 얼

72. καὶ τοῦ εὐαγγελίον은 마가가 추가한 것이다.

73. 나는 이 제안과 관련하여 A. R. Bates, *Some Aspects of Prophecy in the New Testament and in the Early Church*, Manchester University M. A. thesis, 1971에 신세를 졌다. 특히 계 11:2, 그리고 계 11:1-2이 본디 열심당의 예언이었다는 Wellhausen의 주장을 참고하라(R. H. Charles, *The Revelation of St. John*, ICC 1920, I p. 270을 보라).

74. 참고, F. Hahn, 'Die Sendschreiben der Johannesapokalypse,' *Tradition und Glaube*, Festgabe für K. G. Kuhn, Göttingen 1971, pp. 377ff. 예언과 가르침의 관계를 살펴보려면, 본서 §33.2을 보라.

마나 강했는가를 아주 뚜렷하게 보여준다.[75] 구약의 많은 예언자는 그들이 야훼의 영에 감동하여 터뜨린 예언의 말을 분명 야훼의 말로서 선포했다—예언자는 하나님이 자신을 압박하여 말하게 하신다는 의식이 아주 강했기 때문에, 그의 메시지를 표현할 때 마치 야훼가 몸소 그 예언자를 통해 말씀하시는 것처럼 표현할 수밖에 없었다. 우리는 이런 일이 그리스도인의 예언에서도 일어나고 있음을 본다. 예컨대, 요한계시록에 등장하는 선견자(seer)는 높이 올림을 받은 예수가 영의 감동을 통해 불러준 일곱 교회에게 서신을 보낸다(계 2-3장).[76] 바울이 데살로니가전서 4:15에서 한 예언도 '주의 말씀'으로서 전해진다(본서 §41.2 [b]을 보라). 고린도후서 12:9에 있는 위로의 말('내 은혜가 네게 족하다')도 예언을 통해 바울에게 이르렀을 가능성이 크다. 사도행전 16:7도 필시 영에 감동하여 말한 비슷한 체험을 되비쳐주는 것 같다('예수의 영').[77] 일인칭 예언으로서 예수가 한 말로 여길 수 있을 법한 것으로 마태복음 10:5(아마도 그런 말일 것이다),[78] 18:20(그런 말임이 거의 확실하다),[79] 그리고 누가복음 11:49-51(그런 말일 개연성이 있다)이[80] 있다. 마태복음 28:18-20의 원형은 초기 헬라파 유

75. 기독교 역사 안에서 살펴보려면 가령 Weinel, *Wirkungen* pp. 83ff.을 보라. 폴리네시아에서는 샤먼의 역할을 묘사할 때 신을 떠올려주는 '신의 상자'(god-box)라는 말을 사용한다(Lewis, *Ecstatic Religion* p. 56). 아울러 본서 §32.3을 보라.

76. 참고, D. Hill, 'Prophecy and Prophets in the Revelation of St John,' *NTS* 18, 1971-1972, pp. 403f.

77. G. Stählin, 'Tò πνεῦμα Ἰησοῦ(Apostelgeschichte 16.7),' *CSNT* pp. 250f.

78. 참고, Wellhausen, *Matthaei* p. 44; Hahn, *Mission* pp. 54ff.

79. 가령 Bultmann, *Tradition* p. 149; Manson, *Sayings* p. 211; Grundmann, *Matthäus* pp. 420f.을 보라.

80. 참고, E. E. Ellis, 'Luke 11.49-51: An Oracle of a Christian Prophet?' *ExpT* 74, 1962-1963, pp. 157f.; 아울러 *The Gospel of Luke*, Oliphants 1966, pp. 170f.을 참고하라.

대 그리스도인 공동체 안에서 어떤 예언자가 1인칭으로 한 예언이었을 가능성이 아주 높다. 이 본문은 유대교를 둘러싸고 있던 장벽을 무너뜨리고 복음을 이방인에게도 제한 없이 전하게 만든 원동력의 발원지가 예언을 통해 주어진 부활한 주의 말씀이었음을 암시하며(본서 §27.1을 보라), 당시 상황을 봐도 그랬을 개연성이 크다(참고, 행 13:1f.). 따라서 요한복음에 나오는 유명한 문언 '나는 …이다'(자신이 곧 하나님임을 나타내는 문언 형식으로 출애굽기 3장에 나오는 야훼의 이름에 그 기원을 두고 있다—역주)도 이 두 유형의 예언을 조합한 것—예수가 본디 했던 말과 비유를 깊이 곱씹은 것이 영의 감동을 통해 새롭고 간결한 예언으로 이어진 것—일 수 있다.

우리는 여기서 아주 큰 밭과 같은 논의의 가장자리 몇 곳—초기 그리스도인 공동체가 예수의 말을 담은 전승을 전달하고 이 전승을 그들 자신의 용도에 맞춰 발전시킨 정도와 방법—을 다루고 있을 뿐이다. 내가 이 연구서에서 그 문제를 더 깊이 들어가기는 불가능하기 때문에, 다음 세 가지만 언급하는 것에 그칠 수밖에 없다. (1) 예수도 예언자였기 때문에 오직 양식비평의 접근법만 사용하는 것은 결정적 의미가 없을 것이다. 여태까지 오직 양식비평의 기준들을 사용하여 공관복음 전승 안에서 높이 올림을 받은 예수의 말을 가려내려고 시도해 왔지만, 이런 시도가 성공하지 못한 것은 주목할 만하다.[81] 우리는 이 지점에서 삶의 배경(정황)과 내용이 일러주는 것들에 대체로 의지할 수밖에 없다. (2) 신약 저자들이 구약의 예언을 다뤄온 방식에 충분히 주목하지 않았다. 내

81. 가장 널리 받아들여진 주장은 E. Käsemann, 'Sentences of Holy Law in the New Testament,' *NTQT* pp. 66-81이 제시한 주장이었다. 그러나 K. Berger, 'Zu den sogenannten Sätzen heiligen Rechts,' *NTS* 17, 1970-1971, pp. 10-40을 함께 보라.

가 위에서 제시했듯이, 예언자들이 권위 있는 전승을 다룸은 예수의 말과 구약 예언 사이만큼이나 다르지 않았을 가능성이 크다. 그러나 전자의 경우에는 오늘날 학자가 예언자의 해석 범위와 한계를 살펴보기가 더 쉽다. 이 문제를 더 깊이 연구해 보면, 초기 기독교 예언자의 해석이 예수의 말에 관한 전승에 얼마만큼이나 영향을 미쳤고 얼마만큼이나 그 전승을 형성했는지 더 정확하게 판단할 수 있게 해 줄 가이드라인과 통제 수단을 얻을 수 있을지도 모른다.[82] (3) 우리는 초기 교회가 예언자가 썼던 것처럼 '내가'라는 표현이 들어간 말을 예수의 말에 관한 전승에 기꺼이 덧붙이려 한 것을 과대평가해서는 안 된다. 고린도전서 7:10, 25, 40은 바울이 적어도 지상의 예수의 전통적인 말 자체, 바로 그런 사실 때문에 권위를 갖고 있던 예수의 말 자체를, 그 가치가 의심스럽고 그 권위가 증명되어야 하는 영감된 의견 및 예언자의 예언과 분명하게 구별했음을 암시한다(고전 12:10, 14:29, 살전 5:20f.—더 자세한 것은 본서 §§41.3, 49.2을 보라). 따라서 오늘날 사람들이 아주 빈번히 하는 가정,[83] 곧 예수의 말에 관한 전승은 철저히 유동적이었고 아무 경계가 없었다는 가정, 그리고 그 전승은 사람들이 아무 의문도 제기하지 않는 예언자의 예언이 덧붙여짐으로 말미암아 으레 확장되곤 했다는 가정에는 심각한 이의를 제기할 수밖에 없다.[84]

---

82. 나는 나중에 이 주제를 연구하길 바라고 있다.

83. Bultmann, *Tradition* pp. 127f., 150-163; Käsemann (주81); F. W. Beare, 'Sayings of the Risen Jesus in the Synoptic Tradition: an Inquiry into their Origin and Significance,' *Christian History and Interpretation: Studies presented to John Knox*, ed. W. R. Farmer, C. F. D. Moule & R. R. Niebuhr, Cambridge 1967, pp. 161-181; Perrin, *Teaching* p. 15; H. M. Teeple, 'The Oral Tradition that Never Existed,' *JBL* 89, 1970, pp. 56-68; Schulz, *Q* pp. 57ff.

84. 아울러 F. Neugebauer, 'Geistsprüche und Jesuslogien,' *ZNW* 53, 1962, pp. 218-

31.3. **예언에 대한 누가의 태도.** 우리가 초기 그리스도인의 예언이라는 제목 아래 마지막으로 던져야 할 질문은 그 예언이 황홀경 상태에서 이뤄진 것인지 아니면 그냥 (본서 §15에서 행한 구분에 따른) 영의 선물인지, 그리고 어느 정도 범위에서 그러한지 하는 질문이다. 우리는 여기서 다시 한번 누가가 분명히 묻지 않은 질문에 답하려 하는 것의 어려움을 절감하게 된다. 결국 이 문제를 분명히 파악하기는 어렵다. 한편으로 보면, 누가는 19:6에서는 예언과 방언을 함께 다루지만 사도행전 2장에서는 둘을 분명하게 구분한다. 곧, 오순절의 **방언**은 **예언** 때 영이 부어지리라는 요엘의 기대를 성취한 것이었다(행 2:16ff.). 그러나 사도행전이 언급하는 방언은, 우리가 영의 선물에 관한 바울의 설명(본서 §41.7을 보라)을 어떻게 생각하든, 황홀경이라는 관점을 제외하면 묘사하기가 불가능하다(본서 §34을 보라). 따라서 추측건대 누가는 2:16ff.에서 예언을 생각하는 것 같다. 아울러 4:31('하나님 말씀을 담대하게 말했다')과 10:46('방언으로 말하며 하나님을 높임')은 필시 황홀경 상태에서 한 예언을 말하는 것 같다—글을 쓰는 예언자들이 영에 감동하여 터뜨린 말이라기보다 오히려 고대 이스라엘 옛 예언자들의 예언에 가깝다(참고, 삼상 10:5f., 19:20-24). 더욱이 사도행전이 초기 교회에 관하여 기록해 놓은 기사가 이야기하는 하나하나의 인도(guidance) 가운데 많은 것이 (황홀경 상태에서 본) 환상을 통해 다가왔고(ὅραμα—9:10, 12, 10:3, 17, 19, 11:5, 16:9f., 18:9; ὀπτασία—26:19), 심지어

228; Cothenet, *DBS* 8, 1972, 1285ff.; D. Hill, 'On the Evidence for the Creative Role of Christian Prophets,' *NTS* 20, 1973-1974, pp. 262-274; J. D. G. Dunn, "Prophetic 'I'-sayings and the Jesus Tradtion: the Importance of Testing Prophetic Utterances within Early Christianity," 곧 나올 *NTS*를 보라(이 논문은 *NTS* 24, 1978, pp. 175-198에 실려 출간됐다—역주).

인도를 받는 이가 황홀경에 빠져 무아지경 상태에 있을 때에도 분명히 다가왔다(ἔκστασις—10:10, 11:5, 22:17; 본서 §32.1을 보라). 그러나 다른 한편으로 보면, 사도행전의 내용은 예언자와 예언을 말함을 분명하게 구분하는 것 같으며, 누가가 언급하는 다양한 예언자의 말도 분명 이성에 합치하는(rational) 발언 속에 들어있는 것 같다. 따라서 우리는, 증거에 비춰볼 때, 황홀경 상태에서 한 예언과 영의 선물인 예언이 초창기 그리스도인 공동체 안에 많이 있었다고 추정할 수 있다. 아울러 우리는 이런 모습을 너무 단순화하지 않도록 주의해야 하며, 사람들이 처음부터 어느 하나를 다른 하나보다 높이 생각했었다고 추정하지 않도록 주의해야 한다. 바울은 분명 이 주제에 관하여 확고한 견해를 갖고 있다(본서 §§41.2, 7을 보라). 그러나 황홀경 상태에서 받은 영감이 원시 교회와 선교에서 한 역할과 중요성은 무시해서도 안 되고 과소평가해서도 안 된다. 요컨대, 많은 예언자가 환상 체험을 했다.[85] 어쩌면 예수도 그랬을 것이며(본서 §15을 보라), 틀림없이 바울 자신도 그러했을 것이다(고후 12:1ff.).

시간상 멀리 떨어져 있는 우리가 안고 있는 문제는 누가의 내러티브로 다음과 같은 이슈들을 밝히 설명하기가 불가능하다는 것이다—때때로 하는 예언과 더 꾸준히 예언하는 예언자 사이에는 무슨 관계가 있는지, 방언과 예언 사이에는 무슨 관계가 있는지, 원시 그리스도인의 예언은 과연 얼마만큼이나 황홀경 상태에서 이뤄졌는지, 또 얼마만큼이나 영의 선물이었는지 시원하게 밝히기가 불가능하다. 이런 일을 이야기하는 내러티브의 모호함은 분명 초기 공동체들이 이런 주제에 관하여 분명한 생각을 갖고 있지 않았음을 반영한다.[86] 누가는 그의 기사를

85. Lindblom, *Prophecy* pp. 122-137.

86. 참고, H. A. Guy, *New Testament Prophecy: its Origin and Significance*, Epworth

당대 교회의 모든 관심사와 쟁점을 해결할 가르침을 제시할 도구로 만들기보다 그냥 모호하면 모호한 대로 표현하기로 결심했을 가능성이 아주 높다. 그렇지만 초기 공동체들이 틀림없이 초기부터 그들을 괴롭혔을 문제들을 어떻게 붙잡고 씨름했는지 일러주는 정보가 더 많다면 귀중한 가치가 있을 것이다. 특히 거짓 예언이라는 문제, 그리고 어떤 예언이 하나님에게서 온 것인지 아닌지 판단하고자 그 예언을 평가하는 문제는 틀림없이 곧 주목을 끌게 됐을 것이다. 결국 그것은 구약 예언자들이 여러 세기 동안 붙잡고 씨름했지만 속 시원히 해결하지 못했던 문제였다.[87] 그것은 분명 초기 헬라파 유대인 공동체와 바울계 공동체 안에서 뜨겁게 타오르던 이슈였다(마 7:15-23, 고전 12:1ff., 살후 2:1ff.; 아울러 요일 4:1ff.을 보라). 그러나 누가는 예언이 다시 등장하던 때에 한참 끓어오르던 열광을 공유하고 있는 것 같다. 그는 그들의 모임에서 나타나는 모든 영감을, 그것이 황홀경 상태에서 이뤄진 것이든 아니면 영의 능력에 사로잡힌 것이든 가리지 않고, 전부 영에게서 온 것으로 여겼던 것으로 보이는 공동체들을 우리에게 보여준다. 거짓 예언 문제는 분명 제기되지 않았다. 심지어 공동체 밖에서 영감을 만난 경우에도 거짓 예언 문제를 분명히 제기하지 않은 채 암시만 한다(행 13:6). 거짓 예언이 그리스도인 공동체 **안에서** 문제가 될 수 있음을 전혀 예상하지 않는다.[88] 누가는 바울이 예언을 통해 주어진 영의 분명한 가르침으로 보인 것을 무시한 사실(21:4; 참고, 21:10-14)을 아무런 논평 없이 기록해 놓았다. 아울러 누가는 **둘 다** 영에게서 나온 말인데(20:22, 21:4) 두 말이 서로 다를 뿐 아니라

1947, p. 91.

87. A. Oepke, *TDNT* III p. 575; J. L. Crenshaw, *Prophetic Conflict*, Berlin 1971을 보라.

88. 20:29에 나오는 '늑대들'은 모두 밖에서 오는 것들로 생각된다.

모순되기까지 한다면 어떻게 해야 하는가라는 문제와 관련하여 어떤 지침도 제공하려 하지 않는다.

요컨대, 우리는 초기 그리스도인의 체험이 적어도 본질상 영으로부터 유래했으며, 황홀경 상태에서 한 체험이라는 것을 다시 한번 분명하게 볼 수 있다. 그러나 누가는 다시 한번 이 주제를 다루면서도 많은 중요한 물음에 답을 제시하지 않은 채, 아니 더 정확히 말하면, 아예 어떤 질문도 제기하지 않은 채 그대로 놔두었다.

§32. 영에 근거한 권위

이제 우리는 초창기 공동체 내부의 권위라는 주제를 다뤄보겠다. 우리가 논해 봐야 할 질문은 특히 다음 세 가지다: (a) 신자의 말과 행동에 관한 권위는 얼마만큼이나 개인적 권위였으며 얼마만큼이나 영에 근거한(charismatic) 권위였는가? (b) 초창기 공동체 내부의 권위가 영에 근거한 권위였다고 할 때, 그 권위는 본질상 영에 근거한 권위인 예수의 권위와 어떤 점이 같고 어떤 점이 다른가? (c) 영에 근거한 권위는 더 제도화된 권위 개념에 얼마나 빨리 그 자리를 내어주기 시작했는가?

32.1. **초창기 공동체에서 믿음과 그 표현의 권위는 신자에게 얼마만큼이나 직접적으로, 즉각적으로 영향을 미쳤는가?** 사도행전의 내용을 고찰해 보면, 영에 근거한 것으로 인식할 수밖에 없는 권위의 원천 내지 권위의 표현이 서넛 나타난다.

(a) 초기 교회는 권위의 주된 원천을 분명 **영**으로 이해했다. 초기 교

회는 영을 오순절에 마지막 날들(종말)이 동터 옴을 알린 황홀경의 원천으로 생각했다(2:4). 마찬가지로 비슷한 표현들을 어떤 개인이 공동체 지체로서 권리를 갖고 있음을 하나님이 확인해 주심이요 따라서 선교의 확장을 확인해 주심으로 이해했다(8:14ff., 10:44ff., 11:15ff.—본서 §27.1을 보라). 따라서 시험을 받고 환희에 찬 순간에 영에 감동하여 드러내는 담대함도 역시 영에게서 비롯됐다고 생각했다(4:8, 31, 13:9). 영은 초기 그리스도인의 증언 뒤에 자리한 권위였다(5:32). 지도의 권위, 복음 전파의 권위, 상담의 권위, 가르침의 권위는 모두 영에 근거한 권위였다(6:3, 5, 10, 7:55, 11:24, 18:25). 초기 교회 그리스도인은 영을 공동체 내부에서 지도하는 힘으로 여겼던 것 같으며(5:3, 9, 9:31; 참고, 7:51), 분명 선교에 영감을 불어넣고 선교를 인도하는 손으로 이해했다(8:29, 39, 10:19, 11:12, 13:2, 4, 16:6f., 19:21, 20:22). 이 모든 경우가 개인에게 영감이 임한 경우는 아니었다.[89] 많은 경우 영의 인도는, 개개 예언자의 말을 통하든(11:28, 13:2, 20:23, 21:4, 11) 아니면 토론과 상호 권면을 통하든(15:28), 공동체를 통해 임했다. 우리는 누가의 손이 이 이슈에 관한 그의 자료 선택을 얼마나 많이 결정하고 형성했는지 확실하게 말할 수 없다. 여기에서도 누가는 개인이 받은 영감의 권위를 공동체의 생각이 가진 권위와 어떻게 결합했는지 혹은 어떻게 결합했어야 했는가에 관하여 아무런 지침도 제시하지 않는다(20:22, 21:4을 다시 참고하라). 그럼에도 여기서 제시하는 그림은 충분히 뚜렷하다. 여러 역사적 근거에 비춰볼 때, 원시 교회가 무엇보다 영의 권위를 영의 능력(선물)이라는 관점에서 이해했음을 논박하기는 어려울 것이다.

(b) 초기 공동체들의 권위에 관한 인식을 보여주는 두 번째 표현은

89. 참고, Lindblom, *Gesichte* pp. 158f.

176–177

'예수의 이름으로', '주의 이름' 등등 같은 말이다. 우리는 이미 이 문구가 당시에 일어난 몇몇 치유 사례에서 얼마나 중요한 요소였는가를 보았다(본서 §30.1을 보라). 이는 믿는 자가 그런 치유를 행할 때 자신이 행하는 권위와 능력에 관하여 가졌던 인식을 표현한다. 더불어 이 문구가 병으로 고통을 겪는 자에게 미친 영향은, 적어도 그 경우에는, 그 이름을 가진 이가 병으로 고통을 겪는 이에게 행사한 권위를 증언해 준다. 아울러 '그 이름'은 초기 전도자가 설교 때 가졌던 권위를 표현해 주었다(5:28, 40, 9:15, 27ff.; 참고, 8:12). 그들은 '그 이름으로' 세례를 주었으며(2:38, 8:16, 10:48, 19:5), '그 이름을 위해' 기꺼이 고난을 겪었다(5:41, 9:16, 15:26, 21:13). 우리는 이 지점에서 누가의 기록 내용이 상당히 정확함을 의심할 이유가 전혀 없다. 그렇다면 우리는 분명 여기서 개개 신자들, 그리고 어쩌면 자신들이 속한 공동체를 대표했던 개인들이 자신들을 통해 높이 올림을 받으신 예수가 행동하신다는 것을 의식하고 행동한 또 다른 경우들을 보는 셈이다. 여기서 열거한 모든 경우는 아니어도 대부분의 경우에 이런 권위 인식은 분명 누군가를 거치지 않고 직접 전달됐다—다시 말해 그것은 영에 근거한 권위였다.

(c) 사도행전이 개인의 행위를 규율하고 개인에게 확실한 보장을 제공한 권위의 원천으로 제시한 세 번째 것은 **환상**이다. 당장 우리는 이런 환상의 다양성에 주목해야 한다. **천사들**이 나타난 환상이 있다: "주의 천사가 빌립에게 말했다"(8:26)—추측건대, 이는 환상에서 말한 것이다.[90] 주의 천사가 고넬료에게 베드로를 데려오라 지시하며(10:7, 22,

90. 그런 지시가 그 내면의 의식에서 직접 말하는 음성이나 예언으로 왔다면, '천사'가 아니라 영이 그런 지시를 한다고 여겼을 것이다(참고, 16:6f.). 아울러 본서 제8장 주 170을 참고하라.

11:13), 환상에서 그에게 나타났다(ὅραμα—10:3). 한 천사가 밤에 바울 곁에 서서(환상에서?—참고, 12:9) 그에게 배가 안전하리라고 보장했다(27:23). **예수**가 나타난 환상이 있다. 스데반은 하늘이 열리고 인자가 하나님 오른편에 서 있는 모습을 본다(7:55f.). 바울은 다메섹 밖에서 높이 올림을 받은 예수를 환상으로 보고 그 목소리를 들으며(ὀπτασία—26:19) 미래의 환상을 분명하게 약속받는다(26:16). 아나니아는 환상에서 주의 말을 듣는다(ὅραμα—9:10). 바울은 예루살렘으로 돌아왔을 때 황홀경 상태에서 예수를 보고 그의 말을 듣는다(ἐν ἐκστάσει—22:17f.).[91] 바울은 고린도에서 밤에 환상으로 주의 말을 듣는다(18:9). 그리고 예루살렘에서 밤에—환상 혹은 꿈에서—'주가 바울 곁에 서서' 그를 격려한다(23:11). 또 다른 환상은 더 다양하다. 예컨대, 베드로는 황홀경에 빠져(ἐν ἐκστάσει—10:10, 17, 19, 11:5) 무언가를 상징하는 장면을 보고 어떤 (특정되지 않은) 목소리를 듣는다(10:10-16, 11:5-10). 바울은 다메섹에서 환상으로 아나니아를 보고(9:12), 드로아에서 밤에 환상으로 '한 마게도냐(마케도니아) 사람'을 만나 그의 말을 듣는다(16:9f.).

우리는 누가가 이 환상 중 적어도 하나--예수가 다메섹 밖에서 바울에게 나타난 사건—와 관계가 있음을 이미 보았다.[92] 그러나 이런 환상과 천사의 가르침 대부분을 누가가 지어낸 것이나 후대에 전설을 사용한 것으로 치부하여 무시해서는 안 된다. 초창기 신자들은 실제로 환상을 보고 하늘의 음성을 들었을 개연성이 아주 높다(참고, 고후 5:13, 12:1,

91. 누가가 생각했을 법한 이 환상의 의미(중요성)를 논한 것을 살펴보려면, O. Betz, 'Die Vision des Paulus im Tempel von Jerusalem,' *Verborum Veritas*, Stählin Festschrift, pp. 113-123.

92. 베드로에게 나타난 12:7-11의 천사는 바울에게 나타난 부활한 예수보다 더 생생하고 만질 수 있는(ἀληθές) 것이다(12:9, 26:19)!

그리고 어쩌면 갈 2:2도 해당하는 본문일지 모른다). 종교사가 분명하게 보여주듯이, 이것은 영적 열광이라는 특징을 지닌 공동체에서는 예상할 수밖에 없는 일이다.[93] 우리는 서로 다른 이 모든 환상 뒤에 어떤 사실이 자리해 있으며 그런 환상에서 나타난 일이 무엇인지 더 이상 판단할 위치에 있지 않다. 우리가 예상하듯이, 이런 환상을 본 이들은 이것들이 하나님의 계시라고 확신했으며, 그들 자신의 우주론이라는 도구를 통해 그들 자신의 이해를 거쳐 '구체적인 형태를 갖고' 표현됐다고 확신했다. 우리는 이런 계시를 받은 이들의 확신에 의지할 수밖에 없으며 그것으로 만족해야 할 것 같다.

여기서 짚고 넘어갈 점이 둘 있다. 첫째, 우리가 특히 다양한 영 체험, 그리고 환상을 통해 천사의 개입과 인도를 받은 체험을 비교해 보면, 거의 무한히 제멋대로 다양하게 변하는 모습이 등장한다. 왜 처음에는 천사가 빌립을 인도하다가(8:26) 그다음에는 영이 인도하는지(8:29) 분명치 않다. 이 점은 환상에서도 대체로 마찬가지다. 왜 어떤 때에는 '목소리'만 들리고, 왜 어떤 때에는 천사가, 어떤 때에는 사람이, 어떤 때에는 주가 나타나는가(주는 거의 늘 바울에게 나타난다!)? 이 모든 것에는 어떤 패턴도 존재하지 않으며, 누가는 이것들에 분명 어떤 패턴도 강요하지 않는다(본서 제5장 주137을 참고하라). 우리는 여기서 초기 공동체들이 한 영적 체험의 다양성이 반영되어 있음을 본다고 결론지을 수밖에 없다—그 체험의 다양성이 어찌나 풍성했던지 초기 그리스도인은 그 체험을 도저히 어떤 표준 형태나 공식으로 해석하거나 표현할 수 없었다.

---

93. Hopwood pp. 173-177, 그리고 본서 제5장 주134을 보라. Benz의 개관은 하늘에 있는 사람들과 그리스도를 본 환상에 관한 설명도 담고 있다(아울러 삼위일체 및 성령을 본 환상에 관한 설명도 들어있다!)—*Vision* 제8장을 보라.

우리가 말할 수 있고 말할 수밖에 없는 것은 열광에 들떠 있던 첫 세대 기독교의 이 풍성하고 다양한 체험 속에서 선포와 복음 전도, 치유, 개인의 말과 행위, 선교를 규율한 권위는 아마도 **직접적인 영감**(*immediate inspiration*)**과 개인적 확신에 따른 권위, 환상을 통해 주어진 권위**였던 것 같다—한마디로, **영에 근거한 권위**였다.

둘째, 누가는 황홀경 상태에서 체험한 환상을 높이 평가하는 것 같다. 이런 환상이 초기 교회사의 결정적 지점에서 행한 결정적인 역할은 주목할 만하다(행 9-11장, 16:9f., 22:17-21, 26:19f.). 그의 기사에 등장하는 인물들은 환상이 그들이 한 행위를 충분히 정당화해 준다고 본다.[94] 분명 누가는 요엘의 예언이 영에 근거한 초기 공동체의 삶 속에서 어떻게 완전히 이뤄졌는지 증명하려고 최선을 다한다(2:17). 하지만 우리는 그런 이유 때문에 그가 묘사하는 모습이 탄탄한 기초 위에 서 있음을 의심할 필요가 없다. 초기 공동체 안에 여러 환상이 있었듯이, 이 공동체 사람들은 그런 환상을, 크든 적든 정도의 차이는 있을망정, 권위 있는 것으로 여기곤 했다(참고, 갈 2:2). 누가가—다루려고만 했으면 적절한 사례를 인용하여 다룰 수 있었을 텐데도—환상 체험에 뿌리를 둔 권위 문제를—특히 오직 환상만을 기초로 삼고 있는 권위는 크게 남용될 수도 있다는 문제를—다루지 않은 점은 어쩌면 다시 비판을 받을 점일지도 모르겠다. 우리는 이 문제가 누가가 다룬 역사의 시간대 안에서 적어도 두 번이나 민감한 형태로 대두됐음을 알고 있다—우리가 이렇게 말하는 이유는 이것이 바로 바울이 고린도와 골로새에서 부닥쳤던 문제의 핵심 요소임을 고린도후서 12:1ff.와 골로새서 2:18이 보여주기 때문이다(본서 §19.2과 §46.1을 보라)—**바울이** 고린도후서 12:1ff.에서 삼가는 모습을

94. 참고, Benz, *Paulus als Visionär* pp. 11f.

보이고 고린도전서 9:1ff.에서도 그의 권위가 유래한 뿌리를 오직 그의 '봄'(seeing)에서 찾으려 하지 않은 것도 그 때문이다(본서 §47.3을 보라). 물론 예언자들도 오래전에 같은 문제를 알고 있었다(렘 23:25-32).[95] 그러나 누가는 별다른 촌평 없이 초기 교회가 예언의 말처럼 환상에도 의존했음을 보고하는 것으로 만족한다.

32.2. 우리는 **영에 근거한 초기 교회의 권위와 역시 영에 근거한 예수의 권위의 관계**를 묻는 질문에 어려움 없이 답할 수 있다. 둘 사이에는 유사한 점이 하나 있고 유사하지 않은 점이 둘 있다. 성경은 몇몇 경우에 둘의 배경에 영이 있음을 언급하며, 그런 점에서 둘 사이에는 유사점이 있다. 예수와 초기 교회 모두 똑같이 영감을 확신하며, 둘 다 똑같이 진리에 관한 지식 그리고 사건의 참된 의미에 관한 지식에 대하여 확신을 품고 있다. 그런 점이 예수와 초기 그리스도인의 사역을 규정하는 특징이다. 그러나 둘 사이에는 다른 점도 있다. 첫째, 예수의 권위에 대한 인식은 환상 체험에 의존하지 않는다. 반면, 우리가 방금 전에 언급했듯이, 환상과 천사 현현은 초기 기독교의 독특한 특징이었다. 두 번째 차이점이자 가장 중요한 차이점은 권위에 대한 인식을 표현할 때 드러내는 **직접성**(*immediacy*)이다. 우리는 예수의 경우를 보면서, 예수의 권

95. 참고, 가령 Oepke, *TDNT* V pp. 230f. 환상에 기초한 권위의 문제점을 잘 보여준 고전적 사례가 몬타누스주의다: 몬타누스주의는 페푸자(Pepuza: 소아시아의 고대 도시)가 하늘의 예루살렘이 자리한 곳이 되리라는 믿음이 있었으며 환상에 뿌리를 두고 있었다(Hennecke, *Apocrypha* II p. 687). Donald Gee는 1921년 암스테르담에서 열린 국제 오순절 총회에서 독일 설교자들이 뒷받침하는 새 가르침이 '현존하는 이들에게 지극히 개인적인 본질을 가지는 빈번한 환상으로 말미암아 그리고 예언으로 말미암아 힘을 얻었다'고 기록해 놓았다(Donald Gee, *Pentecostal Movement* p. 12).

위 있는 가르침에서 드러나는 자기의식과 자기참조(self-reference: 가르침의 근거 내지 원천으로 자신을 제시함)에 주목한다—예수의 독특한 말인, '진실로 내가 너희에게 말하니'에 등장하는 아멘(ἀμήν), 그리고 '그러나 나는 이렇게 말하니'라는 예수의 말(logia)에 나오는 강조 의미의 ἐγώ(본서 §13.3을 보라)가 그 예다—마찬가지로 그가 예언자로서 갖고 있는 의식의 독특함도 예수의 경우에서 드러나는 차이점이다(본서 §14을 보라). 우리는 초기 교회 어디에서도 예언자나 교사가 예수와 같은 식으로 말하고 자신을 자신이 한 말의 근거로 참조한 예를 찾을 수 없다. 우리가 발견하는 말은 '예수의 이름으로'라는 말, 그리고 짐작할 수 있겠지만, 예수라는 인격체를 의지하여 예언하는 것이다(본서 §31.2을 보라). 예수는 사람들이 그냥 그 특징이나 버릇을 물려받아 그대로 흉내낼 수 있는 예언자나 교사의 원형(archetype)으로 보이지 않는다. 오히려 그 반대로, **예수는 그 자신을 그가 행사하는 권위의 중심으로 삼은 것으로 보이는데, 그의 그런 권위의 중심은 언제나 예수 자신이었다**. 첫 그리스도인들은 그들 자신의 이름으로 사역하지 않고, 어쨌든 예수를 대표하는 이들로서 활동했으며, **예수의** 권위만이 언제나 세상에서 그 효력을 발휘하게 했다. 요컨대, 그들은 자신들의 권위가 예수에게서 유래했다고 이해했으며, 그런 점에서 그들의 권위는 예수의 권위와 달랐다.

이처럼 자신들의 권위가 높이 올림을 받은 예수에게 의존하고 있다는 인식을 영의 감동과 어떻게 연계해야 하며 천사와 환상을 통해 들은 다른 음성의 인도와 어떻게 연계해야 하는가가 문제일 것 같지만, 초기 교회는 애초에 이런 것을 문제로 여기지 않았던 것 같다. 분명 누가는 그 문제와 관련하여 우리에게 아무런 도움도 주지 않는다. 사도행전 16:6과 7절이 그나마 그 문제에 대한 답에 가장 가까운 것을 제시하지 않나 싶다. 7절은 '예수의 영'이 인도했다고 말한다. 그러나 여기서 말하는 '예수의 영'을 그냥 '성령'(16:6)과 동일시해야 하는지, 어떤 식으로든 영과 예수를 같게 여기는지(참고, 2:33),[96] 또는 여기서 언급하는 것이 개인의 동기와 확신인지(참고, 8:29, 20:22),[97] 예언의 말(참고, 13:2과 본서 §31.2)인지, 혹은 그 가능성은 더 낮지만 환상을 통해 들려온 하늘의 음성인지는[98] 분명치 않다. 사도행전이 이 지점에서 제시하는 그림은 어쨌든 너무 혼란스러워(하늘의 음성도 여럿이다), 16:7을 전체에 통합할 수도 없고, 전체를 활용하여 16:7의 의미를 어느 정도 확실하게 밝히기도 불가능하다. 다른 많은 관련 이슈처럼 이 이슈도 바울이 다루는 내용을 기다릴 수밖에 없다.

32.3. **더 제도화된 권위는 더 직접적이고 우발성을 띤 권위와 동시에 나타나는가?** 직무와 의식(ceremony)의 권위는 처음부터 영에 근거한 권위와 공존했는가?[99] 우리가 이 지점에서 초기 교회에 관한 누가의 설명을 액면 그대로 받아들인다면, 긍정하는 쪽으로 대답할 수밖에 없을 것이다. 그런 평가는 다음과 같은 내용으로 펼쳐질 것 같다. 부활한 예수는 열두 제자를 사도로 세웠다(맛디아는 제비를 뽑아 세웠다). 이 열둘은 사도로서 예루살렘 공동체의 지도부를 구성했으며 그리스도인의 선교를 계속 감독했다(2:42f., 4:33, 35ff., 5:2, 12, 18, 29, 40, 6:6, 8:1, 14, 9:27, 11:1, 15:2, 4, 6, 22f., 16:4). 예루살렘 공동체는 초기 단계에서 사도들이 지고 있던 행정의 짐을 사도들의 어깨에서 덜어줄 일곱 사람을 더 세움으로써 사도들이

96. 참고, Stählin, *CSNT* pp. 229-251.
97. Gunkel p. 23.
98. Von Baer p. 42; 그러나 위 주90을 보라.
99. R. Sohm과 A. von Harnack이 불러일으킨 논쟁을 살펴보려면, 본서 §47.1을 보라.

행하던 직무를 보완했다(행 6:1-6)—이는 모세가 70명의 장로를 세워 그의 짐을 나눠지게 하고(민 11:16-25) 예수가 70인을 세워 그의 선교를 돕게 한 것(눅 10:1ff.)과 마찬가지였다.[100] 불행히도 이 깔끔한 재구성은 첫 시험대에서 무너지고 만다. 우리가 이미 지적했듯이, 누가는 '사도'와 '열두 제자'를 동일시하지만, 이는 우리가 바울의 글에서 발견하는 사도 개념과 정면으로 충돌하기 때문이다(특히 본서 제5장의 주4과 5, 제6장의 주36을 보라). 고린도전서 15:7에 나오는 '사도'는 확실히 '열두 제자'보다 훨씬 더 넓은 그룹이다. 그들이 사도로서 수행한 직무는 주로 선교였으며 예루살렘에서 '지도하는 일'이 아니었다.

초기 교회 지도부를 더 정확히 묘사한다면 다음과 같을 것이다. '열두 제자'는 종말론적 열광이 넘치던 초기에 십중팔구 공동체의 초점을 제공했을 것이다—그들은 부활한 예수의 주된 증인이요 종말론적 이스라엘의 대표라는 역할을 수행했기 때문에, 그들이 그렇게 공동체의 초점을 제공한 것은 자연스러운 일이었다(참고, 고전 15:5, 마 19:28b, 행 1:6, 21f.).[101] 그러나 여러 일의 중심에 서 있었던 그들의 역할은 이런저런 이유로 줄어들었으며, 그 역할이 다소 사라진 것 같다—이렇게 된 것은 아마 강림(parousia)이 현실로 이루어지지 않으면서 처음에 끓어올랐던 종말론적 열광이 시들해진 것도 일부 원인이었던 것 같다.[102] 아무튼 베드로가 (그리고 필시 야고보와 요한 형제가) 인정받는 지도자로 등장했다. 이렇

100. A. M. Farrer, 'The Ministry in the New Testament,' *The Apostolic Ministry*, ed. K. E. Kirk, Hodder & Stoughton 1946, pp. 133-142; 참고, R. C. Moberly, *Ministerial Priesthood*, John Murray ^{2}1910, 제5장; A. Ehrhardt, *The Apostolic Ministry, SJT* Occasional Papers No. 7, 1958, pp. 21-28.

101. 참고, Bultmann, *Theology* I pp. 37, 58f.

102. E. Lohse, 'Ursprung und Prägung des christlichen Apostolates,' *TZ* 9, 1953, pp. 265f.

게 된 데에는 그들이 예수가 이 땅에서 사는 동안 그의 제자들 가운데 가장 가까운 이들(내밀한 측근들)이었다는 것도 분명 일부 작용했을 것이다(막 5:37, 9:2ff., 10:35ff., 14:33을 보면, 그렇게 보인다).[103] 그러나 베드로의 경우에는 그가 예수 부활의 증인으로서 누구보다 우위에 있다는 점(고전 15:5; 참고, 마 16:17ff.), 그리고 그의 사역에서 그 효험이 드러난 영의 역사가 더 중요한 요인이었을 것이다(참고, 행 4:8, 31, 5:3, 9, 8:14-24, 10:9ff.). 초기 공동체 내부에서는 히브리파와 헬라파 사이에 분열이 있었다. 누가는 그 분열의 깊이를 감추려고 애쓰지만, 결국 이 분열로 말미암아 일곱 일꾼이 등장하게 되는데, 이들은 아마도 헬라파를 이끈 인물이었던 것 같다(행 6장).[104] 여기서 한마디 언급하자면, 이들 일곱 사람을 뽑은 것은 어느 한 직무를 맡을 제도를 만든 것이라기보다 영에 근거한 그들의 권위를 인정한 것이었다. 이 일곱 사람은 안수를 받기 전에 이미 영으로 충만했으며 안수를 통해 비로소 영의 충만을 받은 것도 아니었다(6:3, 5, 8, 10). 그뿐만 아니라, 그리스어의 더 자연스러운 의미에 따르면, 이들에게 안수한 이는 제자들의 무리였지 '사도들'이 아니었다.[105] 이들의 권위가 설령 제한되어 있었을지라도, 그 권위는 분명 '식탁을 섬기는 일'에 한정되지 않았다. 뒤따르는 내용이 일러주듯이, 영에 근거한 이들의 권위는 전도와 선교에서 훨씬 더 중요하게 표현됐으며(6:8ff., 8:4ff.), 그들의 동료 헬라파 사람들의 권위도 대체로 그러했다(11:19ff.).[106]

---

103. 참고, S. G. F. Brandon, *The Fall of Jerusalem and the Christian Church*, SPCK 1951, pp. 48ff.
104. 가령 W. L. Knox, *St. Paul and the Church of Jerusalem*, Cambridge 1925, pp. 48f.; Haenchen, *Acts* pp. 264-269; Goppelt, *Apostolic Times* pp. 53ff.을 보라.
105. D. Daube, *The New Testament and Rabbinic Judaism*, London 1956, pp. 237ff.
106. 아울러 본서 §27을 보라. 사도행전의 다른 곳에서는 안수가 어떤 형식을 통해 부여받은 권위의 표현이라기보다 영의 선물/능력에 기초한 권위의 표현으로 등장한다

예루살렘 교회 자체에서 제도화 경향이 두드러지게 나타나기 시작한 것은 (거의) 모든 헬라파가 예루살렘에서 떠난 뒤였다(참고, 21:16). 예수와 형제지간인 야고보가 예루살렘 교회 지도자 가운데 등장했으며, 머지않아 세 '기둥 같은 사도들' 가운데 가장 두드러진 인물로 등장한다(갈 2:9).[107] 그러나 이미 베드로는 이 현장에서 사라지기 시작했다. 그는 '할례받은 이들에게 선교'하는 일에 더 큰 관심을 보였다(갈 2:8; 참고, 행 12:17). 그런가 하면, 요한은 어쨌든, 적어도 그 단계에서는, 우리가 밝혀낼 수 있는 범위에서 본다면, 그 스스로 큰 영향을 미치지는 않았다. 결국 야고보가 완전한 지도권을 발휘할 수 있는 지위를 얻었다(행 15:13ff., 21:18, 갈 2:12)—이렇게 된 것은 분명 율법을 대하는 그의 태도가 다른 이보다 보수적이었던 이유도 있었으며, 부활 후 현현을 체험했다는 그의 주장을 사람들이 인정한 것도 한 이유였지만, 필시 그가 예수와 형제지간이라는 것도 한 이유였을 것이다.[108] 장로 집단이 야고보를 중심으로 발전했다(11:30, 15:2, 4, 6, 22f., 16:4, 21:18; 참고, 약 5:14)—이런 집행부 구성 패턴은 아마도 유대교 회당 정치에서 물려받은 것 같다.[109] 그러나 중요한 이슈가 있으면 여전히 분명 회중 전체의 의견을 물었다(갈 2:2-5, 행 11:1, 18, 15:22; 참고, 『클레멘스1서』 44.3, 54.2). 이때부터 예루살렘은 초기 교회 안

(8:17f., 9:12, 17, 13:3, 19:6, 28:8).

107. 누가는 왜 야고보가 회심하고 지도자의 위치에 오른 것에 관하여 우리에게 단 한 마디도 하지 않을까? 이곳이 바로 우리를 가장 애태우는 누가의 침묵 지점 가운데 하나다.

108. Meyer, *Ursprung* III pp. 224ff.; B. H. Streeter, *The Primitive Church*, Macmillan 1930, pp. 38ff.; 참고, Goguel, *Birth* pp. 110-118.

109. G. Bornkamm, *TDNT* VI pp. 660f. 쿰란이 초기 공동체의 조직에 영향을 미쳤을 가능성이 있는가라는 물음을 살펴보려면, Fitzmyer, 'Jewish Christianity,' pp. 244-250을 보라.

에서 이방인 선교 참여자들이 내건 더 자유로운 복음과 구조에 반대하는 보수 세력의 거점이 됐다(갈 2:2-5, 11ff., 고후 10-13장; 참고, 행 21:20ff.).[110] 확실히 누가는 바울이 그가 섬긴 교회들에서 장로를 세움으로써 예루살렘 패턴을 따랐음을 시사한다(14:23, 20:17). 그러나 바울 자신은 이를 확증해 줄 증거를 결코 우리에게 제시하지 않는다. 초기 교회의 특징을 이렇게 볼 수밖에 없는 것은 누가가 가능한 한 초기 교회를 통일되고 어떤 표준을 갖춘 교회로 제시하려 한 까닭도 있는 것 같다.[111] 바울은 교회의 권위를 상당히 다르게 다룬다. 바울이 다루는 내용은 제9장에 가서 살펴보겠다(§§47-49).

위에서 대략 살펴본 내용은 가장 간단한 스케치다. 이 가장 간단한 스케치를 채워 넣으려면 여기서 적절히 제시한 것보다 훨씬 폭넓은 논의가 필요할 것이다. 그러나 **초기 교회에서는 권위가 무엇보다 본질상 영에 근거하고 있었다**는 주장을 밑받침하는 데에는 어쩌면 이미 말한 내용만으로도 충분할 것 같다. 초창기에는 상이한 형태의 지도부가 여럿 등장했으나, 이런 지도부가 계속하여 존재하는 제도로 자리 잡아 후대까지 영향을 주지는 않았다('열두 제자', 베드로의 지도자 지위, 야고보와 요한, 일곱 일꾼, 기둥 같은 사도들).[112] 이와 같은 **유연성 그리고 분명한 형태가 없었**

110. 참고, A. Schlatter: "팔레스타인의 회당에는 '영의 사람들'이 있을 자리가 없었다"(R. B. Hoyle, *The Holy Spirit in St. Paul*, Hodder & Stoughton 1927, p. 208에서 인용). 고후 10-13장에 나오는 '거짓 사도들'(예루살렘에서 온 자들)은 분명 영의 선물을 펼쳐 보였지만, 그들은 필시 자신들을 고린도의 상황에 맞춤으로써 그들 자신을 고린도 사람들에게 내세우려고 했던 것 같다(본서 제9장 주39을 보라).

111. 가령 von Campenhausen, *Authority* p. 77; Bornkamm, *TDNT* VI pp. 664f.; Haenchen, *Acts* p. 436; Goppelt, *Apostolic Times* pp. 186ff.; H. Küng, *The Church*, ET Burns & Oates 1968, p. 405; Stuhlmacher, *KuD* 17, 1971, p. 35; K. Kertelge, *Gemeinde und Amt im Neuen Testament*, München 1972, p. 99을 보라.

112. Scott가 아주 힘주어 강조하는 것을 참고하라: "제자들은 바로 그런 조직이라는 개

다는 점이야말로 우리가 영에 터를 잡고 자기의식을 천천히 발전시켜 가던 첫 세대 공동체에서 예상할 만한 모습이다.[113] 고정된 패턴은 헬라파가 쫓겨난 뒤에 비로소 나타나기 시작한다. 이때에 예루살렘 교회에서는 야고보의 지도 아래 권위가 구조와 제도를 갖추기 시작했다.[114] 그러나 그리되면서부터는 살아 숨 쉬고 성장하는 기독교의 핵심을 다른 곳에서 찾아야 했다.

§33. 공동체 의식과 초창기 교회 예배

우리는 이 주제들을 이미 앞에서 몇 차례에 걸쳐 다루었다. 그러나 이 주제들 자체가 우리 연구에서 차지하는 중요성을 고려할 때, 이제는 흩어진 가닥들을 함께 모아 어떤 패턴이 나타나는지 살펴봐야 한다.

33.1. **초창기 그리스도인 공동체에서 등장하고 있던 자기의식**을 어느 정도 확실하게 추적하는 일은 예수 평전을 쓰는 것만큼이나 불가능하다. 그러나 사도행전은 이 점에서, 일부 학자들이 주장하곤 하는 것과 달리, 아주 쓸모가 없지는 않으며, 우리 연구와 관련된 몇 가지 장면을 어느 정도 확신을 품고 스케치해 볼 수 있다. 우리가 밝혀낼 수 있는 범

념을 거부했다"(Scott, *Spirit* p. 109).

113. 초기 오순절주의는 형식을 신뢰하지 않고 조직을 만들려는 의지가 없었던 것으로 유명하다(Brumback, *Suddenly* 제11장).

114. '열두 제자' = '사도들'이라는 방정식의 붕괴는 열두 제자가 '제도를 통해' 사도가 된 것과 바울이 '영을 통해' 사도가 된 것이 서로 구분된다는 것을 다른 식으로 깔끔하게 논증한 J. L. Leuba, *L'institution et l'evénement*, Neuchatel 1950, 제2부의 주장을 무너뜨린다.

위만 놓고 본다면, 오순절에 영을 체험하면서 분명한 공동체 의식이 발전하기 시작한 것 같다(본서 §§25.3과 29을 보라). 이것은 단지 우리가 예상함 직한 것이다—공동체 전체가 열광에 몰입하고 그룹 전체가 황홀경에 빠지면, 이 공동체에 참여하는 이들은 자연히 어떤 정체성을 인식하게 되고, 자신들은 독특하다는 느낌, 자신들이 하나로 뭉쳐져 있다는 느낌을 갖는 경향이 있다.[115] 신약성경에서 κοινωνία라는 단어가 누가의 오순절 기사 직후에 처음 등장하는 것은 분명 우연도 아니요 억지로 꾸며낸 것도 아니다(행 2:42). 이는 바울의 글에서도 이 단어가 자신들이 한 영에 동참하고 있다는 신자들의 의식을 표현하기 때문이다(고후 13:13/14, 빌 2:1—본서 §45.1을 보라). 그러나 누가가 사도행전 2:42에서 이 단어를 이런 의미로 이해했는지 여부는 그리 확실치 않다(누가는 이 단어를 여기서 단 한 번 사용한다).[116]

우리는 이런 공동체 의식을 더 정확하게 정의할 수 있다. 그것은 단순히 어떤 체험을 함께한 동료라는 따뜻한 감정이 아니라, 그들 전체가 종말론적 이스라엘 공동체라는 의식이었다. 그들을 가득 채운 영은 마지막 때에 주어진 예언의 영이었다. 우리가 위에서 언급했듯이, '열두 제자'의 역할, 성전에 대한 고집, 재산을 공유하는 공동체 같은 사실은 모두 그들이 마지막 때의 이스라엘을 구성하고 있다는 확신을 삶으로 살아내게 만들었던 그들의 열광을 증언한다(§29).

이 첫 공동체 의식의 다른 두 측면도 언급하지 않을 수 없다. 세례 그리고 빵을 쪼갬이 그것이다. 우리가 가진 지식 중 가장 훌륭한 지식에

115. 참고, Hahn, *Worship* p. 35.
116. 참고, C. F. D. Moule, *Worship in the New Testament*, Lutterworth 1961, pp. 18f.

비춰보면, **세례**는 초창기 교회에서 처음부터 나타나는 특징이었다.[117] 초창기 신자들이 세례를 채택한 것은 그들이 갖고 있던 종말론적 공동체 의식을 더 깊게 그리고 더 뚜렷하게 표현한 것이었다고 추정하는 게 논리적이다. 세례 의식은 세례 요한에게서 넘겨받았다. 따라서 처음에는 세례 의식이 필시 회개를 표현하는 역할을 했을 것이다—그리고 곧 닥칠 완성을 준비하는 역할도 했을 것이다(하지만 우리는 누가의 기사가 이 점을 강조하지 않은 점에 놀라지 않는다).[118] 그러나 세례는 금세 종말의 공동체에 들어가는 입회 의식이요 입회자가 그 공동체와 주(主)에게 헌신할 것을 표현하는 의식으로서 확립됐다(행 10:48).[119]

세례가 처음부터 '**예수의 이름으로**' 행해졌던 것으로 보인다는 사실에 주목하지 않을 수 없다(행 2:38, 8:16, 10:48, 19:5; 참고, 고전 1:13). 이는 분명 부활한 예수를 공동체의 머리로 여겼음을 일러준다. 예수는 부활 후 현현을 통해 공동체의 중심인물들과 사도들에게 몸소 사명을 수여하고 환상과 하늘의 또 다른 중개자를 통해 공동체 확장을 지시했다(본서 §32.1을 보라). 공동체 입회자가 공동체에 들어오려면 예수가 그 공동체의 머리이심을 시인해야 했으며(행 2:21, 9:14, 21, 22:16; 참고, 롬 10:12ff., 고전 1:12f.), 입회자의 공동체 가입을 허용하는 의식은 예수의 권위와 능력에 의지하여 행해졌다(참고, 본서 §30.1을 보라).

이 단계에서는 세례 '집례'를 그 권위를 인정받는 사람(사도나 예언자 등)만이 행할 수 있는 '영에 근거한 권위'(charism)나 '직무'로 이해하지는 않았다는 말을 덧붙이지 않아도 되겠다. 그것은 오히려 영의 주도에 따

---

117. Beasley-Murray, *Baptism* pp. 93-99.

118. 참고, Bultmann, *Theology* I p. 39.

119. 더 자세한 것은 Dunn, *Baptism* pp. 96-101을 보라.

른 의식(charismatic ceremony)이었다. 구도자가 회심하는 지점에 이를 때면 어느 신자가 안수하든 안수를 받음으로써 세례를 받았기 때문이다—십중팔구는 그를 회심에 이르게 한 사람이 안수했겠지만, 꼭 그래야 하는 것은 아니었다(행 8:12f., 38, 9:18, 10:48, 16:33, 18:8; 참고, 고전 1:14-17).[120]

공동 식사(*common meal*)에 관하여 살펴보자. 처음에는 이것 역시 종말론적 공동체의 자연스러운 표현이었을 것이다. 이 식사가 예수의 사역 때 예수와 함께했던 이들이 나눈 식사, 특히 마지막 만찬으로 거슬러 올라간다면, 이 공동 식사 역시 십중팔구는 예수의 사역 때의 식사와 마찬가지로 종말론적 대망의 분위기를 담고 있었을 것이다(눅 22:18—'이제부터 나는 하나님 나라가 임할 때까지 포도나무 열매로 만든 것을 마시지 않으리라').[121] 바울이 그가 전해 받은 이 문언에 관하여 해석한 것(고전 16:22—'그가 오실 때까지')은, 어쩌면 '마라나타'도 그렇겠지만(고전 16:22),[122] 분명 바울이 처음 '주의 만찬' 자리에 참여했을 때 빠져들었을 종말론적 열광을 반영한다. 누가가 초창기 교회를 묘사한 내용에서는 이런 특징이 다시 사라지지만, 적어도 그는 이런 공동 식사에서는 틀림없이 표현됐을 사귐과 공동체라는 분위기를 보존해 놓은 것 같다. 예컨대, 사도행전 2:46은 첫 신자들이 예루살렘의 여러 집에서 함께 식사하는 자리를 중심으로 다양하게 모였음을 묘사한다.

당시 신자들이 이런 식사가 얼마만큼이나 성찬의 의미를 지니고 있

120. 참고, Munck, *Paul* p. 18 주1.

121. Jeremias, *Eucharistic Words* pp. 207-217; *Theology* I pp. 137, 289f. 막 2:20은 그 금식이 초기 그리스도인 공동체 안에서 한 역할을 암시한다—그러나 그 역할이 얼마나 중요했으며 얼마나 중요한 종말론적 의미를 담고 있었는가는 우리가 말할 수 없다.

122. 본서 §29을 보라. 그러나 주4도 함께 보라.

다고 생각했었는지는 판단하기가 아주 어렵다. 분명 예레미아스는 마지막 만찬과 소위 '성찬 제정의 말'(words of institution)이 상당한 역사성을 갖고 있음을 설득력 있게 논증한다.[123] 어느 경우든 바울이 전승으로 받은 말(고전 11:24f.)은 틀림없이 초창기 공동체를 통해 전해졌을 것이며, 모든 공동 식사 자리는 아니어도 일부 공동 식사 자리에는 틀림없이 그 말을 회상하거나 사용했을 것이다.[124] 그러나 이런 말이 이런 초기 공동 식사에서 어떤 의미(중요성)를 갖고 있었는가는 분명치 않다. 당시 신자들은 이 말을 단지 예수가 죽기 전에 예수와 함께했던 마지막 식사를 회상할 목적으로 사용했을 수도 있다(참고, "나를 기념하여"—고전 11:24f.). 이런 초기의 공동 식사 때에도 역시 메시아가 주재하는 잔치 때의 완성이 임박했다는 기대를 인식했을 것이다(본서 §29을 보라). 이런 말은 예수가 새 언약 공동체의 모임에 참석하여 그 모임을 주재하며 하시는 말씀으로서 되풀이되고(예언자가 되풀이했을까?—참고, 『디다케』 10.7) 이해됐을 것이다(참고, 눅 24:30, 마 18:20).[125] 분명 그런 말은 공동체에 들어온 이들이 새 언약을 통해 얻은 지위가 그 지위의 시작은 물론이요 그 지위의 지속도 예수에게 의존한다는 것을 공동체 전체가 계속 의식했음을 일러주는 증언이다. 그러나 이를 넘어서는 부분은 자신 있게 말하기가 어렵다. 바울의 글에서는 몸과 관련된 의미를 예수와 결합하여 이야기하는 특징이 강하게 나타나지만(마지막 아담, 그리스도의 몸, '그리스도 안에'가 그런 예다),

123. Jeremias, *Eucharistic Words*; *Theology* I pp. 288ff.; Schweizer, *Supper* pp. 10-17.

124. 바울의 언어가 주에게서 직접 계시를 통해 받은 말을 나타낸다는 주장은 거의 지지를 받지 못했다. 가령 Jeremias, *Eucharistic Words* pp. 101ff.; O. Cullmann, *The Early Church* ET SCM Press 1956, pp. 60ff.; G. Bornkamm, 'Lord's Supper and Church in Paul,' *Early Christian Experience*, ET SCM Press 1969, pp. 130ff.을 보라.

125. 참고, O. Cullmann, *Early Christian Worship*, ET SCM Press 1953, pp. 15-19.

사도행전이 사용하는 전승에서는 몸과 관련된 의미를 예수와 결합하여 이야기하는 모습을 찾아볼 수 없다. 사도행전에서는 여전히 예수를 하늘로 높이 올림을 받았지만 부활 후 현현과 환상을 통해 그의 공동체와 지금도 함께 있는 한 개인으로 생각한다.[126] 마찬가지로 사도행전은 구원론과 관련된 의미를 예수의 죽음과 결합하지 않는다. 예수의 죽음은, 비록 하나님의 뜻을 따라 이뤄진 일이지만, 그저 예수를 적대시한 유대인들의 소행이며, 결국 예수의 의로움을 확인해 주고 그를 하늘의 권위와 권능을 가진 지위로 높이 들어올리게 한 사건이다(행 2:23f., 33-36, 3:14ff., 4:10ff.등).[127] 어쩌면 모든 특징 가운데 가장 놀라운 것은 누가가 '빵을 쪼갬'을 하나의 전례 행위로 묘사하려는 시도를 전혀 하지 않는다는 점일 것 같다. 사도행전에서는 '빵을 쪼갬'이 그저 **음식을 나눔**—단순하지만 중요한 사귐의 표현이다(행 20:7, 11, 27:35)—으로만 나타난다.[128] 요컨

126. 다메섹 도상에서 바울과 만난 예수가 한 말을 읽을 때, 그 말에 너무 많은 의미를 집어넣어 읽으려 해서는 안 된다: "너는 왜 **나를** 핍박하느냐?" 그러나 Robinson, *Body* p. 58은 견해를 달리한다. 아울러 D. E. H. Whiteley, *The Theology of St. Paul*, Blackwell 1964, pp. 193f.을 보라.

127. 여기서 암시하는 사 53장은 그것이 죄 없는 이가 대신 겪는 고난에 관하여 말하는 데 사용되기보다 고난을 겪고 나서 그 의(정당성)를 인정받는 패턴을 나타내는 데 사용된다. 참고, Conzelmann, *Luke* p. 230 주1. 다른 견해는 Bruce, 'Speeches' pp. 60ff.

128. 행 2:46의 '빵을 쪼갬'을 '성례 식사를 가리키는 교회 언어로서 고정된 표현'으로 서술할 이유가 전혀 없다. 이 문구 자체는 성전에 가야 할 날에 성전에 간 것과 유사한 사례로서 의도된 것이 아니다(Goppelt, *Apostolic Times* p. 45). '빵을 쪼갬'은 말 그대로 음식을 **나눔**을 의미하지(2:46b), **성례로서 거행하는** 식사 자체를 의미하지는 **않는다**. 그런 점에서 Cadbury & Lake가 27:35에 관하여 제시한 견해는 옳다: "이 본문이 성찬을 언급한다고 보는 것은 타당하지 않을 것이다"(*Beginnings* IV p. 336; 참고, Bultmann, *Theology* I pp. 57f.; Haenchen, *Acts* p. 707 주3; 반대 의견은 J. Dupont in J. Delorme et al., *The Eucharist in the New Testament*, ET Chapman 1965, pp. 117ff.).

대, 우리는 사도행전에 등장하는 빵 쪼갬을 **기껏해야** 그저 **미숙한**(*embryonic*) 성찬이라 인식하는 H. 리츠만(Lietzmann)과 W. 마륵센(Marxsen)의 견해를[129] 곧이곧대로 다 따라갈 필요가 없다.[130]

33.2. **초창기 공동체의 예배**는 대체로 성전을 중심으로 삼았다(행 2:46, 3:1, 5:12; 참고, 마 5:23f.)—초창기 공동체 사람들의 종말론적 대망을 생각하면 자연스러운 일이다(본서 §29을 보라). 그러나 동시에, 그리고 십중팔구는 처음부터, 다른 예배 형태들이 개인 가정에서(κατ' οἶκον—행 2:46, 5:42) 그때그때 특별한 목적에 따라 열린 모임을 통해 자연스럽게 발생하여 발전하기 시작했다. 헬라파는—스데반의 설교가 우리의 판단 근거로 삼을 수 있을 만큼 믿을 만한 것이라면(6:9, 13f., 7장)—성전에서 예배하는 이보다 회당에서 예배하는 이가 훨씬 많았던 것 같다. 그리고 회당 내부의 관계가 악화되면서(6:9), 헬라파는 집에서 모이는 데 더 역점을 두었을 가능성이 있다.

가정 모임은 대개 짜인 틀이 없었던 것 같다. 하지만 우리는 그런 가정 모임이 으레 갖추고 있던 요소들을 밝혀내고 가려낼 수 있다. **가르침**이 있곤 했다(2:42, 5:42, 11:26, 13:1 등). 초창기 신자들은 유대교의 종교 생활에서 서기관(필사자)이 행하던 중요한 역할을 익히 알고 있었다.[131] 그

129. H. Lietzmann, *Mass and Lord's Supper: A Study in the History of the Liturgy*, ET Leiden 1953, pp. 204-208; W. Marxsen, *The Lord's Supper as a Christological Problem,* ET Fortress 1970.

130. Moule은 이 식사가 본디 성찬의 의미를 갖고 있었다는 데 더 확신을 둔다(*Worship* pp. 20ff.).

131. 예수 시대에 유대교 안에서 서기관이 했던 역할을 알아보려면, Jeremias, *Jerusalem* pp. 233-245을 보라.

들이 그런 관습을 그대로 따른 것은 자연스러운 일이었다(참고, 약 3:1).[132] 따라서 가정 모임 때에는 모임 시간의 일부를 예수의 말과 모범을 회상하고 토론하며 구약성경을 해석하는 데 할애했으리라고 추측해 볼 수 있다(참고, 눅 24:25ff., 44ff., 행 8:32ff., 17:2f., 11, 18:24, 28, 고전 15:3f.).[133] 이 초기 신자들의 관심사는 성경(구약성경) 그리고 예수의 말과 모범을 그들 자신과 그들이 마주한 새로운 상황에 적용하는 일이었을 것이다. 비록 사도행전 2:42과 6:2, 4 같은 구절(아울러 6:10, 7:2-53, 8:35도 참조하라)이 일러주는 내용이 있긴 하지만, 그래도 열두 제자가 이런 일을 얼마나 앞장서서 이끌었는지 확실하게 말하기는 불가능하다.[134] 아울러 이런 모임 때 행한 가르침이 얼마만큼 형식을 갖추고 있었는지 혹은 얼마만큼 영의 능력을 힘입은 것이었는지도 평가가 불가능하다.[135] 야고보서는 유대의 독특한 성격을 두드러지게 드러내고 예수의 말을 다양하게 되울려주는 책이긴 하지만(약 1:5, 6, 17, 22, 4:12, 5:12이 그런 예다), 그래도 이 야고보서야말로 교회 초창기에 등장하고 있던 가르침의 내용이 무엇인지 일러주는

---

132. Rengstorf. *TDNT* II p. 157. 하지만 구약 본문 읽기가 초기 기독교 예배의 일부였다는 직접적인 증거는 전혀 없다(G. Delling, *Worship in the New Testament*, ET Darton, Longman & Todd 1962, pp. 92ff.); 그러나 A. Schlatter, *The Church in the New Testament Period*, ET SPCK 1955, pp. 63-68을 함께 보라.

133. 참고, 구약을 바로 이해하려던 쿰란 분파의 관심사는 특히 그들이 쓴 주석들이 증명하고 있다.

134. 특히 이와 다른 견해를 제시하는 이가 B. Gerhardsson, *Memory and Manuscript*, Uppsala 1961, 제2부다. '**사도들**의 가르침'은 누가가 '열두 제자'를 '사도들'과 동일시함에서 발생한 것으로 시대가 들어맞지 않는 말(anachronism)이다. 누가는 이렇게 '열두 제자'와 '사도들'을 동일시함으로써 '열두 제자'가 실제로 행했을 지도자 역할보다 큰 지도자 역할을 '열두 제자'에게 부여한다. 하지만 Bultmann은 그들이 맡은 역할이 '말씀 선포자요 전승 수호자'였다고 확신한다(Bultmann, *Theology* I p. 59).

135. 아울러 Goppelt, *Apostolic Times* pp. 43f.을 보라; 그리고 본서 §41.4을 보라.

좋은 예가 아닌가 싶다.[136] 그러나 예수의 말을 영에 비추어 해석하고 그 해석의 결과로서 구약 전승을 다시 해석했음을 가장 잘 보여주는 예는 스데반이 틀림없는, 신비한 예수의 말, 곧 예루살렘 성전 파괴와 그 회복에 관한 말을 다룬 것이다(막 13:2과 평행 본문들, 14:58과 평행 본문, 15:29b와 평행 본문, 요 2:19).[137]—스데반의 이 강설(행 6:14)은 헬라파와 유대교가 결별하게 만들고 헬라파 기독교가 초창기 팔레스타인 공동체의 그리스도 중심 유대교(Christian Judaism)(아니 어쩌면 메시아 중심 유대교[messianic Judaism]라 부르는 것이 더 좋을지도 모르겠다)에서 떨어져나가 발전하게 만드는 결과로 직접 이어졌다(행 6:8-8:4, 11:19ff.). 아울러 우리는 이 시기에 예수의 말이 되풀이되곤 했으며, 예수에 관한 이야기, 특히 수난 내러티브가 더 짜임새 있는 확고한 형태를 갖추기 시작했음을 되새겨두어야 한다.[138]

예언의 역할과 관련하여 우리가 이미 위에서 말한 것(§31)에 달리 더 덧붙일 필요는 없겠다. 그러나 예언과 가르침의 관계에 관하여 두 가지를 간단히 언급하고 넘어가는 것이 적절할 것 같다. 첫째, 우리는 예언과 가르침을 너무 예리하게 구분하지 않도록 조심해야 한다. 우리가 일단 가르침이 해석도 포함한다는 것을 인정하면 이 둘을 갈라놓는 경계선은 사실상 사라지고 만다.[139] 우리가 앞서 **예언을 통한** 구약성경 및 예

136. Kümmel, *Introduction* pp. 287f.을 보라.

137. 특히 Hahn, *Mission* p. 37 주1을 보라. 이 말의 바탕에 깔려 있는 삶의 무대를 충실히 논한 글이 L. Gaston, *No Stone on Another*, NovTestSuppl XXIII, 1970이다. Gaston은 다소 다른 결론에 이른다(제3장).

138. 참고, Hahn, *Worship* p. 49.

139. Philo이 사용하는 '해석자'와 '예언자'가 같은 말임을 살펴보려면, E. R. Goodenough, *By Light, Light*, New Haven 1935, p. 193 주70; H. A. Wolfson, *Philo*, Harvard 1947, 제2장 pp. 40-43. 가령 율법서를 그리스어로 번역한 것(칠십인역)에 관하여 Philo이 제시한 설명을 살펴보려면, 특히 *Vit. Mos*. II. 31, 34과 II. 37을 보라. 아울러 Georgi, *Gegner* pp. 127ff.; Ellis, 'Prophet' pp. 58-64을 보라.

수의 말에 대한 **해석**에 관하여 이야기할 수 있었던 것은 (그리고 그렇게 이야기함이 더 편리했던 것은) 바로 그런 이유 때문이었다(§31.2). 만일 여기에서도 둘을 여전히 구분해야 한다면, '가르침'은 새로운 말을 만들어내지 않고 다만 원래 존재하던 말을 해석하여 분명하게 제시함을 가리키는 말로,[140] '예언'은 원래 있던 말에 기초하여 또는 원래 있던 말을 확장하여 새로운 말을 만들어내는 해석으로 볼 수 있겠다. 예언과 가르침을 영감의 지배를 받아 제시한 해석(예언)과 좀 더 형식을 갖춘 해석(가르침)으로 구분해서는 안 된다. 우리가 위에서 보았듯이, 가르침에도 영에 근거한 가르침이 있을 수 있기 때문이다(더 자세한 것은 본서 §41.4을 보라). 그러나 둘째, 예언과 가르침이 중간에 서로 통합되긴 했지만, 이 둘의 역할은 서로 구분됐을 수도 있다. 가르침은 과거의 전승(기록된 전승이나 구술 전승)을 전달하는 역할을 했을 것이며, 예언은 새로운 계시를 제시하는 역할을 했을 것이다. 초기 교회가 **처음부터** 기능을 **보존함**(가르침)과 기능을 **만들어냄**(예언)을 보여준다는 점을 유념하는 것이 중요하다. 우리는 바울이 이 둘을 모두 얼마나 중요하게 여겼는지 적절한 때가 되면 보게 될 것이며, 그가 가르침보다 예언을 훨씬 높이 여겼다는 사실의 의미도 살펴보게 될 것이다(고전 12:28, 엡 4:11).[141]

기도도 누가가 언급하는 또 다른 중요한 특징이다(2:42, 6:4, 6, 12:5, 12, 13:3 등). 이 기도에는 유대인이 지켰던 기도 시간을 따라 행한 기도(3:1, 십중팔구는 2:42도 그런 기도일 것이다)와 그들끼리 기도 모임을 갖고 하는 기도(6:4, 12:5, 12)가 포함되어 있었다. 가정 모임에서는 더 틀을 갖추고 으레 해 왔던 기도와 그 자리에서 자연스럽게 터져 나오는 기도가 함께 있었

140. 쿰란의 **페쉐르** 형식을 참고하라. 이를 가장 잘 보여주는 증거가 하박국 주석이다.
141. 본서 §41.2, 47.3, 48.1, 2, 49.2을 보라.

던 것 같으며, 특히 감사와 찬미를 담은 기도도 분명 있었다.[142] '주기도'는 분명 자주 사용됐으며, 그 때문에 다양한 형태로 발전했다(마 6:9-13/눅 11:2-4). 이런 기도와 별개로 우리는 기도하는 이의 입에서 터져 나오는 외마디 외침에 관하여 알고 있다. '압바'(Abba—롬 8:15, 갈 4:6), '마라나타'(Maranatha—고전 16:22), '아멘'(Amen—고전 14:16)이 그런 예이며, 어쩌면 '알렐루야'(Allelouia—계 19:1, 3, 4, 6)과 '호산나'(Hosanna—막 11:9f.과 평행 본문들)도 그런 외침이었을 것이다. 첫 세 외침은 초창기 예배 때 늘 외치는 말로 자리 잡은 게 틀림없다. 이 말들이 바울을 통해 우리에게 이를 즈음에는 이미 아람어로 고정되어 있는 모습을 보이기 때문이다. 이런 기도들이 아니면, 기도는 정해진 틀이 없이 그 자리에서 더 자연스러운 방식으로 올려졌다고 추정할 수밖에 없다—사도행전 4:24-30, 12:5, 12, 13:3이 그런 점을 암시한다. 아울러 우리는 여기서 마태복음 18:19도 포함시켜야 한다(아울러 위 주79을 보라).

하나 주목할 만한 점은 예수가 초기 공동체의 기도에 미친 영향 그리고 예수가 그 기도에서 한 역할이다. 한편으로 보면, '압바'를 사용한 것은 분명 예수 자신의 기도 스타일을 되울려주는 메아리요 그 스타일을 받아들인 것이다(본서 §4을 보라): "예수의 기도는 원시 기독교 기도의 출발점이자 중심이다."[143] 다른 한편으로 보면, 예수가 기도 자체**에서** 등장하기 시작한다. 나의 이 말은 예수**에게** 기도했다는 뜻이 아니다—예수에게 기도했다고 결론짓는다면 우리가 가진 증거를 넘어서는 결론이 될 것이다. 그러나 분명 초기 공동체 신자들은 예수를 하늘에서 중요한

---

142. Hahn, *Worship* p. 47 주26; 참고, A. B. Macdonald, *Christian Worship in the Primitive Church*, T. & T. Clark 1934, pp. 33f.; Delling, *Worship* pp. 61-70.

143. H. Greeven, *TDNT* II p. 803.

의미를 가진 존재요 권능을 가진 존재로 여기며 이 예수에게 **호소하고**(ἐπικαλεῖσθαι—행 7:59, 9:14, 21, 22:16; 아울러 고전 16:22을 보라) **설득하듯 권하거나 간청했던**(παρεκάλεσα—고후 12:8) 것 같다.[144] 여기서 우리는 흥미로운 영향의 상호작용을—즉 초기 교회가 한 종교적 체험의 본보기인 역사 속 예수의 영향과 초기 교회가 한 종교적 체험의 대상인 높이 올림을 받은 예수의 영향이 상호작용하는 모습을—본다. 초기 그리스도인들은, **공동 식사를 계속 이어간 것처럼, 기도에서도 예수가 행한 대로 행했을 뿐 아니라, 기도할 때 일부러 예수를 부르고 계속하여 예수에게 의지했다**.

누가는, 사도행전 16:25(참고, 2:47)을 제외하면, **노래하기**를 언급하지 않는다. 그러나 구약의 시편 시들을 사용했음은 의심할 여지가 없다. 누가는 누가복음 1장과 2장에서 송가를 사용하는데, 이 송가는 십중팔구 팔레스타인 공동체의 예배에서 인용했을 것이다—유대 색채를 띠고 있으면서 아직 기독교다운 모습이 드러나지는 않는 이 송가들의 특색은 이것들이 오래됐음을 증언한다.[145] 어떤 '영적 노래'(골 3:16), 다시 말해 방언으로 부르는 노래가 있었는지 밝혀내기는 불가능하다. 그런 노래가 있었을 가능성은 있다.

이 모든 요소가 공동 식사와 모종의 관계를 갖고 있었지만, 이 요소들과 공동 식사 사이에 어떤 견고한 관계나 정규 관계가 있었는지, 또는 이 상이한 요소들을 어떤 정규 패턴을 따라 질서 있게 규율했는지는 우

144. 더 자세한 것은 Delling, *Worship* pp. 117ff.을 보라. 심지어 바울의 글에서도 기도와 찬미, 예배는 언제나 **예수를 통해** 혹은 **예수 이름으로** 하나님에게 올리지, 예수에게 올리지는 않는다(참고, Moule, *Worship* p. 71). 아울러 Greeven, *TDNT* II p. 806을 보라.

145. D. R. Jones, 'The Background and Character of the Lukan Psalms,' *JTS NS* 19, 1968, p. 48. 또 다른 참고 문헌을 살펴보려면, Hahn, *Worship* p. 48 주28을 보라.

리가 말할 수 없다. 예레미아스는 사도행전 2:42이 '초기 그리스도인의 예배 순서'를 우리에게 일러준다고 주장하는데,[146] 귀가 솔깃한 주장이긴 하지만, 이것도 분명 증거를 넘어서는 주장이다.[147] 바울계 교회 안에서 이뤄진 발전(고전 14:26)은 초창기 교회에서 어떤 단일 패턴이 분명하게 등장하지는 않았음을 시사한다.[148] 예루살렘에 있던 히브리파는 더 틀을 갖춘 형태를 유지한 반면, 헬라파 모임은 훨씬 큰 유연성을 갖고 있었을 가능성이 있다.

첫 그리스도인들의 공동체 생활과 예배가 갖고 있던 또 다른 놀라운 특징 둘을 언급하지 않을 수 없다. 하나는 그들의 넘쳐흐르는 활력과 **기쁨이다**(ἀγαλλίασις—2:46; 참고, 마 5:12, 벧전 1:6, 8, 4:13).[149] 그들은 그들의 예배와 모임을 **즐겼다**(참고, 행 5:41, 8:39, 11:23, 13:48, 15:31). 두 번째 특징은 첫 그리스도인들이 **신비**(*numinous*)를 인식했다는 것이다. 이 그리스도인들

---

146. Jeremias, *Eucharistic Words* p. 120; B. Reicke, 'Some Reflections on Worship in the New Testament,' *New Testament Essays: Studies in Memory of T. W. Manson*, Manchester 1959, pp. 204f.도 마찬가지다.

147. 참고, Haenchen, *Acts* p. 191; F. Mussner, 'Die Una Sancta nach Apg. 2.42,' *Praesentia Salutis: Gesammelte Studien zu Fragen und Themen des Neuen Testaments*, Patmos 1967, pp. 212-222.

148. Hahn, *Worship*: "'통일된 예배'가 원시 기독교 내내 존재했으리라고 거듭 가정하곤 하지만, 그런 예배는 존재하지 않았을 가능성이 아주 높다. 하나님의 말씀과 기도로 구성된 예배가 분리되어 존재했으리라는 것은 반박할 수가 없다"(p. 72); 참고, Macdonald, *Worship* p. 47; Reicke, 'Worship' p. 206; 견해를 달리하는 이가 Cullmann, *Worship* pp. 26-32이다.

149. 참고, Delling, *Worship* p. 24. '이 말은 공동체가 마지막 때의 공동체라는 공동체 의식을 잘 보여주는 특징이다'(Bultmann, *TDNT* I p. 20). '이처럼 계속 승리감과 환희에 찬 행복과 확신이 가득한 분위기를 이해하지 못하면, 원시 기독교를 전혀 이해하지 못할 것이다'(Weiss, *Earliest Christianity* p. 41). Hopwood는 야고보서를 아주 적절히 인용한다: "회심의 위기에 존재하는 모든 요소 가운데 가장 독특한 것이 만들어진 행복의 황홀경이다"—그 사례들도 함께 제시한다(pp. 191f.).

은 단순히 유쾌한 동지애로 뭉친 사회 결사체(結社體)가 아니었다. 그들은 그들 가운데 임한 종말론적 영, 하나님의 능력을 의식하고 있었다(본서 §30.1을 보라). 사도행전에 있는 본문 가운데 이런 초기의 분위기를 어느 본문보다 잘 포착한 곳이 사도행전 4:29-31이 아닐까 싶다—이 본문에서는 하나님에 대한 확신, 거의 몸으로 친히 임하듯이 임한 하나님의 능력,[150] 그리고 열광과 황홀경에 취하여 말하는 모습이 나타난다.

그런 점에서 기독 교회의 초창기 예배는 영이 즉석에서 부어주는 영감에 크게 의존했음이 분명하게 드러난다—특히 예언, 가장 두드러진 압바 외침을 포함하여 그 자리에서 자연스럽게 터져 나오는 기도(롬 8:15, 갈 4:6), 영적 노래(?)가 그런 예이며, 어쩌면 무엇보다 열광과 기쁨(참고, ἠγαλλιάσατο, "그[예수]가 기뻐했다"—눅 10:21) 그리고 신비에 대한 인식(행 4:31)이 가장 두드러진 예가 아닐까 싶다.

33.3. 그렇다면 우리는 이제 **요약** 삼아 이렇게 말할 수 있겠다. 곧, 초기 교회의 공동체 의식은 대체로 예수의 첫 부활 후 현현에서 유래한 게 아니라 오순절에서 유래했고, 이미 확립된 위계 구조가 아니라 이미 확립된 전승에서 유래했으며, 이미 확립된 전례나 성찬 관습—이 모든

150. 그들이 모였던 건물이 그들의 기도에 흔들렸다는 묘사(4:31)를 문학에서 으레 쓰는 표현쯤으로 무시해서는 안 된다; 참고, 사 6:4. 이와 놀라울 정도로 유사한 사례가 Duncan Campbell이 *The Lewis Awakening (1949-1953)*에 관하여 묘사한 내용에도 나온다: "오늘날 아놀(Arnol)에는 한 형제가 기도할 때 바로 그 집이 흔들렸다는 사실을 증언할 이들이 있다. 하나님의 능력이 마치 왔다가 물러가고 또 왔다가 물러가는 파도처럼 그 집을 휩쓸고 이렇게 하늘에서 보낸 능력이 찾아온 뒤 몇 분이 흐르는 사이 내가 할 수 있는 일은 그저 조용히 서 있는 것뿐이었다. 그때 남자들과 여자들의 얼굴에는 걱정스러운 기색이 떠올랐다"(*God's Answer*, Edinburgh 1960, p. 78). 아울러 Hopwood p. 156에 있는 George Fox의 *Journal* 본문을 보라.

것은 그 발전 단계에서 이제 겨우 시초 단계에 있었다—이 아니라 **종말론적 영을 공동으로 체험하고 그 공동 체험을 통해 발생한 공동체의 열광에서 유래했다**. 첫 그리스도인들의 종교적 체험이 지닌 이런 다른 특징들은 모두 그들이 가졌던 공동체 의식의 원천이었다기보다 공동체 의식의 표현이었다. 초창기 교회의 예배에서도 그러했다. 기독교 예배의 독특한 스타일은 가정 모임에서 발전하기 시작했는데, 이런 가정 모임에서 나타난 스타일은 늘 있어왔던 정규(regular) 요소와 우발(spontaneous, 예배하는 자리에서 자연스럽게 발생한) 요소를 결합한 것이요, 창조이자 보존이었지만, 무엇보다 제도나 구조에 매인 것이라기보다 영이 주도하고 열광이 넘치는 스타일이었다.

§34. 눈으로 볼 수 있는 증거?

여기서 내릴 결론을 집약하기에 앞서 대답을 시도해 봐야 할 질문이 하나 더 있다. 초기 그리스도인은 몸이나 정신을 통해 나타나는 것 가운데 어떤 것을 영의 특별한 표지요 영의 임재를 증명하는 데 **필요한 증거**로 여겼는가? 방언, 예언, 치유, 환상, 또는 더 넓게 보아 종말론적 열광, 영에 감동한 예배, 영에 근거한 권위를 그런 표지요 증거로 여겼는가? 이는 기독교가 등장했을 때부터 기독교를 꽤 괴롭혀온 질문이다. 이런 질문은 확실한 보장을 얻고자 하는 인간의 노력, 하나님을 직접 만져보고 싶은 갈망, 하나님이 누구도 다투지 못할 표지를 통해 자신을 계시해 주길 바라는 갈망, 평범한 신자가 갖고 있는 의심과 질문을 넘어서고픈 간절한 바람, 하나님을 **확신하고** 싶은 간절한 바람에서 나온다. 뒤

188–189

따르는 세대들을 살아간 그리스도인들은 그 답을 순교, 금욕주의, 수도원주의 그리고 신비주의에서 찾았다.[151] 20세기에 들어와 이 질문이 오순절주의 안에서 아주 예리한 형태로 다시 등장했다. 오순절주의가 내놓은 답은 간단하면서도 딱 들어맞았다. 오순절주의는 **방언**이야말로 영이 능력 가운데 삶 속으로 들어온 표지라고 말한다.

> 속사도 시대(사도의 전통을 이은 시대)에는 방언으로 말함을 어떤 이가 성령 세례를 받은 첫 번째 물리적 증거로 여겼다. … 바로 이런 판단이 20세기에 오순절 운동을 만들었다.[152]

오순절의 이런 대답이 우리가 던진 질문을 불러일으킨다.

오순절주의의 논지를 지지하면 당장 오순절주의의 그런 대답이 신약성경에 뿌리를 박고 있되, 사람들이 종종 인식하는 것보다 더 탄탄하게 뿌리박고 있다고 말할 수밖에 없다. 사실 누가는 분명 오순절의 방언을 영이 부어진 사건을 외부에 드러낸 표지로 여겼다.[153] 사도행전 10:45과 46절은 '방언으로 말하며 하나님을 높임'을 베드로와 함께 있던 유대인들에게 '성령이라는 선물이 이방인에게도 부어졌다'는 확신을 강

---

151. 혹은 체험을 곱씹어 답을 찾기도 하고 다양한 형태의 교회중심주의나 성경중심주의에서 찾기도 했다. 아울러 본서 제10장 주181을 보라.

152. Brumback, *Suddenly* p. 23은 1914년부터 1959년까지 미국 하나님의 성회를 이끌었던 인물인 J. R. Flower를 인용한다. 오순절 진영의 문헌과 오순절 진영이 아닌 이들이 쓴 문헌을 살펴보려면, 가령 Brumback, *What Meaneth This?*, Springfield 1947, 제10-19장; R. M. Riggs, *The Spirit Himself*, Springfield 1949, 제11장; M. C. Harper, *Power for the Body of Christ*, Fountain Trust 1964, pp. 32ff.; L. Christenson, *Speaking in Tongues and its Significance for the Church*, Fountain Trust 1968, pp. 52ff.을 보라.

153. 참고, Adler, *Pfingstfest* p. 111.

하고 충분하게 심어준 증거로 묘사한다. 에베소 '신자들'은 성령이 그들에게 임하자 방언하고 예언한다(19:6). 처음으로 영이 주어진 것을 실제로 묘사하는 또 다른 본문은 오직 8:17ff.뿐이다.[154] 누가는 분명 여기서 사람들의 눈을 사로잡는 황홀경이 펼쳐짐을 염두에 두고 있다—영이 부어진 이 사건은 능숙한 마술사의 시기를 불러일으키고도 남음이 있었다. 사마리아의 '오순절'도 그리스도인이 체험한 첫 오순절처럼 황홀경 상태에서 한 방언이라는 특징을 갖고 있다고 보는 것이 누가의 입장이라 추정하는 게 타당하다. 만일 그렇다면, 사실은 누가가 영이 주어짐을 묘사하는 **모든 경우에** 방언이 함께 따랐으며 방언이 영이 주어졌음을 일러주는 '증거'가 된다. 그렇다면 누가가 '방언으로 말함'을 영이 부어졌음을 일러주는 '첫 번째 물리적 증거'로 묘사**하려 했다**는 결론이 힘을 얻는다. 따라서 적어도 초기 선교에서 일어난 여러 회심에는 영이 부어졌음을 보여주는 사건들이 함께 따를 때가 잦았다고 한다면, 누가가 이 지점에서 성실한 역사가 역할을 하고 있다는 주장도 가능할 것이다(고전 1:5, 7, 갈 3:5, 히 2:4, 6:4).[155]

하지만 여기서 짚어봐야 할 점이 둘 있다. 첫째, 누가가 제시하는 영 개념, 아니 영 체험이라 표현하는 것이 더 나을 개념은, 다른 일반 종교적 체험과 마찬가지로, 상당히 불완전하게 묘사할 수 있을 뿐이다. 누가도 열광주의자들처럼 영적 체험 때 하나님을 직접 만져볼 수 있기를 간절히 바란다. 우리는 누가의 그런 바람을 이미 보았는데, 특히 그가 요단강에서 예수가 한 체험을 제시한 내용 그리고 부활 후 현현을 제시한

---

154. 사실 2:38ff.나 9:17ff.는 그것을 묘사하지 않는다. 4:8, 31과 13:9은 **더 깊은** '충만'을 묘사한다.

155. 참고, 가령 Meyer, *Ursprung*: "(원시 공동체에서 벌어진 '성령'의) 독특한 표현/나타남은 이해할 수 없는 소리로 하는 말인 '방언'이다"(III p. 221).

내용에서 그런 바람을 보았다(본서 §21.3을 보라). 이와 같은 바람은 그가 영의 능력(선물) 체험을 다룬 내용에서 특히 뚜렷하게 나타난다. 영은 특이한 초자연적 현상 속에서 아주 분명하게 나타나지만, 사도행전에서는 어디에서도 영이 눈으로 볼 수 있게 나타나지 않는다.[156] 바로 이런 이유 때문에 누가는 아주 힘차고 드라마처럼 생생한 언어를 사용하여 영이 주어진 것을 묘사한다—'세례를 받다'(1:5, 11:6), '… 위에 임하다'(1:8, 19:6), '부어지다'(2:17f., 33, 10:45), '… 위로 떨어지다(내리다)'(8:16, 10:44, 11:15).[157] 베드로가 그의 설교에서 '약속하신 성령'을 '너희가 보고 듣는 이것'이라고 묘사할 수 있는 것(2:33)도 바로 그 때문이다: 제자들이 황홀경 상태에서 한 행위와 말을 부어진 영과 **동일시한다**! J. H. E. 헐(Hull)이 올바로 지적하듯이, 누가에겐 '보는 것은 곧 믿는 것이었다. 그는 그가 본 것을 믿지 않을 수 없었다.'[158]

둘째, 오순절주의의 논지는 '영의 독특한 나타남(manifestation), 또는 영이 부어졌음을 독특하게 나타내는 것은 무엇인가?'라는 질문에 대답한다. **누가는 이런 질문을 하지도 않고 이런 질문에 대답하려 하지도 않았다**. 우리는 누가가 이런 종류의 이슈에 관하여 설명하지 않는다는 점을 몇 차례에 걸쳐 주목하고 살펴보았다. 누가는 초기 공동체의 '표적과 이적'을 거의 구별하지 않고 펼쳐 보인다. 그는 거짓 예언의 문제를 잊어버리고 있다. 그는 환상 체험에만 뿌리박고 있는 권위에 아무런 거리

156. 9:31과 13:52은 형식상 예외일 뿐이다. "누가의 견해에 따르면, 영의 **유일한** 선물(*the* gift)은 선교 사업을 펼칠 수 있게 해 주는 능력이지, 교회의 단결이나 그리스도인의 삶이 지닌 어떤 특질이 아니다"(Hill, *Greek Words* p. 265); 참고, Schweizer, *TDNT* VI p. 408.

157. 참고, Dunn, *Baptism* pp. 70ff.

158. J. H. E. Hull, *The Holy Spirit in the Acts of the Apostles*, Lutterworth 1967, p. 107; 아울러 Schweizer, *TDNT* VI pp. 407ff.을 보라.

낌을 느끼지 않는다. 방언과 영이라는 선물의 경우도 마찬가지다. 그는 여기에 독특함이라는 문제가 있다는 것을 인식하지 못하는 것 같다. 기적 그리고 예언의 말 및 환상과 관련하여 그리스도인에게서만 독특하게 볼 수 있는 것이 전혀 없었듯이, 황홀경 상태에서 하는 말—방언 및 그 시대 종교 제의에서 볼 수 있었던 몇몇 유사한 것들(본서 §52.3을 보라)—에 특별히 영을 암시하는 것도 전혀 존재하지 않았다. 이런 점은 현대 오순절주의 안에서 일어나는 같은 현상에서도 마찬가지다.[159] 물론 누가는 여기서 여러 의문과 문제가 발생하기 전에 존재했던 예루살렘 공동체 초창기의 의심할 여지없는 열광을 틀림없이 그대로 정확히 되비쳐주고 있다.[160] 그러나 이방인 선교 과정에서 여러 문제가 금세 수면 위로 떠올랐다. 바울은 이미 이런 문제들을 마주하고 있었으며, **누가의 내러티브가 다루는 시기 동안에** 이런 문제들에 답하려고 시도했다. 따라서 누가가 문제와 대답을 이토록 완전히 무시해 버린 것이 과연 현명한 것인지 묻는 것은 당연한 일인지도 모른다.

이 두 가지 점을 생각해 볼 때, 누가가 초기 공동체의 종교적 체험을 다룬 내용은 한쪽으로 치우칠 수밖에 없다는 결론이 나온다. 그는 초창기 교회 안에서 아주 심한 황홀경은 아니었지만 그래도 황홀경 상태에서 영이 나타난 모습들이 있었는지, 있었다면 어느 정도였는지 묻지도 않고 대답하지도 않는다. 그는 오로지 영의 능력이 더 크게, 그리고 더 물리적이고 오감으로 감지할 수 있게 나타난 경우들만을 본다. 그의 이런 편향성이 가장 두드러지게 나타나는 곳이 바로 **그가 아들 됨의 체험**

159. 가령, 성령주의, 모르몬교가 그런 예다. 참고, F. C. Goodman, 'Speaking in Tongues,' *New Society* 7, 1972, pp. 565f. Samarin의 가설을 주목하라—*Tongues* p. 222.

160. 참고, Gunkel pp. 6-20.

을 완전히 무시한다는 점이다. 우리는 앞서 아들 됨을 체험한다는 것이 예수에게 얼마나 중요했는지 보았다. 그 체험이 바울의 믿음과 종교에서도 중요한 기본이 됨을 앞으로 보게 될 것이다(§54). 바울계 교회와 이방인 교회가 **압바**(*abba*) 기도를 아람어 형태로 유지했다는 사실은 그 기도가 초창기 팔레스타인 공동체에서 틀림없이 아주 중요했으리라는 것을 보여준다. 그러나 이런 점을 누가의 기사를 보고 추측한 이는 아무도 없을 것이다. 누가는 아들 됨의 개념과 체험을 아예 무시한다. 사도행전에서는 하나님을 결코 '아버지'라 부르지 않는다. 하나님을 '아버지'라 말하는 경우들도 언제나 예수와 하나님의 직접적인 관계에서 하나님을 부를 때뿐이다(1:4, 7, 2:33).

결국 오순절주의가 방언에 관하여 주장하는 논지와 관련하여 신약 해석의 관점에서 몇 가지 짚고 넘어가야 할 점이 있다. 첫째, 누가는 분명, 사도행전 10:45에서 말하는 하나님에 대한 찬미 그리고 19:6에서 말하는 예언과 더불어(물론 4:8ff.과 31절에서 말하는 담대한 말 그리고 13:9ff.에서 말하는 능력 있는 말도 포함된다), 방언을 영이 임했음을 나타내는 **한** 예(*a* manifestation of the Spirit's coming)라고 믿는다. 그러나 그가 방언을 영의 **유일한** 나타남(*the* manifestation)으로 제시하려 하지 않는다는 것도 확실하다—그렇지 않다면 그는 사도행전 8장에서 방언을 언급했을 것이며 다른 곳에서도 훨씬 강하게 그런 점을 강조했을 것이다.

둘째, 누가가 제시하는 내용이 한쪽에 치우쳐 있다 보니, 우리에겐 오순절주의자들이 제기하는 물음에 대답할 수 있게 해 줄 자료가 충분하지 않다. 방언보다 눈에 띄지는 않아도 영이 임했음을 나타내는 다른 것들이 있었을 수도 있으며, 십중팔구는 그런 것들이 있었을 것이다. 그러나 누가는 이런 것들에 눈길을 주지 않는다. 그의 편향된 역사적 서술에서 신학적 결론을 끌어내는 것은 편향된 신학에 올라타는 것이다. 우리가 만일 누가가 아예 묻지도 않은 질문의 답을 그에게 억지로 떠맡긴다면 누가에게 옳지 않은 일을 하는 것이다.

그러나 셋째, 만일 어떤 이가 영이 부어짐을 다룬 누가의 기사를, 성령 세례든 다른 무엇이든, 오늘날의 영 체험에도 적용해야 할 규범으로 받아들여야 한다고 계속 고집한다면, 그 사람은 시종일관 철두철미하게 누가를 따라가야만 한다. 사도행전에서 방언으로 말함은 영이 임했음을 나타내는 것이지만, 이 방언으로 말함은 황홀경 상태에서 하는 말이요 실제로 폭발하듯 터져 나오는 말이다. '필요한 물리적 표지'(영이 임했음을 인정하는 데 필요한 물리적 표지를 말한다—역주)를 마음속에서 형성된 미지의 언어나 방언으로 하는 몇 마디 말로 축소하는 것은 온당하지 않을 것이다—오순절주의의 교리는 **실제로** 그런 결의론(決疑論)으로 빠질 때가 아주 허다했다.[161] 누가는 심지어 그런 다양성마저도 인정하지 않는다. 그런 점에서 오순절주의자는 그들의 교리라는 코트를 누가가 제공한 천으로 잘라 만든 게 틀림없다. 그렇지 않았다면, 누가가 제공하는 자료보다 훨씬 다양한 재료를 사용했을 것이다.

사실, 기독교 역사를 살펴보면 종교적 각성과 부흥 운동은 으레 황홀경 현상과 물리적 현상을 동반하곤 했다.[162] 예를 들어, 나는 웨슬리의 야외 전도 집회,[163] 몸을 앞으로 엎드리는 특징을 보여주었던 1859년의 얼스터 부흥(Ulster Revival),[164] 노래와 춤이라는 특징이 나타났던 20세기

161. 나는 그런 조언을 목격했다.

162. F. M. Davenport, *Primitive Traits in Religious Revivals*, Macmillan 1905.

163. Wesley, *Journal*에 있는 사례들. Hopwood pp. 184f.을 보라.

164. W. Gibson, *The Year of Grace: A History of the Ulster Revival of 1859*, Edinburgh 1860.

동아프리카의 부흥에서[165] 아주 많이 일어난 '기절' 현상을 생각해 본다. '퀘이커'(Quakers)와 '셰이커'(Shakers: 천년왕국을 믿고 독신주의를 주장하는 종교 단체—역주)가 괜히 그런 별명을 얻은 게 아니다. 오순절주의자들도 그들을 헐뜯는 별명인 '홀리 롤러스'(Holy Rollers: '미친 사람처럼 지나치게 기뻐하며 날뛰고 구르는 이들'을 뜻하는 말로서 '거룩한 발광자들'로 번역해도 좋겠다—역주)을 부여안고 오랫동안 고생했다. 인간의 성향이 본디 그렇다. 어떤 체험 패턴이나 행위 패턴이 중요한 의미가 있다고 생각하면, 적절한 자극이 주어질 경우 그런 패턴을 곧바로 재생하는 경향이 있다.[166] 이처럼 종교적 흥분이나 영의 능력이 자극하면, 특정한 종교적 체험 패턴과 물리적 반응 패턴이 확고하게 자리를 잡고 되풀이되곤 한다—부흥 운동과 문화가 달라지면 그런 패턴도 달라지곤 한다. 따라서 우리는 웨슬리가 자신이 주장한 즉각 성화(instant sanctification) 교리를 그가 회심시킨 이들의 체험으로 확인했어야 했던 점이나,[167] 초기 오순절주의자들이 방언이 중

165. M. Warren, *Revival: An Enquiry*, SCM Press 1954, pp. 63ff.

166. W. Sargent, *Battle for the Mind*, Pan Books 1959은 Freud의 분석 대상인 사람이라면 당연히 Freud가 말한 유형의 꿈을 꾸었을 수도 있지만, 같은 유형의 사람이, 혹은 심지어 똑같은 환자가 Jung을 따르는 분석가를 방문하면 Jung이 말한 "집단 무의식" 꿈을 꿀 때가 자주 있다고 지적한다(p. 67).

167. "나는 런던의 한 곳에서만 해도 우리 협회 구성원 가운데 652명이 유달리 선명한 체험을 했음을 발견했으며, 그들의 증언을 의심할 이유를 전혀 찾을 수 없었다. 이 사람들은 모두 (단 한 사람도 예외 없이) 자신이 죄에서 즉각 구원받았다고 선언했으며, 그 변화가 순식간에 일어났다고 선언했다. 이 사람 가운데 절반, 혹은 3분의 1, 혹은 스무 사람 가운데 하나가 이런 일이 **그들** 가운데서 **점차** 일어났다고 선언했다면, 나는 이런 선언을 믿었을 것이며, **그들**을 고려할 때, **어떤 이들**은 점차 성화되고 어떤 이들은 즉각 성화된다고 생각했을 것이다. 그러나 나는 아무리 시간이 흘러도 그렇게 말하는 사람을 단 하나도 발견하지 못했다. 따라서 나는 성화라는 것이 늘 그렇지는 않지만 그래도 보통 즉각 일어난다고 믿을 수밖에 없다"(Tyreman, *Life of Wesley* I p. 463, James, *Varieties* p. 229에서 인용).

요한 의미를 갖고 있다고 확신했던 그들의 믿음을 그들의 회심자들 안에서 방언이 늘 나타나는 모습을 통해 확인했어야 했던 점에 대해 놀라지 않는다.[168] 이렇게 말하는 것은 그런 체험이나 표현을 헐뜯는 게 **아니며**, 그런 체험이나 표현이 유래한 원천을 헐뜯음은 더더욱 아니다. 이는 그저 그런 체험이나 표현 안에 인간의 요소(무의식 요소)가 크게 자리하고 있을 수밖에 없음을 지적하는 것이다. 열광적 기독교의 역사를 익히 아는 사람이라면 분명 누구나 어떤 특별한 유형의 체험이나 물리적 표현을 지나치게 중시하는 것이 위험하다는 점을 인정할 것이다. 혹자는 카미자르파(Camisards: 루이 14세의 개신교 박해에 항거했던 위그노의 한 분파—역주)와 얀센파(Jansenists: 근대 초기 가톨릭 내부에서 하나님의 은혜와 인간의 자유의지를 조화시키려 했던 신학 운동—역주)가 보인 경련에서 어떤 일반 패턴을 끌어내려 할 수도 있고,[169] 혹은 18세기 영국에서 일어난 여러 부흥 운동에서 나타났던 '몸의 발작/흥분'에서 어떤 일반 패턴을 끌어내려 할 수도 있다.[170] 아니면 20세기 초에 일어난 웨일스 부흥의 특징인 **흥분 상태**에서, 또는 남아프리카의 선교 교회들이 회심의 위기 때 아주 높이 여겼던 정형화된 꿈에서 어떤 일반 패턴을 끌어내려 할 수도 있다.[171] 교회 초기의

168. Brumback, *Suddenly* pp. 216ff.

169. Knox, *Enthusiasm* 제15장과 제16장.

170. 1742년에 (글래스고 근처) 캠버슬랑에서 일어난 부흥을 기록한 이는 슥 12:10과 오순절 날에 일어난 회심(행 2장)을 언급함으로써 그 부흥이 성경에 정당한 근거와 선례가 있음을 보여주려 한다: "사실 우리는 몸의 요동에 관하여 들은 적이 없다. 그러나 그렇게 짧은 역사 속에서 그런 일을 기대할 수는 없었으며 그런 일을 기대할 필요도 없었다. 그런 요동은 단지 여기서 표현하는 것과 같은 느낌의 자연스러운 효과에 불과하기 때문이다"(D. Macfarlan, *The Revivals of the Eighteenth Century particularly at Cambuslang*, John Johnstone, p. 67).

171. B. G. M. Sundkler, *Bantu Prophets in South Africa*, Oxford ^{2}1961, pp. 267ff.: "사람이 회심하려면, 환상을 봐야 한다"(p. 267).

회심 때 방언이 종종 동반됐다는 사실 때문에, 이후의 역사에서 방언이 아닌 다른 표현들을 방언보다 적절치 않은 영의 표현으로 여기는 것은 바람직하지 않으며 방언을 더 규범이 될 만한 영의 표현으로 여길 일도 아니다.

따라서 기독교 열광주의 역사의 관점에서 판단해 볼 때, 누가가 초기 기독교의 선교를 상당히 정확하게 묘사했을 가능성이 아주 높다—방언, 그리고 종교적 흥분과 황홀경을 표현하는 다른 것들은 복음 전도 사역에서 자주 주목했다. 그러나 이때는 비평이 없던 시절이며, 종교적 열광의 파도가 그 앞에 있는 모든 것을 쓸어버린 때였다. 이 이슈에 관하여 아무런 비평을 하지 않는 누가 자신의 태도는[172] 초기 그리스도인이 이런 문제에 관하여 아무런 질문도 하지 않았음을 잘 보여준다. 이런 문제에 관하여 질문을 던지고 더 철저히 파고들며 다루는 모습은 바울의 글에서 등장한다. 요컨대, **우리는 초창기 교회 사람들이 방언을 영의 나타남 가운데 하나로 인식했음을 의심할 수 없다. 그러나 현대 오순절주의자들이 방언에 부여하는 중요한 의미를 초기 신자들도 방언에 부여했다고 결론지을지라도, 그런 결론을 정당화할 근거를 누가가 서술한 기사에서 끌어내기는 불가능하며, 방언에 그런 중요한 의미를 부여하는 것이 곧 하나님의 의도였다고 결론짓기는 더더욱 불가능하다.**

---

172. 그가 강림이 임박했다는 초창기 그리스도인의 믿음을 다룬 것(본서 §29), 그가 생각하는 사도직의 개념을 표현한 것(본서 §18.2과 §25.3을 보라), 그리고 초창기 기독교 안에 존재했던 분열과 다양성을 감추려는 그의 시도(본서 §32.3을 보라)를 대비해 보라.

§35. 결론

35.1. 만일 어떤 사건을 기독교의 탄생일로 묘사할 수 있다면, 그것은 필시 예수의 부활과 뒤이어 있은 첫 부활 후 현현 다음의 첫 오순절에 일어난 사건일 것이다. 그날, 모여 있던 예수의 제자들은 뭔가 종말론적 흥분 상태에 있었던 것 같다. 그들은 그런 영의 능력을 체험하길 즐겼다. 때문에 그들은 하나님의 영이 종말에 부어질 것이라 예언됐던 만큼 그들에게 부어졌다고 결론지을 수밖에 없었다. 이런 체험을 축소해서도 안 되며, 오로지 그 현상, 곧 황홀경 상태에서 환상을 보고 방언을 한 일에만 주목하여 바라봐서도 안 된다. 우리가 밝혀내고 말할 수 있는 한도에서 이야기한다면, 이런 일과 관련된 이들은 황홀경 상태에서 환상을 보고 방언을 한 것을 그저 하나님의 능력이 그들 밖에서 그들 안으로 뚫고 들어오면서 함께 일어난 상황으로 보았다—이는 인간이 하나님의 존재를 드러내는 일을 만났을 때 보이는 자연스러운 표현이요 반응이었다. 하나님으로부터 임한 능력으로 충만했던 이 첫 체험은 개인이나 그룹 차원에서 빈번히 되풀이됐다(행 4:8, 31, 8:17f., 9:17, 10:44ff., 13:9, 19:6; 참고, 엡 5:18).

35.2. 이런 체험에서 비롯된 열광은 이 체험과 관련된 이들을 끈끈한 사귐을 통해 하나로 묶어준 강력한 힘이 됐다. 영의 부어짐도 부활 후 현현처럼 '마지막 날들'을 알려주는 표지로 보았다. 이 때문에 이런 열광은 무엇보다 종말론적 성격을 띠었다—이런 성격은 공동체의 예배와 공동 식사, 그리고 어떤 조직을 이뤄보려는 최초의 시도('열두 제자', 세례, 재산 공동 소유)에 분명히 각인됐다. 종말론적 열광은 복음 전도에서도

나타났다. 이는 공동체를 중심으로 형성된 신비한 분위기(aura)와 더불어 두려움과 매력을 동시에 불러일으키는 새 분파를 만들어냈고, 결국 이 분파는 급속도로 퍼져갔다.

영의 능력 그리고 하나님이 직접 영감을 불어넣으심을 느끼는 일도 기적 같은 치유, 환상, 예언과 방언에서 나타났다. 처음부터, 그리고 그 뒤로 상당한 시간 동안, 공동체는 예배하고 가르칠 때 (예수, 영, 천사 또는 하늘의 음성을 통해) 하나님을 직접 체험함에 주로 의존했다. 권위는 어떤 직무나 지위에 있지 않았다. 부활 후 현현 때 부활한 예수에게 임명받은 이들은 '그의 이름으로' 행할 권위를 가졌다고 인정받았으며, 첫 이태 남짓 동안에는 그런 부활 후 현현을 통해 다양한 개인이 '사도'로 인정받았다. 동시에 어떤 신자라도 환상을 보거나 예언을 할 수 있었을 것이며, 치유나 복음 전도에 쓰임 받을 수 있었을 것이다. 다시 말해, **초창기 그리스도인 공동체는 공동 생활과 예배, 그 발전과 선교의 모든 측면에서 본질상 영이 이끄는 공동체요 열광의 공동체였다.**

35.3. 초창기 교회의 이런 영(영의 능력과 선물) 체험은 예수의 영 체험과 어떤 관계에 있는가? 처음 보면, 예수는 그저 영의 사람이 어떤 사람인가를 보여주는 본보기쯤으로 보일 수 있다—초창기 교회도 예수와 똑같이 영 체험을 통해 종말이 현실로 다가오고 임박했음을 인식했으며, 예수와 똑같이 기적을 행하는 능력을 보여주었고, 예수와 똑같이 예언의 영을 체험했으며, 예수와 똑같이 영에 근거한 권위를 가졌고, 예배 때 예수와 똑같이 **압바** 기도를 올리며 큰 환희(ἀγαλλίασις)를 체험했다. 하지만 초창기 공동체의 경우에는 황홀경 현상이 더 많이 나타났다. 그러나 다시 살펴보면, 부활 후 현현 때처럼, **예수가 많든 적든 처음부터**

첫 그리스도인들이 한 종교적 체험의 원천이자 대상으로서 등장하기 시작했음을 본다. 사도행전 2:33은 오순절에 영이 부어진 것을 처음부터 부활한 예수가 한 일이었다고 말한다—예수가 영을 부어주었다는 것은 역사적 사실일 가능성이 아주 높다. 오순절을 곧바로 오실 이에 관한 세례 요한의 예언이 성취된 사건으로 보게 되기 때문이다(마 3:11/눅 3:16).[173] 마찬가지로, 초창기 공동체의 경우에는 종말론적 영의 옴이 새로운 대망을 불러일으키리라는 묵시주의적 소망을 예수의 경우처럼 (그 의로움과 정당성을 인정받은 인자로서) 자기 성취(self-fulfilment)와 관련지어 표현하지 않고 **예수**의 재림과 관련지어 표현한다(행 3:19ff., 고전 16:22). **예수를** 본 환상도 선교를 이끌어갈 때 중요한 역할을 했다. 어쩌면 가장 놀라운 것은 초창기 교회가 **예수의 이름**에 부여한 권위와 능력일지도 모른다. 초창기 교회는 예수의 이름을 하나님이나 하늘에 있는 어떤 존재의 이름과 같은 방식으로 사용했다. 기적을 행할 때에는 '예수의 이름으로' 행했고, 가르칠 때에도 '예수의 이름으로' 가르쳤으며, 회심자에게 세례를 줄 때에도 '예수의 이름으로' 세례를 주었다. 예수는 그 자신의 권리와 권위로 행동한 반면, 초창기 공동체는 예수의 이름으로 행동했다. **예수가 주장했고 행동으로 내보인 권위의 중심은 언제나 예수 자신이었지만, 원시 교회는 예수의 권위를 행할 때 그 권위가 예수에게서 직접 유래한다고 이해했다.** 초기 예언자들도 예수처럼 '진실로 내가 너희에게 말하노니'라는 문언을 사용했다 할지라도, 그들이 말하는 '내가'는 예언자 자신이 아니라, 그 예언자를 통해 말하는, 높이 올림을 받은 예수였다—공동체의 공동 식사 때 예수가 마지막 만찬에서 한 말을 사용한 경우에도 마찬가지였을 것이다. 초창기 공동체는 예수의 이런 권위

173. 세례 요한이 한 예언이 진짜인지 알아보려면, 본서 제3장 주118을 보라.

를 천사들을 본 환상 및 영 체험과 어떻게 연결해야 하는가라는 문제를 붙잡고 씨름하지 않았다—그럼에도 우리는 사도행전 16:7('예수의 영')에서 적어도 이 둘을 같게 보기 시작했음을 목격한다. 따라서 예수와 영을 그리스도인의 체험과 생각 속에서 어떻게 연결해야 하는가라는 물음은 어느 누구도 건드리지 않은 문제요 바울과 요한의 더 정교한 신학 작업을 기다려야 하는 문제로 남아있었다. 그럼에도 중요하게 기억해 두어야 할 것은 **이 초기 단계에서도 예수를 단순히 영의 능력에 사로잡힌 그리스도인의 원형쯤으로 이해하지 않고, 예수 자신이 향유했던 체험과 같은 것을 포함하여 초창기 공동체의 종교적 체험을 예수에게 의존하여 예수에게서 유래한 것으로 보았다는 것이다**.

35.4. **누가는, 우리가 초창기 그리스도인 공동체가 한 종교적 체험에 관하여 질문할 경우, 귀중한 길잡이가 되지만 동시에 식별 능력이 없는 길잡이가 되기도 한다**. 우리는 누가의 기사를 통해 이 초기에 있었던 광범위한 영적 체험에 관하여 공평한 인상을 얻을 수 있다. 그러나 누가는 첫 그리스도인들의 체험이 **어떤 독특함을 갖고 있었는가**라는 물음에 전혀 주목하지 않는다. 그가 활용한 자료나 선택한 형태 때문에 이런 이슈를 다루지 못했는지, 아니면 그저 그가 이런 물음을 문제로 여기지 않았기 때문에 이런 이슈를 다루지 않은 것인지는 분명치 않다. 분명 누가는 기독교를 마술과 멀찌감치 떼어놓으려고 하며 상당한 성과를 거두었지만, 그가 복음을 선전하고 복음의 성공을 선포하며 믿음을 자극하려고 '이적과 표적'을 아무 비평 없이 묘사한 것은 당시 대중들에게 널리 퍼져 있던 이교의 기적에 아주 가까운 기적 개념을 증언한다. 그런 점에서 기독교를 마술과 멀찌감치 떼어놓으려고 한 그의 시도는 완전

한 성공을 거두었다고 할 수 없다. 예언의 경우에도 마찬가지다. 그는 예언을 방언과 전혀 구별하지 않고 한 덩어리로 묶어 놓았으며, 거짓 예언 문제를 무시한다. 누가는 이 모든 현상('표적과 이적', 예언, 환상)이 아주 크게 남용될 여지를 안고 있음을 알지 못하는 것 같다. 그는 어떻게 그런 남용을 분별하고 어떻게 견제해야 하는가에 관하여 실상 아무 지침도 제공하지 않는다. 그가 영적 체험 일반을 다룬 것도 상당히 조잡하며 한쪽에 치우쳐 있다—황홀경을 동반하고 사람들의 눈을 사로잡은 영의 나타남에만 온전히 주목하고 다른 것들에겐 거의 눈길도 주지 않는다. 만일 누가가 이렇게 행동한 것이 초창기 공동체의 종교적 체험을 엄정하게 한쪽으로 치우침 없이 서술하길 원했기 때문이라면, 우리는 그냥 그의 서술이 이 지점에서 신생 교회의 미숙함을 그대로 보여주고 있다고 인정해야 할 것이며 다른 말을 더 해서는 안 될 것이다. 그러나 그가 서술해 놓은 역사가 다루는 때에는 독특함과 남용이라는 문제가 이미 어려운 문제로 부각됐을 때였다. 누가는 사도행전에서 (초창기 공동체의 열광이 지닌 종말론적 차원을 생략함으로써) 또 다른 큰 문제인 강림(parousia)의 지연을 아주 효과 있게 다루었다.[174] 따라서 종교적 체험이라는 주제와 관련하여 우리가 사도행전에서 발견하는 것보다 많은 도움을 누가에게 기대했다고 하여 그것이 전혀 온당치 않다고 할 수는 없다.

이제 우리는 누가의 원시 기독교에 관한 서술에서 흥분과 좌절을 함께 경험한 뒤 그 서술과 작별한다. 누가는 열광이 넘치던 기독교의 시작을 생생히 그려 보였다. 그러나 동시에 그는 그가 아예 대답을 시작하지도 않은 중요한 질문들을 불러일으켰다. 이제 우리는 바울로 나아가면서, 특히 이런 질문들을 마음에 담아 두어야 한다: 초기 기독교의 영

---

174. 위 주172에서 언급한 다른 문제들은 말할 것도 없다.

체험에는 뭔가 독특한 것이 있는가? 종교적 체험이라는 맥락 속에는 다양한 체험이 많건만, 누가는 오롯이 영의 능력(선물)과 황홀경이 동반된 체험에만 시선을 집중했는데, 누가의 관심을 산 이런 체험을 어떻게 평가해야 하는가? 영 체험과 영에 근거한 권위는 협잡꾼과 자신을 속이는 이들에게 남용될 여지를 안고 있는데, 그렇다면 영적 체험을 분별하고 견제하는 것이 가능한가? 부활한 예수나 (환상, 예언, 방언 등등의 형태로) 영을 체험했다는 주장이 있을 때, 그것이 진실인지 아닌지 검증할 수 있는가?

제8장
선물을 주시는 영—은혜에 관한 의식

§36. 들어가는 글

초기 기독교 인물들 가운데 바울보다 두드러진 인물은 없다. 우리는 예수와 초창기 공동체의 종교적 체험을 탐구할 때 우리와 그 당시의 중요 사건 사이에 존재하는 거리를 늘 의식했다. 우리는 역사의 강줄기에서 당시보다 하류 지점에 서 있으며, 당시의 체험들을 되비쳐주는 말과 행위는 종종 중개자의 언어와 악센트를 담은 채 한 다리 건너 혹은 두 다리 건너 우리에게 이르렀다. 그러나 우리는 여기서 바울 자신이 한 말, 그 자신이 보낸 서신을 만난다. 그것들은 시(詩)나 제자들이 따를 매뉴얼이나 철학 논문이 아닌 편지이기 때문에 우리는 그 시대의 다른 문헌들과 달리, 저자의 생각과 체험을 들여다볼 수 있다. 이는 바울이 그가 섬긴 다양한 교회에서 일어난, 그야말로 어쩔 수 없이 인간임을 느끼게 하는 여러 상황 가운데 그 자신의 종교적 체험과 그들의 종교적 체험을 솔직하게 이야기하기 때문이요, 그런 체험의 의미, 그런 체험에 따르는 약속과 위험을 권면과 격려 그리고 신중한 주의를 당부하는 말로 자세히 설명하기 때문이다. 바울의 그런 말은 지금까지도 계속하여 가치를 지니고 있다. 바울은 상아탑에 살지 않았으며, 가설에 바탕을 둔 문제나 흥미로운 신학 질문을 다루는 냉정한 강의를 글로 쓰는 스타일도 아니었다. 그는 활력이 넘치고 열정이 가득한 스타일이었으며, 하나님에 대한 그의 체험이 지닌 생명력 그리고 그의 독자들을 향한 관심이라는 생생한 실재를 늘 표현했다.

물론 이것이 우리에게 바울의 생애를 완전하고도 충실하게 연구할 만한 자료가 있다는 의미는 아니다. 바울서신은 그의 생애에서 상당히 짧은 기간에 쓰였다. 그가 회심하고 15년 남짓 동안에 쓴 몇몇 서신을 우리가 갖고 있다는 것이 얼마나 소중한가! 그러나 바울이 겪은 중요한 체험들이, 또는 그가 보낸 서신들이 다루고 있는 상이한 상황들이 그의 신학에서 찾아낼 수 있는 여러 발전에 얼마만큼이나 영향을 주었는가라는 흥미로운 질문을 여기서 파고들기는 불가능할 것이다.[1] 그가 성숙한 시기에 썼고 다양한 반응을 불러일으킨 다양한 상황을 다룬 그의 서신 선집이 우리에게 있다는 것만으로도 충분하다.

내가 제1장에서 강조했듯이, 바울 신학이 갖고 있는 체험이라는 차원과 그 신학의 기초를 인식하는 것이 중요하다. 50년 전, 아돌프 다이스만(Adolf Deissmann)은 교리 중심으로 바울에 다가가는 방법—마치 바울의 신학과 종교가 (칭의든, 구속이든, 아니면 다른 것이든) 몇몇 교리 중심으로 돌고 돈다고 생각하면서, 마치 그리스도를 중심으로 여기는 바울의

1. 가령 C. H. Dodd, 'The Mind of Paul,' *New Testament Studies*, Manchester 1953, pp. 67-128을 보라; 그러나 아울러 C. F. D. Moule, 'The Influence of Circumstances on the Use of Eschatological Terms,' *JTS NS* 15, 1964, pp. 1-15도 함께 보라.

생각을 일종의 기독론으로 환원할 수 있는 것처럼 여기는—에 저항했다.[2] 그 저항은 훌륭했다. 물론 그런 저항을 너무 밀어붙이다간 오히려 반발을 낳을 수도 있지만, 그래도 그런 저항은 자주 되풀이될 필요가 있다. 바울 신학을 그가 내세운 칭의론의 다양한 변주(變奏) 묶음으로 제시하는 것은 통찰력이 있기는 하지만, 그것을 통해 우리가 바울이 가졌던 믿음의 생생한 핵심을 꿰뚫어봤다고 생각한다면 그야말로 착각일 것이다. 아울러 현재 형태의 바울 신학이 유래한 원천과 그 전례(前例)들을 추적하는 일도 중요하긴 하지만, 기독론과 관련된 칭호 및 찬송 같은 표현들을 문헌의 자연 선택(literary natural selection) 과정에서 일어난 진화의 산물에 불과한 것으로 다루는 것은 만족스럽지 않다—안타깝게도 우리 가운데에는 그런 경향이 여전히 남아 있다. 어쩌면 예정론(*doctrine of* predestination)이야말로 바울의 신학이 그의 체험을 표현한 것이라는 점을 제대로 인식하지 못한 고전적 사례가 아닐까 싶다. 바울의 경우, 선택이라는 개념은 하나님의 불변 법칙이나 무자비한 자연법을 말하는 게 아니라, 오토(Otto)의 말처럼, 다만 '실제로 겪었던 종교적 체험인 은혜 체험의 즉각적이고 순수한 표현'일[3] 뿐이다. 계속된 이런 '은혜 체험'은 바울의 신학과 종교에서 아주 큰 핵심이자 기초이기 때문에, 그 체험

2. A. Deissmann, *Religion*, pp. 153ff.; *Paul: A Study in Social and Religious History*, ^{3}1925, ET 1927, Harper 1957, pp. 135f. 참고, Gardner, *Paul*, p. 175; Bousset, *Kyrios Christos* pp. 153-163; Weiss, *Earliest Christianity* p. 441; Hoyle pp. 277, 291; Weinel, *Theologie* p. 286. 아울러 본서 §1.2을 보라.

3. Otto, *Holy* p. 91. 이는 길게 인용할 만한 가치가 있다: "하나님의 은혜를 받은 사람은 자신의 과거를 되돌아보면서 그가 자신의 업적이나 노력으로 현재의 자신에 이른 것이 아님을 더욱더 확실하게 느끼고 알며, 자신의 의지나 능력과 상관없이, 은혜가 그에게 주어지고 그를 사로잡아 독려하고 이끌었음을 느끼고 안다. 심지어 그 자신이 아주 자유로이 내렸던 결정과 결단도, 자유라는 요소를 잃어버림이 없이, 그가 **했다**기보다 오히려 그가 **체험한** 것이 된다."

에 충분한 비중을 부여하지 않으면 바울을 결코 이해하지 못할 것이다. 나는 본 연구서의 이 섹션에서 **체험, 그중에서도 특히 은혜 체험이 바울의 신학을 형성하는 데 근본적 역할을 했음**을 논증해 보고 싶다.

바울의 종교적 체험에서 중심이 된 것은 분명 그의 그리스도 체험이다. 그는 이를 특히 '그리스도 안에', '주 안에'라는 언어로 표현한다. 우리도 다이스만처럼 이 자료에 곧장 뛰어들어 논증 작업을 시작할 수 있겠지만, 그 사상과 개념화를 파악하기가 쉽지 않다. 따라서 나는 우리에게 더 친숙한 자료들을 다룬 뒤에 에둘러 그 자료에 접근하는 것이 오히려 도움이 되리라고 생각한다. 아울러 바울의 종교적 체험에서 근본이 된 것은 종말론적 의식이었다. 우리는 이미 이런 가닥의 일부를 제5장에서 살펴보았지만, 이 문제는 제10장에서 다시 살펴보는 것이 더 편리하겠다. 따라서 우리는 먼저 선물(은사, 능력)을 주시는 영에 관한 바울의 이해를 먼저 살펴보면서, 특별히 우리가 제4장과 제7장에서 이미 논한 것과 비슷한, **영의 선물과 관련된 현상들**(*charismatic phenomena*)을 다뤄보겠다. 우리의 사도행전 연구에서 등장한 질문 가운데 하나가 이렇게 다양하고 광범위한 영의 선물이 어디서 그리고 어떻게 계속 지속적인 공동체와 그 공동체의 예배 속에 통합될 수 있었는가라는 물음이었다. 바울은 영의 선물 체험이 공동체 전체와 관련하여 갖고 있던 차원들을 아주 잘 인식하고 있다. 우리는 바울이 제시한 그리스도의 몸이라는 개념을 살펴보면서 그가 이런 영의 선물을 어떻게 **통제**할 것인가라는 문제에 제시한 답을 밝혀보겠다. 그렇게 하면 바울이 가졌던 '그리스도 신비주의'(Chrisy-mysticism)를 탐구하기에 더 좋은 위치에 서게 될 것이다. 그리하면 누가의 사도행전이 제기하는 다른 문제에 대한 바울의 대답도 그 형체를 드러낼 것이며, 이를 통해 바울이 그리스도인의 종교적 체험이 지닌 **독특성**을 어떻게 생각했는가도 더 분명하게 드러나길 소망한다.

§37. 영과 은혜

바울이 신자의 하나님 체험을 묘사할 때 다른 어떤 단어보다 많이 사용하는 두 단어가 '영'과 '은혜'다.

37.1. 바울이 생각하는 영(πνεῦμα)은 본질상 **체험에서 나온 개념**(*experiential concept*)이다. 이는 바울의 체험이 그가 생각하는 영의 개념과 의미를 결정하는 데 대단히 중요한 역할을 했다는 뜻이다. 오래전에 궁켈(Gunkel)은 '바울이 πνεῦμα에 관하여 제시하는 가르침의 뿌리는 사도의 **체험**에 있다'는 것을 확실하게 논증했다.[4] 나도 앞서 바울이 회심-입회를 다룬 본문을 연구한 결과를 제시할 때 그와 같은 취지를 내 나름대로 강조했다.[5] 로마서 5:5, 6:1ff., 8:9, 14, 고린도전서 1:4-9, 6:9-11, 12:13, 고린도후서 1:21f., 3장, 갈라디아서 3:1-5, 4:6f., 골로새서 2:11ff., 데살로니가전서 1:5f. (그리고 디도서 3:5-7) 같은 본문을 읽어보기만 해도 그런 점이 분명하게 드러난다. 영은 인간의 **마음**에서 활동하는 능력이다—여기서 '마음'은 생각과 감정과 의지의 중심이요, 인간 의식, 곧 '**체험하는** 나'(the *experiencing* I)라 부를 만한 것의 중심이다.[6] 영은 내면에 존

4. Gunkel p. 82.
5. *Baptism* 제3부.
6. J. Behm, *TDNT* III pp. 611ff.; Bultmann, *Theology* I pp. 220-227; W. D. Stacey, *The Pauline View of Man*, Macmillan 1956, pp. 194-197; R. Jewett, *Paul's*

재하는 생명의 능력으로서 단순한 제의 및 외면과 관련된 모든 것과 멀찌감치 떨어져 있으며, 하나님을 믿는 믿음과 하나님에게 올리는 예배를 생생히 살아 있는 존재로 현실화시켜 준다(롬 2:28f., 고후 3장, 갈 4:6, 빌 3:3, 엡 1:17f.). 영은 사람을 그 안부터 밖에까지 완전히 변화시키는 능력이다. 이 때문에 깨끗하게 함과 거룩히 구별함이라는 은유를 날마다 삶에서 실제로 체험하게 된다(고전 6:9-11). 영은 사랑의 물결과 드높은 기쁨의 원천이며 외부의 반대 세력들을 압도한다(롬 5:5, 살전 1:5f.). 영은 규칙서(rule-book)처럼 우리를 옭아매는 결의론(casuistry)과 두려움이라는 정서에서 우리를 해방시키는 힘이다(롬 8:2, 15, 고후 3:17). 따라서 윤리적 결단은 내면의 확신과 자연스럽게 우러나오는 사랑의 문제요 영을 따라 행함의 문제이지, 율법에 아무 의문도 제기하지 않고 순종하는 것의 문제가 아니다(롬 7:6, 고후 3:3, 갈 5:25, 골 2:11; 더 자세한 내용은 본서 §40.5을 보라).

바울은 영이 사람의 마음에 그리고 마음으로부터 활동한다고 보지만, 이런 본문들을 살펴보면, 우리가 은밀한 심연 속에 감춰진 무언가를, 즉 순전한 내면성과 '내밀한 경건'(closet piety)의 종교를 묘사하는 게 아님이 분명히 드러날 것이다. 오히려 그 반대로, 영은 사람의 마음속에서 활동한다는 것을 감출 수 없는 능력이다. 신약성경의 다른 곳도 마찬가지지만, 바울은 영을 '그것을 받았음을 검증하고 확인할 수 있는 존재'로 이해한다.[7] 영은 사람들이 보는 앞에서 전인(全人)이 그 속으로 던져지는 세례수이며(고전 12:13), 그 신자가 그리스도의 소유임을 모든 이가 볼 수 있게 표시해 주는 인(印)이다(고후 1:22, 엡 1:13). 바울이 그의 갈라

Anthropological Terms, Leiden 1971, 제6장을 보라.

7. Schweizer, *TDNT* VI p. 423. 바울은 (갈 3:2ff.에서) "영 받음은, 가령 인플루엔자의 공격처럼, 명확하고 눈으로 볼 수 있는 것이었다"라고 말한다(Streeter, *Church* p. 69). 참고, O. Kuss, *Der Römerbrief*, Regensburg 1957, 1959, p. 551.

디아 독자들에게 영 받음을 그들 모두가 잘 기억해야 할 사건으로 되새겨줄 수 있는 것도 그 때문이다(갈 3:2). '그리스도 안에' 있음이라는 범주를 정의하고 결정하는 것도 (사람들이 볼 수 있게 드러난) 영의 임재이며(롬 8:9), 하나님의 아들임을 정의하고 결정하는 것도 영이 우리 내면에서 주는 자극에 순종함이다(롬 8:14).[8]

이번 장과 이어질 장들에서 우리가 할 일은 영의 존재를 드러내는 표현들을 더 꼼꼼히 탐구하는 것이요, 특히 (제10장에서는) 바울이 영의 임재를 어떤 식으로 '검증하고 확인할 수 있다'고 했는지 탐구해 보는 것이다. 지금 당장은 영에 관한 바울의 말이 갖고 있는 체험의 차원이 그의 종교와 신학 전체의 기본 사실임을 인식하는 것만으로도 충분하겠다.

37.2. **은혜**(χάρις). "바울에게 χάρις는 구원 사건에 관한 그의 이해를 가장 분명하게 표현하는 중심 개념이다."[9] 즉, 은혜는 우리에게 아무 공로가 없어도 하나님이 그 너그러움과 관대함을 완전히 보여주시는 행위다. 바울은 '은혜'를 하나님의 태도나 성향을 가리키는 말로 여기지 않는다. 그 점을 처음부터 파악해두는 게 중요하다. 바울이 생각하는 은혜는 하나님의 철저히 너그러운 **행동**이다. "은혜는 **하나님의 종말론적**

---

8. 이 본문을 더 충실히 강해한 것을 보려면 Dunn, *Baptism* pp. 129ff., 133f., 149 그리고 이곳저곳을 보라.

9. H. Conzelmann, *TDNT* IX p. 393; 아울러 J. Moffatt, *Grace in the New Testament*, Hodder & Stoughton 1931, pp. 131-296을 보라; P. Bonnetain은 바울의 신학을 '그리스도 중심'이라고 적절히 표현한다(*DBS* III 1002). 바울서신은 χάρις를 100회 사용하는 반면, 신약성경의 나머지 부분은 55회 사용한다(마태복음과 마가복음은 전혀 사용하지 않으며, 네 번째 복음서는 프롤로그에서만 사용한다).

행위다."[10]

이 때문에, 첫째, 바울은 은혜라는 말을 예수 그리스도에 관한 역사적 사건에 사용한다(고후 8:9; 아울러 롬 5:15, 갈 2:21, 엡 1:6f.). 그러나 바울은 은혜를 하나님이 과거에 한 행동만을 가리키는 말로 받아들이지 않는다. 은혜는, 더 독특하게, 하나님이 현재 행하는 행위이기도 하다. 둘째, 그런 점에서 은혜는 '회심케 만드는 은혜'를 가리킨다—은혜는 하나님과 믿는 사람 사이에서 긍정적 상호작용과 관계를 수립하고자 하나님이 어떤 사람 안에서 그리고 그 사람에게 행하는 결정적 움직임을 말한다(특히, 롬 3:24, 5:15, 17, 20, 고전 1:4f., 15:10, 고후 6:1, 갈 1:6, 15, 2:21, 엡 2:5, 8). 이 본문들을 간략히 살펴보기만 해도 중요한 두 가지 점이 드러날 것이다. 즉, 바울이 은혜를 단지 믿어야 할 무엇이 아닌 체험한 것으로 여긴다는 점이 그 하나요, 그 체험한 것은, 우리가 이미 보았듯이(§37.1), 바로 신자의 마음에서 체험한 변화의 능력과 동일하다는 점이 다른 하나다. 바울에게 은혜는 **능력**, 곧 신자의 삶에서 그리고 그 삶을 통해 역사하는 비범한 능력이요, 하나님의 영을 **체험함**을 의미한다.[11]

셋째, 은혜는 과거에 믿음의 삶을 시작하게 해 주었던 하나님의 행동을 가리킬 뿐 아니라, 현재에도 우리가 율법을 따라 행함 덕분이 아닌(갈 5:4) 하나님의 능력 덕택에 하나님과 신자의 관계가 계속 이어지고 있음을 체험함을 가리킨다(롬 5:2; 참고, 골 3:16). 은혜는 죄와 율법의 힘을 넘어서는 능력(롬 5:21, 6:14), '오로지 성실하고 경건한 생각'을 갖게 해 주는 능력(고후 1:12), 그리고 바울의 육체의 질병을 불평거리가 아니라 찬

10. Bultmann, *Theology* I p. 289. χάρις를 분석한 글을 보려면 특히 G. P. Wetter, *Charis*, Leipzig 1913을 참고하라.

11. Wetter, *Charis*에서 가령 pp. 40f., 71f., 96f., 104f.을 보라; 참고, Bultmann, *Theology* I pp. 290f.; G. Stählin, *RGG*³ II 1635f.

송 제목으로 여길 수 있게 해 주는 능력을 부여해 준다(고후 12:9).[12] '너희에게 풍성히 넘치는 모든 은혜', '하나님이 너희에게 주시는 지극한 은혜', '우리에게 넘치게 주어진 하나님의 은혜의 풍성함'(고후 9:8, 14, 엡 1:7f.) 같은 말을 읽다보면, 체험에서 나온 아주 중요한 개념을 다루고 있음을 인식할 수밖에 없다. J. 모파트(Moffatt)는 '아주 큰 바다에서 그들의 미미한 삶 속으로 흘러든 풍성한 파도'를 의식함에 관하여 적절히 이야기한다.[13] **바울은 '은혜'도 그것과 밀접하게 관련된 '영'처럼 오감으로 감지할 수 있고 확인할 수 있는 것이라고 여겼다**(고후 8:1). 바울이 그의 서신 첫머리와 맺음말에서 하는 인사와 축도가 그저 형식치레로 하는 말이 아님도 다 그 때문이다. 그리스의 편지 형식에서 으레 사용하던 형태인 χαίρειν('안녕하세요!')은 χάρις로 대체됐지만, 맺음말에 담긴 축도(가장 간결한 형태인 '은혜가 그대들과 함께 있기를')는 훨씬 더 원형에 가깝다.[14] 바울이 이렇게 인사하고 축도한 이유는 바로 그가 회심케 한 이들에게 가장 간절히 그리고 늘 바랐던 것이 그들도 은혜를 체험하고, 그들의 삶 도처에 실존적으로 역사하는 하나님의 은혜로운 능력을 언제나 신선하게 깨달아 아는 것이었기 때문이다.

넷째, 개개 사례들을 살펴보면, 더 일반적인 은혜 체험이 상이한 여러 형태를 띤다. 은혜는 하나님의 특별한 행동들을 가리킬 수도 있다. 바울은 '내게/너희에게 주어진 은혜'를 적잖이 이야기한다(롬 12:3, 6,

12. 이 구절에서 '은혜'와 '능력' 사이에 존재하는 평행 관계에 주목하라.

13. Moffat, *Grace* p. 179. J. Wobbe, *Der Charis-Gedanke bei Paulus*, Münster 1932은 바울서신의 몇몇 본문이 암시하는 χάρις와 χαρά('기쁨')의 긴밀한 관계에 주목한다 (pp. 14f.).

14. Moffat, *Grace* pp. 136-143.

15:15, 고전 3:10, 갈 2:9, 엡 3:2, 7f.; 아울러 롬 1:5을 보라).[15] 바울은 각 경우에 어떤 섬김을 위한 사명이나 능력의 수여에 관하여 이야기한다. 또 각각의 경우마다 그런 사명 수여나 능력 수여가 있었다는 의식(consciousness)을 내비친다. 그 의식은 바울의 내면에서 바울을 강하게 압박한다—바울의 경우에는 그런 강박이 계속 이어진다. 더욱이, 바울이 로마서 12:3-8에서 말하는 방식("믿음의 분량", "우리에게 주신 은혜를 따라", "우리 믿음에 비례하여")은[16] 신자라면 필시 그들의 삶에서 드러나는 은혜의 특별한 표현을—무엇이 은혜이며, 은혜의 한계는 무엇인지, 그리고 은혜가 언제 끝나는지—**알고 있을 것임**을 시사한다(더 자세한 것은 본서 §39.4을 보라).

다섯째, 은혜/영이 영감을 불어넣고 은혜/능력이 가능케 하는 특별한 사역이나 섬김 자체를 '은혜'라 이야기하는 것도 은혜라는 말의 용법을 자연스럽게 확장한 것이다(고전 16:3, 고후 1:15, 8:1,[17] 8:4, 6f., 10, 엡 4:29). 각 경우에 '은혜'는 하나님의 은혜가 특별한 모습으로 나타나 실제로 눈으로 볼 수 있는 일을 만들어냈음을 가리키는 말로 사용된다.

이처럼 바울이 χάρις라는 말을 어떻게 사용하는지 간략히 살펴보면 중요한 네 가지 점이 등장한다.

(a) 은혜는 역동적 개념이다—은혜는 하나님이 사람을 위해, 사람 안에서, 사람을 통해 하시는 행동을 가리킨다. 은혜가 하나님이 사람 안에서 그리고 사람을 통해 하시는 행동을 묘사할 때면, 은혜는 '능력'이라는 개념 및 '영'이라는 개념과 겹친다. 사실, 은혜는 '능력' 및 '영'이라는

15. 참고, Wetter, *Charis* pp. 97f.; 아울러 Wobbe pp. 50-57을 참고하라.

16. 롬 12:6-8은 정동사(finite verb)가 없는 문장이라는 점에서 조금 모호하다. 가령 C. K. Barrett, *The Epistle to the Romans*, A. & C. Black 1957, p. 237을 보라.

17. 여기서 χάρις는 필시 '영감에 기초한 자유로움'을 의미할 것이다. NEB는 이를 '너그러움의 은혜'로 번역해 놓았다. 아울러 Wobbe p. 58을 보라.

말과 다소 같은 말이며, 체험에서 유래한 개념들이 가지는 특징을 공유한다. 물론 은혜는 늘 하나님이 값없이 후히 베풀어주신다는 생각을 그 안에 담고 있다. 은혜는 바울이 **하나님이 자신을 붙잡으시고, 지탱해 주시고, 사용하심을 역동적으로 체험할 때** 겸손과 놀람을 표현하고자 사용하는 단어다.

(b) 우리가 위에서 개관한 여러 상이한 용법들을 확실하고 분명하게 구분해 주는 경계선은 존재하지 않는다. '그리스도 안에 나타난 하나님의 은혜'(롬 5:15, 갈 2:21, 엡 1:6f.)는 그리스도의 죽음과 부활이라는 역사적 사건을 가리킬 뿐 아니라, 지금 여기서 이뤄지는 은혜 체험을 가리키기도 한다. 마찬가지로 회심의 은혜도 현재 바울이 펼치는 사역을 통해 계속 역사하는 은혜와 다른 무엇이 아니다(고전 15:10). 바울의 회심은 그가 받은 부름과 다른 것이 아니었다. 마찬가지로, 그를 변화시킨 은혜도 '(사역을 통해) 그와 함께 역사하는' 은혜와 다른 것이 아니었다. 따라서 계속 이어지는 은혜 체험은 개개의 경우에 어떤 활동이나 섬김을 할 수 있게 해 주는 특별한 능력 수여와 그런 활동이나 섬김을 행해야 한다는 내면의 압박으로 나타난다. 바울은, 그와 거의 같은 시대에 살았던 필론과 달리, χάρις를 복수형으로 사용하지 않고 늘 단수형으로 사용한다. **모든 은혜는, 그 특별한 표현들을 비롯하여, 하나님이 베풀어주시는 하나의 은혜**다.[18]

(c) 은혜는 언제나 **하나님의** 행위다. 바울은 은혜를 가리켜, 사람들에게 주어진 것이라고 몇 차례에 걸쳐 이야기한다(롬 12:3, 6, 15:15, 고전 3:10, 갈 2:9 등). 그러나 그가 말하려는 뜻은 은혜가 어쨌든 사람의 소유, 곧 사람이 마음대로 자기 뜻을 따라 사용할 수 있다는 뜻이 아니다. 은

18. Wetter, *Charis* pp. 26f.; Wobbe pp. 40-46; 참고, Bultmann, *Theology* I pp. 290f.

혜는 **늘 하나님이 바울을 통해 하시는 행위**다.[19] 필론은 은혜(들)를 사람들이 태어날 때부터 갖추고 있는 것—예를 들면, 필론은 봄, 들음, 이성을 은혜들(χάριτες)로 본다—으로 보는 반면, 바울은 (언제나 단수형을 사용하여) 은혜를 늘 **하나님**의 행동으로 본다.[20] 바울이 χάρις와 함께 인칭대명사를 쓴 경우가 딱 한 번 있는데("너희의 은혜로운 행동"—고전 16:3),[21] 이는 고린도후서 8장에서 상세히 설명한 은혜와 동일한 은혜를 가리킨다—고린도 사람들은 '후히 베푼 은혜'(고후 8:1)를 말하는데, 이 은혜는 바울이 거두는 연보에 후히 참여하는 구체적인 행동으로 나타난다. 바울이 '…에게 주어진'(given to)이라는 말을 쓸 때 강조되는 것은 전치사나 주어지는 은혜를 받는 이가 아니라 동사다—즉 그는 은혜를 아무 공로도 없는 이에게 무한히 너그럽게 베풀어주는 행동으로 본다. 은혜는 주어지는 것이다.

(d) 바울은 이런 점 때문에 결국 **삶 전체를** 아주 실제적인 의미에서 **은혜의 표현**으로 본다. 즉, **모든 것이 은혜에서 나오며, 모든 것이 은혜다**. 이는 곧 은혜의 특별한 표현들이 신자가 살아가는 내내 그 삶에 원동력을 제공하는 어떤 능력을 신자의 눈으로 더 분명히 볼 수 있게 해

---

19. 참고, Conzelmann, *Outline* p. 213(하지만 이 점을 오해를 불러일으키게 표현해 놓았다).

20. Wetter, *Charis* pp. 14, 21ff.; 참고, Wobbe pp. 18ff.

21. 바울은 빌 1:7에서 '내 은혜'에 관하여 이야기하는가(συνκοινωνούς μου τῆς χάριτος)? 그 대답은 불확실하다. 이 말은 '나와 함께 은혜를 나눠 가진 사람'(RSV)이나 '내 소유인 특권에 동참하다'(NEB)로 번역할 수 있을 것이다. 서로 대립하는 견해들을 살펴보려면, M. R. Vincent, *Philippians and Philemon*, ICC 1897, p. 10, 그리고 E. Lohmeyer, *Die Briefe and die Philipper, Kolosser und an Philemon*, KEK ^{13}1964 = ^{8}1930, p. 25 주2을 보라. 어느 경우든, '은혜'는 모든 면에서(심지어 바울이 치른 옥고조차도) 하나님의 은혜가 만들어낸 결과로 인정받는 바울의 사역을 가리킨다.

주는 구체적인 형태들(embodiments)임을 의미한다. 그것들은 사람들로 하여금 은혜임을, 하나님의 은혜로운 행위임을 인식할 수 있게 외부로 표현되는 내면의 능력이다. 따라서 은혜는 신자의 삶을 구성하는 특별한 부분들에서만 나타나는 게 아니다. 아울러 특별한 의식적 은혜 체험들이 신자의 삶에서 나타나는 은혜의 유일한 활동도 아니다.[22] 모든 것이 은혜에서 나오며, 모든 것이 은혜다. 그러나 동시에 이것은 신자가 불신자와 꼭 다름을 의미하지는 않는다. '은혜'의 아우라가 늘 신자 주위에만 머물러 있다는 법은 없으며, 신자라면 오직 '은혜롭다'라는 말로 정당화할 수 있는 좁은 삶의 양식 속에만 머물러야 한다는 법도 없다. 고린도전서 8장과 10장, 로마서 14장의 논의가 분명하게 일러주듯이, 은혜는 사람을 사회와 떼어놓지 않으며 사람을 장터의 삶과 단절시키지도 않는다. 믿음의 사람들은 다르지만 이들이 다른 것은 오직 실존에 있어서 모든 것을 결정하는 어떤 차원이 존재하기 때문이다(롬 5:2, 고전 10:26). 신자의 실존의 원천이 되시는 하나님은 에너지를 불어넣으신다(가령 롬 5:21, 6:14, 고후 12:9, 갈 5:4을 보라). 또한 신자의 실존을 하나님의 영광으로 인도하는 길잡이가 있다("그는 하나님에게 감사한다[εὐχαριστεῖ]"—롬 14:6ff., 고전 10:31). 은혜는 신자의 삶에 원천과 능력과 방향을 제공한다. 모든 것이 은혜에서 나오며, 모든 것이 은혜다.

§38. 카리스마, 카리스마들 그리고 프뉴마티카

영 체험과 은혜 체험이 바울이라는 한 그리스도인의 삶에서 근본이

22. Wetter, *Charis* p. 99.

라는 것을 인정한다면, 우리는 계속해서 영과 은혜가 바울 그리고 그가 회심케 한 이들의 삶에서 특별히 어떻게 나타났는지 물어야 한다. 바울은 어떤 체험, 신자로서 살아가는 삶에서 겪은 체험의 어떤 측면을 영과 은혜의 표현이라 인식했는가? 우리는 그 자체가 '영의 표현'과 '은혜의 표현'을 의미하는 단어들—πνευματικόν과 χάρισμα—을 살펴봄으로써 이 질문에 답해 보려 한다. 바울은 둘 가운데 후자—χάρισμα—를 더 중요하게 여겼다. 따라서 우리도 이에 초점을 맞춰 살펴보겠다.

38.1. χάρισμα는 바울이 독특하게 사용하는 말이다. 신약성경에서는 이 말이 17회 등장하는데, 바울서신 밖에 등장하는 경우는 단 1회이며, 그곳 역시 사람들이 보통 바울의 글과 닮은 본문으로 여기는 곳이다(벧전 4:10). 우리가 비교 사례를 확대해 보면, 바울의 용례가 지닌 새로움과 독특함이 훨씬 더 분명하게 드러난다. 바울은 이 용어를 사용할 때 구약의 개념에 신세지지 않았다. χάρισμα는 칠십인역에 단 두 번 등장하며, 그 뒤에는 변형된 표현으로서 등장할 뿐이다.[23] 사실, 바울이 χάρισμα라는 말을 선택한 동기 가운데에는 새로운 은혜 체험을 율법과 제의를 앞세운 구약의 종교와 구별하여 말하고픈 욕구도 있었다.[24] 요세푸스는 이 말을 전혀 사용하지 않는다. 필론의 글에서는 딱 두 번 등장하는데, 모두 창조를 가리킨다.[25] 반면, 바울은 이 말을 하나님과 인간의 관계에 국

---

23. 집회서 7:33, 38:30; Theodotion도 시 30:22을 번역할 때 이를 한 번 사용한다. 칠십인역은 같은 본문에서 이를 ἔλεος로 번역했다. F. Grau, *Der neutestamentliche Begriff χάρισμα*, Tübingen dissertation 1946, pp. 13-21을 보라.
24. Hasenhüttl pp. 105f.
25. Philo, *Leg.All.* III. 78.

한하여 사용한다.[26] 바울의 용례와 거의 비슷한 또 다른 용례가 단 한 곳, 곧 그 저작 시기가 불명확한 『시빌라의 신탁』(II.54)에 등장하지만, 세속 그리스어로 쓰인 이 얼마 안 되는 사례들은 모두 바울의 글보다 훨씬 뒤에 나온 것이다.[27] 바울보다 뒤에 등장한 기독교의 용례들을 보면, 바울이 사용했던 독특한 의미가 거의 사라지고 없다.[28] 요컨대, **χάρισμα는 우리가 거의 오롯이 바울에게 신세지고 있는 개념이다**. 이는 중요한 의미가 있다. 바울이 이런 용어를 선택하는 데 큰 영향을 미친 요인이 바로 바울 자신의 체험임을 의미하기 때문이다. χάρισμα라는 말은 그의 그런 창조적 체험을 묘사한다.

38.2. **χάρισμα 개관—의미의 범위**. χάρισμα는 그 의미 범위가 χάρις와 상당 부분 겹친다.[29] 로마서 5:15f.에서는 χάρισμα가 하나님이 예수 안에서 행하신 은혜로운 행위 그리고 그 행위의 효과로서 사람들이 죄에 따른 벌을 면제받은 일을 가리키는 것 같다.[30] 로마서 6:23은 χάρισμα를 하나님이 아무 공로 없는 이들에게 거저 후히 베풀어주심이 신자 안에서 그리고 신자를 위해 이뤄내는 모든 일을 집약하여 표현한 말로 사용한다. '하나님이 거저 주시는 선물이 영생이다'—이곳에서는 영생을 은혜로운 행위라기보다 은혜로운 선물이라고 생각한다.

둘째, 바울은 신자에게 주어진 특별한 선물(은사)을 가리키는 말로

26. Moffat, *Grace* pp. 114f.

27. Arndt & Gingrich, *χάρισμα*; Conzelmann, *TDNT* IX pp. 402f.

28. Grau §§8, 9; E. Schweizer, *Church Order in the New Tesatement*, ET SCM Press 1961, 주377과 519.

29. 참고, Wetter, *Charis* pp. 174ff.

30. Conzelmann, *TDNT* IX p. 404와 주18; NEB는 '하나님의 은혜로운 행동'이라 번역해 놓았다. 참고, Grau p. 75.

χάρισμα를 두 번 사용한다. 먼저 고린도후서 1:11을 보자. 이 구절 하반절은 혼란스럽지만, 여기서 χάρισμα는 방금 전에 언급한 것(1:10), 곧 하나님이 목숨을 잃을 위험에서 건져주심을 일컫는 말임이 틀림없다.[31] 그 위험이 어떤 심각한 질병이든 아니면 외부의 위협이든, 바울은 오직 하나님의 능력이 그 안에서 직접 활동하여(참고, 고후 12:9), 또는 어떤 사람에게 영감을 불어넣어 그로 하여금 개입하게 함으로써, 그의 목숨을 구해 주었다는 확신을 표명한다. 따라서 여기의 χάρισμα는 하나님이 바울을 위해 바울 자신 안에서 직접 행하신 특별한 행위나 외부 상황을 통해 그를 구해내신 하나님의 특별한 행위를 말한다.[32]

바울은 고린도전서 7:7에서 독신을 하나의 χάρισμα로 여긴다. 곧, 그는 혼인한 부부가 성관계를 자제할 수 있고 혼인하지 않은 이가 성욕을 제어할 수 있는 것도 하나님이 주신 것이라고 여긴다.[33] 독신 상태 자체가 카리스마(charisma)가 아니라, 타오르는 성욕을 거부할 수 있게 해 주는 것이 카리스마다—바울은 이렇게 거부할 수 있는 능력을 그 자신의 힘이 아니라 자신 너머에서 주어진 것으로서 체험한다. 사람들이 빈번히 강조하는 것과[34] 달리, 바울은 혼인을 은사라고 부르지 않는다. 바울은 "각 사람이 그 나름의 은사를 하나님에게서 받아 갖고 있으니, 어떤 이는 이것을, 어떤 이는 저것을 갖고 있다"라고 말하는데, 여기서 그가 말하려는 것은 다만 어떤 이는 자제라는 선물을 받아 갖고 있으나, 이

31. 대다수가 그렇다; 반대 의견은 Conzelmann, *TDNT* IX p. 404와 주16: "은혜로운 개입이 다른 어디에서도 증언되지 않았다"라고 주장하는 것은 아주 적은 사례에 기초하여 문제를 제기하는 것이다.

32. 여기서 Grau가 제시하는 해석은 다소 억지스럽다(pp. 72f.).

33. 특히 Grau pp. 64-69을 보라.

34. 가령 Wobbe p. 66; Käsemann, *ENTT* pp. 69f.; Bruce, *Cor.* p. 68; J. Ruef, *Paul's First Letter to Corinth*, Penguin 1971, p. 55.

선물을 가지지 않은 이들은 분명 하나님에게서 다른 선물을 받아 가지고 있을 것이니, 그런 이들은 그냥 혼인하는 것이 좋다고 권면하는 것이다.[35] 그가 다른 선물로서 염두에 두고 있는 것이 무엇인지, 고린도전서 12장에서 조목조목 열거하는 카리스마들(χαρίσματα)인지, 아니면 그보다 광범위한 것인지 우리는 말할 수 없다. 그러나 고린도전서 12장의 그것보다 광범위한 것일 개연성이 더 큰 것 같다.

셋째, χάρισμα는 믿음 공동체라는 정황 속에서 은혜의 특별한 표현으로 나타날 때가 있는데, 바울은 χάρισμα를 이런 의미로 가장 빈번히 사용한다. 로마서 11:29은 "카리스마들(χαρίσματα)과 하나님의 부르심은 취소할 수 없다"라고 말한다. 여기서 카리스마들은 과거에 이스라엘이 받은 특별한 선물—아들의 지위, 영광, 언약, 율법, 예배 그리고 약속(9:4)—을 가리키는 말일 수 있다. 그러나 바울이 율법을 '취소할 수 없는 선물'로 묘사하려 했을까? 11:28f. 문맥에서는 '카리스마들'이 '부름'과 결합하여 '선택'이라는 단어를 설명하는 말로 등장한다. 따라서 이는 하나님이 이스라엘을 부르고 택하심을 확실하게 만들어주었던 은혜의 **행동**—이스라엘을 위한 하나님의 은혜로운 행위—을 가리키는 말일 개연성이 높다.[36]

나머지 본문은 모두 그리스도인 공동체를 언급한다. 바울은 오직 이런 맥락에서 세부 내용으로 들어가 그가 생각하는 카리스마들의 종류에 해당하는 경우들을 제시한다. 우리는 더 일반적인 언급들을 살펴본 뒤, 이번 장의 다음 문단에서 바울이 공동체 안에서 나타난 카리스마들

35. Lietzmann in Lietzmann-Kümmel, *Kor*. p. 30; Grau pp. 67f.; Barrett, *I Cor*. pp. 158f. 절제가 하나님이 준 선물이라는 믿음과 유사한 사례를 종교사에서 찾아보려면, Weiss, *I Kor*. p. 176 주1; Kirk, *Vision* 색인의 'celibacy,' 'continence'를 보라.

36. 참고, Barrett, *Romans* p. 225.

의 사례로 언급하는 것들을 더 자세히 살펴보겠다. 바울은 로마서 1:11에서 로마 사람들을 보기를 간절히 원하는 이유로 '어떤 영적 선물(τι χάρισμα πνευματικόν)을 너희에게 나누어주어 너희를 **강하게 만들려** 함'을 말한다. 바울이 μεταδίδωμι('한 부분을 나누어주다')라는 말을 쓴 것은 그 자신도 카리스마에서 유익을 얻길 기대하기 때문이다(12절에서 하는 말도 그런 기대 때문이다). 바울이 여기서 어떤 한 특별한 카리스마를 염두에 두고 있는지는 의문이다.[37] 그는 단지 그들이 함께 모일 때 하나님이 바울 자신을 통해 특별한 방식으로 자신과 그들에게 모두 유익이 되게 역사하시리라는 확신을 표명하고 있을 뿐이다. 바울은 고린도전서 1:7에서 고린도 사람들이 회심한 후 영에 감동된 말과 지식을 풍성히 체험함으로써 그들이 실제로 광범위한 영의 나타남을 계속해서 누리고 있는 것에 기쁜 마음을 표명한다. 바울은 분명 고린도전서 12:8-10에서 열거한 것과 같은 종류의 카리스마들을 염두에 두고 있다.[38] 목회서신에서도 χάρισμα가 두 번 나타나는데, 이는 제11장에 가서 살펴보겠다.

38.3. πνευματικός는, 적어도 초기 기독교 문헌만 놓고 보면, χάρισμα처럼 거의 바울의 글에서만 독특하게 나타나는 말이다(신약성경에서 바울서신을 제외하면 벧전 2:5에만 나타난다). 그러나 다른 곳에서도 이 말을 다소 비슷한 방식으로 사용하며,[39] 바울 시대의 초기 영지주의에서는 이 말이

37. Delling은 '분명 무엇보다 가르침'이 그 선물이라고 생각한다(*Worship* p. 154). 그러나 이를 정당화하는 적절한 근거는 제시하지 않는다.

38. 12:8-10과 같은 종류의 영의 선물을 분명 염두에 두고 있다(참고, 1:5과 12:8). 따라서 ὑστερεῖσθαι는 '부족하다'보다 '…이 없다'로 번역하는 것이 낫다(참고, Conzelmann, *I Kor*. pp. 41f.; 반대하는 견해는 Barrett, *I Cor*. p. 38). 본문을 더 충실히 다룬 것을 보려면 특히 Grau pp. 58-64을 보라.

39. R. Reitzenstein, *Die hellenistischen Mysterienreligionen*, Leipzig [3]1927, pp. 70ff.,

대단히 중요한 역할을 했다—이는 바울이 이 말을 사용한 고린도전서 2:13ff.,[40] 14:37 그리고 15:44ff.에서[41] 가장 분명하게 나타난다(아울러 유 19절을 보라). 결국 πνευματικός보다는 χάρισμα가 바울의 독특한 강조점들을 전달하는 도구를 더 많이 제공할 수 있다.

그럼에도 πνευματικός는 바울에게 아주 중요한 단어다. 이 말은 영에 속해 있고, 영을 체현하며, 영을 나타내고, 영의 본질 내지 본성을 인식하고 있음을 아주 분명하게 표현하기 때문이다.[42] πνευματικός는 형용사로서 그 사용 범위가 χάρισμα와 좀 다르다. 바울은 이 말을 크게 세 가지 방식으로 사용한다—(a) 형용사(무언가가 영적이거나 영에 속해 있음을 나타내는 말), (b) 남성 명사(영에 속한 사람, **영적 사람**[*pneumatiker*]), (c) 중성 복수 명사(영적 일들이나 영적인 것들).

(a) 로마서 1:11을 보면, πνευματικόν(πνευματικός의 중성형)이 χάρισμα를 수식한다. 이는 놀라운 이중 강조로서, 바울이 로마에 있는 신자들에게 가져다줄 수 있는 어떤 유익이든 그 유익의 근원을 일부러 영과 은혜에서 찾고 있음을 강조한다.[43] 로마서 7:14을 보면, 율법을 '영적'이라 말하는데, 이는 율법이 영에서 유래했다(영감/계시를 통해 사람에게 주어졌다)는 의미이며 사람들을 영의 차원에서 다루려는 의도를 갖고 있었다는 의미다(참고, 롬 8:4). 고린도전서 15:44, 46은 부활한 몸을 가리켜 '영적'이라 말한다. 부활한 몸은 영을 체현하기 때문이요, 영은 부활한 몸의 생명 원리이며 그 존재를 통일시켜주는 중심이자 원동력이기 때문이다. 에

311, 319.

40. 더 자세한 것은 본서 §40.4, 특히 원서로 p. 219을 보라.
41. Dunn, *CSNT* pp. 127ff.을 보라.
42. 참고, H. Schlier, *Die Brief an die Epheser*, Patmos 1957, p. 44.
43. 참고, Wetter, *Charis* p. 169.

베소서 1:3은 여러 복(blessings)을 '영적'이라 말하는데, 이는 이런 복들이 영에서 유래하고 영에서 그 특성을 취하기 때문이다. 골로새서 1:9은 '영적 이해'를 이야기하는데, 이는 영이 부여한 통찰, 영을 힘입은 통찰을 암시한다(본서 §40.5을 보라). 아울러 에베소서 5:19, 골로새서 3:16은 '영적 노래'를 이야기하는데, 이는 영의 자극을 받아 부르는 노래요 영이 안겨준 감동을 표현하는 노래다(본서 §41.5을 보라).[44]

(b) 어떤 그리스도인은 '영적 그리스도인'(οἱ πνευματικοί)이지만, 그렇지 않은 이들도 있다. 즉, 영적 그리스도인은 다른 이보다 많이 영에게 사로잡혀 있고 영을 표현하되, 다른 이들이 아직 체험하지 못한 방식으로 영을 표현한다(고전 2:13, 15, 14:37, 갈 6:1). 이는 고린도에 있던 바울의 반대자들이 한 주장이요 바울 자신이 한 주장이기도 하다! 이 주장은 제9장에 가서 더 자세히 살펴보겠다(§48).

(c) 고린도전서 9:11은 τὰ πνευματικά('영의 것들')를 τὰ σαρκικά('육의 것들')과 대비하여 사용한다. 이 두 경우는 활동과 태도 그리고 경험 등을 모두 아울러 가리킨다. τὰ πνευματικά는 그 의미가 영에서 유래한다는 점에서, 그 의미가 단지 물리적/육체적이고 인간 중심적이며 세상적인 것(σάρξ, '육')에서 유래하는 τὰ σαρκικά와 다르다. 이 대조는 로마서 15:27이 제시하는 비슷한 대조와 그리 크게 다르지 않다. 고린도전서 12:1, 14:1 그리고 필시 2:13도 πνευματικά를 χαρίσματα와 같은 의미로

---

44. 고전 10:3f.이 πνευματικός를 세 번 거푸 사용한 것은 조금 다르며, '알레고리'에 더 가까운 의미를 갖고 있다(참고, πνευματικῶς—계 11:8). 출애굽과 광야를 떠돌 때 일어난 사건들은 영 안에서 살아가는 사람에게서 실제로 일어나는 일들을 대표하는 것으로서, 생명을 주는 영인 그리스도에게서 받은 영적 지지를 묘사하는 것으로 볼 수 있다(아울러 Dunn, *Baptism* pp. 125ff.을 보라). 참고, 벧전 2:5; Ignatius, *Eph.* 11.2; *Magn.* 13.1.

서 영의 선물들을 가리키는 말로 더 제한하여 사용한다.[45] 두 단어 가운데 바울이 선호하는 쪽은 χαρίσματα인 것 같다(참고, 가령 롬 1:11, 12:6, 고전 1:7). 고린도의 상황 그리고 바울이 고린도전서 12:1에서 이 주제를 소개하는 방식은 τὰ πνευματικά가 고린도 사람들이 그들이 했던 체험의 영적 성격을 강조하면서 쓴 표현임을 강하게 시사한다.[46] 그러나 바울은 (14:1이 일러주듯이) πνευματικά를 이렇게 사용한 것을 비판하지 않는다.[47] 바울이 비록 다른 곳에서 영에서 유래한 체험이 은혜에서 비롯됐음을 즐겨 강조하긴 하지만,[48] 그래도 그는 고린도 사람들과 마찬가지로 카리스마들을 **영**의 선물로 이해하면서(고전 12:4) 자신의 설명을 통해 이런

---

45. E. E. Ellis, 'Christ and Spirit in 1 Corinthians,' *CSNT* p. 274; 아울러 "'Spiritual' Gifts in the Pauline Community," *NTS* 20, 1973-1974, pp. 128ff.는 고전 12:1ff.와 14절이 πνεῦμα와 πνευματικά를 '예언의 영' 그리고 '영감을 받아 터뜨리는 말이나 분별이라는 선물'을 가리키는 말로서 더 좁은 의미로 사용하고 있다고 주장한다. 그럴 수도 있다. 그렇다면 바울은 영에 감동한 행동(12:9f., 28)에는 πνευματικά라는 이름을 붙이려 하지 않았을까? 섬기는 행동을 영의 선물로 받은 이들에게는 πνευματικός라는 이름을 붙이려 하지 않았을까? 또 다른 유사 사례 τὰ χαρισθέντα = πνευματικά(고전 2:12f.)를 보라. 더 자세한 것은 본서 제9장 주142을 보라.
46. 12:1의 τῶν πνευματικῶν은 영의 사람(남성—οἱ πνευματικοί)이나 영의 선물(중성—τὰ πνευματικά)을 가리킬 수 있다. 뒤따르는 논의 그리고 특히 14:1에 비춰볼 때, 중성의 의미가 더 타당할 수 있다. 바울은 필시 (일부) 고린도 사람들이 영의 선물의 역할(과 악용)에 관하여 제시한 질문을 원용하는 것 같다; 대다수의 주석가도 그렇다. 다른 설명을 읽어보려면, Weiss, *I Kor*. pp. 294, 321 주3; Schmithals, *Gnosticism* pp. 171f.; J. C. Hurd, *The Origin of 1 Corinthians*, SPCK 1965, p. 194을 보라. 결국 그 의미에는 거의 차이가 없다(Barrett, *I Cor*. p. 278).
47. Conzelmann, *1* Kor. p. 241. 고린도 사람들이 πνευματικά라는 말을 사용하는 것에 바울이 비판적이었다는 논지(D. J. Doughty, 'The Priority of ΧΑΡΙΣ,' *NTS* 19, 1972-1973, p. 178)는 14:1을 고전 13장을 끼워 넣은 편집자의 개작으로 볼 경우에만 유지할 수 있다(참고, Héring, *I Cor*. p. 145). 그러나 본서 제9장 주37을 보라.
48. E. Käsemann, *An die Römer*, HNT 1974: "χάρισμα는 그리스도의 섬김으로 이끌어 가는 πνευματικόν이다"(p. 318).

믿음을 강조한다(12:7ff., 11).[49]

이 모든 언급은 다소 단편적이라, 우리가 다루는 주제를 조금밖에 해명해 주지 못한다. 영에서 유래한 체험에 관한 바울의 평가를 더 충실하고 더 일관되게 들여다볼 수 있는 통찰을 얻으려면, 그가 그리스도인 공동체 안에서 일어난 카리스마 현상을 더 광범위하게 다룬 내용을 특히 주목하여 살펴봐야 한다—바울은 로마서 12:6-8과 고린도전서 12:8-10에서 χαρίσματα/πνευματικά 목록을 제시하는데, 비록 특별하긴 하지만 거기서 열거한 것만이 χαρίσματα/πνευματικά에 해당한다는 의미로 제시한 목록은 아니다.

§39. 기적

39.1. 바울은 고린도전서 12:4-10에 언급된 선물들의 분배와 다양성(διαιρέσεις)을[50] 묘사하고자 서로 다른 네 말을 사용한다—카리스마들(χαρίσματα), 섬기는 행동들(διακονίαι), 여러 활동(ἐνεργήματα), 그리고 영의 나타남(φανέρωσις τοῦ πνεύματος).[51] 이것들은 모두 그 하나하나가 광범위한

49. 바울의 또 다른 τὰ πνευματικά 용례("악한 영들에 관한 것"—엡 6:12; Arndt & Gingrich, πνευματικός)는 바울이 생각한 πνευματικός가 더 모호한 의미를 갖고 있었음을 확인해 준다.

50. 12:11에 비춰볼 때, διαιρέσεις의 첫 번째 의미는 필시 '분배'일 것이다(특히 Robertson-Plummer, *I Cor.* pp. 262f.을 보라). 그러나 12:8-10과 그 평행 본문인 롬 12:6-8에 비춰보면, '다양성'이라는 의미를 배제하기가 힘들다.

51. 4-6절이 영의 카리스마들을 영과, 섬김을 주 예수와, 행동을 하나님과 결합한 것은 아마도 일부러 그랬을 것이다(주는[gives] 영, 섬기는 주, 행동하는 하나님); 참고, Weiss, *I Kor.* p. 297; I. Hermann, *Kyrios und Pneuma*, München 1961, pp. 72ff.). 그러나 이 구절들로 이렇게 배치하여 일종의 절정을 형성하려 한 것인지는 분명치 않

영의 선물을 묘사하는 방법이다. 이 **모든** 카리스마가 섬기는 행동이요, **모든** 것이 하나님이 하는 행위이며, **모든** 것이 공동선을 이루기 위한 영의 표현이다(12:7; 참고, 엡 4:12). 먼저 ἐνεργήματα(ἐνέργημα의 복수형)를 살펴보고, 다른 말은 그때그때 적절한 자리에서 살펴보겠다.

ἐνεργεῖν의 단어 무리는 보통 하나님(이나 귀신)의 활동을 나타내는 데 사용한다. 바울도 예외는 아니다.[52] 따라서 바울이 카리스마들을 ἐνεργήματα라고 묘사한 것은 모든 카리스마들이 하나님의 능력으로 말미암아 발생하고 그 효과를 발휘한다는 그의 확신을 강조하려고 일부러 골라 쓴 것이다. **바울이 계속하여 열거하는 발언**(예언, 방언 등—역주)**과 행위는 하나님의 영이 각 사람 안에서 그리고 각 사람을 통해서 하는 행위일 때만 카리스마다.** 고린도전서 12:6b은 그런 점을 훨씬 더 분명하게 천명한다—"각 경우에/각 사람 안에서 이 모든 일을 이루시는(ἐνεργῶν) 이는 하나님이시다." 바울은 사람들이 이런 점을 잊어버리자 12:11에서 거듭 이야기한다: "이 모든 카리스마는 동일한 영의 일이다(ἐνεργεῖ)." 아울러 ἐνέργημα는 '…의 작용으로 말미암아 일어난 일', '행동'(act), '행위'(action)를 의미하지, 무언가를 행하는 움직임(acting, ἐνέργεια, '활동')을 의미하지 않음을 유념하는 게 적절하다. 고린도전서 12:11a은 이런 카리스마를 지나치게 구분하지 말라고 우리에게 경고한다. 그럼에도 여기서 중요한 점은 바로 바울이 카리스마들에 관하여 이야기할 때, 잠재된 가능성과 드러나지 않고 숨어있는 달란트를 염두에 두지 않고 구체적 행위, 구체적 사건을 염두에 둔다는 것이다. **카리스마는 하나**

다(참고, Conzelmann, *TDNT* IX p. 405).

52. G. Bertram, *TDNT* II pp. 632ff. 바울서신에서는 특히 다음 구절을 보라: 하나님—고전 12:6, 11, 갈 2:8, 3:5, 엡 1:11, 19f., 3:7, 20, 빌 2:13, 3:21, 골 1:29, 2:12, 살전 2:13; 귀신—엡 2:2, 살후 2:7, 9—그러나 살후 2:11도 주목하라.

님의 능력으로 말미암아 가능하게 된 하나의 사건, 하나의 행위다. 카리스마는 하나님이 개인을 통해 어떤 특별한 결과를 (말이나 행위로) 이루시는 하나님의 에너지다.[53]

39.2. δυνάμεις(고전 12:10, 28f.). 모든 카리스마들은 ἐνεργήματα다. 그럼에도 바울은 이 말을 특별한 카리스마들—즉 하나님의 능력을 아주 분명하게 펼쳐보이는 카리스마들, 곧 기적[54]—을 가리키는 말로 아주 자연스럽게 사용한다.[55] 12:10이 "다른 사람에게는 기적들을 행함(문자대로 번역하면, '기적들의 활동들'[ἐνεργήματα δυνάμεων])이 주어졌다"라고 말하는 것도 그 때문이다. 여기에 표현의 중복이 있음은 이와 비슷한 말을 담고 있는 12:28f.이 암시하는데, 거기서는 δυνάμεις만이 분명 같은 것을 의미한다. 두 경우에 **카리스마는 실제로 일어난 기적, 또는 어떤 특별한 경우에 효과 있게 활동하면서 기적을 행하는 능력을 의미한다**. 예수가 사역할 때에는 물론이요 초기 팔레스타인 공동체 안에서도 기적이 일어났듯이, 바울이 사역할 때와 바울계 교회 안에서도 기적이 일어났음은 의심할 여지가 없다. 우리에겐 바울이 직접 들려주는 증언이 있는데, 이는 우리가 확신할 수 있는 유일한 목격자 진술이기도 하다(특히 롬 15:19, 고후 12:12, 갈 3:5을 보라).[56] 그러나 불행히도 우리는 이 δυνάμεις 안에

53. 갈 2:8, 3:5, 5:6, 엡 1:19, 3:7, 20, 4:16, 골 1:29, 살전 2:13에 나오는 ἐνέργεια와 ἐνεργέω도 비슷하다.

54. '기적'의 정의를 보려면, 본서 제4장 주3을 보라.

55. διακονία, φανέρωσις와 믿음도 마찬가지다. 본서 §§39.4, 40.1, 42을 보라.

56. 일부 사람들은 바울이 고후 12:12에서 '표적과 이적'을 비판한 것에 비춰(본서 §55을 보라) 바울이 사역하는 동안에 아무런 기적도 행하지 않았을 수 있다고 주장했다—롬 15:19의 '표적과 이적'은 오로지 '복음 선포의 이적'만을 가리킨다(H. D. Betz, *Der Apostel Paulus und die sokratische Tradition: Eine exegetische*

무엇이 포함되는지 판단하고 결정할 수 없다. 공관복음은 δυνάμεις를 예수가 행했던 광범위한 치유는 물론이요 '자연과 관련된 기적들'을 가리키는 말로도 사용한다(후자의 의미는 십중팔구 복음서 기자들만이 사용하는 것 같다).[57] 하지만 바울은 고린도전서 12:9f.에서 δυνάμεις와 '치유의 선물(은사)'을 구분하는 것 같다. 그는 δυνάμεις를 주로 축귀와 관련지어 생각하는 것 같다.[58] 그러나 바울의 생각 안에서는 귀신에 사로잡힘 자체가 두드러지게 부각되지는 않는다(참고, 고전 10:20f., 엡 2:2). 그는 오히려 하늘에 있는 영적 힘들이 (사람에 빗댄) 죄의 힘, 율법과 죽음을 통해, 그리고 이교(異敎)의 종교 의식과 이교를 믿는 당국의 배후에서 활동한다고 생각한다(아래 주98을 보라). 모든 사람이 이런 힘들에 굴복하고 있다. 이런 힘들의 지배에서 벗어나는 해방은 오로지 영의 능력을 통해 이루어진다(특히 롬 6-8장과 본서 §53을 보라). 그럴지라도 바울이 특히 여기서 염두에 두는 것은 축귀일 가능성이 있다(참고, 행 16:18, 19:12ff.). 더불어 여기서 말하는 δυνάμεις가 '자연과 관련된 기적들'을 포함하고 있을 가능성도 배제하지 못한다.[59] 그럴지라도, 바울이 생각하는 δυνάμεις는 분명 **이성을 초월한 어떤 능력이 바울과 다른 신자를 매개 삼아 사람들이 볼 수 있는 비범한 방식으로 사람들**(또는 사물들?)**에게 영향을 미침으로써 결국 사람들에게 유익을 주는 사건**을 의미한다.

Untersuchung zu seiner 'Apologie' II Korinther 10-13, Tübingen 1972, p. 71; 참고, Haenchen, *Acts* pp. 113f., 563). 그러나 바울은 분명 롬 15:19과 고후 12:12에서 δυνάμεις를 행했다고 주장한다. 물론 그는 그런 δυνάμεις에 하나님이 그를 인정하시는 증거로서의 무게를 싣지는 않는다.

57. 본서 §12.3을 보라.
58. Weiss, *I Kor.* p. 301; Grundmann, *TDNT* II p. 315; Héring, *I Cor.* p. 216; Grau p. 221; Hasenhüttl p. 146 주37.
59. Barrett, *I Cor.* p. 286.

39.3. **치유의 선물/은사**(χαρίσματα ἰαμάτων—고전 12:9, 28, 30)는 많이 설명할 필요가 없다. 여기서 바울이 염두에 두고 있는 치유의 종류는 분명 우리가 이미 예수의 사역과 사도행전에서 목격한 것들이다(본서 §§12.3, 30.1을 보라)—우리가 지금 다루는 것은 이제 여러 심신 질환이라 부를 법한 것이지만, 그래도 그것이 정확히 무엇인지 말하기는 불가능하다. 여기서 다시 지적할 만한 가치가 있는 것은 고린도전서 12:9, 28, 30이 바울 공동체가 여러 치료와 치유를 체험했다는 사실을 우리에게 직접 증언해 준다는 것이다. 이런 치료와 치유 체험은 자연 법칙이나 이성으로는 충분히 설명할 수 없는 것이었다—오로지 하나님이 하신 행위로밖에 볼 수 없었다. 아울러 언급해둘 만한 가치가 있는 것은 χαρίσματα를 되풀이하고 복수형을 사용한다는 점이다(12:8ff.에 열거된 첫 세 χαρίσματα는 모두 복수형이다): "다른 사람에게는 치유의 선물들을." 카리스마들은 모든 (종류의) 질병에 효험을 발휘하는 치유 능력이 아니다. 그것은 **실제로 행하는 치유 자체**다. 많은 (상이한) 질병들이 있듯이, 많은 (상이한) 치유 카리스마들이 있다.[60]

39.4. **믿음**(πίστις—고전 12:9, 롬 12:3, 6). 우리는 기적 가운데 고린도전서 12:8-10 목록 중 세 번째 항목인 믿음을 포함시켜야 한다. 거의 대다수의 주석가가 인정하듯이, 여기서 '믿음'은 죄인이 의롭다 여김을 받도록

60. 참고, Peddie, *Forgotten Talent*: "안수를 행하는 동안, 능력의 크기가 다양하게 바뀌어 그 힘이 점차 커지며, 안수가 충분히 이뤄지면 그 힘은 완전히 사라질 때까지 점차 줄어든다. 이때는 필요하면 손을 들어 다른 곳에 손을 대야 한다. 그러면 필요할 경우 능력이 돌아올 것이다. … 능력이 차가울 때 표현되면(본서 제7장 주36을 보라), 이때 신경 치료가 이뤄진다"(pp. 122ff.).

해 주는 믿음을 가리키는 말일 수 없다—그런 믿음은 하나님을 향한 적극적인 태도요 하나님을 향해 열려 있음이요 그 신자와 하나님의 모든 관계의 기초를 이루는 것으로서, 바울은 이런 믿음을 로마서 3:22-5:2에서 하박국 2:4—"의인은 믿음으로 말미암아 살리라"(롬 1:17)—을 강설하면서 아주 강력하게 다룬다. 여기서 말하는 믿음은 특별한 상황이 벌어졌을 때 신자와 하나님의 관계 전반에서 발생하는, 더 집약된 믿음 체험을 가리키는 말임이 틀림없다—'산을 옮길 만한' 믿음(분명 예수가 했던 말을 떠올려 주는 고전 13:2; 막 11:23f.과 평행 본문; 참고, 막 9:23, 마 17:20/눅 17:5f.).[61] 따라서 이런 믿음은 일부에게만 주어질 만한 카리스마다("다른 사람에게는 믿음을"—고전 12:9).[62] 그렇기 때문에 이 믿음이라는 카리스마는 이 목록에 등장하는 다음의 두 카리스마들—치유의 선물 그리고 기적의 활동(기적을 행함)—과 결합해 있다. 추측건대 바울은 어떤 사람이 절박하거나 도전받는 특별한 상황에 처해 있을 때 때로 그 사람 안에서 갑자기 솟아오르는 신비한 확신, 하나님이 어떤 말씀이나 (병자에게 안수하는 것과 같은) 행위를 통해 곧 행동에 나서실 것이라는 비범한 믿음과 보장을 그 사람에게 안겨주는 신비한 확신을 염두에 두고 있는 것 같다.[63] 예수는 분명

61. 필시 고후 8:7의 '믿음'도 그럴 것이다 = 영의 능력을 힘입은 믿음(참고, 행 6:5). 하지만 우리는 영의 능력을 힘입은 믿음과 '의롭게 하는 믿음'을 예리하게 구분해서는 안 된다. 바울은 '믿음'이란 것을 찼다가 이지러질 수도 있는 것으로 생각하기 때문이다(참고, 롬 1:17, 4:20, 14:1, 고후 10:15, 살전 3:10, 살후 1:3); 참고, A. Schaltter, *Der Glaube im Neuen Testament*, Stuttgart [5]1963, p. 383; 아울러 *Paulus der Bote Jesu*, Stuttgart 1934, p. 341; Büchsel, *Geist* pp. 308-311; Grau pp. 218f.; H. D. Wendland, *Die Briefe an die Korinther*, NTD [10]1964, p. 94; Hasenhüttl p. 145.

62. 반대 의견은 Schmithals, *Gnosticism* pp. 172f.

63. F. Prat, *The Theology of St. Paul* I, ET Burns & Oates 1945: "신학적 믿음에 기초하고 초자연적 본능이 확실하게 보장하는 확고부동한 확신, 곧 하나님이 해당 경우에 능력이나 정의나 자비를 나타내시리라는 믿음"(p. 426).

이런 체험을 그 자신의 사역 속에서 알고 있었으며(가령 막 3:5, 5:36, 9:23ff. 을 참고하라—하지만 본서 §12.4을 보라), 다른 이들도 특히 곤고한 처지에서 그와 같은 담대한 확신을 갖고 있음을 인정했다(참고, 마 8:10/눅 7:9, 마 15:28). 초창기 공동체와 초창기 공동체의 선교에서도 마찬가지였다(참고, 행 3:6f. 14:9f.; 아울러 6:5, 8, 11:24을 참고하라). 우리는 그와 비슷한 믿음의 체험, 곧 치유하거나 치유를 받으리라는 믿음이 위에서 주어짐을 체험한 경우들을 기독교 역사에서 익히 알고 있다.[64]

하지만 우리는 바울이 로마서 12:3에서 이런 믿음을 카리스마들 전반과 연계하여 생각한다는 것에 주목해야 한다.[65] 바울은 로마서의 저 본문에서 로마의 그리스도인에게 그들이 그리스도의 몸 안에서 카리스마를 통해 하는 역할에 관하여 건전한 판단을 하라고 권면한다. 그들이 사용해야 할 '척도/잣대'는 하나님이 각 사람에게 나눠주신 믿음이다.[66]

---

64. 오순절주의자 William Branham의 사역을 지지하는 사례라고 주장하는 것이 몇 가지 있다. G. Lindsay, *William Branham, a Man sent from God*, Jeffersonville 1950을 보라. 그러나 자신이 올린 많은 믿음의 기도가 어떤 치유도 만들어내지 못했다는 Oral Roberts의 솔직한 시인을 주목하라. "그가 아주 큰 확신을 갖고 기도한 뒤에 명명백백한 실패가 일어나고 그의 메마른 기도가 있은 뒤에 초자연적 치유가 일어난 것은 이해할 수 없는 일이었다. … 세상의 여느 사람보다 그가 기도하여 병 고침을 받지 못한 이들이 더 많다"(Durasoff pp. 129f.).
65. '섬김', '사역', 그리고 '표현/나타남'(고전 12:5ff.)은 특별히 특정한 영의 선물을 가리킴과 동시에 모든 영의 선물을 가리킨다. 위 주54을 보라.
66. '분량'(μέτρον)은 분명 바울이 의롭게 하는 믿음보다 영의 능력을 힘입은 믿음을 생각하고 있음을 일러준다—아울러 믿음에 기초한 그런 선물의 다양성도 함께 생각하고 있다(ἐμέρισεν ἑκάστῳ). 사실, 믿음의 선물은 이 맥락에서 은혜의 선물과 거의 같은 말이며(참고, 12:6a과 6b, 그리고 엡 4:7), 둘 다 특별한 경우에 무언가를 할 수 있게 해 준다는 의식을 암시한다(참고, K. Deissner, *TDNT* IV p. 634; H. Lietzmann, *An die Römer*, HNT [5]1971, p. 109; Barrett, *Romans* pp. 235, 238; H. W. Schmidt, *Der Brief an die Römer*, THNT 1963, pp. 209f.). 아울러 O. Michel, *Der Brief an die Römer*, KEK [12]1963이 제시한 설명에도 주목하라: "이 나누어줌에는 은

하나님이 나눠주신 그런 믿음이 척도 역할을 할 수 있는 것은 그것이 바로 **하나님이 카리스마와 관련된 말이나 행위를 통해 말씀하시거나 행하시는 보장**이기 때문이다. 카리스마는 곧 **하나님의** 행동이라는 이런 인식이 있으면 결코 자만이 넘치는 견해와 자기를 중요하게 여기는 자세를 가지지 못할 것이며, 자신이 공동체 안에서 행하는 역할을 냉철하게 평가할 수 있을 것이다.[67] 아울러 로마서 12:6은 각 사람에게 주어진 믿음에 비례하여(κατὰ τὴν ἀναλογίαν τῆς πίστεως) 예언이라는 카리스마를 행해야 한다고 말한다. 추측건대 바울은 여기에서도 하나님의 영이 신자가 지금 하고 있는 말을 통해 말씀하신다는 신자 자신의 확신을 '믿음'이라 생각하는 것 같다. 따라서 영감을 받아 말하는 사람은 오직 자신의 말이 영의 감동에서 나온 말임을 의식할 때에만 말해야 하며, 영에 감동했음을 인식하지 못할 때에는, 다시 말해 하나님이 그를 통해 말씀하고 계신다는 확신이 들지 않을 때에는 말하는 것도 그쳐야 한다는 것이 바울이 제시하는 권면의 취지다(참고, 고전 14:30과 더 자세한 것은 본서 § 48.1을 보라).[68] 마지막으로 주목할 만한 점이 있다면, 카리스마인 믿음이

혜가 담긴 행동과 더불어 특별한 사명 수여가 들어있다"(p. 296). '믿음의 분량'이라는 말을 받아들이는 또 다른 방식(견해)을 살펴보려면, C. E. B. Cranfield, 'Μέτρον πίστεως in Romans 12.3,' *NTS* 8, 1961-1962, pp. 345-351을 보라; 아울러 *A Commentary on Romans 12-13*, SJT Occasional Papers No. 12, 1965, pp. 23-27을 보라.

67. 이런 '믿음의 분량' 해석에 대한 Cranfield의 반대 견해는 핵심을 놓치고 있다: "이는 그리스도인이 자신을 생각할 때 더 적은 믿음의 양을 가진 같은 그리스도인을 생각할 때보다 높이 생각하곤 한다는 것을 암시할 것이다"(Cranfield, *Commentary* p. 24). '냉철한 평가'가 있으면 영의 선물이 (우월함을 인정하는 게 아니라) 다양함을 인정하고(참고, 고전 12:14-26) 그에 상응하는 믿음이 따르게 되며, 영의 선물과 그 선물을 행하는 믿음이 하나님이 주신 것을 인정하게 된다.

68. F. J. Leenhardt, *The Epistle to the Romans*, ET Lutterworth 1961: "표현/나타남에는 통제하는 영감의 부족함도 그리고 지나침도 없어야 한다"(p. 310). 참고, G.

카리스마를 행할 때에는 물론이요 그 행위를 판단할 때에도 어떤 역할을 한다고 보는 것이 바울의 견해임을 언급할 수 있을 것 같다(롬 14:22f.—더 자세한 것은 본서 §41을 보라).

§40. 계시

40.1. 아울러 바울은 카리스마 현상들을 '영을 표현함/나타냄'(ἡ φανέρωσις τοῦ πνεύματος—고전 12:7)으로 묘사한다. 여기서 φανέρωσις는 **어떤 이**들이 갖고 있는 **어떤** 선물(은사)일 뿐 아니라, **각** 카리스마는 영의 표현이다: "우리 각 사람 안에서 영이 하나의 특별한 방식으로 나타난다"(NEB). 여기에서도 묘사하는 것은 분명 어떤 감춰진 달란트나 잠재 능력이 아니라, 나타남이나 드러남으로 묘사할 수 있는, 또는 나타내거나 드러내는 어떤 특별한 행위나 말이다. **영의 표현은 실제 행위나 말로서 계시라는 성격을 가진다**.

그렇다면 '영의 표현'이라는 말은 '영을 나타내는 것'을 의미하는가, 아니면 '영이 만들어내는 표현'을 의미하는가? 주석가들은 이 문제를 놓고 오랫동안 논쟁을 벌여왔지만, 사실 두 의미 중 어느 하나를 배제하기가 어렵다. 바울은 분명 영을 카리스마들의 창시자/원천이요 이 카리

Kittel, *TDNT* I pp. 347f.; E. Gaugler, *Der Brief an die Römer*, Zürich 1952, II pp. 243f.; Delling, *Worship* p. 31. 롬 12:6b가 '믿음의 기준'을 언급했다는 이전의 견해—'믿음'을 믿어야 할 진리의 총체로 여긴다—는, 12:3에 비춰볼 때, 유지할 수 없다(위 주66을 보라). 하지만 M. J. Lagrange, *Épitre aux Romains*, EB 1950, p. 299에서 그와 같은 견해를 여전히 볼 수 있다; 참고, Bultmann, *TDNT* VI p. 213. 아울러 A. Schlatter, *Gottes Gerechtigkeit*, Stuttgart 1035, pp. 339f.을 보라.

212

스마들을 수여하는 이로 생각한다—근접 문맥도 이 점을 거듭 강조한다(3, [4], 8, 9, 11절). 그러나 φανέρωσις는 목적어가 없으면 모호하고 불완전한 개념이다(목적어가 없으면, 무엇을 표현하는 것인지 분명치가 않다). 신약성경에서 이 단어의 유일한 다른 용례를 살펴보면, 함께 붙어있는 속격이 분명 목적어다('진리의 표현' = 진리를 표현한다—고후 4:2). 여기서 바울은 일부러 모호하게 썼을 가능성이 아주 높으며, 그는 **영이 카리스마들 안에서 자신을 드러낸다**고 생각하고 있을 가능성이 아주 높다.[69] 우리가 뒤에 가서 보겠지만, 이 문구는 중요한 생각, 곧 **영의 임재와 활동을 생생히 보여주는 어떤 (종류의) 행위와 말이 있다**는 생각을 우리에게 소개한다. 우리가 여기서 중요하게 인식할 점은 바울이 그가 고린도전서 12:8-10에서 열거하는 카리스마적 행위와 말의 종류를 어떤 의미에서는 영을 알려주는 증거요, 영을 드러냄이며, 영을 볼 수 있게 해 주는 것으로 본다는 점이다. 그러나 우리가 아래에서 또 보겠지만, 그것 말고도 말할 것이 훨씬 많이 있다(본서 제9장과 제10장을 보라).

고린도전서 12:4-7에 등장하는 다른 총칭 단어처럼 φανέρωσις도 특별한 카리스마들—계시라는 특성이 더 직접적이고 더 분명하게 드러나는 카리스마들—을 가리키는 말로 사용할 수 있다. 사실 바울은 다른 경우에 φανέρωσις를 단 한 번만 사용한다(고후 4:2). 그러나 φανερόω라는 동사, 그리고 거의 같은 말인 '계시하다'(ἀποκαλύπτω)와 '계시'(ἀποκάλυψις)는 우리를 아주 광범위한 종교적 체험 속으로 이끌어간다. 따라서 이런 체험은 '계시'라는 제목 아래 논하는 것이 적절할 수 있다.

---

69. 참고, Weiss, *I Kor.* p. 298; Schlatter, *Bote* p. 338; Lührmann, *Offenbarung* p. 28; R. Bultmann/D. Lührmann, *TDNT* IX p. 6.

212-213

40.2. **그리스도의 계시**. 바울이 가장 중요하게 여기는 계시 사건은 **종말론적 사건인 그리스도 사건**이다. 이는 하나님의 최종 목적이 품고 있는 신비를 드러냄이다(특히 롬 16:25f., 엡 3:3ff., 골 1:26f.을 보라).[70] 계시는 단순히 우주의 구성이나 종말의 시간 계획에 관한 정보를 일러주는 어떤 철학적 사실을 알려주는 것이 아니다. 신비는 곧 그리스도 자신이다.[71] 그리스도가 그 자신 안에서, 그의 죽음과 현재의 생명 속에서, 하나님이 정해둔 최종적인 의의 길을 계시한다(롬 1:17, 3:21, 갈 3:23). 그리스도가 그 자신 안에서, 율법을 초월한 그의 생명 안에서, 하나님이 유대인과 이방인을 위해 정해둔 마지막 때의 길을 계시한다(엡 1:9, 3:6; 참고, 롬 11:25). 그리스도가 그 자신 안에서, 죽음을 초월한 그의 생명 안에서, 하나님이 온전함에 이르는 길로 정해둔 종말론적 길을 계시한다(롬 8:17ff., 고전 2:7, 골 1:27).[72]

따라서 계시는 단순히 과거의 사건이 아니며, 역사의 돌이킬 수 없는 과거성에 국한되어 있지도 않다. 아울러 계시는 예수의 삶과 죽음 그리고 부활이라는 과거 사건들에 제한되지 않는다. 바울은 **그리스도가**

70. 이 구절들은 φανερόω, ἀποκαλύπτω 그리고 γνωρίζω('…을 알리다')는 모두 여기서 같은 의미임을 보여준다. 아울러 롬 3:21, 골 3:4(φανερόω), 롬 1:17, 8:18, 갈 3:23 (ἀποκαλύπτω), 롬 2:5, 8:19, 고전 1:7, 살후 1:7(ἀποκάλυψις), 엡 1:9, 6:19(γνωρίζω)을 보라; 아울러 φωτίζω('밝히 깨우쳐주다')—고전 4:5, 엡 3:9; 그리고 특히 μυστήριον('신비')—롬 11:25, 고전 2:7, 4:1, 엡 1:9, 3:9, 6:19, 골 2:2, 4:3. 바울이 생각하는 '신비' 개념의 유대 배경과 유사 사례를 살펴보려면, R. E. Brown, *The Semitic Background of the Term "Mystery" in the New Testament*, Fortress 1968; J. Coppens, "'Mystery' in the Theology of Saint Paul and its Parallels at Qumran," *Paul and Qumran*, ed. J. Murphy-O'Connor, Chapman 1968, pp. 132-156을 보라.

71. 골 1:26f., 2:2, 4:3, 엡 1:9, 3:4이 강조된다. 그러나 그리스도 = 지혜라는 방정식이 이미 암시하고 있다—고전 1:30, 2:1(P^{46} א* 등), 2:7.

72. 참고, G. Bornkamm, *TDNT* IV pp. 819ff.; A. Oepke, *TDNT* III pp. 584f.

그의 강림 때에든(고전 1:7, 살후 1:7) 아니면 지금 복음을 통해서든(롬 1:17, 16:25f., 고전 4:1, 고후 2:14, 4:4ff., 엡 3:7ff., 6:19, 골 1:24-28, 4:4) **나타나고 자신을 알릴 때마다 계시 행위가 일어난다**고 본다.[73] 특히 바울 자신은 이런 계시 행위가 그의 회심 때 두드러지게 일어났다고 본다—'예수 그리스도의 계시'(갈 1:12, 16—본서 §19.1과 §19.2을 보라) 그리고 복음과 그의 사역 목적을 이야기할 때 계시라는 언어를 사용한 점은 바울의 생각이 그 자신의 체험으로부터 얼마나 큰 영향을 받았는가를 보여준다.[74] 다시 말해, 바울은 자신의 회심이 계시 행위를 동반했다고, 즉 그리스도가 복음을 통해 자신을 알렸으며 바울 자신은 부활한 예수의 생명과 종말론적 의미라는 실재 속에서 예수를 인식했다고 보았다. 따라서 여기에서는 계시를, 생각과 마음을 (곧, 생각하고 느끼며 의지를 가진 존재인 사람을) 밝히 깨우쳐 주는 하나의 사건으로 인식한다. 계시가 생각과 마음을 밝히 깨우쳐줌이 어찌나 광범위하고 철두철미하든지, 모든 자기이해와 세계관 그리고 삶의 방식은 그 계시의 빛을 따라 변화하고 새로운 방향으로 나아가게 된다.

40.3. **환상과 황홀경**. 계시는 회심 체험이나 복음 선포에 국한되지 않는다.[75] 바울 자신은 그리스도인으로서 살아가는 내내 다른 다양한 계시 체험을 많이 누렸다. 이 때문에 그는 다른 신자들도 비슷한 체험을

73. 참고, R. Bultmann, 'Revelation in the New Testament,' *Existence and Faith*, ET Fontana 1964, pp. 82-93: "설교는 그 자체가 계시이지 단순히 계시에 관하여 말함이 아니다"(p. 91).

74. 특히 고후 4:6의 '내'보다 '우리의'를 주목하라. 아울러 본서 제5장 주42과 주45을 보라.

75. Kittel, *TDNT* IV p. 113을 따라 '하나님의 말씀'이라는 문구와 대비해 보라—그러나 살전 4:15을 주목하라(본서 §41.2을 보라).

누리길 기대했다. 신자는 이런 체험을 통해 우주와 하나님의 실체를 꿰뚫어볼 수 있는 통찰을 받았으며, 이런 체험을 통해 신자가 행위 및 하루하루의 삶에서 부닥치는 특별한 이슈들과 문제들을 해결했다.

바울은 그가 체험한 특별한 계시 가운데 황홀경 체험과 환상 체험을 포함시킨다—고린도후서 12:1의 '환상과 계시'(= '계시' 12:7). '환상'은 봄(seeing)과 관련된 체험을 더 많이 강조하며, '계시'는 들음(hearing)과 관련된 체험을 더 많이 강조한다. 그러나 사실 여기서 등장하는 단어들은 그 의미가 거의 같은 말이며,[76] 일종의 중언법(重言法, hendiadys)으로서 눈으로 보고 귀로 들은 여러 체험을 폭넓게 아울러 가리킨다. 바울이 황홀경 체험을 염두에 두고 있음은 그가 인용하는 한 사례가 분명하게 보여준다(12:2-4)—바울이 14년 전에 누렸던 체험이다. 바울이 14년 전이라는 시간을 언급한 것은 이 체험이 실제로 했던 체험이요 단지 어떤 상징을 설명한 것이나 가정에 근거한 설명이 아님을 명백하게 일러준다.[77] 바울은 황홀경의 여러 특징을 분명하게 제시한다.

(a) 2, 3절—"몸 안에 있었는지 몸 밖에 있었는지 나는 모르지만, 하나님은 아신다." 바울은 이처럼 체험 때 그 자신을 벗어났으며, 몸을 떠났는지조차 확실히 알지 못할 정도로 보통 때 갖고 있던 몸에 대한 의식을 잃어버렸다. 그의 의식은 '붙잡혀 올라갔다'는 느낌에, 환상 속에서 자신이 '세 번째 하늘'에, '낙원'에[78] 있음을 알았던 것에, 그리고 그가

---

76. H. Windisch, *Der zweite Korintherbrief*, KEK ^{9}1924, p. 368; C. K. Barrett, *The Second Epistle to the Corinthians*, A. & C. Black 1973, p. 307.

77. Lindblom, *Gesichte* pp. 43f. Betz는 고후 12:2-4을 '천상 여행을 다룬 글을 패러디한 것'이라 묘사한다(*Paulus und sokratische Tradition* pp. 84ff.). 그러나 이것은 분명 바울이 원하기만 하면 얼마든지 자랑할 수 있었던 실제 체험이지, 단순히 패러디 문학 작품이 아니다. 아울러 아래 주82을 보라.

78. '세 번째 하늘'과 '낙원'은 서로 다른 체험이거나 한 체험 속에 존재하는 서로 다른

들은 것에 초점이 맞춰져 있었다. 이 때문에 그는 그가 겪은 체험을 되돌아봐도 보통 때 가진 몸의 지각으로는 아무것도 떠올릴 수 없었다. 위로 붙잡혀 올라간다는 느낌에 더 낮은 단계의 하늘(첫 번째 하늘과 두 번째 하늘)을 통과하여 날아가는 느낌도 들어있는가는 분명치 않다.[79] 그러나 분명 우리는 그가 적어도 유대교 전통에서 하늘에 있는 이들과 하늘에 있는 '소품'이라 여겨왔던 것(천사, 의인, 그의 보좌에 앉아 계신 '주' 등—참고, 행 7:56, 계 4:1ff.) 가운데 무언가를 보았다고 추정할 수밖에 없다.[80] 어쨌든 이와 같이 보통 때의 의식을 잃어버림은 황홀경의 확실한 표지다. 이처럼 '몸 밖으로 나가는' 체험은 신비주의 전통과 샤머니즘 안에서는 널리 알려져 있다.[81]

단계들이라기보다 같은 체험을 묘사한 말일 가능성이 높다(Windisch, *II Kor.* pp. 371f.; H. Bietenhard, *Die himmlische Welt im Urchristentum und Spätjudentum*, Tübingen 1951, pp. 164f.; Lührmann, *Offenbarung* p. 57; Barrett, *II Cor.* p. 310; 다른 견해는 Plummer, *II Cor.* p. 344). 유대 전승은 일곱 하늘에 관하여 자주 이야기했지만, 바울이 익히 알던 전승은 필시 세 하늘만을 생각했던 것 같다(Strack-Billerbeck III pp. 431ff.; Windisch, *II Kor.* pp. 371ff.; H. Traub, *TDNT* V pp. 511f., 534f.을 보라).

79. 참고, Windisch, *II Kor.* p. 377.

80. 더 자세한 것은 Strack-Billerbeck III pp. 533f., IV.2 pp. 1130-1165; Bousset-Gressmann pp. 282-285; Bietenhard, *himmlische Welt*를 보라. 우리가 예상하듯이, 이 환상의 내용을 주로 결정지은 것은 바울이 낙원에 관하여 그전부터 갖고 있던 생각이었을 것이다. 그렇다고 꼭 이 환상이 바울이 가졌던 공상이나 믿음의 투영에 불과하다고 결론지을 필요는 없다. 바울은 분명 이를 '계시'로 여겼으며, 특히 '말로 표현할 수 없는 말'로 여겼다. 종교사에 나타난 환상의 이미지를 살펴보려면, 특히 Benz, *Vision* 제5장을 보라.

81. Underhill, *Mysticism*, 특히 p. 187이 묘사하는 수소(Suso) 환상을 보라; Lindblom, *Gesichte* p. 44 주17; Benz, *Vision* pp. 267-277; Wilson, *Occult* pp. 542-547; 그리고 특히 C. Green, *Out-of-the-Body Experiences*, Hamilton 1968; M. Eliade, *Shamanism: Archaic Techniques of Ecstasy*, Princeton 1970을 보라: "샤먼은 특히 신들린 상태에 잘 들어간다. 사람들은 샤먼이 그 상태에 들어가면 그의 혼이 그의 몸을 떠

(b) '나'를 객체화(objectifying)(린드블롬[Lindblom]). 3인칭을 사용한 것("나는 그리스도 안에 있는 한 사람을 안다"—2절)은 그냥 독특한 문체일 수 있다.[82] 이런 문체를 쓴 것은 이런 체험을 설명하면서 자신에게 큰 비중을 부여하지 않으려는 바울 자신의 바람 때문이라고도 설명할 수 있을 것 같다.[83] 하지만 그의 몸과 체험의 관계가 불확실한 점까지 모두 아울러 고려하면, 이 3인칭 사용은 십중팔구, 적어도 일부는, 황홀경 상태에 빠졌던 이의 의식이 지닌 흥미로운 모호성을 암시할 것이다. 이런 상태에서는 체험이 어떤 의미에서 객관적이다. 이런 체험을 하는 이는 말 그대로 그런 체험을 하고 있는 자신을 자신의 밖에서 관찰할 수 있으며, 자신에게 '이런 일을 보고 있고 듣고 있는 이가 정녕 나란 말인가?'라고 질문할 수도 있다. 신비한 황홀경 체험에서는 보통 이렇게 '나를 객체화'하는 일이 생긴다.[84]

(c) "그는 사람이 말로 옮길 수 없고 입 밖에 내서는 안 되는 말을(ἄρρητα ῥήματα) 들었다"(4절). '입 밖에 내서는 안 되는 말'은 들은 이가 어떤 경우에도 누설해서는 안 될 하나님의 비밀—"아주 은밀하여 사람의 입술로 되풀이해서는 안 될 말"(NEB)—을 의미할 수 있다.[85] 이 비밀 정보를 바울이 다른 곳에서 언급하는 어떤 한 특별한 신비(가령 롬 11:25f., 고전 15:51ff.)나 계시(가령 갈 2:2)와 동일시하려는 시도는 그것이 어떤 시도이든

나 하늘로 올라가거나 하계로 내려간다고 믿는다"(pp. 4f.).

82. Windisch, *II Kor.* pp. 369f.—그러나 '그는 영적 인간의 의식과 사로잡힌 자의 의식이라는 이중 의식이 또 다른 역할을 할 수도 있다'는 데 동의한다. 7절이 분명히 일러주듯이, 여기서 바울은 분명 **그 자신의** 체험에 관하여 이야기하고 있으며, 거의 모든 주석가가 그 점에 동의한다.

83. 참고, Schmithals, *Gnosticism* pp. 212f.; Lührmann, *Offenbarung* p. 58.

84. Lindblom, *Gesichte* p. 45; 참고, Weinel, *Wirkungen* pp. 164ff.

85. 특히 Windisch, *II Kor.* pp. 377f.; Jeremias, *Eucharistic Words* pp. 125-132을 보라.

바울의 언어를 올바로 다루지 못한 것이다. 이 비밀 정보와 관련하여 고린도전서 2:10—"하나님의 깊은 것"—을 언급하는 것이 더 미더울지도 모른다.[86] 하지만 '입 밖에 내서는 안 되는 말'이라는 문구에는 이 세상을 초월한 세계를 보고 들은 그런 체험을 이 세상의 말로 옮기는 것 자체가 불가능하다는 인식이 들어있다. 진실하고 깊은 의미를 내포한 전달(communication)이 있었지만, 그 전달에서 가장 중요한 부분은 말로 표현할 수 없고 이성으로는 이해할 수 없는 차원에 있었다—"우리의 봄을 초월한 것, 우리의 들음을 초월한 것, 우리의 상상을 초월한 것"(고전 2:9 NEB). 이것 역시 신비한 황홀경 체험이 지닌 특징이다.[87]

바울에겐 이런 체험이 얼마나 전형적이었으며, 얼마나 비전형적이었을까? 그는 자주 황홀경을 체험했는가? 이 점과 관련된 증거는 확실하지 않다. 따라서 우리는 이를 간략히 살펴보고 넘어가겠다. 첫째로 살펴볼 본문은 고린도후서 12:1, 7이다. 한편으로 바울은 복수형을 사용하여 '환상들과 계시들'(12:1) 그리고 '계시들'(12:7)을 이야기한다. 7절에 나오는 ὑπερβολῇ τῶν ἀποκαλύψεων은 '계시들의 넘쳐남, 계시들의 풍부함'(RSV)을 말한다기보다 필시 '계시의 비범한 성격과 장엄함'(NEB, JB)을 가리키는 것 같다.[88] 그러나 어떤 쪽이든 바울은 이미 '그리스도 안에' 있는 그의 삶에서 아주 놀라운 황홀경을 몇 차례 체험하여 알고 있었다. 그런가 하면, 그가 14년을 거슬러 올라가 그때 겪은 계시 체험을 그가 한 계시 체험 사례 가운데 하나로 제시하는 것은 필시 중요한 의미가

86. Windisch, *II Kor*. p. 379; 아래 주99을 참고하라.

87. Lindblom, *Gesichte* p. 44; 참고, Weinel, *Wirkungen* pp. 162ff.

88. Arndt & Gingrich, ὑπερβολή. 12:1의 속격—"주의 환상과 계시"—은 주가 이 체험을 만들어 낸 이라는 생각을 포함하고 바울이 몇몇 환상에서 주를 보았음을 암시하려고 일부러 모호하게 표현한 말일 수 있다(참고, 행 18:9, 22:17, 23:11, 26:16).

있다. 이는 분명 12:2-4에서 말하는 체험이 바울에게 비범한 체험이었음을 암시한다.[89] 그 체험 때부터 14년이 흐르는 동안에 체험한 환상들과 계시들은 그만큼 비범하지는 않았다. 더욱이 우리가 제9장에서 보겠지만(§46.1과 §47.2을 보라), 바울이 쓴 언어(ὑπερβολῇ τῶν ἀποκαλύψεων)는 고린도에서 바울의 사역과 권위를 위협했던 사이비 사도들의 비판과 조롱이 불러일으킨 말임이 거의 확실하다. 따라서 ὑπερβολῇ는 다소 과장된 주장일 수도 있다(그는 14년을 거슬러 올라가서야 비로소 정말 인상 깊은 계시를 찾을 수 있었다). 바울은 어쩌면 다툼이 적은 상황에서는 더 온건한 주장으로 만족했을 것이다.

둘째로 살펴볼 본문은 고린도후서 5:13이다: "우리가 미쳐서 제 정신이 아니어도(ἐξέστημεν) 그것은 하나님을 위한 것이요, 우리 정신이 온전할지라도(σωφρονοῦμεν) 너희를 위한 것이다." ἐξίστημι(ἐξέστημεν의 원형)는 정신 분열 체험을 가리키는 말로 보는 것이 적절하다(이 동사를 문자 그대로 해석하면 '자신 밖에 서 있다'라는 뜻이다). 이 말을 σωφρωνέω(σωφρονοῦμεν의 원형이며, '정신이 온전하여 지각이 있고 진지하다'라는 뜻이다)와 직접 대비한다는 것은 합리적 정신을 벗어난 체험을 했음을 암시한다. 바울이 ἔκστασις('황홀경'—ἐξίστημι에서 나온 명사)를 오만한 자랑거리가 될 수 있는 일로 언급한다는 사실은 말다툼이 벌어지고 있는 고린도후서 10-13장의 분위기로 되돌아갔음을 보여준다. 즉, 바울은 지금 고린도 사람들이 대단히 중요하게 여겼던 체험들을 염두에 두고 있으며 특히 고린도후서 12:1의 '환상들과 계시들'을 염두에 두고 있는 게 틀림없다—이렇게 생각하는 이유는 바울이 고린도후서 10-12장에서 자랑할 수 있는 것으로서 언급하는 모든 것 가운데 고린도후서 12:1-4, 7의 '계시들'이 ἔκσ-

89. Barrett, *II Cor.* pp. 34, 308, 310.

ταcις를 암시하는 것으로서 가장 적절하기 때문이다.[90]

셋째, 바울의 상당한 방언 체험(고전 14:18)에는 황홀경과 관련된 요소들도 들어있었을 가능성이 있다. 특히 이를 시사하는 것이 고린도후서 5:13과 고린도전서 14:2, 14ff.가 서로 평행을 이룬다는 점이다. 정신 분열 현상도 마찬가지다—방언으로 말할 때에는 합리적 생각이 아무 역할을 못하며, 합리적 생각은 방언으로 말함에서 아무런 유익을 얻지 못한다(고전 14:14ff.). 공적 회중에 속하기보다 하나님과 나누는 은밀한 사귐에 속하는 체험들 사이에도 아주 비슷한 대비 관계가 있다(고전 14:2). 그러나 이 문제는 나중에 다시 다루어야 한다(§41.7).

넷째, 더 문제가 될 수 있는 것은 W. 슈미탈스(Schmithals)가 ἐξιστάναι를 φανεροῦσθαι와 동일시하는 점이다. 슈미탈스는 고린도후서 5:11a과 5:13 사이에 존재하는 평행 관계의 근거와 관련하여 "φανεροῦσθαι는 황홀경 상태에서 영을 나타냄을 의미한다"라고 주장한다. 그는 뒤이어 고린도후서 11:6의 φανερόω 역시 황홀경 상태에서 지식의 나타냄을 가리킨다고 강조한다.[91] 당시 고린도의 상황을 고려하면 이런 견해도 가능하다. 그러나 이런 견해는 그것을 정당화할 만한 충분한 근거가 없이 그냥 바울의 언어에만 몰두하여 본문을 읽어낸 결과일 수 있다.

다섯째, 당시 고린도의 상황을 다시 고려해 볼 때, 고린도후서 3:18("그의 모양으로 변하여 한 차원의 영광에서 다른 차원의 영광에 이르렀다")의 μεταμορφοῦσθαι도 황홀경 체험을 포함할 수 있다.[92] 그러나 비록 변형(metamorphosis)이 헬레니즘 시대 신비 종교가 익히 아는 개념이긴 했어

---

90. Georgi, *Gegner* pp. 296f.

91. Schmithals, *Gnosticism* pp. 190f.

92. Lührmann, *Offenbarung* pp. 56f.; 참고, F. Dumermuth, 'Moses strahlendes Gericht,' *TZ* 17, 1961, pp. 241-248.

도, 바울 사상에 주로 영향을 준 것은 유대 묵시주의였으며(특히 『바룩2서』 51:3, 10을 보라), 그의 사상은 황홀경 체험의 가치를 둘러싼 논쟁에 속하기보다 바울 자신의 특별한 신비주의 브랜드에 속한다(참고, 롬 8:29, 12:2, 고전 15:51ff., 갈 4:19, 빌 3:10, 21).[93]

따라서 결국 바울은 분명 황홀경 체험이 생소한 이가 아니었다. 하지만 그렇다고 해도 그런 체험이 잦았다거나 그런 체험을 아주 드높였다고 말할 수는 없다.[94] 정말 중요한 문제는 따로 있다. 바울에게 이런 체험이 중요했을까(바울은 이런 체험을 거의 겪지 않았을까 아니면 많이 겪었을까, 드문드문 겪었을까 아니면 자주 겪었을까)? 바울은 황홀경을 체험한 이였을까? 그의 권위 그리고 선교해야 한다는 강한 의무감은 이런 체험에 뿌리를 두고 있었을까? 이런 체험이 그의 경건에 없어서는 안 될 본질이었을까? 바울이 이런 질문에 관하여 제시한 입장은 아주 분명하고 단호하다. 우리는 그의 입장을 적절한 자리에 가서 다시 살펴보겠다(§§55, 56.3).

40.4. **지식과 지혜**. 아울러 신자는 더 합리적인 종류의 특별한 계시를 체험할 수도 있다. 이런 계시 체험에서는 통찰과 정보를 드러내는 일이 생각/지성과 이해/지각의 차원에서 일어난다. 이를 분명히 암시하는 것이 바로 바울이 고린도전서 14:6, 26, 30에서 계시와 예언을 결합

---

93. 참고, H. A. A. Kennedy, *St. Paul and the Mystery Religions*, Holder & Stoughton 1913, pp. 180-198; J. Behm, *TDNT* IV pp. 736-739; 참고, J. F. Collange, *Enigmes de la Deuxieme Epitre de Paul aux Corinthians*, Cambridge 1972, p. 119. 더 자세한 것은 본서 §54.1과 §55.2을 보라.

94. J. Bowker, "'Merkabah' Visions and the Visions of Paul," *JSS* 16, 1971, pp. 157-173은 바울이 "아주 폭넓은 랍비 훈련의 결과로서 보통 나타나는 **메르카바**(*merkabah*) 사유를 했을 수 있으며, (그가 다메섹 밖에서 본 환상을 비롯하여) 그가 본 환상들도 그런 사유에서 나왔을 수 있다"라고 주장한다.

한 점이다. 이는 그가 고린도전서 14장에서 예언을 바로 합리적 차원의 의미 전달로 규정하면서 합리성을 전혀 갖고 있지 않은 방언과 분명하게 대비하기 때문이다(14:6-25). 여기에서는 계시를 분명 인간의 영뿐 아니라 인간의 이해/지각을 상대로 말하는 것으로 이해한다. 갈라디아서 2:2의 경우도 마찬가지다("나는 계시를 따라[κατὰ ἀποκάλυψιν] 예루살렘으로 올라갔다"). 바울은 여기서 회중 예배 때에나 비공식 기도 모임에서 영감을 통해 주어진 예언의 말이 자신에게 내린 구체적인 명령을 염두에 두고 있었을 가능성이 아주 높다(참고, 행 13:2, 16:6f.; 본서 §31.2와 §32.1을 보라).

합리적 계시를 살펴볼 때에는 '지식'(γνῶσις)과 '지혜'(σοφία)에 관한 바울의 이해를 논하는 것도 포함시켜야 한다. 이것들이 계시-신비라는 개념 복합체 안에서 차지하는 자리는 고린도전서 2:7, 10(고전 1:17-2:16에 있는 '지혜' 논의의 일부)과 고린도전서 13:2 및 14:6에서 충분히 분명하게 드러난다. 바울은 고린도전서 12:8-10에서 제시하는 카리스마 가운데 특히 '지혜의 말'과 '지식의 말'(λόγος σοφίας, λόγος γνώσεως)을 포함시킨다. 바울이 말하는 이 '지혜의 말'과 '지식의 말'이 무슨 의미인지 이해하려면 γνῶσις와 σοφία에 관한 그의 이해를 분명하게 밝혀야 한다.

하지만 γνῶσις와 σοφία는 우리에게 특별한 난제들을 안겨준다. 바울이 말하는 이 지식과 지혜가 무엇을 의미하는지 분명하게 알기가 쉽지 않다. 그 이유는 이 말들이, 특히 고린도 서신에서 알 수 있는 것처럼, 바울 자신이 선택한 표현이 아니기 때문이다. 바울이 이 말을 쓰게 된 것은 무엇보다 그가 다루는 고린도의 상황 때문이었다. 이제 신약 학계가 널리 인정하듯이, γνῶσις와 σοφία는 **고린도에서 바울에 반대하던 분파가 외친 슬로건**이었다.[95] 무엇보다 바울이 이런 개념을 가져다 쓸

95. Schmithals, *Gnosticism* pp. 141-155; C. K. Barrett, 'Christianity at Corinth' *BJRL*

수밖에 없었던 것은 그를 반대하는 이들이 자기네가 γνῶσις와 σοφία를 가지고 있다고 주장하면서 (바울을 비롯한) 다른 이들에겐 이것들이 없다고 주장했기 때문이다. 다른 곳에서는 거의 나타나지 않는 γνῶσις가 고린도 서신에서 거듭 나타나고, σοφία에 관한 논의가 고린도전서 1-3장을 뒤덮고 있는 것도 다 그 때문이다.[96]

고린도전서 13:2, 8, 고린도후서 8:7과 11:6 그리고 특히 고린도전서 8장은 고린도 사람들이 지식을 중요하게 여겼음을 일러준다. 고린도 사람들이 뻐기며 자랑하던 것이 바로 자신들은 '지식을 갖고 있다'(8:1)는 것이었다. 이 지식은 무엇이었을까? 다행히 고린도전서 8장은 우리에게 몇 가지 실마리를 제공한다. 이 경우의 지식은 '우상은 이 세상에서 아무것도 아니며', '하나님은 한 분만 있다'는 것이다(8:4).[97] 그렇다면 여

46, 1963-1964, pp. 275-286; 그리고 아래 주105에서 언급한 이들을 보라. 우리가 '반대자'에 관하여 이야기해야 하는지, '분파'나 '분파들'에 관하여 이야기해야 하는지, '영지주의 성향을 가진 자들'(gnostics)이나 '영지주의자들'(Gnostics)에 관하여 이야기해야 하는지, 아니면 그런 용어를 아예 쓰지 말아야 하는지에 대한 문제를 살펴보려면, Munck, *Paul* 제5장; Hurd pp. 96-107; N. A. Dahl, 'Paul and the Church at Corinth according to I Corinthians 1.10-4.21,' *Christian History and Interpretation*, Knox Festschrift, 제15장; R. McL. Wilson, 'How Gnostic were the Corinthians?,' *NTS* 19, 1972-1973, pp. 65-74; S. Arai, 'Die Gegner des Paulus im I Korintherbrief und das Problem der Gnosis,' *NTS* 19, 1972-1973, pp. 430-437을 보라. '영지주의자들'을 염두에 두고 있다는 견해에 반대하는 견해를 보려면, J. Dupont, *Gnosis: La Connaissance Religieuse das les Épitres de Saint Paul*, Paris [2]1960, pp. 261ff.; 그리고 Pearson, *Pneumatikos-Psychikos*, 또한 그가 더 정확한 정의에 보이는 관심을 살펴보라.

96. γνῶσις: 고린도전서와 고린도후서에서 16회; 바울서신의 다른 곳에서 7회; 신약성경의 다른 곳에서 6회; σοφία: 고린도전서에서 17회(고린도전서 1-3장에서 16회); 고린도후서에서 1회, 로마서에서 1회, 에베소서에서 3회, 골로새서에서 6회; σοφός: 고린도전서에서 11회(고전 1-3장에서 10회); 바울서신의 다른 곳에서 5회.

97. 바울이 8:1, 4에서 고린도전서 자체를 인용하고 있다고 인정하는 것이 통설이다—RSV, NEB, JB; Hurd pp. 68, 120ff. Weiss는 8:1에서 γνῶσιν 앞에 관사가 없다는 점

기서 말하는 지식은 우주의 진정한 본질을 꿰뚫어보는 통찰을 가리킨다—특히 물질로 만든 우상과 이 우주를 가득 채우고 있는 영적 존재들("많은 신과 많은 주"—8:5; "귀신"—10:20) 사이의 관계를 인식하는 것이 바로 지식이다.[98] 우리가 이런 적은 정보에 기초하여 그리고 후대의 그노시스(영지주의에서 말한 지식)에 비춰 잠정적이나마 어떤 일반적 결론을 제시해 본다면,[99] 고린도 사람들이 생각했던 γνῶσις는 영을 힘입어 실체의 진짜 본질을, 우주의 구조 그리고 신과 인간의 관계를, 그리고 우주 안에 존재하는 영적 존재와 물질을 꿰뚫어보는 통찰력을 의미한다고 추론할 수 있겠다. 아울러 이런 지식이 순전히 사변에서 나온 게 아니라 실제 삶 속에서 나온 결과물이라는 사실도 역시 중요하다. 고린도의 경

에 주목한다: "그것은 εἴδωλα(형상, 우상, 유령)와 관련된 특별한 지식뿐 아니라 널리 일반적인 것까지 의미한다; 그들은 자신들이 '지식'이라는 독특한 특징을 가진 사람들이라 느꼈으며, 바로 그 특징을 통해 그들 자신을 그들 주위와 구분한다"(*I Kor.* p. 214).

98. Εἴδωλων은 십중팔구 '초자연적 존재'(Weiss, *I Kor.* p. 219)나 '거짓 신'(NEB)보다 '우상'을 의미하는 말로 받아들여야 할 것이다. 바울이 하나님이 아닌 영적 존재들이 다양한 이교 신앙 제의의 외부 장식과 기능 뒤에 숨어 활동하고 있다고 인식하기 때문이다(8:5, 7, 10, 19ff., 그리고 특히 12:2). 바울은 이들이 어쩌면 도시 당국의 행위를 통해 활동하고 있을 수도 있다고 인식했던 것 같다(고전 2:6, 롬 13:1-6).

99. 신약 저자들이 다루는 상황이 얼마나 후대의 영지주의식 생각을 전제하고 있을까라는 문제를 살펴보려면, 특히 R. McL. Wilson, *Gnosis and the New Testament*, Blackwell 1968, 특히 제2장; E. Yamauchi, *Pre-Christian Gnosticism*, Tyndale 1973; 아울러 위 주95에서 본 Wilson, Arai 그리고 Pearson을 보라. 고린도 사람들의 γνῶσις 체험이 이미 하나님에 대한 신비한 환상과 인간이 신이 된다는 인식, 곧 신화(神化) 인식을 포함하고 있었을 가능성은 거의 없다(참고, Weiss, *I Kor.* p. 300; Bultmann, *TDNT* I pp. 694ff.)—물론 고린도 사람들의 체험에는 황홀경 체험이 들어있었을 수도 있다(참고, 본서 §40.3; 아울러 Pearson이 주장하듯이—pp. 34f.—그것이 고린도 서신의 인용 본문을 가져온 것이라면 고전 2:9도 참고하라). 고린도 사람들은 그런 황홀경 체험 때문에 분명 그들 자신을 아주 높이며 자신들은 우월하다는 생각을 갖게 됐을 것이다(고전 4:8, 8:1).

우를 보면, 고린도 사람들은 지식으로 말미암아 의구심이나 주저함이 없이 사회 활동에 참여할 수 있었고 이교 신전에서 벌이는 축제(8:10)에도 참여할 수 있었다. 따라서 γνῶσις는 영을 앞세운 일종의 '세계관'으로서 독특한 윤리적 결론을 동반하는 것이라고 말할 수 있겠다.

우리는 이를 토대로 바울이 고린도전서에서 제시하는 γνῶσις에 대한 이해를 추론할 수 있으며 특히 그가 고린도전서 12:8에서 제시하는 '지식의 말'에 관한 이해도 추론해 볼 수 있겠다. 우리에겐 두 가능성이 열려있다. 한편으로 보면, 바울은 고린도 사람들이 갖고 있던 γνῶσις 이해를 적어도 일부 공유하고 있다. 바울은 고린도 사람들의 γνῶσις를 풍족하게 해 주는 것으로 여기며(ἐπλουτίσθητε, '너희가 풍족하게 됐다'—고전 1:5; 고후 6:6, 8:7, 11:6) 우상 그리고 신전의 희생 제사에서 사용한 고기를 대하는 고린도 사람들의 γνῶσις를 공유한다(바울은 고린도 사람들이 강조하는 주장에 동의한다—8:1, 4, 10:25ff.; 참고, 롬 14:14). 사실 바울이 훨씬 더 중요하게 여기는 γνῶσις는 (사변에 기초하기보다) 체험에 기초하여 그리고 구약성경을 토대로, 그리스도와 신자의 친밀한 인격적 관계를 아는 지식이다(빌 3:8; 고후 2:14, 4:6, 10:5도 마찬가지다).[100] 그러나 γνῶσις를 명사로 사용하는 고린도전서에서는 이 말이 언제나 생각 속에 자리한 사변적 γνῶσις일 때가 더 많다. 바울이 12:8과 14:6에서 이야기하는 γνῶσις는 이런 의미일 가능성이 아주 높으며, 13:2, 8도 그런 의미임을 확인해 주는 것 같다. 따라서 '지식의 말'은 영에 감동하여 하는 말로서 우주의 여러 실재와 관계를 꿰뚫어보는 통찰을 제시하는 말로 이해하는 것이 가장 적절할 것 같다—이런 말은 삶의 실제에 적용할 수 있는 내용을 그 자체 안에 담고 있거나 취해야 할 행동을 그 말 자체에서 쉬이 추론해낼 수 있

100. 참고, Bultmann, *TDNT* I pp. 697, 706.

다.[101] 이런 '지식의 말'에 해당하는 사례로서 고린도 사람들이 제시한 것을 알아보려면, 무엇보다 고린도전서 8:4을 들여다봐야 할 것 같다: "우상은 이 세상에서 아무것도 아니다"(οὐδὲν εἴδωλον ἐν κόσμῳ)라는 말은 간결하면서도 다소 신비한 성격을 갖고 있어 신탁과 같은 뚜렷한 울림을 준다.

다른 한편으로 보면, '지식의 말'은 바울이 고린도 사람들이 주장하는 γνῶσις에 동의한다기보다 오히려 반대한다는 뜻을 많이 표현하는 말일 수 있다.[102] 이는 바울이 고린도전서 8:2에서 고린도 사람들이 주장하는 γνῶσις를 신자를 규정하는 특징이어야 할 지식과 대비하여 말하기 때문이다: "만일 어떤 이가 자신이 (무언가를) 안다고 생각한다면, 참된 의미의 앎을 생각할 때, 그는 아무것도 모르는 것이다(οὔπω ἔγνω καθὼς δεῖ γνῶναι)". 어쩌면 고린도전서 2:12에 있는 비슷한 대비가 바울이 말하려는 의미를 분명히 밝혀줄지도 모르겠다: "우리가 세상의 영이 아니라 하나님에게서 온 영을 받음은 우리가 하나님이 주신 것들을 알게 하려 함이다." 따라서 여기서 말하는 '지식의 말'은 영을 힘입어 '하나님이 우리에게 주신 것들'(τὰ ὑπὸ τοῦ θεοῦ χαρισθέντα ἡμῖν)을 꿰뚫어 알 수 있는 어떤 통찰, 곧 하나님과 신자(들)의 관계에 관한 어떤 이해, 개개 신자의 삶 또는 공동체로서 살아가는 신자의 삶에 존재하는 영의 차원(τὰ χαρισθέντα)에 관한 어떤 인식을 가리킬 것이다. 구약의 의미에서 '지식'은 '시

101. "바울을 반대하던 이들에게나 바울에게나, γνῶσις는 지금 여기서 그리스도인이 체험하는 실재를 들여다보는 통찰과 그 통찰이 실제 삶 속에서 초래하는 결과를 가리킨다"(Pearson p. 42).

102. 참고, Bultmann, *TDNT* I pp. 707-711. Kennedy는 바울의 생각이 구약과 그 시대 밀교 의식의 용례에서 받은 영향을 보여준다고 주장한다(*Paul* pp. 162-172).

인/인정'(acknowledgement)이라는[103] 뉘앙스를 포함하고 있다. 이 때문에 우리는 '지식의 말'에는 γνῶσις를 삶의 실제에 적용한다는 의미가 명백하게 또는 은연중에 들어있다고 추정할 수 있겠다—고린도 사람들이 추구하던 γνῶσις가 분열이라는 결과를 낳은 것과 달리(참고, 고전 3:3, 8:1ff., 13:2, 4ff.), '지식의 말'은 사랑이라는 열매를 만들어낸다.

σοφία의 의미를 결정하기는 더 수월하다. 우리는 고린도전서 1-3장에서 고린도 사람들의 지혜 개념(적어도 바울이 보기에 고린도 사람들이 생각하는 지혜 개념)과 바울이 제시하는 사뭇 다른 지혜 이해를 볼 수 있다. 바울은 사실 σοφία라는 말을 서로 다른 네 의미로—나쁜 의미 둘과 좋은 의미 둘로—사용한다.[104] 먼저 나쁜 의미의 지혜는 능란한 수사 기술이나 달변을 의미한다(ἐν σοφίᾳ λόγου—1:17; 1:19f., 2:1, 4f.). 이 σοφία가 안고 있는 위험은 믿음이 곧 하나님의 영과 능력과의 실존적 만남의 문제가 아니라 합리적 설득과 겉 인상의 문제로 변질되어 버린다는 것이다(1:17, 22ff., 2:4f.). 두 번째, 세상의 지혜(σοφία τοῦ κόσμου)라는 의미의 지혜는 더 근본적인 차원에서 위험하다(1:20ff., 2:5f., 13, 3:19, 고후 1:12; 참고, 골 2:23). 이 지혜는 복음과 모든 진리 주장을 인간의 기준에 비춰(ἐν διδακτοῖς ἀνθρωπίνης σοφίας λόγοις—2:13), 이 시대의 가치에 비춰(2:6), 순전히 이 세상의 욕망과 야심이 중요하게 여기는 것에 비춰(ἐν σοφίᾳ σαρκικῇ, '육의 지혜로'—고후 1:12) 판단하는 지혜다. 이것이 과연 어느 정도나 고린도 사람들이 σοφία에 관하여 생각하던 견해를 적절히 표현하고 있는지는 말할 수 없다. 고

103. Bultmann, *TDNT* I pp. 706, 710: "γνῶσις는 은혜의 선물로 여겨졌다. 이 선물은 그리스도인의 삶이 어떻게 표현되어야 할지 결정함으로써 그 삶이 어떤 것인지 특징짓는다(고전 1:5, 12:8, 고후 8:7, 『클레멘스1서』 1:2)"(pp. 707f.). 아울러 Dupont, *Gnosis* pp. 231ff. 그리고 본서 §5.2을 보라.

104. Barrett, 'Christianity at Corinth' pp. 227ff.; 아울러 *I Cor.* pp. 53f., 67f.을 보라.

린도 사람들이 생각하는 σοφία는 아마도 '이 시대의 통치자들'(2:6)에게 지배받는 인간 실존을 좀 더 지적 차원에서 정립한 개념이었을 것이며, 십중팔구는 신비한 체험이나 황홀경 체험의 관점에서 해방과 도피(현세 도피)를 내다보는 개념이었을 것이다. 바울이 2:13, 15, 3:1에서, 12:1, 14:1, 37에서, 그리고 15:44, 46에서 πνευματικός('영적')라는 말을 사용한 것—바울은 이 세 경우에 모두 그를 반대하는 이들이 쓰는 언어를 가져다 쓴다—은 분명 σοφία, 황홀경 체험(12:2 등), 그리고 지금 여기서 부활의 삶의 체험을 강조하는 것 사이에 연관 관계가 있음을 강하게 시사한다. 지금 여기서 부활의 삶의 체험을 강조하면서, 여전히 미래에 있을 일로 남아있는 몸의 부활에 관하여 이야기하는 것은 그 어떤 말도 무의미하다.[105]

고린도전서 1-2장이 제시하는 σοφία의 좋은 의미 두 가지를 깔끔하게 표현해 주는 말이 두 독일어 단어 *Heilsplan*('구원 계획')과 *Heilsgut*('구원에 따른 혜택, 유익')이다. 이 두 의미는 서로 융합되어 나타나지만, 전자의 의미를 가장 분명하게 표현하는 곳은 2:6ff.이다—하나님의 지혜는 예수가 십자가에서 당한 죽음을 통해 그리고 그렇게 십자가에 달려 죽은 그리스도를 선포함으로써 구원을 이루려는 하나님의 계획이다(1:20-25). 후자를 더 분명하게 표현하는 곳은 1:30이다—그리스도가 우리의

105. 고전 15장 그리고 부활에 관한 고린도 사람들의 견해(들)를 살펴보려면, 본서 제5장 주43을 보라. U. Wilckens, *Weisheit und Torheit*, Tübingen 1959, 특히 pp. 205-213, *TDNT* VII pp. 519ff., 그리고 Lührmann, *Offenbarung* 제9장은 고린도 사람들이 말하던 σοφία에 관하여 더 자세하고 정교한 이해를 제시한다. 그러나 Schmithals, *Gnosticism* pp. 138ff.; Conzelmann, 'Paulus und die Weisheit,' *NTS* 12, 1965-1966, pp. 231-244; *I Kor.* pp. 75ff.; R. Scroggs, 'Paul: *Σοφός* and *Πνευματικός*,' *NTS* 14, 1967-1968, pp. 33-55도 함께 보라. 고린도의 분파가 지혜를 영과 동일시했다는 결론을 고전 2:13에서 끌어내기는 불가능하다(Pearson pp. 35ff.는 반대 견해다).

지혜, (곧) 우리의 의, 성화 그리고 구속이 됐다. 여기서 σοφία는 더 큰 개념인 '계시'(위를 보라, 특히 §40.2을 보라) 및 '은혜'("사람의 지혜가 아니라 하나님의 은혜로"—고후 1:12)와 거의 같은 의미 범주를 갖고 있다. 그것은 하나님의 구원 계획이 과거에 십자가에 못 박힌 한 사람을 통해 현실로 이뤄지고 있음을 이성을 통해 인식하거나 받아들임을 가리키지만, 동시에 이 십자가에 못 박힌 그리스도에 대한 선포를 통해 지금 여기에서 역사하는 구원의 능력을 실존 전체가 체험함으로써 도달하고 확인하는 인식을 가리키기도 한다. 따라서 σοφία의 두 좋은 의미는 두 나쁜 의미와 대립하면서 그 두 나쁜 의미와 짝지을 수 있다. 바울은 이 세상의 지혜와 대비하여 십자가에 못 박힌 그리스도를 제시하며, 말의 지혜와 대비하여 십자가의 복음을 통해 체험한 능력을 제시한다(1:17f., 22ff., 그리고 2:4f.을 보라).

따라서 바울이 생각하는 지혜는 그리스인이 말하는 γνῶσις—존재하는 것의 참된 실체를 꿰뚫어보는 통찰—와 같지 않다. 바울이 생각하는 σοφία는 훨씬 더 유대 색채가 강하다—이는 하나님의 활동을 인식하는 것이요, 특히 **하나님이 펼쳐가는 구원사의 중심에 십자가에 못 박힌 메시아가 있음을 인식**하는 것이다. 그러나 그것은 단순히 어떤 합리적인 인정만이 아니다. 그것은 **체험을 통해 그 구원사에 참여함**을, 말하자면 지금 여기서 하나님의 구원 능력을 실제로 체험함을 포함한다—"영의 나타남과 능력"(2:4). 중요한 것은 이 두 요소가 함께 결합해 있다는 것이다: 바울이 십자가에 못 박힌 그리스도를 선포한 것은 그가 계시의 힘을 통해 십자가의 역설을 밝히 깨달았기 때문일 뿐 아니라, 그와 다른 이들이 십자가를 선포함으로써 '신자 안에서 그리고 신자를 위해 구원을 이루시는 하나님의 능력'(롬 1:16)을 체험하기 시작했기 때문이었다. 동시에 바울의 σοφία 신학은 능력 체험에만 기초하고 있는 게 아니라, 십자가에 못 박힌 이를 설교함으로 말미암아 하게 된 체험에도 기초하고 있다.[106] 이에서 비롯된 더 광범위한 결과들은 제10장에서 살펴보겠다.

이에 비춰볼 때, 바울은 '지혜의 말'을 무엇이라 이해하는가? '지혜의 말'은 필시 영을 힘입어 하는 말로서, 하나님의 구원 계획이나 그 구원 계획이 신자에게 가져다주는 유익(혜택)에 관하여 통찰을 제시하는 말, 또는 그런 것에 관하여 어떤 신선한 이해를 제공하는 말을 의미하는 것 같다. 고린도전서 1-2장이 이 세상 지혜와 십자가의 말을 예리하게 대립시켜 제시하는 것을 볼 때, 바울은 '지혜의 말'을 영에 감동한, 구원의 능력을 담은 선포로 생각하는 것 같다. 이 경우에 '지혜의 말'은 어떤 사람을 복음 전도자로 인정하게 해 주는 카리스마(영의 선물)의 일종이었을 것이다. 반면, '지식의 말'은 교사가 받은 카리스마처럼 들린다. 이와 달리, 잠언과 집회서 1-42장이 가장 분명하게 가르치는 유대의 지혜 전통을 생각해 볼 때, '지혜의 말'은 어쩌면 실제 삶과 관련된, 심지어 이 땅의 지혜에서 우러난 충고 같은 것이라 생각할 수도 있지만, 추측건대 하나님의 구원 계획과 구원에 따른 혜택을 인식하고 영에 감동하여 제시하는 충고일 수도 있다. 이 경우에 '지혜의 **말**'과 '지식의 **말**'은 사실상 같은 말—고린도 분파가 외쳐대는 핵심 단어를 가져와 같은 종류의 카리스마를 달리 표현한 것—일 것이다.[107]

---

106. 참고, Grau p. 58.
107. 많은 주석가가 그렇게 생각한다: 가령 Bultmann, *TDNT* I p. 708 주73; J. Moffatt, *The First Epistle of Paul to the Corinthians*, Moffatt 1938, p. 181; Lietzmann in Lietzmann-Kümmel, *Kor.* p. 61; Conzelmann, *I Kor.* p. 246. γνῶσις와 σοφία가 아주 폭넓은 쌍둥이 개념임은 롬 11:33, 골 2:3, 고전 2장이 일러준다(고전 2장에서는

이 주제와 관련하여 마지막으로 제시하는 하나의 질문은 이것이다: 바울은 γνῶσις와 σοφία를 카리스마로 여기는가? 한편에 있는 σοφία와 다른 한편에 있는 '계시' 및 '은혜' 사이에는 폭넓은 평행 관계가 존재한다는 점, 그리고 고린도전서 1:5, 13:2, 8, 14:6이 γνῶσις를 사용하는 모습을 볼 때, 바울이 이것들을 카리스마로 여긴다는 대답이 가능할 것 같다. 그러나 바울이 고린도전서 12:8에서 '지혜'와 '지식' 자체를 말하지 않고 일부러 '지혜의 말'과 '지식의 말'이라 말하는 것을 보면 조금 의문이 들 수 있다. 이 말들은 십중팔구 고린도에 있던 영지주의 분파를 겨냥한 것 같다. 바울은 자신들이 지식과 지혜를 가졌다며 우쭐대고 자랑하는 이들과 직접 대비하고 그들을 꾸짖으면서, 이 카리스마의 범위를 지식과 지혜를(지혜와 지식의 어떤 측면을) **실제로** 표현하는 **말**에 **국한한다.**[108] 하나님이 주는 카리스마는 사람이 제 뜻대로 사용할 수 있는 무언가를 소유함이 아니다. 그 카리스마는 특별한 경우에 주어지는 특별한 말이며, 오로지 그것을 입 밖에 내어 말하는 행동을 하는 순간에만 '내 것'이 된다. 마찬가지로 바울은 고린도전서 14:6에서 어떤 특별한 표현을 염두에 둔다. 결국 **바울이 생각하는 지혜와 지식 자체를 어떤 카리스마로 생각해서는 안 되며, 오로지 지혜나 지식을 실제로 다른 이들에게**

σοφία가 7회, γινώσκειν이 5회 등장한다). Weiss는 '지식의 말'을 예언과, '지혜의 말'을 가르침과 연계한다(*I Kor.* p. 300). 오순절 진영의 강설은 종종 '지식의 말'을 다른 이들의 필요나 문제를 꿰뚫어보는 목회 차원의 통찰로 받아들이기도 한다. 이것은 바울이 다른 곳에서 제시한 γνῶσις의 용법과 일치하지 않으며, 예언의 특징에 더 가깝다(고전 14:24f.; 본서 §41.2을 보라). 그러나 우리는 이런 구분에서 현학적 엄밀함을 추구하려 해서는 안 된다(참고, 롬 12:6-8, 이곳에서 열거하는 영의 선물에는 예언과 권면이 다 들어있다. 그러나 고전 14:3을 참고하라; 더 자세한 것은 본서 §43.6을 보라).

108. 참고, Schlatter, *Bote* p. 339; Hasenhüttl p. 143.

드러내는 말만이 카리스마라는 결론이 나온다.

마지막으로 우리는 에베소서 1:17ff.을 간단히 살펴봐야 한다. 바울은 '하나님이 지혜와 계시의 영(spirit)을 너희에게 주셔서 그를 알게 하시고, 너희 마음의 눈을 밝혀주셔서 그가 너희를 어떤 소망으로 부르셨는지 너희가 알 수 있게 … 해 주시길' 기도한다. 여기서 특히 주목할 점은 계시와 관련된 말들에, 그러니까 지혜, 계시, 지식(ἐπίγνωσις) 그리고 '밝히다'(φωτίζω) 같은 말에 유달리 아주 집중하고 있다는 점이다. 여기서 두 가지 점을 더 언급할 수 있을 것 같다. 첫째, 여기에서는 서로 다른 두 계시의 순간을 상정하고 있다. 과거에 있었던 깨우침의 순간이 그 하나인데(아마도 회심의 순간일 것이다), 그 순간의 빛은 지금도 현재를 밝혀준다(πεφωτισμένος—완료 시제).[109] 다른 하나는 영이 미래에 더 깊은 깨우침을 줄 가능성을 고대하며 기도하는 순간이다.[110] 이를 보면서, 우리는 둘째로, 기도하며 구하는 것은 어떤 종류의 계시인가라는 질문을 던지게 된다. 바울은 하나님의 생각과 계획의 어떤 측면을 드러내는 체험이나 통찰이나 말을 생각하는데("지혜와 계시의 영"—참고, 고전 12:8, 14:6, 26, 계 4장 이하), 바울의 이런 생각이 방금 전에 제시한 질문의 답인 것 같다. 이런 체험이나 통찰이나 말은 하나님과 신자의 살아 있는 관계에서 나타나며, 그런 관계를 실존 차원에서 깊게 만들어준다('그를 알게 하시고').[111] 아울

---

109. 세례를 딱 부러지게 언급하지도 않고 그렇다고 세례를 암암리에 언급하지도 않는다(Dunn, *Baptism* p. 210과 주14).

110. 주석가들의 의견이 불확실하긴 하지만, 여기서 πνεῦμα는 필시 '하나님의 영'을 의미할 것이다. 바울의 글에서 이와 가장 유사한 말이 롬 8:15("입양의 영")이다. 아울러 문맥상 가장 유사한 것은 고전 2:6-16이다; 참고, 사 11:2, 슥 12:10. 다른 유사 사례를 보려면, Schlier, *Epheser* p. 78 주1을 보라.

111. Ἐν은 모호하다; 참고, Schlier, *Epheser* p. 79. ἐπίγνωσις의 의미를 알려면, 롬 3:20, 고전 13:12을 참고하라. 아울러 Moule, *Colossians* pp. 159-164을 참고하라. "'지식'

러 이런 체험이나 통찰이나 말은 '그가 너희를 어떤 소망으로 부르셨으며 … 믿는 우리를 향한 그의 능력의 풍성함과 영광'을 더 풍성히 인식하게 하**고 또한** 체험하게 해 준다('너희가 알 수 있게').[112] 즉, 바울은 합리적 계시와 실존적 계시를 모두 염두에 두고 있다. 이는 분명 바울이 지식의 성장을 일련의 엄청난 황홀경 체험으로 생각한다는 뜻은 아니지만, 그래도 그런 체험을 배제할 수는 없다는 뜻이기도 하다. 만일 우리가, 사사로운 연구와 경건한 신앙생활을 통해서든 또는 (영의 선물을 받고 영의 능력을 힘입은) 회중 안에서든, 조명(깨우침)과 더 풍성한 통찰을 자주 체험함으로써 지식이 자라나는 것을 이해한다면, 필시 여기서 바울이 하는 생각에 더 가까이 다가갈 수 있다(참고, 몬 6절).

40.5. **지도**(guidance). 여전히 계시라는 제목 아래 다룰 수 있고 우리가 방금 살펴본 내용과 딱 부러지게 구분하기 힘든 것이[113] **지도**(*guidance*)로서 체험하는 계시, **윤리적 행동과 결단이라는 문제에서 하나님의 뜻이 무엇인지를 확실히 일러주고 확신하게 해 주는 것**으로서 체험하는 계시다. 두 본문—갈라디아서 2:2과 빌립보서 3:15—은 '계시하다'/'계시'를 이런 의미로 사용하는 것 같다. 바울이 예루살렘으로 올라가게 이끈 '계시'(갈 2:2)는 예언을 통해 왔을 수 있다(참고, 고전 14:6, 26, 30 그리고 본서 §40.4). 그러나 ἀποκάλυψις는 개인이 체험한 환상이나 꿈(참고, 고후

은 믿음과 사랑을 체험함이다"(Schlier, *Epheser* p. 79); 아울러 K. Sullivan, 'Epignosis in the Epistles of St. Paul,' *Studiorum Paulinorum Congressus Internationalis Catholicus* 1961, Rome 1963, pp. 405-416을 참고하라.

112. Οἶδα는 두 의미를 담고 있다: 합리적 인식(τίς … τίς … τί)과 실존적 체험(참고, ἐπίγνωσις와 ἐνέργεια—엡 1:19, 3:7, 20, 4:16, 골 1:29).

113. 이런 겹침을 가장 분명하게 볼 수 있는 곳이 골 1:9f.이다; 본서 §40.5을 보라.

12:1ff., 그리고 사도행전을 다룬 본서 §32.1 이하)을 가리킬 수도 있고, 단지 자신의 마음에 있는 확신으로서 영이 주었다고 믿는 것을 가리킬 수도 있다.[114] 빌립보서 3:15은 '계시'를 바울의 태도 및 행동이 진실이라는, 하나님이 주신 확신이라 생각한다. 다시 말해, 그런 '완전함', 아니 '성숙함'이라 표현하는 것이 더 나을 법한 것은 이미 획득한 어떤 것이 아니라, **되어가는** 것(a matter of *becoming*)이다—이는 곧 삶의 방식과 행동에 관한 확신이다.[115] 여기서 주목해야 할 점은 바울이 이런 계시를 받은 이로서 어떤(τι) 신자를 상상한다는 것이다. 계시를 받는 것은 사도나 예언자만 누리는 특권이 아니다.

우리가 여기서 다루는 것은 상당히 큰 주제—바울이 말하는 윤리라는 주제—의 언저리일 뿐이다.[116] 우리가 그 주제를 깊이 탐구할 필요는 없다. 그러나 **바울이 말하는 윤리가 갖고 있는 카리스마(영이 주는 선물이나 능력)의 차원**을 분명히 밝힐 수 있으려면 긴 시간 동안 이야기를 나눠야 한다.

(a) 그리스도인의 행위는 영이 결정한다. 신자는 영으로 행하는 사람이라는 특징을 갖고 있다(롬 8:4—περιπατοῦντες κατὰ πνεῦμα; 갈 5:16—πνεύματι περιπατεῖτε). 그는 영의 인도를 받으며(롬 8:14, 갈 5:18—πνεύματι ἄγοντες),[117] 영

114. Schlier, *Galater* p. 66.

115. 참고, R. P. Martin, *The Epistle of Paul to the Philippians*, Tyndale 1959: "그는 진리가 천명됐다고 확신하기에 하나님이 도움을 베풀어 사람들의 생각을 깨우쳐주시고 자신이 가진 확신을 공유하지 못한 이들의 행위를 바로잡아주시길 요청한다(참고, 갈 5:10)"(p. 156).

116. V. P. Furnish, *Theology and Ethics in Paul*, Abingdon 1968 [=『바울의 신학과 윤리』, 알맹e, 2022]—가장 근래에 바울의 신학과 윤리를 총망라하여 다룬 저작으로서 19세기와 20세기에 등장한 바울의 윤리 해석을 개관한 부록도 담고 있다.

117. 이 언어는 '열광에 들뜬 말'에서 나왔다(Käsemann, *Römer* p. 216).

으로 그 삶을 규율한다(πνεύματι στοιχῶμεν!—갈 5:25). 여기에서는 매일매일 행하는 행위를 염두에 두고 있는 게 확실하다. 그 점은 '행하다'(walk)라는 은유를 골라 쓴 점, 그리고 바울이 다른 곳에서 그 말을 구사하는 용법(롬 6:4, 13:13, 14:15, 고전 3:3, 7:17 등)이 분명하게 일러준다.[118]

(b) 바울이 하는 이런 말의 의미는 사실 그가 율법과 영을 예리하게 대조한 내용에서 분명하게 드러난다. 로마서 7:6은 그리스도인을 가리켜 '율법에서 벗어난' 이들이라 말하면서, '이는(우리를 율법에서 벗어나게 한 것은—역주) 우리가 기록된 옛 법조문에 복종하지 **않고** 영의 새 생명 안에서 섬기게 하려 함이다'라고 말한다. 고린도후서 3:6은 글로 쓴 법조문이 **아니라** 영이 새 언약을 규정하는 특징이라 말한다: "글로 쓴 법조문은 죽이지만, 영은 생명을 준다." 아울러 로마서 6:14(율법이 아니라 은혜), 8:2, 갈라디아서 5:16(방탕과 반율법주의에 대한 대답은 율법이 아니라 영이다)을 보라. 바울은 이 본문들에서 분명 엄청난 느낌(인식)을 안겨주었던 해방과 갱신을 염두에 두고 있다. 그런 느낌(인식)을 그에게 가져다준 것은 하나님의 은혜/영 체험이었다. 영의 **생명**은 그를 율법 조문에서 자유롭게 해 주었다(참고, 롬 8:2, 고후 3:17, 갈 5:1, 13). 특히 로마서 2:28f., 고린도후서 3:3 그리고 빌립보서 3:3에서는 바울이 하나님을 향한 내면의 새로운 생명력을 맛본 이 체험을, 마음의 할례를 고대했던 예언자들의 소망, 율법이 사람의 **내면에** 기록되리라는 종말론적 소망(고후 3:3은 특히 렘 31:31-34을 암시한다)과 동일시했다는 것이 분명하게 드러난다.[119] 따라서 예

---

118. 참고, C. F. D. Moule, 'Obligation in the Ethic of Paul,' *Christian History and Interpretation*, Knox Festschrift: "갈 5:25, '우리가 영으로 살면'—곧 그리스도인이라는 우리의 '실존' 자체가 영에게 의지하면—'우리가 영으로 행하자'—즉 우리 행위도 이를 닮게 하자"(p. 401).

119. 더 자세한 것은 Dunn, *Baptism* pp. 135, 146f., 156을 보라.

222-223

배는 이제 더 이상 의무와 요구의 문제가 아니라, **자기 스스로 자연스럽게** 하나님을 찬미하라고 독려하는 것이다(빌 3:3). 바울이 생각하는 윤리에서 주된 원동력은 이제 더 이상 기록된 율법에 순종하는 것이 아니라 **내면의 강제**(마음에 기록된 율법, 영의 법)**에 순종하는 것**이었다. 아울러 바울은 동기와 행위를 형성하는 내면의 확신을 '그리스도의 생각/마음'이라 일컬으며(고전 2:16, 빌 2:5),[120] 로마서 14:22f.에서는 '네게 있는 믿음/확신(πίστις)'이라 말한다. 이는 곧 그리스도인의 행위와 관련된 특별한 이슈에 관하여 갖고 있는 믿음/확신을 말한다. 실제로 바울은 '무엇이든(결심이든 행위든) 확신에서 나오지 않은 것은 죄다'라고 강조하는 지경에까지 나아간다(롬 14:23).[121] 카리스마와 행위는 '믿음의 척도/분량'에 따라 결정해야 한다(롬 12:3—본서 §39.4을 보라).

(c) 여기에서도 우리는 바울이 δοκιμάζειν을 사용한 점에 주목해야 한다. 이는 로마서 2:18, 12:2, 14:22, 에베소서 5:10, 빌립보서 1:10(참고, 골 1:9f.)에서 말하는 윤리적 결단을 가리킨다. 이 말은 본디 '무언가를 시험하고 그 시험을 통해 그것의 타당함이 인정되면 그것을 승인하다'라는 뜻이다.[122] 바울이 이 말을 사용할 때 율법과 영의 대립 구도를 생각하고 있음은 로마서 2:18에 암시된다. 곧, 유대인은 율법에서 가르침을 받기 때문에 도덕 면에서 독특한 면모를 보일 수 있고 옳은 것을 승인할 수 있다. 그러나 그리스도인의 윤리적 결단 능력은, 유대인의 경우와 달

---

120. 참고, Gunkel, pp. 79ff.; Weiss, *Earliest Christianity*, p. 557.

121. 여기서 쓴 '믿음'을 고전 8:7-13의 '양심'과 혼동해서는 안 된다(그런 점에서 Käsemann, *Römer* p. 363은 옳다); 어떤 특별한 이슈에 관한 확신을 의미하는 믿음은 무언가를 시인하면서 무언가를 가리키는 것이지만, 양심은 주로 (사건 이후에) 무언가를 부인하면서 규율하는 성격이 더 강하다(C. A. Pierce, *Conscience in the New Testament*, SCM Press 1955을 보라).

122. Barrett, *Romans* p. 104.

리, '그 생각(마음)을 새롭게 함'에 달려 있다(롬 12:2). 바울은 '그 생각을 새롭게 함'이라는 말을 사용할 때 분명 내면의 동기와 도덕의식(νοῦς)의 근본적 재형성과 변화를 염두에 둔다.[123] 그는 이것을 다른 곳에서는 율법을 마음에 기록함이요 종말론적 영이 하는 일이라 생각한다(고후 3:3).[124] 이런 일은 어느 한순간(회심 때나 그 뒤에 이어지는 체험 때) 단번에 이뤄지는 일이 아니다. 바울은 이를 오히려 하나의 과정으로 이해한다(μεταμορφοῦτθε—현재 시제). 그러므로 δοκιμάζειν은 여기서 '시험',[125] 곧 단번에 내면에 심어지거나 바깥에 있는 돌판에 새겨진 어떤 규범이나 기준을 통해 시험하는 것을 의미하지 않는다. 그 말은 오히려 구체적인 상황과 지금 여기서 늘 새롭게 대두되는 윤리적 딜레마 속에서 하나님의 뜻이 무엇인가를 스스로 자연스럽게 깨달아 앎을 의미하며, 그런 하나님의 뜻을 선하고 받아들일 수 있으며 완전한 것으로 인정하고 승인함을 의미한다. 쿨만(Cullmann)은 이런 계시라는 카리스마를 이렇게 잘 정의했다.

> 성령이 하는 일은 주로 '시험'(δοκιμάζειν)에서, 즉 **주어진 매 순간에 그리스도인의 올바른 윤리적 판단을 형성하는 능력**에서 나타난다. … 이

---

123. 참고, J. Behm, *TDNT* IV p. 958.

124. 바울이 이 지점에서 영을 염두에 두고 있음은 다음 세 가지가 암시한다. (a) ἀνακαίνωσις: 바울서신에서 이 단어를 사용한 또 다른 유일한 사례(딛 3:5인데, 더 전통적인 바울의 표현을 사용한다)는 이를 분명 영에게 귀속시킨다; 아울러 롬 7:6을 보라—ἐν καινότητι πνεύματος('영의 새로움 안에서'); (b) 보통 영을 변형(예수를 닮아감)과 새 창조의 모든 과정의 시작이요 첫 열매이며 보증으로 이해한다(롬 8:23, 고후 3:18, 5:5); (c) 특히 영의 선물과 관련된 롬 12:1-8의 맥락; 아울러 계시와 관련된 엡 5:8-14의 맥락을 보라.

125. Furnish, *Ethics*. 여기 있는 δοκιμάζειν을 '찾아내다'라는 의미로 받아들이지만(pp. 104, 188f., 230), 이는 타당하지 않다.

223-224

> '시험'이 모든 기독교 윤리의 열쇠다. … 결국 성령이 … 각 사람 안에서 만들어내는 유일한 큰 열매는 구체적인 의미에서의 도덕적 판단에서 나온다.[126]

빌립보서 1:9f.의 δοκιμάζειν을 이렇게 이해함에는 아무런 반대가 없다. 바울은 δοκιμάζειν을 '넘치도록 풍성한 사랑'의 결과라고 생각한다.[127] 이는 마음속에서 사랑이 넘쳐흐르는 것이 은혜/영 체험을 이야기하는 또 다른 방식(표현)이기 때문이다(특히 롬 5:5). 그것은 내면에서 이뤄지는 사랑의 강제(또는 영의 강제)이며, 이런 강제는 사랑을 따라 행하는 행동으로(또는 영을 따라[κατὰ πνεῦμα] 행함으로) 나타난다(롬 8:14과 더불어 13:8-10을, 그리고 갈 5:13f.과 더불어 5:16ff.를 참고하라). 바울은 사랑을 분별한 뒤 개개 사안에 적용해야 할 도덕적 원리로 여기지 않는다. 오히려 그는 사랑을 하나님의 영이 내면에서 사랑의 말과 행동이라는 구체적인 표현으로 나타나게 강제하는 것으로 본다.[128] 따라서 빌립보서 1:9을 보면, 바울이 넘쳐흘러 δοκιμάζειν에 이르게 하는 사랑을 인식하는 길은 ἐπίγν-

126. Cullmann, *Christ* p. 228. 참고, W. Grundmann, *TDNT* II p. 260 주19: "그리스도인은 영이 주어짐으로 말미암아 하나님의 뜻을 직접적으로 아는 지식을 가질 수 있다"; Michel, *Römer* p. 294 주2. 롬 12:1-2 전체를 살펴보려면, 특히 Leenhardt, *Romans* pp. 301-307을 보라.

127. 반대 견해는 Furnish, *Ethics* pp. 227-237. "'풍성한 사랑을 가지라'는 명령"에 관하여 이야기하는 것(p. 235)은 증거 왜곡이다. 언급한 본문 가운데 살전 3:12과 빌 1:9은 모두 기도를 다룬다. 살전 4:10에서는 주제어가 ἀγάπη가 아니라 φιλαδελφία다. 고후 8:7은 명령이 아니라 진술인데, 여기서 바울은 사랑(ἀγάπη)을 영의 선물로 생각한다. 바울은 넘치는 사랑을 하나님의 선물로 여기며, 명령하거나 강요할 수 있는 것으로 생각하지 않는다(아울러 본서 §49.2을 보라).

128. 참고, Conzelmann, *Outline* p. 278; 아울러 Lohmeyer, *Philipper* pp. 32f.을 참고하라.

ωσις(지식—본서 §40.4와 주111을 보라) 그리고 αἴσθησις이다. 여기서 αἴσθησις는 필시 영에 더 크게 감동하여 (또는 영의 능력을 더 많이 힘입어) 주어진 상황에서 무엇이 옳고 적절한가를 깨닫거나 인식하거나 느끼는 것을 말하는 것 같다.[129] 마찬가지로 골로새서 1:9f.의 평행 본문을 보면, '주에게 합당한' 삶의 방식과 행동을 할 수 있는 이는 오로지 '모든 영적 지혜와 이해에(ἐν πάσῃ σοφίᾳ καὶ συνέσει πνευματικῇ) 그의 뜻을 아는 지식(ἐπίγνωσις)으로 충만한' 사람뿐이다. 여기서 강조하는 위치에 자리한 πνευματικῇ는 신자의 지혜와 이해가, 그저 인간의 지혜 및 이해에 그치는 것들과 달리, 영에서 유래하고 계시에서 나왔음을 일러준다(2:18, 23; 참고, 고전 2:5f., 13, 고후 1:12).[130]

그렇다고 이 모든 것이 바울의 윤리가 오로지 열광주의 윤리요, 어떤 '내면의 빛'이나 늘 신선한 계시에 의존한 윤리라는 의미는 아니다. 율법은 여전히 하나님이 제시하는 의의 기준이요, 로마서 3:31, 7:12-14, 8:4, 13:8-10 같은 본문이 일러주듯이, 바울서신 후반부에 흩뿌려져 있는 개별 명령으로서 존재한다.[131] 아울러 바울은 '그리스도의 법'을 관계를 규율하는 규범이라 이야기한다(갈 6:2; 참고, 고전 9:21). 그의 윤리적 가르침은 그리스도의 생각과 그리스도의 법이라는 두 초점을 둘러싼 하

129. Käsemann, 'Principles of the Interpretation of Romans 13,' *NTQT*는 αἴσθησις를 '그때의 실제 상황에 대한 느낌'으로 번역한다(p. 214); 참고, Arndt & Gingrich, αἴσθησις; 아울러 파피루스 130이 πνευματικὴ αἴσθησις라는 문구를 사용한 점에 주목하라(Reitzenstein, *Mysterien* p. 311에서 인용).

130. M. Dibelius, *An die Kolosser, Epheser, an Philemon*, HNT [3]1953, p. 7; 참고, Schweizer, *TDNT* VI p. 437 주704; Lohse, *Colossians* pp. 26f.; R. P. Martin, *Colossians and Philemon*, Oliphants 1974, p. 51. 아울러 몬 6절을 참고하라. 이곳에서는 '모든 선한 것'이 그리스도인의 행위를 가리키는 말일 수 있다(Lohse, *Colossians* p. 194).

131. 특히 W. Schrage, *Die konkreten Einzelgebote in der paulinischen Paränese*, Gütersloh 1961, 특히 pp. 71-93을 보라.

나의 타원으로 묘사하는 것이 타당할 수 있다.[132] 바울은 자유가 타락하여 방탕으로 흘러갈 위험을 잘 알고 있었다(갈 5:13ff.). 그럼에도 바울의 윤리에 독특한 성격을 부여해 주는 것은 개별 명령과 권면이 아니다. 그가 제시하는 미덕 목록과 가정 규칙 목록에는 그것들을 스토아학파 그리고 유대교가 정립하여 제시하는 미덕 및 가정 규칙과 구별해 주는 것이 전혀 없다.[133] **바울의 윤리에 존재하는 독특한 요소는 영을 힘입어 하나님의 뜻을 인식하고 내면에서 강제하는 사랑이다.**[134]

여기서 우리는 다시 바울이 한 하나님 체험의 실체와 생명력을 폄하하거나 무시하려는 경향에 맞서야 한다. 그것은 비단 **바울의** 체험만이 아니다: 바울은 독자들에게 영으로 행하며 영의 인도를 받으라고 촉구했는데, 여기서 우리는 그들이 적어도 그 체험의 생명력을 어느 정도 공유했으리라고 추측할 수밖에 없다.[135] 여기에서는 영을 하나님에 관하여 합리적으로 해석한 어떤 주장으로 축소할 수 없으며, 사랑도 어떤 일반적인 윤리 원리로 축소할 수 없다. 둘 모두가 어떤 주어진 상황에서 작동하는 특별한 확신과 강제다. 이 확신과 강제가 반드시 어떤 외부 규

---

132. 특히 R. N. Longenecker, *Paul, Apostle of Liberty*, Harper & Row, 1964, pp. 181-196을 보라.

133. Conzelmann, *Outline* pp. 91ff.

134. 아울러 W. Pfister, *Das Leben im Geist nach Paulus*, Freiburg 1963; "바울이 말하는 기독교 윤리 전체는 이 한 문장으로 집약할 수 있다: "'영 안에서 행하라.' … 영은 그리스도인의 삶의 **능력**이자 **규범**이다"(p. 91); S. Lyonnet, 'Liberté chrétienne et loi de l'Esprit selon saint Paul,' in I. de la Potterie & S. Lyonnet, *La vie selon l'Esprit*, Paris 1965, 제6장.

135. 오늘날 대다수의 그리스도인은 이런 권면을 "너희가 믿을 때 영을 받았느냐?"(행 19:2; 참고, 갈 3:2)라는 질문에 대답할 수 있을 만큼 이해하지 못하는 것 같다. 이 질문에 그렇다고 대답할 수 있었던 이들이라면 아마도 그런 권면을 이해할 때에도 별 어려움이 없었을 것이다.

범에 의존하지 않고 독립하여 존재하는 것은 아니지만, 그렇다고 꼭 그런 외부 규범에 의존하지도 않는다. 마찬가지로 바울이 말하는 지도라는 개념을 성경 연구 차원으로 축소하려 하는 것은 바울을 근본부터 잘못 이해한 것이요, 바울이 그의 영 체험을 통해 벗어났던 유대교의 형식주의로[136] 되돌아갈 심각한 위험을 떠안는 것이다.

40.6. 우리가 계시라는 제목 아래 마지막으로 주목하여 살펴봐야 할 것은 고린도후서 2:14, 3:3, 4:10f.의 φανερόω의 사용이다—특히 4:10f.을 살펴봐야 한다: "우리가 늘 예수의 죽음을 몸에 짊어짐은 예수의 생명도 우리 몸에서 나타나게(φανερωθῇ) 하려 함이다. 이는 우리가 살아가는 동안 예수를 위해 계속 죽음에 넘겨짐은 예수의 생명이 죽을 수밖에 없는 우리의 육에서 나타나게(φανερωθῇ) 하려 하기 때문이다." 우리는 여기서 바울의 소위 '그리스도 신비주의'(Christ-mysticism)가 갖고 있는 더 깊은 층(層)들을 만난다. 그리고 우리는 이 본문을 깊이 고찰하는 것을 제10장으로 미뤄야 한다. 여기에서는 그저 바울이 계시를 그의 삶과 사역의 특성을 통해서도 발생하는 것으로 인식하고 있다는 점만을 언급해둘 수밖에 없다. 하나님과 부활한 예수는 환상이나 예언의 말이나 카리스마인 확신 속에서도 나타나지만, 죽음과 삶이라는 특성을 함께 지닌 바울 자신의 존재를 통해서도 나타난다. 종교적 체험과 카리스마의 영을 이해하는 데 중요한 결론들이 바로 여기에 있다. 이를 제10장에서 탐구해 보겠다.

136. A. Oepke, *TDNT* III pp. 577f.을 보라.

§41. 영에 감동하여 터뜨리는 말

"영과 말함(speaking)은 한 덩어리다."[137] 우리가 위에서 보았듯이(§31.1을 보라), 초창기 공동체에서도 그러했으며, 바울의 경우도 분명 그러했다. 바울은 영이 신자로 하여금 무언가를 말하게 한다는 것을 가장 중요한 문제로 여겼다. 계시는 '사람이 말로 옮길 수 없고 입 밖에 내서는 안 되는 말'을 담고 있는 환상에만 국한되지 않으며, 동기와 행위를 만들어 내는 영감도 아니다. χάρις는 영에 감동된 말이라는 카리스마로 나타날 때가 자주 있다. 이 점을 이미 잘 보여준 예가 바로 우리가 지혜의 말, 지식의 말이라는 문구를 고찰한 결과였다(본서 §40.4을 보라). '하나님의 깊은 것'(고전 2:10)을 헤아리는 통찰을 제공하고/제공하거나 하나님의 σοφία나 γνῶσις에서 나온 어떤 뜻을 드러내는 것은 카리스마(영의 선물)로서의 σοφία나 γνῶσις가 아니라 영에 감동된 말이다. 이 카리스마들에 관하여는 더 말할 필요가 없다.

41.1 **선포.** 바울이 가장 중요하게 여긴 것은 그 자신의 복음 설교가 카리스마(영의 선물이요 영의 능력을 힘입은 것)라는 견고한 확신이었다. 즉, 그가 기억할 수 있었고 어떤 경우였는지 이야기할 수 있었던 특별한 경우

137. H. Berkhof, *The Doctrine of the Holy Spirit*, Epworth 1965, p. 36; G. Friedrich, 'Geist und Amt,' *Wort und Dienst* NF 3, 1952, p. 68도 마찬가지다; 참고, Grau p. 68; Schniewind, "모든 영의 선물은 말씀의 영의 선물(Wortcharismen)이다" (Friedrich p. 81에서 인용); Bultmann, *Theology* II p. 97. G. Eichholz, *Was heisst charismatische Gemeinde?*, TheolEx 77, München 1960은 거꾸로 영의 선물이 신자가 선포된 말씀을 통해 능력을 받아 행하게 된 기능이라고 주장한다—고전 1:5-7a을 근거로 제시한다(p. 18). 벧전 4:10f.은 영의 두 가지 선물만을 이야기한다: '말하는 이'와 '섬기는 이.'

225-226

들을 보면, 그의 설교는 그 자신이 선택한 말로 한 것이 아니었으며, 그런 설교가 그의 청중에게 미친 효과/영향도 바울 자신의 덕이라 할 수 있는 것은 아주 미미하거나 전혀 없었다. 여기서 핵심이 되는 본문은 데살로니가전서 1:5f.과 고린도전서 2:4f.이다. 데살로니가전서 1:5은 복음이 말이 아니라 능력과 성령으로 그리고 충만한 확신과 함께(πληροφορίᾳ) 데살로니가 사람들에게 이르렀다고 말한다. 즉, 그들의 복음 체험은 단순히 바울이 말하는 것을 들은 체험도 아니요, 바울이 말하는 것의 논리에 설득당한 체험도 아니었다. 바울이 하는 말을 들어보면, 그들이 들은 것은 바울 자신의 말이었으나, 그들이 한 체험은 하나님의 영이 건네는 말을 들은 체험이요, 하나님의 능력에 붙잡힌 체험이었으며, 바울이 말한 것이 이성이나 논리에 따른 판단을 초월하는 실존적 진리임을 의심할 여지없이 확신하게 된 체험이었다.[138] 그들은 복음을 사람의 외부에서 들려온 사람의 말로서 체험하지 않고 사람의 내부에서 주어진 하나님의 에너지로서 체험했다(2:13). 그들이 말씀을 받고 기뻐한 것은 생각(마음)이나 몸의 즐거움이 아니라("많은 환난 가운데") '성령의 기쁨'이요 영에 힘입어, 영에 감동하여 누린 기쁨이었다(1:6).

이와 비슷하게 사람의 말과 하나님의 능력을 대조하면서 훨씬 더 예리하게 대조하는 곳이 고린도전서 2:4f.이다. "내 말과 내 메시지를 설득력 있는 지혜의 말로 전하지 않고('교묘한 논증으로 너희에게 영향을 주지 않고'—NEB) 영의 나타남(ἀποδείξει)과 능력으로 전한 것은 너희 믿음이 사람의 지혜가 아니라 하나님의 능력에 의지하게 하려 함이었다." 여기서

138. πληροφορία는 바울 자신의 확신보다 듣는 이들의 완전한 확신을 가리키는 말로 보는 것이 가장 좋다. 바울은 고전 2:4f.에서처럼 여기에서도 그 자신이 설교하며 한 체험보다 그의 메시지가 미친 영향을 생각한다. 참고, C. Masson, *Les deux Épitres de Saint Paul aux Thessaloniciens*, Neuchatel 1957, p. 20.

특히 흥미로운 점은 바울이 ἀπόδειξις라는 말을 사용한 점인데, 이 말은 신약성경에서 여기에만 등장한다. 이 말은 수사학의 전문 용어에 다소 가까운 말이며, 사람들이 이미 받아들인 전제에서 이끌어낸 수긍할 수밖에 없는 결론을 가리킨다.[139] 그러나 바울이 말하는 요지는 바로 그가 전한 메시지의 ἀπόδειξις가 바울 자신이 수사가로서 갖고 있는 수사 기술이나 논증, 증거와 관련이 있는 게 아니라, 영의 ἀπόδειξις 그리고 능력과 관련이 있다는 것이다. 즉, 그들이 체험한 것은 지적 설득이 아니라, 하나님의 능력에 사로잡힌 체험이요, 바울이 분명 수사가로서 여러 결점을 갖고 있음에도 그의 메시지를 받아들이고 인정할 수밖에 없다는 것을 온 마음으로 확신하게 된 체험이었다. 바울의 메시지가 미친 영향은 이성으로 설명할 수 없는 차원이었고 아주 압도적이었으며 거기에는 수긍할 수밖에 없는 강한 힘이 있었다. 그뿐 아니라 그 메시지가 하나님의 능력에서 나왔음은 메시지를 듣는 그들도 인식할 수 있었다. 이 때문에 바울의 스타일과 논리가 미학적 관점에서 마뜩잖았어도 그런 점은 전혀 문제가 되지 않았다.[140] 우리는 바울이 하나님의 능력과 인간의 흠결 및 약함의 결합을 중요하게 여김에 주목해야 한다. 바울의 카리스마에 대한 이해를 고린도에 있던 그의 반대자들의 그것과 구분해 주는 것이 바로 **약함 안에 있는** 능력, **약함을 통한** 능력이다(참고, 환난 가운데에서도 기뻐함—살전 1:6).[141]

바울이 영에 감동하여 한 선포에 들어있는 영의 능력을 강조하는 또 다른 본문이 로마서 1:16("구원으로 이끌어 들이는 능력"), 고린도후서 4:4-

139. Weiss, *I Kor.* p. 50; Robertson-Plummer, *I Cor.* p. 33; Moffatt, *I Cor.* p. 24; L. Hartman, 'Some Remarks on I Cor. 2.1-5,' *SEA* 39, 1974, pp. 109-120.

140. Weiss, *I Kor.* pp. 50f.을 보라; 참고, Barrett, *I Cor.* p. 65.

141. 참고, Conzelmann, *I Kor.* p. 72. 더 자세한 것은 본서 §55을 보라.

226-227

6(참고, 3:18), 에베소서 6:17("영이 네게 주시는 칼[하나님에게서 나온 말씀]을 취하라"—NEB; 참고, JB).[142] 그는 로마서 15:18에서 말씀과 행위로 그의 선포에 함께한 영의 능력에 사람들이 주목케 한다. 갈라디아 사람들도 복음을 받을 때 일어난 기적들을 통해 영과 이런 능력의 역사를 체험했다(갈 3:5).[143] 다른 곳에서 바울은 그가 전한 복음의 영향보다 그가 설교할 때 영감에 의존한 점에 그 생각의 초점을 맞춘다—에베소서 6:19("나를 위해 기도할지니, 내가 내 입을 열어 말할 때 내게 말씀이 주어지고 내가 복음의 신비를 담대히[ἐν παρρησίᾳ] 알릴 수 있게 기도하라")과 골로새서 4:3이 특히 그렇다. 마찬가지로 바울은 그가 과거에 말할 때 갖고 있었던 개방성(열린 자세)과[144] 담대함(παρρησία) 자체가 하나의 카리스마(영의 선물)요, 영에 감동하여 터뜨리는 말과 함께 주어지는 것이라 인식한다(고후 3:12, 엡 6:19f., 살전 2:2; 참고, 몬 8절; 그리고 본서 §31.1을 보라).

41.2. **예언**(προφητεία—롬 12:6, 고전 12:10, 13:2, 14:6, 살전 5:20). 영에 감동하여 전하는 복음의 말이 믿음의 공동체를 만드는 데 대단히 중요한 역할을 한다면(롬 10:17), 영에 감동하여 터뜨리는 예언도 공동체를 세울 때 복음의 말만큼이나 긴요한 역할을 한다. 바울이 예언을 중요하게 여겼음은 쉽게 증명할 수 있다. 바울서신에 들어있는 모든 영의 선물 목록 그

142. 'Ῥῆμα는 입으로 하는 말을 가리키며, 그중에서도 실제로는 영감을 받아 터뜨리는 말, 영감을 받아 하는 설교를 가리킨다. 더 자세한 것은 Dunn, *Baptism* pp. 164f.을 보라.

143. 아울러 G. Friedrich, *TDNT* II pp. 731ff.; G. Kittel, *TDNT* IV p. 118을 보라. 아울러 Kittel은 '파악하면서도 파악당함을 말하는, 참되면서도 널리 퍼져 있는 신약의 변증법'에 주목한다. 그는 "말씀은 받아들여져야 한다"라고 말한다(pp. 118f.). 고전 14:24f.에 관하여 알아보려면, 본서 §41.2을 보라.

144. H. Schlier, *TDNT* V p. 883.

리고 그가 이런 선물을 논한 내용을 살펴보면, 유일하게 계속 등장하는 것이 '예언'이나 '예언자'다(롬 12:6-8, 고전 12:8-10, 28ff., 13:1-3, 8ff., 14:1-5, 6ff., 26-32, 엡 4:11, 살전 5:19-22).[145] 바울은 영의 선물들을 그 중요성을 기준으로 분류하려 할 때마다 예언을 나머지 모든 것보다 우선시한다("사랑을 네 목표로 삼고 영적 선물들을 간절히 바라되, 특히 예언하기를 간절히 바라라"—고전 14:1 RSV; "영감을 억누르지 말고 예언의 말을 경멸하지 말라"—살전 5:19f. NEB). 바울이 영의 선물(예언)이 아닌 영의 선물을 받은 사람들(예언자)을 이야기하는 두 본문에서만 예언자가 사도에 뒤이어 두 번째 자리에 등장한다(고전 12:28, 엡 4:11; 참고, 엡 2:20).

바울은 예언을 무엇이라 보았는가? 그는 실제로 예언을 영에 감동하여 터뜨리는 말로 생각하는가? 이런 질문이 나오는 이유는 προφήτης가 그리스 세계에서는 반드시 영감을 받아 말하는 사람을 가리키지는 않았기 때문이다. 특히 플라톤은 두 종류의 예언을 꼼꼼하게 구별했다.[146] 하나는 점을 쳐서 하는 예언, **영감**에서 나온 예언인데, 이런 예언을 할 때면 예언자는 신에게 사로잡힌 채 신이 하는 말을 그대로 전하는 마우스피스(mouthpiece)가 될 뿐이었다. 다른 하나는 **해석**에서 나온 예언인데, 이는 점쟁이가 그 의식이 작동하는 상태에서 부리는 기술이었다. 이런 경우의 예언은 습득한 기술이었으며, 표징과 징조를 해석하는 능력이었다. 이런 예언을 할 때에는 예언자가 여전히 자신을 주관했다. 가령 그리스의 신탁(神託) 가운데 가장 유명한 델포이 신탁을 보면,

---

145. H. Schürmann, 'Die geistlichen Gnadengaben in den paulinischen Gemeinden,' *Ursprung und Gestalt*, Patmos 1970, pp. 250f.은 이 본문을 공관복음 스타일로 가장 충실하게 제시한다.

146. Plato, *Timaeus* 71e-72b; *Phaedrus* 244a-d. 아울러 Fascher, *ΠΡΟΦΗΤΗΣ* pp. 66-70; Friedrich, *TDNT* VI pp. 787f.을 보라.

227-228

황홀경 상태에서 말한 피티아(Pythia: 무녀 비슷한 존재—역주)와 피티아가 하는 말을 신탁을 구하는 이에게 해석해 주는 일을 하는 예언자 사이에 분명한 차이가 있다. 피티아는 신의 제약을 받으며 말하는 반면, 예언자는 이성을 활용한 분별력을 사용한다.

이런 구분과 위에서 제시한 물음의 관련성은, 우리가 누가와 달리 바울은 방언과 예언을 서로 비슷한 것으로 보며 구분하는 것 같다는 점을 인식하기만 하면, 금세 분명하게 드러난다. 바울은 분명 예언을 황홀경 상태에서 받은 영감과 구분하며 둘을 서로 멀찌감치 떼어놓으려고 애쓴다. 그는 그리스도인의 예언을 가리키는 말로 μάντις('점쟁이', '예언자')와 ἐνθουσιασμός('열광', '영감') 같은 단어를 전혀 사용하지 않는다. 반면, 고린도전서 14:15과 19절을 보면, 그가 예언을 칭송한다는 것이 분명하게 드러난다. 합리적이지 않은 방언과 달리(그리고 고후 12:4에서 언급한 '사람이 말로 옮길 수 없고 입 밖에 내서는 안 되는 말'과 달리), 예언은 '생각하며/마음으로 말하기' 때문이다. 마찬가지로 14:23f.을 보면, 믿지 않는 외부인이 미쳤다고 묘사하는 것은 오직 방언뿐이다. 설령 '모든 이가 (동시에?) 예언을 할지라도' 그에 대한 반응은 방언에 대한 반응과 사뭇 다르다. 이 때문에 학계 일부에서는 바울계 교회의 예언을 플라톤이 구분했던 예언의 두 종류 중 두 번째 것과 관련지어 이해하려는 경향이 있었다—즉 바울계 교회의 예언을 단순히 설교로, 전에 주어진 계시의 강설로, 이들 교회가 처한 새 시대와 상황에 맞춰 전승으로 내려온 자료(구약성경, 그리고 예수에 관한 전승들)를 해석한 것으로 보곤 했다.[147]

---

147. Calvin은 살전 5:20을 설명하면서 '예언이란 현재의 필요에 적용한 성경 해석을 의미한다'고 이해한다. 참고, 가령 H. Leisegang, *Pneuma Hagion*, Leipzig 1922, pp. 119ff.; Knox, *Gentiles*, p. 121; Bornkamm, 'Faith and Reason in Paul,' *Early Christian Experience*, ET SCM Press 1969, p. 39; Kertelge, *Gemeinde* p. 120. 아울

그러나 이것만으로는 충분치 않다. (1) 바울은 예언을 계시의 말로 본다. 예언은 미리 준비한 설교를 전달하는 것을 가리키는 말이 아니다. 예언은 순서대로 차근차근 기억해낼 수 있는 말이 아니며, 배워서 익힐 수 있는 기술도 아니다.[148] 예언은 우연히 터져 나오는 말이요, 주어지는 그대로 전하라고 예언자에게 말로 주어진 계시다(14:30).[149] 이런 점에서 바울은 예언을 영에 감동하여 터뜨리는 말로 보는 (히브리) 예언 전통 안에 온전히 서 있다.[150] (2) 바울의 생각이 예언을 영감에 근거한 예언과 해석인 예언으로 구분하는 플라톤의 견해와 비슷하다고 보는 것은 결국 무너지고 만다. 예언은 방언을 해석한 것이 아니라 영에 감동하여 터지는 말이다. 방언은 해석을 필요로 하지만 방언 해석은 예언과 별개인 영의 선물이다('방언 해석'—본서 §41.8을 보라). 사실, 예언 자체는 일종의 평

러 본서 §33.2을 보라.

148. Hermas, *Mand.* XI. 1-9을 보면, 거짓 예언자임을 보여주는 증거는 그가 사람들의 요구를 받고 점을 쳤다는 것이다. 이레네우스도 똑같이 말한다: "예언이라는 선물은 마법사 마르쿠스가 사람들에게 준 것이 아니라, 하나님이 위에서 그분의 은혜를 베풀어주신 사람들만이 하나님이 주신 예언의 능력을 소유한다. 따라서 그런 이들은 하나님이 기뻐하시는 곳에서 하나님이 기뻐하실 때 말하지, 마르쿠스가 그들에게 예언하라고 명령할 때 예언하지 않는다"(*Adv. Haer.* I. 13.4). 아울러 Weinel, *Wirkungen* pp. 87-96; J. Reiling, *Hermas and Christian Prophecy: A Study of the Eleventh Mandate*, NovTesSuppl XXXVII, 1973, 제5장을 보라.

149. Friedrich, *TDNT* VI: "예언자는 그가 전승에서 가져온 것이나 그 스스로 생각해낸 것을 선포하지 않는다. 그는 계시받은 것을 선포한다"(p. 853). 아울러 Hasenhüttl p. 189을 보라.

150. 참고, Bultmann, *Theology* I pp. 159f.; Conzelmann, *I Kor.* p. 286과 주29. Lindblom, *Prophecy*: "예언자는 그의 생각과 말이 자신에게서 나오지 않았음을 안다. 그 생각과 말은 그에게 주어진 것이다. … 우리가 종교 세계에서 만나는 예언자들을 보면, 자신이 어떤 초인적, 초자연적 제약 아래 있다는 느낌만큼 예언자들의 특징을 나타내는 독특한 것이 거의 없다"(p. 2); 아울러 Lindblom, *Gesichte* pp. 162f. 살전 5:20도 마찬가지다; Best, *Thess.* p. 239을 보라. 참고, 벧후 1:21; Athenagoras, *Legatio* 7, 9.

가를 요구한다('영들을 분별함'—본서 §41.3을 보라). 그런 점에서 바울이 말하는 예언은 플라톤이 말했던 두 종류의 예언 가운데 영감에서 나온 예언과 비슷하다면 비슷한 점이 있다. (3) 바울이 말하는 예언과 플라톤이 말한 예언 사이에 유사성이 존재하지 않는 이유는 '생각하며/마음으로 말함'과 '영으로 말함'을 서로 대립시키는 것이 바울의 의도가 아니기 때문이다.[151] 즉, 바울은 방언과 예언을 대비하되, 영감을 기준삼아 대비하지 않고 이해 가능성을 기준삼아 대비한다. 곧, 예언도 방언만큼이나 영에 감동하여 하는 말이요, '영으로 말하는 것'이며, 방언처럼 영의 선물인데, 예언과 방언의 다른 점이 있다면, 방언은 이해할 수 없는 말인 반면, 예언은 이해할 수 있는 말이라는 것이다(영으로 말하지만 **동시에** 생각하며[마음으로] 말하는 것이 예언이다). (4) 마지막으로 우리는 바울이 로마 사람들에게 조언한 내용을 떠올려 봐도 되겠다. 즉, 바울은 그들에게 '믿음의 분량을 따라' 예언해야 한다고 말했다. 우리가 위에서 보았듯이(§39.4), '믿음의 분량을 따라'라는 말은 말하는 이가 영에 감동하여 말한다는 것을 의식하고 확신함을 가리키는 말로 이해하는 것이 가장 좋다. 이런 의미의 영감이 멈추면 말하는 이도 말하길 그만두어야 한다(참고, 고전 14:30). 요컨대, **바울이 생각하는 예언은 영에 감동하여 하는 말이 아닌 다른 어떤 것을 가리키지 않는다.** 영의 선물인 예언은 숙련된 기술이나 재능이나 달란트가 아니다. **이 영의 선물은 어떤 특정 상황에서 영이 주는 말을 실제로 하는 것을 가리키며, 영이 주는 말이 그치면 이 말도 그친다.**

151. Barrett, I *Cor*. p. 322; 반대 의견은 Weinel, *Wirkungen* p. 78; Bornkamm, 'Faith' p. 39; 참고, Bornkamm, *Paul* p. 181. 아울러 W. Bieder, 'Gebetswirklichkeit und Gebetsmöglichkeit bei Paulus,' *TZ* 4, 1948, pp. 34f.을 보라.

바울은 왜 예언을 중요하게 여기는가? 한 문장이 그 답을 제시한다. 즉, 예언은 공동체를 세워주기(οἰκοδομεῖ) 때문이다(고전 14:4). 바울이 이 οἰκοδομή라는 원리를 얼마나 중요하게 여겼는가는 이 책 제9장에서 살펴보겠다(§49.2). 그 사이에, 바울이 고린도전서 14장에서 아주 많은 시간을 할애하여 예언을 이야기하기 때문에, 예언의 경우에 있어서 이 '세워줌'이라는 것이 실제로 무엇을 의미하는지를 살펴볼 수 있겠다.

(a) 고린도전서 14:3, 31—예언하는 사람은 세워주고 격려하며 위로하는 말을(οἰκοδομὴν καὶ παράκλησιν καὶ παραμυθίαν) 한다. 마지막 두 단어는 구별하기가 어렵다. 이는 둘 다 권면과 위로라는 의미를 담고 있기 때문이다.[152] 예언이 세워주는 말인 이유는 영에 감동하여 터뜨리는 말이 공동체에 필요한 상황을 두고 하는 말이기 때문이다. 그때는 이해하며 공감하는 말이 필요한 때일 수도 있고(참고, 고전 12:26a), 부주의하거나 단정하지 못하거나 해가 되는 활동에 제동을 걸고 꾸짖는 말을 해야 할 때일 수도 있다(참고, 롬 12:8; 아울러 이런 권면의 예로 볼 수 있는 곳이 고전 1:10, 고후 10:1ff., 빌 4:2이다; 또는 어쩌면 바울은 구체적 상황보다 널리 일반적 권면을 제시하는 경우를 염두에 두고 있을 수도 있는데, 롬 12:1f., 15:30, 엡 4:1ff., 살전 4:10f.이 그런 예다). 바울이 예언을 이처럼 강하게 묘사할 수 있었다는 것은 그가 여러 회중 속에서 이런 예언의 말을 체험하거나 목격했음을 시사한다(참고, 고후 1:3ff.).

(b) 고린도전서 14:6, 26, 30—예언이 세워주는 것인 이유는 그것이 계시의 말로서 올 때가 잦기 때문이다. 바울이 고린도전서 14장에서 계

152. Παράκλησις—가령 롬 12:1, 고후 1:3-7(바울의 글에서 아주 빈번히 나타남); παραμυθία—살전 2:12, 5:14. 롬 12:6-8이 예언(προφητεία)과 권면(παρακαλῶν)을 각각 다른 영의 선물로 열거하는 점을 주목하라. 아울러 Cothenet, *DBS* 8, 1972, 1299ff.을 보라.

시를 자주 이야기한다는 것은 그것이 회중에서 으레 볼 수 있던 특징이요 그가 이를 영에 감동하여 터뜨리는 말의 전형으로 여겼음을 암시한다.[153] 실제로 14:26-32은 예언과 계시를 거의 같은 의미로 사용한다. 우리가 위에서 계시라는 영의 선물을 연구한 결과는 바울이 이 본문들에서 염두에 두고 있는 것과 관련하여 몇 가지를 일러준다. 즉, 계시의 말은 예수 그리스도의 구원 사건을 새롭게 설명해 주거나, 높이 올림을 받은 주와 그의 공동체 또는 우주가 현재 혹은 미래에 어떤 관계에 있는지 새롭게 설명해 주거나, 개인이나 어떤 그룹이 실제 삶에서 해야 할 행위를 계시해 주었을 것이다. 예언에는 장차 일어날 일을 미리 말함과 사람들에게 공개리에 말함이 포함됐을 것이다. 예언이 오로지 교리와 관련된 문제들을 규정하거나 설명하는 것(조직 신학의 원재료로서 예언)과 관련이 있었다거나 오로지 일상생활에서 윤리와 관련하여 문제가 된 사안을 결정하려 할 때 조언을 제시하는 일하고만 관련이 있었다고 단정하기는 어렵다. 바울이 말하는 계시 개념의 폭이 어떤가는 위에서 언급했는데, 그가 생각했던 예언 개념의 폭이 그것보다 작았다고 단정할 수는 없다.

물론 계시로서의 예언이 권면과 위로로서의 예언과 겹칠 수도 있다. 계시하는 말도 도전을 던지거나 위로하는 말일 수 있다. 우리는 바울서신에서 예언적 계시이지만 십중팔구 위로하는 말임이 확실한 사례를 하나 목격한다—데살로니가전서 4:15ff.가 그 예다. 바울은 데살로니가 사람들에게 예언의 말('주의 말씀')을 건넨다.[154] 그것은 바울에게 (환상이라

153. 아울러 Schürmann, 'Gnadengaben' pp. 255f.을 참고하라.

154. 특히 J. G. Davies, 'The Genesis of Belief in an Imminent Parousia,' *JTS NS* 14, 1963, pp. 104-107; B. Henneken, *Verkündigung und Prophetie im I. Thessalonischerbrief*, Stuttgarter Bibel Studien 29, 1969, pp. 73-98, 특히 pp. 85-91; Best, *Thess.*

는 형태가 아니라) 말의 형태로 계시됐는데, 주의 강림(parousia) 전에 세상을 떠난 신자들이 그로 말미암아 불이익을 당하거나 뒤에 남겨지지 않고 부활하여 주와 함께 먼저 공중에 있을 것이기에 강림 때 살아 있는 이들보다 오히려 앞서리라는 내용이었다. 어쩌면 고린도전서 15:51f.의 '신비', 그리고 로마서 11:25f.이 말하는 '신비'도 그와 비슷하게 바울 자신에게 직접 주어졌거나 다른 이를 통해 주어진 예언의 말로 계시됐을 것이다. 물론 성경의 '증거'를 살펴보면, 후자는 십중팔구 예언이라기보다 '가르침'으로 받아들이는 것이 가장 좋을 것이다(본서 §41.4을 보라).

(c) 고린도전서 14:22—예언이 세워주는 것인 이유는 그것이 '신자들에게 표적' 역할을 하기 때문이다. 이 구절들, 곧 14:20-25에서 바울이 피력하는 생각의 연결 관계는 자명하지 않기 때문에 많은 혼란을 불러일으켰다. 이 본문을 방언을 아주 중시했던 고린도 사람들을 겨냥한 논박이라 추정한다면, 본문 주해는 훨씬 분명해진다. 22절의 형태가 시사하듯이, 고린도의 이 분파는 방언이 곧 신자임을 일러주는 표지라고, 다시 말해 영의 사람이라는 지위에 있으며 영에 근거한 권위를 갖고 있음을 보여주는 증거라고 주장했다.[155] 바울은 이런 주장을 반박한다. 구약성경에서 유일하게 '입 밖에 내서는 안 되는 말'을 언급하는 관련 본문이 이사야 28:11-12이다. 즉, 하나님이 예언자들을 통해 일러주시는 (이해할 수 있는) 말씀에 귀를 기울이지 않는 이들에겐 앗수르 침략자들을 통

---

pp. 189-193을 보라. '말씀'이 예수가 이 땅에 있던 동안에 한 말일 수도 있지만 그럴 가능성은 낮다(반대 견해를 보려면, 특히 J. Jeremias, *Unknown Sayings of Jesus*, ET SPCK [2]1964, pp. 80-83을 보라). 여태까지 이 말이 나왔을 삶의 정황으로서 가장 개연성이 높은 것은 예수가 부활하고 몇 년 뒤에 주(높이 올림을 받은 예수)와 그 몇 년 사이에 세상을 떠난 이들의 관계에 관하여 생겨난 관심이다.

155. 특히 J. P. M. Sweet, 'A Sign for Unbelievers: Paul's Attitude to Glossolalia,' *NTS* 13, 1966-1967, pp. 240-246을 보라.

해 말씀하시겠다는 내용인데, 이는 곧 침략군이 쓰는 낯선 말이 하나님이 유다에 내린 심판을 표현하는 말이 되리라는 뜻이다. 따라서 이해할 수 없는 말인 방언은 신자가 아니라 불신자를 겨냥한 표적—하나님의 기쁨이 아니라 하나님의 심판을 드러내는 표적—이다. 다시 말해, 그것은 그들이 하나님과 가까움을 보여주는 표적이 아니라 하나님과 멀리 떨어져 있음을 보여주는 표적이다.[156] 우리가 여태까지 한 말이 옳다면, 그것은 곧 바울이 고린도 사람들의 말을 곧이곧대로 받아들이지 않는다는 것을 의미한다. 만일 자기를 세움(self-edification)의 문제라면, 바울도 이미 방언이 그런 목적에 이바지함을 인정했다(고전 14:4). 그러나 회중 안에서는 다른 이들을 세움이 주된 목적이다(14:1-5). 바울은, 이에 비춰 판단할 때, 방언이 유익한 목적에 이바지하는 것이 전혀 없음을 이미 보여주었다(14:6-19). 다른 이들을 고려할 경우 방언은 믿지 않음에 대한 심판을 드러내는 표적 역할을 하며, 그것이 방언의 유일한 목적이다(14:21-22a).[157] 여기서 아이러니는 오직 믿음만이 그런 '표적'을 인정한다는 것이다. 따라서 온 회중이 방언으로 말할지라도[158] 불신자는 아무런 계시도 받지 못한다. 즉, 방언은 믿지 않는 자에게 그의 믿지 않음을 깨우쳐주지 못한다. 믿지 않는 자가 방언하는 이들을 보면서 끌어내는 의미가 있다면, 방언하는 이들은 다 미쳤다는 것뿐이다(23절). 요컨대, 방언 자체는 회중 안에서 어떤 유익한 목적에도 기여하지 못하며, 우월한

---

156. 참고, K. H. Rengstorf, *TDNT* VII p. 259.

157. '그는 그것들이 표적**이라고** 말하지 않고, 그런 것으로서 **역할을 해야** 하는 것이라고 말한다—εἰς σημεῖον: 창 9:13, 민 16:38, 17:10, 신 6:8, 11:18 등등'(Robertson-Plummer, *I Cor*. p. 317).

158. '모든 이가 방언으로 말한다'(23절)는, '모든 이가 예언한다'라는 평행 본문(24절)이 분명하게 일러주듯이, (모든 곳이 황홀경 상태에 빠져 소란스러움을 비꼰) 희화화가 아니다(참고, Robertson-Plummer, *I Cor*. p. 317).

영성과 권위를 보여주는 표적은 더더욱 아니다. 구약성경에 비춰 방언의 유일한 역할로 주장할 수 있는 것은 믿지 않는 이들이 받을 심판을 일러주는 표적 역할을 한다는 것이다. 그러나 방언은 그런 역할조차도 다 하지 못한다. 믿지 않는 자는 그 믿지 않음 때문에 그것이 표적임을 깨닫지 못하기 때문이다(참고, 마 12:39/눅 11:29).

표적이라 묘사할 수 있는 것은 예언인데,[159] 그렇다면 여기서 '표적'이란 무슨 의미인가? 이 경우의 표적은 22a절이 말하는 것과 같은 심판의 표적일 리가 없다.[160] 그러나 바울은 예언이 불신자에게 그런 역할을 한다는 것을 부인할 수 없었다(22b절). 24절과 25절에서 예언이 믿지 않는 이들에게도 그들의 믿지 않음에 대한 심판의 표적 역할을 한다고 말하기 때문이다. 예언의 말은 믿지 않는 이들이 마음에 숨겨놓은 비밀에 대한 하나님의 심판이라는 확신을 가져다준다. 이런 점에서 방언과 예언 사이에 존재하는 유사성은 오로지 둘 다 표적이라는 것뿐이다—심판의 표적이 아니라, 하나의 표적이라는 점이 유사하다. 방언이 하나의 표적이듯이, 예언도 하나의 표적이다. 둘 다 하나님의 태도를 드러내기 때문이다—하나는 (일부러) 믿지 않음에 대한 하나님의 태도이며(따라서 이는 심판의 표적이다), 다른 하나는 믿음에 대한 하나님의 태도다. 예언은 그 영감**과** 내용을 통해 하나님이 회중 가운데 계심을 드러낸다—믿지 않는 자도 이를 고백한다(24절과 25절). 방언이 불신자의 믿지 않음을 확인해 주듯이("너희가 미쳤다" = 하나님이 여기 계시지 **않는다**—23절), 예언은 신자

159. 그리스어 본문에는 없지만 그래도 22b절에 '표적'이라는 말을 추가해야 한다. 그래야 문장의 균형이 맞기 때문이요(Barrett, *I Cor.* pp. 323f.; 반대 견해는 Weiss, *I Kor.* p. 324), 예언이 '믿지 않는 이들'에게 주는 계시의 말 역할을 하기 때문에 24절과 25절이 예언을 '믿지 않는 이들을 위한 것'이라고 묘사한 것이 정당할 수 있다.

160. 반대 견해는 Barrett, *I Cor.* p. 324.

의 믿음을 확인해 준다(하나님이 여기 계신다—25절).[161]

요컨대, 바울이 예언을 신자에게 표적이 된다고 묘사한 것은 십중팔구 그가 예언을 방언과 대비하려 하기 때문이다. '신자를 위한 표적'은 그저 예언은 회중 안에서 가치를 갖고 있는 반면 방언 자체는 어쨌든 회중 안에서 아무런 가치도 갖고 있지 않음을 달리 말한 것에 지나지 않는다. 이것이 특별한 경우에 가지는 의미를 고린도전서 14장이 예언을 묘사한 다른 구절들에서 알아봐야 한다—3, 6, 26, 30, 31절이 그런 구절이며(위를 보라), 24, 25절도 포함된다(아래를 보라).

(d) 고린도전서 14:24f.—이 본문의 형태를 결정한 것은 우리가 방금 살펴본 대비이지만, 여기서 예언이 회중을 세우는 또 다른 길을 찾아보는 것도 정당할 것이다. 24절과 25절을 보면, 예언은 불신자의 마음속에 있는 비밀을 드러낸다. 그러나 분명 바울은 예언의 말이 예배하는 회중 안에서 신자나 신자 무리에게 확신을 가져다주고 더 깊은 겸손과 헌신을 가져다준 경우를 많이 알고 있었다. 우리는 제4장에서 영의 능력을 힘입어 개인의 지극히 깊은 마음속까지 꿰뚫어봄이 예수의 예언 사역에서 나타난 특징 가운데 하나였음을 보았다—사실 종교사에서 (카리스마인) 예언이 나타날 때마다 그런 예언 현상이 보여준 특징 가운데 하

161. 14:25—'하나님이 너희 안에(ἐν ὑμῖν) 계신다'는 '하나님이 한 회중인 너희 안에, 곧 너희 가운데 계신다'로 번역해야지, '하나님이 말하는 사람 각자 각자인 너희 안에 계신다'로 번역해서는 **안 된다**. 14:25이 모델로 삼고 있는 구약 본문(사 45:14)이 분명하게 일러주듯이, 지금 여기서 고백하고 있는 것은 말하는 이들의 영감이 아니라 하나님의 임재다. 대다수의 주석가도 이와 마찬가지로 해석한다. 하나님에게 사로잡혔다는 개념은 예언보다 황홀경 상태에서 하는 말에 더 적절하다. 그리스 사상에서는 이 지점의 ἐνθουσιασμός('하나님에게 사로잡힘')와 μανία('신성한/신들린 광기'; 참고, 고전 14:23)가 거의 같은 말이다. 본서 §52.3을 보라. 그리고 아울러 G. Schrenk, 'Geist und Enthusiasmus,' *Studien zu Paulus*, Zürich 1954, pp. 107-113을 보라.

나가 그런 통찰이었다.[162] 바울이 여기서 염두에 두고 있는 것도 그런 것임이 거의 확실하다—바울은 십중팔구 예언자가 말할 수밖에 없음을 강하게 느낀 말이 (사람이) 예상하지도 못하고 의도하지도 않았던 관련성과 힘 때문에 특정 개인의 양심과 마음에 큰 충격을 주고 영향을 미친 다양한 사례들을 염두에 두고 있다.[163] 어쩌면 우리는 케제만이 '거룩한 법을 담은 문장들'이라 지칭했던 본문들(특히 고전 3:17, 14:38, 16:22a, 갈 1:9이 그런 본문이다; 참고, 고전 14:13, 28, 30, 35, 37)에서 그런 예언의 말을 인식해야 할지도 모르겠다.[164]

우리가 이 지점(고전 14:24f.)에서 바울의 생각을 올바로 해석한다면, 예언이 그리스도인 공동체에서 차지하는 중요성을 꿰뚫어볼 중요한 통찰을 얻는다. 예언은 사람이 자신을 꾸며 다른 사람처럼 행세하지 못하게 만든다—신자가 거짓 의라는 가면 뒤에 숨지 못하게, 겉치레 영성 뒤에 숨지 못하게 만든다. 예언의 말은 언제라도 사람의 실체를 폭로할 수 있다. 누구라도 감히 자신이 세상을 상대로 그려낸 이미지 속으로, 자신이 세상에서 얻은 평판 속으로, 자기 정당화의 논리 속으로 도피하지 못

162. 가령 몬타누스주의가 그랬다—N. Bonwetsch, *Die Geschichte des Montanismus*, Erlangen 1881, p. 58.

163. 후대의 유사 사례를 보려면, Weinel, *Wirkungen* pp. 183-190, 그리고 본서 제4장 주 93을 보라. Weinel은 이 영의 선물을 '생각 읽기'(thought reading)라고 아주 정확하게 정의한다. Héring, *I Cor.* p. 152도 마찬가지다. 그러나 이를 (Weiss, *I Kor.* p. 333; Barrett, *I Cor.* p. 326처럼) 아주 강하게 반대하지는 말아야 한다. '생각 읽기' 자체는 영의 능력을 힘입은 통찰이라는, 더 일반적인 선물의 한 특별한 사례일 뿐이요, 말하는 이에 관한 한, 아주 불특정한 말인 예언의 말도 그 말을 통해 하나님 앞에서 자신이 드러나고 정죄를 받는 사람에겐 생각 읽기나 '마음 읽기'처럼 보일 수 있기 때문이다(참고, Lietzmann in Lietzmann-Kümmel, *Kor.* p. 73). 아울러 p. 305을 보라.

164. Käsemann, *NTQT* pp. 66-81.

한다. 예언의 영이 있는 곳에서는 자신에게 정직할 수밖에 없고 자신에 관하여 정직할 수밖에 없다(참고, 살전 2:4).[165] 더욱이, 이보다 더 중요한 것이 있다. 즉, 방언은 그것을 듣는 이로 하여금 방언을 하는 이가 영성이 깊다거나(아마도 고린도의 분파는 그렇게 생각했을 것이다) 미쳤다고 생각하게 하여(고전 14:23) 그를 주목하게 만들지만, 예언은 듣는 이로 하여금 오직 하나님만 의식하게 만든다(14:24f.).[166] 요컨대, **예언이 덕을 세우는 이유는 그것이 사람을 높이지 않고 겸손하게 만들기 때문이요, 사람으로 하여금 자신이 아주 취약한 상태로 하나님 앞에 서 있음을 깨닫게 해 주기 때문이다**.

요약하자면, 바울이 예언을 아주 귀하게 여기는 이유는 그것이 영의 선물일 뿐 아니라, 다른 어떤 영의 선물보다 더 신자 공동체의 믿음과 공동 생활과 예배를 세워주기 때문이다. 예언이 이런 효과를 가지는 이유는, 방언과 달리, 그것이 다른 사람들에게 말함이기 때문이요, **전**인(全人, the *whole* man)에게 말함이기 때문이다.[167] 즉, 예언은 생각(마음) 차원에서 전달한다. 예언이 있다 해도 신자나 믿음 공동체는 그들의 믿음에 관하여 사유할 의무에서부터 벗어나지 않는다. 오히려 반대로, 예언이 활발한 공동체는 그 믿음과 삶에 관하여 훨씬 더 많이 생각해야만 한다(더 자세한 것은 본서 §§41.3, 49을 보라). 그러나 동시에 예언은 믿음을 오로지 이성적 사유의 문제로 내버려두지 않는다. 이는 예언이 공동체 자체에게 공동체를 열어 보이고 신자 자신에게 신자를 열어 보이되, 실존 전체의 차원에서 열어 보이기 때문이다. 예언은 신자로 하여금 실재의 더 넓은

165. 참고, Hasenhüttl pp. 191f.

166. 참고, Moffatt, *I Cor*. p. 224. 바울이 단 한 번 사용하는 단어인 προσκυνέω('예배하다')의 중요성에 관하여 알아보려면, H. Greeven, *TDNT* VI p. 765을 보라.

167. 참고, Bornkamm, 'Faith' pp. 39f.

차원을 인식하게 해 주며 신자를 궁극의 실재라는 맥락 속에 데려다놓는다. 예언은 신자가 자신이 하나님 바로 그분의 임재 앞에 벌거숭이로서 있음을 깨닫게 해 준다. 예언이라는 이 영의 선물은 영적 건강과 성장을 보장해 준다. 예언이 없으면 공동체는 그리스도의 몸으로서 존재하지 못한다. 예언이 없는 공동체는 하나님에게 버림받은 것이다.

41.3. **영에 감동하여 터뜨리는 말들을 분별함**(διακρίσεις πνευμάτων—고전 12:10). 먼저 **이 선물**(“영들을 분별함”—AV)**이 예언과 짝을 이루고 있음**을 깨닫는 것이 중요하다. 이를 하나의 독립된 선물로 생각해서는 안 된다.[168] 오히려 이것은 예언의 말을 **시험**하고 그런 말을 남용하지 못하게 **제어**하는 역할을 한다—사실 방언과 관련하여 ‘방언 해석’이 행하는 역할과 같은 역할을 한다(12:10, 14:27f.).[169]

그렇다면 ‘영들을 분별함’이란 무엇인가? 바울이 각 단어로 말하려는 정확한 의미가 아주 분명하지는 않다. 영(πνεῦμα)을 복수로 사용한 것이 놀라우며, 이와 관련된 14:12, 32의 복수형(아울러 14:14의 “**내** 영”)도 우리를 다소 당황하게 만든다. 바울의 언어에 따르면, 대체로 많은 영이 있으며 그중 어느 하나가 어느 한 사람을 소유하여 결국 그것이 ‘내 영’이 됐을 수 있다는 견해를 반영한 것 같다(참고, 요일 4:1ff.).[170] 아니면 그는

168. 오순절 쪽의 표준적인 강해가 고전 12:8-10을 주해하며 저지르는 실수다. H. Horton, *The Gifts of the Spirit*, Assemblies of God ^{7}1962; Riggs, *Spirit*; J. Rea, *Layman's Commentary on the Holy Spirit*, Logos 1972, pp. 62f.; 참고, D. Gee, *Concerning Spiritual Gifts*, Springfield, revised, no date가 그렇다.

169. 참고, Schlatter, *Bote* p. 343; 더 자세한 것은 본서 §41.8을 보라.

170. M. Dibelius, *Die Geisterwelt im Glauben des Paulus*, Göttingen 1909, pp. 73-76; Weiss, *I Kor*. pp. 326f. K. Lake, *The Earlier Epistles of St. Paul*, Rivingstons 1911: “보통 사람이 종교 의식에 참여한 주요 이유 가운데 하나는 악귀에 사로잡히는 것을

영들(πνευμάτων)을 영의 선물들(πνευματικῶν)이라는 의미로 사용하는 것 같다.[171]—이는 마치 그가 χάρις와 χάρισμα를 같은 의미로 사용할 수 있는 것과 같다(본서 §§37.2, 38.2을 보라). Διακρίσεις가 (서로 다른) 영들을 **구별함**(RSV, NEB)을 가리킨다는 데 거의 모든 이는 의견을 같이한다. 즉, 이것은 영을 힘입어 영감의 원천이 선한지 악한지 분별함을 말한다(요일 4:2f.의 언어로 표현하면, 그 영이 '하나님에게서' 나왔는지 아니면 '적그리스도에게서' 나왔는지 분별함을 말한다).[172] 그러나 근래에는 διακρίσεις가 꿈과 예언을 해석할 수 있는 능력과 비슷하게, 영에 감동한 계시의 **해석**을 가리킨다는 주장이 강하게 대두됐다.[173]

사실 서로 대립하는 이 두 용어군(用語群)을 놓고 논쟁을 벌일 이유가 없을지도 모른다. 바울이 말하려는 의미는 두 용어군만큼 엄밀하지 않을 수 있기 때문에 각 용어군이 제시하는 상이한 뉘앙스를 다 담고 있을 수도 있다. 고린도전서를 주해할 때 자주 벌어지는 일이지만, 여기에

피하고 좋은 영들에게 사로잡히거나 좋은 영들에게서 영감을 얻으려 했기 때문이다"(p. 192). πνεύματα = 천사 같은 존재들이라는 주장은 타당성이 떨어진다(참고, 히 1:7, 14—Ellis, *CSNT* pp. 275ff.; "'Spiritual' Gifts" pp. 134ff.가 되살린 주장). 바울은 어디에서도 천사가 매개자 역할을 한다고 말하지 않는다(천사를 언급할 때면 명백하게 좋지 않은 어조로 언급한다—롬 8:38, 고후 11:14, 12:7, 갈 1:8, 골 2:18). 바울이 그리하는 이유는 이제 종말의 때가 다 찬 가운데 영이 주어졌기 때문이다(참고, Dibelius, *Geisterwelt* pp. 74f.).

171. 가령 Moffatt, *I Cor.* p. 219; Conzelmann, *I Kor.* p. 279이 그렇다. Barrett의 강해가 특히 도움이 된다(*I Cor.* p. 320).

172. 복수형('분별들')은 아마도 '다양한 경우에 분별하는 선물'을 의미하는 것 같다(Robertson-Plummer, *I Cor.* p. 267).

173. G. Dautzenberg, 'Zum religionsgeschichtlichen Hintergrund der διάκρισις πνευμάτων (I Kor. 12.10),' *BZ* 15, 1971, pp. 93-104. 특히 창 40:8(Symmachus revision) 그리고 필론이 창 40장과 41장을 언급한 것(Dautzenberg, p. 99)을 보라; 아울러 위에서 영감에 기초한 예언과 해석에 기초한 예언을 구분한 플라톤의 견해를 언급한 것을 보라; 아울러 본서 §33.2을 보라.

서도 올바른 주해에 이르는 열쇠는 바울이 상대하는 상황을 바로 인식하는 것이다.[174] 고린도전서 14:12("영들을 간절히 열망하는")을 보면, 고린도 사람들이 영감을 체험하는 데 열심이었다는 것이, 특히 영에 감동하여 터뜨리는 방언을 체험하는 데 열심이었다는 것이 분명하게 드러난다(14:6-12). 우리는 12:2이 암시하는 꾸지람에서 이런 열심이 빈번히 고린도 회중(이나 몇몇 지체)을 영적 흥분 상태에 빠뜨렸으며, 그들을 휘어잡아(ἤγεσθε ἀπαγόμενοι, "이끄는 대로 끌려갔다"—12:2) 황홀경 상태에서 방언을 터뜨리게 만든 열정과 능력들(영들?)이 무방비로 노출되게 만들었음을 추측해 볼 수 있다. 이런 모습은 믿지 않는 외부인은 물론이요 다른 신자들에게도 유익이 되지 않았다(참고, μαίνεσθε, "너희가 미쳤다"—14:23, 위 주161을 보라; 14:27f.; "무질서, 혼란"—14:33a; 14:40).[175] 바울은 이중 반응을 보인다. 즉, 바울은 영에 감동하여 터뜨리는 말을 당장 금지하거나 거부하지는 않지만, 이해할 수 있는 말에 더 높은 가치가 있음을 강조한다(14:14-25). 그리고 그는 '영들을 향한 열심'이 영감의 자극이라면 어느 것이든 좋다는 식의 자포자기로 타락하지 않도록 통제할 것을 권면한다(14:26-33). 영들을 분별함(διακρίσεις πνευμάτων—12:10)이라는 영의 선물은 바로 이 후자의 역할을 맡아 제 몫을 하게 된다(διακρινέτωσαν—14:29). 이 문맥에서 영들을 분별함(διακρίσεις πνευμάτων)은 (회중이나 예언자 가운데) 다른 나머지 사람이 **예언의 말을 평가하고, 조사하며, 시험하고, 그 무게를 달아보아** 그 영감의 원천이 어디이며 그것이 회중에게 얼마만큼이나 중요한지(영감의 원천과 중요성은 동전의 양면과 같기에, 이 평가에는 영들[= 영적인 말들]의 해석,

---

174. Dautzenberg가 제시하는 논지의 가장 큰 약점은 그가 이런 이슈에 거의 주의를 기울이지 않는다는 점이다.

175. 가령 Weiss, *I Kor*. pp. 294, 333; Barrett, *I Cor*. pp. 278f.; L. Cerfaux, *The Church in the Theology of St. Paul*, ET Herder 1959, p. 202. 아울러 본서 §52.2, 3을 보라.

그리고 영들을 구별함[= 영감의 원천을 구별함]이 모두 포함된다) 판단한다는 의미로 이해함이 가장 좋다. 이를 영의 선물로 묘사한다는 것은 아마도 그 평가가 단순히 논리와 이성을 활용한 분석의 문제가 아니라 결국 이에 참여하는 (대다수의) 사람이 이 말이 영의 말이라는 (또는 영의 말이 아니라는) 인식을 공유하고 그렇게 분별한 의미가 영의 생각과 일치한다는 인식을 공유한다는 의미인 것 같다(참고, 고전 2:16, 7:40).

이와 밀접한 관련이 있는 다른 세 본문도 이런 해석을 확증해 준다. (a) 고린도전서 12:3—이 구절이 영적 발언을 평가하는 데 활용할 수 있는 특별한 경험 규칙을 제공한다는 점을 부인하기는 어려울 것이다. 비록 많은 이가 동의하지 않지만,[176] 고린도 회중이 예배할 때 일부 지체(들)가 영감을 받아 '예수에게 저주가 있을지어다!'라고 외쳤을 가능성이 아주 높다. 어쩌면 고린도에는 물질은 본디 정결하지 않다는 영지주의 사상의 영향을 받은 이들이 있었을 수 있으며, 그랬다면 그들은 결국

176. 바울이 단지 그가 가정하는 사례를 제시하고 있다고 주장하거나(Wendland, *Kor*. p. 98; Hurd pp. 193f.; K. Maly, 'I Kor. 12.1-3, eine Regel zur Unterscheidung der Geister?,' *BZ* 10, 1966, pp. 82-95) 12:3a에서 고린도 사람들이 전에 이교도로서 겪었던 황홀경 체험을 언급하고 있다고 주장하는 것(Lührmann, *Offenbarung* p. 29; Pearson pp. 47-50도 사실상 그런 취지다)은 바울이 가장 힘주어 강조한 교훈의 말 가운데 하나를 시시한 것으로 만들어버리는 것이다. 이 맥락은 그리스도인의 예배 상황을 일러준다. 아울러 바울이 아주 진지하게 이야기한다는 것은 그가 지금 그에게 제기된 의문에 답하고 있음을 시사한다(참고, 아래 주178). 바울이 지금 황홀경에 빠진 그리스도인들의 외침을 언급하고 있다는 Allo의 주장이 더 무게가 있다. 그리스도인들은 신들림이나 황홀경에 빠지지 않으려 하면, '자신을 사로잡는 영감에 맞서려다 입으로 거품을 토해냈던 시빌라와 같은 식으로, 혹은 아이스킬로스의 『아가멤논』에서 아폴론을 저주하는 카산드라와 같은 식으로', 신들림이나 황홀경이 도리어 그들에게 다가옴을 느꼈다(*Première Épitre aux Corinthiens*, EB 1934, pp. 321f., Barrett, *I Cor*. p. 280도 이를 따랐다). 그렇다면 고린도 사람들은 그런 외침의 본질을 인식하지 못했을까? 그렇다면 그들이 바울에게 제기한 문제는 어디에서 비롯됐을까? 다른 설명들은 일관성이 떨어진다.

인간 예수와 하늘에 있는 영적 존재인 그리스도를 구분해야 한다고 주장했을 것이다: 그들은 하늘에 있는 그리스도를 몸을 지닌 사람 예수와 동일시하는 것은 그리스도를 심각하게 모욕하는 것이요 (영지주의가 내세우는) 구원의 길에 의문을 품게 만드는 것이라 여겨, 결국 '**예수**에게 저주가 있을지어다!' '**그리스도**가 주이시다!'라고 외쳤을 것이다.[177] 고린도에 있던 그리스도인 공동체는 이미 다른 여러 가지 점에서도 영지주의 유형의 사상에서 큰 영향을 받았다(본서 §21.3과 §40.4을 보라). 따라서 이 공동체에서는 '예수에게 저주가 있을지어다!' 같은 말을 곧장 거짓 가르침이라 인식하지는 않았을 것이며, 특히 그런 말을 회중 가운데에서 영감을 받아 말했다면 더더욱 그랬을 것이다. 바울이 질문을 받은 것도 그 때문이었다.[178] 바울은 이런 사례들에 쉽게 적용하여 시험해 볼 수 있는 기준을 한 문장으로 제시한다. 영에 감동하여 터뜨리는 말의 주제가 이 땅에 살았던 예수와 높이 올림을 받은 주의 관계일 때, 영의 인도를 받아 하는 말임을 일러주는 표지는 바로 '**예수**가 주이시다!'라는 고백이다.[179] 이와 달리, 이 설명이 너무 정교하고 이 신학이 시대에 비해 너무

177. 특히 Schmithals, *Gnosticism* pp. 124-130을 보라; 아울러 J. Schniewind, 'Das Seufzen des Geistes,' *Nachgelassene Reden und Aufsätze*, Berlin 1952, p. 115; Eichholz, *Gemeinde* pp. 12f.; E. Güttgemanns, *Der leidende Apostel und sein Herr*, Göttingen 1966, pp. 62ff.; Bittlinger, *Graces* pp. 16ff.; N. Brox, '*ΑΝΑΘΕΜΑ ΙΗΣΟΥΣ* (I Kor. 12.3),' *BZ* 12, 1968, pp. 103-111. 확실히 고린도 영지주의의 기독론은 많이 발전된 것 같지 않다(그러나 고전 15:44ff.을 참고하라). 그러나 어쩌면 12:3a의 의미는 (아울러 그와 관련하여 바울에게 제기된 물음은) 그것이 요일 4:1ff.에서 공격하는 케린투스 등의 본격적 체계로 발전해가는 과정의 **시작**이라는 점일지도 모른다.

178. 사람들은 보통 바울이 12:1ff.에서 고린도 사람들이 그에게 제기한 질문이나 질문들을 거론하고 있다고 인식한다—Hurd pp. 63f., 71ff., 186ff.을 보라.

179. Weiss와 Barrett가 지적하듯이, 여기서 이슈가 되는 것은 말하는 이의 진실성 문제가 아니다. 말하는 이는 어떤 개인이 아니라 영이다. 영은 실제로 발화된 말을 증명

앞선 신학을 암시한다면, 고린도전서 12:3a을 영지주의 기독론에 따른 외침이라기보다 그냥 영의 허가를 받아 터뜨린 외침이라고 인정해야 할 것 같다.[180]

이어 우리는 여기서 영적 발언을 평가하는 한 사례, 곧 문제가 된 말이 하나님의 영에서 나왔는지 아니면 다른 원천에서 나왔는지 판단하여('영들을 분별함') 결국 그 말에 귀를 기울여야 하는지 여부를 결정하는 사례를 하나 만난다. 여기서 도달한 경험 규칙이 분명 널리 적용되지는 않았을 것이다(영에 감동하여 말한다고 하는 말이 기본 케리그마[선포한 복음의 기본 요지]와 아주 예리하게 대립하는 경우는 많지 않았을 것이다). 따라서 우리는 이것이 더 넓은 시험 기준(케리그마 전승이라는 판단 기준—본서 §49.2을 보라)의 특별한 적용 사례라고 추정해야 한다. 그러나 12:3이 영감이라는 **하나의**

해 주는 영감의 원천이다(Weiss, *I Kor*. pp. 295f.; Barrett, *I Cor*. p. 281). 바울은 이 특별한 말 외에 말하는 이들의 영적 지위에 관하여 아무 말도 하지 않는다. 아울러 문제의 검증이 영감의 순간을 넘어 말하는 이의 믿음과 삶 자체까지 확대되지는 않는다(반대 의견은 T. Holtz, 'Das Kennzeichen des Geistes [I Kor. 12.1-3],' *NTS* 18, 1971-1972, pp. 365-367).

180. 참고, Scroggs, 'Exaltation of the Spirit' pp. 365f. 역사에는 다양한 유사 사례가 있다. 예를 들면, 청교도 시대에 활동했던 '대중의 예언자' 가운데 하나인 Abiezer Coppe는 그의 '저열하고 무시무시한 맹세와 저주' 습관을 변호했다(O. C. Watkins, *The Puritan Experience*, Routledge & Kegan Paul 1972, pp. 145f.). Clemen은 1840년대에 스웨덴에서 나타난 소위 '설교에 따른 병'을 유사 사례로 지적했다: "공격받은 이 가운데 많은 경우를 살펴보면, 처음에 무시무시한 선서를 하면 설교에 따른 병이 나타났다"(*ExpT* X, 1898-1899, p. 350). 현대 오순절주의 안에서도 때로 비슷한 외침('예수는 저주받은 자다')을 들었다는 주장이 있었지만, 이런 주장 가운데 어느 것도 제대로 증명되지 않았다고 말할 수밖에 없다. David du Plessis는 (1960년대 중반에) 사사로운 대화에서 이에 관한 질문을 받자, 이런 주장들이 정말 사실이라면 이런 외침은 카타르시스의 효과일 수 있으며, 아마도 영이 그 말을 하는 이에게서 그의 믿지 않음을 끌어내고 그를 깨끗케 한 것일 수 있다고 주장했다. 참고, H. Weinel, *St. Paul, the Man and his Work*, ET Williams & Norgate 1906, p. 251.

시험 기준을 제시한다는 것은 의심할 여지가 없다.[181]

(b) 고린도전서 2:13—"우리는 하나님이 우리에게 주신 것들을 사람의 지혜가 우리에게 준 말이 아니라 영이 우리에게 준 말로 말하니, πνευματικοῖς πνευματικὰ συνκρίνοντες(개역개정에서는 '영적인 일은 영적인 것으로 분별한다'로 번역함—편주)." 여기에서도 다시 한번 바울이 말하는 이 마지막 문구가 정확히 무슨 의미인지 분명치 않다. 이는 어쩌면 '(우리가 이미 소유하고 있는) 영의 선물들과 계시들을 (우리가 받을) 영의 선물들 및 계시들과 비교하여 그것들을 판단한다'는 의미일 수도 있다(참고, 고후 10:12).[182] 아니면, '영적 말이라는 수단을 통해 영적 진리들을 해석함'이라는 의미일 수도 있고,[183] '영을 가진 이들에게 영적 진리를 해석해 줌'(NEB, RSV도 그렇다)이라는 의미일 수도 있다.[184] 이 문맥으로 보아 영적 일들(πνευματικά)을 그런 식으로 평가하는 것을 염두에 두고 있음이 분명하다.[185] 여기서 염두에 둔 목표는 신자가 하나님이 그들에게 주신 것들

---

181. 참고, K. Berger, "Die sog. 'Sätze heiligen Rechts' im N. T. Ihre Funktion und ihr Sitz im Leben," *TZ* 28, 1972, pp. 321ff. 그는 현재 시제 귀결절을 가진 조건문이 우리에게 이런 시험(검증)의 형식을 제공한다고 주장한다—특히 요일 4:2f.; Polycarp, *Phil.* 7.1f.을 참고한다.

182. Arndt & Gingrich, συγκρίνω; Reitzenstein, *Mysterien* p. 336; Lietzmann in Lietzmann-Kümmel, *Kor.* p. 14. 고후 10:12은 바울서신에서 딱 한 번 더 συγκρίνω가 등장하는 곳이다.

183. Dibelius, *Geisterwelt* p. 91 주4; Barrett, *I Cor.* p. 76; 참고, Conzelmann, *I Kor.* p. 86.

184. F. Büchsel, *TDNT* III p. 954; Dupont, *Gnosis* p. 152 주3; 참고, Schweizer, *TDNT* VI p. 437 주704.

185. Wilckens, *Weisheit* pp. 84ff. Pearson은 '바울의 글은 다른 어디에서도 고전 2:13이 표현하는 사상을 증언하지 않는다'는 것을 근거로 삼아 이 문구를 바울의 반대자들에게 적용하지만(p. 38), 이는 바울이 다른 곳에서 πνευματικά를 평가할 것을 강조한다는 점을 무시한 것이다.

을 알 수 있게(더 잘 이해하고 더 충실히 체험하게) 하는 것이다(2:12).

더욱이, συγκρίνω가 어떤 것을 결정하고자 평가함(즉 판단함)을 가리킨다는 것은 14-15절이 시사하며, 이 구절들이 ἀνακρίνω를 나란히 사용하고 있다는 것도 그 점을 시사한다.[186] 엄정하게 조사하여 평가해야 할 대상은 πνευματικά('영적 일들', '영의 선물들')이지 πνευματικοί('영의 사람들')가 아니다. 영의 선물의 평가에는 이런저런 사람의 가치나 지위에 관한 의견 전달은 포함되지 않는다. 이 평가는 오로지 특정한 영의 선물들이 나타난 경우에 그것이 정말 영에게서 나온 것인지 조사하고 평가하는 것에 국한된다. 말이 나온 김에 로마서 14장이 이와 비슷하지만 훨씬 더 광범위한 διάκρισις('조사·평가하여 판단함')의 제약을 천명하고 있음을 언급해둘 수 있겠다. 여기에서는 사람들 사이에 존재하는 이견이 타당하면 그런 평가를 해서는 안 된다고 말한다(14:1, 14).[187] 그런 평가를 하다 보면, 일부 신자가 다른 신자들을 판단하는(κρίνω) 일이 벌어질 수밖에 없기 때문이다(14:3f., 13). 그런 판단은 어디까지나 하나님만이 행사하는 대권이다(14:10, 고전 4:3f.). 신자가 διάκρισις해야 할 유일한 **사람**은 바로 자기 자신이다(고전 11:31; 11:28, 고후 13:5, 갈 6:4도 같은 말을 한다).

(c) 데살로니가전서 5:19-22—"영감을 끄지 말고, 예언의 말을 경멸하지 말되, 그것들을 모두 시험하여(πάντα δὲ δοκιμάζετε) 그것 가운데 좋은 것은 지키고 무슨 종류든 나쁜 것은 다 피하라"(NEB). 대다수의 주석가가 동의하듯이, 이 구절들은 단일 단위를 형성한다. '모든 것을 시험하라'는 권면은 단순히 예언과 관련된 말에 느슨히 혹은 우연히 덧붙인

186. 2:13의 또 다른 독법을 주목하라. 어떤 사본은 우월한 독법인 πνευματικοῖς 대신 부사인 πνευματικῶς로 적어놓았다(B 33). 이러면 2:14과 평행 관계가 더 정확해질 것이다—πνευματικῶς ἀνακρίνεται.

187. 롬 14:1이 바로 바울이 다른 곳에서 διάκρισις를 사용한 유일한 사례다.

일반적인 권면이 아니다. 바울은 분명 유대의 예언 역사를 통해(본서 §31.3과 주87을 보라) 그리고 그 자신의 체험을 통해 사람들이 예언의 영을 얼마나 남용할 수 있는지 알고 있었다(참고, 살후 2:2). 바울은 결코 예언이란 것이 아무런 제약도 덧붙여지지 않은 채 예언하는 이가 완전히 자유롭게 제 마음대로 할 수 있는 것으로서 주어진다고 주장하지 않는다. '모든 것을 시험하라'는 분명한 주의와 경고가 들어있는 제약을 제시한다(참고, 요일 4:1과 『디다케』 11.11. 이곳에서는 δοκιμάζειν을 예언자와 예언의 말이 반드시 받아야 할 통제와 같은 의미로 사용한다).[188] 21b-22절도 십중팔구 같은 주제를 이어간다. 어쩌면 바울은 지금 (예수가 했던?) 환전상—즉 좋은(진짜) 돈과 나쁜(위조) 돈을 구별하는 법을 배운 이들—에 관한 말을 되울려주고 있는지도 모른다.[189] '좋은 것'이 '진짜인 것'을 의미한다면, 바울이 지금 이야기하는 것은 영에 감동하여 터뜨린 말의 원천과 본질을 판단하는 시험('영들을 분별함')인 셈이다. 더욱이, 22절에서는 '악한'(나쁜)을 십중팔구 명사라기보다 형용사로 받아들여야 할 것 같다—'모든 나쁜 종류'(즉 예언 가운데 모든 나쁜 종류).[190] 따라서 데살로니가전서 5:21a과 5:20의 관계는 고린도전서 12:10c와 고린도전서 12:10b의 관계, 또는 고린도전서 14:29b과 14:29a의 관계와 같다.[191] 바울은 회중 가운데서 예언하길 강하

188. 바울의 글에서 δοκιμάζειν = '시험/검증'인 곳을 찾아보려면, 고전 11:28, 16:3, 고후 8:8, 22(?), 13:5, 갈 6:4 (딤전 3:10)을 참고하라. 아울러 G. Therrien, *Le Discernement dans les Ecrits Pauliniens*, EB 9173, 특히 pp. 56f., 75f.을 보라.

189. Jeremias, *Unknown Sayings*, pp. 102ff.

190. 가령 J. E. Frame, *Thessalonians*, ICC 1912, pp. 208f.; W. Schmithals, *Paul and the Gnostics*, ET Abingdon 1972, p. 173 주192을 보라.

191. 그럴 가능성이 높지만, 만일 데살로니가에서도 고린도와 다소 비슷하게 영의 선물들을 악용하는 일이 있었다면, 고린도전서 본문들과의 평행 관계가 훨씬 더 가까워질 것이다. 본서 §46.1, 3을 보라.

게 격려하지만, 예언의 말은 반드시 공동체의 평가를 받아야 하며, 그 평가는 그 예언의 말이 정말 영에게서 나온 말인지, 아니면 무시하고 거부해야 하는 말인지 판명하는 것을 목표로 삼아야 한다.

요컨대, '영들을 분별함'은 **예언의 말들을 평가함으로, 예언의 말들이 나온 출처와 그것이 가진 의미를 밝히는 조사와 해석으로** 이해해야 한다. 그렇다고 이 영의 선물이 영의 여러 선물을 받아 누리는 공동체 안에서 행사하는 규제력의 중요성을 과장해서는 안 된다. 이 문제는 제9장에서 영의 선물들이 갖고 있는 공동체적 차원을 논할 때 다시 살펴봐야 한다.

41.4. **가르침**(διδαχή—고전 14:6, 26). 바울은 가르침(διδάσκων)이라는 활동도 영의 선물인 행동으로 본다(롬 12:7). 바울은 분명 이 명사를 가지고 가르치는 내용을 가리킬 때에는 영의 선물과 무관한 의미로 사용한다. 이 경우에는 이 말이 그의 독자들이 이미 받아들여 믿음과 삶을 점검하고 규율하는 데 사용할 수 있는 것을 의미한다(롬 6:17, 16:17). 그러나 바울은 고린도전서 14:6과 26절에서 분명 **특별한** 가르침들을 염두에 두고 있다. 6절과 26절은 회중의 예배에 기여하는 것들을 열거하는데, 이는 바울이 여기서 영에 근거한 통찰을 염두에 두고 있음을 강하게 시사한다. 6절은 계시, 지식, 예언을 언급한다.[192] 26절은 '찬송'과 '가르침'을

192. 여기서 열거하는 상이한 항목들을 확고하게 구분해 주는 경계선을 긋기는 사실상 불가능하다. Lietzmann in Lietzmann-Kümmel, *Kor.* p. 71; Barrett, *I Cor.* p. 317도 같은 견해다. 6절이 제시하는 목록은 이해가능성 그리고 황홀경의 크기(역순)를 따라 배열해 놓은 것이라는 Reitzenstein의 주장(*Mysterien* p. 67), 그리고 "ἀποκάλυψις('계시')와 γνῶσις('지식')는 내면에 주어진 영의 선물이며, 이런 선물이 겉으로 나타난 것이 προφητεία('예언')와 διδαχή('가르침')"이라는 Robertson-Plummer (p. 308)의 주장은 흥미롭긴 하지만, 추천할 만한 견해가 아니다.

언급하는데, '계시' 그리고 분명 '방언'과 '해석'이 그 자리에서 자연스럽게 터져 나오는 말이듯이, 찬송과 가르침도 십중팔구는 그 자리에서 자연스럽게 터져 나오는 것으로 생각해야 할 것 같다. 아울러 골로새서 3:16을 주목하라—"서로 가르치고 … 시와 찬송과 영적 노래를 부르며." 위에서 제시했듯이(§33.2) 가르침이 들어있는 특별한 통찰들은 필시 특별한 경우에 터져 나온 예언과 구별해야 할 것 같다. 예언은 하나님에게서 온 새로운 말 자체를 표현하는 반면, 가르침은 **하나님이 전에 이미 주셨던 말씀을 새롭게 들여다볼 수 있는 통찰**, 공동체가 이미 어느 정도 권위 있는 것으로 받아들인 전승들—즉 구약 기록, 예수가 한 말을 전하는 전승, 공동체가 처음에 받았던 복음(참고, 고전 11:2, 23, 15:3, 살후 2:15, 3:6)[193]—을 새롭게 들여다볼 수 있는 통찰을 가리키곤 하기 때문이다. 이 때문에 골로새서 3:16은 '가르침'이 '너희 안에 거하시는 그리스도의 말씀(λόγος)'에서 나온다고 말한다.

이처럼 **영에 근거한 주해**는 바울이 구약을 사용한 몇몇 본문에서 발견할 수 있는데, 로마서 11:25ff., 고린도전서 9:8ff., 갈라디아서 3:8이 그런 예다. 구약 본문을 강설한 다른 사례들은 훨씬 더 꼼꼼한 연구와 궁리 끝에 나온 것이며, 즉석에서 나온 통찰의 결과로 볼 수 없다(특히 롬 4:3-22, 고전 10:1-4, 고후 3:7-18, 갈 4:21-31). 그러나 이런 경우들에도 바울은 십중팔구 특히 처음에 얻은 통찰을 일종의 영의 선물로 여기는 것 같다.[194]

193. "διδαχή는 특별한 주제에 관한 특별한 가르침으로 이해해야 한다. 성경의 '영적' 해석이 그런 예다"(Weiss, *I Kor*. pp. 334f.).

194. 고후 3:14ff.을 보면, 모세 율법이라는 옛 언약의 의미와 중요성을 가린 베일은 사람이 주에게, 곧 영에게 돌아갈 때에 비로소 제거된다. 즉, 율법의 중요한 의미는, 계시와 마찬가지로 영을 통해 신자에게 주어진다. 아울러 Käsemann, 'The Spirit and the Letter,' *Perspectives* 제7장. 더 널리 살펴보려면, E. E. Ellis, *Paul's Use of the Old Testament*, Eerdmans 1957을 보라.

이 때문에 우리는 고린도전서 14:6, 26에서도 거기서 말하는 '가르침'이 앞서 언젠가 받았던 통찰을 어떤 개인이 회중에게 자세히 설명해 주는 일을 가리킬 가능성을 배제해서는 안 된다.[195] 데살로니가전서 4:2은 아마도 예수가 한 말에 기초하지 않았나 싶은, 영의 선물인 가르침(παραγγελία)에 해당하는 한 사례를 일러주는 것 같다. 문제가 된 예수의 말은 필시 예수가 바로 주(主)이심을 일러주는 말이며, 이는 바울이 고린도전서 7장(즉 7:10; 참고, 살전 4:3ff.와 고전 7장) 그리고 고린도전서 9장(즉 9:14; 참고, 살후 3:6ff.와 고전 9:15ff.)에서 제시하는 가르침의 기초를 형성한다.[196] '주 예수를 통해'라는 말은 십중팔구 바울이 언급하는 가르침이 영감을 통해 주어진 가르침임을 일러주는 것 같다.[197] 바울서신의 다른 곳에서는 이 말이 종종 하나님 체험, 은혜 체험, 영감 체험을 가리키는 말에 거의 가까운 의미로 등장하며, 로마서 15:30, 고린도후서 4:5, 갈라디아서 1:1, 그리고 데살로니가전서 4:2에서는 이 말이 전혀 다른 의미로 등장하는 것 같다. 하지만, 예수의 말을 영에 근거하여 해석하고 그 결과로서 구약 전승을 다시 해석한 고전적 사례는 필시 스데반이 예수가 성전 파괴와 그 복구에 관하여 한 말을 다룬 것이 아닐까 싶다(행 6:14과 7:2-53).[198] 잠정적일 수밖에 없는 이런 제안들이 정당하다면, 바울이 이해하는 '가르침'에는 전승으로 내려온 자료가 권위 있다는 인식은 물론이요,

195. 참고, H. Greeven 'Propheten, Lehrer, Vorsteher bei Paulus,' *ZNW* 44, 1952, pp. 17f. Bittlinger는 15세기 수사 Johannes Ruysbroek을 한 예로 인용한다(*Ministries* pp. 68f.).

196. 바울이 고전 9:14ff., 그리고 어쩌면 살후 3:6ff.에도 들어있을 수 있는 주의 말씀을 어떻게 해석하는지 보라—그가 행사할 수 있으나 버린 권리로 해석한다!(본서 § 47.3을 보라).

197. 참고, Lindblom, *Gesichte* p. 131.

198. 본서 §33.2을 보라.

그런 전승 자료를 해석한 뒤 영을 힘입어 늘 변하는 믿음 공동체의 필요와 상황에 맞게 적용해야 할 필요성을 인식하는 것도 포함될 것이다(더 자세한 것은 §48.2와 §58.2을 보라).

41.5. **노래함**. 고린도전서 14:15을 보면, 바울은 분명 **영의 선물로서의 찬송**이라는 종류를 인정한다—이는 방언으로 노래함(여기에서는 '영으로' 노래함이라는 표현)과[199] 이해할 수 있는 말로('생각하며/마음으로') 노래함을 포함한다. 바울은 이 문맥에서, 생각(마음)을 세워주는 것이든(예언)[200] 아니면 생각(마음)에 아무런 열매를 남기지 못하는 것이든(방언), 오로지 영에 감동하여 터뜨리는 말만을 생각하는 것 같다. 따라서 우리는 14:15이 생각하는 두 유형의 노래를 즉석에서 자연스럽게 부르는 노래라고 추정할 수밖에 없다.[201] 14:26이 말하는 '찬송시'(ψαλμός)도 마찬가지 같다. 물론 바울이 지금 미리 준비한 노래(또는 영에 감동하여 부르는 노래), 또는 이미 회중에게 알려진 어떤 시(시편의 시)를 생각하고 있을 가능성도 배제하지 못한다.[202]

바울은 평행을 이루는 본문인 에베소서 5:19과 골로새서 3:16에서 세 형태의 노래를 언급한다—'시, 찬송, 영적 노래.' 이 세 요소는 바울이

199. 현대 은사 운동에서 가장 아름다운 특징 가운데 하나는 거의 모든 집회가 방언으로 노래하는 것이다. 내가 참석했던 집회의 경우에는 그런 노래가 공통된 음조로 울려 퍼졌으며 (크지 않은 소리로) 윙윙거리는 소리처럼 들렸다. 이때 다른 개인의 소리들은 더 복잡한 화음으로 그 음조를 정교하게 만들었다.

200. 본서 §41.2을 보라.

201. "여기에는 전례 음악에 관한 생각이 존재하지 않는다. 이는 개인이 회중 가운데서 특별한 선물을 즉석에서 사용함을 가리킨다"(Robertson-Plummer, *I Cor.* p. 312).

202. "고린도에서 가장 으뜸가는 기여를 한 것으로 언급된 것이 찬미라는 게 의미심장하다. 이 찬미는 기쁨과 감사를 담아 하나님을 인식한 것으로서, 이런 인식은 기뻐 뛰는 리듬이나 송영으로 표현됐다"(Moffatt, *I Cor.* p. 227).

여기에서도 영에 근거한 노래를 염두에 두고 있음을 강하게 시사한다. 첫째는 에베소서에서 그 앞에 등장하는 구절이다—5:18f.: "술 취하지 말라. … 영으로 충만하여 서로 시와 … 로 말하며." 이런 권면이 나오게 된 것은 아마도, 현실로 벌어진 일이든 아니면 닥친 위협이든, 고린도전서 11:20ff.에서 말하는 것과 같은 상황 때문이 아닌가 싶다. 고린도전서 11장 본문은 공동 식사와 주의 만찬 때 술에 취하여 주정을 부리고 떠들어대는 장면을 증언한다. 바울은 즉석에서 자연스럽게 부르는 모든 노래를 금하지 않지만, 그렇게 즉석에서 노래를 부름은 영에게 자극받아 이뤄져야지 술에 취해 이뤄져서는 안 된다고 말한다. 어떤 특별한 주제를 일깨워주는 한목소리 또는 온 회중이 유명한 송가나 후렴구를 골라 부르는 것은 오늘날 동네 사람들이 동네 선술집에서 피아노 주위에 모여 함께 노래하는 모습과 닮았을 것이다(따뜻하고 즐거웠을 것이다). 그러나 노래와 말의 내용 뒤에 자리한 영감은 분명 서로 아주 달랐을 것이다("온 마음으로 주께"—엡 5:19).

둘째, 골로새서 3:16도 '하나님의 말씀', '모든 지혜로', '은혜로'와 같이 영과 관련된 문구를 쌓아올림으로써 하나님이 주심, 위에서 온 자극과 주제의 음조(音調)를 똑같이 제시한다.[203] 셋째, 두 본문은 모두 '영적'이라는 단어를 사용하는데, 이 단어는 영의 자극을 받고 영을 드러내는 것으로 묘사된 노래를 특징짓는다.[204] 바울이 서로 다른 이 세 용어를

---

203. 참고, Wetter, *Charis* pp. 77f.; Lohmeyer, *Kolosser* pp. 150f.; E. F. Scott, *The Epistles of Paul to the Colossians, to Philemon and to the Ephesians*, Moffatt 1930, pp. 74ff.; Dibelius-Greeven, *Kolosser* pp. 44f.; Lohse, *Colossians* pp. 150f. 아울러 본서 §41.4을 보라.

204. Schlier, *Epheser* p. 247; 참고, Martin, *Colossians* p. 115.

사용하여 이 셋을 서로 구분하려 하는가는 분명치 않다.[205] 따라서 '영적'이라는 형용사는 십중팔구 이 세 명사를 모두 포괄할 것이다.[206] 그러나 설령 '영적'이 오직 '노래'만을 수식하는 말일지라도, '시'와 '찬송'을 '영적 노래'와 구분하는 기준은 이미 확립된 전례 형식에 속하는 노래냐 아니면 즉석에서 자연스럽게 부르는 노래냐가 아니라, 즉석에서 이해할 수 있는 말이나 신자들이 익히 아는 구절을 노래하는 경우냐 아니면 즉석에서 방언으로 노래하는 경우냐였을 것 같다.[207]

신약성경에는 방언으로 부른 찬송에 해당하는 사례가 없다. 그러나 과거 50년이 넘는 세월에 걸쳐 진행한 연구 결과, 많은 찬송 형식이 밝혀졌다(딤전 3:16, 빌 2:6-11, 골 1:15-20, 엡 5:14이 그런 예다). 아울러 우리는 바울이 제시한 몇몇 송영과 깊은 감정을 담은 다른 표현들, 틀림없이 바울계 회중이 올린 예배에 끼어들었을 부르짖음에서 나타났을 법한 말들에서도 찬송 형식을 인식할 수 있다(롬 11:33-36, 갈 1:5, 엡 3:21, 빌 4:20, [딤전 1:17, 6:15f.], 고전 1:3f., 엡 1:3ff., 롬 7:25a, 고전 15:57; 참고, 계 4:8, 11, 5:12f., 7:10, 12, 11:15,

205. G. Delling, *TDNT* VIII p. 499; Lohse, *Colossians* p. 151.

206. Delling, *Worship* pp. 86f.; Schlier, *Epheser* p. 247 주2; Lohse, *Colossians* p. 151 주151; Martin, *Colossians* pp. 115f. 최측근이었던 세 사람에게는 당연히 '영적 사람'의 성별이 흥미로운 관심사였다.

207. F. F. Bruce, *The Epistle to the Colossians*, Marshall, Morgan & Scott 1957, p. 284은 테르툴리아누스가 그리스도인의 애찬을 묘사한 글을 아주 적절히 인용한다. 테르툴리아누스의 글을 보면, "손을 씻을 물과 등불을 들여온 뒤, 각 사람은 다른 사람들이 있는 자리에서 그가 성경을 통해 알고 있는 것이나 그 자신의 마음에서 나오는 것을 하나님께 노래하라는 요구를 받는다"(*Apology* 39). 필론이 치유파(Therapeutae) 모임을 묘사해 놓은 것을 참고하라(*Vit. Cont.* 80, 83-89; Delling, *Worship* pp. 85f.은 이를 편리하게 요약해 놓았다). 후대의 유사 사례를 보려면, Weinel, *Wirkungen* pp. 80f.을 보라. 대다수의 종교 각성 운동은 전통 형태의 찬송보다 참여하는 사람들의 관용어에 더 가까운 우발적 형태의 찬미와 예배 같은 종류를 표현한다. 현재의 은사 운동이 좋은 예다.

17f., 15:3f., 19:6-8).[208]

바울이 이 세 명사와 함께 사용하는 동사에 주목할 필요가 있다—"서로 말함"(엡 5:19), "서로 가르치고 권면함"(골 3:16). 이 동사들은 '시, 찬송, 영적 노래'가 찬미의 도구이기도 했지만('주께', '하나님께' 올리는 찬미), 가르치는 수단(어쩌면 가르침을 담은 말보다 기억하기가 쉬웠을 것이다—가령 골 1:15-20), 경고와 격려의 수단이라는 역할도 했음을 암시한다(어쩌면 예언의 말보다 덜 직접적이고 덜 고통스러운 수단이었을 것이다—가령 엡 5:14을 보라).

41.6. **기도**. 바울이 기도를 영의 선물로 전혀 지칭하지 않는다는 점이, 적어도 아주 많은 말로 하지 않는 기도조차 그렇게 지칭하지 않는다는 점이 다소 놀랍다.[209] 반면, 바울은 기도를 단순히 (고정된) 기도를 말하는 일로 여기지 않는다. 기도는 특별한 사람과 특별한 상황에 관하여 기도하는 것이다.[210] 따라서 바울은 모든 기도가 우발성(spontaneity)을 크게 가질 수밖에 없다고 본다. 그러나 그뿐 아니라 영이 오롯이 좌우하는 기도가 있다. 이 기도에서는 말과 정서가 하나님으로부터 주어진 것으

208. 특히 R. Deichgräber, *Gotteshymnus und Christushymnus in der frühen Christenheit*, Göttingen 1967; K. Wengst, *Christologische Formeln und Lieder des Urchristentums*, Gütersloh 1972, pp. 144-208을 보라.

209. G. Friedrich, *TDNT* VI p. 853. 어쩌면 신앙을 고백하는 기도가 없다는 점도 놀라운 일일지 모르겠다(Delling, *Worship* p. 125). 신앙을 고백하는 기도를 처음 언급한 곳이 『디다케』 14.1이다.

210. Προσευχή—롬 1:10, 15:30, 엡 1:16, 골 4:12, 살전 1:2, 몬 4, 22절; προσεύχομαι—빌 1:9, 골 1:3, 9, 4:3, 살전 5:25; δέησις—롬 10:1, 고후 1:11, 9:14, 엡 6:18, 빌 1:4, 19, 4:6; δέομαι—롬 1:10, 살전 3:10; εὐχαριστία—고후 9:11f., 빌 4:6, 살전 3:9; εὐχαριστέω—엡 5:20. 나는 기도의 내용을 어느 정도 분명하게 일러주는 곳만을 참고 구절로 포함시켰다. Delling, *Worship* pp. 110f.은 회중이 때로는 기도하며 온밤을 보냈다고 주장한다(참고, 살전 3:10, 골 4:2, 엡 6:18f.).

로써 기도하는 이의 입술에 다가온다—영에 감동하여 터뜨리는 말. 그것이 고린도전서 11:4f., 13이 암시하는 내용이다. 이 본문은 기도와 예언을 필시 영을 힘입어 하는 말로 생각하는 것 같다. 바로 이 서신의 앞부분을 보면 기도에 헌신함은 스스로 선택한 독신이라는 영의 선물의 다른 측면이다(고전 7:5, 7—본서 §38.2을 보라). 에베소서 6:18은 특히 "언제나 영 안에서 기도하라"라고 권면한다—"언제나 영의 능력 안에서 기도하라"(NEB). 즉, 모든 특별한 상황에서 영의 기도에 열려있어야 한다(참고, 엡 5:18ff.; 아울러 아래 롬 8:15f., 26f.을 보라).[211] 고린도전서 14:14-17이 염두에 두고 있는 것은 분명 영에 감동하여 터뜨리는 말인 기도인데, 이 기도는 방언으로 하는 기도와 이성으로 하는 기도를 모두 아우른다. 무엇보다 우리는 바울이 예수의 **압바** 기도(본서 §4을 보라)를 익히 알고 있었음을 로마서 8:15f.과 갈라디아서 4:6 그리고 그가 영의 기도를 묘사한 로마서 8:26f.에서 본다.

로마서 8:15f.: "너희가 받은 영은 너희를 두려움의 삶으로 다시 이끌 노예의 영이 아니라, 너희를 아들들로 만들어 너희가 '압바! 아버지!'라 외칠 수 있게 해 주는 영이다. 그렇게 외칠 때 하나님의 영이 우리 영과 합하여 우리가 하나님의 자녀임을 증언한다"(NEB). 바울이 지금 여기서 생각하고 있는 것은 전례 때 회중 기도를 사용하는 것이라는 주장이, 어쩌면 특히 주기도(눅 11:2)를 사용하는 것을 생각하고 있을지도 모

211. Schlier, *Epheser* p. 301. 서머나의 폴리카르포스가 고전적 사례일 것이다. 그는 체포됐을 때(주후 155년 혹은 156년) 잠시 풀려나 기도할 틈을 얻었다: "그들이 동의하자 그는 서서 기도했다—하나님의 은혜가 어찌나 충만했던지, 그는 두 시간 동안 그의 기도를 듣는 이들이 크게 놀랄 정도로 그의 평화를 주체하지 못했다"(*Martyrdom of Polycarp* 7.2).

른다는 주장이 자주 있었다.[212] 하지만 그럴 가능성은 거의 없다.[213] 이 구절들의 중심 주제는, 십중팔구 갈라디아서 4:6도 마찬가지겠지만,[214] 신자가 곧 하나님의 자녀라는 의식이요 확신이다.[215] 여기서 압바는 십중팔구 자신이 곧 하나님의 아들이라는 인식을 환희와 신뢰로 가득한 외침을 통해 자연스럽게 표현한 말을 가리킨다—영에 감동하여 터뜨리는 말이다. 우선, 이를 '노예의 영' 및 '두려움의 삶'과 대비시키는데(8:15), 바울은 여기서 필시 종교적인 사람이 내거는 자랑의 밑바탕에 종종 자리하고 있는 내면의 의문—내면의 불안과 하나님을 신뢰하지 못함 때문에 율법 조문과 제의를 철저히 준수하는 태도에서 안전을 확보할 길을 찾으려 함—을 염두에 두고 있는 것 같다.[216] 이와 달리, '아들의 영'은 자신이 곧 하나님의 소유라는 내면의 확신을 가리키는 말임이 틀림없는데, 이런 확신은 불안에서 나온 몸부림의 산물이 아니라, 밖에서 주어진 행위(8:14)이자 기도의 출발점이다.[217] 다시 말해, 바울이 생각하는 확신이란 논증을 통해 다시 믿음으로 복귀하는 일이 아니다. 확신을 그렇게 여기는 것은 믿음을 그저 이성의 문제, 어떤 명제를 받아들이는 일처

212. Seeberg, *Katechismus* p. 242; G. Kittel, *TDNT* I p. 6; Lietzmann, *Römer* pp. 83f.; Leenhardt, *Romans* p. 214; Barrett, *Romans*, p. 164; H. Paulsen, *Überlieferung und Auslegung in Röm. 8*, Inaugural-Dissertation, Mainz 1972, pp. 172-185.

213. '철저히 배제됐다'(Käsemann, *Römer* p. 217).

214. Dunn, *Baptism* pp. 113f., 그리고 거기 주33에서 인용한 것을 보라.

215. "아들이라는 압도적 인식"(C. A. A. Scott, *Christianity according to St. Paul*, Cambridge 1927, p. 170); "예언자가 가지는 직접성(하나님과 예언자의 직접 관계)을 지닌"(P. Althaus, *Der Brief an die Römer*, NTD [10]1966, p. 91).

216. 참고, Bultmann, *Theology* I pp. 243f.

217. '아들의 영'은 단지 우리가 아들임을 의식하게 해 주는 영에 그치지 않고 '우리를 아들로 만들어주는 영'을 가리킨다. 그러나 내가 여기서 초점을 맞추고 싶은 것은 우리가 아들임을 의식하게 해 주는 영이라는 측면이다. 참고, Cerfaux, *Christian* p. 300.

럼 여기는 것이다. 아울러 확신은 사람들이 떠받드는 전승을 따라 내면에서 떠오르는 의심과 의문을 억누르는 것도 아니다. 확신이란 **자신이 하나님의 아들임을 의식하고 단단히 믿는 것**이다. 하나님은 사람들이 그분의 자녀이길 원하실 뿐 아니라, 그들 자신이 하나님의 자녀임을 알기를 원하신다.

둘째, 바울이 로마서 8:15과 갈라디아서 4:6에서 ἀββά 기도를 묘사하면서 사용하는 동사는 아주 강한 외침을 표현하는 동사—κράζειν—이다. 이 동사는 엄숙한 선포에도 사용할 수 있지만(롬 9:27이 그런 예다), 신약성경의 다른 곳에서는 보통 '큰 소리로 외치다'라는 뜻으로 사용하기 때문에 귀신 들린 자의 절규와 비명에도 사용한다(막 5:5, 9:26, 눅 9:39).[218] 로마서 8:15과 갈라디아서 4:6의 맥락은 이 구절들이 사용한 κράζειν이 전자의 의미이기보다 후자의 의미임을 시사한다. 즉, 로마서 8:15과 갈라디아서 4:6의 κράζειν은 어떤 강렬한 외침이요, 필시 큰 소리로 외침일 것이며, 어쩌면 황홀경 상태에서 내지르는 외침일지도 모른다(그러나 그럴 가능성은 낮다).[219]

셋째, "이렇게 외칠 때 영이 우리의 영과 더불어 우리가 하나님의 자

218. Arndt & Gingrich, κράζω를 보라. 이와 랍비들의 용례 사이에 존재하는 형식상의 평행 관계("성령이 외치고 말한다"—Grundmann, *TDNT* III p. 900)는 단지 형식상의 평행 관계일 뿐이다. 랍비의 용례는 언제나 성경에서 인용한 것을 소개하는 반면, 바울이 생각하는 영 개념은 전혀 형식적이지 않기 때문이다.

219. Bieder, 'Gebetswirklichkeit' pp. 25f.; M. Dibelius, 'Paulus und die Mystik,' *Botschaft und Geschichte* II, Tübingen 1956, pp. 148f.; Delling, *Worship* p. 71; A. Oepke, *Der Brief des Paulus an die Galater*, THNT 1957, pp. 97f.; Schlier, *Galater* p. 198 주2; Michel, *Römer* p. 198(그러나 현재 시제는 세례와의 관련성을 배제한다); Kuss, *Römerbrief* pp. 602ff.; Paulsen pp. 912f.; Käsemann, *Römer* pp. 217f.; 그리고 특히 C. H. Dodd, *The Epistle to the Romans*, Moffatt 1932, pp. 129f.을 보라—"그리스도인이 분명 영적 스트레스 상태에서 외치는 압바!"(p. 129).

녀임을 증언한다(συμμαρτυρεῖ)"(롬 8:16). 우리가 하나님의 아들/자녀라는 확신은 공동체가 '압바'를 말한다는 사실에서 나온 결론이나 추론이 아니다. 그것은 오히려 '압바'라 외친 이가 신자 자신만도 아니요 그 외침이 신자 자신에게서 나온 것도 아니라는 의식이 신자의 내면에 심어주는 확신이다(κράζομεν, '부르짖는다'—롬 8:15). 이 말은 영이 신자에게 준 것이요, 영이 신자의 입술을 통해 터뜨리는 말이다(κρᾶζον—갈 4:6).[220] 이 구절에서는 **영에 사로잡힌 의식**(황홀경 상태의 그것과 구별된다)의 두 측면이 아주 분명하게 나타난다. 그 두 측면은 **하나님의 능력을 힘입어 활동한다는 의식**, 주어진 말씀에 관한 의식, 하나님이 말씀이나 행위를 통해 행동하신다는 의식뿐 아니라, **자신이 그렇게 사용되길 의식하며 원하는 의지, 하나님의 말씀과 행위를 알고 자신의 것으로 받아들임**을 말한다. 한마디로, **하나님과 파트너가 되어 협력한다는 의식**이요, **하나님의 은혜를 의식**하는 것이다. 따라서 바울은 분명 로마서 8:15f.과 갈라디아서 4:6에서 기도를 영에 감동하여 터뜨리는 말이라 이야기한다.

아울러 바울은 로마서 8:26f.에서도 분명 영의 인도를 받아 행하는 기도를 이야기하는 것 같다. 그렇다면 올바로 기도하지 못하는 신자의 무능을 보완해 주는 이 기도는 어떤 종류의 기도이며('우리는 어떻게 기도해야 할지 모른다'), 말이 없는 탄식으로 표현되는 것은 무엇인가('그러나 영이 몸소 말할 수 없는 탄식으로 우리를 대신하여 간구하신다'—στεναγμοῖς ἀλαλήτοις)? 어떤 이들은 바울이 여기서 이야기하는 것은 사실 신자들의 기도가 아

220. Συμματυρεῖν을 살펴보려면, H. Strathmann, *TDNT* IV p. 509; Kuss, *Römerbrief* pp. 604ff.를 보라. 그리스어 본문만 놓고 보면, 영의 증언을 ἀββά 기도와 별개이며 ἀββά 기도에 추가된 것으로 보게 되지만(가령 Althaus, *Römer* p. 91이 그렇다), 16절은 15절에서 나타난 생각의 흐름이 직접적으로 이어지는 것으로 보는 것이 더 낫다(RSV, NEB).

240–241

니라 영이 우리를 대신하여 하늘의 영역에서 올리는 중보라고 주장했다.[221] 그러나 하늘의 중보자 역할은 예수가 다 행하고 있다(롬 8:34). 바울은 영이 행하는 독특한 사역이 신자들과 분리되어 있지 않고 신자 안에서 그리고 신자들을 통해 이뤄진다고 말한다. 이는 특히 로마서 8:26f.에서 분명하게 나타난다. 이 본문을 보면, 주석가들이 자주 인정하듯이, 8:15f.에서 곧바로 긴밀히 이어지는 생각이 등장한다.[222] 어떤 이들은 στεναγμοῖς ἀλαλήτοις를 방언으로 받아들이면서, 이를 황홀경에 빠져 말도 못하고 더듬거림으로 이해하거나,[223] ἀλαλήτοις를 '말이 없음', '말도 없고 말할 수도 없음'이라기보다 '입 밖으로 소리 내어 말할 수 없음'이라는 의미로 이해한다.[224] 그러나 이 해석 가운데 어느 것도 방언을, 비록 천사의 언어이긴 하지만(본서 §41.7을 보라), 말로 표현하는 언어로 보는 바울의 이해와 들어맞지 않는다. 우리는, 케제만이 그랬던 것처럼, 고린도의 방언 남용이 로마에서도 되풀이됐다거나 여기서 바울이 제시하는 생각의 흐름을 오롯이 결정하고 있다고 추정해서는 안 된다. 로마에서 바울의 글을 읽은 이들은 바울의 이런 말을 이해했을까? 만일 '열광'이 고린도에 안겨주었던 것과 똑같은 위협을 로마에게 안겨주었다면(참고, 롬 7:6, 8:2, 14), 바울이 로마서에서 영에 관하여 하는 말은 누가 봐

221. J. Schneider, *TDNT* VII p. 602; Michel, *Römer* p. 208.

222. 따라서 나는 '여기서 언급하는 것은 우리 안에서 일어나는 일이다'라고 말하는 Schneider의 견해를 이해하지 못하겠다.

223. Lietzmann, *Römer* p. 86—즉 방언을 형태 없는 소리가 뒤섞인 것으로 이해한다. Althaus, *Römer* p. 94도 그렇다; 아울러 Cutten pp. 170ff.을 보라. N. Q. Hamilton, *The Holy Spirit and Eschatology in Paul, SJT* Occasional Papers No. 6, 1957은 사실 ἀλαλήτοις를 '이해할 수 없는'으로 본다—받아들일 수 없는 해석이다.

224. 특히 Käsemann, 'The Cry for Liberty in the Worship of the Church,' *Perspectives* pp. 122-137(여기서 참고한 곳은 p. 130)을 보라; 아울러 *Römer* pp. 230f.을 보라.

도 무방비 상태다. 그가 로마서 12장에서 영의 선물들을 간략히 다룬 내용은 어쨌든 방언을 언급하는 말을 담고 있지 않다(그러나 더 자세한 것은 § 46.2을 보라). 그렇다면 στεναγμοῖς ἀλαλήτοις는 십중팔구 더 넓은 의미로 받아들이는 것이 더 좋다. 결국 στεναγμοῖς ἀλαλήτοις에는 방언이 포함되지만, 그것을 방언에 국한해서도 안 된다(참고, "말로 표현하지 못할 정도로 아주 깊은 한숨"—RSV).[225] 여기서 바울은 신자가 자신의 약함에 좌절하고(참고, 롬 7:24, 고후 5:4) 하나님과 하나님의 뜻을 몰라 절망에 빠진 채 자신의 마지막에 이르렀을 때 신자에게 남아있는 유일한 기도 형태를 마음에 두고 있는 것 같다. 바울은 아직 이뤄지지 않은 일, 곧 하나님의 아들로서 완전히 입양되고 구속이 완전히 이뤄지길 고대한다(롬 8:22f.; 참고, 고전 13:12). 따라서 하나님에 대한 그의 의식, 곧 영의 첫 열매에 관한 그의 의식(롬 8:23)을 표현할 수 있는 유일한 길은 말로 표현할 수 없는 탄식, 그의 약함 그리고 그가 하나님께 의지하고 있음을 고백하는 탄식뿐이다. 우리는 여기에서도 어쨌든 바울이 영에서 유래한 의식의 두 측면—**인간은 무능하다는 의식 그리고 하나님의 능력이 그런 약함 안에서 그리고 그런 약함을 통해 나타난다는 의식**—이라 생각했던 것을 본다(참고, 고후 12:9f.).[226] 바로 이런 의식, 곧 영이 바울 자신과 하나님의 관

---

225. 참고, Schniewind, 'Seufzen' pp. 82ff.; Barrett, *Romans* p. 168. 하지만 Michel, *Römer* p. 208, Leenhardt, *Romans* p. 231, Gaugler, *Römer* pp. 322f. 그리고 K. Niederwimmer, 'Das Gebet des Geistes, Röm. 8.26f.,' *TZ* 20, 1964, pp. 263f.은 모두 방언과의 관련성을 단호히 부인한다. 본문에 있는 어느 것을 봐도, 바울이 여기서 회중을 언급하는 것으로 한정하여 생각할 이유가 없다(Delling, *Worship* p. 23 주4, Michel, *Römer* p. 208; 그러나 Käsemann, *Perspectives* pp. 129f.은 반대 견해를 취한다). 오히려 그 반대다: 바울은 고린도 회중의 방언을 비판하면서, 그것을 아주 좋지 않게 본다. 반면, 로마서 8:26f.은 영의 선물을 사용한 기도를 아주 좋게 평가한다.

226. 참고, Bieder, 'Gebetswirklichkeit' pp. 29f.; Niederwimmer pp. 254ff.; 더 자세한

계 가운데 가장 근본적인 차원에서 그의 철저한 무능을 통해 그리고 그 무능 속에서 활동하고 있다는 의식이 바로 영이 그가 맺고 있는 다른 모든 관계와 그가 처한 모든 상황 속에서 활동하고 있다는 확신을 그에게 안겨준다('그[영]가 모든 일에서 하나님을 사랑하는 이들과 협력하여 선을 이룬다'—롬 8:28 NEB).[227]

우리는 아직도 바울의 방언 이해를 더 살펴봐야 한다. 그러나 **영에 힘입은 기도가 바울이 그리스도인으로 살아간 삶에서 중요한 역할을 했음**은 이미 본 것만으로도 분명하다.

41.7. **방언**(γένη γλωσσῶν—고전 12:10, 28; γλῶσσαι—고전 12:30, 13:1, 8, 14:5f., 18, 22f., 39; γλῶσσα—고전 14:2, 4, 9, 13f., 19, 26f.).

고린도의 방언은 무엇이었는가? **바울**은 방언을 무엇이라 생각했는가? 이것들은 서로 별개인 두 질문이지만, 증거의 본질을 살펴보면 이 둘을 따로 떼어 생각하기가 쉽지 않다. 고린도의 방언은 '사람들이 황홀경에 빠져 했던, 도통 알아들을 수 없는 말'이었으며,[228] 바울도 그런 말("황홀경에 빠져 터뜨리는 말"—NEB)이라고 인식했는가? 아니면 바울은 방언을 하늘의 어떤 언어 혹은 하늘의 다양한 언어라고 생각했는가?[229] 아니

것은 본서 §55을 보라.

227. '영'을 ('모든 것'이나 '하나님'보다) συνεργεῖ의 주제로 (이해하는 견해를) 보려면, M. Black, 'The Interpretation of Romans 8.28,' *Neotestamentica et Patristica: Freundesgabe O. Cullmann*, NovTestSuppl VI, 1962, pp. 166-172을 보라. 아울러 *Romans*, Oliphants 1973, p. 124을 보라; 참고, F. F. Bruce, *Romans*, Tyndale 1963, pp. 175f.

228. Arndt & Gingrich, γλῶσσα; "황홀경 상태에서 하는 말로 알아들을 수 없는 말"(Behm, *TDNT* I p. 722); 아울러 Moffatt, *I Cor.* pp. 208-217을 보라.

229. Weiss, *I Kor.* pp. 337f.; Wendland, *Kor.* p. 119; Barrett, *I Cor.* pp. 299f.

면 그는 방언을 '말하는 이에겐 낯선/외국어인 인간의 언어를 말하는 능력으로 기적을 통해 주어진 것'이라고 생각했는가?[230]

고린도의 방언이 실제로 '황홀경 상태에서 한 말'이었음을 일러주는 것이 몇 가지 있다. 고린도 사람들은 이런 방언을 만들어내는 황홀경의 강도 그리고 그 말을 얼마나 알아들을 수 없느냐를 기준으로 삼아 방언의 가치를 평가했다.[231] 우선 바울은 예언과 방언을 영에 감동하여 하는 말의 두 형태로서 대비한다. 방언 자체는 영에 감동하여 하는 말 이상의 어떤 것이다. 그것은 '생각 없이' 영에 감동한 대로 터뜨리는 말이다(14:15, 19). 더욱이, 우리는 이미 위에서(§41.3) 12:2f., 14:12, 23, 27f., 33a, 40이 제시하는 고린도 회중의 모습이 혼란과 무질서였음을 보았다. 그 회중 가운데 상당히 많은 이가 분명 영적 황홀경 상태에 빠져 영에 감동받아 하는 말을 전하는 매체가 되려고 발버둥쳤다. 고린도 사람들이 했던 방언의 이런 특징들은 델포이의 피티아(신전의 여자 사제)가 점을 치며 했던 예언을 떠올려주며(본서 §41.2을 보라), 디오니소스 숭배 때 황홀경이 폭넓게 나타났던 것을 떠올려준다.[232] 그런 점에서 고린도 사

230. R. H. Gundry, "'Ecstatic Utterance'(NEB)," *JTS NS* 17, 1966, pp. 299-307(여기에서는 p. 299 참고); 전에는 J. G. Davies, 'Pentecost' pp. 229ff.; 오순절 진영의 표준 해석도 마찬가지다. 오순절주의자들이 현대에 주장한 예를 보려면, 본서 제6장 주 83을 보라.

231. Conzelmann, *I Kor.* p. 295; Bultmann, *Theology* I p. 161.

232. 본서 §52.3을 보라; 아울러 Pearson pp. 45ff.을 보라. Schlatter, *Bote* pp. 372f., Dupont, *Gnosis* pp. 171, 204-212, Delling, *Worship* pp. 38f., 그리고 T. W. Manson, *Studies in the Gospels and Epistles*, Manchester 1962, pp. 203f.은 고린도의 방언에 헬레니즘이 미친 영향을 최소로 줄이고 팔레스타인이 미친 영향을 최대로 키우려고 시도했지만, 이런 시도는 12:2과 14:12 사이에 있는 암초에 부닥쳐 부서지고 만다. 본서 §41.3을 보라. 이는 방언이 팔레스타인 지역 교회들에서 잘 알려져 있었음을 부인하는 것이 아니다(본서 제6장 주1과 §26.3 그리고 본서 §41.7을 보라. 실제로 바울이 사 28:11f.을 사용한 것은 앞서 초기 공동체들이 방언을 정당화하는 근거로

람들이 행했던 방언은 십중팔구 황홀경 상태에서 터뜨린 말의 한 형태였다는—영적 황홀경 상태에서 내지르는 소리, 외침, 말이었다는—결론을 피할 수가 없다.

그러나 고린도 사람들이 했던 방언이 황홀경과 관련된 성격을 갖고 있었음을 인정하면 할수록, 바울이 다른 시각에서 방언을 좋게 평가한 점도 더더욱 두드러지게 된다. 아무 생각이 없는 황홀경 상태가 디오니소스 숭배의 특징일 수는 있으나, 그리스도인의 예배를 규정하는 특징은 되지 못한다(12:2). 회중이 모였을 때에는 방언을 강하게 제지해야 한다(14:5-12, 19). 그럼에도 바울은 방언이 회중 안에서 행하는 역할을 인정한다(14:27f., 39). 분명 바울은 그가 두 차례에 걸쳐 제시한 영의 선물 목록에서 방언을 마지막에 놓아두며(12:8-10, 28), 분명 방언을 어린아이의(어린 사람이나 받을 법한) 선물로 여기거나 적어도 어른보다 어린이에게 매력이 있을 선물로 여긴다(14:20; 참고, 13:11). 그럼에도 바울은 방언을 영의 선물로 여긴다. 바울 자신을 보면, 황홀경 상태에서 한 체험을 아주 높이 여기지는 않으며(고후 12:1ff.—본서 §55을 보라), 방언으로 하는 만 마디 말보다 회중 안에서 그의 생각을 담아 다섯 마디 말하는 쪽을 선호한다(14:19)![233] 그런데 바울은 방언으로 아주 많이 말한다(모든 고린도 사람보다 많이 말했다!—14:18). 아울러 그는 고린도 사람들도 이 영의 선물을 체험하길 크게 원한다(14:5).[234] 따라서 바울은 고린도 사람들의 방언처럼 '버림

서 이 본문을 사용했음을 반영한 것일 수 있다(Betz, 'Zungenreden' p. 26).

233. 만일 고전 14:19이 κατηχέω를 사용한 것이 영의 선물을 사용한 가르침보다 어떤 형식을 갖춘 가르침을 암시한다면(본서 §48.2을 보라), 그것은 바울이 제시하는 반대 명제에 상당히 힘을 실어주는 것이 될 것이다: 영감에 기초했지만 사람들이 알아들을 수 없는 만 마디 가르침보다 '영감에 기초하지 않은' 다섯 마디 가르침이 낫다.

234. Hurd는 바울이 고린도를 처음 방문했을 때에는 방언을 더 허용하고 인정하는 태도를 취했으며 방언을 행할 것을 장려했었다고 주장한다(p. 281).

받은' 방언이 아닌 방언 형태를 알고 있으며 그런 방언의 가치를 귀히 여기고 있을 가능성이 아주 높아 보인다. 그런 방언은 쉽게 통제할 수 있는 방언(허용할 수 있는 방언은 방언으로 하는 말이 적절치 않을 때에는 제지할 수 있는 방언이다—14:28), 실제로 하는 말에 관하여 이야기하는 방언(14:19)을 말하며, 황홀경 상태에서 하는 방언이지만, 의식에 따른 생각이 아무 역할을 하지 못하고 그냥 저절로 말이 튀어나올 뿐, 보통 사람들이 생각하는 황홀경 상태처럼 '느낌이 고양된 상태나 무아지경이나 광란이 만들어낸, 또는 그런 것을 동반한' 것이 아닌 상태에서 하는 방언도 그런 방언에 해당한다.[235]

바울이 말하는 개념을 더 분명하게 밝힐 수 있을까? 그것은 단순히 말을 함이었는가(14:19), 아니면 구문상 서로 연결되어 있는 말이었는가? 다시 말해, 바울은 방언을 하나의 **언어**라고 생각했는가? 하나의 언어라고 생각했다면, 그것을 사람의 언어(외국어)라 생각했는가, 아니면 이 땅에서는 말하지 않는 언어, 곧 하늘의 언어(들)라 생각했는가? 첫 번째 질문에 대한 답은 간단하다. 바울은 방언을 언어라 생각했다. (1) 이것이 바로 신약성경과 그리스 문헌에 나오는 γλῶσσα의 가장 명백한 의미요 보통 가지는 의미다.[236] 고린도전서 12:28과 30절을 보면, '방언

---

235. Hollenweger, *Pentecostals*: "방언으로 말하기는 본질상 황홀경 상태에서 하는 것이라는 무지한 견해는 뿌리 뽑을 수 없을 것으로 보인다. 따라서 여기에서는 결코 그렇지 않다는 것을 분명히 천명해둘 수밖에 없다. '뜨거운' 방언도 존재하지만(이 방언은 황홀경 상태에서 하는 방언이라고 묘사할 수 있지만, 이 방언을 하는 사람은 결코 '그 자신의 바깥에' 존재하지 않는다), '차가운' 방언도 존재하며, 때로는 신비하고, 때로는 도무지 이해할 수 없는 외국어처럼 들리는 방언도 존재한다"(p. 344). 아울러 Samarin, *Tongues* 제2장과 제11장 그리고 아래 주245을 보라.

236. Gundry, 'Ecstatic Utterance' p. 299. 아울러 우리는 '모국어'(mother tongue), '외국어'(foreign tongue) 같은 문구를 늘 적절히 사용한다; 계 5:9, 7:9, 10:11 등도 그렇다.

들'(γλῶσσαι, '혀들')이 단순히 '서로 다른 혀들'(γένη γλωσσῶν), 곧 서로 다른 언어들의 줄임말임이 아주 분명하게 드러난다.[237] (2) 방언에 함께 따르는 영의 선물이 '해석'(ἑρμηνεία—본서 §41.8을 보라)이다. 성경 그리스어에서는 ἑρμηνεία와 그 동족어가 보통 '통역'(또는 번역)이라는 독특한 의미를 가진다. 따라서 이것은 바울이 '방언 해석'을 '방언 통역'을 의미하는 말로 받아들였음을 강하게 암시한다.[238] (3) 바울이 보기에 구약성경에서 방언의 기능과 목적을 밝혀주는 유일한 본문은 이사야 28:11f.이다. 이곳을 보면, ἑτερογλώσσοι('이상한/낯선 언어')를 분명 γλῶσσαι에 대응하는 말로 받아들인다("주가 말씀하시길 '이상한/낯선 언어로' … 그러므로 방언은 …"—14:21f.).

따라서 바울은 방언을 언어라 생각하고 있는 게 분명하다. 그렇다면 우리는 거기서 더 나아가 그가 방언을 '말하는 이에게 낯선/외국어인 사람의 언어'와 동일시한다(건드리[Gundry]의 견해)고 결론지을 수 있을까? 나는 그렇게 생각하지 않는다. (1) 13:1—"사람의 말과 천사의 말." 아마도 바울은 13:1-3에서 줄곧 서로 다른 유형의 영의 선물들을 생각하고 있는 것 같다. 그런 점을 볼 때, '사람의 말'은 '사람의 평범한 말'뿐만[239] 아니라, 영에 감동하여 자국어로 말하는 갖가지 말도 함께 가리킬 것이다(본서 §41.1-6을 보라). 반면, '천사의 말'은 바울 그리고/또는 고린도 사람들이 방언을 묘사한 표현이다. 바울은 13:2에서 전자 가운데 가장 높은 종류의 것을 골라 끄집어내지만(예언), 아마도 '모든 신비(참고, 14:2)와 모든 지식(참고, 본서 §40.4)'은 고린도 사람들이 영적 황홀경과 황홀경 상태

237. Weiss, *I Kor*. pp. 337f.; Héring, *I Cor*. p. 128.

238. Davies, 'Pentecost' pp. 229f.

239. 반대 견해는 Barrett, *I Cor*. p. 299.

243-244

에서 하는 방언에서 끌어낸다고 주장하는 가장 높은 혜택들을 일컫는 것 같다. (2) 14:2—방언을 하는 이는 '영 안에서 신비(μυστήρια)를 말한다.' 바울의 글에서 μυστήριον(μυστήρια의 단수형)은 '언제나 종말론적 의미를 가진다.'[240] 이는 단순히 하나님의 종말론적 비밀, 하나님이 감춰놓은 은밀한 목적을 의미한다. 바울은 보통 이 신비라는 단어를 사용할 때, 하나님의 은밀한 목적이 이제 그리스도와 복음 안에서 계시됐다고 말한다(본서 §40.2을 보라). 그러나 14:2에서는 이 말이 아직 계시되지 않았거나 계시되지 않은 형태로 존재하는 하늘의 비밀을 가리킨다(참고, 고후 12:4). 즉, 이 신비는 하늘에 있는 천사들만이 아는 것이다. 이처럼 바울은 방언을 하는 이를 하나님과 은밀한 대화를 하는 이로 규정한다(방언을 하는 이는 하나님에게 말한다—14:2). 그 주제는 오직 하늘만이 알고 있는 종말론적 비밀이다. 따라서 방언에 사용된 언어는 아마도 하늘의 언어일 것이다(참고, 계 14:2f.).[241] (3) 바울은 14:10f.에서 방언과 외국어를 유비하는데, 이 유비를 바울이 방언을 외국어로 생각했다는 증거로 받아들일 수는 없다.[242] 만일 바울이 방언 자체를 외국어로 생각했다면, 외국어나 '다른 언어들'(γένη φωνῶν)을 **유비**로 사용하지 않았을 것이다(둘 다 이해할 수 없는 말이다).[243] 자명하지 않은 것(회중이 모였을 때 이해할 수 없는 방언을 하는 것은 유익이 전혀 없다)의 의미는 자명한 것(회중이 모였을 때 사람들이 이해하지 못하는 외국어로 말하는 것은 유익이 전혀 없다)이 밝혀준다. 요컨대, 가장 명백

240. G. Bornkamm, *TDNT* VI p. 822. 14:2에서는 이를 '아무 해결책이 없는 수수께끼'라는 의미로 축소해서는 안 될지도 모른다(반대 견해는 Bruce, *Cor.* p. 130).

241. 유사 사례를 보려면, 본서 §52.3을 보라.

242. Gundry, 'Ecstatic Utterance' p. 306.

243. Weiss, *I Kor.* p. 336. 바울이 사용하는 상이한 단어—γλῶσσα 대신 φωνή를 사용한다—는 바울이 말하는 '인간의 다른 언어'가 방언을 정의하는 말이 아니라 방언을 가리키는 유비로서 사용한 것임을 시사한다. 14:21f.에서도 비교할 점은 동일하다.

한 결론은 바울이 방언을 하늘의 언어(들)로 생각했다는 것이다.

여기서 마지막으로 물어야 할 질문이 둘 있다. 바울은 왜 방언의 가치를 인정하는가? 그리고 방언은 고린도에서만 독특하게 나타난 현상이었는가, 아니면 초기 교회 가운데 더 널리 퍼져 있었는가? 첫 번째 질문에 대한 대답은 이중 대답이다. 바울이 방언의 가치를 인정한 것은 그것이 영의 선물이요, 영감을 받아 터뜨리는 말이기 때문이며, 영이 그를 통해 말하기 때문이다.[244] 바울이 순전히 심리학적 현상을 하나님이 주신 선물과 혼동했는지는 우리가 판단할 수 있는 것이 아니다. 바울이 황홀경 상태에서 하는 방언과 더 통제된 상태에서 방언으로 말함을 구분했다는 것(위를 보라)은 분명 그가 이런 문제들을 비판적 안목으로 구별했음을 보여준다(더 자세한 것은 본서 §§46-49을 보라). 반면, 우리는 요 근래에 와서야 무의식이 의식 상태의 마음에겐 종종 낯설고 의식 상태의 마음이 예상하지도 못한 방식으로 자신을 드러낼 수 있는 능력을 갖고 있음을 알게 됐다. 하지만 결국 우리가 바울의 견해로서 말할 수 있는 것은 일종의 방언이란 것이 있으며, 그것은 **영의 나타남 가운데 하나**요 하나님이 주신 영의 선물 가운데 하나라는 것뿐이다.

바울이 방언의 가치를 인정하는 또 다른 이유는 그가 방언을 무엇보다 기도의 한 종류로 여기기 때문인데—"방언으로 말하는 이는 사람이 아니라 하나님께 말한다"(고전 14:2)—이때 방언은 말로 하는 기도의 형태를 띠거나("영으로 기도하다" = 영에 감동하여 하는 기도; "영으로 찬양하다", 즉 영에 감동된 언어로 하나님을 찬양하다; "감사하다"—14:14-17) 노래하는 찬미의 형

---

244. Schlatter, *Bote* p. 371. G와 몇몇 라틴어 사본의 14:2 독법을 주목하라—"영(πνεύματι가 아니라 πνεῦμα)은 신비를 말한다." 방언이 '믿지 않는 이들에게 표적이 된다'는 말의 의미를 살펴보려면, 본서 §41.2을 보라.

태를 띨 수 있다("영과 함께 노래하다" = 영에 감동하여 부르는 찬송—14:15). 추측건대 방언이 방언을 말하는 자를 '세워주는' 것은 그것이 영에 감동하여 하는 기도이기 때문일지 모른다. 여기서 우리는, 비록 방언 자체에 관하여 이야기하는 본문은 아니지만, 로마서 8:26-28을 인용할 수 있을지도 모르겠다(본서 §41.6을 보라). **방언(또는 말 없는 탄식)을 체험하는 이는 그것을 하나님과 유효하게 소통하는 수단으로서 체험한다**. 말로 할 수 없는 기도를 영이 그를 통해 하고, 기도하는 이에게 하나님과 소통하고 있다는 인식을 주며, 하나님이 기도하는 이의 처지와 필요를 기도하는 이 자신보다 잘 알고 계신다는 확신을 주고, 하나님의 영이 그의 걸어가는 길과 처한 상황을 인도하신다는 확신을 준다.[245]

방언은 특히 고린도에서만 나타난 현상이었는가, 아니면 초기 교회 전체에 더 널리 퍼져 있던 현상인가? 바울은 고린도전서 밖에서는 '(다른) 말로(방언으로) 말하다'라는 문구를 쓰지 않는데, 물론 이것 자체는 그리 큰 비중이 없다. 사람들이 종종 지적했듯이, 바울은 주의 만찬도 단 한 서신에서만 언급하지만(고린도전서에서만 언급한다), 분명 주의 만찬이 '고린도에서만 독특하게 나타났던 현상'이라고 결론지을 수는 없다. 고린도전서가 주의 만찬과 방언을 논하는 이유는 고린도 사람들이 그 둘을 남용했기 때문이지, 그들이 그 둘을 독점했기 때문이 아니다. 방언을 언급하는 또 다른 사례일 수 있는 본문에는 로마서 8:26('말할 수 없는 탄

245. 이런 흐름을 따라 현대의 방언을 좋게 보는 평가를 살펴보려면, L. M. Vivier, *Glossolalia*, University of Witwaterstrand M.D. thesis, Johannesburg 1960 (Donald Gee가 친절하게도 내게 빌려주었다); Kelsey, *Tongues* 제8장; Christenson, *Tongues* pp. 72-81; J. M. Ford, "Towards a Theology of 'Speaking in Tongues,'" *ThStud* 32, 1971, pp. 23ff.을 보라.

식'인 영의 기도)과 에베소서 6:18('언제나 영 안에서 기도하다')이 있으며,[246] 에베소서 5:19 = 골로새서 3:16('영적 노래'),[247] 데살로니가전서 5:19('영을 끄지 말라')도 있다. 어쩌면 고린도후서 5:4(참고, 롬 8:23, 26)도 그런 곳일 수 있다.[248] 그러나 모든 경우를 보면 언급하는 대상이 훨씬 더 일반적인 것 같다. 십중팔구는 방언을 포함하겠지만, 방언에 국한되지는 않은 것 같다—영에서 유래한 기도와 온갖 종류의 노래(엡 6:18, 5:19 = 골 3:16)가 포함된다. 바울은 분명 ἀββά 기도와 같은 감정의 영역을 다루지만(롬 8:15, 갈 4:6), 소리를 내는 다양한 표현을 이야기하면서 비단 방언만을 이야기하지 않는다(가령 '압바'라는 **외침**, 그리고 로마서 8장의 '말할 수 없는 탄식'). 데살로니가전서 5:19이 언급하는 것은 훨씬 덜 제한적이다: 영이 회중 안에서 일으키는 어떤 불꽃도 꺼서는 안 되며, 그 불꽃 가운데에는 분명 방언도 포함될 뿐 아니라 다른 많은 영의 선물도 포함된다.[249]

게다가 우리는 누가가 원시 팔레스타인 공동체와 초기 선교에서 나타난 방언에 관하여 설명한 것들을 익히 알고 있었음을 떠올려 봐도 되

246. 본서 §41.6을 보라. Dibelius-Greeven, *Epheser* p. 99 그리고 Schlier, *Epheser* p. 301은 엡 6:18이 방언을 언급하지 않는다고 본다.

247. 본서 §41.5을 보라.

248. Bittlinger, *Graces* p. 50.

249. 고전 13:8ff.에 관한 칼뱅파의 고전적 견해—즉 방언과 예언(그리고 지식)은 오로지 사도 시대, 곧 정경 시대 전의 시대에 속한다는 견해—는 바울에겐 아주 낯선 생각이라는 점을 지적해두지 않을 수 없다(근래에 나온 J. F. Walvoord, *The Holy Spirit*, Durham reprinted 1965, pp. 179, 186; M. F. Unger, *New Testament Teaching on Tongues*, Kregel 1971, 제11장도 같은 견해다). 분명 바울도 영의 선물은 모두 잠시 존재하다 사라지는 것이라고 본다. '완전한 것', 곧 강림이 눈앞에 다가왔기 때문이다. 그러나 바울은 강림을 '얼굴과 얼굴을 마주하며' 알기 전에는 영의 선물이 그치거나 사라질 것이라고 생각하지 않는다(이를 바로 인식한 이가 A. A. Hoekma, *What about Tongue-speaking?*, Paternoster 1966, p. 106 주8; D. Bridge & D. Phypers, *Spiritual Gifts and the Church*, IVF 1973, pp. 26-31이다).

겠다(본서 §26.3과 §34을 보라). 더욱이 유다서 19절과 20절은 고린도의 상황과 아주 비슷한 상황을 염두에 두고 있는 것 같다. 바울은 그를 반대하는 이들을 '세상의 생각을 갖고 있고 영이 없는 이들'(ψυχικοί, πνεῦμα μὴ ἔχοντες)이라 혹평한다. 분명 그들은 자신들이 영의 사람들(πνευματικοί)이라고 주장하면서, 다른 이들에겐 그런 명칭을 붙이길 거부했다. 유다서는 이 가운데 아무것도 갖고 있지 않다(참고, 고전 2:13-15). 동시에 유다서는 독자들에게 '성령 안에서 기도하라'고 독려한다(20절; 참고, 고전 14:15, 엡 6:18). 유다서의 목표는 바울이 고린도전서 14장에서 이루려 하는 것처럼 영의 선물(영을 힘입은 능력)의 균형을 이루려는 것 같다. 따라서 유다서 20절도 방언 기도를 포함하여 영의 선물인 기도를 언급하고 있는지도 모른다.[250] 마지막으로 우리는 마가복음 16:17이 갖고 있는 중요한 의미에 주목해야 할 것 같다: "믿는 이에겐 이런 표적이 따르리니, 그들이 내 이름으로 귀신을 내쫓고 (새) 방언으로 말하며 …." 사람들은 보통 이 본문(막 16:9-20)이 2세기에 마가복음에 추가된 것이라고 생각한다. 분명 이 부분은 사도들의 행적을 담은 기록, 특히 누가의 기록(가령 행 2:4-11, 16:18, 28:3-6)을 모델로 삼고 있다.[251] 그렇다면 이 본문은, 십중팔구 그리스도인의 선교가 이미 한 세기나 이루어진 상황에서, 방언으로 말함을 1세기에 이뤄진 복음 확장의 전형적인 표지로 여겼으며 어쩌면 2세기에도 그랬으리라는 것을 일러준다는 점에서 중요한 의미가 있는 셈이다.[252] 따라서 나는 이렇게 결론짓는다. 첫째, 방언은 1세기와 그 뒤에도

---

250. 참고, E. M. B. Green, *II Peter and Jude*, Tyndale 1968, pp. 183f.
251. 파피아스(Papias)는 주후 130년경에 죽음에 이를 독을 마시고도 아무 해가 없었던 기적의 주인공이 별명이 유스도인 바사바(행 1:23)라고 말한다(Eusebius, *Eccles. Hist*. III. 39.9).
252. 참고, Irenaeus, *Adv. Haer*. V.6.1; Tertullian, *Adv. Marc*. V.8; Origen, *Contra Cels.*

유대 그리스도인과 헬라파 그리스도인 가운데서 익히 볼 수 있었던 현상이었다. 둘째, 당시 사람들은 방언을 영의 나타남으로 인식했다. 그리고 셋째, 방언은 개인의 삶과 그리스도인의 선교에서 제법 중요한 자리를 차지했다.

41.8. **방언 해석**(ἑρμηνεία γλωσσῶν—고전 12:10, 14:26; [δι]ερμηνευτής—14:28; διερμηνεύω—12:30, 14:5, 13, 27). 우리가 고린도 사람들이 했던 방언의 본질과 이 방언을 영의 선물로 보았던 바울의 이해를 올바로 파악했다면, 방언에 따르는 선물인 방언 해석(ἑρμηνεία)의 의미도 어렵지 않게 밝혀낼 것이다. 우리가 위에서 언급했듯이, ἑρμηνεία와 그 동족어가 성경 그리스어에서 보통 갖고 있던 독특한 의미는 '통역'(또는 번역)이다. 그러나 통역하는 사람이라면 알듯이, 통역은 단순히 한 언어로 한 말을 다른 언어로 바꾸는 문제가 아니다—통역은 그런 것과 거리가 멀다. 두 언어의 단어들이 서로 가장 가까운 상응 관계에 있다 할지라도 이 단어들이 정작 아주 다른 의미 범주를 갖고 있을 때가 종종 있다. 또 두 언어의 관용어와 유연성도 서로 다르다. 이 때문에 소위 문자적 통역에도 상당 부분 해석이 들어간다. 좋은 통역에도 해석이 상당히 들어간다. 좋은 통역(번역)은 해석을 동반한 통역(번역)이다. 유대교는 이미 이를 익히 알고 있었다: 칠십인역(히브리 성경을 그리스어로 옮긴 역본)은 해석을 동반한 번역이다

VII.8. 아울러 Weinel, *Wirkungen* pp. 72-78을 보라. 후대 기독교 문헌에서 방언을 언급한 경우로 덜 알려져 있는 경우나 비슷한 체험들을 살펴보려면, K. Richstaetter, 'Die Glossolalie im Licht der Mystik,' *Scholastik* II, 1936, pp. 321-345; S. Lyonnet, 'De glossolalia Pentecostes euisque significantione,' *Verbum Domini* 24, 1944, pp. 65-75; S. Tugwell, *Did You Receive the Spirit?*, Darton, Longman & Todd 1972, 제6장과 제8장을 보라.

(참고, 본서 제7장의 주139). 타르굼은 히브리 성경 본문을 아람어로 쉽게 풀어 쓴 것이다. 다시 말해, '통역'(번역)과 '해석' 사이에는 실상 경계선이 없다—이를 확인해 주는 것이 성경 그리스어에서 (δι)ερμηνεύειν이 가지는 의미 범주다(마카비2서 1:36, 욥 42:18[17b], 눅 24:27을 보라). 더욱이, 고린도 사람들의 방언에 그리스의 영향이 있었음을 인정하면 할수록, 이 단어가 더 넓은 그리스 사상 속에서 갖고 있던 기본 의미를 더더욱 진지하게 살펴봐야 한다—즉 '해석하다, 자세히 설명하다, 설명하다'라는 의미를 갖고 있었다. 특히 '방언'과 '해석'의 관계는 우리가 위에서 '영감에 따른 예언'과 '해석인 예언'으로 구분했던 것들의 관계와 아주 가까운 평행 관계를 이룬다(§41.2). 이 때문에, 가령, 델포이에서 피티아(신전 여사제)의 말을 해석했던 예언자와 고린도에서 방언을 해석한 이가 서로 아주 비슷한 기능을 행했음을 부인하기가 어려워진다.[253]

하지만 단어 연구는 우리를 여기까지만 데려갈 뿐이다. 고린도에서 실제로 벌어졌던 상황은 이 선물의 본질을 더 자세히 밝혀준다. 무엇보다 우리는 '해석'이 독립된 선물이 아니라는 데 주목해야 한다. 그것은 정확히 말해 **방언** 해석이다. 방언과 해석, 이 둘은 함께 가며 동전의 양면이다. 이 둘은 서로 긴밀하게 연결되어 있다. 이 때문에 바울은 회중 가운데 방언 없는 해석, 해석 없는 방언이 존재하는 것을 생각하지 않는다(고전 14:5, 13, 27f.). 이는 바울이 이 두 영의 선물을 다루는 내용 가운데 존재하는, 풀리지 않는 긴장을 설명해 준다. 방언은 영의 선물이요, **섬김** 행위이며(고전 12:5), '**공동선을 이루기 위한** 영의 표현/나타남'이다(고전 12:7). 방언으로 말하는 이는 그리스도의 몸을 구성하는 지체이며, 그가 하는 기능은 다른 지체들의 기능과 불가분이다(12:14-30—본서 §45.2을

253. 더 자세한 것은 J. Behm, *TDNT* II pp. 661-665을 보라.

보라). 그러면서도 바울은 회중이 모인 자리에서는 방언을 독려하지 않고 그냥 허용만 할 뿐이다(14:39). 그리고 이런 결정을 아예 바울에게만 맡겼다면, 바울은 십중팔구 방언을 허용하는 일조차도 하지 않았을 것이다(14:19). 그렇다면 방언은 어떤 의미에서 그리스도의 몸을 섬기는 선물이며, '공동선을 이루기 위한' 선물인가? 만일 그 답으로서 '방언은 그와 함께하는 해석을 통해 회중에게 유익을 준다'고 말한다면(14:5), 이런 질문이 나오게 된다. 왜 이렇게 다소 성가신 두 단계 선물이 필요할까? 회중을 세우는 것이 영의 바람이라면, 왜 굳이 방언을 선물로 줄까? 회중의 공통 언어로 예언의 말이나 찬미만 있지 않은 이유가 뭘까(14:4)? 이 지점에서 '그리스도의 생각(마음)'은 다소 모호하기만 한데, 바울은 이 말을 분명하게 설명하지 않는다.[254] 사실 이런 결론은 바울이 영의 선물을 드러내는 고린도의 예배 형태를 전혀 달가워하지 않으면서도 그런 예배 형태를 합리화하려 한다는 것을 시사한다—즉 바울은 그가 (금지했다간 오히려 한계점을 넘어 그의 권위에 손상을 입힐 것이기에) 금지할 수

254. 하지만 Hollenweger는 20세기 오순절 집회에서 방언이 치료로서 가치를 가진 점에 주목한다: "자신을 공중이 모인 자리에서 드러내길 두려워하는 엘림[오순절 교회] 지체는 극적 긴장감을 체험한다. 이런 긴장감은 방언으로 말할 때 심리적 장벽을 극복하면 해소된다—이는 집단 역학(group-dynamics)이 펼쳐지는 과정에서 자유로운 결합을 행하는 것과 비슷하다. 엘림 회중은 무의식적 심리치료 기능을 행하면서, 고독, 불안과 두려움을 극복하게 도와주고, 카타르시스를 체험하는 시간을 통해 감정의 장벽을 누그러뜨리며, 각 사람이 모든 이가 함께 겪었던 과거에 대한 죄책에서 벗어나 그 죄책(고독, 불행, 가책, 그리고 죄와 관련된 모든 것)에서 떠남으로써 결국 각 사람이 자신을 공동체 안에 통합시킬 수 있게 해 준다"(*Pentecostals* p. 203); 아울러 p. 13("방언을 말함이라는 일종의 성례주의"), p. 459("오순절 운동의 기능은 정체성과 말의 능력이 없는 사람들에게 표현 능력을 회복시켜주고, 말을 잃어버리지 않을까 하는 공포에서 그들을 치유해 주는 것이다"). Samarin, *Tongues* 제10장과 제12장도 마찬가지다: "방언은 신성한 사람의 언어적 상징이다"(p. 231); Christenson: "방언은 모임에 독특한 초자연적 음조를 부여한다"(p. 122).

없었던 것을, 다시 말해 상당히 이기적인 욕망에 취해 회중에게 전혀 유익이 되지 않는 영적 열광 형태를 표현하는 행태를 통제하려 한다. 이것이 사실이라면, **'방언 해석'은 우선 회중의 방언 통제로 봐야 한다**. 즉, 회중에 있을 수도 있는 방언 남용을 막는 것이요, 바울이 회중 안에서 이미 방언에 부여했던 제한된 역할을 한층 더 제한한 것이다. 다시 말해, 그나마 회중 안에서 할 수 있었던 방언조차도 방언 하나하나마다 자국어로 하는 말(사람들이 이해할 수 있는 말)로 된, 영감에서 우러나온 말로써 즉시 균형을 잡아야 한다.

이것은 어쩌면 고린도의 실제 상황 속에서 '방언 해석'은 방언으로 한 말이 있은 뒤에 가장 먼저 자국어로 하는 말일 뿐이었음을 의미할지도 모른다.[255] 물론 바울은 방언 해석을 영의 선물 가운데 하나이자 영에 감동하여 터뜨리는 말로 보며, 단순히 합리적인 분별의 한 형태로 여기지 않는다[256]—사람이 '생각 없이 터뜨리는 말'을 합리적으로 분별할 수 있다는 것 자체가 수수께끼다: "방언 사전이란 것은 존재하지 않는다."[257] 그는 어쩌면 그것을 일종의 독심(讀心, 마음속의 생각 읽어내기) 같은 것—예언자의 통찰, 투시, 텔레파시를 통한 생각 전달[258] 같은 것—으로 생각했을 수도 있다. 그러나 어쩌면 그는 무슨 말이든 영에 감동하여 터뜨리는 말이로되 자국어로 하는 말로서 '방언'에 뒤따르는 말이면 다 방언 해석이라고 추정했을지도 모르며, 공동체의 질서를 위해 그냥 그

255. 20세기 오순절 운동과 은사 운동을 살펴보면, 방언 해석이 종종 기도 해석이라기보다 예언 해석에 가까운 소리처럼 들렸다. 참고, 가령 Bennett, *Spirit* p. 89. 아울러 방언 해석에 관한 Samarin의 설명도 주목할 만한 가치가 있다(pp. 162-172).

256. Gee, *Concerning Spiritual Gifts* p. 62.

257. Delling, *Worship* p. 33.

258. Moffatt, *I Cor.* p. 213. 아울러 위 주163을 보라.

렇게 추정하라고 독려했을지도 모른다. 어쨌든, 바울은 방언의 동반자인 이 해석이라는 선물을 강조함으로써, 처음에는 (영감을 드러낸다는 점에서) 영의 선물이 지닌 본질을 가장 잘 표현하는 것처럼 보였지만 사실은 (바울이 보았을 때) 영의 선물이 주어진 진짜 목적, 즉 하나님이 **다른 사람들을 위해** 주신 선물이라는 목적을 가장 잘 드러내지 못하는 선물인 방언을 통제할 방편을 확보한다. 이 다른 사람들을 위한 섬김이라는 측면이 영의 선물들에서 가장 분명하게 드러난다. 이제 이 측면을 살펴보겠다.

§42. 섬김

우리는 지금까지 에너지(ἐνέργημα)를 펼쳐 보이는 영의 선물, 계시(φανέρωσις)인 영의 선물, 그리고 영에 감동하여 터뜨리는 말인 영의 선물을 살펴봤다. 바울이 고린도전서 12:4-7에서 은혜의 표현을 묘사하려고 널리 사용하는 또 다른 단어가 바로 **섬김**(διακονία)이다—12:5: "섬김은 다양하나 같은 주가 계신다." 여기서 διακονίαι(διακονία의 복수형)는 분명 교회의 직무나 보통의 임명을 통해 맡는 사역을 가리키는 말이 아니다.[259] 12:8-10이 열거하는 서로 다른 말과 행위에는 때때로 공동체 예배에 기여하는 것뿐 아니라 예언자, 교사 등등으로 인정받은 이들이 꾸준히 공동체에 기여하는 것도 들어있다(고전 12:28). 따라서 διακονίαι는 **실**

259. H. Greeven, 'Die Geistesgaben bei Paulus,' *Wort und Dienst* 6, 1959, p. 112; J. Hainz, *Ekklesia: Strukturen paulinischer Gemeinde-Theologie und Gemeinde-Ordnung*, Regensburg 1972, pp. 186-193; 참고, Grau p. 47.

제로 행동으로 하는 기여를 가리키기에, '**섬김 행위**', 또는 '섬기는 방식'으로 번역하는 것이 가장 좋다.

42.1. **디아코니아**(διακονία—롬 12:7; 참고, 벧전 4:11). 모든 영의 선물이 διακονίαι이지만, 당연히 διακονία는 특별한 영의 선물을 가리키는 말로도 사용할 수 있다. 이런 행위가 하나님의 자극을 받아 이루어졌음은 영에 감동한 말이나 능력을 펼쳐 보임을 통해 증명되는 게 아니라, 바로 **그런 행위 자체가 갖고 있는 섬김이라는 성격**을 통해 증명된다: 이런 행위는 같은 신자들이나 공동체 생활에 필요한 것들을 섬기는 행위다. 바울서신의 다른 곳에서도 이런 διακονίαι에 해당하는 예들을 찾아볼 수 있다. 몇몇 경우에는 διακονία가 예루살렘에 있는 교회를 위한 연보를 가리킨다(롬 15:31, 고후 8:4, 9:1, 12f.). 고린도후서 11:8은 바울 자신이 고린도에서 행한 사역을 고린도 사람들을 섬기는 행동이라 부르는데, 특히 그가 고린도 사람들에게 어떤 재정적 후원이나 물질의 도움도 구하지 않았다는 사실을 들어 그의 사역을 섬기는 행동이라 부른다. 고린도전서 16:15은 스데바나와 그의 집안이 성도들에게 행한 섬김을 이야기한다—이는 아마도 환대를 말하는 것 같다. 그것이 가정이 행하는 사역이기 때문이다. 고린도교회는 스데바나의 집에서 자주 모였을 가능성이 아주 높다. 디모데후서 4:11에서도 마가의 διακονία는 옥에 갇힌 바울을 옥바라지하는 특별한 섬김으로 나타나는데, 이 섬김은 바울 자신의 사사로운 일들을 챙겨주는 것이었을 가능성이 아주 높다.[260] 바울은 이 모든 경우에 특별한 섬김 행동을 염두에 둔다. 하지만 그는 지속성을 지닌 섬김 행동, 곧 **사역**을 가리킬 때에도 διακονία를 사용한다. 그는

260. J. N. D. Kelly, *The Pastoral Epistles*, A. & C. Black 1963, p. 214.

이 διακονία라는 단어를 바로 그런 의미에서 그의 사역 전체를 가리키는 말로 사용한다(롬 11:13, 고후 3:8f., 4:1, 5:18, 6:3; 참고, 딤후 4:5).[261] 로마서 12:7에 나오는 διακονία는 십중팔구 이 의미 스펙트럼의 중간쯤 어딘가에 속할 것이다—다시 말해 하나의 고립된 개별적 섬김 행동을 가리키지도 않고 삶 전체의 에너지를 쏟아붓는 어떤 사역을 가리키지도 않는다. 그것은 특별한 종류의 섬김을 말하되, 같은 사람이 늘 책임을 지는 섬김, 또는 비록 그 종류는 다양하지만 같은 사람이 꾸준히 행하는 여러 섬김 행동을 가리킨다. 하지만 주의해야 할 점은 여기서 말하는 διακονία라는 영의 선물이 어떤 특별한 직무/직임(diaconate) 또는 공동체의 임명을 받거나 공동체의 명령을 받아 행하는 섬김 행동을 의미하지 않는다는 점이다. 스데바나와 그 집안 사람들은 결국 **그들 스스로 성도들을 섬기는 일을 떠맡았다**(ἔταξαν ἑαυτούς, 문자 그대로 번역하면, '그들 자신을 그런 섬김을 행하는 이들로 세웠다'—고전 16:15).[262] 여기서 διακονία가 영의 선물인 것은 공동체가 맡긴 직무거나 공동체가 임명한 직분이기 때문이 아니라, 공동체 안에 존재하는 특별한 필요나 결핍을 영적으로 민감하게 인식하고 그것에 반응한 것이기 때문이다. 로마서 12:7도 마찬가지다. **영의 선물은 섬기는 활동이다. 이런 활동을 영의 선물로 인정하고 하나님의 자극에서 비롯됐다고 인정하는 이유는 바로 그것이 섬김이라는 성격을 갖고 있기 때문이다**(그러나 더 자세한 것은 본서 §43.5을 보라).

42.2. **나눠 줌과 돌봄.** '섬김'이라는 제목 아래 아울러 고찰해야 할 것이 로마서 12:8이 마지막에 언급하는 세 영의 선물(μεταδιδούς, προϊστά-

261. 골 4:17에 관하여 알아보려면, 본서 §48.3을 보라.

262. Barrett, *I Cor.* pp. 393f.; 아울러 Moffatt, *I Cor.* p. 278을 참고하라.

249-250

μενος, ἐλεῶν), 그리고 고린도전서 12:28이 마지막에 열거하는 셋 가운데 둘(ἀντιλήμψεις, κυβερνήσεις)이다. 우선 μεταδιδούς는 '줌'(giving)을, 더 정확히 말하면, '몫을 나눠 줌'을 의미한다. 이 말은 복음을 나눠 줌이라는 의미로도 사용할 수 있고(살전 2:8), 특별한 **영의 선물**을 나눠준다는 의미로도 사용할 수 있다(롬 1:11). 그러나 여기에서는 이 말이 공동체 안에서 음식이나 소유를 나눠 줌을 가리킬 개연성이 크다(ἁπλότητι, '후하게').[263] 이것이 영의 선물인 이유는 단지 이것이 줌과 관련이 있기 때문이 아니다—사실 이것은 아무런 의미가 없을 수도 있다(고전 13:3). 이것이 영의 선물인 이유는 이것이 주는 이와 받는 이에게 모두 가치 있는 나눠 줌의 성격을 지닌 줌이기 때문이요, 자신이 가진 것을 가지지 않은 이들과 함께 나누려는 마음을 넘어선 숨은 동기나 또 다른 목적 같은 것이 없이(ἁπλότητι) 그저 진실한 줌이기 때문이다.[264] 고린도 사람들은 분명 황홀경 상태의 방언처럼 사람들의 눈을 사로잡는 줌—즉 자신의 소유를 내어줌(문자 그대로 번역하면, '조금씩 조금씩 자신의 소유를 내놓음'—참고, 행 2:45, 4:34-37), 또는 순교나 자결(스스로 자신을 불태워 죽임)을 통해 자신을 내어줌(고전 13:3)—이야말로 이 영의 선물의 가장 수준 높은 표현이라 보았을 것이다.[265] 여기서 주목해야 할 점은 바울이 이런 행위를 칭송하지도 않

263. 참고, 엡 4:28과 바울의 연보, 특히 ἁπλότητι τῆς κοινωνίας(직역하면, 참여[연보]의 후함. κοινωνία(고후 9:13)에 관하여 알아보려면, 본서 §45.1을 보라.

264. ἁπλοτής의 의미를 가장 잘 보여주는 예가 『잇사갈의 유언』 3장과 4장이다. 이 말이 나오는 다른 곳은 Arndt & Gingrich, ἁπλοτής를 보라; 아울러 Strack-Billerbeck III p. 296을 보라.

265. Καυχήσωμαι를 지지하는 증거가 많지만 그래도 우리는 십중팔구 그것보다 καυθήσομαι로 읽어야 할 것 같다(REB, NEB, JB; Weiss, *I Kor.* p. 314 주1; Barrett, *I Cor.* p. 302; J. K. Elliot, 'In Favour of καυθήσομαι at I Corinthians 13.3,' *ZNW* 62, 1971, pp. 297f.; 반대 견해는 Héring, *I Cor.* pp. 137f.; 아울러 Moffatt, *I Cor.* pp. 193f.). 불에 타 순교하거나 스스로 불에 타서 죽는 것을 '그리스-로마 세계에서는 특히 영광

고, 자발적 가난과 순교를 영의 선물로 묘사하지도 않는다는 점이다. 바울은 다만 그것들을 영의 선물인 줌이 취할 수 있는 극단의 형태로서 인용할 뿐이다. 그런 종류의 행위에도 사랑과 은혜가 없을 수 있다. 즉, 사실은 영의 선물이 아닐 수 있다.[266]

다음으로 밀접한 관련이 있는 영의 선물인 ἐλεεῖν을 살펴보자. Ὁ ἐλεῶν은 대체로 자비를 행하는 행동을 가리킬 수 있지만,[267] 바울은 특히 자선을 염두에 두고 있는 것 같다.[268] '빈민 구제'를 경건의 중요한 표현으로서 중요하게 여김은 기독교가 유대교에서 물려받은 유산의 일부였다.[269] 따라서 '즐겁게'(ἱλαρότητι—여기서 영어의 'hilarity'가 나왔다) 주라는 권면도 유대인과 그리스도인이 공통으로 갖고 있는 '지혜'였다(잠 22:8 LXX, 고후 9:7, 집회서 35:8, 레위기 랍바 34.9).[270] 하지만 이것이 곧 이런 행동이

스러운 행동으로 여겼다.' 이런 사례들을 제시한 곳이 K. L. Schmidt, *TDNT* III pp. 465f.이다. 아울러 Conzelmann, *I Kor*. pp. 263f.이 참조한 것들을 보라. 이렇게 자신을 불 태워 희생 제물로 바침이 단순히 보여주기식 동기에서 비롯되지 않았을 때 일으킬 수 있는 극적 효과와 깊은 감동을 알아보려면, 1960년대에 베트남에서 불교 승려들이 자신을 태워 희생한 것과 체코슬로바키아에서 Jan Palach(1948-1969, 소련의 체코 침공과 공산 독재에 항거하여 프라하에서 분신했다—역주)의 사례를 생각해 보면 된다.

266. '초기 그리스도인의 금욕주의'라는 문제를 알아보려면, von Campenhausen, *Tradition and Life* 제4장을 보라.

267. Bultmann, *TDNT* II p. 483; RSV, NEB; Cranfield, "병자를 돌보고, 가난한 이를 구제하거나, 나이 들고 몸이 불편한 이를 보살핌"(*Commentary* p. 36).

268. Michel, *Römer* p. 300.

269. 유대교에서 자선이 가지는 중요성을 알아보려면, Strack-Billerbeck II pp. 188f.; Bousset-Gressmann pp. 180f.을 보라. 아울러 토비트 4:7-11, 마 6:2-4을 보라. 유대교는 늘 '구제를 행함'(= ποιεῖν ἐλεημοσύνην)을 이야기했지만, 레위기 랍바 34은 바울이 같은 의미로 쓴 ὁ ἐλεῶν과 같은 표현을 쓴다(Strack-Billerbeck III p. 296).

270. 이처럼 μεταδιδούς와 ἐλεῶν은 분명 겹치지만, 바울은 필시 전자의 의미로 음식과 소유를, 특히 의복을 함께 나눔을 생각하는 것 같고, 후자의 의미로서 주로 재정 지원을 생각하는 것 같다.

나 권면이 유대교에서 형태만 넘겨받은 것에 지나지 않다는 의미는 아니다. 바울 문헌을 살펴보면, 로마서 12:8이라는 예외가 있지만, '자비'는 언제나 하나님의 자비를 가리키며, 특히 하나님이 바울 자신을 비롯한 신자들에게 현세에 베풀어주시는 자비를 가리킨다.[271] 따라서 우리는 바울이 가난한 이에게 베풂을 영의 선물로 여길 때에는 **오로지 그 베풂이 하나님이 그리스도 안에서 거저 후히 베풀어주심을 반영하는 경우뿐**이라고,[272] 의무감보다는 자발적인 마음으로 즐거이 곤궁한 이들을 보살피는 행동을 했을 때뿐이라고 결론지을 수 있을 것 같다.

바울이 προϊστάμενος와 함께 언급하는 영의 선물은 썩 분명치 않다. 신약성경에서 προίστημι는 오직 바울 문헌에서만 나타나지만, 신약성경 밖에서는 자주 등장한다. 이 말은 (a) '통치하다, 이끌다, 지도하다, 지휘하다, 경영하다', (b) '보호하다, 대표하다, 보살피다, 돕다', (c) '헌신하다, …에 몰두하다, …에 열중하다'를 의미할 수 있다.[273] 바울이 로마서 12:8에서 의도한 의미는 무엇일까?

(a) ὁ προϊστάμενος는 '다스리는 이', '지도자'(NEB)라는 의미로서, 예배를 주관하거나 공동체 전체와 관련된 일을 관장하는 이를 가리키는 말일 수 있다.[274] 우선 디모데전서 3:4f., 12에서는 이 동사가 분명 자녀에 대한 권위 행사와 한 집안을 경영함을 의미한다(ἐν ὑποταγῇ, '복종하는'—딤

271. 특히 롬 11:30ff., 15:9, 고전 7:25, 고후 4:1, 엡 2:4, 빌 2:27, (딤전 1:13, 16, 딛 3:5).
272. Hasenhüttl p. 150.
273. B. Reicke, *TDNT* VI pp. 700f.; Moulton & Milligan, προΐστημι를 보라. 세 번째 의미는 딛 3:8, 14에서 나타난다.
274. W. Sanday & A. C. Headlam, *The Epistle to the Romans*, ICC [5]1902, p. 358; Lietzmann, *Römer* pp. 109f.; Prat, *Theology* I p. 426; Goguel, *Church* p. 120; Barrett, *Romans* p. 239. 그러나 '관리'(officials, JB)는 아무 근거가 없거나 적어도 그 시대와 들어맞지 않는 번역이다. 더 자세한 것은 본서 §48.3을 보라.

전 3:4). 당시 사회 상황에서는 한 집안의 머리가 바로 그런 사람이었다—**머리**이자 주인(가령 막 14:14, 엡 5:22-25, 골 3:18-4:1을 참고하라). 더욱이, 데살로니가전서 5:12에 있는 평행 본문은 προϊστάμενος를 νουθετοῦν-τας('권면하다')와 연계하는데, 이는 훨씬 더 풍부한 경험에서 우러난 권위나 우월한 지식이나 지혜를 가짐에서 우러난 권위를 행사함을 암시한다(참고, 고전 4:14).

(b) 위와 같은 의미가 아니라면, ὁ προϊστάμενος는 '도움을 주는 이'(RSV)라는 의미일 수도 있고, 그보다 나은 '다른 이들을 보살피는 이'라는 의미일 수도 있지만, 공동체 안에서 자신을 방어할 수단이 없는 지체들(과부, 고아, 노예, 나그네)을 보살피고 보호할 책임을 맡은 이를 가리킬 가능성이 아주 높다.[275] 우선 '보살피다'라는 의미가 위에서 제시한 디모데전서 본문이 아버지의 책임으로서 제시하는 내용의 본질 부분이다.[276] 그런가 하면, 로마서 12:8에서는 προϊστάμενος가 도움을 제공하는 형태들을 가리키는 두 단어(μεταδιδούς와 ἐλεῶν) 사이에 자리하고 있는데, 이로 보아 이 역시 비슷한 의미일 가능성이 높다. 이 마지막 논거가 필시 가장 비중 있게 고려해야 할 점일 것이며,[277] 데살로니가전서 5:12의 경우에도 그 의미를 결정하는 요인일 수 있다.[278] 따라서 로마서 12:8에 있

275. Michel, *Römer* p. 300; Cranfield, *Commentary* pp. 35f.; Reicke 그리고 Moulton & Milligan이 참조한 것들을 보라(위 주273).

276. 의미상 딤전 3:5의 προΐστημι와 유사하게 '보살피다, 돌보다'라는 뜻을 가진 ἐπιμελέομαι를 사용했음을 주목하라.

277. Lagrange, *Romains* p. 300; Reicke, *TDNT* VI p. 701; J. Brosch, *Charismen und Ämter in der Urkirche*, Bonn 1951, p. 120; Friedrich, 'Geist und Amt' p. 80 주65; 아울러 위 주275과 본서 §48.3을 보라.

278. E. von Dobschütz, *Die Thessalonischer Briefe*, KEK [7]1909, pp. 215f.; M. Dibelius, *Thessalonischer I/II und Philipper*, HNT 1911, p. 23; Best, *Thess.* pp. 224f.

는 세 단어는 서로 한데 어울려 초기 공동체의 '복지적 섬김'과 관련된 모든 영역을 아우르는 말일 개연성이 크다: μεταδιδούς—음식과 의복을 나눠줌; προϊστάμενος—날 때부터 그들을 위해 말해 주고 행동해 줄 멘토가 없는 이들의 대의를 변호함; ἐλεῶν—재정 도움을 제공함.[279]

바울이 προϊστάμενος에 붙인 ἐν σπουδῇ는 필시 '열의를 품고 즐겁게'로 번역하는 것이 가장 좋을 것이다: "다른 이들을 보살피고 다른 이들을 대신하여 행하는 이는 열의를 품고 즐겁게 행하라."[280] 다시 말해, 그것이 영의 선물인 이유는 단순히 그것이 다른 이들을 돕는 일이기 때문이 아니라, 그것이 **공동체를 공동체로 존립하게 하는 생명력의 표현**이기 때문이다. 그것은 공동체가 함께하는 삶이요, 더 어려운 처지에 있는 지체들에게 사랑과 뜨거운 관심을 표현하는, 나눔의 영(κοινωνία)이다(참고, 고전 12:25f.; 본서 §45을 보라). προϊστάμενος를 리더십이라는 의미로 받아들여도 같은 원리가 적용된다. 즉, 영의 선물은 단순히 리더십을 행사하는 것이 아니라, 열의를 품고 즐겁게 이끎으로써 결국 신자 공동체가 행하는 예배와 모든 일이 그리스도 안에서 이뤄진 새 창조의 생명력과 그리스도 안에 있는 생명의 에너지를 표출하게 하는 것이다.

마지막으로 우리는 재차 **영의 선물들**이 특별한 형태의 동사들로 표현되어 있다는 사실의 중요성에 주목해야 한다: '함께 나누는 이, 보살피는 이, 주는 이.' 다시 말해, 각 경우에 영의 선물은 나눔, 보살핌, 줌이

279. Leenhardt는 이 세 단어가 행정과 관련된 용어이며 그런 측면에서 이 세 단어 사이에 훨씬 더 긴밀한 관계가 있다고 본다(*Romans* p. 312).

280. "여기서 말하려는 의미는 '거룩한 열심'이며, 이 열심은 공동체를 섬기는 일에 온전히 헌신할 것을 요구한다"(G. Harder, *TDNT* VII p. 566); 참고, 고후 8:17, 22 (σπουδαῖος); 갈 2:10, 엡 4:3, 살전 2:17; (딤후 2:15) (σπουδάζω). 아울러 고후 8:7은 σπουδή 자체를 영의 선물로 여긴다.

다. 이는 이런 행동과 관련된 어떤 직책을 가리키지 않으며, 그런 행동 자체를 가리킨다.[281] 여기서 사용한 현재분사는 개별 행동을 포함할 수 있지만,[282] 공동체 안에서 더 꾸준히 행하는 사역을 가리키는 말일 개연성이 크다. 그러나 본문은 공동체가 허락하거나 어떤 권위를 부여해야만 이런 행동이나 사역을 시작할 수 있다고 말하지 않는다. 이런 행동들을 영의 선물의 사역으로 보는 이유는 사랑과 관심의 재촉과 그런 영감의 힘에 끌려 그런 일을 행하기 때문이지, 공동체에서 그런 일을 행할 공식적인 직책을 맡았기 때문이 아니다. 하지만 공동체는 이런 사역들이 영의 선물로서 당연히 존중받아야 하는 일임을 **인정해야** 한다(살전 5:12). 바울도 고린도 사람들에게 스스로 사역을 떠맡아 행하는 스데바나에게 하나님이 주신 권위를 인식하고 인정하라고 촉구한다(고전 16:15f.—더 자세한 것은 본서 §48.3과 §49.1을 보라).

42.3. **도움과 지도**. 고린도전서 12:28에 있는 ἀντιλήμψεις와 κυβερνήσεις 때문에 길게 지체할 필요는 없다. 두 단어 모두 신약성경에서 단 한 번만 등장하지만, 전자는 칠십인역에서 잘 알려져 있으며, 바울 시대에는 '돕다, 부조하다'라는 의미로 널리 사용됐다.[283] 후자는 '조종, 지도, 다스림'이라는 의미로 알려져 있는데, 배를 조종하는 키잡이(κυβερνήτης)의 중요한 역할에서 가져온 은유다(참고, 행 27:11, 계 18:17).[284] 이 두 단어를

281. Hainz pp. 188f.; "'주는 이'의 순서 같은 것은 없었을 수 있다!"(Richardson, *Theology* p. 334).

282. Hasenhüttl p. 149 주45.

283. A. Deissmann, *Bible Studies*, ET T. & T. Clark 1901, p. 92; Moulton & Milligan p. 48.

284. H. W. Beyer, *TDNT* III pp. 1033f.

더 자세하게 정의하기는 어렵다. 우선 ἀντιλήμψεις는 '도움을 주는 행위들'(Arndt & Gingrich)로 번역하는 것이 가장 좋으며, 아마도 로마서 12:8의 목록이 마지막으로 열거하는 세 가지가 가리키는 것과 같은 종류의 활동을 가리키는 것 같다(참고, 행 20:35).[285] 이어 κυβερνήσεις는 방향을 제시하는 활동을 가리키는 게 틀림없다. 이는 '도움말을 제시함'으로 번역할 수 있을 것이며, 어쩔 줄 몰라 하는 사람에게 주는 현명한 충고를 포함하지만, 이 은유(배를 조종하다)는 바울이 여기서 공동체가 나아갈 방향을 지도함이라는 의미를 염두에 두고 있음을 시사한다. 이를 '행정'으로 해석하는 것은 초기 교회를 이미 '행정 구조', '제도'로 보았다는 추론이 만들어낸 잘못된 해석이다. 어쩌면 우리가 제시해야 할 가장 정확한 해석은 '지도함/방향을 제시함'일지도 모른다. 그렇게 해석하면 공동체와 공동체 내부의 개인들이 행하는 일을 모두 목적어로 삼을 수 있기 때문이다.[286] 만일 προϊστάμενος가 리더십이라는 의미를 갖고 있다면(그러나 본서 §42.2을 보라), κυβερνήσεις도 분명 비슷한 기능들을 가리킬 것이다. 더 나아가 ἀντιλήμψεις와 κυβερνήσεις 사이에는 일종의 연관이 있을 개연성이 있으며—다른 이들을 돕고 지도하는 활동을 하려면 더 꾸준한 종류의 사역이 필요하다고 인식하게 됐다는 의미에서(더 자세한 것은 본서 §48.3을 보라)—(향후에) 각각 집사와 감독처럼 더 확립된 직책을 가리킬 개연성이 높다(빌 1:1, 딤전 3:1ff., 8ff.).[287]

---

285. Fenner, *Krankheit*는 ἀντιλήμψεις에 병자를 간호함도 들어있다고 주장한다(p. 85).

286. 참고, NEB: "다른 이들을 이끌 능력을 가진 이들."

287. Lietzmann in Lietzmann-Kümmel, *Kor.* p. 63; Schlatter, *Bote* p. 351; Barrett, *I Cor.* pp. 295f.; Hasenhüttl p. 225. 참고, Beyer, *TDNT* III p. 1036. Goppelt, *Apostolic Times*는 고전 12:28이 제시하는 목록 가운데 이 둘을 '가장 중요한 두 기능'으로 추려내지만, 그렇게 해야 하는 정당한 근거는 전혀 제시하지 않는다(p. 183).

언급할 가치가 있는 점이 둘 더 있다. 첫째, 두 단어는 모두 사람보다 기능과 행위를 가리킨다. 고린도전서 12:28의 목록은 첫 세 항목을 제시한 뒤에 제시 패턴을 바꾼다. 즉, 처음에는 위계를 따라 사람들을 순서대로 제시하지만("첫째는 사도요, 둘째는 예언자요, 셋째는 교사요"), 그 뒤에는 상당히 임의대로 여러 행위를 모아놓았다("그다음은 기적이요, 그다음은 병 고치는 선물이요, 도움을 주는 행위요, 방향을 지도함이요 서로 다른 여러 종류의 방언을 말함").[288] **영의 선물은 기능이지 사람이 아니다.** 영의 선물은 활동이지 많은 직무(직분)가 아니다.[289] 사실, 고린도전서 12:28의 후반부만을 영의 선물이라 말하는 게 적절할 수 있다.[290] 따라서 가령 예언이 영의 선물이지 예언자가 영의 선물은 아니다. 바울은 14:1에서 고린도 사람들에게 예언이라는 영의 선물을 목표로 삼으라고 독려하지, '예언자'라는 이름표가 붙어있는 위계구조 속의 지위를 목표로 삼으라고 말하지 않는다.[291] '직무'(직분)와 영의 선물의 관계는 제9장에서 다시 살펴보겠다. 둘째, 두 단어 모두 복수형이다. 따라서 영의 선물들은 도움을 주는 구체적 행위들이요, 각기 다른 여러 경우에 실제로 나아갈 길을 제시하는 행위다.[292] 고린도전서 12:28 목록이 제시하는 다른 영의 선물도 마찬가지다—영의 선물은 실제로 기적을 행하는 행위, 실제로 병을 고치는 행위, 특별한 경우에 말하는 방언이다. 다시 말해, 영의 선물은 어떤 때에는 나타났다가 어떤 때에는 나타나지 않을 수도 있는 **잠재 능력이나 가능**

288. RSV와 NEB는 이런 변화를 이 목록에서 나타나는 특성으로 제시하지 않는다. S. S. Smalley, 'Spiritual Gifts and I Corinthians 12.16,' *JBL* 87, 1968, pp. 429f.을 보라.
289. Hainz pp. 86f.; 참고, Schürmann, 'Gnadengaben' p. 252.
290. Greeven, 'Geistesgaben' p. 113.
291. 아울러 본서 제9장 주116과 주117을 보라.
292. Greeven, 'Geistesgaben' pp. 114ff.; 아울러 pp. 119f.을 보라.

성이 아니다. **실제로 하는 행위나 말만이 영의 선물이다.** 엄밀히 말하면, 그런 영의 선물을 말하는 이나 행하는 이는 그 순간에만 그 선물을 '소유할' 뿐이다.

§43. 결론

43.1. χάρισμα**는 어디까지나** χάρις**의 특별한 표현이라고 이해할 수밖에 없다**. 우리가 먼저 χάρις를 연구해야 했던 것도 그 때문이다. 마찬가지로 πνευματικὰ도 개개의 경우에 πνεῦμα를 온몸으로 표현한 많은 일들이라고 이해할 수밖에 없다. "선물은 그것을 부여하는 은혜로운 능력과 분리할 수 없다. … 선물은 실제로 이런 능력의 표현이요 구체화다."[293] 이는 의미상 두 쌍의 단어들이 가지는 관계, χάρισμα가 본서 §37.2에서 살펴봤던 χάρις의 의미 범주에서 후자의 부분과 분명 겹친다는 사실, 그리고 바울이 특히 로마서 12:6과 고린도전서 1:4-6, 12:1, 4, 7, 11에서 이 단어들을 결합하는 방식(참고, 벧전 4:10)이 암시한다(참고, 가령 롬 1:11과 엡 4:29, 롬 12:6ff.와 고후 8:1, 4, 6f.).[294] 우리가 바울이 영의 선물 체험에 관하여 갖고 있던 이해를 파고들려 할 때 가장 중요한 것이 바로 은혜와 영의 선물 사이에 존재하는 이런 관계다.

43.2. 이는 우선 **영의 선물이 언제나 하나의 사건이요, 하나님이 어**

293. Käsemann, 'Ministry' p. 65; 아울러 Grau p. 12을 보라.

294. 참고, F. J. A. Hort, *The Christian Ecclesia*, Macmillan 1897, pp. 155f.; Conzelmann, *TDNT* IX p. 405 주25.

떤 사람을 통해 행하시는 은혜로운 활동(ἐνέργημα)임을 의미한다. 그것은 실제로 일어나는 기적이요, 치유 그 자체이며, 특별한/구체적인 신앙 체험이다. 그것은 사람이 실제로 체험하는 계시요, 지혜와 예언과 기도 등을 담은 말 자체이며, 구체적인 경우에 행하는 섬김 행위 자체다. 영의 선물은 어떤 소유물이나 직무(직분)가 아니다. 그것은 은혜의 특별한 표현이다. 영적 선물을 행함이 영의 선물 그 자체다. 엄밀히 말하면, 영의 선물은 결코 **내가 가진** 영의 선물이 아니다. 그것이 내게 주어졌다는 것은 그저 하나님이 나를 통해 다른 이들을 위한 일을 행하기로 하셨다는 의미일 뿐이다. 사실 중요한 의미가 있는 것은 영의 선물이 내게 주어졌다는 사실이 아니라 그 영의 선물로 섬기는 사람에게만 주어진다는 사실이다.[295] 영의 선물은 말하자면 개인이 냉장고에 보관할 수 있는 것이 아니다. 그것은 **특별한 구체적인 경우에 그리고 오직 그 순간에만** 은혜와 능력을 체험하는 것이다. 이 점은 제9장에서 다시 살펴봐야 한다(§45.2).

43.3 둘째, 그것은 영의 선물이 언제나 **하나님**이, 하나님의 영이 어떤 사람을 통해 행하시는 구체적인 행위임을 의미한다. 그것은 **하나님**의 활동이요 **영**의 표현이다. 그것은 영의 나타남이요 능력이다(고전 2:4). 즉, 그것은 이 세상에 속하지 않은 능력에 사로잡히는 체험이며, 좋은 예를 하나 집어 말한다면, 바울의 메시지가 진실임을 인정하고 그 메시지가 이야기한 사람의 행위를 그 능력 안에서 인식할 수밖에 없음을 체험하는 것이다. 다시 말해, 영의 선물은 사람이 은혜에 보이는 반응이 **아니다**. 그것은 우리가 눈으로 볼 수 있게 나타나는 하나님의 은혜 그

295. Bittlinger, *Graces* p. 63.

자체다. 따라서 영의 선물을 은혜의 **결과**로 이해해서는 안 되며, 은혜를 영의 선물의 **전제**로 이해해서도 안 된다.[296] 결국 영의 선물을 행함은 '은혜 상태'를 전제하지도 않고 '은혜 상태'에 의존하지도 않으며, 영의 선물을 받은 이가 어느 정도 성화에 이르렀을 것을 전제하지도 않는다.[297] **영의 선물은 주어지는 것이지, 우리가 성취하거나 노력하여 얻는 것이 아니다**. 아울러 영의 선물이 표현됐다 하여 그것이 신자를 더 거룩하게 만들지도 않는다.[298] **영의 선물과 성화**(ἁγιασμός) **사이에는 직접적인 인과관계가 없다**.[299] 그런 점을 생생히 보여주는 증거가 바로 고린도교회다(참고, 고전 1:7과 3:1ff.). 반대로 영의 선물이 존재한다는 것 자체가 성숙하지 **못함**을 보여주는 표지도 물론 아니다. 정반대로, **영의 선물은 은혜에 따라 나타날 수밖에 없는 결과다**. 영의 선물이 없다면, 은혜도 있을 수 없다. 고린도 사람들의 성숙하지 못함은 영의 선물을 대하는 그들의 **태도**에 그대로 나타났다. 즉, 그들은 특정한 영의 선물을 아주 높이 여겼지만, 그런 선물을 표현할 때 사랑이 없었고 그 표현을 통제하지도 않았다(더 자세한 것은 본서 §46.1을 보라).

---

296. Käsemann: "하나님의 선물 가운데 어떤 임무(과업)가 함께 주어지지 않는 선물이 없으며, 행함으로 옮겨가지 않는 은혜도 없다. 섬김은 결과일 뿐 아니라, 겉으로 나타나는 은혜의 형태이며 은혜의 실현이다"('Ministry' p. 65).

297. 예언에 관한 랍비의 견해를 담고 있는 Abelson, *Immanence*, 제18장; Schäfer, *Geist* pp. 131f.과 대비해 보라. 고전적 오순절주의도 이런 오류에 빠졌는데, 그것을 잘 보여주는 예가 F. D. Bruner, *A Theology of the Holy Spirit*, Eerdmans 1970, pp. 87-117, 225-267이다. 그러나 Bruner의 비판은 너무 무시무시하다. 오순절주의 자체도 이런 위험을 알았기 때문이다. 가령 Brumback, *Suddenly* 제9장; J. E. Stiles, *The Gift of the Holy Spirit*, California, no date를 보라.

298. Hasenhüttl pp. 121f.; G. Murphy, *Charisma and Church Renewal*, Rome 1965, pp. 69-78, 특히 p. 77을 보라. 반대 견해는 K. Rahner, *The Dynamic Element in the Church*, ET New York 1964, p. 55.

299. Prat, *Theology* I p. 128; 참고, Bittlinger, *Graces* pp. 25f.

43.4 셋째, 그것은 보통 영의 선물이 하나의 **체험**이요, 나를 통해 이뤄지고 있는 어떤 것을 체험함을 의미한다—은혜 체험이다. 우리가 위에서 살펴본 모든 영의 선물은 **은혜에 관한 의식**(*consciousness*)**과 은혜의 타자성**(*otherness*)을 강하게 암시한다. 실제로 우리가 본 것은 서로 다른 은혜 체험들이다—병을 고치는 은혜로운 능력 체험, 은혜로 말미암아 신뢰에 이르며 믿을 수 있게 된 체험, 계시의 은혜 체험, 눈으로 볼 수 없고 생각할 수도 없는 실재들을 들여다볼 수 있도록 허락받은 체험, 하나님의 지혜로운 구원 계획에 참여할 기회를 허락받은 체험, 결단의 순간에 하나님의 뜻을 알게 된 체험, 담대히 설교하는 은혜 체험, 예언하고 찬미하며 기도할 말을 받은 체험, 내 입술을 통해 오고 온전히 내가 외치는 말이지만 나 자신이 아닌 다른 이의 자극을 받아 외치게 되는 '압바'라는 외침 가운데 하나님의 자녀임을 확신하는 은혜를 맛본 체험, 다른 이들과 함께 나눌 수 있고 다른 이들을 보살피며 다른 이들을 돕고 그들에게 조언할 수 있는 은혜를 맛본 체험이 그런 체험들이다. **영의 선물은 주어진 은혜를 체험하는 것이다**(롬 12:6). 바울은 이런 은혜를 의식하는 경우 하나하나가 다 영의 선물을 주시는 영 덕택이라 말한다.

43.5. 넷째, 그것은 **영의 선물을 인간이 가진 달란트 그리고 인간이 날 때부터 가진 능력과 혼동해서는 안 된다**는 뜻이다. 영의 선물은 그 어디에서도 인간의 고양된 능력, 인간이 계발한 능력, 또는 인간의 변화된 능력을 의미하지 않는다.[300] 궁켈(과 베터)이 오래전에 그들보다 앞서

300. 참고, Brosch, *Charismen* pp. 33f.; Eichholz, *Gemeinde* pp. 16ff.; Schmidt, *Römer* p. 210; Hasenhüttl pp. 114ff.

F. C. 바우르가 주장했던 관념론적 견해에 아주 분명히 반대하며 논증한 것처럼, 바울은 영의 선물을 초자연적 능력의 표현으로 보았다.[301] 영의 선물은 **언제나** 하나님의 행동이며 **언제나** 영이 자신을 나타냄이다. 영의 선물은 하나님의 은혜로운 행동으로 말미암아 시작된 새 생명에서 나타나며 그 은혜의 표현으로 나타난다. (오늘날 일어나는 종교 현상을 해석하려는 어떤 시도에서도) '자연적'과 '초자연적'을 구분하길 거부하는 것이 정당하다고 하여(참고, 본서 §12.3)[302] 바울이 **모든** 영의 선물을 초자연적이라 여겼다는 사실조차 모르는 체 해서는 안 된다. **초월적 타자성이라는 성격이 바울이 생각하는 영의 선물 개념의 중심에 자리하고 있다**. 이는 여느 때 같으면 그야말로 평범한 활동이자 능력이었을 것을 그저 공동체 안에서 행해졌다는 이유만으로 영의 선물로서 칭송받는다는 말이 아니다.[303] 하나님의 방법과 인간의 방법 사이에 '무한한 질적 차이'가 존재한다는 것(키르케고어[Kierkegaard])은 은혜를 드러내는 모든 표현이 언제나 인간의 차원보다 **우월하다**는 것을 의미한다. 물론 영의 선물이 개인의 성향 및 기질과 일치할 수 있으며, 분명 사람이 날 때부터 가진 능력을 사용할 수도 있다(방언도 음성의 높낮이와 강약을 사용한다). 하나님의 능

301. Gunkel pp. 82f.; Wetter, 위 주11과 같음; 아울러 Bultmann, *Theology* I pp. 153f.을 보라. Baur는 이렇게 말한다. "영의 선물은 본디 각 사람이 기독교에 가져오는 선물이요 자질일 뿐이다. 이런 선물과 자질을 영의 선물로 높인 이유는 그리스도인의 의식과 삶이 그것에 기초하고 있기 때문이요, 그런 선물과 자질이 가져오는 재료를 토대로 자라기 때문이며, 영의 활동으로 말미암아 각기 다른 형태로 빚어지기 때문이다"(*Paul*, Vol.II, ET Williams & Norgate 1875, p. 172). 참고, 필론(본서 §37.2과 §38.1).

302. 가령 Hollenweger를 인용하는 Bittlinger, *Graces* pp. 70ff. 그러나 Bittlinger, *Ministries* p. 18이 내리는 정의도 함께 보라.

303. 반대 견해는 Conzelmann, *Outline*: "모든 그리스도인은 공동체를 섬기는 한 영의 사람이다"(p. 260).

력이 인간이라는 틀을 통해 표현되는 것은 분명 몸이 가진 여러 한계로 말미암아 어느 정도 조절되곤 한다. 그러나 영의 선물 자체는 오직 그것이 영의 행위임을 인식할 때에만 적절히 행해질 수 있다. 이는 **인간의 능력과 달란트를 행함이 아니라 하나님에게 무조건 의지하고 하나님에게 열려있음이 바로 영의 선물을 규정하는 특징**이기 때문이다. 따라서 독신, 가르침, 가난한 이들에게 가진 것을 나누어 줌, 도움 같은 영의 선물도 그것이 그 자신의 능력으로 행하는 일이 아니며 자신이 하나님에게 의존하는 것임을 의식하고 있을 때에만 비로소 행할 수 있다. "네가 섬기느냐? 섬길 때에는 하나님이 공급하시는 힘으로 하듯이 하라"(벧전 4:11 NEB).[304]

43.6. 아울러 우리는 **영의 선물이 다양하다는 사실**에 주목해야 한다. 때로 사람들은 고린도전서 12:8-10 같은 목록이 바울이 그가 섬긴 모든 교회에서 나타나리라고 예상했던 영의 선물을 전부 제시하거나 적어도 충분히 망라하여 제시한다고 생각한다.[305] 그러나 (1) **고린도의 특별한 상황**이 특히 고린도전서 12장의 목록을 아주 많이 **좌우했다**는 것은 분명하게 드러난다. 바울은 그가 다루는 공동체와 직접 관련된 영의 선물만을 언급한다. 그런 선물 가운데 일부는 고린도에서 나타난 영의 선물을 인식하고 제시한 것이며(치유, 기적, 믿음, 예언, 방언이라는 선물들), 일부는 고린도의 남용을 바로잡으면서 제시한 것이다(지혜/지식의 **말**, 영에 감동하여 터뜨리는 말의 평가, 해석). 고린도전서 12장의 목록은 모든 교회에 적용될 완전한 목록이나 본보기 목록으로서 제시하려 한 것이 아니다.

---

304. 아울러 Grau pp. 166ff.을 보라.

305. 오순절 진영의 강해가 늘 저지르는 실수다.

(2) 우리가 방금 본 고린도전서의 논의를 넘어 로마서 12:6-8까지 살펴보면, 바울이 이런 목록들 가운데 특정한 영의 선물만 한정하여 모아놓은 것에서 인용하지도 않고, 실제로 그가 잘 정의된 영의 활동을 모아놓은 어떤 큰 자료에서 인용하지도 않는다는 것이 분명하게 드러난다. 서로 다른 영의 선물들을 표현하는 용어의 다양성 그리고 이런 선물들이 겹쳐 나타남(예언과 권면; 섬김, 도움을 주는 행위, 나눔, 보살핌, 나눠 줌; 지혜의 말, 지식의 말, 가르침)은 바울이 영에게서 유래한 현상을 아주 폭넓게 염두에 두고 있으며 이런 영의 선물 목록들이 전형적인 선물**만을 골라 뽑아** 제시한 것일 뿐이요 은혜의 표현/나타남이지만 이런 표현들이 종종 그 경계가 그리 분명치 않다는 것을 분명하게 일러준다. 우리 자신이 이번 장에서 탐구한 내용은 바울이 생각했던 영의 선물의 실제 범위와 다양성을 부각시켜주지만, 바울 자신은 영에게서 유래한 현상의 상세한 지형도를 그리려고 시도하지 않았기 때문에 여기서 바울 신학을 총망라한 최종판을 그려내기는 불가능하다.

43.7. 이를 보면, 결국 **영의 선물이 교회나 예배라는 범주에만 속해 있지 않다**는 결론이 나온다. 모든 것이 은혜에서 비롯됐듯이(본서 §37.2을 보라), 은혜는 온갖 상황에서 상이한 수많은 모습으로 나타날 수 있다. 우리가 이미 보았듯이, 바울은 분명 영의 선물을 무엇보다 믿음의 공동체라는 맥락과 관련지어 생각하지만, 영의 선물을 대체로 정의해 보면, 영의 선물은 삶의 영역에서 성(聖)과 속(俗)을 구분하고 공(公)과 사(私)를 구분해 주는 것이 아니다.[306] 로마서 12:1이 분명하게 일러주듯이, **신자**

306. 참고, Käsemann, 'Ministry' pp. 71f. 그러나 그는 그가 주장하는 사례를 지나치게 과장한다; 아울러 *Römer* pp. 314, 319을 보라.

가 올리는 영적 예배(그리고 영의 선물이 나타나는 예배)**는 이 시대에 신자가 맺고 있는 모든 관계와 관련되어 있다**(참고, 롬 1:9, 빌 3:30).[307] 마찬가지로 골로새서 3:16f.을 보면, 바울의 생각이 시와 찬송과 영적 노래를 부름에서 매일의 삶에서 행하는 더 광범위한 활동으로 멈추지 않고 곧장 달려간 뒤,[308] 뒤이어 매일 인간관계에서 서로 부담하는 여러 책임을 다룬다(참고, 엡 5:18ff.). 우리가 위에서 살펴본 영의 선물의 범위는 예배 모임을 훨씬 넘어서며, 주일 모임 때 나타나는 특별한 영의 선물은 단지 신자의 삶 속에서 늘 역사하고 있고 신자의 일상생활에서 다른 방식으로도 얼마든지 나타날 수 있는 은혜의 특별한 표현일 뿐이다. **예배뿐 아니라 삶 전체가 하나님에게 의존하고 있음을 의식하면서 온 삶을 살아가야 한다**. 언제라도 선하고 완벽하며 누구라도 받아들일 수 있는 하나님의 뜻대로 태도와 관계와 상황을 바꿔놓을 수 있는 은혜의 표현인 영의 선물에 열려 있어야 한다. 인간은 성(聖)과 속(俗)을 구분하나, 하나님의 은혜는 그런 구분을 인정하지 않는다.

43.8. 아울러 우리가 지금까지 살펴본 내용을 고려할 때, **바울이 말하는 은혜 체험을 어떤 성례 체계 안에서만 체험할 수 있거나 사제가 존재하는 위계 구조 안에서만 체험할 수 있는 것으로 좁히거나 국한해서는 안 된다. 바울은 사실 성례를 통한 은혜 같은 것을 전혀 모른다**. 바울은 어디에서도 세례나 주의 만찬이 영의 선물이라고 말하지 않는다. 물론 세례는 회심-입교 체험에서 어떤 역할을 하기는 하지만, 서로 주

307. Käsemann, 'Worship and Everyday Life,' *NTQT* pp. 188-195; E. Schweizer, 'The Service of Worship,' *Interpretation* 13, 1959, p. 400.

308. MacDonald, *Worship* p. 18.

된 연관 관계가 있는 것은 영과 믿음이다(갈 3:2ff.).[309] 주의 만찬은 그리스도인 공동체가 하나임을 눈으로 볼 수 있게 보여줌으로써 공동체가 한 그리스도를 체험하게 해 주지만(고전 10:16f.), 주의 만찬 때 오직 이런 의식 행위를 통해서만 독특하게 전달되는 은혜를 체험한다고 일러주는 곳은 전혀 없다.[310] 분명 **바울은 은혜 체험이 다양하고 여러 가지일 뿐 아니라 무언가(누군가)의 중개를 거치지 않고 은혜를 직접 체험하는 경우도 자주 있다고 보았다**. 사실 χάρισμα 자체가 바로 그런 체험이다. 물론 한 공동체 안에서는 다른 이들을 통해 영의 선물이 주는 혜택을 체험하기도 한다—영에 근거한 사귐에 따른 지체 간의 상호 의존이 공동체의 수준을 드러낸다(본서 §45을 보라). 공동체 안에서는 세례와 주의 만찬이 은혜를 눈으로 볼 수 있게 드러내는 역할을 한다. 그러나 바울이 성례를 은혜의 주된 통로 내지 유일한 통로로 보았다고 묘사하려는 시도는 이 제8장에서 살펴본 모든 증거를 대놓고 무시하는 것이 될 것이다.[311]

309. Dunn, *Baptism* 제3부. 바울은 실제로 '은혜'를 '세례의 맥락'에서 또는 주의 만찬과 관련지어 말하지 않는다.

310. 10:20은 여기서 생각하는 것이 주를 먹음이라기보다 식사 때 주와 함께 먹음이라는 것을 보여준다! (특히 Kümmel in Lietzmann-Kümmel, *Kor*. pp. 181f.을 보라). Käsemann은 바울이 말하는 '영적(πνευματικόν) 음식과 음료'(10:3f.)가 '영을 전달하는 음식과 음료'를 의미한다고 주장한다('The Pauline Doctrine of the Lord's Supper,' *ENTT* p. 113). 그러나 그는 10:1-4이 알레고리라는 사실을 무시한다. 위 주 44을 보라. 참고, P. Neuenzeit, *Das Herrenmahl*, München 1960, p. 185.

311. 참고, W. Manson, *The Doctrine of Grace*, ed. W. T. Whitely, SCM Press 1932, p. 60. T. F. Torrance, *Royal Priesthood, SJT* Occasional Papers No. 3, 1955: "주의 만찬과 χαρίσματα가 떼려야 뗄 수 없게 결합해 있다는 것이 12장에 이르러 분명하게 드러난다"(p. 65). 그러나 본문에는 이 진술을 밑받침할 근거가 없다.

43.9. 마지막으로, 우리가 예수와 바울의 영 체험을 비교하면서 내린 결론을 요약하지 않을 수 없다. 물론 우리는 **영의 선물이라는** 특별한 **개념** 차원에서 예수와 바울을 비교할 수는 없다. 영의 선물이라는 말의 의미를 정의하는 이도 바울뿐이요 그 적용 범위를 이야기하는 이도 바울뿐이기 때문이다. 그러나 우리는 앞서 예수와 관련하여 논했던(제4장을 보라) 영과 관련된 현상 및 특징의 차원에서 예수와 바울을 비교해 볼 수 있다. 여기서 우리는 **바울이 예수보다 영과 관련된 측면이 많기도 하지만 동시에 적기도 한 사람**임을 볼 수 있다. 한편으로 보면, 바울은 환상과 황홀경 같은 것을 통해 영을 예수보다 **많이** 체험했다(본서 §15을 보라). 다른 한편으로 보면, 바울의 선교를 특징짓는 것도 치유와 축귀이지만, 그 정도를 놓고 보면 예수의 사역보다 **낮다**. 더 중요한 점은 바울이, 예수와 달리, 축귀에 종말론적 의미를 부여한 것 같지 않다는 점이다(본서 §8을 보라). 바울은 기적의 의미를 예수보다 훨씬 평가절하하며, 영에 감동하여 터뜨리는 말(예언)이 영의 선물의 중심임을 예수보다 훨씬 더 강조한다. 동시에, 바울이 이야기하는 영에 감동하여 터뜨리는 말 가운데 어느 것도 그 권위의 정도와 그 말에서 은연중에 드러나는 말하는 이 자신의 권위 의식 정도가 예수의 말을 능가하지 못한다. 나타난 현상을 놓고 보면, 예수와 바울 사이에는 평행을 이루는 점이 많다. 바울의 영 체험이 예수의 그것과 같은 수준이었는지 또는 그 체험이 바울을 예수와 같은 수준으로 올려놓았는가라는 더 심오한 신학 이슈는 이 책 제10장에 가서 자세히 분석해 보겠다.

257-258

제9장
그리스도의 몸—공동체 의식

§44. 들어가는 글

우리는 지금까지 제3부에서 바울의 종교적 체험을 영 그리고 은혜와 관련지어 살펴보았다—은혜에 관한 의식. 우리 연구는 모든 것을 다 다루지는 않았다. 그러나 우리는 우리 할 일을 χάρισμα이 각 경우에 무슨 의미인지 정의하는 것에 국한하고 바울이 그와 다른 이들의 체험에서 은혜가 나타남을 발견했던 상이한 여러 양상을 살펴봄으로써, 적어도 바울이 영 체험의 본질과 영 체험의 다양성에 관하여 어떻게 생각했는지 어느 정도 알 수 있었다. 아울러 제8장이 전개될수록 영의 선물과 공동체가 한 덩어리라는 것이 점점 더 분명하게 드러났다. 영 체험은 분명 공동체의 예배 밖에서도 가능했다(가령 롬 8:26f., 고전 14:18f., 고후 1:11,[1]; 본서 §43.7을 보라). 그러나 바울이 영의 선물을 주로 다룬 대목에서 언제나 이런 영의 선물을 그리스도인 공동체와 분명하게 연계하는 점은 의미

1. 그러나 Grau pp. 72f.을 보라.

심장하다(롬 12:1-8, 고전 12-14장; 아울러 엡 4:1-16을 보라).[2] 바울의 글에서 나타나는 이런 **종교적 체험의 공동체적 차원**이 바로 우리가 이제 더 자세히 살펴봐야 할 내용이다.

먼저 우리는 영, 영의 선물 그리고 공동체—**영을 체험하는**(*charismatic*) **공동체**—의 관계를 살펴보려 한다. 하지만 영을 체험하는 공동체라는 말은 역동성을 지닌 두 개념을 하나로 묶어주는데, 이 두 개념이 상호작용하면 이 둘이 서로 더 가까이 결합하기보다 오히려 서로 떨어지는 것처럼 보일 수도 있다. 따라서 우리는 '영을 체험하는 공동체'라는 말이 바울계 교회의 생생한 현실을 가리키는 말인지, 아니면 그냥 어떤 구호일 뿐이요 현실성이 없는 바울의 이상일 뿐인지 물어봐야 한다. 바울계 회중은 영의 선물과 공동체가 하나가 될 수 있음을 생생히 보여주는가? 개개 신자를 단순히 다른 이들에게서 은혜를 받는 수동적 은혜 수용자로 여기지 않으면, 각 사람을 스스로 다른 나머지 사람에게 은혜를 전하는 통로로 여기도록 독려하면, 이것이 실제 삶 속에서는 공동체의 통일을 만들어내는가 아니면 분열을 만들어내는가? 이런 종류의 질문은 우리가 원시 그리스도인 공동체에 관한 누가의 기사를 연구할 때에도 등장했지만(본서 §31.3과 §32.1을 보라), 누가는 불행히도 이런 질문에 전혀 답하려 하지 않았다. (우리에겐!) 다행히도, 이와 같은 질문이 바울계 교회에서 심각한 형태로(**공동체에 대한 위협으로**) 등장했고 영의 선물들을 통제하기 위해 그런 문제를 붙잡고 씨름하려는 바울의 시도는 교훈이 된다. 그의 이런 시도가 성공했는가는 사실 또 다른 질문이지만, 영을 체험하는

2. Grau는 오로지 공동체와 관련지어 다음과 같이 정의한다: "영의 선물은 그리스도인의 행위가 가지는 여러 가능성(*Möglichkeiten*)이다. 이 가능성은 성령이 하나님이 거저 주시는 은혜를 통해 베풀어주는 것으로서, 공동체를 세우기 위한 여러 섬김 행동과 직무를 통해 구체적으로 표현된다"(pp. 79f.).

공동체라는 바울의 이상이 현실에서는 언제나 위계질서를 내세운 권위 구조에 굴복할 수밖에 없는가라는 질문이 사람을 애타게 한다. 이 질문은, 우리가 제11장에서 보겠지만, 바울서신에 마지막으로 들어온 목회 서신이 제기하는 질문이요, 오늘날도 여전히 아주 생생하게 살아 있는 질문이다.

§45. 영을 체험하는 공동체

바울이 말하는 종교적 체험은 결코 개인 차원의 경건—어떤 사람이 홀로 하나님 앞에서 행하는 일—으로 축소할 수 없다. 그 반대로, **바울이 하나님과 인간의 관계에 관하여 제시하는 전체적인 이해에서는 종교적 체험의 공동체적 차원이 본질을 이룬다**. 우리가 바울과 관련하여 공동체를 이야기하는 것은 사실 공동체의 **체험**을 이야기하는 것이다. 바울이 선교한 교회들에서 신자들이 함께함의 중심에는 지체들이 하나님의 영을 함께 체험했다는 사실이 자리하고 있었다.

45.1. **지체들이 함께 체험한 영**. 바울이 생각했던 영이 체험에서 나온 개념일 뿐 아니라(본서 §37.1을 보라), 지체들이 **함께 한 체험**을 가리킨다는 것은 증명하기 어렵지 않다. 그가 영을 개인 차원에서 이야기한 것이 드물 뿐이다(고전 7:40, 어쩌면 14:14도?). 그는 보통 영을 '우리' 그리고 '너희'와 관련지어 사용한다—롬 5:5, 7:6, 8:9, 11, 15, 23, 26 등, 그리고 그는 거의 모든 경우에 함께 나눈 체험에 호소한다. 바울은 영을 언급하는 이런 말들(우리에겐 수수께끼 같을 때가 자주 있다)을 자세히 설명할 필요가

없었다. 그가 회심시킨 이들은 바울이 무슨 말을 하고 있는가를 그들 자신의 체험을 통해 알고 있었다—그 체험은 넘치는 사랑을 체험함일 수도 있었고(롬 5:5), 인도를 체험함일 수도 있었으며(롬 7:6), '압바! 아버지!'라는 외침을 체험함일 수도 있었고(롬 8:15), 다른 체험일 수도 있었다. 그들의 영 체험은 아주 다양했지만, 그들이 회심-입교 때 한 영 체험에는 바울이 그가 회심시킨 이들에게 떠올려줄 수 있는 어떤 공통분모가 있었다(가령 고후 1:21f., 4:6, 갈 3:2ff.). 이 때문에 바울이 그리스도에게 속해 있음을 정의한 말(롬 8:9)에서는 공통된 영 체험이 필요충분조건으로 존재할 수 있었다.[3]

초기 바울계 교회의 영 체험이 지닌 공동체적 차원과 이런 차원이 초기 바울계 교회에서 가지는 중요성을 가장 잘 표현한 문구가 ἡ κοινωνία τοῦ ἁγίου πνεύματος(고후 13:13/14, 빌 2:1)이다. 이 말을 '성령이 만들어낸 사귐'이라는 의미로 이해할 때가 잦지만, 사실 이 말은 '성령에 **참여함**'을 의미하며,[4] 정확히 말하면 공동으로 소유한 것을 함께 체험함을 가리킨다—모든 다양한 영의 표현 바탕에 자리한 은혜를 체험함을 말한다. 고린도후서 13:13-14을 보면, 3개 1조로 등장하는 말 가운데 세 번째 문구(ἡ κοινωνία τοῦ ἁγίου πνεύματος)는 예수로 말미암아 나타난 은혜와 하나님이 행하신 사랑이 체험을 통해 구체적으로 실현됨을 가리킨다. 신자들이 함께 하나님의 사랑과 은혜를 체험했다는 것이 그들을 하나로 묶어주는 것이기에, 바울은 그의 독자들도 그런 사랑과 은혜를 모두 체험할 수 있기를 기도한다. 빌립보서 2:1은 이 문구가 담고 있는 체

3. 이 본문을 더 충실히 다룬 글을 보려면, Dunn, *Baptism*을 보라.
4. J. Y. Campbell, '*KOINΩNIA* and its Cognates in the New Testament,' *JBL* 51, 1932, reprinted in *Three New Testament Studies*, Leiden 1965, pp. 1-28—특히 pp. 25ff.; F. Hauck, *TDNT* III p. 807; Barrett, *II Cor.* pp. 344f.을 보라.

험의 내용을 더 두드러지게 표현한다. 바울은 감성이 짙게 배인 일련의 문구에서[5] 자기를 추구하고 불화를 빚는 모든 경향에 맞서 빌립보 사람들이 함께 겪은 체험의 따뜻함과 생명력 그리고 그들을 하나로 묶어주는 그 체험의 힘에 호소한다. 바울이 이런 호소를 할 수 있었고 그의 바람이 이뤄지길 소망할 수 있었던 것은 어디까지나 영이 그들 체험의 공통분모요, κοινωνία πνεύματος('영의 사귐')가 그의 독자들이 모두 실제로 함께했던 은혜와 능력 체험이었기 때문이다.

함께 나눈 영 체험이 초기 그리스도인 공동체를 하나로 만들어준 근본 요인이었음을 가장 분명하게 보여주는 성경 본문이 고린도전서 12:13과 에베소서 4:3이다. 고린도전서 12:13에서는 통일성(하나 됨)이라는 주제가 인접 문맥을 지배한다("한 같은 영"—11절; "한 몸"—12절; "한 영 … 한 몸 … 한 영"—13절). 하지만 사람들은 영의 통일성이 결정적 요인이라는 점을 자주 간과한다. **우선 바울이 이야기하는 통일성은 그들이 함께 한 새 생명 체험의 단일성**(*oneness*)**이다**. 바울이 그리스도의 몸이 영 세례(Spirit-baptism)를 통해 존재하게 된다고 생각하는지[6] 아니면 그리스도의 몸을 하나의 개별적 혹은 우주적 총체로서 어떤 개인이 그 안에 들어오기 전에 이미 존재하는 것으로 생각하는지를[7] 둘러싼 논쟁은 여기서 강조한

---

5. NEB는 이렇게 번역해 놓았다. '우리가 그리스도 안에서 함께하는 삶이 마음을 움직이는 어떤 것, 어떤 사랑의 위로, 어떤 영 나눔, 어떤 따뜻함, 혹은 사랑이나 긍휼을 만들어낸다면 ….'
6. 가령 Weiss, *Earliest Christianity* p. 637; Lietzmann in Lietzmann-Kümmel, *Kor.* p. 63; J. J. Meuzelaar, *Der Leib des Messias*, Assen 1961, p. 87; Barrett, *I Cor.* p. 288.
7. 가령 E. Percy, *Der Leib Christi*, Lund 1942, pp. 15ff.; Kümmel in Lietzmann-Kümmel, *Kor.* p. 187; Bultmann, *Theology* I p. 310; Robinson, *Body* pp. 49-67; Schweizer, *TDNT* VII pp. 1070f.; Käsemann, *Perspectives* pp. 104, 112; Conzelmann, *I Kor.* pp. 249f.을 보라.

요지에 전혀 영향을 미치지 않는다. 실존적인 차원에서 보면, 고린도 사람들이 그리스도의 한 몸을 체험한 것은 그들이 한 영을 체험한 일에 의해 결정되는 역할이다. 바울은 여기서 그리스도의 몸과 하나가 되게 하는 기독론 개념의 영향에 호소하지 않고 그리스도의 몸을 구성하는 이들이 은혜를 함께 체험했다는 사실에 호소한다.[8] 아울러 그가 그리스도의 몸과 하나 되게 하는 어떤 의식(ritual) 행위의 영향에 호소하지 않는다는 점도 덧붙여 말할 수 있겠다. 여러 주석가는 계속하여 아무 의문도 제기하지 않고 이 구절을 세례라는 성례의 근거로 원용하지만,[9] 나는, 12:13a이 성례 자체를 언급하느냐를 떠나, 이 구절이 주로 언급하는 것은 영 체험이며, 11절과 13b절도 그 점을 분명히 확인해 준다고 여전히 확신한다(참고, 갈 3:26ff.).[10] 바울은 '한 세례를 받았기에 한 몸'이라 말하지 않고 '한 **영**을 체험했기에 한 몸'이라 말한다. 고린도 사람들은 자신들이 한 몸의 지체임을 알고 있었다. '한 영으로 세례를 받았다'는 은유와 '한 영에 빠져 흠뻑 젖음'이라는 은유는 그들의 공동 체험과 기억 속에 생생히 살아 있는 사실이었다(13절의 '모두').

이보다는 좀 덜 분명하지만, 에베소서 4:3f.에서도 같은 취지가 등장한다. 이 본문은 교회의 통일성을 영의 통일성과 직접 관련지어 말한다[11]—이는 교회 지체들이 함께 한 영 체험에 교회를 하나 되게 하는 힘이

8. P. S. Minear, *Images of the Church in the New Testament*, Westminster 1960: "성령론의 음조가 기독론의 음조를 어떻게 지배했는지 관찰해 보라"(p. 191). 참고, Hermann p. 83, 그리고 더 자세한 것은 본서 제10장을 보라.

9. Barrett, *I Cor.* pp. 288f.; Conzelmann, *I Kor.* p. 250; E. Dinkler, 'Die Taufaussagen des Neuen Testaments,' *Zu Karl Barths Lehre von der Taufe*, hrsg K. Viering, Güttersloh 1971, pp. 87f.

10. Dunn, *Baptism* pp. 109-113, 129ff.

11. 참고, Scott, *Ephesians* p. 203; Schlier, *Epheser* p. 184; Kuss, *Römerbrief* p. 567.

있음을 언급한 것이다. 바울이 선택한 동사는 시사하는 점이 있다—τηρεῖν(‘유지하다’, ‘보존하다’): 영의 통일성은 만들어져야 할 것이 아니며, 그들 자신이 만들어내는 것은 더더욱 아니다. 에베소 사람들이 할 수 있는 것은 그 통일성을 보존하거나 파괴하는 것뿐이다. 이는 영의 통일성이 주어진 것이기 때문이다: 그리스도를 믿게 된 이들이 함께 한 은혜 체험은 공동체의 출발점이자 기초를 제공한다.[12]

어떤 이들에겐 그것이 진부하고 당연해 보일지 모르나, 오늘날 **바울이 공동체 지체들이 함께 나눈 영/은혜 체험을 그리스도인 공동체의 근본으로 여겼음**은 아무리 강조해도 지나치지 않다. 함께 나눈 영/은혜 체험이 없으면, ‘사귐’(κοινωνία)도 실체가 전혀 없는 공허한 것이 되어버린다. 그리되면 그것은 여전히 하나의 전문 용어나 관념에 불과할 뿐이지 실존과 관련된 실재는 되지 못한다. 따라서 통일성도 이런 공동 체험에 달려 있다. 구조의 통일성이나 형태의 통일성이 있을 수 있지만, 공동체 지체들이 은혜를 공동으로 체험하지 않으면(‘체험’과 ‘은혜’에 모두 강조점이 있다) 그런 구조나 형태의 통일성은 살아 있는 실재가 될 수 없다. 바울이 제시하는 교회 ‘모델’에서는 이런 강조점이 당연히 서로 결부되고 통합될 수밖에 없다. 그 점을 시야에서 놓쳐서는 안 된다. 그렇지 않으면 그 ‘모델’도 아무 쓸모가 없다.

45.2. **영의 선물을 통해 영을 체험하는 공동체인 그리스도의 몸**. 사람들이 함께 (체험한) 영이 공동체를 만들어낸다면, 영의 선물을 통해 체험된 영은 공동체를 유지해 준다. 바울은 고린도전서 12:14-27에서 교회가 몸이라는 것을 강설하면서 그런 점을 아주 힘차게 역설한다. 교회가

12. 참고, H. Riesenfeld, *TDNT* VIII p. 143.

곧 그리스도의 몸이라는 바울의 개념이 또 다른 영향들을 통해 만들어졌을 수도 있다.[13] 그러나 분명 이 본문에 가장 두드러진 영향을 미친 것은 스토아학파가 개인과 사회의 관계를 묘사할 때 으레 몸이라는 은유를 사용한 점이다.[14] 하지만 바울이 이 은유를 전개한 것을 살펴보면, 이 몸이라는 말은 단순히 공동체를 표현한 것이 아니라 영의 선물을 통해 **영을 체험하는 공동체**를 구체적으로 표현한 것이다.[15]

우선 주의할 점은 바울이 여기서 고린도의 **지역 교회**를 묘사한다는 점이다. 바울은 고린도 사람들에게 "너희는 그리스도의 몸이다"라고 말한다(고전 12:27). 이때 그가 생각하는 것은 '보편 교회'가 아니며, 그가 지금 말하려는 것 역시 '고린도에 있는 너희는 전 세계 그리스도인 형제자매 가운데 일부다'도 아니다. 오히려 그가 생각하는 것은 고린도 신자들이 고린도에 있는 그리스도의 몸이라는 것이다.[16] 이렇게 보는 것은 바울의 ἐκκλησία('교회') 용례와 궤를 같이한다. 이 단계에서는 바울이 **모든** 신자를 가리켜 '교회'(단수형)라 말하는 경우가 (설령 있다 해도) 아주 드물다. 그가 앞서 보낸 서신들에서는 '교회'가 거의 늘 한 곳에 살거나 한

13. Meuzelaar, *Leib*의 논의를 보라.

14. Käsemann, *Perspectives* p. 103; *Römer* p. 321. 가령 Epictetus, *Encheiridion* II.10.4; Seneca, *Epp*. 95.52; Marcus Aurelius II.1을 보라. 모든 것 가운데 가장 유명한 것은 Livy II.32가 Menenius Agrippa가 말했다고 일러주는 알레고리다. 참조할 다른 것들을 보려면, Weiss, *I Kor*. p. 302 주2; Lietzmann in Lietzmann-Kümmel, *Kor*. p. 62; Robinson, *Body* p. 59 주1을 보라.

15. "사도는 오로지 이 은혜의 효과와 선물이라는 맥락 속에서 한 몸과 그 몸을 구성하는 다양한 지체라는 고대 세계의 비유를 활용한다"(Bornkamm, *Paul* p. 195). Percy는 '그리스도의 몸', '그리스도 안에', 그리고 '영 안에'의 관계를 논할 때 이런 사실에 충분한 무게를 부여하지 않는다(*Leib* pp. 18-43).

16. Heinz, *Ekklesia* pp. 84와 주4, 253f.; 참고, K. L. Schmidt, *TDNT* III p. 506; R. Schnackenburg, *The Church in the New Testament*, ET Burns & Oates 1965, p. 167.

곳에 모이는 모든 그리스도인을 의미한다.[17] 이 때문에 바울은 보통 '교회들'이라는 복수형을 사용하곤 한다—유대, 갈라디아, 아시아 등에 있는 '교회들'(롬 16:16, 고전 7:17, 16:1, 19, 고후 8:18f., 23f. 등). 따라서 분명 바울은 고린도전서 12:14ff.의 은유를 사용할 때 마치 고린도 사람들이 더 넓은 교회(전 세계에 있는 그리스도의 몸)의 일부(한 다리나 한 팔)만을 형성하는 것처럼 사용한다. 15절 이하와 21절 이하는 분명 영지주의 성향으로 나아가던 고린도의 분파가 만들어낸 열위(劣位)와 우위(優位) 복합체를 겨냥하고 있다.[18] 따라서 바울이 고린도 상황 자체를 염두에 두고 이 은유를 전개하고 있다는 것은 분명해진다. 즉, **바울이 '그리스도의 몸'이라 부르는 것은 바로 고린도 회중 자체다**. 그렇다고 바울이 마치 이 용어를 오로지 고립되고 독립된 그리스도인 공동체들과 관련지어 생각한 것처럼 과장해서는 안 된다.[19] 그럼에도 그것은 바울이 고린도의 그리스도인 공

17. Arndt & Gingrich, ἐκκλησία; Hort, *Ecclesia* pp. 116ff., 164, 168; Cerfaux, *Church* pp. 192ff.; Hainz, pp. 229-239, 250-255. 아울러 어떤 지역의 가정에서 모인 그룹/교회를 가리키는 말로 ἐκκλησία를 사용한 경우를 주목하라—롬 16:5, 고전 16:19, 골 4:15, 몬 2절. 고전 12:28은 예외로 여기는 경우가 잦다(Richardson, *Theology* p. 287—"바울이 하나님이 사도를 지역 회중 안에 '두셨다'고 말할 리가 없다"; 그러나 Hainz pp. 252ff.와 본서 §47.2을 보라.

18. Weiss, *I Kor*. p. 304; Conzelmann, *I Kor*. p. 250.

19. 공동체와 공동체 사이에 얼마나 많은 왕래와 연락이 있었는지 주목해 보라(참고, 롬 16장, 고전 16:17, 골 4:9-16; 그리고 Kertelge, *Gemeinde* p. 76을 보라). 아울러 부활한 예수를 마지막 아담으로, 그리스도인 전체를 하나님의 종말론적 백성을 구성하는 이들로 묘사한 상호보완적 이미지를 생각해 보라(특히 Dahl, *Volk* pp. 212ff., 225ff.; Schweizer, *Church Order* §7을 보라). 그러나 여기서 말하는 모든 표현(몸, 아담, 이스라엘)을 결합해 보면, 각 공동체가 공동체끼리 서로 의존하면서도, 예루살렘이 아니라 부활한 주에게 직접 의존하고 있다는 게 드러난다. '예루살렘에 있는 성도 가운데 가난한 이들을 위한' 연보는 유대의 성전세와 여러 면에서 비슷했지만(롬 15:25f.), 그래도 이 연보는 바울계 교회가 예루살렘에 종속되거나 의존했음을 일러주지 않고, 그리스도인이 서로 돌보는 것이 공통 관심사였음을 보여줄

동체가 공동체로서 지닌 생명과 공동체로서 행하는 예배를 예루살렘이나 안디옥에 있던 교회의 중심 조직은 물론이요 다른 교회들에도 의존하고 있다고 여기지는 않았음을 의미한다.[20] 고린도에서 그리스도의 몸이 나타나느냐 여부는 오로지 고린도에 있는 교회가 제 구실을 하느냐에 달려 있었다.[21]

둘째, 이 몸의 지체라는 것은 **영의 선물을 받고 영을 나타내는 지체**임을 의미한다. 한 몸을 구성하는 많은 지체(고전 12:14)는 단순히 개개 신자가 아니라 **영의 사람인** 개개 신자다(4-11, 27-30절)—즉 개개 신자는 은혜의 영이 그 신자를 통해 어느 때나 다양한 모습으로 나타날 수 있게 해 주는 이다.[22] 따라서 로마서 12장에서도 영의 선물은 바로 공동체 지체가 그리스도의 몸을 이루는 지체로서 행하는 기능(πρᾶξις—4절)을 말한다.[23] 따라서 바울이 생각하는 그리스도의 몸 개념에서 가장 중요한 것은 바로 각 지체가 그 나름의 선물을 '갖고 있다'는 것이다("각 사람에게 … 각 사람에게"—롬 12:3ff., 고전 7:7, 12:7, 11; 벧전 4:10도 마찬가지다). 은혜의 나타남이 없는 지체는 하나도 없다.[24] 어느 지체도 공동체의 예배나 생명에 기

뿐이며(참고, 롬 12:8, 고전 12:25f.), 이 특별한 경우에는 신생 교회가 유대교와 예루살렘을 통해 온 영적 복들에 감사했음을 표현한 것이다(롬 15:27); 참고, K. F. Nickle, *The Collection*, SCM Press 1966, 제3장; Hainz, pp. 232-236, 239-250. 우리가 본서 §47.2에서 보듯이, 고후 10-13장은 헬레니즘 세계 선교에 나선 교회들에게 우위와 권위를 주장하려 했던 예루살렘에 대한 바울의 태도를 보여준다.

20. Harnack이 Sohm과 벌인 논쟁을 참고하라—Harnack, *The Constitution and Law of the Church*, ET Williams & Norgate 1910, pp. 45ff., 234ff.
21. 참고, Schweizer, *Church Order* 주358: "그리스도의 몸은 원시 교회의 하나님 섬김 속에서 형태를 갖춘다"—Cullmann, *Worship* pp. 26, 33f.을 인정한다.
22. 다양성의 범위를 알아보려면, 본서 §43.6을 보라.
23. Grau p. 55.
24. Käsemann, *ENTT* p. 76; 아울러 *RGG*^{3} II 1276; G. Eichholz, *Die Theologie des Paulus im Umriss*, Neukirchen 1972, p. 275; 가톨릭 쪽 주석 가운데 Küng, *Church* p.

여하길 거부하지 못한다. 각 지체가 영을 '끄지' 않고 그리스도의 몸의 지체로서 기능하길 멈추지 않으면 영은 그 지체를 통해 그 공동체를 만들어낼 것이다. 물론 모든 지체가 똑같은 영의 선물을 '가지지는' 않는다(롬 12:4, 고전 12:17, 19). 어떤 개인도 모든 영의 선물을 다 표현하지는 않는다(고전 12:18, 20, 29f.). 그러나 각 신자는 영이 그 신자를 통해 은혜를 표현함으로써 그 신자를 통일된 공동체 안으로 엮어 넣을 때에 비로소 그 몸의 지체가 된다. 영을 갖는다는 것은 계속하여 구체적으로 표현되길 구하는 은혜의 능력을 체험함을 의미한다. 따라서 고린도전서 12:15ff.는 바울이 영의 사람들에 맞서 영의 사람들이 아닌 이들 편에 가담했음을 보여주는 것으로 이해해서는 안 된다—**모든** 이가 영의 사람들이다(7, 11절).[25] 바울은 어떤 경우에도 그리스도인을 두 종류—다른 이들을 섬기는 이들과 다른 이들에게 섬김을 받는 이들, 영의 선물을 나타내는 이들과 그렇지 않은 이들—로 나눠 생각하지 않는다. **그리스도인이라는 것은 영의 사람이라는 뜻이다. 영의 선물을 나눠주는 영을 공유하지 않으면 그리스도의 몸을 이루는 지체가 되지 못한다.**

셋째, 바울이 생각하는 그리스도의 몸 개념이 역동적이듯이, 그 몸을 이루는 지체에 관한 그의 이해도 역동적이다. 수동적 지체 같은 것도 없고, 세례 준비 교육이나 훈련 시간 같은 것도 없다. 그리스도의 몸에 들어감(영 세례—고전 12:13)은 능동적 지체가 됨을 말한다.[26] 그리스도의 몸

189; Hasenhüttl p. 234; Schürmann, 'Gnadengaben' pp. 248f.; J. Gnilka, 'Geistliches Amt und Gemeinde nach Paulus,' *Foi et Salut selon S. paul*, Rome 1970, p. 238도 마찬가지다.

25. Friedrich, 'Geist' p. 77; Schweizer, *TDNT* VI, p. 432; Conzelmann, *I Kor*. p. 252; Käsemann, *Römer* p. 319.

26. 참고, Käsemann, *ENTT* p. 73; "이런 맥락에서는 세례받은 모든 이가 '직무를 맡은 이'이다"(p. 80). 아울러 Bittlinger, *Graces* p. 58도 마찬가지다.

에 속함은 그 몸 안에서 어떤 기능(πρᾶξις)을 가짐이요(롬 12:4), 그 지체가 해야 할 기여를 행함을 말한다. 그렇지 않으면 몸 전체의 건강이 고통을 겪는다. 다른 영의 선물보다 멋있어 보이지도 않고 기여도와 중요성이 떨어져 보이는 영의 선물이 사실은 하나같이 중요하며, 실제로 몸 전체의 안녕에 **더** 중요하다(고전 12:21ff.). 모든 영의 선물, 모든 은혜의 표현은 **필수불가결**하다. 이는 **영의 선물이 그리스도의 몸이 살아있음을 보여주는 운동**(*movement*)이기 때문이다.

따라서 몸의 지체들이 서로 의존하는 것도 역동적 과정이다. 바울은 몸의 지체들이 행하는 기능을 이야기할 때, 각 개인의 기능이 고정되어 있다고 생각하지 않는다.[27] 영의 선물 하나하나가 은혜에 따른 새로운 행동이듯이, 그리스도인 공동체의 **통일성**도 고정된 상태일 수 없다. 오히려 그리스도인 공동체의 **통일성**은 **상호작용하는 갖가지 선물을 통해 자신을 나타내는 영에게 끊임없이 의존하며 계속 이어지는 창조적 사건**이다.[28] 오늘의 통일성이 내일의 통일성을 보장하지 않는다—몸의 통일성은 새 영의 선물들이 상호작용을 통해 몸의 통일성을 늘 새롭게 만들어내느냐에 달려 있다. 따라서 영의 선물이 없으면 그리스도의 몸도 없으며 그 몸의 통일성도 존재하지 않는다는 것이 바울의 견해라고 말해도 될 것 같다. 그리스도(그리스도의 영)가 역동적 상호 의존 관계에 있는 공동체의 여러 지체를 통해 자신을 나타냄이 곧 그 몸**이다**(12:12).[29]

넷째, 따라서 **영의 사람은 영의 사람으로서 그 자신을 위해 존재하지 않고 오직 공동체를 위해 존재한다.** "고린도 사람들은 무엇보다 근

27. 몸이라는 은유는 바울의 신학을 잘 설명해 준다. 몸이 몸을 주관하게 해서는 안 된다.
28. J. Horst, *TDNT* IV p. 563; 아울러 아래 주173을 보라.
29. 참고, Horst, *TDNT* IV p. 564; Conzelmann, *I Kor*. p. 252.

본적으로 그리스도의 몸이며, 그들 하나하나가 개별 지체라는 것은 부차적 의미가 있을 뿐이다."[30] 우리가 바울의 이런 강조점들을 제대로 인식하려 한다면, 영의 선물을 결코 개인**에게** 주어진 것으로 생각해서는 안 되며, 그런 개인 자신의 발전이나 즐거움을 위해 주어진 것으로 생각해서는 더더욱 안 된다. 그런 생각은 오히려 공동체와 철저히 양립할 수 없는 것이다(14:2ff.).[31] 영의 선물은 언제나 **섬김**(διακονία—12:5; 본서 §42.1을 보라)으로, **몸을 위한 선물**로, 아니 더 적절히 표현하자면, '공동선을 이루고자' 개인**을 통해** 주어진 것으로 봐야 한다(12:7).[32] 거짓 겸손이나 뒤떨어진 지체가 있을 수 없고(12:15f.) 우쭐댐이나 우월한 지체가 있을 수 없는 것(12:21ff.; 아울러 롬 12:3을 보라)은 다 그 때문이다. 어떤 영의 선물이든, 모두 영의 작품이다. 어떤 영의 선물이든, 모두 그리스도의 몸에 필요하다. 그 선물이 누구를 통해 주어지는가는 중요하지 않다. 공동체를 기준으로 생각할 때, 영의 선물이 영의 사람보다 중요하다.[33] 따라서 각 지체는 오로지 어떤 특정 상황에서 자신에게 주어진 역할을 하고 다른 이들도 그들에게 주어진 역할을 하도록 격려하는 것에만 관심을 가져

---

30. E. Schweizer, *The Church as the Body of Christ*, ET SPCK 1965, p. 63; 아울러 *TDNT* VII p. 1070; Conzelmann, *Outline* p. 261을 보라.

31. 회중이 모였을 때 하는 방언에 대한 바울의 태도 그리고 방언에 관한 바울의 인식 안에 존재하는 '해결되지 않은 긴장'은 결국 이 때문이다(본서 §41.8을 보라).

32. Küng의 '영의 선물'에 대한 정의는 영의 선물이 하나의 사건으로서 갖고 있는 역동적 본질 그리고 바울이 생각하는 개념이 지닌 다양성과 공동체 지향성을 가까스로 포착한다. "그것은 가장 넓은 의미에서 하나님이 개인에게, 공동체 안의 특별한 사역에 제시하는 요구(부름)를 의미하며, 그것은 그 사역을 완수할 수 있는 능력도 함께 가져다준다"(*Church* p. 188).

33. 이 때문에 바울은 롬 12:6-8과 고전 12:8-10에서 제시하는 목록의 틀을 그와 같은 방식으로 짠다. 이 목록에서 염두에 두는 것은 그 선물을 행하는 개인이 아니라 선물과 활동 그리고 섬김이다. 본서 제8장 §39.2, §40.1 등을 보라.

야 한다(참고, 고전 12:25f.). 이는 전체의 건강이 각 지체가 제 기능을 하느냐에 달려 있듯이, 각 지체의 건강도 전체가 제 기능을 하느냐에 달려 있기 때문이다. 어느 개인의 영성이 출중하다고 하여 그가 공동체에 지고 있는 책임이 사라지거나 공동체에 의존하는 그의 처지에서 벗어나는 것은 아니다. 이 때문에 로마서 12:5은 이렇게 강조한다—"우리가 비록 많지만 그리스도 안에서 한 몸이 되어 각기 서로 지체가 됐다."[34]

45.3. **요컨대**, 바울은 그리스도인의 체험과 삶이 지닌 공동체적 차원을 영을 체험하는 공동체와 관련지어 본다. **다양성 속의 통일성**이 로마서 12장과 고린도전서 12장에 있는 몸 은유의 핵심이라면, 두 용어가 모두 영 체험을 가리킴을 되새기는 것이 중요하다—통일성은 영 체험이 **은혜**라는 **공통된** 성격을 갖고 있음을 의미하며(§45.1), 다양성은 영 체험이 **다양한 영의 선물**을 통해 이뤄짐을 의미한다(§45.2). 이를 달리 표현하면, 교회는 수동적 의미와 능동적 의미의 나눔(κοινωνία)으로 이뤄진다고 말할 수 있다—여기서 '나눔'은 우선 서로 다른 개인들이 함께 나눈 은혜 체험을 통해 함께 모여 공동체를 이룸을 의미하며, 각 사람이 각기 다른 영의 선물로 예배와 섬김이라는 공동 생활에 기여함을 의미한다. 따라서 바울이 교회를 영을 체험하는 공동체로 보았다는 것은 곧 그가 고린도나 로마나 데살로니가나 다른 어디에 있는 그리스도의 몸을 신자들을 하나로 묶어주고 그의 은혜를 폭넓게 나타냄으로써 신자들을 세워주는 그리스도의 영으로 보았음을 의미한다. 그것은 그런 믿음 공

34. 롬 12장은 고전 12:12-30의 비전이 비단 고린도뿐 아니라 모든 바울계 공동체에 적용됨을 보여준다. E. von Dobschütz, *Christian Life in the Primitive Church*, ET Williams & Norgate 1904은 롬 12-16장이 '그(바울)가 그리스-소아시아에 있던 그의 공동체들에서 얻었던 체험의 침전물'임을 시사한다(p. 132).

동체의 각 지체가 공동체의 삶 속에서 어떤 기능을 갖고 있으며, 전체의 안녕에 필요한 기여를 하고 있음을 의미한다. 그것은 영의 선물이 공동체에 반드시 있어야 하고, 공동체가 영을 체험하는 공동체라야 비로소 실재가 되며,[35] 공동체는 전체가 한 지체에, 그리고 한 지체가 전체에 서로 의존하는 역동적 상호의존 속에 존재한다는 것을 의미한다. 그것은 신자가 영의 사람일 때에만 비로소 공동체의 지체이며, 공동체의 지체일 경우에만 비로소 영의 사람임을 의미한다. 그것은 교회의 통일성이 이런 다양성으로 말미암아 파괴되지 않는다는 것, 오히려 그 반대로 교회의 통일성은 아주 광범위하고 다양한 영의 선물이 제 기능을 하느냐에 달려 있다는 것을 의미한다. 영의 선물에 다양성이 없으면 통일성도 있을 수 없다.[36] 한마디로, **교회가 영을 체험하는 공동체라는 말은 다양성 안의 통일성, 다양성을 통한 통일성을—다양한 영의 선물 안에서, 그리고 다양한 영의 선물을 통해 나타나는 은혜의 통일성을—의미한다**.

§46. 공동체에 위협이 되는 영의 선물들/능력들

이론은 그 정도로 하고, 실제는 어땠을까? 바울이 생각했던 영을 체험하는 공동체 개념은 자신이 세운 교회들에서 어떻게 구현됐을까? 바울서신이 이 물음에 관하여 제시하는 증거는 단편적이며 넌지시 암시만 할 뿐이다. 따라서 이 문제를 적절히 연구하려면, 이런 교회들의 상황과 이런 교회들에서 나타난 기독교의 본질에 관하여 몇 가지 광범위

35. Eichholz, *Gemeinde* p. 5.
36. Käsemann, *ENTT* pp. 70, 81.

한 이슈를 논해야 할 것이다. 그러나 우리가 여기서 할 수 있는 일은 우리가 다루는 문제와 직접 관련이 있는 본문들을 간단히 살펴보는 것뿐이다.

46.1. **고린도.** 먼저 바울이 생각했던 영을 체험하는 공동체 개념을 가장 충실하게 천명하는 서신부터 다뤄보자. 우리가 위에서 대략 서술한 '교회론'을 고려할 때(§45.2), 바울이 교회 탄생 후 첫 수십 년 동안 고린도교회에 보낸 서신 가운데 현존하는 서신 하나하나가 이런저런 분열로 위협을 받던 교회에 보낸 서신이라는 것은 아주 놀라운 사실이다(고린도전서, 고후 1-9장, 10-13장, 『클레멘스1서』).

(a) **고린도전서의 고린도교회.** 고린도에 있던 교회가 사실상의 분열로 위협을 받은 것은 분명하며, 특히 고린도전서 1:10ff., 11:17ff.은 그런 점을 분명하게 일러준다. 우리가 제8장에서 탐구한 결과도 영의 선물이 그런 위협의 일부였음을, 아니 더 정확히 말하면, 영과 관련된 현상을 대하는 태도와 영 체험에 비롯된 처신이 고린도교회의 통일성과 교회 공동체를 흔드는 주된 위협이었음을 아주 분명하게 보여주었다(본서 §§ 40.4, 41.2, 3, 7을 보라). 바울은 고린도전서 1:17-4:21에서 자칭 πνευματι-κοί('영의 사람들')라 행세하는 이들이 '지식'과 '지혜'에 부여한 가치를 문제의 뿌리로 보았다. 이런 '지식'이, 그리고 필시 '지식의 말', '우상은 이 세상에서 아무것도 아니다'라는 말로 나타난 그런 지식의 특별한 표현(고전 8:4)이 우상에게 바친 음식을 어떻게 대할 것인가라는 문제에서 지식이 있다는 이들의 사려 없는 행동을 불러왔다(8:10). 고린도 회중 안에서 이런 무질서와 혼란이 일어난 원인은 분명 영들을 향한 고린도 사람들의 열심(14:1), 곧 영감을 얻고 황홀경에 빠지는 체험을 향한 고린도 사

람들의 열심이었다(14:33a). 마지막으로 우리는 고린도전서 13:4-7의 중요성을 언급할 수 있겠다. 이 고린도전서 13장 전체는 영과 관련된 현상, 특히 방언, 예언, 지식에 대한 고린도 사람들의 과대평가를 겨냥하고 있다.[37] 아울러 바울이 13:4-7을 논박 성격이 더 분명한 1-3절과 8-13절 사이에 놓아둔 것으로 보아, 4-7절도 같은 목적에 이바지하게 하려는 것이 바울의 의도였을 가능성이 높다고 판단할 수밖에 없다.[38] 그렇게 볼 경우, 고린도에서는 영과 관련된 체험이 참지 못함과 불친절, 시기(猜忌)와 자랑, 오만과 무례함, 이기심과 짜증냄, 분개함 그리고 다른 사람의 실패를 즐거워함을 낳았다는 결론에 이른다. 다시 말해, 고린도에서 벌어진 영과 관련된 현상은 영의 통일성을 표현하기는커녕 사랑과 믿음과 소망이 없는 실상을 표현했고, 고린도 공동체를 세워주기는커

37. 이 장을 끼워 넣은 것으로 보기가 어려운 것은 그 때문이다—반대 견해는 Weiss, *I Kor.*, Héring, *I Cor*, J. T. Sanders, 'First Corinthians 13: Its Interpretation since the First World War,' *Interpretation* 20, 1966은 고전 13장이 본디 현재 위치에 있지 않았다고 주장하면서도, 이제 대다수의 주석가가 동의하듯이, '고전 13장을 12장 및 14장과 연계하여 이해해야 한다'고 바르게 인식한다(pp. 181ff.).

    바울은 12:31a의 ζηλοῦτε를 명령법이라기보다 직설법으로 썼으며 따라서 이는 꾸지람일 가능성이 아주 높다: "너희는 더 높은 선물(즉 고린도 사람들의 관점으로 보아 지극히 높은 영감을 동반한 선물)을 욕망한다. 좋다. 그렇다면 내가 너희에게 그런 선물이 있음을 그야말로 극단적인 방법으로 보여주겠다—이것이 '한계까지 가는' 방법이다"(Ruef). G. Iber, 'Zum Verständnis von I Kor. 12.31,' *ZNW* 54, 1963, pp. 43-52; Bittlinger, *Graces* pp. 73f.; Ruef, *I Cor.* pp. 140f.가 이를 따른다. 고전 12:31의 καθ' ὑπερβολήν에 관하여 알아보려면, Arndt & Gingrich, ὑπερβολή를 보라.

38. 참고, G. Bornkamm, 'The Most Excellent Way: I Corinthians 13,' *Early Christian Experience* pp. 182f.; I. J. Martin, 'I Corinthians 13 Interpreted in its Context,' *Journal of Bible and Religion* 18, 1950, pp. 101-105; 아울러 N. Johansson, 'I Cor. 13 and I Cor. 14,' *NTS* 10, 1963-1964, pp. 383-392; Hurd, p. 112에 있는 다른 참고 문헌을 보라.

녕 고린도 공동체를 흔드는 주요 위협 가운데 하나가 됐다.

(b) **고린도후서의 고린도교회.** 바울이 고린도후서 10-13장을 쓸 때 고린도에서 마주한 상황은 훨씬 더 심각했다. 내가 해야 할 일은 그 상황의 정확한 본질과 다른 관련 이슈들을 다루는 생생한 토론에 들어가지 않고, 다만 특히 케제만과 바레트가 내놓은 연구 결과가 당시 고린도 상황을 가장 일관되고 설득력 있게 재구성하여 제시하는 것 같다는 점을 말하는 것이다.[39] 분명 예루살렘에서 보낸 몇몇 사람('거짓 사도들'—고후 11:13)이 현장에 나타났다. 그들은 고린도교회를 예루살렘의 '영향권'으로 끌어들이려는 의도를 갖고 있었다. 그들은 이런 목적을 이루려면 바울의 권위 그리고 사도라는 그의 지위를 공격해야 할 필요가 있다고 느꼈다. 그 결과, 혼란이 일어났고 고린도교회는 분열됐다. 아니 십중팔구는 이미 고린도전서에서 분명하게 드러난 분파 사이의 분열이 더 깊어졌다고 말하는 것이 더 정확할 것이다. 아울러 바울과 고린도교회의 관계도 심각한 긴장 상태에 놓이게 됐다(고후 1:15-2:11, 17-3:1, 7:2-13, 10-13장). 이 문제의 중심에는 '거짓 예언자들'이 보여준 영의 선물들이 남긴 인상이 자리하고 있었다: 그들이 한 말은 분명 영감에서 나온 말이었으며, 십중팔구는 종종 황홀경 상태에서 한 말도 있었을 것이다—이들의 말

39. E. Käsemann, *Die Legitimität des Apostels*, Darmstadt 1956, reprint of *ZNW* 41, 1942, pp. 33-71; C. K. Barrett, 'Christianity at Corinth' pp. 286-297; 아울러 '*ΨΕΥΔΑΠΟΣΤΟΛΟΙ* (II Cor. 11.13),' *Melanges Bibliques*, Rigaux Festschrift, pp. 377-396; 아울러 *Signs* pp. 36ff.; 아울러 'Paul's Opponents in II Corinthians,' *NTS* 17, 1970-1971, pp. 233-254; 아울러 *II Cor*. pp. 5-10, 28-32, 227f. 나는 바울이 말하는 '지극히 크다는 사도들'(11:5, 12:11)을 고린도에 있던 그의 반대자들을 넘어 확장하는 견해에 그리 확신이 가지 않는다. 두 경우의 직접 문맥을 보면, 그런 확장을 요구하지 않는다. 더 자세한 것은 본서 §47.2을 보라. 바울과 거짓 사도들 사이에 이슈가 됐던 점들과 유사한 그 시대 사례를 보려면, Betz, *Paulus und sokratische Tradition*을 보라.

과 비교하면, 바울의 설교는 비교하기가 무안한 것처럼 보였다(고후 10:10, 11:6). 그들은 풍성한 환상과 계시를 체험했다(12:1). '표적과 이적과 기적'은 그들의 사도직을 증명해 주고도 남았다(12:12). 확실히 그들은 그들의 영 체험에서 분명하게 드러난 우월함을 내세워 고린도 사람들을 상대로 오만하게 행동할 수 있었고 고린도 사람들의 환대를 받으며 잘 살 수 있었다—이와 달리, 바울은 고린도 사람들의 도움을 받길 거절했는데, 고린도 사람들은 이를 바울 스스로 영적 체험의 결핍을 고백한 것으로 받아들였다(11:7-21). 따라서 여기에서도 다시금 고린도교회가 영과 관련된 현상들에게 부여했던 역할 및 중요성이 고린도에 있던 그리스도인 공동체를 향한 위협의 중심 원인이었다는 게 드러난다.

(c) **『클레멘스1서』의 고린도교회.** 로마의 클레멘스가 90년대에 다룬 위협의 근본 원인이 고린도에 있던 교회에서 나타난 영의 선물과 이 선물의 역할이었는지는 확실히 말할 수 없다. 그러나 실제로 고린도교회의 젊은 지체들이 말과 지식이라는 영의 선물을 지나치게 높이 평가한 나머지(참고, 『클레멘스1서』 21:5, 48:5, 57:2) 왕년의 지도자들을 물러나게 했을 수도 있다(『클레멘스1서』 3:3, 44:6).[40] 우리는 바울이 고린도에 서신을 보냈을 때와 클레멘스가 고린도에 서신을 보냈을 때 사이의 40년 동안에 무슨 일이 일어났는지 모른다. 그러나 우리가 기독교 역사에서 익히 알고 있는 그리스도인의 공동 체험(그리스도인이 한 몸으로서 함께 겪는 체험)의 주기라 부를 만한 것—역동적 영적 체험과 왕성한 성장에 이어, 점진적 안정과 진정이 이뤄지면서 존경할 만한 모습과 더 규칙적이고 확립된 패턴이 등장한 다음, 뒤이어 새롭게 등장하는 세대가 기성 체제에 저항

40. 아울러 J. Rohde, 'Häresie und Schisma bei Clemens und Ignatius,' *NovTest* X, 1968, pp. 218-226을 보라.

267-268

하면서 갱신과 직접적인 체험의 신선함을 추구하는 패턴이 나타남[41]—의 초창기 사례 중 하나를 바로 고린도가 제공하고 있을 수도 있다. 그렇다 할지라도, 50년대 고린도교회의 현실과 90년대 고린도교회의 현실은 바울이 품었던 영을 체험하는 공동체라는 꿈의 현실성에 조금은 커다란 물음표를 남기고 있다고 말할 수밖에 없다(더 자세한 것은 본서 §57을 보라).

46.2. **로마**. 바울이 그의 삶에서 이 시기에 보낸 또 다른 서신으로 영을 체험하는 공동체라는 개념을 확장하여 제시하는 것이 로마서다.[42] 여기서 우리는 훨씬 더 분명하지 않은 지반 위에 서 있다. 곧, 바울은 로마 교회와 직접적인 인연이 없다. 그 때문에 그는 로마 교회에서 일어나고 있는 일에 관하여 아주 많은 말을 하지 않는다. 그러나 바울은 분명 로마 그리스도인 공동체의 평화와 통일을 위협하던 강한 반목과 분쟁을 알고 있었다(특히 14장, 16:17-20을 보라).[43] 영의 선물이 이 모든 문제에서 어

41. 예를 들면, 우리는 기독교 역사에 존재하는 유사 사례로서 프란치스코가 죽은 뒤에 독립된 분파로서 등장했던 '영성파 프란치스코회'(Spiritual Franciscans)를 들 수 있을 것 같다(가령 R. M. Jones, *Studies in Mystical Religion*, Macmillan 1909, 제9장을 보라); 성화 뒤의 경건과 감정을 내세운 초기 감리교의 진정한 상속자인 19세기의 성결 운동(Raymond Brown, *Evangelical Ideas of Perfection: A Comparative Study of the Spirituality of Men and Movements in the Nineteenth Century England*, Cambridge Ph.D. Dissertation 1965); 그리고 고전적 오순절주의 안에서 옛 오순절교회 안에 존재했던 열광이 쇠락한 것에 반발하여 나타난 늦은 비 운동(Latter Rain Movement)(가령 Brumback, *Suddenly* pp. 330-333; Hollenweger, *Pentecostals* 제11장을 보라).
42. 엡 4:7-16에 관하여 알아보려면, 본서 §57.2을 보라.
43. P. S. Minear, *The Obedience of Faith*, SCM Press 1971; H. W. Bartsch, 'Die Empfänger des *Römer*briefes,' *StTh* 25, 1971, pp. 81-89. 이 논지를 반박하는 글이 R. J. Karris, 'Rom. 14.1-15.13 and the Occasion of Romans,' *CBQ* 35, 1973, pp. 155-

떤 역할을 했는지, 했다면 얼마만큼 했는지는 아직도 아주 많은 부분이 의문으로 남아있다. 우리가 말할 수 있는 것은 바울이 적어도 고린도의 영지주의자들이 가졌던 태도와 중시했던 가치를 어느 정도 공유하고 있던 로마의 어떤 그룹 내지 분파를 생각하고 있는 것 같다는 것이다(참고, 롬 6:1과 고전 5-6장, 롬 13:13과 고전 11:17-22, 롬 14:1-15:6과 고전 8장, 10:23-33, 롬 16:17f.과 고전 1-4장).[44] 특히 우리가 주목할 만한 본문이 로마서 6:4f.인데, 여기서 바울은 신자들이 (그리스도의 죽음에 참여한 것처럼) 그리스도의 부활에도 이미 참여하고 있다는 말을 일부러 삼간다—그리스도의 부활에 참여함은 여전히 확실하게 결정 나지 않은 미래의 일이다.[45] 이렇게 바울이 유보 의견을 밝히게 된 것은, 실제로 그런 위험이 있었든 아니면 그런 위험이 있다고 의심했기 때문이든, 우리가 고린도전서 15:12에서 발견하는 것과 같이 부활을 영지주의적인 또는 열광주의적인 관점에서 생각하는 견해가 초래한 위험 때문인 것 같다.[46] 로마서 8:26f.도 마찬가지다. 이 본문은 딱히 방언을 이야기하지 않는다(본서 §41.6을 보라). 그럼에도 이 본문은 영이 부어주는 영감을 여전히 몸의 구속과 새 창조의 완전한 실현을 기다리는 피조물의 한숨 대신 이미 구원이 실현됐음을 보여주는 표지로 생각하던 이에게 던지는 예리한 깨우침일 수 있다(참고,

---

178이며 일부 효과를 거두었다. 아울러 위 주34을 보라.

44. 참고, Schmithals, *Paul and Gnostics* pp. 219-238. 그러나 Schmithals는 롬 16장이 본디 롬 1-15장과 별개였으며 에베소에 보낸 것이라고 생각하는 많은 학자와 의견을 같이 한다. 토론과 반대 견해를 살펴보려면, Kümmel, *Introduction* pp. 222-226을 보라.

45. Dunn, *Baptism* pp. 143f. 그리고 거기서 인용한 자료를 보라.

46. Käsemann, *NTQT* pp. 132ff. 고전 15:12을 살펴보려면, 본서 제5장 주43과 §40.4을 보라.

8:15ff.).[47] 이런 평행 관계들을 고려할 때, 로마서 12:1-8과 고린도전서 12장 사이에 존재하는 또 다른 평행 관계가 중요한 의미를 지닌다.[48] 우리가 특히 주목해 볼 만한 본문이 로마서 12:3이다: "우쭐대거나 자신을 너무 높이 생각하지 말라." 바울은 좋은 목자로서 '모든 사람'에게 이런 권면을 제시하지만, 이 본문의 직접 문맥 그리고 이 본문이 고린도전서 12:21ff.(참고, 고전 13:5, 고후 11:20)과 평행을 이룬다는 점은 바울의 1차 과녁이 바로 자신들이 체험하고 있다고 믿는 커다란 은혜에 비례하여 우쭐대는 사람, 곧 자신들이 표현하는 영의 선물의 중요성에 비례하여 우쭐대는 사람임을 시사한다.[49] 따라서 로마에서도 영의 선물이 교회를 하나 되게 하는 요인이라기보다 분열시키는 요소였을지도 모른다. 아니면 적어도 바울이 이를 장차 위험을 안겨줄 요소로 보았을 수도 있다.

46.3. **데살로니가**. 우리는 바울이 가장 이른 시기에 쓴 서신들—데살로니가서와 갈라디아서—을 대략 살펴보는 것으로 우리의 고찰을 마무리하려고 한다. 바울이 데살로니가전서에서 마주한 상황이 고린도의 상황과 다소 비슷했다는 견해에 대해서는 할 말이 많다—일부 사람들의 영적 열광주의가 여기에서도 통제를 벗어난 상황이었다.[50] 특히 데살로니가전서 1:5, 2:3-12과 고린도전서 2:4, 4:15, 고린도후서 4:2, 11:9,

47. 참고, Bieder, 'Gebetswirklichkeit' pp. 32f.; Käsemann, *Perspectives* p. 132; *Römer* pp. 217f., 230f.

48. Minear, *Obedience* 제6장.

49. 참고, Althaus, *Römer* p. 126; Käsemann, *Römer* p. 317.

50. 특히 W. Lütgert, *Die Vollkommen im Philipperbrief und die Enthusiasten im Thessalonisch*, Gütersloh 1909; R. Jewett, 'Enthusiastic Radicalism and the Thessalonian Correspondence,' *Proceedings of the Society of Biblical Literature* 1972, Vol. I pp. 181-232; 아울러 Schmithals, *Paul and Gnostics* pp. 123-218을 보라.

12:12 같은 본문 사이에 존재하는 평행 관계는 바울이 고린도의 영지주의자들에게 받았던 것과 비슷한 공격과 비난을 받았음을 강하게 시사한다: 그의 사역이 훌륭한 결과를 얻었음에도, 그는 능력과 영향력이 없었고 더 놀라운 영의 선물을 갖고 있지도 않았다.[51] 데살로니가전서 5:19-22은 분명 몇몇 갈등을 겪고 있던 한 영의 공동체에 써 보낸 것이다.[52] 한편으로 보면, 예언의 말을 '경멸하는' 위험에 빠진 이들이 있었다—예언의 말을 경멸한 이유는 아마도 데살로니가에서 체험한 예언이 본질상 늘 황홀경 상태에서 나온 예언이었기 때문일지도 모르겠다.[53] 다른 한편으로 보면, 예언의 말은 반드시 시험받고 평가받아야 한다는 것을 되새겨주어야 할 사람들이 있었다—아마도 황홀경 상태에서 예언하던 예언자들이었을 것이다. 우리의 모든 목적에 비춰볼 때 가장 분명한 증거는 데살로니가후서 2:2이다: "내가 너희에게 청하니, 어떤 예언의 말로나(διὰ πνεύματος) 혹은 선포의 말로나(διὰ λόγου), 갑자기 허둥대거나 놀라지 말아야 한다"(NEB). 바울은 διὰ πνεύματος를 말할 때 분명 영감을 받아 말하는 모종의 말을 염두에 두고 있다(고전 14:12의 πνεῦμα 용례를 참고하라). 만일 그다음 어구가 합리적 종류의 영감을 가리킨다면(참고, 살전 4:15), διὰ πνεύματος는 어쨌든 황홀경 상태에서 나온 말을 가리킬 것이다—2b절("주의 날이 이르렀다")이 말로 된 계시를 암시한 것일 수도 있다는 점에서 황홀경 상태에서 나온 말이 꼭 방언이지는 않을 것이다.[54] 그 말의 방식 그리고/또는 내용은 분명 '이는 결국 종말론적 하나님 체험이다'라고 일러주는 것 같다. 아마도 이런 예언은 데살로니가 회중이

51. 참고, Schmithals, *Paul and Gnostics* pp. 139-155.
52. 참고, Henneken, *Verkündigung* pp. 103-111.
53. Best, *Thess.* p. 239.
54. 참고, Best, *Thess.* p. 279.

모인 자리에서 황홀경에 빠진 예언자들 가운데 하나가 알려주었을 것이며,[55] 그 결과를 대강 써놓은 곳이 데살로니가후서 3:6-11이다. 이 분석이 옳다면, 여기에서도 다시 영 체험이 결국 분열로 이어지고 덕을 세우지 **못하는** 결과를 낳은 교회가 존재하는 셈이다. 영의 선물을 놀랍게 체험하고 그런 영의 선물을 영적 가치의 판단 기준으로 여겼던 이들은 바울을 다소 겸손하지 않은 태도로 대했다. 데살로니가교회는 영 체험의 가치, 특히 예언의 가치를 놓고 갈라져 있었다. 이런 분열이 생긴 것은 가장 빈번히 나타난 영의 표현들이 통제를 받지 않았기 때문이었다. 회중 가운데 한 분파는 영에 감동하여 터뜨리는 말(들)에 깊은 인상을 받아, 그리스도를 욕보이고 공동체에 유익을 끼치기는커녕 도리어 공동체에 짐이 되는 삶의 방식을 택했다. 요컨대, 데살로니가에서는 영의 선물이 기독 교회의 통일성과 사귐을 위협하고 있었다.

어떤 이들은 갈라디아서에서 거기 있는 교회에 비슷한 위험이 닥쳤음을 일러주는 증거를 발견하곤 했다(특히 3:2, 5, 5:13, 25f., 6:1ff.).[56] 그러나 영적 열광주의자나 영지주의자가 공동체에 위협이 됐다는 결론을 이런 본문에서 아주 자신 있게 읽어낼 수는 없다—그렇지만 전체 부분인 5:13-6:10은 바울이 그런 위험에 마음을 쓰고 있었음을 보여준다.[57]

55. 참고, Masson, *Thess.* pp. 93f.; Kuss, *Römerbrief* pp. 552f.; C. H. Giblin, *The Threat to Faith*, Rome 1967, pp. 148ff., 그는 6절의 τὸ κατέχον을 '사이비 영의 힘인 귀신의 힘'으로 해석한다.

56. 특히 W. Lütgert, *Gesetz und Geist*, Gütersloh 1919; J. H. Ropes, *The Singular Problem of the Epistle to the Galatians*, Harvard Theological Studies 14, 1929; Schmithals, *Paul and Gnostics* pp. 13-64을 보라.

57. 아울러 R. McL. Wilson, 'Gnostics in Galatia?,' *Studia Evangelica* IV, 1968, pp. 358-367; J. Eckert, *Die urchristliche Verkündigung im Streit zwischen Paulus und seinen Gegnern nach dem Galaterbrief*, Regensburg 1971; F. Mussner, *Der Galaterbrief*, Herder 1974, pp. 11-29을 보라. 그러나 H. D. Betz, 'Geist, Freiheit

46.4. 따라서 나는 그리스도인 공동체가 다양한 영의 선물로 말미암아 점차 하나로 결속되어 통일된 공동체를 이루게 된다는 바울의 이론이 실제로는 그렇게 썩 잘 구현되지 않았다고 결론짓는다. 이 시대가 우리에게 일러주는 빈약한 정보를 살펴보면, 바울이 서신을 교환했던 네 교회 가운데 세 교회가 각기 정도의 차이는 있으나 영과 관련된 (어떤) 현상의 존재로 말미암아 위협을 받았던 것 같다. 공동체를 세울 목적으로 주어진 영의 선물이 오히려 공동체를 파괴하고 있었던 것으로 보인다(참고, 고후 10:8, 13:10).[58]

어쩌면 여기서 다음 단계 논의로 옮겨가기 전에 잠시 멈춰서서 한 가지 점을 분명히 밝히고 가야 할 것 같다. 우리는 이 섹션에서 영의 선물이 공동체에 위협이 됐음을 내내 이야기했다. 혹자는 이를 '영의 선물'이라는 말을 잘못 사용한 것이라며 반론을 제기할지도 모르겠는데, 그런 반론에도 정당한 근거가 없지는 않다. 영의 선물은 본디 은혜의 표현이다—공동체의 관점에서 보면 그것은 몸의 지체 하나하나가 영에게서 받아 몸 안에서 행하는 기능을 말한다. 공동체를 위협하고 공동체의 하나 됨을 파괴하는 경향이 있는 것은 어떤 것이든 이미 그 자체가 영의 선물이 아니다. 하지만 여기에서는 단순히 정의를 되풀이하는 것만으로 이 이슈를 해결하지는 못한다. 이 추론 과정의 논리가 완벽하다고 하

und Gesetz,' ZTK 71, 1974, pp. 78-93은 다른 방향으로 아주 멀리 나아가, 갈라디아서에서 바울이 '영지주의자로서 이야기한다'고 결론짓는다(p. 92).

빌립보의 상황은 좀 더 복잡했던 것 같다. 나는 그냥 R. Jewett, 'Conflicting Movements in the Early Church as Reflected in Philippians,' *NovTest* XII, 1970, pp. 362-390의 논의를 참조하면서, 거기서 제시하는 다양한 가설과 Jewett 자신이 시도하는 종합을 참조하겠다. 아울러 본서 제10장 주164을 보라.

58. 롬 7:7-14의 율법과 평행을 이루는 것을 주목하라. 7:14은 πνευματικός로 묘사한다.

여 그것으로 진짜 문제를 가리는 것을 허용해서는 안 된다. 우리가 § 31.3에서 '거짓 예언 문제'라 말했던 문제가 바로 그 진짜 문제다: 영에 감동하여 터뜨린 말(이나 한 행위)이 영의 선물이 **아니라면**? 데살로니가와 고린도 그리고 필시 로마에서도 그들이 받은 영감이 하나님에게서 왔다고 믿었지만, 바울이 판단하기에, 그들의 말과 행위로 그리스도인 공동체에 해를 끼쳤던 이들이 분명 있었다. 따라서 영감을 받은 체험 자체가 하나님이 그 영감의 원천임을 보장해 주지는 않는다(고전 12:2f.). 따라서 실제로 중요한 문제는 영에 감동하여 터뜨린 말이나 한 행위가 영의 선물일 때와 아닐 때를 아는 것이다. 아울러 그것이 영의 선물인지 아닌지를 누가 말해야 할지, 무슨 기준으로 그런 판단을 내릴 수 있는지도 문제가 된다.

우리가 고린도전서 13:1-3, 8ff.와 고린도전서 1:5, 7 같은 본문을 3:1ff.와 함께 고찰해 보면, 문제가 단순히 어떻게 정의하느냐의 문제가 아님이 훨씬 더 분명하게 드러난다. 바울은 고린도 사람들이 예언, 믿음, 줌(giving)을 포함하여 진짜 영의 선물을 체험했음을 반박하지 않는다. 그러나 **가장 놀라운 본질을 지닌 진짜 영의 선물도 사랑 없이 행하면 공동체 안에서 싸움만 일으켰고 그 몸의 성장을 가로막았다.**[59] 영의 공동체에 미치는 이런 위험의 심각성과 그에 따른 문제의 심각성을 과소평가해서는 안 된다. 그렇다면 진짜 영의 선물을 어떻게 통제할 수 있었을까? 영의 선물을 행하는 사람이 공동체에서 행하는 기여를 누가 평가할 수 있었을까? 이런 평가는 어떻게 이뤄졌을까? 이런 질문이 우리

59. 참고, Cerfaux, *Christian* p. 261; Bittlinger, *Graces* p. 81. 마 7:15-23을 보면, 거짓 예언자가 고전 12:3의 시험을 통과한다(그들은 예수를 '주'라 부른다). 게다가 그들은 '예수의 이름으로' 예언하고 귀신을 쫓아내며 능력을 행한다. 그러나 그런 그들을 무조건 거부해야 한다.

를 우리 연구의 다음 단계로 데려간다.

§47. 공동체에서 권위를 행사함: 사도의 권위

47.1. R. 좀이 초기 교회 내부에서 영의 선물에 기초한 조직과 교회법이 어떻게 연결되어 있었는가라는 문제를 처음 제기한 뒤,[60] 이 문제는 원시 기독교에 대한 역사적, 신학적 평가에 관심을 가진 이들이 가장 첨예하게 다루는 문제들 가운데 하나가 되어 왔다. 이 문제는 지금도 계속하여 종종 열띤 논쟁을 불러일으키는 주제인데, 분명 교의학 분야의 교회론에 영향을 미칠 만한 잠재력을 갖고 있기 때문이다. 그런 점에서 O. 린톤이 1880년부터 1931년까지 '초기 교회 문제'에 대한 연구를 뜻 깊게 검토하면서 저 문제를 다음과 같은 신선한 질문으로 마무리한 것도 전혀 놀랍지 않다: "영과 직무는 초기 기독교에서 서로 어떤 관계에 있었는가?"[61] 그 논쟁은 주로 영과 직무의 관계 또는 영의 선물과 직무의 관계와 관련하여 계속됐다. 어떤 이들은 이 문제의 답을 단순히 하르낙이 전 세계를 아우르는 범주를 갖고 있는 '종교적'(또는 '영적') 사역(사도, 예언자, 교사)과 순전히 특정 지역에 국한된 '관리'(행정) 사역(장로, 주교,

60. R. Sohm. *Kirchenrecht* I, Leipzig 1892.

61. O. Linton, *Das Problem der Urkirche in der neueren Forschung*, Uppsala 1932, p. 211. 불행히도 그는 중요한 작품인 T. M. Lindsay, *The Church and the Ministry in the Early Centuries*, Hodder & Stoughton 1902을 무시하며, Streeter, *Church*에 거의 관심을 기울이지 않는다. 요 근래 토론 중인 다른 이슈들을 살펴보려면, M. Barth, 'A Chapter on the Church-The Body of Christ,' *Interpretation* 12, 1958, pp. 131-156을 보라.

집사/부제)을 구분했던 것을[62] 해체한 뒤, 이런 요소들을 영의 선물과 직무로 예리하게 구분한 뒤 전자를 후자에게 분명히 종속시키는 방향으로 재정립하는 일에서 찾았다.[63] 하지만 대다수의 사람은 역사 분석과 주해 분석을 통해 영의 선물과 직무를 그처럼 쉽게 서로 대립시키기가 불가능하다는 것을 깨달았다. 오히려 그 반대로, 그들은 이런 분석을 통해 영의 선물은 직무를 암시하며 직무는 영의 선물을 표현한다는 결론에 이르렀다.[64]

근래에 이 논쟁에 가장 철저한 기여를 한 이가 E. 슈바이처와[65] E. 케제만이었다.[66] 이들의 통찰은 대체로 영의 선물을 본질상 하나님이 어떤 주어진 상황에서 행하는 특별한 행위로 보는 인식에서 나온다(본서 §43을 보라).[67] 슈바이처는 이렇게 말한다. "바울은 영의 선물과 사역을 모두

62. Harnack, *Constitution* §5와 §14.

63. 특히 Farrer, 'Ministry' pp. 145ff.을 보라. Farrer는 자신이 'Harnack의 이단'이라 부르는 것을 통렬히 비판하지만(p. 145 주1), 그 비판을 뒷받침하는 주해는 제시하지 않는다; Brosch, *Charismen* pp. 46ff., 94ff.

64. 가령 O. Michel, 'Gnadengabe und Amt,' *Deutsche Theologie*, 1942, p. 135; Friedrich, 'Geist' pp. 73f., 76f., 81-85. 아울러 Bultmann, *Theology* II pp. 95-100을 보라.

65. *Church Order*에서 절정에 이른 일련의 연구를 보라. 아울러 *Beiträge zur Theologie des Neuen Testaments*, Zürich 1970, 제15장과 pp. 274ff.을 보라. 아울러 같은 '집단' 가운데 E. Brunner, *The Misunderstanding of the Church*, ET Lutterworth 1952을 보라.

66. 특히 그가 'Ministry and Community'라는 제목으로 *ENTT*에 실은 논문. Käsemann의 견해를 논한 글을 보려면, D. J. Harrington, 'Ernst Käsemann on the Church in the New Testament,' *The Heythrop Journal* XII, 1971, pp. 246-257, 265-276을 보라.

67. 아울러 비록 불행히도 출판되지는 않았지만 F. Grau가 튀빙엔에서 받은 박사학위 논문, 그리고 von Campenhausen, *Ecclesiastical Authority*를 언급하지 않을 수 없다.

본질상 하나의 사건으로, 일어나는 일로 여긴다."[68] 케제만은 이렇게 말한다. "사도가 질서에 관하여 제시하는 이론은 직무와 제도, 서열과 명예에 의존하는 고정된 것이 아니다. 그는 권위가 오로지 실제로 일어난 구체적인 사역 행위 안에 존재한다고 본다."[69] 이 논쟁이 지금 어느 방향으로 가고 있는지 일러주는 중요한 시사점이 근래에 로마가톨릭 쪽에서 나온 가장 중요한 두 기여다: 우선 H. 큉(Küng)은 교회에서 영의 선물과 관련된 구조가 계속성을 갖고 있음을 강조했으며,[70] G. 하젠휘틀(Hasenhüttl)은 『교회의 질서 원리인 영의 선물』(*Charisma, Ordnungsprinzip der Kirche*)이라는 도발적 제목의 책을 통해 나름의 이야기를 들려준다.[71] 오늘날 기독교 안에서 오순절주의의 중요성이 점점 커져가고 있음을 볼 때, 그리고 오순절주의의 가르침이 특히 로마가톨릭 자체에 미치는 영향이 점점 커져가고 있음을 볼 때,[72] 영과 직무, 영의 선물과 질서라는 문제는 여전히 아주 생생하고 왕성한 이슈다.

---

68. *Church Order* 21g.
69. *ENTT* p. 83.
70. *The Church* pp. 179ff.
71. 특히 pp. 102ff.을 보라. 가톨릭의 변증을 가장 분명하게 표현한 곳이 pp. 223-232이다. 이곳의 논의는 바울서신이 제공하는 자료를 곧바로 제외한다. 아울러 Schürmann, 'Gnadengaben' pp. 264ff.; Kertelge, *Gemeinde* pp. 109-115을 보라. J. L. MacKenzie, 'Authority and Power in the New Testament,' *CBQ* 26, 1964도 마찬가지다: "교회 안에서 행사하는 권위는 영의 선물/능력과 관련이 있을 수밖에 없다. …"(p. 419).
72. K. & D. Ranaghan, *Catholic Pentecostals*, Paulist Press 1969; E. D. O'Connor, *The Pentecostal Movement in the Catholic Church*, Notre Dame 1971; D. L. Gelpi, *Pentecostalism, A Theological Viewpoint*, Paulist Press 1971; F. A. Sullivan, 'The Pentecostal Movement,' *Gregorianum* 53, 1972, pp. 237-265; E. Sullivan, *Can the Pentecostal Movement Renew the Churches?*, British Council of Churches 1972; *One Body in Christ* 7, 1971, no. 4과 9, 1973, no. 1에 있는 몇몇 논문. 아울러 본서 제4장 주2을 보라.

우리가 여기서 광범위한 논쟁을 펼치기는 분명 불가능하다. 우리가 다루는 주제는 초창기 기독교의 종교적 체험이다. 따라서 우리는 바울이 공동체 내부의 권위 행사를 영의 선물과 관련지어 어떻게 생각했는지, 특히 위에서 살펴본 영의 선물로 말미암은 무질서 상태가 초래한 여러 위험에 비춰 공동체 내부의 권위 행사를 어떻게 생각했는지로 고찰 범위를 제한할 수밖에 없다(§46). 우리에게 떠오르는 질문은 이렇다: **바울은 영의 선물을 권위로 여겼는가 아니면 직무의 기능으로 여겼는가?**—다시 말해, 어떤 선포가 권위를 가지는 것은 선포하는 직무 때문인가 아니면 선포하는 자가 선포할 때 받은 영감 때문인가? **바울은 권위가 누구에게 주어진다고 생각했는가?** 즉, 개인인가, 아니면 공동체인가, 아니면 공동체 내부의 어떤 그룹인가, 아니면 공동체 자체인가, 아니면 이것들의 어떤 결합체인가? 이 두 질문을 따로 떼어 다루기는 불가능하다. 따라서 우리는 마지막에 거명한 대안들, 곧 사도의 권위, 각기 다른 사역의 권위, 공동체의 권위를 차례로 고찰함으로써 위의 두 질문을 동시에 다뤄보겠다.

47.2. **고린도전서 12:28이 말하는 '사도'는 누구였는가?** 고린도전서 12:27, 28은 이렇게 말한다. "이제 너희는 그리스도의 몸이요 너희 가운데 각 사람은 그 몸의 지체다. 하나님이 교회에 먼저는 사도를, 두 번째로는 예언자를, 세 번째로는 교사를 … 세우셨다." 여기가 분명한 출발점이다. 바울은 질서가 없는 고린도교회 지체들에게 모든 지체가 서로 필수불가결이지만 그럼에도 하나님이 그리스도인 공동체 안에 있는 사람들에게 주신 세 기능은 그 중요성 면에서 어떤 서열을 갖고 있음을 되새겨준다. 첫 번째 자리에 있는 이가 사도다(아울러 엡 4:11을 보라). 그렇

다면 이 사도들은 누구였는가? 그들의 권위는 무엇이었는가?

고린도전서 12:28이 말하는 사도는 누구였는가? 바울이 '사도'라는 말을 어떻게 사용하는지 연구해 보면, 그가 이 말을 두 가지 좋은 의미로 사용한다는 것이 드러난다. 첫째, 모든 이가 동의하듯이, 이 말은 '대표, 사절, 메시지를 전하는 사람'이라는 뜻으로 사용할 수 있다—고린도후서 8:23, 빌립보서 2:25이 그 예다. 그러나 분명 이것은 고린도전서 12:28이 의도하는 의미가 아니다. 대표의 권위는 **다른 곳에서** 그의 공동체를 대변하는 권위이기 때문이다. 반면, 우리는 고린도전서 12:28에서 교회 = 지역 공동체 안에 있는 사도에 관하여 이야기하고 있다(본서 §45.2을 보라).

둘째, 고린도후서 10-13장은 잠시 제쳐두고 다른 곳을 살펴보면, '사도'는 늘 우리가 고린도전서 15:7-9의 의미로 부를 법한 사도, 어느 한 교회의 대표라기보다 그리스도의 사도인 이를 가리킨다—즉 제한된 범위의 사람들(그러나 '열두 제자'보다는 훨씬 넓은 범위의 사람들), 선택받은 이들로서 바울이 미숙아 같았던 때에 회심하고 사도 무리에 더해진 뒤에 비로소 그 숫자가 다 찬 무리(§18.3을 보라)를 가리킨다. 우리가 바울을 사도의 전형으로서 삼을 수 있다면,[73] 우리가 이 책 제5장에서 제시했던 결론을 좀 더 자세히 보강하고 (두 번째 의미의) 사도가 가진 주요 특징을 다음과 같이 열거할 수 있겠다: (1) 이 사도들은 부활한 예수의 현현 때 부활한 예수에게서 직접 사명을 받았다(고전 9:1, 15:7, 갈 1:1, 15f., 살전 2:6/7—'그리스도의 사도'). (2) 이 사도들은 선교사요 교회 설립자였다(롬 1:5, 11:13,

73. 기독교의 독특한 '사도'의 의미, 곧 예수 그리스도의 사도라는 의미가 등장한 것은 바울 때문일 가능성이 아주 높다; 특히 J. Munck, 'Paul, the Apostles, and the Twelve,' *StTh* III, 1949, pp. 96-110; Lohse, 'Ursprung' pp. 259-275을 보라. 토론을 살펴보려면, Roloff, *Apostolat* 제1장을 보라.

15:20, 고전 3:5f., 10, 9:2, 15:9ff., 갈 1:15f.). (3) 이 사도들은 독특하면서도 결정적인 종말론적 역할을 수행했다(롬 11:13ff., 15:15f., 고전 4:9, 15:8, 엡 3:5). 우리는 이 세 요소가 모두 바울의 (두 번째 의미의) 사도직 이해에 없어서는 안 될 본질이었음을 주목해야 한다. 바울의 동역자를 한편의 바나바 및 실루아노와 다른 한편의 디모데 및 에바브라로 구분하는 것도 다 그 때문이다. 분명 후자의 그룹에 속하는 디모데와 에바브라 같은 이들도, 바나바 및 실루아노처럼, 바울과 함께 새 교회를 세우는 일에 참여했으며, 어쩌면 바울에 의존하지 않고 독립하여 교회를 세웠을 수도 있다. 그러나 디모데와 에바브라 같은 이들에게는 '사도'라는 칭호를 붙이지 않는다(고후 1:1, 골 1:1을 주목하라; 참고, 빌 1:1)—이는 분명 그들이 사명을 받은 때가 부활한 예수의 현현 때까지 거슬러 올라갈 수 없었기 때문이다.[74] 바울이 야고보를 사도로 인정하길 주저하는 것도 어쩌면 그런 이유 때문일지 모른다. 야고보는 선교사요 새 교회 설립자로서 말하지 않았기 때문이다.[75] 따라서 바울은 미래에 다른 사도들이 있을까라는 문제나 최초 사도들의 후계자라는 문제는 생각하지 않았다—거의 자명한 이야기이겠지만, **종말론적** 사도가 하는 일이 부활과 강림(parousia) 사이에 행하는 일임을 생각하면 **종말론적** 사도의 후계자란 있을 수 없을 것이다. 그들은 역사 무대에서 피날레 전의 마지막 막에 활동한 이들이었다(고전

74. 바울은 사도들이 다른 식으로 불리는 것을 인정하지 않는다; 본서 §§18-20, 그리고 아래에서 고후 10-13장을 다룬 내용을 보라; 반대 견해는 Schnackenburg, 'Apostles'이며, Kertelge, *Gemeinde* p. 90도 이를 따른다(본서 제6장 주37을 보라). 아울러 둘 다 디모데를 사도라 부르는데, 이는 타당하지 않다(Schnackenburg pp. 290, 295; Kertelge pp. 83f., 95).

75. Schmithals, *Apostle* pp. 64f.; 참고, Lindsay p. 81; Schnackenburg, 'Apostles' pp. 290f.

4:9).[76]

고린도전서 12:28의 '사도'가 두 번째 의미의 사도를 의미한 것은 의심할 여지가 없다.[77] 바울이 지금 지역 교회—여기에서는 고린도에 있는 교회—에 관하여 이야기하고 있다는 것을 다시금 주목하기 바란다. 이는 곧 각 지역 공동체가 그 공동체 안에서 권위를 행사할 그 나름의 사도를 만들어냈다는 의미는 **아니다**—바울은 단 한 번도 '사도'를 이런 의미로 사용하지 않는다. 고린도전서 12:28의 '사도'라는 말은 고린도전서 15:7의 '**모든** 사도'를 가리키지도 않는다. 오히려 바울은 문제가 된 교회를 세운 특정 사도들을 언급한다. 새 공동체를 설립한 이는 그 공동체 안에서 계속 권위를 갖고 있었다. 다시 말해, **사도는 '보편 교회의 사도'가 아니라 자신이 세운 공동체의 설립자로서 그 공동체 안에서 권위를 행사했다**. 그가 사도로서 교회 안에서 행사한 권위는 그가 그 교회를 탄생시키는 일을 했다는 사실에서 유래했다. 그 때문에 우리는 고린도전서 4:15에서 "너희에게 그리스도 안에서 수많은 스승이 있을 수 있으나, 많은 아버지가 있을 수는 없으니, 이는 내가 그리스도 예수 안에서 복음을 통해 너희 아버지가 됐기 때문이다"라는 말을 발견하고, 고린도전서 9:2에서 "다른 사람들은 나를 사도로서 받아들이지 않을지라도 최소한 너희는 나를 사도로 인정할 수밖에 없으니, 이는 너희 자신이 주 안에서 내가 사도임을 확인하는 인(印)이기 때문이다"라는 말을 발견한다(NEB). 그렇다면 아직도 널리 퍼져 있는 견해와 달리, 적어도 바울이

76. Conzelmann, *I Kor*. p. 108.

77. 아울러 Hainz pp. 85f.을 보라. 반대 견해는 Brosch이다. 그는 '영의 선물에 기초한' 사도와 '사도라는 말이 담고 있는 최고의 의미를 지닌' 사도를 임의대로 구분한다(pp. 44, 101ff.). Kertelge, *Gemeinde* p. 111 주60은 이런 구분을 거부하는데, 타당하다.

생각하는 사도는 어느 교회에서나, 모든 교회에서 권위를 행사하는 인물이 아니었다. 사도의 권위는 그들의 활동 영역, 그들이 세운 교회에 국한됐다(갈 2:9).

사도의 권위를 이렇게 한정한 모습은 고린도후서 10-13장에서 가장 분명하게 나타난다. 바울이 아주 강력히 저항한 것은 바로 **유대인** 선교에 나섰던 사도들이 **고린도에서** 권위를 행사하려 시도한 일이었다.[78] 바울을 반대한 이들이 무슨 근거로 사도의 권위를 주장했는지는 완전히 밝혀져 있지 않다. 한 견해는 그들이 자신들을 사도라 부른 것은 적어도 그들이 예루살렘에 있던 사도들을 대변하는 대표자였기 때문이라고 본다(11:5과 12:11의 '지극히 크다는 사도들').[79] 여기서 말하는 사도직 개념은 주로 유대교의 **샬리아흐**(שליח)—그를 보냈고 그가 대표하는 사람을 완전히 대변할 전권을 가진 사절—에서 나왔을 것이다. 랍비가 말했듯이, "어떤 사람이 보낸 사람은 그 어떤 사람과 자신과 같다."[80] 따라서 이 견해에 따르면, 바울을 반대하는 이들이 고린도후서 10-13장에서 주장한 권위는 예루살렘 사도들의 권위였다. 바울은 두 근거를 내세워 이런 주장을 반박했다. 우선, 예루살렘은 고린도에서 사도의 권위를 행사할 수 없

---

78. 어쩌면 베드로의 고린도 방문(?—참고, 고전 1:12; Barrett, 'Cephas and Corinth,' *Abraham unser Vater*, Michel Festschrift, pp. 1-12)이 유대인 선교와 이방인 선교 활동 영역을 가르는 경계를 모호하게 만들었을지도 모른다(갈 2:9).

79. Käsemann과 Barrett를 보라(위 주39); 아울러 Héring, *II Cor*. p. 79; Goppelt, *Apostolic Times* p. 179도 마찬가지다. 다른 이들은 '지극히 크다는 사도들'과 '거짓 사도들'을 구분해야 한다는 것을 부인할 것이다(11:13); Roloff, *Apostolat* pp. 78f. 그리고 그가 거기서 인용하는 이들도 마찬가지다—Kümmel, Bornkamm, Bultmann, Klein, Munck(주129).

80. 특히 K. H. Rengstorf, *Apostolat*; 아울러 *TDNT* I pp. 414ff.; T. W. Manson, *The Church's Ministry*, Hodder & Stoughton 1948, pp. 35-44. 고후 3:1에 나오는 '추천서' 이야기를 보라. 아울러 Rengstorf, *TDNT* I p. 417을 참고하라.

었다. 그런 권위를 행사할 수 있는 사람은 맨 먼저 그들에게 복음을 전하고 그 교회를 세운 사람이었다(10:13-16, 11:2, 12:14).[81] 둘째, 바울의 반대자들이 스스로 사도라 주장한 것은 바울 자신이 아주 분명하게 구분했던 '사도'의 두 의미를 혼란케 한 일로 용납할 수 없는 것이었다(§47.2의 앞부분에서 말한 내용을 보라)—말하자면, 사람이나 교회가 보낸 사도와 부활한 주가 보낸 사도를 뒤섞어버린 것이었다. 바울이 보낸 이(디도)가 한 행동은 예루살렘의 사절들이 한 행동과 확연히 달랐다(12:17).[82] 그들이 주장한 권위의 종류는 오로지 부활한 그리스도가 보낸 이들만 갖고 있는 것이었다(롬 10:15, 고전 1:17). 결국 그들은 그들이 주장할 수 있는 권위의 경계를 훨씬 넘어섰기에, 사도가 아니라 '거짓 사도'로 분류할 수밖에 없는 이들이었다(11:13).

또 다른 견해에 따르면, '거짓 사도'는 바로 '지극히 크다는 사도들'이었을 수 있으며(위 주79을 보라), 그들이 내세운 권위의 근거는 예루살렘에서 파송받았다는 점이 아니라 그리스도 바로 그분에게서 파송받았다는 점—"그리스도의 사도"(10:7, 11:13)[83]—이었을 수 있다. 다시 말해, 그들은 자신들이 실상 고린도전서 15:7이 말하는 사도 무리에 속한다고 주장했다. 바울이 설령 이런 주장을 인정했다손 치더라도 우리가 앞 문단

81. 특히 Barrett, *II Cor.*가 이 구절들을 다룬 것을 보라.

82. 바울은 일부러 진지하게 ἀποστέλλειν을 사용하며, 그의 이 단어 사용은 중요한 의미가 있다. 이 말이 바울이 썼다는 데 논쟁이 없는 서신들에서 두 번만 더 나온다는 것이 그 증거다(롬 10:15, 고전 1:17); 참고, Barrett, *I Cor.* p. 293.

83. G. Bornkamm, *Die Vorgeschichte des sogenannten Zweiten Korintherbriefes*, 1961, reprinted in *Geschichte und Glaube* II, München 1971, pp. 166f.; George, *Gegner* p. 39; Roloff, *Apostolat* pp. 76f. Roloff는 이것이 고린도의 '거짓 예언자들'을 팔레스타인의 유대 기독교 배경에 비춰 봐야 한다는 Käsemann의 주장을 약화시키지 않는다고 언급하는데(p. 79), 옳은 말이다. 10:7에 관한 다른 견해를 보려면, Barrett, *II Cor.* pp. 256f.을 보라.

에서 개관한 그의 논지는 여전히 적용된다: '그리스도의 사도'라 할지라도 다른 사람이 세운 교회에서는, 하나님이 그들에게 정해 주신 선교 범위나[84] '영역'(NEB) 혹은 '지방'[85] 밖에서는 사도의 권위를 전혀 갖지 않았다(10:13-16; 참고, 롬 15:20). 그러나 사실 바울은 그런 주장을 인정하지 않았다: 그들은 거짓 사도요, 속이는 일꾼이며, 사탄의 종이었다. 자신들이 곧 그리스도의 사도라는 주장은, 사탄이 자신을 빛의 천사로 꾸미듯이, 꾸밈에 불과했다(11:13ff.). 다시 말해, 바울은 부활 후 현현 때 부활한 그리스도에게서 사명을 받았다는 그들의 주장을 받아들이지 않았다. 그들이 분명 그들의 주장의 근거로 삼은 '환상과 계시'(12:1)는 바울의 그것과 결코 같지 않았다.[86]

이 두 견해는 물론 서로 대치되지 않는다. 그렇다면 우리가 여기서 이 문제를 놓고 어떤 결정에 이를 필요는 없다. 어느 견해든 고린도전서 12:28이 말하는 '사도'에 관하여 우리가 갖고 있는 견해를 확인해 준다. 요컨대, **바울이 고린도에 있는 그리스도의 몸에서 첫 번째 서열에 놓은 사도는 고린도교회를 세운 이들이다**—그들은 아마도 바울과 바나바일 것이다(고전 9:6).[87] 그들은 사도로서 그 지역 교회와 다른 곳에 있는 교회

84. 참고, H. W. Baeyer, *TDNT* III p. 599. 이를 Käsemann, *Legitimität* pp. 48(*ZNW* pp. 59f.), Kümmel in Lietzmann-Kümmel, p. 209, Georgi, *Gegner* p. 231, 그리고 Hainz pp. 164ff., 311ff.도 따른다—즉 바울의 '척도'는 하나님이 그에게 준 사명과 그 사명의 성공이다.

85. Plummer, *II Cor.* pp. 287f.; Windisch, *II Kor.* p. 310; Barrett, *II Cor.* pp. 265ff.

86. 참고, Roloff, *Apostolat* pp. 80f.; 그리고 본서 §18.3과 §19.2을 보라.

87. 실루아노(참고, 행 18:5, 살전 2:6/7) 그리고 심지어 아볼로(고전 4:9)도 그랬을 수 있다; 본서 제5장 주5을 보라. 클레멘스는 분명 후자를 사도에서 제외한다(『클레멘스1서』 47.3f.). 그러나 클레멘스의 초기 가톨릭교에 관한 견해에 비춰볼 때, 그의 그런 배제는 확정적 배제가 아닐 수도 있다.

들(보편 교회)을 이어주는 고리가 아니라[88] 그 지역 교회와 복음을 이어주는 고리였다(더 자세한 것은 아래를 보라).

47.3. **바울이 생각하는 사도의 권위는 무엇이었는가?** (a) 그 권위는 어디에서 유래했는가? (b) 바울은 그 권위에 어떤 제한을 설정했는가? 여기서 다시 바울을 모델로 삼아야 할 것 같다. 아마도 바울은 자신과 자신이 세운 교회와의 관계에서 자신이 생각했던 사도의 권위 개념을 삶으로 관철해내려 했던 것 같다.[89] 따라서 우리는 바울이 자주 그가 회심시킨 이들에게 권위가 배어나오는 독특한 어조로 이야기함에 놀라지 않는다—그는 때로 명령을 내리고(παραγγέλλω—고전 7:10, 11:17, 살전 4:11, 살후 3:4, 6, 10, 12), 때로는 권면하며(νουθετέω—고전 4:14, 골 1:28), 때로는 지시하고(διατάσσω—고전 7:17, 11:34, 16:1), 때로는 을러댄다(고전 4:21, 고후 10:6, 8ff., 13:1ff.). 바울 자신의 복음이 위협받거나(고후 11:1ff., 갈 1:6-9, 2:3ff., 11ff., 3:1ff., 4:8ff., 5:2ff.) 그가 세운 회중의 통일성이 위협받을 때(고전 5:1-5, 9ff., 10:14, 25ff., 11:17ff., 14:26-33, 39f., 고후 6:14, 살후 3:6ff., 14f.) 그의 말투가 가장 권위적이 된다는 점은 주목할 만하다. 바울 자신이 분명히 천명하듯이, 그의 권위는 그가 섬기는 교회를 파괴하려는 권위가 아니라 세우기 위한 권위다(고후 10:8, 13:10).

(a) 바울이 사도로서 행사한 권위의 원천은 무엇이었는가? 바울은 사도로서 그가 가진 권위를 어디에서 끌어왔는가? 그는 우선 **자신이 직접 부활한 주에게서 사명을 수여받고 그가 서신을 써 보내는 특정 회중**

88. 그것이 '교회들의 사도'가 한 기능이었다(고후 8:23).

89. Von Campenhausen은 바울을 '기독교가 말하는 권위 개념의 진정한 창시자요 발견자'라고 묘사하는 지경에까지 나아간다(*Authority* p. 47).

을 상대로 그가 수행한 사명이 성공을 거두었다는 점을 그가 행사한 권위의 원천으로 제시했다. 우리가 이 책 제5장과 위(§47.2)에서 논한 내용은 우리의 이런 답을 충분히 밑받침한다. 여기서 다만 강조해둘 필요가 있는 것은 우리가 답을 두 부분으로 나눠 제시했지만 바울의 생각 속에서는 이 답이 한 덩어리였다는 점이다. 바울이 회심자들에게 행사한 권위는 부활한 예수가 사명을 수여했다는 사실, 그리고 그가 맡은 사명이 그런 회심자들에게서 명백한 효과를 거두었다는 사실에 놓여 있었다. 회심할 때 바울이 사도의 사명을 받아 행사한 권위를 체험했던 이들은 그 뒤에 그리스도인이라는 그들 자신의 실존을 부인하지 않는 이상 바울의 권위를 부인할 수 없었다(특히 고전 9:1f., 고후 3:2f., 11:2). 바울은 일단 복음을 통해 그들의 아버지가 된 뒤 계속하여 그들이 자라가도록 감독하며 아버지의 책임을 이어갔다(특히 고전 4:14f., 고후 12:14, 살전 2:11을 보라).[90] 어쩌면 고린도후서 10:13-16은 사도로서 행한 사역의 효과가 그런 판단 척도를 제공해 주고 사도로서 그가 가진 권위의 범위를 설정해 준다는 것이 바울의 견해였음을 의미할지도 모르겠다(위 주84과 주85을 보라).

둘째, 사도는 그의 권위를 **복음**에서 끌어왔다. "사도가 그의 메시지와 분리하여 소유할 만한 사도의 권위는 전혀 없다."[91] 물론 이 답은 첫번째 답과 철저히 얽혀 있지만, 그래도 따로 떼어 강조할 필요가 있다.

---

90. 더 자세한 것은 von Campenhausen, *Authority* pp. 44f.; Schweizer, *Church Order* 7h를 보라; 아울러 P. Gutierrez, *La Paternité Spirituelle selon Saint Paul*, EB 1968을 보라.

91. Schmithals, *Apostle* p. 40. 아울러 Roloff, *Apostolat* pp. 83f.; Kertelge, 'Das Apostelamt des Paulus, sein Ursprung und seine Bedeutung,' *BZ* 14, 1970, pp. 169ff., 177; 아울러 *Gemeinde* p. 84을 보라. 참고, 바울이 말씀과 관련된 영의 선물에 부여하는 우선성(Stuhlmacher, *KuD* 17, 1971, P. 36; 아울러 본서 제8장 주137을 보라).

복음은, 바울에게 다가올 때, 직접 계시로서 힘차게 다가왔고, 그에게 해방을 안겨주는 역동성을 증명해 보였**으며**(롬 1:1, 2:16과 16:25; '내 복음', 10:15), 바울이 회심시킨 이들에게는 그 복음의 기원이 하나님임을 증명해 주었다. 바로 그런 이유 때문에, 바울은 그의 복음을 양보할 수도 없었고 회심자들이 그 복음을 포기하는 것을 두고 볼 수도 없었다(특히 갈 1:6ff., 15f., 2:3ff., 3:1-5, 5:2ff.을 보라). 폰 캄펜하우젠(H. von Campenhausen)은 이렇게 말한다.

> 그(바울)는 사람이 인식할 수 있는 어떤 권위도, 심지어 그 자신의 권위도, 그것이 '복음'에 어긋나는 순간, 포기한다. … 사도인 사람의 권위는 사람을 걸려 넘어지게 하는 메시지의 진리와 철저히 결합해 있다. 권위는 메시지를 통해 그 효과를 발휘하며, 그 본질상 메시지와 분리될 수 없다.[92]

여기서 우리는 바울이 그의 복음이 다른 사도들에게, 특히 예루살렘에 있던 사도들에게 인정받는 것이 중요함을 인식했다는 말을 덧붙여 두어야겠다(갈 2:2, 7ff.). 그러나 '**인정받다**'라는 말이 중요하다—예루살렘에 있던 '기둥 같은 사도들'도 그에게 아무것도 더하지 않았다(갈 2:6). 다시 말해, 이 시점에서 바울이 사도로서 행사한 권위는 '예수 그리스도의 계시'에서 직접 유래했지(갈 1:12) 그보다 앞서 사도가 된 이나 사도 공의회 같은 것에서 유래한 것이 아니었다.

셋째, 사도는 그의 권위를 **전승**에서 끌어왔다. 아니 더 정확히 말하면, 우리가 방금 전에 했던 말과 모순이 될 것 같지만, 바울은 자신을 **권**

92. Von Campenhausen, *Authority* pp. 37f.

위 있는 전승의 중개자인 사도로 여겼다(고전 7:10, 9:14, 11:2, 23, 15:3, 빌 4:9, 살후 2:15).[93] 이것이 꼭 새 계시에서 유래한, 영에 기초한 권위와 충돌하지는 않았다.[94] 바울이 본질상 중요하다고 여긴 점은 그것이 주에게서 유래했다는 점이었다(고전 7:10, 9:14, 11:23). 사람에게서 비롯된 전승은 효력이 없었다(골 2:8).[95] 바울은 주의 말을 제시하거나 적어도 주의 말을 언급하여 그의 권위를 정당화하는 일을 하지 않을 때에도 자신의 행동을 본받으라고 자주 요청하며(고전 4:16, 11:1f., 빌 3:17, 4:8f., 살후 3:6), 자신의 행동을 본받는 것 자체가 그리스도의 행동을 본받는 것임을 밝힌다(고전 11:1; 참고, 빌 2:5, 살전 1:6). 이런 권면 뒤에 자리한 권위는 사도인 바울 자신뿐 아니라 그보다 우월한 그리스도의 권위에서 유래했다.[96] 이 때문에 바울은 자신의 권위를 언급하지 않고도 그것들을 직접 예수의 전승이라 일컬을 수 있었다(골 2:6, 엡 4:20). 우리는 여기에서도 인정이라는 방법을 통해 다른 교회의 관습을 그의 가르침을 뒷받침하는 데 인용할 수 있었다는 말을 덧붙일 수 있을 것 같다(고전 4:17, 7:17, 11:16, 14:33; 참고, 살전 2:14). 그

93. Wegenast, *Tradition* pp. 93-120을 보라. 고전 7:10, 9:14에 관하여 살펴보려면, 특히 D. L. Dungan, *The Sayings of Jesus in the Churches of Paul*, Blackwell 1971을 보라. 살전 4:1, 살후 3:6ff.에 관하여 알아보려면, 본서 §41.4을 보라. 그리고 살전 4:15에 관하여 살펴보려면 본서 §41.2을 보라.
94. 본서 §40.5 그리고 §§41.2과 41.4을 보라. 나는 특히 '그리스도의 생각(마음)'과 '그리스도의 법' 사이의 구별을 언급한다.
95. F. Büchsel, *TDNT* II p. 172. 특히 L. Goppelt, 'Tradition nach Paulus,' *KuD* 4, 1958, pp. 213-233과 *Apostolic Times* pp. 152ff.을 보라. Goppelt는 바울이 생각한 전승의 영적, 케리그마적 성격을 올바로 강조한다; Roloff, *Apostolat* pp. 84-98; K. Wengst, 'Der Apostel und die Tradition,' *ZTK* 69, 1972, pp. 145-162. Wengst는 바울에겐 전승이 해석된 전승임을 강조한다. 전승을 '예루살렘 사도 무리가 고정시킨 로고스'라 말하는 것(Gerhardsson, *Memory* p. 297)은 증거를 넘어서는 말이다.
96. Michaelis, *TDNT* IV p. 669; 참고, W. P. de Boer, *The Imitation of Paul*, Kampen 1962, pp. 207f.

러나 문제가 된 교회들은 바울이 세운 교회들이었으며, 그들의 순종은 다만 바울이 사도로서 갖고 있는 권위를 확인해 줄 뿐이었다. 바울의 권위는 그들에게서 나온 것이 아니었다.

따라서 우리는 **바울이 사도로서 가진 권위의 근거를 현재의 영감이 아니라 신자들에게 여전히 아주 중요한 의미가 있었던 과거의 결정적 사건들에서 찾았음**을 알 수 있다. 특히 (1) 예수가 이 땅에서 했던 말과 그가 보여준 겸손과 섬김의 본보기 전체, (2) 단번에 이뤄진 부활한 예수의 계시 또는 현현이 이방인에게 복음을 전할 사명을 바울에게 부여함, (3) 바울의 서신을 받은 회중이 바울의 사역을 통해 회심하고 교회로 세워짐이 바로 그런 과거의 사건들이었다. 바울은 그가 전한 복음의 권위를 다른 나머지 사도들도 **인정했다**는 것, 그리고 그가 제시한 가르침의 권위를 그가 선교한 다른 교회들도 **인정했다**는 것을 중요하게 여겼다—이는 그가 기독교 전체의 통일성을 귀중하게 여겼기 때문이다. 그러나 그가 특별한 상황에서 행사한 사도의 권위는 다른 어떤 그리스도인이나 교회나 그 상황과 무관한 사도에게서 온 것이 아니었다.

(b) 마지막으로, 우리는 바울이 실제로 그의 권위를 어떻게 행사했는가라는 질문을 던져야 한다. 그는 그의 권위에 어떤 한계를 설정했는가? 언급하고 넘어갈 점이 셋 있다. 첫째, 앞서 언급했던 권위와 관련된 말들을 분석해 보면, 그가 그런 말들을 자신의 권위를 표현하는 수단으로 상당히 드물게 사용한다는 점이 드러난다.[97] 바울은 그가 회심시킨 이들의 순종(ὑπακούω, ὑπακοή)에 관하여 자주 이야기했지만, 보통 그리스도에게 순종함이나 복음에 순종함을 이야기하지, 바울 자신에게 순종함은 드문드문 이야기할 뿐이다(고후 7:15, 10:6[?], 빌 2:12, 살후 3:14, 몬 21절).

97. παραγγέλλω(7회; 살후 3장에서 4회), νουθετέω(2회), διατάσσω(3회).

명령, 지시를 뜻하는 ἐντολή가 두 번 등장하지만(고전 14:37, 골 4:10), 바울은 그가 활용할 수 있는 가장 센 단어 가운데 하나—ἐπιταγή('엄명')—를 일부러 사용하지 않는다.[98] 따라서 그는 고린도후서 8:8에서 이렇게 말한다: "이건 엄명으로 하는 말이 **아니다**"(참고, 고전 7:6, 25). 하지만 그보다 중요한 것은 바울이 고린도에 있던 거짓 사도들로 말미암아 다른 대안이 남아있지 않았을 때에**만** 그의 권위 자체(ἐξουσία)를 강조했다는 점이다(고후 10:8, 13:10). 그렇지 않을 경우 그는 그것을 자신이 사용하길 **거부한** 것으로서 언급할 뿐이며(고전 9:4ff., 12, 18, 살후 3:9; 참고, 살전 2:6f.), 심지어 주의 특별한 엄명이 그의 권위를 뒷받침할 때에도 그러했다(고전 9:14). 어쩌면 가장 놀라운 것은 그가 다른 모든 것보다 선호하는 단어일지도 모르겠다—παρακαλέω('권면하다'—23회 사용). 그는 이 단어를 주에게 간구할 때에도 사용할 수 있었다(고후 12:8). **바울서신에서는 그의 윤리적 가르침이 아주 많이 등장하는데, 이런 가르침은 사도의 엄명이라기보다 같은 신자로서 제시한 권면에 가깝다**(특히 롬 8ff.을 보라, 그리고 더 자세한 것은 아래를 보라).[99]

둘째, 폰 캄펜하우젠이 이 주제를 탁월하게 다룬 내용은 **바울이 그가 회심시킨 이들의 자유를 통해 바울 자신의 권위를 얼마나 세심하게 제약하려 했는지** 보여준다.[100] 바울은 영적 통제와 복종의 신성한 관계 같은 것을 수립하여 자신의 권위를 명백하게 발전시키는 일을 하지 않

98. ἐπιταγή—우위에 있는 이가 종속된 자에게 내리는 명령(참고, Delling, *TDNT* VIII pp. 36f.)

99. C. J. Bjerkelund, *Parakalō*, Oslo 1967은 바울이 '그의 권위에 대한 의문이 아무 문제를 낳지 않을 때' παρακαλέω를 사용한다고 결론짓는다(p. 188). 특히 주목할 점은 갈라디아서에 이 말이 없다는 것이다. 그러나 고전 1:10, 고후 10:1(오로지 글의 스타일 때문에?)도 함께 주목해 보라.

100. *Authority* pp. 46-50.

았다. 그 반대로 그는 그렇게 할 수 있는 길을 일부러 외면했다. “그리스도가 우리를 자유롭게 하여 자유인이 되게 하셨다”(갈 5:1 NEB), “사람의 노예가 되지 말라”(고전 7:23), “우리는 너희 믿음을 주관하려 함이 아니요, 우리가 너희와 함께 일함은 너희 기쁨을 위함이다”(고후 1:24 RSV), “내가 네 동의가 없으면 아무 일도 하지 않는 쪽을 선호함은 네 선이 강박으로 말미암지 않고 네 자신의 자유의지로 말미암은 것이 되게 하려 함이다”(몬 14절). 바울은 “단순히 명령을 내릴 수 없다. … 영을 소유한 이들로 구성된 회중은 자유롭게 그를 따라야 한다.”[101] 바울은 그의 권위를 그만이 가진 최종 대권처럼 여기며 그것에 집착하지 않는다. 그는 그의 회중과 대립할 때에도 권위를 내세우지 않는다.[102] 그 반대로, 일단 그들의 회심을 통해 바울의 사도 됨이 증명되고 그의 사도직의 정당함을 보여주었던 이들은 그렇게 수립된 관계에서 비롯한 권위를 계속하여 증명하고 그 권위에 정당성을 부여해야만 했다. 바울의 회중도 이런 역동적 관계 속에서 책임을 지며 권위 행사에 동참해야 했다. 고린도전서 5:3-5, 고린도후서 2:6-8이 그런 점을 일러주는 예다. “바울은 이렇게 회중 자신의 판단과 책임감에 호소함으로써 그들의 자유를 진지하게, 어쩌면 그들이 예상했던 것보다 훨씬 진지하게 받아들였던 것 같다.”[103]

셋째, 바울은 **사도가 행사하는 권위의 범위가 무한하지 않다**고 인식하는 것 같다. 사도의 권위 행사 범위는 사도가 받은 사명, 그가 활용할

---

101. *Authority* p. 47; 아울러 Lindsay p. 49; Hasenhüttl pp. 77-83을 보라.

102. 고후 10-13장의 ‘거짓 예언자들’과 대비해 보라.

103. *Authority* p. 50; 참고, Barrett, *Signs* pp. 41f.; Hainz pp. 54-57, 293f. 고전 5:3의 παρὼν δὲ τῷ πνεύματι, ὡς παρὼν(‘거기 있음처럼 … 영으로 함께 있음’)을 주목하라. 바울은 분명 멀리서 그의 권위를 행사하는 것이 적절치 않다고 느낀다. 권위는 공동체 **안에서만** 적절히 행사할 수 있다(공동체만이 권위의 정당성을 인정하고 확인해 줄 수 있다).

278-279

수 있는 주의 전승, 그리고 문제가 된 교회를 그가 세웠다는 사실과 직접 관련된 문제들에 국한된다(본서 §47.3. [a]을 보라). 이런 문제를 넘어서거나 이런 문제 밖의 문제를 다룰 경우, 바울도, '영을 가졌거나' '영적이거나' 예언이나 가르침이라는 영의 선물을 받은 다른 여느 사람처럼, 영의 감동 그리고 회중이 그런 영의 감동이 진짜 영의 감동인지 평가한 결과에 의존한다. 따라서 바울은 그가 세우지 않은 교회를 방문하길 기대할 때에는 사도로서 가르칠 것을 생각하기보다 바울 자신이 그를 통해 주어지리라고 확신하며 기대하는 영의 선물이 그 자신과 그가 방문할 교회 사람들에게 모두 유익이 되길 기대한다는 취지의 이야기를 한다(롬 1:11). 바울은 사도직이나 사도의 권위를 영의 선물로 특정하여 말하지 않는다.[104] 그것은 χάρις이지(롬 1:5), χάρισμα가 아니다.[105] 다시 말하지만, 바울은 고린도전서 7장에서 주의 전승에서 나온 가이드라인을 뒤에 남겨놓은 채 명령을 내리지 않고 오히려 그냥 그의 의견을 제시한다(γνώμη—고전 7:25, 40; 고후 8:10도 그렇다). 분명 바울 자신은 그 마음속으로 자신의 의견을 영이 알려준다고 확신하지만(고전 7:40), 그렇다고 해도 그것 때문에 그가 영에 감동하여 제시한 의견을 사도의 명령으로 높일 권리를 갖지는 않는다.[106] 사실 바울은 그의 가르침이 '주의 명령'이라고

---

104. Wobbe pp. 73f.; von Campenhausen, *Authority* pp. 33 주12, 295; Hasenhüttl p. 77 주1. 반대 의견은 Büchsel, *Geist* p. 335; Käsemann, *ENTT* p. 81; Schnackenburg, 'Apostles' p. 300; Kertelge, *Gemeinde* p. 105; Hainz p. 339 주1. Schürmann은 사도직을 "모든 '직무'와 '영의 선물'의 본질이요 정점이라 부른다('Gnadengaben' pp. 245f.); '정점'은 주장할 만한 여지가 있지만, '본질'은 그렇지 않다.

105. 이런 구분이 담고 있는 중요한 의미를 살펴보려면, A. Satake, 'Apostolat und Gnade bei Paulus,' *NTS* 15, 1968-1969, pp. 96-107을 보라.

106. Goppelt, 'Tradition' p. 224; *Apostolic Times* p. 154을 보라. Roloff는 고전 7장, 7:10, 7:12, 7:25이 제시하는 가르침에 '서로 다른 세 등급의 권위'가 있다고 말한다(Roloff, *Apostolat* p. 97). Lindblom, *Gesichte* pp. 160f.와 대비해 보라.

확신하는 곳에서도 그의 가르침을 받는 이들이 그의 말에 그냥 순종하리라고 기대하지 않는다. 그런 가르침을 받으면, 먼저 그것이 주의 엄명임을 인식하고 그 사실에 기초하여 그것에 순종해야 한다(14:37f.). 우리는 데살로니가전서 4:2, 15에서도 십중팔구는 사도의 권위보다 영감을 받아 말하는 교사와 예언자의 권위를 인식해야 할 것 같다(본서 §41.2과 §41.4을 보라). 고린도전서 14:37f.에서도 그랬지만, 바울은 데살로니가전서 4:2-8에서도 바울 자신의 영감에 호소할 뿐 아니라(2절) 그가 회심시킨 이들 안에 있는 영에 호소한다(8절). 이 모든 경우를 보면, 과거에 어떤 교회를 설립했다는 사실에서 유래하는 권위는 지금 여기서 활동하는 영의 선물이 지닌 권위에 우선권을 양보한다. 교회 설립에서 유래하는 권위는 그 한계 안에서 엄명을 내릴 수 있으나, 영의 선물이 지닌 권위는 평가와 그 평가에 기초한 반응만을 야기할 수 있다(더 자세한 것은 본서 §48.1과 §49.2을 보라).

요컨대, **사도의 권위가 과거의 어떤 결정적 사건과 말에서 직접 유래하듯이, 바로 그 사건과 말이 그 권위의 행사를 제한한다**. 사도는 이런 사건과 말을 토대로 당면 이슈를 직접 다룰 수 있을 경우에만 사도로서 말할 수 있다. 바울은 이런 한계 안에서도 그와 문제가 된 공동체의 관계가 생생하고 역동성이 넘치는 관계이며, 그와 그 공동체가 같은 영과 같은 자유를 공유한다는 것을, 그리고 사도인 바울 자신도 영에 근거한 공동체 **안에** 자리하고 있다는 것을(고전 12:28; 참고, 5:3) 의식하고 있다. 이 때문에 바울은 비록 그가 사도로서 가진 권위가 원리상 그 자신만의 권위이지만, 그럼에도 할 수만 있으면 어디에서나 그의 회중에게 그의 권위 행사에 동참하라고 독려한다. 바울은, 이런 한계 밖에서는, 그도 그저 많은 '영적 사람'(πνευματικός) 가운데 하나일 뿐임을 인식한다.

바울은 다른 영적 사람들처럼 권위 있는 말을 할 때에도 영이 주는 선물에 의존해야 한다. 아울러 그도 다른 영적 사람들처럼 권위 있는 말을 하면 영의 공동체 전체에게서 판단을 받아야 한다(고전 2:12ff.).

이제 우리는 바울이 영의 선물로 말미암아 공동체가 위협을 받던 상황에 어떻게 대처했는가라는 물음에 우선 잠정적 대답을 제시할 수 있다. 고린도후서 10-13장(특히 11:4)에서 볼 수 있듯이, 영의 선물이 **복음**을 위협하는 쪽으로 사용될 경우, 바울은 주저 없이 그가 할 수 있는 한 '모든 것을 사용했으며', 설령 그런 것이 아주 썩 달갑지 않음을 발견했을 때에도 주저하지 않는다. 영의 선물이 **그가 세운 교회**(고린도교회, 데살로니가교회) **가운데 하나의 통일에** 위협을 가할 경우, 그는 바로 그 사실 때문에 사도로서 다양한 관련 이슈에 관하여 이야기할 수 있었다. 몇몇 경우에는 복음이나 주의 전승을 직접 적용함으로써 권위 있는 가르침을 제시하기도 했다(고전 4:14-21, 6:9-20, 11:17-34이 그런 예이며, 필시 살후 3:6-13도 그런 예일 것이다). 다른 경우에는 교회 지체들에게 자신의 권위 행사에 동참하라고 독려하거나(고전 5:1-5, 고후 2:6-8), 사도라기보다 여러 πνευματικός 가운데 하나로서 그가 제시한 권면을 다른 사람들에게 평가받기도 한다(고전 2:12-16, 7:25-40, 14:29-33a, 37f., 그리고 필시 살전 4:2-8도 그런 경우에 해당할 것이다). **따라서 사도의 권위는 영의 선물이 공동체를 위협할 때 영의 선물을 통제하는 하나의 방편을 제공했다**—그러나 사도의 권위 자체가 영의 선물은 아니었다.

279-280

§48. 바울계 교회 안에서 다른 사역자들이 가진 권위

이제 사도들 너머를 살펴보면, 다른 정규 사역이 단번에 우리 눈에 들어온다—예언자, 교사(고전 12:28), 감독, 집사(빌 1:1), 복음 전도자, 목자/목사(빌 4:11)가 그런 이들이며, 그 외에 다른 이들이 더 있었을 수 있다.

48.1. **예언자**. 고린도전서 12:28 그리고 (필시) 14:29ff.을 보면, 적어도 고린도에서는 인정받은 예언자 무리라 정의하는 것이 꽤 타당한 이들이 있었다는 것이 아주 분명히 드러난다.[107] 우리는 이런 사실과 로마서 12:6을 토대로, 그리고 바울이 공동체를 세워갈 때 예언이 아주 중요한 역할을 한다고 인정한 점(고전 14장)을 토대로, 바울계 회중 하나하나에 혹은 대다수의 바울계 회중 안에 많은 예언자가 있었음을 짐작해 볼 수 있다. 분명 바울서신에는 고린도전서 12:28의 예언자들이 이 공동체에서 저 공동체로 돌아다니던 편력 예언자였다는 하르낙의 견해를[108] 지지하는 증거가 없다. 그렇다고 이것이 그런 이들이 있었을 가능성을 배척하지는 않는다(참고, 행 11:27, 15:32).[109] 고린도의 그룹에는 여자들도 들어있었을 가능성이 있지만(고전 11:5), 바울이 여기서 생각하는 예언은 십중팔구 그때그때 경우에 따라 하는 예언이지 규칙처럼 꾸준히 행하는 예언

---

107. 특히 Greeven, 'Propheten' pp. 4-8을 보라; 그렇지 않으면 Hainz pp. 87f.을 보라.

108. A. von Harnack, *Expansion of Christianity*, ET Williams & Norgate 1904, I pp. 417-444. Harnack은 『디다케』를 규범으로 받아들이는데, 타당하지 않다.

109. Reiling은 예언의 세 형태(회중 가운데서 때때로 하는 예언, 지역 예언자들이 하는 예언, 편력 예언자들이 하는 예언)가 기독교 안에서 계속 나타났으며, 십중팔구는 몬타누스주의자들이 활동하던 때까지 이어졌으리라고 본다(*Hermas* pp. 7-12, 122-154, 175).

은 아닌 것 같다.[110]

예언자들은 무슨 권위를 갖고 있었는가? 그들의 권위는 어디에서 유래했는가? 그들은 그 권위를 어떻게 행사했는가? 우리가 가진 증거는 아주 적지만, 그럼에도 그 증거는 상당히 명백하다. **예언자의 권위는 영감을 받아 예언하는 권위였다. 그의 권위는 그가 받은 영감에서 나온 권위였으며 그 영감 밖까지 미치지는 않았다**. 바울이 예언은 언제나 그 예언자가 가진 믿음의 분량과 일치해야 한다고 명령하는 것도 그 때문이다(롬 12:6)—즉 예언자는, 그의 말이 곧 하나님 말씀이라는 확신/믿음이 없으면, 그가 받은 영감의 한계를 넘어 말해서는 안 된다(본서 §39.4을 보라). 아울러 한 예언자는 다른 이에게 영감이 임하면 그 사람에게 양보해야 한다(고전 14:30,[111] 14:32[?][112])—예언자 한 사람 한 사람은 예언이라는 영의 선물에 복종했다.

동시에 개인의 영감은 '다른 이들'의 평가를 받아야 했다(고전 14:29). 여기서 다른 이들은 십중팔구 다른 예언자들이었겠지만,[113] 바울이 말하

---

110. Greeven, 'Propheten' p. 7; G. G. Blum, 'Das Amt der Frau im Neuen Testament,' *NovTest* VII, 1964-1965, pp. 148f.; Kertelge, *Gemeinde* p. 121. 하지만 브리스가의 두드러짐(고전 16:19, 롬 16:3, 행 18:2, 18, 26), 그리고 특히 그가 롬 16:3, 행 18:18, 26에서 남편인 아굴라보다 앞에 등장하는 점에 주목하라. 고전 14:33b-36에 관하여 알아보려면, 아래 주115을 보라. 고전 11:1-6이 회중 전체가 올리는 예배보다 사사로이 올리는 예배만을 언급하는 본문일 가능성은 거의 없다(반대 견해는 J. Leipoldt, *Die Frau in der antiken Welt und im Urchristentum*, Gütersloh 1962, p. 114).

111. Robertson-Plummer, *I Cor.*: "사도는 σιγησάτω, '그를 **당장** 잠잠하게 하라'가 아니라 σιγάτω라고 말하는데, 이것이 꼭 그런 의미일 필요는 없다"(p. 322).

112. Greeven, 'Propheten'은 14:32이 서로 다른 두 예언자를 염두에 두고 있다고 생각한다(pp. 12f.). 그러나 대다수의 주석가는 바울이 자신이 받은 영감을 제어할 수 있는 각 예언자의 능력에 대해 이야기하고 있다고 생각한다(참고, 14:30).

113. Weiss, *I Kor.* p. 340; Büchsel, *TDNT* III p. 947 주8; Greeven, 'Propheten' pp. 5f.;

는 '다른 이들'은 공동체 전체일 수도 있다(참고, 고전 2:13ff., 살전 5:21—본서 §49.1을 보라).[114] 따라서 예언자의 권위에는 **다른 예언자가 한 예언의 말을,** 또는 분명 다른 모든 예언을 **평가할 권위**도 들어있었다—이 평가는 토론을 동반했을 것이며, 이런 토론은 (아마도) 그 예언의 기원과 중요성에 관하여 어떤 일치된 판단으로 이어졌을 것이다(본서 §41.3을 보라).[115]

우리는 이 간략한 고찰 결과에 비춰 예언자가 가졌던 권위의 특징을 다음과 같이 정리할 수 있을 것 같다. (1) 예언자의 권위는 사도나 공동체에게서 예언자로 임명받음으로써 갖게 된 것이 아니다. **예언자의 권위는 오직 예언자가 받은 예언의 영감에서 유래했다.**[116] 공동체는 어

Delling, *Worship* p. 31; Bittlinger, *Graces* pp. 108ff.; Hainz p. 94. 이것이 직접 문맥 속에서 οἱ ἄλλοι의 가장 자연스러운 의미다. 십중팔구는 예언자가 아닌 또 다른 그룹을 언급하는 말임이 더 분명하게 드러나는 것 같다. '분별'이라는 선물을 행하는 것이 이들이 늘 행하던 사역이었다(반대 견해는 Allo, *I Cor.* p. 370).

마찬가지로 바울이 '영의 선물을 영구히 소유하는 이들'로 인정받던 '통역자/해석자' 그룹을 염두에 두었다고 보거나, 고전 14:27f.을 이런 '통역자/해석자' 가운데 하나가 예배 시작 전에 예배 자리에 있는지 확인할 것을 지시하는 본문으로 보는 견해도 근거가 없다(Delling, *Worship* pp. 33f.; Prat, *Theology* I p. 132). 바울은 필시 처음에 방언으로 말한 것이 통역되지 않으면 더 이상 방언을 하게 해서는 안 된다고 말하는 것 같다.

114. Wendland, *Kor.* p. 114; Barrett, *I Cor.* p. 328; K. Wengst, "Das Zusammenkommen der Gemeinde und ihr 'Gottesdienst' nach Paulus," *EvTh* 33, 1973, pp. 552f.

115. 많은 주석가는 14:33b-36이, 전부든 일부든, 끼워 넣은 본문이라고 생각한다—가령 Weiss, Barrett, Conzelmann, Leipoldt pp. 125f., Schweizer, *Church Order* 주783, Bittlinger, *Graces* pp. 110f.; Hahn, *Worship* p. 76이 그런 예다. 그러나 Héring, *I Cor.* pp. 154f.; K. Stendahl, *The Bible and the Role of Woman*, ET Fortress 1966, pp. 29f.; M. E. Thrall, *The Ordination of Women to the Priesthood*, SCM Press 1958, pp. 77ff.; Blum pp. 149ff.; A. Feuillet, 'La dignité et le rôle de la femme d'après quelques textes pauliniens,' *NTS* 21, 1974-1975, pp. 162-168도 함께 보라. 어느 쪽이든 이 본문은 여자들이 불필요한 질문을 함으로써 평가 과정을 방해했음을 암시한다(35절).

116. Schweizer, *Church Order*: "모든 곳에서 그들의 섬김을 영이 직접 준 선물로 여긴

떤 사람에게 예언하는 '직무'를 맡기고 그에게 예언하도록 허용하지 않았다. 그 반대로, 공동체는 그저 어떤 사람이 이미 꾸준히 예언했다는 이유 때문에 그를 예언자로 인정했다. 아니, 더 간결하게 말하면 이렇다. 어떤 이가 예언한 것은 그가 예언자였기 때문이 아니었다. 오히려 그가 예언자였음은 그가 예언을 했기 때문이었다. (2) **예언자의 권위는 예언자에게만 국한되지는 않았다**. 사도만이 사도의 권위를 행사할 수 있었지만, 예언은 누구나 할 수 있었다. 바울은 분명 회중 가운데서 예언자가 아닌 다른 지체들이 영감을 받아 예언하길 기대했다(참고, 14:5, 24, 어쩌면 31절도 근거 구절일 수 있다).[117] 그런 경우에 그들의 예언은 예언자들의 예언만큼이나 권위가 있었을 것이다. 권위는 예언자라는 직무가 아닌 예언이라는 행위에 있었기 때문이다. 예언자와 회중의 다른 지체들 사이에 다른 점이 있다면, 예언자는 꾸준히 예언한다는 점이요 다른 이들은 때때로 예언한다는 점이다(그런 차이점이 없다면, 다른 지체들도 예언자로 인정받을 것이다). (3) **예언자의 권위는** 바울이 사도로서 행사하던 권위보다 훨씬 더 많이, **더 폭넓은 공동체의 평가를 받아야 했다**(평가하는 주체가 공동체 전체이든 아니면 특히 다른 여러 예언자든 상관없다). 어떤 개인이 영감을 받았다고 인식하면, 그것이 곧 그가 사람들을 상대로 말하는 데 충분한 권위가 될 수도 있지만, 그 말이 공동체에 권위를 미치느냐는 더 넓은 의미의 영감에 달려 있다—즉 사람들이 그 말의 원천을 그리스도의

다; 교회는 이제 더 이상 예언자를 택하지 않고 사도를 택한다"(24c; 아울러 7m을 보라). Bittlinger, *Ministries* p. 24이 제시하는 '사역자'의 더 일반적인 정의를 참고하라. 그러나 그가 뒤이어 제시하는 논의는 기독교의 첫 두 번째 혹은 세 번째 세대 동안 '교회 질서'에는 다양성과 발전이 존재하지 않았다고 본다(본서 §§32.3, 57을 보라).

117. Greeven, 'Propheten' pp. 4-8; Goppelt, *Apostolic Times* p. 183; Hainz pp. 87f.; 참고, Barrett, *I Cor.* p. 329; 반대 견해는 Richardson, *Theology* p. 111; Bourke p. 499.

영으로 인정하고 그 말이 그리스도의 생각으로서 중요한 의미를 가진다고 인정할 경우에만 공동체에 권위를 행사한다(참고, 고전 2:16, 7:40).

요컨대, 바울이 생각하는 예언자의 권위는 영의 선물에서 나온 권위다. 그것은 예언자라는 직무의 권위가 아니며, 예언자가 소유한 권위도 아니다. 그것은 오로지 예언이라는 영의 선물 하나하나에 존재하거나, 공동체 전체 차원에서는 평가 행위에 따라 존재한다. 권위는 영의 선물에 속하지, 다른 어느 것에 속하지 않는다. 그러나 그 권위는 공동체적 차원을 갖기 때문에, 이기적 영감주의를 앞세워 공동체에 위협을 가하는 일이 벌어지면, 그 위협을 통제할 수 있다.

48.2. **교사**. 고린도전서 12:28은 고린도에 교사로 인정받는 그룹이 있었다는 것도 암시한다. 아울러 갈라디아서 6:6도 보라.[118] 증거는 앞의 경우보다 훨씬 적지만, 그래도 현존하는 증거를 살펴보면 교사가 바울계 공동체 안에서 이중 기능을 가졌다는 점이 드러날 것이다. 첫째, 그들은 **전승을 전달할** 책임을 갖고 있었다. 그 전승은 아마 적어도 처음에는 교회를 세운 사도에게서 받았을 것이다—즉 그 전승은 특히 케리그마와 주의 말씀을 담고 있는 전승이었다(참고, 롬 16:17, 고전 4:17, 11:2, 골 1:28, 2:7, 살후 2:15, 3:6).[119] 바울처럼 자신보다 앞서 믿음을 가진 이들과 자신 사이에 존재하는 연속성을 의식하던 이라면 그렇게 전승을 전달하는 역할이 필요함을 분명히 인식하고 있었다(고전 11:23, 15:3, 갈 2:2, 7ff.). 실제로 가르침이라는 기능 자체가 바울계 공동체 안에서 갖고 있던 중요성은

118. Greeven, 'Propheten' pp. 16f.; 반대 견해는 Brosch, *Charismen* pp. 112ff.

119. 아울러 Greeven, 'Propheten' pp. 18-24; Kertelge, *Gemeinde* pp. 122f.을 보라. 여기서 '케리그마'와 '디다케', 믿음에 관한 문제(신앙)와 행실에 관한 문제(윤리)를 확실하게 구분짓기는 불가능하다(참고, 위의 '계시' 부분—본서 §40).

바울이 유대 기독교와 유대교에 빚지고 있음을 극명하게 보여주는 사례 가운데 하나다[120]—바울은 κατηχέω('가르치다'—고전 14:19, 갈 6:6)라는 말을 골라 쓰는데, 이 단어가 유대교의 종교 단어 가운데 거의 알려지지 않은 것으로 보아, 이 단어는 바울이 기독교의 가르침이 지닌 독특한 본질을 일러주려 했음을 암시하는 말인지도 모른다.[121]

교사가 수행한 두 번째 기능은 **전승 해석**, 그리고 그 해석을 통한 전승의 발전이었다. 분명 가장 필요한 일은 칠십인역 본문을 예수에 관한 예언으로 해석하는 일이었을 것이다.[122] 그러나 새로운 상황이 벌어지고 새로운 이슈가 등장하면 예수와 케리그마 전승을 신선하게 해석해야 했을 것이며, 특히 예언을 통해 인도해 주는 말이 없을 경우에는 더더욱 그리했을 것이다(예를 들면 본서 §41.4을 보라). 여기서 '모델'이 된 것은 랍비들이 학문 및 선례와 관련하여 갖고 있던 권위보다 오히려 영의 선물을 통한 예수 해석이었을 가능성이 높다(본서 §13.3을 보라). 그런 주해가 자기에게 유리한 주장이라는 비판을 받을 수 있었다는 것은 가령 바울이 갈라디아서 3:16에서 창세기 12:7 등을 다룬 내용, 바울이 로마서 1:17ff.에서 하박국 2:4을 다룬 내용, 그리고 바울이 로마서 4장에서 창세기 15:6을 다룬 내용에서 분명하게 드러난다(기독교 해석 전통 안에서도 대비되는 모습이 나타나는데, 약 2:22f.을 보라). 그러나 이것은 단지 그런 주해의 권위가 그 주해의 논리에 있다기보다 가르치는 행위라는 영의 선물에 있었음을 강조해 줄 뿐이다. 신약성경 전체를 놓고 볼 때, 요한계시록이 (묵시) 예언의 고전적 표현이라면, 히브리서는 교사가 제시한 구약 제의 해석

120. Rengstorf, *TDNT* II p. 157; Greeven, 'Propheten' pp. 24ff.

121. Beyer, *TDNT* III p. 639.

122. 본서 §33.2을 보라. 참고, 특히 Justin Martyr, *Dialogue*.

의 고전적 표현이며 마태복음은 교사가 예수 전승의 전달과 해석을 제시한 본보기다.

이와 같은 내용이 바울계 교회 안에서 가르침이라는 기능이 수행한 역할을 대강이나마 적절히 묘사한 것이라면, 비록 이것이 추측에서 나온 묘사일지라도, 바울계 공동체 안에서 교사가 가졌던 권위에 관하여 다음과 같은 결론을 끌어낼 수 있다. (1) **가르치는 기능은 다른 어떤 정규 사역보다도 '직무'의 성격을 많이 갖고 있었다.** 이는 이 기능을 구성하는 것이 그 순간 행사되는 영의 선물뿐 아니라 주로 과거에서 내려온 전승이었기 때문이다. 따라서 교사의 역할은 십중팔구 그런 전승을 유지하고 이해하며 가르칠 능력이 있는 이들만이 맡았을 것이다. 교사의 역할에는 배움과 연구도 함께 따랐을 것이다. 따라서 교사는 많든 적든 처음부터 파트타임이나 풀타임으로 행하는 일이나 '직업'(profession)이었을 것이다. 교사는 같은 그리스도인들, 특히 그들이 가르치는 이들이 후원하는 물질에 의존했을 것이다(갈 6:6). 더욱이, 전승 전달은, 그것이 단순히 전달하는 것일 경우에는, 꼭 신선한 영의 선물을 필요로 하지는 않았을 것이다(그렇지만 본서 §43.5을 보라). 이런 역할을 행하는 **교사의 권위는 그가 전하는 전승의 권위였을 것이다**—그 전승의 권위보다 크지도 않고 적지도 않았을 것이다. 공동체는 어떤 '직무'의 권위에 복종하지는 않았을 것이다. 오히려 교사와 공동체가 모두 전승의 권위에 함께 복종했을 것이다.

(2) 사도와 교사는 모두 전승의 중개자였다. 그런 점에서 둘의 역할과 권위는 아주 비슷했다. 그러나 그 점을 제외하면 둘 사이에는 더 이상 유사점이 없다. 사도와 달리, 교사의 권위는 그만이 독특하게 갖고 있는 부활한 예수와의 인격적인 관계나 그가 교사로 세움을 받았다는

사실에 있지 않았으며, 교사라는 그의 '직무'는 교사의 권위와 더더욱 관련이 없었다. 교사의 권위는 오로지 그의 가르침에 있었다. 사도는 엄명을 내릴 수 있었고 명령을 내릴 수 있었다. 그러나 교사는 그저 가르칠 수 있을 뿐이었다. 더욱이, 교사와 공동체의 관계는 사도와 공동체의 관계처럼 교사 개인의 특성이나 인격이 그렇게 부각되지는 않았다. 우리가 유대교에서 발견하는 랍비와 제자의 관계와[123] 같은 교사와 제자의 관계가 고린도에서도 나타나자,[124] 바울은 얼른 그런 관계를 비판하고 공동체 전체를 그리스도의 깃발이라는 한 깃발 아래로 모아들인다(고전 1:10-17). 이는 교사가 그 자신만의 가르침이나 독립된 전승을 갖지 않고 오로지 다른 모든 교회가 공유하는 전승을 갖고 있었기 때문이다.[125] 교사가 교사로서 가진 권위는 그런 전승을 전달하는 기능에 국한됐다.

(3) **교사가 전승을 단순히 전달하는 차원을 넘어 그것을 해석하는 역할로 옮겨갔듯이, 교사의 권위가 있는 자리도 전승 자체에서 영의 선물로 옮겨갔다.** 여기서 교사의 권위는 사도의 권위보다 예언자의 권위에 가까워졌다. 예언자의 예언하는 권위는 믿음이라는 영의 선물에 의존했다(롬 12:6). 마찬가지로, 교사의 가르치는 권위는 가르침이라는 영의 선물에 의존했다(롬 12:7).[126] 해석의 전개와 제시가 꼭 해석할 때에 주어

---

123. 유대교 안에서 제자들이 그들의 스승에게 표했던 존경을 살펴보려면, von Harnack, *Expansion* I pp. 416f.; Jeremias, *Jerusalem* pp. 243ff.을 보라.

124. 그러나 고린도에서는 이런 생각이 입교 때 세례를 주는 이와 세례를 받은 이 사이에 수립된 신비한 관계와 관련이 있었을 가능성이 더 크다. 가령 Lietzmann in Lietzmann-Kümmel, p. 8; Héring, *I Cor.* p. 7; Conzelmann, *I Kor.* pp. 49f.

125. 참고, Hasenhüttl p. 203.

126. 참고, Lindsay p. 104. 따라서 교사를 그냥 '영 중심주의자가 아닌 이들'(non-pneumatics)이라 묘사하는 Rengstorf의 견해(*TDNT* II p. 158)는 오해를 낳을 수 있으며 타당하지 않다.

지는 영의 선물에 의존하지는 않았겠지만, 해석의 권위는 그런 해석으로 이어진 통찰이 영에게서 나왔느냐의 여부에 달려 있었다—결국 그것은 영의 선물에서 나온 권위였다(다시 §41.4을 보라). 아마 그런 가르침의 말도 예언처럼 더 광범위한 공동체(공동체 전체? 아니면 특히 교사들이라는 공동체의 대표들?)의 판단을 받아야 했을 것이다. 이와 관련해서는 아무것도 언급되지 않고 있지만 고린도전서 7:25, 40에 있는 바울의 '의견' 같은 것은 바울이 사도라기보다 교사로서 하는 말이며, 그렇게 추론하는 것이 정당한 것 같다(본서 §47.3을 보라).[127] 이런 점에서 공상에서 나온 주해가 지나친 비약을 하려는 경향을 보이면 견제와 통제가 있었을 것이다—그런 견제와 통제에 사용한 잣대는 사도가 처음에 가르쳤던 전승 자체였을 것이다(롬 16:17f.).

(4) 마지막으로, 예언이 예언자 그룹만이 할 수 있는 것으로 제한되지 않았듯이, **가르침도 교사 그룹만이 할 수 있는 것으로 제한되지 않았음**을 언급해둘 수 있겠다. 모든 이가 전승을 공유했으며, 전승의 본질 부분은 모든 이가 알고 있었다. 따라서 회중의 어느 지체라도 영에게서 나온 해석을 제시하여 회중 전체에게 유익을 줄 수 있었다(고전 14:26). 실제로 골로새서 3:16에 따르면, 공동체 전체가 가르칠 책임을 지고 있었다. 아마도 자신이 전승에 관하여 알 수 있는 사람임을 보여주고 가르침이라는 영의 선물을 꾸준히 드러낸 이들은 교사로 인정받았을 것이다. 그러나 교사가 하는 일이 더 '전문성'을 갖고 있었다는 점을 고려할 때,

127. 참고, 『클레멘스1서』 48:5: "사람으로 하여금 신실하게 하고, 지식(γνῶσις)을 말할 수 있게 하며, 다른 이가 말한 것을 평가하여 구별하게 하라(σοφὸς ἐν διακρίσει λόγων) …." 클레멘스가 지식(가르침?)의 말과 말을 평가하는 선물(능력?)을 연계함을 주목하라—이런 연계는 고전 12:8ff.가 이 지점에서 암시하는 것을 인정해야 한다는 주장에 힘을 실어준다.

어쩌면 어떤 사람을 교사로 인정하는 것은 예언자의 경우보다 어떤 형식을 더 갖춰 이뤄졌을 수도 있다. 그렇다고 해도, 되풀이하는 말이지만, 어떤 이가 교사로서 가지는 권위는 전승과 그의 가르침에 있었지, 그의 직무나 그가 교사로서 갖고 있는 '전문 능력'에 있지는 않았다.

요컨대, 가르침이라는 기능은 **예언을 보완해 주는 것으로서 반드시 있어야 하는 기능**이었다. **복음과 예수의 말씀이라는 규범은 영의 선물이 과잉 행사되지 않게 통제하는 귀중한 역할을 수행했다**. H. 그레벤(Greeven)이 말하듯이, "가르침 없는 예언은 광신(狂信)으로 타락하며, 예언 없는 가르침은 율법으로 굳어진다."[128] 그러나 우리는 바울이 가르침보다 예언을 위에 두었다는 것도 잊지 말아야 한다. 가르침은 연속성을 보존하나, 예언은 생명을 준다. 가르침이 있으면 공동체는 죽지 않으나, 예언이 없으면 공동체는 살지 못한다.[129]

48.3. 바울계 교회 안에는 예언자와 교사 외에 **다른 정규 사역**이 더 있었는가? 특히 공동체와 공동체의 예배를 꾸준히 인도하는 역할이 있었고, 이 역할을 각 회중이 인정하는 회중 내부의 어떤 그룹이 수행했는가? 얼핏 보면, 그 대답은 분명 '그렇다'이다. 특히 빌립보서 1:1에 나오는 '감독'과 에베소서 4:11에 나오는 '목자'를 고려하면 더더욱 '그렇다'고 답할 수밖에 없다. 그러나 우리가 활용할 수 있는 증거를 더 꼼꼼히 살펴보면 좀 다른 그림이 등장한다.

(a) **바울은 유대교에서 예배 지도자나 회당 지도자나 제사장 직무를 가리키는 말로 썼던 말을 시종일관 사용하려 하지 않는다**. 바울계 교회

128. Greeven, 'Propheten' p. 29.
129. 아울러 Dunn, 'Prophet' pp. 4-8, 그리고 본서 §41.2을 보라.

안에는 ἀρχισυνάγωγος('회당 지도자' 혹은 '회당장')에 상응하는 사람이 없었던 것 같다.[130] 장(長)을 보조하는 사람을 가리키는 말(ὑπηρέτης—눅 4:20)을 단 한 번, 바울과 아볼로 그리고 게바와 관련지어 사용하되, 전례와 아무 상관이 없는, 더 넓은 의미로 사용할 뿐이다(고전 4:1).[131] 장로(πρεσ-βυτέροι)는 한 유대계 회중을 다스리는 기관이었다. 야고보가 이끌던 예루살렘 교회의 지도부는 십중팔구 이미 그런 패턴을 모델로 삼았던 것 같지만(본서 §32.3을 보라), 목회서신 전의 바울서신에서는 이 단어가 한 번도 등장하지 않는다.[132] 마지막으로, λειτουργία('섬김')이 있는데, 칠십인역에서는 이 말이 보통 제사장이 의식 때 행하는 섬김을 가리킨다. 바울은 λειτουργός를 자신의 사역을 은유하는 말로 딱 한 번 사용한다(롬 15:16). 그러나 같은 단어 그룹의 다른 여섯 용례 중 다섯 번은 회중 전체의 섬김을 가리킨다(롬 15:27, 고후 9:12, 빌 2:17[?], 25, 30).[133] 바울은 다른 사람들과 그 동역자들이 모인 교회 안에서 그들이 행하는 일을 이야기할 때

130. 쿰란의 메박케르(Mebaqqer, '지도자')(P. von der Osten-Sacken, 'Bemerkungen zur Stellung des Mebeqqer in der Sektenschrift,' *ZNW* 55, 1964, pp. 18-26)는 심지어 빌립보의 감독(들)에게도 어떤 패턴도 제공하지 않는다(특히 J. Gnilka, *Der Philipperbrief*, Herder 1968, pp. 36f.을 보라; 반대 견해는 Goppelt, *Apostolic Times* pp. 188f.).

131. 세속의 유사 사례를 보려면, Arndt & Gingrich, ὑπηρέτης; Rengstorf, *TDNT* VIII pp. 530ff., 542을 보라.

132. 아울러 Greeven, 'Propheten' pp. 40f.; Schweizer, *Church Order* 7i; 그리고 본서 제7장 주111에서 인용한 것들을 보라.

133. Schweizer, *Church Order* 21a; Käsemann, *ENTT* p. 63을 보라. 다른 구절은 롬 13:6이다. 이곳은 로마 당국이 제공하는 섬김을 언급한다. 참고, Lightfoot, 'The Christian Ministry,' *Philippians*: "교회 안에서 가장 높임을 받은 직무, 가장 높은 영의 선물은 그리스도인 공동체의 가장 겸비한 지체가 향유하지 못한 성직자의 권리를 전혀 전해 주지 않았다"(p. 184; 아울러 pp. 243ff.). 아울러 Hahn, *Worship* pp. 36ff.을 보라.

에는 시종일관 이 말을 사용하길 피한다.

(b) 바울이 이 단어를 전혀 사용하지 않지만, 그가 예외일 개연성이 높은 빌립보서 1:1을 제외하면(이 §48.3의 뒷부분을 보라) **바울서신 어디에서도 어느 한 계층이나 그룹을 콕 집어 마치 그들이 그 조직이나 그 조직의 예배나 다른 이들의 영적 안녕을 책임지고 있는 것처럼 이야기하지 않는다**는 점을 우리가 인식하면, 오히려 바울의 그런 침묵이 더 호소력 있게 다가온다.[134] 이런 점의 중요성은 고린도전서에서 다시금 분명하게 나타난다. 고린도전서를 보면, 지도자나 공동체를 조직하고 이끌 그룹을 달라고 외치는 것처럼 보이는 상황들이 반복하여 나타난다. 그러나 바울은 그런 지도자에 관하여 일언반구도 하지 않으며, 그런 지도자를 세우라고 독려하지도 않는다. 고린도전서 5:3-5, 6:1-8을 보면, 분쟁이 일어났을 때 호소할 그룹도 없고 판단하고 결정을 내려줄 사람 역할을 할 장로도 없으며, 오직 일이 생기면 시시비비를 가리는 데 필요한 지혜가 누군가에게 주어질 것이라는 기대만 있다(6:5). 11:17-34을 보면, 공동식사와 주의 만찬을 주재할 장(長)이 없다. 14:26-40을 보면, 예배를 규율할 지도자가 존재하지 않고, 다만 예언자가 (필시) 회중 전체를 위해 그들 자신이 받은 영의 선물을 규율했다. 16:1f.을 보면, 연보를 거두고 관리할 이가 없으며, 이 때문에 바울이 가장 기본이 되는 것부터 가르쳐야 했다.[135] 이런 본문이 암시하는 것은 분명하다. 지도자가 필요하다면 영의 선물을 주시는 영이 지도자를 주시리라는 것이 바울의 생각이었

134. Von Campenhausen, *Authority* p. 63; Gnilka, 'Geistliches Amt' p. 239; 반대 견해는 Farrer, 'Ministry' pp. 154f. 갈 6:1과 살전 5:12f.에 관하여 알아보려면, 본서의 원서 286ff.를 보라.

135. 참고, Greeven, 'Propheten' pp. 35f.; von Campenhausen, *Authority* p. 66; 반대 견해는 Allo, *I Cor.* p. 338.

다.

(c) 다른 말과 본문은 어느 정도 정규적인 사역을 다양하게 언급하며, 종종 공동체의 섬김뿐 아니라 공동체 내부의 어떤 특별한 **직무**를 가리킬 때도 있다. 바울은 로마서 12:6-8에서 예언자와 교사 외에 다양한 정규 사역을 언급한다. 이런 사역 중에는 '권면하는 이'가 들어있다. '권면'은 예언이라는 영의 선물의 한 표현이지만(본서 §41.2을 보라), 바울은 그보다 제한된 사역을 통해 뭔가를 말함으로 공동체에 기여하는 이들이 있으리라 생각한다. 예언자가 있다는 이유 때문에 이 더 제한된 사역들의 중요성이나 필요성이 떨어지지는 않는다. 아울러 바울은 영에게 자극받아 다양한 종류의 섬김으로 영을 표현하는 또 다른 이들이 있다고 생각한다—줌(giving)과 보살핌이 그것이다(본서 §42.2을 보라). 이런 활동들을 '직무'라 부르는 것은 적절치 않을 수 있다.

고린도전서에서 직무라 할 수 있을 만한 후보는 고린도전서 12:28의 ἀντιλήμψεις(개역개정에서 '돕는 것'으로 번역—편주)와 κυβερνήσεις(개역개정에서 '다스리는 것'으로 번역—편주), 그리고 고린도전서 16:15에 나오는 스데바나의 섬김(διακονία)이다. 그러나 우리가 제8장에서 보았듯이, 첫 두 단어는 사람이 아니라 행위를 가리킨다(돕는 행위, 지침을 제시하는 행위—§42.3). 아울러 그 두 단어 가운데 두 번째 단어(κυβερνήσεις)는 공동체가 지도자로 인정한 그룹이나 개인이 공동체에 행사한 리더십을 가리키는 말일 리가 없다. 그렇지 않았다면, 바울은 위에서 언급한 몇몇 경우(위 [a]와 [b]를 보라)에 틀림없이 그들을 언급했을 것이다. 더욱이 이 말은 그들이 이런 행위를 행하려면 그전에 그런 행위를 행할 이로 뽑혀야 했던 직무들을 가리키지도 않는다.[136] 스데바나가 행한 '성도들을 섬김' 같은

136. 반대 견해는 Beyer, *TDNT* II p. 92; Bourke, 'Church Order' p. 502, 그는 행 14:23

경우, 우리는 이것이 스데바나와 그의 집안이 **자청하여 떠맡았던**(ἔταξαν ἑαυτούς—본서 §42.1을 보라) 어떤 특별한 섬김 임무나 섬김 영역이었음을 되새겨본다. 즉, 바울은 그 일을 맡을 이로 그들을 세우지 않았다.[137] 바울은 공동체에게 공식 인준 절차를 거쳐 그들의 사역을 정규화하지 말라고 요구할 뿐 아니라, 나아가 스데바나(와 그의 집안!)를 어떤 직분('집사')으로 임명하는 일도 하지 말라고 요구한다. 도리어 바울은 사람들에게 스데바나와 그 집 사람들이 행한 일을 통해 **이미** 행사하고 분명하게 드러낸 영의 선물에 따른 권위를 인정하고 그 권위에 복종하라고 요구할 뿐이다(고전 16:16, 18).[138] 이는 정규 사역의 권위와 같았으며, 단순히 동떨어진 어떤 행동의 권위가 아니었다. 그러나 그 권위는 그들이 맡은 특정 일(들)에만 국한됐을 것이다. 그렇지 않았다면 위에서 언급한 다양한 상황에서 스데바나에게 호소하거나 되새겨주거나 지시하는 말이 있었을 텐데, 그런 것이 전혀 없기 때문이다. 브드나도와 아가이고에게도 같은 원리를 적용해야 하며, 사실은 '함께 일하는 모든 사람과 힘써 일하는 사람'에게 똑같이 적용해야 한다(16:16).[139] **어디에서든** 섬김이라는 특별한 영의 선물이 동일한 사람들을 통해 꾸준히 나타나면, 공동체는 **이런 섬김의 영역에서는** 그 공동체를 이끄는 남자들(과 여자들)이 있고 그들을

에 더 많은 역사적 비중을 부여하려 한다(그러나 본서 §32.3을 보라).

137. 반대 견해는 클레멘스: "그들은 시골과 도시에서 설교했고, 그들이 처음으로 회심시킨 이들을(τὰς ἀπαρχὰς αὐτῶν) 영으로 시험한 뒤 미래 신자들의 주교와 부제/집사로 임명했다"(『클레멘스1서』 42:4); Farrer, 'Ministry' pp. 147f.도 마찬가지다; 참고, Schnackenburg, *Church* pp. 29f. 그러나 Robertson-Plummer, *I Cor.* p. 395, 그리고 본서 제8장 주262에서 인용한 것들을 보라. 아울러 고전 16:15f. 자체는 명령이라기보다 권면임을 언급할 수 있겠다.

138. 참고, Conzelmann, *I Kor.* pp. 357f.

139. 고전 16:17, 18의 ἐπιγινώσκετε οὖν τοὺς τοιούτους는 '그들이 이미 그것에 관하여 아주 많은 증거를 제시한 영의 선물의 기능과 권위를 인정하라'는 뜻이다.

따라야 한다는 것을 인정해야 한다.

우리가 시선을 고린도전서 16:15ff.에서 데살로니가전서 5:12ff.로 옮겨보면, 바울이 데살로니가 '형제들'에게 부여한 의무가 고린도 사람들에게 제시한 것과 아주 비슷함을 알 수 있다. 분명 데살로니가에는 공동체 가운데에서 힘써 수고하면서, 주 안에서 공동체 사람들을 돌보고 그들에게 조언하는 이들이 있었다. 이들의 범위는 이 서신 수신자인 '형제들'의 그것과 동일하지 않았다. 그렇다고 이 그룹이 자그마한 그룹이었으며, 이들이 상당히 잘 규정된 기능을 수행했고, 이들이 그런 기능을 행사할 수 있으려면 문제의 '직무'를 행할 자로 먼저 임명받아야 했다고 단정하는 것은 본문을 한참 벗어난다. 바울은 여기서 데살로니가에 있는 공동체와 같은 공동체의 핵심을 형성하는 '활동가들'(스데바나 같은 이들)이지만 그들이 갖출 '자격'은 오로지 힘써 일하고 섬기는 일을 맡는 것뿐인 이들을 염두에 두고 있을 가능성이 더 높다.[140] 플라톤이 사용한 단어들(κοπιῶντες, προϊστάμενοι, νουθετοῦντες)을 서로 다른 독특한 사역으로 구별하기는 분명 어려울 것이다. 바울은 자신이 염두에 둔 활동들의 범위를 적절히 아우르는 단어들을 골라 쓰고 있을 가능성이 더 높다. 이런 단어들 자체는 오직 사도나 공동체의 임명을 받아 일을 수행하는 어떤 폐쇄된 그룹이나 그렇게 임명받은 이들이 수행하는 활동을 가리킬 리가 없다. 데살로니가전서 5:14이 νουθετέω('권면하다')를 사용하는 모습에서 분명하게 드러나듯이, 조언하는 일은 얼마 안 되는 '지도자'만이 할 수 있던 일이 아니라 **공동체**가 행하는 기능이었다(아울러 살후 3:15을 보라). 영의 선물을 체험하는 공동체에서는 영이 누구에게나 영감을 불어

140. 참고, Mason, *Thess.* p. 72.

넣어 같은 신자들을 권면하게 했을지도 모른다(롬 15:14, 골 3:16).[141] 따라서 우리는 필시 데살로니가전서 5:12이 언급하는 사람들이 그리스도인 공동체 안에서 아주 왕성하게 활동하던 이들이었고, 영의 자극을 받아 섬김을 행하던 이들이었으며, **그들의 유일한 권위는 그들이 꾸준히 행하던 어떤 사역에서 나타난 특별한 영의 선물(들)의 권위였다**고 결론지어야 할 것 같다.

얼핏 보면 한 바울계 공동체 안에 어떤 지도자 그룹이 있었음을 시사하는 것 같은 본문이 또 하나 있는데, 갈라디아서 6:1이 그것이다. 여기서 πνευματικοί('영의 사람들')은 누구였는가? 바울이 고린도전서 2장에서 보여주는 이 단어 용법이 가장 뚜렷한 길잡이를 제시한다. 거기에 있던 영의 사람들은 '영을 받은' 이들이었으며(2:12), 이들은 곧 그리스도인 전체를 가리킨다(참고, 롬 8:9; Ignatius, *Eph*. 8.2).[142] 그러나 바울이 말하려는 의미를 분명히 밝히려면 두 가지 점을 짚어봐야 한다. 첫째, 바울은 지금 고린도의 영지주의자들을 논박하고 있다. 추측건대 이 영지주의자들은 지혜와 지식을 소유한 사람들만을 영의 사람들이라 불렀던 것 같다. 바울은 그런 그들에게 '영을 가진 모든 이가 영적이다(영의 사람이다)' 라고 대답한다. 둘째, 그러나 바울은 동시에 이어지는 구절들에서 이 단

141. Dibelius, *Thess*. p. 23; Dobschütz, *Thess*. pp. 218f.; Lohse, *Colossians* pp. 150-151; von Campenhausen, *Authority* pp. 49ff.; Schweizer, *Church Order* 주394과 24e; 참고, Best, *Thess*. pp. 226f.; Hainz pp. 37-47. 반대 견해는 Farrer, 'Ministry.' Farrer는 21절의 '형제들'은 공동체를 의미하며 14절의 '형제들'은 '다스리는 사람들'을 의미한다는 특이한 주해를 제시한다(p. 146, 154); F. Hauck, *TDNT* III p. 829; Rigaux, *Thess*. pp. 576f.; E. E. Ellis, 'Paul and his Co-workers,' *NTS* 17, 1970-1971.

142. Dunn, *Baptism* p. 120; 주석가들은 대체로 마찬가지다; 반대 견해는 A. Schlatter, *Die Theologie der Apostel*, Stuttgart ^{2}1922. Schlatter는 '영의 사람들'(die Pneumatiker)을 '예언자들'과 동일시한다(pp. 506ff.; 참고, Ellis, 'Spiritual Gifts' p. 132).

어의 적용에 제약을 두었다(3:1ff.): 모든 그리스도인이 영의 사람(πνευματικός)이지만, 육을 따라 살아감으로써(σάρκινος/σαρκικός) 그 스스로 영의 사람이 아님을 드러낸 이들은 예외다. 다시 말해, 바울은 '영의/영적 사람'이라는 말을 두 가지 의미로 사용하고 세 번째 의미를 거부한다. 정리하자면 이렇다. 첫째, '영의 사람' = 그리스도인이요 영을 **가진** 이들이다. 둘째, '영의 사람' = 육을 따라 **행하지** 않고 영을 따라 **행하는** 그리스도인이다. 영을 따라 행하는 사람인가는 특히 그들이 공동체를 사랑하며 공동체에 관심을 갖고 있는가가 증명해 준다(본서 §49.2을 보라). 셋째, '영의 사람'은 특별하고 놀라우며 더 신비한 영의 선물을 두드러지게 보여주는 어떤 독특한 그리스도인 그룹을 가리키지 **않는다.**[143] 요컨대, 바울은 어떤 사람을 영의 사람으로 만들어주는 것은 어떤 추가 체험이나 추가 입교(혹은 어떤 임명) 같은 것이 아니라고 본다. 그러나 공동체의 어떤 지체들은 사랑이 없음을 드러내고 다툼을 일삼음으로 말미암아 그들이 영의 사람이 **아님을** 드러낼 수도 있다. 다시 갈라디아서 6:1로 돌아가보면, 이런 결론을 내릴 수 있을 것 같다: πνευματικοί는 고린도의 영지주의자들처럼 갈라디아 교회 안에 있던 어떤 분파가 아니었다—바울이 사용하는 어조는 빈정대거나 못마땅하게 여기는 말투가 아니다.[144] 영의 사람들이 어떤 지도자 그룹(감독, 목자) 자체를 가리킬 가능

---

143. R. Schnackenburg, 'Christian Adulthood according to the Apostle Paul,' *CBQ* 25, 1963, pp. 357ff.; 참고, Wilckens, *Weisheit* pp. 87-93; Conzelmann, *I Kor*. pp. 87f. Ψυχικός와 σαρκικός(고전 2:14, 3:3)의 구분을 보려면, Schweizer, *TDNT* IX p. 663을 보라.

144. J. B. Lightfoot, *Epistle to the Galatians*, Macmillan [10]1890, p. 215; Burton, *Galatians* p. 327; Schlier, *Galater* p. 270; J. Bligh, *Galatians*, St. Paul 1969, p. 471; Mussner, *Galater* p. 398; Eckert p. 144 주4에 있는 다른 자료들. 반대 견해는 Lütgert, *Gesetz* pp. 12f.; Lietzmann, *Galater* p. 41; Schmithals, *Paul and Gnostics* p. 46.

성은 거의 없다.[145] 오히려 그들은 공동체 전체이거나(참고, 위에서 본 νουθετέω), 더 정확히 말하면, **영을 따라 행하고**(갈 5:16-25) 자신을 속이거나 다른 이들을 가차 없는 비판으로 파괴하거나 질시하는 일에 빠지지 않는 **모든 사람**을 가리킨다(5:13ff., 26, 6:3).[146]

E. E. 엘리스(Ellis)는 근래에 συνεργός('동역자'),[147] ἀδελφός('형제'), διάκονος('종')가 모두 바울이 그의 선교 때 함께 일했던 일꾼들로 구성된 특별한 부류를 가리킨다고 주장했다. 그러나 그런 해석은 바울이 말하려는 의미를 좁히는 것이며, 위에서 인용한 본문에 비춰볼 때 정당하지도 않다. 우선 συνεργός는 그저 바울과 함께 한때 일했던 사람을 가리킬 뿐이며, συνστρατιώτης('함께 군사 된 자', '전우'—빌 2:25)나 σύνζυγος('함께 멍에를 멘 자'—빌 4:3)와 마찬가지로 어떤 일을 수행했던 특별한 부류나 조직 유형을 가리키지 않는다.[148] 유일한 공식적 특별 조직은 '여러 교회의 사도들(= 사자들)'이다(고후 8:23, 빌 2:25). '형제들'이라는 부류를 인정해야 한다며 제시한 논거는 십중팔구 설득력이 없다. 엘리스가 인용한 모든 경우를 살펴보면, '형제들'은 '같은 그리스도인들'을 의미하는 게 거의 확실하다.[149] 빌립보서 1:1을 고려할 때, διάκονος를 일꾼이라는 어떤

145. Von Campenhausen, *Authority* p. 63 주50; 반대 견해는 Farrer, 'Ministry' p. 154.
146. Eckert p. 144; Pearson p. 5; Mussner, *Galater* p. 398.
147. J. H. Elliott, 'Ministry and Church Order in the NT: A Tradition-Historical Analysis(I Peter 5.1-5 and plls),' *CBQ* 32, 1970, p. 381도 그렇다.
148. 참고, G. Bertram, *TDNT* VII p. 874와 주21. 반대 견해는 Ellis, 'Co-workers' pp. 440f. Hainz도 동역자의 역할을 과장하는 경향이 있다(pp. 295-310).
149. 이에 반대되는 경우는, Ellis, 'Co-workers' pp. 445-451. 고전 16:19f.과 빌 4:21f.을 보면, '형제들'은 "'그리스도인'보다 더 제한된 그룹이 **아니다**." 전자는 '**모든** 형제'('모든'은 아마도 강조 용법으로서, 앞선 모든 인사를 함께 모은 표현일 것이다)라는 문구를 쓰지만, 후자의 '형제들'은 '형제들, 곧 **나와 함께한** 그리스도인'을 특정하여 가리키는 말이다.

특별한 부류로 여겨야 할 논거가 분명 더 강력하지만, 그곳을 제외하면, 이 단어는 **누구라도 그리스도나 복음이나 그리스도의 교회 가운데 하나를 섬기는 사람**을 널리 묘사하는 말로 이해하는 것이 더 적절하다.[150] 바울이 이 단어를 다른 이들이 하는 일(롬 16:1, 고후 11:23, 엡 6:21, 골 1:7, 4:7, 살전 3:2)처럼 바울 자신의 사역에도 똑같이 사용할 수 있는 것(고전 3:5, 고후 3:6, 6:4, 엡 3:7, 골 1:23, 25)은 바로 그런 이유 때문이다. 이 가운데 어느 경우도 어떤 특별한 종류의 섬김을 의미하는 말로 받아들일 수 없으며, 교회 안의 특별한 직무나 지위를 의미하는 말로 받아들일 수 없음은 두말할 것도 없다(참고, 롬 13:4, 고후 11:5!).[151] 이 본문들에서 διάκονος는 δοῦλος('노예'—롬 1:1, 고후 4:5, 갈 1:10, 엡 6:6, 빌 1:1, 골 4:12)와 마찬가지로 '어떤 특별한 부류의 동역자'를 의미하지 않는다.[152]

그렇다면 빌립보서 1:1의 감독과 집사(ἐπίσκοποι καὶ διάκονοι)는 어떤가? 분명 이들은 빌립보의 교회 안에 있던 독특한 그룹이다. 그렇지 않다면 바울이 이들만은 빌립보 그리스도인 전체와 따로 구분한 것이 아무 의미가 없을 것이다.[153] '섬기는 이들'(οἱ διακονοῦντες)이나 '섬김에 종사

150. Richardson, *Theology* p. 333; Hainz p. 194.

151. 고린도에서 바울을 대적하던 이들은 자신들을 그리스도의 διάκονοι라 부른다(고후 11:23)—이는 분명 **자신**을 지칭하는 말이다(Georgi, *Gegner* pp. 31f.), 아울러 롬 15:8, 갈 2:17이 그리스도를 가리키는 말로 διάκονος를 사용한 점을 주목하라.

152. 반대 견해는 Ellis, 'Co-workers' pp. 441ff. 그는 부당하게도 διάκονος를 갈 6:6의 교사와 동일시하면서, 그의 그런 주장을 토대로 διάκονοι가 하나의 전문 '계층'을 이루었다고 결론짓는다(pp. 443f.). 그러나 Beyer는 뵈뵈의 경우(롬 16:1)를 다루면서, 바울이 "어떤 고정된 직무를 언급하고 있는가, 아니면 그저 공동체를 위한 뵈뵈의 섬김을 언급하고 있는가"라는 질문을 아무 답 없이 그대로 남겨놓을 수밖에 없었다고 인정한다(*TDNT* II p. 93). 아울러 Delling, *Worship* pp. 157f. 그리고 본서 § 42.1을 보라.

153. Beyer, *TDNT* II p. 616; von Campenhausen, *Authority* p. 68; E. Best, 'Bishops and Deacons: Philippians 1.1,' *Studia Evangelica* IV pp. 371-376.

하는 이들'(διακονία)과 같은 말보다 위와 같은 명사들을 사용했다는 사실이 시사하듯이, 십중팔구는 이들도 공동체에게서 상당히 인정받는 기능을 갖고 있었던 게 분명하다. 하지만 이 기능들이 무엇이었는지, 그리고 이 기능들을 좁게 특정하고 정의했는지는 확실하게 말하기가 불가능하다. 두 단어 중 ἐπίσκοπος(ἐπίσκοποι의 단수형)는 **'감독'**으로 번역하는 것이 가장 좋다. 이 말은 **어떤 지도자 역할** 그리고/또는 행정이나 재정 사무를 처리할 책임을 가리키는 말임이 틀림없다(참고, ἐπισκέπτεσθαι, '심방하다'—약 1:27).[154] 감독을 감사/성찬 의식을 이끈 지도자와 결합하는 것은 근거 없는 추측이다.[155] 그것은 마치 감독을 장로와 동일시하는 것과 마찬가지다.[156] 빌립보에서는 고린도전서 12:28이 κυβερνήσεις('다스림', '지침을 제시함')라는 말로 모호하게 제시한 섬김 영역이 하나의 특별한 사역으로 단단하게 자리 잡았을 개연성이 더 크다. 집사 같은 경우, (지역의) 설교자들이었을 수도 있다(감독이기도 했을까?—참고, 1:5).[157] 그러나 (종이라는) 이름을 선택한 것은 내가 앞서 '공동체 지체의 안녕을 섬김'이라 불렀던 것 쪽에 더 가까운 무언가를 시사한다.[158] 즉, 특별한 섬김

154. Arndt & Gingrich, ἐπίσκοπος; Beyer, *TDNT* II pp. 608-617; Goguel, *Church* pp. 124f.; B. S. Easton, *The Pastoral Epistles*, SCM Press 1948, pp. 221-228; "이 단어에 사람들이 인정하는 어떤 전문적인 의미가 들어있다는 증거는 어디에도 없다"(p. 222).

155. 반대 견해는 Hasenhüttl p. 223.

156. Easton, *Pastorals* p. 224. 이 시대나 이 시대 전에 바울계 교회의 어디에서도 '장로'는 등장하지 않는다(위 주132을 보라).

157. Georgi, *Gegner* pp. 32-38; Gnilka, *Philipperbrief* p. 39; Ellis, 'Co-workers' pp. 442f. 그러나 J. N. Collins, "Georgi's 'Envoys' in II Cor. 11.23," *JBL* 93, 1974, pp. 88-96도 함께 보라.

158. Collins는 Georgi가 말하는 '사절'(envoys)보다 '사자'(messengers)의 의미가 낫다고 보지만, 이는 빌 1:1에 적합하지 않다.

(διακονία) 영역에 속하는 일로 고린도전서 12:28에서 '도움을 주는 행위'라 말한 것과 로마서 12:8에서 '나눔, 돌봄, 줌'이라 말한 것을 시사한다(본서 §42.2, 3을 보라). 다시 말하지만, 빌립보에서는 더 다양하고 특정되지 않은 이런 섬김들이 더 독특한(구별된) 하나의 사역으로 집약됐던 것 같다.[159] 우리가 말할 수 있는 것은 이것뿐이다. 목회서신에 있는 말과 후대 가톨릭의 말을 근거로 빌립보에서는 이미 이런 사역들이 임명과 안수를 통해 채워진 직분으로 자리 잡았다고 단정 지을 수는 없다.[160] 오히려 바울이 세운 다른 교회들에서 볼 수 있는 영의 선물과 사역 패턴은 영의 선물에 기초한 이런 사역들이 그것에 관심을 가졌던 개인들이 스스로 맡았던 것이며 빌립보 교회가 그들의 역할을 정규 사역으로 인정했음을 시사한다(참고, 본서 §48.1과 원서 pp.286f.을 보라).

이런 이슈들을 골로새서 4:17로 더 상세히 해명하기는 불가능하다. 골로새서 4:17에서 공동체는 아킵보에게 다음과 같이 촉구하라고 요구받는다: "네가 주 안에서 받은(παρέλαβες ἐν κυρίῳ) 사역에(διακονίαν) 주의를 기울이고 그 사역을 다 이행하라." 이 사역은 공동체가 이미 인정한 정

---

159. 바울이 특히 '감독과 집사'를 골라 말하는 이유는 그들이 바울에게 보낼 재정 후원금을 빌립보 사람들에게서 걷고 그것을 전달할 특별한 책임을 맡고 있었기 때문이라는 견해(빌 4:10-18)는 크리소스토모스에게서 비롯됐는데, 이 견해에 대해서는 아직도 말할 것이 많다. 가령 Harnack, *Constitution* p. 58; Beyer, *TDNT* II p. 90; Goguel, *Church* p. 129이 그렇다. 그러나 4:10-18에 '감독과 집사'를 암시하는 말이 전혀 없다는 것이야말로 어쩌면 그런 주장을 약화시키는 근거일지도 모른다.

160. 참고, W. Michaelis, *Der Brief des Paulus an die Philipper*, THNT 1935, pp. 11f.; Gnilka, 'Geistliches Amt' pp. 240-245; Bornkamm, *Paul* p. 183. 이 점과 관련하여 복수형(감독들과 집사들) 그리고 무관사는 특히 주목할 만하다. Best는 바울이 자신을 '사도'가 아니라 오직 '노예'로만 지칭한 점에 주목한다(바울은 서신 인사말에서 보통 자신을 이렇게 지칭한다). 아울러 Best는 바울이 수신자를 밝힌 이 부분(1:1)에서 '교회 안에서 어떤 지위를 얻으려는 욕망의 첫 사례를 … 조금은 부드러운 아이러니로' 바로잡고 있다고 주장한다(*Studia Evangelica* IV p. 376).

규 사역이었는가, 아니면 아킵보가 어쩌면 예언의 말이었을 수도 있는 것을 통해(ἐν κυρίῳ) 사람들 앞에서 부름을 받았던 어떤 특별한 섬김 행동이었는가?[161] 우리가 할 수 있는 말은 없다. 본문에는 더 견고한 결론(가령 이것은 공식 사역[집사직]이었으며 바울이 그를 그 직분에 임명했다)을 뒷받침할 실질적 근거가 전혀 없다.[162]

마지막으로, 우리는 에베소서 4:11에서 복음을 전하는 자와 목자/목사를 본다. '복음을 전하는 자'는 분명 복음을 설교하는 자를 가리킨다. 그들이 주로 선교사였다면,[163] 그들이 두드러진 위치에 있다는 것은(목록에서 세 번째에 있다) 사도들(고전 15:7)이 세상을 떠나기 시작했거나 이미 세상을 떠났다는 견해를 밑받침한다.[164] 그러나 그들은 단지 주변 지역에서 그 지역 교회를 대신하여 복음을 전하는 일을 했을 수도 있다. '목자/목사'는 십중팔구 다른 곳에서 προΐστημι('돌봄'—롬 12:8, 살전 5:12)라는 말로 표현한 기능을 의미할 것이다.[165] '사도와 예언자'가 더 앞선 시대에 속한다면(엡 2:20은 그리 암시하는 말일 수 있다), 우리는 이미 영의 선물인 사역들이 더 정규화된 기능을 맡은 이들에게 자리를 내주기 시작한 시

161. 참고, Goguel, *Church* pp. 129, 382; C. Masson, *L'Épitre de Saint Paul aux Colossiens*, Neuchatel 1950, p. 157.
162. 반대 견해는 Farrer, 'Ministry' pp. 148ff.
163. 가령 Scott, *Ephesians* p. 210; Schlier, *Epheser* p. 196이 그렇다. 행 21:8은 빌립을 '복음을 전하는 자'로 묘사한다. D. Y. Hadidian은 이 말이 "복음서 기자의 '직무'"를 가리킨다는 옛 주장(Oecumenius, Chrysostom)을 되살리지만, 그가 인용할 수 있는 증거는 흩어져 있고 하찮은 증거뿐이다('*tous de euangelistas* in Eph. 4.11,' *CBQ* 28, 1966, pp. 317-321).
164. 참고, Schweizer, *Church Order* 24h; Goppelt, *Apostolic Times* p. 191; J. Gnilka, *Der Epheserbrief*, Herder 1971, pp. 211f.
165. 벧전 2:25은 그리스도를 묘사하면서 목자와 감독이라는 말을 함께 사용한다.

대에 이르렀을 수도 있다(더 자세한 것은 본서 §57.2을 보라).[166] 그러나 우리는 아울러 이런 단어들이 '직분'이라기보다 기능을 가리키며 아직 확립된 직함이 아니라는 점에도 주목해야 한다.[167] 적어도 이런 사역이 몇 사람에게만 국한되지는 않는다는 점에서, 본문이 제시하는 사상은 여전히 철저하게 바울적이다—각 지체는 자신의 역할을 갖고 있는데(16절), 이 맥락에서는 전체의 유익을 위해 행하는 사역이다.[168]

48.4. **요컨대, 바울은** 영의 선물인 하나하나의 행동과 말뿐 아니라, **영의 선물을 체험하는 공동체 안에서 정규 사역이 가지는 중요성도 인정한다.** 바울이 가장 왕성하게 사도로서 활동한 시기에 특히 두드러진 위치를 부여하는 것이 말씀 사역, 예언자와 교사의 사역, 새 계시와 옛 계시의 상호 작용이었다.[169] 이 단계에서는 다른 정규 사역도 훨씬 다양하게 나타났다—사역과 관련된 상황과 사람도 역시 다양했다(롬 12:6-8, 고전 16:15-18, 살전 5:12). 그러나 여러 해가 흐르면서 빌립보에서는 감독과 집사로 알려진 정규 사역이 등장했고, 소아시아 교회들에서는 사도들과 예언자들이 활동했던 교회 설립 시대가 저물기 시작하면서 더 확립된 기능들(복음을 전하는 자, 목자 그리고 교사)이 나타났다. 그러나 **그보다 앞서 그리스 지역에 선교하던 시절에는, 예언자와 교사를 제외하면, 구체**

166. R. Schnackenburg, 'Christus, Geist und Gemeinde(Eph 4.1-6),' *CSNT* pp. 292ff. 에베소서의 저자를 결정하는 것과 관련된 또 다른 이슈를 살펴보려면, Kümmel, *Introduction* pp. 251-256을 보라.
167. Friedrich, *TDNT* II p. 737; Jeremias, *TDNT* VI pp. 497f.
168. Gnilka, 'Das Kirchenmodell des Epheserbriefes,' *BZ* 15, 1971, pp. 180ff.도 인정한다.
169. Greeven, 'Propheten'은 예언자와 교사가 바울계 공동체 안에서는 유일한 권위였다고 주장한다(p. 42).

적이고 그 의미가 잘 정립된 사역들이 존재하지 않았다. 그 반대로, 바울이 엄청나게 다양한 단어들을 사용한다는 것은[170] 여러 활동과 섬김의 범위가 겹쳤으며 분명하게 구분되지 않았음을 암시한다.[171] 이런 사역은 모든 이에게 열려 있었다.[172] 이는 그런 사역이 본질상 영의 선물에 기초한 사역이었기 때문이요, 영이 부어주는 영감에 순종하는 것 외에 다른 자격이 더 필요하지 않은 활동이었기 때문이다.[173] 이런 사역을 맡아 꾸준히 수행하는 이가 있으면, 그 사역이 짧은 기간에 집중하여 강도 높게 수행됐든(바울과 함께했던 일이 그런 예다) 아니면 오랜 기간에 걸쳐 조금 느슨하게 낮은 강도로 수행됐든(아마도 스데바나의 사역이 그랬을 것이다), 회중은 그런 사역에 관련된 사람을 예언자나 교사 또는 그저 꾸준히 어떤 형태의 섬김에 종사하는 이로 인정하고 존중하라는 요구를 받을 수 있었다. 실제로 바울이 데살로니가 사람들과 고린도 사람들에게 스데바나 같은 사람들의 사역을 인정하라고 촉구한다는 사실은 바울이 이런 **정규** 사역을 그의 교회들이 이어가는 삶에서 적지 않은 중요성을 지닌 것으로 여겼음을 보여준다. **바울은 그리스도의 몸이 서로 무관한 일련의 사역 행동뿐 아니라 정규 사역을 통해서도 자라난다고 여긴다**.

동시에 **이런 사역들이 영의 선물과 관련된 성격을 갖고 있음**을 강조

---

170. ἀντιλήμψεις, διακονία, ἐλεέω, κοπιάω, κυβερνήσεις, μεταδίδωμι, νουθετέω, παρακαλέω, παραμυθέομαι, προΐστημι, συνεργέω.

171. Schweizer, *Church Order*: "대체로 말하면, 교회는 새로운 사역을 만들어내고 전부터 있어온 사역을 변화시킴으로써 놀라운 자유를 지닌 교회의 색다른 본질을 강조했다"(24i).

172. Schweizer, *Church Order* 24k.

173. Schweizer, *Church Order*: "전통 자체가 아니라 영이 반복한 행위가 교회를 교회로 만든다"(7i). 아울러 von Campenhausen, *Authority* pp. 68ff.; 그리고 본서 §45.2을 보라.

하는 것이 중요하다. 이 사역들은 분명 '직무'로 정의되어서는 안 된다. 직무란 임명받은 소수의 사람이 특권과 권위를 누리는 자리, '공식 직책을 맡은 자'가 임명을 받아 비로소 행사할 수 있는 명확한 책무를 짊어진 자리를 말한다. 반면 영의 선물을 체험하는 공동체는 **모든 이**가 영의 자극을 받아 어떤 사역이라도 행할 수 있다. 공동체가 여러 정규 사역을 인정하는 것은 정확히 말하면 영의 선물인 하나하나의 섬김 행위를 통해 **이미** 나타난 권위를 **인정**하는 것이다. 바울계 교회 안에서 이런 '직무' 정의에 속하기 **시작한** 사역은 사도와 교사뿐이다. 그러나 (바울이 정의한) 사도는 되풀이되지 않았고(종말론적 사도였다) 가르침에는 영의 선물인 가르침이 들어있었기 때문에, 바울의 사역 개념을 정의할 때에는 '직무'라는 말을 철저히 피하는 것이 가장 좋다.[174] 바울은 **무엇보다** 늘 신선하게 새로운 말(예언)을 만들어내는 **영에**, 그리고 먼저 사도가 전했고 이어 교사가 전달한 복음 전승에 권위와 연속성이 있다고 보았다. 요컨대, **권위는 본질상 영과 관련된 권위다. 사역을 행하는 자만이 권위를 가질 수 있었으며 그가 실제로 행하는 사역 행위에만 권위가 있었다.**[175]

그렇다면 바울은 그의 공동체 안에서 영의 선물의 과잉 행사로 말미암아 발생하는 위협을 어떻게 통제할 수 있으리라고 생각했는가? 예언자들이 대답의 일부를 제공했지만(§48.1), 예언자들 자신도 영의 선물을 행하는 이들이었다. 복음 전승도 역시 그 답의 일부를 제공했지만(§48.2), 교사도 영의 선물을 행사하여, 즉 창조적으로, 전승을 제어할 수 있었다. 다양한 본질을 가진 다른 정규 사역들도 일부 역할을 했지만,

---

174. H. Küng, *Why Priests?*, ET Fontana 1972: "교회 '직무'는 신약성경의 개념이 아니라 후대의 고찰에서 등장한 문제 있는 개념이다"(p. 26).

175. Käsemann, *ENTT* p. 78.

이런 사역 역시 본질상 영의 선물에 기초한 사역이었다(§48.3). 이외에 달리 또 어떻게 통제 수단을 적용할 수 있었을까? 직무 개념을 통한 통제는 불가능했다. 그렇다면 어떻게? 이것이 우리가 마지막 섹션에서 다룰 내용이다.

§49. 공동체의 권위와 그 평가 기준

49.1. **공동체의 권위**. 공동체에서는 영의 선물을 규율할 수 있는 권위가 어디에 있었는가? 일부는 교회를 세운 사도(들)에게 있었고(§47), 일부는 공동체 안에서 등장한 정규 사역에 있었지만(§48), 공동체 자체에도 일부 있었다. **공동체 자체가 그 예배와 공동체 안에서 일어나는 일을 규율할 때 권위 있는 역할을 담당해야 한다**는 것이 바울의 견해였음을 인식하는 것이 중요하다. 우리는 이를 이미 다양한 지점에서 다루었기 때문에, 우리가 앞서 발견한 것들을 간략히 살펴보면 되겠다.

(1) **바울은 결코 공동체 내부의 어떤 지도자 그룹에 서신을 보내지 않았다**(빌 1:1은 예외다). 그의 가르침과 권면은 보통 공동체 전체에 보낸 것이었다. 이는 다만 이런 권면에 응답할 책임이 회중 자체에 있으며 공동체 내부의 한두 사람에게만 있는 것이 아님을 의미할 수 있다.[176] 그런 이유 때문에 바울은 고린도전서 5, 6, 11, 14, 16장에서 살펴본 것과 같은 상황에서, 감독이든 다른 누구든, 어떤 지도자 그룹도 언급하지 않는다. 바울은 심지어 예언자가 공동체를 이끄는 것도 생각하지 않는 것 같

176. Lindsay pp. 32f., 58f.

다.[177] 예언자가 예언자로서 가지는 권위는 오로지 예언이라는 영의 선물과 영감을 받아 터뜨리는 말에 대한 평가에 있을 뿐이다.

(2) 바울은 지역 교회를 그리스도의 몸으로 이해한다. 이는 회중의 **각 지체**가 그 회중 안에서 어떤 **기능**을 갖고 있으며 공동체의 삶과 예배에 기여할 **책임**을 갖고 있음을 암시할 수밖에 없다(참고, 고전 12:25f.). 여러 공동체의 **모든** 지체에게 가르치고, 권면하며, 판단하고, 위로하라고 권하는 것 역시 다 그 때문이다(롬 15:14, 고전 5:4f., 고후 2:7, 골 3:16, 살전 5:14).[178]

(3) 공동체 전체가 '하나님에게 가르침을 받는다'(살전 4:9). 그들은 모두 한 영에 참여하고(κοινωνία), 모든 이가 영의 사람(πνευματικοί)이다.[179] 공동체 지체들 자체가 영의 선물에 관하여 규율하고 판단할 권위를 갖고 있다(고전 2:15). 심지어 바울 자신도 그의 의견을 그들에게 주저 없이 복종시키는 것도 그 때문이다. 고린도전서 14:37을 보면, 바울은 그의 조언이 '영의 말'임을 확신하면서도(2:13) 고린도 사람들이 그의 조언에 관하여 판단해 주길 기대한다—그들이 영을 받은 것은 바로 그런 이유 때문이요, '하나님이 그들에게 주시는 모든 것을 하나님의 은혜로 말미암아 알 수 있게/인식할 수 있게 하려 함'(2:12; 참고, 빌 3:15)이다. 따라서 예언자가 예언 하나하나를 평가할 책임을 가질 뿐 아니라(고전 14:29), 공동체도 예언을 독려하며 예언을 비롯한 '모든 것을 시험할' 책임을 진다

177. 반대 견해는 Greeven, 'Propheten' pp. 35f.

178. 심판(판단)에 관하여 알아보려면, Roetzel pp. 112-136을 참고하라.

179. 위에서(§48.2) 제시한 조건을 잊어버림이 없다. 아울러 고전 2:6을 보라—"우리가 성숙한 그리스도인 **가운데서**('그리스도인에게'가 아니다) 지혜를 말한다"—즉 바울은 혼자 하는 말보다 토론을 염두에 두고 있다—모든 이가 말할 수 있다(Barrett, *I Cor.* p. 69).

(살전 5:20f.).[180] 공동체는 자기 몸을 아끼지 않고 교회를 섬기는 이들에게서 나타나는 영의 선물의 권위를 인식하고 인정할 책임을 지며 그런 이들이 더 꾸준히 행하는 이런 사역들을 열심히 하도록 독려할 책임을 지는데, 공동체의 이런 책임이 지닌 중요성은 결코 작지 않다(고전 16:15-18, 살전 5:12f.; 참고, 빌 2:29f.). 이런 고찰 결과에 비춰볼 때, 고린도전서 14:16은 새로이 중요한 의미를 갖게 된다. 회중이 기도나 예언 뒤에 외치는 '아멘'은 전례에서 어떤 동의 의사를 표현하는 형식일 뿐 아니라, 공동체 지체들이 예배 때 나오는 말을 이해할 수 있어야 하고 그런 뒤에 동의할 수 있어야 한다는 점에 바울이 부여했던 중요성을 일깨워준다.[181] "바울은 교회 전체가 듣고, 이해하며, 시험하고, 통제할 책임을 진다는 것을 강조한다."[182]

만일 바울의 의도가, 우리의 추측처럼, 영의 선물을 체험하는 공동체가 예배하는 것과 같은 방식으로 공동체 자신의 일들을 처리하게 하려는 것이라면, 그가 회중의 일들을 규율할 목적으로 제시한 지침을 발견할 수 있는 곳은 고린도전서 14:26ff.인 것 같다. 즉, 어떤 이슈를 놓고 혼란이나 반신반의하는 분위기가 존재하는 모임에서는 어떤 개인이 영감을 받아 그 모임을 이끌어야겠다고 느낄 수도 있다—예를 들면, 부활하신 주의 이름으로 말하는 예언자나 케리그마 전승을 언급하는 교사가 실제 상황에 적용할 수 있는 지혜(참고, 고전 6:5)나 조언을 담은 말

180. Lindsay pp. 99f.; Henneken, *Verkündigung* pp. 106f. Hermas, *Mand*. XI.14을 보면, 거짓 예언자는 회중 전체의 기도로 드러난다(Reiling, *Hermas* pp. 15f., 73). 쿰란 공동체 지체들이 '영 분별'을 중요하게 여긴 것과 그들의 '영 분별' 방식을 참고하라(1QS 5.20b-24; 참고, 6.14ff.).

181. 참고, Schweizer, *Church Order* 7k.

182. Barrett, *I Cor*. p. 321.

(κυβέρνησις)을 제시하여 모임을 이끌 수도 있다. 그런가 하면, 공동체는, 스데바나처럼, 이미 수고와 사랑과 섬김을 통해 그들의 영성을 증명한 이들에게 공동체의 일을 이끌어달라고 부탁했었을 수도 있다. 그렇다면 회중은 아마도 자신들이 그 문제와 관련하여 그리스도의 생각을 알았다고 느낄 때까지 그런 조언을 평가하고 토론했을 것이다(참고, 고후 2:6; 아울러 롬 1:11f., 12:1f., 15:14, 빌 1:9-11, 2:1ff., 살전 4:18, 5:11, 19f.을 참고하라).[183]

그렇다면 그들은 어떻게 그런 평가를 행했을까? 평가할 때 무슨 기준을 사용했을까?

49.2. **평가 기준**. 바울은 고린도전서에서 세 장(12-14장)에 걸쳐 영의 선물을 논하면서, 공동체가 영의 선물이 공동체의 삶과 예배에 기여하는지 평가할 수 있게 해 줄 세 기준을 강조한다.[184]

(a) **케리그마 전승이라는 시험 기준**—고린도전서 12:3. 영감이 하나님의 영으로 말미암아 주어졌음을 증명하는 증거는 영감만이 아니다(12:2). 영감도 시험받고 평가받아야 한다(본서 §41.3을 보라). 이 경우에 잣대가 되는 것은 상당히 기초적인 복음 표현이다—"예수가 주시다"(참고, 롬 10:9, 고후 4:5)—즉 이것은 케리그마 전승에서 나온 것이다. 만일 영감을 받아 터뜨리는 어떤 말이 그 말을 하는 이들을 회심케 했던 복음을 확증하거나 복음과 일치한다면, 그 말은 하나님에게서 나온 말이라고

183. 참고, Windisch, *II Cor*. p. 87; Blass-Debrunner-Funk §244.3. Wengst, 'Zusammenkommen' pp. 547-554은 타당하게도 후자의 본문을 함께 모인 공동체가 행한 활동과 관련지어 이해한다.

184. 바울은 성취된 예언에 관한 시험(검증)을 사용하지 않는다(참고, 신 18:21f., 렘 28:9). 그러나 살후 2:1ff.을 보라. 이는 바울계 회중 가운데 미래 일을 미리 일러주는 예언이 없었음을 의미하지 않지만, 그래도 그런 예언이 주로 종말론적이었음을 의미할 수 있다(참고, 살전 4:15).

292-293

결론지을 수 있다. 하지만 그 말이 복음과 어긋나면 그 말은 거부해야 한다.[185]

물론 바울은 복음에서 나온 것을 유일한 시험 기준으로 삼으려고 하지 않는다. 그가 고린도전서 12:3에서 적용하는 특별한 경험 법칙은 고린도에서 발생한 상황—그리스도인이 모인 자리에서 분명한 영감을 통해 '예수는 저주받은 자다'라고 외침(본서 §41.3을 보라)—으로 말미암아 결정된 법칙일 개연성이 아주 높다. 그러나 갈라디아서 전체를 살펴보면, 케리그마로부터 나온 시험 기준은 기독론의 기준이라기보다 그리스도인의 **자유**의 기준이다—바울은 이 기준을 재삼재사 강력하게 적용한다(갈 1:6ff., 2:3ff., 14ff., 3:1ff., 4:1ff., 5:1ff.).

게다가 바울은 고린도전서 2:13에서 '영의 선물과 영의 선물을 비교하여 그것들을 판단하는' 시험을 생각하고 있을 가능성도 있다(위 제8장 주184을 보라)—즉 앞서 평가 받고 영에게서 나왔음이 증명된 영의 선물이 새로운 영의 선물을 판단하는 선례가 된다. 아울러 바울이 고린도전서에서 그가 세운 다른 교회들의 관습에 여러 차례 호소하는 점에도 주목해야 한다(더 자세한 것은 본서 §47.3 [a]를 보라). 그렇다고 해서 바울이 전통을 모든 상황과 경우에 적용될 수 있는 선례와 법으로 구성된 규칙서로서 끊임없이 확장된다고 생각했다는 것은 아니다. 늘 규범으로 남아있는 것은 **케리그마** 전승—그의 교회를 존재하게 한 복음과 가르침—이

185. 참고, C. H. Dodd, *History and the Gospel* pp. 56ff.; von Campenhausen, *Authority* p. 294. 고전 12:3의 ἀνάθεμα를 갈 3:13의 κατάρα와 동일시하려는 W. C. van Unnik의 시도는 실패라고 판단할 수밖에 없다. 둘이 동일하다면 바울이 Ἀνάθεμα Ἰησοῦς를 그처럼 아주 명확하게 비판하지 않았을 것이기 때문이다('Jesus: Anathema or Kyrios [I Cor. 12.3],' *CSNT* pp. 113-126).

었다(고전 11:2, 23, 15:3, 살후 2:15).[186] 영의 선물로서 그런 전통을 다룬 또 다른 해석 선례들이 다른 상황에서 그런 케리그마 전승을 신선하게 해석하게 해 줄 가이드라인과 한계를 제시해 주었을 수도 있다. 그러나 **그런 케리그마 전승과 해석에서는 첫 증인의 메시지가 다른 어떤 메시지나 해석과 비교할 수 없는 권위를 지니고 있었다.** 사실, 우리가 만일 고린도전서 15:6b의 함의를 올바로 이해한다면, 케리그마가 강조하는 중심 메시지조차도 원칙적으로 케리그마 이면에 있는 독립적인 검증, 말하자면 결정적인 구원사의 사건의 목격자였던 사람들에게 검증을 받아야 한다(아울러 본서 §41.4을 보라).

(b) **사랑이라는 시험 기준**—고린도전서 13장. 사랑(ἀγάπη)은 바울이 사용하는 가장 중요한 단어 가운데 하나다. 이 말은 신약성경에서 116회 등장하는데, 그중 75회가 바울서신에 등장한다(거의 3분의 2가 등장하는 셈이다). 바울은 고린도전서 13장에서 그리스도인 공동체 안에 존재하는 영의 선물을 논하는데, 여기서 중심을 이루는 것이 '사랑을 찬미하는 송가'다(위 주37을 보라). 이로 보아, 바울은 사랑이 영의 선물로서 나타나는 현상들을 시험하는 데 대단히 중요한 기준이라 여긴 게 분명하다.[187] 사랑이 없으면, 가장 빼어난 예배와 헌신 체험도 아무 의미 없는 소음에 불과하다(13:1).[188] 사랑이 없으면, 예언 그리고 하나님의 신비를 꿰뚫어

---

186. 롬 12:6f.의 '믿음'이 케리그마나 회심 때 '믿음으로 들음'을 의미한다면(참고, 갈 3:2, 롬 10:17), 그것은 이 점에 무게를 더해 주는 증거가 될 것이다—따라서 κατὰ τὴν ἀναλογίαν τῆς πίστεως(믿음의 분량을 따라)와 '예언'(롬 12:6)은 고전 12:10의 '영을 힘입어 터뜨리는 말을 평가함'과 '예언'의 관계와 같은 관계에 있게 될 것이다(참고, Käsemann, *Römer* p. 326). 그러나 본서 §39.4을 보라.

187. 아울러 Schürmann, 'Gnadengaben' pp. 261ff.을 보라.

188. '시끄러운 징'과 '울리는 심벌즈'는 이교도의 예배 관행을 언급하는 말일 수 있다. 참고, K. L. Schmidt, *TDNT* III pp. 1037ff.; Conzelmann, *I Kor.* p. 262. 방언에 관하

293-294

보는 가장 심오한 통찰조차도, 불가능해 보이는 일을 행하는 믿음조차도,[189] 영의 사람을 결코 더 나은 사람으로 만들어주지 못한다(13:2). 사랑이 없으면, 심지어 자신을 지극히 희생하며 다른 이들을 섬기는 것조차도 그런 섬김을 행하는 이를 전혀 자라게 하지 못한다(13:3).[190] 요컨대, **종교성이 지극히 충만하고 영성이 다다를 법한 한계까지 이른 사람이라 할지라도, 그에게 사랑이 없다면, 그 모든 것이 그에게 아무 유익도 주지 못한다**(아마 그가 속한 공동체에도 전혀 유익을 주지 못할 것이다).

주목할 점은 바울이 여기서 사랑 자체를 영의 선물로 생각하지 않는다는 점이다.[191] 오히려 그는 사랑을 개인의 인격과 관련지어 생각한다(4-7절; "나는 아무것도 아니다"—2절; "나는 더 나은 사람이 아니다"—3절).[192] 여기서 사랑은 인격을 변화시키고 변화된 인격을 움직이는 힘이다. 그것은 은혜의 능력이 지닌 또 다른 측면이다. 공동체의 구체적인 상황에서 자신을 영의 선물로서 드러내는 영은 사랑을 그런 영의 선물이 지닌 특성으로서 드러낸다. 영의 선물이 없으면 사랑을 체험하지 못한다. 사랑이라는 특성은, 섬김이든 아니면 다른 무엇이든, 사랑이 담긴 행위로 표현될 수밖에 없기 때문이다. 그런 사랑이 담긴 행위는 방언이나 예언처럼 영

여 알아보려면, 본서 §41.7을 보라.

189. Strack-Billerbeck I p. 759: "'뿌리 뽑다'와 '산을 찢어버리다'는 실상 '불가능해 보이는 것을 가능하게 하다'를 의미하는 유명한 표현이다." 믿음, 지식, 그리고 예언에 관하여 알아보려면, 본서 §§39.4, 40.4, 41.2을 보라.

190. 3절에 관하여 알아보려면, 본서 §42.2을 보라.

191. 12:31과 14:1이 선물과 사랑을 구분한 것을 주목하라. 이 구분은 어쩌면 서로 대립하는 것을 대비해 놓은 것일 수도 있다(위 주37을 보라). "ἀγάπη는 12장이 논하는 이 다른 '가능성들'과 질이 다르다. 심지어 예언도 '힘써 추구할' 수 있지만(14:1), 13:1-3에 따르면, '사랑은 독특하게도 다른 모든 선물, 심지어 가장 높은 선물과도 구별된다'"(Sanders, 'I Cor. 13' p. 173, K. Barth의 말을 인용).

192. 참고, Fridrichsen, *Miracle* pp. 145f.

의 선물이다. 그러나 **사랑 없이 영의 선물을 체험하는 것은 얼마든지 가능**하지만(고전 3:1-4, 13:1-3; 참고, 롬 14:15), 사랑이 위선적일 수는 없다(롬 12:9, 고후 6:6).[193] 영의 선물이 지닌 문제와 위험은 영의 선물이 순전히 감정적, 비합리적 차원에서만 기능하거나(방언) 감정적, 합리적 차원에서만 기능한 채(예언) 도덕 및 윤리와 관련된 성격은 전혀 갖추지 못할 수 있다는 점이다. 영의 선물은, 그것이 **은혜의 표현으로** 나타날 때에만, 다시 말해 겸손하고 이기심이 없는 사랑으로서 나타날 때에만, 개인이나 공동체에게 유익을 준다. 사랑이 없는 영의 선물은 아무 유익이 없다. 영의 선물을 시험해야 하는 것은 바로 그 때문이다. 따라서 이런 시험은 말 그대로 인격을 시험하는 것이다: 4-7절—누구든지 영의 선물을 행하는 사람이라 하면서 참을성이 없고 불친절하며 시기하고 자만하는 사람. 이렇게 문제가 된 사람의 자취는 가정 교회 같은 소그룹에서는 오랫동안 감춰질 수 없다—그가 행하는 영의 선물은 결국 **공동체에게 없어도 되는 선물**로서 평가절하하거나 무시해야 할 수도 있다. 다른 누구보다 특히 바로 이런 시험을 통해 그들이 하나님에게서 사명을 받은 자가 아님을 스스로 증명해 보인 이들이 바로 고린도후서 10-13장에 나오는 거짓 사도들이다. 특히 이 본문은 그들의 오만함을 부각시킨다.[194]

갈라디아서에서는 '영의 열매'가 고린도전서에 나오는 '사랑의 송가'와 같은 역할을 한다. 이는 바울이 갈라디아서 대부분에서 갈라디아 사람들이 율법주의에 빠짐으로 말미암아 결국 사랑을 잃어버린 것을 깨닫게 하는 데 관심을 기울이기 때문이다. 그러나 바울은 5:13에서 방

193. 바울이 썼다는 데 논쟁의 여지가 없는 서신들은 ἀνυπόκριτος를 오직 사랑을 가리키는 말로만 사용한다. 아울러 Wilckens, *TDNT* VIII pp. 570f.을 보라.

194. 장(章)들을 지배하는 단어가 καυχάομαι이다—14회; 아울러 καύχησις를 2회 사용한다.

금 말한 것과 반대의 위험을 이야기한다—이기심에 취해 다른 사람들에게 관심을 보이지 않다가 결국 자유를 잃어버릴 위험이 그것이다. 바울은 갈라디아서 5:22에서 영의 사람의 인격을 간략하게 묘사하여 제시한다—영의 사람이 맺는 가장 큰 열매로 제시하는 것이 사랑이다.[195] 즉, 사랑은 사람의 뜻에서 나오는 행동이 아니라(참고, 고전 13:13), 사람의 감정과 뜻을 사로잡고 빚어내는 영의 능력이다. 그러므로 여기서 영의 사람은 그 자신의 욕구를 맘대로 추구할 자유를 강조하는 이가 아니라, 이웃 사랑으로 자신의 자유를 제한하고 그의 형제를 섬김으로 그의 자유를 표현하는 이이다.[196] 신약의 교회들은 다른 곳에서도 이런 교훈을 잘 배웠다(마 7:15-23; 참고, 렘 23:9-15, 29:15-23; 『디다케』 11.8; Hermas, *Mand.* XI.8). **영의 사람임을 증명하는 증거는 영의 선물이 아니라 사랑이다.**[197] 영의 선물과 사랑은 모두 (교회의 지체인) 개인과 교회에 필요하다. 그러나 영의 선물은, 그것이 이웃 사랑의 표현일 때에만, 환영받고 귀히 여김을 받는다. 반면, 사랑이 없는 영의 선물은 공동체에 위협이 되며 영의 선물을 행하는 사람 자신의 영에도 해를 끼친다.

(c) **'세워줌'**(οἰκοδομή)**이라는 시험 기준**. 교회를 세워가는 과정에 있는 집이나 성전에 빗댄 은유는 바울이 자주 사용하는 것이다. 바울은 그

195. 복수형인 '열매들'이 아니라 단수형인 '열매'는 영의 사람 안에서 일어나는 인격 변화와 이런 특질들의 상호 일관성이 단일 원천에서 비롯됐음을 일러준다: 바울은 다른 특질들(기쁨, 평화 등)이 사랑이 만들어내는 것임을 암시하고 있는지도 모른다. 아울러 Schlier, *Galater* pp. 256f.을 보라. 더 충실한 설명을 보려면, 주석들을 보라. 아울러 Kuss, *Römerbrief* pp. 568ff.; W. Barclay, *Flesh and Spirit*, SCM Press 1962, 제3장을 보라.

196. 5:14과 6:1f.의 평행 관계는 바울이 '영적 사람'을 '이웃을 자신처럼 사랑하는 사람'으로 정의해야 한다고 생각했음을 분명하게 일러준다. 아울러 본서 §48.3을 보라.

197. 참고, Bertrams, *Wesen* pp. 46-70.

자신이 하는 일을 본질상 교회 설립자요 교회를 세우는 자로 본다(롬 15:20, 고전 3:9f., 고후 10:8, 12:19, 13:10; 참고, 엡 2:21). 그는 독자들에게 그들이 행하는 일을 통해 지체끼리 서로 세워줌으로써 영과 그리스도의 사랑을 온전히 드러내는 데 관심을 가진 공동체의 이상을 이뤄가야 한다고 신신당부한다(롬 14:17ff., 15:2ff., 고전 10:24, 엡 4:29, 빌 2:4, 살전 5:11).[198] 바울은 특히 고린도전서에서 οἰκοδομή를 고린도교회의 통일을 위협하던 몇몇 분쟁에 시험 기준으로 적용한다. 예를 들어, 우선 3:16f.에서 암시하듯이, 특히 이교 신전에서 희생 제물로 바친 고기를 먹는 것이 옳은지 여부를 둘러싼 논쟁에 적용한다("'지식'은 교만을 키우지만, 세워주는 것은 사랑이다"—8:1; "'모든 것이 적법하나', 모든 것이 세워주지는 않는다"—10:23).[199] 무엇보다 고린도전서 14장을 보면, 명사와 동사가 합하여 7회나 등장한다.[200] 가령 14:3ff., 12, 17에서는 οἰκοδομή라는 시험 기준을 사용하여 예언이 방언보다 우월하다고 증명한다—방언에서는 사람이 자신의 영적 성장을 도모하는 방식으로 하나님에게 말할 수 있지만, 예언에서는 하나님이 공동체 전체에게 말씀하시고, 감정을 불러일으킬 뿐 아니라 생각과 뜻을 가르치시기 때문이다. 따라서 14:26에서도 예배의 모든 부분을 οἰκοδομή라는 잣대에 비춰 평가해야 한다고 말한다: 두세 사람이 (방언

198. Wengst, 'Zusammenkommen' pp. 555ff.

199. 8:10이 이 동사를 사용한 것은 아마도 고린도 영지주의자들이 개인의 자유를 거침없이 행사하는 것이야말로 '약한' 이들의 약한 양심을 세워주는 가장 좋은 길이라 주장했음을 일러주는 것일지도 모른다: "지식이 세워준다"(가령 Moffatt, *I Cor.* pp. 110f.; Allo, I *Cor.* p. 205; Michel, *TDNT* V p. 141). 바울의 대답은 영지주의자들의 행동이 '약한' 이들에게 안겨주는 영적 고통이 건설적이기보다 파괴적이라는 취지다(참고, 고후 10:8, 13:10). 그러나 M. E. Thrall, 'The Meaning of οἰκοδομέω in relation to the Concept of συνείδησις(I Cor. 8. 10),' *Studia Evangelica* IV pp. 468-472도 함께 보라.

200. P. Vielhauer, *Oikodome*, Heidelberg 1939, pp. 90ff.을 보라.

외에는 공동체 앞에서 제시할 다른 영의 선물을 갖고 있지 않아서[?]) 방언으로 말할 수 있지만, 그러나 그보다 많은 이가 방언으로 말해서는 안 되며, 두세 사람이 방언하는 경우에도 그 방언이 통역될 때에만 방언해야 한다(본서 §41.8 그리고 본서 제9장의 주113을 보라)—그렇게 하지 않으면 회중 전체가 그들의 방언에서 아무 유익도 얻지 못할 것이다. 두세 예언자가 예언할 수 있지만, 나머지 사람들은 평가라는 영의 선물을 행함으로써 공동체 전체가 그 예언에서 지극히 큰 유익을 얻게 하고 거짓 예언으로 말미암아 미혹당하지 않게 해야 한다. 바울이 그가 제시한 가르침이 '주의 엄명'(14:37)이라 확신하는 이유도 그의 가르침이 이 οἰκοδομή라는 시험 기준을 통과했기 때문이다—그가 제시한 가르침은 분명 공동체의 유익을 위한 것이다. 누구든지 이렇게 시험 기준을 통과한 가르침을 인정하지 않는 이는 같은 시험 기준에 비춰 자신에게 **영성이 없음**을 스스로 증명해 보이는 것이다—즉 그는 하나님에게 인정을 받지 못한 자이기에, 공동체는 그가 주장하는 영의 선물을 인정해서는 안 된다(14:38). 다시 말하지만, 스데바나와 다른 이들을 존중해야 하고 그들의 지도를 따라야 하는 이유(16:15ff.)는 분명 그들이 οἰκοδομή라는 시험 기준을 통해, 그리고 그들의 공동체를 섬김과 공동체를 위한 수고를 통해 그들 자신을 아주 충실히 증명했기 때문이다. 마지막으로, 우리는 말씀 선포와 예언이 갖고 있는 선교의 차원이 바울의 οἰκοδομή 개념에 필수불가결한 요소임을 주목해야 한다(참고, 고전 3:5ff., 고후 10:8, 12:19, 13:10). 고린도전서 14:22-25에서, 영감을 받아 터뜨리는 말이 **외부인과 불신자**에게 미치는 효과가 바로 그런 말씀에 대한 οἰκοδομή의 시험 기준을 제공한다고 말하는 것도 그 때문이다. **외부인이 아무 의미 없는 말이라 여기는 것은 교회를 세워주지 못한다**. 반대로, 교회를 세워주는 말은 바로 외부인으로 하여금 자신의 참된 본질을 깨달아 알고 공동체 안에 하나님이 임재하셨음을 깨달아 알게 해 주는 것이다.[201] 요컨대, 영의 선물은 그리스도의 몸이 행하는 기능이요, 하나님의 영이 사랑으로 하나 되고 목적을 같이하는 영의 공동체를 세워가도록 수여한 '섬기는 행동'(διακονίαι)이다.[202] 따라서 **무슨 말이나 무슨 행동이든, 공동체를 세워주지 않고 회중의 통일을 파괴하거나 회중의 지체에게 상처를 입히거나 외부인을 그저 당황하게 만드는 것이라면, 그 말이나 행동은 οἰκοδομή라는 시험 기준을 통과하지 못한 것이기에, 그것이 아무리 영에 감동하여 한 것이라도, 그것이 설령 영의 선물처럼 보이더라도, 무시하거나 거부해야 한다.**[203]

따라서 이것들은 바울 자신이 영의 선물과 관련된 문제에 직접 적용하는 시험 기준이며, 바울이 분명 그의 교회들도 이것들을 사용하여 그런 평가를 해 주길 기대했던 기준이다. 이런 기준들을 모두 받아들이면 모든 평가에 활용할 수 있는 잣대가 된다. 하지만 바울 자신이 말하듯이, 이런 기준들이 견고한 규칙이나 규정이나 법을 제공하지는 않는다.[204] 케리그마 전승이라는 시험 기준은 일종의 신앙 규칙 모음으로 전락하기가 아주 쉽다. 그러나 이 단계에서 신앙고백은 그 성격상 교리

201. 참고, Bornkamm, *Experience* pp. 163f.; Schweizer, *Church Order* 7f.

202. Michel은 '성장 과정이 영의 선물과 관련된 성격'을 갖고 있음을 올바로 지적한다(*TDNT* V p. 141).

203. 참고, Gunkel pp. 73ff. 『디다케』 11.5f., 9f.과 12 그리고 Hermas, *Mand*. XI. 7-16이 제시하는 거짓 예언에 대한 시험 기준은 그야말로 바울이 제시하는 οἰκοδομή라는 판단기준의 확장이요 응용이다. Gunkel은 흥미로운 설명을 제시한다: "'영의 선물은 공동체에서 서로 세워주는 데 이바지한다'는 문장은 체험에서 얻은 판단이 아니라 영의 사람이라는 이들에게 제시한 요구다"(p. 74).

204. 참고, Bornkamm, *Paul* pp. 183ff.

296-297

(dogmas)라기보다 상황이 달라지면 새롭게 해석되어야 하는 슬로건에 가까웠다.[205] 사랑과 οἰκοδομή라는 시험 기준은 그 본질상 제멋대로 또는 깊은 생각 없이 또는 율법주의 방식으로 사용할 수 없는 기준이다. 다시 말해, **영의 선물을 평가하려고 이런 기준을 적용하는 것 자체가 필시 영의 선물이었을 것이다**—즉 이런 기준을 적용하여 영의 선물을 평가할 때에는 하나님의 은혜와 영이 부어주는 영감에 의존한다는 것을 분명히 의식해야 한다.

§50. 결론

50.1. **바울은 그가 세운 교회 하나하나를 영의 선물을 체험하는 공동체라 생각한다**. 바울이 그리스도인 공동체의 구조에 관하여 제시하는 비전은 "공식 권위나 책임을 맡은 '장로들'의 도움을 받지 않고 영의 선물과 사역의 생생한 상호작용을 통해 발전해가면서 자유로운 사귐을 나누는 공동체"다.[206] 영의 선물은 교회가 임의대로 선택하여 더 가질 수도 있고 갖지 않아도 되는 것, 교회가 갖고 있지 않아도 여전히 그리스도의 몸으로서 존속하는 데 아무 지장이 없는 것이 아니다. 그 반대로, **영의 선물은 그리스도의 몸이 행하는 생생한 행위다. 그리스도의 몸은**

205. 따라서 요일 4:2, 3이 제시하는 시험 기준은 원래 형태의 케리그마가 아니라, 가현설의 위협에 맞서 발전된 케리그마다(본서 §58.2을 보라). 윤리적 가르침을 담고 있는 전승도 비슷하다(Goppelt, 'Tradition' pp. 227f.). 참고, Schweizer, 'Service of Worship': "듣는 이가 정말로 은혜로 살아갈 수 있게 해 주는 진정한 이해를 동반하지 않고 그저 교리나 윤리 명령만 넘겨받는 것은 아무 쓸모가 없다"(p. 406).

206. Von Campenhausen, *Authority* pp. 70f.

어디에서나 오로지 은혜의 표현/나타남을 통해 실현된다. '그리스도의 몸'과 '영의 선물을 체험하는 공동체'는 바울의 교회론을 표현하는 동의어다. 공동체가 없으면, 영의 선물은 뿌리가 없고 열매가 없다. 영의 선물이 없으면, 공동체는 은혜가 없고 생명이 없다. 그가 고린도전서 12-14장에서 영의 선물을 논한 내용에 붙인 신중한 결론(14:39f.)은 그가 피력한 입장의 논리를 본능적으로 부인한 것이 아니다. 바울은 고린도전서 12장에서 14장까지 줄곧 일관된 입장을 제시한다. 즉, 바울은 공동체에 유익을 주는 모든 영의 선물을 강하게 격려한다(특히 14:1, 26ff.을 주목하라. 어쩌면 12:31도 주목해야 할 구절일지도 모르겠다). 영의 선물을 잘못 사용할 위험이 그리 크지 않은 곳에서는(그러나 그런 위험은 분명 존재한다) 바울의 격려가 한층 대담해진다: 데살로니가전서 5:19f.—바울은 불을 끄지 말라고 말하면서, 모든 이가 영의 영감에 열려 있어야 한다고 말한다. 영의 선물은 그리스도인 공동체의 생명에 근본이 되는 것이므로 타오르는 영의 불을 끌 차가운 물은 엄격히 절제해야 한다.[207]

바울이 제시하는 그리스도인 공동체의 이 모든 특성에서 명확한 특징이 나타나기 시작한다. 그리스도인 공동체는 무엇보다 사회학적 존재가 아니다—주일마다 모이는 사람들을 그리스도인 공동체라 하지 않는다(가까이 있는 기관은 더더욱 아니다). **그리스도인 공동체는 오로지 영에 기초한 사역의 생생한 상호 작용 속에, 은혜의 구체적인 실현 속에, 말과 행위를 통해** (자신뿐 아니라) **다른 이들을 위한 실제와 행함 속에 존재**

207. 이 은유를 자세히 설명한 것을 보려면, W. C. van Unnik, "'Den Geist Löschet nicht aus'(I Thess. 5. 19)," *NovTest* X, 1968, pp. 255-269을 보라. 아울러 O. Kuss, 'Enthusiasmus und Realimus bei Paulus,' *Auslegung und Verkündigung* I, Regensburg 1963, pp. 260-270을 참고하라.

한다.[208] 그리스도인 공동체는 오로지 거룩함이나 능력을 더 풍성히 체험하는 데에만 관심을 기울이는 신자들이 열광에 취해 참여한 비밀 집회나 전도 집회가 아니다.[209] **오히려 그리스도인 공동체는 공동체를 세워주는 영의 선물을 행할 수 있는 데까지 최대한 행하는 것 속에 존재한다.** 보통 영의 선물은 놀랍고 특이할수록 가치가 **떨어진다**—섬김을 받기보다 섬김이 더 가치 있으며, 높이 날아감보다 세워줌이 더 가치 있다. 그리스도인 공동체는 몇몇 특별한 기능만 있고 몇몇 사역만 존재하는 성직 중심의 공동체가 아니다. 영의 선물은 많고 다양하다. **모든 지체가 영의 선물을 행하는 사람이며, 모든 지체가 사역을 갖고 있다**—바울은 영이 제사장과 보통 사람을 구분했던 유대교의 해묵은 관행을 극복하고 그 관행을 뒤로 내버렸다고 본다. 어떤 이들은 더 **정규** 사역을 행하는데, 공동체는 이런 사역을 인정하고 격려해야 한다. 그러나 유일한 사역이라는 개념, 가장 중요한 모든 영의 선물이 한 사람에게만 집중되어 있다는 개념은 (설령 그 한 사람이 사도일지라도) 어리석은 생각이며 말이 안 된다는 것이 바울의 생각이다(고전 12:14-27). 다시 말하지만, 바울은 권위가 영의 선물이 아니라 어떤 지위에 붙어 있다는 식의 직무 개념을 갖고 있지 않다. "사역을 행하는 자만이 권위를 가질 수 있고 그렇게 사역을 행하는 자가 실제 행하는 사역 행위에만 권위가 존재한다."[210] 결국 바울은 직무 위계 구조 같은 개념을 전혀 생각하지 않는다. **공동체는 오로지 주이신 그리스도와 그의 영에게 직접 의존한다.** 어떤 영의 선물은 다른 영의 선물보다 중요하지만, 남녀를 불문하고 누구든지 때때로 혹

208. 참고, Michel, *Römer* p. 297.

209. 참고, 요한이 생각했던 교회 개념(본서 §58.3을 보라).

210. Käsemann, *ENTT* p. 78.

은 꾸준히 어떤 사역이라도 행할 사람으로 부름 받을 수 있다.[211] 따라서 그리스도인 공동체는 성례 중심이 가장 중요한 특성은 아니다. 세례와 주의 만찬은 공동체를 표현함으로써 공동체를 공고히 결속시켜주기는 하지만, 그것들은 공동체를 창조하지도 않고 공동체의 기초를 형성하지도 않는다. 모든 그리스도인이 그리스도인 회중의 한 지체로서 영의 선물을 행하는 영의 사람이다. 마찬가지로, **모든 사람이 은혜에 직접 접근할 수 있고, 모든 사람이 다른 이에게 은혜를 전하는 통로이자 도구가 될 수 있다**. 공동체를 가장 든든히 세워주는 영의 선물이요 영의 선물에 기초한 사역은 말씀 사역이지만, 교회는 '늘 말씀과 성례를 통해 그리스도의 몸이 된다'고 말하는 것은 바울의 교회론을 적절히 묘사한 말이 아니다.[212] **각 교회는 영의 선물을 통해 그리스도의 몸이 된다—어떤 특별한 영의 선물이나 영의 선물에 기초한 사역뿐 아니라, 모든 영의 선물 사이에 이뤄지는 상호작용을 통해 그리스도의 몸이 되며**, 이는 은혜로 주어지는 선물의 다양성을 통해 은혜의 통일성을 나타내는 것이기도 하다. 요컨대, **공동체와 공동체의 통일에 근본이 되는 것은 직무나 성례보다 영의 선물이다**.

50.2. 동시에 바울은 영의 선물에 도취한 열광주의의 위험, 극소수 사람들이 어쨌든 많은 사람보다 우월한 영의 선물을 받았다고 생각할 위험, 영성을 공동체 전체에 대한 섬김이 아니라 신비한 체험이라는 관점에서 바라볼 위험도 잘 알고 있었다. 결국 그는 견제와 통제 수단을 분명히 해두는 데 신경을 쓴다. 이런 견제와 통제 수단이 지켜진다면,

211. 그것이 바로 바울이 생각하는 사도직이다(본서 §§18-20, 47.2을 보라).

212. Torrance, *Priesthood* p. 69도 그렇다.

영이 주는 자유가 이기심을 채우는 방종으로 전락하는 것을 막을 수 있을 것이다. 우선 **영의 선물에 그 나름의 보호 수단이 들어있다.**[213] 로마서 12:6-8을 보면, '믿음의 분량'을 그런 수단으로 제시한다(12:3). 고린도전서 12:8-10이 제시하는 목록에서는 각 그룹이 그 나름의 통제 수단을 제시한다: 지혜/지식의 **말**만이 영의 선물이다. δυνάμεις와 치유는 믿음에 의존한다. 예언은 영에 감동하여 터뜨리는 말로서 평가 대상이며, 방언은 통역되어야 한다. 두 번째로 등장하는 것이 **사도의 권위**다. 이는 사도가 부여받은 독특한 사명 그리고 사도가 그 설립자인 교회와 맺고 있는 독특한 관계를 통해 자신을 존중하라고 명할 수 있는 권위다.[214] 셋째, **정규 사역**, 특히 예언자와 교사의 정규 사역이 통제 수단이다. 이런 사역들은 자신들이 특별한 말과 가르침이라는 선물에 관하여 더 큰 경험을 갖고 있기 때문에 이런 특별한 말과 가르침을 통제할 수 있다. 넷째, **공동체 전체**는 **케리그마 전승, 사랑, οἰκοδομή라는 기준**을 통해 공동체에서 나타나는 말과 행동을 평가할 권위를 가진다.

따라서 바울은 권위를 직무나 고정된 형태로 생각하지 않고 **역동적 관점에서 생각한다.** 바울계 공동체 안에서 이뤄지는 권위 행사는 **계속**

---

213. 참고, Hainz—"각 χάρισμα는 그 자체의 μέτρον τοῦ κανόνος('규칙')에 복종한다"(p. 339).

214. 바울의 패턴을 따라 영의 선물을 체험하는 공동체를 이루려는 현대의 시도가 사도의 권위에 관하여 묻는다면, 가장 좋은 대답은 십중팔구 이것일 것이다: 완전히 새로운 선교 상황의 바깥에서는 과거의 결정적 사건에서 유래한 것과 같은 권위가 이제 사도에게서 유래한 복음서(들)와 신약 속에 들어 있는 예수의 말에 관한 전승을 제시한다. 완전히 새로운 선교 상황이라면 교회를 세웠던 선교사가 가졌던 것과 같이 더 친밀한(인간 대 인간으로서 사귐을 가지는) 사도 유형의 권위를 요구할지도 모른다. 어쨌든, 사도들이 세운 교회와의 연속성은 케리그마 전승 속에 존재하지 직무에 존재하는 것이 아니다; 참고, W. Marxsen, 'Die Nachfolge der Apostel,' *Der Exeget als Theologe*, Gütersloh 1968, pp. 75-90.

이어지는 변증법 가운데 하나였다—이런 변증법은 사도가 사도로서 갖고 있는 더 공식적인 권위와 케리그마 전승, 그리고 그 반대편에서 공동체 내부의 모든 사역이 영의 선물에 기초하여 가지는 권위와 공동체 자체 사이에 존재했고, 영의 선물로서 그 자체 안에 권위를 갖고 있는 말과 행동을 행하는 개인, 그리고 그 반대편에서 모든 영의 선물을 시험하고 평가할 책임을 지고 있는 공동체 사이에 존재했으며, 구원사 안에서 과거에 일어난 결정적인 사건들(부활 후 현현 때의 사명 수여와 케리그마 전승), 그리고 새로운 계시와 신선한 전승 해석을 요구하는 새로운 상황과 문제와 요구 사이에 존재했다. 영의 선물에 기초하여 사역과 권위가 서로 의존하고 역동적 상호작용을 펼치길 꿈꾼 이런 비전은 놀랍기만 하다. 이런 비전이 현실로 이뤄질 것인가는 분명 영의 인도에 민감하게 반응하는지 그리고 공동체의 모든 지체가 언제나 자기를 자랑하며 앞세우는 것을 일부러 피하고 자제하느냐에 달려 있다. 이런 비전이 현실이 됐을까? 역사는 이런 비전의 비현실성을 증명했는가? 우리는 이런 질문을 이 책을 맺는 장에서 다뤄보려 한다.

50.3. 마지막으로 우리는 예수가 생각했던 제자도 개념(본서 §13.4을 보라)과 바울이 생각했던, 영의 선물을 체험하는 공동체 개념을 간략히 비교해 봐도 되겠다. 둘은 다음 세 가지 점에서 가장 뚜렷하게 대비된다. (1) 바울이 생각했던 영의 사람들의 공동체는 각 지체가 나머지 모든 이에게 의존하여 그 자신을 세워가고 전체를 세워가는 공동체였다. 예수는 엄밀히 말해 공동체라는 것을 형성하지 않았다. 예수를 중심으로 한 무리의 삶과 성장은 오로지 예수의 가르침과 예언자 사역에 의존했다. (2) 바울이 생각한 공동체에서는 모든 이가 하나님에게서 직접 유래한

권위를 행사할 수 있었고 공동체 전체가 권위 있는 역할을 갖고 있었다. 예수의 제자들에겐 예수만이 유일한 권위였다. 아울러 예수의 제자들이 행사하게끔 부여받은 권위도 예수에게서 유래했다. 바울계 공동체에서 예수의 경우와 가장 비슷한 사례를 든다면, 사도(들)를 들 수 있겠다. 그러나 사도의 권위도 과거에 받은 계시 그리고 그가 과거에 그 공동체를 설립했다는 사실에서 유래했다—그러나 신선한 계시에 관한 한, 사도에겐 우선권이 없었으며 그들이 중심이지도 않았다. (3) 예수의 제자 그룹은 그들 자신을 위해 존재하지 않고 종말론적 사명(선교)을 위해 존재했다. 바울계 공동체도 선교에 강조점을 두었지만, 그들 자신에게 훨씬 더 큰 관심을 갖고 있었으며 그들 자신을 하나님의 부어진 다양한 은혜의 초점으로 세워 가는 데 더 큰 관심을 갖고 있었다.

요컨대, 예수의 제자들은 예수의 임재만으로도 만족했던 것 같다. 그 때문에 그들은 따로 공동체를 형성할 필요를 느끼지 않았다. 그러나 바울은 하나님의 종말론적 은혜가 완전하게 표현될 길은 바로 공동체뿐이라고 보았다. **영의 선물에 기초하여 그런 은혜를 완전하게 표현하는 공동체만이 하나님이 유일한 참 인간 예수 안에서 나타내신 은혜를 적절히 나타낼 소망을 가질 수 있었다**. 이 결론은 우리가 다음 장에서 나아갈 길을 가리킨다.

제10장
예수의 영—그리스도에 관한 의식

§51. 들어가는 글

종교적 체험은 자기 인증인가? 우리는 하나님의 영과 은혜를 체험하는 것이 바울의 종교 세계 전체에서 믿음과 실제의 근본을 이루고 있음을 보았다. 우리는 바울이 χάρισμα라는 명칭과 연계하는 체험의 다양성을 살펴보았다. 아울러 우리는 그리스도인 공동체가 살아 있는 실재가 되려면 영의 선물과 관련된 체험이 아주 중요하다는 점도 지적했다. 그러나 우리가 이런 체험을 강조하면 할수록 '종교적 체험은 자기 인증인가?'라는 질문이 우리를 더더욱 압박한다. 이 질문을 우리가 현재 다루는 연구의 범위로 좁혀 묻는다면 이렇게 물어볼 수 있겠다: **바울의 종교적 체험에서 그것이 그리스도인의 독특한 체험임을 인증해 준 것은 무엇이었는가**, 다시 말해 **그것이 '우리 주 예수 그리스도의 아버지이신 하나님 체험'임을 인증해 준 것은 무엇이었는가?** 우리는 어떤 대답을 찾으리라는 소망을 품고 바울에게 이런 질문을 제시해 볼 수 있다.

그는 이와 관련된 이슈들을 결코 잊어버리지 않았기 때문이다. 바울은 '거짓 예언 문제'를 인식하고 있었고, 고린도에서는 '거짓 사도들'을 우연히 만났다. 이런 점으로 보아, 그는 이런 일을 겪기 전에는 분명히 몰랐을지라도 이런 일을 겪은 뒤에는 이런저런 종교적 체험이 있다는 것, 그리고 그런 종교적 체험에는 삶과 권위의 기초를 제공할 수 있는 것도 있지만 기껏해야 자기 현혹에 불과한 종교적 체험도 있을 수 있다는 것을 틀림없이 알았을 것이다. 따라서 우리는 바울이 생각했던 종교적 체험의 본질을 더 꼼꼼하게 탐구해 봐야 하며, 바울 자신이 보기에 그를 그리스도인으로 구별지어준 독특한 무언가가 그의 종교적 체험 안에 있었는가도 물어봐야 한다.

우리는 이 질문에 이미 일부 대답을 제시했다. 우리는 제5장에서 바울이 그리스도의 부활 후 현현 때 부활한 그리스도를 만나고 그때 그 그리스도에게 사도의 사명을 받았음을 밝히면서 그 체험의 독특함을 주장하려고 싸운 것을 보았다. 그러나 우리는 아울러 바울이 자신의 그 체험이 '거짓 사도들'이 주장하는 체험과 구별되는 독특한 체험일 뿐 아니라 자신이 그 뒤에 한 영적 체험들과도 구별되는 독특한 체험으로 보았음을 보았다. 그렇다면 이런 질문이 등장한다. **바울은 그가 뒤이어 한 영적 체험도 '거짓 사도들'의 체험과 구별된 독특한 것으로 여겼는가, 만일 그렇게 여겼다면 어떤 점에서 독특한 체험이라 여겼는가?** 우리는 제9장에서 바울이 공동체 차원에서 거짓 예언을 문제 삼은 것을 보았다. 그러나 우리가 앞으로 보겠지만(§57), 영의 인도를 받고 영의 선물을 체험하는 공동체를 꿈꾸었던 바울의 비전은 바울이 살아있을 때 이미 실패하고 말았다. 이는 어떤 구조든 종교적 체험을 바탕으로 계속하여 새롭게 자라가야 할 구조라는 것이 얼마나 취약한가를 보여준다.

301-302

따라서 여기에서도 그 체험의 본질을 더 자세히 탐구해 봐야 한다. 여기서 우리가 탐구할 질문을 이렇게 제시해 볼 수 있다: **그리스도인 공동체에 기초를 제공하는 종교적 체험의 독특한 특성은 무엇인가?**

§52. 카리스마 체험의 모호함

우리가 이 지점까지 진행해 온 탐구를 따라온 이들은 **카리스마 현상 자체**(*charismatic phenomena as such:* 이를 **영의 선물과 관련된 현상 자체**라 번역하지 않고 **카리스마 현상 자체**라 번역한 것은 저자가 여기서 이 말을 기독교 밖의 현상을 표현하는 말로도 사용하기 때문이다—역주)**에 그리스도인에게서만 독특하게 볼 수 있는 것은 전혀 존재하지 않는다는 것이 바울의 견해**임을 이미 깨달았을 것이다. 이를 분명하게 보여주는 것이 바로 바울이 고린도에서 영지주의 분파 그리고 '거짓 사도들'과 대립한 일이다. 그러나 '카리스마가 있는 (사람)'(charismatic)과 '카리스마들'(charismata)은 아무 생각 없이 내뱉는 구호이자 감정에 호소하는 주제어가 되기 쉽다. 그 때문에 여기서 잠시 **카리스마 현상이 바울계 교회 내부에서처럼 초기 기독교 밖에도 널리 퍼져 있었다**는 사실을 강조하고 넘어갈 필요가 있다. 실제로 이 시대에 등장한 문헌에는 카리스마 현상에 관한 보고와 주장이 아주 많다. 몇 사례만 언급해도 우리 논지를 증명하는 데 충분하다.

52.1. **기독교 밖의 치유와 이적.** 예수는 갈릴리에서 유일하게 카리스마가 있는 사람, 유대교 안에서 유일하게 기적을 행하는 사람이라는 평을 듣던 사람이 아니었다. 랍비 가말리엘(주후 90-130년 무렵)의 기도에 응

답하여 폭풍이 가라앉았다는 말이 있다. 원을 그리는 사람 호니(Honi the Circle Drawer)와 하니나 벤 도사(Hanina ben Dosa)가 비와 관련된 기적을 행했다는 보고가 있다. 게다가 하니나는 다양한 치유를 행했으며 빵을 나눠주는 기적(오병이어 사건 같은 기적—역주)을 행했다고 한다.[1] 유대교 밖에서는 베스파시아누스와 하드리아누스가 손으로 만지고 침을 뱉어 눈이 먼 자와 다리를 저는 자를 고쳤다고 한다. 또 치유의 신이라는 아스클레피오스가 많은 치유를 행했다고 한다. 실제로 복원된 과거의 가장 흥미로운 새김글 가운데 하나가 아스클레피오스에게 바친 신전 가운데 가장 유명한 에피다우로스에 있었던 아스클레피에이온에서 일어난 치유 목록이다. A. 외프케(Oepke)는 이곳을 '고대의 루르드 같은 곳'(an ancient Lourdes)이라 불렀는데,[2] 이는 적절한 표현이다.

이적과 경이로운 일도 없지 않았다. 예를 들면, 율리우스 옵세쿠엔스(Julius Obsequens)는 『경이로운 일들』(*Prodigorium Liber*, 주후 4세기)에서 주전 190년(249년?)부터 주전 12년까지 일어난 경이로운 조짐들을 시간 순서로 열거하면서, 1세기 역사가인 리비우스의 기록을 그의 주된 자료로 사용한다.[3] A. 지아니니(Giannini)는 고대 저자들의 글을 보고 물, 동물,

1. 더 자세한 것은 Volz, *Geist* pp. 116f.; P. Fiebig, *Rabbinische Wundergeschichten des neutestamentlichen Zeitalters*, Berlin [2]1933; Vermes, *Jesus* pp. 69-78을 보라.
2. O. Weinreich, *Antike Heilungswunder*, Giessen 1909; P. Fiewig, *Antike Wundergeschichten zum Studium der Wunder des Neuen Testaments*, Bonn 1921; S. Angus, *The Religious Quests of the Graeco-Roman World*, Murray 1929, 제22장; A. Oepke, *TDNT* III pp. 196-199; M. P. Nilson, *Geschichte der griechschen Religion* II, München 1950, pp. 211-214; G. Delling, *Antike Wundertexte*, Berlin 1960; Hull, *Hellenistic Magic* 제4장.
3. 리비우스의 마지막 장의 일부로서 가장 쉽게 접근할 수 있는 역본은 Loeb edition이다.

식물 등등과 관련된 기적을 폭넓게 모아 펴냈다.[4] 이곳의 제목에 가장 잘 어울리고 신약 학자들이 특히 관심을 가질 만한 사례를 둘만 인용해 보겠다. 사모사타의 루키아노스(Lucian of Samosata)는 한 바벨론 사람이 하늘을 날고, 물 위를 걸으며, 불 속을 천천히 걸어 통과했던 일을 전달한다.[5] 그런가 하면 디오 카시우스(Dio Cassius)는 그의 『로마사』(*History*)에서 원로원 의원이요 전 법무관이었던 누메리우스 아티쿠스(Numerius Atticus)가 전승이 프로쿨루스와 로물루스에 관하여 일러주는 것과 같은 방식으로 하늘로 올라가는 아우구스투스를 보았다고 맹세한 일을 이야기한다—사람들은 이를 아우구스투스의 불멸을 확인해 주는 증언으로 받아들였다.[6]

52.2. **기독교 밖의 꿈, 신현 그리고 환상 체험**. 유대교는 물론이요 유대교 밖 세계도 오래전부터 꿈에 계시와 관련된 중요한 의미를 부여해 왔다. 신 같은 존재들이 환상을 통해 나타나는 일에서도 분명 마찬가지였다. 물론 유대교에서는 이런 현현이 천사가 나타나는 경우곤 했지만, 헬레니즘 세계에서는 고대의 여러 신 가운데 하나나 밀교의 신이 나타날 때도 있었다.[7] 고린도후서 12:1ff.가 말하는 '환상과 계시', 그리고 특

---

4. A. Giannini, *Paradoxographorum Graecorum Reliquiae*, Milano 1967. 이 작품을 참고할 수 있게 도와준 뉴사우스웨일스 맥쿼리대학교 E. A. Judge 교수에게 감사드린다. 다른 참고 문헌은 R. M. Grant, *Miracle and Natural Law in Graeco-Roman and Early Christian Thought*, Amsterdam 1952, 제5장에 있다.
5. Lucian, *Philopseudes* 13. 물 위를 걸은 기적에 관한 고대의 다른 설명을 살펴보려면, van der Loos pp. 655ff.을 보라.
6. Dio Cassius 56.46.2.
7. 더 자세한 것은 Guillaume 제5장; Oepke, *TDNT* V pp. 221-234; E. R. Dodds, *The Greeks and the Irrational*, California 1951, 제4장; Nilsson, *Geschichte* pp. 214ff.; W. Richter, 'Traum und Traumdeutung im AT,' *BZ* 7, 1963, pp. 202-220; A. D. Nock,

히 바울이 인용한 사례 같은 경우도 유대교와 다른 곳에서 유사한 사례가 없지 않다.[8] 좋은 예로 언급할 수 있는 것이 『이사야의 승천』 6-11장이다.[9] 이곳을 보면, 이사야가 일곱 하늘을 거쳐 올라가 그리스도를 통해 미래에 이뤄질 구속에 관한 계시를 받는다.[10] 그리고 특히 헤르메스주의 문헌(Hermetic writings)에 들어있는 첫 번째 논문 『포이만드레스』(*Poimandres*)에 나오는 환상도 좋은 예다. 이 논문의 절정은 영혼이 서로 다른 '구역들'을 통과하여 올라가 그의 모든 저열한 능력이 다 발가벗겨지고 난 뒤, 마침내 '여덟 번째 본질에 들어가 그 자신의 고유한 능력만을 소유하는' 대목이다. 거기서 '그는 아버지(the Father)를 찬미하고' '여덟 번째 본질 위에 거하는 어떤 능력들이 하나님을 찬송하는 달콤한 소리를 듣는다.' 그런 다음 그는 훨씬 더 높이 올라가, 그와 함께한 이들과 더불어 능력들이 되고 '하나님 안으로 들어간다. 그런 것이, 곧 하나님이 되는 것이 지식(*gnōsis*)을 소유하는 이들의 복된 목표다.' 이 환상은 환상을 보는 이가 인류를 구하라는 사명을 받음으로 끝난다. 그는 사람들에게 나아가 '경건과 지식(*gnōsis*)의 아름다움을 설교하기 시작했다'(*Poimandres* 24-27).[11]

Essays on Religion and the Ancient World, Oxford 1972, pp. 46, 629ff., 866을 보라.

8. W. Bousset, *Die Himmelreise der Seele*, 1901, reprinted Darmstadt 1971; Volz, *Geist* pp. 118, 121-126; Windisch, *II Kor*. pp. 374ff.; Angus 제17장; G. G. Scholem, *Jewish Gnosticism, Merkabah Mysticism and Talmudic Tradition*, New York 1960 제3장; Schweizer, *TDNT* VII p. 1043 주245; Lohfink, *Himmelfahrt* 제1장; Smith, *Clement* pp. 238ff.; Barrett, *II Cor*. pp. 308ff.
9. 십중팔구는 2세기 기독교의 것이지만, 이 부분에서는 영지주의의 영향이 아주 두드러진다. A. K. Helmbold, "Gnostic Elements in the 'Ascension of Isaiah,'" *NTS* 18, 1971-1972, pp. 222-226을 보라.
10. Hennecke, *Apocrypha* II pp. 651ff.에 있는 번역.
11. R. M. Grant, *Gnosticism, An Anthology*, Collins 1961, pp. 217f.에 있는 번역을 따랐

아마도 많은 밀교 입교자가 신비한 체험을 했었을 텐데, 우리에겐 그런 체험을 담아놓은 문헌 증거가 거의 없다. 그러나 루키우스가 이시스 밀교에 입교할 때 했던 체험을 수수께끼처럼 기록해 놓은 것을 그런 증거의 전형으로 볼 수 있지 않을까 싶다.

> 나는 죽음의 문으로 다가가 프로세르피네(프로세르피나, 그리스 신화의 페르세포네와 같은 여신—역주)의 문지방에 한 발을 내디뎠지만, 모든 요소에 넋이 나간 채, 돌아가라는 허락을 받았다. 나는 한밤에 태양이 대낮처럼 환히 빛남을 보았다. 나는 하계(下界)의 신들과 상계(上界)의 신들이 있는 곳으로 들어가, 그들 가까이에 서서 그들에게 예배했다.[12]

52.3. 신생 기독교 밖에서 이뤄진 종교적 체험도 **황홀경과 영감을 받아 터뜨리는 말**을 잘 알고 있었다.[13] 우리가 유대교 안에서 특히 언급해야 할 이가 필론(주전 20-주후 45년경)이다. R. 마이어(Meyer)는 이렇게 언급한다: "필론은 예언의 본질을 유달리 자주 논한다—이는 그 자신이 내면에서 영적 체험을 했음을 보여주는 표지다"[14]—실제로 필론 자신이 그런 체험을 증언한다.[15] 그가 이런 문제를 가장 분명하게 다룬 곳이 『하

다. 더 자세한 것은 Reitzenstein, *Poimandres*, Leipzig 1904, pp. 9ff., 158f.; *Mysterionreligionen* pp. 284ff.; Nock, *Essays* p. 87을 보라.

12. Apuleius, *Metamorphoses* XI.23(R. Graves, *The Golden Ass*, Penguin 1950의 번역). 아울러 Reitzenstein, *Mysterien*. pp. 220ff., 242ff., 262ff.; Angus pp. 88ff.; Nock, 'A Vision of Mandulis Aion,' *Essays* 제19장을 보라.
13. 물론 §52.2이 일러주는 체험과 §52.3이 일러주는 체험을 명확하게 구분하는 경계선은 존재하지 않는다.
14. *TDNT* VI p. 821; 섹션 전체인 pp. 819-828을 보라. 참고, Volz, *Geist* pp. 103, 130-133; Gullaume 제7장.
15. Philo, *Mig.Abr.* 35, *Spec. Leg.* III.1f.

나님의 일을 물려받은 이는 누구인가?』(*Quis Rerum Divinarum Heres sit*)이다. 필론은 여기서 아브라함의 '황홀경'을 논한다(창 15:12 LXX). 바울이 영의 선물 체험을 논한 부분에서 예언이 가지는 중요성을 고려할 때, 필론의 글은 상당히 길게 인용할 만한 가치가 있다.

> 예언자(대변인인 예언자)는 자신의 말을 하지 않는다. 그가 하는 모든 말은 다른 곳에서 오며, 다른 이의 음성을 되울려주는 메아리다. … 그는 하나님의 보이지 않는 손에 얻어맞고 부림을 받는, 하나님의 음성 도구다. … 이것이 예언자들의 사귐에 꾸준히 일어나는 일이다. 하나님의 영이 도착하면 그의 생각은 쫓겨나지만, 하나님의 영이 떠나면 그의 생각은 그가 빌려 쓰는 곳으로 돌아온다. 죽을 수밖에 없는 존재와 죽지 않는 존재는 같은 집을 공유할 수 없다. 따라서 이성의 자리와 이성을 에워싸고 있는 어둠은 황홀경과 영감에 기초한 광란을 만들어낸다. … 예언자는, 심지어 그가 말하고 있는 것처럼 보일 때에도, 사실은 잠자코 있으며, 그가 말하는 데 사용하는 기관인 입과 혀도 온전히 다른 이가 사용하는 도구가 되어 그 다른 이가 뜻하는 것을 보여준다. 우리 눈에는 그 다른 이가 능숙한 장인의 솜씨로 현을 타며, 그가 사용하는 이들을 갖가지 화음을 담아 감미로운 음악을 들려주는 악기로 만드는 모습이 보이지 않는다(259-266).[16]

더구나 특히 랍비 유대교에서는 예언의 영이 이스라엘에서 떠났다는

16. Loeb edition, Vol.IV. 아울러 *Quis Her*. 69f.; *Vit. Mos*. I.277, 283, II.188; *Spec. Leg*. I.65, IV.49. 하지만 예언의 영감에 관한 바울의 이해와 대비해 보라("영으로 그리고 생각[지성]으로도"—고전 14:15). 본서 §41.2을 보라.

견해를 강력하게 주장했음에도 불구하고(본서 제3장 주60과 제4장 주81을 보라), 유대인이 펼친 선교를 살펴보면, 영에 사로잡혀 예언의 영감을 받았다고 주장하는 유대인이 없지 않았다.[17] 바울은 방언을 하늘의 언어라 이해했는데, 랍비 요하난 벤 자카이(주후 80년경에 세상을 떠남)가 천사의 말을 이해했다는 이야기,[18] 그리고 욥의 첫 딸은 '천사의 찬송을 따라 하나님을 찬미하고', 둘째 딸은 '권품천사가 하는 은밀한 말을 받으며', 셋째 딸은 '그룹들이 하는 말로' 말했다고 하는 『욥의 유언』 48-50장을[19] 관련 사례로 언급해 볼 수 있겠다.

그리스 종교도 황홀경 그리고 영감을 받아 하는 말을 익히 알았다. 소크라테스가 『파이드로스』(*Phaedrus*)에서 하는 말에 따르면, "신의 선물이 우리에게 광기를 주는 것이라면 우리에게 가장 큰 복은 광기를 통해 온다." 이어 소크라테스는 이 '신이 주는 광기'를 다음과 같이 네 유형으로 구분한다: (1) 예언의 광기, 이 광기의 후견자 신은 아폴론이다. (2) 밀교 또는 제의의 광기, 이 광기의 후견자는 디오니소스다. (3) 시의 광기, 무사(뮤즈)가 시인에게 영감을 불어넣는다. (4) 성애(性愛)의 광기, 이를 부

---

17. Georgi, *Gegner* pp. 114-130.

18. Strack-Billerbeck III p. 449.

19. 가령 S. D. Currie, "'Speaking in Tongues': Early Evidence outside the New Testament Bearing on 'Glossais Lalein,'" *Interpretation* XIX, 1965, pp. 282ff.를 보라. 아울러 『아브라함의 묵시』 17장을 보라. 이곳을 보면, 아브라함이 한 천사에게 노래를 배운다. 아울러 『이사야의 승천』 8:17을 보라. 이곳을 보면, 이사야가 여섯 번째 하늘에서 천사들과 함께 찬미하며 '우리의 찬미가 그들의 찬미와 같았다'고 한다; 참고, 『에녹서』 71:11. 구약성경과 유대교 안에서 방언 그리고 영에 기초한 찬미의 또 다른 예들을 보려면, Volz, *Geist* pp. 8f., 136f.을 보라. A. Dietzel, 'Beten im Geist,' *TZ* 13, 1957, pp. 24ff.는 '영으로 기도한' 바울의 체험과 유사한 쿰란의 사례로서 1QH 3.22f., 16.11, 17.17을 인용한다. 아울러 『희년서』 25.10-23을 보라. Dupont-Sommer, *Qumran*은 CD 14.10이 방언으로 말함을 언급한다고 말한다(p. 159).

추기는 신이 아프로디테와 에로스다.[20] 우리는 앞서 플라톤이 점을 치며 하는 예언을 묘사한 것을 간략히 언급하면서 특히 델포이의 피티아를 언급했다(본서 §41.2을 보라). 따라서 여기에서는 다만 예언은 언제나 1인칭으로 주어졌지 3인칭으로 주어지지는 않았다는 것만을 언급해두면 되겠다—사람들은 신이 피티아의 발성 기관을 소유한 채 즉석에서 피티아를 통해 말한다고 이해했다.[21] 델포이는 그리스의 신탁 가운데 가장 유명하지만, 그 외에도 많은 신탁이 있었으며, 따로 독립하여 활동하는 예언자도 많이 있었다.[22] 어쩌면 2세기에 활동한 켈수스의 말이야말로 언급할 만한 가치가 있지 않을까 싶다. 그의 말은 오리게네스가 우리에게 전해 주었다.

> 비록 이름은 알려져 있지 않으나, 신전 안팎에서, 지극히 큰 능력을 갖고 지극히 드물게, 영감을 받은 사람의 동작과 몸짓을 행하는 이가 많이 있다. … 그들 한 사람 한 사람은 스스로 아주 스스럼없이 '나는 신이다. 나는 신의 아들이다'나 '나는 신의 영이다'라고 말하곤 한다. … 이 약속들에 이상하고, 미친 것 같으며, 도통 알아듣지 못할 말이 더해지는데, 정신이 올바른 사람은 그 말에서 아무런 의미도 찾을 수 없으니, 이는 그 말이 컴컴하여 아무 의미도 갖고 있지 않기 때문이다.[23]

---

20. Plato, *Phaedrus* 244a-245a, 265a-b. Dodds의 요약을 따랐다(p. 64).
21. H. W. Parke and D. E. W. Wormell, *The Delphic Oracle: Vol.II The Oracular Responses*, Blackwell 1956을 보라—600개가 넘는 사례를 모아놓았다.
22. Fascher 제1장; Dodds, *Irrational* pp. 65-75; H. Krämer, *TDNT* VI pp. 784-796을 보라. 고대 세계에서 '예언자'라 불린 이들을 살펴보려면, Paulys *Realencyclopedie der classischen Altertumswissenschaft* XXIII.1, Stuttgart 1957, 'Prophetes'를 보라.
23. Origen, *Contra Celsum* VII.9; 특히 방언에 관하여 알아보려면, 더 자세한 것은 Reitzenstein, *Poimandres* pp. 55ff.; Behm, *TDNT* I pp. 722f.; Lietzmann in

304-305

디오니소스 추종자들이 보인 제의의 광기와 관련하여 하나 언급해 두어야 할 고전 작품이 E. 로데(Rohde)의 작품이다. 디오니소스 축제의 주된 특징은 예배자들이 피리와 북, 심벌즈에 맞춰 맹렬히 추는 막춤이었다. 이 춤의 목적은 신에 사로잡힌 광란 상태에 빠지는 것이었다. 그들은 그런 황홀경(ἔκστασις) 상태에서 신에게 붙잡혀(ἐνθουσιασμός) '신으로 충만하게' 됐다. 그들은 신에게 붙잡힌 이들(ἔνθεοι)로서 완전히 신의 능력에 빠지고, 그들의 말과 행위는 신이 그들을 통해 하는 말과 행위가 됐다.[24] 이런 광기와 고린도 사람들이 황홀경에 취해 한 행위("너희가 미쳤다"—고전 14:23) 사이에 존재하는 여러 유사점을 무시해서는 안 된다(본서 §41.3을 보라).

마지막으로, 그리스도인이 행하는 영의 선물과 고대 세계의 카리스마 현상 사이에 존재하는 주된 유사점들이 황홀경과 열광이라는 영역에 자리하고 있다는 결론을 내리지 않으려면, 고전 시대의 세계가 예언자의 통찰과 선견도 알고 있었음을 지적해두지 않을 수 없다(텔레파시, 투시, 예지).[25] 특히 바울이 영에 감동하여 터뜨리는 말 가운데 사람들에게 확신을 심어주는 힘이 있다는 이유로 황홀경 상태에서 한 말보다 높이 여겼으며 더 합리적이었던 말(고전 14:24f.)과 유사한 것들에 주목해 봐도 될 것 같다. 가령 알키비아데스(Alcibiades)는 이렇게 증언한다. "소크라테

Lietzmann-Kümmel, *Kor.* pp. 68ff.을 보라.

24. E. Rohde, *Psyche*, ET Kegan Paul 1925, pp. 255-260 그리고 제9장. 아울러 Reitzenstein, *Poimandres* pp. 200ff.; Oepke, *TDNT* II pp. 451-454; Dodds, *Irrational* pp. 75-80을 보라.
25. E. R. Dodds, 'Supernatural Phenomena in Classical Antiquity,' *The Ancient Concept of Progress*, Oxford 1973, 제10장을 보라.

스는 내가 내 영혼의 결핍을 무시하며 지금 살아가는 것처럼 살아서는 안 된다고 고백하게 만든다."[26] 에픽테토스는 바울과 같은 시대에 살았던 스토아 철학자 무소니우스 루푸스를 두고 이렇게 말한다. "거기에 앉아 있던 우리 각자가 느끼기에 그는 자신이 어쨌든 비판받고 있다는 식으로 말했다. 그는 사물을 아주 잘 파악했으며, 우리 각자가 그 자신의 잘못을 볼 수 있게 해 주는 능력을 갖고 있었다."[27]

52.4. **티아나의 아폴로니오스.** 카리스마와 관련하여 이 시대에 가장 유명한 인물 가운데 하나가 티아나의 아폴리니오스다. 우리가 특히 그에게 흥미를 갖는 이유는 그가 필시 바울과 거의 같은 시대 사람이기 때문이다. 여기서 이 인물을 다루면서 3세기에 그의 전기를 쓴 필로스트라토스가 아폴로니오스의 체험이라고 말하는 모종의 카리스마 현상을 개관해 보는 것도 가치가 있을 것 같다.[28] 이런 카리스마 현상에는 축귀를 포함하여 다양한 종류의 치유가 포함되며(III.38-40, IV.20, VI.43), 한 소녀를 죽은 자 가운데서 되살린 한 사례가 들어있다(그러나 필로스트라토스는 '그 소녀의 명백한 죽음'에 관하여 이야기한다—IV.45). 나아가 이적 중에는 그가 아킬레오스의 영과 이야기를 나눈 일(IV.16), 아폴로니오스가 그를 묶어놓은 족쇄에서 풀려난 기적(그의 동료인 다미스는 이 일을 보고 아폴로니오스가 신과 같은 이이며 초인의 본질을 갖고 있음을 처음으로 인정했다—VII.38), 그리

26. Plato, *Symposium* 215-216.
27. *Encheiridion* III.23.1. Moffatt의 번역을 따랐다(*I Cor*. p. 224).
28. 참고한 텍스트는 로엡고전총서(Loeb Classical Library)에 들어있는 F. C. Conybeare의 것이다. 필로스트라토스와 그들의 전승사가 사용한 자료에 관한 문제를 살펴보려면, 특히 G. Petzke, *Die Traditionen über Apollonius von Tyana und das Neue Testament*, Leiden 1970을 보라. 아울러 G. W. Bowersock이 펭귄판(1970년 축약판)에 덧붙인 들어가는 글을 보라.

고 자신을 이곳에서 저곳으로 옮겨놓는 기적을 행할 수 있는 능력(IV.10, VIII.5, 8, 10-12)이 들어있다. 게다가, 아폴로니오스는 인도 브라만들의 공중 부양 능력을 목격한 증인이다(III.150). 필로스트라토스는 서문에서 '아폴로니오스의 잦은 예감과 예언'을 언급한다(I.2). 아울러 그는 아폴로니오스가 신들의 뜻을 판단할 수 있게 해 주었던 꿈들을 설명하며(I.23, IV.34) 투시와 예견에 해당하는 경우들을 다양하게 제시한다(IV.18, 43, V.11-13, 18, 24, 30, VI.3.32, VII.10, 41, VIII.26; 참고, III.16). 마지막으로 우리는 카리스마에서 비롯된 아폴로니오스의 권위("그의 말은 보좌에서 반포된 칙명처럼 들렸다"―I.17), 그리고 그가 '방언 해석'이라는 선물을 받은 것("나는 모든 언어 가운데 어떤 언어도 배우지 않았건만, 그 모든 언어를 이해한다"―I.19)을 언급할 수 있겠다.

52.5. **결론**. 나는 이런 사례들을 아주 자유롭게 골랐으며, 이런 사례들을 제시한 문헌이나 현상들 자체를 비판적 시각으로 평가하려고 시도하지 않았다. 그런 시도는 이 책의 범위를 훨씬 넘는 일이 될 것이다. 하지만 고대 세계에는 이런 주장과 체험의 가치와 진실성에 관하여 아주 다양한 의견이 있었음을 지적하지 않을 수 없다. R. M. 그랜트(Grant)는 이렇게 말한다. "고대 세계에서는 과학이 건전할수록 무엇이든 쉬이 믿으려 하지 않았고 종교가 왕성할수록 무엇이든 쉬이 믿어버렸다."[29] 주전 6세기부터 철학의 시각에서 특히 큰 이적들을 비판하고 회의를 제기하는 견해가 많든 적든 꾸준히 이어졌으며, 철학은 언제나 대중의

29. Grant, *Miracle* p. 41; 더 자세한 것은 제4장과 제5장을 보라; Dodds, *Irrational* 제6장; G. Delling, 'Zur Beurteilung des Wunders durch die Antike,' *Studien zum Neuen Testament und zum hellenistischen Judentum*, Göttingen 1970, pp. 53-71; Nock, *Essays* p. 327.

미신을 마주하며 철학의 생명을 지키려고 싸워야 했다. 여기서 몇 가지 사례만을 들어보겠다. E. 도즈(Dodds)는 "'히포크라테스보다 아스클레피오스에 목숨을 빚진 환자는 거의 없다'는 키케로의 냉철한 판단"을 인용하면서, 꿈에 대한 비판은 '잠잘 때에 우리 각자가 자신의 세계 속으로 물러간다'는 헤라클레이토스의 관찰 결과에까지 거슬러 올라간다고 언급한다.[30] 종교적 미신에 가장 날카로운 공격을 퍼부은 이는 아마도 사모사타의 루키아노스(주후 2세기)가 아닐까 싶다. 루키아노스는 특히 이적을 믿는 순진한 믿음에 맹공을 퍼붓고(*Philopseudes*), 신탁 예언의 기교들을 공격한다.[31] 이 시대를 통틀어 가장 눈에 띄는 것 가운데 하나는 세네카가 클라우디우스 황제의 공식 신격화 작업을 '풍자'한 것이다(주후 54년).[32] 이런 논쟁이 남긴 더 진지한 반향 가운데에는 종교적 선전에 미친 영향도 있었는데, 이런 영향을 분명하게 보여주는 예가 바로 변증가들이 소크라테스든 헤라클레스든 모세든 자신들의 영웅을 '신'으로 내세우면서 기적을 행하는 그들의 능력보다 그들의 지혜를 그 이유로 들었다는 점이다.[33] 바울이 고린도의 영지주의자 및 '거짓 사도들'과 벌인 다툼 역시 이런 논쟁에 속해 있음은 누가 봐도 명백하며, 그 점은 더 논할 필요가 없을 정도로 충분히 증명됐다(고전 1:18-4:21, 고후 2:14-4:6, 10-13장). 어쨌거나 우리는 여기서 멈추어 서서 이 이슈를 더 자세히 파고

30. Dodds, *Irrational* pp. 116-118.

31. *Alexander the False Prophet*. 아보노테이코스의 알렉산드로스(Alexander of Abonoteichus)는 주후 150년부터 170년경까지 널리 영향을 미쳤던 아스클레피오스의 예언자였다. 아울러 H. D. Betz, *Lukian von Samosata und das Neue Testament*, Berlin 1961을 보라.

32. *The Pumpkinification of Claudius*(R. Graves, *Claudius the God*, 1934, Penguin 1954의 부록에서 볼 수 있다). 아울러 Lucian, *de Morte Peregrini* 39-40을 보라.

33. Tiede, *The Charismatic Figure as Miracle Worker*를 보라.

들 수는 없다.[34] 그러나 (1) 비록 그 유사성의 정도는 다 달랐지만, 그래도 바울이 말했던 영의 선물과 유사한 현상들이 기독교 밖에서도 일어났다는 주장이 없지 않았다는 것, (2) 수많은 대중이 영의 선물을 체험했다는 그리스도인의 주장을 아무 비판 없이 받아들이고 다른 신앙 속에서 나타난 유사 현상들에 비춰 그런 주장을 판단했을 가능성이 아주 높다는 것, 그리고 (3) 철학의 관점에서 기적을 비판하던 이들은 다른 종교 선전자들이 내건 주장 못지않게 그리스도인들이 내건 주장도 믿으려 하지 않았다는 것(참고, 행 17:32)을 보여주는 데 필요한 말은 이미 충분히 다했다.[35]

요컨대, **오직 그리스도인만이 독특하게 체험한 카리스마 현상은 존재하지 않았다**. 우리가 초기 기독교를 그 시대의 맥락 속에 놓고 살펴보면, 영의 선물이 아주 모호하다는 점이 분명하게 드러난다. **영의 선물**이 은혜 체험이요 은혜의 표현임을 강조한다고 해도, 이런 강조 자체만으로는 그리스도인이 체험하는 영의 선물과 기독교 밖에서 일어나는 비슷한 현상을 멀찌감치 떼어놓는 데 불충분하다. 모든 영감은 위에서 주어지는 어떤 선물을 받는 체험으로서, 사람이 스스로 노력하여 얻는 것이 아니라 주어지는 무언가를 받는 체험으로서 다가오기 때문이다. 그렇다고 이것이 곧 영의 선물이 바울계 공동체 안에서 중요하지 않았다는 뜻은 아니다. 결코 그렇지 않다! 우리가 이 책 제8장과 제9장에서 말

34. Tiede가 발견한 것은 고린도에 있던 바울의 대적들이 그리스도와 자신들을 '표적과 이적'을 내세워 '신인'(神人)으로 제시했다는 Georgi의 주장에 물음표를 남긴다.

35. 2세기에 켈수스가 기독교에 가한 공격을 참고하라. 그 공격의 한 예를 위에서 제시했다(§52.3). 반면 우리는 2세기와 3세기에 나온 외경 복음서와 여러 행전이 기적 같은 일들을 왕성하게 있는 그대로 칭송했음을 기억해야 한다—Hennecke, *Apocrypha* I & II를 보라; 아울러 Moule, *Miracles* 제13장과 제14장에 있는 G. W. H. Lampe와 M. F. Wiles의 논문을 보라.

한 것 가운데 어느 것도 우리가 현재 제시하는 결론의 영향을 받지 않는다. 즉, **하나님의 영의 나타남이 모호하다고 하여 그런 나타남이 영적 삶과 공동체의 삶에서 차지하는 본질적 중요성이 줄어들지는 않는다**. 우리의 결론이 의미하는 것은 이것이다: (1) 카리스마 자체를 특히 그리스도인만이 하는 체험의 표지로 받아들일 수 없으며, 기독교 안에서 일어나는 더 높은 단계의 체험을 가리키는 표지로 받아들일 수도 없다(이는 고린도에 있던 영지주의자들의 입장과 반대다). 아울러 그리스도의 종이라는 특별한 사명을 나타내는 표지로도 볼 수 없다(이는 고린도에 있던 '거짓 사도들'의 입장과 반대다). 다시 말해, 우리가 살펴본 내용은 그리스도인 공동체 안에는 영의 선물 체험에 따른 **위험이 존재**하기 때문에 영의 선물을 **통제**할 필요가 있음을 확인해 주고 강조해 준다(제9장). (2) 바울은 영의 선물 체험 자체가 우리를 그리스도인만이 독특하게 하는 체험의 핵심으로 이끌지는 않는다고 본다. 따라서 우리는 바울이 했던 종교적 체험의 다른 측면들을 더 깊이 파고 들어가 탐구해 봐야 한다.

§53. 종말론적 영

우리 탐구에서 이 단계를 시작할 수 있는 가장 분명한 곳은 종말론이라는 영역이다. 우리는 제3장에서 **이미 종말론적** 나라의 능력이 나타나고 있다는 예수의 주장이 예수 자신 및 그의 사명과 관련된 그의 독특한 주장이 지닌 핵심 측면임을 보았다. 아울러 우리는 제5장에서 자신이 부활한 예수에게 직접 사명을 받았다는 바울의 의식에서 볼 수 있는 독특한 특징은 바로 그가 **종말론적** 사도라는 인식이요 이 시대에 하나님의 목적이 절정을 맞이하고 끝을 맺게 하는 데 바울 자신이 결정적인 역할을 담당하고 있다는 인식이라는 것도 살펴보았다. 또 우리는 제7장에서 초창기 예루살렘 공동체의 종교적 체험을 서술할 때 그 공동체의 종말론적 열광에 첫 번째 자리를 부여할 수밖에 없었다. 이러다 보니, 이런 질문이 자연스럽게 이어진다: 바울의 종교적 체험이 갖고 있는 종말론적 차원이 그의 체험과 고대 세계의 다른 종교적 체험을 대체로 구별해 주는가? 바울이 그의 서신에서 서술하는 종교적 체험에는 그리스도인만이 독특하게 체험하는 요소가 있는가?

53.1. **그리스도인의 체험 속에 존재하는 '이미-아직 아니'의 긴장**. 바울이 이런 각도에서 그리스도인의 체험을 바라보면서 그 체험이 지닌 가장 독특한 특징으로 꼽은 것이 바로 실현과 미완성 사이의 긴장, 예수의 부활이라는 '이미'와 예수의 강림(parousia)이라는 '아직 아니'의 긴장이다. 바울은 신자를 성취와 완성 사이, 이 시대와 다가오는 시대가 겹친 시기, 하나님의 마지막 일이 그 안에서 **시작됐지만** 아직 완결되지는 않은 시기(빌 1:6)에 잡혀있는 이들로 본다.[36] 우리는 바울서신이 제시하

36. Cullmann, *Christ and Time*, 그리고 *Salvation in History*, ET SCM Press 1967, pp. 248-268은 바울 신학의 이 측면을 가장 유익하게 펼쳐보였다: "신약이 제시하는 구원사 전체의 독특한 점은 그리스도의 부활과 재림 사이에 시간 간격이 존재한다는 점, 그리고 이런 긴장이 그 간격의 본질을 결정한다는 점이다"(p. 202). 이보다 앞서 나온 W. Wrede, *Paul*, ET London 1907, pp. 102-111; G. Vos, *The Pauline Eschatology*, 1930, reprinted Eerdmans 1961, pp. 51f.을 보라. 바울에게 다가갈 때 이 바울이라는 인물을 이미 앞의 여러 장에서 말끔하게 제시하고 완전히 묶어버린 '교의 체계'와 적절치 않게 연결된 어색한 마지막 장 정도로 축소하기보다 종말론의 시각에서 접근할 필요가 있다는 점에 우리 시선을 가장 효과 있게 집중시킨 이가 바로 A. Schweitzer, *Paul and his Interpreters*, ET A. & C. Black 1912이다(pp. 53f.).

는 증거를 통해 바울의 체험이 갖고 있는 **종말론적 긴장**과 그가 회심시킨 이들이 갖고 있는 그런 긴장을 간략히 살펴보려 한다.

한편으로 보면, 바울은 그리스도의 죽음과 부활 속에서 이 세계 역사의 마지막 시간을 알리는 종이 울렸다고 믿었으며, 임박한 마지막이 이미 시작되어 세계사의 흐름에 결정적인 영향을 미치고 있다고 믿었다.[37] 바울은 그와 부활한 예수의 만남으로 말미암아 미래에서 온 무엇이, 죽음 너머에 있는 시대의 능력이 그 자신의 체험 속으로 들어와 그 체험을 철저히 바꿔놓았다고 느꼈다. 이것을, 이 종말론적 새로움이 바울 자신을 압도했음을 분명히 보여주는 증거가 있다면, 그것은 바로 바울이 그것을 적절히 표현할 말을 찾으려고—바울 자신의 체험 그리고 그가 회심시킨 이들의 체험에 완전히 새롭게 다가온 이 차원을 적절히 표현해 줄 은유를 찾으려고—그가 아는 어휘를 샅샅이 뒤진다는 점일 것이다. 그 결과, 우리는 법정에서 가져온 은유(칭의), 노예 시장에서 가져온 은유(구속/속량), 전쟁에서 가져온 은유(화해), 매일매일의 삶에서 가져온 은유(구원 = 온전함, 건강; 깨어남, 새 옷을 입음, 잔치에 초대함), 농사에서 가져온 은유(씨를 뿌림, 물을 줌, 접붙임, 수확함), 상거래에서 가져온 은유(인[印], 보증금/계약금, 정산, 정련, 건축), 종교에서 가져온 은유(할례, 세례, 정화, 성화, 기름 부음)를 발견하며, 무엇보다 가장 중요한 은유, 곧 삶과 세계사의 주요 사건에서 가져온 은유(창조, 출생, 입양, 혼인, 죽음, 부활)를 발견한다.[38] 이 목

37. 바울이 '마지막'(End)을 무엇이라 생각했는지 살펴보려면, 가령 Kennedy, *Last Things*를 보라. 살후 2:1-12, 고전 15장, 고후 5:1-10, 롬 8:18-25, 11장 같은 본문은 바울이 이 믿음을 얼마나 중요하게 여겼는지 일러준다. 아울러 본서 §20.2을 보고, 제3장 주30과 주34을 참고하라.

38. 완전한 목록을 제시하면 지루할 것이다: 나는 각 경우에 보기로 하나 내지 둘만 제시하겠다. 칭의와 구속, 구원과 옷 입음(본서의 원서 pp. 309f.을 보라), 화해(고후 5:18-20), 깨어남(엡 5:14), 초대(고전 7:17-24, 갈 1:15, 살후 2:14), 씨 뿌림(고전 3:6-

308-309

록은 확장하려면 더 확장할 수 있을 것이다.

이렇게 폭넓고 다양한 은유를 만들어낸 것은 무엇인가? 명민한 생각과 살아 움직이는 문체만이 그런 은유를 만들어낸 게 아니었다. 이런 은유는 위대하고 깊은 체험의 산물이다. 바울은 심오하고 다양한 하나님 체험을 각고의 과정을 거쳐 아주 폭넓고 다양한 은유를 통해 적절히 표현한다. 결정적인 무엇, 완전히 새롭고 생각하지도 못했던 것, 신자의 삶을 완전히 새로운 실존의 차원으로 끌어올려준 무언가가 일어났다. 요컨대, 우리는 일상에서 늘 일어나는 일을 묘사할 때에는 해방, 창조, 출생, 혼인, 죽음 같은 은유를 사용하지 않는다. 그런 은유는 평생에 단 한 번 일어남직한 사건, 그 사건이 있은 뒤에 현실에서 이어지는 온갖 체험을 형성하는 사건에만 사용한다. 그 어떤 구절도 신자가 이미 마지막(the End)의 새로움에 참여하고 있다는 인식, 오래되고 좁은 길은 끝나고 온 우주를 아우르는 새 파노라마가 활짝 펼쳐졌다는 인식을 표현하지 않는다. 오로지 고린도후서 5:17만이 그런 인식을 표현할 뿐이다: "누구든지 그리스도와 연합하면, 새 피조물이 된다. 옛것은 끝나고 지나갔으니, (보라!) 모든 것이 신선하고 새롭게 됐다(τὰ ἀρχαῖα παρῆλθεν, ἰδοὺ γέγονεν καινά)."[39] 여기서 더 길게 여유를 갖고 우리가 사는 시대에서 멀리 떨어진 시대에서 온 이 은유 가운데 몇 가지만이라도 그 의미와 종말론적 중요성을 더 충실히 펼쳐본다면 유익하겠지만, 지면 사정이 허

---

8), 물을 줌(고전 12:13b), 접붙이기(롬 11:17-24), 수확(롬 8:23), 인(印)과 1차 할부금(계약금, 보증금)(고후 1:22), 정산(롬 4:3-12, 22ff.), 정련(롬 16:10), 건축(세움)(고전 3:10-14), 할례(빌 3:3), 세례(고전 12:13b), 정화와 성별(고전 6:11), 기름 부음(고후 1:21), 창조(고후 5:17, 갈 6:15), 태어남(고전 4:15), 입양(갈 4:4f.과 아래), 혼인(롬 7:1-6과 아래), 죽음(갈 2:19, 골 3:3), 부활(본서의 원서 p. 310을 보라).

39. 참고, Windisch, *II Kor.* pp. 189f.; Barrett, *II Cor.* pp. 173ff.

락하지 않는다. 이 모든 은유의 중심에는 **하나님과 완전히 새롭게 맺게 된 관계가 임박한 마지막이 비춰주는 빛을 통해 삶의 걸어가는 모든 길을 결정해 준다는 의식**이 자리하고 있다는 점을 언급하는 것만으로도 틀림없이 충분할 것이다.

다른 한편으로 보면, 바울은 가슴을 뛰게 하는 '이미'의 새로움으로 '아직 아니'의 약속과 경고를 침묵시키는 것을 결코 허용하지 않는다. 바울은 그 둘 사이의 긴장이 느슨해지는 것을 결코 허용하지 않는다. 이런 점은 바울이 같은 은유들을 사용한다는 사실이 아주 분명하게 일러준다. 바울은 대체로 신자가 이미 **의롭다 하심을 받았다**고 말하길 선호한다(롬 5:1이 그런 예다). 그러나 그는 갈라디아서 5:5에서 의(righteousness)를 여전히 기다려야 하고 소망해야 할 것으로 이야기한다. 어떤 의미에서 보면 신자는 이미 **구속**을 받았지만(롬 3:24, 엡 1:7, 골 1:14), 또 어떤 의미에서 보면 여전히 구속을, 곧 몸이 구속받음을 기다린다(롬 8:23, 엡 1:14, 4:30). **구원**은 본질상 종말론적 실체요, 여전히 기다려야 할 것이다. 온전함도 '아직 아니'에 속한다(가령 롬 5:9f., 13:11, 살전 5:8f.을 보라). 놀랍게도 고린도전서 1:18, 15:2, 고린도후서 2:15이 이 동사의 현재 시제를 사용하는 것은 그 때문이다: 신자는 구원을 받아가는 과정에 있다. 그러나 동시에 바울은 '**이제** 구원의 날이다!'라고 외친다(고후 6:2)—이 말에서는 종말론적 박진감과 절박성이 확실하게 드러난다. 아울러 에베소서 2:5과 8절도 (완료 시제를 사용하여) 그리스도인을 구원받은 이들이라 말한다.[40] 다시 말해, 구원은 계속 진행 중인 과정이지만, 이미 결정적으로 시작됐다(참고, 빌 1:6). 다시 말하지만, 어떤 의미에서 보면 신자는 이미

40. 그러나 이런 시각 차이가 바울 뒤에 등장한 사람이 이를 썼을 수 있음을 일러주는 것 같다. 아울러 본서 §57.2을 보라.

그리스도를 '**입었다**'(갈 3:27). 그러나 바울은 로마서 13:14에서 그의 독자들에게 '주 예수 그리스도를 입음'을 아직 완전히 이뤄지지 않은 일이라 말한다(아울러 골 3:9f.을 보라). 이 점을 힘써 다룰 필요까지는 없지만, 가장 놀라운 세 은유를 사용하여 이 점을 설명하고 넘어가는 것은 필요할 것 같다. (1) **입양**(υἱοθεσία)은 신자가 현재 살아가는 삶이 지닌 '이미-아직 아니'라는 특성을 가장 잘 보여주는 예 가운데 하나다. 바울이 바로 이 말을 몇몇 구절에서 서로 다른 두 의미로 사용하기 때문이다. 우선 그는 로마서 8:15에서 이렇게 말한다. "너희는 다시 두려움으로 떨어지는 노예의 영을 받지 않고 아들의 영/입양에 따른 영(πνεῦμα υἱοθεσίας)을 받았다(부정과거 시제)." 그런가 하면 그는 로마서 8:23에서 우리도 피조 세계처럼 '아들로서 입양될 것을(υἱοθεσίαν) 기다리며 속으로 탄식한다'고 말한다.[41] (2) 바울은 두 본문에서 **혼인** 은유를 생생하게 사용한다. 먼저 고린도전서 6:17에서는 한 남자와 한 여자의 연합으로 두 사람이 한 육이 되듯이, 신자와 그 주의 연합으로 둘이 한 영이 된다고 말한다(더 자세한 것은 본서 §54.2을 보라). 그러나 바울은 고린도후서 11:2에서 회심을 혼인이 아니라 약혼에 비유한다. 신자가 이 땅에서 영위하는 삶은 아직 이뤄지지 않은 혼인의 완성을 준비하는 것과 같다. 이보다 훨씬 더 놀라운 본문이 에베소서 5:25-27이다: 복음을 통해 오는 영적 정결은 실제로 신부가 혼례를 올리기 전에 목욕함과 같다. 교회는 그렇게 정결해진 몸으로 강림 때에 있을 혼례식을 향해 나아가는 신부와 같다.[42] (3) 마지막으로 주목할 만한 점이 있다. 바울은 부활을 어떤 의미에서는 그리스도인이 과거에 이미 체험한 일로 행복하게 이야기한다. 그가 그리

41. 참고, Schweizer, *TDNT* VIII p. 399.
42. 참고, R. A. Batey, *New Testament Nuptial Imagery*, Leiden 1971, p. 29.

스도의 부활에 동참하고 있기 때문이다(골 2:12, 3:1). 그러나 그는 앞서 로마 사람들에게 보낸 서신에서는 부활을 여전히 미래의 일로 생각한다. 몸의 부활이 있을 때라야 전인(全人)이 그리스도의 **부활**을 닮을 것이기 때문이다(롬 6:5, 8:11, 23).[43] 이 모든 은유를 살펴보면, **바울이 갖고 있던 종말론적 의식의 양면성**이 분명하게 드러난다. 과거의 속박에서 풀려난 환희의 외침은 언제나 속박에서 풀려나 아들로서 완전한 자유를 누리길 갈망하며 내쉬는 좌절의 한숨과 나란히 함께 간다.

53.2. **그리스도인의 체험에 존재하는 종말론적 긴장을 풀 열쇠인 영.** 바울은 '이미-아직 아니'의 긴장을 신자의 삶 속에 세워놓은 사건이 바로 영의 옴이었다고 본다. 이는 **영이 믿음의 사람에겐 이미 현재가 된 미래의 실재이기 때문이다—영은 신자가 현재 겪는 체험 속에서 이미 현실로 이뤄지기 시작한 '아직 아니'의 능력이다.**[44] 그는 우리를 마지막 날(eschaton)에 완전한 아들의 지위를 얻을 것을 기대하고 내다보는 '아들로 만들어주는 영'(πνεῦμα υἱοθεσίας)이다(롬 8:15, 23). 예수의 경우처럼(본

43. 아울러 Dunn, 'Spirit and Kingdom' pp. 36f.을 보라. 미래에 있을 부활을 일러주는 구절로서 롬 6:5을 살펴보려면, Dunn, *Baptism* pp. 143f.을 보라.

44. 이 주제를 가장 잘 다룬 글이 H. D. Wendland, 'Das Wirken des Heiligen Geistes in den Gläubigen nach Paulus,' *TLZ* 77, 1952, 457-470, 그리고 Hamilton, *The Holy Spirit and Eschatology in Paul*, 특히 pp. 19-25, 31-37이다. 이보다 앞서 나온 G. Vos, 'The Eschatological Aspect of the Pauline Concept of the Spirit,' in *Biblical and Theological Studies*, Princeton Theological Seminary, Scribner 1912, pp. 211-259도 여전히 귀중한 가치가 있다. 아울러 R. Koch, 'L'Aspect Eschatologique de l'Esprit du Seigneur d'après Saint Paul,' *Studiorum Paulinorum Congressus Internationalis Catholicus* 1961, Rome 1963, pp. 131-141; B, Rigaux, 'L'anticipation du salut eschatologique par l'Esprit,' *Foi et Salut selon S.Paul*, Rome 1970, pp. 101-130을 보라.

서 §§8.3, 5; 16.3, 4을 보라), 영은 미래에 이뤄질 하나님의 통치가 현재 믿음의 삶 속에서 그리고 그런 삶을 통해 능력 있게 나타남이다(롬 14:17, 고전 4:20).[45] 영을 체험하는 것은 아들의 기업을 물려받는 일을 시작하는 것이다(그러나 단지 시작일 뿐이다)(롬 8:15-17, 고전 6:9-11, 15:42-50, 갈 4:1-7, 5:16-25, 엡 1:14; 참고, 딛 3:5-7).[46]

이런 강조점의 가장 분명한 표현이 바로 첫 열매(ἀπαρχή)와 첫 할부금(ἀρραβών, '보증금', '계약금')이라는 바울의 은유다. 영은 첫 열매, 곧 마지막에 거둘 곡식의 첫 단(sheaf)이요,[47] 구속이라는 종말론적 수확의 **시작**이다(롬 8:23). 상거래에서 가져온 은유(ἀρραβών)도 같은 취지다: 영은 첫 할부금이요, 계약금이며, 몸의 구속을 기다리며 기업을 완전히 물려받을 것을 보장하는 보증금이다(고후 1:22, 5:5, 엡 1:14). 두 은유는 모두 어떤 시작, 첫 행동에 관하여 이야기하는데, 이 시작, 첫 행동은 미래에 있을 완성을 기대하고 내다본다. 즉, 첫 열매는 장차 완결될 수확을 내다보며 처음 거둔 것이며, '첫 할부금'을 건넴은 할부금을 건넨 이가 뭔가 더 큰 것을 건네겠다는 뜻을 밝힌 행동이다.[48] 이 두 은유를 보면, 지금 주어지는 것은 전체의 일부다: 거래 행위를 보면, 첫 할부금/보증금/계약금(ἀρραβών)은 지급할 총액과 같은 물질이다(돈이든, 옷감이든 아니면 다른 무엇이든). 다 거둔 수확물도 첫 열매/첫 단(ἀπαρχή)으로서 사용된 것과 같은

45. 아울러 Dunn, 'Spirit and Kingdom' pp. 36-40을 보라.

46. 더 자세한 것은 Gunkel pp. 69ff.; W. Michaelis, *Reich Gottes und Geist Gottes nach dem Neuen Testament*, Basel 1931, p. 24; J. D. Hester, *Paul's Concept of Inheritance, SJT* Occasional Papers No. 14, 1968, pp. 96-103을 보라.

47. 레 23:9-14. 더 상세한 배경을 보려면, R. de Vaux, *Ancient Israel*, ET Darton, Longman & Todd ²1965, pp. 490f.을 보라.

48. J. Behm, *TDNT* I p. 475. Moulton & Milligan은 현대 그리스어가 ἡ ἀρραβῶνα를 '약혼 반지'라는 의미로 사용한다고 일러준다.

열매/단으로 구성된다. 이 때문에 바울은 **영이라는 선물을 전인**(全人) **구속의 첫 부분이요, 신자가 영적 몸을 갖게 될 때**, 곧 믿음의 사람이 오로지 영이 결정하는 존재 양식을 갖기 시작할 때 **끝날 과정의 시작**으로 본다.[49] 현재 영의 능력을 체험하는 것은 미래에 일어날 일을 미리 맛봄일 뿐이다. 영은 그의 옴을 통해 인간을 하나님에게 다시 인도하기 시작하고, 인간의 이기적 열정, 자족(自足), 자기탐닉이 행사하는 지배권에 맞서 싸우며, 인간이 원할 경우에는 그런 지배권을 격파하기까지 한다. 바로 그런 사실이 '이미-아직 아니'라는 긴장을 조성한다.

따라서 영은 앞서 믿음의 사람이 갖게 된 능력을 오는 세대를 위해 유보해둘 수밖에 없다. 첫 그리스도인들은 그들을 변화시키고 새롭게 만든 내면의 능력을 체험했으며, 이 체험 때문에 이런 결론을 내릴 수밖에 없었다: 이것은 새 시대의 능력이요, 이것은 종말론적 영이다. 영은 미래에 주어질 복의 현재형(presentness)이다. 영은 신자가 이미 체험한 구속 시대의 능력이요 영을 받은 이들이 다가오는 시대에도 적합한 이가 되게 하려고 활동 중인 능력이다. 여기서 바울이 우리가 서두에 제기했던 물음에 내놓은 대답이 등장하기 시작한다. 즉, **영의 선물은 그리스도인의 체험이 갖고 있던 근본적, 종말론적 긴장이라는 맥락 속에 놓고 봐**

49. 속격인 ἀπαρχὴ πνεύματος와 ἀρραβὼν πνεύματος는 보통 동격 속격으로 받아들이는데, 그렇게 보는 것이 옳다: 첫 할부금은 곧 영**이다**. 영이 첫 선물로 주어지고 난 뒤에 (강림/부활 때) 다시 영이 완전히 부어진다는 생각은 존재하지 않는다. 따라서 Michel, *Römer* p. 205 주3이 옳다. 두 은유는 모두 앞으로 일어날 일을 내다보며 강조하는데, 이것은 영이 더 주어질 것을 암시하지 않으며, 이미 주어진 한 영이 신자를 더더욱 통제하게 될 것을 의미할 뿐이다. Hamilton은 '영이 주어야 했던 것의 첫 열매들'이라 번역함으로써 이런 강조점을 지키려 한다(*Spirit* p. 32 주2). 그러나 이는 불필요하며 오해를 낳을 여지가 있다. 이는 마치 ἀπαρχή가 영이 아닌 다른 무엇이라고 시사하기 때문이다.

야 한다. 이런 긴장을 깨뜨리거나 느슨하게 만들거나 무시하는 것은 그것이 어떤 것이든 체험을 불안정하게 만들고 요동치게 만들거나, 아니면 체험을 경직시켜 형식만 남은 것으로 만들어버린다. 둘 다 개인은 물론이요 그 개인이 속한 공동체에 위험할 수 있다. 신자는 '이미'를 과장하려 해서는 안 되며 '아직 아니'를 잊지 말아야 한다. 그렇다고 '아직 아니'를 과장해서도 안 되며 '이미'의 참된 의미를 깨닫지 못하는 일이 있어서도 안 된다. **영이 종말론적 영임을 인식할 때에 비로소 우리는 영의 선물/능력을 통해 자신을 나타내는 영을 이해하기 시작할 수 있다**.[50]

53.3. **영과 육의 전쟁**. 바울은 종말론적 긴장이 신자의 실존에서 가장 예리하게 나타나는 예가 바로 자신이 **분열된 사람**(*a divided man*), 곧 이것에도 충성하고 저것에도 충성하는 사람이라는 신자의 인식이라고 본다. 신자는 겹친 두 시대(이 시대와 다가오는 시대) 속에서 살아가며, 두 시대에 **동시에** 속해 있다. 이 시대가 이어지는 한, 신자는 두 진영에, 곧 죄인의 진영과 의롭다하심을 받은 이의 진영에 **동시에** 발을 담그고 있다. 신자는 '살아 있는 혼'으로서 '첫 아담'의 가족에 속해 있지만, 동시에 '생명을 주는 영'을 체험하는 이로서 '마지막 아담'에게**도** 속해 있다(고전 15:45).[51] 그리스도인으로서 영을 갖고 있는 그는 '그리스도 안에' 있으나(롬 8:9), **동시에** 그는 여전히 육이며, 세계의 일부요(롬 6:19, 고전 1:29,

50. 참고, Cullmann: "후대 교회가 생명력을 아주 많이 잃어버렸다면, 원시 교회에서 일어난 영의 역사에 비춰 판단하건대 이 시대에 일어나는 영의 역사가 아주 희소하다면, 이는 교회가 구속사의 명확한 계획 속에 자리해 있다는 의식, 교회가 부활에서 시작하여 강림을 향해 나아가고 있다는 의식이 사라져버렸거나 어쨌든 크게 약화됐다는 사실과 관련이 있다"(*Christ and Time* p. 144).
51. 더 자세한 것은 Dunn, *CSNT* pp. 132ff.; 그리고 본서 §54.2을 보라.

6:16, 7:28 등), 어떤 의미에서는 적어도 여전히 '육 안에서' 살아가고 있다(고후 10:3, 갈 2:20, 빌 1:22).[52] 결국 영의 구속 사역은 이제 **시작됐을** 뿐이며 **아직 미완**(未完)**일 수밖에 없다**(빌 1:6). 영은 전인을, 말하자면 몸으로서의 사람을 소유하게 됐지만(참고, 고전 6:19), 현재의 그 몸은 여전히 죽을 수밖에 없는 몸이요, 여전히 육의 몸이기 때문이다(롬 6:12, 7:24, 8:10f.). 죽음의 때 혹은 강림의 때가 되어야 비로소 영이 하는 일이 완결될 것이다. 그때가 되어야 신자는 육이길 그치고 그의 몸이 **영적** 몸으로 높아지겠기 때문이다(롬 8:11, 23, 고전 15:44ff. 빌 3:21). 즉, 그때가 되어서야 비로소 처음으로 영이 **전**인을 온전히 지배하게 될 것이다. 그러나 현재라는 이 중간기의 신자는 분열된 사람이다. 그가 현재 하는 모든 체험을 규정하는 특징은 종말론적 긴장이요, **전쟁**이다—옛 시대의 세력들과 새 시대의 세력들의 전쟁이요, 아담의 본질에서 우러난 욕구와 마지막 아담의 능력 사이에 벌어지는 전쟁이며, 육과 영의 전쟁이다.

이 지점에서 바울의 사상을 가장 분명하게 드러낸 표현이 갈라디아서 5:13-26과 로마서 7:13-8:25이다. 먼저 갈라디아서 5장은 이렇게 말한다.

> 영을 따라 행하고 육의 욕구를(ἐπιθυμίαν σαρκός) 채우지 말라. 육의 욕구는 영에 맞서고 영(의 욕구)은 육에 맞서기 때문이요, 이 둘이 서로 싸움으로써, 결국 너희는 너희가 하고자 하는 것을 할 수 없기 때문이다(16-17절).

52. Scott: "그는 그리스도 안에(ἐν Χριστῷ) 있지만 여전히 육에(ἐν σαρκί) 머물러 있었다"(*Paul* p. 148). 본서 §55.3을 보라. σάρξ를 더 충실히 연구한 것을 보려면, 다소 다른 각도에서 연구한 것이긴 하지만, Dunn, 'Jesus-Flesh and Spirit,' pp. 44-49을 보라.

> 만일 우리가 (신자로서) 우리 삶을 영에게 의지한다면, 아울러 영이 우리 길을 인도하게 하라. 자신을 높이는 마음을 갖지 말고, 서로 자극하지 말며, 서로 시기하지 말자(25-26절).

여기서 바울은 분명 신자들에게 그리고 신자들에 관하여 이야기한다. 마찬가지로, 그는 분명 그리스도인의 **체험**에 관하여 이야기하고 있다—'욕구'와 '영을 따라 행함'이 그것을 일러준다.[53] 그리스도인은 육과 영의 충돌 체험, 즉 이 시대에 속한 사람인 신자의 욕구(특히 자기탐닉과 자족)와 영의 강제 사이에 일어나는 충돌을 체험한다—이는 실제로 어떤 특별한 경우에 어느 한쪽이 이길 수 있는 진짜 충돌이며, 신자에게 끊임없이 영의 인도를 따르라고 권면해야 하는 것도 바로 이런 충돌이 실제로 일어나는 충돌이기 때문이다. 무엇보다 가장 놀라운 것은 5:17의 마지막 부분이다: 이런 충돌이 일어남은 '너희가 하고 싶어 하는 것을 못하게 하려(ἵνα) 하기 위함'이다. 여기서 ἵνα는 목적의 의미('…하게 하려')로 받아들일 수 있을 것이다.[54] 그러나 목적의 의미를 지닌 ἵνα는 아주 압축된 의미를 만들어낸다. 그렇다면 바울은 여기서 영이 육에 맞서 싸움으로써 신자가 신자 자신이 원하는 것을 하지 못하게 막으려 한다고 말하려는 것일까(참고, 롬 7:15f., 18-21)? 여기서 나타나는 생각의 움직임을 살펴보면, ἵνα는 결과절로 해석하는 것이 더 적절하다—"결국 너희는 너희가

53. Ἐπιθυμία에 관하여 알아보려면, Büchsel, *TDNT* III p. 171을 보라: "ἐπιθυμία에서 본질이라 할 점은 어떤 충동인 욕구, 의지를 일으키는 동기인 욕구라는 점이다." 아울러 Bultmann, *Theology* I p. 241을 보라. '영으로 행함'에 관하여 알아보려면, 본서 §40.5을 보라.

54. Burton, *Galatians* pp. 301f.; Schlier, *Galater* p. 249; Mussner, *Galater* p. 377.

하고자 하는 것을 할 수 없다"(NEB).[55] 즉, 신자의 실존이 갖고 있는 두 차원은 서로 충돌하며, 신자의 삶이 두 차원 중 오로지 한쪽으로만 쏠리지 못하게 막는다. 영은 육의 욕구가 이뤄지지 못하게 막지만, 신자가 갖고 있는 육성(肉性, fleshliness)도 영에 감동한 욕구가 이뤄지지 못하게 막는다. 육과 영이 벌이는 이 전쟁의 결과는 **계속되는 좌절**이다. 신자가 육의 욕구와 영의 충동이 벌이는 싸움 때문에 찢겨버린 자신을 발견하기 때문이다.

바울의 사상에서 더 논란이 되는 것이 로마서 7:14-8:25의 위치다. 현대의 대다수의 주석가는 7장의 후반부를 바울이 '율법 아래 있는 사람'을 묘사한 부분으로 본다.[56] 나는 그런 견해에 대체로 동의하지 않는다. 그러나 내가 여기서 내 반론을 밝히는 데 필요한 주해와 논의를 상세히 펼치기는 불가능하니, 가장 중요한 점 몇 가지만 간단히 언급하고 넘어가겠다.[57]

(1) 퀌멜은 로마서 7장이 묘사하는 상태가 로마서 6장과 8장이 전제

55. Lightfoot, *Galatians* p. 210; M. J. Lagrange, *Épitre aux Galates*, EB 1950, pp. 147f.; P. Bonnard, *L'Épitre de Saint Paul aux Galates*, Neuchatel 1953, p. 113; Oepke, *Galater* pp. 135f.; C. F. D. Moule, *An Idiom Book of New Testament Greek*, Cambridge ²1959, p. 142; Eckert p. 137과 주1.

56. 특히 W. G. Kümmel, *Römer 7 und die Bekehrung des Paulus*, Leipzig 1929; R. Bultmann, 'Romans 7 and the Anthropology of Paul,' *Existence and Faith*, ET 1961, Fontana 1964, pp. 173-185을 보라.

57. 더 충실한 것은 J. D. G. Dunn, 'Romans 7.14-25 in the Theology of Paul,' in *TZ* 31, 1975을 보라. 근래에 아우구스티누스, 루터, 칼뱅의 주해를 따르는 이로 A. Nygren, *Commentary on Romans*, ET SCM Press, 1952; J. Knox, *Interpreters Bible* 9, 1954; J. Murray, *The Epistle of Paul to the Romans*, Marshall, Morgan & Scott 1960; K. Stalder, *Das Werk des Geistes in der Heilung bei Paulus*, Zürich 1962, pp. 291-307; F. F. Bruce, *The Epistle of Paul to the Romans*, Tyndale 1963; J. I. Packer, "The 'Wretched Man' of Romans 7," *Studia Evangelica* II, 1964, pp. 621-627이 있다.

하는 상태와 다르다는 점을 거듭 강조한다.[58] 그러나 그렇게 볼 경우, 로마서 7:7-25은 바울의 생각 흐름을 불필요하게 훼방하는 부분이요 제 궤도를 벗어난 이야기가 되어버리며, 로마서 6-8장의 맥락보다 오히려 로마서 2-3장의 맥락에 훨씬 적합한 본문이 되고 만다. 그러나 로마서는 바울의 다른 어느 서신보다 훨씬 더 꼼꼼한 계획을 세우고 쓴 작품이다. 따라서 7:7-25이 자리한 위치도 바울이 일부러 심사숙고하여 고른 곳일 가능성이 더 높다. 그렇게 볼 경우, 바울의 생각은 로마서 6장에서 출발하여 7장을 거쳐 8장까지 일관되게 흘러가고 있을 개연성이 크다[59]—바울은 그 과정에서 그리스도인의 체험이 지닌 중요한 세 실재와 관련지어 그리스도인을 **다시** 살펴본다: 죄(6장), 죄와 율법(7장), 율법과 영(8:1-8), 영(8:9-30). 그러나 우리가 앞으로 보겠지만, 그의 논의를 이렇게 아주 깔끔하게 나눠 보기는 불가능하다. 따라서 7:7-25과 로마서 6-8장의 나머지 부분 사이에 존재하는 차이는 필시 서로 다른 상태를 가리키는 게 **아니라**, 서로 **같은** 상태를 서로 다른 각도에서 바라봄에 따른 차이일 것이다. 그렇다면 로마서 7장의 '비참한 사람'은 **오로지** 육과 율법 그리고 죄의 관점에서 바라본 신자이며, 로마서 7:7-25은 신자가 **심지어 신자가 된 뒤에도 계속하여** 체험하는 차원을 묘사한다.

(2) 로마서 7장에는 자주 반복되는 '나'/'나를'(약 20회 등장)을 바울과 그가 묘사하고 있는 체험으로부터 떼어놓는 식으로 이해해야 한다는 주장이 전혀 존재하지 않는다. 바울은 적어도 7:7-13에서는 '나'라는 사람의 **전형적인** 체험을 묘사하고 있을 개연성이 분명 높지만,[60] 15절 이

58. Kümmel, *Römer 7* pp. 10ff., *et passim*.

59. 참고, 특히 Nygren, *Romans* pp. 284-297.

60. 참고, 『바룩2서』 54:19; Barrett, *Romans* pp. 143f.; Leenhardt, *Romans* pp. 186ff.; E. Brandenburger, *Adam und Christus*, Neukirchen 1962, pp. 215f.

하와 24절이 묘사하는 실존의 고통과 좌절은 너무나 실감나고 뼛속까지 찌르고 들 정도여서 여기의 '나'를 단지 문학 기교로서 표현한 인물 전형 정도로 축소할 수가 없다. 어쨌든 바울은 지금 **그 자신이 한** 체험의 핵심을 토대로 이야기하고 있다.[61] 만일 이 '나'가 어떤 인물 전형이라면, 바울이 이 '나'라는 표현을 사용한 이유는 십중팔구 **그의** 체험이 체험의 전형임을 알고 있기 때문이지, 이것이 그 자신을 **제외한** 모든 사람의 체험임을 가리키기 때문은 분명 아니다!

(3) 만일 이 본문이 바울 자신의 체험을 표현하는 것이라면, 이 본문이 그가 그리스도인이 되기 전에 한 체험을 언급한 본문일 리는 없다. 바울이 그가 '전에 살았던 삶'에 관하여 분명히 이야기하는 다른 본문에는 그런 고통과 좌절을 이야기하는 말이 전혀 없다—오히려 그 반대다(갈 1:13f., 빌 3:4-6). 오히려 우리는 로마서 7장에서 자신과 싸우는 사람, 실제로 우리가 위에서 묘사한 바로 그 투쟁으로 말미암아 고생하는 사람의 말을 엿듣는다(이 §53.3의 앞부분을 보라). 분명 바울은 강한 용어로 자신을 표현한다("죄 아래 팔렸다"—7:14; "죄의 법으로 나를 사로잡았다"—7:23). 그러나 여기서 표면에 나타나는 것은 신자의 현재 상태가 지닌 역설에 관한 바울의 의식이요, 그가 심지어 신자인데도 육으로서 이 세상에 속해 있다는 의식이다. 7:24을 보면, 바로 그런 의식 때문에 그의 목에서 이런 절규가 터져 나온다—"나는 비참한 피조물이로다! 누가 죽을 수밖에 없는 이 몸에서 나를 구해내랴?"—이 절규는 절망에서 나오는 것이 아니라 **좌절**에서 나온다—영의 인도를 따르려고 애써야 하면서도 여전히

61. Dodd, *Romans* pp. 106f.; 반대 견해는 Kümmel, *Römer 7* pp. 118-132; E. Stauffer, *TDNT* II pp. 358ff.; G. Bornkamm, 'Sin, Law and Death,' *Early Christian Experience* pp. 92ff.

육 안에 있는 이의 좌절이요, 죽음의 몸을 통해 영의 생명을 표현하고자 몸부림치는 고통이며, 영의 생명을 온몸으로 표현하는 수단인 **영적** 몸을 갖고자 영의 생명을 바라는 갈망이다(참고, 롬 8:22-23, 고후 5:4). 한마디로 그것은 아직 신자가 아닌 자가 그리스도인의 자유를 갈구하며 토해내는 절규가 아니다. 오히려 그것은 이미 신자가 된 이가 그리스도가 주시는 완전한 자유를 고대하며 터뜨리는 외침이다. 로마서 7:14ff.의 언어는 확실히 강하지만, 갈라디아서 5:17의 그것보다 훨씬 더 강하지는 않다(이 §53.3의 앞부분을 보라).

(4) 바울이 이 부분 전체에서 말하려는 의미를 가장 분명하게 표현하는 본문이 7:25b와 8:10이다. 루터는 7:25을 이렇게 주석한다. "이는 가장 인상 깊은 본문이다. 동일한 사람이 하나님의 법과 죄의 법을 함께 섬기며, 동일한 사람이 의인임과 동시에 죄를 짓는다는 것에 주목하라." 7:25b의 중요성은 이 본문이 7:25a **뒤에** 나온다는 점에 있으며 이 본문이 7장 전체의 결론이라는 점에 있다.[62] 바울은 심지어 감사하다고 외친 뒤에도 여전히 이렇게 고백할 수밖에 없었다. '나, 나 자신을 보니, 내 마음으로는 하나님의 법을 섬기는데, 내 육으로는 죄의 법을 섬긴다.'[63] 여기서 '마음'은 필시 영으로 말미암아 새로워진 마음일 것이다(참

62. 롬 8:1은 롬 7장의 결론을 제시하지 않지만, 앞부분인 롬 5-7장 전체를 집약한다—Kümmel도 이를 인정한다(*Römer 7* p. 69).

63. Bultmann, 'Glossen im *Römer*brief,' *TLZ* 72, 1947, 198f.; G. Zuntz, *The Text of the Epistles*, Schweich Lectures 1946, London 1953, p. 16; Kuss, *Römerbrief* p. 461; U. Luz, *Das Geschichtsverständnis des Paulus*, München 1968, p. 160; Paulsen pp. 44-50은 롬 7:25b를 후대에 끼워 넣은 주석으로 본다. 참고, Bornkamm, 'Sin' p. 99; Leenhardt, *Romans* p. 195; Schweizer, *TDNT* VII p. 133 주276; Käsemann, *Römer* pp. 201f. Moffatt 역본, Dodd, *Romans* pp. 114f.; Michel, *Römer* p. 179 그리고 Eichholz, *Theologie* p. 257은 7:25b가 본디 7:23과 7:24 사이에 있었다고 생각한다. 본문에는 두 가설을 지지하는 근거가 전혀 없다.

고, 롬 12:2). 바울이 어디에서도 '날 때부터 가졌던' 마음을 좋게 이야기하지 않기 때문이다.[64] 그렇다면 '마음'은 22절에 나오는 '속사람'(ὁ ἔσω ἄνθρωπος)과 얼추 같은 말인 셈이다. 이 '속사람'이라는 말은 새 시대의 일부분이요 마지막 아담에 속하는 신자를 가리키는 말일 개연성도 아주 높다(고후 4:16, 엡 3:16; 참고, 갈 3:27과 롬 13:14, 골 3:9f., 엡 4:22ff.).[65] 결국 바울은 25a절 앞은 물론이요 뒤에서도 자신이 **신자로서** 한 체험을 표현한다. 바울은 그리스도를 주로 아는 사람으로서 이렇게 고백한다. '내가 내 육으로, 육으로서, 계속 죄의 법을 섬긴다.' 그렇다면 여기는 바울이 그리스도인과 죄의 관계, 그리스도인과 율법의 관계를 다룬 논의의 결론인 셈이다. 영을 체험하는 사람에게도 어떤 관계가 뒤에 버려지지 않고 계속 이어진다.[66] 속사람과 육의 대립은 극복되지 않으며 뒤에 버려지지도 않는다. 그 대립은 감사의 외침이 울려 퍼질 때에도 그 외침을 넘어 이어진다—마음과 육의 대립이 계속된다. 요컨대, **영이 와도 전쟁은 끝나지 않는다. 오히려 그 반대로 진짜 전쟁이 그때부터 시작된다.**[67] 하나님의 법을 섬긴다는 것은 영의 승리를 의미한다. 반면, 죄의 법을 섬긴다는 것은 육의 승리를 의미한다. 육은 마지막 전투에 가서야 비로

64. Kümmel, *Römer 7* pp. 27ff.도 인정하는 어려움이다.

65. Barrett, *Romans* p. 150. Kümmel, *Römer 7* pp. 59ff.과 Käsemann, *Römer* pp. 196f.은 이 문구가 그들의 로마서 해석에 야기하는 문제의 예리함을 인식하면서도 만족스러운 해결에는 이르지 못한다.

66. 7:25a을 따라 7:25b을 그리스도인이 되기 전의 체험을 기록한 7:7-24의 요약으로 읽는 것(Sanday & Headlam, *Romans* p. 184; Kümmel, *Römer 7* pp. 65f.; Gaugler, *Römer* p. 282)은 25a절을 너무 가벼이 여기는 일이요 25b절을 한심한 급락으로 만들어버리는 일이다.

67. 참고, 7:15에 관한 칼뱅의 말: "육의 사람은 죄로 뛰어들 때 그의 온 영혼으로 그렇게 하는 데 동의하지만, 그런 그가 주의 부름을 받고 영으로 말미암아 새로워지면 즉시 그런 죄에서 떠남이 시작된다는 것은 타당한 말이다"(Torrance edition).

소 완전한 패배자가 되지 그전에는 결코 완전한 패배를 당하지 않는다. 이것이 바로 이 시대가 지속되는 한 신자의 체험이 마주해야 하는 역설이자 긴장이다—**신자는 의인인 동시에 죄인이다**.

(5) 얼핏 보면 8:1ff.는 완전히 다른 체험을 이야기하는 것 같다. 하지만 사실 이 구절들은 역설의 또 다른 측면을 자세히 이야기할 뿐이다. 8:2은 육과 죽음의 힘에서 완전히 벗어난 해방을 가리킬 수 없다—영의 사람도 죽는다(살전 4:13, 고전 15:26)! 오히려 8:2은 영이 옴으로 말미암아 죄의 법이 신자가 현재 하는 행동을 유일하게 좌우하는 결정자나 궁극적인 운명을 최종 결정하는 주체가 더 이상 될 수 없게 된 체험을 이야기한다. 바울은 8:4ff.에서 신자와 불신자를 대조하지 않는다.[68] 오히려 **그는 신자를 이런 역설의 양면과 직면시키고, 신자라는 그의 본질의 양면과 직면시킨다**—그는 8:12f.에서 이런 직면을 다시 한번 가장 강하게 부각시킨다. 만일 신자가 오로지 육의 차원에서만 살아간다면, 오로지 육으로서 살아간다면, 그가 궁극에 맞이할 운명은 죽음이다(6ff., 13a, 갈 6:8a). 그러나 그가 만일 영이 결정하는 대로 행한다면, 그가 궁극에 맞이할 운명은 생명이다—죽음 안의 생명이요, 죽음을 통한 생명이며, 죽음을 초월한 생명이다(6, 10f., 13b; 갈 6:8b). 8:10도 계속 이어지는 이런 육과 영, 죽음과 생명의 역설을 분명하게 표현한다: "그리스도가 너희 안에 계시면, 몸은 죄 때문에 죽었으나, 영은 의 때문에 살아 있는 것이니라."[69] 몸이 죽음은 그리스도인이 여전히 육으로서 첫 아담의 한 구성원이기 때문이다—하나님을 향하여 죽어있고, 죄 안에서 죽었으며, 죽음

68. 8:9에서 εἴπερ를 주목하라; Dunn, *Baptism* p. 148을 보라.

69. RSV는 σῶμα와 πνεῦμα를 복수형인 'bodies'와 'spirits'로 번역하는 잘못을 저질렀다. 현대의 대다수의 주석가는 이 문맥에서 πνεῦμα는 십중팔구 영(성령)을 의미한다고 인정한다.

을 향해 나아간다. 바울이 8:10에서 말하는 '몸'은 그가 7:24에서 말한 '죽음의 몸'과 같은 몸이다. 그러나 그리스도인은 또한 동시에 영을 갖고 있으며, 마지막 아담의 생명, 생명을 주는 영을 공유한다. 그는 이런 그리스도인으로서 하나님을 향해 살아있고 죄에 대하여 죽었다.[70]

요컨대, 우리가 아직 로마서 8장을 다 마치지는 못했지만, **바울이 그리스도인의 도덕적 체험을 다른 어느 곳보다 아주 충실하게 다룬 곳이 로마서 7:14-8:25이라는 것**은 이미 분명해졌다. 바울은 이 구절들에서 신자의 체험을 육과 영이 벌이는 전쟁 체험으로 분명하게 묘사한다. 그 전쟁은 신자가 멀찌감치 떨어져서 마치 자신은 중립적 관찰자나 심판인 것처럼 행세할 수 있는 전쟁이 아니다. 오히려 그 반대로, 신자는 **양쪽**에 다 속해 있다. 그는 신자로서 육과 영이라는 두 차원을 **동시에** 살아간다. 이런 분열이 믿는 '나'를 관통하며 지나간다.[71] 신자가 육과 영이라는 두 차원을 놓고 계속 어느 하나를 선택해야 하는 것은 그가 동시에 이 두 차원을 살아가기 때문이다. 내 '속사람' 속의 나는 새로워진 마음으로서, 영의 사람으로서, 육인 '나'의 반대쪽을 택해야 한다. 이 선택은 영의 능력으로 말미암아 이뤄질 수 있다. 그러나 죽음이 아니라 생명이 마지막에 승리를 거두려면, 육의 반대쪽을 선택해야 하며 그런 선택을 거듭해야 한다. 요컨대, 7:24이 신자가 평생에 걸쳐 외치는 좌절의 절규라면, 7:25a은 종말론적 소망에서 나온 신자의 감사요, 7:25b은 현재 그 둘을 마주하며 살아가는 신자의 차분한 현실주의를 표현한다.

70. 참고, W. Grundmann, *TDNT* I p. 313; Dibelius, 'Paulus und die Mystik,' p. 150; Pfister, *Leben* p. 46.

71. 참고, Bultmann, 'Romans 7' pp. 177ff.; Bornkamm, 'Sin' pp. 96ff.; Kuss, *Römerbrief* p. 563.

53.4. 그렇다면 신자의 체험이 갖고 있는 '이미-아직 아니'라는 긴장 속에서, 그리고 육과 영의 전쟁이라는 그 체험의 독특한 특성 속에서, **바울이 종교적 체험에 관하여 갖고 있는 이해의 독특함이 더 선명한 형체를 갖기 시작한다.** 바울은 바로 이런 방식을 통해 그 긴장을 아주 팽팽히 유지함으로써 그의 구원론을 영지주의로 나아가던 같은 시대 유대인들의 구원론과 떼어놓는다. 영지주의자들은 육과 영(spirit) 사이에 존재하는 어떤 대립을 확실히 알고 있었다. 그러나 그것은 이미 극복된 대립이었다. 육과 영은 영지주의에서 말하는 '나'를 관통하는 분열을 나타내는 것이 아니었다. 오히려 영지주의자는 참된 '나'를 육에 갇힌 죄수로 보았다. 영지주의자가 몸에게 잔뜩 먹이거나 몸을 굶길 수 있었던 것도 그 때문이었다. 이는 그가 그의 몸으로 하는 일이 그의 참된 자아에는 아무런 영향도 미치지 않기 때문이다. 바울은 이런 점 때문에 고린도전서 6:12ff.에서 이 태도를 공격했다. 그가 고린도전서 3:1ff.과 4:8에서 그런 태도를 꾸짖은 것도 그런 이유 때문이다: 영지주의자는 자신이 지식과 지혜를 얻음으로 말미암아 자신의 구원이 이미 확보됐다고 믿었다—이미 그는 영적 사람이요, 이미 성숙하며, 이미 충만하고, 이미 다스리고 있다고 믿었다.[72] 다시 말해, 그들은 '이미'를 지나치게 강조하고 '아직 아니'를 대체로 무시했다.

이와 같은 실수가 종교사학파의 두 진영이 내놓은 바울 해석에서도 나타난다는 점이 다소 아이러니다. 예를 들면, W. 부세트(Bousset)는 '현재 그리스도인으로서 자신의 상태가 완전하다고 생각했던' 바울의 '의

72. Τελείωσις에 관하여 알아보려면, Weiss, *I Kor*. pp. 37ff.; Reitzenstein, *Mysterien*. pp. 338f.; Wilckens, *Weisheit* pp. 53-60을 보라. 불행히도 나는 P. J. du Plessis, *Teleios: the Idea of Perfection in the New Testament*, Kampen 1959을 참고할 수 없었다.

식'을 이야기하고, '태어날 때부터 가졌던 존재가 그 안에서 완전하게 죽었다'고 이야기할 수 있었다.[73] 그런가 하면 A. 슈바이처(Schweitzer)는 이렇게 써놓았다. "신자들은 영 안에 있음으로 말미암아 육 안에 있음에 따른 여러 한계를 넘어서는 존재로 올림을 받는다."[74] 그러나 이것은 결코 바울이 하는 말이 아니다. 그는 분명 자신이 '영 안에 있는 존재'임을, 아니 자신 안에 영이 있음('이미')을 의식하고 있다. 그러나 동시에 그는 자신이 육이라는 것도 철저히 의식하고 있으며, 이 땅에 철저히 매달리는 자신의 욕구와 자신에게만 관심을 쏟는 이기심도 철저히 의식하고 있다(참고, 가령 롬 8:13, 빌 3:8-14, 골 3:5). "'영의 사람'은 종말론적 '아직 아니' 안에 갇혀 있다."[75] **바로 이 '아직 아니'가 구속에 관한 바울의 이해를 그의 반대자인 영지주의자의 구속 이해와 구별해 준다**. 영지주의자에겐 완전함이 현재의 실재였다. 그들에겐 몸이 중요하지 않았기 때문이다. 그러나 바울에겐 완전함이 '아직 아니'였다. 몸이 아직도 구속받아야 했기 때문이다(롬 8:11, 23ff., 고전 15:44-49, 빌 3:10f.).[76]

이 '아직 아니'라는 강조점이 바울을 그의 교회 안에서 떠돌아다니

---

73. Bousset, *Kyrios Christos* pp. 170, 174; 아울러 Bousset, *Jesus der Herr*, Göttingen 1916, pp. 47ff.도 마찬가지다. 참고, Reitzenstein, *Mysterien*. pp. 340ff.; Windisch, 'Das Problem des paulinischen Imperativs,' *ZNW* 23, 1924, pp. 265-271; 아울러 *Paulus und Christus* pp. 269-272도 참고하라.

74. Schweitzer, *Mysticism* p. 167; 참고, p. 220.

75. Wendland, 'Wirken' p. 461.

76. 아울러 Dunn, *CSNT* pp. 137f.을 보라. 바울이 그리스도인을 πνευματικός로 여겼던 개념이 헬레니즘의 신비주의에서 유래했다는 견해에 대한 폭넓은 비판을 보려면, Kennedy, *Paul* pp. 130-159; Davies, *Paul* pp. 191-200을 보라. E. W. Smith는 헬레니즘 시대 종교 문헌과 철학 문헌에서 롬 7:24-25a과 형식상 평행을 이루는 사례를 몇 가지 제시한다('The Form and Religious Background of Romans 7.24-25a,' *NovTest* 13, 1971, pp. 127-135). 그러나 그 사례 가운데 어느 것도 바울에게서 독특하게 찾아볼 수 있는 종말론적 긴장을 말하지 않는다.

던 영지주의 성향의 사상과 구분해 준다면, **'이미'라는 강조점은 그를 그 시대 유대교의 대다수의 흐름과 구분해 준다**. 주류 유대교를 특징지은 메시아 대망은 온전히 미래에 속한 종말론을 내다보았다. 그 결과 묵시적 소망 역시 하나님의 임박한 개입에 대한 갈망에 잡아먹혔으며 현재의 복음을 전혀 갖고 있지 않았다. 하지만 바울이 믿은 것은 전형적인 그리스도인이 가진 믿음이었다. 그는 마지막 날들이 이미 시작됐으며, 종말론적 영도 이미 신자에게 주어진 분깃이라고 믿었다. 아울러 그는 예수의 부활로 말미암아 마지막 때의 부활이 이미 시작됐다고 믿었다. 바울은 복음이 이미 오신 그리스도에게 뿌리박고 있다고 보았다. 미래를 향한 그의 소망은 과거에 일어난 그리스도 사건을 믿는 그의 믿음에서 유래했으며, 현재형인 그의 영 체험에서 유래한다.

우리는 유대교의 한 부분에서만—즉 쿰란 분파에서만—바울이 말하는 종말론적 긴장과 유사한 내용을 발견한다. 우리가 위에서 보았듯이(본서 §29을 보라), 그들은 초기 예루살렘 교회와 몇 가지 유사점을 가진 종말론적 공동체였다. 이 쿰란 공동체가 바울의 '이미-아직 아니' 긴장관계와 가지는 유사점은 훨씬 더 놀랍다. 나는 특히 쿰란 규칙(Rule of Qumran)이 제시하는 두 영에 관한 가르침을 생각해 본다(1QS 3.13-4.26).[77]

> 그리고 그가(하나님이) 사람에게 두 영을 나눠주셨으니
> 이는 그(하나님)의 심판 때까지 사람이
> 그 두 영 안에서 행하게 하려 함인즉,[78]

77. 나는 여기서 Dupont-Sommer, *Qumran* pp. 78ff.의 번역을 따랐다. 아울러 1QS 11.9-15; 1QH 4.29-31을 참고하라.
78. 즉 마지막 심판.

그 두 영은 진리의 영과 사악의 영이다.

…

모든 의의 아들들에 대한 지배권은
빛의 왕의 손에 있으니,
의의 아들들은 빛의 길로 행한다.
사악의 아들들에 대한 지배권은 모두
어둠의 천사 손 안에 있다.
어둠의 천사 때문에
모든 의의 아들들이 어긋난 길로 가며,
그들의 모든 죄와 악과 실수,
그리고 그들이 행하는 모든 반역도
그(어둠의 천사)의 지배 때문이다(3.18-21).

지금까지 진리의 영과 사악의 영이 모든 사람의 마음속에서 싸운다 (4.23).[79]

---

79. 참고, K. G. Kuhn, 'New Light on Temptation, Sin and Flesh in the New Testament,' *The Scrolls and the New Testament*, ed. K. Stendahl, SCM Press 1958, pp. 103f.; W. Nauck, *Die Tradition und der Charakter der ersten Johannesbriefes*, Tübingen 1957, pp. 104ff., 117ff.; O. J. F. Seitz, 'Two Spirits in Man: An Essay in Biblical Exegesis,' *NTS* 6, 1959-1960, pp. 82-95; A. A. Anderson, "The Use of 'Rush' in 1QS, 1QH and 1QM," *JSS* 7, 1962, pp. 298-301; A. R. C. Leaney, *The Rule of Qumran and Its Meaning*, SCM Press 1966 p. 149; 참고, D. E. Aune, *The Cultic Setting of Realized Eschatology in Early Christianity*, Leiden 1972, p. 43. Mussner, *Galater* pp. 392-395의 유사 사례는 그리 인상 깊지 않다. 랍비들의 가르침에 등장하는 유사 사례('선한 충동'과 '악한 충동' 사이의 긴장—가령 Davies, *Paul* pp. 17-35)에는 쿰란의 가르침과 바울의 가르침에 모두 존재하는 종말론적 성격이 존재하지 않는다. 참고, Hermas, *Mand.* VI.2.

둘(바울 그리고 쿰란 규칙)이 사용한 말만 놓고 보면 둘 사이의 유사성은 밀접하지 않다(하나는 영과 육의 대립, 다른 하나는 두 영의 대립). 아울러 이 체험과 결부된 법에 대한 태도도 바울의 그것과 사뭇 다르다.[80] 그러나 실존의 관점에서 보면 둘은 분명 같은 종류의 체험을 묘사하고 있다. 더 핵심을 짚어 말하자면, 쿰란의 자기의식이라는 맥락 속에서는 이 실존의 투쟁을 종말론적 관점에서 이해할 수밖에 없었다. 두 영을 대립시키는 이원론은 단순히 사람을 두 부류로 나누는 게 아니라 '의의 아들들'을 비롯한 모든 사람의 마음을 관통한다! 둘 사이에 존재하는 이런 유사성을 볼 때, 우리가 바울이 그리스도의 체험이 지닌 **독특한** 본질이라 여겼던 것을 밝혀냈다고 말하기는 어렵다. 따라서 우리는 훨씬 더 깊은 탐구 작업을 진행하여 종말론적 긴장의 두 끝을, 그리스도인의 체험이 지닌 역설의 두 쪽—영과 육, 생명과 죽음—을 더 꼼꼼히 살펴봐야 한다.

§54. 예수의 영

우리가 보았듯이, 바울은 그리스도인의 체험에 존재하는 '이미'라는 요소를 주로 종말론적 영과 관련지어 이해한다. 우리가 바울이 생각하는 영 개념을 더 꼼꼼히 조사해 보면, 그리스도인만이 독특하게 생각할 수 있는 특징이 금세 분명히 나타난다. 즉, 바울은 영을 **예수의 영**이라 생각한다. 그 영은 예언자들이 고대했던 바로 그 종말론적 영이었다—

80. H. Braun, '*Römer* 7.7-25 und das Selbstverständnis des Qumran-Frommen,' *ZTK* 56, 1959, pp. 1-18; 아울러 *Qumran* I pp. 177f.을 보라. 아울러 아래 주176을 보라.

바울이 회심시킨 이들이 체험했던 바로 그 능력이기도 했다. 이 능력은 그들을 율법의 노예 처지에서 해방시키고, 그들의 마음에 넘쳐흘렀으며, 그들의 태도를 바꿔놓았다(겔 37:14을 암시하는 살전 4:8; 렘 31:31-33을 암시하는 고후 3:3, 6; 욜 2:28을 되울려주는 롬 5:5). 바로 그 영이 예수에게 부어졌다(고후 1:21).[81] 그러나 이제 바울은 어쨌든 그 영이 '그리스도의 영'(롬 8:9), '하나님의 아들의 영'(갈 4:6), '예수 그리스도의 영'(빌 1:19)이 됐다고 본다.[82] 바울이 말하는 이것은 무슨 의미인가? 그는 왜 영과 예수를 이런 식으로 결합하는가? 이 전치사구들의 의미는 무엇인가?

54.1. **영의 정의**(*definition*)**인 예수**. 눈에 들어오는 첫 대답은 바울이 그의 서신 중 긴요한 몇몇 지점에서 그리스도인의 영 체험이 지닌 특성을 예수와 관련지어 정의한다는 것이다. 바울은 바울 자신 그리고 자신이 회심시킨 사람들의 종교적 체험을 그의 반대자들이 주장하는 체험이나 그리스도인의 체험보다 못한 체험과 구별하길 원할 때, 그리스도인의 체험에서 우리가 **예수 특성**(*Jesus-character*)이라 부를 만한 것을 포착한다.

나는 먼저 우리가 이미 논한 고린도전서 12:3을 언급한다(§41.3을 보라). 우리가 이미 보았듯이, 바울은 황홀경 및 영의 선물과 관련된 체험에는 오로지 그리스도인에게만 해당하는 독특한 무언가가 존재하지 않음을 분명히 알고 있었다(12:2). 이 때문에 그는 즉시 그리스도인이 영의 선물과 관련하여 하는 체험의 특성을 더 꼼꼼히 정의하려 한다. 하나님의 영에 감동했음을 보여주는 표지는 예수를 주로 고백함이다. 어떤 영

81. 이 본문들에 관하여 알아보려면, Dunn, *Baptism* pp. 105f., 133, 135, 139을 보라.

82. 참고, 행 16:7—본서 §32.2을 보라; 아울러 요한에 관하여 알아보려면, 본서 §58.1을 보라.

감이든 예수의 죽음과 부활을 선포하는 케리그마를 부인하는 영감은 바로 그 사실을 통해 그 영감의 원천이 영이 아님을 선언하는 것이다. 바울이 여기서 체험과 관련지어 이야기하고 있다는 점을 거듭 말해두어야 할 것 같다. 예수는 곧 주라는 고백은 어떤 교리 진술도 아니요, 논증이나 설득이 내세우는 논리의 결론도 아니다. 그것은 영감에서 나오고 위에서 주어진 말로 표현된, 그야말로 영에 기초한 확신이다. 따라서 그것은 영이 자신을 직접 나타냄이다. 그런 점에서 바울의 주장이 지닌 중요한 의미를 주목하기 바란다. 즉, 그는 진짜일 수 있는 영감 체험의 범위를 예수에 관한 케리그마 전승을 인정하거나 그 전승과 일치하며 그 전승을 부인하지 않는 체험으로 좁혀놓았다. 이는 영이 예수라는 잣대와 일치하는 범위로 한정됐거나 영 스스로 자신을 예수라는 잣대와 일치하는 범위로 한정했다고 보는 것이 바울의 견해임을 의미한다. **하나님의 능력은 영과 예수의 관계에 의해 결정됐다.**[83]

둘째로 로마서 8:14ff.을 생각한다(본서 §4.1과 §41.6을 보라). 여기서 바울은 다시금 그리스도인의 체험이 가지는 독특한 특성에 관하여 뭔가를 표현하려고 애쓴다—여기서 바울은 그리스도인의 체험을 영이 인도하는 체험, 육을 따라 행하기보다 영을 따라 행하는 체험으로 묘사한다. 그는 이런 독특함을 아들의 지위와 관련지어 표현한다: "하나님의 영의 인도를 받는, 또는 하나님의 영으로 말미암아 움직이는(ἄγονται) 이는 모두 하나님의 아들들이다."[84] 이어 바울이 아들의 지위를 체험과 관련지

83. 참고, Schrenk, 'Geist' pp. 116f.; Hermann, p. 71.

84. 참고, 8:14에 관한 Michel의 견해: "'아들'(아들임, sonship)이라는 개념은 유대교와 초기 기독교가 벌인 논쟁의 골자였다(신 14:1). 우리가 보는 구절은 유대교와 대립하는 과정에서 얻은, 이 아들(아들임)의 의미를 결정하는 수단처럼 들린다"(*Römer* p. 196). 아울러 Lietzmann, *Römer* p. 93을 보라.

어 자세히 논하는 점은 아주 놀라운 모습이다.[85] 더욱이 그 체험은 다른 게 아니라 예수 자신과 하나님의 관계를 특징지었던 기도 체험이었다—'압바! 아버지!'(본서 §4을 보라). 바울은 분명 이를 알고 있다. 바로 그 체험에서 그렇게 영을 체험한 이들은 아들일 뿐 아니라 상속인이라는—즉 **그리스도와 공동 상속인**이라는(8:17)—결론을 이끌어내기 때문이다. 어떤 체험을 같이 했다는 것은 어떤 관계를 같이 갖고 있음을 의미한다.[86] 따라서 우리는 여기서 어떤 실존적 체험(영으로 말미암아 자신이 아들임을 인식함)을 묘사하는 바울을 다시 만난다. 이 체험은 하나님의 영을 알려주는 표지요, 그 영이 독특하게도 아들의 영이며 하나님의 아들의 영임을 명확하게 드러낸다(8:15, 갈 4:6f.). 여기서 다시금 바울의 생각이 갖고 있는 의미가 충분히 분명하게 드러난다. 바울은 하나님의 영 체험의 범위를 예수 자신의 하나님 체험 그리고 예수와 하나님의 관계에 비춰 더 좁힐 수 있다고 본다. 하나님의 영은 예수 자신이 아버지와 맺고 있는 관계의 영이요 예수 자신과 아버지가 그들이 맺고 있는 관계와 같은 관계를 신자들도 갖게 해 주며 그런 관계를 실존의 현실이 되게 해 주는 영이라 정의하는 것이 더 정확할 수 있다. 요컨대, **영이 그 특성의 '형체'를 예수 자신과 하나님의 관계가 남긴 흔적에서 취했다고 보는 것이 바울의 견해**라고 말할 수 있겠다.

셋째, 이어 살펴볼 구절은 고린도후서 3:18이다. 이 구절은 현재 많

85. Michel: "영의 '인도'와 '증언'은 바울이 영의 '내주'를 어떻게 이해하려 했는가를 보여준다"(*Römer* p. 197 주2).

86. **압바** 기도의 전승사에 관하여 알아보려면, 특히 Paulsen pp. 174-189을 보라. 그러나 그 존재의 무대를 세례에 국한하는 것은 쓸데없이 그 무대를 좁히는 것이다. 영을 체험하는 예배는 세례의 경우에 국한되지 않았다! Strack-Billerbeck은 랍비 문헌의 어디에서도 성령을 이스라엘 백성의 기도와 연계하지 않는다고 지적한다(III p. 243).

은 논쟁의 초점인 부분 속에 들어있다. 여기에서는 모든 논쟁 당사자가 3장을 바울이 아마도 유대 그리스도인들이었을 다른 선교사들에 맞서 제시한 논박이나 변호의 일부로 보는 데 의견을 같이한다는 점을 언급하는 것으로 만족할 수밖에 없다. 바울은 자신에 맞선 이 유대 그리스도인들이 유대교와 기독교의 연속성을 지나치게 강조한다고 보았다.[87] 특히 그들은 모세를 통해 주어진 계시인 율법이 그리스도인에게도 계속 구속력이 있는 규범이라고 주장한 게 틀림없다(3:3, 6ff.). 바울은 이런 주장에 맞서 기독교는 본질상 율법의 종교라기보다 영의 종교이며(3, 6절), 예언자들이 새 시대를 내다보며 품었던 소망(렘 31:31ff.)의 성취라고 역설했다. 이어 바울은 알레고리를 활용하여 출애굽기 34:29-35을 강설하면서(7-18절), 알레고리를 통해 이 영과 야훼를 영광의 원천으로 동일시한다(3:16ff.).[88] 여기에서는 이중 대조를 제시한다: 옛 언약 아래에서는 모세만이 하나님의 임재에 직접 다가갈 수 있었고, 그것이 모세에게 미치는 효과도 잠시 있다 사라지는 것이었다(영광이 곧 사라졌다). 그러나 이

87. 특히 Georgi, *Gegner* pp. 246-282을 보라. 그러나 바울이 7-18절에서 이미 존재했고 그의 대적들이 사용한 출애굽기 34장에 대한 미드라쉬를 가져왔을 가능성은 거의 없다(Collange pp. 67f., 72f.). 아울러 위 주34을 보라. 고린도후서의 이 부분과 고린도후서 10-13장의 관계라는 문제 그리고 각 섹션에서 공격한 반대자들(같은 이들 아니면 다른 이들?)의 문제는 아주 복잡하여 여기서 다룰 수가 없다. 본서 § 47.2을 보라.

88. J. D. G. Dunn, 'II Cor. 3.17 — "The Lord is the Spirit,"' *JTS NS* 21, 1970, pp. 309-20; C. F. D. Moule, "II Cor. 3.18b, 'καθάπερ ἀπὸ κυρίου πνεύματος,'" *Neues Testament und Geschichte: historisches Geschehen und Deutung im Neuen Testament. Oscar Cullmann zum 70. Geburtstag*, hrsg. H. Waltenweiler & B. Reicke, Zürich 1972, pp. 231-237; Barrett, *II Cor.* pp. 122f.을 보라. 3:17은 출 34:34(16절)의 '주'를 고후 3:6의 영과 관련지어 이해해야 한다는 것을 의미한다. 3:18이 영광의 원천으로 지목하는 '주'도, 출 34장의 본문처럼, 바울이 영으로서 체험한 야훼다.

제 그리스도인은, 아니 **모든** 그리스도인은(18절),[89] 영 안에서 하나님의 임재를 직접 체험할 수 있고, 영이 그들의 삶에 미치는 효과도 지속성이 있으며 점차 커진다(그들은 주의 모양으로 변화되어 가면서 이 차원의 영광에서 또 다른 차원의 영광으로 옮겨간다—18절).[90] 여기서 우리가 눈여겨 볼 점은 바울이 그리스도인이 체험하는 종말론적 영의 독특한 사역이라 여기는 것을 표현하는 방식이다. 즉, 영은 신자를 야훼의 형상으로 바꿔놓는다. 여기서 바울은 '하나님의 형상'을 말하면서 무엇보다 예수를 분명히 염두에 둔다(4:4에서 아주 분명하게 나타난다; 아울러 골 1:15을 보라).[91] 즉, 종말론적 영의 독특한 표지는 하나님과 맺은 관계의 직접성이며, 이렇게 하나님과 직접 관계를 맺음이 신자를 예수와 더 닮은 모양으로 만들어준다(우리가 만일 아주 간단하고 경건한 언어를 사용하여 표현해도 된다면 그렇게 말할 수 있다). 따라서 여기에서는 다시 한번 하나님과 신자의 관계를 영 체험과 관련지어 보면서도,[92] 체험한 영을 다시 한번 예수와 관련지어 본다. **예수 그리스도의 형상을 다시 만들어내는 능력만이 하나님의 능력으로 인정받을 수 있다.**[93]

이 '그리스도의 형상으로 변화함'이라는 모티프가 바울의 생각에서 독특하게 나타나는 특징이다. 바울은 보통 그 모티프를 영과 관련지어 표현한다. 로마서 8:29에서는 8:28에서 시작된 생각의 흐름이 '하나님

89. Πάντες는 바울이 3:18에서 더 이상 그 자신만의 사역을 생각하지 않고 모든 신자가 체험한 영을 생각하고 있음을 분명하게 보여준다.

90. 그러나 Collange p. 123도 함께 참고하라. 아울러 본서 §40.3을 보라.

91. 더 자세한 것은 R. Scroggs, *The Last Adam*, Fortress 1966, pp. 97ff.을 보라.

92. Hermann은 바울이 **체험한** 관계를 실존 차원에서 이야기하고 있음을 올바로 강조한다(pp. 29ff., 49ff.).

93. 참고, 살후 2:13f.—'영이 행하는 성화'의 목표는 '너희가 우리 주 예수 그리스도의 영광을 너희 자신의 영광으로 소유하게 하려는 것'이다.

의 아들의 모양을 닮아가는' 과정은 곧 모든 일에서 하나님을 사랑하는 이들에게 유익이 되게 합력하는 영의 효과임을 암시한다.[94] 이 본문이 특히 흥미로운 이유는 이 본문이 로마서 8:14ff.의 생각과 고린도후서 3:18의 생각을 하나로 묶어주기 때문이다: 영이 하는 일을 체험하는 것은 아들임을 체험하는 것이자, 아들(the Son)을 더 닮아가는 것이며, 가족으로서 점점 더 닮아가는 것이다. 여기서 고린도전서 15:49로 돌아가 보면, 바울이 이 과정을 부활 혹은 주의 강림 때에 비로소 완결되는 것으로 본다는 점이 분명해진다. '하늘에 있는 사람의 형상'은 바로 영적 몸이다(44절과 45절). 즉, **영이 온전히 결정하는 실존의 모델이자 목표는 부활한 그리스도다**. 같은 주제를 다른 개념으로 표현한 말이 '그리스도를 입음'(롬 13:14, 갈 3:27)이다. 이는 십중팔구 '영을 받음'과 거의 같은 말일 것이다.[95] 그런가 하면 바울은 갈라디아서 4:19에서 다소 혼란스러운 은유를 사용하여 그가 회심시킨 이들 안에서 그리스도의 형상이 이뤄져 간다고 말한다. 이 마지막 구절은 필시 바울이 그들 안에서 그리스도의 생명이 온전히 표현될 때를—그리스도의 생명이 지닌 여러 특징이 그들 안에서 다시 표현될 때를—기대하며 갈망했음을 의미할 것이다.[96]

마지막으로, 우리는 영의 선물을 평가할 때 사용하는 두 번째 기준과 세 번째 기준을 언급하지 않을 수 없다(본서 §49.2을 보라). 만일 영이 자신의 활동을 증언하는 가장 중요한 방편이 바로 사랑이라면, 우리는 바

94. 8:28에서 συνεργεῖ의 주어인 '영'에 관하여 알아보려면, 본서 제8장 주227을 보라.

95. Dunn, *Baptism* pp. 110f.을 보라.

96. 참고, Lietzmann, *Galater* p. 29; Wikenhauser, *Mysticism* pp. 43f. 여기에서는 영을 분명하게 언급하지 않는다. 보통 신비에 쓰는 용어를 썼을 가능성을 살펴보려면, Oepke, *Galater* p. 108; Gütegemanns pp. 187f.을 보라. 더 자세한 것은 본서 §55.1을 보라.

울이 사랑의 **둘도 없는** 표현(*the* expression)으로 그리스도가 죄인을 위해 죽은 것을 제시한다는 점을 다시금 떠올려야 한다(롬 5:8). 따라서 바울이 '사랑의 송가'와 '영의 열매'(고전 13:4-7, 갈 5:22)를 그리스도의 '성품을 묘사한 스케치'로서 제시하려 한다고 추론하는 것이 타당할 것 같다. 그렇게 볼 경우, 바울이 이번에도 영의 독특한 표지이자 영을 한정하는 표지로서 예수의 형상 내지 예수의 성품을 생각하고 있다는 결론이 나온다. **영적이라는 것은 그리스도를 닮았다는 것**이며, '그리스도의 마음'을 표현하는 것이 곧 '그리스도의 법'을 이루는 것이다(κατὰ Χριστὸν Ἰησοῦν—갈 6:1f., 롬 15:5; 본서 §40.5을 참고하라).[97] 사랑이 공동체 차원에서 이뤄내는 결과인 οἰκοδομή와 관련지어 생각해 보면, 공동체를 세워준다는 것은 공동체 전체가 하나가 되어 그리스도를 더 충실하게 체현하게 만드는 것을 의미한다(참고, 엡 4:12f.). **영이 공동체 안에서 영의 선물을 통해 자신을 나타낼 경우에만 그리스도의 몸을 인식할 수 있다면**(본서 §45.2을 보라), **영의 공동체가 그리스도의 성품을 나타낼 때에만 영을 인식할 수 있다.**

요컨대, 바울은 사실 그가 회심시킨 이들과 그를 반대하는 이들이 주장하는 영의 다양한 표현을 두루 살펴보면서, '예수가 곧 잣대다'라는 것을 단호하고 확고하게 이야기한다. **그리스도 사건의 특성이 영을 인증하는 표지다.** 어떤 종교적 체험이든 이 특성을 개인이나 공동체 안에서 재생하지 않으면, 그 체험은 속임수이거나 귀신의 장난으로서 비판받아야 할 것임을 스스로 드러내는 것이다. 그런 체험은 종말론적 영이 하는 일이 아니다. 종말론적 영은 그리스도의 영보다 더하지도 않고 덜하지도 않다.

---

97. 참고, H. Schürmann, "'Das Gesetz des Christus'(Gal.6.2)," *Neues Testament und Kirche*, Schnackenburg Festschrift, pp. 282-294.

54.2. **생명을 주는 영인 그리스도.** 바울은 영과 그리스도의 관계를 단순히 정의라는 차원뿐 아니라, 양자를 동일시하는 차원으로도 표현한다: "마지막 아담이 생명을 주는 영이 됐다"(고전 15:45).[98] 바울이 말하는 '마지막 아담'은 분명 부활한 예수, 새 인류의 시작인 부활한 예수요, 새로운 인간 가족 가운데 맨 처음 난 이를 의미한다(롬 8:29, 고전 15:20ff.). 첫 아담이 창조를 통해 살아 있는 혼이 됐던 것처럼, 마지막 아담은 부활을 통해 생명을 주는 영이 됐다.[99] 바울은 또 '생명을 주는 영'을 신자의 종교적 체험과 관련지어 분명하게 이야기한다. '생명을 주는 영'은 신자들이 새로운 생명으로서, 해방을 안겨주는 생명으로서, 죽은 자 가운데서 살아난 생명으로서 체험한 능력이다(롬 8:2, 고후 3:6ff.).[100] 우리에게 중요한 점은 **바울이 부활한 예수를 살리는 영과 동일시한다**는 것이다. 그는 예수가 부활로 말미암아 영적 몸이 됐다고 말하지 않는다(물론 문맥은 그렇게 암시한다). 바울은 예수가 부활로 살아 있는 영(a living spirit)이 됐다고 말하지 않는다(그러나 그렇게 말했다면 45절에서 더 나은 평행 관계를 볼 수 있었을 것이다). 그는 일부러 예수가 부활을 통해 영이 됐다고, 신자들이 누리는 새 생명 그리고 신자들과 하나님의 새로운 관계의 원천이자 능력으로서 체험하는 영이 됐다고 말한다. 사람들은 이제 예수의 부활을

98. 나는 아래에서 내가 *CSNT* pp. 127-141에 이 구절에 관하여 제시한 연구 결과를 인용한다. 거기서 나는 이 구절을 그 맥락에 비춰 설명하고 다른 이슈들을 더 자세히 논했다. 거기에 내가 그 뒤로 계속 참고할 수 있었던 Vos, 'Eschatology and the Spirit' pp. 231ff., 242ff.을 더 언급할 수 있을 것 같다. 바울을 대적한 이들과 후대 영지주의 신학이 창 2:7 사용과 이 구절이 그들에게 의미했던 중요성을 알아보려면, Pearson의 학위논문을 보라.

99. Dunn, *CSNT* pp. 140f. 그리고 거기 주37에서 인용한 것들.

100. Dunn, *CSNT* pp. 131f.

통해 예수를 아는 것처럼 예수를 오로지 생명을 주는 영으로서 알 수 있다.

그러나 뒤집어보면, 이런 동일시는 쌍방향으로 읽을 수 있기 때문에, 영이 마지막 아담이 됐으며 생명을 주는 영이 오로지 마지막 아담으로서 알려지게 됐다는 결론도 가능하다. 첫째, 이것은, 부활의 경우처럼, 영을 사람들을 변화시켜 마지막 아담의 가족다운 형상을 갖게 하는 능력으로 특징지을 수 있음(본서 §54.1을 보라)을 의미한다. 사람이 변화하여 마지막 아담의 가족 형상을 갖게 되는 과정은 이미 신자 안에서 진행되고 있다(더 자세한 것은 본서 §55.2을 보라). 이 과정은 영이 부활의 몸 안에서 마무리할 것이다(고전 15:44-49). 둘째, 더불어 그것은 영이 신자들 안에서 그리스도의 성품을 지어낼 뿐 아니라, **영 자신이 그리스도의 성품을 띠게 됐음**을 의미한다. 요컨대, 부활한 예수를 이제 오로지 생명을 주는 영으로서만 체험한다면, 영도 이제는 오로지 마지막 아담으로서만 체험한다.

바울이 여기서 하는 일에 주목하라. 그는 지금 이제 예수가 향유하는 존재 양식을 서술하고, 동시에 그리스도인의 체험이 가지는 특성을 자세히 설명한다.[101] 물론 그는 존재론보다 우선 실존의 차원에서 이야기하고 있다. 예수는 여전히 인격체로서 존재한다. 따라서 생명을 주는 영보다 부활한 예수에게 더 많은 것이 존재한다고 말할 수 있겠다(가령 롬 1:3f., 8:34, 고전 15:24-28을 참고하라).[102] 그러나 그리스도인의 종교적 체험

101. 참고, Vos, 'Eschatology and the Spirit': "그리스도인의 영적 생활은 그리스도가 영위한 영적 생활의 산물이요 반영이다"(pp. 241ff.).

102. Wikenhauser, *Mysticism* pp. 83ff.을 보라. 그러나 나는 모든 점에서 동의하지는 않는다. 참고, Hermann pp. 61ff. 그러나 Hermann은 이 본문(고전 15:45)이 허용하는 것보다 강하게 말한다.

322-323

에 관한 한, 예수와 영은 다르지 않다. 부활한 예수는 영과 무관하게 따로 체험할 수 없다. 바울은 그 성격과 효과로 보아 예수 체험이 아닌 종교적 체험은 어떤 체험이라도 생명을 주는 영의 표현으로 여기려 하지 않는다. 이는 어쩌면 바울이 부활 후 현현을 몇몇 사람에게만 유일무이하게 일어난 사건이요 유일무이하게 어느 한 시기에만 일어난 사건으로 제한함에 따른 결론의 일부가 아닐까 싶다. 예수의 이런 특이한 나타남/현현과 별개로, 이제는 부활한 예수를 오로지 영의 표현으로서, 영과 관련하여, 영의 선물을 통해 체험할 수 있다. 동시에 체험에서 영과 부활한 예수를 동일시한다는 것은 바울이 영의 선물 체험의 한계를 분명하게 표시할 수 있음을 의미한다. 즉, 오로지 그리스도의 성품을 체현하는 체험만이 영 체험이다. **이제 그리스도를 영으로서 체험한다면, 이제 영을 그리스도로서 체험한다**.

이런 결론을 확인해 주는 것이 로마서 8:9-11, 고린도전서 6:17, 12:4-6이며, 바울이 사용하는 '그리스도 안에'라는 문언도 십중팔구는 그런 결론을 확인해 주는 근거일 것이다. 그러나 고린도후서 3:17은 그런 근거가 **아니다**.[103] 바울은 로마서 8:9-11에서 문구의 순서에 변화를 주지만, 사실 이 모든 문구는 같은 체험 사실을 가리킨다: '**하나님의 영**이 너희 안에 거한다' = 너희는 '**그리스도의 영**을 갖고 있다' = '**그리스도**가 너희 안에 있다.' 여기에서도 다시금 영과 그리스도를 실존 차원에서 동일시한다('너희 안에'). 영을 체험함이 없이 그리스도를 체험하기는 불가능하다. 더 정확히 말하면 이렇다. 즉, 그리스도는 영으로서 체험하지 않으면 체험할 수 없다. 이는 곧 영은 그리스도로서 체험하지 않으면

103. 바울은 고후 3:17에서 그리스도와 영을 동일시하지 않는다: '주'는 출 34:34의 야훼다. 위 주88을 보라. 이는 특히 Hermann과 견해를 달리한다.

체험할 수 없다는 뜻이기도 하다. 여기서 다시금 그리스도인의 독특한 표지가 영 체험이라는 것이 드러나지만(8:9), 이 체험은 단순히 영을 체험하는 것—곧 영감을 체험하거나 영의 선물을 체험하는 것—이 아니다. **그리스도인의 독특한 표지는 영을 그리스도의 생명으로서 체험하는 것이다**(참고, 고후 13:5, 갈 2:20, 골 1:27, 엡 3:16f.).[104]

먼저 고린도전서 6:17을 보자—"주와 연합한 자는 한 영이다." 이 문장은 창세기 2:24과 평행을 이루게 구성되어 있다: 혼인으로 두 사람이 하나가 됐다—즉 문자 그대로 말하면, 한 육이 됐다(6:16). 육은 이 하나 됨을 가능케 하는 매개다—즉 단지 몸의 연합만이 아니라 이 땅에 속한 욕구와 인격체의 조화이기도 하다.[105] 그들의 연합이 살아 있는 실재라면, 두 육/인격체는 서로 섞이고 결합하며 보완하며, 이를 통해 만들어진 한 육/인격체는 더 풍성해지고 충만해진다. 신자와 그리스도의 관계도 마찬가지이지만, 여기에서는 연합을 가능케 하는 매개체가 영이다.[106] 신자들이 하나 되게 하는 한 영이 바로 그들과 그리스도의 하나 됨이라는 실재이며, 이 하나 됨이 실제로 이루어졌는가는 신자들이 그들과 하나가 된, 하늘에 있는 그분의 성품을 갖기 시작했느냐가 증명해 준다.

이어 고린도전서 12:4-6을 보자—여기서 중요한 점은 각 구절이 동

104. 참고, Hamilton, *Spirit* pp. 10f.; Hermann pp. 65f. 아울러 Wikenhauser, *Mysticism* pp. 40-49을 보라.

105. Σάρξ가 가진 의미의 스펙트럼을 살펴보려면, Dunn, 'Jesus-Flesh and Spirit' pp. 44f.을 보라.

106. 아울러 Hermann pp. 63ff.을 보라. Schweitzer는 16절과 17절이 분명히 의도하는 '육'과 '영'의 대조를 철저히 왜곡하면서, 이 본문을 바울의 신비주의가 '그리스도와 택함 받은 자 사이에 실제로 일어나는 물리적 연합' 개념을 동반함을 보여주는 증거로 사용한다(*Mysticism* p. 127).

일한 범위의 영의 표현을 언급한다는 것이다. 모든 영의 선물을 카리스마, 섬김, 활동이라는 말로 달리 묘사할 수 있듯이, 그 선물들의 원천도 역시 '같은 영', '같은 주', '같은 하나님'이라는 말로 똑같이 묘사할 수 있다. 다시 말해, 바울은 영의 선물 체험을 결국 **하나님에게서 나온 능력**을 체험함이요 **주 예수의 성품을 지닌 능력**을 체험하는 것이라 본다.[107]

마지막으로 바울서신에 등장하는 '그리스도 안에'라는 문언을 언급할 수 있다. 여기에서는 이 문구를 둘러싼 논쟁으로 들어갈 수 없고,[108] 여기서 머무르며 다소 논쟁이 있는 주제를 자세히 설명할 수도 없다. 그렇게 하다간 너무 많은 지면이 소모될 것이며 우리가 현재 진행하는 연구를 거의 진전시키지 못할 것이다. 하지만 내가 보기에는, 특히 우리가 바울이 말하는 카리스마의 영을 자세히 설명한 내용에 비춰보면, 다양한 본문에 등장하는 '그리스도 안에'(또는 '주 안에')는 그리스도의 객관적인 구원 사역이나,[109] 믿음 공동체나,[110] 그리스도를 한 몸인 인격체로 보는 개념이나,[111] 아니면 (신비주의 관점에서) 그리스도인이 살아가는 일종의 분위기를[112] 가리킨다기보다, 그리스도 체험인 종교적 체험(또는 특별한 종교적 체험)—그리스도에게서 유래하고 그리스도가 곧 그 체험의 원천이

---

107. 아울러 12:4-6과 7절, 11절을 참고하라: "영은 바로 그에게 하나님의 구원을 의미하는 주의 나타남이다"(Conzelmann, *I Kor*. p. 245 주9).

108. Conzelmann, *Outline* p. 208에 있는 참고 문헌을 보라.

109. F. Neugebauer, *In Christus*, Göttingen 1961; W. Kramer, *Christ, Lord, Son of God*, ET SCM Press 1966, pp. 141-146; Conzelmann, *Outline* p. 210.

110. E. Käsemann, *Leib und Leib Christi*, Tübingen 1933, p. 183.

111. E. Best, *One Body in Christ*, SPCK 1955, 제1장.

112. A. Deissmann, *Die neutestamentliche Formel 'in Christo Jesu'*, Marburg 1892; 아울러 *Paul* p. 140.

자 특성인 체험—을 가리킨다.[113] 우리가 언급한 모든 본문에서 '그리스도 안에'나 '주 안에'는 어떤 합리적 확신을 표현하는 데 그치지 않고, 거기서 더 나아간 어떤 것—그리스도가 문제의 상황이나 행위에 철저히 관련되어 있다는 인식—을, 곧 **그리스도에 관한 확신**을 표현한다.[114]

요컨대, 이 §54에서 언급한 이 모든 본문을 보면, 이런 본문이 말하는 종교적 체험은 **그리스도 체험이라는 것이 확인되고 그리스도 체험이라는 특징을 지닌 영 체험**이다. 그리스도인이 은혜와 공동체에 관하여 가지는 의식도 분명 그리스도에 관한 의식이다.

54.3. **결론: 영을 표현하는 인격체인 예수**. 우리가 논한 많은 본문을 살펴보면, '영'이 아주 유연한 개념이라는 것이 분명하게 드러난다. 바

113. 나는 특히 롬 12:5, 고전 4:15b, 고후 2:17, 5:17, 12:19, 갈 3:26, 5:10, 엡 3:12, 6:10, 20, 빌 1:14, 2:19, 24, 4:13, 골 2:6, 4:17, 살전 4:1, 5:12, 살후 3:4, 12, 몬 8절을 생각한다. 참고, Wikenhauser, *Mysticism* pp. 25-31; Dibelius, *Glaube und Mystik* p. 696: "그리스도인으로 존재하며 살아간다는 것은 분명 자신이 그리스도 안에 있음을 알고 있다는 의미를 담고 있다"(Wikenhauser, p. 30 주19에서 인용); Lindblom, *Gesichte* 제7장. 아울러 Wikenhauser는 고후 5:14을 언급한다—'그리스도의 사랑이 우리를 구속한다'(pp. 35f.). 아울러 본서 §41.4과 아래 주148을 보라.

114. 바울의 종교와 신학의 기초와 지주를 그의 그리스도 신비주의 안에서 발견할 수 있는지(Bousset, Schweitzer) 아니면 그의 칭의론에서 발견할 수 있는지(루터교 전통을 지배하는 견해)를 둘러싼 해묵은 논쟁은 이제 Käsemann이 하나님의 의는 '능력이라는 성격'을 지닌 선물임을 인정하면서 어느 정도 해결됐다; 참고, '은혜'와 '영'("'The Righteousness of God' in Paul," *NTQT* pp. 170ff.; 참고, P. Stuhlmacher, *Gerechtigkeit Gottes bei Paulus*, Göttingen 1966, pp. 238ff.). 다시 말해, 여기서 바울 사상의 종합과 일관성은 하나님이 우리 밖에서 행하신 법정적 행위 혹은 외부 혹은 형식 차원에서 인식한 어떤 관계에 존재하지도 않고, 열광주의적이며 신비한 경건 속에 존재하지도 않으며, 은혜를 그리스도의 은혜로서 체험하는 은혜 체험 속에 존재한다. 특히 갈 3:6-14을 주목하라. 참고, Büchsel: "영을 소유함이 없는 칭의는 존재하지 않는다. 이런 의미에서 칭의는 영적인 것이다"(*Geist* p. 307). Wendland, 'Wirken' 460.

울은 그의 텍스트가 요구하면 이런 유연한 개념을 응용한다(특히 고전 6:17, 15:45). 그렇지만 바울은 그 개념을 어느 캐릭터나 빚어낼 수 있는 왁스 페이스(wax face)로 만들지는 않는다. 오히려 그의 체험은 그가 그 개념을 그리스도가 썼고 그리스도의 독특한 특징들을 지닌 일종의 가면으로 볼 수 있게 해 주었다. 내가 바울의 체험이 그에게 그런 것을 보여주었다고 말하는 이유는 바로 **바울이 영이 제공한 체험의 독특한 특징을 발견하길 원할 때, 그 독특한 특징이 카리스마의 영 자체나 종말론적 영 자체에 있지 않고, 예수의 영에 있음을 발견하며 영의 특징들이 곧 그리스도의 특징임을 발견한다**는 것이 다시금 분명하게 드러나기 때문이다. 바울은 영을 예수가 주이심을 인정하는 능력으로서 체험한다. 이 능력은 예수가 아버지 하나님과 맺고 있는 아버지와 아들의 관계를 신자와 아버지 사이에서 다시 만들어내며, 신자의 성품을 그리스도의 패턴을 따라 새롭게 만들어낸다.[115] 바울이 알고 싶어 하는 유일한 카리스마, 그가 알고 싶어 하는 유일한 카리스마의 영은 바로 그리스도의 영, 곧 생명을 주는 영인 그리스도다.

바울은 분명 예수와 영의 관계를 이런 역동적 언어로 제시할 때 유대 그리스도인이 하나님의 영과 종교적 체험에 관하여 갖고 있던 생각을 대담하게 그리고 결정적으로 한 걸음 전진시켰다. רוח(히브리어로 '영')와 πνεῦμα를 더더욱 꼼꼼하게 정의하는 과정(황홀경과 관련된 영에서 윤리적 영으로, 종말론적 영으로 정의해가는 과정)은 바울이 영을 바로 예수의 영으로 정의하면서 절정에 이른다. 바울이 이런 결론을 내린 근본 이유는 다음과 같을 것 같다. 예수는 이 땅에서 살아가는 동안 영의 결정을 따라 사

115. 영을 '그리스도 사건이 미친 영향의 총체'로 정의하는 것(Hill, *Greek Words* pp. 275, 281)은 옳은 방향이지만, 적절하지는 않다.

324-325

는 사람으로 살아갔다—그는 '영을 따라' 살았다(롬 1:3f.).[116] 그러나 부활 때에 그 관계가 뒤집어져 이제는 예수가 영을 좌우하는 이가 됐다.[117] 어떤 의미에서 보면 하나님의 영이 예수를 철저히 좌우했기 때문에 예수의 성품(인격)이[118] 사람의 눈으로 가장 뚜렷하게 볼 수 있는 영의 표현이 됐다고 말할 수 있겠다—단순히 예수의 행위와 말만이 아니라, **예수 자신**이 하나님의 **진정한** 카리스마(*the* charisma)가 됐다(본서 §37.1 그리고 §40.2을 참고하라). 따라서 예수의 성품 자체가 종말론적 영이 가득 채운 원형이 됐으며, 영이 틀로서 취한 '형체'요, 영이 다시 신자에게 찍은 '형체'가 됐다. 이 은유를 조금 바꾸면 이렇다. 즉, 바울은 인간 예수가 구원사의 모든 과정이 흘러나오는 깔때기 내지 노즐이 됐다고 본다—무엇이든 그 노즐을 거쳐 나오는 것은 결국 예수의 형체로 나와 예수의 형상으로 변형된다. 이렇게 변형되는 것에는 언약과 아들의 지위 같은 개념은 물론이요 특히 하나님이 구약에서 펼친 계시 활동을 가리키는 말—지혜, 말씀, 영—도 포함된다. 바울은 물론이요 초기 그리스도인들은 예수를 하나님의 **유일하고 참된** 계시로 보았다(본서 §40.2을 보라). 이 때문

116. 롬 1:4의 κατὰ πνεῦμα는 분명 무엇보다도 예수가 부활한 뒤의 상태를 가리킨다. 그러나 κατὰ σάρκα/κατὰ πνεῦμα의 대립이 **그리스도인의 부활 전** 체험에서 아주 독특하게 나타나는 일이기 때문에, 바울은 롬 1:4의 κατὰ πνεῦμα를 더 느슨하게 '영과 관련지어' 이해하고 이를 예수의 부활 전 체험은 물론이요 부활 후 체험과 연계하여 언급했을 개연성이 높다. 이것이 바로 Dunn, 'Jesus-Flesh and Spirit'의 논지다.

117. 나는 'Jesus-Flesh and Spirit'에서 바울이 예수가 실제로 영으로 말미암아 부활했다고 말하는 것을 피하려 한다고 지적한다(그러나 예수가 그렇게 부활했다는 것이 롬 8:11, 고전 15:20, 44f.의 논리적 결론이다). 그 이유는 바로 **부활 안에서 그리고 부활로 말미암아** 예수와 영의 관계가 뒤집어졌기 때문이다—우리는 이제 '예수와 영' 대신 '예수의 영'을 가진다(pp. 67f.).

118. 내가 이 문구를 사용한 방식을 보면, 내가 말하는 '예수의 성품(인격)'은 그 '내면의 삶'이 아니라 그의 삶과 관계가 지닌 성격이라는 것이 분명하게 드러날 것이다.

에 이런 말들은 그리스도의 형체를 띠게 됐고, 그리스도와 동일시됐다—하나님의 지혜인 그리스도(고전 1:24—본서 §5.2과 §40.4을 보라), 하나님의 말씀인 그리스도(요 1:1-18), 하나님의 영인 그리스도(고전 15:45). 그때까지만 해도 인격성을 갖지 않았던 이 개념들(물론 때로는 이 개념들을 사람에 빗대기도 했다)—지혜, 말씀, 영—은 그리스도와 동일시됨으로써 성품과 인격성—그리스도의 성품과 인격성—을 얻었다.[119] 그 결과, 바울에 이르러 **영의 그리스도성**(*Christness*)**이 영의 독특한 표지가 된다. 이제 카리스마의 영이 그리스도 사건의 시험을 받게 된다.**[120] 영의 어루만짐은 결국 그리고 명확히 그리스도의 어루만짐이 된다. 요컨대, 영과 예수의 역동적인 관계는 이런 경구로 표현할 수 있다: **영이 예수의 '신성'**(*divinity*)**이었듯이**(본서 §16.6을 보라), **예수는 영의 인격성**(*personality*)**이 됐다**.

이런 고찰 결과를 기독교의 전통적 삼위일체 교리, 또는 심지어 신약성경에 들어있는 그 교리의 뿌리까지 더 체계적으로 파고드는 작업으로 확장하는 것은 이 연구 작업의 범위를 벗어난다.[121] 하지만 여기서 잠시 멈춰 우리와 더 직접 관련이 있는 두 가지 점을 간략히 살펴보고

---

119. B. H. Streeter, *The Spirit*, Macmillan 1919: "이 성령은 무엇인가? 그것은 바로 그리스도의 삶에서 나타난 영이다. 그리스도가 우리에게 주어진 아버지의 초상이라면, 그는 우리에게 주어진 성신(Holy Ghost)의 초상이다"(p. 371). 참고, Scott, *Paul* p. 173; Hunter, *Paul* p. 96; G. S. Hendry, *The Holy Spirit in Christian Theology*, SCM Press [2]1965, pp. 26, 29, 41, 89. 그리스도를 인격체가 아닌 영과 동일시하면 그리스도의 인격성이 해체되어 버린다는 것은 옳지 않다(Weiss, *I Kor.* p. 303도 같은 견해이며, 'Die Bedeutung des Paulus für den modernen Christen,' *ZNW* 19, 1919-1920, pp. 139f.도 마찬가지다. 참고, Bousset, *Kyrios Christos* p. 155). 정확히 그 반대다! 아울러 Hermann, 제2부, 특히 pp. 140f.을 보라.

120. 참고, Dodd, *Romans* p. 124; Hendry, *Holy Spirit* pp. 68f.; M. Bouttier, *Christianity according to Paul*, ET SCM Press 1966, pp. 45f.; Käsemann, *NTQT* pp. 50, 52ff.

121. 참고, Dunn, *CSNT* p. 139: "요 1:14의 ἐγένετο를 진지하게 고려하는 신학이라면 고전 15:45b가 암시하는 ἐγένετο를 역시 진지하게 고려해야 한다."

넘어가도 될 것 같다.[122] 첫째, 바울의 경우, **신자의 체험에 들어있는 '삼위일체' 요소**라 부를 만한 것이 존재한다. 바울의 글을 보면, 첫 그리스도인들이 금세 자신들이 이중 관계—아버지인 하나님과 그리스도인의 관계, 주(主)인 예수와 그리스도인의 관계—에 있음을 알게 됐다는 것이 분명하게 드러난다. 첫 그리스도인들은 자신들이 이런 관계를 갖게 되고 이런 관계에 관하여 알게 된 것이 영 덕분이라고 생각했다(롬 8:15f., 고전 12:3). 즉, 그리스도인들은 그들이 일종의 **삼각관계**라는 기초 위에—영 안에, 아버지의 아들이라는 관계에, 주를 섬기는 관계에—서 있음을 알게 됐다. 둘째, 이런 것들이 실제로 삼위일체 교리의 뿌리라면, 삼위일체 교리는 **체험**에—영 체험에, 곧 아들의 지위를 갖게 하는 영이자 독생자의 영인 영을 체험함에—기반을 두고 있는 셈이다. 첫 그리스도인들이 '삼위일체 하나님을 체험했다'고 말하는 것은 정확하지 않을 것이다. 그들은 **영**을 체험했으며, 이 **영**은 그들이 영의 사람들로서 맺고 있는 이중 관계를 깨닫게 해 주었다.[123] 삼위일체 신학은 이처럼 초기 그리스도인의 체험이 무엇보다 우위에 있음을 늘 염두에 두어야 하며, 그 교리를 신선하게 정의할 출발점을 찾을 때에는 케케묵은 교리가 아니라 바로 그런 초기 그리스도인의 체험으로 돌아가야 한다. 삼위일체 신학이 이런 출발점을 잃어버리고 사변에 기초한 형이상학의 영역으로 날아오르려 할 때, 그 신학은 현실과 거리가 먼 공리공론이 되어버린다. 학자들의 작업은 은혜 체험을 정교하게 다듬어 예정 교리를 만들어냈다(본서 §36을 보라). 마찬가지로 학자들의 작업은 아들의 지위에 관한 체험을 정

122. 아울러 Dunn, 'Rediscovering the Spirit,' *ExpT* 84, 1972-1973, p. 12을 보라.
123. 참고, "바울은 하나님 신비주의를 동반하지 않는 그리스도 신비주의만을 아는 유일한 그리스도인 사상가다"라는 Schweitzer의 견해(*Mysticism* p. 5).

교하게 다듬어 삼위일체 교리를 만들어냈다. 그러나 두 경우 모두 복음을 진전시키기보다 지연시키는 결과를 낳았다는 주장이 가능할 수 있겠다.

§55. 그리스도의 고난에 동참함

우리는 로마서 8:10을 연구할 때 바울이 신자의 체험 속에 존재하는 육과 영의 긴장을 어떻게 죽음과 생명의 역설로 다시 표현할 수 있었는지 보았다. 아울러 우리는 본서 §54에서 그 역설의 한 측면에 존재하는 독특한 요소를 발견했다: 영은 그리스도의 영이었으며, 새 생명도 그리스도의 생명으로서 체험했다. 이 역설의 또 다른 측면은 무엇인가? 죽음은 그리스도인의 체험에서 어떤 역할을 하는가?

55.1. **생명을 완전케 하는 데 꼭 있어야 할 고난과 죽음**. 바울은 그리스도인의 삶이 생명을 계속 체험하는 것이자 동시에 죽음을 계속 체험하는 것이라 본다(롬 7:24, 8:10, 13—본서 §53.3을 보라). '성화'는 생명과 죽음을 모두 아우르는 과정이다. 생명처럼 죽음도 신자 안에서 역사한다. 이는 둘로 나뉘어있는 신자의 상태에 따른 결과다: 신자는 마지막 아담의 지체요, 영을 통해 그리스도에게 속해 있는 이로서 살아간다. 그럼에도 신자는 동시에 첫 아담의 지체요 육으로 세상에 속한 이로서 죽어가고 있다. 이것의 특별한 표현이 신자의 고난이다.

첫머리에서 중요하게 되새겨봐야 할 점은 바울이 그의 구원론에서 고난과 죽음에 부여한 역할이 결코 단순한 이론적 차원의 문제가 아니라는 점이다. 고난에 관한 바울의 이해는 그의 고난 체험에서 유래한다.[124] 어쨌든 바울의 사역 전체를 특징지은 것은 그 자신의 상당한 고난이었다.[125] 아울러 우리는 바울이 '고난받는 종'을 종말론적 사도직을 정의하는 개념으로 제시하긴 했지만(본서 §20.2을 보라), 그래도 고난을 특히 사도에게만 국한되거나 그 자신만이 특별하게 겪는 일로 여기지 않았다는 점에 주목해야 한다. 고난은 **모든** 신자가 체험하는 것이었다. 고난은 신자라면 피할 수 없는 부분이요, 바울이 회심시킨 이들이 신자로서 바울과 함께 겪은 체험의 한 측면이었다: 로마서 5:3("우리가"), 8:17f.("우리가"), 고린도후서 1:6("너희가 우리가 겪는 것과 같은 고난을 견딘다"), 데살로니가전서 1:6("우리와 주를 본받은 자"), 2:14("유대에 있는 하나님의 교회들을 본받은 자가 됐으니 이는 너희도 같은 고난을 겪었기 때문이다"), 3:3f.("우리 몫"), 데살로니가후서 1:4ff.[126]

고난을 대하는 바울의 태도는 그냥 긍정하는 정도가 아니라 대단히 긍정적이다. 그는 스토아 철학자처럼 고난을 그냥 견디지 않는다. 그는 고난을 환영하고 고난을 즐거워한다(특히 롬 5:3, 고후 12:9을 보라). 그는 그냥 '어둠 속에서도 휘파람을 불며 계속 용기를 북돋우려 하지도' 않고 기왕 겪을 고난이라면 몸에 좋은 약으로 여기고 겪으려 하지도 않을 뿐 아니라, 그의 고난을 마조히스트의 쾌락처럼 고통 속의 쾌락으로 여기는 일은 더더욱 하지 않는다. 그 반대로, **바울이 그의 고난을 즐거워하**

124. J. Schneider, *Die Passionsmystik des Paulus*, Leipzig 1929, p. 14. "바울이 여태까지 살았던 가장 위대한 신비주의자 가운데 하나임은 의심할 여지가 없다"(p. 14).

125. 롬 8:35f., 고전 4:9-13, 15:30ff., 고후 1:4-10, 4:8-12, 16f., 6:4-10, 7:4f., 11:23-29, 12:7-10, 갈 4:13ff., 5:11, 엡 3:13, 골 1:24, 살전 3:7 같은 본문만 언급하면 되겠다.

126. 참고, Bultmann, *Theology* I p. 351. 바울은 고난을 모든 그리스도인이 **공유하는** 체험으로서 강조하는데, 이를 적절히 설명하지 못하는 것은 Güttgemanns의 연구 결과가 지닌 약점 가운데 하나다.

는 것은 그가 고난 속에서 생명의 표현을 보기 때문이다. 고난은 하나님이 인도하는 구원의 길에 존재하는 어떤 결함이 아니다—고난 자체가 구원 과정의 일부다. 고난은 '아직 아니'인 구원에서 나타날 수밖에 없는 것이다. 고난은 영의 생명이 죽음의 몸을 통해 자신을 표현해야 하기에 나타날 수밖에 없는 결과다.

바울이 이 점에 관하여 갖고 있는 생각을 가장 분명하게 표현한 곳이 고린도후서 4:7-5:5이다. 나는 우선 특별히 11절과 16절을 언급하려 한다: "우리가 살아 있는 동안에 예수를 위해 계속하여 죽음에 넘겨짐은 예수의 생명이 죽을 수밖에 없는 우리 육에서 나타나게 하려 함이다(ἵνα)." 여기서는 두 생각을 연결한다. 첫째, 고난 체험은 자신이 계속하여 지배하는 영역—육, 죽을 수밖에 없는 몸—에 계속해서 지배권을 갖고 있음을 주장하는 죽음의 능력을 체험하는 것이다. 둘째, 예수의 생명이 신자의 삶에서 눈으로 볼 수 있게 나타나는 것은 오로지 몸을 통해서만 이뤄질 수 있다[127]—그러나 이는 예수의 생명이 이 몸, 이 육의 몸, 이 죽음의 몸을 통해 나타난다는 뜻이다.[128] 바울이 이 생각들을 어떻게 연결하는지 주목하기 바란다—그는 ἵνα를 사용하여 연결한다. 죽음이 신자의 체험 속에서 자기 목소리를 내야 하는 이유는 예수의 생명이 눈으로 볼 수 있게 **나타나게 하려 함이다. 예수의 생명은 바로 몸의 죽음 안에서 그리고 몸의 죽음을 통해 나타난다**. 생명과 죽음은 한 과정의 두

---

127. 바울이 생각하는 σῶμα는 '외면에 드러난 사람, 그 사람과 다른 이들, 그 사람과 세상의 관계'를 뜻한다. 참고, Käsemann, *ENTT* p. 133; Robinson, *Body* pp. 15, 27ff.; Jewett, *Anthropological Terms* pp. 284ff.

128. 아무리 10-11절에서 '몸'과 '육'이 동일하다고 밀어붙이고 싶을지라도, 그리고 10b절이 주로 언급하는 것은 **부활한** 몸이라고 주장하고 싶을지라도(특히 Barrett, *II Cor.* pp. 140f.이 그렇다), 바울이 '**죽을 수밖에 없는** 우리 육'을 말하면서 생각하는 것은 무엇보다 죽을 수밖에 없는 몸, 죽음의 몸임을 부인할 수 없다.

측면이다. 이 때문에 16절은 이렇게 말한다. '우리 겉 사람은 낡아지나 우리 속사람은 날마다 새로워진다.' 여기에는 이원론이 전혀 없다. 바울은 우리가 로마서 7장에서 언급했던 신자의 '나'안에서도 이와 같은 분열을 생각한다(본서 §53.3을 보라).[129] 육인 '나'는 죽어가고 있다. 영의 사람인 '나'는 살아있다. 그러나 죽어가는 '나'와 살아 있는 '나'는 같은 '나'다. 나와 하나님의 관계가 영으로 말미암아 새롭게 되는데, 이 새롭게 됨은 나와 세상의 관계가 사그라지는 가운데 그리고 나와 세상의 관계가 사그라짐을 통해 이뤄진다.[130] 우리는 바울이 여기서 신비주의가 추구하는 내향성/내면 추구(inwardness)로 뒷걸음질치거나 고난이라는 개념을 영묘하게 만들고 있다고(etherealize) 생각해서는 안 된다. 그 반대로, 바울의 생각은 철저히 '이 세상을 염두에 두고 있다.' 이는 **우리가 우리와 세상의 관계를 삶으로 살아낼 때에야 비로소 영의 생명이 나타나게 해 주는 썩음의 과정**(*process of decay*)**이 진행될 수 있기 때문이다**. 물론 세상 **속에서** 살아간다는 것이 곧 이 세상**을 목표 삼아**(*for* the world) 살아간다는 뜻은 아니다. '육 안에'(갈 2:20)가 '육을 따라'가 될 위험은 늘 존재한다(롬 8:4f., 13). 그러나 생명과 죽음의 과정이 신자 안에서 진행되려면 신자는 그 위험을 감내해야만 한다.

---

129. 롬 7:22과 고후 4:16이 ὁ ἔσω ἄνθρωπος를 사용한 점에 주목하라. 바울서신에서 유일하게 이 문구가 등장한 또 다른 사례가 엡 3:16이다.

130. 4장과 5장 사이에서 펼쳐지는 바울의 생각의 흐름은 보기와 달리 그리 분명치 않다. 그러나 분명 '속사람'과 '부활한 몸' 사이에는 어떤 명확한 연속성이 있다. 물론 미래에 일어날 사건 가운데 많은 부분은 '하늘의 처소'를 입는 일이 될 것이다(5:2). 결국 영은 이미 '첫 할부금'(보증금)으로서 존재한다(5:5). 더 자세한 것은 특히 C. F. D. Moule, 'St. Paul and Dualism: The Pauline Conception of Resurrection,' *NTS* 12, 1965-1966, pp. 106-123. 이 본문에 관한 참고 문헌과 이 본문을 다룬 다른 글을 보려면, Bruce, *Cor.* p. 201; F. C. Lang, *II Korinther 5.1-10 in der neueren Forschung*, 1973을 보라.

로마서 5:2ff.을 보면, 서로 긴밀하게 평행을 이루는 생각의 흐름을 간략하게 설명한다. 여기서 핵심은 신자의 고난이 갖고 있는 종말론적 차원이다. 고난과 소망은 함께 간다. 고난은 소망과 모순되지 않으며 소망을 부인하지도 않는다. 그와 반대로, 소망은 고난과 함께 생겨난다(2절과 3절). 실제로 소망은 고난에서 생긴다(5:3ff.). 바울은 고난이 **창조의** 역할을 한다고 본다(κατεργάζεται). 고난은 이 세상에서 살아가는 삶에서 하나님에게 의지하며 살아가는 삶을 만들어낸다.[131] 고난이 행하는 창조 역할과 영이 행하는 창조의 역할(5절)은 한 과정의 두 측면이다. 이 때문에 로마서 8:17도 같은 말을 하는데, 특히 ἔιπερ('정녕 …한다면')와[132] ἵνα('…하고자')를 주목하라—"우리가 그리스도와 함께 영광을 **받고자** 정녕 그와 함께 고난을 **받는다면** 그와 더불어 공동 상속인이다"(아울러 고후 4:17f., 살후 1:4f.을 보라). 고난은 영광에 이르는 길이다. 이 때문에 로마서 8:26은 영의 사람이 올리는 종말론적 기도, 영의 능력을 힘입은 기도가 그 육신의 연약함을 배제하는 새 언어가 **아니요** 영지주의자가 하나님의 능력과 나누는 성숙한 대화도 **아니라**, 이 세상에 속한 그의 연약함에서 터져 나오는, 그야말로 말로 표현할 수 없는 탄식이라고 말한다.[133]

이 주제의 놀라운 변주가 고린도후서 4:12과 갈라디아서 4:19에서 등장한다. 바울은 다른 곳에서 죽음과 생명을 그 자신 혹은 여느 신자 안에서 벌어지는 한 과정의 두 측면으로 묘사했다. 그러나 바울은 여기서 죽음과 생명을 바울 자신 그리고 그가 회심시킨 이들의 관계가 지닌 두 측면으로 생각한다—우리 안에는 죽음이 있고 너희 안에는 생명이

131. '인내'(ὑπομονή)의 긍정적인 의미에 관하여 알아보려면, 특히 Barrett, *Romans* pp. 46, 104을 보라.

132. Dunn, *Baptism* p. 148을 보라; 아울러 Käsemann, *Römer* p. 219을 보라.

133. 참고, Schniewind, 'Seufzen des Geistes' pp. 88ff.

있다(고후 4:12). 바울은 갈라디아서 4:19의 혼란스러운 은유에서 자신을 아이를 낳으며 고통을 겪는 여자로, 그가 회심시킨 이들 안에서 그리스도를 낳으려고 수고하는 사람으로, 다시 말해, 아마도 그가 회심시킨 이들의 삶에서 그리스도의 생명이 눈으로 볼 수 있게 나타나게 하려고 애쓰는 사람으로 묘사한다(본서 §54.1을 보라). 여기에서도 다시금 고난이 생명을 보완하는 필수 요소라는 것이 기본 생각이다—바울의 고난을 통해 그리스도가 그들 안에서 태어난다.[134] 죽음이 바울을 좌지우지한 결과, 바울이 회심시킨 이들에게 생명이 주어졌다(고후 4:12)—영의 선물의 공동체라는 개념에 뜻밖의 반전이다.

마지막으로 살펴볼 수 있는 본문이 고린도후서 4:7, 12:9f., 13:3f.이다. 여기서 바울은 그 자신의 삶에 존재하는 약함과 능력의 역설을 활용한다. 바울은 여기서 '아직 아니'의 독특함을 다른 어느 곳보다 많이 표현하려고 애쓴다. 우리가 이미 보았듯이(§46.1), 고린도후서 10-13장에 등장하는 바울의 반대자들은 그들이 주장하는 사도의 권위의 근거를 그들의 인상 깊은 영의 선물 체험에서 찾았다—그들은 이것을 사도임을 보여주는 표지로 내세웠다(12:12). 결국 그들은 바울을 연약하고 하찮은 이라며 무시했다(10:10, 11:21). 분명 그들은 약함—여기서 약함은 신체

134. 바울은 출생 은유를 '메시아와 관련된 화'를 암시하는 것으로 쓰려 했을 수도 있다. 다른 곳에서는 '산고'가 분명 이런 의미를 가진다(막 13:8과 평행 본문; Strack-Billerbeck I p. 950). 이 동사의 용례를 보려면, 계 12:2, 『시빌라의 신탁』 V.514을 참고하라. 아울러 본서 제4장 주96을 보라. 바울은 널리 신자가 겪는 고난을 메시아와 관련된 화가 만들어내는 것으로 생각했을 가능성이 있다(Barrett, *Romans* pp. 104, 165). 그러나 분명 그는 그가 겪는 고난을 이렇게 생각했다—그의 고난은 자신을 종말론적 사도 및 고난받는 종과 관련지어 봄에 따를 수밖에 없는 결론이었다(본서 §20.2).

의 허약함,[135] '그곳에 있지 않음'(NEB), 서툰 말솜씨를 포함한다—이 능력이 없음을 보여주는 증거라고 보았다. 약함은 영이 없음을 암시했고 하나님의 능력이라면 당연히 능력으로 나타나야 했다. 여기서 바울이 보인 반응은 기억할 만하며 두고두고 중요하다. 하나님의 능력은 신자를 강하게 만듦으로 자신을 드러내지 않고, **약함 속의 능력**으로서 자신을 드러낸다. 그렇게 나타나는 능력만을 **하나님의** 능력으로 인정할 수 있다(4:7, 13:3f.). 약함은 능력의 나타남을 방해하지도 않고 막지도 않는다. 오히려 반대로 약함은 능력이 나타나는 데 필요한 전제조건이다. 이 땅에서는 하나님의 능력이 약함 속에서 그리고 약함이라는 방법을 통해 나타난다(12:9).[136] 이것이 바로 바울이 처음 고린도를 방문했을 때 복음이 그의 약함'에도 불구하고'가 아니라 도리어 그의 약함을 **통해** 강력히 역사함을 목격하고 배운 교훈이었다(고전 2:3ff.)[137]—바로 이런 이유 때문에 바울은 주저 없이 케리그마를 하나님의 **약함**의 복음이라 정의한다(고전 1:25; 참고, 본서 §40.4을 보라).[138] 하나님은 바울이 몸의 약함에서

---

135. '몸의 가시'의 의미 그리고 아주 다양한 해석을 살펴보려면, 주석가들의 글을 보라—가령 Windisch, *II Kor.* pp. 285-288; P. E. Hughes, *Paul's Second Epistle to the Corinthians*, Marshall, Morgan & Scott 1961, pp. 442-446; Güttgemanns pp. 162-165; Barrett, *II Cor.* pp. 314ff. 이 섹션에서 '약함'이라는 주제가 가지는 중요성을 고려할 때, 이 말에는 어떤 형태의 육체적 고초도 포함되어 있을 개연성이 크다. 아울러 위 주125을 보라.

136. Bultmann, *Faith and Understanding*, 1933, ET SCM press 1969, pp. 274f.; Grundmann, *Kraft* pp. 102-122; Stählin, *TDNT* I p. 491; Käsemann, *Legitimität* p. 39 (*ZNW* pp. 53f.); Kümmel in Lietzmann-Kümmel, *Kor.* p. 212; Güttgemanns pp. 168f.; Bornkamm, *Paul* pp. 169f., 181, 187f.; G. O'Collins, 'Power Made Perfect in Weakness (II Cor. 12.9-10),' *CBQ* 33, 1971, pp. 535f.; 아울러 J. Cambier, 'Le critère paulinièn de l'apostolat en II Cor. 12.6s.' *Biblica* 43, 1962, pp. 481-518.

137. 참고, Wilckens, *Weisheit* pp. 48ff.; 그리고 본서 §41.1을 보라.

138. 아울러 Wengst, 'Zusammenkommen' p. 558; E. E. Ellis, "'Christ crucified'"

구해달라고 세 번이나 거듭 기도했음에도 그 기도를 들어주지 않았는데, 바울은 그 기도에 주어진 응답에서도 위와 같은 결론을 분명하게 깨달았다: **능력은 약함을 몰아내지 않는다. 그 반대로, 능력은 약함 안에서 그리고 약함을 통해 비로소 가장 강한 힘을 가진다**(12:9). 다시 말해, 종말론적 긴장 관계에 있는 '이미-아직 아니'라는 역설, 죽음 속의 생명이라는 역설은 영의 선물/능력을 부어주는 영으로 극복되지 않는다. 그 반대로, 이런 역설을 뒤에 떼어놓으려는 영의 선물 체험은 도리어 재앙을 낳을 수도 있다: 약함이 없는 능력은 파괴를 낳는다. 약함 속에서 능력을 나타내는 영의 선물만이 공동체를 세워준다(10:8, 13:10).[139] 바울이 그가 받은 영의 선물을 **전혀** 자랑하지 않고 도리어 그의 약함을 자랑함은 분명 그런 이유 때문이다(11:30). 그가 그 자신의 약함을 깨달을 때에야, 즉 그가 하나님의 능력을 어떤 식으로든 조종하거나 이끌려 하지 않을 때라야, 비로소 하나님의 은혜와 능력이 그에게 충만히 임하고 그를 통해 나타날 수 있기 때문이다(여기에서도 다시 ἵνα가 등장함을 주목하라, 12:9).[140] "이는 내가 약할 때에 내가 강하기 때문이다"(12:10).

따라서 영의 선물/능력을 부어주는 영을 그 반대자들과 반대로 생각하는 바울의 이해는 누가 봐도 그 반대자들과 다름을 알 수 있을 정도로 독특하다. 바울을 반대하는 자들은 영을 강력한 말과 행위로 '아직 아니'를 집어삼키는 '이미'의 능력이라 생각했다. 반면 바울은 영을 '아

Reconciliation and Hope, Morris Festschrift, pp. 69-75을 보라.

139. 현대의 일부 오순절주의자는 모든 질병이 하나님의 뜻에 어긋난다고 주장한다. 가령 T. L. Osborn, *Healing the Sick*, Tulsa 1959이 그런 예다. 아울러 Hollenweger, *Pentecostals* pp. 357f.을 보라. 그들은 그렇게 주장함으로써 결국 고린도에서 바울을 대적한 이들과 동일한 위험한 실수를 저지른다.

140. Ἐπισκηνώσῃ는 필시 셰키나(Shekinah)를 암시하는 말일 것이다(Windisch, *II Kor.* p. 392; Kümmel in Lietzmann-Kümmel, *Kor.* p. 212).

직 아니'에 힘을 실어주는 능력이라 생각했다. 바울을 반대하는 자들은 황홀경 체험 속에서 온전해진 능력을 드높였지만, 바울은 약함 속에서 온전해진 능력을 바라보았다. 바울은 황홀경에 취한 이가 아니었으며, 그를 이 세상에서 떼어놓은 체험에 의지하여 살지도 않았다.[141] 그의 체험에서 그리스도의 영은 능력과 약함의 대립 구도를 제거하지 않았다. 도리어 바울은 이런 대립 구도를 예리하게 다듬었다.

우리는 앞서 바울은 그리스도인의 체험이 어떤 독특한 성격을 가지고 있다고 생각했는지 물었는데, 우리의 물음에 대한 분명한 대답이 여기 있다. 바울 자신의 사역은 그로 하여금 종교적 체험을 분석할 수밖에 없게 만들었다. **그가 이 분석에서 그리스도인에게 독특한 것으로 여기며 초점을 맞춘 것이 바로 인간의 약함 속에서 그리고 그 약함을 통해 역사하는 영의 능력이었다**. 우리가 바울의 이런 강조점을 그가 살던 시대의 더 넓은 사상 세계 속에서 살펴보면 몇 가지 놀라운 유사 사례가 금세 눈에 들어오는데, 만일 이런 사실이 없었다면 이 문제를 그대로 놔둔 채 더 파고들지 않았을 수도 있다. 예를 들면, 필론은 불타는 덤불을 알레고리로 해석하여 고난당하는 민족에게 주어진 메시지로 받아들인다: "낙심하지 말라, 네 약함이 네 강함이다."[142] 플리니우스도 발레리우스(?) 막시무스에게 보낸 한 서신에서 '아플 때만큼 유덕(有德)한 때가 없다'는 말을 마치 유명한 속담이라도 되는 것처럼 인용한다.[143] 사실 H. D. 베츠(Betz)는 바울이 ἀσθενής('약한 자')로서 실제로 동방 세계의 **마술**

141. H. Saake, 'Paulus als Ekstatiker,' *NovTest* XV, 1973, pp. 153-160은 고후 12:2ff.가 논박의 맥락을 담고 있음을 부인함으로써 결국 바울이 그의 '환상과 계시'에 부여한 가치를 과대평가한다.

142. Philo, *Vit. Mos.* I.69.

143. Pliny, *Letters* VII.26.1. 두 본문은 Windisch, *II Kor.* p. 394이 인용한다.

사/주술사(*Goeten*) 유형에 해당한다고 주장하지만, 그가 인용하는 루키아노스의 글과 고린도후서 12:9 사이에는 그 내용이나 맥락 면에서 긴밀한 평행 관계가 존재하지 않는다.[144] 그럼에도 바울이 체험을 통해 약함 속의 강함이라는 역설을 맨 처음 발견한 사람도 아니요 맨 마지막에 발견한 사람도 아니라는 점은 변함없다.

하지만 이 주제에 관한 바울의 생각에는 마저 살펴봐야 할 한 흐름이 있으며, 바로 이 흐름이 약함과 고난 그리고 죽음에 관한 바울의 체험이 지닌 독특한 성격의 핵심으로 우리를 데려간다.

55.2. **예수의 고난을 함께함**. 바울에겐 그가 체험하는 능력이 부활한 그리스도의 생명일 뿐 아니라, 그가 겪는 고난이 어쨌든 죽음에 넘겨지는 그리스도의 고난이다. 그런 점에서 고린도 사람들이 그리스도가 바울을 통해 말한다는 **증거**(δοκιμή)를 내놓으라며 도전장을 내밀었을 때 그가 분명한 대답을 제시하는 고린도후서 13:3f.을 보면, 그 가운데 가장 놀라운 부분이 4b절—"우리도 그(그리스도) 안에서 약하다"—이다. 즉, 우리가 우리 자신 안에서 약한 게 **아니라** 그리스도 안에서 약하지만, 그러나 그리스도 안에서 강하다는 말이다. **그리스도가 어떤 사람을 통해 말하는 체험의 특성을 결정하는 것이 바로 그렇게 말하는 그리스도의 특성/성품이다**. 여기서 가장 중요한 사실은 그리스도가 이제 하나님의 능력으로 살아있음에도 여전히 십자가에 못 박힌 분이라는 것이다(4a절).[145] **따라서 높이 올림을 받은 그리스도를 체험하는 것은 그저 새 생명**

144. *Paulus und die sokratische Tradition* pp. 53f. 그는 Lucien, *Philopseudes* 34; *Alexander* 54, 55, 56, 59; 그리고 *Peregr*. 33, 43f.을 언급한다.

145. 십자가에 못 박힌 그리스도를 강조함이 고린도전서와 후서에서 (모두) 일관되게 나타난다(특히 고전 1:17-25, 2:2, 고후 1:5, 5:14f.을 보라).

을 체험하는 데 그치지 않고, 죽음을 통한 생명인 새 생명, 죽음에서 나온 생명인 새 생명, 그리고 언제나 그런 특성을 유지하는 새 생명을 체험하는 것이다. 높이 올림을 받은 그리스도를 십자가에 못 박힌 예수와 떼어놓는 순간, 영의 선물 체험은 그리스도인만이 갖고 있는 그 독특한 잣대를 잃어버린다.[146] 영의 선물 체험이 오로지 높이 올림을 받은 그리스도를 체험하는 데 그치고 십자가에 못 박힌 예수까지 함께 체험하지 못하는 것이 되면, 그 체험은 그리스도인의 체험만이 갖고 있는 독특한 성격을 잃어버린다. 바울의 견해에 따르면, 그리스도인에게 종교적 체험이란 그가 영감과 황홀경을 체험할 때 그리스도가 그 그리스도인을 약함에서 건져내고 그 약함을 내버리게 하는 일이 아니다. 오히려 그 반대로, 그리스도는 바울의 약함 속에 있다—**바울의 약함은 그가 겪는 그리스도 체험의 일부다**.

이 주제, 곧 신자가 그 자신의 고난을 통해 어떤 식으로든 그리스도의 고난에 동참한다는 주제가 바울서신 전체를 일관되게 관통한다. 데살로니가전서 1:6의 구조도 십중팔구 그 주제를 암시하는 것 같다. 데살로니가 사람들의 고난은 주의 고난을 본받은 것이었다. 복음은 그들 안에서 그냥 기쁨으로 나타나지 않고 고난 속의 기쁨으로 나타난다—이는 그들이 그들에게 복음을 전해 준 선교사들 그리고 예수 자신과 함께 나눈 체험이다.[147] 여기서 바울의 생각은 간명한 것 같다: 예수가 핍박을

146. Deissmann, *Paul*: "그는 십자가에 못 박혔으며 십자가에 못 박힌 채로 있다"(p. 143; 아울러 pp. 197f.을 보라). 바울은 필시 여기서 고린도 사람들의 독특한 비판과 믿음에 대답하고 있을 것이다. 참고, Schmithals, *Gnosticism* pp. 193ff.; Güttgemanns pp. 145-151.

147. R. C. Tannehill, *Dying and Rising with Christ*, Berlin 1967, pp. 101-104. 대비할 점은 복음을 받아들이는 사건이 아니라 고난 속에서 기쁨을 체험함이다.

받았듯이, 그를 따르는 이들도 핍박을 받을 것이다. 그러나 바울은 다른 곳에서 그리스도인의 고난이 사실은 그리스도가 겪은 고난의 일부임을 전혀 의심하지 않는다.[148]

바울이 갈라디아서 2:19-20, 6:14, 그리고 로마서 6:5에서 보여주는 시제 선택은 놀랍다. 바울은 신자가 실존 차원에서 그리스도의 십자가나 죽음과 가지는 관계에 관하여 이야기할 때 부정과거(aorist) 시제보다 **완료** 시제를 사용한다. 우선 갈라디아서 2:19과 20절에서는 '내가 그리스도와 함께 십자가에 못 박혔다'고 말하는데, 이는 과거에 단번에 이뤄진 행동, 과거에 끝났고 철저히 과거지사가 되어버린 행동을 말하지 않는다(그런 행동을 말하려 했다면 부정과거 시제를 썼을 것이다). 오히려 그 반대로, 나는 여전히 그 상태에 있다(완료 시제가 가지는 의미다)—나는 그리스도와 함께 십자가에 못 박혔으며, 실제로 **지금도 여전히 십자가에 달려 있다**. '내 안에 있는 그리스도'를 체험하는 것은 생명을 체험하는 것이자 죽음을 체험하는 것이다—**그리스도의 생명을 체험함이요 동시에 그리스도의 죽음을 체험함**이다. 갈라디아서 6:14도 비슷하게 이해해야 한다.[149] 그런가 하면 로마서 6:5은 이렇게 말한다. "우리가 그리스도의 죽

---

148. Wikenhauser, *Mysticism* p. 37 그리고 B. A. Ahern, 'The Fellowship of his Sufferings(Phil. 3.10),' *CBQ* 22, 1960, pp. 4f.은 살후 3:5을 언급한다—'그리스도의 인내.' 소위 '신비 속격'(Deissmann, *Paul* pp. 162ff.)에 관하여 더 널리 살펴보려면, O. Schmitz, *Die Christus-Gemeinschaft des Paulus im Lichte seines Genetivgebrauchs*, Gütersloh 1924, 그리고 훨씬 더 신중하게 다룬 M. Bouttier, *En Christ*, Paris 1962, pp. 69-79을 보라.

149. 우리는 필시 여기서 갈 6:17을 포함할 수 있을 것이다. '예수의 표지(흔적)'가 십자가에 달린 예수의 몸에 있는 상처를 의미할 가능성은 아주 낮다(반대 견해는 Fenner, *Krankheit* p. 40; 성 프란치스코와 피에트렐치나의 성 비오를 비롯하여 기독교 역사에서 예수의 상처가 누군가의 몸에 나타난 사례를 살펴보려면, Thurston 제2장을 보라). 바울은 단순히 그의 고난이 그의 몸에 미친 결과를 그리스도를 대표

음과 아주 같은 모양으로 하나가 됐나니(σύμφυτοι γεγόναμεν), 이 경우에는 역시 그의 부활과 아주 같은 모양으로 하나가 되리라."[150] 여기서 바울이 말하려는 의미는 이것이다. 즉, 신자들은 장차 부활하여 부활 상태의 그리스도와 닮게 될 때까지 그리스도의 죽음을 닮아야 한다. 바울은 신자들이 장차 부활을 체험할 것이며 이 부활은 사실상 그리스도의 부활과 같으리라는 것을 추호도 의심하지 않는다. 그에게 이런 믿음을 확실히 심어준 것은 그가 이미 사실상 그리스도의 죽음과 같은 죽음을 체험했다는 사실이다. 생명과 죽음은 그가 그리스도인으로서 한 체험의 일부이며, **그 생명과 죽음은 예수의 죽음에서 비롯된 죽음과 생명의 패턴을 그대로 본받는다.** 여기서 주목해야 할 점은 이 세 본문이 죽음을 보다 윤리적인 차원에서 생각한다는 것이다—옛 자아의 죽음, 율법에 대하여 죽음, 세상에 대하여 죽음. 다른 곳에서는 죽음이라는 개념을 몸의 약함 및 고난과 더욱 관련지어 표현한다. 그러나 바울의 생각을 살펴보면, 그가 생각하는 '육' 개념(위 주105와 이 §55.3의 뒷부분을 보라) 그리고 고린도전서 6:12-20, 7:32ff., 9:26f. 같은 본문이 암시하듯이, 이 둘을 분명하게 구분하는 선이 존재하지는 않는다.

로마서 8:17과 고린도후서 1:5도 같은 주제를 간결하고 두드러지지

하는 표지(흔적)로 은유적으로 묘사하면서, 그리스도의 소유권 그리고 어쩌면 그리스도의 보호까지 일러주는지도 모르겠다(참고, Deissmann, *Bible Studies* pp. 349-360; Schneider, *Passionsmystik* pp. 51f.; Schlier, *Galater* pp. 284f.). 그러나 우리가 여기서 고린도후서의 주제와 같은 주제를 보고 있을 가능성도 있다—즉 이 땅에 살았던 예수 자신이 고초 당하는 바울의 몸에서 주로 나타난다(Güttgemanns pp. 133ff.을 보라). Güttgemanns는 갈 4:14b도 그의 그물 속에 끌어들인다(pp. 180ff.). 그러나 이것은 바울이 갈라디아서에서도 고린도후서 10-13장과 같은 상황에 직면해 있다는 가정에 의존한다. 우리가 과연 갈 1:6과 고후 11:4을 곧바로 동일시할 수 있을까? 아울러 본서 §46.4을 보라.

150. 주해의 특별한 강조점을 살펴보려면, Dunn, *Baptism* pp. 142f.을 보라.

331-332

않은 말로 언급하면서, 이 주제가 바울의 구원론에 그야말로 없어서는 안 될 것임을 보여준다. 로마서 8:17은 신자가 그리스도와 함께 영광을 받으려면 그리스도**와 함께** 고난을 받아야 한다고 말한다.[151] 이 본문의 맥락은 바울이 그리스도인의 죽음을 현세에 겪는 죽음의 고통 가운데 일부요 새 시대를 가져올 메시아와 관련된 화(messianic woes)의 일부라 생각했음을 보여준다(위 주134을 보라). 그러나 바울은 십중팔구 그리스도의 죽음도 메시아와 관련된 화라는 관점에서 이해한다.[152] 즉, 새 시대가 이미 영 안에서 현존하는 한, 메시아와 관련된 화는 완결됐다. 그러나 옛 시대가 여전히 존속하는 한, 메시아와 관련된 화는 끝나지 않았다. 결국 이것은 새 시대의 영을 체험한 이들은 **메시아와 관련된 화인** 옛 시대의 고난—예수가 겪었던 고난—을 체험한다는 것을 의미하며, 이 고난은 곧 옛 시대로 말미암아 죽고 옛 시대와 함께 죽음을 의미한다. 아들의 영을 받음으로 아들이 된 이들은(8:15) 정녕 예수와 함께 공동 상속인이 되고자 한다면 예수 자신이 체험했던 것(1:3f.)과 똑같이 완전한 아들로 옮겨가며 완전한 아들로 변화됨(8:23)을 체험해야만 한다—예수와 함께 공동 상속인이 될 길은 죽음과 부활, 아니 **예수의** 죽음과 부활뿐이다. **예수의 죽음만이 부활에 이르는 길을 열어놓았기 때문이다.**

이보다 훨씬 대담한 곳이 고린도후서 1:5이다. 바울은 여기서 자신의 고난을 그리스도의 고난에 **동참한 것**이라 밝힌다.[153] 그리스도가 체

151. 동사에 붙어 있는 συν 그리고 이 문장의 의미는 '그리스도와 함께', '그와 함께'를 암시한다.

152. Barrett, *Romans* pp. 80, 122. 아울러 본서 제4장 주96을 보라.

153. 속격인 '그리스도의 고난'은 그리스도가 견딘 고난을 가리키는 게 틀림없다. 바울은 예수를 고난을 지어낸 이라기보다 같이 고난을 당하는 이로 생각한다. 가령 Schlier, *TDNT* III pp. 143f.; Tannehill p. 91을 보라. 후자는 고후 7:3도 함께 논한다(pp. 93ff.). Windisch는 이 속격이 모호한 의도를 담고 있다고 제시한다—그리스

험한 고난은 십자가에서 끝나지 않았다. 옛 시대가 지속되는 한, 그리스도의 죽음에서 시작되어 옛 시대를 마무리지을 고난은 아직 완결되지 않았다. 따라서 그리스도의 사람이요 이 세상에서 고난을 겪는 이들은 그리스도의 고난 같은 고난을 겪으면서 그리스도의 고난에 동참할 것이다.[154]

하지만 이런 생각을 가장 대담하게 표현한 곳은 골로새서 1:24이다: 바울은 그리스도가 겪지 않은 고초를 그 자신의 고난으로서 그의 몸에 채운다.[155] 여기서 마지막 때의 고난에 관한 생각이 다시 등장하며,[156] 그 앞에 있는 구절들이 암시했던 긴장이 이 구절에 이르러 분명하게 드러난다. 즉, 한편으로 보면, 그리스도는 이미 메시아의 화를 겪었다—그 화는 누가 봐도 그리스도의 고난임이 자명하다. 새 시대를 여는 데 필요한 일은 이미 이뤄졌다. 그러나 다른 한편으로 보면, 새 시대는 아직 이르지 않았다. 신자들은 그리스도 안에서, 그리스도와 함께 부활한 생명을 체험하지만(골 2:12f.),[157] 고난은 계속된다. 이 역설의 유일한 해결책은

도 자신의 고난('…와 함께 고난을 겪음'이라는 신비한 의미)이라는 개념과 그리스도의 뜻을 따라 견딘 고난이라는 개념을 모두 담고 있다고 본다(*II Kor*. p. 40). 아울러 위 주148을 보라.

154. 참고, Windisch, *II Kor*. p. 41; Barrett, *II Cor*. pp. 61f. Windisch가 지적하듯이, 메시아와 관련된 화를 메시아와 함께 겪음이라는 개념은 유대교에 낯설다.

155. 위 주153을 보라. 반대 견해는 Wikenhauser, *Mysticism* pp. 160ff.

156. 특히 Lohse, *Colossians* pp. 70ff.을 보라; 아울러 Moule, *Colossians* pp. 76ff.을 보라. 두 사람 모두 바울이 여기에서는 예수의 죽음을 속죄로 생각하지 않는다는 점을 올바로 지적한다. 해석사를 살펴보려면, J. Kremer, *Was an den Leiden Christi noch mangelt*, Bonn 1956, pp. 5-154을 보라.

157. Dunn, *Baptism* pp. 154ff.을 보라. 바울은 오로지 그 자신의 고난만 언급한다. 따라서 그는 특히 종말론적 사도라는 그의 역할을 생각하고 있을지도 모른다(위 주134을 참고하라). 그러나 롬 8:17, 고후 1:5f.을 볼 때, 그가 그리스도의 고난을 **오로지** 그의 고난과 연관지었을 가능성은 거의 없다(본서 §55.1을 보라). 하지만 Schneider

그리스도를 생명 체험만이 아니라 고난 체험에서도 인식하는 것이다. 바울의 이런 결론이 단순한 논리적 추론이 아니라 십자가에 달려 죽었다가 부활한 그리스도의 능력이 새로운 본질의 갱신을 통해서 구현됨은 물론이고 옛 본성과 죽을 수밖에 없는 몸의 죽어감을 통해서도 구현되고 있음을 인식—한마디로, 바울 자신의 새로워짐에서도 그리스도를 인식하지만, 그 자신의 고난 속에서도 그리스도를 인식함—하기 위해 다이스만과 슈나이더가 주장했던 철저한 신비주의 해석을[158] 강요할 필요는 없다(골 3:9f.).

이 주제 전체의 가장 놀라운 변주 두 가지를 발견할 수 있는 곳이 고린도후서 4:10과 빌립보서 3:10f.이 아닐까 싶다. 이 두 본문이 논박 내지 변증의 맥락 속에서 등장한다는 점이 우리 연구에 특히 중요하다. 바울은 이 두 본문에서 그의 그리스도 체험과 이 체험에서 시작된 그의 사역이 그와 의견을 달리하거나 그에게 반대하는 이들과 다르다는 것을 말로 표현하려고 애쓰는 것 같다. 우리는 이미 고린도후서 3장의 논박 취지를 살펴봤으며(본서 §54.1을 보라), 이 취지는 바울이 고린도후서 4장에서 전개하는 생각을 계속해서 형성한다(본서 §55.1을 보라). 4:10은 이렇게 말한다: "우리가 죽음을, 곧 예수가 죽었던 죽음을(τὴν νέκρωσιν τοῦ Ἰησοῦ) 우리 몸에 짊어짐은 이 몸에서 생명도, 곧 예수가 사는 생명도(ἡ

는 이 본문을 너무 멀리 밀어붙여 그리스도 신비주의뿐 아니라 교회 신비주의라 할 것까지 가정한다: "그리스도와의 신비한 연합은 결국 ἐκκλησία와의 신비한 연합으로 이어진다"(*Passionsmystik* p. 58).

158. 특히 적절한 것이 Lohmeyer의 설명이다(*Kolosser* p. 77). 고후 1:5과 골 1:24에 있는 '그리스도의 고난'이라는 말을 그리스도가 그의 제자들이 겪으리라고 예언한 고난(참고, 행 9:16)으로 보려는 Michaelis의 시도는 속격을 어색하게 해석한 것으로서 이 모티프가 바울의 글에서 가지는 심오함을 제대로 인식하지 못한 것이다(*TDNT* V pp. 931ff.).

ζωὴ τοῦ Ἰησοῦ) 나타나게 하려 함이다(ἵνα)"(NEB). 여기에서는 바울의 체험 속에 존재하는 죽음과 생명의 역설을 분명 **예수의** 죽음 및 생명과 관련지어 이해한다. '속사람'이 날마다 새로워짐은 그리스도의 부활한 생명이 이뤄내는 일이지만, 그뿐 아니라, '겉 사람'이 낡아짐(4:16)도 그리스도의 죽음이 이뤄내는 일이다. 그리스도의 죽음은 단지 과거 역사 속에서 일어난 사건, 한때 그 자체로서 행해지고 완결된 어떤 법적 행위에 그치지 않는다. 그것은 동시에 어떤 과정—그 스스로 인간과 같은 본질을 취했던 그리스도가 죽어감이며, 이런 과정은 바울의 실제 체험 속에서 구체적으로 실현된다[159]—이기도 하다.

이 구절이 제시하는 특별한 논박의 핵심은 필시 ἵνα에 등장하는 것 같다. '예수의 생명'이라는 문구는 바울을 반대하던 이들이 내건 슬로건이었을 가능성이 아주 높다.[160] 그런 경우 바울이 말하고자 하는 핵심은 이것이다. 곧, 예수의 생명을 체험하는 일은 죽음과 죽어감을 체험하는 것이 과거의 일임을 의미하지 않는다는 말이다. 그 반대로, 오로지 죽음을 체험할 때에만, **몸을 가진 이 실존이 계속하여 예수의 죽음을 체험할 때에만**, 비로소 예수의 생명이 현재 우리가 가진 몸에서 나타날 수 있다. 고린도후서 3:18에서 시작하여 고린도후서 4장까지 내내 이어지는 생각은 이런 체험이 바로 신자가 그리스도의 형상으로 변화되어가는 체험이라는 것이 바울의 생각이었음을 암시한다. 그리스도와 같이 된

159. Bultmann, *TDNT* IV p. 895: "여기에서는 그리스도와 함께 죽음을 … 사도의 구체적 삶 속에서 계속 실현되는 것으로 언급한다." Νέκρωσις를 하나의 행동이라기보다 하나의 과정으로 이해하는 견해를 보려면, Plummer, *II Cor.* p. 130; Windisch, *II Kor.* p. 145; Barrett, *II Cor*, pp. 139f.을 보라. 반대 견해는 Güttgemanns pp. 114ff.; Collange pp. 154f.

160. Georgi, *Gegner* pp. 287f.

다는 것은 고난과 죽음을 면제받는다는 것이 아니다. 오히려 그것은 그리스도의 죽음을 닮는다는 것이요 죽음을 넘어선 그리스도의 생명을 닮는다는 말이다—그리스도의 죽음을 체험함으로써 그리스도의 생명을 체험하는 것이다.[161] 요컨대, 바울은 **그리스도가 신자의 체험에 존재하는 죽음과 생명이라는 역설의 양쪽에 모두 존재함**을 다시 한번 부지불식간에 혹은 상당히 신비한 방식으로 깨닫는다. 바울은 그리스도를 십자가에 못 박혀 죽은 분이자 높이 올림을 받은 분으로 체험한다. 실제로 그가 그리스도를 십자가에 못 박혀 죽은 분으로 체험할 때에만 비로소 그리스도를 높이 올림을 받은 분으로 체험할 수 있으며, 죽음을 그리스도의 죽음으로 체험할 때에만 비로소 부활한 그리스도의 생명을 체험할 수 있다.

마지막으로 우리가 살펴보는 본문은 빌립보서 3:10f.이다. 바울은 그리스도를 알게 되길 열렬히 바란다. 그의 이런 열렬한 바람이 뜻하는 것을 더 충실히 설명해 주는 것이 이어지는 말들이다.[162] 그리스도를 안다는 것은 곧 그리스도의 부활의 능력을 체험하고[163] 그의 죽음을 닮기까지 그의 부활에 참여함으로써 죽은 자 가운데서 부활함을 체험하는

161. 아울러 Tannehill pp. 85f.을 참고하라. 그는 죽음-삶 이야기를 바울 자신의 체험으로 국한시키는 것을 올바로 거부한다(위 주157을 보라); 반대 견해는 Güttgemanns pp. 95f. 하지만 Güttgemanns는 이 본문이 논박의 취지를 담고 있음을 올바로 강조한다—pp. 112-124.

162. Καὶ τὴν δύναμιν κτλ은 γνῶναι αὐτόν의 보충 해설로 받아들이는 것이 가장 좋다 (Tannehill p. 120).

163. '체험하다'를 의미하는 '알다'(즉 정보를 소유함이 아니라 실존의 관계 속에서 앎을 의미하는 '알다')에 관하여 알아보려면, Lightfoot, *Philippians* p. 148; Bultmann, *TDNT* I pp. 697ff., 709f.을 보라. '이 능력을 … 아는 것은 이 능력이 자신의 삶에 미치는 효과(영향)를 체험하는 것이다'(F. W. Beare, *Epistle to the Philippians*, A. & C. Black 1959, p. 122).

것이다. 문맥으로 보아, 바울은 지금 여기서 그가 회심 전에 유대교 안에서 했던 체험과 대비하여 그가 그리스도인으로서 한 체험의 독특한 점이 무엇인가를 묘사하고 있는 게 분명하다(3:4ff.; 참고, 7-9절). 아울러 바울은 십중팔구 그의 그리스도 체험이 빌립보에 있던 영지주의 유형의 요소들이 내건 주장과 대비하여 어떤 점이 독특한가도 묘사하는 것 같다(3:10f., 12ff.).[164] 그렇다면 우리가 주목해야 할 점은 이런 것이다. (1) 바울에게 종교적 체험이란 생명을 체험하는 것이자 고난과 죽음을 체험하는 것이다. 그는 고난을 부활의 능력에 앞서 잠시 체험하고 마는 것으로 여기지 않는다: 그는 부활의 능력을 체험한 일을 이야기한 **뒤에** 고난과 죽음 체험을 언급한다. 부활의 능력을 체험했다고 하여 고난과 죽음이 더 이상 따라오지 않는 것은 아니다. **그리스도의 부활의 능력은 바로 그의 고난에 함께하는 가운데 그리고 그의 고난에 함께함으로써 나타난다.** 죽음과 생명이라는 역설의 양면은 마지막까지 신자의 체험 속에서 완전한 힘을 발휘한다. 그가 죽은 자 가운데서 부활함을 체험하려 한다면(εἴ πως) 생명뿐 아니라 죽음의 역사도 완전히 체험해야 한다.[165] 그러나 (2) 바울이 지금 여기서 염두에 두고 있는 것은 여느 범상한 고난이 아니다. 그것은 그리스도의 고난에 참여함이라 인식할 수 있는 고난, '예수의 죽음에서 예수와 같이 됨'이라 정의할 수 있는 고난을 말한다.[166]

164. 바울이 하는 말의 요지는 빌립보 교회가 마주한 위협 가운데 하나가 고후 10-13장에 나오는 거짓 사도들이 가한 위협과 여러 가지로 비슷하다는 것을 시사한다; 특히 J. Gnilka, 'Die antipaulinische Mission in Philippi,' *BZ* 9, 1965, pp. 258-276; 그리고 본서 제9장 주57을 보라.

165. 참고, Gnilka, *Philipperbrief* pp. 196f. '그의 부활의 능력'을 체험함과 '그의 고난에 참여함'이 하나임은 두 문구를 한 정관사가 지배한다는 사실이 일러준다.

166. 이 생각을 순교의 고난에 국한할 필요는 없다(반대 견해는 Lohmeyer, *Philipper* pp. 139f.).

그리스도의 죽음만이 부활을 만들어냈다. 따라서 **예수의 죽음을 겪는 사람들만이 예수가 이미 누리는, 죽은 자 가운데서 부활함을 얻을 것이다**. 결국 우리는 이 시대가 지속되는 한 신자의 체험에서는 생명과 죽음이 분리될 수 없다는 인식, 그리고 그리스도가 신자의 새 생명뿐 아니라 신자의 죽음에도 관련이 있다는 인식이 그리스도인의 체험이 가지는 독특한 특징으로서 다시 등장하고 있음을 본다. 바울은 종교적 체험이란 본질상 그리스도의 부활은 물론이요 그리스도의 죽음에서도 그리스도와 같아짐을 깨닫는 것이라 본다—말하자면 죽음을 통해 그리스도의 생명을 인식하는 것이다.

55.3. **추론과 설명**. 그리스도의 죽음을 고난으로 겪음이라는 이 주제에 관하여 바울이 제시하는 다양한 진술을 다시 이야기하는 것은 상당히 쉽다. 그러나 이런 진술을 파고 들어가 바울의 종교와 신학에서 가장 심오한 요소 가운데 하나를 이해하기 시작하는 일은 쉽지 않다. 바울이 이 주제에 관하여 품고 있는 생각을 정확히 안다고 주장하는 사람은 간 큰 사람일 것이다. 그럼에도 바울의 생각을 정확히 알아내려는 시도를 해야 한다. 그러나 먼저 그의 생각을 밝혀주는 네 가지 점을 살펴봐야 한다.

첫째, 바울은 죽음을 신자의 체험에서 과거에 일어난 사건이라 이야기한다: 회심한 이는 회심하고 입교할 때 죄에 대하여 죽었다(롬 6:2ff., 갈 2:19a, 골 2:11ff., 20, 3:3). 그러나 우리가 위에서 살펴본 증거에 비춰볼 때, 회심과 입교라는 '죽어감'은 단지 죽음의 과정에서 **시작**에 불과하다는 게 분명히 드러난다—처음으로 그리스도의 죽음과 생명을 신자의 그것과 동일시함으로써 그리스도의 죽음과 생명이 신자 안에서도 역사할 수 있게 한다. 회심은 과거에 일어난 **결정적** 사건이다—바울에 관한 한, 회심은 분명 그런 사건이다(본서 §53.1을 보라). 그렇다고 이것이 곧 신자의 옛 본질(태도, 중요시하는 가치, 욕망 등등)이 죽었다거나 신자가 그것들에 대하여 죽었음을 의미하지는 않는다—오히려 정반대인 경우가 아주 많다. 옛 본질이 죽어가고 옛 본질에 대하여 죽어가는 것은 **평생에 걸친 과정**이며 몸의 죽음이나 변형이 있을 때까지는 결코 끝나지 않을 일이다. 회심은 단번에 죽어 생명에 이름을 의미하는 게 아니라, 회심자가 죽음과 생명 체험을 시작하는 사건이요, 그리스도의 생명뿐 아니라 그리스도의 죽음을 체험함으로 들어가는 것이다. 바로 이런 이유 때문에 바울은 로마서와 갈라디아서 그리고 골로새서에서 잇달아 회심에 관하여 이렇게 더 대담한 진술을 내놓으면서 겉으로 보면 서로 모순되어 보이는 권면들을 제시한다. 따라서 가령 로마서 6:11은 '너희가 죄에 대하여 죽은 것처럼 **가장하라**. 너희가 더 이상 죄를 지을 수 없다고 생각하라'라는 의미가 아니다. 오히려 이 구절은 너희 안에서 역사하는 죽음과 너희 안에서 역사하는 생명을 인식하고, 육의 생명과 죽음보다 영의 죽음과 생명을 택하라는 뜻이다(참고, 갈 5:16ff., 골 3:5ff.).[167]

둘째, 로마서 6:4과 골로새서 2:12은 그리스도와 함께 한 첫 죽음을 세례와 연계한다. 그러나 우리가 위에서 살펴봤던, 그리스도와 함께 고난받고 그리스도와 함께 죽음이라는 주제의 주요 전개 부분은 세례라는 은유 내지 사건에 의존하지 않는다.[168] 따라서 바울의 체험을 설명하

167. Tannehill의 연구는 바울의 신학에서 그리스도와 함께 죽고 부활함이 각각 다른 시제(과거와 현재)를 취함을 다른 대다수의 연구보다 균형 있게 설명한다.

168. 참고, 가령 Deissmann, *Paul* p. 145; Büchsel, *Geist* pp. 296f.; Schneider, *Passionsmystik* pp. 33f.; Dunn, *Baptism* pp. 139-142. 우리가 Wikenhauser, *Mysticism* 제3장 그리고 Ahern, *CBQ* 22, 1960, pp. 1-32에서 발견하는 것처럼 계속하여 세례를

겠다고 끊임없이 그의 세례로 거슬러 올라가려 한다면 그것은 실수일 것이다. 바울의 체험은 세례라는 과거의 사건으로 설명하기에는 그야말로 현재의 일이요 그야말로 매일매일 벌어지는 현실이다. 그런가 하면, 우리는 이런 해석이 떠받치려 하는 요점을 감히 무시하려 해서는 안 된다—즉 그리스도와 함께 죽음이라는 체험에는 하나 됨이라는 차원이 있다.[169] 이제 그리스도의 은혜는 영의 선물을 체험하는 공동체 안에서만 충만히 나타날 수 있다(본서 제9장을 보라). 마찬가지로, 그리스도의 죽음과 생명도 그 죽음과 생명에 동참하는 이들의 공동체에서만 충만히 나타날 수 있다.

셋째, 우리는 어쩌면 바울이 이 세상의 삶, 육, 물리적 몸에 관하여 제시하는 생각에서 나타나는 흥미로운 모순/양면성처럼 보이는 것을 설명해 보려고 시도해야 할지도 모르겠다. 즉, 그는 육을 계속되는 위험의 원천이자 재앙을 불러올 수 있는 원천으로 보면서, 동시에 하나님의 계시가 임하는 곳으로 본다. 이 역설을 가장 예리하게 표현하는 곳이 고린도후서 12:7ff.이다. 이곳에서는 약함을 사탄의 작품이요 하나님의 능력을 전달하는 매개체로 본다. 이렇게 긍정하고 부정하는 태도가 함께 나타나는 것은 분명 바울이 지금 여기서 살아가는 삶을, 육과 별개로, 몸을 떠나 살아갈 수 없는 삶이요 세상을 **등지고** 살아갈 수 없는 삶으

회상함은 은혜를 특히 그리고 (사실상) 오로지 성례의 은혜로 보는 신학을 전제한다. 은혜에 관한 바울의 말(본서 §43.8을 보라)이나 고난과 죽음에 관한 그의 말에서는 그런 신학을 읽어낼 수 없다.

169. 참고, Bottier, *Paul* pp. 27f. 하지만 사실, 고난-죽음 모티프에 아주 단단히 속해 있는 '그리스도와 함께'라는 문구는 '그리스도 안에'라는 문구에 단단히 붙어 있는 것과 같은, 한 몸이라는 뉘앙스를 담고 있지 않다: "'그리스도와 함께'는 각 신자가 다른 신자와 갖고 있는 관계보다 각 신자가 그리스도와 맺고 있는 관계를 강조한다"(Best, *Body* p. 59).

로 인식하기 때문이다. 그러나 이것은 정녕 바울의 주해가 세상/육**을 따르는** 삶과 세상/육 **안에서 살아가는** 삶을 구분함과 관련이 있음을 의미한다—세상/육**을 따르는** 삶은 맞서 싸워야 할 삶이지만, 세상/육 **안에서 살아가는** 삶은 사람이 인간으로서 살아가는 한 어쩔 수 없이 부닥쳐야 할 삶이다(본서 §55.1을 보라).[170] 사실 바울은 늘 이런 구분을 준수하지는 않는다. 그는 '육 안에서'를 신자가 더 이상 영위하지 않는 삶을 가리키는 말로도 사용하고(롬 7:5, 8:9) 신자가 현재 살아가는 삶을 가리키는 말로도 사용함으로써(고후 10:3, 갈 2:20, 빌 1:22, 24, 몬 16절), '육 안의(육을 입은) 삶'의 역설을 강조한다—신자는 바로 이 육이라는 매개체 안에서 그리고 이 매개체를 통해 이 세상과 아주 단단히 결합해 있을 뿐 아니라, 영의 생명이 아주 충만히 나타나는 신자의 영적 삶을 가장 위협하는 것도 바로 이 육이라는 매개체다.[171] 다시 말해, 바울은 지금 여기서 살아가는 삶이 어떤 의미에서는 육 안에서 살아갈 수밖에 없고 어느 정도는 육의 관점에서 살아갈 수밖에 없기에, **그런 범위에서 세상에 몸담고 있는 실존을 맞아들인다. 그렇게 해야 예수의 죽음이 그를 통해 역사할 수 있고, 그렇게 해야 십자가에 못 박혀 죽은 분인 그리스도의 성품이 그를 통해 나타날 수 있기 때문이다**(롬 7:25b에서 차분한 현실주의가 등장하는 것도 그

170. 특히 A. Sand, *Der Begriff 'Fleisch' in den paulinischen Hauptbriefen*, Regensburg 1967, 제6장과 pp. 298f.; 아울러 본서 §53.3을 보라.

171. 결국 가령 Schweitzer, *Mysticism* p. 129이 너무나 대담하게 천명한 대립 구도('사람은 오로지 그리스도 안에 있거나 육 안에 있을 수 있을 뿐, 동시에 둘 안에 있을 수는 없다')에는 제약을 가해야 한다. 그렇지 않으면 이런 대립 구도는 영지주의식 구원론이나 완벽주의에 이를 수밖에 없다(우리가 Schweitzer에게서 본 것이 바로 그런 경우다—위 주74을 보라; 참고, 본서 §58.4). "고난과 죽음 속에서 그리스도와 함께하는 사귐이 세례를 받은 뒤에 범하는 죄 문제를 해결하는 길이다"라는 그의 주장(p. 146)은 균형을 적절히 회복하지 못하며 우리가 지금 다루는 주제를 적절치 않게 강설한 것이다.

때문이다). 동시에 육 **안의** 삶은 (자기도 의식하지 못하는 사이에) 금세 육**을 따르는** 삶이 되기가 아주 쉽다—그리되면 죽음과 생명으로 이어지는 죽어감이 오로지 죽음으로만 이어지는 죽어감으로 통합될 수 있다—이 삶이 지속되는 한, 육 안의 삶은 육을 따르는 삶으로 말미암아 늘 위기에 빠진다. 육을 따르는 삶과 육 안의 삶을 구분하는 선을 긋기는 아주 어렵다. 바로 그런 이유 때문에 신자는 늘 분별이라는 선물을 베풀어주는 영에 의지해야 하며 평가라는 선물을 행사하는 그리스도인 형제자매들에게 의지해야 한다(본서 §40.5과 §49을 보라).

넷째, 우리는 이 모든 본문에서 바울이 **체험과 관련된** 용어로 이야기한다는 점에 주목해야 한다. 즉, 그는 실제로 생명의 새로운 능력을 체험했으며 그의 고난을 통해서 극명하게 나타난 죽어감도 체험했다. 아울러 바울은 생명과 죽어감을 그리스도의 생명과 죽어감으로서 체험했다—그는 생명과 죽음 속에서 그리스도를 의식했다—그 생명과 죽음은 어쨌든 그의 것이었다. 이런 체험을 '신비한' 체험이라고 불러야 할지 여부는 당연히 궁금한 문제다. 문제는 '신비주의'를 ('열광주의/광신'처럼) 사람마다 다 다르게 정의한다는 것이다.[172] 실제로 어떤 이들은 신비주의를 그리스도인의 체험을 묘사할 수 있는 표현이라기보다 반대자들을 두들겨 패는 몽둥이로 여긴다.[173] 하지만 바울이 그의 체험 속에서 고

---

172. Deissmann, *Paul* pp. 147-157을 보라: 그는 "논리적 사유를 거치지 않고 내면의 체험을 통해 곧바로 하나님에게 이르는 길을 발견하는 모든 종교적 경향에 **신비주의**라는 이름을 붙인다. 신비주의의 구성 요소는 신과 직접 접촉함이다"(p. 149); Wikenhauser, *Mysticism* pp. 13f., 95-108, 164ff.; Lindblom, *Gesichte* pp. 122f.

173. 신비주의에 초점을 맞춘 해석에 대한 Güttgemanns의 비판은 많은 점에서 귀중한 가치가 있다(pp. 102-112). 물론 그의 비판은 다소 억지스러운 고전 15:1-11 해석에 아주 크게 의존하고 있으며, 고전 15:45을 포함한 다른 본문에는 충분한 무게를 부여하지 않는다. 그럼에도 20세기 첫 수십 년 동안에 독일 학계가 무게를 두었던 호

난과 죽어감을 인식하고 있었다는 사실, 그리고 그리스도가 그 고난과 죽어감에 얽혀 있음을 인식하고 있었다는 사실은 변함이 없다. 그렇기에 그는 그의 체험을 **그리스도의** 고난과 죽음을 체험하는 것이라 이야기할 수 있었다—그가 그리스도와 죽음과 부활을 과거 역사에서 일어난 하나의 사건으로 이야기하면서도 자신의 그런 진술에 모순이 있다고 인식하지 못한 것도 그 때문이다. 우리가 이런 체험을 '신비하다'나 '영적이다'나 '영의 선물/능력에서 유래했다'고 불러야 할까? 그런 이름이 묘사하는 체험을 가능한 한 분명히 알 수 있다면, 그 체험에 무슨 이름을 붙이든 별 상관이 없을 것이다.[174]

바울이 그런 생각을 하게 된 근거는 다음과 같은 것으로 보인다. 바울은 그리스도의 고난에 동참함을 이야기하면서, 그의 신학의 기본 흐름 중 두 가지—그의 기독론과 인간론—를 결합한다. 우리가 여기서 할 수 있는 일은 그것들을 가장 간략한 줄거리만 그려보는 것이다. (1) 예수는 이 땅에서 살아가는 동안 자신을 사람과 동일시하고, 사람을 대표했으며, 아담이 초래한 타락 상태에 있던 사람과 하나가 됐다(롬 8:3, 고전 15:27, 빌 2:7f.). 그는 그의 고난과 죽음으로 그가 타락 상태에 있는 사람으로서 예상할 수 있는 유일한 종말이 무엇인가를 사람에게 보여주었다—고난과 죽음이 그 종말이었다. 그 죽음은 육의 파멸이요, 육인 사람의 파멸이었다(고후 5:14).[175] 그러나 예수의 고난과 죽음은 메시아와 관련

름이 바울을 해석할 때 '그리스도 신비주의'나 '수난 신비주의'와 관련지어 이야기해야 한다는 것을 발견한 점은 인상 깊다—그런 독일 학자에는 Bousset, Deissmann, Dibelius, Lietzmann, Schweitzer, Weiss 그리고 Windisch가 있다.

174. 아울러 Deissmann, *Paul* p. 182; Büchsel, *Geist* pp. 300ff.; Dibelius, 'Paulus und die Mystik' pp. 134-159.

175. 더 자세한 것은 Dunn, 'Paul's Understanding of the Death of Jesus,' *Reconciliation and Hope*, Morris Festschrift pp. 126-131을 보라.

된 화라는 것이 증명됐다. 예수가 마지막 아담으로서, 새 인류의 시작인 종말론적 아담으로서, 죽음을 초월하여 다시 살아났기 때문이다. (2) 죽음은 타락 상태에 있는 사람이 맞이할 유일한 종말일 뿐 아니라, 이미 그런 사람 속에서 활동하고 있다. 썩게하는 부패의 세력이 이미 활동 중이다. 이때 이 세력이 전진하게 속도를 올려주는 것이 율법(롬 8:2, 고전 15:56, 고후 3:6)과[176] 하나님의 진노(롬 1:18-32)다[177]—죄와 죄지음의 악순환은 타락 상태에 있는 사람이라는 존재의 죽음을 촉진할 뿐이다.

바울이 이 두 흐름을 결합하자, 이 두 흐름은 복음의 도전을 제시한다. 이는 복음이 하나의 선택지를 갖고 (그리스도인을 포함한) 사람과 마주하기 때문이다. 즉, 사람은 자신이 **어떻게** 죽을지 선택할 수 있다(죽을지 말지는 사람의 선택 사항이 아니다. 죽을지 말지라는 문제에서는 사람에게 선택권이 없다—좋든 싫든, 사람은 죽는다). 한편으로 보면, 사람은 오로지 육의 차원에서 사는 길(자기를 긍정하고 자기탐닉에 취한 삶)을 택할 수도 있다. 그 경우에는 죽음이 마지막에 육을 움켜쥐면 그 사람은 파멸당한다—육의 사람으로서 육의 죽음을 맞는다—이때는 죽음이 최종 결정권을 쥔다(롬 8:6, 13, 갈 6:8). 이와 달리, 사람은 그리스도와 자신을 동일시하는 길을 택할 수도 있다—자신을 활짝 열고 부활한 그리스도의 능력을 맞이할 수 있다. 이는 두 가지를 의미한다: (1) 이런 길을 택한 사람은 영의 능력을 **죽음을 초월한 생명의 능력**으로서 체험한다. 따라서 이 능력은 이 세상에 속하지 않은 능력이다. 이는 이 능력이 죽음 너머에서 오는 능력이기 때문이요 이 세상의 패턴을 따라 살아가는 삶을 적대시하는 능력이기 때문이

---

176. Bultmann, *Theology* I pp. 267f. 쿰란과 대비해 보라(위 주80).

177. 참고, Dodd, *Romans* pp. 20-29; 그러나 ('하나님의 진노'가 인격성을 갖고 있는가 여부와 관련하여) 더 균형 있는 견해를 취하는 이가 Whiteley, *Paul* pp. 64-69이다.

다.[178] 아울러 이 능력은 부패와 죽음의 세력보다 우월하다. 여기서 부패와 죽음의 세력보다 우월하다는 것은 부패와 죽음을 그치게 한다는 의미가 아니라 부패와 죽음을 겪고도 지속된다는 의미다. (2) 이런 길을 택한 사람은 영의 능력을 **죽음에서 나온 생명의 능력**으로서 체험한다. 이 능력은 그 사람의 삶 속은 물론이요 죽어감 속에서도 그를 형성하는 능력이요, 그로 하여금 이 세상에서 살아가는 삶의 태도와 욕망을 죽일 수 있게 하는 능력이며, 심지어 그가 '육 안에서' 살아가는 동안에도 육의 본성을 지닌 그 자신을 십자가에 못 박을 수 있게 해 주는 능력이다(롬 8:13, 갈 5:24). 바울은 이렇게 선물로서 위에서 주어진 생명을 체험하고, 그 자신의 몸과 도덕의 약점이 뭉쳐있는 덩어리로서 죽음을 체험하며, 다른 이들이 그에게 지운 고난과 그 자신이 자신에게 가한 굴욕이 그에게 지운 고난을 체험한다. 바울은 이처럼 복잡하게 엉켜있는 체험 속에서 십자가에 못 박혀 죽었다가 부활한 그리스도의 영을 보며, 이 그리스도의 형상이 자신 안에서 형성되고 있음을 인식한다.[179] 바로 이런 체험이 바울이 저 너머를 전혀 내다보지 않는 그 자신의 죽음으로 나아가고 있지만, 동시에 그가 이미 나아가고 있는 죽음이 그리스도 바로 그분의 죽음이며, 적어도 그리스도의 죽음과 같다는 보장과 확신을—그 죽음 너머에는 그리스도의 부활이 있고 완전한 아들의 지위가 있다는 보장과 확신을—그에게 심어준다. 죽음이 그 할 일을 다 하고 죽음의 몸이 죽으면, 영의 능력이 생명 안에서, 영적 몸 안에서 전인(全人)을 끌어안을 것이다.

요컨대, **사람이 그 자신의 삶을 살아가는 길을 택하면, 그는 그 자신**

178. 참고, Vos, 'Eschatology and the Spirit' pp. 234f.

179. 참고, E. Kamlah, 'Wie beurteilt Paulus sein Leiden?' *ZNW* 54, 1963, p. 232.

337-338

의 죽음을 맞을 것이며 그것으로 끝날 것이다. **그러나 사람이 지금 영의 능력으로 말미암아 그리스도의 죽음을 죽으면, 그는 여기에서는 물론이요 나중에도 그리스도의 생명을 누리는 삶을 살 것이다.** 이처럼 바울의 인간론과 기독론 사이에 존재하는 대립은 성령론에서 그 해결책이 드러난다. 이 해결책은 그리스도의 생명과 죽음에 동참하는 체험에서 가장 심오하고 가장 호소력 있게 표현된다.

§56. 결론

56.1. **바울은 역설과 싸움이—즉 생명과 죽음의 역설, 영과 육의 싸움이—신자의 종교적 체험을 특징짓는다고 본다.** 그것은 **도전/유혹**(*Anfechtung*)의 종교다—질문과 의심이 늘 믿음에 도전장을 던지고, 죽음이 늘 생명에 도전장을 던지며, 육이 늘 영에 도전장을 던진다(갈 5:16f.).[180] 그것은 긴장의 삶이다. 때로는 거의 견딜 수 없는 긴장이 엄습한다(롬 8:22f., 고후 5:4). 서로 대립하는 두 세계에 동시에 속해 있음에서 발생하는 긴장, 영의 생명을 알고 있지만 그 생명을 죽음의 몸을 통해 표현할 수밖에 없는 처지에서 발생하는 긴장이 엄습한다. 이 긴장은 **평생 이어지는 긴장**이다. 곧, 로마서 7:24에 나오는 좌절의 외침은 그리스도인이 평생 부르짖는 외침과 같다. 신자는 평생 동안 두 진영에 동시에 한 발씩 담근 채 살아간다(롬 7:25b, 8:10). 이렇게 살아가는 내내, 신자 앞에는 두 가능성이 존재한다. 육을 따라 걸어갈 수도 있고 영을 따라 걸어갈 수도 있다. 둘 다 현실로 존재하는 가능성이며, 이 생명이 끝나는

180. 반대 견해는 Bousset, *Kyrios Christos* p. 181.

날까지 적어도 어느 정도는 둘 다 현실로 일어나는 일이다.

회심, 영 체험, 영의 선물 체험이 신자를 이런 싸움 너머 저 위로 높여주지는 않는다는 점을 깨닫는 것이 중요하다. 바울은 분명 그를 그 자신 밖으로 데려간 체험을 알고 있다—어쩌면 그때는 그가 그 몸 밖으로 나간 체험으로 보였을지도 모른다(고후 12:2ff.). 그러나 바울은 이런 체험들이 지닌 중요성이 지극히 미미하다고 본다. **그를 하나님에게 더 가까이 데려가며 그를 통해 가장 효과 있게 역사하는 하나님의 능력으로 더 가까이 데려가는 것은 매일 약함을 체험하는 일이다**(고후 12:9f., 13:4). 만일 바울이 옳다면, 이런 긴장과 싸움을 피하려는 어떤 시도도 잘못된 생각이다.[181] 신자를 영의 사람과 육의 사람이라는 분열된 상태로 존재하는 현실에서 벗어나게 해 주는, 더 높은 차원의 체험은 존재하지 않는다. 신자가 육 안에 남아있는 한, 그는 영의 생명을 완전히 누리지 **못한다**. 이를 벗어나는 길은 둘뿐인데, 둘 다 **죽음**의 길이다. 한 길은 **앞으로 나아가는** 길이다. 육신의 죽음으로 영과 육의 싸움이 끝나는 날까지 영과 육의 싸움에 뛰어들어 싸우는 것이 바로 그 길이다. 다른 한 길은 **뒤로 가는** 길이다. 이는 싸움을 포기하고 오로지 육의 차원에서, 죽음만이 지배하는 차원에서 살아가는 삶으로 물러서는 것이며, 죽음의 길이다. 다시 말해, **유일하게 피할 수 있는 길은 죽음이다—그 죽음은 몸의 죽음일 수도 있고, 전인의 죽음일 수도 있다**.

요컨대, 바울을 진지하게 받아들이는 그리스도인이라면 바울 자신의 종교적 체험이 제시하는 이런 역설과 투쟁에 결코 놀랄 이유가 없다.

---

181. 한 측면에서 보면 기독교 역사는 그런 시도들—**그노시스**(*gnosis*)를 통한 시도, 금욕주의를 통한 시도, 신비주의를 통한 시도, '성화'를 통한 시도, '두 번째 복'을 통한 시도, '영(성령) 세례'를 통한 시도—의 역사다(참고, Dunn, 'Spirit-baptism and Pentecostalism' pp. 397-407). 아울러 본서 §34을 보라.

패배에 낙심할 이유도 없고 은혜가 투쟁에 졌다고 결론지을 이유도 없다. 오히려 그 반대로, 영적 투쟁은 생명의 표지다—영이 그 사람의 성품 형성에서 결정권을 쥐고 있음을 보여주는 표지다. 고난은 소망을 의미한다(롬 5:3ff.). 죽음은 현재 겪는 생명 체험의 일부다(고후 4:10ff.). **이제 생명은 이 몸 안에 존재하는 생명일 수밖에 없기 때문에, 영은 오로지 역설과 싸움으로서 존재할 수 있을 뿐이다. 바로 이 역설과 싸움이 건강한 종교적 체험의 표지다—이런 역설과 싸움이 없으면 건강한 종교적 체험이 아니다.** "영이 존재하지 않을 때에는 우리가 이런 싸움에서 질 때가 아니라 이런 싸움을 그칠 때다."[182]

56.2. 바울에 관한 한, **종교적 체험이 그의 삶 전체를 감싸 안고 있다.** 어떤 의미에서 보면, 이 삶 전체가 육 안에서 살아가는 삶이기 때문에 이 삶 전체는 영과 육이 싸움을 벌이는 경기장이 된다. 영을 이 싸움의 어느 부분에서라도 축출하는 것은 단지 그 부분의 삶을 육 안에서 살아가는 것에 그치지 않고 아예 육을 따라 살아가는 것이 된다. 삶에는 결단과 선택이 존재하지 않는 부분이 없으며, 모든 결단과 선택은 하나님을 따라가거나 하나님을 거역하는 선택 가운데 하나다. 로마서 6장과 골로새서 3장 같은 본문에서 직설법 문장 뒤에 곧바로 명령문이 등장하는 것도 바로 그 때문이다. 종교적 체험에는 시장과 식탁에서 내리는 결단도 들어있다(고전 10:25-31). 신자라면 어떤 지점에서든지 이 세상의 패턴에 맞춰 살기를 거부하고, 도리어 언제나 새롭게 하시는 영의 인도를 따라 변화되어야 한다—그렇게 해야 모든 선택과 결단이 하나님의 뜻을 실제 행동으로 옮기려는 시도가 된다(롬 12:2).

182. Berkhof, *Spirit* p. 78.

따라서 바울에게 종교적 체험은 단순히 더 넓은 현실 체험의 한 부분이 아니다. 그것은 단지 예배할 때만 누리는 것도 아니요 다른 신자들과 있을 때에만 누리는 것도 아니다. 그것은 특히 성례나 특별한 사역과 결합해 있는 것도 아니다. 바울이 겪은 종교적 체험은 이런저런 여러 종교적 체험 가운데 한 부분도 아니다. 그것은 일련의 영의 능력(선물) 체험으로 축소할 수도 없고, 영의 선물 하나하나를 체험하는 것으로 축소할 수도 없다. 종교적 체험은 바울의 전부를 아우른다. 바울이 올리는 예배뿐 아니라 바울이 이 세상에 속해 있음도 아우르며, 바울의 살아감과 바울의 죽어감도 아우른다. 바울은 이 세상에 대하여 죽고 육에 대하여 죽음을 이 세상을 등진 채 수도원에 들어간 수사처럼 은거하는 것으로 생각하지 않는다. 오히려 그리스도의 죽음이 바울 안에서 역사함은 바로 그가 이 세상 안에서 살아감으로써, 그의 몸이 가진 힘을 극한까지(그리고 극한 너머까지) 확장함으로써 이루어졌다. 같은 취지를 달리 표현하면 이렇게 말할 수 있겠다. 즉, 바울에겐 모든 체험이 종교적 체험이다. 모든 체험이 마지막 아담의 자취를 담고 있기 때문인즉, 곧 죄로 가득한 육의 죽어감과 능력 있는 영으로 말미암아 살아감, 그리스도의 부활의 능력과 그리스도의 고난에 동참함이라는 표지가 모든 체험에 들어있다(빌 3:10). 사실, 신자가 좌절과 패배를 당하는 체험도, **신자가 그것들을 좌절과 패배로서 체험하는 한**, 생명으로 이어지는 죽음의 일부로 볼 수 있다.

지금까지 살펴본 모든 내용이 윤리에 암시하는 결과와 결론(§40.5과 §49.2) 그리고 후대의 '성화 교리'에 암시하는 결과와 결론(§§53-55)은 이미 충분히 이야기했기를 바란다. 이런 문제를 더 상세히 다루는 것은 이 연구서의 범위를 벗어나는 일이 될 것이다.

56.3. 우리가 이번 장에서 제시한 질문은 이것이었다. 바울의 종교적 체험에서 그 체험이 그리스도인에게 독특한 체험임을 인증해 준 것은 무엇이었는가? 이 질문은 이미 누가가 초기 팔레스타인 기독교를 서술하면서 제시했는데, 영의 선물 체험이란 것이 얼마나 모호했는가(그리고 모호한가)를 우리가 인식하면서 그 질문이 더 예리해졌다—영감, 황홀경, 영적 능력 체험은 종교사에서 예외인 일이 아니었다. 다행히도 바울은 이런 질문을 잘 알고 있었으며, 우리는 그가 제시한 대답을 '**그리스도에 관한 의식**'이라는 말로 요약했다. 바울은 그 선물/능력을 베풀어 주는 영이 자신을 종말론적 영으로서 나타낼 때, 더 정확히 말하면 종말론적 사람인 예수 그리스도의 영으로서 나타낼 때 독특하게 된다고 본다. 영감과 능력이 새 시대의 표지를 갖게 되면, 죽음으로 옛 시대의 속박을 끊어버리고 다가오는 시대의 생명을 얻은 분의 표지를 갖게 되면, 그 영감과 능력은 그리스도인에게만 독특한 것이 된다. **은혜에 관한 의식은 그것이 그리스도에 관한 의식이기도 할 때에**, 다시 말해, **그 은혜가 독특하게도 예수의 삶과 죽음 그리고 부활에서 가장 충만히 나타났음을 의식할 때에 비로소 그리스도인만이 가지는 의식이 된다**.

그렇다면 결국 역사 속 예수와 믿음의 그리스도가 동일하다는 점이 그리스도인의 체험을 이런 체험과 비교할 만한 다른 종교의 체험과 구분해 준다. 19세기에서 20세기로 바뀔 즈음에 종교사 학자들은 초기 그리스도인의 체험과 같은 시대의 신비주의 제의/신앙에서 얻은 체험들의 유사점을 아주 많이 강조했지만(그런 사례들은 본서 §52.2을 보라), 그런 유사점은 특히 바로 다음의 사실에서 거듭거듭 무너지고 만다: 과거에 예수의 삶, 죽음, 부활이 유일무이하고 가장 중요한 계시 행동이었으며 이 행동이 그리스도인의 체험이 지닌 종말론적 긴장을 결정한다는 사실, 그리고 '이미 그리고 아직 아니'라는 종말론적 긴장 때문에 구원론과 윤리에서도 그리스도인만이 아주 독특하게 낼 수 있는 결론들이 나온다는 사실—능력과 영감 체험은 생명을 주는 영인 그리스도뿐 아니라 십자가에 못 박혀 죽은 그리스도에 비추어 정의되고 제약을 받아야 한다는 사실—그리고 그리스도인의 체험은 예수 그리스도 사건, 사람 예수의 성품, 그가 맺은 여러 관계와 그의 사역이 지닌 특성 및 그의 삶과 죽음이 지닌 특성에 비춰 설명해야 하고 시험해야 하며 평가해야 한다는 사실.[183] 바울은 십자가에 못 박혀 죽었다가 부활한 그리스도라는 기준에 비춰 종교적 체험과 영의 선물 체험을 판단한다. 바울이 내린 판단은 명쾌하고 단호하다. 즉, **영의 선물 체험이든 아니면 다른 체험이든, 모든 종교적 체험은, 그것이 사랑, 곧 그리스도의 사랑을 표현한 것이자 하나님이 그리스도 안에서 나타내신 사랑의 표현이 아니면 결국 아무런 가치도 없다**.

56.4. 아울러 더 일반적인 종교적 체험과 더 특별한 영의 선물 체험의 관계를 강조하는 것도 중요하다. 둘 다 바울이 생각하는 그리스도인

---

183. 참고, Dunn, *CSNT* p. 141. 더 자세한 것은 Kennedy, *Paul* pp. 146, 214f., 220-228; Schneider, *Passionsmystik* pp. 107-117; Schrenk, 'Geist' p. 117; Wikenhauser, *Mysticism* 제4장을 보라. 여러 신비가 바울의 세례에 관한 이해에 미친 영향이라는 특별한 질문에 관하여 알아보려면, R. Schnackenburg, *Baptism in the Thought of St. Paul*, ET Blackwell 1964, 특히 pp. 139-145; G. Wagner, *Pauline Baptism and the Pagan Mysteries*, ET Oliver & Boyd 1967을 보라. 종말론이 바울의 '영성'을 오리엔트-헬레니즘의 신비주의와 구분해 주는 표지로서 가지는 중요성을 알아보려면, Vos, 'Eschatology' pp. 246ff.(Reitzenstein에게 반대하는 견해를 제시한 주55도 함께); Schweitzer, *Mysticism* p. 74을 보라.

의 믿음과 종교 개념에 아주 중요하기 때문이다: (영 또는 생명의) χάρις에 대한 체험이 없으면 '그리스도 안에' 있음도 있을 수 없다. χάρισμα에 대한 체험이 없으면 공동체도 없으며 그리스도의 몸도 있을 수 없다. 영감, 능력과 계시와 말씀과 섬김으로 나타나는 영의 구체적인 표현도 모두 필요하다—이런 것들이 없으면, 은혜는 이내 지위가 되어버리고, 선물은 직무가 되어버리며, 사역은 관료주의가 되어버리고, 그리스도의 몸은 제도가 되어버리며, κοινωνία는 확장 기금이 되어버린다. 그러나 영의 선물을 늘 새롭게 체험하는 것만으로는 충분하지 않다. 영감이나 영적 능력을 체험하는 것 자체가 살아 있는 그리스도의 공동체를 만들어내지는 않으며 그리스도와 우리 사이에서 살아 있는 관계를 만들어내지 않는다. ἐν Χριστῷ('그리스도 안에')가 ἐν πνεύματι('영 안에')를 정의해야 한다.[184] 영의 선물이 영감보다 그리스도의 사랑을 많이 드러낼 때, 영의 선물 체험이 죽음과 생명, 약함 속의 능력의 역설이라는 표지를 담고 있을 때, 영의 선물 체험에 십자가에 못 박혀 죽었다가 부활하신 분의 인증 마크가 찍혀 있을 때, 비로소 그 체험은 긍정할 수 있는 체험이요 건설적인 체험이 된다(참고, 고후 5:13ff.). **영의 선물은 오로지 그리스도의 독특한 은혜를 표현할 때에만 세워주는 선물이 된다.**

56.5. 마지막으로, 우리는 제8장의 결론에서 영의 선물 체험이라는 문제 자체만 놓고 보면 예수와 바울 사이에 많은 유사성이 있음을 언급했다(§43.9). 사실 우리가 우리 탐구 범위를 영의 선물과 관련된 현상에 국한한다면, 바울은 실상 종교사에서 독립된 종교적 의미(중요성)를 지닌 인물로 등장할 것이요, 그와 예수의 연관성은 우발적이며 우연일 것

184. 참고, Percy, *Leib* pp. 35ff.

341-342

이다. 그런 결론이 여전히 가능성이 있으며, 일부 사람들은 그런 결론을 지지하는 주장을 펴고 싶을지도 모르겠다. 특히 빈디쉬는 그가 상당히 취사선택하고 절충하여 모은 예수와 바울의 비교 목록에 깊은 인상을 받아 예수를 주저 없이 '첫 그리스도인'이라 부르는가 하면 바울을 '제2의 그리스도'이자 '구원자'라 불렀다.[185] 그러나 우리가 여기서 인식해야 할 것은, 바울에 관한 한, 주(主)인 예수에게 의지함이 그의 종교적 체험 전체를 규정하는 특징이라는 것이다. 그의 종교적 체험은 아들의 지위를 체험하는 것이자 예수가 누렸던 아들의 지위를 체험하는 것으로서, 이런 일이 가능하게 된 것은 아들의 영 때문이다. 아울러 그것은 은혜 체험이요 그리스도의 은혜를 체험하는 것이다. 그것은 영 체험이요 생명과 죽음을 체험하는 것이다. 그것은 그리스도의 영을 체험하는 것이요 예수가 죽었던 죽음을 체험하는 것이다. 요컨대, 그것은 **예수를 체험하는 것이요, 그리스도에 관한 의식**, 곧 그리스도의 성품이 바울의 체험과 그 체험이 이뤄낸 결과에 새겨져 있음을 인식하는 것이다—그것은 예수의 생명과 죽음을 다시 만들어내는 생명과 죽음을 형성하는 일이며, 이런 일은 우연히 이뤄질 뿐 아니라 하나님의 능력이 일정한 목적을 갖고 행하는 행위를 통해 이뤄지기도 한다. 결국, 예수는 그저 첫 그리스도인에 그치는 이가 아니라, 그가 곧 그리스도다. 그는 옛 시대와 새 시대가 겹친 시대 속에 사로잡힌 전형적인 사람일 뿐 아니라, 원형인 사람이요 마지막 아담이다. **결국 그리스도인의 종교적 체험은 예수의 체험과 비슷한 체험일 뿐 아니라, 그 체험이 지닌 모든 독특한 점이 예수라는 주에게서 유래한 체험이요, 이렇게 그 체험의 모든 독특함이 예수라는 주에게서 유래했으며 예수라는 주에게 의존하고 있음을 인식할**

185. *Paulus und Christus* pp. 140, 236, 248f.

때에 비로소 이해할 수 있는 체험이다.

결론

제11장
기독교의 두 번째 세대 개관 그리고 맺는말

§57. 환상이 사라지다—바울의 후기 서신들

57.1. 우리가 이 연구서에서 몰두한 일은 기독교의 첫 30년 동안에 있었던 종교적 체험을, 세계사에서 가장 중요한 운동 가운데 하나의 첫 세대를 형성한 종교적 체험들을 탐구하는 것이었다. 여기서 더 나아가, 우리 연구를 첫 세대 너머의 시간으로, 두 번째 세대로 넓히는 것 역시 매력 있고 중요한 탐구 작업이 될 것이다. 그러나 이 연구서는 이미 대다수의 독자가 참고 읽어낼 수 있는 범위를 훨씬 넘어선 긴 책이 되고 말았다. 따라서 책에 들어갈 내용을 줄이려면 필요 없는 것을 많이 버려야 할 것이다. 문제는 우리가 종교적 체험을 받아들이고 알아내려고 한다면, 그런 체험을 만들어낸 삶의 상황 속에서 그 체험을 가능한 한 충실하게 살펴봐야 한다는 것이다. 우리가 바울이 말했던 영의 선물/능력을 체험하는 공동체에 대한 개념을 두루 이해할 수 있게 해 주는 것은 결국 우리가 고린도의 상황에 관하여 갖고 있는 지식뿐이다. 사실 우리

는 신약성경의 다른 대다수의 문서를 연구하는 경우에도 그런 지식을 마음만 먹으면 쉬이 활용할 수 있는 형태로 갖고 있지 않다. 따라서 우리가 연구 범위를 기독교 두 번째 세대와 그 뒤까지 넓히려면 공관복음과 바울서신이 아닌 서신을 아주 꼼꼼하고 정밀하게 조사해야 할 것이다. 그렇지만 우리가 많은 증거 조사를 한 뒤에도 우리가 발견한 것은 때로 가정과 추측의 영역을 넘어선 것에 불과할 때도 종종 있을 것이다.

우리가 예외로 제시할 수 있는 것은 둘뿐이다. 바울의 후기 서신과 요한 문헌이 그 둘이다. 내가 이 두 예외를 살펴보려 하는 이유는, 영의 선물을 체험하는 공동체를 꿈꾸었던 바울의 비전은 우리 심장을 뛰게 하고 흥미를 불러일으키는 것이어서 그런 비전이 바울계 교회의 구체적인 상황 속에서 실제로 이뤄졌는지 그리고 그런 비전이 시간의 검증을 이겨내고 여전히 유효한 비전으로 살아남았는지 물어볼 수밖에 없기 때문이다. 마찬가지로 바울은 그의 기독론과 영적 체험을 연계했는데, 둘 사이에 존재하는 이런 연관관계는 오직 생명력 있는 종교적 체험만이 유지할 수 있었던 역동적 종합(dynamic synthesis)을 제공했다. 그 종합은 계속 이어졌는가? 바울의 후기 서신과 요한 문헌은 이런 질문에 가장 분명한 대답을 우리에게 제공한다. 따라서—우리가 설령 서로 관련된 많은 이슈를 탐구하기가 불가능하여 우리가 할 일을 기독교 두 번째 세대에 관한 대답의 큰 줄거리만 묘사하는 것으로 국한해야 한다고 할지라도—우리가 기독교 첫 세대에 관한 우리 연구를 기독교 두 번째 세대에 관한 대답으로 마무리하는 것만이 적절하다.

57.2. 그리스도의 영의 통제를 받으며 영의 선물/능력을 체험하는 공동체를 꿈꾸었던 바울의 비전이 현실로 이뤄졌는지 살펴보면, **그 비**

345-346

전이 바울이 세상을 뜬 뒤에도 현실로 구현된 것 같지는 않다. 물론 이런 대답은 바울서신 가운데 바울이 정말 쓴 서신인가를 놓고 가장 논쟁이 많은 서신들과 관련이 있다—골로새서, 에베소서 그리고 목회서신이 그런 서신이다. 우리의 특별한 탐구 영역이 어떤 길잡이를 제공하든 그 길잡이를 그대로 따른다면, 증거가 우리에게 요구하는 결론은 골로새서와 에베소서가 진정한 바울서신이 자리한 영역의 가장자리이며, 목회서신은 적어도 그다음 세대에 속하는 서신이라는 것이다.

이 서신 가운데 바울이 썼다는 주장이 가장 많은 서신은 **골로새서**다. 그러나 영을 언급하는 곳이 아주 적다는 것은 놀라우며(1:8, 2:5[?]; πνευματικός—1:9, 3:16), 또한 '교회'라는 개념이 더 커지고 있다(1:18, 그러나 4:15f.도 함께 보라). 그러다 보니 결국 우리는 그리스도를 '교회라는 몸의 머리'로 묘사한 말(1:18, 2:19)에서 뭔가 바울의 비전에서 뒷걸음질친 모습을 인정할 수밖에 없을 것 같다. 골로새 교회를 위협한 문제는 성격상 기독론과 훨씬 많이 관련되어 있다. 저자가 이 문제를 해결하려면 그리스도에 초점을 맞추되, 예수와 영, 영과 공동체를 묶어주는 끈을 느슨하게 하는 식으로 초점을 맞출 수밖에 없었다.[1] 어떤 이들은 이것이 증거를 너무 깊이 파고들며 읽은 게 아니냐고 느끼면서 1:8f., 1:29, 3:16과 바울이 썼다는 데 논쟁이 없는 서신 사이의 유사점들을 강조하길 선호할지도 모르겠는데, 어쩌면 그들의 입장이 옳을지도 모르겠다. 그런가 하면 또 다른 이들은 영의 선물을 체험하는 공동체가 무질서와 거짓 가르침에 맞설 그 나름의 보호 수단을 제공해 주리라는 그의 소망을 제약하기 시작하면서, 비록 더 정규화된 사역은 아닐지라도, 더 형태를 갖춘

1. 더 자세한 것은 E. Schweizer, 'Christus und Geist im Kolosserbrief,' *CSNT* pp. 297-313을 보라.

기독론을 통해 더 체계 잡힌 억제책을 찾기 시작한 이가 바로 바울 자신이라고 결론짓고 싶어 할지도 모르겠다(참고, 1:26, 2:19).[2]

바울이 **에베소서**를 쓰지 않았다는 주장은, 우리 관점에서 볼 때, 더 강하기도 하고 더 약하기도 하다. 한편으로 보면, 에베소서가 전개하는 기독론의 발전 정도는 골로새서의 기독론과 같지만, 에베소서가 제시하는 교회론은 골로새서의 그것보다 현저히 앞서 있다. 에베소서는 ἐκκλησία를 오로지 보편 교회를 가리키는 말로 사용한다(1:22, 3:10, 21, 5:23-25, 27, 29, 32). 또 2:20은 첫 세대 지도자들을 숭앙하는 두 번째 세대의 분위기를 들려준다. 그렇게 볼 경우, 오직 복음을 전하는 자, 목자, 그리고 교사**만을** 사도 및 예언자와 더불어 교회에 주어진 선물(δόμαρα)로 열거한 것(4:11)은 영의 선물을 체험하는 공동체의 자율(自律)을 추구하는 경향이라기보다 정규 직무를 공동체의 통일을 보장하는 방안으로 여기고 정규 직무에 기대를 갖게 된 경향을 암시하는 것 같다.[3] 다른 한편으로 보면, 성령론은 바울의 성령론과 훨씬 많이 비슷하다(1:13, 17, 4:23, 30, 5:18f., 6:17f.). 특히 우리는 3:16과 17절이 암시하는 영 기독론(Spirit Christology)을 언급하지 않을 수 없으며, 에베소서 4:3과 고린도전서 12:13 사이에, 에베소서 4:7과 로마서 12:3 및 고린도전서 12:11 사이에("각 사람에게"), 그리고 에베소서 4:12ff.와 로마서 12:4ff. 및 고린도전서 12:14-27 사이에 존재하는 명백한 평행 관계를 언급하지 않을 수 없다. 이런 평행 관계가 양자의 형태 사이에 존재하는 평행 관계에 그치지 않고(5:18f.을 주목하라), 에베소서 4장과 로마서 12장 그리고 고린도전서 12장(아울러 엡 4:25, 5:30을 보라)이 각각 묘사하는 상황 사이에 존재하는 평행 관계도 반

2. Schweizer, *Church Order* 8c.
3. 참고, Schnackenburg, *CSNT* p. 295.

영하는지는 확실히 논쟁의 여지가 있다. 이와 같이 볼 경우, 4:11의 '선물'은 직무일 가능성이 떨어지며, 이 '선물'은 십중팔구 고린도전서 12:28의 예언자와 교사 그리고 빌립보서 1:1의 '감독과 집사'처럼 정규 사역으로 이해하는 쪽이 더 나을 것이다(본서 §48을 보라). 요컨대, 우리가 진정으로 바울이 쓴 서신을 다룰 경우, 바울이 그 서신에서 말하는, 영의 선물을 체험하는 공동체는 여전히 생생한 실재다. 그러나 바울이 떠난 뒤의 상황에서는 영의 선물/능력에 기초한 사역이 더 제한된 것처럼, 그리고 (어떤 형식을 통해?) 인정받은 사역에 길을 내주고 뒤로 물러나기 시작한 것처럼 보인다.

57.3. 하지만 우리가 **목회서신**을 다루게 되면 완전히 다른 세계로 들어가게 된다. 우리가 진정한 바울의 성령론에 가장 가까이 다가갈 수 있는 곳이 디모데후서 1:7(그러나 '소심함'[두려워하는 마음]과 '절제'는 성격상 바울스럽지 않다)과 디도서 3:5-7(형식상 저자가 보존해 놓은 '신실한 말' 가운데 하나)이다. 마찬가지로, 바울이 말하는 생명-죽음의 '그리스도 신비주의'(Christ-mysticism)와 가장 비슷한 곳이 디모데후서 1:8(그러나 '네 몫의 고난을 받으라'는 오직 디모데후서에만 나온다)과 디모데후서 2:11인데, 이 디모데후서 2:11 역시 '신실한 말'이다—즉 디모데후서 저자로부터 비롯된 것이 아니라 저자에 의해 보존되고 전승된 말이다.[4] 사역과 관련하여 다음과 같은 사실만 언급하면 되겠다. (1) 바울서신 전체에서 처음이자 유일하게 장로가 등장한다(딤전 5:1f., 17, 19, 딛 1:5). 여기서 필시 우리는 유대 기독교 교회 질서가 두 번째 세대 기독교와 세 번째 세대 기독교의 초기 보편

4. 논의를 살펴보려면, G. W. Knight, *The Faithful Sayings in the Pastoral Letters*, Kampen 1968, 제5장과 제6장을 보라.

주의 시대 때 바울계 교회 안에서 등장했던, 더 형식을 갖춘 질서와 결합하는 모습을 보는 것 같다.[5] (2) '감독'(딤전 3:1-7, 딛 1:7ff.)과[6] '집사'(딤전 3:8-13)는 이제 확립된 직무를 묘사하는 말로서 등장한다(ἐπισκοπή, '감독자의 직무'—딤전 3:1). '감독'은 '장로'를 가리키는 다른 이름일 수 있다(초기 보편주의 시절의 동의어). 만일 둘이 다른 직무를 가리키는 말이라면 디모데전서 3장이 장로를 전혀 언급하지 않은 것이 오히려 이상하다(아울러 딛 1:5ff.을 보라). 그런가 하면, 감독이 장로 가운데서 특별한 지도자 기능을 수행하도록 임명받은 이를 가리키는 말일 수도 있다(딤전 3:4f.). 본문은 감독과 집사의 기능을 분명하게 말하지 않는다. 그러나 디모데전서 3장이 제시하는 내용은 집사가 감독보다 아래임을 시사한다.[7] 아울러 에베소에서는 우리가 2세기 기독교에서 꾸준히 발견할 수 있고 교회의 인정을 받았던 과부 모임이 분명 이미 확립된 모임으로 자리 잡았음은 주목할 만하다(딤전 5:3-16).[8] (3) 특히 고려해야 할 것이 디모데와 디도의 위치다. 이들이 에베소 공동체 및 크레타 공동체와 정확히 어떤 관계인가는

---

5. 참고, von Campenhausen, *Authority* pp. 77f.; J. Knox, 'The Ministry in the Primitive Church,' *The Ministry in Historical Perspectives*, ed. R. R. Niebuhr & D. D. Williams, Harper & Row 1956, pp. 21f. 하지만 J. P. Meier, 'Presbyteros in the Pastoral Epistles,' *CBQ* 35, 1973, pp. 323-345은 "위계 구조의 '진전된 상태'"(!)가 목회서신을 바울이 지었다는 주장을 무효로 만들지는 않는다고 생각한다. 베드로전서는 필시 바울의 영향이 아직 살아있었지만 장로 제도가 이미 확립됐던 앞 시대의 상황을 반영하는 것 같다. 4:10f.과 5:1ff.을 참고하라(참고, Schweizer, *Church Order* 9b).
6. 두 경우에 모두 등장하는 단수형 ἐπίσκοπος는, '장로들'과 겹침이 암시하듯이, 십중팔구 총칭하는 말로 받아들여야 할 것이다. 우리는 아직 군주제 같은 감독 제도(주교 제도) 상황에 있지 않다.
7. 아주 견고한 입장이 Kelly, *Pastorals* p. 13이다.
8. Ignatius, *Smyrn*. 13.1; *Polyc*. 4.1.; Polycarp, *Phil*. 4.3; Hermas, *Vis*. II.4.3.; Tertullian, *de.Virg.Vel*. 9; *de Pud*. 9; 아울러 Lucian, *Peregr*. 12을 보라.

분명치 않다. 그러나 분명 이들은 장로, 감독, 집사보다 위에 있다. 어쩌면 가장 놀라운 점은 디모데 서신과 디도서의 수신인이 오로지 이들뿐이라는 사실이 아닐까 싶다. 그런 점에서 공동체에서 일어나는 일들을 규율할 책임은 1차로 이들에게 있었던 것 같다.[9] 특히 디모데 서신과 디도서는 디모데와 디도를 바울 자신이 직접 행사한 적이 없고 그와 가장 가까운 동역자를 통해서도 행사한 적이 없는 권위를 행사하는 이로 묘사한다(딤전 5:17-22, 딛 1:5f.; 딤후 2:2을 참고하라; 고전 4:17, 16:15-18, 골 4:7f., 살전 5:12ff.와 대비해 보라).[10]

우리가 탐구하는 관점에서 보아 가장 중요한 점은 바울이 생각했던 χάρισμα 개념이 바뀌었다는 것이다. F. 그라우(Grau)는 더 설명할 만한 가치가 있는 점을 셋 언급했다.[11] (a) χάρισμα는 이제 더 이상 서로 다른 여러 신자가 모든 이에게 유익이 되게 행사해야 했던 아주 다양한 섬김, 특별한 말과 행위를 가리키는 것 같지 않다. 목회서신은 χάρισμα를 오로지 디모데를 언급할 때에만 사용한다(딤전 4:14, 딤후 1:6). 그것은 전에 그에게 주어진 하나의 선물이며, 이 선물은 그로 하여금 서로 다른 여러 책임을 감당하게 하고 그에게 지위와 권위를 부여한다. 권면과 가르침(특히 딤전 4:13) 자체는 더 이상 영의 선물이 아니라, 디모데가 늘 감당하는 책임 가운데 일부일 뿐이다.[12] 요컨대, **영의 선물은 직무에 따르는 힘**

---

9. 참고, N. Brox, 'Amt, Kirche und Theologie in der nachapostolischen Epoche — Die Pastoralbriefe,' *Gestalt und Anspruch des Neuen Testament*, hrsg. J. Schreiner, Würzburg 1969, pp. 120ff.
10. 더 충실한 논의를 보려면, 특히 Roloff, *Apostolat* 제5장; H. Maehlum, *Die Vollmacht des Timotheus nach den Pastoralbriefen*, Basel 1969을 보라.
11. Grau pp. 80-89.
12. 참고, Bultmann, *Theology* II pp. 105, 108. 딤전 2:12은 필시 직무 기능을 염두에 두고 제시한 가르침일 것이다: "가르치는, 또는 사람들에게 권위를 가지는"(참고, 딤

이 됐다.[13] (b) 목회서신에서 χάρισμα는 그 역동성을 잃었다. 이제 영의 선물은 더 이상 은혜의 개별적 표현이 아니라 디모데가 **소유하는** 힘이나 능력을, 그가 **그 안에 갖고 있는** 힘이나 능력을 가리킨다(딤전 4:14, 딤후 1:6). 디모데는 그 힘이나 능력을 자극하여 행동으로 옮길 수 있다. (c) 영의 선물은, 초기 바울 문헌에서 나타나는 영의 선물과 달리, 이제 더 이상 영이 철저히 거저 주는 선물이 아니다. 오히려 영의 선물은 어떤 안수 행위를 거쳐 단번에 주어지는 선물이다—"장로로서 안수 받음과 동시에 예언을 통해[14]"(딤전 4:14),[15] "내(바울의) 안수를 통해"(딤후 1:6).[16] 게

전 3:2, 딛 1:9). 기도만이 회중 전체가 한 활동인 것 같다(딤전 2:8).

13. 참고, Goguel, *Church* pp. 71, 118; Friedrich, 'Geist' p. 85; Käsemann, *ENTT* pp. 86ff. Wobbe는 오로지 목회서신만을 근거로 삼아 영의 선물을 직무에 주어진 은혜(Amtsgande)로 다룬다(pp. 67-70).

14. 오로지 예언만을 특별히 언급하는 경우들을 보면(딤전 1:18, 4:14), 그것 역시 과거에 속하며 디모데를 안수하여 세운 의식의 일부였다(그러나 1:18의 προαγούσας는 디모데를 안수하여 세우기 전에 주어진 예언의 말을 가리킬 수도 있다). 예언도 형식을 갖춘 좋은 질서의 일부였을까? 4:1의 '영이 분명히 말한다'는 계속 이어지는 예언 활동을 암시하는 말일 수도 있다. 그러나 필시 그것은 과거에 주어진 예언의 말, 즉 저자가 이 서신을 쓸 때인 '후대'보다 **앞선** 시대에 주어진 예언의 말에 호소한 것일 개연성이 크다(Schweizer, *Church Order* 6c; 참고, C. Spicq, *Les Épitres Pastorales*, EB 1947, p. 136). 사실 이 문구는 '성령이 외치고 말한다'와 같이 랍비들이 늘 사용하던 문구처럼 전승으로 내려온 말을 소개할 때 사용하던, 이미 확립된 말일 수도 있다(본서 제8장 주218을 보라). 참고, 아래 (d).

15. 이렇게 해석하는 견해를 보려면, Daube, *Rabbinic Judaism* pp. 224-246; J. Jeremias, '*ΠΡΕΣΒΥΤΕΡΙΟΝ* ausserchristlich bezeugt,' *ZNW* 48, 1957, pp. 127-132; 이를 따르는 이들이 Kelly, *Pastorals* pp. 107f.; C. K. Barrett, *The Pastoral Epistles*, Oxford 1963, p. 72; G. Holtz, *Die Pastoralbriefe*, THNT 1965, p. 111이다. 아울러 Hasenhüttl pp. 247ff.의 논의를 보라.

16. Von Campenhausen, *Authority* p. 116; Bultmann, *Theology* II pp. 104, 106f. Käsemann은 우리가 딤전 6:11-16에서 서품(서임) 때 부여한 책임의 형태로 보존되어 있는 것 가운데 가장 이른 시기의 것 중 하나를 발견한다고 주장한다—'Das Formular einer neutestamentlichen Ordinationsparänese,' *Neutestamentliche*

다가 우리가 주목해야 할 것이 더 있다. (d) 바울이 훌륭하게 이뤄냈던 예언과 가르침의 균형, 곧 늘 현존하는 종말론적 영의 새로운 계시와 이미 확립된 전승의 전달 및 해석 사이에 존재했던 균형이 사라져버린 것 같다는 점이 그것이다.[17] 이제는 교리와 관련된 과거의 진술을 보존하려는 관심사가 철저히 지배하고 있다—'건전한 가르침/교리', '신실한 말', '건전한 말', '믿음'.[18] 영은 과거가 물려준 전승이라는 유산을 보호할 힘이 됐다(φύλαξον διὰ πνεύματος ἁγίου—딤후 1:14).[19] 심지어 바울 자신을 묘사할 때에도 전승의 저자라기보다 전승을 지키는 자로 묘사할 때가 많다(딤후 1:12).[20]

그 뒤 영의 선물을 체험하는 공동체라는 비전은 분명히 사라졌고, 사역과 권위는 소수의 특권이 됐으며, 그리스도-영 체험은 그 생명력을 잃어버리고, 과거를 보존하는 것이 현재와 미래를 향한 개방성보다 중요하게 됐다. **영과 영의 선물은 사실상 직무와 의식**(*ritual*) **그리고 전통에 종속됐다**—정녕 초기 가톨릭교라 부를 만했다! 왜 이렇게 되어야 했는지 우리는 알 수 없다. 어쩌면 바울이 죽은 뒤에 열광주의자들이 바울계

Studien für Rudolf Bultmann, Berlin ^{2}1957, pp. 261-268.

17. 참고, Schweizer, *Church Order* 6c.
18. 건전한 가르침/교리—딤전 1:10, 딤후 4:3, 딛 1:9, 2:1; 참고, 딤전 4:6, 16, 6:1, 3, 딤후 2:2, 딛 2:20.
    신실한 말—딤전 1:15, 3:1, 4:9, 딤후 2:11, 딛 1:9, 3:8.
    건전한 말—딤전 6:3, 딤후 1:13; 참고, 딤후 2:15.
    믿음—딤전 3:9, 4:1, 6, 5:8, 6:10, 12, 21, 딤후 3:8, 4:7, 딛 1:13, 2:2.
    믿고 맡긴 것—딤전 6:20, 딤후 1:12, 14.
19. 참고, Schweizer, *Church Order* 6d; Hasenhüttl pp. 254ff. 이곳이 목회서신에서 영의 '내주'를 말하는 유일한 곳이다.
20. Roloff, *Apostolat* pp. 248f.

348-349

교회 안에서 승리를 거두면서,[21] 영의 선물을 체험하는 공동체가 제 구실을 못함에 따라 어쩔 수 없이 무질서와 자기 파멸이라는 결말로 이어졌는지도 모른다. 어쩌면 목회서신 자체도 2세기 후반에 교회에 아주 심각한 도전을 제기했던 몬타누스주의의 선구자이자 앞서 나타났던 열광주의 성향의 지나친 움직임이 다시 나타난 것에 대한 반응으로 기록됐을지도 모른다.[22] 어쨌든 목회서신 저자가 기독교를 유지할 수 있는 유일한 길이라 느꼈던 것은 믿음을 일정한 형식으로 정립하고 교회를 제도화하는 것이었다. 그러나 이 저자는 이렇게 할 때 그 자신이 조심하라고 경고했던 바로 그 잘못—경건의 외형은 유지하고 그 속에 있는 능력은 부인해 버리는 잘못(딤후 3:5)?—에 빠지지 않았다. 확실히 바울이 종교적 체험을 다룬 내용에서 볼 수 있었던 커다란 독특함이 거의 다 사라진 것처럼 보였을 것이다.

그렇다면 목회서신은 점차 진행되어가던 제도화의 첫 사례일지도 모른다. 신선한 종교적 체험의 유연성이 경직된 형태로 굳어지기 시작할 때, 그렇게 진행되던 제도화가 기독교 두 번째 세대와 세 번째 세대에 나타난 수많은 영적 갱신 운동을 괴롭힌 것 같다. 두 번째 세대(또는 세 번째 세대)에 이르자 그들 자신의 하나님 체험을 토대로 창조적 삶을 살아갈 수 있는 사람들이 줄어들었다. 결국 이 세대 사람들은 기독교가 탄생하던 시대의 믿음을 '유일한 믿음'(the faith)으로 다룰 수밖에 없었다. 첫 번째 세대의 영적 체험을 생생하게 표현해 주었던 가르침은 이제 신성한 말씀이 되고, 보존하고 수호하며 후대에 물려주더라도 다시 새

21. Käsemann, *ENTT* p. 93.
22. J. M. Ford, 'A Note on Proto-Montanism in Pastoral Epistles,' *NTS* 17, 1970-1971, pp. 338-346.

롭게 해석해서는 안 되는, 그냥 받들어야 하는 유산이 됐다. 현재의 종교를 낳은 원천들은 거의 다 과거의 것이 되어 버렸다. 이제 현재는 사실상 과거의 종교를 미래로 차질 없이 전달해 줄 수 있는 통로일 뿐이다. 한마디로, 첫 번째 세대의 종교적 체험이 가졌던 생명력은 대부분 사라져버리고, 두 번째 세대는 불가능한 일을—즉 과거의 종교적 체험을 바탕으로 현재를 살아가는 일을—시도하기 시작한다. 목회서신에서는 이런 일이 아직 충분히 일어나지 않았지만, 이 과정은 이미 상당히 진척됐으며, 어쩌면 이미 되돌릴 수 없는 상황으로까지 나아갔을지도 모른다.

§58. 요한의 다른 견해

목회서신이 바울 시대에 존재했던 생명력과 바울이 품었던 비전이 사라졌음을 증언한다면, 요한 문헌은 1세기의 80년대와 90년대에도 여전히 불꽃이 환히 타오르고 영 체험이 신선한 비전을 만들어내던 그리스도인과 그리스도인 공동체가 있었음을 증언한다. 예를 들면, '생명', '사랑', '앎', '믿음' 같은 말이 요한복음과 요한서신에서 아주 꾸준히 등장할 뿐 아니라 심지어 바울서신에서보다 빈번히 등장한다는 사실, 그리고 요한복음 3:5-8, 3:34(?), 4:10-14, 6:63, 7:37-39, 14:17, 요한일서 2:20, 27, 3:24, 4:13, 5:6-10 같은 본문은 종교적 체험의 생명력을 생생히 증명한다.[23] 이 말들이, 특히 힘이 넘치는 은유들이, 뭔가 가리키는 것이 있다면, 요한 공동체가 오로지 영 덕분이라고 말할 수 있었던 생생

23. 더 자세한 것은 Dunn, *Baptism* 제15장과 제16장을 보라.

한 종교적 체험을 가리킬 것이다. 관련 자료를 더 꼼꼼히 살펴보면, 요한이 바울이 품었던 비전의 주요 특징 가운데 몇 가지를 재차 강조하긴 했지만, 동시에 요한 자신의 종교적 체험 개념이 바울의 그것과 다른 독특한 특징을 갖고 있었다는 것이 드러난다.

58.1. **영은 예수의 영이다**—즉 영은 예수가 했던 **일**을 계속 이어간다. 실제로 우리는 이를 더 강하게 표현하여, 영이 예수의 **임재**를 계속 이어간다고 말할 수도 있다. 요한은 이를 다양한 방식으로 표현한다. 우선 요한복음 1:32f.은 그것을 이렇게 암시한다: 영이 예수 위로 내려와 그 위에 머물렀다(ἔμεινεν ἐπ' αὐτόν). 즉, 예수와 영의 연합이 예수의 사역 내내 이어지며 예수가 높이 올림을 받은 뒤에도 이어진다.[24] 6:62f.과 7:37ff.도 그것을 암시하는데, 이 본문을 보면, 예수의 몸/살을 먹음과 예수에게서 나온 물을 마심을 표현하는 언어가 생명을 주는 영을 믿음으로 받아들임을 상징한다는 것이 분명히 드러난다.[25] 예수의 사역과 '보혜사'(Paraclete)의 사역 사이에 존재하는 '직렬 병행'(tandem) 관계 내지 평행 관계도 그것을 암시한다: 예를 들면, 둘 다 모두 아버지에게서 나오고(15:26, 16:27f.), 둘 다 아버지가 주시고 보내시며(3:16f., 14:16, 26), 둘 다 제자들을 가르치고(6:59, 7:14, 28, 8:20, 14:26), 둘 다 세상이 알지 못한다(14:17, 16:3).[26] 19:30 그리고 (십중팔구는) 20:30도 그것을 암시하는데, 이

24. H. Schlier, 'Zum Begriff des Geistes nach dem Johannesevangelium,' *Neutestamentliche Aufsätze: Festschrift für J. Schmid*, hrsg. J. Blizler, O. Kuss, F. Mussner, Regensburg 1963, p. 233.

25. Dunn, 'John 6 — A Eucharistic Discourse?,' *NTS* 17, 1970-1971, pp. 336ff.; 아울러 *Baptism* pp. 179f., 184ff.을 보라.

26. 더 자세한 것은 G. Bornkamm, 'Der Paraklet im Johannes-evangelium,' *Geschichte und Glaube* I, München 1968, p. 69; R. E. Brown, 'The Paraclete in the Fourth

본문들은 영을 예수의 영(spirit)/숨으로 묘사한다.[27] 예수와 영의 그런 관계는 무엇보다 영을 '**다른** 보혜사'나 조언자로 분명하게 묘사하는 내용이 일러주는데, 이런 부분에서는 예수를 분명 **첫 번째** 보혜사로 이해한다(요일 2:1).[28] 예수가 다시 와서 그 제자들 안에 거하겠다는 약속이 영의 옴으로 말미암아 분명하게 이뤄졌다는 사실도 예수와 영의 그런 관계를 일러준다(14:15-26).[29] 요컨대, "예수가 떠나고 없을 때에는 보혜사가 곧 예수의 임재다."[30]

여기서 설명하고 넘어가야 할 것이 둘 있다. 첫째, 요한은 영과 예수를 이런 식으로 관련지으면서 바울이 했던 일을 하고 있다. 곧, **요한이 말하는 '다른 보혜사'는 바울이 말하는 '예수의 영'이다**. 영은 바울뿐 아니라 요한에게도 하나님의 비인격적인 능력이 아니었다. 새 생명을 체험한다는 것만으로는 영의 활동을 충분히 특징짓지 못한다(3:5-8, 4:10-14, 6:63, 7:37ff., 20:22). 영은 더 충만한 혹은 더 정확한 특성을 갖고 있다—즉 예수의 특성을 갖고 있다: **예수의 인격성이 영의 인격성이 됐다**. 계시(와 지혜)의 로고스(말씀)를 이 땅의 예수와 동일시하고 그 로고스에 예수의 특성이 새겨져 있다고 말하듯이(1:1-18), 계시의 영을 하늘에 있는 예수와 결합하고 그 영에 예수의 인격성이 찍혀 있다고 말한다.[31] 둘째, 이렇게

Gospel,' *NTS* 13, 1966-1967, pp. 126ff.을 보라.

27. 참고, Dunn, *Baptism* pp. 177, 180.
28. Παράκλητος의 배경과 의미를 살펴보려면, 특히 Brown, 'Paraclete' pp. 113-132; G. Johnston, *The Spirit-Paraclete in the Gospel of John*, Cambridge 1970, 제7장을 보라.
29. Bultmann, *Theology* II p. 90; Schlier, 'Begriff' pp. 235f.; Brown, *John* pp. 644f.
30. Brown, 'Paraclete' p. 128.
31. Johnston은 '요한은 어떤 영을 예수 안에서 육이 된 로고스의 후계자로 제시하는 것은 터무니없다고 여겼을 것이다'라고 말한다(*Spirit-Paraclete* p. 114; 아울러 p. 95을 보라). 그러나 그것은 단순히 '어떤 영'이 **아니다**.

예수와 영을 동일시함이 중요한 것은 이런 동일시가 **신자와 예수의 직접적인 연속성**을 제공하기 때문이다. 요한과 역사 속 예수 사이의 시간 간극이 길어지고 예수의 강림이 계속 늦어진다고 하여 그것이 곧 각 세대 그리스도인과 그리스도의 거리가 계속하여 점점 더 멀어짐을 의미하지는 않는다. 오히려 그 반대로, 각 세대는 마지막 세대만큼이나—그리고 첫 번째 세대만큼이나—예수와 가깝다. 보혜사가 각 세대에 속한 예수의 제자들과 예수를 직접 이어주기 때문이다. 즉, 그런 연결고리와 연속성은 성례나 직무나 인물이 제공하는 게 아니라, 영이 제공한다.[32] 그리스도인의 체험이 가지는 생명력은 사라지지 않는다. 역사 속 예수는 과거 속으로 사라지고 예수의 옴이 미래 속으로 사라졌기 때문이다. 그리스도인의 체험이 계속해서 생명력을 가지는 이유는 영이 다른 보혜사로서 지금 여기서 역사하기 때문이다.

58.2. **영과 케리그마 전승**. 바울은 이 둘이 역동적인 상호작용을 펼치게 함으로써 현재를 과거의 희생 제물로 삼거나 과거를 현재의 희생 제물로 삼음이 없이 영의 선물을 베풀어주는 영을 통제할 또 다른 수단을 마련했다(본서 §48.3과 §49.2을 보라). 목회서신은 이런 균형을 과거에서 내려온 전승을 지지하는 쪽으로 제시하면서 영을 거의 철저히 그 전승에 종속시킨 것으로 보인다. 반면, 요한은 선례를 그냥 따르지 않고 **현재의 영과 최초 복음 사이의 변증법에 훨씬 더 예리하게 초점을 맞춘다**. 요한복음에서는 이런 점이 14:26과 16:12ff.에서 보혜사에 부여한 역할에서 가장 분명하게 나타난다. 이런 구절들이 계속 이어지고 있는 영의 계시 사역과 이미 주어진 계시 사이에 균형을 성취하고 있음을 주목하

32. 참고, Brown, 'Paraclete' pp. 128ff.; Dunn, *Baptism* p. 194.

라. 14:26은 "그가 너희에게 모든 것을 가르치리라"라고 말하는데, 이 가르침에는 예수가 이 땅에 있던 동안에 제자들에게 가르치지 못했던 가르침이 들어있는 게 틀림없다(참고, 16:12). 이어 "내가 너희에게 말한 모든 것을 마음에 새기게/기억나게 하리라"라고 말하는데(참고, 15:15), 이는 새로운 계시가 최초에 주어졌던 계시를 계속해서 확인하고 검증하리라는 것을 일러준다.[33] 16:12ff.는 "그가 너희를 모든 진리 안으로[34] 인도하리라"(새 계시—12절)라고 말한 뒤, "그가 그 자신의 권위로 말하지 않으리라"(**예수가 진리다**—14:6)라는 말로 균형을 잡는다. 그런 뒤 다시 "그가 장차 있을 일을 너희에게 선포하리라(ἀναγγελεῖ)"라고 말한 뒤, "그가 나를 영화롭게 하리니, 이는 그가 내 것을 취하여 너희에게 선포하겠기(ἀναγγελεῖ) 때문이다"라는 말로 균형을 잡는다. 요한이 생각하는 계시 개념의 변증법이 '선포할 것이다'(ἀναγγελεῖ)라는 한 단어에 집약되어 있다. 이는 이 단어가 '**다시** 선언하다', '**다시** 선포하다'라는 의미를 가질 수 있기 때문이다. 그러나 이 말이 16:13에서는, 4:25에서와 마찬가지로, 새로운 정보, 새로운 계시라는 개념을 담고 있는 게 틀림없다(참고, 사 42:9, 44:7, 46:10).[35] 물론 이런 새로운 계시는 사실 재해석이라는 방법을 통해 옛 계시에서 끄집어낸다.[36] 이 본문 전체는 물론이요 이 단어를 봐

33. 참고, S. Schulz, *Das Evangelium nach Johannes*, NTD 1972, p. 192.

34. εἰς로 읽어야 하는지 ἐν으로 읽어야 하는지를 놓고 텍스트에 혼란이 있다. 가령 Brown, *John* p. 707의 논의를 보라.

35. 참고, C. K. Barrett, *The Gospel according to St John*, SPCK 1955, p. 408; R. H. Lightfoot, *St John's Gospel*, Oxford 1956, p. 287; Conzelmann, *Outline* pp. 357f. 요 16:13의 τὰ ἐρχόμενα ἀναγγελεῖ ὑμῖν은 아마도 사 44:7을 암시하는 내용을 담고 있는 것 같다—τὰ ἐρχόμενα πρὸ τοῦ ἐλθεῖν ἀναγγειλάτωσαν ὑμῖν.

36. 특히 F. Mussner, 'Die johanneischen Parakletsprüche und die apostolischen Tradition,' *BZ* 5, 1961, pp. 59-64; 아울러 *The Historical Jesus in the Gospel of St John*, ET Herder 1967, 제5장; Brown, *John* pp. 708, 714ff.; 참고, Bultmann, *John*

도, 현재의 영감과 과거에 관한 해석이 **역동성이 넘치는 창조적인 종교 체험** 속에서 하나로 결합되어 있다.

우리가 **요한이 필시 자신의 복음을 이렇게 영감을 불어넣어주는 영의 산물로 여기곤 했다는 것**을 깨닫는 순간, 영의 이런 해석 작업이 요한에게 의미했던 것이 분명하게 드러난다.[37] 그 자신의 작품은 바로 이런 약속들의 성취였다. 실제로 이런 약속들이 은연중에 그의 복음을 변호하는 변증일 수도 있다. 요한이 역사 속 예수의 말과 행위를 다루는 방식은 영이 예수를 새로운 세대에게 해석해 주고 새로운 세대 사람들을 예수의 진리로 인도하는 방식의 전형이다. 즉, 요한은 영의 가르치는 기능이 역사 속 예수의 말씀 자체를 떠올려주는 것에 국한되지 **않는다**고 본다. 그러나 영감을 불어넣는 영은 완전히 새로운 계시를 만들어 내거나 한때 육신이 되어 이 땅에서 살았던 예수와 실질적인 연속성을 갖지 않는 예수를 묘사하는 일을 하지 않는다. **자유와 통제가 모두** 존재한다—최초의 케리그마를 다시 해석하고 다시 만들어낼 자유가 존재하지만, 최초의 케리그마는 여전히 견제하고 제약하는 잣대로서 존속한다. 우리가 요한이 케리그마 전승을 다루는 내용에서 자유를 더 많이 인식할수록, 요한이 영감에 기초한 재해석에 관하여 갖고 있던 개념이 더더욱 놀랍게 다가온다.

우리가 다만 여기서 짚고 넘어가야 할 점은 요한일서가 현재의 영

---

pp. 573ff.; Johnston, *Spirit-Paraclete* p. 91; Schulz, *Johannes* pp. 204f.; E. Bammel, 'Jesus und der Paraklet im Johannes 16,' *CSNT* pp. 199-216.

37. 참고, H. Sasse, 'Der Paraklet im Johannesevangelium,' *ZNW* 24, 1925, pp. 273f.; H. Windisch, *The Spirit-Paraclete in the Fourth Gospel*, ET Fortress 1968, pp. 12, 21; Mussner, 'Parakletsprüche' pp. 65f., 68f.; Brown, 'Paraclete' pp. 129f.; 아울러 *John* p. 1142.

감과 최초의 케리그마의 균형을 일관되게 그리고 굳게 유지하고 있다는 점이다. 요한일서 2:27은 이렇게 말한다. "기름 부음(곧 영)이[38] 너희 안에 있으니, 아무도 너희를 가르칠 필요가 없으며 그의 기름 부음이 너희에게 모든 것을 가르치신다." 여기에서는 영의 가르치는 역할을 예레미야 31:34의 성취로 본다. 이 본문과 2:24의 평행 관계는 영의 가르침이 사실 최초에 제시됐던 믿음의 메시지를 계속하여 재해석하는 것임을 암시한다.[39] 4:2f.과 6절은 현재도 영에 감동하는 일이 이뤄지고 있음을 알고 있으며 그런 일을 기대한다. 그러나 예수에 관한 올바른 이해는 늘 규범적이다. 하지만 여기서 제시하는 올바른 신앙고백은 케리그마의 원래 형태가 아님을 주목하라. 올바른 신앙고백에 도달한 것은 오로지 그 시대의 그릇된 가르침(1세기 말에 횡행했던 가현설[docetism])에 대한 반동이었다. 이것은 '정통'도 때로는 발전하는 것임을 의미한다. 따라서 균형은 고정된 것이 아니라, 사도들이 선포했던 케리그마와 영에서 유래한 감동에 기초하여 변하는 현재 상황에 보이는 반응 사이에 존재하는 역동적인 상호작용이며, 이런 역동적인 상호작용은 케리그마의 재해석으로 이어진다. 5:6-10에서도 마찬가지로 케리그마와 영의 역동적 변증법이 등장한다. 6절은 **영이 진리**이기 때문에 예수가 인간이었다는 진리('물과 피' = 세례와 죽음)를 영이 증언한다고 말한다. 7절과 8절은 영이 가현설에 맞서는 케리그마의 이런 본질 요소들과 더불어 계속 (한목소리

38. Dunn, *Baptism* pp. 195-198을 보라.

39. 2세기 가톨릭교와 대비되는 점이 놀랍다. 이그나티오스와 이레네우스는 주교(들)를 올바른 것을 보증하고 판단하는 자로 지목했다(Ignatius, *Smyrn*. 8.1-9.1; Irenaeus, *Adv. Haer*. IV.26.2). 요한은 가르치는 직무나 다스리는 직무가 아니라 영이 최초 복음의 생생한 해석자가 되리라고 본다(참고, J. Michl, 'Der Geist als Garat des rechten Glaubens,' *Vom Wort des Lebens: Festschrift für Max Meinertz*, hrsg. N. Adler, Münster 1951, pp. 147f.).

로) 증언한다고 말한다. 9절과 10절을 보면 '증언했다'(μεμαρτύρκεν)라는 완료 시제를 사용했는데, 이 완료 시제는 이 증언 안에 과거의 요소와 현재의 요소가 함께 들어있음을 암시한다. 즉, 과거 역사 속에서 예수가 행한 사역에 관한 케리그마와 지금 신자들 안에 거하는 영을 모두 암시한다(아울러 요 6:63을 보라).[40]

우리는 여기서 영의 선물을 부어주는 영에 관한 바울의 이해가 예언과 가르침 사이의 균형을 보존한다는 의미를 담고 있었음을 떠올린다. 그 경우에 교회가 행하는 기능은 현재의 영감과 케리그마 전승을 결합하여 영감을 받아 터뜨리는 말을 평가하는 데 적용하는 것이었다. 요한은 그의 복음서와 그의 첫 서신에서 비슷해 보이지만 좀 더 자족성을 지닌 개념을 표현하려고 애쓴다: 일단 '기름 부음'으로서 주어진 영은 이제 최초의 케리그마를 자세히 설명하고 그 내용을 통제한다. 또 다른 보혜사, 예수의 **또 다른 에고**(*alter ego*)라는 영의 본질은 **영의 사역이 본디 그리스도가 결정한 계시를 나타내는 사역**임을 의미한다.

58.3. 우리가 **영과 예배**로 눈을 돌릴 때, 바로 그때에 종교적 체험에

---

40. 참고, Dunn, *Baptism* pp. 203f. 요한복음과 요한일서에서 영과 말씀이 긴밀히 결합해 있음을 살펴보려면, Büchsel, *Geist* pp. 485f.; C. K. Barrett, 'The Holy Spirit in the Fourth Gospel,' *JTS NS* 1, 1950, pp. 12-15; Schweizer, *TDNT* VI pp. 442ff.을 보라. 아울러 Schweizer, 'Spirit of Power,' pp. 277f.; Schlier, 'Begriff' p. 238; Käsemann, *RGG*[3] II 1278; J. M. Boice, *Witness and Revelation in the Gospel of John*, Paternoster 1970, pp. 151ff.을 보라. E. Käsemann, *The Testament of Jesus*, ET SCM Press 1968, pp. 45f.는 영을 **현재** 선포되는 설교의 말에 종속시키면서 현재 선포되는 말과 '처음에' 선포됐던 말의 연속성을 충분히 강조하지 않는 경향이 있다. 반면 K. Haacker, *Jesus and the Church in John*, Institute for the Study of Christian Origins, Tübingen 1971, pp. 16ff.은 '영을 전승 안에' 놓아두면서, 원래의 전승을 재해석할 때 영이 현재 행하는 계시 역할을 충분히 강조하지 않는다.

관한 요한의 이해가 가진 독특함이 분명하게 드러나기 시작한다. 핵심 구절은 요한복음 4:23f.이다—'하나님은 영이시니, 그를 예배하는 이들은 영과 진리 안에서 예배해야 한다.' 대다수의 주석가가 동의하듯이, 여기서(24b절에서) 말하는 것은 사람의 영이 아니다. 또 여기에는 예배가 순전히 내면의 일이어야 한다고 시사하는 내용도 전혀 없다.[41] 오히려 여기서 추구하는 예배는 영 안에서, 성령 안에서, 진리의 영 안에서 드리는 예배다. 요한은 이를 어떻게 이해하는가? 그 답의 실마리를 제시하는 곳이 24절 전반부인 것 같다: 하나님은 영이시다. 다시 말하지만, 사람들이 널리 동의하듯이, '하나님은 영이시다'라는 이 말은 하나님이 어떤 존재인가를 정의하려는 말이 아니라 하나님과 사람의 관계를 묘사하려고 한 말이다.[42] 다시 말해, 영은 하나님이 사람들과 소통하는 방식이다. 결국 하나님은 자신과 같은 방식으로 반응하는 사람들을—영과 진리 안에서 예배하는 사람들을—찾는다.

'영 안에서'는 필시 '영이 부어주는 영감으로'를—즉 영의 선물/능력에 기초한 예배를—암시하는 것 같다. 직접 문맥을 살펴보면, 영 안에서 드리는 예배가 성전과 성소를 통한 예배와 예리하게 대립하고 있기 때문이다. 하나님이 요구하는 예배는 신성한 건물을 보고 얼어붙어 올리는 예배나 어떤 특별한 전통에 충성하며 올리는 예배가 아니라, 살아 있는 예배, 영이신 하나님에게 늘 새롭게 반응하는 예배다. 그런 예배를 올리게 자극하고 그런 예배를 올릴 수 있게 하는 존재가 하나님의 영이다. '진리 안에서'는 역시 예수 안에서 명확히 나타난 하나님의 계시, 최

41. 가령 Brown, *John* p. 180; R. Schnackenburg, *The Gospel according to St John* I, ET Herder 1968, p. 437; 반대 견해는 Johnston, *Spirit-Paraclete* p. 45.
42. 참고, "하나님은 사랑이시다"—요일 4:8, 16; "하나님은 빛이시다"—요일 1:5.

353-354

초의 케리그마가 증언하는 그런 계시일 개연성이 아주 높다. 이런 의미 역시 이 본문의 문맥이 암시한다. 요한이 이미 예수를 성전이 할 역할을 다 이루고 그 역할을 능가하는 이로 묘사했기 때문이다(2:21). 따라서 여기에서도 **케리그마 전승과 영감을 부어주는 영의 균형이 예배를 결정하게 된다**. 또 우리는 이것이 실제로 요한계 공동체 안에서 가졌을 의미를 설명해 주는 본문으로 요한일서 4:1ff.을 언급할 수 있을 것 같다. 요컨대, **요한은 참된 예배를 예수와 관련된 예배—예수의 영이 부어주는 영감에 기초하여 예수 안에서 계시된 진리를 따라 올리는 예배—라고 본다**.

여태까지 살펴본 것만 놓고 보면, 단순히 요한이 영의 선물을 체험하는 예배를 꿈꾸었던 바울의 비전을 재차 강조했다고 결론지을 수도 있을 것 같다. 그러나 바로 이 지점에서 요한이 종교적 체험에 관하여 갖고 있던 인식의 독특함이 분명하게 드러난다. 그것은 우리가 영의 선물을 체험하는 **예배**를 이야기할 수도 있지만,[43] 요한이 영의 선물을 체험하는 **공동체**라는 바울의 비전을 공유했음을 일러주는 부분이 전혀 없기 때문이다. 요한도 공동체에 관한 인식을 갖고 있으며 공동체를 의식한다('형제들'—요 10:1-16, 15:1-6, 17:6-26, 요일 1:7, 2:19, 3:13-17). 그러나 요한은 하나님과 영의 '수직' 관계를 본질상 **개인 차원의** 일로 여긴다.[44] 서로 그리스도에게 속해 있음은 존재하지만, 그렇게 서로 속해 있음에는 상호 의존관계가 존재하지 않는다.[45] 양(羊) 하나하나가 혼자 목자의 음성

43. 그러나 물론 요한 문헌에서는 χάρισμα가 나타나지 않는다.

44. Schulz, *Johannes* pp. 179ff.

45. Haacker는 요한이 '하나님의 자녀들'이라는 말을 단수로 결코 사용하지 않는다는 것을 올바로 지적한다(p. 4). 그러나 그는 요한의 교회관을 Zinzendorf가 한 이 말, 곧 "영적 사귐의 집약이요 기초인 '구주와의 인격적인 교제'"라는 말로 특징짓는다

을 듣는다. 가지 하나하나가 직접 포도나무에 붙어있다(요 10:3f., 16, 15:4ff.).[46] 예수의 살을 먹음, 그의 피를 마심, 또는 그의 옆구리에서 나온 물을 마심을 일러주는 이야기는 그 자체가 그리스도의 몸인 어떤 공동체에게 하는 이야기가 아니라 일련의 개인 하나하나에게 하는 이야기다(6:53-58, 7:37f.). '표적의 복음'(1-12장)의 절정은 일대일(한 사람 한 사람의) 구원을 상징하는 어느 한 개인의 부활이지(11장), 죽은 자 전부의 부활이 아니다.[47] 요한복음 14-16장은 제자들에게 영을 약속함을 말하고 요한복음 20:22은 제자들에게 영을 줌을 말한다. 그러나 제자들은 이를 통해 공동체 **안에서** 특별한 사역을 행할 이들로 세움을 받은 게 아니다. 오히려 여기의 제자들은 서로 사랑하고 선교할 책임을 공유하는 **모든** 신자를 대표한다[48]—그들을 '사도들'이나 '열두 제자'라 부르지 않고 그냥 '제자들'이라 부르는 것은 바로 그런 이유 때문이다. 이 '제자들'에는 아마 여자들도 들어있었을 것이다.[49] '그(예수)가 사랑하시는 제자'도 마찬가지다. 요한이 제시하는 내용의 바탕에 깔려 있는 역사적 사실이 어떠

(p. 10).

46. Schweizer, 'The Concept of the Church in the Gospel and Epistles of St John,' *New Testament Essays: Studies in Memory of T. W. Manson*, Manchester 1959, p. 235.

47. C. F. D. Moule, 'The Individualism of the Fourth Gospel,' *NovTest* 5, 1962, p. 184.

48. Barrett, *John* pp. 472f. (Hort, *Ecclesia* p. 33을 인용); Schweizer, *Church Order* 11i; Käsemann, *Testament* pp. 29ff.; Johnston, *Spirit-Paraclete* p. 51; Haacker pp. 16f.; Schulz, *Johannes* p. 187; 그리고 Dunn, *Baptism* p. 180 주13에 있는 다른 참고 문헌을 보라. 반대 견해는 Mussner, 'Parakletsprüche' pp. 66f. '처음부터'(요 15:27)는 첫 증인들보다 첫 증인을 가리킨다(참고, 요일 2:7, 24, 3:11, 요이 5f.). 그리고 17:20은 사도들과 (미래의) 다른 모든 신자를 구분하는 게 아니라, 첫 선교사 세대와 그 뒤의 세대들을 구분한다(참고, 10:16).

49. Hasenhüttl은 여자들의 그리스도 증언이 네 번째 복음서에서 얼마나 두드러지게 나타나는지 우리에게 되새겨준다(p. 264). 특히 요 4, 11, 20장을 보라.

하든, 요한은 필시 자신을 개개 신자(영의 선물을 체험하는 이?)를 상징하는 이로서 예수와 직접적이고 긴밀한 관계에 있는 이로 제시하려 하는 것 같다(13:23ff., 20:2-8).[50] 마찬가지로 요한일서 2:27을 보면, 영의 기름 부음 때문에 교사가 필요하지 않다고 말한다—신자 한 사람 한 사람 안에 들어와 있는 영 자신이 교사다. 요컨대, 요한의 글을 전부 살펴봐도, 실상 사역이라는 개념이 전혀 없으며, 직무를 맡아 행하는 사역 같은 개념은 더더욱 존재하지 않는다. 모든 것을 개인이 영과 말씀을 통해 하나님과 직접 맺고 있는 관계에 비춰 바라본다.[51]

그런 점에서 요한이 영과 말씀의 관계에 관하여 생각하는 개념이 왜 그리 자족성을 지니고 있는가가 분명해진다. 그럴 수밖에 없다—영의 선물을 체험하는 공동체가 개인의 종교적 체험을 통제하지 않는 곳에서는 각 사람이 스스로 자신을 통제해야만 한다.[52] 따라서 여기에서는

50. 참고, A. Kragerud, *Der Leiblingsjünger im Johannesevangelium*, Oslo 1959; Schweizer, *Church Order* 11i; Brown, *John* pp. xcivf.

51. Schweizer, *Church Order* 11, 12c; 아울러 'Concept of Church' p. 237; "무엇보다 이것은 한 영혼이 하나님에게 다가감을 일러주는 복음서다"(Moule, 'Individualism' p. 185. 참고, Käsemann, *Testament* p. 40. 요 21:15ff.와 요삼 9절 및 10절은 이런 결론을 뒤집지 않는다. 전자는 복음서에 붙인 부록이요 십중팔구는 다른 이가 쓴 것이지만(Kümmel, *Introduction* pp. 148f.), 후자에서는 분명 저자가 공동체의 나머지 사람들에 대한 권위를 강조하려는 디오드레베의 시도에 강하게 반대하기 때문이다. 사실, '장로'가 디오드레베에게 가한 공격은 반(反)교회주의적, 개인적 경건주의가 점점 더 커지고 있던 초기 가톨릭교의 영향에 보인 반응으로 보는 것이 가장 적절하다; 특히 E. Käsemann, 'Ketzer und Zeuge,' *ZTK* 48, 1951, pp. 309ff.을 참고하라. 그러나 그가 더 깊이 제시한 생각들은 의문스러운 점을 훨씬 더 많이 갖고 있다. '아버지들'과 '젊은이들'(요일 2:12ff.)이 어쩌면 '장로들'과 '집사들'과 같았을 수도 있는 공식 칭호였다는 주장은 추천할 여지가 전혀 없다(반대 견해는 J. L. Houldon, *The Johannine Epistles*, A. & C. Black 1973, pp. 4, 70f.).

52. 요일 4:1ff.가 말하는 시험은 교회의 일부 지체가 다른 이들이 영에 감동하여 터뜨린 말에 적용한 교회 내부의 시험으로 생각하지 않는 것이 가장 좋을지도 모르겠다.

바울이 꿈꾸었던 영의 선물을 체험하는 공동체라는 비전을 재차 강조하지만, 그런 비전이 왜곡되어 있다. 각 사람이 다른 보혜사가 직접 부어주시는 영감을 받아 하나님과 가지는 영적 관계의 직접성과 생명력을 강조하는 장점이 있긴 하지만, 이런 장점은 바울이 아주 중요시했던 점, 곧 공동체 지체 전체가 한 몸으로서 서로 의존하고 있다는 점을 잃어버린 단점 때문에 상쇄되고 만다. 이런 장점이 단점을 능가했는지 아니면 **반대로** 단점이 장점을 능가했는지도 우리를 애태우는 의문 가운데 하나이지만, 여기서 우리가 그런 의문에 답하기는 불가능하다.

58.4. 요한과 바울이 종교적 체험이라는 문제에서 보여주는 가장 놀라운 차이는 바울의 종교적 체험 이해에서 아주 중요한 특징 가운데 하나였던 **종말론적 긴장이 사실상 사라져버린 점**이다. 영과 육의 대립, 생명과 죽음의 대립은 분명 지금도 존재한다. 그러나 바울은 로마서 7:25b, 8:10 그리고 약함 속의 능력이라는 주제 전체에서 그런 대립에 제약을 가하지만, 요한은 몇 곳에서 그런 제약을 암시만 할 뿐이다—요한복음 11:25, 12:24, 요한일서 1:8-2:2, 3:20, 5:16f. 대신 요한은 그런 대립을 훨씬 더 예리한 형태로 표현한다. 실존이 내려야 할 결단을 전혀 타협의 여지가 없는 이것 아니면 저것으로 표현한 게 그런 예다. 중간지대도 없고, 이것과 저것 둘 다도 없다. 영 아니면 육, 진리 아니면 거짓, 빛 아니면 어둠, 생명 아니면 죽음, 하나님 아니면 세상처럼, 둘 가운데 하나만 따라야 하며, 둘을 모두 따를 수는 없다(가령 요 3:6, 19ff., 5:24,

---

이는 그보다 개개 신자가 세상으로 나갔을 때 적용할 수 있는 시험(4:1, 4f.), 그 신자가 자신의 형제를 식별할 수 있는 시험으로 보인다. 사실 4:1-6을 보면, 두 시험 기준이 있다—낯선 이가 (a) 올바른 신앙고백을 하고(4:1-3) (b) 신자의 메시지를 받아들이면(4:4-6), 그는 자신이 형제임을 드러낸 것이다.

8:12, 12:35, 46, 15:18f., 요일 2:4, 8-11, 3:14, 4:5f.). 둘을 가르는 경계선은 신자나 신자들의 공동체를 관통하여 지나가는 게 아니라, 신자를 신자가 아닌 자와 분명하고 예리하게 갈라놓는다. 신자는 더 이상 육에 속하지 않고 영에 속해 있다(요 3:6). 그는 이미 죽음에서 생명으로 옮겨갔다(5:24). 그는 더 이상 이 세상에 속하지 않고 하나님에게 속해 있다(15:18f., 요일 4:5f.).

이러다 보면 결국 일종의 완벽주의가 등장할 수밖에 없다: "그 안에 거하는 자는 죄를 짓지 않는다. … 하나님에게 난 자마다 모두 죄를 짓지 않는다. … 정녕 그는 죄를 짓지 **못하니**, 이는 그가 하나님에게서 났기 때문이다"(요일 3:6-9, 5:18; 아울러 2:5, 14, 4:12-18을 보라).[53] 공동체의 일부 지체가 저지른 배교는 바울이 고린도전서 5:5, 9:27에서 내린 것과 같은 결론이 아니라, 요한이 말하는 것과 같은 이것 아니면 저것 식의 결론으로 이어질 수밖에 없다. 배교자들이 떠난 것은 그들이 처음부터 우리에게 속하지 않았음을 증명해 줄 뿐이다(요일 2:19). 이것은 장점이자 약점이다. 요한은 주저하거나 타협하는 신자에게 분명하고도 엄격한 도덕적 도전을 제시한다. 그러나 우리는 요한의 글에서 신자의 종말론적 좌절을 더 이상 느끼지 못하며 신자 내면에 존재하는 모순으로 깊이 파들어가지도 못한다. 물론 바울이 말했던 종말론적 긴장이 거의 다 느슨해지고 사람들이 그런 긴장을 거의 다 잊어버렸을 때에도 요한이 그런 식으로 종교적 체험의 신선함을 유지할 수 있었다는 것은 중요한 점이

---

53. 요한일서가 말하는 '그리스도인과 죄'를 논의한 글을 보려면, R. Schnackenburg, Die *Johannesbriefe*, Herder 1963, pp. 281-288을 보라. Nauck는 신자가 세상에서 직면하는 이와 같은 기본적 갈등 상황(참고, 본서 §53.3)을 요한일서에서 발견할 수 있다고 주장하지만(*Tradition* pp. 107ff., 119ff.), 반대 증거를 무시하며 3:9을 한 번도 언급하지 않는다.

다—이 점은 분명 요한이 그 뒤에도 계속 이어지는 기독교에 끼친 주요한 기여 가운데 하나다. 그렇다면 그 대가는 무엇이었는가?—이 시대와 다가오는 시대가 겹친 현실에 사로잡힌 신자의 분열된 상태를 그대로 드러낸 바울의 현실주의는 사라지고, 완고하고 사랑이 없는 자기 확신만이 남았다(4:6). 요한은 그가 '생명이 있음을 보여주는 기준'으로 다양하게 제시한 것들(신자 안에 들어와 거하는 영, 사랑, 순종, 올바른 신앙고백)을 정돈하여 나열하지만,[54] 불행히도 사람이 어떤 점에서는 그런 기준을 '통과했을지라도' 또 다른 기준은 '통과하지 못할' 수 있음을 인식하지 못했다. 예를 들면, 요한이 제시하는 '이것 아니면 저것'은 그리스도를 닮은 사랑을 보여주었지만(4:7) 그릇된 신앙고백을 하는 사람이 있는 경우를 생각하지 못한다. 요한이 이런 상황을 만났으면 어떤 반응을 보였을 것인가라는 문제는 그때의 역사와 관련하여 우리도 정말 알고 싶은 것 가운데 하나다. 만일 그 대답이 존재한다면 요한계 기독교가 계속 이어갔던 생명력에 관하여 우리에게 많은 것을 일러주었을 것이다—혹은 그렇지 않았을 수도 있다.[55]

58.5. **요약해 보면**, 요한이 종교적 체험을 다룬 내용 그리고 그가 종교적 체험에 관하여 가졌던 이해는 그 신성함과 왕성한 힘 때문에 주목할 만한 가치가 있다.

(1) 하나님 체험은 영 체험, 곧 다른 보혜사인 영을 체험하는 것이요, 예수의 인격성이라는 특성을 지닌 영을 체험하는 것이다. 성육신한 로

54. R. Law, *The Test of Life*, T. & T. Clark ^{3}1914.

55. 요한계 기독교를 역사 속에서 가장 분명하게 표현한 것은 어쩌면 19세기에 일어난 성결 운동일지도 모른다. 이는 비교회주의였고, 개인의 영적 체험을 강조했으며, 완벽주의 경향을 띠었다.

고스가 아버지를 '밝히 설명했듯이'(ἐξηγήσατο—요 1:18), 영은 예수를 밝히 설명한다.

(2) 영 체험은 진리의 영을 체험하는 것이기도 하다. 영 체험은 계속 이어지는 책임을 동반하며, 전에 예수 안에서 주어진 진리를 다시 해석하여 새로운 상황의 요구와 도전에 부응할 수 있게 해 준다. 물론 이것은 새로운 재해석 하나하나가 계속하여 규범의 권위를 가지게 됐다는 의미는 아니다. 요한일서 4:1ff.의 신앙고백은 가현설의 도전 앞에서만 규범력을 가지는 로고스다. 영은 하나하나의 새로운 요구에 부닥쳤을 때 신선한 재해석이 가능하게 해 준다. 이런 재해석은 최초에 표현됐던 '진리'에서 직접 유래하며, 그다음 단계의 전승이나 공식 채널을 통해 전달되지 않는다.

(3) 요한이 생각하는 예배 개념은 개인 중심이다. 목회서신에서는 공동체 전체가 영에 복종하고 개인은 전승과 제도에 복종하는 모습이 나타나지만, 요한은 영에게 직접 영감을 받고 영과 가지는 관계를 생각할 때에 개인주의 차원에서 생각한다—즉 각 신자는 다른 신자들에게서 독립되어 있지도 않지만, 그렇다고 다른 신자들에게 의존하지도 않는다.

(4) 종교적 체험에 관한 요한의 이해에서는 종말론적 긴장이 거의 다 사라져버렸다. 그러나 그 결과로서 완벽주의로 나아가려는 경향이 나타나며, '세상'을 멀리하려는 경향이 점점 더 강해진다. 하나님의 사랑을 세상을 향한 것으로서 여전히 강조하는 반면(요 3:16f.), 신자들의 사랑은 그들끼리 '서로' 사랑함을 지향한다(요 13:34, 15:12, 17, 요일 2:10, 15, 3:10f., 14, 23, 4:7, 11f., 20f., 5:2, 요이 5). 이것이 '종인 교회'(servant church)와 선

교에 무엇을 의미하는가는 쉬이 상상할 수 있다.[56]

§59. 맺는말

59.1. **요약**. 예수와 첫 그리스도인들의 종교적 체험은 무엇이었으며, 그들이 한 종교적 체험의 독특한 특성은 무엇이었는가? 예수에게 종교적 체험은 독특하게도 하나님을 아버지로서 체험함이요 종말론적 능력과 영감을 체험하는 것이었다. 이것들은 예수 개인의 체험이라는 깊은 샘이었으며, 이 샘에서 그의 사명에 관한 인식, 그의 권위, 그의 복음 그리고 그가 영위한 모든 삶의 방식이 흘러나왔다. 그런 독특함은 물론이요 심지어 이런 체험이 지닌 유일무이함도 몇몇 지점에서 분명하게 뚫고 나왔지만, 예수의 말에 들어있는 자기의식의 표현은 예수의 말이 전달되는 과정에서 자연히 상세하고 정교하게 다듬어졌다.

예수가 죽음을 당한 뒤, 초창기 그리스도인 공동체는 새 시대에 걸맞은 일련의 독특한 두 종류의 체험에서 직접 유래했다—두 체험 중 하나는 예수가 여러 개인과 무리에게 나타난 체험이었다. 예수는 이 체험을 통해 이미 죽은 자 가운데서 종말론적 부활을 체험한 이로 인식됐다. 다른 하나는 종교적 황홀경과 열광주의를 체험한 것인데, 이 체험은 종말론적 영의 표현/나타남으로 인식됐다. 아울러 이런 체험은 이런 일들을 증언해야 한다는 강렬한 압박을 만들어냈는데, 많은 경우 (사도들은)

56. 참고, Käsemann, 'Ketzer' pp. 309ff.; 아울러 *Testament* p. 39; Schweizer, *Church Order* 12e; 아울러 'Concept of Church' pp. 239, 242; Conzelmann, *Outline* pp. 355f.

이런 일들을 부활한 주가 사명을 부여하심으로 인식했다. 누가는 이런 초기의 생명력을 그 나름의 방식으로 제시한다—특히 하나님이 영과 환상을 통해 직접 지시하고 인도하신다는 인식, 그리고 말씀과 행위를 통해 역사하는 (압도적인) 능력에 관한 인식을 제시한다. 그러나 누가가 제시하는 내용은 많은 명백한 의문과 문제를 대답 없이 그대로 남겨놓았다.

우리는 바울에게서 그리스도를 믿는 이들의 체험이 지닌 본질과 독특한 성격을 이해하고 표현하려는 성숙한 시도가 기독교 안에서 처음으로 등장한 것을 보았다. 바울은 하나님과 하나님의 영을 수많은 다양한 방식으로 체험할 수 있다고 인식한다. 그런 체험은 이성으로는 이해할 수 없는 황홀경 속에서 할 수도 있고 (합리적인) 마음을 통해 할 수도 있다. 그런 체험은 극적 효과를 일으키는 능력 체험일 수도 있으며, 섬김으로 나아가게 만드는 강한 압박을 통해 이뤄질 수도 있다. 그런 체험은 기도하고 찬송하게 만드는 영감을 통해 할 수도 있고 설교하고 가르치게 만드는 영감을 통해 할 수도 있다. 바울은 그 모든 것을 χαρίσματα로 묘사함으로써 은혜(χάρις)의 범위를 생생히 보여주고 진정한 영의 선물이 어떤 특성을 갖고 있는지 일러준다. 그는 누가가 무시하는 문제들을 아주 잘 알고 있기에, 그리스도인의 체험이 '이미'라는 과거와 '아직 아니'라는 미래 사이에 존재하는 종말론적 긴장이라는 특성을 갖고 있음을 강조함으로써, 그 체험과 현재를 살아가는 더 광범위한 신자 공동체의 본질적 관계 그리고 그 체험과 과거에 주어진 그리스도 계시의 본질적 관계를 강조함으로써, 그리스도인의 체험이 갖고 있는 이 독특한 특성을 분명히 밝히려고 노력한다.

목회서신에서는 과거의 유산을 보존하려는 욕구가 현재의 종교적

357–358

체험이 갖고 있는 창조성을 거의 다 집어 삼켜버렸다. 요한 문헌에서는 종교적 체험이 여전히 신선하고 생명력을 갖고 있다. 그러나 종말론적 긴장은 사라졌으며, 생명과 죽음의 대립은 그저 이것 아니면 저것 식의 믿음으로 단순하게 바뀌어버렸다.

59.2. **그리스도인의 체험이 갖고 있는 독특한 본질은 무엇보다 예수와 영의 관계에 있다**. 우리가 위에서 언급한 폭넓은 영의 선물 체험을 '그리스도인의 체험'이라고 지칭할 수 있는 것은 바로 그런 관계 덕택이다. 바로 이 관계가 상이한 여러 신자의 다양한 체험과 예수 자신이 겪은 체험 사이에 **연속성**을 제공한다. 바로 이 관계가 그리스도인의 체험에 역동성을 제공한다. 우리가 '기독교의 본질'과 닿아있는 곳이 있다면 바로 여기가 그곳이다. 우리는 아들의 지위와 영에 관한 예수 자신의 체험이 지닌 독특함이 바로 그런 관계를 만들어낸다는 것을 이미 보았다. 신약성경이 종교적 체험에 관하여 제시하는 가장 심오한 설명(바울의 설명과 요한의 설명)은 바로 그런 관계를 그리스도인의 체험이 지닌 독특한 특성을 나타내는 표지로서 제시하고 자세히 설명한다. 그러나 예수가 영과 아들의 지위를 어느 누구의 중개도 거치지 않고 직접 체험했다면, 바울과 요한이 제시하는 그리스도인의 체험은 영과 아들의 지위를 체험하는 것이기도 하지만, 동시에 아들이라는 지위**의** 영(Spirit *of* sonship), 아들의 영(Spirit of the Son), 다른 보혜사의 영을 체험하는 것이기도 하다. 따라서 복음서가 이곳저곳에서 표현하는 예수와 하나님의 관계가 뒤따르는 그리스도인의 체험을 결정하게 된다—이는 예수가 첫 번째 그리스도인으로서 등장한다는 의미가 아니라, 그가 하나님의 아들로서 영과 맺고 있는 관계가 죽음을 거쳐 부활의 생명으로 계속 이어

지면서 발전했다는 뜻이다. 예수는 그런 유일무이한 사건을 통해 생명을 주는 영의 능력을 얻었고, 영은 십자가에 못 박혀 죽었다가 부활한 예수의 생명을 주는 능력이 됐으며, 이런 사실은 누구라도 인식할 수 있게 됐다. 따라서 영은 이 그리스도의 성품, 그리스도의 전부가 지닌 특성을 반영한다. 따라서 영의 선물 체험은 본질상 그리스도 안에서 나타난 하나님의 은혜 체험이며, 종말론적 긴장을 체험하는 것은 곧 십자가에 못 박혀 죽었다가 부활한 그리스도를 체험하는 것이요, 약함 속의 능력을 체험하는 것이며, 죽음에서 나온 생명을 체험하는 것이다.

59.3. 기독교 첫 번째 세대와 두 번째 세대가 겪은 **종교적 체험이 갖고 있는 공동체적 차원**으로 눈을 돌리면, 사실은 적어도 서로 다른 네 모델을 마주하게 된다. 어쩌면 이 네 모델이 그때(와 지금)의 신자들이 그리스도 사건에 보였을 수 있는 상이한 반응들의 패러다임 역할을 할지도 모르겠다.

첫째, 누가의 모델이 있는데, 누가는 기독교 첫 번째 세대의 영의 선물 체험과 황홀경 체험이 지닌 생명력을 아무 비판 없이 칭송한다. 그가 제시하는 내용은 흥분과 열광을 불러일으킨다. 그러나 그는 관련된 문제들을 얼버무리고 넘어가며, 그 첫 번째 세대를 특징짓는 긴장과 스트레스를 그냥 무시해 버린다. 이 때문에 그가 다루는 내용은, 개인 차원이든 공동체 차원이든, 그리스도인이 겪는 체험에 지속성이 있는 패러다임이나 규범을 제공하지 못한다. 사도행전을 토대로 삼아 이런 패러다임이나 규범을 세워 보려고 시도하는 이들은 이내 누가가 회피했던 문제들에 부닥치고 말 것이다.

둘째, 바울이 꿈꾸었던 비전이 있다. 그는 영의 선물을 체험하는 공동체, 곧 공동체 지체들이 다 함께 영을 체험하고 그때그때 혹은 꾸준히 영감을 받아 터뜨리는 말과 섬김 행위로 영을 다양하게 표현함으로써 그리스도의 몸이라는 공동체로 형성되어가며 존재하는 교회를 꿈꾸었다—이 교회는 우선 사도와 영의 선물에 권위가 존재하는 곳이었으며, 교회의 모든 지체가 복음 전승, 사랑 그리고 교회에 유익이 되는가라는 기준을 따라 사도와 영의 선물을 판단할 수 있는 곳이었다. 바울이 꿈꾼 비전이 얼마 동안이나 현실로 이뤄졌는가는 우리가 말할 수 없다. 이 모델의 심각하고 아주 중요한 약점은 바울이 십중팔구 기독교 첫 세대만을(자신의 세대를 마지막 세대로) 생각한 것 같다는 점이다. 어쩌면 이것이야말로 결정적인 약점일 수도 있다. 사도들의 세대를 지나 후대에까지 이어지는 연속성의 문제는 바울이 꿈꾸었던 비전 속으로 절박하게 들어가지 못했다.

셋째, 목회서신에는 바울 시대 뒤의 상황에 대한 반응이 들어있다. 바울 시대 뒤의 상황에는 누가가 묘사하는 생명력이나 바울이 꿈꾸었던 비전이 들어설 자리가 없다. 여기에서는 몸(공동체)에 늘 새 생명을 공급해 주었던 예언의 생생한 음성이 모두 막힌 채 사라지고 없다. 모든 것이 케리그마 전승의 보존에 종속되어 있는 것 같다. 따라서 이미 여기에는 영이 직무와 제도 안에 갇힌 채 전승이 구속복(strait-jacket)으로 변해 버릴 위험이 크게 도사리고 있다.

넷째, 요한이 있다. 목회서신과 클레멘스 서신에서 볼 수 있는 초기 가톨릭교가 이미 미래 일들의 모습을 좌지우지하기 시작할 때에 기록된 요한 문헌은 어쩌면 그런 경향에 대한 반발로 보는 것이 가장 좋을 수도 있다.[57] 요한은 그의 시대에 점점 커져가던 제도화와 성례주의

57. Käsemann, 'Ketzer' p. 306.

(sacramentalism)에 일부러 등을 돌린 채, 영을 전승에 종속시킴이 없이 바울과 과거 사이에 존재했던 연결고리를 그대로 유지하면서, 예배를 제도화하기보다 개인 중심의 예배로 만듦으로써 종말론적 긴장의 이완이라는 문제를 해결하는 것 같다. 그런 점에서 요한은 어쩌면—예수 부활 후의 상황에서 이 땅의 예수를 따르던 제자도를 특징짓는 관계, 곧 어떤 구조에 매이지 않은 수평 관계를 보존함으로써—예수의 제자들이 예수가 이 땅에서 사역하던 동안에 예수와 누린 직접적인 관계(다른 매개자를 거치지 않은 관계)를 그리워하는 이들을 대표하는 이인지도 모른다. 반면 바울과 목회서신에서는 '제자도'라는 개념이 아무 역할도 하지 않는다.

나 자신은 바울의 설명이 담고 있는 생명력과 성숙함에 가장 매력을 느낀다고 고백할 수밖에 없다. 분명 바울이 꿈꾸었던 비전은 바울이 죽은 뒤까지 이어지지 못했지만, 그렇다고 그 비전을 단순히 '바울 헌장(Pauline constitution)에서 잠시 거쳐 가는 단계'요 '바울 헌장의 권위 있는 이상'을 전혀 제시하지 못하는 것으로 여겨 무시해서는 안 된다.[58] 로마서 12장, 고린도전서 12-14장 그리고 심지어 에베소서 4장도 오로지 고린도의 상황에 대한 반응만이 고린도전서 12장을 결정한 조건이라는 결론을 허용하지 않으며, 바울 자신이 헬레니즘 기독교 안에서 일어난 발전에 부응하여 영의 선물을 체험하는 공동체라는 그의 기본 비전을 내버렸다는 결론을 허용하지 않는다. 물론 바울이 품었던 비전이 실제에서는 작동하지 않을 수 있으며, 개개 신자들 안에 자리한 내면의 모순이 아주 깊다 보니, 바울이 영의 선물을 체험하는 공동체의 기능이라 생각한 것과 같은 상호 작용이 이뤄지지 않을 수도 있다. 그러나 다른 모델들은 바울의 그것보다 훨씬 심각한 약점을 안고 있으며 더 심각한 위

58. 반대 견해는 Goppelt, *Apostolic Times* p. 187.

험에 노출되어 있다. 그런 이유 때문에 지금도 바울이 품었던 비전이 매력을 유지하고 있다.

어쩌면 20세기 기독교가 부닥친 가장 큰 도전은 바울의 설명을 진지하게 받아들이면서, 전승(전통)과 제도라는 방법에서 시작하는 게 아니라, 처음에 기독교를 만들어냈던 하나님 체험에 문을 열고, 그 체험이, 바울이 강조했던 적절한 안전장치를 갖춘 가운데, 개인과 공동체 차원에서 믿음과 예배 그리고 선교를 새롭게 표현해내도록 하는 것이다. 우리가 확신할 수 있는 것이 하나 있다면, 그것은 바로 이것이다. 즉, 각 세대 그리스도인이 복음과 자신들이 영위하는 공동 생활을 그들 자신의 영 체험과 처음에 기독교를 존재하게 만들었던 말씀에 비춰 창조적으로 재해석할 수 있어야만 비로소 기독 교회의 삶은 앞으로 나아갈 수 있다.[59]

59.4. 우리는 처음에 이 책을 시작하면서 기독교 첫 세대가 걸어간 과정과 그 세대의 특성을 형성할 때 체험이 가장 중요한 역할을 했음을 강조했다. 이런 주장이 타당하다는 것은 이 책에서 거듭거듭 논증했다. 누가 뭐래도 분명한 것은 우리가 단계 단계마다 다뤄온 신학과 신학 작업이 분명 합리적이지만, 그런 신학과 신학 작업은 결코 하나님에 관한

59. 참고, Goguel, *Birth* pp. 13f. 그는 종교 공동체를 만들 때 종교적 체험이 우선한다는 점, 그리고 교리와 의식이 종교적 체험과 분리되고 이런 체험보다 앞설 때 뒤따르는 결과들을 바로 인식한다. "종교는 보통 결국 합리적 신학, 형식적 도덕, 의식 중심의 신앙으로 퇴락하곤 한다. 이런 식으로 의식과 관습이 종교적 체험과 단절되면, 그런 의식과 체험은 종교 사회가 그 구성원들에게 행사하는 제약 형태로서 존속할 수 있을 뿐이다. … 오직 그것뿐인 종교는 때로 생명을 다하기도 했다. 이런 존재 상태에 있는 종교를 종교로 받아들이고 종교라 정의하는 것은 썩어가는 시체를 생명이요 살아 있는 존재라 정의하는 것과 거의 다를 게 없다"(pp. 13f.).

단순한 사유나 이야기가 아니며 하나님을 합리화하는 작업은 더더욱 아니다. 예수의 신학적 사유, 첫 그리스도인들의 신학적 사유, 바울과 요한의 신학적 사유는 언제나 역동적이었고, 그들의 하나님 체험에 뿌리박고 있었으며, 그들의 종교적 체험에서 발생하여 자라난 것이었다. 특히 우리는 예수의 설교가 지닌 독특한 특성들이 바로 그 자신의 체험에서—친밀한 아버지인 하나님을 체험하고 이미 활동하고 있는 하나님의 종말론적 능력(곧 영)을 체험함에서—나왔음을 보았다. 우리가 갖고 있는 바울 신학 가운데 아주 많은 부분이 사실은 우리가 종교적 체험에 관한 바울의 이해를 연구한 내용에 들어있음은 아주 주목할 만한 일이었다. 다시 말해, 바울의 신학 가운데 아주 많은 부분이 체험에 기초하고 있다. 그의 구원론뿐 아니라, 신론, 기독론, 교회론, 윤리학이 그의 체험에 기초하고 있으며, 그의 종말론도 적잖은 부분이 그의 체험에 기초하고 있다. 요한의 경우에는 그의 복음이 그의 다른 보혜사 체험에서 나왔다는 점만 되새기면 되겠다.

물론, 우리가 신약성경에서 발견하는 신학 작업은 단순히 어떤 자율적 권위로서 인식된 종교적 체험의 산물이 아니다. 모든 종교적 체험은, 그 정도는 다 다르지만, 공동체의 평가에 따른 검증을 받아야 하며 케리그마 전승이라는 시험 기준을 통과해야 한다. 동시에, 특히 바울과 요한은 모두 이런 검증과 시험 기준이 율법과 같은 규칙과 공식으로 바뀌는 것을 경계했다. 아울러 그들은 공동체의 평가가 권위를 앞세우는 교회(후대의 가톨릭이 그런 예다—물론 혹자는 요한이 과민반응을 보였다고 느낄지도 모르겠다)로 바뀔 것을 경계했으며, 케리그마 전승이 교회의 교의(dogma)로 바뀌는 것을 경계했다. 그들의 신학은 현재의 종교적 체험과 과거의 명확한 계시(그리스도 사건) 사이에 벌어지는 생생한 변증법에서 만들어졌으며, 어느 하나가 다른 하나를 지배하는 것을 허용하지도 않았고, 어느 하나가 다른 하나가 제기하는 매서운 질문을 회피하는 것도 허용하지 않았다—그런 변증법은 해석과 재해석이 끊임없이 이뤄진 과정이었다.

요컨대, 종교적 체험이 초창기 그리스도인 공동체의 근본이요 그 공동체를 만들어냈듯이, 초창기 기독교 신학의 근본이요 그 신학을 만들어낸 것도 종교적 체험이었다. 그리스도 사건에 관한 최초의 증언과 역동적 상호작용을 펼치는 가운데 늘 새롭게 나타난 종교적 체험이 신약 신학의 살아 있는 모판이었다. 그리스도 사건에 관한 최초의 증언이 없으면, 믿음은 아주 쉽게 광신(狂信)으로 바뀌어 불타 없어지고 만다. 그러나 늘 새롭게 맛보는 종교적 체험이 없으면, 그런 종교적 체험을 통해 하나님을 살아 계신 실재로 체험하지 못하면, 믿음은 생명으로 나아가지 못하며 신학 역시 언제나 메마르고 죽은 것이 되어버린다.

| 참고 문헌 |

* 약 500개 정도의 출판물로 제한하고, 주석 및 사전 항목은 생략한다.

Abelson, J., *The Immanence of God in Rabbinical Literature*, Macmillan 1912.

Achtemeier, P. J., 'Gospel Miracle Tradition and the Divine Man', *Interpretation* 26, 1972, pp. 174-97.

Adler, A., *Das erste christliche Pfingstfest*, Münster 1938.

Ahern, B. A., 'The Fellowship of his Sufferings (Phil. 3.10)', *CBQ* 22, 1960, pp. 1-32.

Anderson, A. A., 'The Use of "Ruah" in 1QS, 1QH, and 1QM', *JSS* 7, 1962, pp. 293-303.

Arai, S., 'Die Gegner des Paulus im I Korintherbrief und das Problem der Gnosis', *NTS* 19, 1972-73, pp. 430-7.

Baer, H. von, *Der heilige Geist in den Lukasschriften*, Stuttgart 1926.

Baëta, C. G., *Prophetism in Ghana: A Study of Some 'Spiritual' Churches*, SCM Press 1962.

Baillie, J., *Our Knowledge of God*, Oxford 1939.

————. *The Sense of the Presence of God*, Oxford 1962.

Baltensweiler, H., 'Wunder und Glaube im Neuen Testament', *TZ* 23, 1967, pp. 241-56.

Bammel, E., 'Jesus und der Paraklet in Johannes 16', *CSNT* pp. 199-216.

Barbour, R. S., 'Gethsemane in the Tradition of the Passion', *NTS* 16, 1969-70, pp. 231-51.

Barclay, W., *Flesh and Spirit*, SCM Press 1962.

Barrett, C. K., *The Holy Spirit and the Gospel Tradition*, SPCK 1947.

————. 'The Holy Spirit in the Fourth Gospel', *JTS* 1, 1950, pp. 1-15.

————. 'Christianity at Corinth', *BJRL* 46, 1964, pp. 269-97.

————. *Jesus and the Gospel Tradition*, SPCK 1967.

————. '*ΨΕΥΔΑΠΟΣΤΟΛΟΙ* (II Cor. 11.13)', *Mélanges Bibliques en hommage au R. P. Béda Rigaux*, ed. A. Descamps and A. de Halleux, Gembloux 1970, pp. 377-96.

————. *The Signs of an Apostle*, Epworth 1970.

————. 'Paul's Opponents in II Corinthians', *NTS* 17, 1970-71, pp. 233-54.

————. *New Testament Essays*, SPCK 1972.

M. Barth, 'A Chapter on the Church — The Body of Christ', *Interpretation* 12, 1958, pp. 131-56.

Bartsch, H. W., 'Die Empfänger des Römerbriefes', *StTh* 25, 1971, pp. 81-9.

Beare, F. W., 'Sayings of the Risen Jesus in the Synoptic Tradition', *Christian History and Interpretation: Studies Presented to John Knox*, ed. W. R. Farmer, C. F. D. Moule and R. R. Niebuhr, Cambridge 1967, pp. 161-81.

Beasley-Murray, G. R., 'Jesus and the Spirit', *Mélanges Bibliques en hommage au R. P. Béda Rigaux*, ed. A. Descamps and A. de Halleux, Gembloux 1970, pp. 463-78.

Bennett, D. and R., *The Holy Spirit and You*, Logos 1971.

Benz, E., *Paulus als Visionär*, Wiesbaden 1952.

————. *Die Vision: Erfahrungsformen und Bilderwelten*, Stuttgart 1969.

Berger, K., 'Zu den sogennanten Sätzen heiligen Rechts', *NTS* 17, 1970-71, pp 10-40.

———. 'Die sog. "Sätze heiligen Rechts" im Neuen Testament', *TZ* 28, 1972, pp. 305-30.

Berkhof, H., *The Doctrine of the Holy Spirit*, Epworth 1965.

Bertrams, H., *Das Wesen des Geistes nach der Anschauung des Apostels Paulus*, Münster 1913.

Best, E., *One Body in Christ*, SPCK 1955.

———. 'Bishops and Deacons: Philippians 1.1', *Studia Evangelica* IV, ed. F. L. Cross, 1968, pp. 371-6.

Betz, H. D., *Lukian von Samosata und das Neue Testament*, Berlin 1961.

———. 'Jesus as Divine Man', *Jesus and the Historian: In Honour of E. C. Colwell*, ed. F. T. Trotter, Westminster 1968, pp. 114-33.

———. *Der Apostel Paulus und die sokratische Tradition: Eine exegetische Untersuchung zu seiner 'Apologie' II Korinther 10-13*, Tübingen 1972.

———. 'Geist, Freiheit und Gesetz', *ZTK* 71, 1974, pp. 78-93.

Betz, O., 'Zungenreden und süsser Wein', *Bibel und Qumran*, Festschrift für H. Bardtke, Berlin 1968, pp. 20-36.

———. 'The Concept of the So-called "Divine Man" in Mark's Christology', *Studies in New Testament and Early Christian Literature: Essays in Honour of A. P. Wikgren*, ed. D. E. Aune, Leiden 1972, pp. 229-40.

Bickermann, E., 'Das leere Grab', *ZNW* 23, 1924, pp. 281-92.

Bieder, W., 'Gebetswirklichkeit und Gebetsmöglichkeit bei Paulus', *TZ* 4, 1948, pp. 22-40.

Bittlinger, A., *Gifts and Graces*, ET Hodder & Stoughton 1967.

———. *Gifts and Ministries*, ET Eerdmans 1973.

Black, M., 'The Interpretation of Romans 8.28', *Neotestamentica et Patristica : Freundesgabe O. Guttmann*, NovTestSuppl VI, 1962, pp. 166-72.

Bloch, M., *Les Rois Thaumaturges*, Paris 1924.

Bloch-Hoell, N., *The Pentecostal Movement*, ET Allen & Unwin 1964.

Böcher, O., *Dämonerifurcht und Dämonenabwehr*, Kohlhammer 1970.

Bode, E. L., *The First Easter Morning: the Gospel Accounts of the Women's Visit to the Tomb of Jesus*, Rome 1970.

Boer, H. R., *Pentecost and Missions*, Lutterworth 1961.

Bonwetsch, N., *Die Geschichte des Montanismus*, Erlangen 1881.

Boring, M. E., 'How May We Identify Oracles of Christian Prophets in the Synoptic Tradition? Mark 3.28-29 as a Test Case', *JBL* 91, 1972, pp. 501-21.

Bornkamm, G., *Jesus of Nazareth*, ET Hodder & Stoughton 1960.

———. *Paul*, ET Hodder & Stoughton 1969.

———. 'Faith and Reason in Paul', 'Sin, Law and Death (Romans 7)', 'On the Understanding of Worship', 'The More Excellent Way', *Early Christian Experience*, ET SCM Press 1969.

———. 'Der Paraklet im Johannes-Evangelium', *Geschichte und Glaube* I, München 1968, pp. 68-89.

Bourke, M. M., 'Reflections on Church Order in the New Testament', *CBQ* 30, 1968, pp.

493-511.

Bousset, W., *Die Himmelreise der Seele*, 1901, reprinted Darmstadt 1971.

————. Rezension zu H. Weinel, *Wirkungen*, in *Göttingsche gelehrte Anziegen* 163, 1901, pp. 753-76.

————. *Kyrios Christos* [2]1921, ET Abingdon 1970.

Bousset, W. and Gressmann, H., *Die Religion des Judentums im späthellenistischen Zeitalter*, Tübingen [4]1966.

Bouttier, M., *En Christ*, Paris 1962.

Bowker, J., '"Merkabah" Visions and the Visions of Paul', *JSS* 16, 1971, pp. 157-73.

————. *The Sense of God*, Oxford 1973.

Brandt, W., *Dienst und Dienen im Neuen Testament*, Gütersloh 1931.

Braun, H., 'Römer 7.7-25 und das Selbstverständnis des QumranFrommen', *ZTK* 56, 1959, pp. 1-18.

Brosch, J., *Charismen und Ämter in der Urkirche*, Bonn 1951.

Brown, R. E., 'The Paraclete in the Fourth Gospel', *NTS* 13, 1966-67, pp. 113-32.

————. 'How Much did Jesus Know?', *CBQ* 29, 1967, pp. 315-45.

Brox, N., '*ΑΝΑΘΕΜΑ ΙΗΣΟΥΣ* (I Kor. 12.3)', *BZ* 12, 1968, pp. 103-11.

————. 'Amt, Kirche und Theologie in der nachapostolischen Epoche — Die Pastoralbriefe', in *Gestalt und Anspruch des Neuen Testament*, hrsg. J. Schreiner, Würzburg 1969.

Brumback, C., *What Meaneth This?*, Springfield 1947.

————. *Suddenly … From Heaven*, Springfield 1961.

Bruner, F. D., *A Theology of the Holy Spirit*, Eerdmans 1970.

Brunner, E., *The Misunderstanding of the Church*, ET Lutterworth 1952.

Büchsel, F., *Der Geist Gottes im Neuen Testament*, Gütersloh 1926.

Bultmann, R., *The History of the Synoptic Tradition*, ET Blackwell 1963.

————. *Jesus and the Word*, ET Scribner 1934, Fontana 1958.

————. 'The Concept of Revelation in the New Testament', 'Romans 7 and the Anthropology of Paul', in *Existence and Faith*, ET Fontana 1964.

————. *Theology of the New Testament*, ET SCM Press 1952, 1955.

Cambier, J., 'Le critère paulinièn de l'apostolat en II Cor. 12.6s', *Biblica* 43, 1962, pp. 481-518.

Campbell, J. Y., '*ΚΟΙΝΩΝΙΑ* and its Cognates in the New Testament', *JBL* 51, 1932, reprinted in *Three New Testament Studies*, Leiden 1965, pp. 1-28.

Campenhausen, H. Von, 'Der urchristliche Apostelbegriff', *StTh* I, 1947, pp. 96-130.

————. *Ecclesiastical Authority and Spiritual Power in the Church of the First Three Centuries*, ET A. & C. Black 1969.

Cerfaux, L., *Christ in the Theology of St Paul*, ET Herder 1959.

————. *The Church in the Theology of St Paul*, ET Herder 1959.

————. *The Christian in the Theology of St Paul*, ET Chapman 1967.

Christenson, L., *Speaking in Tongues and its Significance for the Church*, Fountain Trust 1968.

Clemens, C., 'The "Speaking with Tongues" of the Early Christians', *ExpT* 10, 1898-99, pp. 344-52.

Cohn, N., *The Pursuit of the Millennium*, Secker & Warburg 1957.

Collins, J. N., 'Georgi's "Envoys" in II Cor. 11.23', *JBL* 93, 1974, pp. 88-96.

Colpe, C., 'Der Spruch von der Lästerung des Geistes', *Der Ruf Jesu und die Antwort der Gemeinde: Festschrift für J. Jeremias*, Gottingen 1970, pp. 63-79.

Conzelmann, H., 'Paulus und die Weisheit', *NTS* 14, 1965-66, pp. 231-44.

———. *An Outline of the Theology of the New Testament*, ET SCM Press 1969.

Cranfield, C. E. B., '*Μέτρου πίστεως* in Romans 12.3', *NTS* 8, 1961-62, pp. 345-51.

———. *A Commentary on Romans 12-13, SJT* Occasional Papers No. 12, 1965.

Crenshaw, J. L., *Prophetic Conflict*, Berlin 1971.

Cullmann, O., *Early Christian Worship*, ET SCM Press 1953.

———. *The Christology of the New Testament*, ET SCM Press 1959.

———. *Christ and Time*, ET SCM Press [3]1962.

———. *Salvation in History*, ET SCM Press 1967.

Currie, S. D., '"Speaking in Tongues"; Early Evidence outside the New Testament Bearing on "Glossais Lalein"', *Interpretation* 19, 1965, pp. 274-94.

Cutten, G. B., *Speaking with Tongues: Historically and Psychologically Considered*, Yale 1927.

Dahl, N. A., *Das Volk Gottes*, Darmstadt [2]1963.

Dalman, G., *The Words of Jesus*, ET T. & T. Clark 1902.

Dautzenberg, G., 'Zurn religionsgeschichtlichen Hintergrund der *διάχρισις πνευμάτων* (I Kor. 12.10)', *BZ* 15, 1971, pp. 93-104.

Davenport, F. M., *Primitive Traits in Religious Revivals*, Macmillan 1905.

Davies, J. G., 'The Genesis of Belief in an Imminent Parousia', *JTS* 14, 1963, pp. 104-7.

Davies, W. D., '"Knowledge" in the Dead Sea Scrolls and Matt. 11.25-30', *HTR* 46, 1953, reprinted in *Christian Origins and Judaism*, Darton, Longman & Todd 1962, pp. 119-44.

———. *Paul and Rabbinic Judaism*, SPCK 1948.

Deissmann, A., *Die neutestamentliche Formel 'in Christo Jesu'*, Marburg 1892.

———. *The Religion of Jesus and the Faith of Paul*, Hodder & Stoughton 1923.

———. *Paul: A Study in Social and Religious History*, [2]1925, ET 1927, Harper 1957.

Delling, G., *Worship in the New Testament*, ET Darton, Longman & Todd 1962.

———. *Antike Wundertexte*, Berlin 1960.

———. 'Zur Beurteilung des Wunders durch die Antike', *Studien zum Neuen Testament und zum hellenistischen Judentum*, Göttingen 1970, pp. 53-71.

Denis, A. M., 'L'investiture de la fonction apostolique par "apocalypse": Étude thématique de Gal. 1.16', *RB* 64, 1957, pp. 335-62, 492-515.

Dewar, L., *The Holy Spirit and Modern Thought*, Harper 1959.

Dibelius, M., *Die Geisterwelt im Glauben des Paulus*, Göttingen 1909.

———. *Jesus*, 1939, ET 1949, SCM Press 1963.

———. 'Gethsemane', Botschaft und Geschichte I, Tübingen 1953, pp. 258-71.

———. 'Paulus und die Mystik', Botschaft und Geschichte II, Tübingen 1956, pp. 134-59.

Dietzel, A., 'Beten im Geist', *TZ* 13, 1957, pp. 12-32.

Dobschütz, E. von, *Ostern und Pfingsten*, Leipzig 1903.

Dodd, C. H., 'Jesus as Teacher and Prophet', *Mysterium Christi*, ed. G. K. A. Bell and A. Deissmann, Longmans 1930, pp. 53-66.

———. 'The Appearances of the Risen Christ: an Essay in Form-Criticism of the Gospels', *Studies in the Gospels: Essays in Memory of R. H. Lightfoot*, ed. D. E. Nineham, Blackwell 1955, pp. 9-35.

———. *The Founder of Christianity*, Collins 1971.

Dodds, E. R., *The Greeks and the Irrational*, California 1951.

———. 'Supernatural Phenomena in Classical Antiquity', *The Ancient Concept of Progress*, Oxford 1973.

Doughty, D. J., 'The Priority of *ΧΑΡΙΣ*', *NTS* 19, 1972-73, pp. 163-80.

Dumermuth, F., 'Moses strahlendes Gesicht', *TZ* 17, 1961, pp. 241-8.

Dunn, J. D. G., *Baptism in the Holy Spirit*, SCM Press, 1970.

———. 'II Corinthians 3.17 — "The Lord is the Spirit"', *JTS NS* 21, 1970, pp. 309-20.

———. 'Spirit-baptism and Pentecostalism', *SJT* 23, 1970, pp. 397-407.

———. 'Spirit and Kingdom', *ExpT* 82, 1970-71, pp. 36-40.

———. 'Jesus — Flesh and Spirit: an Exposition of Romans 1.3-4', *JTS NS* 24, 1973, pp. 40-68.

———. 'I Corinthians 15.45 — Last Adam, Life-giving Spirit', *CSNT* pp. 127-41.

———. 'Romans 7.14-25 in the Theology of Paul', *TZ* 31, 1975, pp. 257-73.

———. 'Prophetic "I"-sayings and the Jesus Tradition: the importance of testing prophetic utterances within early Christianity', *NTS* 24, 1977-78, pp. 175-98.

Dupont, J., 'Le Chrétien, Miroir de la Gloire Divine d'après II Cor. 3.18', *RB* 56, 1949, pp. 392-411.

———. *Gnosis: La Connaissance Religieuse dans les Épitres de Saint Paul*, Paris ²1960.

Durasoff, S., *Bright Wind of the Spirit*, Hodder & Stoughton 1973.

Dusen, H. P. Van, *Spirit, Son and Father*, A. &. C. Black 1960.

Ebeling, G., *The Nature of Faith*, ET Collins 1961.

Edwards, J., *A Treatise concerning Religious Affections*, Boston 1746, in *The Works of Jonathan Edwards*, Vol.II, ed. J. E. Smith, Yale 1959.

Eichholz, G., *Was heisst charismatische Gemeinde?*, Theol Ex 77, München 1960.

Eliade, M., *Shamanism: Archaic Techniques of Ecstasy*, Princeton 1970.

Ellis, E. E., 'Luke 11.49-51: An Oracle of a Christian Prophet?', *ExpT* 74, 1962-63, pp. 157f.

———. 'The Role of the Christian Prophet in Acts', *Apostolic History and the Gospel*, F. F. Bruce Festschrift, ed. W. W. Gasque and R. P. Martin, Paternoster 1970, pp. 55-67.

———. 'Paul and his Co-workers', *NTS* 17, 1970-71, pp. 437-52.

———. 'Christ and Spirit in I Corinthians', *CSNT* pp. 269-77.

———. '"Spiritual" Gifts in the Pauline Community', *NTS* 20, 1973-74, pp. 128-44.
Evans, C. F., *Resurrection and the New Testament*, SCM Press 1970.

Farrer, A. M., 'The Ministry in the New Testament', *The Apostolic Ministry*, ed. K. E. Kirk, Hodder & Stoughton 1946, pp. 113-82.
Fascher, E., *ΠΡΟΦΗΤΗΣ: Eine sprach- und religionsgeschichtliche Untersuchung*, Giessen 1927.
Fenner, F., *Die Krankheit im Neuen Testament*, Leipzig 1930.
Fiebig, P., *Antike Wundergeschichten zum Studium der Wunder des Neuen Testaments*, Bonn 1921.
———. *Rabbinische Wundergeschichten des neutestamentlichen Zeitalters*, Berlin [2]1933.
Filson, F. V., 'The Significance of the Early House Churches', *JBL* 58, 1939, pp. 105-12.
Flusser, D., *Jesus*, New York 1969.
Ford, J. M. 'Towards a Theology of "Speaking in Tongues"', *ThStud* 32, 1971, pp. 3-29.
———. 'A Note on Proto-Montanism in the Pastoral Epistles', *NTS* 17, 1970-71, pp. 338-46.
Fridrichsen, A., 'Le péché contre le St. Esprit', *RHPR* 3, 1923, pp. 367-72.
———. *The Problem of Miracle in Primitive Christianity*, 1925, ET Augsburg 1972.
———. *The Apostle and his Message*, Uppsala 1947.
Friedrich, G., 'Geist und Amt', *Wort und Dienst* NF3, 1952, pp. 61-85.
Frodsham, S. H., *With Signs Following*, Springfield 1947.
Frövig, D. A., *Das Sendungsbewusstsein Jesu und der Geist*, Gütersloh 1924.
Fuchs, E., *Christus und der Geist bei Paulus*, Leipzig 1932.
Fuller, R. H., *The Mission and Achievement of Jesus*, SCM Press 1954.
———. *The Foundations of New Testament Christology*, Lutterworth 1965.
———. *The Formation of the Resurrection Narratives*, SPCK 1972.
Furnish, V. P., *Theology and Ethics in Paul*, Abingdon 1968.

Gardner, P., *The Religious Experience of St Paul*, Williams & Norgate, 1911.
Gee, D., *The Pentecostal Movement*, Elim revised 1949.
———. *Concerning Spiritual Gifts*, Springfield revised, no date.
———. *Spiritual Gifts in the Work of the Ministry Today*, Los Angeles 1963.
Gelpi, D. L., *Pentecostalism: A Theological Viewpoint*, Paulist Press 1971.
George, A. R., *Communion with God in the New Testament*, Epworth 1953.
Georgi, D., *Die Gegner des Paulus im 2. Korintherbrief*, Neukirchen 1964.
Gerhardsson, B., 'Die Boten Gottes und der Apostel Christi', *SEA* 27, 1962, pp. 89-131.
Giannini, A., *Paradoxographorum Graecorum Reliquiae*, Milano 1967.
Gilmour, S. M., 'Easter and Pentecost', *JBL* 81, 1962, pp. 62-6.
Gnilka, J., 'Die antipaulinische Mission in Philippi', *BZ* 9, 1965, pp. 258-76.
———. 'Geistliches Amt und Gemeinde nach Paulus', *Foi et Salut selon S.Paul*, Rome 1970, pp. 233-45.
———. 'Das Kirchenmodell des Epheserbriefes', *BZ* 15, 1971, pp. 161-84.

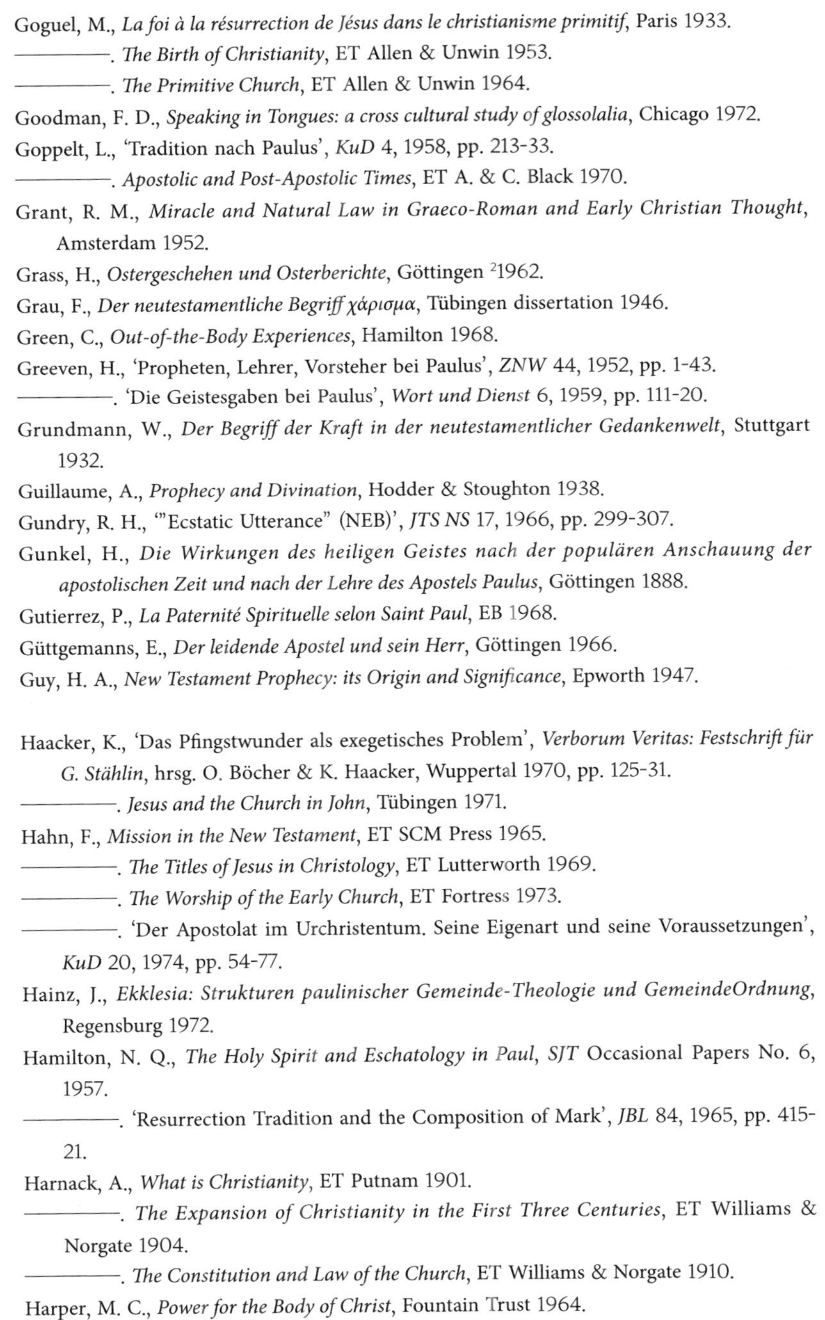

Goguel, M., *La foi à la résurrection de Jésus dans le christianisme primitif*, Paris 1933.
———. *The Birth of Christianity*, ET Allen & Unwin 1953.
———. *The Primitive Church*, ET Allen & Unwin 1964.
Goodman, F. D., *Speaking in Tongues: a cross cultural study of glossolalia*, Chicago 1972.
Goppelt, L., 'Tradition nach Paulus', *KuD* 4, 1958, pp. 213-33.
———. *Apostolic and Post-Apostolic Times*, ET A. & C. Black 1970.
Grant, R. M., *Miracle and Natural Law in Graeco-Roman and Early Christian Thought*, Amsterdam 1952.
Grass, H., *Ostergeschehen und Osterberichte*, Göttingen [2]1962.
Grau, F., *Der neutestamentliche Begriff χάρισμα*, Tübingen dissertation 1946.
Green, C., *Out-of-the-Body Experiences*, Hamilton 1968.
Greeven, H., 'Propheten, Lehrer, Vorsteher bei Paulus', *ZNW* 44, 1952, pp. 1-43.
———. 'Die Geistesgaben bei Paulus', *Wort und Dienst* 6, 1959, pp. 111-20.
Grundmann, W., *Der Begriff der Kraft in der neutestamentlicher Gedankenwelt*, Stuttgart 1932.
Guillaume, A., *Prophecy and Divination*, Hodder & Stoughton 1938.
Gundry, R. H., '"Ecstatic Utterance" (NEB)', *JTS NS* 17, 1966, pp. 299-307.
Gunkel, H., *Die Wirkungen des heiligen Geistes nach der populären Anschauung der apostolischen Zeit und nach der Lehre des Apostels Paulus*, Göttingen 1888.
Gutierrez, P., *La Paternité Spirituelle selon Saint Paul*, EB 1968.
Güttgemanns, E., *Der leidende Apostel und sein Herr*, Göttingen 1966.
Guy, H. A., *New Testament Prophecy: its Origin and Significance*, Epworth 1947.

Haacker, K., 'Das Pfingstwunder als exegetisches Problem', *Verborum Veritas: Festschrift für G. Stählin*, hrsg. O. Böcher & K. Haacker, Wuppertal 1970, pp. 125-31.
———. *Jesus and the Church in John*, Tübingen 1971.
Hahn, F., *Mission in the New Testament*, ET SCM Press 1965.
———. *The Titles of Jesus in Christology*, ET Lutterworth 1969.
———. *The Worship of the Early Church*, ET Fortress 1973.
———. 'Der Apostolat im Urchristentum. Seine Eigenart und seine Voraussetzungen', *KuD* 20, 1974, pp. 54-77.
Hainz, J., *Ekklesia: Strukturen paulinischer Gemeinde-Theologie und GemeindeOrdnung*, Regensburg 1972.
Hamilton, N. Q., *The Holy Spirit and Eschatology in Paul*, *SJT* Occasional Papers No. 6, 1957.
———. 'Resurrection Tradition and the Composition of Mark', *JBL* 84, 1965, pp. 415-21.
Harnack, A., *What is Christianity*, ET Putnam 1901.
———. *The Expansion of Christianity in the First Three Centuries*, ET Williams & Norgate 1904.
———. *The Constitution and Law of the Church*, ET Williams & Norgate 1910.
Harper, M. C., *Power for the Body of Christ*, Fountain Trust 1964.

Harrington, D. J., 'Ernst Käsemann on the Church in the New Testament', *The Heythrop Journal* 12, 1971, pp. 246-57, 365-76.

Hasenhüttl, G., *Charisma: Ordnungsprinzip der Kirche*, Herder 1969.

Hatch, E., *The Organization of the Early Christian Churches*, Rivingtons [3]1888.

Heitmann, C., and Mühlen, H., hrsg., *Erfahrung und Theologie des Heiligen Geistes*, München 1974.

Heitmüller, W., *'Im Namen Jesu'*, Göttingen 1903.

Hengel, M., 'Maria Magdalena und die Frauen als Zeugen', *Abraham unser Vater: Festschrift für O. Michel*, hrsg. O. Betz, M. Hengel, P. Schmidt, Leiden 1963, pp. 243-56.

———. *Nachfolge und Charisma*, Berlin 1968.

Hendry, G. S., *The Holy Spirit in Christian Theology*, SCM Press [2]1965.

Henneken, B., *Verkündigung und Prophetie im I. Thessalonicherbrief*, Stuttgarter Bibelstudien 29, 1969.

Hermann, I., *Kyrios und Pneuma*, München 1961.

Hester, J. D., *Paul's Concept of Inheritance, SJT* Occasional Papers No. 14, 1968.

Hill, D., *Greek Words and Hebrew Meanings*, Cambridge 1967.

———. 'Prophecy and Prophets in the Revelation of St. John', *NTS* 18, 1971-72, pp. 401-18.

———. 'On the Evidence for the Creative Role of Christian Prophets', *NTS* 20, 1973-74, pp. 262-74.

Hoekema, A. A., *What about Tongue-speaking?*, Paternoster 1966.

Hoffmann, P., *Studien zur Theologie tier Logienquelle*, Münster 1972.

Holl, K., 'Der Kirchenbegriff des Paulus in seinem Verhältnis zu dem der Urgemeinde', *Gesammelte Aufsätze zur Kirchengeschichte* II, Tübingen 1928, pp. 44-67.

Hollenweger, W., *The Pentecostals*, SCM Press 1972.

Holtz, T., 'Das Kennzeichen des Geistes (I Kor. 12.1-3)', *NTS* 18, 1971-72, pp. 365-76.

Holtzmann, O., *War Jesus Ekstatiker?*, Tübingen 1903.

Hopwood, P. G. S., *The Religious Experience of the Primitive Church*, T. & T. Clark 1936.

Hort, F. J. A., *The Christian Ecclesia*, Macmillan 1897.

Horton, H., *The Gifts of the Spirit*, Assemblies of God [7]1962.

Hoyle, R. B., *The Holy Spirit in St Paul*, Hodder & Stoughton 1927.

Hull, J. H. E. *The Holy Spirit in the Acts of the Apostles*, Lutterworth 1967.

Hull, J. M., *Hellenistic Magic and the Synoptic Tradition*, SCM Press 1974.

Humphries, A. L., *The Holy Spirit in Faith and Experience*, SCM Press 1917.

Hurd, J. C., *The Origin of I Corinthians*, SPCK 1965.

lber, G., 'Zurn Verständnis von I Kor. 12.31', *ZNW* 54, 1963, pp. 43-52.

lersel, B. M. F., *'Der Sohn' in den synoptischen Jesusworten*, NovTestSuppl III [2]1964.

James, W., *The Varieties of Religious Experience*, 1903, Fontana 1960.

Jeremias, J., *The Prayers of Jesus*, ET SCM Press 1967.

———. *New Testament Theology I: The Proclamation of Jesus*, ET SCM Press 1971.

Jewett, R., 'Conflicting Movements in the Early Church as Reflected in Philippians', *NovTest* 12, 1970, pp. 362-90.

———. 'Enthusiastic Radicalism and the Thessalonian Correspondence', *Proceedings of the Society of Biblical Literature 1972*, Vol. I pp. 181-32.

Johnston, G., *The Spirit-Paraclete in the Gospel of John*, Cambridge 1970.

Jones, R. M., *Studies in Mystical Religion*, Macmillan 1909.

Kamlah, E. 'Wie beurteilt Paulus sein Leiden?', *ZNW* 54, 1963, pp. 217-32.

Karris, R. J. 'Rom. 14.1-15.13 and the Occasion of Romans', *CBQ* 35, 1973, pp. 155-78.

Käsemann, E., *Leib und Leib Christi*, Tübingen 1933.

———. *Die Legitimität des Apostels*, Darmstadt 1956, reprint of *ZNW* 41, 1942, pp. 33-71.

———. 'Ketzer und Zeuge', *ZTK* 48, 1951, pp. 292-311.

———. 'The Problem of the Historical Jesus', 'Ministry and Community in the New Testament', in *ENTT*.

———. 'Sentences of Holy Law in the New Testament', 'The Beginnings of Christian Theology', 'On the Subject of Primitive Christian Apocalyptic', '"The Righteousness of God" in Paul', 'Worship in Everyday Life: a note on Romans 13', in *NTQT*.

———. *The Testament of Jesus*, ET SCM Press 1968.

———. *Perspectives on Paul*, ET SCM Press 1971.

Kee, H. C., 'The Terminology of Mark's Exorcism Stories', *NTS* 14, 1967-68, pp. 232-46.

Kelsey, M. T., *Speaking with Tongues*, Epworth 1965.

———. *Dreams: the Dark Speech of the Spirit*, Doubleday 1968.

———. *Healing and Christianity*, SCM Press 1973.

———. *Encounter with God*, Hodder & Stoughton 1974.

Kennedy, H. A. A., *St Paul and the Mystery Religions*, Hodder & Stoughton 1913.

Kertelge, K., 'Das Apostelamt des Paulus, sein Ursprung und seine Bedeutung', *BZ* 14, 1970, pp. 161-81.

———. *Gemeinde und Amt im Neuen Testament*, München 1972.

———. 'Apokalypsis Jesou Christou (Gal. 1.12)', in *Neues Testament und Kirche: Für R. Schnackenburg*, hrsg. J. Gnilka, Herder 1974.

Kildahl, J. P., *The Psychology of Speaking in Tongues*, Hodder & Stoughton 1972.

Kirk, K. E., *The Vision of God*, Longmans 1931.

Knox, J., *Chapters in a Life of Paul*, A. & C. Black 1954.

———. 'The Ministry in the Primitive Church', *The Ministry in Historical Perspective*, ed. R. R. Niebuhr and D. D. Williams, Harper & Row 1956, pp. 1-26.

———. 'Romans 15.14-33 and Paul's Conception of his Apostolic Mission', *JBL* 83, 1964, pp. 1-11.

Knox, R. A. *Enthusiasm: A Chapter in the History of Religion*, Clarendon Press 1950.

Koch, R., 'L'Aspect Eschatologique de l'Esprit du Seigneur d'après Saint Paul', *Studiorum Paulinorum Congressus Internationalis Catholicus 1961*, Rome 1963, pp. 131-41.

Kraft, H., 'Die altkirchliche Prophetie und die Entstehung des Montanismus', *TZ* 11, 1955,

pp. 249-71.
Kragerud, A., *Der Lieblingsjünger im Johannesevangelium*, Oslo 1959.
Kramer, W., *Christ, Lord, Son of God*, ET SCM Press 1966.
Kremer, J., *Was an den Leiden Christi noch mangelt*, Bonn 1956.
———. *Das älteste Zeugnis von der Aeferstehung Christi*, Stuttgarter Bibel Studien 17, [3]1969.
———. *Pfingstbericht und Pfingstgeschehen*, Stuttgarter Bibelstudien 63/64, 1973.
Kretschmar, G., 'Himmelfahrt und Pfingsten', *Zeitschrift für Kirchengeschichte* LXVI, 1954-55, pp. 209-53.
Kuhn, H. W., *Enderwartung und gegenwärtiges Heil: Untersuchungen zu den Gemeindeliedern von Qumran*, Göttingen 1966.
Kuhn, K. G., 'Jesus in Gethsemane', *EvTh* 12, 1952-53, pp. 260-85.
Kümmel, W. G., *Römer 7 und die Bekehrung des Paulus*, Leipzig 1929.
———. *Kirchenbegriff und Geschichtsbewusstsein in der Urgemeinde und bei Jesus*, Göttingen [2]1968.
———. *Promise and Fulfilment*, ET SCM Press 1957.
———. *The Theology of the New Testament*, ET SCM Press 1974.
Küng, H., 'The Charismatic Structure of the Church', *Concilium* I.4, 1965, pp. 23-33.
———. *The Church*, ET Burns & Oates 1968.
———. *Why Priests?* ET Fontana 1972.
Kuss, O., 'Enthusiasmus und Realismus bei Paulus', *Auslegung und Verkündigung* I, Regensburg 1963, pp. 260-70.

Ladd, G. E., *Jesus and the Kingdom*, SPCK 1964.
Lake, K., *The Historical Evidence for the Resurrection of Jesus Christ*, Williams & Norgate 1907.
———. *The Earlier Epistles of St Paul*, Rivingtons 1911.
Lampe, G. W. H., 'The Holy Spirit in the Writings of St Luke', *Studies in the Gospels*, ed. D. E. Nineham, Blackwell 1955, pp. 159-200.
———. 'The Holy Spirit and the person of Christ', *Christ, Faith and History: Cambridge Studies in Christology*, ed. S. W. Sykes and J. P. Clayton, Cambridge 1972, pp. 111-30.
Laski, M., *Ecstasy*, Cresset 1965.
Lauterburg, M., *Der Begriff des Charismas und seine Bedeutung für die praktische Theologie*, Gütersloh 1898.
Leisegang, H., *Pneuma Hagion*, Leipzig 1922.
Leivestad, R., *Christ the Conqueror*, SPCK 1954.
Leuba, J. L., *L'institution et l'evénement*, Neuchâtel 1950.
Lewis, H. D., *Our Experience of God*, Allen & Unwin 1959.
Lewis, I. M., *Ecstatic Religion*, Penguin 1971.
Lightfoot, J. B., 'The Christian Ministry', *St Paul's Epistle to the Philippians*, Macmillan 1868, pp. 179-267.
Lindblom, J., *Prophecy in Ancient Israel*, Blackwell 1962.

————. *Gesichte und Offenbarungen*, Lund 1968.

Lindsay, G., *William Branham, A Man Sent from God*, Jeffersonville 1950.

Lindsay, T. M., *The Church and the Ministry in the Early Centuries*, Hodder & Stoughton 1902.

Linton, O., *Das Problem der Urkirche in der neueren Forschung*, Uppsala 1932.

Lohfink, G., *Die Himmelfahrt Jesu*, München 1971.

Lohse, E., 'Ursprung und Prägung des christlichen Apostolates', *TZ* 9, 1953, pp. 259-75.

————. 'Die Bedeutung des Pfingstberichtes im Rahmen des lukanischen Geschichtswerkes', *EvTh* 13, 1953, pp. 422-36.

Lombard, E., *De la glossolalie chez les premiers chrétiens et des phénomènes similaires*, Lausanne 1910.

Longenecker, R. N., *Paul, Apostle of Liberty*, Harper & Row 1964.

Loos, H. van der, *The Miracles of Jesus*, NovTestSuppl IX, 1965.

Lövestam, E., *Spiritus Blasphemia: Eine Studie zu Mk 3.28f. par. Mt. 12.31f., Lk. 12.10*, Lund 1968.

Lührmann, D., *Das Offenbarungsverständnis bei Paulus und in paulinischen Gemeinden*, Neukirchen 1965.

Lütgert, W., *Die Vollkommenen im Philipperbrief und die Enthusiasten im Thessalonisch*, Gütersloh 1909.

————. *Gesetz und Geist*, Gütersloh 1919.

Lyonnet, S., 'De glossolalia Pentecostes eiusque significatione', *Verbum Domini* 24, 1944, pp. 65-75.

Macdonald, A. B., *Christian Worship in the Primitive Church*, T. & T. Clark 1934

Mackenzie, J. L., 'Authority and Power in the New Testament', *CBQ* 26, 1964, pp. 13-22.

MacNutt, F., *Healing*, Notre Dame 1974.

Maly, K., 'I Kor. 12.1-3, eine Regel zur Unterscheidung der Geister?' *BZ* 10, 1966, pp. 82-95.

Manson, T. W., *The Teaching of Jesus*, Cambridge 1931.

————. *The Church's Ministry*, Hodder & Stoughton 1948.

Manson, W., *Jesus the Messiah*, Hodder & Stoughton 1943.

Marshall, I. H., 'The Divine Sonship of Jesus', *Interpretation* 21, 1967, pp. 87-103.

————. 'Son of God or Servant of Yahweh — A Reconsideration of Mark 1.11', *NTS* 15, 1968-69, pp. 326-36.

Martin, I. J., 'I Corinthians 13 Interpreted in its Context', *Journal of Bible and Religion*, 18, 1950, pp. 101-5.

Marxsen, W., *The Resurrection of Jesus of Nazareth*, ET SCM Press 1970.

Menoud, P. H., *L'Église et Les ministères selon le Nouveau Testament*, Neuchâtel 1949.

Meuzelaar, J. J., *Der Leib des Messias*, Assen 1961.

Meyer, R., *Der Prophet aus Galiläa*, Darmstadt [2]1970.

Michaelis, W., *Reich Gottes und Geist Gottes nach dem Neuen Testament*, Basel 1931.

————. *Die Erscheinungen des Aeferstandenen*, Basel 1944.

Michel, O., 'Gnadengabe und Amt', *Deutsche Theologie* 9, 1942, pp. 133-9.

Michl, J., 'Der Geist als Garant des rechten Glaubens', in *Vom Wort des Lebens: Festchrift für Max Meinertz*, hrsg. N. Adler, Münster 1951.

Minear, P. S., *The Obedience of Faith*, SCM Press 1971.

Moberly, R. C., *Ministerial Priesthood*, ^{2}1910, reprinted SPCK 1969.

Moffatt, J., *Grace in the New Testament*, Hodder & Stoughton 1931.

Montefiore, H. W., 'God as Father in the Synoptic Gospels', *NTS* 3, 1956-57, pp. 31-46.

Mosiman, E., *Das Zungenreden geschichtlich und psychologisch untersucht*, Tübingen 1911.

Moule, C. F. D., *Worship in the New Testament*, Lutterworth 1961.

————. 'The Individualism of the Fourth Gospel', *NovTest* 5, 1962, pp. 171-90.

————. ed., *Miracles*, Mowbray 1965.

————. 'St Paul and Dualism: the Pauline Conception of Resurrection', *NTS* 12, 1965-66, pp. 106-23.

————. *The Phenomenon of the New Testament*, SCM Press 1967.

————. ed., *The Significance of the Message of the Resurrection for Faith in Jesus Christ*, SCM Press 1968.

————. 'II Cor. 3.18b: *"καθάπερ ἀπὸ κυρίου πνεύματος"', Neues Testament und Geschichte: historisches Geschehen und Deutung im Neuen Testament*, Festschrift für O. Cullmann, hrsg. H. Baltensweiler and B. Reicke, Zurich 1972, pp. 231-7.

Müller, U. B., 'Die Parakletenvorstellung im Johannesevangelium': *ZTK* 71, 1974, pp. 31-77.

Munck, J., 'Paul, the Apostles and the Twelve', *StTh* 3, 1949, pp. 96-110.

————. *Paul and the Salvation of Mankind*, ET SCM Press 1959.

Mundie, W., 'Das Kirchenbewusstsein der ältesten Christenheit', *ZNW* 22, 1923, pp. 20-42.

Murphy, G., *Charisma and Church Renewal*, Rome 1965.

Mussner, F., 'Die johanneischen Parakletsprüche und die apostolischen Tradition', *BZ* 5, 1961, pp. 56-70.

————. *The Historical Jesus in the Gospel of St John*, ET Herder 1967.

————. 'Wege zum Selbstbewusstsein Jesu. Ein Versuch', *BZ* 12, 1968, pp. 161-72.

————. *The Miracles of Jesus*, ET Ecclesia 1970.

Neugebauer, F., *In Christo*, Göttingen 1961.

————. 'Geistsprüche und Jesuslogien', *ZNW* 53, 1962, pp. 218-28.

Newbigin, L., *The Household of God*, SCM Press 1953.

Niederwimmer, K., 'Das Gebet des Geistes, Röm. 8.26f.', *TZ* 20, 1964, pp. 252-265.

Nilsson, M. P., *Geschichte der griechischen Religion*, München 1950.

Nock, A. D., *Essays on Religion and the Ancient World*, Oxford 1972.

O'Collins, G., 'Power Made Perfect in Weakness (II Cor. 12.9-10)', *CBQ* 33, 1971, pp. 528-37.

————. *The Easter Jesus*, Darton, Longman & Todd 1973.

Oman, J., *Grace and Personality*, Cambridge 1917.

Osborn, T. L., *Healing the Sick*, Tulsa 1959.
Otto, R., *The Idea of the Holy*, ET Oxford 1923.
———. *The Kingdom of God and the Son of Man*, ET Lutterworth 1938.

Packer, J. I., 'The "Wretched Man" of Romans 7', *Studia Evangelica* II, ed. F. L. Cross, 1964, pp. 621-7.
Pannenberg, W., *Jesus — God and Man*, ET SCM Press 1968.
Parke, H. W. and Wormell, D. E. W., *The Delphic Oracle*, Blackwell 1956.
Paulsen, H., *Überlieferung und Auslegung in Röm. 8*, Inaugural Dissertation, Mainz 1972.
Pearce-Higgins, J. D. and Whitby, G. S., *Life, Death and Psychical Research*, Rider 1973.
Pearson, B. A., *The Pneumatikos-psychikos Terminology in I Corinthians*, SBL Dissertation 12, 1973.
Peddie, J. C., *The Forgotten Talent*, Oldbourne 1961.
Percy, E., *Der Leib Christi*, Lund 1942.
———. *Die Botscheft Jesu*, Lund 1953.
Perrin, N., *The Kingdom of God in the Teaching of Jesus*, SCM Press 1963.
———. *Rediscovering the Teaching of Jesus*, SCM Press 1967.
Petzke, G., *Die Traditionen über Apollonius von Tyana und das Neue Testament*, Leiden 1970.
Pfister, W., *Das Leben im Geist nach Paulus*, Freiburg 1963.
Plessis, P. J. Du, *Teleios: the Idea of Perfection in the New Testament*, Kampen 1959.
Potterie, I. de la and Lyonnet, S., *La vie selon l'Esprit*, Paris 1965.
Pratt, J. B., *The Religious Consciousness*, New York 1921.

Rahner, K., *Visions and Prophecies*, ET New York 1963.
———. *The Dynamic Element in the Church*, ET New York 1964.
Rawlinson, A. E. J., *The New Testament Doctrine of the Christ*, Longmans 1926.
Reicke, B., 'Some Reflections on Worship in the New Testament', *New Testament Essays: Studies in Memory of T. W. Manson,* Manchester 1959, pp. 194-209.
Reiling, J., *Hermas and Christian Prophecy: A Study of the Eleventh Mandate*, NovTestSuppl XXXVII, 1973.
Reitzenstein, R., *Poimandres*, Leipzig 1904.
———. *Die hellenistischen Mysterienreligionen*, Leipzig [3]1927.
Rengstorf, K. H., *Apostelamt und Predigtamt*, Stuttgart [2]1954.
———. *Die Aeferstehung Jesu*, Witten/Ruhr [4]1960.
Richstaetter, K., 'Die Glossolalie im Licht der Mystik', *Scholastik* II, 1936, pp. 321-45.
Richter, W., 'Traum und Traumdeutung im AT', *BZ* 7, 1963, pp. 202-20.
Rigaux, B., 'L'anticipation du salut eschatologique par l'Esprit', *Foi et Salut selon S.Paul*, Rome 1970, pp. 101-30.
Riggs, R. M., *The Spirit Himself*, Springfield 1949.
Robinson, H. W., *The Christian Experience of the Holy Spirit*, Nisbet 1928.
Robinson, J. A. T., *The Body*, SCM Press 1952.
Rohde, E., *Psyche*, ET Kegan Paul 1925.

Rohde, J., 'Häresie und Schisma bei Clemens und Ignatius', *NovTest* 10, 1968, pp. 217-33.

Roloff, J., *Apostolat-Verkündigung-Kirche*, Gütersloh 1965.

————. *Das Kerygma und der irdische Jesus*, Göttingen 1970.

Ropes, J. H., *The Singular Problem of the Epistle to the Galatians*, Harvard Theological Studies 14, 1929.

Rose, L., *Faith Healing*, Penguin 1971.

Saake, H., 'Paulus als Ekstatiker', *NovTest* 15, 1973, pp. 153-60.

Samarin, W. J., *Tongues of Men and Angels*, Macmillan 1972.

Sand, A., *Der Begriff 'Fleisch' in den paulinischen Hauptbriefen*, Regensburg 1967.

Sanders, J. T., 'First Corinthians 13: its Interpretation since the First World War', *Interpretation* 20, 1966, pp. 159-87.

Sargent, W., *Battle for the Mind*, Pan Books 1959.

Sasse, H., 'Der Paraklet im Johannesevangelium', *ZNW* 24, 1925, pp. 260-77.

Satake, A., 'Apostolat und Gnade bei Paulus', *NTS* 15, 1968-69, pp. 96-107.

Schäfer, P., *Die Vorstellung vom heiligen Geist in der rabbinischen Literatur*, München 1972.

Schenke, L., *Auferstehungsverkündigung und leeres Grab*, Stuttgart 1968.

Schippers, R., 'The Son of Man in Matt. 12.32 = Luke 12.10 compared with Mark 3.28', *Studia Evangelica* IV, ed. F. L. Cross, 1968, pp. 231-5.

Schlatter, A., *Der Glaube im Neuen Testament*, Stuttgart [5]1963.

Schleiermacher, F. D. E., *On Religion: Speeches to its Cultured Despisers*, ET Harper Torchback 1958.

Schlier, H., 'Zurn Begriff des Geistes nach dem Johannesevangelium', *Neutestamentliche Aufsätze: Festschrift für J. Schmid*, hrsg. J. Blinzler, O. Kuss, F. Mussner, Regensburg 1963, pp. 233-39.

Schmidt, K. L., *Die Pfingsterzählung und das Pfingstereignis*, Leipzig 1919.

————. 'Das Pneuma Hagion als Person und als Charisma', *Eranos Jahrbuch* 13, 1945.

————. 'Le Ministère et les ministères clans l'èglise du Nouveau Testament', *RHPR* 17, 1937, pp. 313-36.

————. 'Amt und Ämter im Neuen Testament', *TZ* 1, 1945, pp. 309-11.

Schmithals, W., *Gnosticism in Corinth*, ET Abingdon 1971.

————. *Paul and the Gnostics*, ET Abingdon 1972.

————. *The Office of Apostle in the Early Church*, ET SPCK 1971.

Schmitz, O., *Die Christus-gemeinschaft des Paulus im Lichte seines Genetivgebrauchs*, Gütersloh 1924.

Schnackenburg, R., *God's Rule and Kingdom*, ET Herder 1963.

————. 'Christian Adulthood according to the Apostle Paul', *CBQ* 25, 1963, pp. 354-70.

————. *The Church in the New Testament*, ET Burns & Oates 1965.

————. 'Apostles Before and During Paul's Time', *Apostolic History and the Gospel*, Festschrift for F. F. Bruce, ed. W. W. Gasque and R. P. Martin, Paternoster 1970, pp. 287-303.

———. 'Christus, Geist und Gemeinde (Eph. 4.1-16)', *CSNT* pp. 279-95.
Schneider, J., *Die Passionsmystik des Paulus*, Leipzig 1929.
Schniewind, J., 'Das Seufzen des Geistes', in *Nachgelassene Reden und Aufsätze*, Berlin 1952.
Schrage, W., *Die konkreten Einzelgeboten in der paulinischen Paränese*, Gütersloh 1961.
Schrenk, G., 'Geist und Enthusiasmus', *Studien zu Paulus*, Zürich 1954, pp. 107-27.
Schubert, K., 'Die Entwicklung der Auferstehungslehre von der nachexilischen bis zur frührabbinischen Zeit', *BZ* 6, 1962, pp. 177-214.
Schulz, S., *Q: Die Spruchquelle der Evangelisten*, Zürich 1972.
Schürmann, H., 'Die geistlichen Gnadengaben in den paulinischen Gemeinden', *Ursprung und Gestalt*, Patmos 1970, pp. 236-67.
———. '"Das Gesetz des Christus" (Gal. 6.2)', *Neues Testament und Kirche: Für R. Schnackenburg*, hrsg J. Gnilka, Herder 1974, pp. 282-94.
Schütz, J. H., 'Charisma and Social Reality in Primitive Christianity', *Journal of Religion* 54, 1974, pp. 51-70.
Schweitzer, A., *The Quest of the Historical Jesus*, ET A. & C. Black 1910.
———. *The Psychiatric Study of Jesus*, 1913, ET Boston 1948.
———. *The Mysticism of St Paul*, ET A. & C. Black 1931.
Schweizer, E., *Das Leben des Herrn in der Gemeinde und ihren Diensten*, Zürich, 1946.
———. 'The Concept of the Church in the Gospel and Epistles of St John', *New Testament Essays: Studies in Memory of T. W. Manson*, Manchester 1959, pp. 230-45.
———. 'The Service of Worship', *Interpretation* 13, 1959, pp. 400-8.
———. *Church Order in the New Testament*, ET SCM Press 1961.
———. *Erniedrigung und Erhöhung bei Jesus und seinen Nachfolgern*, Zürich [2]1962.
———. *The Church as the Body of Christ*, ET SPCK 1965.
———. 'Observance of the Law and Charismatic Activity in Matthew', *NTS* 16, 1969-70, pp. 213-30.
———. *Beiträge zur Theologie des Neuen Testaments*, Zürich 1970.
———. 'Christus und Geist im Kolosserbrief', *CSNT* pp. 297-313.
Scott, C. A. A., *Christianity according to St Paul*, Cambridge 1927.
Scott, E. F., *The Spirit in the New Testament*, Hodder & Stoughton 1923.
Scroggs, R., 'The Exaltation of the Spirit by Some Early Christians', *JBL* 84, 1965, pp. 359-73.
———. 'Paul: *Σοφός* and *πνευματικλος*', *NTS* 14, 1967-68, pp. 33-55.
Seitz, O. J. F., 'Two Spirits in Man: An Essay in Biblical Exegesis', *NTS* 6, 1959-60, pp. 82-95.
Sherrill, J. L., *They Speak with Other Tongues*, Hodder & Stoughton 1965.
Smalley, S. S., 'Spiritual Gifts and I Corinthians 12.16', *JBL* 87, 1968, pp. 427-33.
Smart, N., *The Religious Experience of Mankind*, 1969, Fontana 1971.
———. *The Phenomenon of Religion*, Macmillan 1973.
Smith, M., 'Prolegomena to a Discussion of Aretologies, Divine Men, the Gospels and Jesus', *JBL* 90, 1971, pp. 174-99.
———. *Clement of Alexandria and a Secret Gospel of Mark*, Harvard 1973.

Sohm, R., *Kirchenrecht*, Leipzig 1892.
Sparks, H. F. D., 'The Doctrine of Divine Fatherhood in the Gospels', *Studies in the Gospels*, ed. D. E. Nineham, Blackwell 1955, pp. 241-66.
Stahlin, G., '*Τὸ πνεῦμα Ἰησοῦ* (Apostelgeschichte 16.7)', *CSNT* pp. 229-51.
Stalder, K., *Das Werk des Geistes in der Heiligung bei Paulus*, Zürich 1962.
Sternberger, G., *Der Leib der Auferstehung*, Rome 1972.
Stendahl, K., ed., *The Scrolls and the New Testament*, SCM Press 1958.
Strauss, D. F., *The Life of Jesus Critically Examined*, ET 1846, reprinted 1892, SCM Press 1973.
Streeter, B. H., ed., *The Spirit*, Macmillan 1919.
Stuhlmacher, P., *Gerechtigkeit Gottes bei Paulus*, Göttingen 1966.
————. *Das paulinische Evangelium I Vorgeschichte*, Göttingen 1968.
————. 'Evangelium-Apostolat-Gemeinde', *KuD* 17, 1971, pp. 28-45.
Suggs, M. J., *Wisdom, Christology and Law in Matthew's Gospel*, Harvard 1970.
Sundkler, B. G. M., *Bantu Prophets in South Africa*, Oxford [2]1961.
Sweet, J. P. M., 'A Sign for Unbelievers: Paul's Attitude to Glossolalia', *NTS* 13, 1966-67, pp. 240-57.
Swete, H.B., *The Holy Spirit in the New Testament*, Macmillan 1910.

Tannehill, R. C., *Dying and Rising with Christ*, Berlin 1967.
Taylor, J. V., *The Go-Between God*, SCM Press 1972.
Taylor, V., *The Person of Christ in New Testament Teaching*, Macmillan 1958.
Teeple, H. M., 'The Historical Beginnings of the Resurrection Faith', *Studies in New Testament and Early Christian Literature: Essays in Honour of A. P. Wikgren*, ed. D. E. Aune, Leiden 1972, pp. 107-20.
Therrien, G., *Le Discernement dans les Ecrits Pauliniens*, EB 1973.
Thurston, H., *The Physical Phenomenon of Mysticism*, Burns & Oates 1952.
Tiede, D. L., *The Charismatic Figure as Miracle Worker*, SBL Dissertation Series I, 1972.
Torrance, T. F., *Royal Priesthood*, SJT Occasional Papers No. 3, 1955.
Travis, S. H., 'Paul's Boasting in II Corinthians 10-12', *Studia Evangelica* VI, ed. E. A. Livingstone, 1973, pp. 527-32.
Trocmé, E., *Jesus and his Contemporaries*, ET SCM Press 1973.
Tugwell, S., *Did You Receive the Spirit?*, Darton, Longman & Todd 1972.

Underhill, E., *Mysticism*, Methuen, reprinted 1960.
Unnik, W. C. Van, '"Den Geist Löschet nicht aus" (I Thess. 5.19)', *NovTest* 10, 1968, pp. 255-69.
————. 'Jesus: Anathema or Kyrios (I Cor. 12.3)', *CSNT* pp. 113-26.

Vermes, G., *Jesus the Jew*, Collins 1973.
Vielhauer, P., *Oikodome*, Heidelberg 1939.
Vivier, L. M., *Glossolalia*, University of Witwatersrand M.D. Thesis, Johannesburg 1960.

Volz, P., *Der Geist Gottes*, Tübingen 1910.

Vos, G., 'The Eschatological Aspect of the Pauline Concept of the Spirit', *Biblical and Theological Studies*, Princeton Theological Seminary, Scribner 1912, pp. 211-59.

Vos, J. S., *Traditionsgeschichtliche Untersuchungen zur paulinischen Pneumatologie*, Assen 1973.

Walvoord, J. F., *The Holy Spirit*, Durham reprinted 1965.

Warfield, B. B., *Counteifeit Miracles*, Scribner 1918.

Warren, M., *Revival: An Enquiry*, SCM Press 1954.

Wegenast, K., *Das Verständnis der Tradition bei Paulus und in den Deuteropaulinen*, Neukirchen 1962.

Weinel, H., *Die Wirkungen des Geistes und der Geister im nachapostolischen Zeitalter bis auf Irenäus*, Tübingen 1899.

————. *Biblische Theologie des Neuen Testaments*, Tübingen [4]1928.

Weinreich, O., *Antike Heilungswunder*, Giessen 1909.

Weiss, J., *Earliest Christianity*, ET 1937, Harper 1959.

Wendland, H. D., 'Das Wirken des Heiligen Geistes in den Gläubigen nach Paulus', *TLZ* 77, 1952, 457-70.

Wengst, K., 'Der Apostel und die Tradition', *ZTK* 69, 1972, pp. 145-62.

————. 'Das Zusammenkommen der Gemeinde und ihr "Gottesdienst" nach Paulus', *EvTh* 33, 1973, pp. 547-59.

Wennemer, K., 'Die charismatische Begabung der Kirche nach dem hl. Paulus', *Scholastik* 34, 1959, pp. 503-25.

Wetter, G. P., *Charis*, Leipzig 1913.

Wikenhauser, A., *Die Kirche als der mystische Leib Christi nach dem Apostel Paulus*, Münster [2]1940.

————. *Pauline Mysticism*, ET Herder/Nelson 1960.

Wilckens, U., *Weisheit und Torheit*, Tübingen 1959.

————. 'Die Bekehrung des Paulus als religionsgeschichtliche Problem', *ZTK* 56, 1959, pp. 273-93.

————. 'Die Ursprung der Überlieferung der Erscheinungen des Auferstandenen', *Dogma und Denkstrukturen*, E. Schlink Festschrift, hrsg. W. Joest and W. Pannenberg, Göttingen 1963, pp. 56-95.

————. *Auferstehung: das biblische Auferstehungszeugnis historisch untersucht und erklärt*, Stuttgart 1970.

Williams, J. R., *The Era of the Spirit*, Logos 1971.

Wilson, C., *The Occult*, Hodder & Stoughton 1971.

Wilson, R. McL., 'Gnostics in Galatia?', *Studia Evangelica* IV, ed. F. L. Cross, 1968, pp. 358-67.

————. 'How Gnostic were the Corinthians?' *NTS* 19, 1972-73, pp. 65-74.

Windisch, H., 'Das Problem des paulinischen Imperativs', *ZNW* 23, 1924, pp. 265-81.

————. 'Jesus und der Geist nach synoptischer Überlieferung', *Studies in Early*

Christianity, ed. S. J. Case, New York 1928, pp. 209-36.
———. *Paulus und Christus*, Leipzig 1934.
———. *The Spirit-Paraclete in the Fourth Gospel*, ET Fortress 1968.
Wobbe, J., *Der Charis-Gedanke bei Paulus*, Münster 1932.
Wolfson, H. A., *Philo: Foundations of Religious Philosophy in Judaism, Christianity and Islam*, Harvard 1947.
Wrede, W., *The Messianic Secret*, 1901, ET James Clarke 1971.
———. *Paul*, ET London 1907.

Yamauchi, E., *Pre-Christian Gnosticism*, Tyndale 1973.
Yates, J. E., 'Luke's Pneumatology and Luke 11.20', *Studia Evangelica* II Part I, ed. F. L. Cross, Berlin 1964, pp. 295-9.

Zeller, E., *The Contents and Origin of the Acts of the Apostles Critically Investigated*, 1854, ET Williams and Norgate 1875.
Zuntz, G., *The Text of the Epistles*, Schweich Lectures 1946, London 1953.

ADDENDA
Muller, U. B., *Prophetic und Predigt im Neuen Testament*, Gütersloh 1975.
Sacken, P. von der Osten, *Römer 8 als Beispiel paulinischer Soteriologie*, Göttingen 1975.
Schütz, J. H., *Paul and the Anatomy of Apostolic Authoriry*, Cambridge 1974.

| 성경 및 고대 문헌 색인 |

* 색인 전반에 걸쳐 본문에 대한 참고 문헌은 (본서 하단의 원서) 페이지 번호별로 인용되며 가장 먼저 제시된다. 각주에 대한 참고 문헌은 장(로마 숫자로 표기)과 각주 번호로 인용된다.

I. 구약성경

II. 구약성경 위경과 외경

III. 사해문서, 필론, 요세푸스 및 랍비 문헌

마가복음

누가복음

요한복음

사도행전

고린도전서

고린도후서

갈라디아서

에베소서

빌립보서

골로새서

데살로니가전서

데살로니가후서

VI. 다른 고대 작가들

| 현대 학자 색인 |

* 이탤릭체는 제목이 처음으로 등장함을 나타낸다.
* 각주에 대한 참고 문헌은 장(로마 숫자로 표기)과 각주 번호로 인용된다.

| 주제 색인 |

* 각주에 대한 참고 문헌은 장(로마 숫자로 표기)과 각주 번호로 인용된다.

| 저자가 인용한 인물 소개 |

A

Allo, Ernest-Bernard(에르네스트 베르나르 알로, 1873-1945). 프랑스의 가톨릭 신약 학자이며 도미니코수도회 수사였다.

Althaus, Paul(파울 알트하우스, 1888-1976). 독일 루터파 신학자다. 하나님이 오직 그리스도 안에서만 자신을 계시했다고 주장한 카를 바르트의 신학을 비판했으며, 마르틴 루터의 신학을 깊이 연구했다.

B

Barrett, Charles Kingsley(찰스 킹슬리 바레트, 1917-2011). 영국 성서학자요 감리교 목사다. 로마서와 사도행전, 고린도 서신 등을 주석했다.

Bauernfeind, Otto(오토 바우어른파인트, 1889-1972). 독일 신약 학자다. 사도행전과 바울서신을 깊이 연구했다.

Baur, Ferdinand Christian(페르디난트 바우르, 1792-1860). 독일 신학자다. 헤겔의 변증법을 수용하여 2세기 기독교를 유대 기독교와 헬라 기독교의 종합으로 규정했다.

Betz, Hans Dieter(한스 디터 베츠, 1931-). 독일계 미국인 신약 학자다. 갈라디아서, 산상설교, 초기 기독교 정황 연구에서 큰 업적을 남겼다.

Bornkamm, Günther(귄터 보른캄, 1905-1990). 독일 신약 학자다. 나치에 저항했던 학자 가운데 하나이며 역사 속 예수를 연구하고 마태복음을 연구하면서 사실과 허구를 구분하려는 연구에 집중했다.

Bousset, Wilhelm(빌헬름 부세, 1865-1920). 독일 종교사학파 신학자요 신약 학자다. 초기 기독교가 예수를 신으로 섬겼던 것을 2세기 헬레니즘의 영향으로 보았다.

Brandon, Samuel George Frederick(새뮤얼 브랜든, 1907-1971). 영국의 성공회 사제요 비교종교학자다. 헤르만 라이마루스의 영향을 많이 받았다.

Burns, Robert(로버트 번스, 1759-1796). 스코틀랜드 국민 시인으로 불리는 서정 시인이다.

C

Catchpole, David Rodley(데이비드 캐치폴, 1938-). 영국 신약 학자다. 예수, 신약 기독론, Q가설을 주로 연구했다.

Conybeare. Frederick Cornwallis(프레더릭 코니비어, 1856-1924). 영국 신학자이며 중동(근동) 학자다. 초기 기독교 기원, 역사 속 예수, 신약 세계와 관련된 신화 등을 깊이 연구했다.

Conzelmann, Hans(한스 콘첼만, 1915-1989). 독일 신약 신학자다. 루돌프 불트만, 헬무트 틸리케 등에게 배웠다.

D

Dalman, Gustaf Hermann(구스타프 달만, 1855-1941). 독일 루터파 신학자요 오리엔트 연구자다. 고대 오리엔트 지역의 명문(새김글), 시 등을 방대하게 수집하여 연구했다.

Davies, William David(윌리엄 데이비스, 1911-2001). 영국 신약 학자다. 초기 기독교와 유대교 역사를 깊이 연구했다.

Deissmann, Gustav Adolf(구스타프 아돌프 다이스만, 1866-1937). 독일 신학자다. 신약성경이 사용한 그리스어를 깊이 연구했다.

Denney, James(제임스 데니, 1856-1917). 스코틀랜드 신학자다. 특히 속죄 개념을 기독교 교리의 중심 개념으로 여겨 집중 연구했다.

Dibelius, Martin Franz(마르틴 디벨리우스, 1883-1947). 독일 신약 학자다. 양식사 연구의 선구자로 불린다.

Dodd, Charles Harold(찰스 해롤드 도드, 1884-1973). 웨일스 신약 학자다. 예수가 말했던 하나님 나라를 종말에 임할 나라가 아니라 현존하는 실재로 보는 실현된 종말론을 주창했다.

Dodds, Eric Robertson(에릭 도즈, 1893-1979). 아일랜드 고전 학자다. 고전 그리스어와 사상을 깊이 연구했고, 마르쿠스 아우렐리우스와 콘스탄티누스 1세 시대의 종교 생활을 깊이 연구하기도 했다.

du Plessis, David Johannes(데이비드 뒤 플레시, 1905-1987). 남아프리카의 오순절 운동 목회자다. 소위 성령 세례를 강조한 은사 운동의 주도자 중 하나이기도 했다.

E

Ebeling, Gerhard(게르하르트 에벨링, 1912-2001). 독일의 루터교 신학자다. 에른스트 푹스(Ernst Fuchs, 1903-1983)와 함께 20세기 새 해석학 운동을 이끌었던 인물이다.

Edwards, Jonathan(조너선 에드워즈, 1703-1758). 미국의 회중교회 신학자이자 부흥 운동을 이끈 설교자이며 철학자였다.

Ellis, Edward Earle(에드워드 얼 엘리스, 1926-2010). 미국의 신약 학자다. 바울서신, 누가복음, 요한복음을 깊이 연구했다.

F

Flusser, David(다비드 플루서, 1917-2000). 이스라엘 역사가다. 제2성전기 시대 초기 기독교와 유대교 역사를 연구했다.

Fox, George(조지 폭스, 1624-1691). 영국인이며, 종교친우회(퀘이커) 창시자다.

Fridrichsen, Anton Johnson(안톤 프리드릭센, 1888-1953). 노르웨이계 스웨덴 신약 학자다.

Friedrich, Gerhard(게르하르트 프리드리히, 1908-1986). 독일 신약 학자다. 게르하르트 키텔의 뒤를 이어 『신약 신학 사전』을 편찬했다.

Frøvig(Frövig), Daniel Andreas(다니엘 프뢰비, 1870-1954). 노르웨이 신학자요 신학 교수이며, 마태복음 주석과 사도행전 주석을 집필했다.

Fuller, Reginald Horace(레지널드 풀러, 1915-2007). 영국계 미국인 성서학자요 성공회 사제였다.

G

Gee, Donald Henry Frere(도널드 지, 1891-1966). 영국의 오순절파 성경 교사다.

Goguel, Henry Maurice(앙리 고글, 1880-1955). 프랑스 신약 학자다. 역사 속 예수를 깊이 연구했다.

Grant, Robert McQueen(로버트 그랜트, 1917-2014). 미국 신약 학자다. 신약, 1세기와 2세기 기독교, 영지주의, 오리게네스 등을 깊이 연구했다.

Graß/Grass, Hans(한스 그라스, 1909-1994). 독일 조직 신학자다. 특히 예수의 부활을 집중 연구했다.

Graves, Robert von Ranke(로버트 그레이브스, 1895-1985). 영국 시인이요 역사 소설가다.

Greeven, Heinrich(하인리히 그레벤, 1906-1990). 독일 신약 학자다. 신약 본문 비평을 깊이 연구했다.

Gunkel, Hermann(헤르만 궁켈, 1862-1932). 독일의 구약 학자다. 양식사 연구의 비조다.

H

Haenchen, Ernst(에른스트 핸헨, 1894-1975). 독일 신학자요 성서학자다. 요한복음, 도마복음 등을 깊이 연구했다.

Hahn Ferdinand(페르디난트 한, 1926-2015). 독일 신약 신학자다.

Hasenhüttl, Gotthold Nathan Ambrosius(고트홀트 하젠휘틀, 1933-). 오스트리아 출신의 교회 비판 활동가다. 한때 가톨릭 사제였고 가톨릭 조직 신학자였으나, 교회의 윤리 문제 등을 놓고 교황청과 갈등을 벌이다 2010년에 가톨릭교회를 떠났다.

Hengel, Martin(마르틴 헹엘, 1926-2009). 독일 역사학자이자 신학자다. 초기 기독교와 유대교 역사를 연구하면서 특히 제2성전기와 헬레니즘 시대 역사를 집중 연구했다.

Hoffmann, Paul(파울 호프만, 1933-). 독일 가톨릭 신학자이며 신약 학자다.

Holtzmann, Oskar(오스카 홀츠만, 1859-1934). 독일 신약 학자요 목회자였다.

Hopwood, Percy George Samuel(퍼시 홉우드. 1895-1943). 영국 신학자이며 저술가다.

Hull, John Howarth Eric Hull(존 헐, 1923-1977). 영국의 회중교회 목사요 그리스어 학자이며 저술가요 신약 학자였다.

J

James, William(윌리엄 제임스, 1842-1910). 미국 철학자요 심리학자이며 역사가다.

Jeremias, Joachim(요아힘 예레미아스, 1900-1979). 독일 신학자다. 예수가 살았던 역사 정황을 재구성할 목적으로 신약 본문은 물론이요 랍비 문헌과 신약 외경을 두루 깊이 연구했다.

K

Käsemann, Ernst(에른스트 케제만, 1906-1998). 독일 신약 학자다. 역사 속 예수, 공관복음의 신빙성, 유대 묵시주의 등을 깊이 연구했다.

Knox, Ronald Arbuthnott(로널드 녹스, 1888-1957). 영국의 가톨릭 사제요 신학자다.

Kremer, Jacob(야콥 크레머, 1924-2010). 독일 신약 학자다. 오스트리아 빈대학교 교수였다.

Kümmel, Werner Georg(베르너 큄멜, 1905-1995). 독일의 개신교 신약 신학자다. 마르부르크대학교에서 불트만 뒤를 이어 가르쳤다.

Küng, Hans(한스 큉, 1928-2021). 스위스의 가톨릭 신학자다. 한때 가톨릭 사제이기도 했다. 2차 바티칸공의회의 신학에 큰 기여를 했으며, 20세기와 21세기 가톨릭 신학에 많은 영향을 미쳤다.

L

Leivestad, Ragnar Skouge(랑나르 라이베스타, 1916-2002). 노르웨이 신약 학자이며 오슬로대학교 교수였다.

Lindblom, Christian Johannes(요하네스 린드블롬, 1882-1974). 스웨덴 성서학자요 신학자

이며 스웨덴 룬드대학교 교수였다.

Linton, Olof(올로프 린톤, 1898-1980). 스웨덴 신약 학자다.

Lohmeyer, Ernst(에른스트 로마이어, 1890-1946). 독일 신약 학자다. 나치 집권 시기에는 나치에 반대하다 교수직을 잃었으며, 2차 대전 뒤에 옛 동독 지역에 있다가 옛 소련 당국에게 체포되어 처형되었다.

Loisy, Alfred Firmin Loisy(알프레드 루아지, 1857-1940). 프랑스의 가톨릭 사제요 성경 학자다. 성경 비평을 통해 전통 대대로 내려온 성경 해석에 의문을 제기했으며, 성경 비평이 신학적 성경 해석에 도움이 된다고 주장했다.

Lombard, Émile(에밀 롬바르, 1875-1963). 프랑스계 스위스인 신약 학자이며 방언을 깊이 연구했다.

M

Marxsen, Willi(빌리 마륵센, 1919-1993). 독일 신약 학자다. 신약 해석론에서 편집사라는 해석 방법론을 구축했다.

Meyer, Rudolf(루돌프 마이어, 1909-1991). 독일 구약 학자다. 히브리어, 구약 신학, 이스라엘 역사를 두루 깊이 연구했다.

Michaelis, Wilhelm(빌헬름 미햐엘리스, 1896-1965). 독일 신약 학자요 신학 교육자다.

Moffatt, James(제임스 모파트, 1870-1944). 스코틀랜드 자유교회 목사요 신학자다. 성경 전체를 영어로 번역하기도 했다.

Moule, Charles Francis Digby "Charlie"(찰스 모울, 1908-2007). 영국 신약 학자이며, 제임스 던, 그레이엄 스탠턴을 비롯한 여러 제자를 학자로 길러냈다.

N

Norden, Eduard(에두아르트 노르덴, 1868-1941). 독일의 고언어학자이자 종교사학자다.

O

Oepke, Albrecht Ubbo Paulus Anton Oepke(알브레히트 외프케, 1881-1955). 독일 신약 학자다. 바울을 주로 연구했으며, 나치 집권기에는 고백교회에 몸담은 채 나치에 맞섰다.

Otto, Rudolf(루돌프 오토, 1869-1937). 독일 신학자요 철학자이며 비교종교학자다.

P

Pannenberg, Wolfhart(볼프하르트 판넨베르크, 1928-2014). 독일 루터교 신학자다. 역사 자체를 예수 그리스도를 중심으로 한 계시의 한 형태로 보았다.

R

Reiling, Jannes(얀네스 레일링, 1923-2005). 화란 신약 학자요 고전 학자다. 초기 기독교 문헌을 깊이 연구했다.

Rengstorf, Karl Heinrich(카를 렝스토르프, 1903-1992). 독일 신약 학자다. 누가복음 주석을 비롯하여 여러 작품을 남겼다.

Ritschl, Albrecht(알브레히트 리췰, 1822-1889). 독일의 개신교 조직 신학자였다.

Rohde, Erwin Rohde(에르빈 로데, 1845-1898). 독일의 고전 학자요 고언어학자다. 철학자이자 고언어학자인 니체의 벗이었으며, 고대 그리스의 문학에도 조예가 깊었다.

S

Samarin, William John(윌리엄 새머린, 1926-2020). 미국 언어학자다. 특히 종교 언어를 깊이 연구했다.

Schleiermacher. Friedrich Daniel Ernst(프리드리히 쉴라이어마허, 1768-1834). 독일 신학자요 철학자다. 계몽주의 비평과 전통적 기독교의 조화를 모색했던 인물이다.

Schmidt, Karl Ludwig Schmidt(카를 루트비히 슈미트, 1891-1956). 독일 신약 학자다. 스위스 바젤대학교 교수였으며, 신약성경 기록을 구전 복음 전승이 글로 자리 잡은 것으로 보았다.

Schmithals, Walter(발터 슈미탈스, 1923-2009). 독일 신학자다. 바울 신학과 요한복음을 집중 연구했다.

Schrenk, Gottlob(고트로프 슈렝크, 1879-1965). 독일 신약 학자요 저술가였다.

Schürmann, Heinz(하인츠 쉬르만, 1913-1999). 독일의 로마가톨릭 신학자요 신약 학자다.

Schweitzer, Ludwig Philipp Albert(알베르트 슈바이처, 1875-1965). 독일계 프랑스인 신학자요 오르간 연주자이며 음악학자요 의료 선교사이자 평화 운동가다.

Scott, Charles Archibald Anderson(찰스 스코트, 1859-1941). 영국 신약 학자다.

Sohm, Gotthold Julius Rudolph Sohm(루돌프 좀, 1841-1917). 독일의 법률가요 교회사가이자 신학자다. 게르만법과 로마법, 교회법, 교회사를 두루 연구했다.

Spitta, Friedrich(프리드리히 슈피타, 1852-1924). 독일 신학자다. 신약성경과 초기 교회사를 연구했으며, 교회 음악과 전례에 깊은 관심을 갖고 연구했다.

Stanton, Graham Norman(그레이엄 스탠턴, 1940-2009). 뉴질랜드 출신의 성경 학자이며, 마태복음과 바울서신을 깊이 연구했다.

Strauss, David Friedrich(다비트 슈트라우스, 1808-1874). 독일 자유주의 개신교 신학자다. 역사 속 예수를 깊이 연구했으며, 예수의 신성을 부인했다.

Stuhlmacher, Peter(페터 슈툴마허, 1932-). 독일 신약 학자다.

Suggs, Marion Jack(잭 석스, 1924-2000). 미국 신약 신학자이며, 초기 유대교 연구자였다.

Swedenborg, Emanuel(에마뉘엘 스베덴보리, 1688-1772). 스웨덴 신학자요 철학자이며 신비주의자였다.

T

Tödt, Heinz Eduard(하인츠 퇴트, 1918-1991). 독일의 조직 신학자요 윤리학자이며 하이델베르크대학교 교수였다.

Trocmé, Étienne(에티엔느 트로크메, 1924-2002). 프랑스 신약 학자다. 신약성경과 1세기 교회 역사를 깊이 연구했다.

V

von Campenhausen, Hans Erich Freiherr(한스 폰 캄펜하우젠, 1903-1989). 독일의 저명한 교회사가요 교부학자다.

von Dobschütz, Ernst Adolf Alfred Oskar Adalbert von Dobschütz(에른스트 폰 돕쉬츠, 1870-1934). 독일 신학자다. 초기 교회와 신약학을 깊이 연구했으며, 독일은 물론이요 미국과 스웨덴에서도 가르쳤다.

von Harnack, Carl Gustav Adolf(아돌프 폰 하르낙, 1851-1930). 독일 교회사가요 교리사학

자다.

von Herder, Johann Gottfried(요한 고트프리트 폰 헤르더, 1744-1803). 독일 철학자요 신학자이며 시인이다. 독일 계몽주의 시대의 '질풍과 노도'를 대변하는 이 가운데 하나다.

W

Wansbrough, Henry(헨리 완스브로, 1934-). 영국의 가톨릭 사제이며 성경 학자다.

Weinel, Heinrich(하인리히 바이넬, 1874-1936). 독일의 개신교 신학자다. 종교사의 시각으로 초기 기독교 역사를 연구했다.

Weiss, Johannes(요하네스 바이스, 1863-1914). 독일 종교사학파 신학자요 성경 학자였다. 예수의 재림이 임박했음을 강조하며 철저한 종말론을 주장했다.

Wesley, John(존 웨슬리, 1703-1791). 영국 목회자이며 감리교 운동 창시자다.

Wetter, Gillis Albert Petersson(길리스 베터, 1887-1926). 스웨덴 신학자다. 고대 기독교 전례, 초기 기독교와 헬레니즘의 관계를 주로 연구했다.

Wilckens, Ulrich(울리히 빌켄스, 1928-2021). 독일의 신약 학자다. 신약 전반은 물론이요, 특히 로마서와 요한복음을 깊이 연구했다.

Williams, Charles Stephen Conway(1906-1962). 웨일스의 성공회 사제이며 신약 학자다.

Windisch, Hans(한스 빈디쉬, 1881-1935). 독일 신약 학자이며, 종교사학파를 이끈 이 가운데 하나였다.

Z

Zeller, Eduard Gottlob(에투아르트 첼러, 1814-1908). 독일 철학자요 신학자다. 특히 소크라테스 전에 고전 그리스 철학을 깊이 연구했으며, 튀빙엔 학파의 한 사람으로서 신학 연구에도 몰두했다.